Rainer Baudis

Psychotherapie von Sucht und Drogenabhängigkeit

oder

Der Goldene Vogel

Rainer Baudis

Psychotherapie von Sucht und Drogenabhängigkeit

oder

Der Goldene Vogel

Verlag für Psychologie, Sozialarbeit und Sucht

Die Deutsche Bibliothek - CIP-Einheitsaufnahme

Baudis, Rainer:
Psychotherapie von Sucht und Drogenabhängigkeit oder der goldene Vogel / Rainer Baudis. - 1. Aufl. - Rudersberg : Verl. für Psychologie, Sozialarbeit und Sucht, 1994
ISBN 3-9804217-0-8

Mittelfeldstr. 8
73635 Rudersberg

1. Auflage 1994

Umschlaggestaltung Geraldine Höbel, Michael Brodbeck

Druck und Bindearbeiten Präzisdruck, Karlsruhe

Gefördert durch das Ministerium für Gesundheit, Arbeit und Sozialordnung Baden-Württemberg

ISBN 3-9804217-0-8

Vorwort

Zwanzig Jahre Therapie Drogenabhängiger - Anlaß für Rainer Baudis, Erfahrungen, Beobachtungen und Studien in der therapeutischen Arbeit mit Drogenabhängigen als Therapeut sowie als Leiter der Therapeutischen Gemeinschaft und Fachklinik Four Steps in Schorndorf öffentlich zu machen.

Zwischen Four Steps und Trägerverein (Verein für Jugendhilfe im Landkreis Böblingen) gibt es von der Gründergeneration bis zum heutigen Tag Kontinuität. Sie macht es möglich, zwanzig Jahre Entwicklung und Erfahrungen auszuwerten. Beide, Verein und Four Steps, gehören zu den Einrichtungen der ersten Stunde, die die Drogenhilfe ins Leben riefen, die sich mit Pioniergeist und Idealismus einer Aufgabe annahmen, an der die etablierten Institutionen der Suchthilfe und Jugendhilfe gescheitert waren.

Von der Aufnahme der ersten beiden Drogenabhängigen im August 1973, die gemeinsam mit drei Mitarbeitern das erste Haus des Vereins bei Pforzheim bezogen und eine therapeutische Wohngemeinschaft begründeten, über den Umzug nach Schorndorf (1976) nun zur Therapeutischen Gemeinschaft weiterentwickelt, bis hin zur Realisierung eines kurzphasigen Therapieprogrammes (1989) blieb Four Steps eine innovative Pioniereinrichtung, die es zugleich verstand, sich als Fachklinik bzw. Rehabilitationseinrichtung konstruktiv in das Gesundheitswesen einzubinden. Rasches Überbordwerfen von Ritualen aus der Synanon-Bewegung, die im Kontext der Einrichtung auf Demütigung hinausliefen; beständiges und gründliches Überarbeiten des damaligen Vier-Stufen-Modells, das zur Verknüpfung von Therapeutischer Gemeinschaft mit psychotherapeutischer Professionalität und zu interdisziplinärer Zusammenarbeit führte; Weiterentwicklung der Stufe Vier zur heutigen „Adaptionsphase" (1983) - all das wurde quasi zum Modell für die Gliederung der heutigen Langzeittherapie.

Darüber hinaus war Four Steps eine der ersten Einrichtungen, die drogenabhängige Schwangere, Mütter (1978) und Familien mit Kleinkindern und Paare behandelten (1983), die schon 1979 geschlechtsspezifische Behandlungsangebote erarbeitete, sich mit Themen wie sexuellem Mißbrauch und seinen Folgen für die Behandlung vertraut machte (1984) und seit 1983 Herkunftsfamilie und Partner in die Therapie systematisch einbezieht. Bereits 1976 wurde die Idee der Nachsorgewohngemeinschaft realisiert. Unmittelbar vor seiner Realisierung stehen ein Zentrum für Kurzzeittherapie mit weiter differenzierten Kurzzeit- und Intervallbehandlungen und eine ambulante, familientherapeutisch orientierte Drogentherapie. Auch nach zwanzig Jahren rascher Entwicklung ist die Drogenhilfe noch nicht zum Stillstand gekommen. Das ist gut so.

Bei aller offenen Entwicklung dokumentiert das vorliegenden Buch, welchen fachlichen Stand sie erreicht hat und daß wir mit den Worten des Wissenschaftlers LADEWIG festhalten können, "*daß Drogenabhängige einer Behandlung zugänglich und ihre langfristigen Entwicklungschancen gut sind.*" Die Wirksamkeit und Effektivität der stationären Therapie ist durch wissenschaftliche Untersuchungen immer wieder bestätigt worden und ihre Leistungen unverzichtbarer Kernbestand der Drogenhilfe. Die Erfolgsquote von Langzeittherapie und Rehabilitation liegt in Katamnesestudien bei 40% bezüglich Drogenfreiheit, bei über 70% bezüglich beruflicher und sozialer Integration, bei Verzicht auf harte Drogen bei annähernd Zweidrittel. KINDERMANN resümiert:

"Stationäre Therapie, die Lebensräume aufstößt, in denen verschüttete Kompetenzen reaktiviert, versäumte Entwicklungsaufgaben nachgeholt und neue Perspektiven für ein drogenfreies Leben ohne das Helfersystem entwickelt werden können, ist wahrscheinlich das beste Angebot, das wir heute Drogenabhängigen zur Überwindung der Drogenbindung machen können." Wie dies geschieht, ist Thema des vorliegenden Buchs.

Zwanzig Jahre psychotherapeutische Behandlung Drogenabhängiger schließt Freude und Erfolg ein, Menschen geholfen zu haben, die ihre Sucht überwanden und ihr Leben bejahen können, wie auch Trauer und Nachdenken über Tod und Mißerfolg, die eine Behandlung Drogenabhängiger begleiten - aber auch die Trauer darüber, allein mit dieser Arbeit eine Lösung des Drogen- und Suchtproblems nicht bieten zu können.

Die öffentliche Diskussion zur Behandlung von Drogenabhängigkeit ist heute in weiten Bereichen gekennzeichnet durch den Diskurs zwischen Langzeittherapie und Substitutionsbehandlung. In dieser Diskussion wird häufig ausgeblendet, daß es eine Überforderung darstellt, von den Institutionen und Menschen, die sich um die Behandlung Drogenabhängiger kümmern, die Lösung des Drogenproblems zu erwarten. Substituierende Reduktionsprogramme sowie Erhaltungsprogramme erscheinen dann als neuer Königsweg, insbesondere aus ordnungspolitischem Blickwinkel. Bei aller Notwendigkeit einer solchen Diskussion ist es unerläßlich, im Auge zu behalten, was denn Behandlung von Drogenabhängigkeit bedeutet, welche Aspekte sie umfaßt, was sie an menschlichem Einsatz von Abhängigen und Therapeuten abverlangt und daß hier unweigerlich Grenzen des Erreichbaren liegen, durch die sich „das Drogenproblem" einer allgemeinen Lösung entzieht.

Die Diskussion läuft Gefahr, die Vielschichtigkeit der Ursachen von Drogenabhängigkeit zu übersehen, Aspekte der Behandlung zu verengen und Lösungswege auf einen jeweils aktuellen gesellschaftlichen Interessenausschnitt zuzuschneiden. Sie droht von der Verantwortung der ganzen Gesellschaft abzulenken, die in vielfältigster Weise Sucht und Drogenmißbrauch fördert, einer Gesellschaft, die in weiten Bereichen nicht bereit ist, ihr engstes Verwobensein mit Sucht- und Drogenproblemen auch nur zur Kenntnis zu nehmen.

Suchterkrankung ist *die* moderne Erkrankung des heutigen Menschen, sie scheint unserer Gesellschaft immanent zu sein. Es wäre viel erreicht, wenn die süchtigen „Abgestürzten" dieser Gesellschaft, so sie einwilligen, eine Überlebenschance erhielten und ihnen Wege aus der Sucht in hinreichender und vielfältiger Weise zur Verfügung stünden. Wege aus der Sucht aber nicht in dem verkürzten Sinn, daß die Gesellschaft allein danach trachtet, sich selbst nur vor den schlimmsten negativen Folgen zu bewahren, sondern in dem Sinne, daß der Betroffene sein Leben wirklich zu bejahen vermag.

Ich wünsche dem vorliegenden Buch eine interessierte Aufnahme, weil es sich einem vereinfachenden Zugriff entzieht und vielmehr ein facettenreiches, vielschichtiges Bild von drogenabhängigen jungen Menschen, ihren Motiven, ihrer Seelenlage, ihrer Not und ebenso ihrer Behandlung und ihrer Behandler zeichnet. Es zeigt, wie sich Wege, die aus Sucht herausführen, finden lassen. Es dokumentiert, daß Behandlung von Sucht und Drogenabhängigkeit möglich und erfolgreich ist. Es gibt über den Ausgangspunkt des Autors - die stationäre Therapie - hinaus wertvolle Anregungen für professionelle ambulante Hilfen und kann allen, die einen menschlichen Umgang mit Abhängigen pflegen wollen, Orientierung sein.

Es bietet schließlich dem Leser eine breite Basis für Anregungen zur Prävention im Blick auf Sucht und Drogenabhängigkeit, da der Autor scheinbar ganz verschiedene Gebiete menschlicher Entwicklung unter dem Aspekt von Sucht miteinander verknüpft und zu einem Suchtverständnis hinführt, das vom bloßen Stieren auf den Suchtmittelkonsum wegführt.

Stuttgart, Juli 1994 Prof. Dieter Fußnegger

Inhaltsverzeichnis

HINTER GITTERN

Gefangen -
in einem Knast ohne Mauern
verurteilt -
von einem ohne Richter

Das Verbrechen, das ich begangen habe
war mein Verlangen
nach mehr Leben, mehr Liebe, und
daß ich meine Sehnsucht nicht durch die Menschen stillen ließ,
sondern von einer Droge,
die stärker war
als meine Fähigkeit, zu sagen,
was ich von euch will

Die Droge ist mein Knast,
mein Richter und meine Geschworenen zugleich
Einzig mein Wille ist meine Befreiung
aus dem Gefängnis,
in das ich lieber zurückkehre,
weil es tausend Gründe gibt,
diesen leichteren Weg zu gehen!

Tausend Gründe?
Eigentlich gibt es nur einen:
Es ist leichter für mich
zu sterben,
als ständig nach dem Glück im Leben zu suchen.

- Oktober 1988 -
MONIKA HAGENMAYER

Einführung

Es war vor Zeiten ein König, der hatte einen schönen Lustgarten hinter seinem Schloß; darin stand ein Baum, der goldene Äpfel trug. Als die Äpfel reiften, wurden sie gezählt, aber gleich den nächsten Morgen fehlte einer. Das ward dem König gemeldet, und er befahl, daß alle Nächte unter dem Baume Wache sollte gehalten werden. Der König hatte drei Söhne; davon schickte er den ältesten bei einbrechender Nacht in den Garten: wie es aber Mitternacht war, konnte er sich des Schlafes nicht erwehren, und am nächsten Morgen fehlte wieder ein Apfel. In der folgenden Nacht mußte der zweite Sohn wachen, aber dem erging es nicht besser: als es zwölf Uhr geschlagen hatte, schlief er ein, und morgens fehlte ein Apfel. Jetzt kam die Reihe zu wachen an den dritten Sohn, der war auch bereit, aber der König traute ihm nicht viel zu und meinte, er würde noch weniger ausrichten als seine Brüder: endlich aber gestattete er es doch. Der Jüngling legte sich also unter den Baum, wachte und ließ den Schlaf nicht Herr werden. Als es zwölf schlug, so rauschte etwas durch die Luft, und er sah im Mondschein einen Vogel daherfliegen, dessen Gefieder ganz von Gold glänzte. Der Vogel ließ sich auf dem Baume nieder und hatte eben einen Apfel abgepickt, als der Jüngling einen Pfeil nach ihm abschoß. Der Vogel entflog, aber der Pfeil hatte sein Gefieder getroffen, und eine seiner goldenen Federn fiel herab. Der Jüngling hob sie auf, brachte sie am andern Morgen dem König und erzählte ihm, was er in der Nacht gesehen hatte. Der König versammelte seinen Rat, und jedermann erklärte, eine Feder wie diese sei mehr wert als das gesamte Königreich. „Ist die Feder so kostbar", erklärte der König, „so hilft mir auch die eine nichts, sondern ich will und muß den ganzen Vogel haben."

(Der goldene Vogel, Brüder Grimm)

Ein erstes flüchtiges Erhaschen, eine Idee, was süchtiges Verhalten bedeuten mag, stand zu Beginn dieses Buches. Diese Idee formulierte ich als „Modell süchtiger Beziehungsstruktur". Sie wurde grundlegend für die Entwicklung meines Verständnisses von Drogenabhängigkeit und Sucht, wie sie in diesem Buch ausgearbeitet wird. Auch wenn sich meine Arbeit allmählich vielfältig verzweigte und in unterschiedliche Bereiche vordrang, diese Idee von süchtiger Beziehungsstruktur blieb bestimmend und im Zentrum der vorliegenden Arbeit angesiedelt. Sie beantwortet die Frage: Was kennzeichnet süchtige Beziehung und Kommunikation? Welche Regeln generieren Sucht? Welche Strategien der Kommunikation kommen hier zum Einsatz?

Wie unseren Königssohn so hatte mich die Ahnung einer Antwort beseelt, ihr in verschiedene Richtungen hin zu folgen auf der Suche nach dem ganzen Vogel. Das Modell süchtiger Beziehungsstruktur läßt sich als abstrakter Entwurf einer Wirkungseinheit betrachten, die danach strebt, sich zu konkretisieren und viele Gestalten anzunehmen, oder als eine Grammatik der Sucht, die viele Erscheinungsformen der Sucht unter Befolgen einiger weniger Regeln generiert.

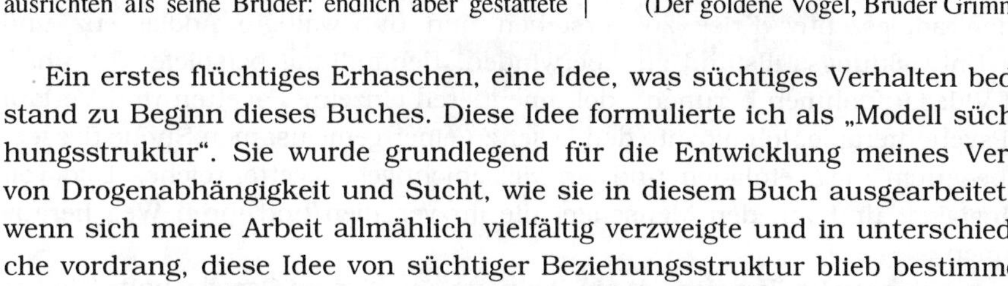

Wir werden die „Grammatik der Sucht" und ihre Wirkungsweise im kommunikativen und psychosozialen Gewebe in Teil 1 beschreiben. Hier entwickeln wir unser Modell süchtiger Beziehungsstruktur und zeichnen ihre Wirkungsweise nach sowohl bezüglich des psychosozialen Raumes wie der kommunizierenden Person. Wir werden dies tun auf der Grundlage zweier für diese Arbeit wesentlicher Begriffe: Information und Selbstgefühl. „Information“ werden wir als erstaunlich vielschichtigen Begriff entdecken, der so unterschiedliche Bereiche wie Kommunikation, Person, Gruppe, Familie und psychische Phänomene miteinander zu verbinden vermag.

Unser Verständnis von Sucht wird sich in Richtung auf diese vier Bereiche entwickeln und durch das Wirken der süchtigen Beziehungsstruktur verknüpft sein. Teil 2 legt ihr Wirken dar als schismogenetischen Gruppenprozeß innerhalb der stationären Therapieinstitution und widmet sich der Aufgabe, wie wir einen therapeutisch wirksamen systemischen Prozeß initiieren können, der zugleich die Behandlungsgrundlage der stationären Psychotherapie von Drogenabhängigkeit abgibt.

Teil 3 beschreibt ihr Wirken als Zerstören des Selbstgefühls der Person und ihre Desorganisation und wendet sich dem psychotherapeutischen Prozeß zwischen dem Therapeuten und seinem Gegenüber zu.

In Teil 4 konkretisiert sich die süchtige Beziehungstruktur als familiärer Abwertungszyklus und Schismogenese der familiären Organisation. Er trägt neue Aspekte für die Behandlung bei, indem wir den tiefen Loyalitätskonflikt zur Herkunftsfamilie untersuchen, der im Mittelpunkt der Therapie der Sucht steht.

Im 5. und letzten Teil lernen wir, die Psychotherapie von Drogenabhängigkeit als Reorganisation adoleszenter Krise zu verstehen und unbewältigte Adoleszenz und chronischen Entwicklungsstillstand zu überwinden. Behandlungsbeispiele, die überwiegend auf Videoaufnahmen beruhen, dokumentieren einzelne Facetten und Verlauf stationärer Psychotherapie. Ich möchte den Leser zu einer gemeinsamen Suche dessen, was Sucht bedeuten mag, einladen und ein vielschichtiges, facettenreiches Bild von Drogenabhängigkeit und von den Menschen, die ihr verfallen und ihren Weg heraus finden, zeichnen.

Epidemischer Suchtmittelkonsum ist ein Phänomen moderner Gesellschaft. Die Bedeutung, die ein Bewältigen von Sucht und süchtiger Beziehungsstruktur für uns besitzt, kann gar nicht hoch genug veranschlagt werden. Sie scheint *die* moderne psychosoziale Krankheit zu sein. Erforschung von Sucht heißt daher auch Erforschen der modernen Gesellschaft und des modernen Menschen. Einer der ersten und sensibelsten Untersucher der existentiellen Situation des Menschen in der modernen Gesellschaft war S. KIERKEGAARD. Er entdeckte sein Elend: die Verzweiflung. Die „Verzweiflung ist die Krankheit zum Tode, dieser qualvolle Widerspruch, diese Krankheit im Selbst, ewig zu sterben, zu sterben und doch nicht zu sterben“[1]. Unser Buch beschreibt die Bedingungen der Verzweiflung des modernen Menschen und ihre psychosozialen Stadien. Sucht ist eine Antwort auf diese moderne Verzweiflung, ein Heilungsversuch, und bleibt doch immer nur ein Mittel zur Verzweiflung. Kaum ein anderer Bühnenautor hat diese moderne Verzweiflung eindringlicher in Szene gesetzt als Samuel BECKETT in „Warten auf Godot“. Seine inszenierten Metaphern weisen daher nicht zufällig eine dichte Nähe zur süchtigen Erlebniswelt auf.

Auch das Märchen vom „goldenen Vogel“ zeichnet Bilder von Verzweiflung. Aber hier erhält sie eine produktive Rolle, Verzweiflung ist für die Entwicklung des Helden ein kritisches Zwischenstadium und weist ihn einen Weg, der schließlich aus Verzweiflung herausführt. Das Märchen erwies sich als verblüffend reichhaltiger Schatz von

---

1 S.Kierkegaard: Die Krankheit zum Tode, Fischer Bücherei, Frankfurt a. Main, 1961 S. 177-187.

Bildern, die sich immer wieder in erstaunlicher Weise einfügten. Zunächst interessierte mich das Märchen, weil es den Helden in paradoxe und daher verzweifelte Situationen hineinführt, gerade wie ich das als charakteristische Behandlungsituation in der stationären Psychotherapie mit Drogenabhängigen immer wieder erlebt habe. Der „goldene Vogel" zeichnet eine paradoxe Struktur von Erfahrung auf, die treffend die existentielle Behandlungssituation und ihre Krisen charakterisiert. Gelegentlich habe ich daher das Märchen erzählt, wenn ich eine solche paradoxe Situation, die die Verzweiflung meines Gegenüber wach rief, begreiflich machen wollte. Mich beschäftigte die Dialektik von Spontaneität und Zwang, die das Geschehen um den Märchenhelden ebenso charakterisiert wie die Behandlungssituation mit Drogenabhängigen. Später entdeckte ich, daß der „Goldene Vogel" als Prozeß der Individuation verstanden werden konnte. Die „goldenen Äpfel", die im Garten des Königs wachsen, sind ein keltisches Symbol von Ganzheit und Vollkommenheit. Die Königssöhne sind noch nicht reif, ihr Erbe anzutreten. Sie haben die große Suche nach Ganzheit und Vollkommenheit, die Geburt der erwachsenen Person, erst noch zu bestehen. Mit Erstaunen entdeckte ich die Stationen dieses Märchens als Modell des therapeutischen Prozesses in der Psychotherapie Drogenabhängiger, die zugleich der Reorganisation der adoleszenten Entwicklung und ihren Entwicklungsaufgaben gerecht werden. Einen ganz besonderen Wert gewann das Märchen für mich, als ich entdeckte, daß das Bild des goldenen Vogels nicht treffender hätte erdichtet werden können als Bild des erwachenden Gefühls des Selbst und seiner integrierenden Fortentwicklung. Der „Goldene Vogel" erweist sich als ein Ikon der zentralen Funktion des Selbstgefühls für Entwicklung und Gesundheit der Person und insofern als eine Metapher gegen die „Krankheit zum Tode".

Lassen wir uns die Suche nach dem goldenen Vogel von den Gebrüdern GRIMM weiter erzählen:

Der älteste Sohn machte sich auf den Weg, verließ sich auf seine Klugheit und meinte, den goldenen Vogel schon zu finden. Wie er eine Strecke gegangen war, sah er an dem Rande eines Waldes einen Fuchs sitzen, legte seine Flinte an und zielte auf ihn. Der Fuchs rief: „schieß mich nicht, ich will dir dafür einen guten Rat gegen. Du bist auf dem Weg nach dem goldenen Vogel und wirst heut' Abend in ein Dorf kommen, wo zwei Wirtshäuser einander gegenüber stehen. Eins ist hell erleuchtet, und es geht darin lustig her: da kehr aber nicht ein, sondern geh ins andere, wenn es dich auch schlecht ansieht." - „Wie kann mir wohl so ein albernes Tier einen vernünftigen Rat erteilen!" dachte der Königssohn und drückte los, aber er fehlte den Fuchs, der den Schwanz streckte und schnell in den Wald lief. Darauf setzte er seinen Weg fort und kam abends in das Dorf, wo die beiden Wirtshäuser standen: in dem einen ward gesungen und gesprungen, das andere hatte ein armseliges betrübtes Ansehen. „Ich wäre wohl ein Narr", dachte er, wenn ich in das lumpige Wirtshaus ginge und das schöne liegen ließ'." Also ging er in das lustige ein, lebte da in Saus und Braus und vergaß den Vogel, seinen Vater und alle guten Lehren.

Als eine Zeit verstrichen und der älteste Sohn immer und immer nicht nach Haus gekommen war, so machte sich der zweite auf den Weg und wollte den goldenen Vogel suchen. Wie dem ältesten begegnete ihm der Fuchs und gab ihm den guten Rat, den er nicht achtete. Er kam zu den beiden Wirtshäusern, wo sein Bruder am Fenster des einen stand, aus dem der Jubel erschallte, und ihn anrief. Er konnte nicht widerstehen, ging hinein und lebte nur seinen Lüsten.

Wiederum verstrich eine Zeit; da wollte der jüngste Königssohn ausziehen und sein Heil versuchen, der Vater aber wollte es nicht zulassen. „Es ist vergeblich", sprach er, „der wird den goldenen Vogel noch weniger finden als seine Brüder, und wenn ihm ein Unglück zustößt, so weiß er sich nicht zu helfen; es fehlt im am Besten." Doch endlich, wie keine Ruhe mehr da war, ließ er ihn ziehen. Vor dem Walde saß wieder der Fuchs, bat um sein Leben und erteilte den guten Rat. Der Jüngling war gutmütig und sagte: „sei ruhig, Füchslein, ich tue dir nichts zuleid." - „Es soll dich nicht gereuen", antwortete der Fuchs, „und damit du schneller fortkommst, so steig hinten auf meinen Schwanz." Und kaum hat er sich aufgesetzt, so fing der Fuchs an zu laufen, und da ging's über Stock und Stein, daß die Haare im Wind pfiffen. Als sie zu dem Dorfe kamen, stieg der Jüngling ab, befolgte den guten Rat und kehrte, ohne sich umzusehen, in das geringe Wirtshaus ein, wo er ruhig übernachtete. Am andern Morgen, wie er auf das Feld kam, saß da schon der Fuchs und sagte: „ich will dir weiter sagen, was du zu tun hast. Geh du immer gerade aus, endlich wirst du an ein Schloß kommen, vor dem eine ganze Schar Soldaten liegt, aber kümmre dich nicht darum; denn sie werden alle schlafen und schnarchen: geh mitten durch und geradewegs in das Schloß hinein und geh durch alle Stuben; zuletzt wirst du in eine Kammer kommen, wo ein goldener Vogel in einem hölzernen Käfig hängt. Nebenan steht ein leerer Goldkäfig zum Prunk, aber hüte dich, daß du den Vogel nicht aus seinem schlechten Käfig herausnimmst und in den prächtigen tust: sonst möchte es dir schlimm ergehen." Nach diesen Worten streckte der Fuchs wieder seinen Schwanz aus, und der Königssohn setzte sich auf: da ging's über Stock und Stein, daß die Haare im Winde pfiffen. Als er bei dem Schloß angelangt war, fand er alles so, wie der Fuchs gesagt hatte. Der Königssohn kam in die Kammer, wo der goldene Vogel in einem hölzernen Käfig saß und ein goldener stand daneben: die drei goldenen Äpfel aber lagen in der Stube umher. Da dachte er, es wäre lächerlich, wenn er den schönen Vogel in dem gemeinen und häßlichen Käfig lassen wollte, öffnete die Türe, packte ihn und setzte ihn in den goldenen. In dem Augenblick aber tat der Vogel einen durchdringenden Schrei. Die Soldaten erwachten, stürzten herein und führten ihn ins Gefängnis. Den anderen Morgen wurde er vor ein Gericht gestellt und, da er alles bekannte, zum Tode verurteilt. Doch sagte der König, er wollte ihm unter einer Bedingung das Leben schenken, wenn er ihm nämlich das goldene Pferd brächte, welches noch schneller liefe als der Wind, und dann sollte er obendrein zur Belohnung den goldenen Vogel erhalten.

Der Königssohn machte sich auf den Weg, seufzte aber und war traurig; denn wo sollte er das goldene Pferd finden? Da sah er auf einmal seinen alten Freund, den Fuchs, an dem Wege sitzen. „Siehst du", sprach der Fuchs, „so ist es gekommen, weil du mir nicht gehört hast. Doch sei gutes Mutes, ich will mich deiner annehmen und dir sagen, wie du zu dem goldenen Pferd gelangst. Du mußt geradewegs fortgehen, so wirst du zu einem Schloß kommen, wo das Pferd im Stalle steht. Vor dem Stall werden die Stallknechte liegen, aber sie werden schlafen und schnarchen, und du kannst geruhig das goldene Pferd herausführen. Aber eins mußt du in acht nehmen, leg ihm den schlechten Sattel von Holz und Leder auf und ja nicht den goldenen, der dabei hängt: sonst wird es dir schlimm ergehen." Dann streckte der Fuchs seinen Schwanz aus, der Königssohn setzte sich auf, und es ging fort über Stock und Stein, daß die Haare im Wind pfiffen. Alles traf so ein, wie der Fuchs gesagt hatte: er kam in den Stall, wo das goldene Pferd stand; als er ihm aber den schlechten Sattel auflegen wollte, so dachte er: „ein so schönes Tier wird verschändet, wenn ich ihm nicht den guten Sattel auflege, der ihm gebührt." Kaum aber berührte der goldene Sattel das Pferd, so fing es an, laut zu wiehern. Die Stallknechte erwachten, ergriffen den Jüngling und warfen ihn ins Gefängnis. Am andern Morgen wurde er vom Gerichte zum Tode verurteilt, doch versprach ihm der König das Leben zu schenken und dazu das goldene Pferd, wenn er die schöne Königstochter vom goldenen Schlosse herbeischaffen könnte.

Mit schwerem Herzen machte sich der Jüngling auf den Weg, doch zu seinem Glücke fand er bald den treuen Fuchs. „Ich sollte dich nur deinem Unglück überlassen", sagte der Fuchs, „aber ich habe Mitleiden mit dir und will dir noch einmal aus deiner Not helfen. Dein Weg führt dich gerade zu dem goldenen Schlosse: abends wirst du anlangen, und nachts, wenn alles still ist, dann geht die schöne Königstochter ins Badehaus, um da zu baden. Und wenn sie hineingeht, so spring auf sie zu und gib ihr einen Kuß; dann folgt sie dir, und du kannst sie mit dir fortführen: nur dulde nicht, daß sie vorher von ihren Eltern Abschied nimmt, sonst kann es dir schlimm ergehen." Dann streckte der Fuchs seinen Schwanz, der Königssohn setzte sich auf, und so ging es über Stock und Stein, daß die Haare im Winde pfiffen. Als er beim goldenen Schloß ankam, war es so, wie der Fuchs gesagt hatte. Er wartete bis um Mitternacht. Als alles in tiefem Schlaf lag, und die schöne Jungfrau ins Badehaus ging, da sprang er hervor und gab ihr einen Kuß. Sie sagte, sie wollte gerne mit ihm gehen, bat ihn aber flehentlich und mit Tränen, er möchte ihr erlauben, vorher von ihren Eltern Abschied zu nehmen. Er widerstand anfänglich ihren Bitten, als sie aber immer mehr weinte und ihm zu Fuß fiel, so gab er endlich nach. Kaum aber war die Jungfrau zu dem Bette ihres Vaters getreten, so wachte er und alle anderen, die im Schloß waren, auf, und der Jüngling ward festgehalten und ins Gefängnis gesetzt.

Am anderen Morgen sprach der König zu ihm: „dein Leben ist verwirkt, und du kannst bloß Gnade finden, wenn du den Berg abträgst, der vor meinen Fenstern liegt, und über welchen ich nicht hinaussehen kann, und das mußt du binnen acht Tagen zustande bringen. Gelingt dir das, so sollst du meine Tochter zur Belohnung haben." Der Königssohn fing an, grub und schaufelte, ohne abzulassen, als er aber nach sieben Tagen sah, wie wenig er ausgerichtet hatte, und alle seine Arbeit so gut wie nichts war, so fiel er in große Traurigkeit und gab alle Hoffnung auf. Am Abend des siebenten Tags aber erschien der Fuchs und sagte: „du verdienst nicht, daß ich mich deiner annehme, aber geh nur hin und lege dich schlafen: ich will die Arbeit für dich tun." Am andern Morgen, als er erwachte und zum Fenster hinaussah, so war der Berg verschwunden. Der Jüngling eilte voll Freude zum König und meldete ihm, daß die Bedingung erfüllt wäre, und der König mochte wollen oder nicht, er mußte Wort halten und ihm seine Tochter geben.

Auf einen letzten - für ein deutsches Märchen überraschenden Aspekt - möchte ich noch hinweisen. Dem happy end, worin der Königssohn sich mit der goldenen Königstochter vermählt und sein königliches Erbe antritt, folgt ein Epilog. Königssohn und Fuchs begegnen sich. Der Fuchs ist Führer, Freund, Weiser, Katalysator der Ereignisse, Therapeut - eine schillernde Persönlichkeit. Zum zweiten Mal trägt der Fuchs dem Königssohn einen absonderlichen Wunsch an:

„Lange danach ging der Königssohn einmal wieder in den Wald, da begegnete ihm der Fuchs und sagte: „du hast nun alles, was du dir wünschen kannst, aber mit meinem Unglück will es kein Ende nehmen, und es steht doch in deiner Macht, mich zu erlösen", und abermals bat er flehentlich, er möchte ihn totschießen und ihm Kopf und Pfoten abhauen. Also tat er's, und kaum war es geschehen, so verwandelte sich der Fuchs in einen Menschen, und war niemand anders als der Bruder der schönen Königstochter, der endlich von dem Zauber, der auf ihm lag, erlöst war. Und nun fehlte nichts mehr zu ihrem Glück, solange sie lebten."

Dieses Ritual um „Kopf" und „Fuß" - was könnte das bedeuten? Einklang von Kopf und Fuß dürfte gemeint sein, übersetzt: *mit Bewußtheit seinen Weg gehen.* Eine ungewöhnliche Symbolik für ein deutsches Märchen. Wenn wir nach Parallelen zu dieser Symbolik suchen, so stoßen wir überraschender Weise auf einen Begriff, „für den der abendländische Geist" nach C.G.JUNG überhaupt keinen Begriff besitze: den chinesischen Begriff „Tao". Das chinesische Zeichen für Tao ist zusammengesetzt aus dem Zeichen für „Kopf" und dem Zeichen für „Gehen". „Kopf" dürfte auf Bewußtsein deuten, „Gehen" auf „Weg zurücklegen". Die Idee wäre demnach „bewußt gehen", „bewußter Weg" oder moderner ausgedrückt: im Einklang mit dem eigenen Lebensprozeß oder Lebensfluß sein.

Hier berühren wir einen gemeinsamen Punkt zwischen Süchtigem und seinem Psychotherapeut. Gerade dieser Einstellung bedarf der Therapeut, immer wieder muß er den Weg zum Süchtigen hin suchen, der die Beziehung zu ihm immer wieder verwirft. Immer wieder wird er darauf abheben, im Einklang mit seinem Lebensfluß zu sein, und auf diese Weise sein Gegenüber anzuregen, sich auf seinen Lebensprozeß unverstellt zu besinnen. Diese Einstellung schafft eine so enge Verknüpfung von Psychotherapeut und Klient, daß beide sich entwickeln und an ihrer Entwicklung wechselseitig teilhaben. Auf dieser Basis begegnen sich therapeutische Beziehung und süchtige Beziehungsstruktur konstruktiv, denn hier treffen beide auf einen *gemeinsamen Quell, den „Lebensprozeß", d.h. die Bereitschaft, offen und rückhaltlos zu kommunizieren,* der

Psychotherapeut, der menschliche Beziehung bejaht, und der Süchtige, der Beziehungen verweigert und verneint. Weder der Psychotherapeut noch der Süchtige können sich jenseits ihres Lebensprozesses ansiedeln, und so lehrt der Psychotherapeut seinem Gegenüber zu leben, in der Art und Weise wie er selbst immer wieder Annäherung sucht an jemanden, der bereit ist, die Annäherung immer wieder zu entwerten, und darunter leidet.-

Wenn ich heute, da das Buch nun schon eine Weile ausgearbeitet daliegt, auf seine Entwicklung zurückschaue und das herauszufiltern suche, worin es meine Arbeit beflügelte, so fällt mir die Antwort leicht: Es ist die Entdeckung des organisierende Prinzips des Selbstgefühls. Sein rasches, systematisches Aktivieren und Festigen führt ins Zentrum effektiver Suchtbehandlung. Alle in diesem Buch beschriebenen und untersuchten therapeutischen Methoden dienen diesem einen Ziel: unser Gegenüber rasch eine sich verantwortlich fühlende, die eigenen Kräfte aktivierende, sein Schicksal und Selbstgefühl gestaltende Position entdecken zu lassen. Die Idee, das organisierende Prinzip des Selbstgefühls als heilende Kraft zu aktivieren und Selbstheilungskräfte wachzurufen, gibt eine neue Einstellung zur Suchtbehandlung. Sie hilft, effektive Methoden auszuwählen. Sie läßt uns die organisierende Kraft des Selbstgefühls als Agens von Selbstheilungskräften verstehen. Sie läßt uns somit auch der Idee nähertreten, Kurztherapie als wirkungsvollen Anstoß für einen weitreichenden, selbst gemanagten langfristigen Heilungsprozeß zu betrachten. Mit Bewußtheit seinen Weg gehen und dem Lebensprozeß zu folgen, ist gleichbedeutend mit der Erweckung des Selbstgefühls. Diese bedarf nicht notwendigerweise ein Umkrempeln der Persönlichkeit, sondern aktiviert selbst das organisierende Prinzip, das die Persönlichkeit sich neu organisieren läßt.

TEIL I

SÜCHTIGE BEZIEHUNGSSTRUKTUR

ODER

GRAMMATIK DER SUCHT

Die Krankenschwester: Sprich mir nach: Nichts! Nichts! Nichts!
Die verstummte Schauspielerin: ...Nichts..................................
(Aus: PERSONA, ein Film von Ingmar BERGMANN, 1966)

Kapitel 1: Fundamentalien der Kommunikation und süchtige Erlebensweise

Es gibt so etwas wie *Fundamentalien der Kommunikation*, die grundlegende Voraussetzungen menschlicher Kommunikation definieren. Sie betreffen in grundsätzlicher Weise das Verhältnis der Kommunizierenden zueinander. Ein Verletzen dieser Fundamentalien verzerrt Kommunikation in systematischer Weise und kann sich in ihrer zerstörerischen Wirkung gegen die Kommunizierenden selbst wenden. Ein Einhalten dieser Voraussetzungen fällt uns nicht weiter auf. Es erscheint selbstverständlich. Es gibt aber Weisen der Kommunikation, für die sie nicht gelten. Dort bemerken wir, daß irgend etwas nicht stimmt, und werden dieser Voraussetzungen erst gewahr.

Zu diesen Fundamentalien menschlicher Kommunikation gehört, daß der Kommunizierende die Botschaft, die er sendet, auch meint und sich als Kommunizierender bekennt. Das scheint banal, und doch gelten in der psychotischen Beziehungsstruktur diese Voraussetzungen nicht. In der psychotischen Kommunikationsweise verleugnet der Kommunizierende im Vorgang der Kommunikation sich und seine Botschaft, und so wirkt diese Kommunikation widersprüchlich, phantastisch und unwirklich.[2] Sie erscheint „verrückt". Durch solche Verletzungen ist eine spezifische Struktur von Erfahrung vorgegeben und in spezifischer Weise eingeschränkt. Die resultierenden (selbst)destruktiven Kräfte dieser Kommunikationsweise und ihre desorganisierende Wirkung auf die Person sind hier offensichtlich.

Eine andere Grammatik läßt die Kommunikationsweise Süchtiger erkennen, die in ihrem Wesen dem Verletzen einer anderen Voraussetzung entspringt: Hier gibt sich zwar der Kommunizierende als Kommunizierender zu erkennen, und er meint auch die Botschaft, die er kommuniziert, aber er *verweigert, den Kommunikationspartner als solchen anzuerkennen* und zu würdigen. Es handelt sich um eine Art und Weise zu kommunizieren, systematisch Kommunikation wider Kommunikation zu verwenden, um für den anderen unerreichbar zu sein. Wir nennen sie süchtige Beziehungsstruktur und werden ihre zugrundeliegende Grammatik beschreiben. Auch sie strukturiert Erfahrung in spezifischer Weise vor und entfaltet zerstörerische und selbstzerstörerische Wirkung für die solcherart Kommunizierenden, die hier zunächst im Verborgenen arbeitet und viel subtiler und schleichender vordringt. Eine solche Kommunikation wider Kommunikation erscheint nicht „verrückt", sie wirkt eher nüchtern, besser ernüchternd und bedrückend, läßt auf merkwürdige Weise die Dinge in der Schwebe und vermittelt das Empfinden untergründiger Spannung. Die folgenden Beispiele mögen einen ersten Eindruck vermitteln und in den Erfahrungshorizont einführen, den diese Kommunikationsweise in typischer Weise beschränkt. Hören wir uns den folgenden Dialog an:

Estragon wendet sich Wladimir zu.
Estragon: Komm, wir gehen!
Wladimir: Wir können nicht.
Estragon: Warum nicht?
Wladimir: Wir warten auf Godot.
Estragon: Ach ja. *Pause.* Bist du sicher, daß es hier

2 M.SELVINI PALAZZOLI, L.BOSCOLO/G.CECCHIN/G.PRATA, Paradoxon und Gegenparadoxon, Klett-Verlag, 1977, S.31ff

ist?
Wladimir: Was?
Estragon: Wo wir warten sollen.
Wladimir: Er sagte, vor dem Baum. *Sie betrachten den Baum.* Siehst du sonst noch Bäume?
Estragon: Was ist das für einer?
Wladimir: Ich weiß nicht...Eine Weide.
Estragon: Wo sind die Blätter?
Wladimir: Sie wird abgestorben sein.
Estragon: Ausgetrauert.
Wladimir: Es sei denn, daß es an der Jahreszeit liegt.
Estragon: Ist das nicht vielmehr ein Bäumchen?
Wladimir: Ein Strauch.
Estragon: Ein Bäumchen.
Wladimir: Ein - *Er setzt von neuem an.* Was willst du damit sagen? Daß wir uns im Platz geirrt hätten?
Estragon: Er müßte eigentlich hier sein.
Wladimir: Er hat nicht fest zugesagt, daß er käme.
Estragon: Und wenn er nicht kommt?
Wladimir: Kommen wir morgen wieder.
Estragon: Und dann übermorgen.
Wladimir: Vielleicht.
Estragon: Und so weiter.
Wladimir: Das heißt...
Estragon: Bis er kommt.
Wladimir: Du bist unbarmherzig.
Estragon: Ich meine, daß wir hier waren.
Wladimir: *blickt in die Runde*: Kommt dir die Gegend bekannt vor?
Estragon: Das will ich nicht sagen.
Wladimir: Also?
Estragon: Das will nichts heißen.
Wladimir: Immerhin...dieser Baum...*Zum Publikum gewendet.* Dieser Sumpf.
Estragon: Bist du sicher, daß es heute abend war?
Wladimir: Was?
Estragon: Daß wir warten sollten?
Wladimir: Er hat gesagt: Samstag. *Pause.* Meine ich jedenfalls.
Estragon: Nach Feierabend.
Wladimir: Ich muß es aufgeschrieben haben. *Er wühlt in seinen Taschen, die mit den verschiedensten Dingen vollgestopft sind.*

Ist die folgende Art und Weise der Kommunikation - ein Ausschnitt aus einer Gruppensitzung mit Heroinabhängigen, die wir später besprechen werden - nicht ebenso ernüchternd, bedrückend, wiederum auf merkwürdige Weise die Dinge in der Schwebe haltend und voll untergründiger Spannung?

Therapeut: Wie erlebt ihr die Gruppensituation?
Romika *fühlt sich angesprochen*: Du willst von uns wissen, wie wir die Gruppensitzung erleben nach diesen Ereignissen um Kerstin und Wolfgang?
Therapeut: Ja, aber mehr noch die allgemeine Gruppensituation. Wie erlebst du sie?
Romika: Gespannt - und es spielt viel Aggressivität mit...
Therapeut: Wo sind die Spannungen?
Romika: Kann ich nicht lokalisieren... nur so ein Gefühl...
Therapeut: Werden vielleicht Themen ausgespart?
Romika: Kann sein. Es war hier offener, als ich gekommen war. Vertrautheit in der Gesamtgruppe ist nicht mehr da.
Therapeut: Wie nimmst du die Spannungen wahr?
Romika: Ich fühle sie einfach.... fühle mich gefangen...
Therapeut: Auf Grund welcher Ereignisse?
Romika bleibt vage, sie gibt zu verstehen, daß es ihr nun unangenehm wird.
Therapeut: Da wird schon etwas dran sein! Wem gegenüber fühlst du dich am meisten gefangen?
Auf erneute Nachfrage:
Romika: Das wird mir zu konkret!
Therapeut: Berühren wir da die Themen, die nur mit Vorsicht zu behandeln sind?
Romika: Ja.(*Lacht entschuldigend.*)
Therapeut: Tritt man da ins Fettnäpfchen?
Romika: Hm...
Therapeut: Finde ich mutig. Es bringt aber nichts, unkonkret zu bleiben.
Romika: Ich möchte nicht nur allein was sagen. Das wird mir zu eng.
Therapeut: Wer meinst du, könnte mehr dazu sagen?
Romika: Das weiß ich nicht... (*Ist verlegen.*)

Unter den modernen Dramatikern hat BECKETT sich auf solche „Kommunikation wider Kommunikation“ spezialisiert und immer wieder in seinen Stücken solche Kommunikation im Fleisch moderner, alltäglicher Kommunikation seziert. Die obige Szene ist seinem Stück „Warten auf Godot" entnommen. „Warten auf Godot" gilt als Parabel vom modernen Menschen. Ist es Zufall, wenn wir die erlebte Welt der süchtigen Beziehungsstruktur hier entdecken können? Ich glaube nicht, denn intensive Beschäftigung mit dem Phänomen Sucht läßt nicht nur den Süchtigen besser verstehen, sondern angesichts der Allgegenwart von Suchtproblemen in der modernen Gesellschaft den modernen Menschen selbst. Wenn wir nicht auf die unmittelbaren Folgen von Suchtmittelkonsum starren, erkennen wir, daß sich zwischen dem modernen Menschen und Sucht keine Welten auftun, daß sie vielmehr eine gemeinsame existentielle Situation teilen und daher beide - wie KIERKEGAARD formulierte - von der „Verzweiflung" als einer „Krankheit zum Tode" infiziert sind und sich ihrer zu erwehren suchen. Mir kommt diese Kommunikation vor, als fertigten wir die Skizze einer Landschaft an und immer dann, wenn wir Konturen andeuten, fällt ein Schatten auf die konturierte Linie und verwischt sie wieder. In der Begegnung mit süchtiger Kommunikationsweise stellt sich immer wieder dieses gleiche subjektive Erleben ein. Was ist da für eine Kraft am Werk? Kündigt die merkwürdig schillernde Kommunikation und untergründige Spannung nicht von tiefer Ambivalenz als treibender und quälender Kraft?

Estragon: Schweigen wir ein wenig, ja?
Wladimir *mit schwacher Stimme*: Ja, meinetwegen.
Estragon setzt sich auf die Erde, Wladimir geht mit großen Schritten erregt auf und ab, von Zeit zu Zeit bleibt er stehen, um den Horizont abzusuchen. Estragon schläft ein. Gogo... Stille. Gogo... Stille. GOGO!
Estragon *fährt aus dem Schlafe auf und wird so wieder in seine schaudervolle Situation zurückversetzt*: Ich schlief. *Vorwurfsvoll.* Warum läßt du mich nie schlafen?
Wladimir: Ich fühlte mich einsam.
Estragon: Ich habe geträumt.
Wladimir: Erzähl es nicht!
Estragon: Ich träumte, daß...
Wladimir: Erzähl es nicht!
Estragon *auf das Universum zeigend*: Genügt dir das? *Schweigen.* Es ist nicht nett von dir, Didi. Wem soll ich denn meine Angstträume erzählen, außer dir?
Wladimir: Behalt sie für dich. Du weißt gut, daß ich das nicht ertrage.
Estragon *kühl*: Manchmal frag ich mich, ob es nicht besser wäre auseinanderzugehen.
Wladimir: Du würdest nicht weit kommen.

Wo Vagheit und Unbestimmtheit eingeengt werden, stoßen wir auf aktive Weigerung, aktives sich Ausschließen aus Kommunikation, so unterschiedlich sie sich maskieren mag: als Furcht, Panik oder Wut, so bedrohlich, daß sie nicht kommuniziert wird; als Mißtrauen, so abgrundtief, daß ein Überprüfen nicht zu wagen ist; als Einsamkeit, so einsam, daß sie verborgen wird und beschämt; und menschliche Begegnung als Qual und Quälen erscheint. Subjektiv empfindet sie der Kommunizierende alsinnere Spannung und als Schmerz, dem er zu entfliehen sucht. Wenn Annäherung Qual ist, wenn Kommunizieren quälen bedeutet, ist es dann erstaunlich, wenn sich der Kommunizierende durch Kommunikation Kommunikation zu entziehen sucht? Einen überlegenen Part zu sichern sucht? Eine überlegene Weise in der Welt zu sein? Wie dem auch sei, er übersieht: zugleich mit diesem Schritt, mit dieser Entscheidung, mit dieser Verweigerung setzt er einen Zerstörungsprozeß in Gang, der, zunächst in seiner Wirkung verborgen, letztlich ihn selbst treffen wird.

Oskar berichtet, er ließe sich seit einiger Zeit gehen. Er denke oft an seine Drogenscene. Morgens wache er auf, gierig zu „drücken". Öfters erwäge er, einfach von hier abzuhauen. Denn er fürchte, er verändere sich hier so, wie er es nicht wolle. Er werde hier „Nicht-Ich", wenn er sich näher auf Therapie einließe. Eigentlich halte ihn nur noch der Richter ab, seine Sachen zu packen.

Ich lenke das Gespräch auf seine Befürchtungen vor Therapie und seine Motivation hierzubleiben. Im Gespräch schält sich heraus, daß er an einen kritischen Punkt angelangt ist: Den Anspruch auf absolute Kontrolle über Beziehungen aufzugeben, zu vertrauen und Nähe einzugehen.

Die schnoddrige und achtlose Art und Weise, wie Oskar über sich und sein Schicksal spricht, berührt mich, was ich Oskar wiedergebe.

Für einen Moment wirkt Oskar gerührt und traurig, geht aber rasch darüber hinweg. Er scheint Gefahr und Angriff zu wittern, da er ansetzt, eine Verteidigungsrede zu halten: So wie ich das aufgegriffen hätte, meine er das nicht.

Ich vergewissere mich daher, ob er mir zugehört habe.

„Ja, aber ich glaube dir nicht. Das ist nur dein Job!"

„O.K. Aber meinst du denn, ich erwarte nicht auch von dir Glaubwürdigkeit? Steh nur ich auf dem Prüfstand?"

Er kränke mich, wenn er mein Empfinden so absolut und chancenlos beurteile und entwerte.

Wirkliche Kommunikation weckt diese Spannung, haucht diesem dumpfen Schmerz Leben und Schärfe ein! Dies läßt ahnen, daß Kommunikation wider Kommunikation Schutz bedeutet und Wehren gegen echte Kommunikation, die berührt. Der vorwurfsvolle, aggressive, verweigernde und herabsetzende Gestus verraten den Versuch, auf überlegene Weise in der Welt zu sein.

Mögen es Panik, Einsamkeit, zerstörerische Wut oder Mißtrauen sein, die den Süchtigen bewegen, diese Weise der Kommunikation geht jedenfalls damit einher, den Kommunikationspartner als solchen nicht anzuerkennen, und er tut dies, indem der Kommunizierende eine eindeutige Definition seiner Beziehung zum Kommunikationspartner nicht zuläßt und ihn auf eine meist verdeckte Weise abwertet. Da er es vermeidet, gemeinsam mit seinem Gegenüber die kommunikativen Voraussetzungen zu schaffen, die ein Kommunizieren darüber, wie sie zueinander stehen und miteinander kommunizieren, ermöglichen würden, kreist die Kommunikation um ihn selbst und verläßt nicht die engen Mauern einer selbstgeschaffenen Welt. Der Kommunizierende bespiegelt sich selbst. So entsteht die Welt süchtiger Beziehungsstruktur, sie läßt den Kommunizierenden unfaßbar bleiben und schließt ihn in seiner separaten Welt ein. Godot ist unerreichbar...

Wenn nun Godot dennoch erschiene, brächte das Erlösung? Wäre seine Ankunft erwünscht? Würde sie nicht vielmehr gefürchtet und abgelehnt werden, weil sie die selbstgeschaffene Welt und ihre einengenden Mauern in Frage stellte?

Estragon *kauend*: Ich hab dich etwas gefragt.
Wladimir: So?
Estragon: Hast du mir geantwortet?
Wladimir: Schmeckt sie gut, die Rübe?
Estragon: Sie ist süß.
Wladimir: Um so besser. Um so besser. *Pause*. Was wolltest du wissen?
Estragon: Ich komm nicht mehr drauf. *Er kaut*. Und das ärgert mich.
Er betrachtet die gelbe Rübe voller Bewunderung, hält sie zwischen den Fingerspitzen und schwenkt sie durch die Luft. Köstlich! *Er lutscht nachdenklich am Ende der gelben Rübe*. Wart mal, es fällt mir wieder ein. *Er beißt ein Stück ab*.
Wladimir: Na, und?
Estragon *mit vollem Mund, zerstreut*: Wir sind nicht gebunden?
Wladimir: Ich verstehe nichts.
Estragon *kaut und schluckt*: Ich frage, ob wir gebunden sind.
Wladimir: Gebunden?
Estragon: Gebunden.
Wladimir: Wie gebunden?
Estragon: An Händen und Füßen.
Wladimir: Aber an wen? Durch wen?
Estragon: An einen guten Mann.

Wladimir: An Godot? Gebunden an Godot? Wie kommst du darauf? Nie im Leben! *Pause.* Noch nicht. *Er betont „noch“.*
Estragon: Heißt er Godot?
Wladimir: Ich glaube.
Estragon: Du! *Er hält den Rest der gelben Rübe an dem kurzen Strunk fest und schwenkt ihn vor seinen Augen.* Es ist eigenartig, je weiter man kommt, um so schlechter schmeckts.

Mit Godot wird der Kommunikationspartner verworfen. Vor unseren Augen engt sich der Süchtige und der ihm verwandte moderne Mensch ein, seine Versuche, überlegen in der Welt zu sein, entwerfen immer neue Mauern, die ihn vom Kontakt mit der lebendigen Welt, von Wertempfinden und einem Gefühl von Integrität abschneiden. Erhalten bleibt ein dumpfes Empfinden von Spannung und Schmerz, dysphorisches Empfinden. Vermag eine Kommunikationsweise, die den Kommunikationspartner als solchen verwirft, zu nähren und zu befriedigen?

Petra: Ich glaube einfach, daß ich da zum Boxer werde. Wenn von Helga oder Elke Kritik rüberkommt, dann schluck' ich erstmal, kann es aber eher annehmen, anders als Hartmut oder Oskar. Was mich persönlich betrifft...Von mir in Sitzungen zu erzählen, das bringe ich einfach nicht mehr. Ich weiß nicht so recht, warum. Ich sehe Brigitte, wie's ihr geht, wie wenig sie sich verstanden fühlt. Und Brigitte hatte ja viel von ihrem Leben in der Gruppe erzählt, was hat es ihr gebracht? ... Irgend etwas hemmt mich, mich in die Gruppe zu setzen. Die Gruppensitzung ist so, daß ich immer denke, da geht es mir bestimmt schlecht.
Therapeut: Du findest, daß du dich mit deinen Themen, mit dem, was für dich ansteht, nicht aufgehoben fühlst?
Petra: Ich weiß nicht. Ich sehe es auch irgendwo nicht ein, warum soll ich? Warum soll ich mich reinsetzen und sagen, was mich bewegt, wenn andere Leute...
Therapeut: Also das würde mich schon noch mal interessieren, wie kommst du zu dieser Vorannahme. Wie hat sich deine Einstellung geändert, früher war es o.k., jetzt aber habe sich irgend etwas geändert, so daß du es nicht mehr tun würdest?
Petra: Oh, Mann, es fehlt hier an Einfühlungsvermögen. Mir ging's extrem dreckig. Aber ich setze mich doch nicht rein und erzähle wie dreckig es mir geht. Da war ich enttäuscht. Da ist noch die Sache mit Brigitte. Sie hat es eingebracht, und ihr geht es auch nicht besser.
Therapeut: Also Brigitte hat schlechte Erfahrungen gemacht, das möchtest du nicht auch erleben?
Petra: Hm.
Therapeut: O.K... (*leise, resignierend*)

Nein, solche Kommunikation nährt nicht, sie ruft mehr und mehr dysphorische Empfindungen hervor, die einer Desorganisation der Person den Weg ebnen. Kommunikation wird vielmehr gefürchtet, sie weckt Vorstellungen von Gefangenschaft, von Demütigung und Kreuzigung, Motive, die uns in der Arbeit mit Süchtigen unentwegt begegnen. Aber selbst wenn Godot leibhaftig käme, wenn er hereinbräche in diese Welt, würde er erkannt werden? Würde er nicht vielmehr als ihr Spiegelbild erscheinen? Als Abbild ihrer Gefangenschaft in ihrer selbst erzeugten Welt? Ihrer tiefen desintegrierenden Ambivalenz und Zerrissenheit? Als kreuzigende, fesselnde, sadistische Gewalt? Mit nachtwandlerischer Sicherheit entwirft BECKETT dieses Bild von Kommunikation als sadomasochistisches Ritual, das sich ausschließlich an einer überlegenen Weise, in der Welt zu sein, orientiert und unvermittelt ins Gegenteil verkehrt:

Wladimir: Man kann nichts dafür.
Estragon: Man kann machen, was man will.
Wladimir: Man bleibt, was man ist.
Estragon: Man kann sich winden, wie man will.
Wladimir: Im Grunde ändert sich nichts.
Estragon: Nichts zu machen.

Er hält den Rest der gelben Rübe Wladimir hin. Willst du sie aufessen?
Ein lauter Schrei ertönt ganz in der Nähe. Estragon läßt die gelbe Rübe fallen. Sie bleiben regungslos stehen und rennen auf die Kulisse zu. Estragon bleibt auf halbem Wege stehen, geht wieder zurück, hebt die gelbe Rübe auf und stopft sie in seine Tasche. Dann läuft er auf Wladimir zu, der ihn erwartet, hält wieder an, geht zurück, hebt seinen Schuh auf und läuft dann zu Wladimir. Sie wenden sich engumschlungen mit eingezogenen Köpfen von der drohenden Gefahr ab und warten.
Pozzo und Lucky treten auf. Pozzo führt Lucky am Strick vor sich her. Der Strick ist um Luckys Hals geschlungen. Man sieht zuerst Lucky und den Strick. Der Strick muß so lang sein, daß Lucky bis auf die Mitte der Bühne gehen kann, ehe Pozzo aus den Kulissen tritt. Lucky trägt einen schweren Handkoffer, einen Klappstuhl, einen Vorratskorb und auf dem Arm einen Mantel; Pozzo hat eine Peitsche.
Pozzo *noch hinter den Kulissen*: Schneller!
Peitschenknallen.Pozzo erscheint. Sie überqueren die Bühne. Lucky geht an Wladimir und Estragon vorbei und verläßt die Bühne. Pozzo bleibt stehen, nachdem er Wladimir und Estragon erblickt hat. Der Strick spannt sich. Pozzo zieht heftig daran. Zurück! *Geräusch eines Sturzes. Lucky stürzt mit seiner ganzen Last zu Boden. Wladimir und Estragon schauen ihn an und sind unschlüssig, ob sie ihm zu Hilfe eilen, oder ob sie sich aus Angelegenheiten, die sie nichts angehen, heraushalten sollen. Wladimir geht einen Schritt auf Lucky zu. Estragon hält ihn am Ärmel zurück!*
Wladimir: Laß mich los!
Estragon: Bleib' ruhig.
Pozzo: Vorsicht! Er ist bissig. *Estragon und Wladimir schauen ihn an.* Fremden gegenüber.
Estragon *leise*: Ist er es?
Wladimir: Wer?
Estragon: Na, der...
Wladimir: Godot?
Estragon: Eben.
Wladimir: Ach was!
Estragon: Er sagte: Godot.
Wladimir: Ach was!
Estragon *zu Pozzo:* Mein Herr, sind sie vielleicht Herr Godot?
Pozzo *mit schrecklicher Stimme*: Ich bin Pozzo! *Schweigen.* Ich frage Sie, ob der Name Ihnen nichts sagt?
Wladimir und Estragon blicken einander fragend an.
Estragon *tut so, als sucht er*: Pozzo...Pozzo...
Wladimir *tut auch so, als suchte er:* Pozzo...
Pozzo: PPPPOZZO!.....
Pozzo: Wer ist Godot?
Estragon: Godot?
Pozzo: Ihr habt mich für Godot gehalten.
Wladimir: O nein, mein Herr, nicht einen einzigen Augenblick.
Pozzo: Wer ist es?
Wladimir: Nun ja, das ist ein...das ist ein Bekannter.
Estragon: Ach was, ich bitte dich, wir kennen ihn kaum. Ich jedenfalls würde ihn nicht wiedererkennen.

Wladimir und Estragon verleugnen Godot und in Godot ihr Gegenüber, und gerade dieses Verleugnen des Gegenüber hat einen Preis, den BECKETT unerbittlich in Szene setzt: Pozzo und sein Gefährte sind unentrinnbar aneinander gekettet, wie dies auch für Wladimir und Estragon gilt, und diese Bindung eskaliert zu einem sadomasochistischen Ritual. Mit einer merkwürdigen Mischung aus Erleichterung und Angst starren sie ein Gaukelbild ihrer selbstgeschaffenen Welt an: Wer quält hier wen? Wer leidet? Wer initiiert dieses Ritual? Immer wieder erneut? Wer besitzt wen? Wer ist von wem besessen? Besitzen sie ein eigenes Leben? Gibt es überhaupt jemanden der leidet? Eine Stimmung von Zeitlosigkeit, Handlungsunfähigkeit und Empfindungstaubheit ist eingekehrt.

Wir sind im Zentrum der Erfahrungswelt angelangt, die die süchtige Beziehungsstruktur aufspannt, und hier nun enthüllen sich allmählich die zerstörerischen und selbstzerstörerischen Kräfte dieser Kommunikationsweise und ihre Gewalt. Sie werden reflektiert in Phantasien sadomasochistischer Umklammerung, die uns als zentrale Suchtphantasien in den desorganisierten Zuständen der Person wieder begegnen, ebenso, wenn wir uns mit der Gruppendynamik befassen oder die familiären Bindungen Drogenabhängiger untersuchen. Sie reflektieren den grundlegenden zerstörerischen Beziehungsvorgang süchtiger Beziehungsstruktur: Grenzverletzungen, worin die Kommunizierenden aktiv und passiv, als Täter wie als Opfer, gefangen sind.

Süchtige Beziehungsstruktur scheint einen spezifischen Erfahrungsraum abzustekken, deren Merkmale sind: Vagheit und Vieldeutigkeit der Beziehungsinformation; untergründige Spannung und Ambivalenz; letztlich ein erbittertes aktives sich Verweigern von Kommunikation und Versuchen, einen geschützten, überlegenen Part in der Kommunikation zu wahren; Sich-einengen auf eine selbstgeschaffene separate Welt; drohender Verlust des Kontaktes mit der lebendigen Welt; Verlust des Empfindens von Werterfahrung und Ausbreiten dysphorischer Empfindungsqualitäten und Empfindungstaubheit; Verstricken in sadomasochistische Beziehungsvorstellungen von Gefangenschaft, Demütigung, Kreuzigung und Gewalt, die auch für den Bezug zu sich selbst gelten und auf einen in Gang gekommenen grenzverletzenden, desorganisierenden, zerstörerischen Prozeß hindeuten.

Kapitel 2: Die Grammatik süchtiger Beziehungsstruktur

Beobachtungseinheit

„Um ein (gegenwärtiges) System vollständig zu verstehen, dürfen wir es nicht nur als eine Einheit betrachten, in der eine innere Dynamik wirksam ist, sondern wir müssen es auch in seiner Umgebung, in seinem Umfeld oder Kontext betrachten, mit dem das System durch sein Funktionieren verbunden ist."[3]

Die grundlegende Beobachtungseinheit ist in unserer Beschreibung nicht das Individuum. Die Gründe unserer Weigerung, die menschliche Person und ihre psychische Struktur zum Ausgangspunkt zu wählen, formulierte G.BATESON in seinem Artikel: „Die Kybernetik des „Selbst": Eine Theorie des Alkoholismus". Um menschliches Verhalten zu erklären, könne die Grundeinheit der Betrachtung nicht das menschliche Individuum sein, sondern „Mensch plus Umgebung", denn „Geist" sei „dem größeren System immanent".

Wenn wir menschliches Verhalten untersuchen, verlangt das, die Beobachtungseinheit so zu definieren, daß die relevante kommunikative Struktur des Menschen intakt bleibt: „Wenn man irgend jemanden nach der Lokalisierung und nach den Grenzen des Selbst fragt, treten diese Verwirrungen unmittelbar zutage. Man denke an einen Blinden mit einem Stock. Wo beginnt das Selbst des Blinden? An der Spitze des Stocks? Am Griff des Stocks? Oder irgendwo in der Mitte des Stocks? Diese Fragen sind unsinnig, weil der Stock ein Weg ist, auf dem Unterschiede übermittelt werden und dabei eine Transformation durchmachen, so daß eine Grenzlinie durch diesen Weg zu ziehen bedeutet, einen Teil des systemischen Kreislaufs abzuschneiden, der die Fortbewegung des Blinden bestimmt."[4] Wir werden dieser Aufgabe weiter unten durch die Definition eines systemischen Feldes gerecht werden, das per definitionem die relevanten Kommunikationskreisläufe enthält.

Natürlich hat ein solcher Ansatz Folgen für unser Verständnis von der menschlichen Person, die wir nun nicht mehr allein auf ihre Haut begrenzen, ja, die wir nun nicht mehr als in sich geschlossenes autarkes Wesen betrachten können: Die menschliche Person ist vielmehr koexistent mit dem systemischen Feld. „Im Prinzip müssen wir, wenn wir den geistigen Aspekt irgendeines biologischen Ereignisses erklären oder verstehen wollen, das System mit berücksichtigen - das heißt, das Netzwerk von geschlossenen Schaltkreisen, in dem jenes biologische Ereignis bestimmt wird. Wenn wir aber das Verhalten eines Menschen oder irgendeines anderen Organismus zu erklären wünschen, wird dieses „System" in der Regel nicht dieselben Grenzen haben wie das „Selbst". Die gesamte selbstregulierende Einheit, die Informationen verarbeitet oder, wie ich sage, „denkt", „handelt" und „entscheidet", ist ein System, dessen Grenzen keineswegs mit den Grenzen des Körpers oder dessen, was man gewöhnlich als „Selbst" oder „Bewußtsein" bezeichnet, zusammenfallen."

Wir ziehen daraus die Schlußfolgerung, unsere Annäherung an Sucht mit einer Untersuchung der kommunikativen Struktur zu beginnen. In der Mitte zwischen der Person, ihrer psychischen Struktur und psychosozialen Matrix angesiedelt ist Kommunikation. Die menschliche Person ist vor und ohne Kommunikation und Beziehung einfach undenkbar, und jede soziale Institution und Gemeinschaft bleibt an Kommunikation gebunden, um ihr Leben, ihre Gemeinsamkeit, ihre Aktivitäten, ihre Ko-

---

3 H.R. MATURANA, F.J. VARELA: Der Baum der Erkenntnis, Scherz Verlag Bern, München, Wien 1987, S. 66.

4 G.BATESON, Ökologie des Geistes, Suhrkamp Verlag Frankfurt a.M., 1983, S. 410f.

operation etc. zu organisieren und ihr Ausdruck zu verleihen. Indem wir die Kommunikation als Ausgangspunkt unserer Beobachtung wählen, werden wir BATESONs Forderung gerecht, Mensch und Umfeld zusammenzudenken. Unter diesem Blickpunkt können wir erkennen, wie die Kommunizierenden sich selbst, ihren Kontext und ihr Verhältnis dazu mitgestalten.

Eine solche Denkweise bedarf anderer Grundbegriffe als dies „Libido“ und „psychischer Apparat“ darstellen, Grundbegriffe, die die Kommunizierenden als menschliche Personen hinsichtlich ihrer inneren Organisation, ihrer kommunikativen Beziehungsgestaltung, ihres Kontexts und ihrer psychosozialen Matrix zu verbinden vermögen. Eine eingehende Untersuchung erweist „Information“ als einen solchen verbindenden Grundbegriff.

Die Wahl der Beobachtungseinheit gibt wiederum unserem Denken gewisse Strukturmerkmale vor, die wir noch kurz untersuchen wollen. Bewußtheit geschieht im Brennpunkt der Wahrnehmung und gliedert daher Wahrnehmung in einen Fokus und seinen Rand, den wir auch als Kontext bezeichnen können. Der Brennpunkt bewußter Wahrnehmung ist sehr klein, beleuchtet nur einen winzigsten Ausschnitt möglicher Wahrnehmung. Die Ränder stellen potentiell den Rest von Welt. Das Auflösungsvermögen ist im Zentrum hoch; die Ränder dagegen werden schlecht aufgelöst, erscheinen unscharf, vage, diffus, schattenhaft, bis sie der Wahrnehmung ganz entzogen sind. Schöpfen und Wahrnehmen von Unterschieden geschieht im Brennpunkt der Wahrnehmung. Die Ränder erscheinen eher als unterschiedsloses Gewebe. An diese Eigenart ist jedes bewußte Wahrnehmen geknüpft. Wahrnehmung hat den Makel, den Gegenstand der Wahrnehmung nicht zugleich mit seinem Kontext aufzunehmen; erst recht gilt, daß der Wahrnehmung der Kontext des Wahrnehmungsvorgang verschlossen bleibt - es sei denn, Kommunikation kommt zu Hilfe.

Der Mangel eines winzigen Brennpunktes kann relativ behoben werden, in dem der Fokus der Aufmerksamkeit schweift und so z.B. eine ganze menschliche Person abtastet. Diese Bilder können im kontinuierlichen Bewußtseinsstrom eines an das andere gereiht, geordnet und verarbeitet werden, so daß die ganze Gestalt in Erscheinung tritt. Auch wenn der Prozeß des Wahrnehmen von Gestaltprinzipien organisiert und gesteuert wird, ändert dies nichts daran, daß die Welt in „Gestalt“ und Kontext zerfällt. Der Bereich, innerhalb dessen der Fokus schweift und Bewußtseinseindrücke aneinanderreiht und organisiert, wird durch die Beobachtungseinheit definiert. Sie bestimmt, was als Ganzes aufgefaßt wird und bildet den Bezugspunkt meiner Wahrnehmungen und Erklärungen. Für die Beobachtungseinheit als Gesamtheit fokussierter Wahrnehmungsbilder entsteht aber nun wieder das gleiche Problem: Wieder wird die Welt zerlegt in Fokus und Kontext.

Bewußtsein scheint für uns nicht ohne kommunikative Struktur denkbar, und daher ist es auch nicht verwunderlich, wenn sich diese kommunikative Struktur immer erneut reproduziert und kein prinzipielles Entkommen zuläßt. Dies gilt auch für den Begriff der Information, der ebenfalls diese Grundstruktur von Fokus und Kontext beinhaltet. Wir werden das im nächsten Abschnitt sehen.

Bezogen auf eine gegebene Beobachtungseinheit, z.B. menschliches Verhalten, kann ein Beobachter den Fokus seiner Wahrnehmung erweitern, indem er dazu übergeht, die Interaktionen der umgebenden Familie etwa zu beobachten. Er weitet den Kreis seines schweifenden Fokus. Ebenso kann er den Fokus verengen und nun menschliches Verhalten auf dem Raster psychischer Struktur und Dynamik aufzeichnen.

Uns sind gewissermaßen zwei Richtungen vorgegeben - wir nennen sie horizontal und vertikal -, wo wir auf Ränder der Wahrnehmung stoßen. Die Betrachtung der Kommunikation, der Beziehung zwischen Therapeut und Süchtigem, liegt dann in der Mitte, von wo aus der Fokus, Erklärung erheischend, Ausflüge in beide Richtung unternehmen kann.

Es ist zu beachten, daß zwei verschiedene Weisen, Wahrnehmungen zu organisieren und zu deuten, am Werk sind. Nehmen wir als Beobachtungseinheit die therapeutische Beziehung zu unserem Gegenüber. Relativ zu diesem Bezugspunkt können wir unsere Aufmerksamkeit auf den Süchtigen selbst, seine psychische Beschaffenheit und Struktur, richten und diese als Kontext wählen. Der Vorteil ist, daß wir den Süchtigen mit seiner Eigenart, seiner Biographie etc. näher kennenlernen. Wir können unsere Aufmerksamkeit aber auch dem relevanten Bezugssystem zuwenden, indem wir Herkunftsfamilie, Freunde, Helfer zu uns in die Einrichtung einladen. Wieder verändern wir den Kontext süchtigen Verhaltens: Was nur am Rande zu ahnen war, die Verstrickung des Süchtigen mit seiner Herkunftsfamilie, steht nun im Mittelpunkt. Der verengte wie der erweiterte Kontext haben ihrerseits wiederum ihre Begrenzungen, einerseits neuro-physio-endokrinologische Zusammenhänge, andererseits soziale Phänomene.

Was geschieht im Wechsel der Sichtweisen? Wir springen von einer logischen Typisierung zu einer anderen über. Aus logischer Sicht wechseln meine Wahrnehmungsbilder zwischen verschiedenen kategorialen Ebenen. Sie können daher nicht zu identischen Beschreibungen führen.

In der vertikalen Sichtweise stellt für den beobachtenden Therapeuten der süchtige Klient das Ganze dar: er lernt die Herkunftsfamilie und ihre Mitglieder wie auch ihre Beziehungen untereinander durch den Klienten hindurch kennen, sieht gewissermaßen durch den Klienten auf die Familie. In dieser Sichtweise wird die Familie Teil des Klienten auf der Ebene der Repräsentanz und damit Teil seiner Antriebe und psychischen Struktur. In dieser Sicht der Welt wird der Klient notwendigerweise Mittelpunkt des therapeutischen Erklärungsansatz, womit bestimmte Folgen für Erkenntnis und Beschreibung einhergehen:

Vielfältige Informationswege werden zerrissen, zirkuläre Determination in kausale Erklärungsversuche aufgespalten. Kontextmerkmale und Interaktionen zwischen Selbst und Kontext werden zu Markierungen und Eigenschaften der Person, ein komplexes Beziehungsgeschehen wird zu einer Substanz (im philosophischen Sinne) verdinglicht. Letztlich wird sich der Therapeut auf die Natur des Individuums berufen. Das Individuum und sein Kontext werden sich in den Gegensatz von Individuum und Vergesellschaftung aufspalten. „Wenn wir...die unbewußten Prozesse aus dem „Selbst“ ausschließen und sie als „ich-fremd“ bezeichnen, dann nehmen diese Prozesse die subjektive Färbung von „Trieben“ und „Kräften“ an; und diese pseudodynamische Qualität wird dann auf das bewußte „Selbst“ ausgedehnt, das versucht, die „Kräfte“ des Unbewußten „abzuwehren“. Das „Selbst“ wird dadurch seinerseits zu einer Organisation scheinbarer „Kräfte“.[5]

Alles Beziehungsgeschehen zwischen Therapeut und Klient wird gleichsam auf eine v e r t i k a l e Achse projiziert, welche die individuelle Zeit und Geschichte darstellt. Eine Verengung des Kontexts wird das Ganze und seine Teile neu definieren; das neu-

5 ebenda S. 414.

definierte kleinere Ganze wird der Wahrnehmung als substantiell erscheinen und sich definitionsgemäß gegen den Kontext abgrenzen, in den es eingebettet ist. Vergesellschaftung wird zu einer Potentialität des Individuums.

Fokuserweiterung entfaltet einen komplexen Beziehungszusammenhang und enthüllt horizontal ein gegenwärtiges Beziehungsgeflecht. Was auf der individuellen Zeitachse markiert gefunden wurde, findet der Beobachter ebenso differenziert als Vielfalt der Beziehungen. Eigenschaften des Individuums verwandeln sich in Relationen; das Individuum ist Teil des Systems. Informationswege lassen sich beobachten und ihren zirkulären Charakter erkennen. Der Erklärungszusammenhang dieser definierten Ganzheit sind Beziehungen und ihre gegenseitige Beeinflussung. Das wiederum läßt das Individuum vage erscheinen, es stellt den 'unteren' Rand des Fokus dar, den 'oberen' dagegen übergeordnete gesellschaftliche Zusammenhänge, denen gegenüber das System Familie sich als Einheit definiert. In seiner reinen Form läßt diese Sichtweise das Individuum und seine Natur verflüchtigen zu einer abstrakten Potentialität des Systems.

Aber jede Sichtweise in ihrer Konsequenz bis ins Extrem verfolgt, zeigt unerwartete Berührungspunkte, die vermuten lassen, daß wir hinter den Unterschieden vielleicht doch ein Kontinuum als Welt vorfinden. Aus psychotherapeutischer Sicht dehnt sich das, was als Selbst verstanden wird, immer weiter in seinen Kontext hinein, nimmt ihn in sich auf und betrachtet seinen Kontext als Teil seiner selbst. Einen solchen psychologischen Ansatz verfolgte C. G. JUNG. Im Extrem wird das Selbst identisch mit seinem Kontext. Aus systemischer Sicht wiederum wird das Selbst eine leere Potentialität. Aber gerade an diesem Punkt wird das Selbst zu einem Quell beständiger, zufälliger Fluktuation, Quell permanenter, schillernder Änderungen, Quell eines Oszillierens der Beziehungen. Das Selbst geht in den Kontext über, der Kontext wird wiedergeboren im Selbst. Jeweils auf die Spitze getrieben, berühren sich beide Sichtweisen, als gäbe es ein Kontinuum von einem Ganzen zum anderen.

Wir entdecken einen grundsätzlichen Zusammenhang, wonach das Selbst Kontext des Sozialen und das Soziale der Kontext des Selbst ist. Das heißt, sie stehen wechselseitig in einem Begründungszusammenhang. Dieses Denkmuster liegt unserer Untersuchung über Sucht und ihre Wirkungsbereiche zugrunde, wobei diese unterschiedlichen Sichtweisen und hierarchischen Kontexte wechselseitig als Begründung dienen.

Der Begriff Information und seine relationale Natur

Die gängige Vorstellung von Information, wonach Information quasi als ein physikalisches Ding oder als ein bestimmter materieller Zustand - etwa die An/Aus-Stellung eines elektronischen Schalters - betrachtet wird oder gleichgesetzt wird mit den Begriffen „Input" oder „Output" informationsverarbeitender Systeme, als gäbe es „ein Etwas, das kommuniziert wird" und als „wäre es in dem enthalten, was in der Verbindungsröhre weiter geleitet wird,"[6] wird hinderlich, wenn wir menschliche Kommunikation und das Wirken süchtiger Beziehungsstruktur verstehen wollen. Schon eine erste Begegnung mit diesem Begriff enthüllt seine merkwürdig immaterielle Gestalt.

Was ist Information? Eines ist sicher: Von Information kann *nur im Zusammenhang mit einem Sender und einem Empfänger* gesprochen werden. Der Begriff Information

6 MATURANA,VARELA, Der Baum der Erkenntnis, Bern, München, Wien 1987, S.212

hat nur Sinn, eingebettet in diese grundlegende Beziehung. Information setzt Unterschiede, die zueinander in Beziehung setzen: Die *syntaktische* Dimension umfaßt die Beziehung der Zeichen untereinander. Die *semantische* Dimension umfaßt die Beziehung der Zeichen untereinander und das, wofür sie stehen. Die *pragmatische* Dimension umfaßt die Beziehung der Zeichen untereinander, das, wofür sie stehen, und das, was dies für den beteiligten Sender und Empfänger als Handlungsforderung darstellt.

Bereits der Aspekt der syntaktische Information bringt die relationale Struktur von Information zur Geltung. SHANNONs erfolgreicher Versuch, Information zu quantifizieren, enthält als wesentliche Eingangsgröße das Vorwissen des Empfängers, das durch eine Wahrscheinlichkeitsverteilung charakterisiert wird. Der Informationsgehalt läßt sich damit nur in Relation auf subjektive, auf den Empfänger bezogene Wahrscheinlichkeiten angeben. „Im Kontext der Shannonschen Theorie gibt es folglich keine Information im absoluten Sinn.“[7]

Für die Darstellung und Übertragung von Information sind Zeichen erforderlich. Zeichen, die eine Bedeutung haben, werden Symbole genannt. Ihr Erkennen setzt eine semantische Übereinkunft zwischen Sender und Empfänger voraus. Auch hier hat eine Nachricht keinen absoluten Wert, sondern nur einen relativen in Bezug auf einen semantischen Referenzrahmen. Damit ein Informationsaustausch in sinnvoller Weise überhaupt möglich wird, müssen für Sender und Empfänger gemeinsame Verständigungsstrukturen vorausgesetzt werden. Schließlich ist semantische Information ohne pragmatische Information nicht denkbar, da das Erkennen der Semantik als *Semantik* irgendeine Wirkung beim Empfänger hervorrufen muß. Wir können daher mit WEIZSÄCKER konstatieren: „Ein absoluter Begriff der Information hat keinen Sinn...“[8] Information ist durch und durch relationaler Natur: die Bezogenheit von Fokus und Kontext als Struktur des Beobachtens (s.o.) bleibt gewahrt, Information kann aus dem Prozeß der Kommunikation nicht ausgegliedert werden. WEIZSÄCKER definiert nun Information folgendermaßen: *(a) Information ist nur, was verstanden wird und (b) Information ist nur, was Information erzeugt.*[9]

Diese Überlegungen sind nicht ohne Folgen. Eine naive Sicht der Dinge könnte suggerieren, daß Verständnis wie Realisierung von Information voraussetzungslos geschehen könnten. Stellen wir uns vor, Außerirdische empfingen eine Erdenbotschaft. Könnten sie die Botschaft entschlüsseln? Kann Information dafür sorgen, daß sie verstanden wird? Kann sich Information aus sich heraus wiedererzeugen? Oder abstrakter gefragt, vermag sich Information vollständig kontextfrei wiederzuerzeugen? Hinter dieser Fragestellung verbirgt sich erneut die Frage, ob Information absolut sei. HOFSTADTER hat sich dieser Fragestellung gewidmet und fand drei Voraussetzungen, an die Verstehen und Wiedererzeugen von Information geknüpft sind: die Rahmenbotschaft, die äußere und die innere Botschaft.

Wenn ich ein Beispiel wählen darf: Für das Stück „Warten auf Godot“ stellt das Schauspielhaus und seine Bühne die Rahmenbotschaft dar. Die Bühne weist darauf hin, daß es hier etwas zu entschlüsseln gibt. Sie zieht die Aufmerksamkeit an sich. Die äußere Botschaft ist in den Köpfen der Zuschauer zu suchen: Mit ihrem alltäglichen Kontext füllen sie die Lücke zwischen Bühne und Stück. Hiervon lebt das Stück. Es ist

---

7 B.O.KÜPPERS, Der Ursprung biologischer Information, Piper-Verlag, München 1086, S.66
8 C.F.von WEIZSÄCKER, Evolution und Entropiewachstum, Nova Acta Leopoldina 37 (1), 515 (1972)
9 C.F.von WEIZSÄCKER: Die Einheit der Natur, S.351f

der Zuschauer, der die Bühne zur „moralischen Anstalt" erheben kann. Die innere Botschaft des Stückes entfaltet sich vor diesem Hintergrund und gewinnt so Sinn. HOFSTADTER kommt nun zu dem Schluß: „Diese äußere Botschaft ist notwendigerweise eine implizite Botschaft in dem Sinn, daß der Sender ihr Verständnis nicht gewährleisten kann."[10] Die Antwort auf die oben gestellte Frage lautet also: nein, Information kann nur dann wiedergewonnen werden, wenn der Empfänger einen adäquaten Kontext erfindet und auf diese Weise die Information aufschließt.

Es *erscheint* so, als ob die Mitteilung den passenden Kontext mitliefere oder mit erzeuge, wenn die Kommunikationspartner über einen gemeinsamen oder doch hinreichend ähnlichen Kontext verfügen. Tatsächlich ist es „der Empfänger der Mitteilung, der den Kontext erzeugt. Diese Macht, einen Kontext zu erzeugen, ist die Fertigkeit des Empfängers."[11] Empfänger wie Sender müssen über eine gemeinsame Semantik verfügen. Wie immer diese Semantik zwischen den Kommunizierenden variieren mag, entscheidend ist, daß der Kontext gegenüber der „inneren" Botschaft implizit ist und - wir wiederholen noch einmal - *„der Sender ihr Verständnis nicht gewährleisten kann"*. Rekonstruktion und Verständnis der äußeren Botschaft, die erst die innere Botschaft verstehen läßt, ist eine Leistung des Empfängers. Und hier nun, weil die innere Botschaft die äußere nicht gewährleisten kann, weil innere und äußere Botschaft auseinanderfallen können, vermag die Strategie süchtiger Beziehungsstruktur anzusetzen.

Kontextverschiebung und -manipulation

Stellen wir uns Kommunikation als ein Gewebe, aus zwei Fäden gewirkt, vor: die beiden Fäden seien die innere und äußere Botschaft. Solange wir beide Fäden sorgfältig miteinander verknüpfen, entsteht ein haltbares Gewebe - mögen auch hin und wieder kleinere Fehler vorkommen, Maschen, die wohl Regelmäßigkeit und Schönheit, nicht aber die Funktionsfähigkeit beeinträchtigen, solange sie selten vorkommen. Wenn wir aber nun systematisch daran gingen, Maschen „einzuflechten", so wäre das Gewebe sehr bald unbrauchbar, sein Zweck nicht zu erkennen und wohl kaum zu rekonstruieren. Statt Information entsteht hier Konfusion: Information degeneriert zu Konfusion, wenn äußere und innere Botschaft nicht sorgfältig aufeinander bezogen werden. Gerade dies, *'Wirken' von Maschen im kommunikativen Gewebe, Entflechten kommunikativer und psychosozialer Strukturen, Degenerieren von Information zu Konfusion* ist der Grundvorgang von Sucht. Dieser Vorgang ist genau genommen eine Manipulation des Kontexts, eine lancierte Kontextverschiebung. Kommunikation enthält wohl häufig Fehler, die durch Kontextverschiebung zustande kommen, ohne daß sie das Verständnis nachhaltig beeinträchtigen. Es kann Spaß bereiten, mit solchen Fehlern zu spielen. Wir sprechen von Manipulation, weil es sich nicht um einen Verständigungsversuch durch Versuch und Irrtum handelt, sondern um eine gezielte, wirkungsvolle und insofern kompetente Verschiebung des Kontexts wie etwa in dem folgenden Beispiel aus einem Familiengespräch:

---

10 ebenda. Hervorhebung durch den Autor.

11 G.BATESON, Geist und Natur, Suhrkamp Verlag Frankfurt a.M. 1982, S.63

Es handelt sich um das erste Gespräch, wir kennen auch Bertfried erst seit wenigen Wochen. Die Eltern ließen sich scheiden, als Bertfried 16 Jahre alt wurde. Er wohnte bei seiner Mutter, die er als Alkoholikerin bezeichnet. Im Verlauf der Trennung spielte Bertfried eine vermittelnde Rolle, bewachte ihren Alkoholkonsum und versteckte die Weinflaschen, um seinem Vater keinen Anlaß für Angriffe zu bieten. Bertfried ist wegen Heroinabhängigkeit bei uns.

Es war nervig, wie unfähig sich Bertfrieds Eltern zeigten, das Suchtproblem ihres Sohnes angemessen zu fokussieren: Herr M. meinte mit einem Seitenblick auf seine Frau, Bertfried fehle es an Liebe. Seine geschiedene Frau habe Bertfried keine geschenkt; er selbst habe auch nie Liebe von ihr bekommen. Eine Problemdefinition, die nicht nur in fast schon absurder Weise am Suchtproblem des Sohnes vorbeigeht, sondern Bertfried zugleich zwischen seine Eltern gefangen setzt. Interessant ist die folgende Situation, in der Bertfried diesen unklaren Kontext geschickt zu nutzen versteht, um den vorgegebenen Beziehungskontext, der ihn zum Klienten definiert, zu manipulieren:

Bertfried verfolgt das Gespräch unruhig und mit verhaltenem Ärger. Schließlich läßt er einfließen, daß er seine Eltern genauestens beobachte. Er prüfe, ob und wie sie sich verändert hätten. Frau M. - bisher einsilbig - schreckt auf: „Ich habe mich doch nicht verändert!" Bertfried ruhig und seiner Sache sicher: „Doch, doch, du bist im Gesicht noch aufgedunsener!" Sie versucht abzustreiten, während Bertfried beharrt. Herr M. fragt nun besorgt, ob er sich denn auch verändert habe? Die Eltern wirken aufgescheucht und verwirrt. Bertfried gebärdet sich als Erzieher der Erzieher. Er kontrolliert die Situation.

Was ist an Kontextmanipulationen dieser Art so wirkungsvoll? Mit einem geschickten Manöver wechselt und bestimmt Bertfried den Kontext, ja, verkehrt ihn ins Gegenteil: während eben noch er problematisiert wurde, sind es nun seine Eltern. Sie sind behandlungsbedürftig! Er entzieht sich mit diesem Manöver einer Beziehungsdefinition, die sich durch Eltern und Therapeuten anbahnt. *Er* könnte festgelegt werden. Durch seine Kontextmanipulation erringt *er* die Kontrolle darüber, wer die Beziehung definiert. Dies geschieht implizit, also durch die Art und Weise, wie er eingreift. Die beabsichtige Wirkung von Kontextmanipulationen liegt nicht auf semantischer Ebene - über Alkoholprobleme der Mutter läßt sich ja grundsätzlich sprechen -, ihr subtiler, manchmal dramatischer Effekt ist vielmehr in ihrer Wirkung auf den Beziehungsprozeß zu suchen, der hier von Bertfried durch sein Manöver kontrolliert wird. Betrachten wir ein weiteres Beispiel von Kontextmanipulationen und Ringen um Kontrolle über den Beziehungsprozeß. Zwei Gestalten, die sich bevorzugt in den Maschen im Gewebe der Kommunikation bewegen, haben wir bereits kennengelernt: Wladimir und Estragon. Im ersten der zitierten Dialoge wird in subtiler Form der Beziehungsaspekt in der Schwebe gehalten, um im Vorgang der Kommunikation implizite äußere Botschaften zu lancieren. Schauen wir uns das näher an:

Wir überspringen die ersten drei Zeilen, deren Deutung den vorhergehenden Zusammenhang verlangte. Wladimir: *Wir warten auf Godot.* Estragon: *Ach ja. Pause.* - Wir haben es hier mit der Beziehung zwischen Estragon und Wladimir und von beiden mit der zu einer Person namens Godot zu tun. Dabei ist es gleichgültig, ob es diese Person gibt oder nicht. Dieses „Ach ja." als Antwort spielt bereits auf Godot an und taucht ihn in imaginäres Licht; denn beide warten auf Godot, nichts anderes ist der Sinn ihres Erscheinens. Gibt es aber nur einen Zweifel an der Existenz von Godot, so hat ihr Verweilen keinen Sinn, sie müßten sich einen neuen suchen oder eben die Bühne räumen. Estragon tut auf demonstrative Weise so, als habe das Warten auf Godot keinen Sinn, genauer, als sei Godot das Nebensächlichste in seinem Leben. Mit diesem „Ach ja" lanciert Estragon auf Kosten des guten Herrn Godot Konfusion über sein Verhältnis zu dieser Person, derentwegen er sich hier befindet.

Wenn es aber Godot nicht geben sollte - und das schließt Estragon nicht aus -, dann war jenes „Ach ja“ vielmehr eine Anspielung auf Wladimir, der ja eben kühn behauptet hatte, er warte auf Godot. Somit lancierte Estragon mit einem Streich eine indirekte Abwertung seines Partners, eine implizite Beziehungsdefinition. Die anschließende Pause ist demonstrativ, eine Pause des Auskostens, ein kleiner Triumph. Mit dem nächsten Satz geht Estragon Wladimir ein wenig direkter an, aber so, daß er seine Abwertung von Wladimir als Zweifel an Godot ausgeben kann. Natürlich ist Wladimir irritiert. Was meint Estragon eigentlich? Wen?

Wladimir: *Was?* Estragon: *Wo wir warten sollen.* Estragon deutet auf Godot, er meine nur ihn. Wladimir: *Er sagte, vor dem Baum....Siehst du sonst noch Bäume?*

Wladimir war von Estragons Beschwichtigungsversuch nicht überzeugt. Er dreht den Spieß um. Estragon: *Was ist das für einer?* Estragon tut so, als bemerke er nicht den stillen Kampf zwischen den beiden. Beide einigen sich darauf, Godot zu meinen.

Wladimir: *Ich weiß nicht...* Wladimirs Gegenversuch war nicht wirkungsvoll, offensichtlich ärgert ihn Estragons gespielte Unbekümmertheit; er verliert für eine Weile das Interesse an diesem Spiel und läßt Estragon warten.

Wladimir: *Eine Weide.* Estragon: *Wo sind die Blätter?* Wladimir: *Sie wird abgestorben sein.* Wladimir geht auf die Bildersprache ein, auch er wählt diese indirekte Art, Godot zu treffen, den guten Herrn, der sie vor einem abgestorbenen Baum warten läßt. Zugleich verrät Wladimir etwas von dem, was ihn bewegt, deutet es an.

Estragon: *Ausgetrauert.*

Das mag Ironie gegenüber Wladimir sein; vielleicht berührte ihn Wladimir mit diesem starken Bild; vielleicht schildert Estragon seine Gefühle; oder war dies vielmehr ein herber Vorwurf gegenüber Godot, der für ihn doch imaginär schien? Wladimir findet einen Ausweg aus dieser Situation, die recht dicht zu werden droht: *Es sei denn, daß es an der Jahreszeit liegt.*

Das mag reichen. Bewundernswert, wie subtil und geschickt der Dialog eingefädelt ist und zwar so, daß zu keinem Augenblick der Beziehungsaspekt klar wird, aber in jedem Satz lanciert und der Beziehungskontext manipuliert wird. Daß nicht Godot der Dreh- und Angelpunkt ist, wird schon daran deutlich, daß wenig später sich die Position zwischen Wladimir und Estragon vertauschen. Der Dreh- und Angelpunkt ist das Beziehungsgeschehen zwischen den beiden und Godot nur eine Ausrede, daß sie nicht zueinander finden können.

In dem im Anschluß wiedergegebenen Ausschnitt aus einer Großgruppensitzung finden wir ähnliche Züge, wobei die Gruppe oder indirekt die Therapeuten abgewertet werden und als Ausrede dienen. Die Ähnlichkeit bezieht sich besonders auf die Unbestimmtheit der Aussagen. Vage, unbestimmte, verallgemeinerte, Subjekt wie Objekt nicht bezeichnende Aussagen gehören zum Handwerkszeug eines jeden, der Konfusion statt Beziehungsinformation verbreiten möchte. Genaue, spezifizierte Aussagen dagegen erschweren ein Spielen mit innerer und äußerer Botschaft.

Wir haben noch etwas nachzutragen. Was hier innere und äußere Botschaft genannt wurde, ist uns aus der Kommunikationstheorie wohl vertraut. Anstelle innerer Botschaft finden wir den Begriff *Inhaltsaspekt* und anstelle der äußeren einen *Beziehungsaspekt.* Den Zusammenhang definiert eines der pragmatischen Axiome menschlicher Kommunikation: „Jede Kommunikation hat einen Inhalts- und Beziehungsaspekt, derart, daß letzterer den ersteren bestimmt und daher eine Metakommunikation ist."[12] Der Beziehungsaspekt von Kommunikation bildet den Kontext gegenüber der Inhaltsebene, bestimmt über letztere und ist ihr gegenüber Metakommunikation. Als Psychotherapeuten wissen wir zu schätzen, daß die entscheidenden Informationen nicht im Inhalt der verbalen Mitteilung zu suchen sind, sondern in der Art und Weise, wie diese Mitteilung vorgebracht wird: in welcher Stimmlage, mit welchem Singsang, unter welchen körperlichen Begleiterscheinungen und Gesten, die Wirkung, die bei anderen Personen erzielt werden etc.

Vorbehalten der Macht, die Beziehung zu definieren

Die Wirkung, die solche Manöver der Kontextverschiebung hervorrufen, ist von besonderer Mächtigkeit. Denn sie zielt ab auf *die Kontrolle, die Beziehung zu definieren.* Sie paralysiert Mächtigkeit und Fähigkeit des anderen, die Beziehung zu definieren, um diese Macht hinterrücks demjenigen zuzuspielen, der systematisch Konfusion erzeugt. Solche manipulative Kontextverschiebung wollen wir jetzt präziser definieren. Wir können dieses Manöver als einen Versuch ansehen, einseitige Kontrolle anzustreben, indem *die Fähigkeit und Mächtigkeit vorbehalten wird, die Beziehung zu definieren.* Ein solcher Kommunikationspartner wäre durchaus fähig, die Beziehung zu definieren, aber er antwortet nicht direkt, sondern mittels eines Manövers, das folgendes beinhaltet:

a) die Weigerung, die Beziehung explizit zu definieren;
b) die Weigerung, eine solche Definition durch den Kommunikationspartner zu bestätigen.

Mittels eines solchen Manövers realisiert der Kommunizierende den Anspruch, selbst die Beziehungsdefinition zu kontrollieren. Ein solches Manöver vollzieht sich meist indirekt, aber ungemein wirkungsvoll. Eine einseitige Inanspruchnahme der Macht, die Beziehung zu definieren, stellt eine Provokation dar und verletzt die wechselseitige Bezogenheit der Kommunikationspartner. Eine solche Einseitigkeit kann umgehend mit derselben Inanspruchnahme seitens des Partners beantwortet werden und mündet ein in eine symmetrische Eskalation. Ein unvoreingenommener Beobachter spürt in einer solchen Situation spontan die implizierte Provokation. Selten wird sie von Beteiligten wahrgenommen. Warum beantworten gerade Mitbeteiligte eine solche Provokation nicht unmittelbar mit Kampf und vermeiden ängstlich eine symmetrische Eskalation? Es gibt nur wenige Ausnahmen, wo eine solche Einseitigkeit in der Macht, die Beziehung zu definieren, hingenommen wird. Soziale Macht ist die eine, soziale Kompetenz die andere. Sie bedürfen der Legitimation.

Welche Legitimation können Süchtige beibringen? Diejenige sozialer Macht? Legitimation durch soziale Kompetenz? Wohl kaum. Wie also legitimieren sich Kommunizierende, wenn sie ein solches Manöver starten? *Sie legitimieren sich durch Unfähigkeit, durch Inkompetenz!* Wir finden daher dieses Manöver gekoppelt an einen Vorgang, den wir *Induzieren von Inkompetenz* nennen.

Sie fragen, wie das vor sich geht? Stellen Sie sich vor, Sie faßten den radikalen Entschluß, nach Hause zu gehen und sich ins Bett zu legen; dort blieben Sie liegen und teilten den anderen mit, daß Sie sich zum Sterben niedergelegt hätten. Durch ihre Ausdauer bewiesen Sie, daß ihr Entschluß unumkehrbar sei. Lassen wir jetzt offen, was Sie zu einem solch radikalen Entschluß bewegen könnte. Eine Beschäftigung mit Ihren

---

12 P.WATZLAWIK, G.BATESON: Menschliche Kommunikation, S.56

Motiven würde uns nur den Blick dafür verstellen, was hier in der Kommunikation geschieht. Ihrer Wirkung wären Sie sicher, solange Sie in ihrem Bett liegen blieben. Ohne direkt und offen den Anspruch zu erheben, die Beziehungsdefinition gegenüber den anderen Familienmitgliedern zu kontrollieren, würden Sie genau dies tun. Die Familienangehörigen würden rotieren, über ihr Verhältnis zu Ihnen grübeln und nach Schuld durchforsten. Sie würden im Bett liegen bleiben und stumm, da Sie ja sterben, jede Stellungnahme verweigern. Sie hätten hiermit ein Manöver gestartet, womit Sie sich allein die Macht vorbehielten, die Beziehung zu den anderen zu definieren. Alle Beziehungsdefinitionen der beunruhigten Familienmitglieder würden Sie abweisen. Explizit tun Sie das natürlich nicht. Nein, Sie bleiben dabei, die Beziehung heimlich zu definieren, indem Sie die Situation kontrollieren und die übrigen Familienmitglieder durch ihren Entschluß und ihre Aktion abwerten, denn wer, wenn nicht die umgebenden Kommunikationspartner können Anlaß und Grund sein, bei offensichtlicher körperlicher Gesundheit sich zum Sterben ins Bett zu legen? Und schließlich vereitelten Sie jeglichen Versuch der anderen, erfolgreich die Beziehung zu definieren. Wenn sie auf solch kompetente Weise ihre Inkompetenz einführten und demonstrierten - ich bin sicher, ein Triumph würde nicht ausbleiben. Ihre Angehörigen wird ihre Aktion erschüttern, und sie werden Sie um Erlösung von ihrer Schuld anflehen. Wenn das ihren Zielen genügt, können Sie jetzt daran denken, ihre Aktion so zu beenden, daß Sie ihr Gesicht wahren. Eine solche Möglichkeit bestünde in der Einnahme von Psychopharmaka. So vermögen Sie sich vorzubehalten, daß sich ihr Zustand wieder verschlechtern könnte, eine Geißel für ihre Angehörigen, die Sie jederzeit erneut schwingen können.

Dieses Manöver, ich gebe es zu, ist frei erfunden und belegt eben die Fähigkeit eines jeden, jeden beliebigen Kontext zu erzeugen. Allerdings gab es schon andere, die solch ein Spiel erfanden. Der Dramatiker DÜRRENMATT realisiert in seinem Stück „Der Meteor" solch eine Idee und zeigt die hybride Wirkung auf die anderen: sie sind es, die der Tod ereilt. In modifizierter Weise geht BERGMAN in seinem Film Persona einer solchen Idee nach. In diesem Film verstummt eine Schauspielern von einem Moment zum anderen. Sie verläßt Mann und Kind. Auf diese Weise weist sie die Beziehungsdefinitionen der anderen ab - ihres Mannes, ihres Kindes und später die ihrer Krankenschwester -, lanciert implizit die ihre, ohne ihren Anspruch auf Kontrolle der Beziehung offen aufzustellen. Wie so oft reizt den Therapeuten - hier eine Krankenschwester -, jene fremde Andere zu ergründen. Sie gerät in die Fallen einer solchen Kommunikationsweise, an der sie selbst partizipiert, bis sie jene fremde Andere, in die sie verliebt und 'verhaßt' ist, in ihrem eigenen Gesicht vor dem Spiegel entdeckt. Der Film endet in einem Dialog, der erste und einzige Moment, da die Schauspielern ein Wort spricht, das eine Wort: „...nichts..." Die reine Verleugnung, die reine Verweigerung, auf der sich jegliches Vorbehalten der Macht gründet, die Beziehung zu definieren.

Leider haben nicht nur Dramatiker und Regisseure solche Erfindungen gemacht. Drei Wochen bevor ich diesen Text hier schreibe, wurde bei uns Martin zu einem sechsten Therapieversuch aufgenommen. Seine bisherigen Versuche waren nie über 14 Tage hinausgekommen. Er war 24 Jahre alt, schüchtern, schlank, hochgeschossen, hatte dunkle Augen mit trotzigem, herausforderndem Blick. Sein Vater lag wegen Krebserkrankung im Sterben, wofür er von Familienangehörigen verantwortlich gemacht wurde. Zugleich zeigte sich seine Mutter im Aufnahmegespräch so einfühlsam, daß Martin für sein Verhalten keine guten Gründe mehr übrigblieben, für die nicht bereits seine Mutter bei uns um Verständnis geworben hätte. Er wurde guter Motive enteignet, sozusagen in zweifacher Weise. Wie üblich fragten wir nach, warum gerade jetzt bei uns eine Aufnahme anstünde, und erfuhren die folgende Geschichte:

Nach seinem letzten Therapieabbruch hatten seine Eltern seine Wiederaufnahme zu Hause verweigert. Auf dem Umweg über seine Schwester schaffte es Martin, wieder bei den Eltern aufgenommen zu werden. Er gab vor, keinen Lebenswillen mehr zu besitzen, er wolle sterben, und so legte er sich sechs Monate ins Bett und magerte ab, wobei zu sagen ist, daß deswegen seine Versorgung mit Drogen nicht abriß. Niemand brachte ihn zum Aufstehen, bis er in die Psychiatrie eingewiesen wurde mit der Diagnose „endogene Depression", was ihn übrigens dem Zugriff der Justiz entzog. Zu seinem Glück oder Unglück hatte der nun zuständige Arzt Bewunderung für seine „außerordentliche Energie", entzog ihm die Diagnose - und vermutlich die tägliche Ration an Psychopharmaka - und legte ihm eine Suchtbehandlung nahe.

Wie Bertfried oder Martin gibt es Menschen, die sich dazu getrieben fühlen, in systematischer Weise innere und äußere Botschaft zu entflechten, um in menschlicher Kommunikation oder sozialen Systemen Konfusion zu erzeugen bis hin zur Lähmung oder Handlungsunfähigkeit der anderen oder Auflösung des Systems. Sie können darin Experten werden, Kommunikation durch Maschen zu entflechten. Sie haben - meist aus einer verzweifelten Lage heraus und unter dramatischen Umständen - die erregende Entdeckung gemacht: Ein solches Manöver durch Induzieren von Inkompetenz kann mächtige Wirkung hervorrufen!

Joachim war 29 Jahre, als er zu uns in Behandlung kam. Nach Joachims Darstellung war sein Vater Schichtarbeiter, der absolute Ruhe und Unterordnung verlangte, wenn er zu Hause war. Schon während der ersten Grundschuljahre machte er sich aus dem Staub, wenn sein Vater zu Hause war und trieb sich draußen herum. Sein Vater schien ihn häufig runterzuputzen und wenig Interesse an seinem Sohn zu zeigen. Ganz anders jedoch sah die Welt aus, wenn er mit seiner Mutter alleine war. Dann war er der King, um den sie sich bemühte; er durfte in Vaters Fernsehsessel ruhen, während sie ihn umwarb und sich bei ihm über ihren Ehemann beklagte. Seine Bindung an sie und an dieses verführerische Phantasiereich war so intensiv, daß er mit 29 Jahren noch keine Freundin gehabt hatte. Selbst seine sexuellen Phantasien kreisten um eine inzestuöse Beziehung zu seiner Mutter. Joachim lebte also in zwei widersprüchlichen Kontexten, die er nicht zu vereinbaren vermochte. Es ist nachzuvollziehen, daß er sich gleichsam „zwischen" beiden Kontexten einrichtete und sich darauf spezialisierte, Konfusion zu erzeugen. Wir können auch nachvollziehen, daß ihm eine im Grunde zutiefst leidvolle Erfahrungen zu dieser Erkenntnis verhalf und daß er sich weniger Leid und weniger Enttäuschung einzuhandeln glaubte, wenn er sich in dieser 'Nische' einzurichten verstand.

Und da war ja noch jene Entdeckung, die soviel Triumph einbrachte: Er war das erste Mal mit 9 Jahren von zu Hause ausgerissen. Er war einfach nicht zu Hause erschienen und hatte sich versteckt. Er erinnerte sich noch genau. Sein Vater war es, der ihn suchte und schließlich zurückholte, stellte er triumphierend fest. Sein erstes Ausreißen war ein fast durchschlagender Erfolg, er konnte seinen Stand seinem Vater gegenüber aufbessern und wenigstens vorübergehend mehr Fürsorge seinerseits gewinnen. Als er mir davon berichtete, entfuhren im die triumphierenden Worte: Er wollte „erreichen, daß auch sie nicht mehr weiter wissen, nicht mehr wissen, was sie tun sollen!". 14-jährig wiederholte er diesen Versuch. Sein letztmaliges Ausreißen mit 18 Jahren ging dann unmittelbar in massiven Drogenkonsum über. Eines, glaube ich, läßt sich verstehen, daß nämlich Joachim weniger Vertrauen in und Interesse an menschliche Beziehungen entwickelte, als daß ihn vital interessiert, sich vor menschlicher Beziehungen zu sichern - der Aspekt von Macht. Dem tut keinen Abbruch, daß Joachim alles andere als eine machtvolle Persönlichkeit war: er wirkte schüchtern, mißtrauisch, finster, unterdrückt aggressiv und eingeschüchtert. Das braucht uns nicht zu wundern, geht es doch um eine subtile Ausübung von Macht, die eines bestimmten Machtbereichs gar nicht bedarf.

Es sind also *Verzweiflung und Triumph*, welche sich einstellen, wenn sich der Kommunizierende die Freiheit vorbehält, aus dem Kreis der Kommunizierenden herauszutreten, ohne diesen Vorgang zu kommunizieren, sich somit in seinem Reich über die anderen erhebt und nun entdeckt, wie machtvoll und nachhaltig er die anderen zu beeinflussen vermag, ohne sich preiszugeben. Es ist die Entdeckung des Triumphes, der Macht in der Verzweiflung! Diese Entdeckung ist die Pforte zur süchtigen Beziehungsstruktur. Diesen Augenblick einer erregenden Entdeckung finden wir regelmäßig im Vorfeld einer Suchtkarriere meist etwa zwei Jahre vor einem Einstieg in Drogenabhängigkeit. Ich betrachte daher das Erlernen dieses Manövers als süchtige Grunderfahrung.

Ich mußte einmal miterleben, wie vor meinen Augen ein solcher Entschluß gefaßt und konsequent umgesetzt wurde. Es handelt sich um eine junge Frau, heroinabhängig, 24 Jahre alt. In diesen Tagen beginnt sie, sich mehr und mehr zurückzuziehen, stundenlang bei anderen zu sitzen, wenn sie es auf ihrem Zimmer nicht aushält, ohne einen Ton zu sagen. Sie ißt zunehmend weniger, bis sie Nahrung schließlich verschmäht. Oft wirkt sie leblos und verwirrt. Zu dem Zeitpunkt findet das folgende Gespräch in der Therapiegruppe statt. Da es diese Strategie, die Definition der Beziehung vorzubehalten, in drastischer Weise dokumentiert, möchte ich dieses Gespräch wiedergeben. Es wurde auf Video aufgezeichnet.

(a) Vorspiel zu Beginn der Therapiegruppe:

Ulrike sitzt mit gesenktem Kopf da, leblos, apathisch, als wäre ihr Körper nicht beseelt. Ich ergreife die Initiative und frage Ulrike, ob sie in Bezug auf ihre vereinbarte Aufgabe etwas getan habe. Sie sollte eine Rangliste von Personen erstellen, mit denen sie etwas offen habe, und sich drei Personen aussuchen, denen gegenüber sie bereit sei, die Dinge zu klären. Ich frage sie, ob sie mit jemandem irgend etwas geklärt habe? „Ja, mit Michael," was dieser bestätigt. Mit wem habe sie noch etwas offen? „Ich weiß nicht...ich kann nichts sagen." Auf diese Aussage beschränkt sich Ulrike. Ich dränge. Ulrike schweigt. Ich hole Schreibbrett, Papier und Stift und beginne eine Liste der möglichen Kandidaten anzufertigen. Ulrike wird unwillig. Einmal will sie mir das Papier entreißen. Bleibe dabei. Gehe die Anwesenden durch und frage sie jeweils, ob diese Person auf die Liste gehöre. Sie antwortet widerstrebend. Wenn sie sich ausschweigt, deute ich ihr Verhalten. Als wir so alle Anwesenden durchgegangen sind, protestiert Ulrike: „Die Liste ist Quatsch. Ich habe mit niemandem etwas offen."

(b) Aus der zweiten Hälfte der Therapiegruppe:

Ulrike meldet sich und mein Co-Therapeut eröffnet das Gespräch. Schließlich läßt sie fallen, sie denke ans Sterben, sie denke daran, sich umzubringen! Er macht ihr den Vorschlag durchzuspielen, was sie ein halbes Jahr nach ihrem Tod den Leuten auf dieser Liste sagen werde. Ulrike lehnt ab.

Ich hole die Liste hervor, lese nochmals die Personen vor, die dort verzeichnet sind und führe aus, diese Personen wären alle von ihrem Tod betroffen. Sie alle müßten sich heftige Vorwürfe machen und sich die Schuld geben. Erst recht müßten sich diejenigen Personen Vorwürfe machen, mit denen sie viele Jahre zusammengelebt hätte. Ich erweitere daher die Liste um ihre Eltern und Geschwister.

Ich steigere mich hinein: Auf dieser Liste müßten bei ihrem Tod alle stehen bleiben in ihrer Schuld!

Da auch ich auf der Liste stehe, gehe ich dazu über, ihr zu beschreiben, wie mir dies zusetze. Ich hätte dann keine Chance mehr, aus ihrer Liste gestrichen zu werden.

„Ich möchte aus Deiner Liste gestrichen werden! Streiche mich, ich bitte Dich...!" Wende mich eindringlich an Ulrike. Ulrike nimmt die Liste und fängt an, Namen auszustreichen.

„Das hilft mir nichts, wenn du mich von diesem Papier streichst. Von der ungeschriebenen Liste (zeige auf ihr Herz) möchte ich gestrichen werden."

Verlange vehement, daß sie mich aus ihrer Liste

streichen möge. Mir sei es wichtig zu erfahren, wie ich auf die Liste draufgekommen sei, was hätte ich ihr angetan, unter welchen Bedingungen entlasse sie mich? „Ich bitte dich darum!"

Da sich Ulrike nicht erweichen läßt, steigere ich nochmals die Dramatik: Abgesehen von ihrem Fall würde ich nur noch jemanden aus der Bibel kennen, der Schuldenkonto über Leben und Tod führe. Er werde dort Jahwe genannt, anderswo Allah oder Gott. Immerhin habe Jahwe die zehn Gebote gegeben. Anhand der zehn Gebote müßte ich wenigstens, wann ich auf die Liste käme und was ich tun könne, wieder gestrichen und erlöst zu werden.

Ulrike sitzt fast benommen da und wirkt überrascht und verblüfft. Sie beteuert, sie wolle sich nicht umbringen, wie könne sie das nur wieder aus der Welt schaffen. Mein Co-Therapeut kümmert sich um sie.

Ich schreibe mittlerweile einen Brief, den ich in der Therapiegruppe umgehen lasse, um weitere Unterschriften zu bekommen: *„Liebe Ulrike, ich bitte dich, streiche mich von Deiner Schuldnerliste, gib mir diese Chance. Ich bitte dich, laß mich nicht auf ewig darauf stehen. Wenn Du stirbst, ist meine Schuld unauslöschlich. Sag mir bitte, wie bin ich auf Deine Liste gekommen? Warum? Was habe ich getan? Und unter welchen Bedingungen kann ich mich streichen lassen?"*

(c) Am Ende dieser Therapiesitzung bittet mich Ulrike um ein Gespräch, das ich mit ihr für den nächsten Tag vereinbare. Unter anderem hatte ich notiert: „ Ulrike hatte am morgen eine ärztlich Untersuchung wegen ihrem anstehenden Prozeß, wo sie gemeinsam mit einem türkischen Freund angeklagt war. Sie fühle sich schuldig gegenüber ihrem Freund. Sie habe ihn ausgenutzt, angefixt und in die Drogenszene hineingezogen. Die Anklage beruhe auf ihren Aussagen. Das verkrafte sie nicht. Kenne sie keine Reue und Verzeihen?

Schließlich vertraut mir Ulrike an, daß sie *als Kind den Entschluß gefaßt habe, nie mehr etwas an sich herankommen zu lassen.*

Ich antworte, daß sie sicherlich dafür ihre guten Gründe gehabt habe, daß sie sich in einer verzweifelten Lage befunden haben müsse. Und sicherlich habe es einen konkreten Anlaß für sie gegeben. Als Ulrike das bestätigt, warne ich sie, mit mir darüber zu reden, dies preiszugeben, sie möge sich das gut überlegen. Es würde nämlich bedeuten, daß sie Reue und Verzeihen in ihre Welt eindringen lasse, wenn sie ihren Entschluß umstoße. Ob sie soviel Veränderung verkrafte?

Ulrike antwortet, daß sie sich *geschworen hätte, nie darüber zu reden.* Warne sie nochmals, dieses Schweigen zu brechen. Zu ihrem Entschluß gehöre, sich keinem Menschen anzuvertrauen. Dies zu tun, würde ihr Weltbild durcheinander bringen; die damaligen Ereignisse würden wieder zu ihr vordringen etc." Ulrike berichtet in diesem Gespräch von einer Vergewaltigung als junges Mädchen. Danach habe sie diesen Schwur getan.

Ulrike unternahm zwar einen ernsthaften Versuch, ihre Enttäuschung und Wut über einige Mitklienten auszusprechen; sie tat dies wenige Tage nach diesem Gespräch spät abends, spontan, ohne mich oder Mitarbeiter zu verständigen. Am nächsten Morgen hatte sie Angst vor ihrer eigenen Courage vom Vorabend und hätte diese Sitzung am liebsten rückgängig gemacht. Trotz aller Aufmunterung und Unterstützung hatte sie am nächsten Morgen die Einrichtung heimlich verlassen.

Follow-up: Sie unternimmt einen zweiten Therapieversuch bei uns, der damit endet, daß sie in die Psychiatrie eingewiesen werden muß. Ein dritter Versuch scheitert ebenfalls. Zwei Jahre später wird sie in unser Halbjahresprogramm aufgenommen, wo sie sich rasch stabilisiert und diese Schatten der Vergangenheit abwirft. Dieser Erfolg wurde durch intensive Familienarbeit zwischen den Aufnahmen unterstützt. Während dieser Behandlungszeit kamen wir nochmals auf diese schwierige Zeit zu sprechen. Ich hatte sie nach ihren Erziehungsmitteln gegenüber ihrer Herkunftsfamilie gefragt und Sucht und Depression als solche genannt. Unter großer Beunruhigung und einer Flut von Bildern und Erinnerungen gestand mir Ulrike, sie habe damals beschlossen zu schweigen. Sie hatte in ihr Tagebuch geschrieben: „Jetzt sag' ich gar nichts mehr. Und enttäusche mich und die anderen immer mehr."- Sie hat die Therapie vor einem halben Jahr abgeschlossen, macht eine Berufsausbildung und lebt bisher clean und ohne Wiederaufleben ihrer psychischen Symptome.

Ihr Entschluß, sich apathisch zu verhalten und Nahrung zu verweigern, ist aus verschiedenen, sich widersprechenden Kontexten motiviert. Das ist ein typischer Umstand, den wir immer wieder beobachten werden und der den Nährboden dieser Beziehungstruktur charakterisiert: das *Vorhandensein zweier mächtiger unvereinbarlicher*

Kontexte. In Bezug auf ihre Herkunftsfamilie übernimmt sie in übertriebener Form die Rolle ihrer alkoholsüchtigen Mutter, die sie liebt und zugleich haßt, um die ganze Familie und besonders sie zu belehren. Sie vereitelt jede gemeinsame Beziehungsdefinition und scheint von der fixen Idee angetrieben, die Familie zu zwingen, harmonisch zu werden, und zugleich Vergeltung zu suchen, bis die Mitglieder eines Tages zu ihr kommen würden, ihre Schuld bekannten und ihre Aufopferung bewunderten.

Denselben Tanz inszeniert sie gegenüber ihren Mitklienten, von denen sie sich mißbraucht und im Stich gelassen fühlt. Dies bezieht sich vor allem auf zwei junge Männer, in die sie sich verliebt hatte. Sie lehnt es ab, sich selbst zu schützen, und versucht vielmehr ihre Umwelt zu zwingen, auf ihre Erwartungen einzugehen. In diesen Tagen findet sich die folgende Tagebucheintragung: „Ich komm' mir oft so vor, als wenn ich nur gebraucht werd' zum Trost der andern. Ich zeig euch, wie man's nicht machen sollte, da könnt' ihr viel von mir lernen. Ihr könnt von mir lernen, gut zu versteh'n, vieles einzuseh'n, es besser zu machen, hinterher wieder zu lachen. Jetzt bin ich fast soweit, mich selbst verloren zu haben. Mir ist mein Gefühl zu schade für euch alle, dumm und leichtsinnig hab' ich's verschwendet." Ihr impliziter Kontext schreibt ihr die Rolle einer Nur-Guten zu, die sich demonstrativ lieber verletzen läßt, als andere zu verletzen. Daraus hätten die anderen zu lernen. Ihr stiller Triumph entspringt der Einsicht, daß sie in beiden Kontexten letztlich nur ihrer Demütigung zusteuert. Hier steht sie gewissermaßen zwischen beiden Kontexten und münzt ihr Leiden in diese stille Genugtuung, Rechtfertigung und Verweigerung um.

Entwerten der Beziehungsdefinition anderer

Wir dürfen nicht glauben, daß die Verweigerung von offener Kommunikation ein stummer und unbemerkter Vorgang wäre. Schon unsere vorhergehenden Fallbeispiele dokumentieren eine aktive Kraft dahinter. Wir hatten oben dieses Manöver explizit formuliert. Es ist an der Zeit festzuhalten, was dieses Manöver implizit beinhaltet:

a) Vorbehalten eines eigenen Kontexts, der nicht explizit kommuniziert wird, der aber eine solche Weigerung rechtfertigt (impliziter Kontext);
b) Abwertung oder gar Entwertung der Beziehungsdefinition des Kommunikationspartners, meist indem dieser selbst abgewertet wird.

Sie enthüllt eine neue Facette dieses Manövers: die implizite Entwertung der Beziehungsdefinition. Wird der Kommunizierende bedrängt, sich festzulegen, sich zu beziehen, so reagiert er häufig - wenn nicht mit Verleugnung - mit direkter Abwertung.

Ich möchte an dieser Stelle die kurze Sequenz einer Therapiesitzung mit „Oskar" kommentieren. Sie stammt aus der Eröffnungsphase der Therapiegruppe, die einem kurzen Kontakt mit jedem Gruppenmitglied dient. Das Gespräch mit Oskar ist unspektakulär und alltäglich. Hier nun der Kommentar:

Oskar ist 27 Jahre alt, von Beruf Autoschlosser, war jedoch kaum in seinem Beruf tätig. Er lebte zumeist bei seiner Mutter, die sich um alles kümmerte. Sein Vater war verstorben, als Oskar 18 Jahre alt wurde. Oskar schildert ihn als Alkoholiker, der im Rausch gewalttätig werden konnte gegen seine Frau und seinen Sohn. Oskar zeigte narzißtische Züge, gab sich oft unterdrückt aggressiv und neigte zu Zornausbrüchen bis hin zur Gewalttätigkeit. Stets war er pessimistisch, leicht zu frustrieren und äußerst verletzlich, was er dann hinter einer kalten und arroganten Haltung verbarg. Zum Zeitpunkt dieses Gesprächs ist Oskar bereits ein halbes Jahr bei uns und befindet sich in einem Stadium, in dem er zunehmend Erfolg verspürt. Er bemerkt, daß der einkehrende Erfolg seine Situation tiefgreifend verändert, in seinem Fall, daß er Gefühle von Sehnsucht und Trauer bei sich entdeckt, was ihn befremdet. Allmählich läßt er sich auf eine therapeutische Beziehung ein, und diese Begegnung zeigt Wirkung.

Oskar beginnt das Gespräch, konterkariert meine Bemühungen („Seit Wochen lasse er sich gehen...“), induziert Inkompetenz und wertet mich indirekt ab („Eigentlich halte ihn nur der Richter ab.“). Zugleich droht er mir, wegzulaufen und rückfällig zu werden. Mit diesem Manöver zu Beginn unserer Kontaktaufnahme manipuliert er unseren bisherigen Kontext und vereitelt eine verbindliche Beziehungsdefinition, die sich angebahnt hatte und die ihn mit ‘fremden’ Gefühlen in Berührung zu bringen droht. Oskar behält sich die Definition der Beziehung vor und erringt so Kontrolle.

Natürlich ist spürbar, daß in Bezug auf mich eher der gegenteilige Wunsch Regie führt: das Warten auf den guten Herrn Godot wie bei Wladimir und Estragon. Wir könnten es als eine Annäherung unter negativen Vorzeichen ansehen. Oskars abgewertete und abgewehrte Persönlichkeit, die er „Nicht-Ich“ taufte, bringt sich ins Spiel, die von Gefühlen wie Sehnsucht und Trauer getragen wird.

Im nächsten Schritt nähere ich mich behutsam jener abgewerteten und im Moment verleugneten Persönlichkeit und metakommuniziere mit ihm. Ich greife zu einem Kunstgriff, den ich als die via regia in der Psychotherapie mit Süchtigen ansehe: Ich leite einen Metadialog ein, in dem das, was Inhalt unseres Dialogs ist, sich in unserer Beziehung hier und jetzt ereignet. Mit diesem Kunstgriff wird das, worüber wir reden, in unserer Begegnung lebendig und entfaltet sich hier und jetzt: „Die Art und Weise, wie du über dich und dein Schicksal redest, berührt mich schmerzlich.“ Ich übernehme es, von mir aus implizit die Beziehung erneut zu definieren.

Wenn man in der Situation selbst drin steckt, spürt man, wie man sich mit solch einer Äußerung exponiert, angreifbar und verletzbar macht. Oskars Manöver zur Eröffnung bestimmte den Kontext, und es ist ein gewisses Risiko, den eigenen Kontext einzuführen. Wie wird Oskar reagieren?

Oskar ignoriert meine Annäherung. Er verteidigt sich statt dessen, auch wenn mir scheint, daß er auf nonverbaler Ebene meine Definition bestätigt. Auch dieses Ignorieren ist eine Form der Abwertung, des Nicht-für-nötig-Erachtens, und erhöht für mich spürbar die Schwelle, an meiner vorsichtigen Annäherung festzuhalten. Ich frage nach, ob er mich überhört habe.

Nun, da ich Oskar bedränge, auf meine Beziehungsdefinition einzugehen, hat er in seiner Strategie die Wahl, aufzugeben oder mich direkt abzuweisen. Oskar wertet mich prompt und direkt ab: „Das ist dein Job!“ Er zieht mich in Zweifel und verrät ein Stück seines impliziten Beziehungskontext. Zugleich macht er deutlich, daß er sich weiterhin die Macht vorbehält, die Beziehung zu definieren. Er besteht darauf, den Kontext meines Verhaltens und meiner Annäherung allein festzulegen! Das ist verletzend. Dieser Vorbehalt ist ohne ernsthafte Prüfung anmaßend. Denn er hintertreibt meine Anerkennung als Kommunikationspartner. Nehme ich diese Art der Abwertung hin, ist meine Glaubwürdigkeit unterminiert, und ich muß nun mit seiner Verachtung rechnen. In der Tat ließe ich ja zu, daß er beansprucht, unsere Beziehung einseitig zu kontrollieren. Gehe ich zum Gegenangriff über und werte ihn seinerseits ab, könnte ich wohl meine Überlegenheit behaupten, aber um den Preis, ihn in seinen Zweifeln und Rechtfertigungen zu bestärken. Was also tun?

Ich drehe den Spieß um und verlange auch von ihm Glaubwürdigkeit. Ich vermeide jeden Anflug von Abwertung meines Gegenübers und führe so seine Anmaßung ad absurdum. Er muß dieser Beziehungslogik folgen, es sei denn, er definiert die Beziehung offen als eine, in der er überlegen sein möchte oder aber er induziert Inkompetenz. Beides zerstörte aber seine Glaubwürdigkeit.

Ich beschließe den Dialog, indem ich nochmals ein - kalkulierbares - Risiko eingehe und meine Beziehung zu ihm offen definiere als eine, in der ich mich gekränkt fühlte.

Mit dieser Wendung ist mein Gegenüber wieder mit seiner Ausgangsposition konfrontiert, aber unter anderen Voraussetzungen: Oskar tat mir an, was er fürchtete, daß ihm geschehen könnte.

Beide ziehen wir uns zurück. Möglich wäre unter etwas anderen Umständen, daß unserer Gegenüber jetzt spontan, d.h. emotional, die Situation definierte, was ihn mit seiner Sehnsucht und seiner sicherlich maßlosen Demütigung in Kontakt brächte. Hier ging es mir darum, einem Therapieabbruch entgegenzuwirken.

Oskar griff den Gesprächsfaden bereits zwei Tage zur nächsten Sitzung später wieder auf. Darüber habe ich notiert:

„Oskar ergreift als erster das Wort, er wolle mir etwas sagen. Unser letztes Gespräch habe ihn nachhaltig beschäftigt, vor allem, daß ich gesagt hätte, es schmerze mich... Er habe sich alles überlegt, er wolle versuchen, Vertrauen entgegen zu bringen. Er habe sogar in der Haussitzung mit der Gruppe darüber gesprochen."

Ich möchte noch eine Bemerkung anfügen. Psychoanalytisch gesprochen liegt eine Vaterübertragung vor, wobei die negativen Aspekte der Übertragung im Vordergrund stehen. Es wäre nun möglich, diese negative Übertragung zu thematisieren und zu inszenieren. Mit technischen Tricks wie z.B. Hyperventilation erschiene ein solches Ausagieren 'machbar'. Ich halte so etwas für einen Kunstfehler und für kontraindiziert. Wir müssen zuerst innere und äußere Botschaft präzise aufeinanderbeziehen und entschlüsseln. Wir müssen erst die kommunikativen Voraussetzungen mit unserem Gegenüber erarbeiten, ehe wir im Sinne der Übertragung weiterarbeiten können. Es ging hier also darum, die Voraussetzungen in der therapeutischen Beziehung zu Oskar zu schaffen, so daß seine tiefe Enttäuschung und Demütigung durch seinen Vater, aber auch seine Sehnsucht nach einer väterlichen Beziehung in unsere Beziehung einfließen können, ohne diese Voraussetzungen zu zerstören und unsere Beziehung zu zerbrechen. Wir benötigen zuvor einen eindeutigen Beziehungskontext, der durch unsere Beziehung positiv definiert ist. Solange unser Gegenüber seinen Vorbehalt, die Beziehung zu definieren, durchsetzt, trägt jedes inhaltliche Erarbeiten der Übertragungssituation nur zur Rechtfertigung süchtigen Verhaltens bei. Eine Kommunikation, in der nicht die Voraussetzungen von Kommunikation und angemessenes Verarbeiten und Schöpfen von Information gewährleistet sind, ist alles andere als eine heilsame Kommunikation. Ein Therapeut, der diese Grundlagen von Kommunikation verletzt oder verletzen läßt, wirkt nicht heilsam, sondern destruktiv.

Sie werden schon gespürt haben, daß die süchtige Beziehungsstruktur uns in eine Atmosphäre von Ab- und Entwertungen verstrickt. Zum Schutz des Klienten wie im Interesse der eigenen Psychohygiene muß der Therapeut sensibel werden für alle Arten von Abwertung und lernen, diesen aufmerksam zu begegnen, ohne seinem Gegenüber in seiner impliziten Beziehungsdefinition und damit seiner Kontextmanipulation rechtzugeben, eine Kunst, die wir eingehend besprechen werden.

Wir wollen zunächst versuchen, die möglichen Formen von Abwertung zu ordnen. Oft sind Abwertungen indirekt, impliziter Teil eines Manövers, so daß wir erst rätseln müssen, ob es sich um Abwertung handelt. Entwertungen können digital oder analog kommuniziert und in beiden Fällen wiederum auch metaphorisch ausgedrückt werden. Wichtig ist die Unterscheidung, ob die Entwertung am anderen vollzogen wird oder an sich selbst, was wir als *aktiv* oder *passiv* bezeichnen. Oskar z.B. setzt seinen impliziten Kontext aktiv durch, während die junge Frau einen passiven Modus wählt. Im aktiven Modus wird die Abwertung direkt gegen andere gerichtet durch Worte, Gesten, Handlungen etc., im passiven Modus richtet sie sich (demonstrativ) gegen sich selbst. Der Effekt ist derselbe und dient dazu, Beziehungsdefinitionen der anderen zu vereiteln und sich dieselbe vorzubehalten. Tatsächlich läßt sich ein Modus nie allein durchhalten: Die passive Form kippt unvermittelt in eine aktive Entwertung des anderen, wie die aktive ebenso unvermittelt in ein Entwerten seiner selbst wechselt. Denn die Legitimation der Strategie beruht auf Einführen von Inkompetenz, was letztlich immer eine abwertende Manipulation an der eigenen Person einschließt. Formen der Abwertung sind:

digital:

- Vage, sehr allgemeine und unvollständige Aussagen (passiv)
- Verleugnen (aktiv wie passiv)
- metaphorische Abwertung (aktiv wie passiv)
- Aussagen wie: „Ich kann nicht..." oder „Ich weiß nicht...",(passiv), Besserwisserei (aktiv)
- Vorwürfe (aktiv), Klagen (passiv), Spitzen
- Zurückweisen bei unerwartetem Kontextwechsel (aktiv)

analog: aktiv

- vages, vieldeutiges Verhalten
- Nicht-reagieren, starres Gesicht, feines Lächeln, erhobene „Nase“ etc.
- Herabsetzen, Ignorieren
- Drohen mit Kontaktabbruch, Vollziehen
- narzißtische Wut
- Gewalt (aktiv), Verlassen (meist passiv)

passiv:

- apathisches Verhalten
- im weitesten Sinne inkompetentes Verhalten (demonstrativ)
- in übertriebener Weise eine Rolle einer Bezugsperson ausagieren
- selbstverletzendes Verhalten im übertragenen Sinn
- autoaggressives Verhalten
- betrinken, Drogenmißbrauch etc.: „sich zu machen“ (ist sowohl aktiv wie passiv)
- Selbstmord(-versuch).

Wenn wir auf unsere bisherigen Beispiele zurückschauen, so finden wir, daß der Gebrauch der Mächtigkeit, einen eigenen Kontext zu erfinden, systematisch in abwertender und entwertender Weise eingesetzt wird. Es ist ihr Zweck, der Mitteilung des Senders einen Kontext zu unterschieben, der die Mitteilung entwertet, um den Sender zu desavouieren, ohne daß der Empfänger seine Bereitschaft signalisiert, seinen erzeugten Beziehungskontext offen zu verhandeln. Mein Gespräch mit Oskar beispielsweise war von meinem Bemühen geprägt, seinen implizit unterstellten entwertenden Kontext zu konfrontieren, seiner Kontextmanipulation zu begegnen mit dem Ziel, ihn dazu zu bewegen, den Kontext unserer Begegnung offen mit mir auszuhandeln. Viele unserer Beispiele belegen das Geschick, Kontexte zu manipulieren - und nicht zuletzt den therapeutischen Kontext -, und den Beziehungsraum nach und nach zu besetzen bis hin zur Handlungsunfähigkeit selbst der professionellen Helfer. (s. Kap. 9)

Ein Vorbehalten der Mächtigkeit, die Beziehung zu definieren, und der Akt der Entwertung der Beziehungsdefinition der anderen, greifen so ineinander, daß sie kaum voneinander zu trennen sind. Ihr Zusammenspiel läuft auf einen Akt der *Grenzverletzung* im Vorgang der Kommunikation hinaus, die aktiv oder passiv gegen den Kommunikationspartner oder gegen sich selbst gerichtet ist. Als Vorgang der Grenzverletzung wird die zerstörerische und selbstdestruktive Wirkung dieses Manövers sichtbar.

Ein Modell süchtiger Beziehungsstruktur

Wir haben nun alles beieinander, um ein Modell süchtiger Beziehungsstruktur zu formulieren. Die Grammatik der Sucht besteht im wesentlichen aus zwei Regeln oder Strategien, die hier zum Einsatz kommen und einander wirkungsvoll ergänzen. Das ist einmal die Mächtigkeit, einen eigenen Kontext zu erzeugen, die manipulativ, kontextverschiebend und den Beziehungsprozeß kontrollierend eingesetzt wird, und zum zweiten die Fähigkeit, die Beziehungsdefinition des anderen abzuwerten oder gar zu entwerten. Die Regeln, welche dieses Modell konstituieren, sind einfach, so komplex sich auch ihre Implikationen erweisen werden. Diese Einfachheit hat den Vorteil, daß sie die Aufmerksamkeit des Therapeuten auf diese wenigen Regeln konzentriert, um jede Äußerung von Sucht in der Kommunikation unmittelbar aufzuspüren, wahrzunehmen, zu empfinden und ihr in welcher Erscheinungsform auch immer zu begegnen.

Das Modell süchtiger Beziehungsstruktur formuliert in abstrakter Weise die ihr zugrundeliegenden Strategien oder Kommunikationsregeln folgendermaßen:

a) Die Macht, die Beziehung zu definieren, wird vorbehalten;
b) die Beziehungsdefinition des anderen wird (metaphorisch) abgewertet oder entwertet.
c) Beide Strategien können sowohl aktiv wie passiv 'formuliert' werden.

Diese Regeln ergänzen einander, wirken zusammen und bilden *eine* Beziehungsstruktur bzw. *Grammatik einer Kommunikationsweise, die Sucht generiert.* Beide Strategien können je in zwei verschiedenen Erscheinungsweisen auftreten, danach unterschieden, ob das Selbst oder der Andere die notwendige Manipulationsmasse abgegeben. Wir sprechen von einem *aktiven und einem passiven Modus* der süchtigen Beziehungsstruktur. Teil (a) unseres Modells kann sowohl in aktiver Form realisiert werden, dann wird dieser Vorbehalt anderen gegenüber durchgesetzt; als auch in passiver Form, dann wird der andere in diese Position gedrängt und jener Vorbehalt in ihn projiziert. Der aktive Modus wird realisiert durch Macht, der passive durch Ohnmacht. Beide Formen der Realisierung erzielen dieselbe Wirkung: sie durchkreuzen erfolgreich Versuche, die Beziehung zu definieren, und behalten sich diese Mächtigkeit vor. Es gehört zum Wesen dieses Modells süchtiger Beziehungsstruktur, daß beide Modi mühelos ineinander überwechseln, so daß wir sie manchmal kaum voneinander unterscheiden können.

Teil (b) der Beziehungsstruktur ergänzt diese beiden Modi der Realisierung. Im aktiven Modus richtet sich der Entwertungsprozeß gegen den anderen, im passiven Modus gegen sich selbst. Auch hier gehen beide Formen ineinander über, doch wird meist ein Modus bevorzugt und als ichsynton gewertet, während der gegenteilige verleugnet wird. Das heißt, die Angriffsfläche für Manöver und Manipulationen liegen in einer diffusen Unterscheidung zwischen Selbst und Anderen begründet. Die süchtige Beziehungsstruktur begünstigt Unklarheiten, Vertauschungen, Verkehrungen und Abspaltungen. Im Ergebnis sind beide Modi letztlich Manipulationen und Bestandteil von Kontextverschiebungen. Die mangelnde Unterscheidung zwischen Selbst und Anderen ist auch dafür verantwortlich, daß die Kommunizierenden unerwartet und leicht von einem Modus in den anderen überwechseln. *Aktiver und passiver Modus kippen ineinander über und bilden so die Choreographie im Beziehungsgeschehen.* Sie sind die Grundlage einer Psychodynamik, die uns unentwegt begegnet. Wirklich transparent werden Psychodynamik und das Zusammenspiel der einzelnen Bedingungen unseres Modells, wenn wir sie in Kapitel 10 und 15 im triadischen Kontext betrachten.

Bei unseren bisherigen Fallbeispielen waren beide Modi der süchtigen Beziehungsstruktur vertreten. Oskar demonstrierte den überwiegenden Gebrauch des aktiven Modus. Man erkennt ihn daran, daß unser Gegenüber uns das zufügt, was er für sich selbst fürchtet und durch dieses Manöver präventiv abwehrt. Bei eingehender Betrachtung wird man bemerken, daß Oskar durchaus auch den passiven Modus einzusetzen weiß. Seine Eröffnung z.B. beginnt mit einer Unfähigkeitserklärung, mit der er sich herabsetzt. Ulrike vertritt den überwiegenden Gebrauch des passiven Modus. Ganz offensichtlich demonstriert diese junge Frau an ihrer Person, was die anderen ihr nicht antun dürfen: „Ich zeig euch, wie man's nicht machen sollte, da könnt ihr viel von mir lernen.", schrieb sie in ihr Tagebuch - ein typischer Zug für Personen, die diesen Modus bevorzugen. Aber auch bei ihr finden wir nie nur diesen einen Modus, sondern immer wieder durchsetzt vom aktiven Modus, z.B. fährt sie mit ihrer Tagebucheintragung so fort: „Jetzt bin ich fast soweit, mich selbst verloren zu haben. Mir ist mein Gefühl zu schade für euch." Eben dieses Kippen zwischen beiden Modi, das auf Vertauschen von Selbst und Anderen beruht, ist charakteristisch für die süchtige Beziehungsstruktur und die Art ihrer Manipulation. Wir werden zu Beginn des nächsten Kapitels zwei ausführliche Fallberichte vorstellen, die uns die Bevorzugung des passiven und des aktiven Modus der süchtigen Beziehungsstruktur demonstrieren in einem aktuellen Kommunikationsverlauf wie in einem mehrmonatigen Beziehungsgeschehen. Sie geben auch einen ersten Eindruck von den Besonderheiten therapeutischer Begegnung.

Das Modell süchtiger Beziehungsstruktur faßt die beiden Hauptstrategien und Regeln zusammen, die diese Kommunikationsweise generieren. Die unveräußerliche Fähigkeit eines jeden Kommunizierenden, seinen eigenen Kontext zu generieren, wird hier systematisch eingesetzt, um sich die Mächtigkeit vorzubehalten, die Beziehung zu definieren. Das ist eine Strategie, die wir alle beherrschen, aber sie ist gleichwohl in ihrer Wirkung für den Kommunizierenden nicht harmlos. Denn Kommunizieren ist ebensowenig wie der Aspekt des Definierens von Beziehungen ein bloß sprachlicher, intellektueller Vorgang. Kommunizieren umfaßt ungeteilt die ganze Person und ist ein nonverbaler, paraverbaler wie verbaler Vorgang. Sich vorzubehalten, die Beziehung zu definieren, ist ein in die Person eingreifende Vorgang und verlangt z.B. die Mißachtung eigener spontaner Beziehungsdefinition wie Gekränkt-, Verletzt-, Beunruhigtsein etc. Sie engt den Zugang des Kommunizierenden zur Welt ein und koppelt ihn vom Beziehungskontext ab. Auch in dieser Hinsicht eine jedermann zugängliche Kommunikationsweise.

Die systematische Ausrichtung und Einengung der Fähigkeit, eigene Kontexte zu generieren, auf den Aspekt des Definitionsvorbehalts, wird zwingend ergänzt durch einen Abwertungsprozeß, der gegen die Versuche der Kommunikationspartner gerichtet ist, Beziehungsdefinitionen vorzuschlagen und durchzusetzen. Auch diese Strategie beherrschen wir alle, und auch ihre Anwendung ist nicht harmlos für den Kommunizierenden. Sie zieht einen Teil seiner Selbst in einen Abwertungsprozeß hinein. Es müssen alle Impulse zur Beziehungsdefinition - z.B. Gefühlsregungen - systematisch mit abgewertet und entwertet werden, was den solcherart Kommunizierenden ambivalent aufspaltet.

Zusammengefaßt besteht die Wirkungsweise der süchtigen Beziehungsstruktur darin, daß sie die Bezogenheit der Kommunizierenden in systematischer Weise verletzt, zerstört, aufkündigt und auflöst. Die Diskussion des Begriffes der Information zeigt uns aber, daß Information sowohl allgemeine Bezogenheit der Kommunizierenden ausdrückt, als auch daß sie sich auflöst, wenn diese Bezogenheit im Fluß der Kommunikation nicht gewährleistet ist. So führt ein systematisches Verletzen der Bezogenheit die Kommunizierenden in einen destruktiven Prozeß, der die Person selbst, ihre Organisation wie die psychosoziale Struktur, in die sie eingebettet ist, in Mitleidenschaft zieht. Wir werden dies noch ausführlich darlegen.

Bildlich gesprochen läßt sich die Wirkungsweise der süchtigen Beziehungsstruktur mit der eines Virus vergleichen, der seine Fehlinformation an die Zelle weitergibt und nun ein krebsartiges Zellwachstum in Gang setzt, das sich über jede Strukturinformation hinwegsetzt und die Struktur des Zellgewebes oder gar des Organs auflöst. In ähnlicher Weise entflicht die Kommunikationsweise der süchtigen Beziehungsstruktur innere und äußere Botschaft und zerstört die Bezogenheit zum Beziehungskontext. Mehr und mehr breitet sich Konfusion aus, die alle kommunikativ aufrechterhaltenen Grenzen und Strukturen angreifen und verletzen kann. Die Regeln unseres Modells süchtiger Beziehungsstruktur beschreiben also eine Wirkungseinheit, die sich in einem schleichenden Prozeß im psychosozialen Gewebe ausbreitet und die Kommunizierenden selbst wie ihren kommunikativen Zusammenhang zu desorganisieren droht.

Der pragmatische Imperativ

Die Alternative zur süchtigen Beziehungsstruktur ist eine Kommunikationsweise, die grundsätzlich innere und äußere Botschaft im Sinne des Kommunikationspartners aufeinander bezieht. Diese Fertigkeit und Macht kann der Empfänger im Sinne von Kommunikation einsetzen mit dem Ziel, einen angemessenen Kontext zu erzeugen, der die Mitteilung des anderen zu verstehen hilft. Der Empfänger kann sich aber auch weigern oder unfähig erscheinen, einen angemessenen Kontext zu erfinden. Er kann sie wider Kommunikation gebrauchen, im Vorgang von Kommunikation kann sich Kommunikation gleichsam selbst zersetzen. Hier stehen sich prinzipiell die Einsamkeit des Senders und die Macht des Empfängers gegenüber, und es gilt, je mehr der Empfänger diese seine Macht betont, um so einsamer der Sender, und umgekehrt - ein Zusammenhang, der uns in der Suchtbehandlung immer wieder bewegen wird. Niemand anderes als die Kommunizierenden entscheiden, ob sie sich verstanden fühlen oder nicht. Es liegt in ihrer *gemeinsamen* Fertigkeit und Macht, die sie *teilen können*, aber ungeteilt verspielen. Diese Mächtigkeit, die in der Kommunikation liegt, zerrinnt ihnen dann im Vorgang der Kommunikation und bedeutet schließlich und endlich Leiden.

Information kann sich nur dann wiedererzeugen, wenn die Kommunizierenden den semantischen und den pragmatischen Aspekt, die innere und die äußere Botschaft oder den Inhalts- wie den Beziehungsaspekt angemessen aufeinander beziehen. Da keiner der Kommunizierenden den „richtigen" Beziehungskontext gewährleisten kann, so sind sie wiederum auf weitere Kommunikation angewiesen. Die äußere Botschaft, der Beziehungsaspekt, müssen von Sender und Empfänger gleichermaßen in angemessener Weise realisiert werden, um die innere Botschaft zu verstehen. Sie sollten daher versuchen, der einen Grundforderung gerecht zu werden: ihre kommunikative Bezogenheit zu gewährleisten. Mit anderen Worten, Schöpfen von Information ist an eine Übereinkunft gebunden, die die Beziehung zwischen Empfänger und Sender - also der wechselseitig Kommunizierenden - konstituiert. Diese konstituierende Übereinkunft formuliert der *pragmatische Imperativ*:

a) Die Kommunizierenden anerkennen sich gegenseitig als Kommunikationspartner, das heißt, sie lassen Information untereinander zu
b) und erforschen, wenn nötig, explizit und wechselseitig den Beziehungskontext von Information.

Der pragmatische Imperativ fordert eine grundsätzlich würdigende Bezogenheit der Kommunizierenden und weist darauf hin, daß informationsverarbeitende Prozesse im Rahmen menschlicher Kommunikation an bestimmte Fundamentalien geknüpft sind, um den Wert von Information zu erhalten. Er gewährleistet den Fluß von Kommunikation, der alles - auch alle Grenzen und Verweigerungen - zu berühren vermag, und die natürliche Teilhabe der Kommunizierenden. So betrachtet, konstituiert der pragmatische Imperativ einen offenen kommunikativen Raum, der für alle Erfahrungen zugänglich ist und allseitige Bezogenheit gewährleistet. Wird diese Bezogenheit - oder Teilhabe am Kommunikationsfluß - verletzt, degeneriert Information zu Konfusion. Verletzungen des pragmatischen Imperativs bedeuten Einschränkung und Einengung des kommunikativen Flusses und der Bezogenheit, die den Erfahrungshorizont grundsätzlich eingrenzen.

Lebensfluß und Suchtprozeß

Da Inhaltsaspekt und Beziehungsaspekt von Kommunikation innerhalb der süchtigen Beziehungsstruktur auseinander fallen, läßt sich, wie wir beschrieben haben, Beziehungsinformation nicht angemessen verarbeiten und degeneriert zu Konfusion. Eine solche Kommunikation nimmt zwar massiven Einfluß auf den Beziehungskontext, zugleich entzieht er sich jedoch, wird undurchschaubar und verwirrend. Der Preis ist ein *Verlust von Verbundenheit mit dem Beziehungskontext, ein Verlust von Beziehungsrealität.* A.WILSON-SCHAEF zielt in ihrer Gegenüberstellung von „Suchtprozeß" und „Lebensprozeß" auf eben diesen schleichenden Verlust von Beziehungsrealität: „Die Sucht spaltet uns ab von unserem Selbst, d.h. von unseren Gefühlen, unserer inneren Moral, unserer Wahrnehmung - kurz unserem Lebensfluß."[13]

Theo, ein Heroinabhängiger, taufte diese Situation, die entsteht, wenn man im Begriff ist, die Beziehungsrealität aufs Spiel zu setzen, ungemein treffend *„Niemandsland"*. „Niemandsland" war Theos Kommentar, als wir in der Phase der Verabschiedung aus der Nachsorge seine Situation herausgearbeitet hatten. Der bevorstehende Abschied nährte seine Befürchtungen und Zweifel, ob er „es" schaffen werde. Seine Zweifel trugen sehr pessimistische und resignative Züge. Überspielt wurde diese Angst jedoch durch maßlose, herabsetzende Sprüche gegenüber allem, was ihm noch vor kurzem etwas bedeutet hatte, und Aggressivität gegen seine Mitgenossen. So hielt er die anderen auf Abstand und schüchterte sie ein, um seine Überlegenheit zu bewahren, während damals dringend angestanden hätte, seine Beziehung zu seinem Vater, zu seiner Freundin und in Bezug auf Four Steps zu klären. Wir erkennen auch hier ein gespaltenes Selbst, das aktiv bzw. passiv entwertet: Theo I: heftige Angst und depressive Verstimmung; Theo II: Welt ausgedachter und inszenierter Überlegenheit.

Georg, ehemals ein Heroinabhängiger, der nach einer abgebrochener Behandlung bei uns seine Sucht auf Alkohol verlagerte und sich einige Jahre später erneut bewarb, wird uns noch eine Weile begleiten. Lassen Sie mich ein Protokoll einer Therapiesitzung wiedergeben. Es führt vor Augen, wie der Verlust von Beziehungsrealität mit einer verzerrten Bezogenheit einhergeht, die mit Phantasien ausgefüllt wird und die Aufmerksamkeit allein auf *einen* spezifischen Aspekt menschlicher Beziehung ausrichtet, den wir mit Narzißmus bezeichnen, und wie schließlich ihr Verlust die Persönlichkeit in zwei feindliche Lager zerreißt. D.h., wie wir von unserem Selbst, „von unseren Gefühlen, unserer inneren Moral und unserer Wahrnehmung", von unserem Lebensprozeß abgespalten werden. Wie dringt man zum Ort der Regieführung vor? Dorthin, wo der Schleier der Maya zerreißt? Wir tun dies, indem wir den zugehörigen verleugneten Beziehungskontext aktivieren und die Person dort einbinden:

13 A.WILSON-SCHAEF, Co-Abhängigkeit, Bögner-Kaufmann Verlag, Wildberg, 1986

(1) Mein Gegenüber ist Georg. Die Therapiesitzung findet in einem frühen Therapieabschnitt statt, als ich dabei bin, seine Anamnese zu erheben. Es ist das erstemal, daß ich Georg direkter angehe und eine Therapiearbeit mit ihm inszeniere. Ich selbst orientiere mich noch, wie ich ihn anpacken könnte.

Im Verlauf zweier anamnestischer Einzelgespräche hatte ich herausgearbeitet, wie sehr seine greise Mutter sein Lebenszentrum geblieben war. Georg quittierte solche Anstöße ironisch und zunehmend sarkastisch. Er betonte dann trotzig den ausbeuterischen Charakter seiner Beziehung zu ihr und meinte, er habe „alles abgegriffen", was er von ihr habe bekommen können. Immerhin 300 DM pro Monat plus Zigaretten plus Lebensmittel plus Wäschewaschen. Als ich seinen Sarkasmus aufgriff, ließ er sich dazu verleiten, als Motiv „Rache" anzugeben. Als ich ihn fragte, ob ihm die Bedeutung dessen klar sei, was er da eben hingeworfen habe, tat er seine Bemerkung als interessante Überlegung und als Gefälligkeit mir gegenüber ab. Er griff mich an und meinte, daß ich ihm diese Annahme unterstellte.

Beim nächsten Gespräch behandelte er sein Motiv „Rache" als willkürliche Idee; fuhr aber fort, heftige Vorwürfe gegen seine Mutter zu erheben, die sein Leben versaut und seine Liebesfähigkeit, Sexualität und Begabungen pervertiert habe. Ich gab ihm daher die Aufgabe, eine Anklageschrift gegen seine Mutter zu verfassen. Sein dreizehnseitiges Werk übergab er mir sichtlich stolz mit den Worten, es sei eine „top Anklageschrift"!

Eine Vorabveröffentlichung in der Haussitzung hatte ich abgelehnt, was Georg mir übelnahm. Er meinte beleidigt: „Was soll ich jetzt mit der Anklageschrift tun?" Er hätte viel Wert darauf gelegt, mit seinem Stil zu brillieren.

So spricht Georg mich in der nächsten Therapiegruppensitzung wegen seiner Anklageschrift an. Was solle er nun tun? Er würde sie gerne vorlesen; sie sei einfach top verfaßt.

Mein Anliegen sei ein anderes, antworte ich Georg. Er möge überprüfen, ob er sich denn nun an seiner Mutter räche oder ob das Wort „Rache" nur so dahingeworfen sei oder gar nur ein Hirngespinst in meinem Kopf. Frage ihn, ob er schon zu einem Entschluß gekommen sei.

Er sei mittendrin.

Gut, das hier - die Therapiegruppe - sei genau der richtige Ort, dieses Überprüfen fortzusetzen. Ob er dazu bereit sei?

Georg zögert.

Ich nehme sein Zögern zum Thema. Es beziehe sich darauf, daß er, ginge er auf ein Überprüfen ein, sehr Persönliches preisgeben müßte. Dann verrät Georg, er habe Angst, daß seine Mutter unter seiner Anklage zusammenbräche, ja daß diese sie töten könne, daß er sie verlöre und ganz einsam dastünde.

(2) Nun, Georg entscheidet sich, sich auf das folgende Arrangement einzulassen:

Er als Staatsanwalt solle seine Mutter anklagen, die ihm vis-à-vis auf einem Stuhl sitze.

Ich stelle für seine Mutter in einiger Entfernung einen Stuhl hin und fordere ihn auf, sie mit Hilfe seiner Phantasie dort hinzusetzen. Georg zögert wieder. Er meint, er könne das mit seiner Mutter nicht machen und wirkt bedrückt.

Ich fordere Georg auf, den Abstand mehr und mehr zu vergrößern, so daß er sich als Staatsanwalt fühlen und über die Einflußnahme der angeklagten Mutter hinwegsehen könne. Georg fürchtet nun, sie könne seine Argumente gegen ihn kehren und ihm mit Selbstmord drohen.

(3) Schließlich wählt Georg den maximalen Abstand zwischen sich und seiner Mutter, den der Raum überhaupt zuläßt. Auf diesen Stuhl lege ich seine Anklageschrift. Er beschreibt auf meine Aufforderung seine Mutter, so wie er sie vor sich sitzen sieht: grau in grau gekleidet, etwas wehmütig dreinblickend, fast ängstlich, mit eingezogenen Schultern.

Wie er mit sich ringt und gerade ansetzen will, zu eröffnen: „Ich klage dich an...", wird er sarkastisch und zieht über die ganze Situation her, als wäre sie ein unwirklicher Traum.

Ich stelle Georg einen zweiten Stuhl zur Seite und vereinbare mit ihm, wann immer *dieser* Georg sich bemerkbar mache, so solle er diesen zulassen und sogleich auf diesen Stuhl da wechseln.

Georg wechselt auf den neuen Stuhl: „Ich komme gut zurecht, von ein paar Dingen abgesehen..." Er fängt zwanghaft an zu lachen, die Stühle, die seien doch alle leer, was hier geschehe, sei absurd.

Er wendet sich dem anderen Georg zu: „Komm mit, wir machen uns ein paar schöne Stunden. Wir holen uns was..." Ich rate: „Du meinst Alkohol?" Georg nickt.

Er sucht nach einem anderen Entkommen aus der Situation. Er wisse nichts mehr gegen sie vorzubringen. Es sei zu wenig gegen sie. Ich gehe zu Mutters Anklagebank und zeige ihm den Packen Papier: „Diese Anklage umfaßt dreizehn Seiten...!" „Du tust so, als wäre dies alles ein Traum. Ein schlechter Traum. Ein Alptraum."

Sein Lachen endet abrupt. Georg wechselt auf den ersten Stuhl zurück, während ich die Anklageschrift zurücklege und kommentiere, wenn er sie nicht ernst gemeint habe, so könne er sie ja zerreißen.

(4) „Ich klage dich an, Mutter, daß du..."

Georg beginnt, ihr Vorhaltungen zu machen. Ich fordere ihn auf, konkret zu werden und Situationen zu schildern.

Die Hauptpunkte der Anklage sind: Vater diskreditiert zu haben, Psychoterror mit Hilfe seines älteren Bruders gegen ihn, Demütigungen und ihn lächerlich gemacht zu haben.

Jetzt wirkt Georg authentisch. Ich bitte ihn daher, die Situationen, derer er sich erinnere, aufzuzählen und jeweils hinzuzufügen: „Und ich verzeihe dir das nie!"

Georg zählt auf: Briefliche Anfrage bei Bravo wegen Liebesbeziehung, Selbstmorddrohung, Psychiaterbesuch, Psychiatrieeinweisung, Angaben an Staatsschutzpolizei. Mit jedem Fall wird der Nachsatz: „Und das verzeih' ich dir nie!" schärfer und bitterer.

Ich frage nach, ob er den vorgegebenen Nachsatz ernst meine, was Georg bejaht. Fordere ihn daher auf, seiner Mutter zu sagen, daß er ihr nie verzeihe.

Georg: „Ich verzeih' Dir das nie!" „Ich räche mich, bis..." „Bis du tot bist." „Du gibst deiner Mutter die Anklage mit ins Grab?"

Wieder fängt Georg zwanghaft an zu lachen und ist zugleich nahe daran, in Tränen auszubrechen. Ihm sei der Gedanke gekommen: „...und dann werde ich meinen Bruder krallen und ausnutzen und die ganze andere Verwandtschaft!" So könne er sich weiter rächen, meint Georg voller Sarkasmus.

Ich gehe zum Stuhl der Mutter quer durch den Raum, hole seine Anklageschrift, bringe sie Georg, drücke sie ihm in die Hand: „Da, Georg, zerreiß die Anklageschrift!"

Georg schaut mich entgeistert an, zögert, kämpft mit sich und zerreißt das Papier. Er vergräbt sein Gesicht in beide Händen und schluchzt. Ich gehe zu Georg hin und lege meine Hand sanft auf seinen Rücken. Etwas später meint Georg, er sei aus einem Alptraum erwacht. Das sei in dem Moment geschehen, wo er die Anklageschrift zerrissen habe.

Ich glaube, daß die Transformation der Kommunikationsweise *spontan* geschieht und *jederzeit* hier und jetzt geschehen kann. Meine Arbeitsweise zielt darauf ab, die Voraussetzungen zu schaffen und auf jenen Augenblick hinzuwirken, wo spontan ein Wechsel der Kommunikationsweise eintreten kann, gerade so wie diese Aufgabe der Fuchs im Märchen vom Goldenen Vogel übernimmt. Die Erkenntnis kommt spontan und über Nacht. Halten wir uns vor Augen, Kommunikation ist einfach, naheliegend und menschenmöglich. Es ist nicht so, daß wir zuerst die menschliche Persönlichkeit umkrempeln müßten. Eine solche Anschauung nährt nur den nicht kommunizierten impliziten Kontext des Süchtigen und seine Illusion, sich aus der Bezogenheit ausblenden zu können, anstatt ihn zur Verantwortung hier und jetzt anzuregen. Denn es gibt keine Persönlichkeit außerhalb des Vorgangs von Kommunikation und bereits die Mitteilung von wirklich nachvollziehbaren und erschreckenden 'Schicksalsschlägen' wie Kindesmißhandlung oder sexueller Mißbrauch haben nur dann heilende Wirkung, wenn sie Mitteilungen sind im Sinne echter Kommunikation. Der Lebensprozeß vollzieht sich beständig und ungeteilt, Kommunikation bedeutet Teilhabe und Präsentation des eigenen Lebens, bedeutet Bezogenheit, und wir machen uns etwas vor, wenn wir glauben, uns aus welchen Gründen auch immer herauszuhalten und erst besondere Voraussetzungen schaffen zu müssen oder einfordern zu dürfen.

Süchtige Beziehungsstruktur und Suchtmittelkonsum

Mit welchem Recht nennen wir diese Beziehungstruktur nun „süchtig"? Von Sucht zu sprechen, ist letztendlich nur gerechtfertigt, wenn sich ein enger Zusammenhang zu Suchtmittelmißbrauch nachweisen läßt. Bisher haben wir die süchtige Beziehungsstruktur beschreiben, ohne auf Suchtmittelmißbrauch unmittelbar einzugehen. Was also haben sie miteinander zu tun?

Im Rahmen unseres Modells kann die süchtige Beziehungsstruktur realisiert werden, ohne daß Suchtmittel im Spiel sein müssen. Die Manöver und Strategien, die wir formuliert haben, sind nicht zwingend an Suchtmittelmißbrauch geknüpft. Wir können dieselben Manöver in der psychotherapeutischen Literatur wiederfinden, obwohl diese Fälle nicht als Süchtige vorgestellt werden. Eine genauere Betrachtung dieser Fallberichte läßt allerdings erkennen, daß sehr häufig Suchtmittelmißbrauch gegeben ist. Wenn man beispielsweise die Fallbeispiele von MASTERSON[14] aufmerksam liest, fällt auf, daß fast regelmäßig Alkohol- oder Drogenprobleme zur Symptomatik gehören. Tatsächlich läßt sich die Anlage dieser Beziehungsstruktur schon nachweisen, bevor eine Suchtkarriere vorliegt. Wir werden in Teil 4 empirisches Material vorlegen, das diesen Schluß erlaubt. Es ist nicht die Droge, die diese Beziehungsstruktur initiiert, sondern umgekehrt: *die süchtige Beziehungsstruktur schafft eine Disposition zum Suchtmittelmißbrauch.* Wenn wir nach süchtigem Verhalten fragen, so geht es um menschliche Beziehungen, die so geartet sind, daß da ein Stoff mit schmerzlindernder Wirkung durch Erhöhung oder Herabsetzung von Erregung in menschlichen Beziehungen virulent werden kann. Die physiologische Habituation trägt zu einzelnen Aspekten süchtigen Verhaltens bei. Nur, um virulent zu werden, um als Reiz immer wieder aufgesucht zu werden, braucht das Suchtmittel menschliche Beziehungen mit bestimmter Beziehungsstruktur, eine psychosoziale Matrix, Nährboden. Menschliche Beziehungen solcher Art lassen sich anhand unseres Modells beschreiben.

Von einem dürfen wir zunächst ausgehen: Suchtmittelkonsum vermag sich mit jeder der beschriebenen Strategien der süchtigen Beziehungsstruktur zu legieren und kann ihre Wirkung verstärken. Gibt es ein idealeres Mittel, den Machtvorbehalt, die Beziehung zu definieren, zu verwirklichen, als sich „zuzumachen“? Ich glaube kaum. 'Leichter' als drogeninduziert läßt sich das „Niemandsland“ nicht erreichen und die furchtbare Kreuzigung aufschieben, „stoned“ und unerreichbar für andere. Weiterhin dürfte es kaum ein idealeres Mittel der Manipulation seiner selbst oder des Anderen geben. Der Abwertungsprozeß gegenüber anderen, man denke an Familienangehörige und ihre Wirkung auf sie, wird gesteigert, und die Folgen menschlicher Isolierung werden außer Kraft gesetzt. Drogenkonsum beeinflußt menschliche Beziehungen, indem der Konsument sich selbst verletzt und abwertet. Wie Ausreißen, Wutanfälle, Selbstmordversuche ist Suchtmittelkonsum geeignet, den Aspekt von Macht in menschlichen Beziehungen, das Lahmlegen von Beziehungsdefinitionen anderer, systematisch zu suchen und zu realisieren. Ergänzen wir, daß sich das Vorherrschen des aktiven oder des passiven Modus durch psychoaktive Substanzen manipulieren läßt und so der entwertete, abgespaltene Persönlichkeitsteil aktiviert wird. Dieser Aspekt erweckt die Illusion von Selbstheilung durch Drogenkonsum, ein Gesichtspunkt, der Süchtige kaum losläßt, wenn sie später ihr „Können“ im cleanen mit dem verlockenden im drogeninduzierten Zustand vergleichen. Gibt es eine zutreffendere Parabel für die Mächtigkeit, einen eigenen Kontext zu erzeugen, als drogeninduzierte Zustände?

Suchtmittel fördern - gleich ob ihre berauschende oder schmerzstillende wie dämpfende Wirkung im Vordergrund steht - die Illusion einer Un-

---

14 J.F.MASTERSON, Psychotherapie bei Borderline-Patienten, Klett-Cotta Verlag, Stuttgart 1980.

bezogenheit, entheben zeitweilig der Folgen einer solchen Illusion und gestalten sie subjektiv erträglicher. Der Konsument kann sich scheinbar, aber jedenfalls wirkungsvoll, aus dem Kreis der Kommunikation ausklinken ganz nach seinem Belieben. Daß er genau dies tut, werden wir u.a. in unserer Studie in Kapitel 13 belegen.

Suchtmittelkonsum ist also selbst eine Kommunikation, welche die Fundamentalien der Kommunikation verletzt und, indem sie zeitweise der Folgen enthebt, die süchtige Beziehungsstruktur perfektioniert. Suchtmitteleinnahme stellt zudem selbst schon einen selbstverletzenden Akt dar, der die Person physisch verletzt und vergiftet.

Wir können auch so formulieren: Das schier unbewältigbare Geschehen, das in Familien im Zustand chronischer Grenzverletzungen abläuft, und das Maß an menschlicher Entfremdung und Mißtrauen, das hier entsteht, nährt die Verlockung, *in eine chemische Substanz Hoffnung zu setzen statt in menschliche Beziehung* und durch sie Linderung, Heilung oder absolute Sicherheit zu gewinnen. Ein äußeres Objekt ausfindig zu machen, das in idealer Weise das Versprechen auf Manipulation nach eigenem Belieben und auf Macht verkörpert, mag dann lohnender erscheinen, als Mühe und Leid auf sich zu nehmen, um in menschlicher Beziehung Erfüllung zu finden. Ist dieses Versprechen nicht zu groß? Sind es nicht gerade menschliche Beziehungen, die dazu verführen, durch Beherrschen oder Unbezogen-bleiben Probleme lösen zu wollen, die allein durch Kommunikation im hier vorgetragenen Sinne zu lösen sind?

Die Crux des Süchtigen ist, daß sich auch seine Hoffnung in die manipulierbare chemische Substanz als trügerisch erweist. Die Kommunikation des Süchtigen mit „*seiner* Droge" folgt genau derselben Strategie, wie er sie gegenüber Menschen einsetzt. *Er kommuniziert mit der Droge nach den Regeln süchtiger Beziehungsstruktur.* Er erlebt dieselbe Ambivalenz von Liebe und Haß, von Macht und Ohnmacht und gebraucht ihr gegenüber dieselbe wechselseitige Auf- und Abwertung. Aber wieder setzt sich die sanfte Gewalt der Bezogenheit als umfassendere kommunikative Macht durch und holt den Süchtigen auch jetzt noch ein. Und gerade hier finden wir den mächtigsten Antrieb, süchtiges Verhalten immer wieder fortzusetzen oder wieder aufzugreifen: Hier, in seinem Niemandsland, wohin er sich sicher zurückgezogen wähnte, begegnet er erneut seinen eigenen Prämissen der Kommunikation. Wie er sich der Teilhabe an Kommunikation zu entziehen suchte, entzieht sich ihm jetzt die Droge. Er ist Gefangener der Droge, nicht weil er sie kennengelernt hat, sondern *weil er auf sie die Strategien der süchtigen Beziehungsstruktur anwendet.* In einer Fernsehsendung schilderte Dr. A. HOFMANN, Entdecker der Lysergsäure-Diäthylamid, wie tief die Erlebnisses seines Selbstversuchs mit LSD sein weiteres Leben verändert hätten, sinnerfüllend und vertiefend, ganz ähnlich wie dies Menschen nach einem Nahtod-Erlebnis berichten. Warum finden wir solche existentiell berührenden Erfahrungen nicht bei Drogenabhängigen bzw. warum werden sie nicht aufgerüttelt? Er ringt mit ihr um den Vorbehalt, die Beziehung zu definieren, und er entwertet ihre Beziehungsdefinition, so wie er wähnt, daß sie die seine entwerte:

Wer beherrscht wen? Er die Droge oder die Droge ihn? Natürlich wird er seinen Vorbehalt, die Beziehung zur Droge zu definieren, auch der Droge gegenüber durchsetzen wollen. Oder ist er etwa bereit, sich durch die Droge „kreuzigen" lassen? Sich durch sie definieren lassen? Sich besiegen lassen? Endgültig einzugestehen, daß er unterlegen ist als Drogenabhängiger? Als Alkoholiker? Und wieder findet er sich in einer selbstreferentiellen Falle gefangengesetzt. Denn die Droge, ihre Mächtigkeit, die Beziehung zu ihm zu definieren, und ihre Herausforderung, wer ist das anderes als er selbst? Er im Spiegel der Droge? Die wiederum nur die Bezogenheit aller Kommunizierenden als ihre Macht vorgaukelt? Er im Spiegel seiner Kommunikation, seiner Illusion der Unbezogenheit, ganz allein er selbst.

Voraussichtlich meine vorletzte Stunde mit Georg, bevor er unsere Nachsorge verläßt und in eine andere Stadt zieht. Als Thema schlägt er „Alkohol“ vor.

Ich frage ihn, um was es ihm denn gehe?

Er sehe ein, daß er das jetzt kommende Jahr gefährdet sei, Alkohol zu trinken. Das bedeute für ihn eindeutig Rückfall. Aber solle er wirklich ein Leben lang durchhalten müssen? Könne er denn nicht nach einiger Zeit wieder trinken? Kontrolliert natürlich? Er verweist auf eine entsprechende Aussage seiner Suchtberaterin. Ich würde ihn doch kennen, was hielte ich davon?

Ich möchte dem Gesprächsverlauf vorgreifen: Gegen Ende des Gesprächs verrät mir Georg, daß er bei mir mit zwei Antworten gerechnet habe:

Die eine: Ich würde ihm die Gefahr aufzeigen, die er selbst kenne, grundsätzlich abraten, ihm aber eine Hintertür offenlassen, später es wieder einmal zu probieren.

Die andere: Ich würde eine Weile konzentriert nachdenken, um dann dezidiert zu sagen: „Georg, du bist ein Alkoholiker...“ Mit Künstlerpause würde ich das vorbringen.

Meine Antwort scheint ihn zu verblüffen:

„Mich interessiert, was für dich „Alkoholiker“ bedeutet? Weshalb zierst du dich, dich als Alkoholiker zu bezeichnen? Was regt sich da?“

Georg verrät: „Stolz.“

„Georg, du sitzt schon im Gefängnis, du bist schon Gefangener.“

Spiele auf seine anfänglichen Klagen an, lebenslang nicht mehr zu trinken. „Gestehst du Dir ein, Alkoholiker zu sein, so bedeutet dies eine Niederlage und zwar jetzt sogleich - jedenfalls für deinen Stolz. Aber wer liebt schon Niederlagen? Du kannst aber *sofort* dein Gefängnis verlassen, wenn du nur trinkst: Du bist dann gleich zu gleich mit dem Alkohol; deine Niederlage kommt später. So bist du verführt zu trinken: Denn du könntest doch siegen!“

Georg wendet ein, er könne nicht verstehen, daß man den Tod in Kauf nehme.

„Ich weiß nicht, was findest du schrecklicher, den Tod oder ein Leben mit verletztem Stolz?“

Was solle er da tun? Er hätte gern einen Tip von mir.

Ich lehne das ab: Ich wüßte sicher von anderen, die das durchgemacht hätten, es gäbe da einen Weg heraus, nur wisse ich nicht wie. Übrigens, jedes Drängen, da herauszufinden, verfehle nur das Ziel und nähre die Gefahr. Er solle bedenken, wie leicht er herausgehen könne: Er brauche doch nur zu trinken!

Georg meint sarkastisch: *„Du meinst, ich solle freiwillig akzeptieren, was unfreiwillig ist?“*

Ich erinnere ihn daran, daß er gerade solche Situationen schon einige Male hier erlebt habe und verweise auf das Märchen „Der Goldene Vogel“, das ich ihm einmal erzählt hatte. Offensichtlich könne er viel dabei gewinnen, jedenfalls sei das so im Märchen. Ich betone: im Märchen!

Irgendwie ist Georg enttäuscht, bringt Einwände vor, Abschwächungen, Ausreden. Ich benutze seinen Eifer, zu zeigen, wie er sich nur tiefer in sein Gefängnis verstricke, bis kein Entkommen mehr zu finden sei.

Georg: „War das alles?“ Da er nichts anderes aus mir herauslocken kann: „Mehr kann man dann wohl nicht mehr sagen!“

„Nein, ich möchte noch mehr dazu sagen. Was wir jetzt besprochen haben, das Gefängnis, du kennst es viel näher und persönlicher: Denke an die Sätze, die ich dir ein paar Mal vorgegeben hatte... Das sind die gleichen Gefängnismauern. Und du erinnerst dich, ich habe dir immer geraten, dieses Gefängnis hinzunehmen und zu akzeptieren, während du es überspringen mochtest oder dich verkriechen.“

Georg mokiert sich; er könne nie hinnehmen, daß er auf Frauen verzichten müsse. Ich verweise nochmals auf das Märchen: So wie der Königssohn habe auch er dreimal solch’ unmöglichen Situationen oder Sackgassen nach eben diesem Plan hier durchlebt.

Wir machen unseren letzten Termin aus. Im Rausgehen werfe ich hin:

„O weh, das könnte man auch als Gefängnis ansehen, daß wir einen Termin ausgemacht haben und ich nun verpflichtet bin, diesen einzuhalten...“

Bereits unter der Tür - kehre ich um und beuge mich über Georg, der am Boden sitzen geblieben

war: „Georg, aber ich weiß, wie ich aus diesem Gefängnis herauskommen kann: Ganz einfach, indem ich das nächste Mal einfach nicht kommen werde.“	Georg lacht.

Daß Suchtmittelabhängigkeit sich so tief und nachhaltig in der Person verankert und auch den ehemaligen Süchtigen noch prägt, gefangen hält und gefährdet, ich glaube, das liegt eben darin begründet: *Der Süchtige entwickelt dieselbe Beziehungsdynamik in Bezug auf seine Droge und veräußert diese Dynamik, die zwischen seinem gespaltenen Selbst tobt.* So ist die Droge sein imaginärer Partner, der ihm jeweils eine Seite seiner selbst widerspiegelt, wechselhaft, schillernd und zweideutig, Zerstörer und Heiler, geliebt und gehaßt. Nie gelingt es, diesen Partner festzulegen, aber ebenso kann ihn auch die Droge nicht festlegen, es sei denn durch den Tod. In seiner reinen Form gibt es vorher keinen endgültigen Sieg, aber eben auch keine definitive Niederlage, eine Situation, die der Süchtige mit dem Spieler teilt und die auch noch den Ehemaligen bannt.

Nach erfolgreicher Therapie erlebt der ehemalige Süchtige einen Rückfall sinnlich und körperlich als Grenzverletzung seiner selbst: unmittelbarer Ekel, heftige Übelkeit und Erbrechen nach der Einnahme, ein körperliches Empfinden, als wehre sich der Körper gegen das Suchtmittel, gesteigerte Empfindlichkeit, wobei gleichzeitig die frühere Fähigkeit, sich in den Rauschzustand zu ergeben, verloren gegangen ist. Ein Ehemaliger kleidete diese Erfahrung in die Worte, es sei nun, „wie wenn man in einen Spiegel schaut, der zersprungen ist“. Der Spiegel ist seiner Zauberkraft entkleidet. Ich glaube, es läßt sich behaupten, daß eine ansatzweise gelungene Transformation der süchtigen Beziehungsstruktur auch ein unmittelbar erlebbares neues Verhältnis zwischen Süchtigem und seiner Droge herstellt. Dieses neue Verhältnis kann einen hilfreichen Schutz gegen ein erneutes Abgleiten in eine Suchtkarriere abgeben. Dieses neue Erleben von Drogen kann nur vorübergehend seine Schutzfunktion übernehmen, bis es entweder durch massiven Drogenkonsum erdrückt oder bis an seine Stelle *reifere Formen der Bindung an das Leben* getreten sind, die Suchtmittel uninteressant werden lassen.

Zusammengefaßt: Die Disposition zum Suchtmittelmißbrauch ist in der Beziehungsdynamik angelegt, die den Regeln unseres Modells süchtiger Beziehungsstruktur entspringt.

Kapitel 3: Das Wirken der süchtigen Beziehungsstruktur - der Keim von Schismogenese und Desorganisation der Person

Der aktive und passive Modus

Wir geben jetzt die beiden angekündigten Falldokumentationen zum bevorzugten passiven und aktiven Modus wieder. Sowohl im aktuellen Kommunikationsverlauf wie im längerfristigen Beziehungsgeschehen lassen sie die Wirkung süchtiger Kommunikationsweise erkennen. Achten Sie auf die Dynamik, die sich bei dieser Kommunikationsweise zwischen Therapeut und seinem Gegenüber entwickelt insbesondere in Bezug auf Grenzverletzungen und die allmähliche Lähmung des Selbstgefühls.

Eine mißglückte Sitzung

Dieser Fallbericht ist ein Videomitschnitt einer Therapiegruppensitzung, die ich in kommentierten Auszügen wiedergebe. Ich wähle eine mißglückte Sitzung, weil sie den Strudel süchtiger Beziehungsdynamik dokumentiert, an dem ich mich als Therapeut beteiligte.

Helmut befindet sich seit 6 Monaten bei uns. Er war 32 Jahre alt, ohne Berufsausbildung, als Student eingeschrieben. Wie wir erfahren werden, hatte sein Vater, als Helmut 11 Jahre alt war, einer Geliebten wegen die Familie verlassen; er war immer wieder zurückgekehrt und wohnte jetzt wieder bei seiner Frau. Helmut lebte daher in besonders enger Bindung an seine Mutter und im Groll gegen seinen Vater, der sich ihm entzogen hatte. Es mag bezeichnend sein, daß zu Beginn der Therapie im ersten Familiengespräch der Vater das Gespräch mit der Forderung eröffnete: 'Seine Frau müsse sich zwischen ihm oder Helmut entscheiden.' Wenn sein Vater nicht da war, so nahm Helmut seinen Platz in der Familie ein, seinen Sessel und seinen Schreibtisch. Offensichtlich war diese Rivalität, die für Helmut so destruktive Formen angenommen hatte, noch nicht beendet. Noch hatte keiner der beiden obsiegt.

Helmut war sehr groß, hatte die Schultern angehoben und seinen Kopf eingezogen. Da er in seinen Bewegungen zudem fahrig und unbeholfen wirkte, blieb unentschieden, welchem Eindruck man folgen sollte: dem eines finster dreinblickenden Riesen oder dem eines scheuen, aber trotzigen Jungen.

Zum Zeitpunkt dieser Aufnahme bestand zwischen Helmut und der Gruppe ein Gruppenvertrag. Dieser verpflichtete ihn, für zwei Wochen der Aussage gemäß: „Ich bin ein 32-jähriger junger Mann!" zu leben und sich darin zu erproben. Helmut hatte nach einer Woche ein Zwischenfeedback in der Gruppe abgehalten, denn nach zwei Wochen sollte er den Vertrag abgeben können, wozu er die Zustimmung der Gruppe brauchte

.

Therapeut: Also Helmut, dann fang Du mal an!
Helmut: *Nickt. Zögert.*
Therapeut: Was ist Dir denn nicht klar?
Helmut: *Kopfschütteln, stöhnt, neigt sich aufgebend nach vorn.* Also, den Gruppenvertrag, ich verstehe ihn schon, aber ich.. ich habe einfach da so viel darüber nachgedacht die letzte Woche...Da ist so viel...pf...ich.. ich möchte auch irgend etwas an dem Gruppenvertrag machen...für die Gruppe machen, da sie ein Anrecht hat...ich weiß nicht, was ich da, wo ich da anfangen soll, oder was, was ich jetzt als erstes machen soll...annehmen soll. Klar, daß... (Unverständlich) da sehe ich, wie ich meine Mutter behandelt habe, da sehe ich, daß ich mit ihr machen kann, was ich will. Ich habe Dir ja früher mal gesagt, daß zu meiner Mutter, daß mir da nichts einfällt. Wenn es um meinen Vater geht, da spüre ich was, ob es nun um Selbstbewußtsein geht oder Konkurrenz oder was weiß ich, da spüre ich das irgendwie... *Zuckt mit den Schultern.*
Therapeut: Du hast gesagt, die ganze Woche über hättest Du nachgedacht. Was hast Du denn für Gedanken?
Helmut: Zum Beispiel daß halt...also auch das mit den vielen Zweifeln, wie ein Mann sich verhält...daß er sich auch entscheiden muß, was er will, und daß ich halt wirklich sehr oft mir immer noch andere Möglichkeiten offen halte - mit Drogen ... oder auch ziemlich mit spiele. Das heißt, daß ich jedenfalls nicht hundertprozentig überzeugt bin, daß ich hier bleibe, komme was da wolle, daß das keine hundertprozentige Entscheidung ist. Die fehlt auch. Es ge-

hört für mich dazu, das mit dem...auch wieder mit stark fühlen und schwach und so, daß da zwei Seiten sind, das ist so allgemein, das ist ein großes Thema.- Wie ich mich überhaupt fühle, das gehört alles dazu.- Und...da ist auch von der Gruppe gekommen, ob es mir denn gut geht, eigentlich kann es mir gar nicht gut gehen. Ich habe eine Rückstufung bekommen, bin wieder in der Küche, das mit Edith ist noch frisch undundund... Aber ich habe trotzdem empfunden, daß es mir ganz gut geht, hab' das erzählt. Und dann hieß es, ja, du schiebst, du schiebst. Ich war total unsicher, ich wußte nicht, was will ich überhaupt angehen, was schieb ich, was... Ich weiß nicht. *Helmut preßt die Lippen aufeinander, beißt die Zähne zusammen und starrt vor sich hin.*

Therapeut: Hm. Was hast du noch für Gedanken?

Helmut: Das ist doch eigentlich schon ein Haufen. Es waren noch ein paar andere Sachen. Am Samstag als ich abbrechen wollte...da kam ich mir im nachhinein auch wieder kindisch vor... Und dann auch ab und zu so Trotzverhalten, das ich drauf habe oder so, leicht Beleidigtsein oder...oder jemandem total aus dem Weg gehen, auf so eine Art, die ich nicht an mir mag, die auch wieder nach meiner Ansicht kindisch ist.

Therapeut: Was genau findest du kindisch?

Helmut: Ja, das sagte ich doch! Z.B. das, wenn jemand mal meint, kein Verständnis von mir zu kriegen oder ungerechtfertigt Kritik kommt, dann reagiere ich oft beleidigt oder trotzig, und dann mach ich irgend etwas, guck den nicht mehr an, und ich merke es selber und komme mir so dumm dabei vor. Äh... Helmut schaut vor sich hin....Jetzt fällt mir nichts mehr ein.

Therapeut: Hm.

Helmut: *lehnt sich zurück, verschränkt die Arme.*

Therapeut: Ich weiß nicht so recht, was ich für Dich tun kann. Worauf möchtest Du hinaus?

<u>Kommentar</u>: Wir finden in diesem Abschnitt all die Informationen, die wir benötigen, und tatsächlich erfahren wir von Helmut im weiteren Verlauf nichts Neues mehr. Wie kommt das? Nun, die relevante Information liegt im Kontext, und solange wir es nicht verstehen, innere und äußere Botschaft sinnvoll miteinander zu verknüpfen, solange dreht sich die Kommunikation um den bestimmenden, aber nicht kommunizierten Kontext. Wie bei einer Spirale erreichen wir immer wieder von neuem diesen Punkt. Von daher ist es nicht so schlimm, nicht gleich zu Beginn das Geschehen in seinem relevanten Kontext zu erfassen, wir finden erneut Gelegenheit dazu.

Sie werden auch beim bloßen Lesen bemerken, es fällt ungemein schwer, Helmut zu folgen. Beim Notieren vom Videoband war es mühevoll, sinn- und wortgetreu festzuhalten, was da gesagt wurde. Sätze und einzelne Wörter waren kaum in Zusammenhänge eingebettet, es gab nur wenig Hilfen, Satzteile und Wörter zu rekonstruieren. Es war nun unübersehbar, die wesentliche Information lag nicht in den Worten, sondern in der Art und Weise, wie Helmut sie gebrauchte: unzusammenhängend, um Worte ringend, leicht stotternd, ohne Kontakt zum anderen. Wenn wir einmal annehmen, die innere Botschaft lautete: „Ich bin unsicher!", so bestand die äußere in einer Inszenierung derselben. Also eine authentische Äußerung?

Ich habe Zweifel. In der Schilderung, wie er mit der Gruppe darüber gesprochen habe, was es bedeute, Mann zu sein, definiert er sich nicht als Fragender, eher ist es so, daß er die anderen vorführt und seine eigenen Vorstellungen unberührt bleiben. Vor allem bleibt offen, ob er sich in der Therapiegruppe einbringt, weil er will oder weil die Gruppe es verlangt. Eine solche Ausgangsbasis ist immer verdächtig, den anderen in eine Falle zu locken, um ihn mit seinen vermeintlichen Erwartungen ad absurdum zu führen.

Diese Unklarheit ist eine strategisch entscheidende Bastion, um den therapeutischen Prozeß ins Leere laufen zu lassen. Es ist ein Kardinalfehler, daß ich - anstatt am allerersten Satz von Helmut zu stutzen - mich beteilige, die Spuren zu verwischen.

Es gibt noch einen Einwand, in dieser Kommunikation keine authentische Aussage von Helmut zu sehen, zugegebenermaßen ein ganz subjektiver: mein Gefühl, daß irgend etwas nicht stimmte und das man so ausdrücken könnte: 'Was mach ich bloß? Mir fällt nichts ein, mir ist, als hätte ich mein ganzes Können vergessen.' Ich erinnere mich, daß ich bei mir feststellte, 'was da passiert, das kennst du ganz genau, das hast du schon oft erlebt, was ist es nur?'

So versäumte ich es, einen ersten Bezugspunkt zu vereinbaren, der Unterschiede einführt und mit jeder Sequenz des Dialogs Selbst und Anderer ausdifferenziert. Dieser eine Bezugspunkt würde Helmut bewegen, sich auf der Dimension aktiv/passiv, zufügen/ erdulden festzulegen und ihn hindern, die ganze Vorstellung zu entwerten, wie er es mit der Gruppe getan hatte. Das war der Kardi-

nalfehler.

Wie ließe sich Helmuts In-Szene-Setzen begegnen? Da gibt es viele Möglichkeiten, hier zu Beginn den Therapieprozeß zu strukturieren. Wir könnten dasselbe tun wie der Therapeut, Helmut befragen, allerdings mit der kleinen Änderung, daß wir uns für die Fähigkeit interessieren, solche selbstzweiflerischen Gedanken immer fort zu generieren. Wir könnten ihn auffordern, noch mehr solcher Gedanken zu erzählen, sicherlich fielen ihm jetzt noch weitere ein, und schließlich könnte er sich von den Gruppenmitgliedern weitere Ideen geben lassen etc. Wir könnten auch mit ihm erforschen, was ihn denn gerade jetzt so unsicher mache und beginnen, seine Beziehung zum Therapeut und zu den Gruppenmitgliedern zu untersuchen. Wiederum könnten wir Helmut auffordern, uns darin zu lehren, sich so unsicher zu geben: Was gehöre da alles dazu, auf was achte er, er möge mir die genauen Anweisungen geben, damit ich diese Fähigkeit erlernte. Ich würde mich, ehrlich gesagt, ratlos fühlen. Wie ginge das vor sich, jemanden ratlos zu machen?

Aber vor alledem wäre es dringend notwendig, seinen ersten Satz zu thematisieren: Er wolle „für die Gruppe was machen..., da sie ein Anrecht" habe. Klingt das nicht eher danach, daß er dieses Anrecht gerade bestreitet? Ad absurdum führen möchte? Etwa: „Bitte, wenn ihr darauf besteht, ihr könnte meine Unterwerfung haben! Aber die Folgen tragt ihr, weil ihr euch ins Unrecht setzt." Helmut provoziert seine Grenzverletzung, und wir können fest davon ausgehen, daß er das Gespräch mit Abwertung quittiert, vermutlich wiederum indirekt, indem er sich demonstrativ abwertet.

Das sind einige der Möglichkeiten, die alle darauf hinauslaufen, die äußere Botschaft in die Kommunikation einzuführen und sich den Kontext anzueignen. Wie Sie schon bemerkt haben, ist Helmut Spezialist, im passiven Modus zu kommunizieren und Grenzverletzungen und Abwertungen zunächst in passiver, erleidender Form zu lancieren. Im Kern gleichen sich alle genannten Möglichkeiten darin, daß Helmut positiv definiert und in eine aktive Position gedrängt wird. Positive und aktive Konnotation sind entscheidende Anker einer jeden Strategie und ihrer Umsetzung, süchtige Beziehungsstruktur zu transformieren. Dazu später mehr. Gehen wir zu unserer Videoaufzeichnung zurück. Der Therapeut ist unentschlossen und fühlt sich unbehaglich:

Therapeut: Ich weiß nicht so recht, was ich für dich tun kann? Worauf willst Du hinaus?

Helmut: *Blickt zu Boden und kaut am kleinen Finger. Überlegt.* Dieses Verhalten, das ich drauf hab, mit dem ich Leute manipuliere, interessiert mich. Wie ich damit meine Mutter niedergemacht habe, mir geht das Video mit meinen Eltern nicht aus dem Kopf. Und ich weiß auch, was ich in den letzten Jahren gemacht hab mit ihr.

Therapeut: Hm. Das scheint mir zwiespältig, du erscheinst mir da männlich, durchsetzungsfähig. Auch in der Geschichte mit Edith finde ich dich männlich: Du gibst dich väterlich gegenüber ihrem Sohn und übernimmst Verantwortung. Das sind Bereiche, wo du für mein Gefühl männliches Verhalten zeigst. Allerdings in Situationen, wo es wenig hoffnungsvoll ist, wenig Erfolg verspricht.

Helmut: *lehnt sich zurück, läßt seine Arm lasch herunterbaumeln, stöhnt.*

Therapeut: *An die Gruppe gewandt:* Wie erlebt ihr Helmut in Bezug auf männlich und jungenhaft?

Georg: Also kurz gesagt...riesenbabymäßig. Wie eben. Und wie Du gestern mit der Kritik umgegangen bist...

Therapeut: Bitte konkret, wir können ihm ja jetzt kein Video vorspielen!

Georg: Auch tolpatschig irgendwie...

Therapeut: Ich fände es wertvoll, wenn Du den Vorgang beschreiben würdest, anstatt Eigenschaften aufzuzählen.

Georg: Er hat sich Zwischenfeedback geholt...*(gekürzt)*

Sigrid: Und vor allem...ich habe das Gefühl, Du hast keine eigene Meinung, überhaupt eine annähernde Vorstellung, worum es Dir geht... Und dann hat sich mit der Zeit die Gruppe eingeschaltet, dir Ratschläge gegeben. Du möchtest es für die Gruppe machen, nicht für dich. Auf die Ratschläge reagierst du unbeholfen: ja, was soll ich jetzt machen, da hör ich dies und da das, ich weiß auch nicht. Wie ein verwirrtes Kind, das vom Vater dies und von der Mutter jenes gesagt kriegt und dann nicht mehr weiß, was es machen soll, ich weiß auch nicht, hilflos.

Iris: Ja, ich erlebe dich auch oft tolpatschig, daß du wie ein betroffener kleiner Junge dasitzt. Auf der anderen Seite kannst du auch mal auf den Tisch hauen. In meinen Augen bist du ganz entscheidungsunfähig.

Chris: Du nimmst dich selber nicht so voll. Wie so ein kleines Kind, das fragt, war ich wirklich so blöd? Anstatt zu sagen, für mich ist das so und so!

Robert: Ich erlebe dich, wie soll ich sagen, doppelgesichtig. Auf der einen Seite erlebe ich, wie du dich durchsetzt; auf der anderen Seite - das ist meine Meinung - hast du den Gruppenvertrag erfüllt, wenn du den Leuten sagst, das ist der größte Bockmist, was ihr da sagt, ...wenn ich merke, daß du dahinter stehst, wa!
Therapeut: Was ist mit Dir gerade los, Helmut? Du sitzt so versunken da? *Helmut reagiert nicht.* Hörst Du zu? Oder?
Helmut: Klar hör ich zu. *Arme über dem Schoß gekreuzt, gesenktes Haupt, Lippen geschürzt, Zähne zusammengebissen, unwillig.*
Therapeut: Was geht in dir vor?
Helmut: *Noch tiefer gebeugt.* Es ist einfach so - *Achselzucken* - wo an der Person generell, also in mich alles reingedrückt wird, Kritik, das ist so unwahrscheinlich viel, das zieht mir den Boden weg, das ist alles. Und Selbstvertrauen, darauf geht es am allermeisten hinaus, wie immer, bei jedem Gruppenvertrag hier in Steps, immer das Thema, ph! *Beißt wieder Zähne aufeinander. Trotziger Zug um den Mund, schüttelt den Kopf.* Das ist, wie wenn ich vor einem Riesenberg stehen würde, ich komm nicht weiter.

Wir müssen das in Bezug zu seinem ersten Satz sehen: In der Tat versteht er „das Anrecht der Gruppe" als Vergewaltigung, und so ist seine Eröffnung in der Therapiegruppe nichts weiter als eine lancierte Einladung zur Grenzverletzung. In einem solchen Kontext voller Vorbehalte muß eine 'Therapiearbeit' mißraten, solange dieser Kontext nicht kommuniziert und korrigiert wird! Typisch für den passiven Modus der Grenzverletzung, der Betroffene reagiert vorwurfsvoll und führt den Kampf fort, indem er Inkompetenz einführt und sich selbst abwertet:

Therapeut: In welcher Stimmung bist du denn g'rad'?
Helmut: Na ja, resignierend, das stimmt schon... *Beugt sich vor.*
Therapeut: Was geht in dir vor?
Helmut: ...Tja - Georg hatte das mit dem tolpatschig gesagt, das waren meine Gedanken dazu: Aus irgendwelchen Gründen ist Abstand zwischen uns und jetzt - *ein Lächeln huscht über seine Lippen* - sagst du alles Negative, was überhaupt an meiner Person zu sehen ist.

Lassen Sie mich gleich noch einmal unterbrechen: Wir sehen, wie Helmuts Vorbehalte dazu dienen abzuwerten und ihn in seiner Welt einkapseln gerade dann, wenn ihn etwas trifft. Genau für solche Momente ist er gewappnet! Er begegnet ihnen lächelnd.

Rolf *springt bei:* Helmut ist ein Typ, wo sich auch Kritik zu Herzen nimmt... Das ist jetzt eine gute Möglichkeit, ihn an seinem wunden Punkt zu stoßen. Ich bewundere Helmut, wenn er z.B. Gitarre spielt, das muß auch mal gesagt werden. Er hat auch positive Seiten.
Therapeut: Kannst du diese aufzählen?
Rolf: Ja, wenn Helmut erzählt, dann geht es auch lustig zu, ich bin oft bei ihm auf dem Zimmer...(Gekürzt)
Chris: Die Kritik, die du bekommen hast, die gibst du dir auch selber, weißt du, dies ist mir g'rad' eingefallen...
Helmut *unterbricht, wacht auf:* Eben, das wollt ich eben sagen! *Richtet sich auf.*
Chris: Ich habe doch Protokoll geschrieben, daher weiß ich das noch gut, da hast du dich selbst als „kindlich" und „trottelig" hingestellt, nicht?
Helmut: Das ist ja was, was ich selber an mir spüre: so Eckigkeit, Gehemmtheit und irgendwie so. Das ist doch ganz klar. Das stimmt ja auch. Wieso hast du jetzt gelacht?! Weil ich auch das sagen wollt, wie es der Chris gesagt hat.
Eva: Aber ich glaube nicht, daß dir das viel ausmacht. Mir kommt es so vor, wie wenn du das manchmal ganz gern bist... *(Gekürzt).*
Therapeut: Also ich, ich bin verwirrt. Ich werde den Eindruck nicht los, wie wenn du eben unter Suggestion gestanden wärst. Du hast dir 'reingezogen', was von den anderen kam.... Es ist für mich verwirrend, das festzustellen. Und was mich noch dazuhin verwirrt, ist deine Art, die anderen in ihrer Kritik zu verstärken. Ich finde es verrückt ... mir kommt das Ganze wie Selbstsuggestion vor. Und ich werde einfach das Gefühl nicht los, das ist ein Zustand, den du ganz gut kennst und auf den du recht gern abfährst. - Ich meine, daß du Zweifel bei anderen weckst und dann kommen deren Zweifel auch noch hinzu.
Helmut: Hm.-
Therapeut: Du zweifelst sehr gern an dir. Was, meinst du, ist der Vorteil hiervon?

Wir haben die zweite Runde durchlaufen, ohne im Therapieprozeß vorwärts zu kommen. Nach wie vor inszeniert Helmut seine Selbstzweifel und läßt nicht zu, daß dieses Inszenieren Thema der Kommunikation wird. Dafür bin ich verantwortlich, da ich genau diesen Punkt nicht anpacke.

Es ist durchaus ein gangbarer Weg, die Gruppenmitglieder einzubeziehen. Sie können aus dem Zusammenleben oft wertvolle Information und Eindrücke beisteuern, was sie hier auch teilweise tun. Sie kommen ja auf sein Inszenieren zu sprechen. Leider versäume ich es, für einen geeigneten Kontext zu sorgen. Das verlangte zum einen, jegliche Abwertung von Helmut zu vermeiden: Es wäre dann notwendig, vor einem Einbeziehen der anderen erst Helmuts Einverständnis einzuholen und sein Interesse für diese Aktion zu wecken. Zum anderen müßte die Aufgabenstellung eine aktive Konnotation enthalten - so daß seine Bereitschaft, seine Selbstgrenzen verletzen zu lassen, entgegengewirkt wäre - z.B. so: „Helmut hat eine geschickte Art, an sich zu zweifeln und andere dazu zu bewegen, ihn in seinen Zweifeln zu bestärken. Ihr kennt ihn recht gut. Habt ihr beobachtet, wie Helmut dies in die Wege leitet? Wie macht er das?"

Schade, da der entsprechende Kontext fehlt, betrachtet Helmut die Rückmeldungen als Angriffe, und da ist kaum noch was zu machen. Schließlich gibt er zu verstehen, daß er diese Kritik kenne, er zweifle selbst schon an sich und sicherlich besser und intensiver als alle anderen. Das puffert ihn gegen die Verletzungen ab und setzt moralisch ins Recht.

Es ist interessant zu beobachten: Wenn sich die Diskussion naturwüchsig dem eigentlichen Thema nähert, nämlich daß und wie er inszeniert, spielt er entweder den passiven Modus aus und wertet indirekt, meist nonverbal, ab. Oder aber, wenn es eng für ihn wird, entlarvt er die ganze Veranstaltung als Vergewaltigung an ihm. Er spielt seine moralische Überlegenheit aus: „Ich tu doch alles, was ihr von mir wollt! Was wollt ihr denn jetzt noch?" Damit beherrscht Helmut den Kontext der Therapiesitzung und schließt die anderen aus. Läuft das nicht auf Suggestion hinaus? Die wir, ich und die Gruppe, unter seiner Anleitung induzieren? Was aber bewegt den Therapeut, dieser Anleitung zum Selbstzweifeln zu folgen?

Ich erinnere mich, daß mich zunehmend ein Gefühl des Unvermögens beschlich. Und ich glaube, das war der Stachel, von meiner Seite die Beziehungsdynamik aufrechtzuerhalten. Hiermit war ich selbst von der süchtigen Beziehungsstruktur infiziert, meine Sensibilität für Grenzverletzungen diffus sowohl für die, die ich bereits mit in Gang gesetzt hatte und betrieb, wie für die, die gegen mich gerichtet war. Wo führt die Beziehungsdynamik hin?

Am Ende dieser Runde versuche ich wieder Boden unter die Füße zu bekommen. Aber nun gibt Helmut durch seine Gebärden zu erkennen, daß er sich aus der Kommunikation zurückzieht. Es wäre durchaus richtig, mich auf die Wirkung zu konzentrieren, darauf, was seine Inszenierung in Gang setzt bei mir und den anderen. Und es wäre daher gut, mich für einen Moment zurückzuziehen und in mich hineinzuhorchen. Meine folgende Frage nach dem Vorteil seiner Zweifel überspringt diesen Schritt. Es ist zu verstehen, wenn Helmut darüber den Kopf schüttelt:

Therapeut: Du zweifelst gern an dir. Was, glaubst du, ist der Vorteil deines Selbstzweifels?
Helmut *schüttelt den Kopf:* Gar keiner.
Therapeut: Überleg' mal! - Also ein Vorteil liegt schon auf der Hand, wenn man dir zuschaut: Du brauchst nicht zuzuhören. Mir oder den anderen. Ich könnte mir gut vorstellen, so wie du dasitzt, wird es dir nicht schwer fallen, aufzustehen und zu gehen. Du erweckst nicht den Anschein, als fühltest du dich zugehörig.
Helmut *wirkt ein wenig weggetreten. Dann lehnt er sich zurück. Er ist ganz in sich zurückgezogen.-*

Das war sicherlich keine brauchbare Intervention. Es liegt nahe, eine versteckte Abwertung darin zu erblicken. Ich beginne mitzuagieren.

Sigrid: Weißt du, jetzt sitzt du da, wie wenn dich das gar nicht betrifft. Du hast das Ganze schon so oft gehört, daß dir inzwischen... ich weiß nicht.
Chris: Einen Grund zu drücken, den hast du so jedenfalls.
Helmut *wieder die Lippen geschürzt, Zähne zusammengebissen, unwillig.*
Therapeut: Welche Vorteile hast du, Helmut? Dazusitzen, dir Zweifel anzuhören und sie zu verstärken?
Helmut: Ich versteh' das nicht. Ich mach das nicht bewußt. Ich weiß nicht, wie ich auch dasitzen soll - kopfschüttelnd - weiß nicht, was ich davon hab', dann müßte ich es ja bewußt machen. Wie sollte ich

das wissen?
Therapeut: Du verstärkst, indem du dich auslieferst.- Du hörst dir alles an. Hilflos. Ohne eigene Stellungnahme. Und gibst dich resigniert. So daß immer mehr kommt, immer mehr. Richtig, wie in Suggestion! - Was bringt dir das, diese Zweifel anzuhören?

Ich habe es nicht verstanden, die äußere Botschaft zum Thema zu machen. Wir sehen, wie Helmut sein Inszenieren durchhält und den Therapeuten in seinem Stück unter seiner Regie mitwirken läßt. Es ist ein Alarmzeichen, wenn der Therapeut eben das tut, was er mitteilt: Jetzt gebe ich die Suggestion! Ich übernehme es nun, Helmut seine Schwächen zu suggerieren, nachdem dies erst Helmut selbst getan hatte (erste Runde), dann die Gruppenmitglieder (zweite Runde) und nun ich (dritte Runde). Wir können auch sagen, die Kommunikation wird im wahrsten Sinne des Wortes tautologisch. Die Folgen?

Helmut: Ich weiß nicht, was mir das bringen sollte. *Schüttelt den Kopf.* Es bringt mir totalen Abstand.
Therapeut: Wie weit?
Helmut: Sehr weit!
Therapeut: Stell' deinen Stuhl dorthin.
Helmut stellt ihn weit weg in eine Ecke und setzt sich darauf.
Therapeut: Ist das weit genug?
Helmut *reagiert kaum.*
Therapeut: Was bringt es dir, da draußen zu sitzen?
Helmut: Es ist nicht so eng! Das ist mir lieber....
Therapeut: Dir scheint es da draußen zu gefallen?
Helmut *reagiert nicht. Lange Pause. Starrt vor sich hin.*
Therapeut: Was geht in dir vor?
Helmut *achselzuckend*: Das kann ich nicht beschreiben. *Längere Pause.*

Helmut weist massiv zurück. Er wechselt in den aktiven Modus, dann wieder in den passiven. Die Kreuzigung ist an ihm vorübergegangen. Die Erlösung: Es ist nicht so eng! Die Fragen nach seiner Befindlichkeit erübrigen sich. Helmut hat sich ins Niemandsland zurückgezogen. Wo die Unterscheidung zwischen Selbst und Nicht-Selbst farblos wird und grau in grau, da wird auch das Selbst grau in grau wahrgenommen:

Therapeut: Helmut!
Helmut *resignierend*: ...ich denke...einen Haufen...es geht so schnell... absurde Gedanken, ich weiß schon...
Therapeut: Ach so, du bist noch weiter weg. Was kannst du an körperlichen Empfindungen registrieren? Kannst du sie konkret beschreiben?
Helmut: Ein Sausen im Kopf...in der Brust unwohl...
Therapeut: Unwohl? Wo in deiner Brust spürst du dies am deutlichsten? Was registrierst du als Unwohlsein?

Wenn erst einmal die beiden Dimensionen „Selbst/Anderer“ und „aktiv/passiv“ diffundieren, so bleibt als dritte Dimension psychologischen Erlebens „gut/schlecht“ empfinden oder bewerten übrig als vage 'Vermutung von Unwohlsein', eine diffuse Verschmelzung von Subjekt und Objekt, von Projektion und Introjektion, Selbst/Objekt/Emotion-Teileinheiten (s.u.).

Helmut: Als wenn es vorn ein bißchen kälter wäre... Pause. So eine leichte Hitze... *Langes Schweigen.*
Therapeut: Irgendwie merkwürdig...*Lacht verlegen.* Ich glaube, du treibst gerade Versteckspiel mir!
Helmut *zeigt keine Reaktion.*
Therapeut: Dazu habe ich, ehrlich gesagt, keine Lust! *Heftig:* Du läßt mich auflaufen!
Helmut *steht sofort auf:* Na ja. *Nimmt seinen Stuhl und setzt sich an seinen alten Platz.*
Therapeut *scharf:* Eine ganz gemeine Art ist dies!
Helmut *schüttelt den Kopf. Trotzig, die Lippen zusammengepreßt. Er atmet schwer.*
Therapeut: Du weichst meinen Frage aus und gibst keine Antworten oder irgendwelche vagen. Dinge, die du ganz konkret beschreiben kannst. Da stimmt was nicht überein.
Helmut *zuckt die Achseln:* Weiß nicht...
Therapeut: Das ist ein Kampf auf eine ganz passive Weise, um die Spuren zu verwischen. Du machst zwar alles brav mit, aber es hat keine Folgen. Du läßt dich nicht darauf ein. - Jetzt bin ich dabei, wie die anderen gegen dich loszuziehen! Jetzt ist der Kreis geschlossen!
Längere Pause.

Es ist passiert: ich als Therapeut wurde ausfällig. Vor die Alternative gestellt, meine Unfähigkeit zu erklären oder die meines Gegenübers, wählte ich den Angriff, von einem Gefühl des Unvermögens gepeinigt. Die Unfähigkeit zu erklären, ist die letztmögliche, aber wirkungsvolle Intervention, um aus dieser komplementären Eskalation herauszufinden. Ich weiß, ich war zu aufgebracht, um diesen Weg zu wählen, und bereits zu konfus. Ich holte jene Unfähigkeitserklärung bei nächster Gelegenheit nach. Doch davon später.

Wir konnten etwas ungemein wichtiges mitverfolgen: Der passive Modus enthält eine Tendenz zur Eskalation, eine immer radikalere Demonstration der eigenen Unfähigkeit im Wechsel von aktiver und passiver Entwertung, bis der Kommunikationspartner gelähmt und handlungsunfähig ist. Ein Zustand von Zeitlosigkeit, Handlungsunfähigkeit und Empfindungstaubheit ist nun eingekehrt.

Ich möchte nicht behaupten, daß sich mein Gegenüber glücklich dabei fühlte, aber wenn wir die Logik der Beziehungsdynamik betrachten, so hat Helmut konsequent und erfolgreich von der ersten Sequenz an seiner Strategie festgehalten, seine Selbstzweifel zu inszenieren bis, ja, bis sein Gegenüber sich in Selbstzweifel stürzt!

Was immer in Helmut vorgegangen sein mag, seine Wirkung ist unbestreitbar, er zwang mich, an mir zu zweifeln, so daß das, was andere ihm antaten, diesem selbst zufällt. Und das verspricht, wenn nicht Triumph, so doch ein Gefühl der moralischen Überlegenheit und, was ich als noch grundlegender ansehe, einen Zustand der „Leidlosigkeit". Ich meine „Leidlosigkeit" in dem Sinne, daß ich ihn durch meine heftigen Zweifel und, indem ich mich ins Unrecht setzte, von seinen Zweifeln erlöste. Er war „geschützt" und abgepuffert gegenüber Kommunikation.

Therapeut *an alle:* Wir haben noch fünf Minuten Zeit. Ich weiß nicht, wie es euch geht...
Einige Gruppenmitglieder atmen auf und verschaffen sich Luft: „Mir geht es total übel, die Spannung, als ob es knisterte!"
Therapeut: Ich weiß, ich hab einen Fehler gemacht, ich hab dich raussitzen lassen. Das war falsch. Wenn ich es recht sehe, hast du in deiner Familie den Platz deines Vater streitig gemacht. Du gehörtest in die Mitte! Und dort, dort beschlichen mich auch Zweifel!

Ich versuche zu Helmut noch eine Brücke zu bauen und äußere unter anderem, an seiner Stelle würde ich vor Wut aufspringen. Was Helmut quittiert: „Ich aber nicht. Ich bin wütend, sogar höllisch. Aber ich sage mir, ich gehe eh' gleich!" Eine Drohung, die Therapie ganz abzubrechen. „Eben, diese Art den Kampf zu führen meine ich." Nach einer kurzen Aussprache beende ich: „Es tut mir leid, daß es einen scheußlichen Schluß gibt und meine Kunst heute versagte."

Fehler geben wichtige Informationen und sind dann die Ausgangsbasis, an den anderen ranzukommen. Wie schon gesagt, es stand an, meine Unfähigkeitserklärung zu leisten und sie als Ausgangspunkt einer neuen Intervention zu nutzen. Nachdem ich mir die Videoaufnahme angesehen hatte, wurde mir klar, was geschehen war.

Und so bereitete ich für die nächste Therapiegruppensitzung zwei Tage später einen Brief vor, der die Form eines Herzen wie eines Clownsgesichts hatte. Ich meldete mich zu Beginn, ich hätte heute eine „Therapiearbeit" zu machen wegen der letzten Sitzung mit Helmut. Das löste Verwunderung aus. Mein Co-Therapeut übernahm diesen Teil der Sitzung. Das Geschehen wurde im wesentlichen durch den Brief - „Ein Herz für Helmut" - bestimmt. Ich las ihn vor und überreichte ihn dann Helmut:

An den größten Zweifler, den ich kenne!

Lieber Helmut,

jetzt ist es also passiert, ich habe mich wie ein Hornochse benommen: Ich habe auch noch angefangen, dich mit Zweifel zu überziehen. Und das, obwohl du darin sicherlich einer der fähigsten Zweifler bist, die ich bisher kennenlernte. Aber nicht nur das, ich habe dich ernsthaft verletzt, erlaubt, daß meine Gefühle mit mir durchgingen; ich muß auch zugeben, daß ich meine Enttäuschung verheimlicht hatte, die hier im Ärger zum Vorschein kam.

Leider ist es nun so, daß du guten Grund hast, an mir zu zweifeln, meine menschlichen und therapeutischen Fähigkeiten sind doch nicht so stark, wie ich mir dies wünschte. Ich hatte dir nicht meine volle Einfühlung geschenkt, sonst hätte ich schon in der Sitzung bemerkt, wie allein du dich fühlen mußtest, und ich hätte bemerkt, wie weh es tut, dich so hilflos in deinen Zweifeln befangen zu sehen.

Dennoch und gerade deswegen, daß Zweifel an mir angebracht sind, möchte ich von mir aus unseren Kontrakt erneuern:

- Du teilst mir mit, wenn du dich zurückziehst, gleichgültig ob zweifelnd, andere herabsetzend oder aus Angst.
- Ich werde nicht davon laufen, sondern mit Interesse dableiben.

Dein Kampfgefährte.

Helmut geht auf meinen Vorschlag ein. Er ist verwundert und erfreut über meinen Vorstoß in der Therapiegruppe. Als spannend erweist sich in diesem Zusammenhang ein Einzelgespräch mit Helmut am folgenden Wochenende. Hieraus möchte ich zum Abschluß folgende Auszüge wiedergeben: „Helmut ist aufgeräumt nach meinem „Geschenk" in der Therapiegruppe; denn er hatte zunächst gedacht, ich würde ihn nun nicht mehr beachten.

Nachbereitung:

- Helmut fällt spontan ein, wie er ungefähr neunjährig mit seinem Vater im Auto unterwegs gewesen sei. Damals im Gespräch hätten seinen Vater Zweifel geplagt, ob ihm ein Leben mit Ehefrau und Kindern etwas bedeuteten. Ihm, Helmut, habe es „den Boden unter den Füßen weggezogen". Zu jener Zeit hatte sein Vater eine Geliebte.

- Seine Fähigkeit - wie bei mir - Selbstzweifel zu wecken. Vakuum in der Familie: Seine Mutter konnte ihren Mann nicht irritieren, um so mehr konnte es Helmut; er habe schon oft erfahren, daß diese Fähigkeit andere ängstige. Zum Lebensinhalt gemacht?

- Dem Vater die Selbstzweifel vorleben, die er haben sollte, damit die Familie zusammenbliebe. Helmut meinte zuvor, der wichtigste Unterschied zwischen ihm und seinem Vater sei: er selbstzweifelnd; sein Vater selbstsicher und selbstgerecht.

- Schildere mein Erlebnis mit Helmut, meine Zweifel an meinen Fähigkeiten. Frage zum Schluß, wen er für den moralisch überlegenen in diesen Tagen hielte, sich oder mich? Helmut: eindeutig er! Ebenso fühlte er sich gegenüber seinem Vater moralisch überlegen, er fände ihn in seiner Selbstsicherheit kindisch und lächerlich.

- Provokation von Zweifeln als großangelegtes Manöver, Angst zu verdecken?"

Diese Erinnerung, die ihn „überfallen" hatte, erwies sich als ungemein wertvoll für den weiteren Therapieverlauf und bestätigte, daß ich nun einen Schlüssel in der äußeren Botschaft gefunden hatte, mit dessen Hilfe ich die innere Botschaft entschlüsseln konnte.

Follow-up: Helmut schließt die Therapie nach insgesamt 13 Monaten ab. Er arbeitet selbständig als Reporter und beginnt ein Studium. Er heiratet und wird Vater. Die Behandlung bei uns ist seit 5 Jahren abgeschlossen. 16 Jahre seines Lebens waren abgesehen von kurzen Intervallen Drogen gewidmet. Helmut hat keinen radikalen Schlußstrich gezogen. Er berichtet mir von Haschischkonsum und hin und wieder auch von Heroinrückfällen. Er erlebt sie als Widerspruch zu dem Leben, das er sich in den letzten Jahren aufgebaut hat, als Festklammern an Jugendlichkeit. Er versucht mit ambulanter Therapie über seine Rückfälle hinauszuwachsen.

„Feinde gehören zu dir, wie dein Schatten!"

Milko, der im Mittelpunkt des nun folgenden Fallberichts steht, ist das ganze Gegenteil zu Helmut: Er bevorzugt den aktiven Modus in der Interaktion und sucht symmetrische Beziehungsdefinitionen auf. Er war nur knapp vier Monate bei uns. Ich möchte den therapeutischen Verlauf in groben Zügen schildern.

Milko war 28 Jahre alt, schlank, gutaussehend und uns Therapeuten gegenüber von ausgesuchter Höflichkeit; er legte Wert auf gute Manieren und gepflegtes Äußeres, was ihn von den übrigen „Junkies" unterscheiden sollte: 'So weit wie sie sei er nicht herabgesunken'. Milko war stolz auf seine kriminelle Laufbahn, er war, bevor er gefaßt wurde, „erfolgreich".

Wie ich im Laufe der Zeit erfuhr, kam seine Familie aus Ungarn: Vater, Mutter und fünf Schwestern; er war das zweitälteste Kind. Als er elf wurde, zerbrach die Familie unter dramatischen Umständen, die Eltern ließen sich scheiden. Mutter und Kinder blieben beieinander. Sein Vater „stürzte" dagegen „ab", wurde Säufer, Penner und Bewahrer eines Familienheiligtums. Letzteres muß ein altarähnlicher Aufbau in einer Nische seines Zimmers gewesen sein, den er peinlichst gepflegt habe. Dort waren Requisiten der Familie drapiert, ergänzt mit jeweils neuen Photos von Kindern und Enkelkindern. Eine der jüngeren Schwestern assistierte ihm, Familiengeschehnisse in einem Buch festzuhalten und zusammenzutragen.

Die Kinder fürchteten ihren Vater, später schämten sie sich seiner und seines bekannten Namens. Neben der erwähnten Schwester muß Milko ein intensives Verhältnis zu ihm gehabt haben.

Auch nach der Scheidung hatte er ihn gelegentlich heimlich getroffen. Begegnete er ihm jedoch auf der Straße, verleugnete er seinen Vater. Den Schwestern, von denen ich drei allein sprechen konnte, stellte ich jeweils die gleiche hypothetische Frage, was sich in ihrem Leben änderte, wenn der Vater in die Familie zurückkehrte? Diese Frage schien ihnen allen sehr bedeutungsvoll. Nachdem sie festgestellt hatten, daß dies ganz unwahrscheinlich sei, schilderten sie lebhaft, wie dramatisch sich ihr jetziges Leben ändern würde, als ginge die Sonne über ihrem Leben auf. Eine der Schwestern, die ich befragte hatte, war bereits verheiratet und hatte Kinder.

Von ihr erfuhr ich etwas, was ich vorneweg mitteile: Als der Vater noch in der Familie lebte, wurde wöchentlich Familienrat gehalten: eine Art patriarchalisch-autoritäre Inquisition. Jeden Samstag mußten alle Kinder vor ihrem Vater beichten, der sie dann zu bestrafen pflegte. Milko und die älteste Schwester hätten mit erhobenen Händen an der Wand stehen müssen und seien schwer gezüchtigt worden. Sie sage mir das im Vertrauen, ich sollte Milko nichts davon wissen lassen, sie wisse nicht, wie er reagiere. Er schäme sich schrecklich dafür und würde nie darüber reden.

Was mein Vorgehen Milko gegenüber anbetrifft, so griff ich vom ersten Tag an seine symmetrischen Beziehungsangebote auf - freundlich, aber unbeirrt. In einem ersten Gespräch nach der Aufnahme zerpflückte ich seine Motivation: 'Er sei des Knastes und seiner Familie wegen da, er wolle seine Mutter nicht wieder enttäuschen.' Ich sagte ihm auf den Kopf zu, daß er sich nicht für süchtig halte. 'Er sei doch überzeugt, Heroin nicht mehr anzupacken, und Kiffen, das habe er doch im Griff.' 'Nun, er wolle ein legales Leben führen!' 'Warum nur? Könne er einen solchen gewohnten Lebensstandard in den nächsten drei, vier, fünf Jahren erwarten? Er werde die Therapie bei uns so nicht durchhalten können, werde sich gedemütigt fühlen müssen bei all dem, was da auf ihn zukomme. Therapie müsse ihm als Gehirnwäsche erscheinen, und an seiner Stelle würde ich mich ebenfalls entschieden gegen Gehirnwäsche wehren; dafür hätte ich volles Verständnis.'

Milko hielt mir vor, er hätte nach drei Jahren Knast und weiteren zwei Jahren, die noch offenstünden, nur die Alternative, entweder hier Therapie zu machen oder ins Ausland zu fliehen. „Eben, um so schlimmer ist das Dilemma. Glaub' mir, wenn du nicht wenigstens drei für dich wirklich stichhaltige, tragfähige Argumente findest für Therapie, bist du nicht in der Lage, hier länger zu bleiben."

Bereits nach vier Wochen war Milko „König der Unterwelt". Sein „Kompagnon" hatte Diebstähle in der Küche und Geschäfte mit Geld, das Milko eingeschmuggelt hatte, preisgegeben. Wir geben jetzt in Ausschnitten ein darauf folgendes Gespräch mit Milko in der Therapiegruppe wieder:

Milko: Ich habe ganz schön Schwierigkeiten, mich auf die Therapie einzulassen.

Co-Therapeut: Woran merkst du das?

Milko: Vor allem bemerke ich das im Gemeinschaftsraum. Ich habe da totale Schwierigkeiten, die Dinge anzusprechen. Vor allem gefühlsmäßig.

Co-Therapeut: Hast du eine Idee, wie der nächste Schritt aussehen könnte, dich auf Therapie einzulassen? Der nächste kleine Schritt?

Milko: Ich will nicht den Anschein erwecken, als ob ich absolut motiviert wäre. Von Rainer habe ich gehört, daß ich andere Motive bräuchte - nicht nur des Knasts wegen oder der Familie... Das größte Problem ist wohl, daß ich das Drogenproblem wegschiebe... Meine echten Schwierigkeiten - Regeln zu beachten. Es reizt mich halt, dagegen zu verstoßen. Das ist abenteuerlich. Ich kann mir nicht vorstellen, wie ein Roboter morgens zur Arbeit zu gehen und abends wieder nach Hause. Da fehlt jede Freiheit. Ich brauche Freiheit, um meine Interessen zu verwirklichen, und dazu brauche ich mehr Geld.

Therapeut: Ich versteh' nicht, hast du deine Freundin gekauft?

Milko: Das brauchte ich nicht!

Co-Therapeut: Das ist doch stinknormal, viel Geld haben wollen...

Milko: Dann hätt' ich eine andere Laufbahn wählen müssen.

Co-Therapeut: Was reizt dich, Regeln umzustoßen?

Milko: *Denkt nach.* Das Risiko. Das Neue. Abenteuerlust. Weiß der Teufel!

Co-Therapeut: Wie verhält sich das denn hier in bei uns?

Milko: Um noch mal auf Draußen zurückzukommen: Da war ich was!

Co-Therapeut: Es geht also um Anerkennung?

Milko: Hm. Was mich hier reizt - die Sache mit Stanislaus. (*Diebstahl*) Ich komme mir vor wie im Jugendheim. *Lacht.* Ich stehe nicht so gern im Mittelpunkt...

Co-Therapeut: Lieber im Hintergrund, aber die Fäden in der Hand halten. Den Reiz hast du sicher schon gespürt?
Milko: Hm. Ich meine mit Stanislaus verbunden zu sein...durch Verträge.
Co-Therapeut: Dein Kontaktmittel?
Milko: Hm. Ich weiß es nicht.
Co-Therapeut: Das war doch zu der Zeit, als in der Therapiegruppe der Zwiespalt war. Vor allem zwischen dir und Stanislaus. Da hast Du...
Milko: Ja, das stimmt.
Co-Therapeut: Da hast du das mit dem gemeinsamen Diebstahl gekittet. Kannst du denn verstehen, daß das Mißtrauen dir gegenüber in der Gruppe groß ist? Ich weiß ja nicht, ob nicht noch mehr gelaufen ist.
Milko: Ja, schon. *Nach einigem Zögern:* Ich habe auch noch ein paar Päckchen Tabak verliehen, ich glaube, das ist untergegangen. (....)
Co-Therapeut: Kann es nicht daher kommen, daß wir dich schon ganz gut kennengelernt haben?
Milko: Schon, aber nur negativ.- Ich meine, das ist total verfälscht... Ich hab halt nichts dazu gesagt.
Co-Therapeut: Du klagst, die anderen verstehen dich nicht, weil sie dir mißtrauen. Du mißtraust ihnen und bringst dich nicht ein. Das ist ein Kreislauf.
Milko: Ich vertraue schon...
Therapeut *fällt ins Wort:* Beweise!

Sie werden bemerkt haben, daß Milko zwar symmetrisch kommuniziert, aber jeder Festlegung ausweicht z.B.: „Ich weiß nicht!" Er bleibt höflich und macht scheinbar Zugeständnisse. Es ist sinnvoll, ihn mit gleichen Waffen zu schlagen und gleichfalls symmetrisch zu kommunizieren. Wir müssen erst diesen Kampf annehmen. Das geschieht hier. Milko bleibt unverbindlich und versucht, Widersprüche zu übertünchen. Vertraut er oder vertraut er nicht? Es würde nichts bringen, ihm nachzuweisen, daß er ja offensichtlich mißtraut. Das mündete in ein Jäger-Hase-Spiel, in den aussichtslosen Kampf, Milko zu komplementärer Kommunikation zu zwingen und mir die überlegenere Position rauszunehmen. Aussichtsreicher ist es, die ihm vertraute symmetrische Form zu wählen und ihm die Beweislast zuzuschieben, daß er vertraue! Mit der Unterstellung, daß er mißtraue, kommt er besser zurecht. Die Unterstellung, daß er vertraue, bringt ihn in größte Bedrängnis und führt zu Mißverständnissen.

Milko: Nicht gerade im G-Raum. Sonst schon.
Therapeut: Beweise!
Milko: *Schweigt.* Ich fühle mich jetzt total mißtrauisch.
Therapeut: Gerade jetzt?
Milko: Nein, die letzten Tage.
Therapeut: Und jetzt? Wie ist es jetzt?
Milko: Ich fühle mehr, daß *ihr* unheimlich viel mißtraut.- Das liegt bestimmt zum größten Teil an mir. Meine Art und Weise, wie ich das hinknalle. (...)

Man erkennt leicht, wie Milko sich nicht festlegen läßt und manipuliert. Er vertauscht Selbst und Anderer. Seine Zugeständnisse sind wirklich rein taktischer Natur.

Corinna: Du hältst dich für einen ganz besonderen Mann.
Milko: Das sagt ihr!
Therapeut: Das verrät dein Lächeln.
Milko: Früher...
Therapeut: Dein Lächeln, jetzt! Eine ganze halbe Stunde liegt es dir auf den Lippen.
Milko: *Schweigt.* Scheint mich so überheblich zu machen. Unsicher. Wie kann ich das verlieren...
Therapeut: Milko, jetzt mußt du aufpassen! Jetzt beginnt die Gehirnwäsche, ab der Stelle jetzt: Wenn du versuchst dein Lächeln aufzugeben, da wird Gehirnwäsche d'raus, wenn du nicht einwilligen kannst.
Milko *verlegen*: Mir ist das gar nicht so bewußt geworden. Ich denke, ich bin doch nicht dauernd am Lachen.
Therapeut: Deine Überlegenheit ist Stanislaus gegenüber zu spüren: Der ist so dumm, der braucht die Süßigkeiten, die ihr geklaut habt, ich, ich suche nur den Nervenkitzel. Der feinere Part! - Was wünscht du dir für einen Double?
Milko: Tja. *Erstaunt.*
Therapeut: Wen wünscht du dir als Gegner? Einen Psychologen, Sozialarbeiter, Heroinabhängigen, Polizeibeamten, Gangster?
Milko: Jemand, der mir überlegen ist, wo ich weiß, daß er... Vor allem muß der Gegner fair sein.
Therapeut: Interessant. Und warum willst *du* dich nicht an Fairneß halten?
Milko: Nicht halten?
Therapeut: Du sagtest vorhin, das sei dir zu normal, Regeln einzuhalten. Wie kannst du Fairneß von der Gruppe verlangen?

Milko: Ich meinte das jetzt nicht so... Ja, doch schon. Findest du, daß ich nicht fair bin?
Co-Therapeut: Hm. Unsere Spielregeln sind klar. Wir versuchen hier in der Therapiegruppe euren Streit anzugehen. Und was dann geschieht, ist, gemeinsam die Spielregeln zu unterlaufen.
Milko: Aha, jetzt verstehe ich das schon. Auf die Regeln bezogen verstehe ich das.
Co-Therapeut: Wenn du dich fair verhalten würdest, was wäre der nächste Schritt?
Milko: *Unverständlich.*
Co-Therapeut: Klingt so nebulös.
Milko: Daß ich die Sache mit Stanislaus ins Reine bringe. Aber das ist unmöglich.
Therapeut: Gibt es noch Geheimnisse der Gruppe gegenüber?
Milko: Tabakverleihen. *Stanislaus greift ein und ergänzt. Milko windet sich.*
Therapeut: Was gibt es sonst noch zuzugeben?
Milko: *Schweigt.* Du meinst mit Regelverstößen?
Therapeut: Ja.
Milko: *Schweigt lange.*
Therapeut: Was ist? Es scheint in dir zu arbeiten?
Milko: Ich bemerke, daß du mir gegenüber mißtrauisch bist.
Therapeut: Du hast meine Frage nicht beantwortet. Gibt es noch Geheimnisse?
Milko *schweigt. Streicht sich übers Haar. Lacht verlegen. Schweigt. Meint dann, als andere Gruppenmitglieder nachbohren*: Ich möchte jetzt nicht reden, ist o.k. *Schaut abfällig hinter den Stuhl. Andere schalten sich ein: Helmut hält ihm vor, er solle nicht so rumschwätzen, es gäbe wichtigeres in der Therapiegruppe.*
Milko: Ihr habt doch das ganze Wochenende rumgeschwätzt!
Therapeut: Milko, du blockierst deine Therapie! Es ist mir wichtig, daß du das mitkriegst. Von den Möglichkeiten und Themen, die du anbietest, was man da machen könnte, kann ich keinen Gebrauch machen. Du wirst selbst bemerkt haben, wir haben aus der Therapiesitzung eine Haussitzung gemacht - es geht einfach nicht weiter, wenn kein Vertrauen da ist; wir können doch so nicht Dinge besprechen, die Vertrauen voraussetzen. Gegen deine Vorbehalte - da würde Gehirnwäsche d'raus. Das wäre nicht allzu schwer bei einem Verhältnis von Dreizehn gegen einen! - Das ist der Punkt, deine Lust an Regelverstößen, auf diese Weise können dir Menschen nicht nahe kommen. Du kannst zudem so tun, als wärst du ganz nah zusammen wie mit Stanislaus. - Also mein Ziel ist für die nächsten Tage, daß deine Bereitschaft, dich an mich zu binden, stärker wird, als kriminelle Dinge zu unternehmen. Bis Samstag hast du Frist, deine Geheimnisse preiszugeben.

Das war am 9.7. *Zwei Tage später* machte ich folgende Notiz über ein gemeinsames Gespräch:

„Sein Stolz, seine Herablassung und Geringschätzung sind Thema. Feinde begleiteten ihn wie einen Schatten; ich als sein Feind. Er brauche wenigstens zwei oder drei gute Argumente, um sich auf Therapie einzulassen, sonst sei sie als Gehirnwäsche anzusehen.

Vorbereitung unseres Kontraktes:

- Milko müsse Sorge tragen, daß *mein* Mißtrauen nicht zu sehr wachse und er mich möglichst umgehend anspreche, wenn er Anlaß dafür gäbe. Weise ihn auf die Möglichkeit hin, an unser Verhältnis Feuer zu legen.
- Ich liefe nicht gleich davon und ginge offen mit Mißtrauen gegen ihn um.

Er solle sich überlegen, was ich da verlangte, ich würde es einfordern, wenn er darauf einginge."

Am 14.7. kommt Milko auf mich zu, er wolle den Vertrag annehmen. In den folgenden vier Wochen bin ich im Urlaub.

Am 26.8. findet ein *Familiengespräch* statt, an dem neben Milko seine Mutter und seine Schwestern teilnehmen. In unserem Zusammenhang ist eine Beobachtung von Interesse: Es schien für Milko unerträglich, sich „klein" zu fühlen und auch nur für einen Moment die superiore Position jemand anderem zuzugestehen. Immer wenn eine komplementäre Beziehungsdefinition in der Luft lag, brachte Milko Aktion: Er gab die Einsätze, wann jemand zu sprechen hatte, kommentierte in meinem Namen, wurde verletzend und aggressiv oder deutete um, z.B. anstatt rausgeschickt zu werden, verläßt er aus Protest den Raum.

Ein paar Tage später führe ich mit Milko ein Gespräch, das um jenes Familiengespräch kreist. Unter anderem schneide ich an: Ich sähe da ein Problem: Wenn er Hilfe von mir annähme, werde er - so wie er beschaffen sei - sich klein fühlen. So müsse er nun etwas unternehmen, um mich zum Feind zu machen. Es sei also unvermeidlich, daß wir Feinde würden. Das sei doch für ihn um so notwendiger, als ich Anzeichen entdeckt hätte, daß er mich zu achten begänne. Also müsse er mein Feind werden. Wie lange brauche er, sich jemanden zum Feind zu machen? Tage? Stunden? Minuten?

Aufgabe: Immer wenn wir uns in den nächsten vier Wochen treffen, solle er die ersten zehn Minuten des Gesprächs versuchen, mich zum Feind zu machen.

Milko meint spontan, das sei ja einfach: wenn er etwas trinke..."

16.9. Unser letztes Gespräch:

„Ich eröffne das Gespräch, indem ich meine Bitte vortrage, ob wir nicht unsere Vereinbarung ändern könnten. Ich hätte mich überschätzt und wollte vorschlagen, nur eine halbe Minute dafür einzuräumen. Milko, ebenfalls erleichtert, willigt ein.

Eine halbe Minute: Es sei ihm klar, daß er mich mit Regelverstößen wie heimlich Zigarettenraucher nicht zum Feind machte, sondern mit schwerwiegenderen. Milko bringt das auf eine Art vor, daß mir unklar bleibt, ob das hypothetisch gemeint war. Da die halbe Minute um ist, frage ich nicht nach. Natürlich schließt Milko, er wolle mich nicht zum Feind machen.

Ich antworte, daß ich für ein freundschaftlicheres Verhältnis kaum Chancen sähe: Er erlebe Therapie so, als sollte sein Stolz gebrochen werden, es sei seine Rettung, mich zum Feind zu machen. Lenke das Gespräch auf seinen Vater. Er schämte sich zuzusehen, wie sein Vater „absackte"; das sei schlimm gewesen. Ähnlichkeit mit Vater? Ja, sein Stolz. Er habe erlebt, wie sein Stolz gebrochen wurde und die Folgen.

Ich erwidere, die Intensität zwischen uns beiden spreche dafür, daß er nicht nur bei seinem Vater gebrochenen Stolz erlebt habe, sondern daß der seine gebrochen wurde! Auch das belege die Unmöglichkeit einer Freundschaft zwischen uns.

Beim Auseinandergehen lasse ich fallen: Eine Feindschaft herzustellen, dazu reiche eine halbe Minute. Für eine Freundschaft reiche nicht eine Stunde.

Das Gespräch war intensiv und dicht; Milko reagierte sehr stark; es arbeitete in ihm, er war am Ende naßgeschwitzt; blieb aber verschlossen. Übrigens, als mein Co-Therapeut diese Woche in Urlaub ging, standen Milko Tränen in den Augen."

Milko ist innerlich ungemein verhärtet, aber er taut ein wenig auf, viel genug, um in eine Krisenzeit zu geraten, und es stand zu vermuten, daß er durch Gegenaktionen diese Entwicklung zu durchkreuzen suchte. Dies war Anlaß und Thema des Gesprächs. Er stand nahe davor, etwas loszuwerden, aber es war noch zu früh oder schon zu spät. Mein Vorgehen ist scheinbar paradox, ich arbeite die symmetrische Eskalation heraus, während es genügend Anzeichen gibt, daß Milko mir gegenüber auf eine komplementäre Beziehungsdefinition umschwenkt. Eben davor warne ich ihn. Was meine Beziehungsdefinition anbetrifft, so signalisiere ich Milko, daß es Bereiche gibt, wo ich ihn als überlegen anerkennen würde, Angst vor ihm hätte und auf symmetrisches Gleichziehen liebend gerne verzichtete. Eine offene, direkte komplementäre Definition meinerseits, wenn auch nur für einen Moment oder einen Bereich der Begegnung, würde mich seiner Verachtung aussetzen, seiner Entwertung; denn er würde sich dadurch bedroht fühlen müssen, da er sich mit mir mittlerweile identifizierte.

War mein Vorgehen ein Mißerfolg?

20.9. Telefonat mit Milko:

Milko und Rodger hatten am Freitag (17.8.) im Ausgang eine Flasche Apfelkorn getrunken. Am Montag früh, ich war gerade ins Büro gekommen, rief Milko dem Weinen nahe an. 'Er habe vorsätzlich getrunken, er wollte gehen; ich hätte sehr recht gelegen bei ihm; wie er angedeutet hätte im letzten Gespräch, habe er schwerwiegende Dinge getan, die er jetzt aufmachen wollte. Er habe deshalb so geschwitzt.'

Follow-up: Nach vierwöchiger Bedenkzeit hatte Milko die Möglichkeit wieder aufgenommen zu werden, vorausgesetzt, er könnte die Therapieunterbrechung mit seinem zuständigen Richter regeln. Auf Grund seiner für den Richter schwerwiegenden Vorgeschichte wurde er verhaftet und erst nach Strafverbüßung (2 Jahre) aus dem Strafvollzug entlassen. Nach seiner Entlassung suchte er mich auf. Er und seine Schwester, bei der wohnte, hielten weiter Kontakt mit mir. Seine Entlassung bei uns ist nun 4 1/2 Jahre her. Er nahm Arbeit an. Bald wurden Alkoholprobleme sichtbar. Er hat bisher keinen weiteren Therapieversuch unternommen.

Schismogenese zweiter Art

Ich möchte Ihre Aufmerksamkeit auf eine scheinbar nebensächliche Frage lenken: Handelt es sich hier um symmetrische oder komplementäre Kommunikation? Nach dem fünften Axiom menschlicher Kommunikation wird zwischen symmetrischen und komplementären Kommunikationsabläufen oder Beziehungsformen unterschieden: „Sie stehen für Beziehungen, die entweder auf Gleichheit oder auf Unterschiedlichkeit beruhen. Im ersten Fall ist das Verhalten der beiden Partner sozusagen spiegelbildlich und ihre Interaktion daher symmetrisch. Dabei ist es gleichgültig, worin dieses Verhalten im Einzelfall besteht, da die Partner sowohl in Stärke wie Schwäche, Härte wie Güte und jedem anderen Verhalten ebenbürtig sein können. Im zweiten Fall dagegen ergänzt das Verhalten des einen Partners das des anderen, wodurch sich eine grundsätzlich andere Art von verhaltensmäßiger Gestalt ergibt, die komplementär ist. Symmetrische Beziehungen zeichnen sich also durch Streben nach Gleichheit und Verminderung von Unterschieden zwischen den Partnern aus, während komplementäre Interaktionen auf sich gegenseitig ergänzenden Unterschiedlichkeiten basieren.“[15]

Welchem Typus gehören die Kommunizierenden im Rahmen der süchtigen Beziehungsstruktur an? Dem komplementären? Denn es scheint ja darum zu gehen, jemanden zu brauchen, hilflos oder unfähig zu sein, also Ergänzung zu suchen! Oder doch dem symmetrischen Typ? Man denke an die häufigen Angriffe, Unverschämtheiten, Autoritätskonflikte und die Neigung, Hilfe zurückweisen!

Erinnern wir uns der Beispiele, die wir schon kennen gelernt haben: Waren es nicht die Augenblicke im Kommunikationsgeschehen, die uns beschäftigt hatten, wo eine eindeutige Festlegung der Beziehungsdefinition bezüglich Komplementarität oder Symmetrie im nächsten Moment zu erwarten war und dann im nächsten Moment eine Kontextmanipulation wieder alles offenließ? Entdeckten wir nicht gleichfalls die verwirrende Situation, daß die Kommunizierenden Inkompetenz einführten, also eine scheinbar komplementär anmutende Beziehungsdefinition, um mit diesem Manöver sich die Definition der Beziehung vorzubehalten? Wir könnten eine solche Kommunikationsweise als *„pseudokomplementär“*[16] bezeichnen, da der eine Kommunikationspartner den anderen in die scheinbar überlegene Position hineindrängt oder gar hineinzwingt, nicht ohne auf anderer Ebene, z.B. moralisch, d.h. vor den Augen eines imaginär teilnehmenden Publikums, Überlegenheit einzuklagen und zu triumphieren. Mit anderen Worten, die scheinbar komplementäre Beziehungsdefinition entpuppt sich als bloßes Manöver, die Beziehungsdefinition einseitig offenzuhalten, und somit als versteckte Symmetrie. Gleichfalls ließe sich von *„Pseudosymmetrie“* sprechen. (Im triadischen Kontext (s. Kap. 10 u. 15) wird das Schillernde der Beziehungsdefinition transparent.)

Werten wir beide Fallbeispiele aus, so müssen wir konstatieren: Wir vermissen eine klare symmetrische oder komplementäre Kommunikation und damit auch einen eindeutigen Wechsel zwischen beiden Formen. Vielmehr können wir ein Vermeiden, sich hier und jetzt festzulegen oder festlegen zu lassen, beobachten, ein Manipulieren oder Kippen zwischen beiden Formen, ohne sich zu erkennen zu geben, ein Weigern, innere und äußere Botschaft aufeinanderzubeziehen, ein regelmäßiges Verleugnen der symmetrischen und inferioren oder superioren Position. Die Beziehungsdefinition bleibt schillernd. In beiden Fällen war die Beziehung durch eine sich Bahn brechende Es-

15 BATSON et al., Menschliche Kommunikation, S. 69f.
16 ebenda S. 70.

kalation gekennzeichnet, die nur mit Mühe therapeutisch zu begrenzen war.

Die Unmöglichkeit, Kommunikation nach Art der süchtigen Beziehungsstruktur eindeutig in symmetrisch oder komplementär einzuteilen, spiegelt die im vorigen Kapitel beschrieben Grammatik der Sucht wieder. Die dort beschriebenen Manöver haben den Sinn, die Kommunikation schillernd zu erhalten, um sich vor Kommunikation zu schützen bzw. sich Kontrolle über die Beziehungsdefinition vorzubehalten. Den aktiven Modus können wir als pseudosymmetrisch bezeichnen, den passiven Modus als pseudokomplementär. Wir finden hier eine grundlegende Dynamik am Werk - wir hatten sie oben als Kippen der Modi bezeichnet -, die in dieser Beziehungsstruktur im Keim angelegt ist und die Kommunizierenden, ihren inneren Dialog, ihre Beziehungen, ja, das zugehörige soziale System infizieren. Es ist diese Dynamik, die jede Suchtbehandlung für den Unerfahren so schwierig gestaltet: hineingezogen werden in diesen Beziehungsstrudel, handlungsunfähig gegenüber den Problemen der Sucht, wenn nicht gar diese vorwärtstreibend.

Diese Dynamik wollen wir ausformulieren: Wir finden zwei Prozesse, die zusammengehören und in einen Prozeß der *Schismogenese*[17], der Spaltung der Gruppe oder des sozialen Systems, münden:

- **Schismogenetischer Prozeß i:** Hier im *aktiven Modus* finden wir eine in der Beziehungsstruktur angelegte *symmetrische Eskalation* vor. Häufig kippt diese Symmetrie vorübergehend in ein komplementäres Beziehungsmuster (Induzieren von Inkompetenz: z.B. Milkos Rückfall); die scheinbar symmetrische Struktur wird nicht durchgehalten. Die symmetrische Tendenz wird 'gemildert', aber nicht aufgehoben. Das untergründig komplementäre Beziehungsmuster wird als bedrohlich erlebt, fast panisch verleugnet und abgespalten.
- **Schismogenetischer Prozeß ii:** Auf den ersten Blick liegt im *passiven Modus* eine komplementäre Interaktion vor, hinter der sich aber ein mehr oder weniger versteckter Angriff verbirgt. Der Kommunikationspartner wird in die superiore Position gedrängt, in der er dann angegriffen und entwertet wird. Die komplementäre Kommunikation mündet letztlich in eine symmetrische Eskalation ein, wenn auch die untergründig symmetrische Beziehungsform strikt verleugnet und bis hin zur Amnesie abgespalten wird.

Prozeß i und ii sind Bestandteile eines gemeinsamen Prozesses, die jeweils ineinander überführen und sich gegenseitig hervortreiben im Wechsel von aktivem zu passivem Modus. Der eine Modus leitet den anderen ein, wie wir an den Beispielen erkennen konnten. Wesentlich ist für unsere Besprechung der Gruppendynamik, daß beide Prozesse eine durchgängig *symmetrische Eskalation* kennzeichnet. Allerdings nicht in steter Steigerung, sondern eher in einem Aufundab zwischen den beiden Prozessen, zwischen Eskalation und konfuser Dämpfung des Konflikts, die aber selbst den Keim zur Fortführung der Eskalation in sich birgt. Diese Tendenz zu symmetrischer Eskalation führt früher oder später zum Schisma der Gruppe oder des sozialen Systems und legt den Keim zur Aufspaltung und Desorganisation der Person.

Die Entdeckung der symmetrischen Struktur in der süchtigen Kommunikationsweise markierte den Beginn der Behandlung Drogenabhängiger. Die aggressiven Encountermethoden, die in SYNNANON geboren wurden, sind heute noch Bestandteil oder bisweilen gar Bibel der Therapie Drogenabhängiger. Das mag für Selbsthilfegrup-

---

17 Dieser Begriff geht zurück auf G.BATESON: Ökologie des Geistes, S. 99ff.

pen, die wie SYNNANON eine Lebensgemeinschaft ausschließlich Betroffener bilden, angehen. Innerhalb einer Therapieinstitution, worin Professionelle mitarbeiten, sind sie als sadomasochistische Rituale zu werten, dem anderen eine komplementäre Beziehungsdefinition aufzuzwingen.

Diese Schlußfolgerung ist tatsächlich nicht weit hergeholt, wir haben es ständig mit potentiell recht schnell eskalierenden Gruppenprozessen zu tun, so wie auch jetzt - wo ich diese Zeilen schreibe - Mißtrauen in der Gruppe angeheizt durch Diebstähle eskaliert. Innerhalb weniger Tage, ja, Stunden kann sich in einem Spaltungsprozeß die Gruppe halbieren. Die Gruppierung der „Therapieabbrecher" und die der „Dableiber" kennzeichnen dieses permanente Schisma.

Als ich am Morgen eintreffe, sitzen noch alle am Kaffeetisch, ziemlich mürrisch. In der Nacht von 2 bis 4 Uhr sei wegen einer verschwundenen Jeans Sitzung gewesen, eine Aktion, die natürlich ihre Vorgeschichte hatte. Einige hätten danach gar nicht mehr geschlafen. Geschimpfe auf die 3er[18], die ihnen das eingebrockt hätten. Hier ginge es doch zu wie im Knast.

Peter von Stufe3 ruft zur 3er-Sitzung und legt Wert darauf, daß alle Therapeuten teilnehmen. Die Nachtaktion ist auch hier nicht unumstritten. Peter ist ein beredter Fürsprecher, und so schließen sich die meisten ihm an. Einige wollen mit drastischen Maßnahmen die Dinge weitertreiben. Es melden sich auch mäßigende Stimmen. Aber was weiter tun? Käse, Mohrenköpfe, Pfirsiche sind über Nacht abhanden gekommen. Erneut. Die vermißten Jeans waren während der nächtlichen Suchaktion nicht gefunden worden. Einige äußern Hilflosigkeit. Peter meint, jetzt müßten wir Therapeuten ran und uns damit befassen. Sie haben berechtigte Angst, Autorität und Kontrolle in der Sitzung zu verlieren, und Angst, in Isolation zu geraten: „Was wird die nächsten Tage geschehen?" Mittenhinein platzt die Nachricht, die Jeans seien gefunden worden. Die Umstände ihres Entdeckens werden als erneute Provokation empfunden.

Kommentar: *Es ist günstig, daß wir von den Gruppenvertretern zu Rate gezogen werden, die so einen aktiven, organisierenden Part übernehmen. Auch wenn wir nicht die unmittelbare Verantwortung übernehmen, und es ablehnen, an ihrer Stelle die Aktion anzuleiten, so sind wir doch daran interessiert, dem weiteren Verlauf eine bestimmte Richtung zu geben, und zwar die Richtung, die verfahrene und nicht ungefährliche Situation durch Beziehungsleistung zu lösen. Ich meine damit Anstrengungen, die Beziehungen untereinander so zu ändern, daß solche Ereignisse die Beziehungen nicht zerstören und weitere in einem angemessenen Gruppenklima nicht mehr auftreten oder rechtzeitig aufgeklärt werden können.*

Auch Diebstähle sind Teil der Gruppendynamik und entfalten Virulenz nur in einer entsprechenden, zu Mißtrauen neigenden Gruppensituation. Anfällig sind Gruppensituationen, die sich durch ein „Instrumentalisieren" der süchtigen Beziehungsstruktur stabilisieren können, wie wir das unten beschreiben werden. Mißtrauische und feindselige Aufmerksamkeit wird dann alltäglichen Abläufen gewidmet, unvermeidliche Unregelmäßigkeiten werden entdeckt und als Beweis für Mißtrauen und Feindseligkeit bewertet. Alle Gruppenmitglieder - und es kann durchaus sein, daß sie auch die Therapeuten hinzugewinnen - werden zu mißtrauischen Beobachtern und übersehen, daß sie selbst beteiligt sind und die Beanstandungen gerade deswegen nicht lösen können, weil sie sich selbst ausnehmen. Die Gruppe steuert auf diese Klippe zu, entscheidet sich aber dann für den Weg, Beziehungsklärung zu leisten, jedenfalls einen ersten Ansatz dazu:

Die 3er einigen sich, jetzt erst einmal nachzufragen, ob jemand zur Aufklärung beitragen kann. Der Gruppe soll Raum gelassen werden, Verdächtigungen, die eh angestellt werden, jetzt auszusprechen und dann auf weitere Verdächtigungen hintenherum zu verzichten. Sie wollen versuchen, die Gruppe zu gewinnen, gemeinsam darüber nachzudenken, wie sie die Situation meistern könne.

Entsprechend dieser Absprache findet am Vormittag eine erste Sitzung statt. Wie erwartet, bleibt

---

18 Der 12monatige Therapieprozeß ist bei uns in 4 Stufen unterteilt. Die ersten drei Stufen bilden die Intensivphase. Stufe 4 ist als Adaptionsphase ausgelagert. Jede Stufe hat ihre 'Klassenziele', aber auch Aufgaben und Pflichten innerhalb der Gemeinschaft. Auf diese Weise entsteht eine gewisse Hierarchie.

auch diesmal das Nachfragen ohne Ergebnis. Statt dessen scheint es, als wären noch mehr Diebstähle vorgekommen: Einmal mißtrauisch geworden, fallen plötzlich immer wieder Dinge ein, die irgendwie merkwürdig waren. Nach und nach wird eine ganze Liste vergangener Unregelmäßigkeiten zusammengetragen. Eine gedrückte, zunehmend aggressive, ja explosive Stimmung breitet sich aus. Das Mißtrauen wächst; heftige Drohungen werden ausgestoßen, die Therapie abzubrechen; einige meinen, sie hätten sich schon die ganze restliche Nacht überlegt zu gehen und wollten nur noch den heutigen Tag abwarten. Schließlich werden Verdächtigungen ausgesprochen, die die Stimmung weiter anheizen.

Unsere Vorbereitung mit den 3ern verhindert Schlimmeres. Peter und Sigrid sorgen für Ausgleich. Sigrid z.B. schilderte dramatisch, wie es zu Hause, wenn Verdächtigungen aufgekommen waren, zugegangen sei. Sie kann bewirken, daß der eine oder andere und schließlich immer mehr der Anwesenden ihre mißtrauisch distanzierte, sich selbst ausnehmende Haltung hinterfragen. Sie seien schließlich selbst keine Engel und müßten sich an der eigenen Nase fassen. Es setzt sich die Meinung durch, sie wollten sich durch den *einen* Dieb, wer immer das sei, nicht ihre Gruppe zerstören lassen. Wer immer derjenige sei, er würde es sowieso nicht lange in einer intakten Gruppe aushalten. Ehrlich gesagt, könnten sie es sich von keinem der Anwesenden vorstellen.

Die Gruppe einigt sich auf folgendes Vorgehen:

- Jeder solle seine Regelverstöße aufmachen! - Eventuell sollte jeder jedem sagen, daß er nicht der Dieb sei und alles zugegeben habe, was das Zusammenleben belasten könnte. - Offen bleibt, ob die Küche wieder jedem zugänglich sein sollte. In der Nacht war sie verschlossen worden.

Eine zweite Sitzung findet am Nachmittag statt. Die Vorschläge werden umgesetzt, die Küche wieder geöffnet.

Die Frage lautet: Was geschieht in sozialen Systemen, die Gefahr laufen von einer Kommunikationsweise beherrscht zu werden, die unserem Modell süchtiger Beziehungsstrukur nahe kommt? Mit welchen psychosozialen Prozessen müssen wir rechnen?

Zur Beantwortung müssen wir noch einen zweiten Beitrag zur Eskalation und Schismogenese behandeln: *Die Schere zwischen Prozeß i und ii vergrößert sich.* Je mehr die symmetrische Eskalation vom verbalen Angriff bis hin zur Verletzung durch Gewalt fortschreiten *kann*, desto eher läßt sich eine Eskalation des Verletzens des Selbst beobachten von depressiver Verstimmung bis hin zu selbstmörderischen Absichten. Im Kippen der Modi im Wechsel von symmetrischer und komplementärer Kommunikation setzt sich eine durchgängige symmetrische Eskalation durch, die wechselseitig zu einer Steigerung der Mittel der Kommunikation führt. Von Runde zu Runde rücken symmetrische und komplementäre Kommunikation radikaler auseinander. Die Art des Antwortens wird tendenziell radikaler, grundsätzlicher, allgemeiner und zieht das Selbst immer radikaler in Mitleidenschaft, wie das unsere Fallbeispiele zeigen.

Hier stoßen wir auf einen bedeutsamen Punkt, der uns u.a. veranlaßte, die süchtige Beziehungsstruktur nach symmetrischer und komplementärer Kommunikation zu untersuchen: Die Fähigkeit oder Bereitschaft, eindeutig symmetrisch und komplementär zu kommunizieren und zwischen beiden Formen zu wechseln, hängt engstens mit der für jede soziale Gemeinschaft grundlegenden Fähigkeit zusammen, Eskalationen zu begrenzen und zu beenden. Nach BATESON „können sich symmetrische und komplementäre Beziehungsformen gegenseitig stabilisieren, und Wechsel von der einen in die andere Struktur sind daher wichtige homöostatische Mechanismen". Er fährt fort: „Dieser Umstand ist für die Therapie von Bedeutung, da während der Behandlung solcher Fälle zumindest theoretisch Änderungen durch die

Einführung von Symmetrie in Komplementarität oder umgekehrt erzielt werden können."[19]

Diese Überlegungen lassen verstehen, daß sich die süchtige Beziehungsdynamik zu schismogenetischen Prozessen aufschaukeln und *potentiell ungebremst ihre Dynamik entfalten können*. Da die süchtige Beziehungsstruktur gerade eindeutige Beziehungsdefinitionen vermeidet, so ist sie unfähig zu einem sinnvollen Wechsel zwischen symmetrischer und komplementärer Kommunikation. *Es fehlen Mechanismen der Homöostase oder Regeln zur Deeskalation, Konflikte wirkungsvoll zu begrenzen und dauerhaft zu beenden.* In der Psychotherapie mit der Gesamtgruppe werden wir uns diesen Gedanken zunutzemachen.

Während sich also symmetrische und komplementäre Beziehungsformen gegenseitig stabilisieren können und eine homöostatische Funktion übernehmen, ist diese Fähigkeit der süchtigen Beziehungsstruktur abhanden gekommen oder nur noch vage dämpfend vorhanden, etwas verzögert die Eskalation weitertreibend. Letztlich aber steigert sich das Beziehungsgeschehen und treibt zu einer Form von Eskalation, worin die *Grundvoraussetzungen jeglicher Beziehung*, die eigene Integrität wie die des Kommunikationspartners zu bewahren und die eigenen Selbstgrenzen wie die des anderen grundsätzlich nicht zu überschreiten, massiv verletzt werden.

Das hat zur Folge: Während die symmetrische Eskalation gewissermaßen nur jeweils eine aktuelle Bruchstelle hervorbringt, entlang derer sich die Gruppe spaltet, *bringt die zweite Tendenz zur Eskalation potentiell so viele Bruchstellen hervor, wie Gruppenmitglieder vorhanden sind. Wir erhalten so eine in kleine Einheiten zerfallende Gruppe.*

Solchermaßen eskalierende Interaktionen sind nur möglich in Beziehungen von genügend großem persönlichen Interesse, sonst geht der andere sehr bald aus dem Feld. Die Gruppe wird daher die Tendenz besitzen, in Beziehungspaare und Cliquen auseinanderzufallen. Diese Schlußfolgerung kommt der Beobachtung durchaus nahe. Wir wollen mit dem folgenden Schema diese beiden Tendenzen zur Eskalation und Schismogenese zusammenfassen:

Eskalation (1): pseudokomplementär; bis hin zum Verletzen der Grundbedingungen oder Grenzen menschlicher Beziehung.	<	(i) *Steigerung der symmetrischen Tendenz* vorübergehend wechselseitig dämpfend, wobei sich die Schere zwischen i und ii vergrößert. (ii) *Steigerung der pseudokomplementären Tendenz*	>	*Eskalation (2):* pseudosymmetrisch; Konflikt wird auf Verhaltensebene geschoben, es findet eher Ausagieren statt anstelle von kommunikativem Aushandeln.

Abbildung 1-I: Schismogenese und Tendenzen zur Eskalation.

Der resultierende schismogenetische Prozeß führt nicht zur Polarisierung der Gruppe, wie sie eine eindeutige und offen symmetrische oder komplementäre Eskalation herbeiführten:

19 Bateson et al S. 106

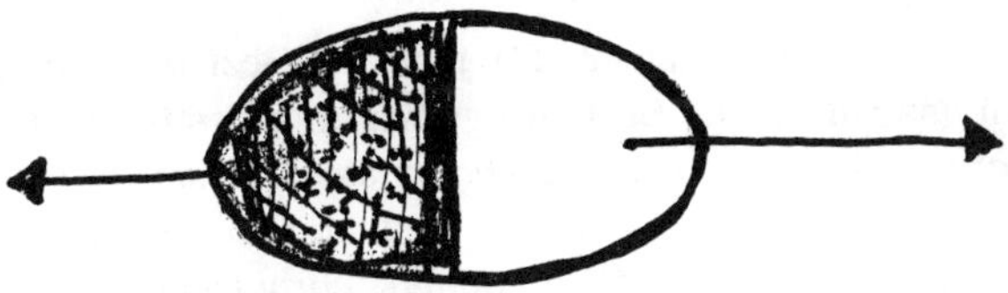

Abbildung 2-I: Schismogenese I - Polarisierung.

Vielmehr resultiert ein Prozeß der Entdifferenzierung, ein Aufweichen sozialer Strukturen, das die folgende Abbildung veranschaulicht.

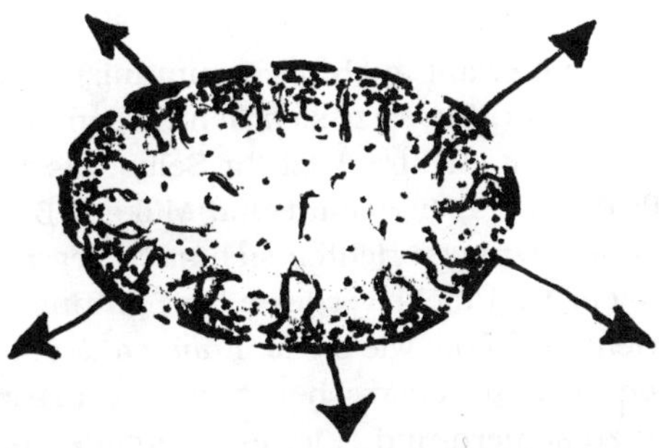

Abbildung 3-I: Schismogenese II - Entdifferenzieren und Aufweichen sozialer Strukturen.

Im Innern dieser sozialen Systeme oder Gruppen wächst ein psychosoziales Vakuum, immer neue Bruchstellen bilden sich aus und beschleunigen den Zerfall. Die Beziehungen zwischen den Kommunikationspartnern laden sich polar auf, und es entsteht ein zunehmend chaotisches und/oder verwahrlosendes Beziehungsgefüge, das den Teilnehmern über den Kopf wächst und undurchschaubar erscheint. Der schismogenetische Prozeß mündet ein in einen Zustand chronischer wechselseitiger Grenzverletzungen.

Bei UCHTENHAGEN/ZIMMER-HÖFLER finden wir empirische Befunde, die sich im Sinne dieser Gruppendynamik deuten lassen. Sie beschreiben die „Ambivalenz" Heroinabhängiger in ihren sozialen Beziehungen zur Familie wie zu Peers und ein Empfinden höherer „Gruppenspannung". „Gruppen sind für Opiatabhängige eine Spannungsquelle. Im Vergleich zur Normgruppe fühlen sie sich in Gruppen häufiger angespannt und unruhig oder gequält." Opiatabhängige haben „weniger häufig die sozialen Beziehungen, die sie sich wünschen, sie haben seltener Kontakt zu Bekannten, die sie seit längerem kennen und bemühen sich weniger um Kontakte als die Kontrollgruppe." Sie belegen ihr Angewiesensein auf emotionale Bindung bei gleichzeitiger polarer Aufladung der Beziehung: „Opiatabhängige fühlen sich grundlegend und eben vor allem in den emotionalen Bereichen auf den Partner angewiesen, womit die Beziehung zugleich erheblich ambivalenter wird. Ihre Abhängigkeit in konkreten und lebenspraktischen Bereichen wird, auch wenn sie häufig besteht, eher als zweitrangig und unwichtig gesehen." Über ihr „Konfliktverhalten" wissen die Autoren zu berichten, „daß für Opiatabhänigige ein undifferenzierter massiver bzw. in jedem Fall unbewältigter Affekt als Konfliktreaktion das Konfliktverhalten steuert."[20] Diese Merkmale sind zeitlich stabil,

20 UCHTENHAGEN/ZIMMER-HÖFLER: Heroinabhängige und ihre "normalen" Altersgenossen, S. 96ff, 182, 138, 146.

während in vielen anderen Punkten einschließlich Suchtmittelkonsum eine deutliche Angleichung an Gleichaltrige vollzogen wird.

Diese schismogenetische Dynamik gilt für jede Art Beziehung und Gruppe, in der die süchtige Beziehungsstruktur die Beziehungsdynamik bestimmt. *Gemeinsam ist dieser Beziehungs- oder Gruppendynamik: durchgängige symmetrische Eskalation, Pseudokomplementarität, eine letztlich sich gegenseitig steigernde Abfolge von pseudosymmetrischen und pseudokomplementären Interaktionen, chronische Grenzverletzungen des Anderen wie des Selbst und Unfähigkeit zur wirkungsvollen Deeskalation.*

Schismogenese, Desorganisation der Person und Suchtmittelmißbrauch - Zur Genese des „Todestriebs"

Diese schismogenetische Dynamik erfaßt auch die kommunizierende Person und zieht ihre Organisation in Mitleidenschaft. Sie setzt sich den beiden Tendenzen zur Eskalation aus, ist Teil dieser Entwicklung, nicht zuletzt ihr Selbst als Manipuliermasse und Schlachtfeld nutzend. Die Protokolle über Helmut und Milko ließen dies bereits erkennen. Die eskalierenden Grenzverletzungen richten sich auch gegen das Selbst und treiben die Person in ein sich mehr und mehr vertiefendes Splitting, die von tiefer Ambivalenz gekennzeichnet ist. Genausowenig wie sie *im Rahmen der süchtigen Beziehungsstruktur* Eskalationen begrenzen und beherrschen kann, besitzt sie keine verläßliche Fähigkeit, ihr inneres Milieu zu steuern und einer eskalierende inneren Dynamik ihrer ambivalenten Persönlichkeitsteile entgegenzuwirken. Sie wäre die entscheidende Voraussetzung, die Steuerung des Selbstgefühls aufrechtzuerhalten und seine Schwankungen innerhalb verläßlicher Grenzen zu halten. Im Gegenteil bewirkt die Eigendynamik dieser Kommunikationsweise, daß der Zustrom von Werterfahrung zum Erliegen kommen muß, während sich disqualifizierende Empfindungen des Selbst anreichern.

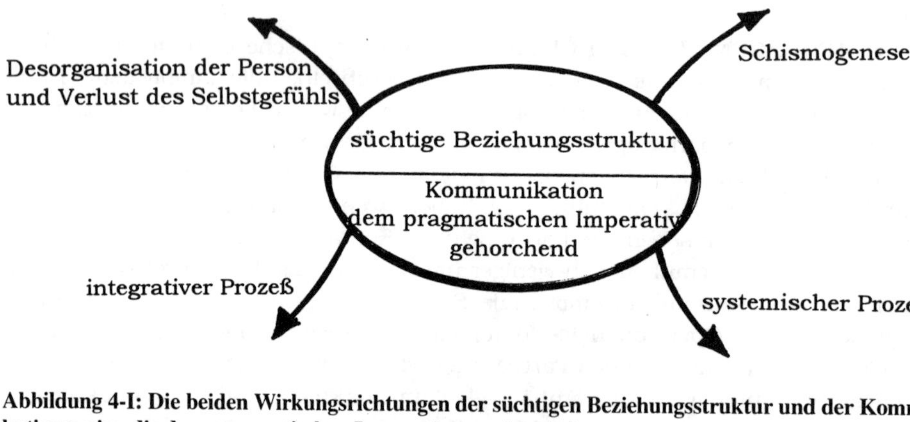

Abbildung 4-I: Die beiden Wirkungsrichtungen der süchtigen Beziehungsstruktur und der Kommunikationsweise, die dem pragmatischen Imperativ gerecht wird.

Die Wirkungsweise der süchtigen Beziehungsstruktur läßt zwei Wirkungsrichtungen erkennen: Sie wirkt in Richtung auf den Kommunizierenden selbst als Prozeß der Desorganisation der Person und zugleich in Richtung auf den relevanten Beziehungskontext im Prozeß der Schismogenese. Für das Verständnis der Wirkungsweise ist es ganz wichtig, sich vor Augen zu halten, daß beide Prozesse zwei Seiten einer Medaille, zwei Wirkungsrichtungen einer Kommunikationsweise sind, die ihren Quell eben in dieser Kommunikation finden.

Die Aufspaltung von Lebens- und Suchtprozeß ist eine tiefgreifende Erscheinung; die im Prozeß der Desorganisation und Verlust des Selbstgefühls (s.u.) gipfelt. Die Grammatik der Sucht entfremdet die Person ihrem zugehörigen Beziehungskontext, spaltet sie ambivalent auf, setzt einen Abwertungsprozeß in Gang, der sich schließlich gegen sie selbst richtet. Dieser Suchtprozeß ist in reiner Form von einer Eskalation getragen, die nur den Tod als Grenze kennt.

Die Disposition zum Suchtmittelmißbrauch ist in dieser Beziehungsdynamik angelegt. In ungemilderter Ausprägung ist diese von schismogenetischen Prozessen gekennzeichnet, von einer symmetrischen Eskalation, die ein Austragen von Konflikten auf Verhaltensebene drängt, und von einem immer radikaler vorgetragenen pseudokomplementären Angriff auf die Grundbedingungen menschlicher Beziehung. Diese Eskalation richtet sich gegen andere wie gegen sich selbst. Jede weitere Runde zieht das Selbst mehr in Mitleidenschaft, denn es selbst ist das Material, aus dem sich die Manöver speisen, *und* das Terrain, auf dem sie sich austoben. Indem die Person eben dies tut, leitet sie die nächste Eskalationsrunde ein. Eine Eskalation der Grenzverletzungen.

Die folgende Krankengeschichte gibt einen ersten Einblick in diesen Prozeß der Aufspaltung und des Anwachsens des Suchtprozesses:

Frau G. suchte mich im Frühjahr auf. Sie hatte vor fünf Jahren eine Therapie bei uns abgeschlossen. Sie war nun 29 Jahre alt und Mutter eines sechsjährigen Kindes. Sie lebte mit ihrem Sohn allein. Im Spätsommer des vorhergegangenen Jahres war sie erkrankt und fast drei Monate ans Bett gefesselt. Ihre Beschwerden waren Übelkeitsgefühle, Kopfschmerzen, Mattigkeit, allgemeine Lustlosigkeit, Schwindelanfälle und lästige Schweißausbrüche. Mehr und mehr hatte sie ihren Aktionsradius eingeschränkt und wurde schließlich von Panik befallen, wenn sie nur das Haus verlassen wollte. Sie wurde von einem niedergelassenen Arzt u.a. mit Psychopharmaka behandelt. Ihre Eltern, die aus dem Ruhrgebiet angereist kamen, versorgten sie in dieser Zeit. Um die Jahreswende verbesserte sich ihr Zustand, sie wurde niederdosiert und nahm ihre Alltagspflichten wieder wahr.

Als sich im Frühjahr dieselbe Symptomatik wieder ankündigte, meinte der behandelnde Arzt, er könne sich das nicht erklären, es müsse sich um ein psychosomatisches Phänomen handeln.

Das veranlaßte Frau G., mich zu Rate zu ziehen. Sie fürchtete zudem, wieder in einen Suchtprozeß zu geraten, da sie sich nicht zutraute, ohne Psychopharmaka zurechtzukommen. Bereits in den beiden Jahren vor ihrer Erkrankung habe Alkoholkonsum eine zunehmend wichtige Rolle gespielt, um ihre Befindlichkeit zu beeinflussen. Ein weiteres Problem sah sie darin, daß sie sich trotz häufiger Demütigung nicht von ihrem Freund zu trennen vermochte.

Im Kern bestand die Behandlung in einer Verschreibung ihrer Symptome. Ich setzte an ihrer Neigung an, sich selbst beständig überkritisch und abwertend zu beobachten. Beobachten von Schmerzen oder anderen unangenehmen Empfindungen milderte ihre Kritik und erlaubte ihr, Fürsorge von anderen Menschen anzunehmen oder gar zu erbitten. Ich warnte sie deshalb dringend vor einem Behandlungserfolg und seinen Folgen, auf die sie noch nicht vorbereitet sei. Wir trafen uns sieben Mal innerhalb eines halben Jahres. Nach dieser Zeit war ihr Aktionsradius wieder vollständig hergestellt, auch wenn sie noch von gelegentlichen Übelkeitsgefühlen berichtete. Aber nicht über die Behandlung möchte ich hier berichten, sondern über den Suchtprozeß: die Aufspaltung des Selbst, die Zerstörung des Selbstgefühls Hand in Hand mit einem allmählichen Verlust von Beziehungsrealität:

Frau G. lebte mit ihrem Freund zusammen. Sie schildert ihn als unstet, Beziehungen zu anderen Frauen nicht abgeneigt, aber recht liebevoll zu ihrem Sohn. Sie fühle sich von seiner Attraktivität und Überlegenheit angezogen, habe aber nur selten das Empfinden gehabt, bei ihm „aufgehoben" zu sein.

Vor zweieinhalb Jahren war sie von ihm schwanger geworden. Ihr Freund äußerte sich zur Schwangerschaft so gut wie nicht, jedenfalls nie positiv. Nur einmal habe er ihr angedeutet, daß er sich vorstellen könne, Vater zu werden. Frau G. wünschte sich das Kind und hatte sich in ihrer Vorstellung bis ins Detail, bis hin zu Art und Farbe des Kinderbetts, alles zurechtgelegt. Da sie fürchten mußte, allein dazustehen, entschied sie sich jedoch zur Abtreibung. Als sie von der Abtreibung berichtete, konnte sie spontan genau angeben, wie alt das Kind heute wäre. Es lebte und wuchs mit.

Nach der Abtreibung - ihr Freund verweigerte ihr echte Unterstützung, und Gespräche schienen ihm nur lästig - ekelte sie sich vor ihm. Sie sorgte dafür, daß das gemeinsame Schlafzimmer aufgelöst und getrennte Zimmer eingerichtet wurden. Sie wollte selten mit ihm verkehren, empfand Widerwillen dabei, hatte danach den Drang, sich zu duschen, wurde dann unruhig und fing Streit an. Unter der Dusche schwor sie sich, nie wieder mit ihm zu schlafen, immer wieder, denn sie hielt sich nicht an ihren Schwur. Schließlich entdeckte sie, daß sie ihn durch Krankheit sich vom Leib halten konnte.

In der Trauer um den abgetriebenen Embryo begann sie zu weinen, worauf er sie ein paarmal schroff zurückgewiesen habe. Da nahm sie sich vor, nie wieder vor ihm zu weinen, ein Entschluß, den sie eingehalten habe. Sie zog sich immer öfters in ihr Zimmer zurück; fing an, Wein zu trinken, besonders wenn sie mit ihm ausging; angetrunken machte sie ihm dann Vorhaltungen und legte sich mit ihm an ohne Rücksicht auf Anwesende.

Es kam zum Zerwürfnis, ihr Freund zog schließlich aus. Dennoch ging das Spiel unvermindert weiter, da er häufig auftauchte, bei ihr mitlebte und sie unfähig war, für klare Verhältnisse zu sorgen. Soweit das Vorfeld ihrer „Erkrankung".

Der Suchtprozeß enthält folgende Stadien:
- sie verweigert ihre Definition der Beziehung;
- sie driftet ab auf Verleugnung und Überlegenheit um den Preis, ihre eigenen Gefühle zu verraten und
- zugleich beginnt sie ihr Leiden zu demonstrieren und manipuliert mit Alkohol.-

Hinweisen möchte ich noch auf folgende Punkte: Immer wieder werden wir in der vergangenen wie der aktuellen Situation zwei einander widersprechende oder gar ausschließende Kontexte von solcher Mächtigkeit finden, daß die Betroffenen überfordert scheinen, sie sinnvoll und positiv aufeinander zu beziehen. Hier sind es die auseinanderfallenden und seit der Abtreibung sich widersprechenden Kontexte von Frau und Mädchen. Ein Verweilen in oder zwischen diesen widersprechenden Kontexten bedeutet ein permanentes Verletzen der eigenen Person, ein Klima, das diese ganzen zweieinhalb Jahre durchzieht. Der sich anbahnende Verlust von Beziehungsrealität als Folge ihres Versuches, durch Kontextmanipulation ihre Situation zu bewältigen und Schmerz zu vermeiden, zerreißt und spaltet ihr Selbst bis hin zur Handlungsunfähigkeit und führt zu einem Versiegen des Selbstgefühls. Auch in der knappen Schilderung sehen wir den aktiven und passiven Modus am Werk, der ihr zerrissenes Selbst widerspiegelt.

Den Suchtprozeß begleitet eine radikale Tendenz zur Selbstdestruktion. Wenn je FREUDs *Todestrieb* seine Berechtigung hat, so finden wir hier seine Geburts- und Wirkungsstätte. Je ungemilderter sich die süchtige Beziehungsstruktur durchsetzen kann, desto radikaler und vehementer werden wir einen „Trieb" zur Destruktion - in aggressiver wie autoaggressiver Weise - am Werk finden, der alles in Mitleidenschaft zieht, was ein Ja zum Leben bedeuten könnte. Denn in keiner anderen Weise läßt sich unter der 'Herrschaft' süchtiger Beziehungsstruktur das Leben behaupten, es sei denn, über dieses Ja zum Leben zu triumphieren. In diesem Sinne ist es berechtigt, von einem „Suchtprozeß" zu sprechen, der im Gegensatz zum „Lebensprozeß" „Leben verneint und unausweichlich zum Tod führt"[21].

So finden wir ein enges Ineinandergreifen von süchtiger Beziehungsstruktur, der ihr inhärenten Dynamik und Sucht. Diese Beziehungsdynamik kann sich in 'idealer Weise' des Suchtmittelkonsums bemächtigen und zur Abhängigkeit führen oder in diesem radikalen Beziehungsgeschehen selbst Suchtmittelmißbrauch nahelegen. Suchtmit-

---

21 A.WILSON-SCHAEF, ebenda S.32

telabhängigkeit ist eine - vielleicht *die* - Verwirklichung der Dynamik süchtiger Beziehungsstruktur und kann zwei Funktionen übernehmen: Zum einen hilft sie der Person, die Strapazen dieses Beziehungsgeschehens auszuhalten, sie subjektiv und vorübergehend zu mildern oder denselben zu entfliehen. Zum anderen ist Suchtmittelmißbrauch in besonderer Weise zugleich dazu geeignet, diese Eskalation weiterzutreiben und Inkompetenz zu induzieren.

Die extremste und radikalste Form, die gleichfalls beiden Bedürfnissen 'gerecht' wird, wäre der Selbstmord oder der Versuch dazu. Im Vorfeld wie im Verlauf der Drogenkarriere finden wir Selbstmordversuche in bedrückender Zahl; Selbstmord und „Unfall" sind bei Fixern schier nicht zu unterscheiden. Ja, wir können im Verlauf der Therapie erleben, daß Süchtige sich vor die Entscheidung gestellt sehen, rückfällig zu werden oder sich umzubringen. Eindeutig belegen UCHTENHAGEN/ZIMMER-HÖFLER eine „erheblich" höhere „Vorbelastung mit Suizidereignissen in der näheren Umwelt" (22.3% zu 8.6% bzw. 11.4% zu 1.8% bei mehreren Personen), eine erheblich höhere eigene Suizidalität sowohl vor Beginn der Opiatabhängigkeit (14.9% zu 2.1%) wie insbesondere bis zum Interviewzeitpunkt (51.2% zu 2.1%). Eine dreimal so hohe Suizidrate für Opiatabhängige als die allgemeine Bevölkerung fanden CHAMBERS und BALL. ROST belegt eine „extrem hohe Suizidalität" bei Alkoholikern. Nach FEUERLEIN endeten „6% bis 21% der Alkoholiker durch Selbstmord". Nach einer anderen Erhebung begingen „jeden zweiten erfaßten Selbstmordversuch" Alkoholiker.[22] Auf Alkoholismus als „Selbstmord in Raten" hat bereits MENNINGER hingewiesen.[23] Ein Zusammenhang zwischen Selbstmord(-versuch) und Sucht wird auch durch statistische Untersuchungen belegt, wonach psychotherapeutisch unbehandelter Entzug und Suchtmittelfreiheit die Selbstmordrate erhöhen. BATTEGAY meint, daß Sucht den Selbstmord oft nur hinausschiebe. SIMMEL behauptet, daß Suizid beim Alkoholiker in der Abstinenz um ein Vielfaches häufiger ist als in der „nassen Phase". Bei der Durchsicht neuerer Untersuchungen konnte diese Aussage nicht direkt bestätigt werden. Einen in diesem Zusammenhang interessanten Befund finden wir bei UCHTENHAGEN: „Die erhöhte Suizidgefährdung Süchtiger galt in unserer Stichprobe nur den psychotherapeutisch unbehandelten Patienten. Probanden, bei denen eine Psychotherapie zustande kam, wiesen nicht einmal die Hälfte der Suizidrate auf, die aufgrund der Inzidenz in der gesamten Stichprobe zu erwarten wäre."[24]

Selbstmord und sein Versuch ebenso wie Sucht realisieren beide Tendenzen zur Eskalation, die wir als Beziehungsdynamik beschrieben haben. Die durchgängig symmetrische Eskalation treibt die Person zu ausagierender Gewalt, indem sie ihr Selbst angreift, ersäuft oder zu töten sucht. Die pseudokomplementäre Tendenz kommt zum Tragen, indem das Selbst sich unterwirft, sich opfert und hieraus Genugtuung gewinnt. Beide Tendenzen ziehen nicht nur Gruppen in Mitleidenschaft. Die Schismoge-

---

22 UCHTENHAGEN/ZIMMER-HÖFLER, ebenda S. 116 - 119.
ROST, ebenda S.95.
P.A.CHAMBERS, J.C.BALL: Suicide among hopitalized Opiate Addicts, in: J.C.BALL, C.D.CHAMBERS (Hrsg.): The epidemiology of Opiate Addiction in the United States, Charles C. Thomas, Springfield, S. 288-300.

23 K.MENNINGER, Selbstzerstörung, Suhrkamp Verlag Frankfurt a.M., S. 180 ff

24 R.BATTEGAY, Sucht und Depression - Wege und Irrwege des Problemverhaltens. In: D.HERMANNS (Hrsg.): Sucht und Psyche, Freiburg.
E.SIMMEL, Alcoholism and Addiction. In: Psychoanal. Quart. 17, S. 6-31, 1948.
A.UCHTENHAGEN, Langzeitverläufe bei erwachsenen Toxikomanen, S.148. In: D.KLEINER (Hrsg.), Langzeitverläufe bei Suchtkrankheiten, Springer-Verlag Berlin, 1987.

nese wirkt in der Person selbst und treibt sie zur Aufspaltung ihrer selbst bis dahin, *daß „Mörder und Ermordeter in einer Person vereinigt sind“*[25].

Wie sich Schismogenese und Suchtmittelkonsum bzw. Rückfall gegenseitig hervortreiben, konnten wir bereits anläßlich unserer Fallberichte über Helmut und Milko beobachten. In beiden Fällen konnten wir eine eskalierende Beziehungsdynamik entdecken, die ihren Höhepunkt erreichte, als es kaum noch einen Ausweg zu finden gab, die Beziehung zu definieren, es sei denn den, eine neue Eskalationsstufe einzuleiten, die die Grundbedingungen menschlicher Beziehung in Mitleidenschaft ziehen muß. Das konnte hier nur bedeuten, die therapeutische Beziehung zu verletzen und zu gefährden. Dies ist der Augenblick, der dem Süchtigen als große Demütigung oder als seine Kreuzigung erscheint. Es verlangt vom Therapeuten alle Kunst und Anstrengung, diese Neigung des Süchtigen, gerade den Rahmen menschlicher Beziehung anzutasten, im Rahmen der therapeutischen Beziehung zu halten, zu kommunizieren und aufzuarbeiten.

Helmut wie Milko hatten die Eskalation so weit getrieben, daß als Ausweg nur noch blieben: ein Zerbrechen unserer Beziehung und Aus-dem-Feld-gehen oder durch Rückfall eine neue Eskalationsrunde unter oder durch Verletzen des therapeutischen Rahmens einzuleiten. Tatsächlich liegen Schisma und Rückfall untrennbar beieinander und treiben einander hervor. Helmuts Drohung zu gehen, hat beide Bedeutungen. Milko drohte mehrfach, bevor er rückfällig wurde und gehen mußte. Auch hier bleibt ununterscheidbar, ob er schließlich ging, um rückfällig zu werden, oder rückfällig wurde, um zwingende Gründe zum Gehen zu haben.

Suchtmittelabhängigkeit ist eine Form, worin sich die der süchtigen Beziehungsstruktur inhärenten schismogenetischen Tendenzen verwirklichen und niederschlagen. Sie bemächtigen sich des Suchtmittelkonsums, wie sie auch dazu drängen, sich Erleichterung ohne menschliche Beziehungsleistung zu verschaffen. Sucht ist somit Selbstdestruktion und Destruktion der anderen, insofern eine Manifestation des „Todestriebes“, zugleich allerdings ein Versuch der Selbstheilung, der Linderung, des Reizschutzes vor dem 'Streß', den Beziehungsdefinitionen mit sich bringen und eine aktuelle Linderung der Aufspaltung des Selbst, so daß Suchtmittelkonsum wiederum als Ausweg vor dem Suizid erscheinen mag.

25 K.MENNINGER, ebenda S. 37

Kapitel 4: Der psychosoziale Raum und sein systemisches Kräfttefeld - Grundlagen des systemischen Gruppenpozesses

Information als strukturbildende Einheit

Eine Analyse von Information und Kommunikation läßt uns nicht nur die Wirkungsweise süchtiger Beziehungsstruktur und damit die fundamentale Dynamik von Sucht erkennen, sie läßt uns auch herausfinden, welche Kräfte wir aktivieren können, um sie zu überwinden. Wir werden die theoretischen Grundlagen entwerfen, wie wir der Schismogenese mit dem systemischen Gruppenprozeß und der Desorganisation der Person mit dem psychotherapeutisch geleiteten integrativen Prozeß begegnen können. Unsere Theorie des systemischen Prozesses entwickeln wir parallel zu den praktischen Schritten, die einen systemischen Gruppenprozeß initiieren und begleiten und die süchtige Beziehungsstruktur transformieren (s. Kap. 8).

Wir wenden uns zunächst einem weiteren fundamentalen Aspekt von Information zu: ihrer selbstbezügliche Struktur. Pragmatische Information verkörpert den Aspekt der Wirkung. Unter diesem Gesichtspunkt ist Information nur, „was Information erzeugt." „Information", definiert G.BATESON, "is the difference, that makes a difference."[26] Diese Formulierung - *Information, die Information erzeugt* - ist von selbstbezüglicher Struktur, d.h. von der Art einer Aussage, die sich innerhalb ihrer Aussage auf sich selbst rückbezieht. Auch für den folgenden Satz trifft dies zu:

Alle Sätze, die in diesem Rahmen stehen, sind eine Lüge: Ich hasse dich. Ich liebe dich.

Das sind offensichtlich logisch unmögliche Sätze, die dennoch wahr sein müssen, obwohl entweder der erste Teil des Satzes eine Lüge ist, was diesem selbst widerspräche, oder aber einer der folgenden stimmen muß, was wiederum dem ersten Teil zuwiderliefe. WHITEHEAD und RUSSELL haben sich in ihrer „Principia Mathematica" mit dem Problem solcher paradoxen Aussagen befaßt. Sie stellten fest, daß hier unterschiedliche logische Ebenen ins Spiel kommen, und verlangten, diese in eine Hierarchie zu ordnen dergestalt, daß der untersten Ebene eine Meta-Ebene folgt, der wiederum eine Meta-meta-Ebene usw. Selbstbezüglichkeit wird vermieden, indem unterschiedliche logische Ebenen in einer Aussage nicht miteinander vermischt werden dürfen. In unserem Fall ist der erste Teil der Aussage „Alle Sätze...." von einer höheren logischen Ebene als die folgenden Sätzen: „Ich liebe..." Sie stehen in einem Verhältnis zu einander wie Klasse zu den in ihr enthaltenen Elementen. Solche Sätze sind WHITEHEAD und RUSSELL zufolge verboten.

Aber um genau solch ein verbotenes Verhältnis handelt es sich bei der Struktur von Information. Der Ursprung biologischer Information und damit zugleich auch der Vorgang biologischer Selbstreproduktion geben dasselbe Rätsel selbstbezüglicher Verknüpfung logisch unvereinbarlicher Ebenen auf. Die Entstehung des Lebens ist geknüpft an einen Vorgang, worin *Information sich selbst erzeugte*, die wiederum neue Information erzeugt[27]. Auch die Selbstreproduktion der Erbinformation ist ein solcher Vorgang, worin Information Information erzeugt. Nach F.CRICK geht die Selbstrepro-

26 G.BATESON, Ökologie des Geistes, S. 582.
27 siehe: B.-O.KÜPPERS, ebenda, Die evolutionäre Entstehung von Information S. 165ff.

duktion der Erbinformation (DNS) so vonstatten: Zunächst werden die DNS-Stränge in eine aktive Form transkribiert, in RNS, die wiederum einer Translation durch den genetischen Code unterworfen werden und dann erst die DNS-Stränge schließlich reproduzieren. Hinsichtlich ihrer logischen Struktur handelt es sich bei dieser Verknüpfung von Proteinen, die auf Proteine einwirken, die auf Proteine einwirken... quasi um Aussagen über Aussagen über Aussagen..., also um eine Verknüpfung unterschiedlicher logischer Ebenen - eine *„verwickelte Hierarchie"*, wie HOFSTADTER eine solche verbotene selbstbezügliche Struktur nennt:

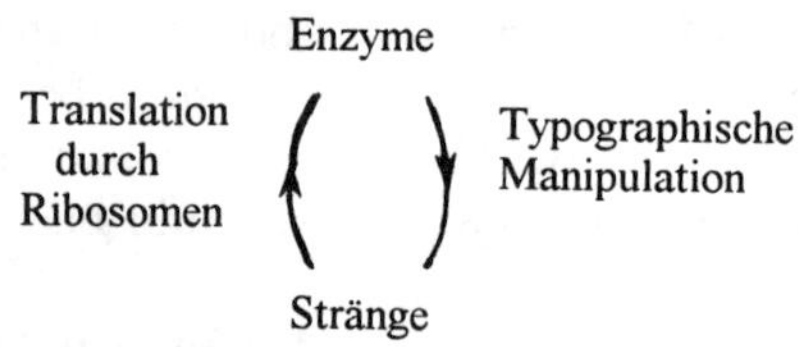

Abbildung 5-I: Ein Beispiel einer verwickelten Hierarchie.

Das Diagramm „zeigt, wie Stränge Enzyme definieren (über den Typogenetischen Code), und wie die Enzyme ihrerseits auf die Stränge rückwirken, und neue Stränge ergeben. Die Linie links zeigt also, wie alte Information nach oben fließt, in dem Sinn, daß ein Enzym eine Übersetzung eines Strangs ist, und deshalb die gleiche Information wie der Strang enthält, nur in anderer Form - genau gesagt: in einer aktiven Form. Die Linie rechts jedoch zeigt keinen Informationsfluß nach unten, statt dessen zeigt sie, wie neue Information erzeugt wird: durch Verschieben von Symbolen in den Strängen. So haben wir hier also eine merkwürdige Mischung von Ebenen. Auf der einen Seite wirkt etwas auf die Stränge ein, und sie spielen daher die Rolle von Daten (wie der Pfeil rechts zeigt); andererseits schreiben sie auch die auf den Daten vorzunehmende Operationen vor, und deshalb spielen sie die Rolle von Programmen. Der springende Punkt ist folgender: Jeder Strang, der seine eigene Kopierung leiten will, muß Anweisungen für die Zusammenstellung genau des Enzyms enthalten, die die Aufgabe ausführen können." Wir haben es zu tun mit „zwei Kopien der gleichen Information, wobei die eine als Anweisung, die andere als Schablone dient."[28]

Da wir offensichtlich den Aspekt des Erzeugens von Information durch Information ernstzunehmen haben, müssen wir die Struktur von Information als Verknüpfung zweier logischer Ebenen beschreiben:

a) Unterschied = Original
b) der einen Unterschied erzeugt = Reproduktionsanweisung

Der Begriff der Information besitzt eine selbstbezügliche Struktur, die Gestalt einer verwickelten Hierarchie, denn sie produziert und reproduziert sich selbst, sie scheint ihre eigene Produktionsanweisung in sich zu tragen. Als verwickelte Hierarchie können wir sie auch in folgender abstrakter Form wie in Abbildung 6 wiedergeben.

Was wir nun vor uns haben, ist der *strukturbildende* Aspekt von Information, eine „selbstinstruktive Einheit"[29]. Dies trifft auf die Entstehung des Lebens und seine Fähigkeit zur Selbstreproduktion ebenso zu wie auf die Fähigkeit zur Strukturbildung in

---

28 ebenda S. 549ff.

29 F. CRAMER: Chaos und Ordnung, Die komplexe Struktur des Lebendigen, Deutsche Verlags-Anstalt, Stuttgart, 1988, S. 128.

der Teilhabe und durch Teilhabe an Kommunikation. Damit berühren wir einen zentralen Punkt unserer Argumentation: Offenes Kommunizieren ist Voraussetzung und Agens von Strukturbildung im kommunikativen psychosozialen Feld. Denn die Struktur von Information können wir deuten als Ausdruck einer allgemeinen Bezogenheit. Information bringt zum Ausdruck, daß alles Lebendige und insbesondere das menschliche Wesen in fundamentaler Weise aufeinander bezogen ist. Ich möchte so weit gehen, den pragmatischen Aspekt von Information als *allseitige Bezogenheit im Vorgang der Kommunikation* zu interpretieren. Nicht das Ergebnis der Kommunikation, sondern das Kommunizieren selbst steht im Mittelpunkt der Kommunikation. Damit kommt der Teilhabe an offener Kommunikation heilende Kraft zu.

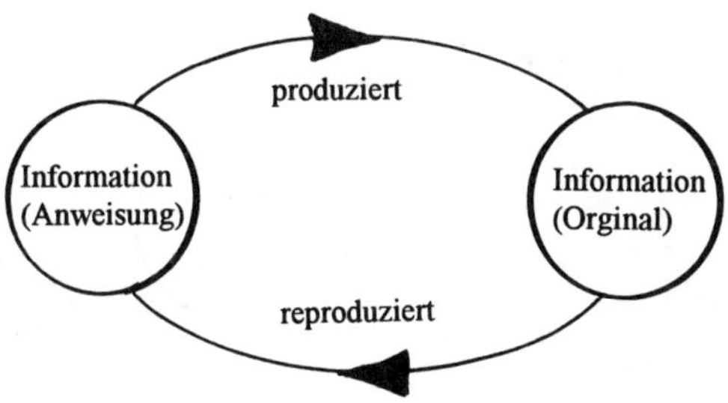

Abbildung 6-I: Pragmatische Information und Selbstbezüglichkeit.

Aber mehr noch: *Die selbstbezügliche Struktur von Information spiegelt das fundamentale Enthaltensein eines Beobachters wider.* Tatsächlich ist jeder Unterschied, der einen Unterschied macht, an die Wahrnehmung durch einen Beobachter geknüpft. Beobachter und Gegenstand des Beobachtens und der Vorgang des Beobachtens hängen miteinander zusammen. Wir können nicht voraussetzungslos unterscheiden. Wo immer wir Unterschiede ziehen und wahrnehmen, sind wir als Beobachter schon da und bringen unsere Voraussetzungen und unseren Kontext ein. In grundsätzlicher Weise ist Information kontextgebunden und hat unabhängig davon keinen Sinn. Limitierung und Kontextgebundenheit von Information kennzeichnen bereits den Aspekt der syntaktischen Information in Abhängigkeit vom Erwartungshorizont eines Beobachters, die semantische Information die Abhängigkeit von einem gemeinsamen semantischen Referenzrahmen zwischen Sender und Empfänger. Der Aspekt der pragmatischen Information weist auf einen dritten Aspekt der Abhängigkeit hin, auf das Verhältnis der Kommunizierenden zu ihrem Kontext. Sie hat damit zu tun, daß die Kommunizierenden gewährleisten müssen, die selbstbezügliche Struktur von Information in adäquater Weise wiederzugeben. Was aber heißt in adäquater Weise? Bedeutet Selbstbezüglichkeit nicht ein fortwährendes Sich-selbst-bespiegeln in und durch Kommunikation?

Da der Beobachter sich nicht selbst als Kontext ausschließen kann, besteht genau diese Gefahr. Selbstbespiegeln ist ein Sich-Ausschließen aus dem Vorgang der Kommunikation, und ich möchte diese Illusion als *selbstreferentielle Falle* bezeichnen. Sie beschreibt die logische Struktur, die der Welt der süchtigen Beziehungsstruktur eigen ist. Sie läßt keine Widerlegung ihrer Prämissen zu und gerät so in Gefahr, Unterschiede tautologisch und zirkulär zu definieren. Der Kommunizierende, der eine selbstreferentielle Falle geschaffen hat, nimmt nur die Unterschiede war, die er selbst produziert hat. Ihn erreichen kaum noch Erfahrungen, die die Voraussetzungen seiner

Unterschiede, die er setzt, tangieren könnten. Dies ist ein Vorgang, die kommunikative Bezogenheit zu leugnen. Gibt es eine Alternative zu solipsistischer Einsamkeit? Ja, und zwar dann, wenn wir zirkuläre oder tautologische Definitionen von Unterschieden vermeiden: „Das ist die entscheidende Tatsache, durch die sich rekursive Definitionen von zirkulären unterscheiden. Es gibt immer einen Teil der Definition, der Selbstbezüglichkeit vermeidet, so daß die Konstruktion eines Objekts, das der Definition genügt, schließlich 'ausläuft'".[30] Und nicht in endloser Selbstbespiegelung oder Selbstreproduktion fortfährt.

Wir vermeiden zirkuläre Definitionen von Unterschieden - Unterschiede, die *keinen* Unterschied machen -, indem wir diese Bedingung gewährleisten und uns nicht aus dem kommunikativen Zusammenhang herauskatapultieren:

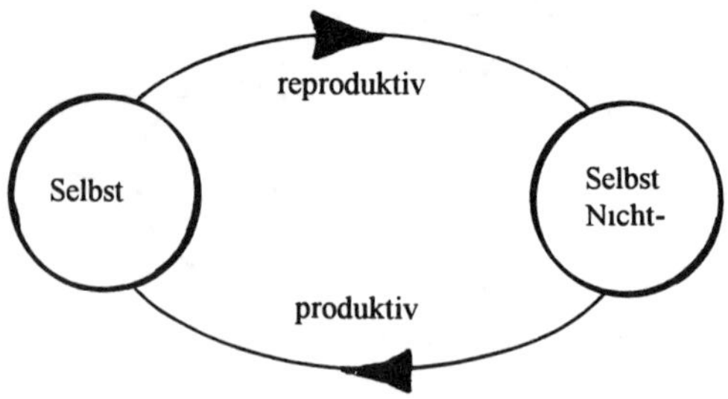

Abbildung 7-I: Definition eines Unterschieds.

Alle Erfahrung und alles Wachstum erwachsen aus diesem produktiven Verhältnis. Endlose Selbstbespiegelung dagegen würde bedeuten, daß Information sich selbst auflöste und zerstörte. Die Natur scheint tautologische Definitionen von Unterschieden zu vermeiden. Sie macht uns vielmehr auf einen höchst interessanten Umstand aufmerksam: „Wie sich am Beispiel der menschlichen Sprache zeigt, kann es Semantik in einem absoluten Sinn offenbar nicht geben, sondern immer nur relativ in Bezug auf einen semantischen Referenzrahmen. Auch die genetische Information besitzt keine absolute Semantik, sondern nur eine relative, bezogen auf die spezifischen Umweltbedingungen, an die das betreffende Lebewesen angepaßt ist. Die Umwelt stellt quasi eine extern lokalisierte Information dar, an der die Semantik der genetischen Information selektiv bewertet wird."[31]

Die Kontextabhängigkeit pragmatischer Information schließt ein besonderes Verhältnis zu diesem Kontext ein: die vielleicht unbegrenzte Möglichkeit selbstorganisierender Wesen, ihre Umwelt als Kontext, als bezogene Umwelt, als Potentialität von Information zu betrachten. Also keine Selbstbespiegelung, sondern ein *produktives Verhältnis zwischen Selbst und Kontext*, das Verbindung und Bezogenheit bedeutet. Und nun: „Im Verlauf der Selbstorganisation wurden die unspezifischen Randbedingungen dann sukzessiv in biologische, das heißt genetische Information verschlüsselnde Randbedingungen transformiert."[32] In anderen Worten: Information tendiert dazu, ihren Kontext, dessen Teil sie ist, zu einem Teil ihrer selbst zu machen. Vielleicht ist folgende Formulierung richtiger: Selbstorganisierende Wesen tendieren dazu, mit Hilfe von Information ihre Umwelt, deren Teil sie sind, zu einem Teil ihrer

30 ebenda S. 145
31 B.-O.KÜPPERS, ebenda S. 251f
32 ebenda S. 260

selbst zu machen. Oder: Information verlangt danach, nicht sich selbst zu bespiegeln, sondern dem, was man selbst nicht ist, dem man aber zugehört, zu begegnen, als seinen Kontext zu begreifen und in die Kommunikation einzuführen. Information und Informationsfluß sind also als Ausdruck eines produktiven und dynamischen Verhältnisses von Selbst und Welt zu betrachten und stellt einen *strukturbildenden Quell* dar, den sich die Kommunizierenden erschließen können.

Wir können diesen Zusammenhang psychologisch ausdrücken: Selbst *und* Anderer, Selbst *und* Kontext, Selbst *und* Umfeld, allgemein Selbst *und* Nicht-Selbst sind konstitutiv, miteinander existent und aufeinander bezogen. Diesen Prozeß des Sich-zueigenmachens möchte ich Individuation nennen, wie er für menschliche Entwicklung charakteristisch ist. Individuation bedeutet ein produktives Verhältnis zwischen Selbst und seinen Randbedingungen, zwischen Persönlichkeit und ihrem Kontext. Sie stellt den der Person zugänglichen Quell von Strukturbildung dar, wie umgekehrt ihr Versiegen die Person einer desorganisierenden Wirkung aussetzt.

Unmerklich hat sich unser Begriff von Information revolutioniert und seine Bedeutung gewandelt zu einem relationalen, strukturbildenden, konstruktiven Prozeß, den KEENEY als „in-forming" apostrophiert: „In cybernetics of cybernetics, information becomes the in-forming of forms, or as Bateson put it, the recursive transforming of difference. When speaking of the autonomy of natural systems, information becomes constructive rather than representational or instructive, in this frame of reference, information is self-referentially defined. Here is no outside information."[33]

Das Paradoxon der Kommunikation

Es wird Zeit, daß wir nun auch Vorstellungen und Bilder, die gemeinhin mit Kommunikation verknüpft werden, überprüfen. Denn unser vertieftes Verständnis des Begriffs „Information" hat auch Auswirkung auf unsere Auffassung von Kommunikation. Kommunikation hat wenig zu tun mit Austausch von Input und Output, eine Metapher, die der Kommunikation mit Computern entnommen ist und die, so meinen MATURANA und VARELA, „nicht nur mißverständlich, sondern schlichtweg falsch"[34] sei. Kommunikation bedeutet, in fundamentaler Weise in Fluß zu sein, ein Fluß, der Beobachter, Beobachtung und Beobachtetes mit einbezieht, in gewisser Weise Subjekt und Objekt verschmilzt und eine grundsätzliche Bezogenheit realisiert. Was könnte uns diesen ständigen Strom, der unentwegt aufeinander bezieht und miteinander verwebt, besser vor Augen führen als der Umstand, daß wir im Vorgang der Kommunikation nicht wirklich nach Ursache und Wirkung interpunktieren können, sondern Zirkularität entdecken? Kommunikation ist Ausdruck der Bezogenheit, ohne je vollkommene Identität zu erreichen, immer erneut gibt es eine Welt, zu entdecken. Sie sieht sich gleichsam immer dem Noch-Unbezogenen gegenüber. Ohne jenes Noch-Unbezogene hat es keinen Sinn, von Information zu sprechen. Ziel und Ergebnis liegen im Vorgang der Kommunikation, d.h. des Schöpfens und Erzeugens von Information. Kommunikation bedeutet wechselseitige Transformation, die die Welten der Kommunizierenden mit einbezieht. Denn indem die Kommunizierenden ihre eigene Welt erforschen, entdecken sie die Welt der anderen, und indem sie die Welt der anderen erforschen, finden sie

33 B.P.KEENEY, Aesthetics of Change, Guilford Press, 1983, S.99.

34 H.R.MATURANA/F.J.VARELA, Der Baum der Erkenntnis, Scherz Verlag, Bern, München, Wien 1987, S. 185

ihre eigene Welt wieder. Kommunikation hat etwas zu tun mit Entwicklung und Ko-Entwicklung der Kommunizierenden. Kommunikation hat eine eigene Dynamik, die der Tendenz entspringt, potentielle, externe Information, die im Kontext verborgen ist, zu entdecken, in die Kommunikation einzuführen und anzueignen. Kommunikation kann gewissermaßen nur ganzheitlich realisiert werden, nur unter Einbezug der Randbedingungen bzw. des Beziehungskontextes. Kommunikation besitzt keinerlei Gewalt, aber durchdringt und berührt alles. Obwohl in grundsätzlicher Weise alle Beteiligten aufeinanderbezogen sind, läßt sie zu, sich aus Kommunikation auszuklammern, Bezogenheit zurückzuweisen bis hin zur Verleugnung des Kommunizierenden selbst.

Es bleibt gleichwohl nicht folgenlos, sich vermeintlich der Kommunikation zu entziehen. Der Kommunizierende kann sich wohl in seine Monade zurückziehen, aber nicht vor Kommunikation, sondern allein qua Kommunikation. Und umgekehrt gibt es keine Individuation *vor* Kommunikation, sondern nur qua Kommunikation. Kommunikation erweist sich als ein so fundamentaler Aspekt menschlicher Entwicklung, daß selbst biologisch angelegte Reifungsvorgänge beeinträchtigt werden können. Auf dem Hintergrund seiner Erfahrung in der Psychotherapie mit autistischen Kindern formuliert B.BETTELHEIM: „Der Mensch ist in solchem Maß soziales Wesen, daß diese Entwicklung - daß das Kind die Funktionen seines Körpers beherrschen lernt - nur dann stattfindet, wenn sie aus sozialer Erfahrung resultiert. Wir Menschen können die Beherrschung sowohl des Körpers als auch der Umwelt nur durch Kommunikation erlangen.“[35]

Die treffendste Definition von Kommunikation habe ich bei E.JANTSCH gefunden: „Kommunikation ist nicht Geben, sondern eine Präsentation seiner selbst, seines eigenen Lebens, die entsprechende Lebensprozesse im anderen evoziert. In MATURANAs Modell von Kommunikation schließt Kommunikation keinerlei Transfer von Produkten oder Wissen von einem System an ein anderes ein, sondern beruht auf der Reorientierung der Eigenprozesse - also des Kognitionsbereichs oder des Geistes - eines Systems durch die Selbstpräsentierung eines anderen Systems und seiner ihm eigenen Prozesse. Mit anderen Worten, Kognition fällt hier mit Recognition zusammen, Erkennen mit Wiedererkennen. Präsentation wird Repräsentation.“[36]

Der Kommunikationsweise der süchtigen Beziehungsstruktur steht also „Präsentation und Repräsentation“ des Lebensprozesses gegenüber. „Präsentation des Lebensprozesses“ meint ein unabdingbares positives Aufeinanderbezogensein im Vorgang der Kommunikation als Voraussetzung derselben. Kommunikation heißt Teilnahme am Lebensprozeß allen Lebendigen und seines Kontextes. Tatsächlich sind Bezogenheit und Zugehörigkeit zum Kreis der Kommunizierenden so grundsätzlich, daß wir uns nicht wirklich aus diesem Kreis ausblenden können. Diese Feststellung führt uns zum *Paradoxon der Kommunikation*, das gemeinsam mit dem oben formulierten pragmatischen Imperativ das Fundament bildet, heilende, die süchtige Beziehungsstruktur transformierende Kommunikation ins Leben zu rufen:

Wir können uns im Vorgang der Kommunikation verleugnen, wir können uns ausblenden und selbst bespiegeln, und wir können natürlich Kommunikation abbrechen, indem wir weggehen oder Gewalt anwenden, wir können unsere Spuren verwischen, aber aus der Bezogenheit können wir uns nicht davon stehlen. Hierin liegt die Chance

35 B.BETTELHEIM, Die Geburt des Selbst, Kindler-Verlag, München, 1977, S.62.

36 E.JANTSCH, Die Selbstorganisation des Universums, Carl Hanser Verlag München Wien, 1979, S.280

einer Transformation süchtiger Beziehungsstruktur: In grundsätzlicher Weise ist Kommunikation nicht wirklich unvollständig, weil man sich aus ihrem Wirkungskreis nicht davonstehlen kann. Die Information liegt im Kontext, und dieser Kontext untersteht nicht dem Kommunizierenden, er kann diesen nicht willkürlich beseitigen. Er hat nur die Mächtigkeit, denselben zu erforschen oder zu verleugnen. Wir bleiben im Beziehungskontext eingeschlossen.

Dieser Umstand konstituiert so etwas wie *Beziehungsrealitäten*, an denen sich das Individuum nicht folgenlos vorbeimogeln kann. „Beziehungsrealität“ dient nicht zur Bezeichnung einer äußeren, unabhängigen Realität, sondern weist auf einen Punkt hin, auf den hin Bezogenheit Gestalt annimmt, Information geschöpft werden kann und der die Bedingung erfüllt, daß etwas, das zuvor unbezogen war, bezogen wird. Beziehungsrealitäten unterliegen nicht der Willkür der Kommunizierenden; sie sind in der Kommunikation zu erforschen, stellen aber bei aller Fähigkeit, Beziehungskontexte zu konstruieren, einen Bezugspunkt für diese Konstrukte dar. Der Begriff „Beziehungsrealität“ gibt zu verstehen, daß wir in anderen Kontexten enthalten und eingeschlossen sind, beispielsweise in dem Kontext, den unser Planet abgibt und in Bezug auf den wir erst anfangen uns zu erforschen, auch wenn wir unweigerlich schon immer zum ganzen Planeten in Bezug gesetzt sind. Solche Bezugspunkte lassen sich finden, um jede Kommunikation oder ihre Verweigerung zu entschlüsseln und die Nicht-Kommunizierenden wieder in Bezug zu setzen.

Struktur der Beobachtung

Nach diesen grundsätzlichen Überlegungen über heilender Prozesse können wir uns dem Geschehen in der Gruppe nähern. Wenn wir uns nun in eine Gruppe begeben, die wir beobachten und mit der wir kommunizieren wollen, so begegnen wir derselben Verschränkung von Individuum und Gruppe, die wir im Abschnitt über die Beobachtungseinheit entworfen hatten. Gehen wir von der *für uns* einfachsten Gegebenheit aus: Wir sind therapeutische *Beobachter* einer Gruppe. Dieses Objekt *Gruppe* können wir grundsätzlich auf zweierlei Sichtweise beobachten, je nach Wahl des *Fokus* unseres Beobachtens: Gruppenstruktur und Gruppenprozesse stehen im Vordergrund, den Hintergrund bilden die Gruppenmitglieder, oder einzelne Gruppenmitglieder stehen im Vordergrund, die Gruppe bildet den Hintergrund oder Kontext. Wir können verallgemeinern:

- Das Individuum konstituiert die Gruppe, und zugleich ist jeder einzelne ein Mittelpunkt der Gruppe, ein Schnittpunkt im psychosozialen Feld.
- Die Gruppe konstituiert die Existenz und Situation des Einzelnen und zugleich ist die Gruppe dem ständigen Einfluß des Einzelnen ausgesetzt.

Ein Einwand liegt auf der Hand: Welches Recht befugt uns, uns zu Beobachtern der Gruppe zu deklarieren, uns herauszunehmen und die Dinge von außen zu betrachten? Und wenn wir - wie potentiell jeder andere Gruppenteilnehmer - die Dinge betrachten können, wie uns beliebt, so können wir jedenfalls keinerlei begründetes Vorrecht genießen vor irgendeinem anderen der beobachteten menschlichen Objekte oder vor den Beobachtungen, die irgendein Mitglied der Gruppe anstellen mag.

Stattgegeben. Gehen wir in das System hinein und lassen wir eine beliebige Person desselben ihre Beobachtungen anstellen. Tragen wir den Vorgang des Beobachtens in das System hinein. Die Situation stellt sich jetzt ganz anders dar. Wir können sie so skizzieren:

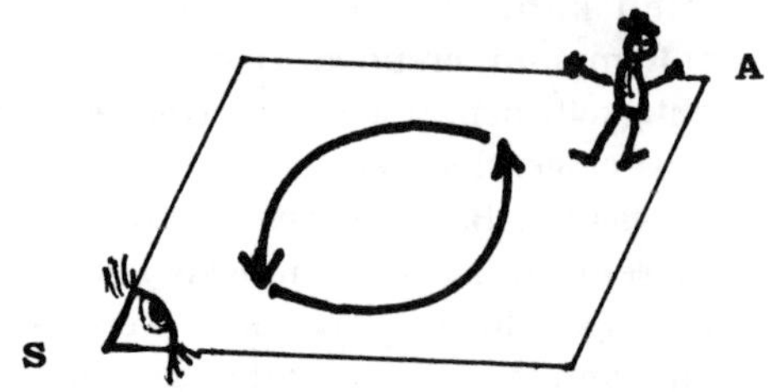

Abbildung 8-I: Die Beobachtungsituation innerhalb des Systems.

Das *Selbst* des Beobachters und zugleich Gruppenmitglieds (S) sieht auf Individuum A. Individuum A sieht zurück und nimmt den Beobachter wahr. Sie kommunizieren wechselseitig in einem Kreisprozeß. Von außen betrachtet ist weiter nichts bemerkenswert. Aber wenn wir uns wirklich an die Stelle von S begeben, fällt sofort ein kategorialer Unterschied auf. S sieht A als Individuum: sein Gesicht, seine Gestalt, seinen Gestus, sieht A als Objekt. Anders S: Er sieht von sich in seinem Gesichtsfeld nur am unteren Rand einen vagen Schatten; wenn er nach unten schaut, sieht er aus der Vogelperspektive einen Torso, den er durchaus als Körper eines B *ansehen* könnte. S besteht vielmehr aus einer mehr oder weniger dumpfen *Empfindungswolke*, die S nicht einmal unmittelbar seine räumliche Ausdehnung wahrnehmen läßt, es sei denn durch Interaktion mit Nicht-Selbst, sei dies der harte Fußboden oder Person A. Diese Empfindungswolke durchzieht ein *Strom bewußter Gedanken und fokussierter Wahrnehmungen*, gerade vielleicht die Wahrnehmung von Person A.

Wir müssen - wenn wir die Dinge aus der Sicht von S betrachten - schließen, daß genau genommen nicht zwei Individuen miteinander kommunizieren, sondern jenes Selbst mit einem Individuum A, während jene Person A mit einer geheimnisvollen Person S, einem Individuum, kommuniziert. Wir müssen also S und A verdoppeln, wenn wir unterstellen, daß A - nähmen wir seine Position ein - sich in derselben Situation befindet wie zuvor S. Dies Annahme ist evident. Aus eben dieser Annahme kann S ableiten und wissen, daß es selbst ein Individuum ist und A ebenfalls ein Selbst 'besitzt'. Um die Situation deutlich zu machen, haben wir zwei Ebenen gewählt, um die Zusammenhänge darzustellen. A und S befinden sich auf verschiedenen Ebenen:

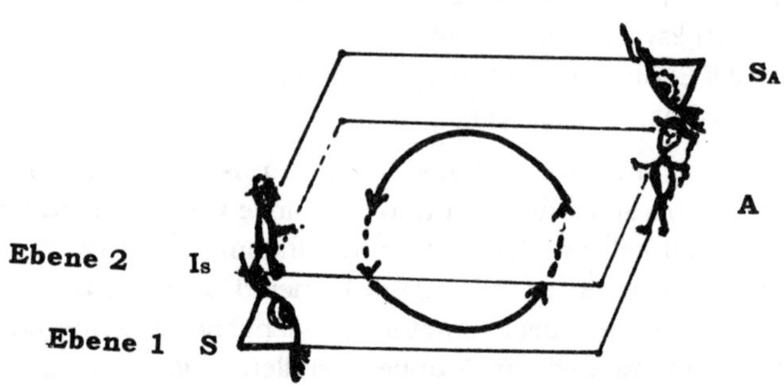

Abbildung 9-I: Wundersame Kommunikation zwischen zwei Ebenen.

Wenn wir das Beobachten in das System der Beobachtung hineinverlegen, so teilen sich gewissermaßen Person A und Person S - wir selbst als teilnehmende Beobachter - in zwei Ebenen auf. Auf wundersame Weise kann A den informellen Fluß transformieren zu S_A, so wie S mit Individuum I_S in Verbindung zu treten vermag. Eine solche Beschreibung fiele leichter, wenn wir einer Anregung HOFSTADTER folgend sprachlich zwischen den beiden Weisen von Sehen und Beobachten unterscheiden würden: Ein Verb für das Sehen, worin ich mich nicht sehe, und für ein anderes Sehen, worin ich sehe, daß ein anderer sieht, eine ganz andere Weise des Sehens. Das Zusammenfügen beider Sehweisen ist jene wundersame Fähigkeit. Wir kennen psychotische Krankheitsbildern, wo diese beiden Ebenen auseinanderfallen können und jene wundersame Transformation unterbrochen wird. Wir kennen auch gesellschaftliche Zustände, die Individuum A diese Wandlung in einen gleichwertigen menschlichen Beobachter aus rassistischen Motiven verweigern.

Im schismogenetischen Prozeß tritt genau dies ein: Die Person S als „Selbst" und als „Individuum" sind nicht identisch und werden in unterschiedlicher Weise in Austauschprozesse mit der Gruppe einbezogen. Dahinter verbirgt sich eine ganz wesentliche Integrationsleistung, die uns als individuelle Fähigkeit erscheint und doch offensichtlich von allen Beteiligten bewirkt und mitgestaltet wird.

Wir wollten die Beobachtung in die Gruppe verlegen, aber wo finden wir die Gruppe? S kann das System nicht überblicken, es entzieht sich seinem Blick und kann nicht mehr Objekt seiner Wahrnehmung sein.

Das Objekt *Gruppe* muß irgendwie bestehen aus: den beobachtbaren Anderen, deren nicht beobachtbares, aber kommunizierendes Selbst, aus den eigenen Empfindungen und Wahrnehmungen, aus dem Umstand, daß ich mit den anderen eine Gruppe bilde und diese mit mir, aus meinen Gedanken und Empfindungen gegenüber eben demselben Umstand und aus den Gedanken und Empfindungen all der anderen, wie ich annehmen kann und muß. Wir nennen dieses Konglomerat *Gruppenselbst.* Unsere nächste Abbildung versucht die Situation einzufangen, wie wir sie jetzt vorfinden. Wir vereinfachen die Verhältnisse, indem wir Ebene 1 und 2 zusammenlegen. Dem Gruppenselbst weisen wir Ebene 3 zu: Es ist teilweise beobachtbar und doch entrückt.

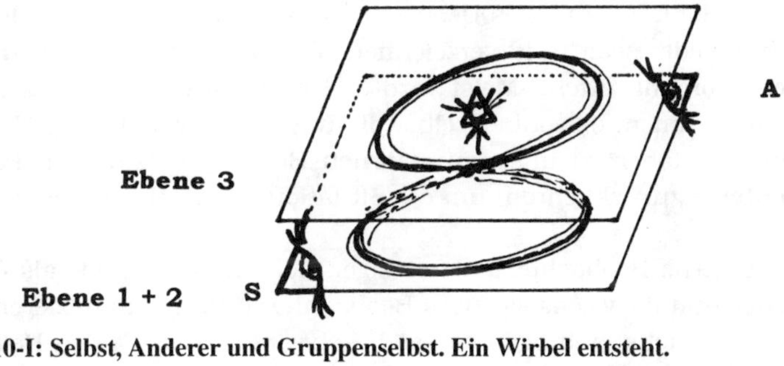

Abbildung 10-I: Selbst, Anderer und Gruppenselbst. Ein Wirbel entsteht.

S kann A unmittelbar wahrnehmen und sich ihm kommunikativ direkt zuwenden. Unweigerlich aber wird S A vor dem Kontext dessen wahrnehmen, was S für die Gruppe hält. Erst recht sind A's Versuche zu antworten Teil dessen, woraus sich S ein Bild der Gruppe macht. Die informelle Bahn verläuft über die Ebene Gruppenselbst (GS), um von dort zu S zurückzugelangen. Dieselbe Struktur des informelles Flusses gilt für jedes andere Gruppenmitglied. Im Rückkopplungsprozeß ist GS also eine dritte Einflußgröße neben S und A. Das ist eine recht verwickelte Situation, ungemein dynamisch, da jedes Durchfließen dieser Bahn andere Voraussetzungen für den nächsten Durchlauf schafft. Es entsteht ein „Wirbel", den die Beobachter im System nicht durchschauen und auch nicht genau analysieren können. Ihr aller Bezugspunkt ist jeweils S, aber sie kennen die zugehörigen Individuen I_S nicht. Ein zweiter Bezugspunkt sind die Individuen A, B, C..., aber sie kennen das zugehörige Selbst nicht. Sie kennen einen Ausschnitt vom System, aber sie kennen das ganze nicht und nur ungenau das Gruppenselbst. D.h. aber, für jeden am System teilnehmenden Beobachter begrenzen sich die Blickrichtungen auf einen zum Objekt gewandten Blick und einen Blick zurück, den all die Rückmeldungen und Rückkopplungen beigemengt sind, die sich zwischen S, den Gruppenmitgliedern und Gruppenselbst entfalten. S ist nicht in der Lage, die informelle Bahn nachzuvollziehen.

Diesen Nachteil können die Teilnehmer einer Gruppe wettmachen: Über alle diese Dinge, die für die anderen unzugänglich sind oder das subjektive Gesichtsfeld überschreiten, über all die Dinge, die für jeden Teilnehmer vor sich selbst verborgen und die allen Mitgliedern nur gemeinsam zugänglich sind, können alle Beteiligten beobachtend und teilnehmend kommunizieren, sofern sie es wünschen. Was sich als grundsätzliche Begrenzung herausstellte, erweist sich als enorme Chance: Wären wir tatsächlich allseitig und direkt „*in-formiert*", so gäbe es keine Individualität, keinen Raum für ihre Entwicklung und Entfaltung, es gäbe keine Information und keinen Informationsfluß, da alles Nicht-Selbst ausgelöscht wäre.

Die Lösung, welche Kommunikation anbietet, ist fruchtbar und erregend: Ein beständiges Erforschen, Beobachten, Eingeben, Aufnehmen, Evolutionieren und Ko-Evolutionieren voller Unvorhergesehenem mit grundsätzlich unbestimmter Zukunft. Kommunikation ist andererseits auch langweilig, sich wiederholend, redundant. Ohne Redundanz gibt es keinen Informationsgewinn, sondern Chaos. Redundanz hilft allen Beteiligten des Systems trotz seiner Komplexität Prozesse zu „normieren", Regeln zu finden oder zu vereinbaren, Vorgänge praktisch - nicht prinzipiell - zu wiederholen. Informelle Prozesse enthalten immer Elemente der Bestätigung, so daß die wechselseitigen Beobachter Kontinuität hineinlesen können.

Information setzt die Existenz eines Beobachters und den Vorgang des Beobachtens voraus, der Unterschiede „setzt" und verzeichnet, und er tut dies unweigerlich so, als *wäre* er in diesem Vorgang *extern*. Meist wird er Unterschiede völlig spontan als Lebensäußerung wahrnehmen, obwohl er selbst die Kategorien vorgibt, die Unterschiede machen. Wir müssen daher zu unserem externen Beobachter - dessen Position wir gerne beanspruchten - zurückkehren, um die Situation des Beobachtens vollständiger zu beschreiben.

Was sieht der externe Beobachter? Als einziger sieht er die *Gruppe* als Ganzes. Er kann alle Mitglieder und ihr wechselseitiges Beobachten und Kommunizieren beobachten, und er kann die Rückkopplungsprozesse beschreiben, die sich den Beteiligten im Detail entziehen. Während der Beobachter das Gesicht eines jeden sehen kann, so kann er nicht jenen „wunderbaren Wandel" von Individuum zu Selbst wahrnehmen. S ist für ihn der unbekannte Inhalt einer Black Box; er kann nur die Ein- und Ausgaben registrieren. Da er die Gruppe als Ganzes, als sein Objekt, wahrnimmt, kann er das Sich-selbst-Beobachten des Ganzen wahrnehmen: das spontane und jeweils aktuelle Ausbilden eines Gruppenfokus, der die Fokus der Mitglieder beeinflußt und steuert.

Ein weiteres erschließt sich einem Beobachter: Das System oder die Gruppe hat eine Umgrenzung, einen - könnte man sagen - *„Ereignishorizont"*, der begrenzt ist, auch wenn die Facetten, die Beobachter unterscheiden können, unbegrenzten sein mögen. D.h., so verwickelt und undurchsichtig die Vorgänge von innen aus erscheinen mögen, irgendwie bleibt der Spielraum aller Beteiligten begrenzt und ihr Zusammenspiel daher praktisch erforschbar, einseh- und veränderbar, *wenn*, aber auch nur wenn alle zusammenwirken.

Das läßt zwei Schlußfolgerungen zu: Wenn auch das Ganze für die Beteiligten verborgen bleibt, mit ihrer vereinfachten Sichtweise können sie praktisch durch Kommunikation einander erkennen. Wenn sie unter gemeinsamer Anstrengung vom Baum der Erkenntnis essen, so erkennen sie, daß sie nackt sind vor den anderen, individuell und verantwortlich für sich und den anderen, verantwortlich, weil ihr Erkennen begrenzt ist und sie doch untrennbar miteinander verwoben sind. Sie existieren nicht ohne den anderen, ohne die Kommunikation mit allen anderen.

Den externen Beobachter zeichnet aus, daß er unparteiisch alle sehen *kann* und das Zusammenspiel ihrer Interessen. Seine Erkenntnisvoraussetzung ist „Allparteilichkeit" oder die Fähigkeit, mit allen Beteiligten zu kommunizieren. Das aber verlangt, daß der Beobachter einen *gemeinsamen Kontext* definiert, der alle Mitglieder des Systems einbezieht - und den Beobachter selbst. Der Beobachter ist allparteilicher Kommunikator.

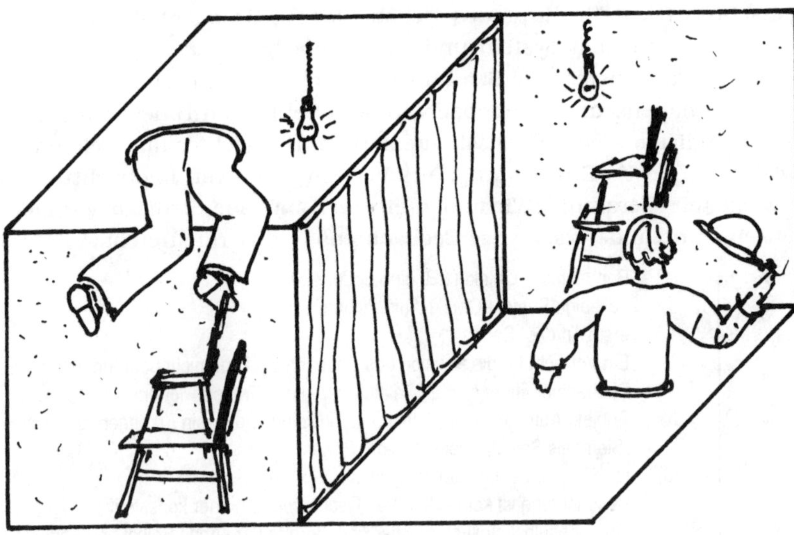

Abbildung 11-I: Herausspringen und Enthaltensein des Beobachters.

Damit haben wir die Bedingung definiert, die erlaubt, Beobachterstatus einzunehmen. Zweifellos ist dieser Status begrenzt und muß aktuell gültig und erworben sein und hängt augenscheinlich von der Akzeptanz der Gruppenmitglieder ab. Aber - der Beobachter ist nun keineswegs mehr extern, sondern das beobachtete System und der Beobachter/Kommunikator bilden ein neues umfassenderes System, indem nun die gleiche Situation gilt, die wir schon beschrieben haben. Der Beobachter sieht sich in einem Dilemma wieder: Er wird selbst zu einer gestaltenden Realität, je weitergehend er einen gemeinsamen Kontext definiert und sich somit ankoppelt. Umgekehrt gilt: Gäbe es überhaupt keinen gemeinsamen Kontext und damit keine Basis der gemeinsamen Kommunikation, dann gäbe es nichts zu beobachten, bzw. der Beobachter würde intuitiv seine Voraussetzungen einführen, die ihn zu Unterschieden und Informationen führen, die schließlich vielleicht allein ihn, sein Selbst und seinen Kontext widerspiegeln und nichts von dem beobachteten System. Die möglichen unterschiedlichen Beobachter lassen sich hinsichtlich des Aspektes von Relevanz ihrer Beobachtung unterscheiden.

Sind wir denn jetzt auch nur ein Stückchen von unserem Ausgangspunkt weiter vorangekommen? Sind wir nicht wieder genau da, wo wir begonnen hatten? Springen wir nicht unentwegt hin und her zwischen externem Beobachter und Teilnehmer? Ist es nicht so, als sprängen wir aus dem System hinaus und wieder hinein und weisen zugleich nach, daß dieses Springen nur eine Illusion ist?

Genau dies ist unser Ergebnis, auch wenn es schmal erscheint. Dieses merkwürdige Ergebnis reflektiert den Umstand, daß für unsere Welt Beobachten konstitutiv ist. Der Vorgang des Beobachtens hat psychologisch gesehen zwei Beobachtungsrichtungen: Die eine - ich werde sie *projektiv* nennen - entwirft die eigenen Voraussetzungen der Beobachtung in das Beobachtungsobjekt hinein, verlagert sie nach dort hin, zunächst ohne Rücksicht auf die Subjekte. Der zweite Vorgang des Beobachtens ist *introjektiv*, sieht die Dinge von innen her zum Beobachter hin, der Beobachter nimmt die Geschehnisse in sich hinein, entwirft ein inneres Bild in seiner „Seele". Der Beobachter wird beobachtet. Diese Struktur des Beobachtens - Beobachten und Enthaltensein, Herausspringen aus einem System und gerade dorthin zurückfallen - ist eine Eigentümlichkeit unseres Geistes. Die Struktur des Beobachtens besteht aus verschiedenen Ebenen von Enthaltensein und Beobachten, aus Serien von Hinein- und Herausspringen, aus beständigem Wechsel zwischen externem Beobachter und Teilnehmer und ihrer Entwicklung und Ko-Entwicklung, aus Verschränken von Beobachtung und Sein - einer verwickelten Hierarchie. Wir finden eine verbindende Struktur vor einerseits des Enthaltenseins und andererseits des Beobachtens und Heraustretens:

(1) Beobachter - Objekt (z.B. eine Gruppe):
beliebige Subjekt-Objekt-Aufspaltung,
erste Art des „Sehens".
Ein Vorrecht für die Position des Beobachters kann nicht begründet werden.

(2) Beobachter findet sich als Teilnehmer in der Gruppe wieder:
Subjekt-Aufspaltung in Selbst und Individuum, die sein Erkennen grundsätzlich limitiert.
„Sieht" als Selbst, zweite Art von „Sehen".

(3) Die Gruppe beobachtet sich selbst:
Beobachtung ist kein exklusives Recht, sondern eher konstitutiv.
Gruppenselbst stellt eine dritte Einflußgröße dar neben Selbst und Anderer.
Darin gründen wechselseitige Entwicklung und Ko-Entwicklung: Kommunikation.

(4) Externer Beobachter als Teil des beobachteten Systems:
„sieht" auf zwei Arten und tritt durch sein Beobachten in Kommunikation,
d.h. initiiert Entwicklung und Ko-Entwicklung.
Subjekt unter Subjekten.

(5) Es gibt jemanden, der dies wiederum beobachtet
aus der Position eines Beobachters.

Es ist etwas verwirrend, die jetzt entstandene Situation zu skizzieren. Wir haben nun zwei Systeme und ihre Kontexte vor uns, die ineinander verschachtelt sind. S und

A haben Doppelmitgliedschaft erworben, und es gibt im ersten System ein Gruppenselbst und im erweiterten ein erweitertes Gruppenselbst gemeinsam mit dem Beobachter. Es entsteht die Situation wechselseitigen Beobachtens, ohne daß Privilegien für einen Beobachter möglich wären. Jetzt ist der Beobachter S_B mit dem zu beobachtenden System und seinen Mitgliedern verwickelt. Zwischen Beobachter und beobachtetem System entsteht ein Verhältnis von Evolution zu Ko-Evolution: das System ist Kontext für den Beobachter, das der Beobachter sich qua Kommunikation anzueignen sucht, und umgekehrt. Der gemeinsame Kontext nimmt zu, indem im neuen, erweiterten System sich beide adaptieren. So schöpft der Beobachter Information durch Kommunikation, und das gilt auch für das System und seine beobachtenden wie teilnehmenden Mitglieder.

Unbemerkt ist etwas geschehen: Indem der Beobachter seinen bloß externen Status aufgeben mußte, um zu kommunizieren und zu beobachten, so verlor er nicht nur seinen vermeintlich objektiven Standpunkt, er gewann etwas hinzu: Er initiierte eine in diesem Zusammenhang gleichsinnige Evolution und Ko-Evolution zwischen sich und seinem verlorenen Objekt, gleichsam als öffnete sich der Raum, den die Objekte umschlossen hielten, als sähe er in sie hinein, indem er akzeptiert, daß er als Beobachter Selbst bleibt und diese Grenze nicht überspringen kann. Indem er Teilnehmer wird, trägt er Verantwortung für sein Beobachten und Erkennen, die ihm keine Ideologie wertfreier Wissenschaft abnehmen kann.

Definition eines systemischen Feldes

Die Reihenfolge, in der wir die Grundlagen des systemischen Gruppenprozesses entwickeln, entsprechen in den Grundzügen unserem im zweiten Teil beschriebenen praktischen Vorgehen: der beobachtende Therapeut muß sich seines Kontextes und seiner Annahmen bewußt werden; er wird zum teilnehmenden Therapeuten, der mit der Gruppe kommuniziert und arbeitet; er hat die Aufgabe, ein systemisches Feld zu organisieren und einen gemeinsamen therapeutischen Kontext zu markieren. Auf diese Weise weckt er die Gestaltkräfte des psychosozialen Raumes, die nun unter Ausdifferenzierung von Gruppe und Person Problembereiche neu strukturieren können.

Wir hatten uns in dem Abschnitt über die Beobachtungseinheit die Aufgabe gestellt, diese so zu definieren, daß die relevanten Kommunikationskreisläufe erhalten bleiben. Wir wollten sicherstellen, „die besondere Äußerung oder Handlung als *Teil* des ökologischen Subsystems, das als Kontext bezeichnet wurde, anzusehen, und nicht als Produkt oder Auswirkung dessen, was vom Kontext übrigbleibt, nachdem das Stück, das wir erklären wollen, aus ihm herausgeschnitten wurde."[37]

Diese Aufgabe wollen wir nun mit der Definition eines systemischen Kontextes lösen. Er erlaubt uns schließlich, praktische Lösungen zu finden für Probleme, die prinzipiell unlösbar waren. Von besonderer Bedeutung erwies sich dies für die Fähigkeit der Mitglieder eines Systems - und demnach grundsätzlich für die Position eines Beobachters - sich selbst und die anderen innerhalb des Systems zu erkennen, ohne daß die grundsätzliche Limitierung des Erkennens zu überschreiten wäre.

Das metakommunikative Axiom der menschlichen Kommunikation besagt: *„Man kann nicht nicht kommunizieren."* Da „alles Verhalten in einer zwischenmenschlichen

---

37 ebenda S. 412f.

Situation Mitteilungscharakter hat, d.h. Kommunikation ist, so folgt daraus, daß man, wie immer man es auch versuchen mag, nicht nicht kommunizieren kann. Handeln oder Nichthandeln, Worte oder Schweigen haben alle Mitteilungscharakter: Sie beeinflussen andere, und diese anderen können ihrerseits nicht nicht auf diese Kommunikation reagieren und kommunizieren damit selbst.“[38]

Trotz der allgemeinen Fassung dieses Axioms sollte man nicht übersehen, daß es praktisch nur relative Gültigkeit besitzt und seine Relevanz von unterschiedlicher Dichte ist. Wenn mich beispielsweise ein Passant in der Stuttgarter Königsstraße anspricht, so ist mein Rückzug aus der angeknüpften Kommunikation folgenlos, auch wenn nicht ohne Einfluß bleibt, daß ich die Straße als gesellschaftlichen Raum großer sozialer Distanz betrachte. Anders, wenn ich meine Frau übersehe. Die Zirkularität von Kommunikation holt mich ein, wenn ich am Abend mit ihr zusammentreffe. *Die Relevanz dieses metakommunikativen Axioms ist relativ.* Sie ist zweifellos um so wirkungsvoller, je dichter die betroffenen Personen untereinander in Kommunikation stehen, also in Gruppen und sicherlich in besonderem Maße innerhalb von Familien. Potentiell allerdings bezieht sich Verhalten auf beliebig viele Standpunkt und Gruppierungen und läßt sich nicht auf eine ausgewählte allein einschränken. Potentiell ist Kommunikation universell. In unserem Fall können wir die Situation praktisch vereinfachen und sagen: Man kann sich im Rahmen der stationären Therapieinstitution nicht *nicht* verhalten.

Abbildung 12-I: Man kann sich nicht *nicht* verhalten. Systemisches Feld und ‘Ereignishorizont’.

Der Sinn dieser Überlegung wird deutlich, wenn wir dieses Axiom positiv formulieren: Jedes Verhalten hängt mit allem anderen Verhalten zusammen und beeinflußt dieses und vice versa. Das heißt, Kommunikation impliziert und produziert Bezogenheit der Teilnehmer, deren Verhalten nun die Eigenschaft von *Transaktionen* annimmt. „Transaktion“ ist eine Eigenschaft von Systemen, nämlich eben der, daß mein Handeln zugleich das aller anderen tangiert und zugleich vom Handeln aller anderen berührt wird. Das Axiom der Kommunikationstheorie verhilft uns dazu, daß wir *einen relativen Geltungsbereich als systemisch definieren* können! Das Attribut systemisch besagt, daß alle Teilnehmer, die wir als zugehörig definieren, sich zueinander interdependent verhalten und ein System bilden. Wir nennen dies ein *systemisches Feld.* In der biologischen Verhaltensforschung ist „Territorium“ ein ähnlicher Begriff, der weniger eine landschaftliche Grenze meint, als vielmehr einen sozialen Zusammenhang markiert, der das Zusammenleben der Tiergemeinschaften strukturiert und tief beeinflußt. *Ein systemisches Feld definiert einen psychosozialen Wirkungszusammenhang.*

Die Definition des Geltungsbereichs eines systemischen Feldes ist eine „konstrukti-

38 BATESON, Menschliche Kommunikation, S. 51 und 53.

ve Definition", die jeder nach Gutdünken vornehmen kann. Alle Beobachterperspektiven sind relativ. Es gibt niemanden, der über alle anderen hinweg eine allgemeinverbindliche Festlegung treffen könnte. Dies würde einen Beobachter voraussetzen, der selbst außerhalb des Systems stünde. Wie wir wissen, definiert ein Beobachter als Beobachter bereits seine Zugehörigkeit, er kann sich nun nicht mehr nicht verhalten.

Das metakommunikative Axiom impliziert, daß ein Abgrenzen gegenüber Kommunikation - sich nicht verhalten wollen - einen kommunikativen Akt bedeutet. Der Kommunizierende bestätigt in diesem Akt, daß sein Verhalten mit dem anderer zusammenhängt, aber er möchte sich nicht dazu verhalten. Das ist aktive Kommunikation. Wir haben schon geschildert, daß Süchtige den kommunikativen Akt der Abgrenzung gern vermeiden und an seiner Stelle ein Manöver lancieren, das demonstriert, daß sie sich die Beziehungsdefinition offen halten.

Das metakommunikative Axiom der menschlichen Kommunikation setzt in der Kommunikation eine nicht endende Dynamik in Gang, ein Potential immer verschlungenerer und sich differenzierender Entwicklung. Das heißt, die Definition eines systemischen Feldes konstruiert eine ungemein dichte, beziehungsreiche Kommunikation, worin jedes Mitglied einen Mittelpunkt darstellt und sich keiner entziehen kann. Zugleich entstehen die Voraussetzung, Verhalten und Kontext kommunikativ aufeinander zu beziehen. *Dem systemischen Feld entspringt also ein systemischer Prozeß*, der die Eigenschaften aufweist, alle Mitglieder aufeinander zu beziehen.

Organisieren des systemischen Feldes ist der erste Schritt, der einen zweiten nach sich zieht: die Definition eines *gemeinsamen verbindlichen Kontextes*, die die Bezogenheit explizit anerkennt. Die Kommunizierenden werden angeregt, ein produktives Verhältnis der Kommunizierenden zu ihrer Bezogenheit zu finden. Es handelt sich um den semantischen Aspekt ihrer tatsächlichen Bezogenheit. Das Attribut „systemisch" besagt, daß wir diesen Kontext als ein Produkt des Zusammenwirkens *aller* Mitglieder des systemischen Feldes, als ihre Resultierende, begreifen. Alle Beteiligten sind auf diesen Kontext bezogen, ob sie wollen oder nicht. Dies wird unmittelbar erlebt, wenn wir alle Mitglieder eines Systems zusammenbringen etwa eine Gesamtgruppe in der Therapieeinrichtung oder eine Familie. In unserem Fall streben wir natürlich an, den Kontext dieses Feldes als therapeutischen zu definieren.

Unsere theoretische Diskussion hat durchaus praktische Relevanz. Es wird unsere erste und grundlegende therapeutische Aufgabe sein, wenn wir mit Familien oder der Gesamtgruppen einer Institution arbeiten, ein systemisches Feld zu organisieren. Bezogenheit aller Mitglieder der Institution ist im Prinzip gegeben. Diesen Umstand können wir nutzen, um seine Wirkung zu entfalten. Die Unmöglichkeit, sich nicht zu verhalten, ist der entscheidende Schlüssel, der uns hilft, alle Mitglieder wirksam aufeinander zu beziehen. Wenn sie sich aber wirksam aufeinander beziehen, so liegt darin eine große Aufforderung zu einer integrativen Funktion, die „Selbst" und „Individuum", „I" und „me", ausbalanciert. Auf diese Weise wandeln wir das Niemandsland in ein Land der Namen. Ein Geflecht der Bezogenheit und Beziehungen taucht wie von allein auf, wenn wir es verstehen, den Manövern, in den Maschen zu entschlüpfen, zu begegnen. Dieser Vorgang der Definition, des Herstellens von Zugehörigkeit, Zuständigkeit und des Auf-einander-beziehens ist das Herzstück psychotherapeutischer Arbeit im System, sei es die Großgruppe, sei es die Familie. So entsteht ein Grund, vor dem Beziehungen prägnant werden und die jedem systemischen Feld eigene konstruktive Dynamik ihre Wirksamkeit entfalten kann.

Eigenschaften des psychosozialen Raumes und sein systemisches Kräftefeld

Die Definition eines systemischen Feldes schafft einen *psychosozialen 'Raum'* und der zugehörige *systemische Prozeß* strukturiert ihn. Es lohnt, seine Eigenschaften zu untersuchen.

Eine *erste Eigenschaft* des psychosozialen 'Raumes' haben wir bereits kennengelernt: die enorme *Dynamik* in einem psychosozialen System, die sich permanent entfaltet über mehrere Ebenen bzw. die diese Ebenen erschafft als Ausdruck ihrer *Fähigkeit zu verbinden und aufeinanderzubeziehen.*

Die *zweite Eigenschaft* rechtfertigt unseren Gebrauch des Adjektivs psychosozial, indem wir *Psyche und Sozietät, Individuum und Gruppe als gemeinsames Kontinuum* ansehen. Ich erinnere daran, daß dieses Aufeinander-Bezogensein zwischen Selbst und Nicht-Selbst konstituierend für den Begriff der Information ist. Wir werden künftig von *Austauschprozessen zwischen Person und zugehörigem systemischem Feld* sprechen.

Diese kontinuierliche Verbindung unterschiedlicher hierarchischer Ebenen führt uns zur *dritten Eigenschaft* des psychosozialen Raumes, zu seiner *fundamental selbstbezüglichen Struktur*, die wir als Struktur von Information kennenlernten: Wir nehmen an, daß die Definition eines systemischen Feldes einen komplexen, mehrschichtigen, transaktionalen Prozeß kreiert, welcher der selbstbezüglichen Struktur von Information entspringt und so ermöglicht, Individuum und Gruppe entlang eines Kontinuums anzuordnen, ohne ihre jeweils ganz andere Qualität zu negieren. Natürlich ist die 'Dichte' dieses 'Raumes', der Grad der Bezogenheit, unterschiedlich. Sie dürfte besonders hoch sein in lebenslangen Beziehungen wie der Familie und kaum bemerkbar, wenn jemand die zufälligen Besucher eines Kaufhauses als Feld definieren wollte. Das ist evident. *Dem systemischen Feld gehört eine potentielle Kraft zu, eine strukturbildende informationelle Potenz, die wir systemischen Prozeß nennen* und die sich je nach den Bedingungen mehr oder weniger zu entfalten vermag. Wie wir dieses 'Kräftefeld' initiieren und günstige Bedingungen zu seiner Entfaltung bereiten, damit werden wir uns noch beschäftigen.

Lassen sich diese Eigenschaften des psychosozialen Raumes veranschaulichen? Gibt es eine Möglichkeit, diesen 'Raum' zu begehen? Glücklicherweise ja. ESCHERs Lithographie „Bildgalerie" stellt genau einen solchen in sich verschachtelten Raum dar, der durch *wechselseitiges Beobachten und Enthaltensein* strukturiert wird. Diese Lithographie entwirft genau dieselbe Situation, mit der wir uns eben herumgeschlagen hatten: die Situation des Beobachters.

Die Person ist ihr eigener Beobachter und zugleich verbunden oder eingeschlossen in die Welt der anderen, die die Person wiederum zu beobachten vermögen. Die Person nimmt sich selbst wahr in einem Bild, das die anderen zum Kontext hat, im Vorgang des Beobachtens. Da sie zugleich eingeschlossen ist in der Welt der anderen, ist sie Teil der Anderen. Und das wiederum auf zwei verschiedenen Ebenen: Einmal sind Selbst und Anderer auf einer physischen Ebene zusammengeschlossen, andererseits sind sie jeweils Teil und Kontext auf Beobachterebene, also auf der Ebene der Repräsentation. Wenn nun die Person in die Welt sieht, so sieht sie ihr Bild von Welt, worin sie als Selbst einen Teil darstellt. Aber sie selbst ist auch Teil jener Welt, deren Bild sie konstruiert. Wer ist nun wessen Bild? Wer wo eingeschlossen? Wer sieht und beobachtet, und wer ist *im* Bild? Von der Person aus betrachtet, durchläuft sie im Prozeß der Wahrnehmung und Kommunikation die Ebenen Selbst, Andere und Gruppenselbst, d.h. die Repräsentationsebene der Anderen, die wiederum die Person einschließen. Die Wahrnehmung führt zur Person zurück, die umgehend einen neuen Zyklus eröffnet.

So entsteht ein dichtes psychosoziales Feld, das wir als systemisch charakterisiert haben. Jedes Mitglied ist über wenigstens drei Ebenen (Selbst, Andere, Gruppenselbst) miteinander verknüpft durch selbstbezügliche Strukturen bzw. die Person ist eingeschlossen in eine verwickelte Hierarchie von Kontexten.

Abbildung 13-I: M.C.ESCHER Bildgalerie, Lithographie, 1956.

Wenn wir uns als Betrachter des Bildes mit einbeziehen, haben wir genau jene Struktur der Beobachtung, wie wir sie oben entwickelt hatten: Wir beobachten, wie wir an Stelle der Person beobachtend uns selbst nicht sähen, die anderen beobachtend, die uns beobachten, mit denen wir als Betrachter des Betrachters wiederum so verbunden sind, daß wir uns beobachten, indem wir als externe Beobachter sie beobachten... und bei alledem bleibt ein Bodensatz übrig, den wir Erkenntnis nennen?! Für den Akt der Kommunikation ist es wichtig zu betonen, daß diese Bezogenheit nicht tautologischer Natur ist, sondern selbstreferentiell. Das heißt, wenn die Person wieder bei sich anlangt, ist sie nicht mehr dieselbe Person, sie hat etwas in diesem Zyklus in ihren 'Geist' aufgenommen, etwas, das neu ist, ein 'Stück' Bezogenheit, das sich ihr als Wertempfinden erschließt. Die Person mag also reinstecken, was sie will, Welten entwerfen, wie sie mag, zurückkommt 'etwas', was sich davon immer unterscheidet. Sie entwirft so etwas wie Beziehungsrealität, die es zu erforschen und zu kommunizieren gilt und nur insofern Bestand hat, aber zugleich immer verworfen wird.

Auch ESCHER konnte die Situation nicht vollständig und prinzipiell lösen: Der helle Kreis im Zentrum des Bildes, wo die verschiedenen Dimensionen des Raumes zusammenträfen, ist ein Zeichen für die prinzipielle Unüberblickbarkeit des Systems und die unweigerlich daraus folgende Begrenzung unseres Erkenntnisvermögens, wie auch - das sei hinzugefügt, auch wenn wir den Dingen vorgreifen - die Chance zur Individualität. Wir können von einer *vierten Eigenschaft* des psychosozialen Raumes sprechen: seiner *grundsätzlichen Unüberblickbarkeit*. Seine Erkennbarkeit ist begrenzt auf jeweils andere Art für die Beteiligten wie für den extern hinzutretenden Beobachter. Wenn wir aber aufgeben, auf absolute Wahrheiten zu starren, so können wir einen tröstlichen Gedanken in dieser Situation finden: den Gedanken, die Nichterkennbarkeit zu begrenzen. Das ist in unserem Konzept ein ungemein wichtiger Punkt: Die Möglichkeit und Notwendigkeit, die prinzipielle Unüberblickbarkeit und letztlich Nichterkennbarkeit der Welt zu begrenzen. Sie läßt praktisch begrenzen qua Kommunikation. Wieweit können wir die Nichterkennbarkeit begrenzen? Das ist nicht ausgemacht. Für unsere Zwecke allerdings reicht das erzielte und erzielbare Ergebnis: Bedingung beobachtender Erkenntnis ist, daß der Beobachter Teil eines systemischen Feldes, also mit allen anderen verbunden und aufeinander bezogen ist. Was seine und die jedes anderen Erkenntnisvermögen grundsätzlich limitiert, erweist sich in unserem Zusammenhang als die *einzige Chance der Erkenntnis*!

Teilhabe an Kommunikation begrenzt die Gefahr tautologischer Definition von Unterschieden und die solipsistische Eigenwelt. Wird nun die Person, die ihr Bild und sich darin betrachtet, gesehen, erkannt? Wir wissen es nicht, da es die Person nicht weiß. Die Person hat keinen unmittelbaren Zugang zu sich *als die* Person, die beobachtet. Denn sie kann nicht aus sich herausspringen oder anders formuliert, sie kann sich nicht *nicht* verhalten. Über die Person selbst können wir sagen, sie ist untrennbar mit ihrem Kontext mittels des informationellen Flusses verwoben. Wir können sie strukturell nicht klar ausgliedern. Wieder kommen wir zu der Frage: Was kann sie sinnvolleres tun, als erneut zu kommunizieren, um sich ausfindig zu machen?

Unser Gegenüber, sei dies Helmut, Georg, Milko oder Ulrike, fände eine solche Aufforderung eine Zumutung, und wir haben keine Mittel und keine Beweise in der Hand, die den anderen überzeugen müßten, daß unser Modell der Bezogenheit stimmt. Es bleibt jedermann vorbehalten, seine Prämissen zu wählen, mit Hilfe derer er die Welt sehen und konstruieren mag. Diese vierte Eigenschaft des psychosozialen Raumes ist letztlich dafür verantwortlich, daß es Kommunikation wider Kommunikation und die Illusion, sich aus Kommunikation auszugrenzen, gibt. Die prinzipielle Unfähigkeit, das gesamte System zu überblicken, nimmt uns alle Beweismittel unseres Plädoyers für Kommunikation aus der Hand, während sie unser einziges überzeugendes

Argument ist. Wir können auf Verbundenheit und Bezogenheit setzen, ebenso gut auf Trennung vom Kreis der Kommunikation und auf Verweigerung. Mehr noch, welche Prämissen ich auch wähle, sie gestalten meine Welt und lassen diese Wirklichkeit gewinnen. Wer auf Trennung setzt und Verweigerung, dessen Wirklichkeit kann auf den engstmöglichen Bereich zusammenschrumpfen. Es gibt keinen Anspruch auf Wahrheit, aber die Wahrheit, die ich wähle, ist nicht beliebig. Sehr wohl besteht Gefahr, die Nichterkennbarkeit auszudehnen, wenn wir uns aus dem Fluß der Kommunikation abtrennen und in unserer Welt einschließen.

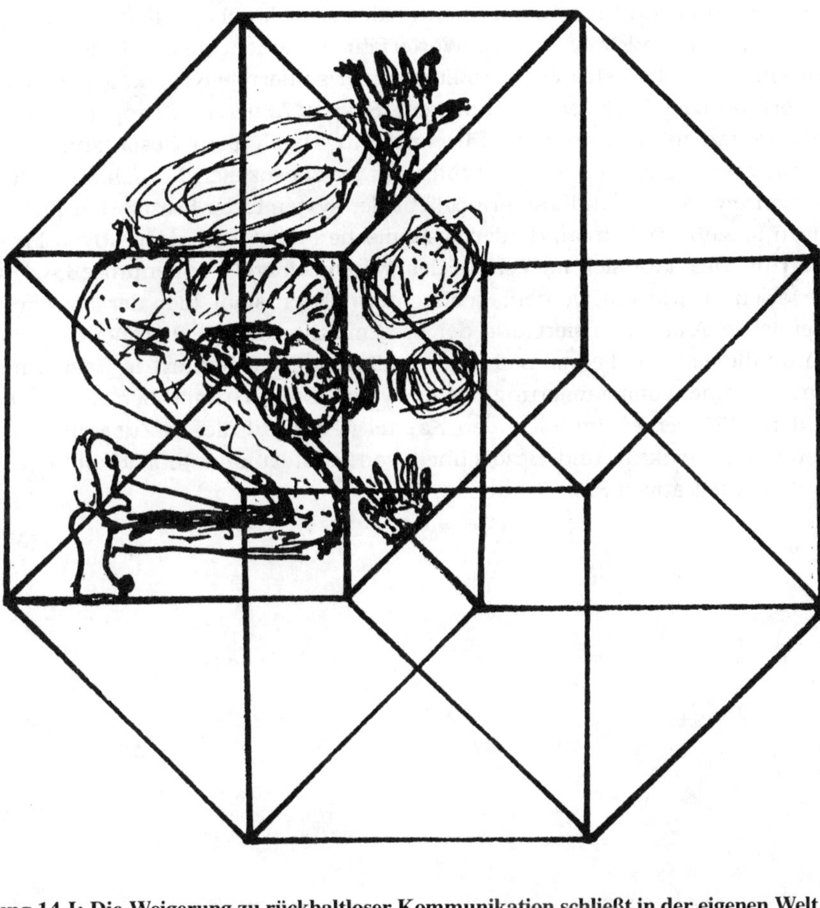

Abbildung 14-I: Die Weigerung zu rückhaltloser Kommunikation schließt in der eigenen Welt ein und verschließt sie. Wer auf Trennung setzt, dessen Wirklichkeit kann auf den engsten Raum zusammenschrumpfen.

Es ist dies eine Frage der Epistemologie, die wir von Moment zu Moment wählen. Hierfür ist das bewußte Ich verantwortlich. Es verfügt über zwei Optionen: Es fördert und bejaht Bezogenheit, fördert Einstellungen, die der informationellen Struktur gerecht werden und ihr folgen, und wirkt daher produktiv, konstruktiv, strukturfördernd. Eine solche Epistemologie postuliert der pragmatische Imperativ. Die Person ist Mittelpunkt des psychosozialen Raumes, d.h. derselbe ist Ausdruck ihrer Bezogenheit.

Es gibt ein Korrespondieren von Person, ihrer Grenze und Dynamik, mit dem zugehörenden systemischen Feld und seiner Grenze und Dynamik. Systemischer und integrativer Prozeß gehören zusammen und bilden eine Einheit. Systemisches Feld und Person stehen im Austausch miteinander und nähren einander. Bezogenheit im offenen systemischen Kräftefeld zeitigt produktive und in unserem Zusammenhang heilende Wirkung.

Die zweite Option wird durch die süchtige Beziehungsstruktur formuliert. Eine solche Epistemologie arbeitet dem Informationsfluß entgegen, verleugnet Bezogenheit und setzt eine Kontextproduktion in Gang, die zur Desorganisation der Person führt. Selbst und Individuum beginnen auseinanderzufallen, unterschiedlichen Entwicklungen und Segmenten des zugehörigen systemischen Feldes zu gehorchen, die Ganzheit der Person wird gebrochen und fragmentiert. Werterfahrung weicht disqualifizierender Erfahrung. Wie ein eingeschleuster Virus arbeitet dieser steuernde Kontext gegen sich selbst und zerstört autoaggressiv seine Fähigkeit, Selbst, Anderer, Gruppenselbst auszudifferenzieren und zu markieren. bzw. beeinträchtigt bis hin zur Desorganisation.

Es ist unsere Aufgabe, die Gestaltkräfte des psychosozialen Raums zu entfalten. In unserem Konzept der Behandlung ermöglicht der systemische Prozeß den Zugang zum integrativen Prozeß der Person, da der systemische Prozeß den integrativen Prozeß mit ins Leben ruft. Dies läßt sich im Verlauf des systemischen Gruppenprozeß, wie wir ihn oben praktisch entwickeln werden, beobachten. Es entsteht hier der Moment, wenn das systemische Feld organisiert und der systemische Kontext therapeutisch markiert ist, daß nun die einzelne Person sich neu zu diesem ihren Kontext in Beziehung setzt, gleichsam aus einer Amalgamierung mit der verstrickten Gruppe heraustritt und sich neu definiert. Wir werden im folgenden Kapitel näher auf diesen Zusammenhang der informationellen Struktur und Bezogenheit von Kontext und Individualität eingehen und uns dem integrativen Prozeß widmen.

Kapitel 5: Die Person und ihr Selbstgefühl - Grundlagen des integrativen Prozesses

Der integrative Prozeß

Bildlich gestaltet die Beziehung zwischen Person und Kontext das Mandala. Der Kreis umschließt das Ganze, das Gesamt des systemischen Feldes, den Beziehungskosmos, innerhalb dessen alles aufeinander bezogen gilt. Den Kreis ziehen ist eine rituelle Handlung der Gemeinschaft, wenn alle wesentlichen Elemente einer Situation in diesem Kreis versammelt werden. Dieser Vorgang ist um so wirkungsvoller, je mehr die ganze Person angesprochen und mit hineingenommen wird. Er entspricht dem, was wir Organisieren des systemischen Feldes nennen und bedeutet ein Anregen der 'Beziehungskraft', aus der heraus sich eine Lösung anbahnt. Wenn wir das systemische Feld organisieren, ziehen wir den Kreis immer enger und versetzen das systemische Feld in einen angeregten Zustand, damit sein strukturelles heilendes Potential zur Wirkung kommt. Ebenso besteht ein Mandala in seiner Grundstruktur aus konzentrischen Kreisen, die die Aufmerksamkeit auf den innersten Kreis lenken. Der innerste Kreis, die Mitte des Mandalas, ist leer: Wenn wir bis hierher vordringen, begegnen sich Individuum und Kontext und verschmelzen; etwas neues entsteht, aus dem Kreis kommend und doch denselben transzendierend, nicht aus diesem bedingt, vielmehr das Mandala selbst neu definierend. In unseren Worten: Hier entspringt der integrative Prozeß als Zwilling des systemischen, hier entspringt spontane Werterfahrung.

Die Person ist mit dem systemischen Feld verwoben: Es führt kein gerader Weg vom Individuum zum Selbst. Wenn das Individuum sein Selbst suchen möchte, so führt sein Weg hinein in den systemischen Kontext, um sich aus diesem heraus zu individuieren. Der systemische Kontext ist Hintergrund von Individuation, und Individuation hatten wir verstanden als Fähigkeit, den Kontext des Selbst zu erforschen und fortschreitend zu kommunizieren. Somit wird der Kontext des Selbst angeeignet, Welt und Selbst mehr und mehr aufeinander bezogen. Der Prozeß des Erwachsenwerdens ist genau der Vollzug, im individuellen Leben aus der Konstituierung der eigenen Existenz durch die Herkunftsfamilie herauszufinden, um Zentrum eines neuen sozialen Systems zu werden. Die Geburt der erwachsenen, individuierenden Person bildet ein Mitglied des Systems heraus, die ein Abbild der „Gesamtpersönlichkeit" widerspiegelt, allerdings in der Kreation einer eigenen Welt. Indem die Person diesen bindenden Kontext erforscht und sich aneignet und dieses „Abbild" in einem eigenen 'Kosmos' realisiert, kann es sich Strukturen aneignen, die ihre Integrität, Dynamik und Grenzen wahren. Die Person muß ihren individuellen Kontext demarkieren.

In einer bestimmten Weise ist der gemeinsame systemische Kontext dem individuellen übergeordnet: Der systemische Kontext muß den individuellen vorsehen gleichsam als leeren Rahmen, den das Individuum ausfüllen *und* auf den sich das Individuum als einen gemeinsamen Kontext berufen kann. Enthält der gemeinsame Kontext die eindeutige Botschaft, daß Individualität und Selbständigkeit von höherem Rang seien als etwa Loyalität, daß sie ein tieferes und subtileres Verständnis von Gehorsam erkennen lassen, dann lassen sich Paradoxa, wie sie in der Anweisung enthalten sind: „Werde selbständig!", auflösen. Das Individuum ist gegen fälschliche, inkonsistente Anforderungen des Systems immunisiert.

Der individuelle Kontext hat daher nur Bestand, wenn zwischen systemischem und individuellem Kontext eine *wechselseitig positive Definition* erfolgt. Dann und nur dann können sich die 'Koordinaten des Selbst' aus dem systemischen Zusammenhang ins Zentrum der Person verlagern. Ein individueller Kontext kann demarkiert werden. Sind die Definitionen zwischen Person und Kontext negativ, d.h. entwerten sie sich gegenseitig, kommt es zu einem destruktiven Verhältnis zwischen beiden, worin sich individuelle Fragmente und systemische Segmente amalgamieren und wechselseitig kontaminieren. MASTERSONs Konstrukt der „gespaltenen Objektbeziehungseinheit" (s.u.) behandelt diesen Aspekt: Wesentliche Teile des systemischen und des individuellen Kontext bleiben in einem entwertenden Verhältnis stecken. Es kommt dann zu einer ambivalenten Kombination von Selbst und Systemanteilen.

Abbildung 15-I: Werde selbständig! - So? Oder so?

So? Oder so? Dahinter verbirgt sich ein paradoxes Verhältnis von individuellem und systemischem Kontext. Dieses Dilemma finden wir in der Grundstruktur des Märchens vom Goldenen Vogel wieder. Der Fuchs gibt dem Prinzen die Anweisungen, nach denen der Prinz erfolgreich handeln solle. Was können wir dem Prinz raten: befolgen oder dagegen verstoßen? Eigentlich können wir ihm nur wünschen, daß er sich der Anweisung widersetzt. Der Prinz tut dies, verstößt gegen die Anweisung und scheitert. Was kann der Fuchs tun, damit ihn der Prinz versteht bzw. daß der Prinz versteht, daß er, der Fuchs, ihn wohl verstehe und seine Individuation wünsche, die er, der Fuchs, sich nicht als seine Individuation vorstelle, sondern als die ureigenste des Prinzen? Die Anweisung des Fuchses verlangt, dagegen zu verstoßen, und so wird der Fuchs eben diese Eigenwilligkeit provozieren wollen. Der Fuchs kann nichts weiter tun, als das nächste Dilemma mitzuorganisieren durch seine nächste Anweisung. So muß sich der Verlauf zum zweiten und zum dritten Mal wiederholen. Beim vierten Mal bleibt der Fuchs aus. Der Prinz muß die Vergeblichkeit seiner rein individuellen Bemühungen angesichts des Berges vor ihm einsehen. Er hat sich erschöpft. Es ist vergeblich, den Rahmen zu sprengen, worin wir als Teil eingeschlossen sind, man kann nicht aus ihm herausspringen. Jetzt erscheint der Fuchs. Gegen seine neue Anweisung zu schlafen und zu vertrauen gibt es keinen Widerspruch - wenn es überhaupt eine Anweisung war. Der Prinz läßt *den Fuchs wirken*! Was ist dieser Quell geheimnisvoller Transformation, der Fähigkeit, aus sich selbst zu schöpfen?

Die Person wird gleichsam aus dem Mittelpunkt der Gruppe geboren. Wir können diesen Vorgang auch so betrachten: Das Selbst existiert im Zentrum eines systemischen Feldes. Das „Selbst" ist Quell unaufhörlicher individueller Kontextproduktion, so wie das „Gruppenselbst" einen Quell unaufhörlicher Kontextproduktion darstellt auf der Ebene der Gruppe. Individuum und Gruppe schaffen ein ständiges Pulsieren, das die Figuration des psychosozialen Feldes steuert in einem Akt ständigen Ausbalancierens. Auf diese Weise werden beide Kontextproduktionen beständig aufeinander abgestimmt und tauschen sich aus. Die beiden 'Enden' des Möbiusbandes, Individuum und Gruppe, verschränken sich miteinander. Es kommt zu *Austauschprozessen* zwischen beiden.

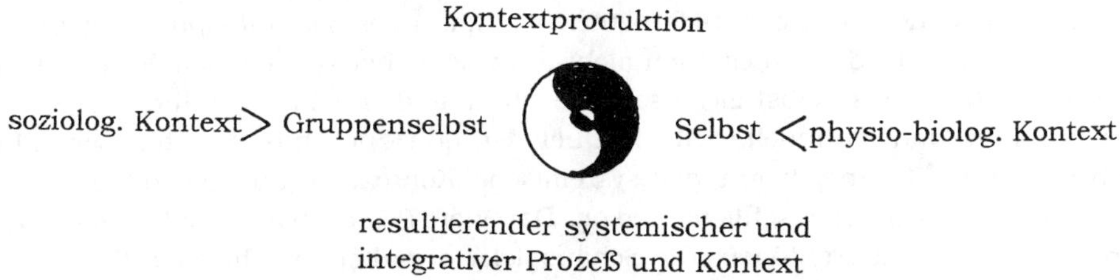

Abbildung 16-I: Individuelle und kollektive Kontextproduktion.

Wir finden auf der einen Seite soziologische Kontexte vor: gesellschaftliche Kontexte in all ihren Schattierungen wie auch den Kontext der spezifischen Bezugsgruppe. Auf der anderen Seite gibt es physiologische, biologische etc. Kontexte, die ebenfalls laufend sich modifizierende Kontexte produzieren. Da es unbegrenzt viele mögliche Informationswege gibt, die informationelle Struktur potentiell universelle Bezogenheit annimmt und da alle möglichen Definitionen von systemischen Feldern gleichsam eingefaltet sind und einen schier unerschöpflichen Quell von Kontextbezügen und Kontextproduktion bieten, sind solche Kontextproduktionen praktisch unerschöpflich. Wir können also eine ständig modifizierende Kontextproduktion annehmen, die sich aus beiden Seiten speist und nach beiden Seiten wiederum einwirkt. So wird der systemische Kontext produziert und wieder eingeschmolzen und bildet einen Grund, der Gruppe wie Individuum umfaßt.

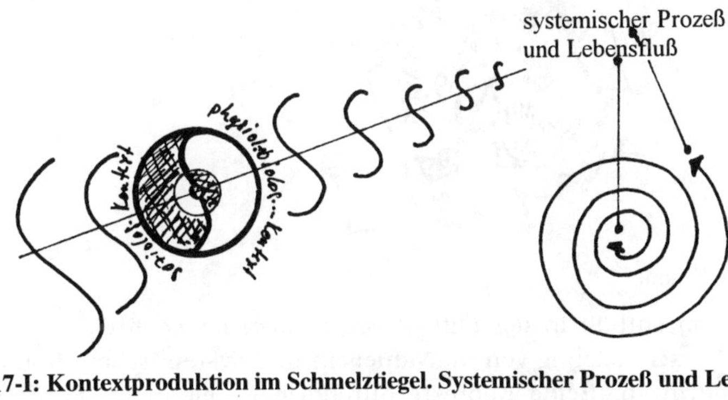

Abbildung 17-I: Kontextproduktion im Schmelztiegel. Systemischer Prozeß und Lebensprozeß.

Aus diesem gemeinsamen Kontext gebären sich beide Seiten gleichermaßen und treten sowohl als systemischer Prozeß wie als integrativer Prozeß des Selbst und „Lebensfluß" zutage. Wir finden einen Grund vor, von dem aus der Prozeß sich gewissermaßen in zwei verschiedene Richtung wendet, um zurückzukehren und wieder eingeschmolzen zu werden: ein Quell spontaner Werterfahrung. Das Unbewußte fassen wir als unerschöpflichen Pool potentieller Kontextproduktionen auf, der sich allein schon wegen der unbegrenzt möglichen Beobachtersichtweisen potenziert. Die Ansammlung persönlicher Kontexte bilden nur einen schmalen Anteil neben dem Pool biologischer und soziokultureller Kontexte. Sie repräsentieren die unbegrenzte Vielfalt der Möglichkeiten, im Universum enthalten und verwurzelt zu sein.

Das bewußte Selbst, das Ich, sieht sich einem nicht versiegenden Strom von Kontextproduktion ausgesetzt aus seinem „Inneren" oder von „Außen". Ob von „innen" oder von „außen", beide sind zunächst unpersönlich und können sogar fremd erscheinen. Wo bleibt da Individualität? Das bewußte Selbst befindet sich inmitten eines pulsierenden Feldes, dem es sich nicht entziehen kann, es ist *Mittelpunkt* dieses pulsierenden Feldes. Und wenn es auch nicht in persönlicher Weise Quell der Kontextproduktion ist, so ist das Selbst gleichsam die Öffnung, das „Öhr", durch das dieses Feld hindurch muß und gebündelt wird: ein Quell der individuellen und systemischen Bezogenheit. Diese Öffnung, worin der systemische Kontext vorübergehend aufgehoben wird, konstituiert die menschliche *Person*. Das Wort Person hat seine Wurzeln in dem Verb *personare*: hindurchtönen. Die Schauspieler der alten griechischen Dramen hielten sich Masken mit einer Mundöffnung vor das Gesicht, durch die sie hindurch sprechen mußten. „Person" wurde daher als die Maske des Individuums mißdeutet. In der Tat, die Maske verstärkt das Unpersönliche der das menschliche Schicksal gestaltenden Kräfte, seien sie organismisch oder systemisch. Doch das Wesentliche ist das „personare", das Hindurchtönen durch die Maske des Unpersönlichen, ist die Öffnung in der Maske, durch die diese Mächte hindurch müssen und zu persönlichen werden, durch die die individuelle Person hindurchtönt.

Das bezogene informationelle Verhältnis von individuellem und systemischen Kontext begründet die Austauschprozesse zwischen Person und System, die die Person als Werterleben empfindet. Die Person, eingebettet in eine verwickelte Hierarchie von Ebenen und Kontexten, daheraus sich gebärend und nährend, versucht die folgende Vision einzufangen:

Abbildung 18-I: Eine Vision.

Unser Bild Vision enthält in der Mitte einen kleinen leeren Kreis. Er symbolisiert den Vorgang der Verschmelzung von individuellem und systemischem Kontext, ihr gegenseitiges Durchdringen. Beide Kontexte durchdringen einander so, daß ununterscheidbar bleibt, wer Einfluß ausübt. Hier berühren sich Selbst und Nicht-Selbst, und der systemische Kontext erschafft Individualität.

Unsere Überlegungen führen zu einem Gedanken zurück, den wir während unserer Diskussion des Begriffs der Information entwickelt hatten. In diesem Austauschprozeß zwischen Person und systemischem Feld werden nicht Informationseinheiten Bit bei Bit transferiert, vielmehr werden hier strukturelle Einheiten ausgetauscht, die Markierungen einer jeden der drei Einflußgrößen Selbst, Anderer und Gruppenselbst in sich tragen. Wenn wir die Dinge auf diese Weise betrachten, begreifen wir, daß *die informationelle Struktur des systemischen Feldes interne psychische Strukturbildung einschließt*, die in die Person gleichsam 'einfließt'. Interne Strukturbildung geschieht, um eine Analogie zu verwenden, eher in Form eines Hologramms, das scheinbar verstreute Bruchstücke des Ganzen speichert und als Ganzes reproduzieren kann, denn als Fotografie einer säuberlich getrennten gegenständlichen Welt. Es werden nicht einzelne Objekte und getrennt etwa das Selbst wahrgenommen und gespeichert, sondern *Enthaltensein in Kontexten*, auch wenn das einzelne Individuum den vollen systemischen Informationsgehalt notwendigerweise nur partiell realisieren kann. Wir finden Person und Kontext auf neue Weise verschränkt: Kontext als Grundlage und Nahrung seiner inneren Struktur.

Die Mitglieder des Systems verfügen jedoch, wie wir sahen, grundsätzlich nur über begrenzte Information: Sie können sich nicht selbst sehen, und der Kontext des Wahrnehmungsvorgangs entzieht sich ihnen. Das heißt, das individuelle Mitglied kann sich selbst nur innerhalb und mit Hilfe einer komplexen psychosozialen kommunikativen Struktur wahrnehmen. Solange daher der informationelle Prozeß in Gang bleibt und generiert wird, solange können sich die einzelnen Komponenten ausdifferenzieren. Erlahmt dieser Informationsfluß, z.B. wenn wir einschlafen, wenn wir isoliert sind oder wenn das systemische Feld in polare Segmente zerfällt, dann gerät diese Formation, die uns spontan konsistente Attribuierung ermöglicht, sehr rasch ins Wanken. Die Fähigkeit zu konsistenter Wahrnehmung (Objekt- und Selbstkonstanz) muß nicht nur erworben, sondern muß in actu aufrechterhalten werden. Die erwachsene Person nimmt an diesem Informationsfluß teil, generiert ihn und sichert sich somit die Fähigkeit, Struktur und Wahrnehmung konsistent aufrechtzuerhalten.

Die organisierende psychische Kraft: das Gefühl des Selbst

Wie PERLS, einer der Begründer der Gestalttherapie, begreifen wir das Selbst als einen dynamischen, gestaltenden Prozeß. Wenn wir das Selbst als psychischen Prozeß verstehen, dann muß es sich um einen Prozeß des Empfindens und Erfahrens handeln, ein dem Subjekt zugänglicher und die individuelle Person ausmachender Empfindungsprozeß: das Gefühl des Selbst.

Der psychische Prozeß ist geknüpft an informationelle Strukturen, die sowohl das physische und biologische Sein und Werden durchdringen und beleben, als auch mit der sozialen Existenz verweben. Dieses Im-Lebensfluß-sein, dieser Strom von Erfahren und Empfinden wird gebündelt zum Empfinden und Gefühl des Selbst. Das Gefühl des Selbst ist im Schnittpunkt zwischen Welt und Selbst angesiedelt und gewinnt hierheraus seine integrierende und organisierende Funktion: Das Selbstgefühl bleibt nur aufrechterhalten als Empfinden von Ganzheit, Integrität und Identität, sofern es seine inneren Welten wie die Welt der Anderen zusammenbringt. Die Abbildung unten versucht die zentrale Bedeutung des Selbstgefühls zu skizzieren.

Die beiden Achsen dieses Koordinatenkreuzes sind uns als horizontale und vertikale Betrachtungsrichtungen bekannt. Wir haben die horizontale Achse zur Ebene hin aufgeklappt und sehen das relevante gegenwärtige Beziehungsgeflecht. Das Oval steht für das systemische Feld; da wir es beliebig definieren könne, haben wir es so festgelegt, daß es alle relevanten Beziehungen der Person umfaßt. Das Selbstgefühl ist gebunden an eine solche komplexe Leistung, sich als ein Zentrum eines Beziehungsgeflechts zu erleben. Sie ist daher unweigerlich gebunden an ein psychosoziales Realisieren der Person: Die Person muß sich das systemische Kräftefeld zu eigen machen und die Koordinaten des Selbst gleichsam in der Mitte der Person verankern. Aus dieser Mitte entspringt das Selbstgefühl. Es ist jene Mitte, worin systemischer und individueller Kontext miteinander verschmelzen. Sie drückt systemische Bezogenheit aus. Dann und nur dann kann sich die Person den integrativen Prozeß als subjektive Erfahrung erschließen. Das Gefühl des Selbst ist die aktuell steuernde Kraft.

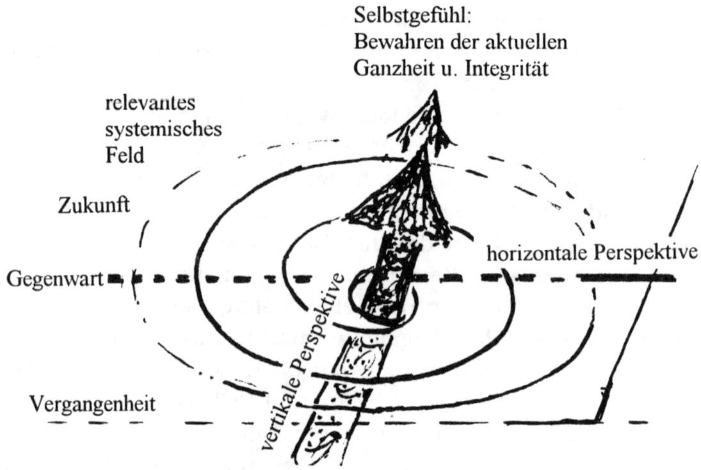

Abbildung 19-I: Das Selbstgefühl als steuernde Kraft und Ausdruck der synthetischen Funktion des Selbst und der psychosozialen Ganzheit der Person.

Für Homöostase wie Dynamik der Person ist vorrangig die aktuelle Aufrechterhaltung und Entwicklung der Organisation der Person. Bewältigung der Vergangenheit und das notwendige Gefühl für Kontinuität der individuellen Entwicklung erweisen sich immer nur in der Fähigkeit, „selbst Zentrum eines sozialen Systems“ zu sein. Die persönliche Vergangenheit ist nur gegeben als Teil aktueller Organisation. In der Mitte stehend, durchlässig und verbunden mit dem systemischen Feld erlebt die Person ihr Gefühl für sich selbst. Es ist untrennbar verknüpft mit Verantwortung.

Hierher gehört ein weiterer Aspekt, jenes merkwürdige Vexierspiel von Enthaltensein und Herausspringen aus sich selbst, die jene Transformation von Selbst und Individuum notwendig macht. Das heißt wiederum, *die psychische Organisation der Person ist selbst kommunikativer Natur* und, um sie aufrechtzuerhalten, gebunden an einen *inneren Dialog zwischen Selbst und „Individuum“*. Dem inneren Dialog entspringt das Selbstgefühl als Ausdruck aktueller Ganzheit und Integrität der Person. Projektion und Introjektion reflektieren die Austauschprozesse zwischen Person und systemischem Feld. Innerer Dialog und Integration beider Seiten der Person begründen die synthetische Kraft der Person, den integrativen Prozeß. Denn immer läßt sich ein Drittes ausfindig machen, das Selbst und Individuum aufeinanderbezieht, ihren gemeinsamen Kontext formuliert und die Tatsache ihres gemeinsamen Enthaltenseins ausdrückt. Umgekehrt hatten wir formuliert: Es gibt jemanden, der dies wiederum beobachtet, das heißt, es gibt immer jemanden, der den eben formulierten Kontext zu verlassen vermag, der herausspringt und die Welt in Subjekt und Objekt aufspaltet. Die erste Fähigkeit stellt der *innere Organisator* (Selbst 'höherer Ordnung'). Letztere Fähigkeit, unentwegt einen Fokus des Gewahrseins auszubilden, die Welt in Fokus und Rand, Subjekt und Objekt, aufzuspalten ist im bewußten Selbst, im Ich, konzentriert. Das Ich ist der unentwegte Beobachter, der selbst bewegt wird. Aber welche Welt das Ich auch erfinden mag, in welche es hinaus- oder hineinspringen mag, immer läßt sich zeigen, daß diese Welt dem Selbst zugehört und auch das Ich im Selbst enthalten ist. Aus dieser paradoxen Dynamik heraus entfaltet sich die innere psychische Welt als ständiger Versuch, den Kontext der eigenen Existenz zu integrieren.

Die Aufgabe, im Mittelpunkt von Kontextproduktionen dieselben auszubalancieren, zu steuern und in Korrespondenz zum systemischen Prozeß einen integrativen Prozeß in Gang zu halten und zu kreieren, übertragen wir nicht dem Bewußtsein - sie ist mehr, als das bewußte Selbst leisten könnte -, sondern einem inneren Organisator von integrativer Kraft - dem Selbstgefühl. Wenn es seine synthetische Funktion übernimmt, etabliert es in der Person eine Ich-Selbst-Körper-Achse, die in einem inneren Dialog sowohl im Primärprozeß wie im begleitenden Sekundärprozeß aufrechterhalten wird. Das Ich kann sich auf das Selbst stützen, das Selbst sich der Bewußtseinsfunktion bedienen. Es ist Aufgabe des inneren Organisators, Informationswege in Fluß zu halten und zu organisieren, welche die Person wie das systemische Feld durchlaufen.

Das Ich ist in unserem Konzept kein eigenständiger 'Apparat', es ist vielmehr der sich ständig bewegende Fokus mit wechselnden Einstellungen, dem wohl kaum große Autonomie zuzuschreiben ist. Sein Einfluß ist eher gering zu veranschlagen, aber in einer kritischen Hinsicht bedeutsam: Es entscheidet über die Epistemologie und auch über die zugrundeliegende Ethik der handelnden Person. Vom Ich unterscheiden wir das Selbstbild, worin sich die Person ein Bild, eine Repräsentation, ihrer selbst entwirft, ihr (vermeintliches) Wissen über sich ansammelt, ein meist kleiner, sehr begrenzter Pool von Kontexten von Kontexten.

Es gibt eine ganze Skala von Selbstgefühlen:

- ein Gefühl der Aktualität, Präsenz und Wirklichkeit/ Echtheit vs. Gefühle der Unwirklichkeit und Abwesenheit;
- ein Gefühl der Kompetenz vs. Inkompetenz und Unzulänglichkeit;
- Gefühl der Integrität und Unversehrtheit vs. Verletztheit und Trauma;
- Gefühl der Geschlossenheit, Ganzheit vs. Fragmentierung und Zerbrochenheit;
- ein Gefühl der Identität vs. Konfusion und Verwirrtheit;
- ein Gefühl der Kontinuität und des Im-Prozeß-Seins.

Das Selbstgefühl entwickelt und differenziert sich. Zuallererst bedeutet das Selbstgefühl und Selbstempfinden einen Zustand von Gewahrsein, der keineswegs die Fähigkeit von Verbalisieren und Selbstreflexion verlangt. Das Empfinden des Lebensflusses geschieht unmittelbar. Vom frühesten Moment an entwickelt das Neugeborene einen Sinn für sich selbst, ein Empfinden für seinen Lebensprozeß, der sich mehr und mehr ausdifferenziert und Bereiche seiner Existenz und Umgebung einbeziehen und zu integrieren lernt. Von Geburt an durchspült ein Strom subjektiver Erfahrungen der eigenen Existenz das Selbst. Das Selbstgefühl erweist sich vom ersten Lebenstag an als integrierende, organisierende Kraft. D.N.STERN schrieb eine Entwicklungsgeschichte des Selbstgefühls. Er faßt seine Ergebnisse der baby-watching-Forschung so zusammen: „*The senses of self serves as the primary subjektice perspective that organizes social experiences...*"

STERN unterscheidet vier Gefühle des Selbst, die der Person vier verschiedene Bereiche des Seins und Werdens eröffnen:

- *Im ersten und zweiten Lebensmonat*: ***the sense of an emergent self***. „Infants beginn to experience a sense of an emergent self from birth. They are predesigned to be aware of self-organizing processes."
- *Vom zweiten bis sechsten Monat:* ***the sense of a core self*** „as a separate, cohasive, bounded, physical unit, with a sense of their own agency, affectivity, an continuity in time".
- *Vom neunten bis fünfzehnten Monat:* ***the sense of a subjective self*** „is devoted to the seeking and creating of intersubjektive union with another".
- *Vom fünfzehnten Monat an*: **the sense of a verbal self**. Neue Fähigkeiten werden erschlossen: „to objectify the self, to be self-refective, to comprehend and produce language".

STERN versteht diese Abschnitte nicht als sukzessive Phasen, sondern als simultane Bereiche der Selbsterfahrung, worin sich das Gefühl des Selbst ausdifferenziert und weiterentwickelt: „All domains of relatedness remain active development. The infant does not grow out of any of them; none of them atrophy, none became developmentally obsolete or get left behind. And once all domains are available, there is no assurance that any one domain will necessarily claim preponderance during any particular age period." Das Selbstgefühl entwickelt sich über das ganze Leben hinweg und ist nie für immer errungen.

Neben dem primären organisierenden Prinzip des Selbstgefühls und der Ablösung von der Vorstellung, daß spätere Fehlentwicklung an bestimmte Stadien fixiert sei, scheint mir von besonderer Bedeutung zu sein, daß STERN aus der Forschung belegt: Vom ersten Lebensmoment an ist das Neugeborene darauf angelegt, Information zu schöpfen, Bezogenheit aufzunehmen und aktiv herzustellen. Es ist schon immer ein bezogenes menschliches Wesen, dem soziale Erfahrung unmittelbar zufließt. STERN faßt die bisherigen Forschungsergebnisse über die allererste Ausstattung des Kleinkindes in den folgenden Punkten zusammen: 1. Infants seek sensory stimulation. 2. They have distinct biases or preference with regrad to the sensations they seek and the perceptions they form. 3. From birth on, there appears to be a central tendency to form and test hypotheses about what ist occurring in the world. 4. Affective and cognitive processes cannot be readily separated.[39]

Wir werden einen fünften Bereich des Gefühl des Selbst hinzufügen, das Integration von Sexualität, wachsende soziale Autorität und Kompetenz kennzeichnet und damit die Geburt der erwachsenen Person als psychosoziales Zentrum und ihre psychosoziale Verbundenheit ausmacht. Seine Entwicklung ist Inhalt des 16. und 17. Kapitels. Seine volle Reife erhält dieses Gefühl des Selbst erst, wenn der Heranwachsende und junge Erwachsene die Fähigkeit erworben hat, sich aus der Herkunftsfamilie abzulösen und selbst zu einem soziale Zentrum zu werden. Er entwickelt ein Gefühl für seine Individualität. Nach ERIKSON erwirbt der Adoleszent im erfolgreichen Übergang ins Erwachsensein das *Gefühl der Identität.*

Um die Dinge besser zu verstehen, sollten wir uns von einer von Gewohnheit diktierten Intuition von Psyche freimachen. Irgendwie haben wir von der Psyche - so

39 D.N.STERN, The Interpersonal World of the Infant, Basic Books, Inc., Publishers, New York 1985, S. 26, 10., 28, 31, 41f.

„feinstofflich“ sie auch gedacht sein mag - die Vorstellung eines privaten Besitzes, eines Territoriums, über das wir verfügen. Wir haben genügend Argumente vorgebracht, als daß wir hier weitere hinzufügen müßten: Diese Vorstellungen sind nicht geeignet, uns Begriffe wie „Information“ oder „Geist“ näher zu bringen. Irgendwie setzt sich unser seit Cäsar trainiertes bürgerliches Rechtsbewußtsein durch und läßt uns „Psyche“, wenn schon nicht greifbar, so doch als Rechtstitel begreifen. Immerhin eine historische Errungenschaft. Und dennoch, wenn wir den Aspekt des privaten Besitzes beiseite lassen, und dafür die Fähigkeit zum Tausch betrachten, ja der Verpflichtung, zu tauschen, sich zu wandeln, am Kreis des Tausches teilzunehmen, so werden wir dem Begriff der Information bereits gerechter: sie ist Teil von Kommunikation. Auf meiner Suche nach einem treffenden Bild bin ich überraschend auf eine tiefe und klar Intuition gestoßen, die der Tradition der Aborigines angehört: ihre „songlines“. Sie stellen gesungene und im Gesang geschaffene Pfade quer durch den australischen Kontinent dar und bilden Muster, worin Pfade, Karte, Landschaft, Pflanzen und Tiere, Ahnen und Traditionen verwoben sind. Sie treffen sich mit anderen songlines, können sich vermischen, kreuzen. Songlines sind zugleich Buschwanderung, Rechtstitel, Austausch. „Aborigines konnten sich ein Territorium nicht als ein von Grenzen umschlossenes Land vorstellen, sondern sahen es eher als ein verschachteltes Netz von „Linien“ oder „Durch-Gängen.“ Alle Wörter für ‘Land’ sind identisch mit den Wörtern für ‘Linie’.

Die Idee ist, daß wir uns unsere Psyche nicht als privates Territorium vorstellen, sondern als gewundene Linie, als Pfad, der die Welt erschafft und zugleich beschreibt, ein Verwobensein von Landschaft und Subjekt, von Welt und Selbst, ein Gefühl des Selbst, der Identität, das sich auf diesem Pfad einstellt und diese „songlines“ begleitet. Diese Idee erinnert an unser Märchen, an das Symbol des Kopfes und der Pfoten: mit Bewußtsein gehen, wie auch an ESCHERs „Bildergalerie“, wo Landschaft und Subjekt sich verweben, wo Welt und Selbst sich verschränken und worin wir nicht anders können, als dem Pfad zu folgen, der hin und her springt von Galerie, Person, Bild und dem Bewußtsein des Betrachtens selbst. Das Selbstgefühl des Aborigines entwickelt sich entlang dieser songlines. Er besitzt ein Täfelchen „Tschuringa“, worin die Essenz seines songlines, seine Melodie, verzeichnet ist. Sie sind seine Identität, sein zugehöriger Traumpfad. Verliert er sie, so geht die Schöpfung verloren, die Landschaft zugleich mit dem Subjekt. Der Prozeß der Fragmentierung setzt ein, der Verlustes des Selbstgefühls und - wie berichtet wird - der Prozeß der Sucht.

Wir sind ärmer. Unsere ‘Ahnen’ hinterließen uns keine „Traumpfade“, wir sind nicht Mitbesitzer eines Kontinents, des Wissens um seine Pfade, seines Mythos. Wir besitzen eine Identitätskarte, die uns die Pfade der westlichen Welt eröffnet. Unsere Methoden der Identitätssicherung sind privater Natur: Fotoalben, Tagebücher etc., die unseren persönlichen Lebenspfad festhalten und ausbilden. Unsere Identität ist individuell, privater, es bleibt uns nichts als das *Gefühl* des Selbst. So scheint es. Allerdings geben uns unsere Überlegungen Stoff genug, zu erkennen, daß auch unser Lebensprozeß Welt und Selbst verschränkt. Wir sind aufgefordert, jeweils neu eine Integration von Welt und Selbst zu wagen, weil wir in anderer Weise das Gefühl des Selbst nicht aufrechterhalten können.

Die Selbstgrenze, ihre Kontakt- und Grenzfunktion und spontane Werterfahrung

Um Bewahren und Verlust des Selbstgefühls als organisierendes Prinzip besser zu verstehen und zu erkennen, wie diese synthetische Kraft des Selbstgefühls für eine Heilung von Sucht wiederzubeleben ist, müssen wir uns einem letzten Thema zuwenden: der Selbstgrenze und ihrer Bedeutung für das Gefühl des Selbst.

Das „Selbst“ beinhaltet ein Gesamt an menschlichen Fähigkeiten, Strukturen und Kontexten. Die Grenze, die Selbst vom Anderen unterscheiden, nennen wir *Selbstgrenze.* Sie grenzt es als eigenständige, wenn auch bezogene Einheit von anderen wie innerhalb des relevanten Beziehungssystems ab. Diese „Grenze“ zwischen Selbst und Anderer dürfen wir nicht assoziieren mit, sagen wir, der ehemals deutsch-deutschen Grenze. In unserem Zusammenhang meint Grenze die lebendige *Funktion einer synthetischen Kraft.* Dieses Verständnis deckt sich mit Erkenntnissen von MATURANA und VARELA, wonach autopoietische Systeme ihren eigenen Rand bestimmen und selbst erzeugen (s.Kap.6), und steht überdies in Übereinstimmung mit der selbstbezüglichen Struktur von Information. Wir können uns daher ihre formale Schreibweise zu eigen machen und Grenze als Wirkung einer synthetischen Kraft so abbilden:

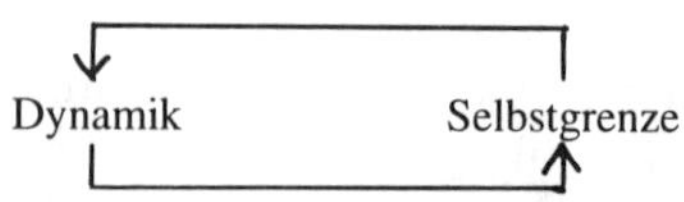

Abbildung 20-I: Selbstgrenze als Wirkung einer synthetischen Kraft.

Peripherie und Zentrum werden als Polarität der Persönlichkeit begriffen, die aufeinander bezogen sind. Ein integratives Selbst hält seine Selbstgrenze wach und lebendig, während ein gespaltenes Selbst mit einer verletzten, gelähmten Selbstgrenze einhergeht. PERLS, HEFFERLINE und GOODMAN führten den Begriff der Selbstgrenze in kritischer Würdigung des Begriffs der „Ich-Grenze“ von FEDERN ein. Diese Grenze zwischen Selbst und Umfeld faßten sie nicht als etwas trennendes auf, sondern als verbindend und Kontakt stiftend: „When we say ‘boundary,’ we think of a ‘boundary between’; but the contact-boundary, where experience occurs, does not separate the organismus and his environment; rather it limits the organism, contains and protects it, and at the same time it touches the environment. That is, to put it in a way that must seem odd, the contact-boundary - for example, the sensitive skin - is not so much a part of the 'organism' as it is *essentially the organ of a particular relation of the organism and the environment.*“

Sie spezifizierten die Selbstgrenze jedoch sofort als Kontaktgrenze: „Erfahrung geschieht an der Grenze zwischen dem Organismus und seiner Umwelt, insbesondere an der Hautoberfläche und den anderen sensorischen und motorischen Organen. Erfahrung ist eine Funktion dieser Grenze und psychisch real ist nur die ganzheitliche Konfiguration, die an dieser Kontaktgrenze zwischen Organismus und Umwelt auftauchen. *Funktion dieser Grenze ist Kontakt.*“[40]

Es kommt unserer Auffassung nahe, die Grenze zwischen Selbst und Anderem bzw. Umwelt als Voraussetzung von Erfahrung, zugleich als Verbindung und als psychologisch „einfachste und erste Realität“ zu beschrieben. Information erzeugen, schöpfen, fortpflanzen, dem Kreislauf von Information folgen, statt ihn willkürlich zu

---

40 PERLS,HEFFERLINE,GOODMAN, Gestalt Therapy, Pelican Books 1973, S. 274f.

unterbrechen, wird hier für die Person fundamental. Wir könnten sagen, es sei gleichsam die Nahrung, von der die Person strukturell lebt. PERLS et.al. erkennen die vitale, synthetische Funktion der Selbstgrenze, den Ort und Augenblick, wo sich die Dynamik im Organismus/Umweltfeld konzentriert und sich selbst gewahr wird. Die Selbstgrenze ist also zu verstehen als flexible, veränderliche Berührungsfläche, wo sich Selbst und Anderer bzw. Kontext berühren. Mehr noch, die Selbstgrenze müssen wir als ein *vitales Organ* begreifen, das „die Beziehung zwischen Organismus und Umwelt" steuert.

Wir kommen auf einen wichtigen Punkt zurück, auf den wir bereits in der Diskussion des strukturbildenden Aspektes von Information gestoßen waren: Bezogenheit und ihr Bejahen durch den Kommunizierenden erschließt einen Quell in ihrem Zentrum, der die Person ihre Bezogenheit als *„spontane Werterfahrung"* erfahren läßt. Die Kontaktfunktion der Selbstgrenze impliziert eine würdigende positive Definition des Unterschiedes zwischen Selbst und Anderem oder allgemeiner Selbst und Nicht-Selbst. Es war C.NARANJO, der den Begriff *spontane Werterfahrung* in die Gestalttherapie einführte: „Wenn wir den Geschmack eines Apfels genießen oder einen Atemzug frischer Luft oder ein echtes Schönheitserlebnis oder Liebe oder mystische Verzückung erleben, wird deren „Wert" nicht aus einem Vergleich mit einer Norm bezogen, er beruht auf der Entdeckung von etwas, das nur aus dem Augenblick zu leben scheint, das einem zuvor unbekannt gewesen sein mag."[41]

Im Gegensatz zu PERLS et al. werden wir am Begriff der Selbstgrenze festhalten. Meine klinischen Erfahrungen mit Süchtigen, also mit Menschen, die in einem Klima ständiger Verletzungen leben, führen mich zu einer anderen Schlußfolgerung. Schon die 'einfachsten' selbstorganisierenden Systeme entwickeln eine Membran, die den Innen- vom Außenraum trennt. Diese Membran hat sowohl die Aufgabe abzugrenzen, um eigene Funktionen und eine autonome Dynamik zu entwickeln und zu bewahren, als auch die Aufgabe, mit der Umwelt wiederum zu verbinden und einen spezifischen Austausch zu gewährleisten. Wir können diese beiden Funktionen auf die Selbstgrenze übertragen und neben einer *Kontaktfunktion* eine *Grenzfunktion* postulieren. Während die Kontaktfunktion die der Welt sich zuwendende Seite der Person repräsentiert, vertritt die Grenzfunktion die dem Selbst zugewandte Seite. Sie kontrolliert die Selbstgrenze zum Schutz vor Bedrohung und Verletzung. Sie übernimmt Aufgaben des Reizschutzes, Bewahren von Unversehrtheit und Integrität der Persönlichkeit.

Die Grenzfunktion ist ein vitales Organ, das die Integrität der Person und ihrer Grenzen bewacht und empfindlich auf Verlust von Integrität und Grenzverletzung reagiert. Die gesunde Persönlichkeit, die ein integriertes Selbst ausbildet und ihre Grenzfunktion intakt erhält, läßt ihr Wirken kaum wahrnehmen. Fast unmerklich steuert die Grenzfunktion die emotionale Durchlässigkeit für Reize und erweist sich als ein äußerst differenziertes Organ, um Verletzungen der Selbstgrenze zu registrieren und Heilung zu veranlassen. Sie sorgt sich um die Ganzheit der Person und veranlaßt dieselbe, die Unversehrtheit der Selbstgrenzen wiederherzustellen.

Die vitale Funktion, die die Selbstgrenze für die menschliche Person besitzt, läßt sich daraus ersehen, daß sie mit mächtigen Emotionen besetzt ist wie Schmerz, Angst, Scham, Ekel, Wut, die Grenzverletzungen ausdrücken und die Person anhalten, ihre

---

41 C.NARANJO, Die Reise zum Ich, Fischer Taschenbuch Verlag, Frankfurt a.M., 1979, S. 22

Selbstgrenze zu schützen oder nach Verletzungen wiederherzustellen. Die Selbstgrenze kann jedoch diese ihre vitale Funktion verlieren, wenn sie so massiv verletzt wird, wie dies Mißhandlung oder sexueller Mißbrauch darstellen, oder aber einem beständigen Bombardement ausgesetzt ist. Wenn das Selbst tief verletzt und entzweit ist, ist auch die Grenzfunktion als Ausdruck einer synthetischen Kraft ohne Spannkraft, geschwächt, gelähmt oder gar betäubt. Die *emotionale Besetzung der Selbstgrenze* wird fast vollständig zurückgenommen, und erst dieser Zustand, ihr fehlendes Funktionieren, läßt die Grenzfunktion bemerken. Sie beginnt die Kontaktfunktion zu stören oder gar zu verdrängen. Die Selbstgrenze erscheint nun als eine Wand, die zwischen Individuum und Umwelt gezogen wurde und Kontakt und Bezogenheit behindert.

Die Vitalität der Selbstgrenze und ihrer Grenzfunktion drückt sich im Gefühl des Selbst aus. Ebenso wie die Kontaktfunktion geht auch dieses vitale Organ mit spontaner Werterfahrung einher. In intaktem, durchlässigem Zustand ist die Grenzfunktion ein Organ, das beständigen Zustrom eines Gefühls der Bezogenheit wie Erlebens von Integrität gewährleistet. Integrität des Selbst oder ein Wiederherstellen der Selbstgrenzen gehen einher mit Sinnenwachheit, einem gesteigerten Selbstgefühl, einem Aktualitätsgefühl, hier und jetzt real und existent zu sein, mit einem Gefühl der Identität und Selbstachtung. Ausdruck der Grenzfunktion nach verletzter Selbstgrenze sind: Scham und Verlegenheit, Widerwillen und Ekel, Erregung und Angst, Zorn und Schmerz und in Extremfällen Ohnmacht und Schock. Massive oder chronische Verletzung der Selbstgrenze lähmt die Grenzfunktion und kommt im Schwinden des Selbstgefühls, in Müdigkeit, Übelkeitsgefühlen, Empfindungen von Leere, depressiven Verstimmungen, apathischem Verhalten, Angst, narzißtischer Wut, Autoaggression, Betäubung oder (chronischem) Schmerz zum Ausdruck. Sie veranlassen, ja, zwingen die Person, ihre Selbstgrenze und ihre Integrität wieder herzustellen.

Wir sehen, wenn weitere Berührung die Integrität des Selbst bedrohen oder bedrohen könnten, übernimmt die Grenzfunktion die Kontrolle über die Kontaktfunktion. Das Bedürfnis nach Sicherheit setzt sich durch. Die Wand, die nun zwischen Person und Welt errichtet wird, besteht aus einer Ansammlung narzißtischer Phantasien, Versuche, den erlittenen Verlust auszugleichen, und wird durch Kontextmanipulation aufrechterhalten und behauptet.

Die Selbstgrenze leistet einen wichtigen Beitrag zur Steuerung des Selbstgefühls der Person, öffnet sich und läßt spontane Werterfahrung zuströmen, verschließt sich und dysphorische spannungsreiche bis schmerzhafte Gefühle breiten sich aus. Die Grammatik der Sucht beeinträchtigt diese vitale Funktion der Erfahrung, wenn sie Information in Konfusion degenerieren und grenzverletzend aktiv oder passiv wirkt. Die Selbstgrenze kann im Extremfall ihre Kontaktfunktion und damit den Wert von Erfahren als Nahrung für das Selbst und seine Werterfahrung verlieren. Es besteht unter ihrer Vorherrschaft die Gefahr, die Steuerung des Selbstgefühls verloren zu geben und auf massivere Kontextmanipulationen oder Suchtmittel zur Bewahrung des Selbstgefühls zurückzugreifen. Wir stoßen hier auf einen *fundamentalen Zusammenhang von Suchtmittelkonsum, Grenzverletzung und Wahrung des Selbstgefühls*, der als verhaltensbiologisches Programm verankert scheint, wie wir im nächsten Abschnitt zeigen werden.

Zuvor müssen wir einen der grundlegendsten Punkte in der Suchtbehandlung erörtern. Gefährlich sind Empfindungstaubheit und Lähmung der Selbstgrenze infolge von Traumatisierung, chronischem Verletzen oder Unterminieren. Die Fähigkeit, sich und das Selbstgefühl zu wahren, hängt von einer besonderen Wächteraufgabe der Selbstgrenze ab, die wir kurz entwickeln wollen.

Die Aufnahme von Information geschieht ganzheitlich und spontan im „Primärprozeß" als Ausdruck und Wirkung des pulsierenden Feldes. Sie bringen die gestaltenden Kontexte verschiedenster Herkunft zum Ausdruck, sofern sie in das relevante systemische Feld hineinwirken. Der Primärprozeß wird vom Wirken des Ich, des Bewußtseinsstrahls, begleitet. Im Unterschied zum ganzheitlichen Verweben des Primärprozesses zerlegt der Bewußtsseinstrahl in einen Fokus mit hoher Auflösung und einen diffusen und schließlich unkenntlichen bleibenden Rand und prägt den Sekundärprozeß. Der Sekundärprozeß kann Zirkularität nicht unmittelbar erfassen, er gliedert in ein zeitliches Nacheinander, interpunktiert und attribuiert. Der Sekundärprozeß zerteilt den Kontext in einzelne Interaktionen, Positionen und Rollen und kann somit leicht Teile des ganzen Kontextes ausblenden, vergessen, aus den Augen verlieren, er gleicht unmerklich den Vorgaben und Klischees des Selbstbildes an. Der innere Dialog, auf dem Strukturbildung aufbaut, wird eingeschränkt auf einen Teil des Selbst.

Wenn also nach unseren Annahmen 'ganze' Kontexte aufgenommen werden so hat das zur Folge, daß wohl immer alle zum Kontext gehörigen Rollen und Verhaltensoptionen gespeichert werden und potentiell zur Verfügung stehen, auch wenn meist die Gegenrollen (Opfer/Täter z.B.) „verdrängt", abgeschoben und als „schlecht" disqualifiziert werden. Dieser Umstand stellt den Organismus immer erneut vor eine radikale Aufgabe, seine Struktur und Dynamik aufrechtzuerhalten und das Aufgenommene zu „assimilieren". Sie bedroht potentiell die aktuelle Struktur des Organismus und droht sie zu 'vergiften'.

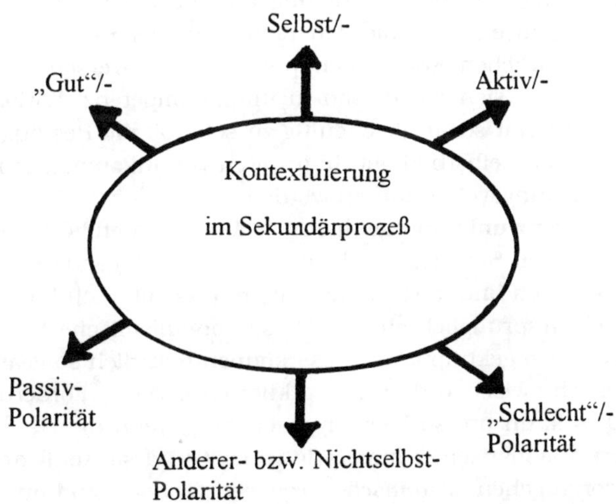

Abbildung 21-I: Aufgabe der Grenzfunktion der Selbstgrenze - Verarbeiten von Kontext-Polaritäten im Sekundärprozeß.

Überprüfung und Wahl der Polaritäten geschieht auf Druck der Notwendigkeit, Dynamik und Grenze des Organismus aktuell auszubalancieren. Sie ist letztlich in der Subjekt/Objekt-Aufspaltung und der Zerlegung der Welt in Fokus und Rand begründet. D.h., Subjekt und Objekt müssen in Übereinstimmung gebracht werden (Kontextuieren) entsprechend der Kontext-Polaritäten. Diese Rolle eines Wächters übernimmt die Grenzfunktion: Zur Aufrechterhaltung von Ganzheit und Integrität überprüft das Selbst die verinnerlichten Kontexte hinsichtlich dreier Polaritäten: der Polarität Selbst vs. Anderer, der Polarität Erleiden vs. Kontrolle, und die Polarität „gut"/"böse" bzw. „schlecht".

Diese Kontextpolaritäten stellen *die Grundqualitäten des psychischen Raumes des Selbst* dar: unterscheiden zwischen Selbst und Anderer (wer ist Quell von Verhalten, von Empfindungen und Gedanken?), zwischen Zufügen und Erleiden (war ich aktiv oder mußte ich erleiden?) und positiven und negativen Empfindungszuständen. Adäquate, nicht manipulative Aufrechterhaltung dieser Grundqualitäten, d.h. unter Verzicht auf Kontextmanipulation, sichert das Selbstgefühl bzw. seine Rekonstruktion wiederbelebt es. Umgekehrt gehen diese Attributionen im Fortschreiten der Desorganisation der Person verloren und kennzeichnen einen Verfall des Selbstgefühls. *Jede psychotherapeutische Behandlung, die diese Qualitäten des Selbstempfindens konsequent weckt, fördert, erhält, wird in der Suchtbehandlung Erfolg haben. Unser ganzes Bemühen zielt darauf ab, in der Psychotherapie von Drogenahhängigkeit diese Attribuierung zu rekonstruieren und sicherzustellen.*

Primär fließen Werterfahrung und narzißtische Befriedigung aus dem integrativen Prozeß, also aus einem in Übereinstimmung bringen von individuellem und systemischem Kontext. Maßgabe ist ein Herantasten an eine gemeinsame Beziehungsrealität. Somit ist mittel- und längerfristig ein Regulativ tätig. Unmittelbar kann jedoch eine solche Leistung auf ein Disqualifizieren treffen, ebenso wie ein Verweigern von Beziehungsarbeit große narzißtische Befriedigung erheischen kann. Wir nehmen eine sekundäre Quelle narzißtischer Befriedigung an: Sie entspringt aus der momentanen Fähigkeit, Wirkung zu erzielen, die den Kontexten des Selbstbildes entsprechen. Die Fähigkeit zur willkürlichen Kontextmanipulation und -verschiebung stellt einen solchen Quell dar, worin sich die Person in ihrer Kompetenz, Wirkung zu erzielen, bestätigt findet. Es scheint sogar gleichgültig zu sein, ob die Bestätigung dem negativen, positiven oder idealen Selbstbild gilt. Induzieren von Inkompetenz kann momentan als Kompetenz, als wirkungsvoll, erfahren werden.

Wie kann die Grenzfunktion nachhaltig gelähmt werden? Grenzen definieren Unterschiede, sie begründen Struktur, und - das ist der springende Punkt - sie werden nur aufrechterhalten durch und in Kommunikation. Das gilt auch für die Selbstgrenze, die, obwohl sicherlich ursprünglich eine biologisch-organismische Funktion, an *kommunikative Vereinbarungen* geknüpft ist. Diese können natürlich so geartet sein, daß sie zu einem Widerspruch zwischen dahinein diktierten sozialen Forderungen und Organismus führen. Dies kann um so leichter geschehen, wenn die zugrunde liegende Kommunikation den pragmatischen Imperativ verletzt und so Kontexte der Kommunikationspartner verloren gehen. *Chronische Grenzverletzungen* sind nur möglich, wo Grenzverletzungen und damit bedeutsame Unterschiede - wie Bedürfnisse von Kindern oder Jugendlichen im Gegensatz zu denen Erwachsener - nicht mehr kommunikativ verhandelt werden. Grenzverletzungen können dann weder wirkungsvoll zurückgewiesen, noch können verletzte Grenzen wieder hergestellt werden.

Die spontane, intensive emotionale Bewertung von Grenzverletzungen veranlassen das Individuum, seine Selbstgrenzen wiederherzustellen. Dazu muß es von seinen Bewältigungsstrategien (Coping) Gebrauch machen, die zu einer Neubewertung der Situation oder einzelner Aspekte derselben führen können. Dies kann zur Wiederannäherung führen oder Versuche in Gang setzen, sich selbst zu behaupten. Eine weitere Möglichkeit wäre ein vorübergehender Rückzug aus der Situation. Alle diese Möglichkeiten suchen nach einer irgendwie gearteten kommunikativen Übereinkunft. Sinkt die Hoffnung auf eine solche Übereinkunft - sei es wegen der Heftigkeit der Grenzverletzung, aus Mißtrauen oder weil Verletzungen nicht abreißen -, so wird die Grenzfunktion der Selbstgrenze beeinträchtigt, gelähmt oder betäubt. Kontakt- und Grenzfunktion geraten in Widerstreit. Das Selbst spaltet sich, und aktiver und passiver Modus bestimmen die Choreographie der Beziehungsdynamik.

Grenzverletzung, Suchtmittelkonsum und Steuerung des Selbstgefühl

Kommen wir auf den engen, verhaltensbiologisch begründeten Zusammenhang von Grenzverletzung, Verlust des Selbstgefühls und Suchtmittelkonsum zu sprechen. Wir hatten schon gezeigt, daß manipulative Kontextverschiebung legiert mit einem Versuch der Ab- oder Entwertung Grenzverletzung bedeutet. Sie kann in aktiver und passiver Form auftreten, gegen andere wie gegen sich selbst gerichtet sein. Wir dürfen uns unter Grenzverletzung nicht in erster Linie einen brutalen Akt des Vergewaltigens vorstellen, viel häufiger und nicht weniger folgenschwer ist es eher ein Akt allmählichen Vergiftens. Wir können drei Formen von Grenzverletzungen klassifizieren: manipulative entwertende Kontextverschiebung, Kontextverweigerung und Kontextschock.

aktiv	**passiv**
Kontextschock:	*unterschwelliger Kontextschock:*
Mißhandlung	Demonstration eines konträren Kontext
Inzest	inzestuöse Phantasien
Tabuisieren	Tabuisieren und Verleugnen
Kontextverschiebung:	*Kontextverschiebung:*
Umdeuten	Induzieren von Inkompetenz (z.B. Drogenmißbrauch)
Verführen („Partnerersatz")	emotional Erpressen
Verwöhnen/ Infantilisieren	Umdeuten, Konfusion erzeugen
Kontextverweigerung:	*Kontextverweigerung:*
Willkür/ Unberechenbareit	Eskalation in autoaggressive Handlungen etc.
antisoziale Handlungen	

Kontextverschiebung, Kontextschock und Kontextverweigerung haben mit dem Vorbehalten der Mächtigkeit zu tun, die Beziehung zu definieren. Der Beziehungskontext wird meist hinterrücks und heimlich eingeführt, er wird unvorbereitet und abrupt verbunden mit Abwertung eingebracht oder schließlich ganz verweigert. Gemeinsam ist ihnen, daß sie keinen Raum lassen, die Grenzen kommunikativ wiederherzustellen. Erleiden von Grenzverletzungen in allen drei Formen bewirken intensive Spannungszustände bis hin zu Schmerz, je häufiger und massiver sie erlebt werden; im Zustand chronischer Grenzverletzung oder unter massiver Grenzverletzung verursachen sie eine Traumatisierung der Person und ihre Desintegration (Lähmen der Selbstgrenze). Sie geht einher mit depressiver Verstimmung (bei Tabuisieren und Kontextverschiebung), über panische Angst (vor allem bei Kontextschock) bis hin zu Mord- und Selbstmordimpulsen.

Wesentliches Merkmal von Kontextverschiebung im aktiven Modus ist, daß das Gegenüber der Merkmale eines autonomen Selbst beraubt wird und sich nicht als Zentrum von Impulsen und Handlungen verstehen kann. Ein kleines Beispiel ist, wenn eine Mutter zu ihrer kleinen Tochter, die auf die Mutter wütend ist, sagt: „Du bist müde, du kommst ins Bett!" Die ist eine Form des Umdeutens, wobei das Gegenüber eigener Regungen beraubt wird. Eine andere Form ist „Verführen", wenn ein inniges Mutter-Sohn-Verhältnis stillschweigend in den Kontext von Partnerschaft verschoben und als „Partnerersatz" ausgebeutet wird. Dasselbe finden wir bei Vätern, die mit ihren Töchter flirten. Verwöhnen unterminiert die Selbständigkeit der Person und wird in den Kontext von Kindpflege verlagert, eine Form der Infantilisierung.

Die kontextverschiebende Strategie zielt darauf ab, Inkompetenz zu induzieren und dadurch einen Kind-Kontext oder Kontext des Krankseins in Anspruch zu nehmen und auszubeuten. Das Gegenüber wird zu immer weiteren Leistungen animiert, die die eigene Selbstgrenze untergraben. Sie geht in Erpressung über, die durch Drogenkonsum oder Selbstmordversuche lanciert werden können.

Beispiele für Kontextschock sind Mißhandlung, sexueller Mißbrauch und Inzest. Unter völliger Mißachtung von Selbstgrenzen wird die Person in einen gänzlich anderen Kontext versetzt. Die schützende Eltern-Kind-Beziehung zerreißt, und das Kind sieht sich der Gewalt des Vaters ausgeliefert, meist ohne Hoffnung, daß die Grenzen wieder hergestellt werden. Verschweigen und Drohung weckt Panik. Das gilt in besonderer Weise für Inzest, eine Form vernichtender Destruktion und Entwertung. Als eine nicht absichtlich ins Werk gesetzte Form von Kontextschock können wir bezeichnen, wenn Heranwachsende einen ihrer Eltern in besonders entwürdigender Weise erleben müssen bei Streit, Trunkenheit, Mordversuch, Vergewaltigung. Als versteckten Kontextschock könnte man das intensive Bemühen Heranwachsender betrachten, ihre Eltern zu konterkarieren, indem sie in extremer Weise deren vermeintlichen Kontext vorleben und sich selbst in exemplarischer Weise aufopfern. Eine 14-jährige Tochter hält durch intensive Promiskuität ihrer Mutter vor, weshalb die Familie auseinandergehen mußte. Eine andere junge Frau im selben Alter fängt an, ihr Zimmer zu verdunkeln, schwarz auszumalen, mit schwarzen Tüchern zu behängen und sich darin zu verkriechen. Sie beabsichtige ihre aus ihrer Sicht gedemütigte Mutter aus der Lethargie reißen und ihrem Vater vor Augen führen, was er getan habe.

Tabuisieren meint ein völliges Verschweigen von Änderungen der Definition der Selbstgrenze. Das Mädchen, das seine ersten Tage erwartet, bedarf einer Neudefinition seiner Intimsphäre innerhalb der Familie. Der Kontextschock kann sich außerhalb der Familie ereignen. Monika war eine 14jährige junge Frau, die in inzestuöser Weise an ihrem idealisierten Vater hing. In diesem Alter begann sie Männerfreundschaften zu suchen, ohne zu bemerken, daß ihre Zärtlichkeitswünsche in die Irre führten und sie unvorbereitet sexuellem Bedrängtwerden aussetzte.

Vielfältiges Material belegt unsere zentrale These, wonach es einen *engen Zusammenhang zwischen - insbesondere chronischen - Grenzverletzungen und Drogenabhängigkeit bzw. Suchtmittelmißbrauch* gibt:

Einen ersten Hinweis finden wir in der Verhaltensforschung. PAWLOWs Konditionierungsversuche an Hunden sind bekannt. 1953 führte PAWLOW weitere Experimente durch, in deren Folge massive Verhaltensstörungen bei seinen Versuchstieren auftraten, die auch außerhalb der Versuchssituation anhielten. In dieser Versuchsreihe präsentierte er Versuchstieren eine Ellipse und einen Kreis, deren Unterscheiden jeweils belohnt wurde. PAWLOW zwang die Hunde immer feinere Unterscheidungsleistungen zu vollbringen, indem die Ellipsenachse so verkürzt wurde, daß schließlich nur mehr ein kaum wahrnehmbarer Unterschied zwischen beiden Reizobjekten bestehen blieb. Ähnlich anhaltende Verhaltensstörungen treten auf, wenn man Versuchstieren während der Fütterung elektrische Schläge verabreicht oder sie mit einem Luftstrahl irritiert: Sie werden aggressiv oder „unansprechbar“, verweigern - auch im Heimkäfig - die Nahrung.[42] Verschiedene Experimente mit unterschiedlichen Tieren (Ratten, Katzen, Rhesusaffen) weisen nach, daß solchermaßen „gestreßte“ Tiere Beimengungen von Alkohol im Trinkwasser bevorzugen.[43]

Wenn wir das PAWLOW'sche Experiment analysieren, finden wir analog menschlicher Interaktionen eine experimentelle double-bind-Situation vor, eine paradoxe Reizsituation, der sich das Tier nicht entziehen kann und die durch zwei sich widersprechende Botschaften gekennzeichnet ist: die eine fordert zur Diskriminierung auf als Hinweis auf eine folgende Fütterung und zugleich wird diese Botschaft verneint, was in analoger Kommunikation durch die Ununterscheidbarkeit und Verweigern der Fütterung induziert wird. Das Verhaltensrepertoire des Hundes wird zugleich in widersprüchlichen Verhaltenskontexten aufgerufen: Annäherungsverhalten und zugleich Feind- oder Aggressionsverhalten. Der Hund findet keine Hinweise, die es ihm ermöglichen, einen Verhaltenskontext zu diskriminieren, und gerät unter Streß. Da er domestiziert ist, bleibt er in der Situation konkurrierender Kontext gefangen und kann nicht einfach weglaufen. Analog lassen sich auch die anderen Tierversuche interpretieren: Für das Tier gegensätzliche Verhaltenskontexte werden wachgerufen, ohne die Chance, sich für einen zu entscheiden oder wegzulaufen. *Solche konkurrierenden, nicht entscheidbaren Verhaltenskontexte scheinen die Bereitschaft zu Alkohol- und Drogenkonsum entschieden zu fördern.*

Von besonderem Interesse sind Befunde aus der Verhaltensbiologie, die nahe legen, daß beständiges Verletzen des Territoriums durch Übervölkerung oder Verlust des erworbenen Ranges in der sozialen Hierarchie bei höheren Säugetieren eine erhöhte Bereitschaft für Suchtmittel weckt. Dazu müssen wir wissen, daß Territorium und Rangordnung Verhaltenskontexte abstecken und abrufen. Beispielsweise sind sexuelle Aktivitäten erwachsener Tiere an eine bestimmte Rangordnung geknüpft und können unterdrückt oder wachgerufen werden. SIEGELS Beobachtungen an Herden in Wildparks und im Freiland lassen sich hier einreihen: Wenn die Dichte der Herde vergrößert oder das Weidegebiet verkleinert wird, nimmt in Herden afrikanischer Elefanten der Konsum von Alkohol durch angegorene Früchte signifikant zu.[44] In der Gefangenschaft nehmen viele Tiere (z.B. Geflügel, Pferde, Kaninchen, Affen) Tabak in Mengen bis zur Berauschung und sogar Vergiftung zu sich. Hierher gehört auch, daß in Gefangenschaft gehaltene Tiere rauscherzeugende Pflanzen in signifikant höherem Maße konsumieren. Sie können ihre Bevölkerungsdichte nicht selbst regulieren. In welch' erstaunlichem Ausmaß Verhaltenskontexte innerhalb der tierischen Gemeinschaft gesteuert werden, beschreibt Bischof in dramatischer Weise als „Engelssturz“ (verstoßen werden aus der Rangordnung), der in den psychosomatischen Tod führt, wenn das Tier wegen seiner Gefangenschaft das Feld nicht räumen kann. So betrachtet, wundert es

42 I.P. PAWLOW, Zwanzigjährige Erfahrungen mit dem objektiven Studium der höheren Nerventätigkeit (des Verhaltens) der Tiere. Sämtliche Werke, Bd. III. Berlin, Akademie; zitiert nach: K. FOPPA, Lernen, Gedächtnis, Verhalten, Kiepenheuer u. Witsch, Köln 1970, S. 320ff.

43 W. FEUERLEIN, Alkoholismus - Mißbrauch und Abhängigkeit, Thieme Verlag Stuttgart 1975 S.31-33. Ebenso: R.K. SIEGEL, Suchterscheinungen bei Tieren, S. 83f. J.H. MASSERMANN, Behavior and neurosis. Chicago, Univ.Chicago Press, 1946.

44 ebenda S. 82-84.

nicht, wenn wir bereits im Verhalten von Säugetieren die wesentlichen Merkmale von Sucht entdecken:

- Stimmungswandel auf kürzestem Weg (Befriedigung und Versuch der Selbstheilung),
- selbstverstärkende Prozesse (Ersatzbefriedigung)
- Abkoppeln vom sozialen Verhaltenskontext, in die Wege geleitet durch konkurrierende Verhaltenskontexte und (chronische) Grenzverletzungen (Isolation)
- degenerierender Entwicklungsprozeß (Selbstzerstörung)

Dieser enge Zusammenhang von massiven oder chronischen Grenzverletzungen, Traumatisierung und Verzehr psychoaktiver Substanzen scheint bereits in einem biologischen Verhaltensprogramm zu gründen, das sich bei Säugetieren nachweisen läßt. Einen engen Zusammenhang zwischen massiven und chronischen Grenzverletzungen und Suchtmittelmißbrauch werden wir auch in unserer Untersuchung Familien Heroinabhängiger in Kapitel 14 feststellen. Wenn es denn einen Todestrieb gibt, ist er hier zu finden als psychosoziales und soziobiologisches Programm. Beidemal ist nicht Suchtmittelabhängigkeit Motor des „Todestriebes", sondern *er entspringt massiven und chronischen Grenzverletzungen, deren traumatischen Folgen - Überflutet-werden von dysphorischen Empfindungen, bis hin zu „psychosomatischer Tod" oder Selbstmord durch Suchtmittelkonsum - aufgehalten werden sollen.*

Die Verhaltensforschung von Säugetieren ergibt also eindeutige Belege über den Zusammenhang von Grenzverletzung und Suchtmittelkonsum. Im menschlichen Verhalten gehen wir davon aus, daß grenzverletzende Situation, vor allem wenn sie chronisch hervorgerufen werden, dysphorische Empfindungen bis hin zu Schmerz wachrufen und das Selbstgefühl von spontaner Werterfahrung abschneiden und degenerieren lassen. Die süchtige Beziehungsstruktur erzeugt nicht nur durch ihre grenzverletzende Kommunikationsweise das Bedürfnis zu Suchtmittelkonsum, sie prädestiniert zudem zum süchtigen Gebrauch, da sie ihre Kommunikationsweise auf den Umgang mit dem Suchtmittel anwendet. Auf diese Weise und in Verbindung mit einem weiteren dritten Punkt kann Suchtmittelkonsum aus dem Beziehungskontext herausfallen und unkontrolliert eskalieren. Unser Modell süchtiger Beziehungsstruktur schildert *Kommunikation im Zustand chronischer Grenzverletzung.*

Kommen wir zum Abschluß auf den dritten der Punkte zu sprechen, die zusammen das besonders aggressive Potential von Suchtmitteln ausmachen. Die süchtige Beziehungsstruktur setzt einen Prozeß in Gang, der zum Suchtmittelmißbrauch hinleitet. *Wie aber wirkt die Droge? Sie wirkt, indem sie die Kontextproduktion anregt, drosselt, in jedem Fall verändert.* Ereignisse erhalten dann eine andere Bedeutung oder werden gar im Wahrnehmungsfeld marginal. Darin verborgen liegt ihre Wirkung als schmerzstillendes Mittel und als chemischer Ersatz für ungenügenden Reizschutz der Selbstgrenze. Aber schlimmer noch, ja, teuflisch: Suchtmittelkonsum erzeugt einen eigenen selbstbezüglichen, steuernden Kontext, der sich selbst reproduziert und aufrechterhält. Auf diese kontexterzeugende Weise kann Drogenmißbrauch zeitweilig anstelle der Fähigkeit treten, Kontexte auszubalancieren. „*Pharmakothyme Steuerung*"[45] kann das Selbstgefühl substituieren. Sucht hat System[46], wie G. BATESON in jenem

45 S. RADO: Psychoanalyse der Pharmakothymie, Int. Z. Psa. 20, S. 16-32, 1934.

46 R. BAUDIS, Sucht, Selbsthilfe und Psychotherapie - Über die Grundlagen einer Selbsthilfegruppe für Drogenabhängige, Jahresbericht des Vereins f. Jugendhilfe e.V. Böblingen, 1988.

schon zitierten Beitrag sagt. Er machte die Epistemologie des Alkoholikers verantwortlich. Die pharmakothyme Steuerung ist in der süchtigen Beziehungsstruktur angelegt, die eine 'falsche' Epistemologie bereitstellt und nährt. Drogen und die mit ihrer Hilfe angeregte Kontextproduktion können Werterfahrung substituieren, wo dieselbe durch disqualifizierende Erfahrungen verdrängt wurde. Sie bietet ein Surrogat, das der komplexen Leistung enthebt, worin jene Transformation Selbst/Individuum, Austauschprozesse, das vitale Organ der Selbstgrenze und ihre Kontakt- wie Grenzfunktion und das Erforschen der Beziehungsrealität zusammenwirken.

Einen letzten Gesichtspunkt möchte ich an dieser Stelle anfügen. Unser Modell süchtiger Beziehungsstruktur läßt sich in Verbindung bringen zu den neueren Erkenntnissen medizinischer Forschung über die Bedeutung von Botenstoffen wie Endomorphine, deren Produktion durch Heroin ersetzt und blockiert wird. In diesem Zusammenhang werden erbliche Dispositionen ins Spiel gebracht, die für eine Vorbelastung solcher hormonellen Regelungen verantwortlich gemacht werden. Es ist also durchaus denkbar, daß die Schwelle, auf Strategien der süchtigen Beziehungsstruktur zurückzugreifen, durch hormonelle Steuerung beeinflußt wird, wie umgekehrt diese Kommunikationsweise unmittelbar die hormonellen Regelprozesse beeinflußt. Rückwirkende Einflüsse psychischer aktueller Verfassung des Selbstgefühls auf das Immunsystem ist zweifelsfrei nachgewiesen. Daher können wir sie auch bezüglich hormoneller Steuerung annehmen. Zusammenhänge von erblicher Disposition, hormoneller Steuerung und erhöhtem Risiko zu Suchtmittelabhängigkeit reduzieren die Behandlung von Sucht nicht auf physiologische Prozesse und deren medizinische Beeinflussung, es ist vielmehr um so bedeutsamer, daß die betroffene Person lernt, ihre hormonelle Regelung günstig zu beeinflussen durch die Art und Weise, wie sie ihr Verhältnis zur Welt und sich selbst gestaltet. Eine endokrinologische Betrachtungsweise kann daher unser Bemühen um Psychotherapie nicht ersetzen. Sie kann sie ergänzen, wie die Entzugsversuche mittels Akupunktur und Elektrostimulation hoffen lassen.[47]

47 M.PATTERSON, Der sanfte Entzug, ein neues biomedizinisches Verfahren, Klett-Cotta Stuttgart, 1988.

Teil II

Stationäre Psychotherapie und Sucht

oder

Die Bewältigung der Schismogenese

„Wenn man Liebe hat im Kampf, so siegt man.“
Laotse

Kapitel 6: Lebendige Institution

Lebendige Institution

Sinn und Rechtfertigung einer Therapieinstitution liegen einzig und allein darin, daß sie *ein Lern- oder Erfahrungsfeld organisiert, das Wandel durch eigenes Erfahren ermöglicht.* Das verlangt eine lebendige Institution, die sich selbst neue Erfahrungen zugänglich macht. Dies kann nur Gelingen, wenn die Institution selbst dem Kriterium der Lebendigkeit genügt.

Nun mag es viele Merkmale geben, die ein lebendiges System kennzeichnen. Ein Merkmal jedenfalls ist seine Fähigkeit zur Selbstorganisation. Das heißt, das System versteht sich gegenüber einer Umwelt abzugrenzen und vermag nun eine eigene innere Dynamik zu entfalten. Interessanterweise gilt eine Umkehrung dieser Aussage gleichermaßen: Ein lebendiges System entwickelt eine eigene Dynamik, die seine eigene Begrenzung („Rand") mit zu produzieren versteht. MATURANA und VALERA sprechen von autopoietischer Organisation lebender Systeme, die es ermögliche, sich andauernd selbst zu erzeugen, und zwar dann, „*wenn (das System) dazu fähig ist, seine eigene Gesetzlichkeit beziehungsweise das ihm Eigene zu spezifizieren*".

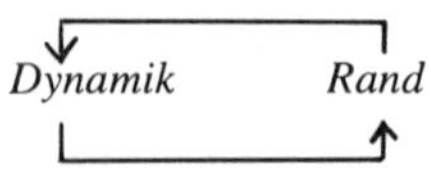

Abbildung 1-II: Autopoietische Organisation.

Diese Beziehung von Dynamik und Rand schildern MATURANA und VARELA als Charakteristik lebender Systeme und beschreiben sie als zwei Aspekte eines einheitlichen Phänomens: „Auf der einen Seite sehen wir ein dynamisches Netzwerk von Transformationen, das seine eigenen Bestandteile erzeugt und das die Bedingung der Möglichkeit eines Randes ist. Auf der anderen Seite sehen wir einen Rand, der die Bedingung der Möglichkeit des Operierens eines Netzwerkes von Transformationen ist, welches das Netzwerk als Einheit erzeugt."[1] Das heißt nun, Struktur und Grenzen unterliegen und folgen einer Dynamik ständiger Fluktuation, Erneuerung und Bestätigung, so wie umgekehrt die Entfaltung der Dynamik an Struktur und Begrenzung geknüpft ist. Lebendigkeit schließt einen beständigen Prozeß des Anreicherns von Komplexität ein.

Wenn wir von lebendiger Institution sprechen, so sollten wir daher unsere Aufmerksamkeit zuerst auf ihre Dynamik richten, auf Prozesse ständiger Veränderung. Daß eine stationäre Therapieinstitution ein durch und durch dynamisches Geschehen ist, wird gern übersehen. Jedes Detail des sozialen Geschehens muß täglich neu 'produziert' und, wenn es überdauern soll, neu bestätigt werden. Jeder Aspekt der Stabilität wird von einem Aspekt der Veränderung heimgesucht, und jeder Aspekt von Veränderung von einem der Stabilität begleitet. Es ist eine Eigenschaft selbstorganisierender Systeme, daß dynamische Phänomene sie kennzeichnen und Stabilität von einem äußerst dynamischen Geschehen getragen wird. Stabilität ist Ausdruck eines Fließgleichgewichts, wie dies für offene Systeme gilt.

Im Gegensatz zu unserer dynamischen Sicht sind in der Therapie mit Süchtigen -

1 MATURANA/VALERA: ebenda S. 55 u.S. 53

insbesondere mit Drogenabhängigen - Reglement und Strukturen in den Vordergrund gerückt. Reglement, Grenzen und Strukturen sind aber aus der sie tragenden Dynamik zu begründen und als Ausdruck derselben zu begreifen. Dem Überbetonen von Reglement liegt die unproduktive Anschauung zu Grunde, als gäbe es eine therapeutisch gesunde Welt getrennt von einer pathologischen Welt der Süchtigen. Wir finden vielmehr in der Institution eine gemeinsame Beziehungsdynamik vor, der wir Mitarbeiter sowohl wie unser Gegenüber zugehören.

Nehmen wir uns die Zeit, einige der Prozesse und Leistungen zu betrachten, welche die Therapeutischen Gemeinschaft gemeinsam mit all ihren Mitgliedern tragen und bewältigen muß:

Am übersichtlichsten erscheint der Bereich der Ernährung. Wer einmal in einer Therapeutischen Gemeinschaft gearbeitet hat, worin die tägliche Ernährung vom Essensplan, übers Einkaufen, Kochen, Abwaschen, ja z.T. auch das Erzeugen von Lebensmitteln wie Brot und Gemüse den Mitgliedern der Gemeinschaft obliegt, weiß, welchen beständigen Veränderungen der Ernährungsprozeß unterliegt: Da ist die Güte des Essensplans; die Fähigkeit, geschickt saisongemäß einzukaufen; die Prozedur des Einkaufens; sein Streß für die Beteiligten, der ab einem gewissen Punkt wiederum Gruppe, ja auch Team beschäftigen muß beispielsweise bei Unpünktlichkeit oder finanziellen Unregelmäßigkeit; Kauf von Lebensmitteln, die nicht der Forderung nach drogenfreier Lebensführung entsprechen; Profilierungssucht des Zuständigen; Begegnungen mit Leuten und Eindrücken. Da spielt die Qualität des Essens eine wichtige Rolle und die Mühe, bestimmte Mindestkriterien für Güte einzuhalten: es kann versalzen sein, zu scharf, breiig, Geschehnisse, die das Zusammenleben beeinflussen, eskalieren oder besänftigen können. Ja mehr noch, wenn wir die Untersuchungen über Zusammenhänge von Ernährung und Verhalten heranziehen, etwa die steigernde Wirkung von Fleischverzehr auf den Pegel von Aggressivität, so müssen wir beständig nachhaltige Einflüsse über Lebensmittel bzw. Lebensmittelzusätze auf das soziale Geschehen annehmen. Eine weitere Quelle von Veränderungen stellt der körperliche Gesundungsprozeß dar und die Anpassung des Stoffwechsels an regelmäßige und vollwertige Ernährung, was selbst wiederum diätische Maßnahme verlangen kann. Oder denken wir an jene Fälle, wo Konflikte sich im Eßverhalten ausdrücken vom Hineinschlingen kaum zerkauter Nahrung bis hin zur magersüchtigen Nahrungsverweigerung oder Bulimie. Damit sind Prozesse im Bereich der Ernährung bei weitem nicht erschöpfend aufgeführt. Es fehlen allein schon: die Zuteilung der Gelder, Festlegungen über den Pflegesatz, Ideen und Konzepte seitens der Mitarbeiter für die Küche, Kooperation und Stimmung des Küchenteams usw.

Was für den Bereich Ernährung galt, gilt gleichermaßen für den „sachlicher Werte“: also für den Zustand des „Hauses“, seine Instandhaltung, Nutzung, Gestaltung und Ordnung.

Schier unübersehbar wird das Maß an tagtäglichen prozessualen Veränderungen, wenn wir uns sozialen Aufgaben der Gemeinschaft zuwenden. Widmen wir uns zunächst der „Fürsorge“. Hierher gehören so komplexe Aufgaben wie: Kennenlernen und Einbinden neuer Gruppenmitglieder, Eingehen von Bekanntschaften und Freundschaften, anderen wie auch sich selbst Aufmerksamkeit widmen usw. Von Bedeutung ist sicherlich, was das Team an Fürsorge investiert, und die Art und Weise, wie es das tut, die sowohl vom Geschick des Teams insgesamt wie seiner einzelnen Mitarbeiter abhängt. Angst, Verunsicherung, Konkurrenz, Neid, Fähigkeiten, persönliche Belastungen sind ein paar der Faktoren, die die emotionalen Investitionen ständigen Schwankungen unterwirft. Diese Investitionen sind wiederum der Rückkoppelung durch Gruppe und einzelne beeinflußt. Zudem können Gruppenmitglieder sich die Eigenart therapeutischer Milieus zunutzemachen, worin Problemebereiten Aufmerksamkeit weckt bis hin zur Ausgrenzung aus der Gemeinschaft. Sie können diese Investitionen erschöpfen oder auslaugen, was weitreichende Änderungen im Team provozieren kann: verstärkte Abgrenzung gegenüber dem Klientel, Streitigkeiten um den richtigen Stil, Abgang einzelner Mitarbeiter oder ganzer Teams, was schließlich zu Verwicklungen mit dem Rechtsträger, dem Kostenträger und auch mit den einweisenden Stellen führen kann. Natürlich sind solche dramatischen Änderungen wiederum mit Leitung und Trägerschaft verknüpft, die u.U. solche Prozesse verstärken oder gar initiieren.

Fürsorge ist Ausdruck von Gruppensituationen: Die Fürsorge der Gruppenmitglieder untereinander kann zusammenbrechen, sie kann bestimmten Mitgliedern vorenthalten oder entzogen werden; sie ist unterschiedlich verteilt durch Cliquen, nach Geschlecht oder nach Zugehörigkeit beispielsweise zu Therapiegruppen und unterschiedlich zwischen Gruppenmitgliedern und Team. Sie kann gegentherapeutischen Interessen dienen und einer Fürsorge der ganzen Gruppe entgegenarbeiten. Fürsorge ist abhängig von der Einstellung der erfahrenen Gruppenmitglieder, ihrem Engagement, ihrer Bereitschaft, die jüngeren einzubinden, ihnen Aufmerksamkeit zu schenken, sie als Störenfriede zu betrachten oder auf eine Liebesbeziehung zu hoffen, und wiederum, wie sehr ihr Engagement positiv beantwortet wird und Anerkennung findet. So ist Fürsorge weiterhin von einem fürsorglichen Umgang innerhalb und vor allem zwischen den verschiedenen hierarchischen Ebenen der Gemeinschaft abhängig und zwar von der Leitung bis hin zum neuaufgenommen Gruppenmitglied. Wir hätten jetzt zumindest noch zu sprechen von der spezifischen Fürsorge der therapeutischen Beziehung, von dem Klima in Gruppen und im Team, von der Atmosphäre des Hauses und von der Fürsorge der und für die Ehemaligen.

Es mag anschaulich werden, daß Stabilität ein in Nuancen jeden Tag neu auszubalancierendes Gleichgewicht darstellt. In der Tat sind so viele Komponenten zu unterscheiden, zu beobachten und zu beeinflussen, daß ein solches Ansinnen für eine einzelne Person eine unmögliche Aufgabe bedeutete. Selbst ein ganzes Team würde scheitern, eine solche Therapieinstitution als lebendige auszubalancieren, wenn es nur kontrollierend zu Werke ginge.

Wir sind ja mit unserer Aufzählung längst nicht fertig. Da sind zu beachten: Reglement, Hausordnung, Konzeption. Und diese Regelungen leben nicht aus sich, sie müssen täglich neu bestätigt werden, um gültig zu sein, sie müssen mit jedem neuen Mitglied - ob aus Team oder Gruppe - neu verhandelt werden und Bestätigung finden. Zudem gibt es informelle Regeln, die Ergänzungen zum geschriebenen Gesetz darstellen, dasselbe kommentieren, auslegen, mißbrauchen oder ad absurdum führen. Beständig entstehen neue informelle, aber auch formelle Regeln, und die Grenzen zwischen niedergelegter Regel, Neuschöpfung oder Neudeutung und informeller Regeln sind fließend. Reglement, Tagesablauf und Struktur sind somit immerzu in Fluß, Teil des Gruppenprozesses und seiner Dynamik.

Interessanter Weise unterliegt selbst oder gerade der Bereich der bewußten, wohlüberlegten Entscheidung und Regelung beständigen Fluktuationen und entgeht nicht einer Neigung zum Chaos. Jedes soziale Gebilde hat seine Nische von Chaos, Undurchsichtigkeit und heimlicher Eigenentwicklung. Im Bereich von Reglement kann

Chaos aus dem Bedürfnis entstehen, 'leidiges' Beziehungsgeschehen regeln zu wollen oder scheinbare Stabilität im Team herzustellen, indem Konflikte unterdrückt, Machtkämpfe beendet werden. Jedes soziale Gebilde hat seinen selbstproduzierten 'Abfall', seine Kontraproduktivität, die es nicht auszumerzen gilt, sondern die die konstruktive Aufmerksamkeit der Mitarbeiter finden sollte. Unordnung sollten wir eher als Ausdruck einer natürlichen Eigenschaft sozialer Systeme betrachten. Sie erinnert daran, daß lebendige Systeme im Ungleichgewicht beheimatet sind. Sie sind von beständigen Fluktuationen oder unbeabsichtigten Eigenproduktionen 'heimgesucht', die sich unter der Schwelle bewußter Wahrnehmung ereignen. Es spricht für die Lebendigkeit einer Institution, wenn sie in kreativer Weise zu unterscheiden versteht zwischen Änderungen, die sie besser unterdrückt und korrigiert, und Änderungen, die sie aufkommen lassen und bestätigen kann. Eine solche Fähigkeit zu kreativer Anpassung halte ich für eine Kardinaltugend einer Institution.

Noch sind wir mit unserer Aufzählung nicht am Ende. Nach Ernährung, materieller Reproduktion, Fürsorge und Reglement kommen wir auf den Kernbereich der Therapie zu sprechen, auf das Bemühen, jedes einzelne Mitglied in einen Prozeß der Veränderung hineinzuziehen und zu diesem Zweck ein geeignetes Reizklima zu schaffen, das über bloße Fürsorge hinausreicht. Im Inneren der Therapeutischen Gemeinschaft findet ein immerwährendes Erproben von Rollen, Funktionen, Aufträgen und Arbeiten statt, die gerade dann personell wechseln, wenn die Rollenträger eine gewisse Kompetenz erlernt haben. Diese Rollen und Aufgaben dienen als Lernfelder und sind so täglichen Änderungen ausgesetzt, die sich aus einem Prozeß der individuellen Aneignung ergeben und der damit verknüpften Interaktion mit der übrigen Gruppe, die die Ausführung fördert, bestätigt oder verwirft.

Eine therapeutische Institution ist eine Zweckgemeinschaft, die dem Anspruch nach größtmöglicher Veränderung gerecht werden muß. Sie ist keine gewachsene soziale Institution und wird nur in geringem Ausmaß von Traditionen getragen. Ihre Hauptaufgabe ist es, neue Mitglieder aufzunehmen, einzuführen, zu evolutionieren, sich mit ihnen mit zu entwickeln und baldmöglichst wieder zu entlassen. Dieser nicht abreißende Strom von Mitglieder, die die Einrichtung durchlaufen, ist selbst eine Quelle von Dynamik, die all die bisher geschilderte Bewegung steigert. Gerade dann, wenn Gruppenmitglieder vermochten, sich Struktur anzueignen, wechseln sie ihre Aufgaben oder verlassen die Institution. Das gilt ebenso für die Mitarbeiter, wenn auch in anderen Zeiträumen.

Gerade das Übermaß an Veränderungen innerhalb der stationären Therapieinstitution ist es wohl, was den Blick auf Struktur und Reglement verengen läßt und ein Gefühle der Überforderung oder gar des Ausgeliefertseins nährt. So mag das Bedürfnis entstanden sein, sich gegen diese permanenten Änderungen abzuschotten und Sicherheit im Reglement zu suchen. Hinzu kommt, daß die süchtige Beziehungsstruktur beide Tendenzen fördert: die Produktion von Beziehungschaos und rigides Abschotten hinter Reglement. Um so wichtiger ist unser Vorhaben, die Dynamik zu verstehen und das Reglement aus der Dynamik heraus zu begründen. Halten wir die Grundaufgaben fest, die eine stationäre Therapieinstitution zu erfüllen hat:

- Ernährung und materieller Austausch mit Außerhalb, Bewahren und Erneuern der materiellen Basis wie Kleidung und Wohnung;
- Fürsorge: Gruppenklima, Kontrolle usw.;

- Abgrenzung und Autonomie, individuelle Förderung, Differenzieren von Bindung und Abgrenzung;
- Ideeller Austausch nach außen: mit Familienangehörigen, Partnern, Freunden/innnen, Scene; Fernsehen usw.;
- Aufnehmen neuer Mitglieder, sie fördern und wieder verabschieden;
- Erhalten, Erneuern und Weiterentwickeln von Strukturen.

Fünf Grundprozesse der stationären Therapieinstitution

Um in dieser Fülle von Dynamik Orientierung zu schaffen, werden wir uns jetzt mit fünf Grundprozessen beschäftigen, von denen Struktur und Lebendigkeit einer stationären Therapieinstitution abhängen. Der erste Grundprozeß lautet:

I. Entwicklung und Koentwicklung zwischen Klientel und Team vs. totale Institution

Das geringe Maß an Tradition, das eine stationäre Therapieinstitution ausbilden kann, gibt dem Team eine besondere Aufgabe, die langfristigen Interessen der Institution zu sichern. Daraus erwächst die Gefahr, daß das Team mit der Institution erstarrt und die therapeutische Beziehung so entleert, daß sie eher die Erfahrung von Sinnlosigkeit erneuert.

Eine Institution ist nur solange lebendig, wie sie ihre Komplexität zu bestätigen und weiter zu entfalten versteht: „Die Entfaltung von Komplexität“ entsteht „aus der Ko-Evolution von Organismus und Umwelt auf allen Ebenen des Systems.“[2] In unserem stationären Setting sind das Mitarbeiterteam das Milieu der Süchtigen und die Süchtigen das Milieu des Teams. Der Gesamtprozeß der Einrichtung bestimmt sich aus diesem ständigen kreativen wechselseitigen Anpassungsprozeß, der einmal den Therapieprozeß seiner Klienten und zum anderen einen Entwicklungsprozeß der Einrichtung bzw. des Teams bedeutet. Kein Klient durchläuft dieselbe therapeutische Einrichtung.

Im Herz der stationären psychotherapeutischen Behandlung finden wir eine Dynamik vor, die sich aus der Begegnung von süchtiger und therapeutischer Beziehungsstruktur ergibt. Ihr Miteinanderringen bestimmt Lebendigkeit und Lähmung der Institution und prägt sie bis ins Detail. Diesem Ringen ist alles andere untergeordnet und als Ausdruck dieser Begegnung zu betrachten. (Siehe Skizze.)

Nach allem, was wir über die süchtige Beziehungsdynamik und der ihr entspringenden Schismogenese in Erfahrung gebracht haben, werden wir ihr Wirken nicht vermeiden oder gar ausmerzen können. Räumen wir ihr lieber den ihr angemessenen Platz ein. Es kommt nicht darauf an, unbedingt chaotische und kontraproduktive Entwicklungen zu vermeiden, sondern zu gewährleisten, daß sie in die Begegnung mit dem therapeutischen Beziehungsangebot einmünden.

Die Potenz eines therapeutischen Teams ist dort zu suchen, wo es offen bleibt für Implikationen und Konsequenzen seiner Vorgaben und Handlungen, die es entsprechend seiner Interessen, seiner Qualifikation, seines Arbeitsstils und seiner Bedingungen seitens des Trägers, des Kostenträgers u.a. zu treffen hat; wo das Team soweit irgend möglich darauf verzichtet, das negative Produkt seiner Arbeit durch Ausgrenzung zu 'beseitigen'. Immer mit einem Auge die Dinge aus dem Gesamt der Institution betrachtend, als wären alle Geschehnisse Ausdruck der konkreten therapeutischen Beziehung bzw. der Entwicklung und Koentwicklung von Team und Gruppe und damit

2 ebenda S. 321

mitgestaltete Wirklichkeit der Therapeuten, finden wir zu einer produktiven Einstellung auch für unsere eigene Entwicklung. In dieser Hinsicht ist es kreativ, das Gesamt der Institution und ihrer Geschehnisse als Selbst der Therapeuten anzuschauen, als Spiegel ihrer Einstellungen und Handlungen.

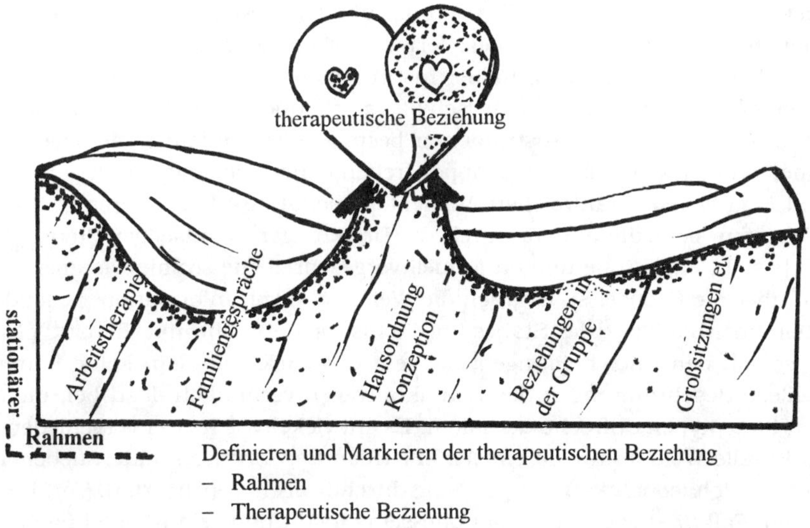

Abbildung 2-II: Begegnen der süchtigen und der therapeutischen Beziehungsstruktur in der stationären Institution.

Ein solcher Standpunkt verhilft dem Team zu einer lebendigen, kreativen Anpassung an ihre Klienten, sich konstruktiv und vertrauensvoll miteinander zu entwickeln und ein Reizklima zur Weiterentwicklung seiner Kompetenz zu erhalten. Ich arbeite in der Überzeugung, daß eine psychotherapeutische Behandlung im Rahmen einer stationären Institution nur in einem Klima gelingt, wo Therapeuten, Team und Institution ihre eigene Entwicklung in Gang halten und Koentwicklungen bei ihren Klienten und der Gesamtgruppe initiieren. Und auch umgekehrt gilt: Die Entwicklung des einzelnen Klienten wie die der gesamte Gruppe werden von einer Koentwicklung von Therapeuten/ Team/ Institution begleitet. Beide Entwicklungslinien sind aneinander gekoppelt und verlangen, daß die Institution ihr Klientel immer wieder neu entdeckt, erforscht und begegnet. Für die Institution und seine Klienten sind weniger die Wahrheiten und Überzeugungen bedeutsam, die ein Team verfolgt, als vielmehr, daß dieser Prozeß von Entwicklung und Koentwicklung lebendig bleibt. Dieser Prozeß lebt von Begegnungen, die den Therapeuten wie sein Gegenüber anregen.

Diese lebendige, konstruktive Verzahnung von Entwicklung und Koentwicklung ist den anderen Grundprozessen übergeordnet und kalibriert, kypernetisch betrachtet, die übrigen Regelprozesse. Annehmen oder Ablehnen dieser innigen Verzahnung durch das Mitarbeiterteam bestimmen Lebendigkeit und Atmosphäre der Einrichtung, Aufmerksamkeit, Interesse und Selbstbewußtheit der Mitarbeiter. Ein bewußtes Annehmen dieser Bezogenheit schließt ein grundsätzliches Bejahen ihres Klientels durch die Institution und seine Mitarbeiter ein. Dieses grundsätzliche Ja der Institution und ihrer Mitarbeiter zu menschlicher Beziehung ist von besonderer Bedeutung angesichts der Zweifel und Verneinung, die der Süchtige menschlicher Beziehung gegenüber vorbringt.

Die totale Institution ist das tote oder halbtote Gegenstück. In der totalen Institution sind beide Entwicklungen voneinander abgekoppelt und erstarren. „Eine totale Institution läßt sich als Wohn- und Arbeitsstätte einer Vielzahl ähnlich gestellter Individuen definieren, die für längere Zeit von der übrigen Gesellschaft abgeschnitten sind und miteinander ein abgeschlossenes, formal reglementiertes Leben führen." GOFFMAN sieht als zentrales Merkmal totaler Institutionen, daß die Schranken, die normalerweise die Lebensbereiche, wo man schläft, spielt und arbeitet, voneinander trennt, aufgehoben sind: „In totalen Institutionen besteht eine fundamentale Trennung zwischen einer großen, gemanagten Gruppe, treffend „Insassen" genannt, auf der einen Seite, und dem weniger zahlreichen Aufsichtspersonal auf der anderen. (...) Jede der beiden Gruppen sieht die andere durch die Brille enger, feindseliger Stereotypien. In der Regel besteht eine große und oft formell vorgeschriebene soziale Distanz." „Wie das Gespräch über die Grenze, so ist auch die Weitergabe von Information, besonders von Information über die Pläne des Stabes für die Insassen, beschränkt. Es ist typisch, daß der Insasse von den Entscheidungen, die sein Geschick betreffen, keine Kenntnis erhält. All diese Beschränkungen des Kontakts tragen vermutlich dazu bei, die antagonistischen Stereotypen aufrechtzuerhalten. Es entwickeln sich zwei verschiedene soziale und kulturelle Welten, die mit einigen offiziellen Berührungspunkten nebeneinander her bestehen, sich jedoch kaum gegenseitig durchdringen."[3] (Hhg .d. d. Verf.)

In diesem Fall produziert ein Team und seine Institution sein Klientel nach fixierten Etiketten. ROSENHAHN konnte durch seine Experimente nachweisen, daß eine totale Institution nicht nur die Wahrnehmung ihrer Mitarbeiter einschränkt und unfähig wird, gesundes und „krankes" Verhalten zu unterscheiden, sondern mehr noch: Sie ist so mächtig, daß sie in wenigen Tagen - hält es sich in einem entsprechenden institutionellen Kontext auf - die psychischen Symptome ihres Klientels bei einer gesunden Population von Betreuungspersonal produziert! Ein solches Ergebnis sollte uns nachdenklich stimmen. Es ist beunruhigend, wie weitgehend totale Institutionen Wahrnehmen und Handeln ihrer Mitglieder fixieren und selbstproduzierte arte facte behandeln. Unter diesen Umständen ist jede therapeutische Beziehung tot und unproduktiv.

Auch eine Fachklinik für Suchtkranke wie die Therapeutische Gemeinschaft ist in ihrer Anlage eine totale Institution, und nur ein schmaler Grat trennt sie vom Abgrund. Nicht viel mehr als die eben skizzierte Einstellung, alle Ereignisse der Institution - die produktiven wie die kontraproduktiven - als Ausdruck der wirklichen therapeutischen Beziehung anzusehen. Eine solche Haltung versetzt den Therapeuten in ein lebendiges Verhältnis zu seinem Gegenüber wie zur Institution. Nur eine solche schützt Institution wie Mitarbeiter vor einer „chronischen Gegenübertragung". Das Augenmerk des Teams sollte diesem Prozeß von Entwicklung und Koentwicklung gewidmet sein. Nur dieser Fokus gewährleistet, eine Balance zu finden, und hilft, von hilflos ängstlichem Kontrollieren wegzukommen, um statt dessen die eigene Produktivität zu entfalten und ihr zu vertrauen, als auch die eigene Kontraproduktivität weder zu verleugnen noch auf den Stigmatisierten zu projizieren.

3 E.GOFFMAN, Asyle, edition suhrkamp Frankfurt a.M. 1973, S. 11 u.18ff

II. Unterschiede benennen - Konflikt wagen - Beziehungen neu definieren - bestätigen und versöhnen

Der zweite Grundprozeß stützt sich auf das selbstorganisierende Potential sozialer Gruppen. Selbstorganisierende Prozesse sind beständig und nicht endend. Er beherrscht Mikro- und Makrozyklen der sozialen Institution. Er ist für soziale Systeme fundamental, als er Struktur und Komplexität der Gemeinschaft bewahrt, erneuert, Komplexität anreichert und Strukturen weiter ausdifferenziert. Dieser zweite Grundprozeß wirkt strukturbildend.

Wir wissen aus Erfahrung, daß dieser selbstorganisierende Prozeß in der stationären Suchtbehandlung immer wieder zyklisch zum Erliegen kommt. Bei Gruppenkonflikten sieht es dann im ersten Moment so aus, als ginge es um ein handfestes physikalisches Ding, ein Paar Jeans oder eine leergetrunkene Colaflasche, denn um menschliche Beziehungen - so verfremdet können menschliche Beziehungen erscheinen. Im Verlauf des Gruppenprozesses kann man miterleben, wie sich dieses äußere Ding zu lebendigen menschlichen Beziehungen 'auflöst'.

Die Institution, ihre Strukturen, ihre Atmosphäre und ihr therapeutisches Potential degenerieren, wenn wir diesen Prozeß nicht in Gang halten können. An der Fähigkeit des Teams, mit Hilfe der Gruppe diesen Prozeß der Erneuerung aufrechtzuerhalten und als Hebamme zu begleiten, entscheidet sich das therapeutische Potential einer Therapieinstitution. Mit anderen Worten, die gesunden Kräfte am Leben zu erhalten und Sorge zu tragen, daß sie die Oberhand behalten, ist die erste Aufgabe des Teams.

Wenn wir auf diesen selbstorganisierenden Prozeß setzen, tragen wir ein Bejahen menschlicher Beziehung in der Mittelpunkt der Gemeinschaft hinein. Unsere Klienten erleben, daß es sich lohnt, auf Menschen zu setzen und menschliche Beziehungen zu meistern. Solidarität und Autonomie, Verantwortung und Selbständigkeit, Verbundenheit und Identität werden in diesem Prozeß erfahrbar.

Dieser zweite Grundprozeß steht also für die heilende Potenz, die soziale Gruppen entfalten können. Dieser Prozeß ist Ausdruck einer beständigen Beziehungsleistung, deren Schritte sind: Unterschiede benennen, Konflikt wagen, Beziehungen neu definieren, bestätigen und versöhnen. Die süchtige Beziehungsstruktur untergräbt diese Beziehungsleistung, kann diesen zweiten Grundprozeß zum Erlahmen bringen und durch ein Klima chronischer Grenzverletzungen ersetzt. Zu dieser Potenz gehört die Fähigkeit, über homöostatische Mechanismen zu verfügen, die Konflikte suchen, aber auch eingrenzen und lösen können. Der zweite Grundprozeß ist ein psychosozialer Prozeß der Differenzierung, und wir werden schildern, wie wir dieses Potential nutzen werden gegen den Sog der Entdifferenzierung durch die süchtige Beziehungsstruktur.

Entfalten dieser Gruppenpotenz ist unabdingbar für jede lebendige therapeutische Institution. Die totale Institution erweist sich als unfähig, diesen zweiten Grundprozeß zu hüten und sein Potential zu nutzen. Sie wird ihn fürchten als Revolte, Widerstand und Gruppenegoismus. Es reicht auch nicht hin, sich ein Lippenbekenntnis abzuringen. Der zweite Grundprozeß verlangt organisatorische Strukturen der stationären Institution, die geeignet sind, diesen Prozeß zu institutionalisieren. Unabdingbar sind echte Mitverantwortung der „Insassen", Mitspracherecht und eine Praxis der Mitentscheidung. Organisatorisch sind Organe der eigenen Entscheidungsfindung notwendig, die eng verbunden sind mit Entscheidungsprozessen, die unter den Mitarbeitern stattfinden.

Bei uns gibt es ein Geflecht von Einrichtungen. Einige Sitzungen finden unter der Regie unserer Klienten statt: Zentral sind unsere „Haussitzungen“, an denen alle Klienten teilnehmen und in beobachtender Rolle Mitarbeiter. Es gibt die intimeren Sitzungen in eigener Regie der Klientengruppen aus den jeweiligen Stufen und ein besonderes Entscheidungsorgan, das unsere erfahrenen Klienten bilden, das in ständigem Kontakt zu uns Mitarbeitern steht und in einer unserer wöchentlichen Teamsitzungen fest vertreten ist. Die Entscheidungsstränge gehen zusammen in den Gesamtgruppensitzungen, die von allen Klienten wie Mitarbeitern getragen werden. Entscheidend ist, daß wir auf diese Weise ein permanentes Begegnen und Aushandeln zwischen allen Beteiligten anregen, und nun unsere Klienten miteinander austragen und aushandeln, was gerne durch die Aufspaltung zwischen Klient und Mitarbeiter aufgegeben wird: Verantwortung für Therapie und Widerstand. So entsteht ein durch und durch dynamisches Geschehen, das soziale Differenzierung in allen Bereichen gewährleistet.

Dieser zweite Grundprozeß ist wichtig genug, um auf ein Fallbeispiel zu sprechen zu kommen. Es dreht sich um einen Versuch, diesen selbstorganisierenden Grundprozeß in einer Gemeinschaft zu verankern.

Kommen wir auf die Ausgangssituation zu sprechen. Es handelt sich um unsere Nachsorgewohngruppe, zehn Plätze, auf zwei Stockwerke verteilt. Im dritten Stock ist unsere letzte Stufe des stationären Therapieprogramms untergebracht. Das ist insofern von Bedeutung, als Stufe 4 und Nachsorge zwar organisatorisch getrennt sind, aber über die Stockwerke hinweg regen Kontakt pflegen. Wenn es nun um Scene und Rückfall geht, so ist meist das ganze Haus betroffen. Trotz beständiger Bemühungen war es uns nicht gelungen, diese Klienten und Bewohner - im besonderen der Nachsorge - zur Mitverantwortung zu gewinnen. So bestand immer die Gefahr, daß die Gruppe zwischen sich und uns Mitarbeitern aufspalten konnte, wir waren dann zuständig für Kontrolle der Drogenfreiheit, Verantwortung, Beziehungsklärungen, Sauberkeit, während sie sich gegen uns verschwören konnten, wofür sich immer Anlässe finden.

Es erreichte in der Nachsorge seinen Höhepunkt, als meine Kollegin und ich wutentbrannt eine Nachsorgesitzung verließen und unsere Zusammenarbeit aufkündigten, da keine Bereitschaft zuerkennen war, eklatante Ungereimtheit, Umgangsstil und Beziehungsprobleme zu klären. Das war die Initialzündung dramatischer Ereignisse. Ein Montag. Wir verlangten einen neuen Termin in dieser Woche.

Am Mittwoch gestand uns ein Mitbewohner Heroinrückfälle ein, die bis zu fünf Wochen zurückreichten. Er wurde entlassen. Am Donnerstag hatten wir soviel „Beweismaterial“, daß wir drei weitere sofort entließen, da sie nicht die geringste Bereitschaft zeigten, die Dinge auf den Tisch zu legen. Die meisten Bewohner aller drei Stockwerke - wir hatten nun für Donnerstag eine gemeinsame Sitzung anberaumt - waren verstrickt oder hatten selbst Rückfälle mit Alkohol eingestanden. Für alle Beteiligten schockierend. Unser erster „Schachzug“ war, daß wir noch an diesem Abend die unbescholtenen Mitbewohner gemeinsam mit uns urteilen ließen, unter welchen Bedingungen sie dableiben dürften, welche Aufgaben sie erhielten etc. Zu erwähnen ist noch, daß wir, um eine Chance zu haben, die Mauer der Verschwörung zu durchdringen, an jenem Donnerstag für die restlichen Bewohner eine Amnestie angeboten hatten, also auch bei Rückfällen von Entlassungen absehen wollten, soweit Drogen nicht ins Haus gebracht wurden. So kam es, daß auch der eine oder andere Rückfälle wie Biertrinken „aufmachte“.

Der 'positionelle Vorteil' bestand darin, daß wir an dieser einen Stelle die Aufspaltung zwischen Bewohnern und Mitarbeitern hinsichtlich Kontrolle und Verantwortung aufheben konnten unter dem Eindruck, daß sie selbst bedroht waren. Das gab unserem Anliegen noch lange keine starke Position, aber eben so viel, daß wir hier den Hebel ansetzen konnten. Keine zwei Wochen später wurde ein Mitbewohner, der gerade von unserer Stufe 4 in die Nachsorge gewechselt hatte und der Alkoholrückfälle zugeben mußte, heroinrückfällig. Ein Mitbewohner bewegte ihn, diesen Rückfall uns einzugestehen. Wir mußten ihn nach all den Ereignissen entlassen. Infolge dieses Ereignisses kamen weitere Dinge ins

Rollen. Es wurde nun bekannt, daß noch immer nicht alle Rückfälle offengelegt waren. Um jene Amnestie nicht sinnlos zu machen, mußten wir nun zwei weitere entlassen, auch wenn es sich um vergleichsweise geringfügigere und weiter zurückliegende Ereignisse gehandelt hatte (Weinkonsum während einer Heimfahrt).

Jener kleine Vorteil machte sich nun darin bemerkbar, daß die Bewohner diesmal ihre Verschworenheit aufkündigten. Da die beiden als angeblich Unbescholtene über andere Mitbewohner mitgeurteilt hatten, spürten alle diese Unredlichkeit und waren daher bereit, Stellung zu beziehen. Den beiden wurde auferlegt, bis Wochenfrist auszuziehen, was in dieser Situation kulant war.

Noch sind wir nicht am Ende der Ereignisse angelangt. In diesen Tagen erhielten wir nochmals konkrete Hinweise, daß es trotz Amnestie und unserer bohrenden Nachforschungen noch immer Heimlichkeiten über Rückfälle gab. Und der Logik unseres Handelns nach standen nun wenigstens zwei weitere Entlassungen an. Sollten wir dies tun? Selbstverständlich, alles sprach dafür, die Logik unseres Handelns und unsere Glaubwürdigkeit verlangten dies von uns. Wir taten es nicht. Im Gegenteil, wir nahmen jetzt die Entlassung der letzten beiden sogar noch im letzten Moment vor ihrem Auszug zurück! Was für ein Teufel hatte uns da geritten?

Ich kann mich genau an jene Teamsitzung, an der wir beratschlagten, erinnern: Wir waren vom wochenlangen Kämpfen müde, erschöpft, kraftlos, melancholisch, unsere Wut war verbraucht, hatten einige Abende und eine halbe Nacht der Konfliktbewältigung hinter uns, waren gerade vorsichtig dabei, mit den Verbliebenen ein neues Verhältnis anzuknüpfen, die Atmosphäre hatte sich spürbar verändert, kurz, wir hatten die Rolle der Verfolger satt, wir wollten sie einfach nicht weiter einnehmen. Wir fühlten uns als Teil einer Maschinerie, die wir in Gang gesetzt hatten und deren Logik wir jetzt folgen mußten.

Wir taten nun also nicht, was wir tun mußten, wir gaben auf und zwar auf folgende Weise: Wir beriefen für den Abend eine gemeinsame Sitzung aller drei Stockwerke ein und erklärten uns außerstande, wie bisher weiterzumachen, nachdem nun erneut Verdacht aufgekommen war. Das Vertrauen sei zerstört. Jetzt sei es allein ihre Sache, dieses Vertrauen wiederherzustellen durch restlose Aufklärung aller Geheimnisse. Ansonsten würden wir die Nachsorge auflösen. Sei hätten dafür - es war wieder ein Donnerstag - bis Dienstag Zeit. Wir teilten mit, daß wir wiederum zwei weitere entlassen müßten. So könnten wir nicht weiter machen. Es täte uns leid, daß es auch Bewohner träfe, die womöglich unbescholten wären. Wir seien aber nicht mehr in der Lage zuverlässig genug zwischen Vertrauenswürdigen und denen, die „linken“, zu unterscheiden. Wenn sie es allerdings schaffen würden, alles aufzuklären und eine Basis für ein neues Vertrauensverhältnis herzustellen, so seien wir bereit, mit der ganzen Mannschaft, so wie sie da sitze, weiterzumachen, auch mit den beiden, die heute abend hätten ausziehen müssen.

Wir konnten nach der Vorbereitung sicher sein, daß dies der beste Weg war, die Moral in der Gruppe wiederherzustellen und sie durch die Bewohner selbst besetzen zu lassen. Das war in jedem Fall wertvoller und sicherer, als mit einer dezimierten, demoralisierten, letztlich doch an uns und ihrer Zukunft zweifelnden Gruppe weiterzumachen. Unser Vorgehen kam an. Am Dienstag konnte ein intensives und von Offenheit geprägtes Gespräch stattfinden, das frei war von jenen Aufspaltungen, wie wir sie vorher gewohnt waren. Es wurden nun nochmals einige Dinge preisgegeben. Sie berichteten, daß sie während dieser Tage sehr viel gemeinsam gemacht hätten, und schienen verwundert über die positiven Änderungen, die sie an sich oder anderen bemerkten. Die Bewohner sprachen über ihr Bedürfnis, ihre Erfahrung den Nachkommenden weiterzureichen und sich besser gegen Scene zu schützen. Wir erklärten uns schließlich zu Zusammenarbeit bereit und baten sie, sie möchten sich diese Erfahrungen schriftlich notieren in einer Form, daß sie Grundlage für die Gemeinschaft sein könnten.

Als wir uns eine Woche später erneut trafen, hatten sie ein konkretes, detailliertes Papier erarbeitet, das unsere Erwartungen erfüllte. Was nun mit diesen ihren Erfahrungen tun? Wie sich schützen? Wie konnten sie ihre Erfahrung weitergeben? Wir schlugen vor, uns alle vier Wochen zu treffen, um darüber zu beraten, ob gemäß ihrer Punkte Anlaß zur Beunruhigung bestünde, ob wir das eine oder andere klären müßten etc. Nun war Verbindlichkeit entstanden, die zur beständigen Beziehungsarbeit verpflichtete, in einem Augenblick, da die Gruppe für einige Momente ihre Spaltung überwunden hatte und Leben und Verantwortung zusammenfallen konnten. Die selbstorganisierende Kraft der Gruppe hatte sich Bahn gebrochen, einen Rahmen geschaffen und sich institutionalisiert.

III. Destillieren der therapeutischen Beziehung aus dem Gesamt der Institution

Während die bisherigen beiden Grundprozesse für jede therapeutische Institution gelten, schafft der dritte Grundprozeß die engeren Voraussetzungen, innerhalb der stationären Therapieinstitution psychotherapeutisch zu arbeiten. Dieser Grundprozeß hat zum Ziel, die therapeutische Beziehung aus dem Gesamt der Institution herauszudestillieren. Werfen wir nochmals einen Blick auf die letzte Abbildung. Die angedeutete Landschaft steht für das Gesamt der Therapieinstitution, ihre Aktivitäten und Geschehnisse. Diese Landschaft kann immer nur ein Ausschnitt sein aus dem Gesamt der Lebensbezüge des Klienten, wobei im Rahmen der Institution die relevanten vertreten sein sollten. Es ist dieser Rahmen, der einen Unterschied zur bisherigen Lebensweise markiert und der ermöglicht, daß der süchtige Klient ein neues Verhältnis zu seiner 'Lebenslandschaft' entwickelt und sich darin neu organisiert. Aus diesem Gesamt von Aufgaben, Arbeiten, Bezügen und Begegnungen sollte eine tragfähige therapeutische Beziehung entstehen.

„Die Psychotherapie kann dem Patienten nicht Urlaub vom Leben geben, da sie selbst ein Stück des Lebens ist.“[4] Stationäre Psychotherapie muß den Rahmen der Institution so definieren, daß diese Landschaft ein wesentliches Stück seines Lebens einschließt. Es kann daher auch nicht sinnvoll sein, daß Regression, also ein Zurückweichen auf frühere Entwicklungsstadien, Mittel der stationären Psychotherapie sind, sondern ein Neubewerten und Neuorganisieren der Lebenslandschaft von einem Standpunkt aus, der Hier und Jetzt angesiedelt ist und Zuständigkeit und Verantwortlichkeit einfordert. Der Süchtige kommt aus einer Lebenskrise zu uns, und es ist nicht Aufgabe der therapeutischen Beziehung ihn vor derselben zu schützen, als vielmehr ihm nahezulegen, seine Lebenskrise wahr- und als die seine anzunehmen. Motivation entsteht aus der Konfrontation mit seiner Lebenskrise unter menschlichem Beistand und einer solchen Perspektive, daß ihr Wahrnehmen zur Bewältigung herausfordert.

Leider liegen die Dinge etwas schwieriger. Der Süchtige sieht diese Lebenslandschaft nicht als die seine an. Er bestreitet dies. Mehr noch, seine Lebensäußerungen sind verstreut und oft verborgen in viele Situationen und Beziehungsfetzen. Erst der therapeutische Rahmen setzt einen Bezugspunkt, diese Splitter in Bezug zu setzen und „Affekt, Impuls, Abwehr“ zu verknüpfen. Mit anderen Worten, der Süchtige kommt in einer Verfassung zu uns, wo er sich einer psychotherapeutischen Beziehung nicht gewachsen fühlt und sie zurückweist. Gerade aus diesem Grund gibt es oft nur den einen Weg, für befristete Zeit sein Leben im stationären Rahmen „unter Kontrolle“ zu bringen. Er gewinnt Selbstkontrolle in dem Maße zurück, wie er bereit ist, auf menschliche Beziehung zu setzen und seine Lebenskrise anzunehmen. Der dritte Grundprozeß, sein Herausdestillieren der therapeutischen Beziehung aus dieser Lebenslandschaft, ist eng verknüpft mit dem Individuationsprozeß, der ja gleichfalls Begegnen und Aneignen des Lebenskontextes bedeutet und zwar so, daß sich das Individuum als bezogenes Zentrum darin wahrnehmen kann.

Der Dialog in der therapeutischen Beziehung ist das Agens der stationären Psychotherapie. Dieser Dialog fußt auf dem ersten Grundprozeß von Entwicklung und Ko-Entwicklung und nimmt hier in der therapeutischen Beziehung eine persönliche Gestalt an. Psychoanalytisch gesprochen zielt dieser dritte Grundprozeß darauf ab, das

4 M.SPERBER, Individuum und Gesellschaft, Klett-Cotta Verlag Stuttgart, 1978, S.279

Übertragungs-Gegenübertragungsgeschehen gemeinsam zu bewältigen. Die Fähigkeit zur dyadischen Beziehung steht hier am Ende des therapeutischen stationären Prozesses und stellt eine Leistung fortschreitender Individuierung dar. Der therapeutische Rahmen, den die Institution absteckt, ist nicht Selbstzweck, sondern Teil eines dynamischen Beziehungsgeschehens, um an den individuellen Prozeß heranzukommen.

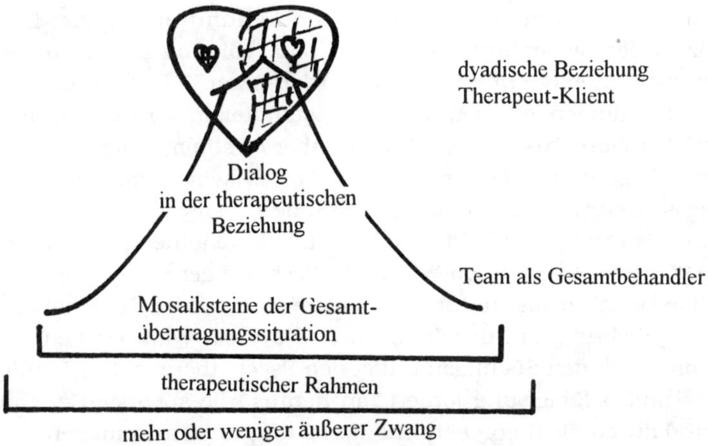

Abbildung 3-II: Herausdestillieren der therapeutischen Beziehung. Der dritte Grundprozeß.

Seine Unbezogenheit läßt den Süchtigen seinen psychosozialen Kontext kaum anders wahrnehmen denn als äußeren nackten Zwang, seien dies Krankheit, Leiden, Todesgefahr, Druck von Partnern, Eltern, Freunden oder durch Staatsanwälte und Gerichte. Sein erster Schritt besteht darin, sich auf den Rahmen der stationären Institution einzulassen und hierin das Mosaik seiner Lebenslandschaft zu entdecken. Der Weg führt weiter zur Begegnung in der therapeutischen Beziehung und zu einem freieren Annehmen und Bejahen menschlicher Beziehung. Jetzt kann unser Gegenüber die *Bedingungen menschlicher Begegnung* selbst gestalten. *Der stationäre Rahmen hat also eine dynamische Funktion.* Er ermöglicht und stützt die therapeutische Beziehung - die an der Unfähigkeit zu wirklich dialogischer Kommunikation, an der Neigung des Süchtigen zur triadischen Beziehungsdynamik (s. Kap.10 u.15) zunächst scheitern würde - bis die dialogische Fähigkeit tragfähig ist.

Dieser Rahmen ist das äußere Gerüst der Therapie: *Die Einhaltung des therapeutischen Rahmens ist gewissermaßen die Grundregel der stationären Psychotherapie*: „Zum Rahmen gehört die Respektierung der Hausordnung, die Einhaltung von Therapiezeiten, die uneingeschränkte Mitarbeit in den Behandlungen, die Aufrechterhaltung eines förderlichen zwischenmenschlichen Klimas auf der Station und die Wahrung der Unverletzlichkeit der persönlichen, speziell auch der körperlichen Sphäre in Auseinandersetzungen." Der therapeutische Rahmen wird „zum Kristallisationspunkt des therapeutischen Prozesses. Er wird auch zum Übertragungsauslöser in der Beziehung zum psychotherapeutischen Team. Und er wird zum Prüfstein, an dem sich der Dialog brechen kann und an dem sich die Tragfähigkeit der Beziehung erweist."[5]

Entscheidend scheint mir: Die Verpflichtung aller Beteiligten auf einen therapeuti-

5 ebenda S. 58f.

schen Rahmen stellt eine Bezogenheit her, die Beziehungsrealität einzufangen vermag und einem 'regressiven Sog' entgegen wirkt. Wenn dieser Rahmen auch formal fixiert ist, so ist er doch als „Kristallisationspunkt" eines dynamischen Geschehens zu betrachten, in den die Institution in ihrer Gesamtheit einbezogen ist.

Die entscheidende Aufgabe, die therapeutische Beziehung aus dem Gesamt der Therapieinstitution herauszudestillieren, gibt dem Team eine neue Aufgabenstellung, die KNOKE treffend „*das Team als Gesamtbehandler*" nannte: Er verlangt ein solches Konzept der Behandlung, worin das *Team* „die Integrationsarbeit primär" leistet, „die dann vom Patienten übernommen werden kann."[6] Er fügt daher hinzu: „Der Umgang mit dem Rahmen ist der wichtigste Bestandteil in der Langzeittherapie."

Wir werden diese Aussage relativieren. Aber es stimmt: Ohne sorgsamen und therapeutischen Umgang mit diesem Rahmen gibt es kein Herankommen an die süchtige Beziehungsstruktur, an die darin eingefrorene Lebensangst, Beziehungsverweigerung, Verneinung, Mißtrauen und Destruktion. Die Psychotherapie ginge daran vorbei ins Leere, verkäme entgegen ihrem Willen als Rechtfertiger von Sucht. Sie baute, ohne an die süchtige Beziehungsstruktur heranzukommen, in der Suchtbehandlung auf Sand. Erst die Verpflichtung auf den Rahmen und auf ein Wahrnehmen und Begegnen der Destruktion durch den Süchtigen bringt den Psychotherapeut in *Berührung* mit seinem Gegenüber und befähigt und fordert ihn heraus, die süchtige Beziehungsstruktur innerhalb und durch die therapeutische Beziehung zu transformieren.

Dabei sieht er sich gezwungen, selbst die Integrationsarbeit all der abgespaltenen und zusammengetragenen Aspekte zu vollziehen, um sein Gegenüber mit dieser Aufgabe zu beauftragen. Über weite Strecken der Behandlung gelingt dies nur als Gesamtleistung des Mitarbeiterteams unter Einbeziehung der Mitklienten. Durch seine Wahrnehmungs-, Konflikt- und Integrationsfähigkeit allein schafft es die Voraussetzungen, eine solche Transformation einzuleiten. KRYSTAL und RASKIN verlangen eine ebensolche integrierende Rolle des therapeutischen Teams: „...eine wichtige psychotherapeutische Aufgabe der „Haupttherapeuten" bei einem bestimmten Patienten besteht darin, alle Informationen über die Übertragungswiderstände, die gegenüber allen seinen Assistenten ausagiert oder ausgesprochen werden, zu sammeln und diese als gegen ihn gerichtet zu betrachten. Deutungen, die alle Übertragungsfragmente einbeziehen, ermöglichen dem Patienten, durch einen mit der Trauerarbeit vergleichbaren Prozeß einheitliche Objekt-Repräsentanzen zu bilden."[7]

Wir werden zeigen, wie wir diesen therapeutischen Rahmen erhalten und mit ihm konstruktiv arbeiten. Das kann nur gewährleistet werden, wenn wir den Rahmen dynamisch auffassen und als Teil des stationären Gruppenprozesses begreifen. Eine grundlegende therapeutische Aufgabe in Bezug auf den Gruppenprozeß gehört daher zu diesem Grundprozeß: *Die Aufgabe, den therapeutischen Kontext zu markieren und die therapeutische Beziehung auf grundsätzlicher Ebene zu definieren.* Auch auf diese Aufgabe werden wir ausführlich eingehen.

Das Beziehungsgeschehen von Übertragung und Gegenübertragung kristallisiert sich im stationären Setting an der Stelle heraus, wo das therapeutische und reale Beziehungsgeschehen aufeinandertreffen. Der Rahmen verpflichtet Therapeuten wie Kli-

---

6 M.KNOKE, Psychoanalytisch orientierte Langzeittherapie in der Klinik, S.131, in: H.SCHEPANK, W.TRESS (Hersg.) ebenda

7 H.KRYSTAL, H.A.RASKIN: Drogensucht - Aspekte der Ich-Funktion, Vandenhoeck&Ruprecht, Göttingen, 1983, S. 61.

enten. Für beide ist er Auslöser von Übertragungen und Gegenübertragungen. Für beide ist er Ansatzpunkt, Abwertung und Machtvorbehalt, die Beziehung zu definieren, einzusetzen, beide können den Rahmen „instrumentalisieren“ und so beiderseits therapeutische Beziehung verweigern. Daher mahnen v.EVERS und TRESS: „Die Problemantisierung des Rahmens ist therapeutischer Bestandteil eines stationären Gruppenprozesses; denn im konkreten Aushandeln trifft sich die Dynamik der Patientengruppe, der Therapiegruppe und des individuellen Therapeuten. Der Rahmen stationärer Therapie *muß* einen weiten Spielraum des andauernden Aushandelns bereitstellen, anstatt ihn unnötig einzuengen.“ Und: „Der Umgang mit dem Rahmen kann nicht nur auf Ewigkeit, für den Prozeß der stationären Therapie *muß* er auf Ewigkeit problematisiert werden dürfen.“[8]

Dies trifft genau unsere Einstellung. Wir finden zu einer in all den alltäglichen Konflikten produktiven Einstellung, wenn wir die vielfältigen Beziehungen des Klienten zu den Mitarbeitern wie Mosaiksteine zu *einer* Übertragung zusammenfügen. Das Gesamt der Übertragungen auf die Mitarbeiter ergibt ein Bild der *Übertragungssitutation*. Indem wir aber die Klientengruppe als Kontext der Therapeuten betrachten, so finden wir die Gegenübertragungs-Situation oder Koabhängigkeit des Teams gegenüber Klient und Klientengruppe nie prägnanter vor als im Umgang oder gar Kampf mit oder gegen den Rahmen. Neben der Institution von Teamsitzungen sind Erfahrung, kritische Reflexionsfähigkeit, offener Umgang und Konfliktfähigkeit im Team und externe Supervision unentbehrlich, um 'in Fluß zu bleiben'. Grundsätzlich erhält die Teamsitzung die Aufgabe, diese integrierende Funktion auszuüben und den psychodynamischen Prozeß und die Gruppendynamik der Gesamtgruppe bildhaft zu verstehen.

ERMANN markiert sehr klar die im Vergleich zum klassischen Rahmen veränderte Einstellung: „Die Beziehungen zum Personal und Mitpatienten erfuhren damit gegenüber dem früheren Übertragungsmonopol der analytischen Zweierbeziehung eine deutliche Aufwertung. Sie wurden tragender und integrativer Bestandteil des psychoanalytischen Prozesses in der Klinik.“ „Die Aufgabe wurde jetzt mehr darin gesehen, durch verstehenden und sprachlichen Umgang mit der Beziehungspathologie einen entwicklungsfördernden Dialog aufzunehmen...(Es) wurde versucht, das Geflecht der vielfältigen Beziehungen, in die diese Behandlungen eingebunden waren, zu durchdringen und zu erkennen, wo ein Patient sich gerade in seinem inneren Prozeß befand und was er mit den einzelnen Mitgliedern des Teams und mit seinen Mitpatienten in der Übertragung inszenierte. Dadurch wurde ein Szenarium zwischen den einzelnen Patienten und den verschiedenen Mitakteuren sichtbar.“[9]

Es gibt nur einen Punkt, worin wir uns unterscheiden. Den Fokus der Aufmerksamkeit widmen wir weniger dem Inhalt der Übertragungssituation, dem Szenarium, wir fokussieren vielmehr das *Wie* des Inszenierens, das implizite Modell der Welt, die implizite Konstruktionsweise und Epistemologie des Süchtigen. Ein Herankommen an die Konstruktionsanweisungen ist es, was hier und jetzt zu erschließen ist.

Gerade dies, einen *entwicklungsfördernden Dialog* aus dem Geflecht vielfältiger Beziehungen herauszuschälen, sollte unsere Abbildung wiedergeben. Der Dialog, in welchen der dritte Grundprozeß einmündet, wird durch das geteilte eine Herz symboli-

8 E.v.EUEN, W.TRESS, Eigenständige psychotherapeutische Kliniken, S.141, in: H.SCHEPANK, W.TRESS (Hrsg..) ebenda

9 M.ERMANN, ebenda S. 54, 57

siert: Dieser Dialog ist ein gemeinsames Miteinanderringen, und weder Therapeut noch Klient sind hinsichtlich Gesundheit und Krankheit, hinsichtlich ihrer Beziehungsstruktur klar voneinander zu trennen. Ich kenne keine kreativere Metapher für die Beziehung des Therapeuten zu seinem Gegenüber, als sie C.G.JUNG in seiner „Psychologie der Übertragung" eingeführt hat: „Dadurch, daß der Arzt mit bereitwilligem Verständnis sich der seelischen Not des Patienten annimmt, exponiert er sich den bedrängenden Inhalten des Unbewußten und setzt sich damit auch deren Induktionswirkung aus. Der Fall beginnt ihn zu beschäftigen. Damit, daß der Patient einen aktivierten Inhalt des Unbewußten an den Arzt heranbringt, wird durch Induktionswirkung auch bei diesem das entsprechende Material konstelliert. Damit befinden sich Arzt und Patient in einer auf gemeinsamer Unbewußtheit beruhenden Beziehung."[10]

Der Therapeut heilt sein Gegenüber, indem er sich selbst heilt. Indem er Lebensangst, Mißtrauen und Destruktion an sich herankommen läßt und zu integrieren lernt und lehrt. Er bleibt nicht außen vor jenem Geschehen, das wir als süchtige Beziehungsstruktur beschrieben haben, sondern steuert eine wirkliche und persönliche Begegnung an: „Denn mit der unbewußten Infektion ist eine nicht zu unterschätzende therapeutische Möglichkeit gegeben, indem sich nämlich damit die Übertragung der Krankheit auf den sie Behandelnden vollzieht." „Diese Einsicht bedeutet zugleich auch die richtige Einstellung zum Patienten. Der Patient geht ihn dann nämlich persönlich etwas an."[11] Den Schlüssel zum inneren Prozeß des Klienten finden wir, wenn wir unserem eigenen „Lebensfluß" treu bleiben. An den therapeutischen Rahmen dürfen wir uns daher nicht einfach wie an ein Schema klammern, *„sondern auch das eigene Handeln zu hinterfragen, eröffnet oft erst den Zugang zum inneren Prozeß der Patienten. Das macht diese Behandlung auch zum persönlichen Abenteuer"*[12].

So wird auch der Fuchs im „Goldenen Vogel" erst erlöst, als der Königssohn am Ende seiner Reise ihn tötet und ihm als Zeichen der 'Erlösung' Kopf und Pfoten abhaut. Der Therapeut selbst wird gekreuzigt. Der Therapeut, der diese symbolische Kreuzigung in Verlauf der therapeutischen Beziehung nicht an sich geschehen lassen kann, geschweige denn herbeiwünscht, ist nicht nur ungeeignet für die psychotherapeutische Behandlung Süchtiger, er ist selbst in seiner seelischen Gesundheit gefährdet. Er wird sich leer und enttäuscht fühlen, klagend oder selbstmitleidig werden, selbstquälerisch oder sadistisch, er wird unbefriedigt bleiben und „ausgebrannt". Dies sind einige der Anzeichen, die eine ernstzunehmende und unbewältigte „Infektion" vermuten lassen, die KERNBERG *chronische Gegenübertragungs-Fixierung*[13] nennt. Der dritte Grundprozeß ist vergeblich, wenn er nicht einen Weg zum „inneren Prozeß der Patienten" weist.

Ich teile uneingeschränkt den Gedanken, den ERMANN hier zugrundelegt: Der Rahmen „eröffnet erst den Zugang zum inneren Prozeß des Patienten", er ist nicht Selbstzweck, sondern vielmehr Voraussetzung, um - wie wir eben formulierten - „an die süchtige Beziehungsstruktur, an die darin eingefrorene Lebensangst und Destruktion heranzukommen", an den inneren Prozeß unseres Gegenüber. Der Rahmen der stationären Psychotherapie ist Voraussetzung, um eine heilende Beziehung in Gang zu setzen, die unser Gegenüber in seiner Existenz zu treffen vermag. Folgerichtig ist auch

---

10 C.G.JUNG, Die Psychologie der Übertragung, Walter-Verlag Olten, Bd. 16, S.187

11 Ebenda S.188f

12 M.ERMANN, ebenda S. 59

13 O.F.KERNBERG, Borderline-Störungen und pathologischer Narzißmus, Suhrkamp Verlag, Frankfurt a. M. 1980, S.81ff

ERMANN bemüht, die „stationäre Langzeitpsychotherapie als psychoanalytischen Prozeß" aufzufassen und zu beschreiben.

Verlangt die Idee, die stationäre Psychotherapie als Prozeß zu verstehen, nicht einen gemeinsamen Prozeß, der all diese Grundprozesse als Aspekte *eines* wirklichen Prozesses erfaßt, der eine allgemeine Bezogenheit aller Aspekte herstellt? Einen Prozeß also, der die Institution in ihrer Gesamtheit wie in ihren Teilen aufeinander bezieht, seien es Team, Gruppe oder die Beziehungen zwischen ihren Mitgliedern? Der daher eine gemeinsame „Welt" zu schaffen vermag, die keine „gemeinsam geschaffene Welt der Sucht" darstellt? Schon unsere vorletzte Abbildung legt nahe, daß wir von einem *ganzheitlichen Therapieraum* ausgehen und seine Spaltung in einen „realen und einen therapeutischen Raum"[14] oder eine „bipolare"[15] oder „bifokale" stationäre Psychotherapie[16] für weniger produktiv ansehen. Ebenso zielt unser Verständnis des therapeutischen Rahmens ab auf „die Verknüpfung der Bereiche des inneren und des äußeren Erlebens zu einem gesamtheitlichen Therapieraum"[17]. Aber gibt es denn ein Kräftefeld im Gesamt der Institution, das erlaubt, von einem *gesamtheitlichen Raum* zu sprechen?

Struktur und Reglement

Entsprechend unserer eingangs genannten Voraussetzung sollten Dynamik und Grenze ineinander wurzeln. Wir hatten uns deshalb zur Aufgabe gestellt, Struktur und Reglement aus der Gruppendynamik heraus zu begründen. Diese Aufgabe wollen wir jetzt nachholen. Wie wir schon angeschnitten hatten, das Reglement der stationären Therapie bietet Möglichkeiten und besondere Gefahren, die die Behandlungssituation belasten und zerstören können.

Wir unterscheiden Struktur und Reglement. *Struktur verstehen wir als Muster der Dynamik*, so wie sich die Wellenstruktur eines Gebirgsbaches im Sand des Flußbettes abbildet. Struktur ist das jeweils augenblickliche Muster, das die Dynamik sozialen Geschehens hinterläßt. Wenn man den Maßstab voller Gewißheit angelegt, bleibt Struktur schillernd; jede Innovation wandelt sie. *Reglement dagegen entspringt dem Bedürfnis, sich Gewißheit zu verschaffen, Strukturen explizit zu definieren, um über den Augenblick hinweg Halt und Sicherheit zu gewährleisten.*

Wir hatten jeden 'Input', jede Konstruktion und Rekonstruktion pragmatischer Information, als strukturbildend definiert. Somit stellt die Struktur eines sozialen Systems ihr *Gesamt an geleisteter Beziehungsdefinition* dar. Dieses Gesamt ist immer in Fluß und kann niemals 'ausdefiniert' werden. Zur Struktur gehören die weicheren wie verfestigteren Strukturen. Aber auch Struktur setzende Strukturen, was sich in der sozialen Hierarchie kundtut - der offiziellen wie der inoffiziellen. Struktur wird von allen Beteiligten gesetzt bzw. verweigert. Somit entscheidet sich Struktur durch die Interaktionen innerhalb des gesamten Systems. Strukturen bestehen nur insoweit, als in den alltäglichen Interaktionen aller Beteiligten wechselseitig Grenzen zwischen Selbst und Anderer gezogen werden.

Wenden wir uns dem Reglement zu. Bei der Behandlung der schismogenetischen

---

14 P.BERNHARD, Stationäre Psychotherapie als Heilverfahren, ebenda S.76

15 H.ENKE, Bipolare Gruppenpsychotherapie als Möglichkeit psychoanalytischer Arbeit in der stationären Psychotherapie. Psychothera Psychosom Med Psychol 15: 116 -121

16 M.POHLEN, Das Münchner Kooperationsmodell. Gruppentherapie in einem neuen klinischen Organisationsmodell. Nervenarzt 44: 476 - 483

17 M.ERMANN, ebenda S. 55

Prozesse kamen wir darauf zu sprechen, daß die Tendenz dahin geht, bis hin zum Verletzen der Grundbedingungen menschlicher Beziehung vorzudringen und anstatt Konflikte kommunikativ auszuhandeln, diese auf Verhaltensebene auszuagieren. Diese Eigenart süchtiger Beziehungsdynamik - die die Institution selbst 'umzukippen' droht - macht es sinnvoll und notwendig, die *Grund- oder Rahmenbedingungen menschlicher Beziehung so eindeutig wie möglich explizit zu definieren.* Jedenfalls wird das Bedürfnis geweckt, mit expliziten, eindeutigen Regeln zu antworten. Zurecht wird in der Therapie mit Drogenabhängigen diesem besonders ausgeprägten Bedürfnis Rechnung getragen.

Grundvoraussetzungen definieren jedes soziale System, und der Süchtige ist darin trainiert, diese herauszuspüren. Dort kann und muß er wirkungsvoll 'intervenieren', um sein Vorbehalten der Beziehungsdefinition durchzusetzen. In Gemeinschaften gibt es Grauzonen, die zwischen sozialen Beziehungen angesiedelt scheinen. Ulrike hatte die Fähigkeit, gerade solche Orte aufzusuchen und sich dort aufzuhalten: Das war vor allem der Raum, den der Türrahmen bildet, wenn die Türe geöffnet ist. Dort strebte sie immer wieder hin, die Verbindlichkeit einer geschlossenen Türe schien sie zu beunruhigen. Dort unter der Tür stand sie dann lange, mit unschlüssigen Gebärden, unfähig, sich in den Raum oder wieder hinaus zu bewegen.

Jene Grundvoraussetzungen hatten wir als „Rahmen" definiert. Wir dürften jetzt besser verstehen, daß der Rahmen in der stationären Psychotherapie die Grundregel der Behandlung bedeutet. Denn er definiert die Rahmenbedingungen menschlicher Begegnung in der Institution und versagt ihr willkürliches Manipulieren. Das ist der sinnvolle Kern des Reglements. Es steckt die Grenzen ab, innerhalb derer Grenzverletzungen aktiver wie passiver Art noch hingenommen werden können, ohne daß sich die Frage stellt, ob die therapeutische Beziehung nicht gekündigt werden muß. Diese explizite Festschreibung ist das Rückgrat des Reglements. Es hat letztlich keinen anderen Sinn, als den im letzten Kapitel definierten pragmatischen Imperativ in Regeln zu fassen. Neben dieser Definition der Fundamentalien therapeutischer Beziehung kommen weitere Bestandteile hinzu: Regelung der Beziehung Institution/Außenwelt und Regelung der Beziehungen innerhalb der therapeutischen Institution, woraus sich eine Entscheidungshierarchie und Gestaltung der Arbeitsteilung ergibt. Art und Weise des Reglements werden letztlich von der Gruppendynamik bestimmt. Es soll helfen, einen adäquaten therapeutischen Kontext herzustellen und zu sichern.

Ein explizites Reglement zur Stützung von Beziehungsdefinitionen tritt um so mehr in den Vordergrund, je größer die Klientengruppe ist, je mehr dieser Gruppe an eigenen Entscheidungen zugestanden wird und je weniger Zeit und Aufmerksamkeit aufgebracht wird, um Beziehungsarbeit zu leisten.

Ein Beispiel: Solange wir die familiären Beziehungen unserer Klienten unbeachtet ließen, solange sah unser Reglement starre Abgrenzungen gegenüber Angehörigen vor. So wie wir es für wichtig erachteten, die Familie in die Therapie hineinzunehmen, wurde dieses Reglement durchlässiger. Wir konnten starre Grenzen und starres Reglement gegenüber den Familienangehörigen ändern, weil wir an ihrer Stelle ein Arbeiten mit den Beziehungen gesetzt hatten. Die Entscheidungen, wo wir lebendige Beziehungsarbeit gegenüber Reglement in den Vordergrund stellen und wo nicht, prägt die Therapieinstitution. Soweit Psychotherapie dort als Refugium in Erscheinung tritt, degeneriert sie zur Sisyphusarbeit.

Da sich das Reglement aus der Dynamik der süchtigen Beziehungsstruktur ergibt, *bleibt dieses Reglement dem therapeutischen Prozeß und der thera-*

peutische Beziehung untergeordnet. Was hier im Kern festgeschrieben wird, ist nur lebendig, soweit es die therapeutische Beziehung fördert und erlebbar macht.

Das Reglement kann in Widerspruch zu strukturbildenden Prozessen treten. Reglement kann hervorragend benutzt werden, um andere zu 'vergewaltigen' und deren Selbstgrenzen zu verletzen. Ja, das Reglement kann Instrument symmetrischer Eskalation werden und als Abwehr gegen Beziehungsdefinition eingesetzt werden. In diesen Fällen dient das Reglement dazu, eine Transformation der Beziehungsstruktur zu verhindern und einen echten therapeutischen Prozeß zu vereiteln. Wir werden das im nächsten Abschnitt daher als Instrumentalisieren der süchtigen Beziehungsstruktur bezeichnen. All zu leicht kann sich das Team verführt sehen, auf diese Option zu setzen: Es läuft dann Gefahr, sein Klientel zu 'vergewaltigen', Selbstgrenzen zu verletzen und eine Situation chronischer Grenzverletzungen zu produzieren. Es ist in Gefahr, seine eigene *Abwehr einer vertrauensvollen Beziehung* zu instrumentalisieren und eine chronische Gegenübertragung zu rationalisieren. Eine solche Situation *ist Ausdruck „struktureller Gewalt" der Institution und ihres gesellschaftlichen Kontextes.* Reglement und seine Befürwortung ist mit Macht und Prestige verbunden für Klient wie Mitarbeiter. So kann die Tendenz zur symmetrischen Eskalation und Zersplitterung ins Team transportiert werden, wie umgekehrt das Team sie der Gruppe weiterreichen kann. So kann das Reglement mißbraucht werden, um den ranghöchsten Prozeß der Institution, Entwicklung und Koentwicklung von Team und Gruppe zu blockieren und dies zu rechtfertigen.

Struktur versus	***Reglement***
Beziehungsdefinition, die immer eine Abgrenzung einschließt:	Mißbrauchen als Abwehr / Widerstand, Verwischen der Grenze:
(a) gesteigertes Wahrnehmen der Selbstgrenze	(a) durch Deflektion / Projektion der Selbstgrenze
(b) positive Selbst- und Fremddefinition	(b) abwehrende negative Definition
Unterscheiden von Selbst / Anderem	Form von Mißtrauen: Allmacht / Ohnmacht
Schöpfen von Beziehungsinformation	Konfusion von Beziehungsinformation
Kommunikation miteinander teilen	Ausschluß / Verzerrung von Kommunikation
Sicherheit durch Kommunikation	Vermeiden von / Panik vor Kommunikation

Abbildung 4-II: Struktur vs. Reglement.

Per definitionem hatten wir Struktur und Reglement voneinander unterschieden. In der Praxis liegen sie nahe beieinander. Wer innerhalb der süchtigen Beziehungsdynamik eine therapeutische Aufgabe übernimmt, wird versucht sein, ein explizites Reglement entgegenzusetzen, so wie auch wir auf dem Weg der Erörterung dazu kamen, explizit die Grundbedingungen menschlicher Beziehung festzulegen. Wir müssen einen „Schutzraum" festlegen, der es überhaupt erst ermöglicht, in einer Atmosphäre des Zweifels und des Mißtrauens therapeutisches Terrain zu gewinnen zum eigenen Schutz wie zum Schutz des Klienten. Es nimmt nicht Wunder, daß das Reglement selbst - das zunächst zum gegenseitigen Schutz geschaffen wurde - der Dynamik der süchtigen Beziehungsstruktur unterworfen und mißbraucht wird. Von allen Beimengungen abgesehen, geht es im Kern nur darum, dem pragmatischen Imperativ Geltung zu verschaffen, und dies kann nicht gelingen, wenn gegen denselben verstoßen wird durch den, der ihn 'durchsetzen' möchte.

Wir können zusammenfassen: Regeln sind derselben Dynamik ausgesetzt wie jede eingeführte Beziehungsinformation. Diese Dynamik zielt darauf ab, Regeln ebenso wie

Beziehungsdefinitionen aus der Kommunikation quasi auszugliedern. Dies geschieht durch Überspitzung unter Druck der symmetrischen Tendenz und durch Aufweichen unter Druck der pseudokomplementären Eskalation. Instrumentalisiert das Team die süchtige Beziehungsstruktur und ihre Gruppendynamik, so kann es die selbstbezügliche Struktur von Information nicht mehr konstruktiv meistern. *Seine Setzungen und Definitionen werden tautologisch und das Reglement dient zur Produktion eines Klientels, wie es die Institution wahrnimmt!*

Hinter allem Reglement verbirgt sich menschliche Beziehung und Begegnung. Es gibt Situationen, in denen es darauf ankommt, daß unsere Klienten dies begreifen. Eine solche Gruppensituation schildern die folgenden Notizen:

Am 9.5. begannen wir mit einer ersten Gesamtgruppensitzung, in der von Seiten des Teams Unbehagen und Mißtrauen gegenüber der Gruppe geäußert wurde.

Am 16.5. führten wir eine 3er-Sitzung in der Gesamtgruppe durch. Es ging darum, daß die 3er uns aus dem Weg gingen und sich noch gegängelt fühlten durch Konzeptionsänderungen, die wir im Winter durchgesetzt hatten. Wir standen Ihnen mehr Entscheidungsspielraum zu. Danach verhielt sich Stufe 3 uns gegenüber kooperativer und den übrigen Gruppenmitglieder wieder kritischer. Dies war auch höchste Zeit, wie die folgenden Ereignisse zeigen. Wir hatten damals zwei, drei besonders 'hartgesottene' Klienten, einer darunter, Josef, mit einer langen kriminellen Karriere außerhalb des Drogenmilieus.

Am 3.6. mußte ich eine Klientin, die mit ihrem Baby bei uns war, entlassen, als sie mit einer eingeschmuggelten Flasche Wein erwischt wurde. Die Gruppe griff mich dafür heftig an. Danach folgten Großsitzungen, in denen wir nachhakten, wie so etwas möglich sei, wer mit von der Partie war, wer bereit war zu decken usw.

Am 5.6. führten Klienten der Stufe 3 in Abstimmung mit uns Alkoholtests unter den Ausgängern durch. Erich und Bernhard wurden mit positivem Befund erwischt und disziplinarisch entlassen. Am Wochenende kam Josef einer Entlassung zuvor. Bis dahin war eine ganze Clique gegangen oder gegangen worden.

Sonntag, 9.6., befragte eine Mitarbeiterin auf Hinweis einer Klientin die Ausgänger nach Unregelmäßigkeit. Es wurden in der Folge eine Unmasse an Regelverstößen aufgedeckt. Damit hatten wir nicht mehr gerechnet.

Ich muß gestehen, daß mich all diese Ereignisse mitgenommen und bitter enttäuscht hatten. Wir - das gesamte Team - beriefen am folgenden Montagmorgen eine Großsitzung ein. Als ich mitten in der Gruppe saß, realisierte ich schlagartig, wie zermürbend die letzten vier Wochen waren. Ich erlaubte mir die Fassung zu verlieren: Ich saß da und weinte. Es herrschte absolute Stille. Als ich mich wieder gefaßt hatte, teilte ich mit, wie bitter enttäuscht ich sei und daß ich mich zurückgewiesen fühlte, um so mehr, als dies auf eine indirekte und heimliche Art und Weise geschehe durch Unehrlichkeit und Regelverstöße. So erhielte ich keine Chance, mich zu wehren. Mein Vertrauen zu ihnen, sei gestört. Nun wäre es an ihren, dieses Vertrauen wiederherzustellen. Hinter den Regeln stünden Menschen.

Im Auftrag des Teams kündigte ich unsere Mitarbeit auf. Ich spreche mein Zutrauen gegenüber Stufe 3 aus, denen ich das „Zepter" übergebe. Die anderen Mitarbeiter schließen sich der Reihe nach an. Dann verlassen wir die Sitzung. Wir führen das Therapieprogramm nicht weiter.

Der erste, der mich am nächsten Morgen anspricht, ist Mykele. Mit Tränen in den Augen erzählt er mir, wie sehr ihn mein Weinen und meine Worte getroffen hätten, als ob sein Vater dagesessen hätte. Er erinnere sich daran, damals sei er leicht darüber hinweggegangen. Ich sei „fertig" gewesen, und er wolle wissen, ob er es wiedergutmachen könne. So gibt es mehrere kleine Begegnungen. Die Gruppe diskutiert mehrere Tage intensiv und klärt vollends alles auf. Einige Gruppenmitglieder entwickeln sich in dieser neuen Atmosphäre überraschend positiv, denen dies niemand zugetraut hätte.

Dienstag, 18.6., eine Woche später, wird eine Abschlußsitzung anberaumt, zu der die Gruppe uns einlädt. Jeder von ihnen schildert, was er in diesen Tagen erlebt und erfahren habe. Mein Weinen und unser Rückzug war für einige ein Schlüsselerlebnis, zu erkennen, daß hinter Regeln Menschen aus Fleisch und Blut stehen. Nach dieser Sitzung nehmen wir den Therapiealltag wieder auf."

Es gibt bei uns ein Bindeglied zwischen Strukturbildung und Reglement, das ist die *Versammlung aller*, die Gesamtgruppensitzung, die wir schon kennenlernten. Hier ist der Ort, wo einerseits Teile des Reglements wieder eingeschmolzen werden und andererseits Beziehungsdefinitionen geleistet werden, die die Beteiligten zueinander verpflichten. Es gibt für alle in der Therapeutischen Gemeinschaft Tätigen einen wesentlichen Bezugspunkt, der einen zentralen Unterschied macht und eine Produktion von weiteren Unterschieden in Gang setzt: die Absicht, hier bei uns Therapie zu machen und zu versuchen, ohne Drogen zu leben. Die weiteren Unterschiede, die diesem einen folgen, sind für unsere Bewerber nicht übersehbar. Auch wir Mitarbeiter sind vor Überraschungen nicht gefeit. Entscheidend ist, daß dieser eine Unterschied zur Definition eines *systemischen Feldes* führt, das alle Mitglieder der Institution oder des Systems auf Verhaltensebene miteinander verbindet, ob sie dies wahrhaben wollen oder nicht. Die Versammlung aller ist erlebbar ein ungewöhnlich konzentrierter Raum, und niemand kann sich diesem Geschehen völlig entziehen. Gruppenprozesse gewinnen eine ungemeine Kraft. Wie keine andere Veranstaltung tragen sie zur Strukturbildung der ganzen Gemeinschaft wie der Einzelnen bei, provozieren Beziehungsdefinitionen in vielfältiger Weise und führen zu Vereinbarungen, denen sich die Beteiligten nicht leicht entziehen können. Sie können sich aus diesen Verpflichtungen nicht lösen, ohne zu spüren, daß sie die Gemeinschaft verletzen und ihr Gleichgewicht stören. So ist das Reglement letztlich Ausdruck dessen, daß Verantwortung und Zuständigkeit Bestandteile von Beziehungsdefinitionen, von Kommunikation und Verbundenheit sind.

Reglement und Strukturbildung sind diesseits der Kommunikation, ein Teil von ihr und müssen innerhalb des Systems verhandelt werden. Sie sind als Teil des Kommunikationsprozesses zu begreifen. Sie gehören zur Ethik der Kommunikation. Wir haben beispielsweise Gewalt gegenüber das dringende Bedürfnis nach Schutz und Sicherheit. Wird kommunikatives Aushandeln verweigert, wird sich die Kommunikation auf stummer Verhaltensebene fortsetzen, was als „Ausagieren" bezeichnet wird. Reglement darf nicht jenseits von Kommunikation als Präsentation von Lebensprozessen verstanden werden, sondern als ihr integraler Teil, als explizite Definition eines gemeinsamen Kontextes.

Die süchtige Beziehungsdynamik hat die Tendenz die 'mikroskopischen' Grenzen, die alle Beziehungsdefinitionen implizieren, 'auszuwaschen'. Sie begegnen den solcherart Kommunizierenden wieder als Zwang: Krankheit, Tod, Gewalt, soziale Folgen wie Gerichtsprozeß und Knast - Folgen der psychosozialen Entdifferenzierung. In der Therapieinstitution verläuft der Prozeß umgekehrt: Grenzen werden wieder als Teil von Beziehung und Kommunikation wahrgenommen und mitgeteilt, äußerer Zwang in Reglement und schließlich verinnerlichte Strukturen umgewandelt.

Wir können die bisherige Diskussion zusammenfassen. Vergleichen Sie dazu die folgende Abbildung. Die stationäre Therapieinstitution hat qua Auftrag, den sowohl die Gesellschaft wie die Betroffenen erteilen, die Aufgabe, einen eindeutigen Bezugspunkt für die Therapie zu setzen, der die Produktion von weiteren Unterschieden initiiert. Das bedeutet Strukturbildung: (a) für die Institution und insbesondere die Klientengruppe im Hier und Jetzt und (b) im Therapieprozeß, was zu Verinnerlichung, zu psychischer Strukturbildung und zur Transformation der Beziehungsstruktur führt. Mit diesem Bezugspunkt initiieren und bewahren wir einen Prozeß der psychosozialen Differenzierung innerhalb der gesamten Institution. Oder in anderen Worten: Wir schaffen einen Referenzrahmen, in Bezug auf den die süchtige Beziehungsstruktur erfaßbar, rekonstruierbar und transformierbar wird. Diesen Prozeß deutet der linke Pfeil an. Nun zu unserem Schema:

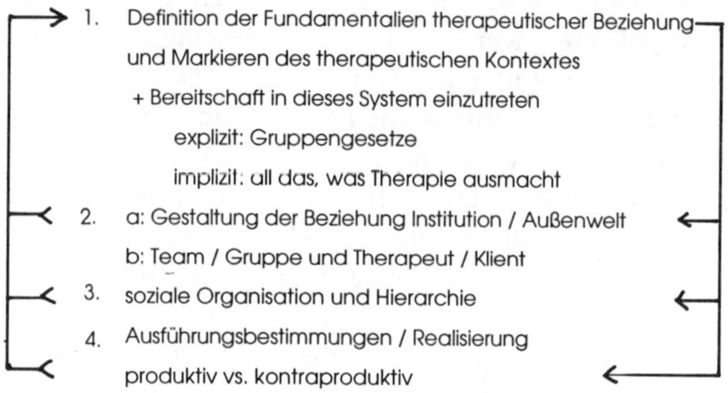

Abbildung 5-II: Der Prozeß psychosozialer Differenzierung und Wiedereinschmelzung in der Therapieinstitution.

Punkt (1) ist Quell all der Differenzierung, die unter 2, 3 und 4 folgen. Gleichsam der Schmelztiegel, wo Differenzierung geboren und eingeschmolzen werden. Was hier geschieht, durchdringt die ganze Institution und hält sie lebendig. Die Versammlung aller ist der soziale Ort, wo mit diesen Kräften gearbeitet wird.

Wir kennen nie alle Implikationen unserer Setzungen. Es gehen nicht nur unsere therapeutischen und persönlichen Setzungen ein, sondern auch die der Gruppenmitglieder und der Traditionen, die sie weiterreichen, und mehr noch, es gehen ein der soziale Kontext der Behandlung. So geht von hier eine Dynamik aus, die im Gesamt der Institution produktive wie kontraproduktive Folgen zeitigt, denen wir dann im Alltag begegnen (abwärtsführende Pfeil).

Die süchtige Beziehungsdynamik zieht unsere Markierungen in Mitleidenschaft. Die „Dynamik" begrenzt den „Rand". Wir stoßen hier auf eine Regelung höherer Ordnung, die vom Team produktiv wahrgenommen werden sollte (Grundprozeß I). Sie kann zu Wandel führen, Überholtes einschmelzen und neue Unterschiede erfinden. Eine Rückkoppelung zu (1) findet statt, natürlich auch zu 2, 3 und 4. Unvermeidlich entsteht Kontraproduktives, das zu Pathologie und Deformation führt, wenn das Team achtlos wird oder versagt. Auf allen Ebenen müssen wir immer wieder Konsistenz herstellen oder ausbalancieren.

Es ist keine Frage, die Ebenen 0 bis 3 schließen eine Wertordnung ein, die im sozialen Handeln aller Beteiligten zum Ausdruck kommt. Dieses Handeln muß seitens der Therapeuten konsistent sein, das heißt an Werten orientiert, die explizit wie implizit übereinstimmen. Axiom dieser Wertordnung, wie immer sie persönlich und ideologisch begründet und gefärbt sein mag, ist die Überzeugung und Erfahrung, daß es menschlicher ist, auf Menschen zu setzen, zu kommunizieren, andere am eigenen Lebensprozeß teilnehmen zu lassen und zu partizipieren. Die Entdeckung des Selbst ist die Entdeckung des Anderen, zwei Welten, die ohne menschlichen Austausch beide nicht existieren.

IV. Süchtige Beziehungsstruktur und ihre Transformation hin zum „Lebensprozeß"

Während die bisherigen drei Grundprozesse jede stationäre Psychotherapie kennzeichnen, beschreibt der vierte Prozeß die spezifische Beziehungsdynamik Süchtiger.

Diese süchtige Beziehungsstruktur und die hieraus resultierende Gruppendynamik haben wir bereits in den Grundzügen entworfen. Durch einen Prozeß psychosozialer Entdifferenzierung kann die ganze Institution in Mitleidenschaft gezogen werden. Betrachten wir den Zusammenhang zwischen *Morphogenese* (Gestaltwandel) und *Morphostase* (Gestaltwahrung):

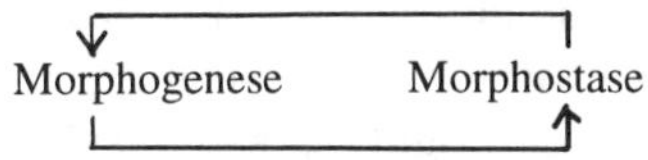

Abbildung 6-II: Der Zusammenhang von Morphogenese und Morphostase.

Stabilität wird durch Wandel aufrechterhalten und Stabilität leitet die Möglichkeit zu Wandel ein. Sie sind zwei Aspekte eines einheitlichen Prozesses, Morphostase und -genese sind durch selbstorganisierende Prozesse miteinander verklammert. Die beiden oben konstatierten Tendenzen zur Eskalation zerreißen diesen Zusammenhang und ihre wechselseitige Rückkopplung. Die letztlich durchgängige symmetrische Eskalation bildet *positive Rückkopplungen* heraus, die nicht unterbrochen werden können, wenn der Wechsel zwischen symmetrischer und komplementärer Kommunikation gestört ist. Die schismogenetischen Prozesse bringen durch positive Rückkoppelung die Selbstorganisation zum „Umkippen".

- Die *Tendenz zur symmetrischen Schismogenese zerstört die Kraft zur Regeneration* und beeinträchtigt somit die Morphogenese. Der Zyklus der Selbstorganisation wird vorzeitig abgebrochen, man könnte sagen, nur narzißtisch ausgebeutet. Die natürliche Fähigkeit zur Regeneration und Selbstkorrektur wird untergraben.
- Die oben beschriebene zweite *Tendenz zur pseudokomplementären Eskalation richtet sich gegen die Fähigkeit zur Morphostase.* Der implizierte Angriff auf die Grundvoraussetzungen von Beziehung führt zu seinem Prozeß der sozialen Entdifferenzierung und damit zu einem Aufweichen psychosozialer Strukturen.

Die süchtige Gruppendynamik vermindert und degeneriert selbstorganisierende Prozesse und verspielt die Fähigkeit zu Morphostase und Morphogenese. Statt dessen setzt ein psychosozialer Entdifferenzierungsprozeß ein, der im Konfliktfall Eskalation nicht einzugrenzen vermag und *alle* Beteiligten massivem Streß aussetzt. Es entsteht ein Klima chronischer Grenzverletzung und Verlust von Beziehungsrealität.

Auf eine besondere und häufige Gefahr möchte ich hinweisen. Es gibt eine Möglichkeit, worin sich die süchtige Beziehungsstruktur mit dem Reglement der Institution legiert, kaschiert und zeitweilig stabilisiert. Ich nenne sie *Instrumentalisieren der süchtigen Beziehungsstruktur.* Diese Möglichkeit besteht in einer *rigiden Unterordnung unter Zweck und Macht.* Hier ist eine Teilhabe an einer sozialen Organisation auf unpersönliche Art, ohne tiefgreifende Beziehungsleistung, möglich. Die symmetrische Eskalation wird gedämpft, indem der gemeinsame Zweck einen äußeren Gegner produziert; die pseudokomplementäre Eskalation durch Identifikation mit der Macht der Organisation, womit gewisse rigide Grenzen im Dienst der Sache respektiert bzw. aufgezwungen werden. Grenzen, welche die Organisation setzt, treten an die Stelle von Selbstgrenzen und bilden ein Korsett für dieselben. Die Tendenz zur Eskalation, diese Grenzen zu verletzen, setzt sich verschleiert durch in einem permanenten Kampf gegen den kollaborierenden inneren Feind bis hin zu Selbstzerfleischung und Inquisition.

Das Selbst wird zum Feind und muß ständig belauert werden durch sadomasochistische Rituale gegen den inneren Feind.

Dieses Instrumentalisieren der süchtigen Beziehungsstruktur hat teilweise die „Drogentherapie“ geprägt. Die Gefahr besteht, daß Therapieeinrichtungen für Drogenabhängige Scheinidentität und Scheinanpassung, die nach der Therapie wie Kleider gewechselt werden, für Therapie hält und selbst fördert. Und sie läuft Gefahr, sadomasochistische Rituale zu kaschieren: Der gemeinsame Zweck heißt drogenfreies Leben und der Feind steht außen wie innen. Es gibt durchaus die Neigung, daß der Zweck die Mittel heiligt bis hin zu destruktiven, extrem rigiden, sadistischen Vorgehensweisen. Die Aufgabe der stationären Psychotherapie sollte es sein, solche Phänomene als Ausdruck süchtiger Beziehungsstruktur zu begreifen, zu hinterfragen und im Gruppenprozeß auf eine Transformation hinzuwirken.

Mittelfristig treibt sie ihre Mitglieder in Loyalitätskonflikte, die das Selbstgefühl zerstören, und bindet sie auf diese Weise. Die RAF oder faschistische Gruppen beinhalten eine solche soziale Organisation, deren Mitglieder archaischen Loyalitätsbindungen eingehen und deren Selbstgefühl von der Organisation substituiert wird.

Unsere Option, die süchtige Beziehungsstruktur aus dem Gesamt der Institution zu bewältigen, liegt darin, Strukturbildung anzuregen. D.h., beständig pragmatische Information einzuführen, indem wir die kommunikativen Voraussetzungen, Beziehungsinformation zu schöpfen, erarbeiten und dafür sorgen, daß der Zyklus von Erneuerung und Bestätigung aufrechterhalten bleibt und nicht vorzeitig abreißt. Wir müssen beständig Beziehungsinformationen erarbeiten, die eindeutig sind hinsichtlich Symmetrie oder Komplementarität. In dem hier diskutierten Zusammenhang können wir Strukturbildung als einen Prozeß betrachten, der einen klaren Bezugsrahmen herstellt, um eindeutig zwischen symmetrischer und komplementärer Kommunikation zu unterscheiden und beide Interaktionsweisen sinnvoll aufeinander zu beziehen. Wenn wir echte Komplementarität einführen, so initiieren wir *homöostatische Mechanismen*. Beide Beziehungsformen können sich dann gegenseitig stabilisieren. Strukturbildende Prozesse dienen dazu, einen eindeutigen Kontext für Verhalten und Kommunikation der Mitglieder des Systems herzustellen, die jede Kontextverschiebung als Manipulation kenntlich macht und auffordert, an ihrer Stelle Beziehungsarbeit zu leisten.

Es kommt also darauf an, einen permanenten Prozeß der psychosozialen Differenzierung innerhalb der Therapieinstitution zu gewährleisten. All diese Aspekte fließen ein in den systemischen Gruppenprozeß, gespeist durch die fünf Grundprozesse einer lebendigen Institution. Zusammen wirken *sie strukturbildend* und sorgen dafür, daß das destruktive Potential begrenzt und eine Transformation vorbereitet wird. Sie sind Ausdruck der Überzeugung, daß es menschlicher ist, auf menschliche Beziehung zu setzen anstatt auf Rückzug, Manipulation und Mißtrauen. Diese Erfahrung können wir durch unsere gesamte Arbeit vorbereiten. Vollziehen muß sie dann jeder selbst. Hier verschränken sich lebendige Institution und Person in dem Ziel, leben zu lernen und zu lehren.

V. Entwicklung und Koentwicklung zwischen Therapieprozeß und Familie

Die Diskussion dieses Grundprozesses werden wir aufschieben, weil wir uns zuvor einige Dinge erarbeiten müssen, die einen tieferen Zusammenhang zwischen institutionellem Prozeß und Entwicklung in der Familie erkennen lassen. Wir werden das in Teil

4 und 5 nachholen. Während sich alle anderen Prozesse auf das Hier und Jetzt der Institution beschränken, ist hier der Grundprozeß an vorhergehende Entwicklungen geknüpft und geht über in die überdauernden Bindungen an das relevanten Bezugssystem. Aus dieser Tatsache ergibt sich die besondere Bedeutung des Familiensystems für den „Insassen", ob er und die Institution wollen oder nicht. Es ist meine Überzeugung, daß eine stationäre Psychotherapie sich nicht begnügen darf, die Familie der Kindheit zu rekonstruieren und lebendig zu machen, sondern daß sie die aktuellen familiären Beziehungen wahrnehmen muß als das Beziehungsgeflecht, das wohl die meiste Potenz besitzt, Verhalten aufrechtzuerhalten auch gegen die Institution und sein Team, aber auch Verhalten zu ändern und aus einer Lebenskrise herauszuhelfen. Wir werden enge und intensive Zusammenhänge zwischen institutionellem und familiärem Prozeß beobachten. Das Band zwischen Institution und Familie werden wir als *Loyalitätskonflikt* beschreiben, der den therapeutischen Prozeß als Prozeß der Individuation in der Tiefe berührt. Diese Überzeugung hat weitreichende Konsequenzen für die Psychotherapie. Anstatt die Familie als Störfaktor auszugrenzen, scheint es mir produktiver, das relevante Bezugssystem einzubeziehen und *ein Feld der Kooperation zwischen Institution und Familie zu kreieren.*

Systemischer Gruppenprozeß

Ich möchte die vorige Fragestellung wieder aufgreifen. Es ist unser Anliegen, das Gesamt der stationären Therapie als gesamtheitlichen psychosozialen Raum aufzufassen und zu beschreiben. Wir suchen einen einheitlichen Prozeß, der der stationären Psychotherapie zugrunde liegt und den sie bei richtigem Verständnis ins Werk zu setzen vermag, einen Prozeß, der die gesamte Institution, Klient wie Therapeut, Gruppe wie Team, wirklich aufeinanderbezieht. Letztlich geht es um nicht mehr und nicht weniger als den Nachweis, daß es ein *psychotherapeutisch begründetes Konzept der stationären Suchtbehandlung* gibt; daß es berechtigt und sinnvoll ist, das Beziehungsgeschehen in den Mittelpunkt der Behandlung zu stellen; daß es alle Bereiche der stationären Therapie durchdringt und begründet und den Schlüssel zur Behandlung Süchtiger in die Hand gibt. Nicht daß andere Therapieformen wie Arbeitstherapie, Selbsthilfe, medizinische Versorgung und Sozialarbeit nun marginal würden. Sucht ist eine komplexe „Erkrankung", die Körper, Psyche, soziale Beziehungen, berufliche und psychosoziale Entwicklungen in Mitleidenschaft zieht und einer ebenso breit angelegten Behandlung bedarf von medizinischer Betreuung bis hin zur Schuldenberatung. Nein, der Punkt ist, daß diese Therapieformen nicht aus sich heraus eine Suchtbehandlung begründen können.

Einen solchen Prozeß zu finden und zu erkennen, ist um so bedeutsamer, als die süchtige Beziehungsstruktur zu immer weiteren Aufspaltungen der Gesamtgruppe führt bis hin zum Zerfall: Aufspaltungen zwischen therapeutischem und realem Beziehungsraum, zwischen Einzeltherapeut und Gruppe oder Team, offiziellem sozialem Raum und 'Untergrund', zwischen verschieden exklusiven sozialen Räumen wie Therapiegruppe, Institution der Einzelstunden, privaten Beziehungen wie Freundschaften und Cliquen usw. Der Segmentierung des sozialen Raumes korrespondiert wiederum eine zunehmende Desorganisation der Person. All diese Aufspaltungen kulminieren in dem Versuch unseres Gegenüber, „dem Therapeuten die Verantwortung für sein Handeln und sein Leben aufzuzwingen"[18] und damit Lebensprozeß und unaufhebbare Zuständigkeit für denselben manipulativ zu trennen. Die Behandlungssituation wäre zerstört.

So liegen Gefahr und Chance der stationären Psychotherapie nahe beieinander. Gefahr für die Behandlung lauert dort, wo der Süchtige der Psychotherapie zuvorkommt, indem er seine Falle bereits erstellt hat, Lebensprozeß und Zuständigkeit auseinanderzudividieren. Die stationäre Institution verstärkt durch ihren totalen Charakter diese Gefahr. Die Chance der stationären Psychotherapie beruht gerade in diesem potentiell systemischen Prozeß, der alle Aspekte des Lebensprozesses des Süchtigen im Rahmen der Institution aufeinander bezieht und somit jene Abspaltung zwischen Lebensprozeß und Verantwortung überwindet, rückgängig macht oder ihr zuvor kommt, bevor sie hierfür instrumentalisiert wird.

Die fünf Grundprozesse beschreiben die nötigen informationellen Prozesse und Strukturen, die eine lebendige Institution bewahren und weiterentwickeln lassen. Die Grundprozesse akzentuieren Bereiche, in denen sich erfahrungsgemäß der informationelle Fluß zu Widersprüchen staut und verfestigt. Der therapeutische Rahmen läßt sich dann als eine formale Fassung unseres pragmatischen Imperativ auffassen. Die integrierende Funktion der Mitarbeiter wäre nicht nur eine rein psychische, sondern die eines Organisators des systemischen Feldes und Erforschers des gemeinsamen systemischen und des individuellen Kontextes. Ihre integrierende Funktion bezieht sich auf ein Anregen von Individuation, die aus dem dynamischen Verhältnis von individuellem und systemischen Kontext erwächst. Wenn diese Überlegungen stimmen, so ist diese synthetische Aufgabe nicht eigentlich eine Leistung des Therapeuten und auch nicht des Mitarbeiterteams, es ist richtiger eine Leistung der gemeinsamen Beziehung zu unserem Gegenüber, ja mehr noch eine Gesamtleistung jenes systemischen Gruppenprozesses, und auch nur soweit wirklich und wirkend, als diese Integration den wirklichen Gruppenprozeß darstellt und die Institution als Ganzes betrifft.

Blicken wir von hieraus zurück auf die fünf Grundprozesse und betrachten wir sie in Zusammenhang mit jenem systemischen Prozeß, so ist dieser darin der tragende, der Bezogenheit verkörpert, auf den sich alle anderen Prozesse beziehen und Aspekte desselben darstellen. Der tragende systemische Prozeß ist der informationelle Fluß, der die gesamte Institution durchspült.

Der erste Grundprozeß von Entwicklung und Koentwicklung zwischen Team und Klientel ist ein steuernder Prozeß, der alle anderen Grundprozesse mitbestimmt. Er bestimmt die Richtung, aus ihm folgen die gültigen Werte und Bewertungen. Er lebt aus dem Umstand, daß sich Team und Klientel wechselseitig ihr Milieu bedeuten. Dieses Spannungsverhältnis ist verantwortlich, ob die Institution lebt oder zur totalen Institution verkommt, die der Struktur von Information nicht mehr gerecht wird.

Der zweite Grundprozeß ist unter diesen Vorgaben selbstorganisierend, selbsterneuernd, das psychosoziale Mikro- wie Makrofeld durchdringend. Er verkörpert die 'lebenserhaltenden Kräfte' und hält 'deformierende Kräfte' in Schach.

Der dritte Grundprozeß ist Agens einer psychotherapeutischen Institution. Er stellt in besonderer Weise menschliche Beziehung und Begegnung in der Mittelpunkt der Aufmerksamkeit und entfaltet therapeutische Wirkung. Diese heilende Potenz kann sich nur aus einem sinnvollen Zusammenspiel dieser drei Prozesse ergeben: aus geeig-

---

18 P.BERNHARD, Stationäre Psychotherapie als Heilverfahren, S. 82. In: H.SCHEPANK/ W.TRESS (Hrsg), ebenda

neter Wertsetzung und Steuerung, aus dem alles durchdringenden selbstorganisierenden Prozeß und aus der Fähigkeit und dem Können, menschliche Beziehungen zu meistern. Analytisch gesprochen lebt dieser heilende Prozeß aus dem wechselseitigen Geschehen von Übertragung und Gegenübertragung und in der stationären Institution aus dem Spannungsfeld zwischen therapeutischem und realem Beziehungsraum. In einer totalen Institution finden wir eine chronische Übertragungs-Gegenübertragungs-Situation vor, die schließlich in der realen Beziehung so erstarrt ist, daß der Fluß zwischen therapeutischem und realem Beziehungsraum austrocknet.

Die süchtige Beziehungsstruktur hat auf alle Prozesse eine besondere Wirkung, indem sie eine eigene Beziehungsdynamik ins Spiel bringt. Sie spaltet Entwicklung und Ko-Entwicklung zwischen Team und Klientel auf, nährt die deformierenden, entdifferenzierenden Kräfte und verweigert die therapeutische Beziehung.

Der fünfte Grundprozeß beschreibt das Spannungsverhältnis zwischen Institution und Familie. Ob wir diesen überhaupt als einen Grundprozeß anerkennen oder nicht, ist bereits abhängig von Entscheidungen und Einstellungen des ersten Grundprozesses. Vorwegnehmend sei gesagt, daß dieser Grundprozeß aus dem Spannungsverhältnis zwischen individuierenden und entindiviuierenden Kräften resultiert.

Der systemische Gruppenprozeß als Ko-Feld der süchtigen Beziehungsstruktur beeinflußt die gesamte Institution, ihre Mitglieder und Beziehungen zueinander. Initiieren systemischer Gruppenprozesse betrachten daher wir als erste und grundlegende Herangehensweise, die süchtige Beziehungsstruktur zu transformieren.

Kapitel 7: Dynamik und Phasen des schismogenetischen Gruppenprozesses

Es gibt ein Korrespondieren von Person, ihrer Grenze und Dynamik, mit dem zugehörenden systemischen Feld und seiner Grenze und Dynamik. Systemisches Feld und Person stehen im Austausch miteinander, nähren einander bzw. beeinträchtigen sich bis hin zur Desorganisation. Die Wirkung der süchtigen Beziehungsstruktur kommt einem Prozeß der Entropie gleich: Machtvorbehalt und Abwertungsprozeß bewirken ein Entflechten und Aufweichen psychosozialer Struktur bis hin zu ihrer Auflösung. In dem Maße wie pragmatische Information zu Konfusion degeneriert, nimmt die Entropie eines sozialen Systems zu. Die Schismogenese ist ein entdifferenzierender psychosozialer Prozeß, als dessen Wirkungseinheit sich Aufspaltung, Ambivalenz und Tendenz zur Eskalation erwiesen und der in einen Zustand chronischer Grenzverletzung einmündet. Als Merkmale fanden wir: Verletzen der Grenzen menschlicher Beziehung, Tendenz Konflikte auf Verhaltensebene zu verlagern, Tendenz zur Eskalation und Abwertungsprozeß unter Ansammlung dysphorischer Gefühle und Verlust spontaner Werterfahrung.

Wir befassen uns jetzt eingehender mit dem schismogenetischen Gruppenprozeß und seinen Entwicklungsphasen. Wir wollen den Blick für Gruppenprozesse unter Einfluß süchtiger Beziehungsstruktur schärfen, um Gruppensituationen zu erkennen und zu diagnostizieren und den Co-Part des Teams selbstkritischer und effektiver zu übernehmen.

Der schismogenetische Gruppenprozesse ergab sich aus dem Wechselspiel pseudosymmetrischer und pseudokomplementärer Tendenzen, der darin enthaltenen durchgängigen symmetrischen Eskalation und der gegenseitigen Steigerung beider Tendenzen beschreiben. Diese Grunddynamik der Sucht als Wechselspiel des aktiven und passiven Modus läßt sich mit der narzißtischen Übertragungssituation nach KOHUT in Verbindung bringen (Kap. 10), die das Selbstgefühl manipulieren. Der aktive Modus bedeutet Kontrolle über andere, Rigidität, Sadismus etc. als Ausdruck des Größenselbst; der passive Modus Sich-Unterwerfen, Aufweichen von Grenzen, Masochismus als Ausdruck der idealisierten Elternimago.

Wir können den schismogenetischen Gruppenprozeß daher auch als ein Wechselspiel aktiver und passiver Grenzverletzung ansehen und als Zusammenwirken der Selbstgrenze und der peripheren Grenze des Systems beschreiben:

- Die Selbstgrenze wird 'nach vorne' in den psychosozialen Raum vorverlegt, sie wird ausgedehnt und kann sich selbst über die Grenze des Gruppenselbst hinaus ausweiten und mit ihr konkurrieren. In diesem Zustand verfügt das Gruppenmitglied über den Körper der Gruppe, ihre Energien und ihren Einfluß, ergreift Besitz und bespiegelt sich darin. KOHUT nennt diese Form der Übertragung Spiegelübertragung, die wir in der Dynamik zwischen Selbst und Gruppenselbst wiederfinden. Eine Manipulation, das Selbstgefühl durch Überhöhung des Ego zu füttern.
- Die Selbstgrenze wird in den inneren Kreis des Selbst zurückgenommen ein Vorgang der Introjektion. Die Bewegungsrichtung ist die vom Gruppenselbst zurück auf das Individuum und stellt eine Form der Selbstbewahrung dar. Sie bietet Schutz, der dem nahekommt, was psychoanalytisch als Abwehrmechanismus der Identifikation mit dem Aggressor bezeichnet wird. Diese Übertragungsform nennt KOHUT die idealisierende Übertragung. Sie ist ebenfalls eine

Form, das Selbstgefühl zu manipulieren durch Teilhabe an einem überhöhten anderen und seinem Schutz.

Das Übertragungsgeschehen findet statt zwischen Selbst und Gruppenselbst, getragen von der zweiten Art „zu sehen“: projektiv oder introjektiv. So kann das Gruppenselbst als gute, nährende, stolze, bewundernswerte, allmächtige „Mutter“ wahrgenommen werden, die erhöht oder aufwertet; es kann als böse, verlassende Mutter, als zurückweisende und beschämende Mutter, als zerstörende, vergiftende oder besitzergreifende Mutter wahrgenommen werden und schließlich als Mutter, für die das Selbst leiden muß ohne Hoffnung, sie zu bessern oder zurückzugewinnen. Umgekehrt in Identifikation mit dem Gruppenselbst sieht sich die Gruppe als bewunderte, stolze, omnipotente Mutter oder als versagende, verstoßende, überforderte, ausgebeutete, ohnmächtige und schlechte Mutter. Die Dynamik wird angesichts der permanenten Grenzverletzungen beherrscht von der narzißtischen Folie der psychosozialen Geschehnisse.

Wir können die Phasen der Schismogenese als wachsenden Verlust von Beziehungsrealität innerhalb der Gruppe betrachten, worin die Mitglieder zunehmend in Mitleidenschaft gezogen werden und ihr Selbstgefühls mindern; als zunehmende Unfähigkeit, Information zu schöpfen, zu konstruieren und rekonstruieren, die informationelle Struktur und Bezogenheit zu meistern. Dieser zunehmenden Verlust macht sich als Spaltungen des psychosozialen Raums bemerkbar. Die Dimension der narzißtischen Ausbeutung des Gruppengeschehens setzt sich schließlich durch und gestaltet diese Welt. Dennoch ist es der systemische Zusammenhang, der Bezogenheit angesichts der wachsenden informationellen Unfähigkeit immer unerwarteter durchsetzt, bis im Schisma die Beteiligten ihre Bezogenheit durch Flucht kündigen. Diese Logik, die aus den Prämissen süchtiger Beziehungsstruktur folgt, läßt sich nicht willkürlich umbiegen und kann nicht beliebig verlassen werden, es sei denn durch ein kommunikatives Erforschen der Bezogenheit und ein Ja zu diesem Akt.

Wir sehen im Gruppenprozeß eine wechselnde Folge von Phasen, worin einmal Introjektion und dann wieder Projektion usw. vorherrschen, die sich gegenseitig steigern, heftiger ausschlagen, und in dem Maße immer loser aufeinander bezogen werden, wie sich die Schismogenese ungebremst durchsetzt. Entsprechend finden wir abwechselnd Phasen, die von guten und bösen Introjekten und von guten und bösen Projekten bestimmt sind. So gesehen stellt das Gruppengeschehen ein Reizklima dar, das heilsam wirkt, solange die Erfahrung der Sinnlosigkeit nicht vorherrscht und unser Gegenüber erleben kann, daß er aus diesen Wechselbädern unbeschädigt hervorgeht, wenn er bereit ist, seine Mitverantwortung kommunizierend zu erforschen. Seine Teilnahme an der Gruppendynamik wird dann seine psychische Integrationsfähigkeit und Selbstregulation narzißtischer Konflikte wachsen lassen. Er lernt sein Selbstgefühl günstig zu beeinflussen, indem er auf aktive Bewältigung durch Kommunikation und Erforschen von Beziehungsrealität setzt und auf Manipulation verzichtet.

Die manipulativen aktiven und passiven Grenzverletzungen zerreißen den Zusammenhang zwischen Selbst und Anderen bzw. Gruppenselbst, so daß es beständig zu Irritationen zwischen Selbst und Gruppenselbst kommt, zwischen Selbstgrenze und Systemgrenze. Wesentliche Teile des systemischen und individuellen Kontext geraten in ein Entwertungsverhältnis. Der wechselseitige Abwertungsprozeß nimmt zu und führt zu einem extremen, unruhigen, flackernden Pulsieren von Selbst- und peripherer Grenze. Chaotische, abrupte „Phasenübergänge“ werden unvermeidlich.

Um uns in diesem Geschehen zu orientieren und die Wirkung unserer Handlungen abschätzen zu können, sollten wir den folgenden Zusammenhang von Selbstgrenze und peripherer Grenze in der Verarbeitung narzißtischer Konflikte beachten:

- Werden gegenüber der Tendenz der Selbstverletzung die Selbstgrenzen markiert, so setzt dies ein Auseinandersetzen mit *„idealisierter Imago"* in Gang verbunden mit einem Abwerten des Selbst.
- Werden die Systemgrenzen markiert gegenüber manipulativer Beanspruchung der Gruppe, so setzt dies ein Auseinandersetzen mit *Größen-Selbst*-Vorstellungen in Gang begleitet mit Abwerten des Gruppenselbst.

Die nun folgende Beschreibung der Phasen im schismogenetischen Gruppenprozeß stellt eine grobe Schematisierung eines komplexen psychosozialen Geschehens dar. Was wir säuberlich getrennt in zeitlicher Abfolge wiedergeben werden, ist im Keim ein gleichzeitiges Geschehen, wobei gewöhnlich ein Muster dominiert. Wir können uns das etwa so vorstellen: Wenn wir von jeder der Phasen ein Bild entwerfen, als Dia aufzeichnen und nun wechselnd einblenden, so gewinnen wir den Eindruck einer bisweilen kaum zu differenzierende chaotische Situation, dann wieder wird es 'Phasenübergänge' geben, wo zwei Bilder miteinander wetteifern, bis sich ein Bild stabilisiert und dominiert. Solche 'Phasensprünge' werden wir festzuhalten versuchen. Was wir als Phasen schismogenetischer Gruppenprozesse skizzieren, ist eine sich durchsetzende Abfolge von Beziehungsmustern, die den Zustand der Gruppe kenntlich macht. Wir durchlaufen mit der Gruppe einen ganzen Kreis von Mustern, einen *einheitlichen Erfahrungsraum*, dem wir - statt uns abzumühen, ihn zu unterbinden - folgen können, um den ganzen Horizont süchtiger Beziehungsstruktur in Erfahrung zu bringen und Feuer zu legen an die ihn gestaltenden Prämissen. Dieser einheitliche Erfahrungsraum beherbergt die zentralen Erfahrungen des Süchtigen, läßt ihn seine selbst geschaffene Welt durchschreiten und das gestaltende Prinzip verstehen, das nach den je eigenen, subjektiven Weltentwürfen den Ereignishorizont dieser Welten absteckt. Alle Beteiligten werden in einen intensiven Erfahrungsprozeß hineingezogen. Es kommt darauf an, daß wir den Zustand des Schisma vermeiden und bereits zuvor in einen erneuten systemischen Zyklus einmünden.

Wir unterscheiden *sechs Phasen des schismogenetischen Gruppenprozesses* und eine *hypothetische Traum- und Alptraumphase*:

Symbiotischer Traum- und Alptraum

Ich habe lang mit mir gerungen, ob diese hypothetische Traumphase nicht vielleicht mehr Verwirrung schafft, als daß sie aufklärt. Wie der Titel andeutet, ist diese symbiotische Traumphase keine wirklich Phase. Sie ist eher eine Extrapolation, ein Ort der Projektion von Heimweh oder Sehnsucht nach einem utopischen Land, das es nie gab und nie zu finden ist. Und schon bei dieser ersten Charakterisierung als Sehnsucht nach einem utopischen Land habe ich Zweifel an seiner Richtigkeit.

Was mich bewogen hat, sie aufzuführen, ist ihre Bedeutung für ein tieferes Verständnis der schismogenetischen Phasen und ihrer Dynamik. Denn sie scheint so etwas wie ein Urgrund für süchtiges Verhalten zu sein, ein hypothetischer Ausgangs- und Endpunkt, ein unwirkliches, wenn auch logisches erstes und letztes Glied im Prozeß, gerade weil sie wenig greifbar ist, aber durch alle Zustände hindurch als impliziter

Kontext begleitet und wirkt. Sie stellt einen Pool von bestimmten Phantasien, die der Süchtige sucht und zu denen er immer wieder zurückkehren möchte. Sie überfallen ihn als „Gier" oder „Drogenhunger".

Dennoch liegen ihr Erfahrungen zugrunde. Wenn wir Drogenabhängige nach ihrem Drogenerleben befragen, so erhalten wir stereotyp zur Antwort, daß unter den ersten Drogenerlebnissen Erfahrungen des Glücks vorkamen, „to be stoned", die meist bald ausblieben und sich nicht mehr wiederholen ließen. In diesem erlebten oder geträumten Zustand fallen für Augenblicke Selbst- und periphere Grenze zusammen. Ein solcher Zustand kann psychologisch wahrgenommen werden als ozeanisches Gefühl des fraglos Aufgehoben-Seins: „Ich bin in der Welt." oder als unbekümmertes Besitzergreifen von der Welt: „Ich bin die Welt!". Es handelt sich um einen Zustand der Symbiose oder der Sehnsucht, die diesem Erleben zugrunde liegt.

Die folgende Skizze möge diese symbiotische Phase veranschaulichen. Der äußere gestrichelte Kreis bildet die periphere Grenze, die innere gepünktelte Linie die Selbstgrenze. Beide Grenzen fallen zusammen:

Abbildung 7-II: Die symbiotische Phase.

So erscheint die symbiotische Phase als Traum, als guter, befriedigender Traum. S.FREUD und andere nach ihm, etwa O.F.KERNBERG und H.KOHUT, haben diesen guten Traum an den Beginn menschlicher Entwicklung gestellt und daher eine Phase des Narzißmus im Verlauf der ersten eineinhalb Lebensjahre unterstellt. Doch könnte es nicht sein, daß es sich um einen bloßen Traum *unseres Gegenüber* handelt, einen logischen, hypothetischen Traum, der einfach bildhaft ausformuliert, was seine Prämissen enthalten?

Ein solcher Verdacht wird genährt von einem Phänomen, das sich regelmäßig beobachten läßt. Für manche kurzen Augenblicke stellen sich Gruppenstimmungen ein, die einem ozeanischen Gefühl des Ineinander-Überfließens und Verschmolzenheit ähneln. Ich möchte diese Zustände unterscheiden von einem nährenden und befriedigenden Gefühle der Verbundenheit, wie sie in der Phase 1 vorkommen; sie setzen eine wohl definierte Selbstgrenze voraus. Konfluente ozeanischen Zustände lösen - anders als die Hypothese vom Narzißmus erwarten läßt - immer eine tiefe Beunruhigung in der Gruppe aus, und wir treffen sie eher im Zustand des Schisma an, wenn die Gruppenstimmung zwischen tiefer Depression und gelegentlichen konfluenten Zuständen wechselt. Wenn die Gruppe am Zerfallen ist, dann ist die Suche nach einem Partner für konfluente Zustände Motiv und Kitt für die kleinen Cliquen und Zweierbeziehungen und beschleunigen das Schisma. Ja, die Hypothese einer symbiotischen Traumphase scheinen wir vielmehr zu benötigen, um zu erklären, daß Gruppensituationen mit positiver emotionaler Stimmung Beunruhigung und Destruktion verstärken können. Symbiotisch-ozeanische Gruppenstimmungen und Zustände sind kein Beitrag zu einer konstruktiven Entwicklung. In der Vergangenheit hatten wir durch körperorientierte psychotherapeutische Verfahren häufiger solche Stimmungen induziert. Wir haben von einer solchen Psychotherapie für Drogenabhängige Abstand genommen, weil wir uns des Eindrucks nicht erwehren konnten, daß sie das Leben nur zerbrechlicher erscheinen ließen, daß sie fatal das Bedürfnis, dieses Traumland zu erreichen, nährten und die Schismogenese anheizten.

Der symbiotischen Zustand kann vom Standpunkt der Bezogenheit erlebt werden als gegenseitige Durchdringung, als Ausdruck von „Eros“, folgen wir der FREUDschen Terminologie. Dieser Zustand wäre dann ein Urbild des Lebendigen, der Bezogenheit auf ein Nicht-Selbst, daher der Entwicklung und Sehnsucht nach Erfüllung. Ein solcher Traum kann konstruktiv wirken, wenn sich aus diesem gültige Imperative für hier und jetzt ableiten, deren Realisierung wiederum zwingt, die Wirkungen dieses Entwurfs zur Kenntnis zu nehmen. Ein solcher Traum verstrickt und verbindet mit der Welt. Er hält an, die Grenzen des Selbst zu erforschen und läßt doch Selbst und Nicht-Selbst aufeinander bezogen sein.

Derselbe Zustand kann vom Standpunkt der Unbezogenheit erlebt werden, wie sie den Prämissen süchtiger Beziehungsstruktur entspricht, und wird dann ein Urbild der Schismogenese, des Wirkens des „*Todestriebes*“: Ein- und Abgeschlossen-Sein, Rückzug in eine geschlossene Welt, Erstarrung, Todessehnsucht, Entwurf zum Tode, Entindividuierung, Zustand oder Sehnsucht nach absoluter Unbezogenheit. Dieses Bild von Symbiose schließt Destruktion ein, ist nicht nur morbid, sondern tödlich. Ein Alptraum.

Traum und Alptraum der symbiotischen Phase scheinen einen Zustand anzustreben, der jenseits menschlicher Möglichkeiten angesiedelt ist, ein Zustand, der erübrigt, Beziehungen zu definieren und den Vorbehalt der Macht aufzugeben, ein Zustand, der keiner eigenen psychosozialen Leistung bedarf, sie wird fraglos von der Matrix übernommen. Es ist der verzweifelte Wunsch, Erlösung ohne Kreuzigung zu finden. Was vielleicht als Traum begann, endet als Alptraum.

Erste Phase: Balance

Die erste Phase ist idealtypischer Ausgangspunkt, wenn wir die Phasen nach der Zunahme von Entropie ordnen. Hier sind Selbstgrenze und Gruppenselbst ausbalanciert. Die Selbstgrenze ist (wieder-)belebt und definiert, ebenso ist die periphere Grenze des Systems und der Kontext markiert.

Abbildung 8-II: Erste Phase: Balance.

Die mittlere Gestalt soll Strukturiertheit und eine wohl definierte Selbstgrenze ausdrücken. Zur Systemgrenze gibt es teilweise Identität, aber auch Unterschiede.

Im Gruppenprozeß ist ein solches Stadium weniger Ausgangspunkt denn Ziel der therapeutischen Entwicklung. Nach einer Serie intensiver Gruppensitzungen, in deren Verlauf es gelingt, Projektion und Introjektion aufeinander zu beziehen, kann die Gruppe einen ausbalancierten Zustand einnehmen. Er löst intensives Lernen aus und wird als Ruhe oder Gelassenheit wahrgenommen, ohne daß Konflikte ausbleiben oder zugedeckt werden. Die Gruppenmitglieder können Individualität und Verbundenheit erfahren. Kennzeichnend sind 'nährende' Austauschprozesse zwischen Individuum und Gruppe, zwischen Selbst und Gruppenselbst. Bedeutsam ist, daß wir in dieser Phase wirksame Arbeitsbündnisse schließen können, die wir später dann einfordern können. Die Phase der Balance steht für einen Gruppenzustand mit sich ausdifferenzierender Struktur, die den Sog von Schismogenese und Symbiose überwindet. In diesem Zustand können überraschende Lösungen gefunden werden für „verdinglichte" Beziehungsprobleme. Wir werden im nächsten Kapitel Fallbeispiel schildern, die den Übergang in diese konstruktive Phase belegen bis hin zu belebenden Wirkungen auf die einzelnen Teilnehmer.

Zweite Phase: Idealisierende Übertragungssituation und Verlassenheit

Wenn im therapeutischen Gruppenprozeß annähernd jener ausbalancierte Zustand erreicht wurde, so kündigt sich bald diese zweite Phase an, die ein stilles Ansammeln relativ geringfügiger Enttäuschungen in der Gruppe auslösen kann. Dieses untergründige Aktivieren und Wirken des symbiotischen Kontext untergräbt ab einem gewissen Grad das Arbeitsbündnis und führt zur ersten Spaltung des psychosozialen Raumes; das Monopol der Unbezogenheit wird errichtet: Rückzug von der Selbstgrenze. Sie wird verleugnet und nur vage wahrgenommen. In dieser Gruppensituation herrscht der passive Modus vor als Reaktion auf Enttäuschungen und Versuch, Verlassenheit vorzubeugen. Wir haben schon erwähnt, daß dem passiven Modus ein introjektiver Vorgang in Bezug zum Gruppenselbst zugrunde liegt.

Abbildung 9-II :Zweite Phase Idealisierende Übertragungssituation und Verlassenheit.

Diese Introjektion ist ambivalent. Einerseits verlangt sie Bereitschaft, das Gruppenselbst positiv zu besetzen, zu idealisieren, insofern Quell spontaner Werterfahrung, andererseits ist diese Basis fragil und kann aus relativ geringem Anlaß in den latent immer vorhandenen Abwertungsprozeß umschlagen und positive Werterfahrung versiegen lassen. Rückzug aus der Idealisierung, ihr Verleugnen und Umschlagen in einen zunächst schleichenden Entwertungsprozeß, der nicht kommuniziert wird, kennzeichnet diese Phase. Es handelt sich um einen ersten Versuch, Unbezogenheit durchzusetzen. Wir können das Vorherrschen des passiven Modus in der Gruppe als erste Enttäuschungsreaktion gegenüber dem Gruppenselbst betrachten. Symbolisch auch als Enttäuschung, daß die symbiotischen Hoffnungen gegenüber der Gruppe unerfüllt blieben.

Im Vergleich zu den noch folgenden ist diese Phase für den Therapeuten noch am leichtesten zu handhaben, wenn er die Unfähigkeitserklärungen in all ihren Formen thematisiert und nicht annimmt. Er kann diesen Unfähigkeitserklärungen mit einem Angebot zu einem Arbeitsbündnis entgegnen. Beispiele werden wir kennenlernen. Zurecht weist KOHUT darauf hin, daß sich diese narzißtische Idealisierung von der Idealisierung in der Übertragungsneurose unterscheidet. Letztere gründet ein festes Arbeitsbündnis und gewährleistet eine positive Übertragung. Demgegenüber ist die narzißtische Idealisierung fragil, sie ist Teil eines Manövers, sich selbst abzuwerten und latent den Therapeuten. Das gilt ebenso für die Investitionen in die Gruppe. Solange sie ihrer Rolle als idealisierte Elternimago gerecht wird, kann sich die Gegenreaktion in Grenzen halten. Thematisch stehen Gefühle des Verlassen-werdens im Mittelpunkt und ihr Verleugnen, wenn der symbiotische Traum nach „Verschmelzung" nicht erfüllt werden kann. In dieser Phase herrscht zunächst noch ein eher positiv getöntes Gruppenklima vor, bis sich die Gruppenmitglieder von der Gruppe im Stichgelassen fühlen und umgekehrt die Gruppe sich ausgelaugt, erfolglos, ja schließlich als böse und ungerecht fühlt. Das Fallbeispiel: „Ich suche Goliath!" im nächsten Kapitel schildert eine solche Gruppensituation, wie sie am Ende dieser zweiten Phase auftritt.

Team und Therapeuten werden in dieser Phase gesucht als Retter, daher zunächst idealisiert und umworben. Ihre Gefahr ist, daß sie verführt werden, die Unfähigkeitserklärung der Klienten und u.U. der Gruppe anzunehmen, daß sie sich überfürsorglich aufdrängen, geleitet von ebensolchen symbiotischen Phantasien, und sich wie ihr Gegenüber vor dem Alptraum zu schützen suchen. Am Ende dieser Phase kann sich der Therapeut fallen gelassen fühlen und selbst fallen lassen. Oder aber der Therapeut verweigert sich dieser Erfahrungsdimension und überbrückt Spannungen mit billiger Hoffnungsinduktion, die den auf Seiten des Therapeuten in Gang kommenden Entwertungsprozeß kaschiert. Die Erfahrung des Verlassenseins wird bestätigt. Der Punkt ist der, daß die Prämissen der Unbezogenheit hier und heute den Süchtigen in seiner Welt symbiotischer Träume und Alpträume einschließen. Diese Erfahrung muß der Therapeut in dieser Phase organisieren, nicht verhindern.

Aus dem Blickwinkel des Komplexitätsgrades bzw. der Entropie geschieht in dieser Phase ein Bruch, die *erste Spaltung* des psychosozialen Raumes vollzieht sich: *Die Definition der Selbstgrenze wird verleugnet.* Und in der Folge vollzieht sich eine tiefe *Aufspaltung zwischen therapeutischem und realen Beziehungsraum*, die nun in ein Verhältnis konkurrierender Kontexte treten und die Voraussetzungen für unliebsame und manchmal unberechenbare Eskalationen schaffen. Der Grundstein zur Schismogenese ist gelegt.

Dritte Phase: Größenselbst und Zurückweisung

Diese dritte Phase im Gruppenprozeß pendelt sich ein als Reaktion auf zunehmende Enttäuschung im Verhältnis von Selbst und Gruppenselbst. Die Gruppe als gute Mutter hat versagt und das Kind verlassen. Sie erwies sich als böse Mutter, ihr wird mit Rückzug geantwortet. Der aktive Modus wird aktiviert. Aber auch die Gruppe selbst sieht sich enttäuscht von ihren hilflosen oder undankbaren Mitgliedern, kann nun fordern und strafen, zurückweisen und quälen. Gefühle der Überheblichkeit und Selbstherrlichkeit herrschen vor.

Der Übergang zwischen den Phasen ist auf Rückkopplungen zwischen Selbst und Gruppenselbst zurückzuführen. Wir können uns diese Phasenübergänge so vorstellen: Von Moment zu Moment wechseln die Bilder der beiden Phasen ab. Während in der vorherigen Phase das Bild der idealisierenden Übertragung sich am häufigsten durchsetzte, wechselt nun die Häufigkeit, und die Situation „stabilisiert" sich im Bild des Größenselbst. Dieser Phasenübergang beruht sowohl auf Änderungen des Selbst - Rückzug und Kippen in den aktiven Modus -, die wiederum durch Rückkopplungen mit dem Gruppenselbst initiiert werden, als auch darauf, daß die Gruppenmitglieder, die nun Einfluß bekommen, wechseln. Die Mitglieder, die den aktiven Modus bevorzugen, moderieren jetzt die Gruppenströmung. Der Gruppenprozeß kann daher auch als ein Indikator zur Diagnose der einzelnen Gruppenmitglieder genutzt werden.

Diese dritte Phase gekennzeichnet, daß das Gruppenselbst behauptet: „Ich bin die Welt!" und über „seine Welt" verfügen möchte. Die jetzt tragenden Gruppenmitglieder dehnen ihre Selbstgrenze tendenziell bis über die Grenze, die ihnen das zugehörige System steckt, aus, verfügen über dieselbe und manipulieren sie. Die in der ersten Phase ausgehandelten Vereinbarungen und Grenzen werden mißachten und schaffen ein Klima zunehmend aggressiver Grenzverletzung.

Abbildung 10-II: Dritte Phase Größenselbst und Zurückweisung.

Für Momente mag ein euphorischer Stimmungsumschwung eintreten, beflügelt durch das sich regende Größenselbst. Sehr viel rascher als in der zweiten Phase verfliegt dieser positive Anflug. Er schlägt jäh um in Selbstherrlichkeit, Überheblichkeit und Verleugnung, um drohende oder eingetretene Zurückweisung abzuwehren. Sadistische Züge treten in Erscheinung und können sich in dem Austauschprozeß zwischen Selbst und Gruppenselbst aufschaukeln. Eigenmächtigkeit, gehäuftere Unregelmäßigkeit, Mißtrauen und Feindseligkeit, Diebstahl, heimliche Rückfälle, Paranoia sind Begleiterscheinungen. Die Werterfahrung beschränkt sich auf die Phasen von „Höhenflügen", um allzu oft in Gefühlen der Insuffizienz und Ohnmacht zu enden, wenn sie nicht durch Ausagieren in Schach gehalten oder schlichtweg verleugnet werden. Die Werterfahrung ist überwiegend normativ.

Die Situation ist spürbar instabiler; die symmetrische Eskalation zwischen den beiden Modi macht sich bemerkbar und setzt sich durch. Anzeichen sind Dauerkonflikte, latent oder offen, die sich einfach nicht lösen lassen. Sehr rasch und plötzlich kann die Gruppensituation in eine der folgenden Phasen umkippen. Auch diese dritte Phase scheint von jenem Traum/Alptraum wie von einem Magnet gesteuert. Die Zurückweisung dieses Traums muß kommen, und die Panik vor dieser Zurückweisung bestimmt die Dynamik in diesem Beziehungsgeschehen, die sich zwischen Selbst und Gruppenselbst abspielt. Diese Mischung kann explosiv werden.

Das drohende 'Trauma' wird durch eine Steigerung des Entwertungsprozesses abgewehrt: Der psychosoziale Raum erfährt eine *zweite Spaltung, da die Definition des Anderen, hier des Gruppenselbst, abgewertet wird.* Die Systemgrenze wird nicht anerkannt und damit der systemische Kontext aufgekündigt. Da nun die Rückkopplungen zwischen Selbst und Gruppenselbst schwieriger zu begrenzen sind und sich leichter durch positive Rückkopplungen aufschaukeln, wächst die Instabilität. Die zweite Spaltung vertieft die bestehende Trennung zwischen realem und therapeutischen Beziehungsraum um den tiefen Riß, den die *Aufspaltung von offiziellem und inoffiziellem Beziehungsgeschehen* aufreißt. Wichtige Erlebnisse werden nun nicht nur zwischen therapeutischem und realem Beziehungsraum aufgespalten, sondern zudem verheimlicht, 'getrickst', 'gelogen' und verleugnet, und der therapeutischen Beziehung schon vom Anspruch her entzogen. Der Abwertungsprozeß schreitet weiter voran, die 'Dimensionen' des psychosozialen Raumes werden reduziert und lassen die informationelle Bezogenheit innerhalb des sozialen Systems undurchsichtiger und chaotischer erscheinen.

Diese zweite Spaltung ist folgenschwer. Die Therapie und ihr Rahmen werden zur Manipuliermasse und allzu leicht durch die süchtige Beziehungsstruktur instrumentalisiert. Der Süchtige benützt den Rahmen, um sich durch hartnäckiges Verleugnen Folgen wie Prämissen seiner Handlungen zu entziehen. Er zieht sich mit seinem Größenanspruch aus dem therapeutischen Beziehungsraum zurück und setzt ihn, wenn es sein muß, heimlich im Realraum oder im Untergrund durch. So meidet er seine Kreuzigung.

Der Therapeut lernt jetzt die Zwitternatur des Reglements kennen, das, soweit es instrumentalisiert wurde, ein Herankommen an die Größenvorstellungen unseres Gegenübers erschwert oder gar vereitelt. Es ist dann sinnvoll, das Reglement gegen den Strich zu bürsten. Eingeschüchtertsein, mangelnde Courage und Ablehnung aus Angst, durch die Gruppe gedemütigt zu werden, wie Selbstherrlichkeit, der Wunsch zur Demütigung bis hin zu sadistischen Impulsen, die wiederum durch das Reglement rationalisiert werden können, sind Reaktionen der Gegenübertragung durch das Therapeutenteam. Da sie Teil des institutionellen Prozesses sind, liegt es nicht fern, daß sie sich zeitweilig dem vorherrschenden Beziehungsmuster anschließen oder es gar aktiv mitgestalten. Es ist in dieser Phase durchaus nicht selten, daß sich die Therapeuten der Instrumentalisierung bedienen und der Gefahr erliegen, durch das Reglement in einen Strudel der Abwertung zu geraten. Es ist verführerisch in dieser Situation, auf die Option der Instrumentalisierung zu setzen, die nach außen eine gewisse Stabilität vorgibt. Das Team könnte so seine Beteiligung wie sein Leiden in dieser Phase verleugnen. Konkurrenz, Machtgeplänkel und wachsendes Mißtrauen kennzeichnen die Beziehung zwischen Team und Gruppe.

Die zentrale Erfahrung, die das Team im Prozeß mit der Gruppe jetzt ansteuert, ist eine Zurücknahme jener verabsolutierten Projektion. Wenn wir hartnäckig und geduldig die Bedingungen fairer Kommunikation behaupten und auch niemandem vorenthalten, wenn wir unseren eigenen Kontext erforschen und kommunizieren, wenn wir zeigen, wie wir unserem Lebensfluß treu bleiben und Schwächen zugeben und beobachten lassen, dann können wir den Süchtigen an diese zentrale Erfahrung heranführen. „Wenn man Liebe hat im Kampf, so siegt man.“, sagt Laotse. Das Organisieren einer solchen Erfahrung im Gruppenprozeß schildert unsere Fallgeschichte: „Ich biete den Starken meinen Schutz an...“

Verdeckt durch ein Instrumentalisieren der süchtigen Beziehungsstruktur im therapeutischen Setting und gedeckt durch das Reglement unter Mitvollzug der Therapeuten, kann sich der Übergang in das letzte Stadium des Schisma schleichend vollziehen. Die jetzt folgenden zwei Phasen sind so instabil, daß unser Modell eine idealtypische Rekonstruktion darstellt. Wir wissen aus der Forschung dissipativer Strukturen: Je weiter ein System vom Gleichgewicht entfernt ist, um größer ist der Einfluß von Fluktuationen, zufälligen Störungen, die den ganzen Prozeß irreversibel beeinflussen. Fest steht in unserem Fall der Endzustand als Schisma II, das sich explosionsartig wie schleichend vollziehen kann.

Vierte Phase: Krise und Polarität

Greifen wir noch einmal auf die Idee zurück, uns diese Phasen als wechselnd eingeblendete Dias vorzustellen. Die Bilder der vierten und fünften Phase wären dann Dias, die schon in früheren Phasen eingeblendet würden und gewissermaßen die Reaktionsbreite im Gruppenprozeß erkennen ließen. Unsere viertes Bild würde danach vereinzelt eingeblendet, während das folgende fünfte Bild ein Ostinato bildete, das sich immer nachdrücklicher bemerkbar machte. Es ist sinnvoll solche „Überlagerungen" frühzeitig als Therapeut aufzugreifen, zu thematisieren und einen systemischen Gruppenprozeß zu initiieren. Es läßt sich beobachten, daß vierte und fünfte Phase alternieren.

Die Rückkopplungsprozesse zwischen Selbst und Gruppenselbst drohen „auszureißen"; die symmetrische Eskalation zwischen pseudosymmetrischer und -komplementärer Tendenz setzt sich mehr und mehr durch und schafft einen so instabilen Zustand, daß diese Phase nur wenige Tage, ja, nur Stunden anhält. Wir finden ein beschleunigtes Kippen zwischen den beiden Modi sowohl in der Gruppe als auch in der Kommunikation ihrer Mitglieder wie bei psychischen Vorgängen. Die Gegensätzlichkeit wird zum Dualismus und kann leicht destruktiv ausagieren. Es haben sich in der Gruppe feindliche Lager und Gruppierungen gebildet. Die Beziehungen sind „verdinglicht", und der Streit erstreckt sich auf äußere Dinge, während das relevante Beziehungsgeschehen in Untergrund und Cliquen abgewandert ist. Dies sind Entwicklungen, die sich bereits in der vorherigen Phase herangebildet haben. Jetzt werden sie schlagartig sichtbar. Tiefes Mißtrauen kommt zu Tage, die Träume der hypothetischen Traumphase sind zu Alpträumen geworden. Gewaltandrohung, offene Feindseligkeiten, Destruktion und Selbstdestruktion, Äußerungen von Selbstmordversuchen, ja, vorübergehende psychotische Reaktion können hinzukommen. Ein Zeit für spontane Rückfälle, die den versiegten Zustrom von Werterfahrung ersetzen sollen. In dieser Phase wird Werterfahrung aktiv bekämpft und verweigert.

Abbildung 11-II: Vierte Phase Krise und Polarität.

Auf einer symbolischen Ebene könnte man meinen, die Gruppenmitglieder erschlagen sich gegenseitig mit ihren Träumen und Alpträumen des hypothetischen Narzißmus und versuchen sich gegenseitig zu kreuzigen, um jeweils die ihre zu vereiteln. Eine *dritte Spaltung* des psychosozialen Raumes vollzieht sich: Der Kampf um den Machtvorbehalt der Beziehungsdefinition durch immer massivere aktive oder passive Abwertung. Er spitzt sich zu auf die Frage der Zugehörigkeit zur Gruppe. Diese dritte Spaltung geht mit Destruktion einher. Die zuvor erlebte Zurückweisung wird verleugnet und wiederum im forcierten aktiven Modus beantwortet oder durch ein Kippen in den passiven Modus.

In dieser Phase wechseln tiefes Mißtrauen, forcierte Abwertung und Rückzug ins Niemandsland rasch einander ab. Das Niemandsland finden wir dann verwirklicht in der fünften Phase. Das Selbst der Gruppenmitglieder wird leidvoll als „fragmentiertes

Selbst" erlebt. Um diesen sehr unangenehmen Zustand zu vermeiden, können Rückfälle eingesetzt werden und/oder ein Überwechseln in die fünfte Phase, ins Niemandsland, das Grau in Grau leichter zu ertragen ist. Wir hatten oben schon ein Fallbeispiel, das dieser Phase zugehört, wiedergegeben.

Für das Team ist nun klar, es *muß* eingreifen. Es redet intensiv, oft abwertend in kleinen Gruppen über die Gruppe und sehr wahrscheinlich auch über andere im Team. Es kann überrascht und paralysiert sein, wenn es nicht schon in der vorherigen Phase therapeutisch fußzufassen vermochte. Gefühle der Ohnmacht, aber auch der Beschämung angesichts der vergeblichen persönlichen Investitionen und Bindungen zur Gruppe peinigen, ja ängstigen. Dieses Gemisch kann das Team zu überzogen strengen oder überbehütenden Maßnahmen verleiten oder gar die Eskalation mit Hilfe des Reglements weitertreiben. Insbesondere wenn es sich nun selbst in einen Abwertungskampf und in Zersplitterung hinreißen läßt. Ausagieren einer solchen Gegenübertragung, die sich im Ton des Teams, seiner Fahrigkeit, Nervosität oder einzelner überzogener Reaktionen manifestiert, kann binnen weniger Stunden in dramatischer Weise die letzte Phase, das Schisma auslösen.

Daß hier für kurze Zeit Spannungen und Eskalation offen da liegen und erlebt werden, gibt dem Team aber auch eine Chance, therapeutisch zu antworten und einen systemischen Gruppenprozeß zu initiieren. Als unzugänglicher erweist sich die fünfte Phase allein schon deswegen, weil sich das Team ihrer nur mit Mühe bewußt wird.

Fünfte Phase: Depression und Stagnation

Wie schon erwähnt, diese Phase macht sich schon früher bemerkbar, und sie kann mit der vierten Phase alternieren oder ihr offenes Zu-Tage-treten verhindern. Die fünfte Phase ist die letzte Rückzugsstufe der Verleugnung, das Niemandsland. Solange es nur geht, sind alle Spuren des Beziehungsgeschehens verwischt und jede Beteiligung verleugnet. Ein Rückzug in depressive Verstimmung ist bereits angetreten: Stagnation, Desinteresse, chronische Beziehungskonflikte, kaschierte kalte und untergründige Verzweiflung. Eine vierte Spaltung vollzieht sich, indem Verleugnung auch die letzten Spuren vom Beziehungsgeschehen verwischt. Man könnte meinen, daß die Austauschprozesse zwischen Gruppenselbst und Selbst zum Erliegen kommen oder sich in einem stillen Abwertungsprozeß ergehen.

Abbildung 12-II: Fünfte Phase Stagnation und Depression.

Selbst und Gruppenselbst besitzen eher vage Konturen, die Selbstgrenze ist erlahmt, die Systemgrenze unverbindlich und ohne Funktion. Selbstorganisierende Prozesse, Morphostase und Morphogenese, kommen zum erliegen. Für den psychosozialen Raum ist entscheidend, daß der Prozeß von Entwicklung und Koentwicklung in unabhängige Prozesse aufgespalten wird. Ein Tiefpunkt psychotherapeutischer Behandlung.

Dennoch täuscht die Ruhe. Das Beziehungsgeschehen hat sich unter die Oberfläche zurückgezogen und glimmt fort. Ein verzweifelter Kampf tobt in Innern der Gruppenmitglieder, den man hinter der Maske von Pessimismus, Gleichgültigkeit und Hochmut nicht vermutete. Ein Funke kann den Zustand der Krise hervorrufen und zum Schisma führen, wenn sich dieser Übergang zur letzten Phase nicht schleichend vollzieht. Zeitweilig wird klagend jede Werterfahrung negiert, intensiv bezweifelt und anklagend zurückgewiesen.

Die Gruppe und ihre Mitglieder haben den 'Grund ihrer Seele' erreicht. Sie sind beim anderen Extrem ihrer Vorstellungswelt angekommen. Sie waren von einem hypothetischen Traumbild aus losgezogen, haben sich ihre Welt nach ihren Prämissen erbaut und nach ihren Prämissen durchlebt, und sind nun angekommen in einer Welt der Hoffnungslosigkeit, der Depression, des Grau-in-Grau. Wußten sie das nicht schon immer?

Diese fünfte Phase ist ein Versuch, jene überhandnehmenden positiven Rückkopplungen zwischen Selbst und Gruppenselbst zurückzudrängen, die irgendwie nicht aus der Welt zu schaffen sind, ohne die Prämissen süchtiger Beziehungsstruktur zu hinterfragen. Subjektiv können wir die Depression als Strategie verstehen, von diesen Kräften nicht „fragmentiert" zu werden mittels einer bis ins Äußerste getriebene Verleugnungs- und Verneinungsstrategie.

Sarkasmus, Langweile, Gereiztheit, Hoffnungslosigkeit und Gefühle der Inkompetenz sind Gegenübertragungen des Teams. Das Protokoll eines Videobandes, das wir später wiedergeben, handelt von einer solchen Situation.

Sechste Phase: Depression und Schisma der zweiten Art

Das Schisma vollzieht sich: vertrieben oder flüchtend. Vielleicht sind sie tief in ihrem Inneren schon längst darauf eingestellt, nirgends dazuzugehören, ins Niemandsland verwiesen. So sind sie nun dort, wo ihr Platz in der Welt ist: In der Grauzone unter der offenen Türe. Kommt es nicht vielleicht darauf an, die Therapie „unbeschadet" zu durchlaufen, ihr zu entkommen und wieder aufzutauchen, wenn die anderen begannen, sie für die Welt der Scene abzuschreiben?

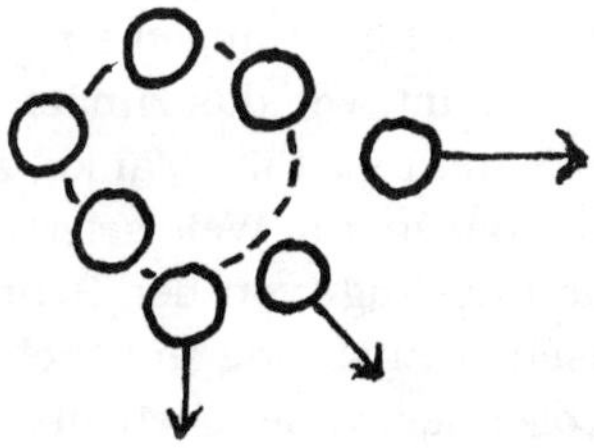

Abbildung 13-II: Sechste Phase Vereinsamung, Verwahrlosung, Depression. Schisma II wird vollzogen.

In diesem Stadium sind die Gruppenmitglieder vereinsamt oder verschworen in konfluenter Zweisamkeit bzw. die Beziehung zu konfluenten Personen außerhalb, Familienmitglieder vor allem, wird aktualisiert. Es scheint kein Gruppenselbst mehr zu geben. Sie sind vereinzelt wie Monaden.

Pessimismus, Verzweiflung, Selbstmordgedanken oder Gier nach Drogen und „Zumachen“, Selbsthaß, Ohnmacht und Resignation herrschen vor. Der symbiotische Traum erweist sich als Alptraum. Innerhalb weniger Stunden oder Tage kann sich die halbe Gruppe auflösen. Je instabiler der Gruppenprozeß wird, je mehr Spaltungen des psychosozialen Raumes vollzogen werden, um so eher kann der Prozeß in diese Phase des Schisma kippen. Am Ende der dritten und im Verlauf der vierten Phase muß mit einem Sprung in diese Phase gerechnet werden. Im letzteren Fall vollzieht sich das Schisma unter dramatischen Umständen, in Aufruhr und Panik.

Es gibt drogentherapeutische Einrichtungen, die in regelmäßigen Abständen ihre Klientengruppe und schließlich ihr Team verlieren und auswechseln. Es wundert nicht, wenn die Therapeuten auf solche Situationen selbst mit Depression und psychosomatischen Beschwerden antworten und dem Gefühl, „ausgebrannt“ zu sein. Es könnte ja auch sein, daß die Therapeuten ihre Klienten in die Erfahrung der Sinnlosigkeit geführt haben in einer Art stillen, unbemerkten Verschworenheit - unter Preisgabe ihrer Gesundheit.

Für den Therapeuten gibt es keinen Grund zur Verzweiflung. Ich erinnere an meine Schilderung des Gruppenprozesses mit Nachsorgebewohnern. Der Zustand der Nachsorgegruppe entsprach dem Übergang von der fünften zur sechsten Phase. Auch in einer solchen Situation läßt sich noch therapeutisch arbeiten und erreichen, daß Aufspaltungen des psychosozialen Raumes rückgängig gemacht werden - unter der einen Voraussetzung, daß wir in der Gegenübertragung nicht mitagieren, sondern die Bedingungen durch unser Wahrnehmen und Handeln so zu ändern trachten, daß eine Transformation begünstigt wird.

Überblick und Anmerkungen

Die folgende Abbildung gibt einen Überblick über die sieben Phasen im schismogenetischen Gruppenprozeß und ihren jeweiligen Charakter, die zugehörige Ko-Abhängigkeit und produktive Ko-Entwicklung des Therapeutenteams. In der Abbildung unten läßt sich die fortschreitende Zunahme von Entropie ablesen und die vier Aufspaltungen des psychosozialen Raumes.

Wir finden bestätigt, wie wenig unsere hypothetische Phase eine vorwärtstreibende, für die Entwicklung des Selbst und seine Beziehungen zur Gruppe oder innerhalb des Systems konstruktive Funktion übernimmt, wie das zunächst von einer Utopie, einem Hort von Sehnsüchten zu vermuten wäre. Es ist ihr Manko, daß sie den Träumer nicht in die Pflicht nehmen und somit in Bezug zur Welt setzen. Sie fordern statt dessen symbiotische Vorleistungen ein, die ungefragt von der Gruppe oder den Therapeuten zu erbringen sind. Diese symbiotischen Zustände und Sehnsüchte sind Bilder einer entindividuierenden Kraft, die Bezogenheit verleugnet, die Selbstgrenze erlahmt und betäubt und sich selbst ermordet. Vom Standpunkt der Individuation aus ist diese immer nährende symbiotische Matrix eine Göttin des Todes. Schismogenese ist nichts anderes als das Wirken dieses symbiotische Sogs. Schismogenese und entindividuierende Symbiose sind zwei Seiten desselben Geschehens. Die gelegentlichen Zustände von Euphorie weichen den langandauernden der Depression.

Ich erinnere an Wladimir und Estragon. Auch sie zogen es vor, auf Godot zu warten, während sie seine Ankunft mit tiefer Beunruhigung und Panik erfüllte. Ich erinnere an die Welt ihrer Bilder, die Alpträume darstellen. In dieser Hinsicht war BECKETT Realist gegenüber dem Träumer FREUD: Dieser hypothetische Narzißmus ist wenigstens so häufig Anlaß für Alpträume wie für Träume. Des Süchtigen Utopia ist kein Lebensquell, auf den hin sich sein Leben hinsehnt, keine Quelle der Gestaltung, nicht einmal eine Flucht nach vorne! Sein Utopia ist ein Schatten und Todesreich, ein Alptraum. Unbewohnbares Land. Niemandsland.

Im Verlauf der Schismogenese wird der psychosoziale Raum deformiert, seine strukturelle, informationelle Gestaltungskraft schrittweise lahmgelegt. Unser Schema versucht diese „Deformierung" des psychosozialen Raumes wiederzugeben, diesen fortschreitenden Verlust der Fähigkeit, Lösungen aus sich selbst heraus zu finden bzw. menschliche Beziehungen so zu gestalten, daß die informellen Verwicklungen sich meistern lassen. Der Süchtige hungert sich im wahrsten Sinne des Wortes aus und wird ausgehungert: Die Austauschprozesse zwischen Selbst und Gruppenselbst kommen von Bruch zu Bruch mehr zum Erliegen und nehmen, anstatt sich gegenseitig zu nähren, den Charakter gegenseitiger Vergiftung an. Es fehlt die Anerkennung eines Bezugspunktes, der die projektiven wie introjektiven Vorgänge und Wahrnehmungen relativieren, korrigieren und positiv bestätigen könnte. So werden alle positiven Investitionen oder Übertragungen herausdestilliert bis im Bodensatz jene ambivalenten Reste von Utopie übrigbleiben: der spiritus der süchtigen Prämissen.

Im Überblick über alle Phasen wird unübersehbar, welche Beziehungsaufgabe der Therapeut bewältigen muß, wie viele Fallstricke ihm gelegt sind und wie hoch der Preis sein kann, den er u.U. mit dem Verlust seiner psychischen Gesundheit bezahlt. Vergegenwärtigen wir uns: Wir haben einen einheitlichen, zusammenhängenden Erfahrungsraum vor uns ausgebreitet, den wir mit seinen Höhen und seinen Tiefen mit unserem Gegenüber durchlaufen in einem Gruppenprozeß, dem auch wir angehören und den wir daher nicht beliebig anhalten und umlenken können. Wir können uns nicht völlig freihalten, nicht einmal davon mitzuagieren. Es kommt darauf an, durch diesen Kosmos süchtiger Weltkonstruktion wirklich hindurchzuführen, diesen einheitlichen Erfahrungsraum gemeinsam zu durchleben und die Rolle eines Führers zu übernehmen, der die Beschaffenheit des Weges kennt, seine Gefahren und seine Chancen, wenn auch der Führer das Gebirge nicht abtragen und die Gefahren erlassen kann. Eine Errettung, um dem Süchtigen diese Erfahrungen zu ersparen, hätte auch keinen Sinn, *das sind seine Erfahrungen, die Erfahrungen, die seine Welt zulassen.* Um Wege aus der Sucht zu suchen und zu finden, muß er ihre Abgründe durchlaufen. Uns bleibt die Rolle des Fuchses, der zu den Abgründen hinzuführen scheint, nicht aus Zynismus, sondern um sein Gegenüber zu begleiten, bis er ein produktives Verhältnis zu seinem selbsterzeugten Kontext zu finden. Fallstricke in diesem Prozeß sind, daß wir mit dieser manchmal rasanten Entwicklung nicht Schritt halten, daß wir einer der Phasen verhaftet bleiben und beispielsweise angestauten Ärger oder den Wunsch, zurückzuweisen, nicht abgearbeitet haben, während schon eine ganz andere Einstellung förderlich wäre, etwa unser Gegenüber von gleich zu gleich anzusprechen, ja, wie unser Beispiel der Nachsorgewohngruppe zeigte, eine Haltung, die zunächst wider jede Handlungslogik zu stehen scheint. Wir können lernen, unserem Lebensfluß treu zu bleiben, aus dieser Treue heraus unserem Gegenüber zu begegnen, mit ihm mitzugehen und die Erfahrung vorzubereiten, daß wir gerade an der Welt scheitern, die wir selbst erbaut haben. So können wir mit einem zwinkernden Auge unseren Part übernehmen.

Überblick 1: Die Phasen des schismogenetischen Gruppenprozesses im Überblick.

symbiotischer Traum	1.Phase: Balance	2. Phase: idealisierende Übertragungssituation und Verlassenheit	3. Phase: Größenselbst und Zurechtweisung
symbiotischer Traum Hypothetischer Narzißmus, ozeanisch-narzißtische Symbiose „Ich bin in der Welt" „Ich bin die Welt" Prototyp spontaner Werterfahrung. **Symbiotischer Alptraum** eingeschlossen in eigener Welt, „stoned", absolutes Unbezogensein, Verweigern von Werterfahrung und Wirken des „Todestriebes", entindiviuiderend, Prototyp von Destruktion	wechselseitige Austauschprozesse zwischen Selbst und Gruppenselbst, definierte Selbst- und Systemgrenzen, Kontext sieht Individualität vor. Zuverlässiger Zufluß spontaner Werterfahrung.	Der passive Kontext herrscht vor; geht mit introjektiven Vorgängen einher; Reste positiver Übertragung. Enttäuschung der symbiotischen Hoffnungen. Aufweichen von Vereinbarungen. Werterfahren ist auf die idealisierende Phase begrenzt.	Der aktive Modus herrscht vor, hervorgerufen durch Enttäuschung der Idealisierung und Verleugnen der Ängste vor Verlassenheit; kurze euphorische Phase. Brüchige normative Werterfahrung. Selbstherrlichkeit, Mißbrauch des Reglements, Konkurrenz zwischen Team und Gruppe, Rigidität bis hin zu Sadismus. Mißtrauen bis hin zu Feindseligkeit. Heimliche Rückfälle und Diebstähle.
Ko-Entwicklung: Positive und aktive Konnotation, den eigenen Kontext erforschen u. einführen, Kontakt zu Lebensprozeß, auf Verbindlichkeit achten.	**Ko-Entwicklung:** Arbeitsbündnis herstellen, konflikt - und beziehungsfähig, von gleich zu gleich begegnend.	**Ko-Entwicklung:** Markieren der Selbstgrenze, positive Konnotation. Erfahrungsdimension Verlassenheit standhalten.	**Ko-Entwicklung:** Markieren der peripheren Grenze, positive Konnotation. Erfahrungsdimension von Zurückweisung standhalten. Direktheit und Bereitschaft, komplementär zu kommunizieren.
Ko-Abhängigkeit: Symbiotisches Beziehungsangebot sich verweigern in Vorwegnahme von Entwertung Rückzug auf Überlegenheit u. institut. Macht erneute Erfahrung von Sinnlosigkeit	**Ko-Abhängigkeit:** In Mißtrauen/ Enttäuschung hängen bleiben, Zurückweisen oder entmündigen durch Reglement.	**Ko-Abhängigkeit:** Vermeiden der Erfahrung von Verlassenheit durch Hoffnungsinduktion und symbiotische Retterbeziehung. Entwertet fühlen.	**Ko-Abhängigkeit:** Vermeiden der Erfahrungsdimension Zurückweisung durch Ablehnen. Bedroht fühlen. Abwertungsprozeß setzt ein. Selbstherrlichkeit und Sadismus durch Reglement. Instrumentalisieren.
		1. Spaltung: Definition der Selbstgrenze wird verleugnet. Spaltung in Therapie- und Realraum.	**2. Spaltung:** Definition durch den Anderen/ Gruppe wird abgewertet. Spaltung in Offiziell und Inoffiziell.

Zunahme der Entropie - Konfusion statt Information

Die Phasen des schismogenetischen Gruppenprozesses im Überblick.

4. Phase: Krise und Polarität	5. Phase: Stagnation und Depression	6. Phase: Schisma II
Durch Zurückweisung eingeleitet. Oszillieren zwischen aktivem und passivem Modus, Dualismus, offensichtliche Destruktion. Verweigern/ bekämpfen von Werterfahrung. Eskalation der beiden Modi. Tiefes Mißtrauen, Diebstähle, Rückfälle, Siuizidgedanken. Panik, vorübergehend psychotische Symptome, (Erleben eines fragmentierten Selbst möglich)	Jegliche Spuren des Beziehungsgeschehens werden verwischt und verleugnet. Instrumentalisieren des therapeutischen Reglements. Rückzug, depressive Verstimmung, Vereinsamung und Verwahrlosung. Wahrnehmen des fragmentierten Selbst wird abgewehrt. Werterfahrung versiegt oder wird klagend/ anklagend verweigert.	Austauschprozesse sind erstarrt oder vergiftet. Gruppenselbst verleugnet. Monaden oder konfluente Zweisamkeit. u.U. Panik, Depression, Pessimismus, Sinnlosigkeit
Ko-Entwicklung: Erfahrungsdimension der Fragmentierung standhalten; direktes Kommunizieren, ohne versteckt zu entwerten.	**Ko-Entwicklung:** Bezogenheit organisieren und Selbstvertrauen bewahren. In Kontakt bleiben mit dem eigenen Lebensprozeß.	**Ko-Entwicklung:** Standhalten der Erfahrung von Sinnlosigkeit, dem Lebensprozeß treu bleiben.
Ko-Abhängigkeit: Ohnmacht, Angstinduktion, entwertendes Kommunizieren. Gefahr durch Aktionismus.	**Ko-Abhängigkeit:** Vermeiden der Erfahrung schleichender Entwertung durch Sarkasmus, Langweile, Gereiztheit, Desinteresse, Klagen und Anklagen.	**Ko-Abhängigkeit:** Depression, Aufgabe, Erschöpfung, psychosomatische Beschwerden.
3. Spaltung: Kampf um Behaupten des Machtvorbehalts. Spaltung der Gruppe. Aufspaltung von Entwicklung und Ko-Entwicklung.	**4. Spaltung:** Verleugnen allen Beziehungsgeschehens. Morphostase und Morphogenese erlahmen.	**Schisma II:** Morphostase und Morphogenese sind lahmgelegt.

Zunahme der Entropie - Konfusion statt Information

Ich wünschte, daß wir uns als Psychotherapeuten zu einem verpflichten: Wir dürfen nicht dazu beitragen, ein Ritual der Sinnlosigkeit zu betreiben, wir dürfen nicht mitwirken, unter unserer Verantwortung Erfahrungen der Sinnlosigkeit zu organisieren. Diese Verantwortung verlangt strengste Maßstäbe, die wir auch nicht durch Abwerten der Süchtigen verringern dürfen. Es steht uns frei, eine andere Aufgabe und Herausforderung zu wählen.

Kapitel 8: Initiieren des systemischen Gruppenprozesses

Wir werden nun entwickeln, wie wir *mit der Gesamtgruppe* psychotherapeutisch arbeiten können mit dem Ziel, einen systemischen Gruppenprozeß in die Wege zu leiten. In gewisser Weise unternehmen wir den Versuch, eine Therapie des gesamten Systems zu beschreiben, wobei wir in einem unauflösbaren Dilemma gefangen bleiben: wir können uns selbst nicht in derselben Weise von Beobachten beobachten wie unser Gegenüber. Diese Einschränkung müssen wir hinnehmen: Unser Gegenüber ist die Gesamtgruppe, und auf der Ebene des ersten Grundprozesses von Entwicklung und Ko-Entwicklung zwischen therapeutischem Team und Klientel können wir nicht als externer Beobachter auf- und damit dem Gesamtprozeß auch nicht gegenübertreten. Alle unsere theoretischen und ideologischen Vorannahmen, unsere organisatorischen wie gesellschaftlichen Randbedingungen, wie auch diejenigen, die uns selbst nicht bewußt sind, gehen hier als Raster unseres Wahrnehmens ein und setzen vorab Unterschiede, die Unterschiede setzen. Hier sind wir Mitagierende und Partner gegenüber unserem Klientel und begegnen unserem Gegenüber in grundsätzlicher Weise von gleich zu gleich. Bis wir uns praktisch als Beobachter in und gegenüber der Gesamtgruppe ausgewiesen haben und anerkannt werden, ist es ein tüchtiges Stück Weges. Dann erst können wir den Exodus aus dem Niemandsland anführen.

Die Aufgaben, die wir zu meistern haben, sind bekannt. Es gilt, der Schismogenese zu begegnen und die Bedingungen ihrer Entwicklung in einem heilenden Ko-Prozeß der gesamten Institution zu beeinflussen: Herausfinden und Begegnen der symmetrischen Eskalation, Artikulieren und Begegnen von Abwertungsprozessen, Wiederbeleben homöostatischer Mechanismen, Thematisieren und Überwinden konkurrierender Kontexte, Wiedererlangen eines dynamischen Verhältnisses zwischen systemischem und individuellem Kontext als Anstoß für den integrativen Prozeß.

Der schismogenetische Gruppenprozeß ließ erkennen, wie das systemische Feld seiner informationellen Struktur und Dynamik verlustig ging. Wir initiieren und entwickeln im systemischen Gruppenprozeß eine Ko-Entwicklung, die Struktur ausbildet, bis das systemische Feld einen 'angeregten Zustand' einnimmt und Lösungen aus sich heraus sucht und findet. Die Bedingungen der Schismogenese transformieren wir im systemischen Gruppenprozeß in fünf Schritten:

- Wiederherstellen oder Initiieren von Entwicklung und Ko-Entwicklung zwischen Team und Klientel
- Organisieren eines systemischen Feldes
- Markieren des therapeutischen Kontext und Definieren der therapeutischen Beziehung
- Begegnen der symmetrischen Eskalation
- Ermöglichen echter komplementärer Kommunikation und Definieren von Bereichen symmetrischer Kommunikation (Markieren von individuellem und systemischem Kontext)

Die Klassifizierung des systemischen Gruppenprozesses fokussiert die Aufmerksamkeit des Therapeuten und hilft ihm, sein Handeln auf die jeweils relevanten Aspekte zu konzentrieren in Situationen, die in ihrer Vielfalt einer Überforderung gleichkommen. Die Phasen greifen ineinander und bauen aufeinander auf.

Die Bedeutung der Psychotherapie mit der Gesamtgruppe ergibt sich aus dem Umstand, daß hier in der Gesamtgruppe das metakommunikative Axiom, wonach man sich nicht nicht verhalten kann, unmittelbar seine Wirkung entfaltet und ein systemisches Feld organisiert. Jede Institution hat unterschiedlichste Untergruppen. In der Therapeutischen Gemeinschaft Four Steps beispielsweise gibt es allein hinsichtlich Psychotherapie: Therapiegruppen, Einzelgespräche und Gesamtgruppensitzungen. In der Therapiegruppe kann der Klient über andere, die nicht anwesend sind, kommunizieren, vor deren „Realität" er jeweils geschützt ist. In besonderer Weise gilt dies für psychotherapeutische Einzelstunden. In diesem sozialen Raum ist er vor den Realitäten außerhalb der Dyade geschützt, über die er, wie immer er mag, kommunizieren kann, und zwar insofern geschützt, als er sich der Wirkung des metakommunikativen Axioms mühelos entziehen kann. Alle Aufspaltungen und Abwertungsprozesse gründen in diesem Umstand. Die Wirkung des metakommunikativen Axioms ließ sich mit einem Beziehungskreis vergleichen, der um die relevanten Personen gezogen wird und alle relevanten Aspekte ihrer Situation - bewußte und unbewußte - darin versammelt. Diese Kontextintegration ist eine Leistung der individuierenden Person. Der Süchtige weigert sich oder tut sich schwer, einen solchen Kreis um sich zu ziehen und bietet etwa in der Einzelstunde nur unbezogene Segmente an, was anstelle existentieller Begegnung häufig nur eine *Pseudosituation* zuläßt. Solche Segmentierung und Aufspaltung wird in der Gesamtgruppe erschwert, der Beziehungskreis tritt hervor und läßt das untergründige und verborgene Beziehungsgefüge an die Oberfläche steigen. Anstatt uns mit Pseudosituationen zu beschäftigen, wird die existentielle Struktur prägnant. Therapeutisches Arbeiten mit der Gesamtgruppe gibt uns die Chance, diese Aufspaltungen des psychosozialen Raumes zu überwinden.

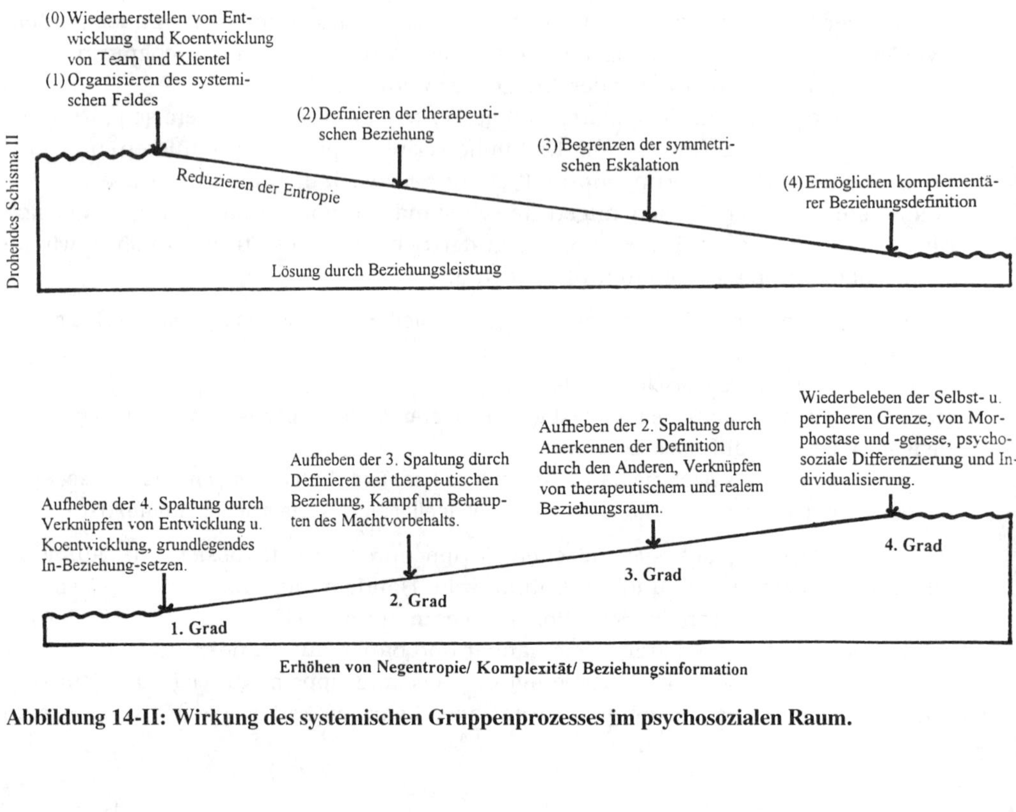

Abbildung 14-II: Wirkung des systemischen Gruppenprozesses im psychosozialen Raum.

Mit Hilfe systemischer Gesamtgruppenprozesse schaffen wir einen Bezugsrahmen in der Institution, auf den bezogen Psychotherapie im Setting der Therapiegruppe oder Einzelstunden, aber auch alle anderen Formen stationärer Therapie wie Arbeits- und Soziotherapie, greifen können, indem ein ausreichendes Maß an Beziehungsarbeit gewährleistet wird. Die Versammlung aller Mitglieder der Institution ist der zentrale Ort, der Lebendigkeit der Institution gewährleistet und erneuert. Keine andere Veranstaltung vermag Team, Gruppenleben, Reglement und die gesamte Institution nachhaltiger zu beeinflussen.

Wenn wir die Wirkung des systemischen Prozesses auf das systemische Feld betrachten, so finden wir einen Prozeß anwachsender Komplexität, der Aufspaltungen des schismogenetischen Gruppenprozesses aufhebt. Das systemischen Feld gewinnt die oben genannten „Dimensionen des psychosozialen Raumes" und seine Qualität des Werterlebens zurück und somit auch seine strukturbildende und heilende Potenz.

Es gibt sicherlich sehr viele Möglichkeiten, in einer Gesamtgruppe systemische Gruppenprozesse und integrative Prozesse zu realisieren, die zu Werterfahrungen führen. Wie angedeutet können wir solche Realisierungen als *Rituale* betrachten, die alle Beteiligten in einer gemeinsamen Handlung ein- und aufeinanderbeziehen. Unsere Kriterien für eine Realisierung sind, daß die Beteiligten den Prozeß als gemeinsame Beziehungsleistung begreifen, über die sie Zugang finden zu spontaner individueller Werterfahrung und ihre Verantwortung für ihr Handeln annehmen; daß jegliche Grenzverletzungen vermieden werden und sich die Art und Weise der Kommunikation so verändert, daß sich Bezogenheit 'von selbst' realisiert. Wir werden ein einfaches, profanes und naheliegendes Ritual vorschlagen, das den Vorgang des Aufeinanderbeziehens thematisiert und als Beziehungsleistung transparent macht.

Phase 1: Wiederherstellen oder Initiieren von Entwicklung und Ko-Entwicklung zwischen Team und Klientel

Wenn unsere Behauptung zutrifft, daß das Team das Milieu des Klientels und das Klientel das Milieu des Teams abgeben, dann beginnt der systemische Gruppenprozeß nirgendwo anders denn beim therapeutischen Team. Zuallererst muß sich das therapeutische Team um ein konstruktives Verhältnis zu seinem Klientel bemühen, um die gefährlichste aller Spaltungen, die zwischen Therapeuten und Klientel, im Ansatz zu überwinden, gefährlich, weil diese Spaltung den Therapeuten verleiten könnte, seine Behandlungsmöglichkeiten in der Gestaltung von Beziehung aufzugeben.

Aufgabe der ersten Phase ist, einen Keim zur Ko-Entwicklung des therapeutischen Teams zu legen. Sie dient der Vorbereitung und Sammlung, um unsere Einstellungen, Wahrnehmungen und Handlungen zu überprüfen, die Geschehnisse auf der Beziehungsebene emotional und geistig zu durchdringen und auf diesem Terrain zu antworten.

Wir können uns den Enttäuschungen, die wir in der Therapie mit Suchtkranken unweigerlich erleiden, der Bitterkeit und dem alles vergiftenden Mißtrauen nicht einfach entziehen oder diese abschütteln wie Staub; sie haften fest, vergällen uns den Reiz der Psychotherapie; und nur vorübergehend können wir uns mit Retterphantasien und verstärktem Einsatz, als wollten wir eine „Bekehrung" erzwingen, ihrem Eindruck entziehen. Es kann einen hart angehen, darauf zu verzichten, sich hinter dem Klinikreglement zu verbergen, und mit dem eigenen Lebensfluß in Kontakt zu bleiben, hieraus zu antworten und die therapeutische Beziehung zu gestalten. Anstatt die süchtige Beziehungsstruktur zu instrumentalisieren, können wir unsere Enttäuschung, unsere Wut wie unser Mißtrauen 'abarbeiten'. Das ist keine Aufforderung, Gefühle und Phantasien als Therapeut auszuleben, sondern unsere Erfahrungen als Grundlage unserer Kommunikation mit der Gruppe einzusetzen, um mit dem Gruppenprozeß Schritt zu halten, aus unserem Lebensfluß heraus mit dem Prozeß der Gruppe wieder in Kontakt zu kommen und tiefe Erfahrungen anzuregen.

Das therapeutische Team ist möglicherweise 'Teilhaber' der Schismogenese, gedeckt durch Diagnosen, Vorurteile und Organisation der Institution. Daher müssen wir die Gruppe und ihren Prozeß als unser Gegenüber und unseren Partner zuerst einmal annehmen und möglicherweise neu wahrnehmen. Als Psychotherapeuten wissen wir, daß wir als Teilnehmer von Kommunikation und Mitglieder der Institution von den Bedingungen der Schismogenese affiziert werden. Schon um unserer eigenen Hygiene willen ist dringend angeraten, diese Aufgaben, eine Ko-Entwicklung zur Schismogenese zu initiieren, auf uns zu nehmen. Allzu rasch können wir in die Falle tautologischer Definition von Unterschieden geraten, uns an einer Entwicklung hin zur totalen Institution beteiligen, unserer Arbeitsmöglichkeiten und Fähigkeiten als Psychotherapeuten berauben und als Mensch schädigen.

In diesem Prozeß zwischen Team und Klientel findet ein gegenseitiges Sich-Beeinflussen statt, was es dem Team möglich macht, obgleich Teil des Ganzen, die Initiative zum systemischen Ko-Prozeß zu ergreifen. Da wir als Psychotherapeuten auf die strukturbildende Option setzen, wird von *allen* Beteiligten die bisweilen schmerzliche oder peinliche, häufig befreiende Mühe abverlangt, Beziehungen befriedigend zu klären. Aus dem kommunikativen Rahmen, den das Team absteckt, kann es selbst nicht herausspringen, noch kann es darüberstehen, ohne seine Psychotherapie zu entwerten. Unsere Epistemologie läßt uns keine andere Wahl: Das Team darf in diesem Ko-Prozeß auf keine andere Weise kommunizieren, als der pragmatische Imperativ vorgibt, das heißt, Handeln, ohne unser Gegenüber zu entwerten, zu demütigen oder mit Gewalt - offener oder struktureller - zu begegnen. Nur dann kann es in seinen Handlungen Gegenseitigkeit wahren und seiner Verantwortung wie Schuld gerecht werden - wie sie für jedes Mitglied des Systems gilt -, das Gleichgewicht der Gemeinschaft wiederherzustellen. Wir können eine solche Haltung mit vier Prinzipien umreißen:

- Verzicht auf jegliche, auch strukturelle, Gewalt;
- Bereitschaft, Beziehungen offen zu definieren;
- Bereitschaft, den eigenen Kontext rückhaltlos in die Kommunikation einzuführen und zu erforschen,
- und die Fähigkeit, unserem Gegenüber in positiver Konnotation zu begegnen.

Interessanterweise formulierte M.K.GHANDI ganz ähnliche Prinzipien für Satyagraha: Nichtgewalt, Wahrheit und vorbehaltlose Offenheit. Diese Prinzipien bewahren das systemische Gewebe der Bezogenheit, anstatt es zu verletzen; nähren dieses informationelle Gewebe im Akt der Kommunikation und lassen es zur Wirkung kommen, anstatt es aufzuzehren; lehren zu handeln, ohne das Gewebe der Bezogenheit, an dem wir selbst mit spinnen, zu beeinträchtigen oder gar zu zerstören. Anders formuliert: Ein therapeutisches Team darf zu seinem und seiner Klienten Schutz nicht zulassen, daß sich in der Institution ein Klima chronischer Grenzverletzung breitmacht. Es muß den institutionellen Prozeß aktiv und persönlich mitgestalten. Es kann und muß die kommunikativen Voraussetzungen, Beziehungsinformation zu verarbeiten, initiieren, indem es sie selbst respektiert. Ohne eine solche produktive Haltung wird der systemische Zusammenhang dem Team zum Verhängnis. Es gerät in Ko-Abhängigkeit zur süchtigen Beziehungsstruktur und nun selbst in einen Suchtprozeß, der die Therapeuten von ihrem Lebensfluß abspaltet.

Wenn wir den systemischen Gruppenprozeß fördern wollen, wenn wir einsehen, daß wir von einem externen Standpunkt aus die Bedingungen der Schismogenese nicht ändern können, dann werden wir uns auf diese vier Prinzipien einlassen und uns trainieren, den Alltag auch in schwierigen Situationen in diesem Sinne zu meistern. Darin liegt eine persönliche und interessante Herausforderung. Es ist Sinn der ersten Phase, uns auf diese Haltung hin zu überprüfen und den Grundstein zu legen, die tiefste Aufspaltung zu überwinden, die den ersten Grundprozeß, Entwicklung und Ko-Entwicklung zwischen Team und Klientel, vereitelt. Das verlangt sowohl wahrnehmende Distanz wie erneutes Wiederannähern. Diese Grundlegung und ihr Realisieren durchzieht den gesamten systemischen Prozeß. Dabei erweist sich diese Haltung als Königsweg, um systemische und integrative Prozesse zu initiieren.

Über weite Strecken der folgenden vier Phasen sind wir in gewisser Hinsicht in unmittelbar persönlicher Weise abgekoppelt vom Gruppenprozeß, den wir eine berufliche Rolle einnehmend an unserem Gegenüber *beobachten*. Unser Gegenüber ist Objekt unserer Wahrnehmung und Interventionen. Aber auch unser Beobachten bleibt eingebettet in den unteilbaren systemischen Prozeß. Wir sind und bleiben unserer professioneller Überlegenheit zum Trotz Partner einer echten Kommunikation, und nur deshalb kann uns süchtige Kommunikationsweise affizieren und ernsthaft schädigen. Denn an allererster Stelle, bevor wir darangehen, mit der Gesamtgruppe zu arbeiten, müssen wir vergegenwärtigen, daß wir in dem Prozeß von Entwicklung und Ko-Entwicklung Mitagierende und Partner gegenüber unserem Klientel sind. Auf dieser Ebene können wir keinerlei Vorrecht für unsere Wahrnehmungen, Handlungen und Impulse in Anspruch nehmen, sondern müssen im Sinne von Satyagraha auf *Gegenseitigkeit* achten und alle Geschehnisse als Spiegel unserer selbst betrachten.

Es gehört zum Einmaleins der stationären Psychotherapie, die Gruppenentwicklung zunächst als Ausdruck der Teamentwicklung zu betrachten. Bevor wir irgend etwas ins Werk setzen, müssen wir diesen Spiegel erforschen: Inwieweit sind wir selbst in diesem Prozeß, den wir beeinflussen wollen, involviert? Tragen wir selbst zur Aufspaltung bei oder fördern sie gewollt und ungewollt? Durch unser Worte? Unsere Entscheidungen? Oder durch die Art unseres Auftretens? Entdecken wir bei uns Tendenzen oder Impulse abzuwerten? Zynismus? Ist unser Mißtrauen vielleicht auch chronifiziert? Lassen wir es durch andere ausleben? Gibt es einen korrespondierenden Konflikt im Team? Wenn nein, ist er möglicherweise durch einen Konflikt mit oder in der Gruppe verdeckt? Solche oder ähnliche Fragen sollten im Team aufgeworfen und nötigenfalls unter externer Supervision durchgearbeitet werden. In dieser ersten Phase des systemischen Gruppenprozesses hängt alles von der Konflikt- und Integrationsfähigkeit der therapeutischen Mitarbeiter ab.

Häufig nimmt die Psychotherapie mit der Gesamtgruppe ihren Anfang gerade in Konfliktsituationen, worin das Team direkt involviert ist. Dann bleibt uns nichts anderes übrig, als unsere Arbeit auf Fehler, Mißverständnisse, Unterstellungen, Verletzungen und Gegenübertragungen zu überprüfen. Dies kann zunächst im Team unter Ausschluß von Gruppenvertretern, zum Teil auch in ihrer Anwesenheit, geschehen. Ich habe durchweg gute Erfahrungen gemacht, persönliche Fehler oder solche des ganzen Teams zu benennen und das Wesentliche hierzu mitzuteilen. Nur so wird der Kontext des Teams nachvollziehbar und das Team integer erscheinen. Wenn 'Fehler' als Teil des Konfliktes mit der Gruppe zu gelten haben, sollten Mitarbeiter unmittelbar und direkt in der Gesamtgruppe Stellung nehmen ohne weitere Unterstellungen oder impliziten Abwertungen, auch wenn das schwer fallen mag. Der Gruppe muß das Recht eingeräumt werden, sich damit zu beschäftigen, sich zu äußern und ihre Sicht der Dinge vorzubringen.

Wenn wir feststellen, daß wir Teil des Konflikts sind, so müssen wir zuerst unsere Verstrickung lösen. Auf dieser Ebene eines Konflikts, ich wiederhole noch einmal, sind wir unserem Klientel grundsätzlich gleichgestellt. Wir müssen dann für einen Moment innehalten und die Natur dieses Konfliktes, unsere Interessen, Motive und die Art und Weise, wie wir von den anderen wahrgenommen werden, klären. Sind wir direkte Konfliktpartner, so ist in jedem Fall erst dieser Konflikt mit der Gruppe austragen. Wir dürfen ihn keinesfalls mit dem systemischen Prozeß vermengen, den wir nur aus einer allparteiliche Position heraus führen können. Nur dann gelingt uns die Aufgabe, alle Beteiligten aufeinander zu beziehen. Diese Beweglichkeit können wir erst erreichen, wenn wir selbst kein parteiliches Interesse wahrnehmen.

Wenn diese erste Phase ihren Anfang auch in einer internen Teamsitzung oder Supervision nehmen mag, ein Teil dieser Phase geschieht explizit oder implizit öffentlich und durchzieht die übrigen vier Phasen. Wir müssen gegenwärtig sein, daß immer zugleich der erste Grundprozeß sich mit entwickelt und daß wir gerade hier, auf dieser Ebene, die Geschehnisse steuern und die Tiefe der Erfahrung beeinflussen. Es ist ja nicht so, daß wir mit dieser Selbstreinigung einmal zu Ende kommen und dann unbeirrt an die Arbeit gehen, sondern vielmehr beginnen, mit der Gruppe und in der Gruppe Epistemologie und Kontext unseres Kommunizierens zu erforschen. Nicht fehlerloses Agieren ist gefragt, sondern die Fähigkeit, „Fehler“ mit in den Prozeß hineinzunehmen und zu einem Teil der Kommunikation zu machen, des wechselseitigen Erforschens des jeweils eigenen und anderen Kontextes. Der Psychotherapeut muß die Fähigkeit erwerben, mit seinem Gegenüber in der superioren, in der symmetrischen, aber auch in der inferioren Position offen und rückhaltlos zu kommunizieren. Vielleicht ist es am schwierigsten, in der superioren Position, in der sich der Therapeut all zu oft wähnt, rückhaltlos und offen zu kommunizieren, vor allem wenn er von demselben Trauma behaftet ist, daß ihn dies um seine Überlegenheit bringen könnte und seiner Kreuzigung zuführe. In Wirklichkeit kann er nur gewinnen. Ich kenne keine 'Intervention', die wirkungsvoller und nachhaltiger systemische Gruppenprozesse zu initiieren vermag. *In einem solchen Moment präsentiert der Psychotherapeut die Fähigkeit, symmetrische Eskalation zu beenden und auf pseudokomplementäre Kommunikation und ihre Manöver zu verzichten.*

Wenn wir uns den Erfahrungsraumes vergegenwärtigen, den die Phasen des schismogenetischen Gruppenprozesses durchlaufen, so werden wir noch besser verstehen, daß wir der hier beschriebenen Einstellung als therapeutisches Team bedürfen, um gegenüber der Schismogenese, ihren Launen, ihren Auf- und Abspaltungstendenzen und ihrem Abwertungsprozeß eine integrierende, zusammenhaltende Funktion und einen 'unabhängigen' Handlungsspielraum zu bewahren. Diese Einstellung zu unserem Gegenüber führt uns ins Zentrum dieses Erfahrungsraumes und befähigt uns, die Aufgabe eines Führers zu übernehmen. Es ist leicht nachvollziehbar, wie groß die geistige und emotionale Belastung ist, durch solche Erfahrungen hindurch zu führen und ihnen zu begegnen. Diesem ständigen Entwertungsdruck standzuhalten in seinen verschiedenen Nuancen, kann nicht spurlos am therapeutischen Team vorübergehen.

Organisieren des Großgruppenprozesses beginnt also mit einem Teamprozeß, der im wesentlichen aus den drei Schritten besteht: 1.) Benennen eines Gruppenproblems, 2.) Prozeß der Integration des Gruppenproblems, 3.) Herstellen von Handlungsfähigkeit.

ad 1): Das Team versucht alle verschiedenen, auch divergierende Aspekte zusammenzutragen, ohne sie abschließend bewerten zu wollen. Je nach Bindung, Loyalität und Verstrickung werden die Therapeuten in ganz unterschiedlicher Weise von diesem Versuch berührt und affektiven Belastungen ausgesetzt. Recht häufig verstrickt sich das Team jetzt in einen emotionalen Kampf untereinander. Das unerfahrene Team kann in diesem emotionalen Kampf allzu leicht stecken bleiben, wenn es nicht geduldig und umsichtig, die jeweilige affektive Belastung berücksichtigend geführt wird. Anstatt zu arbeiten, kann es im Morast von Beziehungskonflikten versinken.

ad 2): Der Prozeß der Integration des Gruppenproblems vollzieht sich einmal (a) im Gesamtteam, zum anderen durch (b) emotionalen Nachvollzug eines jeden einzelnen. Beginnen wir mit dem letzten Punkt: Die Schilderung der unterschiedlichen Aspekte bedeuten für die einzelnen Therapeuten Wechselbäder in ihrem Bemühen, ihren betroffenen Klienten jeweils loyal zu bleiben. Für diese Verarbeitung muß man Verständnis und Zeit gewähren. Denn auf solchen Integrationsleistungen, die sich da vollziehen, beruht die Handlungsfähigkeit des Teams, und überwindet es die Gefahr symmetrischer Eskalationen - im Team oder mit der Gruppe - und sadistisch-masochistisches Agieren.

Dem Teamprozeß stellen sich weitere Gefahren, den Keim der Schismogenese weiter aussäen. Da gibt es Eifersüchteleien, Spitzen, Anspielungen auf Klienten anderer, Geschichten erzählen etc., Dinge, welche die Kritikfähigkeit des Teams bremsen und die Loyalitätsgefühle strapazieren. Eine häufige Falle stellen Verfolger-Verfolgte-Rituale dar, die ihrer Natur nach symmetrisch eskalieren oder in Rückzug und Schweigen bzw. Dominanz, Triumph, Allmachtsgefühlen enden. Schließlich findet man immer wieder, daß unter emotionaler Belastung ideologische Diskussionen angezettelt werden, die zum Ziel haben, durch Intellektualisieren emotional zu entlasten. Solche Versuche lenken das Problem auf das Klientel und leiten über negative Klischees ein Ausstoßen ein („die gehören nicht hierher"), das sich auch auf Mitarbeiter ausdehnen kann (Rivalität unterschiedlicher Stile), oder aber von der nötigen Integrationsarbeit seitens des Teams oder einzelner Mitarbeiter ablenken möchte („der ist krank, unfähig, hat Defizite", entschuldigende Hinweise auf die Lebensgeschichte). Die Phase der Integration kann dann abgeschlossen werden, wenn:

- die einzelnen Therapeuten den emotionalen Kampf um die loyale Bindung bzw. Ausstoßung bewältigt haben,
- alle im Team ihre Sichtweise beigesteuert haben
- und ein Sinn in diesem komplexen Geschehen definiert werden kann, der allen Teammitglieder ermöglicht, den Prozeß mitzutragen, daher einen konstruktiven Prozeß gewährleistet und offene, rückhaltlose Kommunikation auch vor der Gruppe fördert.

Kurz, wenn sich ein Behandlungsteam mit differenzierten Aufgaben bildet.

ad 3): Die Handlungsfähigkeit des Teams erwächst aus der Phase der Integration. Es ist schließlich noch zu lösen, wie den Klienten Verantwortung für ihr Verhalten übergeben werden kann. Hier besteht die Gefahr, daß Evolution und Koevolution entschuldigend, anstatt verstehend, ausgespielt werden. Das Team kann in einen verschärften Konflikt geraten, wenn die Loyalitätsbindungen nicht verarbeitet und neu integriert werden konnten. Gerade hier entstehen dann unvermeidlich Patt-Situationen, worin das Team seinen Streit nicht mehr begrenzen kann oder sich schließlich stillschweigend einigt, sich gegenseitig in Ruhe zu lassen. In diesem Moment kastriert sich das Team. Es kann auch seine verschiedenen Loyalitätsbindungen leugnen oder überrennen, wie auch sich der Dominanz eines Teammitglieds unterwerfen, die Handlungsfähigkeit suggeriert. Alle diese Fallen vertiefen und zementieren Spaltungen im Team und zwischen Team und Klientel.

Phase 2: Organisieren eines systemischen Feldes

Den Begriff „systemisches Feld" haben wir eingeführt und gezeigt, wie diese konstruktive Definition Person und Gruppe eng miteinander verknüpft. Definieren eines systemischen Feldes ist keine intellektuelle Angelegenheit: wir aktivieren das systemische Feld, regen es an, bis schließlich selbstorganisierende Prozesse in Gang kommen. Wir ziehen einen Beziehungskreis, der wesentliche Aspekte der Beziehungsrealität einfängt und zu einem systemischen Feld zusammenschließt. In diesem Prozeß des 'Umkreisens' realisiert die Person ihre Existenz und ihre Welt. Sie konstelliert ihre Lebenssituation. In diesem systemischen Feld begegnet die Person ihrer Bezogenheit als Beziehungsrealität, die ihre Existenz wie die der Gruppe ausmacht. Definieren eines systemischen Feldes muß als ein höchst aktiver Vorgang begriffen werden, der seine Mitglieder in ihrer existentiellen Bezogenheit hineinnimmt. Wir sprechen daher vom „Organisieren" eines systemischen Feldes. Die heilende Kraft der stationären Psychotherapie entspringt ihrer Fähigkeit, ihr Beziehungsangebot als ein solches Feld zu organisieren.

Organisieren eines systemischen Feldes beinhaltet, alle seine Mitglieder miteinander zu verbinden, zu vernetzen und rückzukoppeln, bis ein Beziehungsgeflecht aus der Verschwommenheit auftaucht und prägnantere Gestalt annimmt. Zugleich wächst allmählich unter den Mitgliedern die Einsicht, sich für die gemeinsame Situation zuständig zu fühlen. In der Psychotherapie mit Süchtigen birgt diese Phase die meisten Schwierigkeiten und ist für den weiteren Verlauf vorentscheidend. Die Manöver des Süchtigen, sich die Beziehungsdefinition vorzubehalten und die der anderen zu entwerten, wie auch seine Panik konzentrieren sich gerade auf diesen Punkt, Bezogenheit in und durch Kommunikation zu verweigern.

Unser initiales Ritual ist einfach: Alle Gruppenmitglieder werden nach ihrer persönlichen Sicht der Gruppensituation befragt und aufgefordert, ihre persönlichen Erfahrungen und Eindrücke mitzuteilen. Wenn wir uns interessiert, aber neutral zu den einzelnen Personen und Interessengruppen verhalten, so wächst ein Geflecht von Beziehungsdefinitionen, das Muster von Beziehungen erkennen läßt. Allmählich wird ein dichtes Beziehungsnetz sichtbar, das die Teilnehmer nicht unberührt läßt.

Dieses unkomplizierte Vorgehen läßt uns Zeit, das Geschehen auf *Prozeßebene* aufmerksam zu beobachten und vor diesem Hintergrund unser Handeln ganz auf den entscheidenden Vorgang des Vernetzens zu konzentrieren. Unser Beobachten und Reagieren gilt jetzt weniger dem inhaltlichen verbalen Geschehen, als all dem, was sich begleitend oder kommentierend ereignet, der Art und Weise, wie etwas gesagt wird, wer wann sich angesprochen fühlt, schweigt, flüstert, in die Ferne schaut etc. In dem Maße, wie unser Vernetzen das systemische Feld organisiert, entsteht ein gemeinsamer Fokus der Aufmerksamkeit in der gesamten Gruppe: Die Aufmerksamkeit wächst, ein gewisser Ernst zieht ein, Erregung wird spürbar, Mitteilungen wirken authentischer und selbst die Art und Weise, wie die Gruppe auf ihren Stühlen im Kreis sitzt, drückt nun Bezogenheit zueinander aus. Solche nonverbalen Signale sind zuverlässige Kriterien, ob wir auf der richtigen Fährte sind und der systemische Gruppenprozeß in Gang kommt. Ein Videomitschnitt, den wir anschließend wiedergeben, dokumentiert diese Entwicklung. Wir werden Zeugen eines Prozesses sozialer Selbstorganisation, der um die Fragen kreist: Wer gehört zum System? Gehöre ich dazu? Und was bedeutet das eigentlich, wenn ich dazu gehöre?

Die Gruppe als systemisches Feld konstituiert sich. Nochmals möchte ich erinnern, daß wir zu diesem Feld hinzugehören, daß es eine Abstraktion vom wirklichen Geschehen bedeutet, diesen Prozeß als einen Prozeß der *Gruppe* zu beschreiben. Das Beziehungsgeflecht, das jetzt sichtbar wird, spiegelt auch uns wider, enthält auch unsere Beziehungsrealität, wobei es uns freisteht, unser Beteiligtsein zu verleugnen, die Zuständigkeit allein der Gruppe zuzuschieben und uns hinter dem Gruppenprozeß zu verbergen. Aber wie wollen wir dann die Spaltung zwischen Team und Gruppe überwinden und unsere Zusammenarbeit erneuern und vertiefen?

Wenn wir Allparteilichkeit gegenüber den einzelnen Gruppenmitgliedern und Cliquen durchhalten, so bewirken wir etwas wichtiges: Auseinanderstrebende Mitglieder und Untergruppen werden in fundamentaler Weise aufeinander bezogen und stehen hier und jetzt vor der Entscheidung, ob sie zugehören wollen oder nicht. Wird diese Phase behutsam, anerkennend und mit ein wenig Geschick und Gespür angegangen, so werden gerade die auseinanderstrebenden Mitglieder ihre Bezogenheit, Zugehörigkeit und Mitverantwortung entdecken. Sie werden sich dann kaum absichtlich gegen ihre Zugehörigkeit zur Gruppe entscheiden. Tatsächlich habe ich in all den Jahren, in denen ich in dieser Weise vorging, während der Tage oder Wochen des Gesamtgruppenprozesses nur einen Rückfall und einen Therapieabbruch erleben müssen. Das spricht für sich, wenn wir bedenken, daß solche Großsitzungen ja gerade dann anberaumt werden, wenn die Schismogenese in die vierte, fünfte oder gar letzte Phase der Auflösung eingetreten ist, wenn bereits eine Atmosphäre von Rückfallgefährdung und Abbruchgedanken oder Drohungen vorherrscht und die Belastungen zeitweise hoch sind.

Ich versäume daher nie, gleich zu Beginn, wenn alle versammelt sind, die Gruppe zu befragen, ob irgend jemand Abbruchgedanken hege. Denjenigen, die sich melden, lege ich dar, daß ich nicht bereit sei, eine Gesamtgruppensitzung anzuzetteln, wenn sie mir nicht zusichern könnten, das Ende der Großsitzung abzuwarten, auch wenn der Prozeß mehrere Tage in Anspruch nehmen mag. 'Ich müsse rückhaltlos an die Dinge herangehen können ohne Angst, daß ich für jemand Anlaß sein könnte, abzubrechen. Mir würden trotz Erfahrung Fehler unterlaufen, so daß sich z.B. jemand zumindest vorübergehend ungerecht behandelt fühlen könnte. Allerdings würde ich jedem das Recht einräumen, zu sagen, was ihm am Herzen liege, zubilligen, den Gang der Dinge zu unterbrechen, wenn sich jemand bedrängt fühle oder mißverstanden. Nur fände ich es nicht fair, wenn ein Damoklesschwert über uns schwebte, solange wir die Dinge zu klären versuchten. Könnte denn eine offene, rückhaltlose Diskussion entstehen, wenn einer bereits mit Abbruch droht? Sähe er nicht die Möglichkeit, sein Anliegen hier einzubringen? Statt zu gehen?

Wenn wir die Beweggründe erforschen und zu einer entsprechenden konkreten Aufgabe zusammenfassen, die mit dem Gruppenprozeß verbindet - beispielsweise sich immer und umgehend zu melden, wenn ihn Angst beschleiche -, und auf diese Weise für den Gruppenprozeß Sorge tragen lassen, dann haben wir bereits den drohenden Abbruch entschärft und statt Schisma einen Beziehungsprozeß initiiert. In dieser oder ähnlicher Weise kann man eine tragfähige Zusage erhalten. Wenn wir die Betreffenden im Auge behalten und Möglichkeiten abwarten, wo wir sie in den Prozeß hineinnehmen können, ist ein Abbruch nach Großsitzungen ein unwahrscheinliches Ereignis.

Wenn wir uns nicht erpressen lassen, auch nicht stellvertretend für die Gruppe, und keinerlei Vorbedingungen durch Mitglieder zulassen, so ist etwas wichtiges geschehen: Die schismogenetische Tendenz wurde zum ersten Mal eingegrenzt und die Gruppe gewinnt etwas von ihrer Handlungsfähigkeit zurück, die durch das drohende Schisma gelähmt war. Es bahnt sich bereits an, was im Mittelpunkt der nächsten Phase stehen wird - eine Definition der therapeutischen Beziehung und das Entstehen eines gemeinsamen Kontext.

So einfach unsere Vorgehensweise ist, ihre Realisierung geht mit hohen Belastungen einher. Für einige lange Stunden sind wir einem Klima von Verleugnung, unterschwelliger Gereiztheit, beständiger Abwertung all dessen, was wir eingeben, Entmutigung, Langeweile, angestautem Ärger und Müdigkeit ausgesetzt. Unser ganzes Bemühen scheint in Sinnlosigkeit zu enden. Nichts ist für den Therapeuten tödlicher als Langeweile, Müdigkeit oder Resignation, die Begleiter von Sinnlosigkeit. Er gerät ungemein unter Druck, ein mitunter bohrendes Gefühle der Unfähigkeit schleicht sich ein und nagt. Ich habe keinen Therapeuten kennengelernt, der zu dieser Phase des Gruppenprozesse nicht voller Zweifel an seinen Fähigkeiten in den Pausen den Therapieraum verläßt und/oder mehr oder weniger sadistischen Phantasien nachhängt. Wir werden das im Videomitschnitt miterleben.

In dieser zweite Phase bekommen wir massiven, in der Form passiven, unlebendigen Widerstand zu spüren, je mehr die Schismogenese fortgeschritten ist: Strategien des Verleugnens, des Verstellens, der Aufspaltung, der Allmacht oder Ohnmacht, der Entwertung und des Vermeidens von Beziehungsdefinitionen kommen zum Einsatz. Individueller und kollektiver Widerstand gehen hier ein Bündnis ein und nähren einander. Wir vermeiden es, diesen Widerstand direkt anzugehen. Unbeirrt konzentrieren wir uns allein darauf, miteinander zu verknüpfen. Denken wir daran, für den Süchtigen rührt sich jetzt ein tiefer Konflikt: seine Panik, aus dem Niemandsland vertrieben zu werden, seiner Kreuzigung entgegenzusehen und sein ihm wohl verborgener Wunsch nach symbiotischer Verschmelzung, nach Godot, der alles richten werde. Seine Pseudoindividuation wird bedroht, die zur Abwehr solcher Wünsche entwickelt wurde.

Der Umstand, daß wir mit Hilfe unseres Rituals einen ersten großen Kreis ziehen - wir nennen das Markieren der peripheren Grenze -, erzielt Wirkungen, die die Struktur der Person berühren. Sie tritt in den Kreis und begegnet all dem, was Nicht-Selbst ist. Der Kreis wird lebendig. Wenn sich die Gruppe konstituiert, beginnen sich abgespaltene Persönlichkeitsfragmente zu regen, wahrnehmbare Gestalt anzunehmen und ihre Polarität bis hin zum Dualismus zu entwickeln. KOHUT spricht von „Fragmentierung des Selbst", die sich jetzt anbahnt und bis zur fünften Phase steigern kann. Das gespaltene Selbst wird leidvoll erlebt. Individualpsychologisch wird die Objektrepräsentanz der Persönlichkeit (re-)aktiviert und nimmt schärfere Konturen an. Angesichts dieser Bedrohung der Person ist es notwendig, diese Cirkumbation in aller Ruhe ins Werk zu setzen und nichts zu forcieren, um den systemischen und integrativen Prozeß zu Beginn nicht zu überfordern. Wenn wir aber ein erstes Umwandeln im Verlauf der zweiten Phase vollziehen können, so haben die Mitglieder ihren Machtvorbehalt sowie ihre Neigung zu entwerten ein erstes Mal eingegrenzt durch ein Ja zu diesem Prozeß. Die Kunst des Psychotherapeuten liegt während der zweiten Phase darin, diese erste Begegnung zur wirklichen lebendigen Begegnung zu führen.

Sitzungen mit der gesamten Gruppe werden sinnvollerweise vom Gesamtteam anberaumt. Das erlaubt, spezifische Aufgaben abzusprechen, regelmäßig Teambesprechungen in den Pausen anzusetzen, teils als Ventil solcher Phantasien und angestauter Emotionen, teils um in einem kollegialen, anerkennenden Klima Beobachtungen auszutauschen, Orientierung zu behalten und das weitere Vorgehen zu besprechen. Zugegeben, in einer solchen Situation muß man es erst einmal hinkriegen, ein so vom Gruppenklima abweichendes Teamklima aufrechtzuerhalten. Es kann wertvoll sein, einen kompetenten Mitarbeiter als Beobachter einzusetzen.

Eine typische emotionale Sackgasse bahnt sich an, wenn sich die Mitglieder des Teams miteinander verschwören, in ihren Reihen keine abweichende Meinung hinnehmen können und den Kontakt mit dem aktuellen Prozeß verlieren. Man erkennt das in aller Regel daran, daß die Therapeuten sich während der Sitzungen mehr und mehr aneinander klammern, sich bedeutungsvoll zu lächeln, immer häufiger Blickkontakt untereinander suchen, sich ironische oder zynische Bemerkungen zuflüstern und einander vielsagend zugrinsen. Man kann *sehen*, wie sie über der Gruppe thronen, ihre eigenen Regeln von offener und rückhaltloser Kommunikation sichtbar verletzen und die Aufspaltung vertiefen. Sie demonstrieren, daß sie nicht dazugehören. Das ist Gift. Wir werden in den Fallbesprechungen mitbekommen, wie mühselig es sein kann, jetzt näher an unser Gegenüber heranzukommen, um den gemeinsamen Kontext mitzugestalten und wirkungsvoll therapeutisch zu definieren.

Differenzierte Unterstützung im Team hilft, unsere Selbstgrenze lebendig zu erhalten, wahrzunehmen und zu respektieren, *mit unserem Lebensfluß in Kontakt zu bleiben, der immer zuverlässig in Korrespondenz zum systemischen Gruppenprozeß steht.* In Verbindung mit unseren Beobachtungen über die Gruppe ist dieses In-Berührung-sein die tragfähigste Quelle für ein zuverlässiges Erspüren der jeweiligen Gruppensituation. Ich erinnere an unsere theoretische Beschreibung der Beobachtersituation, worin der Andere sich gleichsam öffnet, wenn der Beobachter sich auf sich selbst bezieht und in einen Prozeß der Evolution und Ko-Evolution mit dem, was Nicht-Selbst ist, eintritt. Auch der Beobachter und Therapeut bleibt in Verbindung mit dem systemischen Gruppenprozeß, der wiederum seinen individuellen integrativen Prozeß oder Lebensfluß mitspeist. Aus diesem Quell heraus können wir handeln. Und es ist sinnvoll, in fairer Weise unter Wahrung von Gegenseitigkeit unsere Emotionen abzuarbeiten, um emotional beweglich zu bleiben und in dem Augenblick da zu sein, wenn auch unser Gegenüber da ist. Es fällt dann leichter, wach und interessiert zu sein und die Atmosphäre unterschwelliger Abwertung zu erfassen, ihr standzuhalten, die abgewertete oder abgespaltene Erfahrungswelt im schismogenetischen Prozeß zu erspüren und dann zu beantworten. Es ist hilfreich, in der ersten Phase eine konkrete

Beschreibung der transaktionalen Muster, Problembereiche und Erfahrungswelt zu erstellen, um daraus abgeleitete Hypothesen jetzt durch Befragen und Sondieren zu überprüfen.

Vieles von dem, war wir hier über die erste und zweite Phase besprochen haben, macht der nun folgende Videomitschnitt anschaulich. In seinem Mittelpunkt steht die Aufgabe ein systemisches Feld zu organisieren.

Protokoll eines Videobandes: Gesamtgruppensitzungen vom 17.5. und 18.5.

Da beide Großsitzungen jeweils einen ganzen Tag in Anspruch nahmen, begnügen wir uns mit Ausschnitten aus der ersten, zweiten, aber auch schon dritten Phase im systemischen Gruppenprozeß.

Untrügliches Anzeichen, daß ein intensiver Gruppenprozeß eingeleitet werden mußte, war, wie sehr sich die Gruppentherapeuten „ausgesogen" fühlten. Was sie in dieser Zeit mühsam mit einzelnen in Gruppentherapie oder Einzelstunden erarbeiten, hatte keinen Bestand. Sie wurden immer anspruchsvoller von ihren Klienten umlagert, die sich weigerten oder zögerten, in der Gruppe um Hilfe zu suchen. Die Therapeuten hatten das Gefühl, gegen einen alles wieder vernichtenden Sog anzukämpfen. Das Team litt unter diesem stillen, schleichenden Abwertungsprozeß, ohne dies gleich wahrzunehmen, versuchte durch erhöhten Einsatz entgegenzuwirken und förderte zunächst die Tendenz der Gruppe, sich an die Therapeuten anzuklammern als Flucht vor der von ihnen geschaffenen Welt der Gruppe. So bildete sich allmählich ein depressives Syndrom aus, das die Gruppe, aber auch mehr oder weniger das Team erfaßte, das stillschweigend diesen Prozeß förderte und vor der Aufgabe zurückschreckte, sich dem Abwertungsprozeß direkt zu stellen. Das Team zögerte lange, ehe es sich zu einer Begegnung mit dieser depressiven Disposition durchrang. Sich emotional aus dieser depressiven Verstrickung zu lösen, gelang erst bis zum Abend des ersten Tages des Gesamtgruppenprozesses.

In dieser Verfassung brauchte das Team einen aktuellen Anlaß, der es zwang, sich aus dieser Ko-Abhängigkeit zu lösen und mit der Gesamtgruppensitzung zu beginnen. Für diesen Anlaß sorgte die Trennung eines Klientenpaars, das als Paar bei uns aufgenommen worden waren und ein Kind erwarteten. Ein Großteil der Gruppe engagierte sich für oder wider einen der beiden und war nur allzu dankbar für diese Ablenkung von der drückenden Gruppensituation. Die Gruppe spaltete sich auf. Der erste Teil der Großsitzung war daher der Aufgabe gewidmet, Paar und Gruppe in dieser heiklen Situation zu entflechten. Die Entscheidung der Trennung sollte wirklich dem Paar überlassen bleiben und beiden ermöglicht werden, die Affäre ohne einen Abbruch zu bewältigten. Danach mit dem Eröffnen der eigentlichen Großsitzung setzt unser Protokoll ein.

Noch ein Wort zu unserem Setting. Die Großgruppe leiteten drei TherapeutInnen. Die Großgruppe zählte 27 Gruppenmitglieder. Der Raum, in dem die Treffen stattfanden, hatte einen Einwegspiegel installiert, so daß ein zweites Team dahinter Platz nehmen konnte. Das waren zwei Mitarbeiter, zu denen ich gehörte. Es war meine Aufgabe, den Prozeß in den entscheidenden Phasen zu supervidieren. In den Pausen fanden jeweils Besprechungen statt.

Großsitzung 17.5. 1.Tag

Nachdem das Thema Paar und Gruppe in diesem Sinne erledigt war, beginnen die Therapeuten nach einer Pause die eigentliche Großsitzung. Die Gruppenmitglieder werden aufgefordert mitzuteilen, wie sie die Gruppensituation erleben, welche Erfahrungen sie machen und ob und wenn ja welche Probleme sie persönlich sehen. Die Gruppe sitzt in einem großen Kreis, die drei Therapeuten nebeneinander an der Strinseite des Raumes. Der Beginn ist zögernd.

Therapeut: Nun, wer fängt an?
Nach einigen Schweigeminuten:
Herbert: Ich bin ja noch nicht lange hier. Da kann ich nicht viel sagen. Ich weiß nicht... Für mich sieht es so aus, als artete es hier in Arbeit aus. Wie vorher: Ich gehe arbeiten, habe meinen Feierabend... Da geht jede Spontaneität verloren. (Kichern.)
Therapeut: Wie erlebst du die Stimmung? Ist sie förderlich, deine Angelegenheiten einzubringen?
Herbert:...(unverständlich) muß erst mal gucken. (Lehnt sich zurück.)
Romika: Du willst von uns wissen, wie wir die

Gruppensitzung erleben auf Grund des Vorfalls?
Therapeut: Überhaupt.
Romika: Gespannt, und es spielt viel Aggressivität mit...
Therapeut: Wo sind die Spannungen ?
Romika: Die kann ich nicht lokalisieren. Das ist nur ein Gefühl.
Therapeut: Werden vielleicht Themen ausgespart?
Romika: Kann sein. Es war hier offener, als ich gekommen bin. Vertrautheit in der Gesamtgruppe ist nicht mehr da.
Therapeut: Wie nimmst du die Spannungen wahr?
Romika: Ich fühle sie einfach. Ich fühle mich gefangen.
Therapeut: Auf Grund welcher Ereignisse?
(Romika bleibt vage, sie gibt zu verstehen, daß es ihr nun unangenehm wird.)
Therapeut: Wem gegenüber fühlst du dich am meisten gefangen?
Auf erneute Nachfrage:
Romika: Das wird mir zu konkret!
Therapeut: Berühren wir da Themen, die nur mit Vorsicht zu behandeln sind?
Romika: Ja. (Lacht entschuldigend.)
Therapeut: Tritt man da ins Fettnäpfchen?
Romika: Hm...
Therapeut: Finde ich mutig. Es bringt aber nichts, unkonkret zu bleiben.
Romika: Hat etwas mit der momentanen Situation zu tun. Ich meine den Paarkonflikt. Ich glaube, der beschäftigt jeden.
Therapeut: Wofür sich solche Konflikte geradezu anbieten, ist doch, andere Konflikte, die sonst noch da sind, zu vergessen!
Romika: Ja, er lenkt mich ab.
Therapeut: Vorhin hast du die Stufe 3 genannt. Gibt es Spannungen zwischen den Stufen? Oder sonstwo?
Romika: Das weiß ich nicht.
Therapeut: Das war eine prompte Antwort!
Romika: Ich möchte nicht nur allein was sagen. Das wird mir zu eng.
Therapeut: Wer meinst du, könnte mehr dazu sagen?
Romika: Das weiß ich nicht... (Sie ist verlegen.)
Therapeut: Ich denke auch, da kann jeder was dazu sagen...

Wie Herbert ist Romika erst kurz bei uns. Auffallend ist, daß die „Wortführer" zögern und jüngere Mitglieder die Sitzung eröffnen. Vermutlich sind die Älteren miteinander zu verstrickt, als daß einer von ihnen sich ohne Rückendeckung jetzt äußern dürfte. Man spürt wie verkrampft die Beziehungen sind, es fällt den Therapeuten schwer, unverfängliche Fragen zu stellen. Romika, obwohl erst wenige Wochen dabei, fühlt sich mitverantwortlich, droht sichtlich zwischen die Stühle zu geraten und löst den drohenden Konflikt durch Selbstverleugnung. Herbert beruft sich auf sein Recht als Neuling, sich rauszuhalten. Er scheint wohl ähnlich zu empfinden wie Romika. Er zieht es vor, durch ein abgehobenes Thema die Situation einwenig absurd darzustellen und die Lacher auf seine Seite zu kriegen. Er wird dies an einer ganz wichtigen Stelle, kurz vor Abschluß des ersten Tages wieder tun und die Gruppe damit entlasten.

Psychologisch gesehen ist bemerkenswert, wie gelähmt die Selbstgrenze hier erscheint, weder ihre Kontakt- noch Grenzfunktion ist lebendig oder spürbar. Anregungen seitens der Therapeuten, welche die Selbstgrenze wiederbeleben könnten, laufen ins Leere. Die beiden Gruppenmitglieder wirken unsicher, vage in ihren Äußerungen, die mehr verbergen als mitteilen, wattig in ihrer Selbstwahrnehmung und diffus in ihrem Selbstempfinden; sie sind vom Zustrom spontaner Werterfahrung abgeschnitten. Beziehungsdefinitionen werden ängstlich gemieden. Wir können diese Reaktionen als Anzeichen deuten, daß die Art der Beziehungen in der Gruppe die schismogenetische Phase der Depression und Stagnation erreicht hat.

Was können wir tun?

Wir haben mehrere Möglichkeiten, das systemische Feld zu organisieren. Wir können Herbert und Romika mit ihrem eigenen Erleben in den Gruppenprozeß einbeziehen, indem wir ihre Selbstgrenze markieren. Wir können z.B. auf jenen Moment im Dialog mit Romika abheben, wo sie beginnt, sich selbst zu verleugnen und aus dem Kontakt zu gehen. Wir könnten sagen: „Hör' zu Romika, gerade jetzt geschieht etwas mit Dir. Bekommst du das mit?" Wenn sie jetzt noch nicht darauf eingehen kann: „Romika, ich kenne dich noch recht wenig. Aber eben habe ich etwas miterlebt, wovon mich die Ahnung beschleicht, damit wirst du dich nicht nur solange diese Sitzung läuft rumschlagen: nämlich deine Bereitschaft, dich mutig zwischen alle Stühle zu begeben; wenn du dich dann überforderst, rettest du dich - auf deine Kosten. Du verleugnest, das wertvollste, das, was dir Orientierung geben könnte: deine ureigensten Empfindungen. Verstehst du, wovon ich spreche? Sicherlich sage ich dir nichts neues, O.K. Laß uns für die Zeit der Großsitzung etwas vereinbaren, wenn du willst. Halte dich aus dem Geschehen soweit draußen, daß du deine eigenen Empfindungen geschützt weißt und registrieren kannst. Versprich mir, daß du dich bemerkbar machst, wenn dir das nicht gelingt oder du dich wieder hineingezogen und gefangen fühlst. Mach' dich bitte bemerkbar, gleichgültig, was wir gerade Hochwichtiges tun mögen. Bist Du damit einverstanden? Du übernimmst - das sage ich nur nebenbei - eine wichtige Aufgabe für die Großsitzung. Du hilfst mir - und damit auch den anderen -, daß ich die Orientierung behalte. Glaubst du etwa, du bist die einzige der es so geht - hier und heute?" Das ist eine Möglichkeit, wir spiegeln die jeweils ureigene Art, mit der Situation umzugehen, interessieren uns dafür und stellen daheraus eine persönliche Aufgabe, die den anderen auf eine neue Weise in den Prozeß mit hineinnimmt. Auf diese Weise geben wir beständig wohl dosiert etwas ein und halten uns aufmerksam und wach. Wir können auch - das wäre eine andere Möglichkeit - den beiden sehr viel Support geben, um sie zu befähigen, ihre persönlichen Erfahrungen mitzuteilen gleichsam in einem Gespräch über die Gruppe.

Dieser Weg wurde hier versucht. Wenn man bemerkt, daß dieser Weg nicht gangbar ist, so kann man auf eine weitere Vorgehensweise zurückgreifen: Wir thematisieren gegenüber der Gruppe, was wir gerade beobachten: „Ich weiß nicht, ob euch auch auffällt, was mir eben aufgefallen ist. Es sind die Neuankömmlinge, die die Großsitzung eröffnen. Mein Kompliment an euch, daß ihr euch bereits so verantwortlich fühlt. Das würde selbst dem einen oder anderen der alten Hasen zur Ehre gereichen. Aber etwas gibt es, das mich im Augenblick beunruhigt. Es scheint so, als wäre es gefährlich, offen und rückhaltlos über Dinge, die einen bewegen, zu sprechen. Wenn das stimmt, ich kann mich auch täuschen, aber wenn das stimmt, dann sollten wir dieses Tabu als erstes ausräumen. Oder - wenn das noch nicht geht - entscheiden, ob wir die Großsitzung nicht lieber aussetzen und abwarten.- Gut, mich interessiert, wie ihr anderen in Stufe 1 es erlebt, hier eure Erfahrungen mitzuteilen. Erlebt ihr das gleiche wie Herbert und Romika? Ist jemand da, der die Dinge ganz anders sieht?" Wir könnten auch den zu erwartenden Protest der Älteren nutzen, die neueren Mitglieder zu ermuntern, durchaus ihre Meinung zu sagen. Indem wir noch mal innehalten und befragen, welche Folgen diese Aufmunterung haben könne, ob dies auch bedacht würde, können wir das Tabu noch mehr in Frage stellen.

Wie immer wir auch vorgehen: es kommt darauf an, die Mitglieder zu vernetzen, den Prozeß von Person zu Person zu verdichten, zusammenzufassen, zu provozieren, zu unterstützen etc. Solche Verbindungen herzustellen, ist in dieser Phase Aufgabe der Therapeuten. Dabei interessiert weniger ein Festhalten am thematischen Zusammenhang, sondern der Prozeß auf Beziehungsebene. Das Überraschende, ja Begeisternde ist die immer wieder neue Entdeckung, daß sich dann Inhalt und Beziehung miteinander verknüpfen und ineinander spiegeln.

Therapeut: Ja, da stimme ich dir zu: Da kann jeder etwas dazu sagen...
(Längeres Schweigen. Keiner hat Kontakt mit anderen. Die meisten starren vor sich hin.)
Therapeut: Es muß ja nicht an diesem Thema direkt weitergehen. Jeder kann seine persönlichen Eindrükke eingeben. (...) Ein mögliches Thema, das vielleicht alle beschäftigt: Wechsel in der Stufe 3, ein ganzer Block, der gemeinsam in die Stufe 3 gekommen war, wird in vier oder fünf Wochen auch wieder auf einmal gehen.
(Zunächst auch hierauf keine Reaktion. Schließlich...)
Gunda: Mich belastet es schon, daß alle 3er weggehen. Ich frag mich, wie ich da klar kommen kann? Was kommt auf mich zu? Wie kriege ich es geregelt in Stufe 3? Die jetzigen 3er ziehen sich jetzt schon raus! Und dann noch...wie kann ich die verbleibenden 2er einschätzen?... Irgendwie, ich habe den Eindruck, da wird im Gemeinschaftsraum etwas zurückgehalten.
Therapeut: Was kannst du dafür tun...
Gunda: Ich weiß es nicht. (Schüttelt den Kopf) Sie sollten Gruppenzugehörigkeit zeigen. Dann kommt hinzu, einige haben Beziehungen zu Leuten in Stufe 4 oder Nachsorge. Die ziehen sich naturgemäß etwas zurück. Das läßt auch Mißtrauen entstehen.
Romika: Die Gefühle sind zwiespältig gegenüber den kommenden 3ern. Die jetzige 3er-Generation genießt mehr Respekt. Ich habe schon Zweifel, ob die neuen 3er sich einig sein können, ob die sich nicht die Köpfe einschlagen.
Hartwin: Da sehe ich auch die größten Schwierigkeiten. Vor allem zwischen Oskar und Gunda.
Oskar: Früher ging es fast familiär ab im 2er. Seit die jetzigen 3er rausgingen, hilft nichts mehr. Jeder

ist gegen jeden!
Therapeut: Was kannst du dazu beitragen, daß es besser wird?
Oskar: Weiß ich nicht.
Therapeut: Z.B. bezüglich der Spannungen, an denen du beteiligt bist?
Oskar: Ich habe momentan keine.
Therapeut: Ich bin mir über deine Antwort nicht im Klaren, heißt das: Die Spannungen sind so fest verankert, daß sie jederzeit wieder aufbrechen können? Nur im Moment möchtest du aber nichts davon wissen?
Gespräch wird unterbrochen. Einer der Therapeuten verläßt den Raum.)
Therapeut: Mich würde schon noch interessieren, zwischen wem die Spannungen sind? Aktuell sind sie ja nicht da (zu Oskar gewandt), aber potentiell...
Oskar: Es geht um gewisse Positionen...Nehme ich mal an.
Therapeut: Um wen, um was?
Oskar: Wenn ich das wüßte!

„Von wem redest du? Wer gehört dazu? Um wen dreht es sich, um was? Nenne Namen! Auf welche Situation berufst du dich? Bitte, konkret, was hast du für Erfahrungen gemacht? Wann? Mit wem von den Anwesenden?" Dies sind die Kernfragen in dieser ersten Phase des Gruppenprozesses, und weniger die Antwort interessiert, als die Art und Weise wie sie beantwortet oder eben nicht beantwortet werden. Durch diese Fragen kommt eine Verbindlichkeit ins Spiel, der sich kaum einer entziehen kann, wenn erstmal Antworten kommen. Es spricht Bände über den Zustand der Gruppe, wenn solche Antworten wie eben gegeben werden. Die Therapeuten im Gruppenraum lassen sich zu sehr vom Thema leiten, anstatt das anzurühren, was Bewegung auf Beziehungsebene hervorruft. Es sind für diese Gruppe zweifellos wichtige Themen ins Spiel gekommen. Es ist aber zu früh, auf diese Themen einzugehen. Die süchtige Beziehungsstruktur hat noch die Oberhand. Denn Kokettieren mit der Unfähigkeit, Beziehungen hier und jetzt zu definieren, wie uns dies von jedem, der sich zu Wort gemeldet hat, vorgeführt wurde, ist ja gerade ein Merkmal. Dahinter lassen sich unschwer massiver Vorbehalte und Abwertungen spüren. So wie die Dinge liegen, ist die Gruppe noch nicht so weit, über ihren eigenen Schatten zu springen oder die tieferen Vorbehalte und Abwertungen der anderen oder der eigenen Person ans Tageslicht zu befördern. Gleichermaßen haben die Therapeuten bei weitem noch nicht die Voraussetzungen erarbeitet, daß sie wirksam der süchtigen Beziehungsstruktur zu begegnen vermöchten.

Im Gruppenprozeß sind nun schon fast alle entscheidenden Personen genannt worden oder gar zu Wort gekommen, nämlich die Generation, die in wenigen Wochen in besonderer Weise Verantwortung für die Therapeutische Gemeinschaft tragen werden, wenn sie in die Stufe 3 überwechseln. Somit agiert die Gruppe nach einem Transaktionsmuster, das für die gegenwärtigen Schwierigkeiten mitverantwortlich ist und das daher transformiert werden sollte. Auch daran erkennen wir, daß die Gruppe - wenn sie sich in dieser Weise organisiert - das „Thema" nicht bewältigen wird.

Oskar: Die Konflikte werden sich eben um mich, Hartwin und Gunda drehen. Vilma hackt immer gern auf Hartwin rum und darauf, daß ich mit ihm nicht so konsequent sei. Ich meine Hartwin. Ich mag Hartwin. So geht es schon los. Gunda sitzt dazwischen.
Gunda: Mir geht es auch so. Wir sind zur gleichen Zeit alle miteinander gekommen. Irgendwie...ich glaube geht es darum, wer hat es verdient, in die nächste Stufe zu kommen, wer nicht?
Jochen... Hab' mit jedem einzelnen meine Schwierigkeiten. Das legt sich aber dann wieder. Bei den beiden ist es aber massiv. Da bin ich skeptisch.
Christa: *(Unverständlich; sie gehört auch zu dieser Gruppierung, aber sie ist diejenige, die ständig abgewertet wird; sie ist mit 19 Jahren mit Abstand die jüngste.)* ...Ich überlege mir auch meinen Standpunkt.
Oskar: *(greift Christa prompt an)* ....
Therapeut: „Deine Befürchtung ist, daß du aus deiner Rolle gar nicht rauskommst. Irgendwie läuft die Konkurrenz auf deine Kosten?
Christa: Ja. Ich möchte da gar nicht mitspielen. Mir ist das unheimlich. Da sind Spannungen da, aber es ist so unkonkret. Ich klammere mich da aus, was mich betrifft. Bekomme die Dinge eher von außen mit.
Therapeut: Wie sieht das aus?
Christa: Recht verworren eigentlich... Es geht dauernd hin und her. Mal gehen die zwei spazieren, und ich denke, es ist wieder alles in Ordnung. Am nächsten Tag ist es umgekehrt. Aber Konkretes bekomme ich gar nicht mit.
Therapeut: Das kann genau der Grund sein, daß du

ein gewichtiges Wort mitzureden hast, eben weil du da nicht mit verwickelt bist.
Oskar: *(versucht 3er reinzuziehen)....*
Vilma: Überlege schon dauernd, was da los ist. *(Herablassend:)* O.K., Konkurrenzkampf. Das mag richtig sein. Ist auch richtig. Aber was ist mit mir und Oskar los? Ich weiß es nicht...
Hartwin: Zwischen mir und Vilma waren letzte Woche auch Spannungen. Wir haben uns inzwischen ausgesprochen. Unstimmigkeiten zwischen uns kommen immer wieder mal vor. Mit Oskar verstehe ich mich privat auch ganz gut. *(Auf Gunda angesprochen, zuckt Hartwin mit den Achseln:)* Was die 2erSitzung anbetrifft, du und Britta, ihr redet so viel, da erübrigt sich alles andere. *(Lehnt sich zurück, resignierende Handbewegung, verhalten aggressiv.)*
Therapeut: Du kommst gar nicht zum Zuge, höre ich.
Hartwin: Na ja..
Therapeut: Und du hast noch kein Mittel gefunden, zu sagen: „Stop!"?
(Hartwin verzieht keine Miene. - Es fallen Zwischenbemerkungen u.a. von Oskar, der noch immer eine Gelegenheit sucht, Christa anzugreifen. Die Therapeuten lassen sich verführen, für Christa Partei zu ergreifen:)
Therapeut: Ich möchte mal klarstellen, daß niemand in Stufe 3 kommt, der nicht die ihm angemessenen Kriterien erfüllt. Christa hat im Chef die Kriterien erfüllt, die ihr angemessen sind.
Oskar: Ich hab' aber schon gehört, wenn das so ist, dann mach' ich halt den Chef. Wiederholen muß ich ihn sowieso nicht. Dagegen bin ich.
Therapeut: Christa hat sich abgemüht und ist daran gewachsen. Darauf kommt es doch an!
Oskar: Ein ähnliches Beispiel ist die Neuregelung der Verpenner-Regelung...
Therapeut: So, was steht da für dich dahinter? Was findest du ungerecht?
(Die Veranstaltung stößt auf immer weniger Interesse, einige wirken abwesend.)

Der Prozeß verläuft sich. Gruppe und Therapeuten haben sich auf ein Thema eingelassen, das andere Transaktionsmuster bedürfte, um zu einer Lösung zu kommen. Die Therapeuten beginnen sich selbst in das Gruppengeschehen zu verstricken, lassen sich hineinziehen, anstatt sich darauf zu konzentrieren, zu spiegeln, was auf Beziehungsebene abläuft. Kritisch ist, daß das Geschehen unverbindlich bleibt. Es gibt keine einzige verbindliche Aussage. Das Gespräch geht in dieser Weise noch etwa 15 Minuten weiter, ohne jede Beteiligung der übrigen Mitglieder, bis die Therapeuten Pause machen. -

Wir nutzen die Zeit, uns zu besprechen. Es ist klar, diese Gruppe macht es uns nicht einfach. Wir stellen uns auf einen längeren Prozeß ein. Das Team vor und das Team hinter der Scheibe sind in sehr unterschiedlicher Verfassung. Das Team, das aus dem Gruppenraum kommt, schwankt zwischen Selbstzweifeln und Durchhalteparolen. Sie wollen nicht so schnell aufgeben, fühlen sich aber entmutigt und wissen nicht wohin mit ihrem Ärger. Das beobachtende Team ist eher in ungeduldiger Verfassung, drängt, möchte klarere Akzente, ist streitlustig. Die Selbstzweifel können zerstreut werden und das beobachtende Team kann den anderen zu einer distanzierteren Haltung verhelfen, wozu auch das weitere Vorgehen verändert wird. Noch hat das Team Mühe, seine depressiven Fesseln abzustreifen.

Wir beschließen eine Änderung im Vorgehen vorzunehmen: Wir führen ein einfaches Ritual ein, das mehr Verbindlichkeit verlangt, alle Mitglieder ins Geschehen hereinholen, aufeinander beziehen und so allmählich die Gruppenspannung ansteigen lassen soll. Es handelt sich nur darum, daß nun jeder dazu angehalten wird, Stellung zu beziehen, wie er sich und die anderen erlebt.

Therapeut: O.K. Ich denke, daß jetzt jeder einmal zu Wort kommt und zur Gruppensituation was sagt, was für ihn in der Gruppe schwierig ist und welche Themen an stehen. So kommen verschiedene Sichtweisen zusammen und jeder kann hier etwas beitragen. Wer fängt an?
Detlef: Ich bin noch nicht lange da. Ich finde es soweit O.K. und kann mir aber kein so rechtes Bild machen.
Therapeut: Hast du den Eindruck, daß du sagen kannst, was dich beschäftigt? Fühlst du dich aufgenommen? Gerade als Neuer kannst du das unbelasteter beurteilen. Gerade weil du nicht so drinsteckst.
Detlef: Ja, schon.
Mat: Ich glaube, daß viel mit Beziehungskisten zusammenhängt. Auch unter uns 1-ern. Daß da Mißtrauen entsteht, ich versteh' das schon. Auch Angst, daß das, was im kleinen Kreis anvertraut wird, gegen mich verwendet werden könnte.
Therapeut: Du behältst das für dich, weil...
Mat: Weil das ein anderer gegen mich verwenden könnte. Da spielt auch meine Paranoia mit.

Therapeut: Hast du deine Befürchtungen überprüft?

Richtig, man darf jetzt solche massiven Vorbehalte nicht einfach stehen lassen. Das Einbeziehen hat für die Beteiligten seinen Preis, den einzugehen man sie nur warnen kann. Jedenfalls kommen die jeweiligen Vorbehalte zum Vorschein und diesem Ariadnefaden müssen wir nun folgen, bis der individuellen Kontext kommuniziert wird. Auch da gibt es viele Möglichkeiten zu initiieren, daß unser Gegenüber sich mit unserer Definition der Beziehung und ihren Regeln auseinandersetzt. In Fall von Mat, d.h. bei jemandem, der eine eigene „Paras hat", würde ich mich selbst ihm gegenüber paranoid geben, um so seine Vorbehalte herauszulocken oder, was durchaus reicht, ihn mit gleichen Waffen zu schlagen, um zu einem Abkommen zu gelangen, das das Risiko offener Kommunikation zu gleichen Teilen verteilt. Er mag seine guten Gründe haben, seine „Paras" zu hüten, aktuell aber verletzt er die Regeln offener Kommunikation, da steckt ein Angriff, ein Herabsetzen dahinter.

Überhaupt muß man sehen, daß der Prozeß, den die Gruppe ankurbelt, auf unsere Kosten geht, indirekt und zeitweise offen werden wir als Therapeuten angegriffen oder versteckt unsere Unfähigkeit reklamiert. Das ist nicht ohne Risiko! Wir könnten so reagieren: „Ok,Ok, du besitzt also deine Paranoia. Ich habe das verstanden. Und du wirst deine guten Gründe haben. Aber, Moment, da ist etwas...da ist ein Gefühl in mir, das warnt mich, ja, ich glaube fast, ja das ist meine Paranoia, die sagt mir, da stimmt was nicht. Ist der Mat nicht fein heraus? sagt sie, halte dich von dem fern. Mit seiner Paras, kann er dich ganz schön reinlegen. Was ist denn, wenn du dich jetzt auf Mat einläßt, dich interessierst, was ist nachher, wird er nicht wieder bzw. wird nicht wieder seine Paras von ihm besitzt ergreifen, und sagen, der Rainer, das ist echt ein Arschloch! Also, ich schlage vor, wir vereinbaren: Entweder darf ich meiner Paranoia folgen und dich während der Großsitzung links liegen lassen und alles, was von dir kommt, mißtrauisch beäugen. Und natürlich werde ich - ich nehme an, daß du das auch tust, ich würde dir es jedenfalls einräumen - ich werde die anderen warnen vor dir. Oder aber wir vereinbaren, du sagst mir frank und frei, während des heutigen und morgigen Tages, wann du mißtrauisch über mich denkst. Und ich werde das gleich tun. Also, das Abkommen gilt für diese beiden Tage."

Mat: Ja. *(Er schildert ein Beispiel, wo er einmal überprüft habe. Nach meiner Erinnerung liegt das fünf Wochen zurück.)* Ich weiß nicht, ob es was bringen würde, offen zu sagen, was zwischen uns offen ist. *(Sic, da ergreift sie wieder Besitz.)*
Therapeut: Mit wem hast du was offen?
Mat: Romika, Herbert, Michael, Gunda, Ilona, Hartwin, Jochen, Gert, Uschi...
Therapeut: Fast die halbe Gruppe.
Mat: Ja.
Therapeut: Du weißt nicht genau, wie sie zu dir stehen?
Mat: Ja. Bei einzelnen ist es besser, aber insgesamt, ja,...
(Auch hier ist wieder seine Paras beigesprungen! Sie flüstert ein, bleibt abstrakt und unverbindlich!)
Therapeut: Wer macht weiter?

Die Aufmerksamkeit steigt, auch die Spannung in der Gruppe. Markus, der jetzt das Wort ergreift, ist sichtlich aufgeregt, hat gerötete Haut und wirkt beteiligt. Man spürt, da kommt was. Und hier besteht sicherlich eine Chance, dichter an den Prozeß heranzukommen und ihn voranzubringen.

Markus: O.K., dann mach ich weiter. Es ist so, daß es mir schwer fällt, die Spannung im Haus mitzukriegen und so richtig zu deuten. Das liegt daran, daß ich die Therapie nicht so eng sehe und mich mehr darauf beschränke, mich zurückzuziehen. Die Spannung in dem Kreis, indem ich mich bewege, führe ich auf mich zurück. (sic!) Ich möchte noch etwas sagen zu dem, was hier gesprochen wurde. Es fällt den 2ern schwer, in ihre neue Rolle zu schlüpfen. Das ging ihren Vorgängern auch so...Sie könnten sich aber auch ganz gut ergänzen. Die Schwierigkeiten, die vorher genannt wurden, sehe ich nicht.
Therapeut: Das ist ein weises Wort, Markus. (*Lacht.*) Bloß, was mich viel mehr interessiert, wie lange hältst du das durch: Ich ziehe mich zurück, die Spannungen, die mich betreffen und was sonst so los ist, das halte ich zurück?
Markus: Wie lange ich das durchhalte? Seit vier Monaten und ein paar Tage.
Therapeut: Ja, wie lange hast du dir vorgenommen, das durchzuhalten?
Markus: schsch...Das ist eine gute Frage! Es ist schwer darauf eine Antwort zu geben...Aber da ist noch was. Die Spannungen hier, das betrifft jeden hier. Jeder sollte hier... Das ist so eine Sache, die ich mir genau überlegen muß, wie ich es sage, damit ich

nicht falsch verstanden werde. Ich versuche, Therapie zu machen, versuche, das beste daraus zu machen. Was ich jetzt tue, ist nicht das Beste, das ist klar.
Therapeut: Nochmals, was meinst du, wie lange hältst du das durch?
Markus: Kann ich nicht so genau sagen.
Therapeut: Du mußt ja enttäuscht sein...
Markus: Ja, ich bin schon enttäuscht...Ich merke, wie ich zum größten Teil mit meinen Gedanken eigentlich schon in der Nachsorge bin statt hier im Haus... Schaue das oft als total banal an, was hier läuft. Es fällt mir schwer, hier voll einzusteigen. Ich habe Tage, wo ich voll dahinter stehen kann, und Tage, wo ich mich drüber stelle, 'ach, was soll das'... Wo ich dann so eine Distanz bekomme zu den Leuten. Diese Zeiten werden häufiger.
Therapeut: Werden häufiger?
Markus: Werden häufiger. Es ist für mich daher sehr schwer zu sagen, es hängt daran oder dran, weil ich gar kein Gefühl dazu habe. Ich könnte versuchen, was zusammenzureimen. Aber dazu habe ich keine große Lust.

Unterbrechung. Es ist schade, daß Markus nicht verbindlicher einbezogen wird. Vielleicht wäre es eine Chance gewesen, weniger auf seine Ausführungen über seinen Rückzug zu achten als auf den Widerspruch, daß er hier und jetzt offensichtlich beteiligt ist und noch denkt, er stünde darüber. Das war zum Greifen nahe! Ich nehme vorweg, aus Sicht des Gruppenprozesses war jetzt mit Markus der Höhepunkt erstmal erreicht. Bereits mit der nächsten Sprecherin flacht er wieder ab und beginnt sich zu verlaufen. Wir hören uns ihren Beitrag noch an:

Britta: Was den 2er-Block betrifft, ich glaube einfach, daß ich da zum Boxer werde. Wenn von Vilma oder Gunda Kritik rüberkommt, dann schluck' ich erstmal, kann es aber eher annehmen, anders als Hartwin oder Oskar. Das wird im 3er schwierig. Was mich persönlich betrifft..., Persönliches in Sitzungen einzubringen, das bring' ich einfach nicht mehr. Ich weiß nicht so recht, warum. Ich sehe Brigitte, wie's ihr geht, wie sie sich nicht verstanden fühlt. Und Brigitte hatte ja viel von ihrem Leben in der Gruppe erzählt, was hat es ihr gebracht? ... Irgend etwas hemmt mich, mich in die Gruppe zu setzen. Die Gruppensitzung ist so, daß ich immer denke, da geht es mir bestimmt schlecht.
Therapeut: Du findest, daß du dich mit deinen Themen, mit dem, was dich bewegt, nicht aufgehoben fühlst?
Britta: Ich weiß nicht. Ich sehe es auch irgendwo nicht ein, warum soll ich? Warum soll ich mich reinsetzen und sagen, was mich bewegt, wenn andere Leute...
Therapeut: Also das würde mich schon noch mal interessieren, wie kommst du zu dieser Vorannahme. Wie hat sich deine Einstellung zu früher geändert?
Britta: Oh, Mann, es fehlt hier an Einfühlungsvermögen. Mir gings extrem dreckig. Aber ich setze mich doch nicht rein und erzähle, wie dreckig es mir geht. Da war ich enttäuscht. Da ist noch die Sache mit Brigitte. Sie hat es eingebracht, und ihr geht es auch nicht besser.
Therapeut: Also, Brigitte hat da schlechte Erfahrungen gemacht, das möchtest du nicht auch erleben?
Britta: Hm.
Therapeut: O.K. *(leise, resignierend)*

Ganz so einfach dürfen wir es der Gruppe und den Einzelnen nicht machen. Es kann nicht Sinn der Veranstaltung sein, einfach so die persönlichen Vorurteile in der Gruppe abzuladen, ohne sich an der Müllbeseitigung zu beteiligen. Im Grunde wird hier metaphorisch abgewertet, so sehr, daß den Beteiligten keine Luft zum Atmen bleibt. Die Gruppe als Projektionsfläche der eigenen Vorbehalte! Die Therapeuten in der Gruppe arbeiten zu wenig intensiv mit dem vereinbarten Ritual. Es käme jetzt darauf an, von jedem Gruppenmitglied wenigstens eine vollständige und authentische Selbstaussage zu bekommen, eine Aussage mit Subjekt, Objekt oder Gegenüber und einer Tätigkeit des Subjektes zu einem bestimmten Zeitpunkt an einem bestimmten Ort. Nicht Brigittes Erfahrungen interessieren, ihre ureigensten. So könnte man statt dessen nach ihren Erfahrungen forschen, ihre Befürchtungen und Phantasien dazu. Wo und wann ist sie enttäuscht oder gekränkt worden? Von wem unter den Anwesenden? Mit welchen Erwartungen war sie drangegangen? Einfache Fragen, aber wer die Arbeit mit Süchtigen kennt, weiß, wieviel Einfühlungsvermögen, Intuition und Hartnäckigkeit verlangt sind, um allein so einen Punkt herauszufinden. Wie gehütet solche Geheimnisse sind!

Wir könnten auch das sich jetzt einschleichende Gefühl, leer und ausgesogen zu werden, nutzen und eben dieses projektive Mißbrauchen der Gruppe als „Müllkippe" thematisieren, mit dem Ziel einen the-

rapeutischen Kontext zu markieren. Für den Therapeuten sollte in dieser schwierigen Phase Richtschnur sein, sein subjektives Empfinden so zu steuern, daß das Geschehen einen Reiz behält, der seine Aufmerksamkeit und sein Interesse wach hält. Zu seiner eigenen Psychohygiene, sich selbst getrennt von der Gruppe wahrnehmen zu können und sich in seiner Stimmung nicht völlig hineinziehen zu lassen. Versetzen wir uns kurz in die Lage der Therapeuten in der Gruppe. Fast zwei Stunden - ohne den Vorspann - Großgruppe sind nun vorüber, wo sich 27 Leuten gegenübersitzen, von denen keiner bisher eine vollständige Aussage machte, aber jeder indirekte oder direkte Abwertungen einbrachte und vage oder etwas offenere Vorbehalte der Veranstaltung gegenüber! D.h. auch, niemand ist dem Anliegen der Therapeuten gefolgt oder hat es bestätigt! Die Therapeuten müssen sich ja ausgelaugt fühlen, zunehmend desinteressiert, resignierend und sicherlich mit zunehmenden Gefühlen der Inkompetenz. Und mehr noch, sie dürften auch spüren, wie hoch das persönliche Risiko angesetzt ist, wenn sie jetzt rückhaltloser kommunizierten! Werden die anderen nicht über sie herfallen?

(Auf Brittas Beitrag hin herrscht eine Weile Schweigen. Eine depressive Stimmung schleicht sich ein, und man sieht, wie sich die aufgebaute Spannung zunehmend verläuft. Wieder sind einige sichtlich desinteressiert, geistig abwesend, jeder wirkt vereinzelt. Jochen z.B. kippte mit seinem Stuhl gegen die Wand, sitzt so gleichsam außerhalb des Kreises, sein Blick ist unverwandt zum Fenster hinaus in die Ferne gerichtet.)

Brigitte: (beginnt gleichsam aus dem Leeren) ...kann ich vielleicht mal anfangen. Ich habe einen totalen Berg vor mir, Probleme dies und das. Heut' Mittag habe ich z.B. Angstzustände gekriegt. Von der Stimmung her merke ich, daß tief drin halt ... fühle ich mich ein bißchen fremd...(Langes Schweigen. Keine weitere Reaktion.)

(Die Therapeuten wirken etwas ratlos.)

Therapeut: Tja, wer macht weiter...

Das vereinbarte Ritual ist leer geworden. Die Gruppe hat sich auf einen kollektiven Widerstand verständigt. Solange der nicht aufgehoben werden kann, gibt es kein Herankommen an die erlebende, empfindende Person. Die Selbstgrenzen sind völlig vage und verwoben mit den diffusen Grenzen der Gruppen. Ein Zustand chronischer Grenzverletzung. Es scheint zu schmerzhaft, in dieser Phase Grenzen wiederherzustellen. Auch die Therapeuten in der Gruppe sind davon bedroht. Ihre Konfluenz oder Ko-Abhängigkeit mit der depressiven Disposition der Gruppe wird nirgends prägnanter als in diesem letzten Dialog. Niemand hat bisher den Zustand depressiver Verstimmung unverhohlener artikuliert als Brigitte, nachdem ihr Britta den Einsatz gegeben hatte.

Die Antwort der Therapeuten? Keine Reaktion. Ganz anders die Therapeuten hinter der Scheibe. Sie wissen nicht wohin mit ihrer Aufregung, ihrer Power und Ungeduld! Sie schimpfen und fluchen, gehen auf und ab, stehen auf und setzen sich wieder, ballen die Fäuste, als wollten sie den Therapeuten drinnen neuen Geist einhauchen. Es ist schwer auszuhalten, es zerreißt einen schier zwischen Mitleiden und sich wehren wollen. Unterbrechen wir hier den Verlauf und schauen wir etwa 20 Minuten später noch mal rein:

Therapeut: Wer macht weiter?
Albert: Was ich mitkriege, ist, daß niemand freiwillig einen persönlichen Punkt macht. Außerdem zeigt sich, daß das Team macht, was es will. Z.B. bei der Hochstufung von Mat.
Therapeut: Du findest das unbefriedigend? Welche Auswirkungen hat das auf dich, wenn du so was mitkriegst?
Albert: Ich mache halt, was ich machen muß. Solange ich es auf die Reihe kriege.
Therapeut: Kannst du dir vorstellen, was du bräuchtest, um einen eigenen Punkt in der Gruppe zu machen?
Albert: Ich weiß nicht... Ich denke, ich werde vor einem Hochstufungsantrag einen „freiwilligen" Punkt machen. (*Gelächter*) So habe ich es bisher erlebt!... Ich mach' die Therapie nur, damit ich nicht im Knast lande, und da mache ich, was ich tun muß.
Therapeut: Bist du damit zufrieden?
Albert: Zufriedener, als wenn ich in der Kiste sitze.
Therapeut: Ich und die Gruppe, wer macht weiter? (Zwanghaftes Gelächter kommt auf.)
Markus: *(s.o. eröffnet das Gelächter)* „Ich weiß nicht, wenn wir alle so herumsitzen..."
Romika: Ich getraue mir gar nicht, meine Meinung zu sagen, ehrlich gesagt."
N.N.: Wir können noch bis heute abend hier rumsitzen... *(Gelächter, dann Schweigen.)*
Der Supervisor unterbricht die Sitzung und ruft die Therapeuten zu einer Besprechung heraus.

Die Therapeuten hinter dem Spiegel raten zu folgender Intervention: Sie sollten unverzüglich die Sitzung abbrechen, da zu wenige diese Großsitzung wollten. Wir bräuchten eine Beauftragung durch die Gruppe. Wir schlagen ein Splitting vor. Danach sollten die Therapeuten in der Gruppe mitteilen, daß wir sie dringend zum Abbruch der Sitzung gedrängt hätten, da unklar bleibe, wer eigentlich diese Veranstaltung wollte. Sie selbst aber seien sich in ihrer Entscheidung noch unschlüssig, wie sollten sie sich entscheiden? Könnte die Gruppe ihnen einen Rat geben? Sie selbst sollten ihre Entscheidung offen lassen. Meinungen und Ratschlägen sehr skeptisch aufnehmen. Sehr schnell die Sitzung auflösen und erneut für den nächsten Morgen ansetzen. Die Gruppe sollte sich heute abend noch beraten - evtl. getrennt nach Stufen - und morgen mitteilen, ob sie die Großsitzung fortsetzen wollten. Gäbe es überhaupt gute Gründe dafür?

Gruppe: Jetzt ist der Arsch ab!...Bis 1o Uhr heute abend! Ich habe Hunger...
(Therapeuten kommen wieder herein und nehmen Platz.)
Therapeut: Also, uns ist geraten worden - und ich bin mir noch unsicher, ob wir es tun sollen - die Großsitzung einfach abzubrechen. Ich weiß jetzt nicht, was ihr uns raten würdet? *(Er wirkt unsicher.)*
Gruppe: Ganz? Morgen früh weiter machen? Ja, ich habe keinen Bock, morgen wieder hier zu sitzen. Ich bin der Meinung, daß uns das hier auch nichts bringt. Die Spannungen bleiben so und so. Jedenfalls, wenn es so weiterläuft wie bisher.
Therapeut: Das ist noch keine eindeutige Meinung. Wir schlagen vor, daß ihr euch heute abend zusammensetzt in den einzelnen Stufen. Und die Stufensprecher morgen früh zu mir kommen und mitteilen, wie ihr euch entschieden habt. Dann werden wir weitersehen. Morgen früh.
(Reaktion: Unmut. Was wir eher als gutes Zeichen werten.)

Großsitzung 2.Tag: 18.5.

Teamvorbesprechung: Der vergangene Tag hatte dem Team geholfen, aus seiner Ko-Abhängigkeit herauszufinden und durch den Konflikt am Abend den Süchtigen wieder Verantwortung zuzumuten. Bedeutsam war, daß das Team den Konflikt wagte. Das Splitting der beiden Teams fand seinen Ausdruck in der gemeinsamen Intervention, die trotz aller Unterschiedlichkeit in Wahrnehmen und Empfinden die Basis einer gemeinsamen Aktion darstellte, ohne diese Unterschiede zu negieren und zwischen den Teams entscheiden zu müssen. Wir hatten vor, die gewonnene gemeinsame Basis zu bewahren und einigten uns rasch auf das folgende Vorgehen:

Das Befragen nach ihrer Entscheidung sollte in der großen Runde stattfinden. „Wie ist eure Entscheidung ausgefallen? Habt ihr euch das gut überlegt? Habt ihr wirklich gute Gründe? Welche? Habt ihr die Folgen bedacht? Es wird Streitigkeiten geben, ihr werdet euch mißverstanden fühlen, unverstanden, es kann weh tun, offener miteinander zu reden?“ In diesem Sinne. Als Ritual wurde festgelegt, jeder sollte kurz seine Entscheidung mitteilen.

Therapeut: *(Der Beginn der Eröffnung fehlt auf dem Video.)* ...Wer ist für das Leben hier zuständig? Wer ist damit überfordert und hat seine guten Gründe dafür? Wer braucht die Gruppe im Moment und wer nicht? Das sind die Fragen, um die es geht. Es haben gestern die Gruppen noch mal zusammengesessen. Ich schlage vor Stufe 1, sie hat gestern noch am längsten getagt...
Jochen: Fünf Minuten länger als die 2er!
Therapeut: Oh! Vielleicht kannst du sagen, Timo, wie ihr verblieben seit und aus welchen Gründen?
Timo: Wir waren uns einstimmig einig, die Sitzung weiter zu machen. Weil wir auch gemerkt haben, daß viele Dinge nicht ausgesprochen wurden. Es stimmt, daß viel Mißtrauen da ist.
Therapeut: Kannst du Beispiele nennen?
Timo: Ja, ich nenne Reiner. Die Leute stecken die Köpfe zusammen, wenn er in der Gruppe was sagt.
Therapeut: Was versprecht ihr euch davon, wenn es jetzt weiter gehen soll?
Timo: Wir versprechen uns jetzt davon, daß das ausgesprochen wird, was gestern nicht ausgesprochen wurde, und dazu Stellung genommen wird. Wir wollen dies jedenfalls tun!
Therapeut: *(greift Beispiel Reiner auf.)*
Reiner: Da ist auch mein Teil im Spiel. Wir haben beschlossen gestern, daß jeder hier Stellung nehmen soll zu unserer Entscheidung.
Therapeut: Was heißt das, da ist ein Teil von uns im Spiel?
Timo: In Form von Ausgepumpt-werden. Da ist noch ein Problem: Wir wissen nicht, wonach wir uns orientieren können. Die 2er sind zerstritten. Und die 3er ziemlich weit draußen schon mit dem Kopf.

Reiner: Mir ist verstärkt aufgefallen, im Leseraum sitzen immer nur wir 1er. Es gibt Ausnahmen, aber wir sind doch unter uns.
Therapeut: Allein gelassen?
Reiner: Es wird wenig gemeinsam unternommen, und es kommt auch wenig raus von der 1-ern.
Herbert: Ich kann mich anschließen....
Gerald: *(Stufe 3)* Darf man zu diesem Thema was sagen?
Therapeut: Nein, jetzt nicht.
Gerald: Ich habe den Eindruck, daß ich aber jetzt zu dem Thema was sagen muß!
Therapeut: Fühlst du dich betroffen?
Gerald: Betroffen? Angegriffen!
Therapeut: Kannst du es aufheben bis Stufe 3 dran ist?
Gerald: Nein. Dann ist es nicht mehr spontan. Die diffuse Sichtweise schreit nach Klarheit. *(Gerald betont jedes Wort. Danach Protest.)* Ich bewerte dies nicht als Angriff.
Romika: Das ist jetzt genau die Situation, von der wir gesprochen haben. Wir sagen schüchtern eine Meinung und werden von denen angegriffen. Das schüchtert ein. Wir sind doch eine Gruppe, und erarbeiten uns was. Wenn da was kommt - von oben, möchte ich sagen...
Gerald: Du läßt dich aber leicht einschüchtern!
Romika: Ja, das gebe ich zu.
Timo: Gerald, das ist eine Art Darüberstehen. Einige eurer Vorstellung sind auch diffus.
Gerald: Das ist eine Frage des Selbstvertrauens. Das wird in Stufe 1 als Mißtrauen gesehen, aber das ist Projektion. Ihr müßt bei euch selber suchen.
Therapeut: *(fordert auf, weiter zu machen und sich nicht durch Gerald beeindrucken zu lassen.)*
Paula: Also mir fällt es schwer, jetzt was zu sagen. Ich habe eine große Hemmschwelle vor dem Gemeinschaftsraum. Ich habe mich schon ziemlich zugemacht.
Therapeut: Weshalb zugemacht?
Paula: Ich fühle mich von Timo angegriffen. Habe noch einiges zu verarbeiten aus unserer Beziehung. Sehe da eine Chance in der Schwangerschaft, mehr Selbstvertrauen zu entwickeln und hier reinzufinden. Ich möchte es auf diesem Weg versuchen. Mir ist klar geworden, ich kann kein Verständnis erwarten, wenn ich so abwarte.
Therapeut: *(faßt kurz zusammen.)* Gilt das für euch anderen auch?
(Es melden sich noch kurz die Angesprochenen zu Wort.)

Wir können innehalten. Ich glaube, auch beim Lesen dieser Zeilen bemerkt man - was man auf Band sehen sollte oder noch besser hinterm Spiegel miterleben -, daß sich in der Gruppe etwas getan hat. Vom dem Augenblick an, wo sich die Gruppe im Raum formiert hatte, bemerkten wir die veränderte Atmosphäre. Aufmerksamkeit. Engagement. Vom Augenblick der Eröffnung an: Die Sitzung lief, und die Gruppe erwies sich als arbeitsfähig. Die Interaktionen zwischen Team und Gruppenmitglieder sind klarer, verbindlicher, es herrscht mehr Kontakt untereinander. Es kommen neue Leute ins Spiel, die anbieten, in differenzierter Weise sich zu beteiligen. Natürlich könnte man es noch besser machen, den Faden dichter knüpfen und jetzt bereits intensiver, den therapeutischen Kontext zu markieren. Es wäre auch von Vorteil, wenn die Therapeuten sich skeptischer gäben, mehr die Gefahren und Hindernisse betonten, die auf die Gruppe zukommen, wenn sie in dieser Weise mit der Großsitzung fortfahren.

Aber das ist nicht entscheidend. Das Eis ist gebrochen. Jetzt geschieht das, was wir Organisieren des systemischen Feldes genannt haben. Ein gemeinsamer Fokus der Aufmerksamkeit entsteht, und ein gemeinsamer therapeutisch definierter Kontext beginnt sich herauszubilden. Wenn es gelingt - und das bahnt sich an -, die Gruppenmitglieder darauf zu verpflichten, entsteht das nötige Vertrauen, intensiver und persönlicher in den weiteren Phasen des Gruppenprozesses zu kommunizieren.

Therapeut: Jetzt sind die 2er dran.
Jochen: Unsere Entscheidung ist unentschieden ausgegangen. Die dafür waren, die sind dafür, die Dinge anzusprechen und hier auszutragen. Z.B. Vilma und Hartwin, Vilma und Oskar.
Therapeut: Gibt es konkrete Wünsche?
Jochen: Nein, keine konkreten. Wir wollten uns beteiligen und nicht wie Stockfische dasitzen.
Therapeut: Wie sollten wir die Großsitzung durchführen? Was denken die, die dafür waren? Habt ihr vor, daß die einzelnen, die in einem Spannungsverhältnis sind, ihre Dinge selbst einbringen? - Ja, man merkt, daß bei euch mehr Spannungen da sind. Unausgesprochene. Es fällt auf, daß ihr wenig Konkretes nennen könnt.
Jochen: Was diejenigen angeht, die dagegen waren, die wollen erstmal in der Kleingruppe darüber reden. Über der ganzen Sache steht, daß wir gar keine wirkliche Gruppe haben. Viele hängen alleine rum.

Haben die Nase voll vom ständigen Gerede: Im Gemeinschaftsraum haben sie Streß, da sind wir zwar zusammen, aber nichts, was verbindet. Wir wünschen uns Gruppenaktivitäten.
Therapeut: Das riecht nach Vermeiden des Konflikts!
Oskar: Nein, das stimmt nicht. Ich war auch für Fortsetzung der Großsitzung, obwohl ich Streß mit Vilma habe. Ich habe einige Großsitzungen mitbekommen. Auch wenn es nicht gleich sichtbar war, etwas blieb immer hängen.
Therapeut: Das war jetzt die generelle Aussage. Wie sind denn deine konkreten Vorhaben für hier?
Oskar: Nun, daß es immer besser ging danach.
Therapeut: Woran hast du Interesse?
Oskar: Daß wir nicht so nebeneinander herlaufen. Es fehlt eine Gemeinschaft.
Therapeut: Was fehlt denn, daß Gemeinschaft entstehen kann?
Oskar: Rücksichtnahme auf den anderen.
Therapeut: Du bist sehr vorsichtig...
Jochen: Im 2er sind drei Leute, die ziemlich viel reden, die sofort anspringen, wenn jemand was sagt: Das sind Britta, Gunda und Vilma. Ich fühle mich da an die Wand gedrückt. Ich sitze dann da und mach mich nur zu. Ich weiß nicht. Wut steigt da hoch oder so etwas. Das ist für mich die Sache, um die es geht. Vielleicht liegt es an der Stimme der Leute.
Therapeut: Du bist 2er-Sprecher und kommst nicht zum Zug.
Jochen: Mir fehlt manchmal die Essenz. Das regt mich auf.
Therapeut: Zu welcher Gruppe gehörst Du. Ist das etwas, was hier in die Großgruppe gehört oder in die 2er-Gruppe?
Jochen: In die 2er-Gruppe.
Romika: Ich fühle mich da ausgeschlossen. Das ist keine Gruppentherapie mehr.

Man sollte es Jochen nicht so einfach machen und die giftigen Abwertungen, die er so jovial vom Stapel gelassen hat, anmerken. Nicht, daß jetzt der angebotene Konflikt durchgearbeitet gehört, in der Tat wäre das noch zu früh. Aber Jochen heizt ein, wenn er auf diese Weise kommuniziert. Auch zum Zeichen der anderen, die hier verwickelt sind, darf man Giftiges nicht durchgehen lassen. Das etabliert die süchtige Beziehungsstruktur und kann verhindern, daß nachher noch Bereitschaft und Offenheit da sind, dann wenn es darauf ankommt. Die Therapeuten könnten den individuellen Kontext antippen, der ihn zumachen läßt und wütend werden. Oder sie können die Abwertung aufgreifen, ja sie müssen sogar! Und dann sein Rückzug, den er zu spät antritt! Anstatt die verstrickten Streithähne aufeinander zu beziehen, was ja im jetzigen Stadium nur neuen Streit bringt und erneut die Verhältnisse zementiert, sollten sie auf die übrigen Gruppenmitglieder bezogen werden, die wiederum aktiviert einbezogen werden. Denn allein ihre Fähigkeiten kann das Beziehungsmuster transformieren. Sie können dann differenzierte Aufgaben wahrnehmen, das Muster unterbrechen oder darauf aufmerksam machen, wenn es sich wieder neu formiert; sie können helfen, neue Wege anzubahnen und neue Beziehungen zu stiften oder anzubieten. Wenn diese anderen beginnen, die Gruppierung neu zu sehen, dann wird sich auch diese Gruppierung verändern oder auseinanderbrechen.

Gunda: Ich war gestern gegen Großsitzung. Wenn wir nicht im 2er offen reden wollen, wie soll es hier dann gehen? Erst recht, wenn ich erst hier in der Großsitzung erfahre, daß andere meinen, ich rede zuviel. Das enttäuscht mich.

Auch diese Bemerkungen dürfen so nicht stehen bleiben. Das ist eine Retourkutsche für Jochen. Aber gleichfalls giftig. Ihr Reagieren auf Jochen, auf eine Verletzung, die ihr jetzt zugefügt wurde, sollte auch jetzt behandelt werden, jedenfalls soweit, daß die Therapeuten ihre Spielregeln definieren und darauf verpflichten.

Christa: Ich war auch dagegen. Oh! Wenn's jetzt auf den Tisch kommt, bin ich auch einverstanden. Wie soll es weitergehen, wenn wir ins 3-er kommen? Das beschäftigt mich. Ich habe Angst, im 3er einmal ganz allein dazustehen. Denn ich fühle mich bei den Alt-2ern ziemlich am Rande.
Markus: Ich war dagegen, weil die Großsitzung nicht so weitergehen sollte wie gewohnt. Es wird im Haus zu wenig offen ausgesprochen. Dann staut sich was an, was ein schlechtes Gefühl macht. Ich bin dafür, daß heute alle sagen - nicht nur die Alt-2er, alle, auch ich -, was wirklich ansteht. Das betrifft fast alle. Es gibt viel, was nicht ausgesprochen ist. Das ist der Grund, weshalb es hier kein Vertrauen gibt.
Therapeut: Und du hast da auch was beizutragen?
Markus: Ja, ich habe auch etwas beizutragen.

Therapeut: Konkreter!
Markus: Später. Ich brauche die Gewißheit, daß ich nachher nicht allein dastehe. Wir brauchen nicht die größten Freunde werden. Aber das Vertrauen, daß wir hier alles aussprechen können.

Wir verlassen hier das Video. Wenn wir jetzt einen letzten Blick durch den Einwegspiegel werfen, so sehen wir eine formierte Gruppe, die offensichtlich den Gang der Dinge mit Interesse verfolgt. Vergleicht man die einzelnen Beiträge mit denen des Vortages, so fällt der Unterschied ins Auge. Mit solchen Aussagen läßt sich arbeiten. Wir befinden uns am Ende der zweiten Phase und spätestens nach Markus Beitrag müssen die Therapeuten den therapeutischen Kontext herausarbeiten und Regeln der Kommunikation einführen.

Zweifellos haben wir eine schwierige Gruppensituation vor uns, und es bedarf einiges Geschick und Erfahrung, um weiter bis zum Kern des Konflikts vorzudringen. Wenn ich die Worte „Kern des Konflikts" gebrauche, so meine ich die prägnantesten Vorbehalte und Abwertungen, die in dieser Gruppe auszumachen sind. Bei diesem Vorgehen treten sie quasi von allein zu tage. So wie sich hier mittlerweile der Konflikt selbst organisiert und die Stellen von besonderer Verhärtung markiert. Ziel unseres Vorgehens ist nicht in erster Linie zwischenmenschliche Konflikte zu lösen. Sie sind das Mittel, um eine Transformation der Beziehungsstruktur anzustoßen. Nach dieser Vorbereitung die wir hier zu einem großen Teil wiedergeben konnten, war das Fundament bereitgestellt, daß sich einige Dinge wandeln konnten. Der verschleppte Konflikt in der künftigen „Führungsriege" konnte angetippt werden, soweit jedenfalls, daß der schwelende Konflikt aufbrach und einiges in Gang setzte, dessen Nachwehen das Team noch Wochen beschäftigte. Es gelang die abwartenden oder schon verabschiedeten 3-er in sehr persönlicher Weise einzubeziehen und z.B. Christa, aus ihrer schon abgeschriebenen, abgewerteten Position herauszulösen; auch dazu ging der Anstoß von hier aus. Die - wie ich es vorhin genannt hatte - Verklumpung konnte spürbar aufgelockert werden. Die sich abzeichnende Spaltung aber konnte nicht ganz verhindert werden. Im weiteren Verlauf der Ereignisse brachen Britta und Brigitte die Therapie vorzeitig ab.

Wir können die wichtigsten Punkte unseres Vorgehens zusammenfassen. Als erstes müssen wir erreichen, daß sich die Gruppe für den Prozeß zuständig fühlt. Das war im vorliegenden Fall die Arbeit des ersten Tages. Dann erst entsteht ein wirkendes systemisches Feld. Das zweite Hindernis ist die Macht der Ohnmächtigen, wie dies Mat demonstrierte. Wichtig ist es die stummen Ohnmächtigen für das Geschehen zu gewinnen und ihre Macht in der Ohnmacht durch Induktion von Inkompetenz zu erkennen. Ihr Entmachten verlangt viel Geschick. Ist aber ihr Beteiligen erst einmal sichergestellt, kann und wird sich das Klima ändern und selbst erstarrte Konflikte einer Lösung zugeführt werden. Es ist drittens falsch und verhängnisvoll, Gruppenkonflikte und -Themen anzugehen, bevor nicht diese ersten beiden Punkte erfüllt sind und ihre Spuren in der Art und Weise hinterlassen, wie sich die Gruppe organisiert.

Unser Videomitschnitt zeigte am zweiten Tag den Beginn der dritten Phase, der wir uns jetzt widmen wollen.

Phase 3: Markieren des therapeutischen Kontext und Definieren der therapeutischen Beziehung

Nachdem wir nun das systemische Feld definiert und als informationelles Wirkungsfeld aktiviert haben, wenden wir uns dem semantischen Aspekt des systemischen Feldes zu. In der dritten Phase können wir explizit daran gehen, *den gemeinsamen Kontext als therapeutischen zu markieren und die therapeutische Beziehung zu bestimmen.* Wir definieren nun Regeln, die eine offene und rückhaltlose Kommunikation initiieren. Diese drei Phasen von Initiieren und Organisieren des systemischen Feldes bedeuten ein Sich-aufeinander-beziehen, das nach dem metakommunikativen Axiom nicht wirklich abgewiesen werden kann. Hier finden wir den Punkt des Archimedes, um die Welt der süchtigen Beziehungsstruktur aus den Angeln zu heben. Der Beziehungskreis schließt sich, von nun an kehren die Manöver des Süchtigen zu ihm selbst zurück und bedrohen ihn.

Der Widerstand wird in dieser und der folgenden vierten Phase vehementer, aber auch offener, aktiver und lebendiger. Auf der Basis der Schismogenese würde er sich dramatisch steigern bis hin zu hysterischen Ausbrüchen, Selbstmorddrohung, spontanem Rückfall und Abbruch, ja sogar vorübergehender Dissoziation. Wenn wir den systemischen Gruppenprozeß behutsam und aufmerksam initiieren, werden wir eine mögliche Eskalation allerdings souveräner „unter Kontrolle" halten können, als wenn wir auf eine Psychotherapie der Gesamtgruppe verzichteten.

Bedingung, daß der Prozeß des Aufeinanderbeziehens nicht zur Eskalation führt, sondern den Konflikt in der Anlage begrenzt, ist unser Vermögen, den entstehenden gemeinsamen Kontext positiv zu definieren und damit dem Abwertungsprozeß entgegenzuwirken. Spätestens jetzt trägt unser Bemühen Früchte, ein konstruktives Verhältnis zu unserem Klientel zu finden. In unserem Videomitschnitt war gut zu erkennen, wie die Therapeuten schon am ersten Tag versuchten, die Regeln der Kommunikation zu setzen und scheiterten. Sie wurden in dieser Rolle nicht anerkannt, z.T. weil sie ihrer Aufgabe nicht gerecht wurden, in der Gruppe erfolgreich einzelne Mitglieder aufeinander zu beziehen und versäumten, deren Macht und signalisierte Bereitschaft zur Eskalation zu begrenzen.

Es ist jetzt unsere Aufgabe, solche Regeln explizit zu definieren, die positive Bezogenheit anregen. In anderen Worten: wir definieren die therapeutische Beziehung und ihren Kontext, das heißt, wir erwirken eine menschliche Beziehung, die *verpflichtet.* Nur wenn und soweit uns dies gelingt, können wir eine positive Definition des gemeinsamen Kontext durchsetzen und als Ko-Feld zur süchtigen Beziehungsstruktur zur Wirkung bringen. Diesen Prozeß, das Organisieren des systemischen Feldes und Markieren des therapeutischen Kontextes, betrachten wir als Herzstück der stationären Psychotherapie. Jede Kontextmanipulation und -verschiebung beruht darauf, die Zugehörigkeit zu diesem systemischen Feld manipulativ zu handhaben. Das Organisieren eines systemischen Feldes, das mit der expliziten Definition von Kommunikationsregeln abgeschlossen wird, bedeutet für die Psychotherapie, daß jetzt in wirksamer Weise die *therapeutische Beziehung* definiert und *zum Agens des Therapieprozesses* werden kann.

Voraussetzung, um wirkungsvoll Regeln zu definieren, ist, daß sich der Therapeut explizit als Beobachter etabliert. Das ist dann der Fall, wenn er von allen Mitglieder einen Auftrag erhält, in bestimmter Hinsicht seine Beobachtungen anzustellen und mitzuteilen. Erst dann erwirbt er eine Metaposition gegenüber der Klientengruppe, um jetzt Regeln neu zu definieren, einzuführen oder nur zu bestätigen, d.h., auf den gemeinsamen, therapeutisch definierten Kontext zu verpflichten. Es dürfte selbstverständlich sein, daß der Therapeut nicht als deus ex machina eine Beobachterposition einnehmen noch beanspruchen kann. Auch institutionelle Macht gibt ihm gegenüber dem Prozeß der Schismogenese keinen Handlungsspielraum. Implizit nimmt er eine Beobachterposition von Anfang an wahr. Aber erst, wenn das Feld hinreichend organisiert ist, die Gruppe sich zuständig fühlt, ihre Kompetenz ins Feld führt und qua dieser Kompetenz das Therapeutenteam beauftragt, erst dann kann der Therapeut explizit und mit Erfolg seine Position definieren. Ich möchte an dieser Stelle eine Gruppensitzung schildern, die sich genau auf diese Aufgabe konzentrierte.

Diese Großsitzung wurde von der Gruppe selbst einberufen. In der Mittagspause hatte eine ad-hoc-Sitzung stattgefunden, in der auf ihre Initiative hin versucht wurde, kleinere Unregelmäßigkeit aufzuklären. Niemand meldete sich. Diese Bagatelle wurde für die Gruppe zu einer grundsätzlicheren Angelegenheit, weil in den letzten Tagen häufiger solche Kleinigkeiten nicht aufgeklärt werden konnten. So nährte sich ein mißtrauisches Gruppenklima. Mit 9:9 Stimmen beschloß die Gruppe genervt, eine Großsitzung anzuberaumen. Im Gegensatz zu dieser Entwicklung in der Gesamtgruppe hatte in den Therapiegruppen ein allmählicher Prozeß hin zu mehr Offenheit eingesetzt. Spürbar arbeitete dieses „Spiel" mit Nachlässigkeiten und Reaktionen aus der Gruppe und ihre gemeinsame Eskalation dieser Entwicklung entgegen. Gerade einige der Protagonisten für Verfolgung konnten sich durch eine persönlichere und offenere Gruppenatmosphäre bedroht fühlen. Wir können den Gruppenprozeß der Phase 3 der Schismogenese zuordnen, der durch Projektion des Größenselbst gekennzeichnet ist, um ein Berührtwerden durch Nähe abzuwehren. Die Protagonisten des aktuellen Gruppengeschehens versuchen drohende oder wiederauflebende Zurückweisung zu bewältigen, indem sie andere zurückweisen, gedeckt durch Gruppengesetze.

(1) Da die Gruppe selbst diese Großsitzung einberufen hatte, übernahm einer der älteren Klienten, Arno aus Stufe 3, die Eröffnung. Wir waren dazu gerufen worden.

Nach einigem Zögern eröffnet Arno die Großsitzung. Er betont vorneweg, er und seine Mitgenossen aus Stufe 3 hielten nicht viel von dieser Sitzung. Als er dazu übergehen möchte, den Sinn der Sitzung zu bestimmen, unterbreche ich ihn und weise darauf hin, daß er sich von der Sitzung distanziere. Wie könne er da ihren Sinn bestimmen? So schlage ich vor, einer von denjenigen, die sich für die Sitzung stark gemacht hätten, sollte uns sagen, wofür sie uns eingeladen hätten. Lothar mischt sich ein, dann Oda - beide ebenfalls Stufe 3 -, und unterstützen Arno: „Wir fühlen uns für diese Unregelmäßigkeit nicht zuständig. Da kann nur jemand aus der Eingangsstufe dahinterstecken."

Ich erkläre, daß wir auf ihre Einladung hin hier seien; sie sollten sagen, was wir zu tun hätten. Nun, wir sollten „helfen". Rolf - er gehört zu den neueren Gruppenmitglieder, auf die der Verdacht gelenkt wurde - geht näher darauf ein: 'Er wünsche, daß wir uns neutral verhielten, wenn es darum gehe, den Schuldigen ausfindig zu machen. Jeder käme in Frage. Er sei ohnmächtig.' Mit seinem Wunsch nach Neutralität erkläre ich mich konform, allerdings widerstrebe mir, daß er uns alle Mächtigkeit zuschiebe.

Der Kreis der Verdächtigen ist damit erweitert um diejenigen, die sich zu Beginn schon ausschließen wollten. Rolf erntet daher einen Sturm der Entrüstung. Lothar verteidigt sich sofort, er sei unschuldig und deshalb fühle er sich auch überhaupt nicht zuständig. Als erfahrener 3er komme er nicht in Betracht und sei über jeden Verdacht erhaben.'

Exemplarisch entspannt sich mit Oda folgender Dialog um ihre Verteidigung:

„Wir müssen diejenigen ausfindig machen, die unsere Bemühungen vereiteln!" Viele der anderen teilen ihre Situationsdefinition. Ich wiederhole pointiert: „Du meinst also, es gibt eine Untergruppe hier, die es auszumachen gilt. Du aber schließt dich aus!"

Oda verteidigt sich: „Ich habe mich bisher sehr für die anderen eingesetzt und abgemüht. Jetzt bin ich resigniert und genervt."

Ich kontere: „Gut, Oda, dann ist es besser, du verläßt die Sitzung und machst dir einen schönen Tag. Dich können wir ja dann guten Gewissens ausschließen. Du hast mir bewiesen, daß deine Anwesenheit überflüssig ist."

Mein Vorschlag ist in diesem Rahmen wider die Spielregeln. Ich benutze ihn, um ihr mit entwaffnender Wertschätzung zu begegnen. Ihre Einsatz wird auf ungewöhnliche Weise anerkannt und gewürdigt. Daher überrascht sie mein Vorschlag. Natürlich ist sie zunächst unsicher und lenkt ein. Nun es gibt erste Stimmen, die nachdenklich meinen, daß es doch wohl nicht um „leere Klopapierrollen" gehen könne.

Ohne ernste Zweifel teilen doch die allermeisten Odas Einschätzung der Situation, und so wiederhole ich freundlich mein Angebot an Oda. Sie steht schließlich auf und geht. Ich schicke sie in den Leseraum nebenan und bitte sie dort zu warten.

***Kommentar:** Auffallend ist, daß die Gruppensitzung wohl aus Hilflosigkeit einberufen und gleich zu Beginn ad absurdum geführt wird. Zwar sind alle versammelt, aber niemand nimmt sich des Konflikts an. Ich unterbreche daher sofort dieses Manöver.*

Wir finden einige der Merkmale, mit denen wir uns im theoretischen Vorspann beschäftigt hatten. Eine drohende Spaltung der Gruppe und die sich anbahnende Schismogenese sind gerade noch über-

deckt und drohen nun ins Werk gesetzt zu werden; eine Verdinglichung der Situation hat bereits stattgefunden: „Klopapierrollen"; die Schuldigen sind auch schon ausgemacht, das wäre jetzt zu besiegeln. Wir finden bestätigt, daß wir Phase 3 des schismogenetischen Prozesses vor uns haben. Es gibt Anzeichen für ein Kippen in die Phase des Schisma, später gibt es auch Hinweise für die Phase von Stagnation und Depression. Es gibt Ansätze zur Instrumentalisierung der süchtigen Beziehungsstruktur, wie Lothars Äußerungen vermuten lassen. Aussichtsreich für ein therapeutisches Intervenieren ist der Umstand, daß die Gruppe die Initiative ergriffen hat, um die drohende Spaltung zu überwinden.

Den Vorteil, daß wir als Gäste geladen sind, können wir ausspielen, um mit einiger Verwunderung zu fragen, was sie denn von uns wollten, ihren Auftrag entgegenzunehmen und abzuwickeln. So bald die Struktur der Situation klar ist, können wir überlegen, wie wir weiter vorgehen. Hier haben wir uns entschieden, der Vorgabe zu folgen und an ihrer Logik festzuhalten. Es ist enorm wichtig einen Standpunkt herauszufinden, von wo aus wir den Beteiligten ohne Abwertung und Bekehrungseifer, sondern mit Interesse und verdienter Anerkennung oder Achtung begegnen können. Was hätte es gebracht, Oda anzugreifen? Oder die anderen Protagonisten? Wir brauchen sie mit ihren Fähigkeiten und Erfahrungen in der Gruppe, und es ist wohl die andere Seite des Schisma, daß sie sich als Erfahrene ausgelaugt und zu wenig bestätigt fühlen. Warum also Oda die Anerkennung für ihre Mühen vorenthalten? Ich kann ihre Leistung anerkennen und durch den ungewöhnlichen Vorschlag belohnen; sie wird ihn annehmen und aufgeschlossen der weiteren Logik folgen, und - was für das weitere nicht unwichtig ist - meinen weiteren Überprüfungen Glauben schenken. Auf diese Weise schaffen wir einen Rahmen für eine Situation, welche die symmetrische Eskalation bremst und vielleicht sogar komplementäre Beziehungsdefinition untereinander einleitet. Wir entschließen uns jedenfalls, mit dem Widerstand zu gehen und auf diesem Weg einen gemeinsamen, therapeutischen Kontext einzuschmuggeln.

Ohne Kampf und ohne konfrontativen Arbeitsstil geschieht gegenüber dem schismogenetischen Prozeß etwas Entscheidendes: Der Entwertungsprozeß zwischen Gruppenselbst und Gruppe wird blockiert. Wen können sie zum Objekt nehmen? Im Dialog mit Oda werden alle wesentlichen Facetten der schismogenetischen Beziehungsdefinition prägnant, und wir können sehen, wie diese Aufspaltung als individueller Rettungsversuch aufgefaßt werden kann, offensichtlich erlebte Enttäuschungen auf diese Weise zu bewältigen. Sie steht im typischen Konflikt der dritten Phase, und so ist auch ihre Protagonistenrolle auf unserer Bühne kein Zufall. Sie hat eine dramatische Funktion für die ganze Gruppe übernommen. Diese Rolle, die ja nach ihr alle anderen durchliefen, hatte eine individuelle und eine kollektive Funktion. Sie stoppte die individuelle Abwertung wie auch die der anderen.

(2) Als Oda den Raum verlassen hat, wenden sich einige Gruppenmitglieder heftig gegen mich, das sind Reni, Lothar und Sabrina. Blitzartig durchschauen sie die Situation und protestieren: „Was solle das uns bringen, wenn wir nachher alle im Leseraum versammelt sind? Damit ist uns nicht geholfen!"

Ich erkläre ruhig, daß ich nur ihren Auftrag, wie ihn Rolf formuliert habe, ausführte. Ich sei zur Neutralität verpflichtet worden, und es gehe doch nur darum, die Schuldigen ausfindig zu machen. Die Angriffe enden. Spontan werden weitere Anträge gestellt, gleichfalls hinausgehen zu dürfen.

Bezeichnender Weise haben es die bisherigen Sprecher am eiligsten, sich auszuschließen. Dieser Prozeß kommt lebhaft in Gang. Sie reißen sich um die Anträge. Wir hinterfragen: Warum er den Antrag stelle, womit er ihn begründen wolle; insistieren auf der Frage, ob er alles in seinen Kräften stehende getan habe, um selbst zur Aufklärung beizutragen. Unsere Inquisition beschränken wir auf die heutigen nicht aufgeklärten Tatbestände: Zigarettendunst im Klo, leere Klopapierrolle, Kaugummi verklebt. Das Team befrägt ernsthaft, Zweifel weckend, manchmal bohrend, bis es sich schließlich von dem entlastenden Beweismaterial erdrückt zeigt, Zweifel und Verdacht verwirft und den Antragsteller in den Leseraum entläßt. Je länger das Prozedere dauert, desto mehr wächst die Bereitschaft, sich selbst als „Täter" in Betracht zu ziehen, jedoch nie in Bezug auf die heutigen „Delikte". Sie sind wohl einfach bereits zu emotional besetzt.

Ich möchte darauf hinweisen, daß unsere Inquisition eine positive Beziehungsdefinition verankert. Wir haben einen Abwertungsprozeß ersetzt durch einen der Wertschätzung. Wir haben jetzt alle

Elemente beieinander, um ein systemisches Feld zu organisieren und dem drohende Schisma wirkungsvoll zu begegnen: Wir haben einen Auftrag erhalten, ein Ritual kreiert, das alle Mitglieder zueinander in Beziehung setzt, dem sich keiner entziehen kann, das die Teilnehmer positiv definiert und dem daher auch keiner feindlich gegenübertritt. Wir folgen der Linie des Widerstands. Es ist hier sehr gut zu sehen, wie kollektiver Widerstand durch die gemeinsame Situationsdefinition und individueller Widerstand, der sich jeweils einklinkt und mitträgt, zusammengehen. Genau dieser Nahtstelle folgt unser Prozedere.

(3) Nach etwa fünf oder sechs Abgängen kommt der Exodus ins Stocken. Wieder taucht die Einsicht auf, daß sich doch - wenn es so weitergehe - alle im Leseraum wiederfänden. Annette und Angelika bestimmen eine Zeitlang die Diskussion: „Meint ihr denn, daß sich alles um Kaugummis und Klopapierrollen dreht? Meint ihr wirklich, das sei das Problem? Nein, es mangelt an Offenheit in der Gruppe. Leere ist eingekehrt. Niemand erzählt echt Persönliches. Was geht denn in den Haussitzungen ab? Statt daß wir uns jetzt damit befassen, wird eine Hatz auf „Kaugummitäter" organisiert."

Als wir diese Überlegungen aufgreifen und auf die Sprecherinnen selbst beziehen, ernten wir Unverständnis. Damit wird deutlich, daß ein Überspringen auf den Beziehungsaspekt noch verfrüht ist.

Die Anträge überschlagen sich wieder.

Als sich die Gruppe halbiert hat, kommt der Exodus noch einmal ins Stocken. Offen werden jetzt Zweifel geäußert, ob alles getan wurde, um der jetzigen Gruppensituation gegenzuwirken. Die Zweifel mehren sich. Die Anträge haben jetzt folgendes Schema: „Unbewußt vielleicht...ich möchte nicht ganz ausschließen...eigentlich doch." Für Augenblicke entsteht Angst, die Arno artikuliert.

Schließlich bleiben Silvia, Ruth, Martin und Rolf übrig. Die Atmosphäre ändert sich. Interesse macht sich bemerkbar. Martin: „Ich bin dageblieben, weil ich wissen wollte, was die anderen sagen." Nachdenklichkeit kehrt ein, so daß wir mit dem allerletzten Antragsteller - es ist Rolf - keine Inquisition mehr anstellen. Wir besprechen mit ihm, wie es weitergehen könne und was in der Gruppe fehle. Die Kehrseite der oberflächlich reinen Beziehungsdefinition kommt zum Vorschein: Gieren auf Sanktionen, Übermaß an Sanktionen und Zusatzarbeiten, Gehässigkeit, wenig Vertrauen und Offenheit insbesondere von den älteren Mitklienten in Stufe 3, all die Anzeichen für die Übergriffigkeit des Größenselbst und ein Instrumentalisieren der süchtigen Beziehungsstruktur.

Es ist interessant zu beobachten, wie sich immer wieder spontan die Erkenntnis der gemeinsamen Gruppensituation Bahn bricht, wenn sie auch durch die alte Situationsdefinition, auf die sich alle verschworen haben, wieder zurückgedrängt wird. Man spürt, wie sich allmählich Bezogenheit herausbildet und Hand in Hand damit ein systemischer, gemeinsamer Kontext entsteht, der durch unseren Rahmen definiert wird. Interessant ist gleichfalls, wie der gemeinsame Kontext im Laufe der Prozedur erforscht wird, woran sich ja alle Gruppenmitglieder beteiligen und sich das Wissen darum nach und nach im Leseraum anhäufen muß und die Erkenntnis, daß sich niemand aus dem systemischen Feld ausschließen kann. Das, was durch den gemeinsamen Widerstand abgewehrt werden sollte, geschieht wie von allein: Eine neue Beziehungsdefinition der Gruppe zieht ein. Die Tendenz, die Dynamik der süchtigen Beziehungsstruktur zu instrumentalisieren, kann verhindert werden. Eine erste Transformation ereignet sich:

(4) Nun fragen wir Rolf - auf die laufende recht offene Diskussion anspielend und auf seine Äußerung eingangs der Sitzung -, ob er bereit wäre, einen Beitrag zur Klärung der Gruppensituation zu leisten. Er ist einverstanden, den anderen unser Untersuchungsergebnis mitzuteilen und dabei auf die folgenden schriftlichen Anweisungen zu achten:

- Er sei für die Leitung der Sitzung im Leseraum zuständig und verantwortlich.
- Er möge dafür sorgen, daß niemand den Leseraum vor 17.30 Uhr verlasse.
- Er solle mitteilen, daß wir wie vereinbart unseren Auftrag durchgeführt hätten und niemanden guten Gewissens das Weggehen hätten verweigern können.
- Wir betrachteten unseren Auftrag als erledigt und erfüllt. Sie sollten entscheiden, ob sie uns einen weitergehenden Auftrag und, wenn ja, welchen erteilen wollten. Sie müßten dann allerdings sagen, worum es genau gehen sollte.

Im Leseraum zusammengedrängt diskutierte die Gruppe so konzentriert, daß niemand trotz offener Tür registriert, wenn jemand von uns vorbeigeht.

Etwa eine Stunde später kommt Rolf, um uns ihre Entscheidung mitzuteilen. Sie hätten ernsthaft miteinander geredet über Vertrauen und ihr Zusammenleben. Die Worte „Papierrolle" oder „Kaugummi" seien nicht ein einziges Mal gefallen. Sie wollten das Gespräch ohne uns fortführen. Der Exodus der Therapeuten um 17.30 Uhr wird nur beiläufig bemerkt.

Der Kreis schließt sich: Rolf war einer der „Verdächtigten" und nun vollzieht sich durch ihn der Wandel. Rolf verstand sich als „ohnmächtig", jetzt ist er in eine Lage 'geraten', worin er kompetent handelt. Rolfs Beauftragung, sich um die Sitzung im Leseraum zu kümmern, bedeutet eigentlich ein Sakrileg gegen die Gruppenhierarchie. Die Spaltung, von den Erfahrenen aus der Stufe 3 inszeniert gegen die Neuen, wird aufgehoben, indem er nun den Weg weist.

Natürlich machen sich Spaltungstendenzen zunächst an sozialen Gegebenheiten fest wie „alte" und „neue" Mitglieder. Von diesen Merkmalen hergesehen sind die Grundsituationen eines sozialen Gebildes gering. Der schismogenetische Prozeß wird immer entlang solcher Merkmale operieren. Von daher bietet der schismogenetische Prozeß thematisch wenig. Erst wenn sich dem Therapeut der dahinterliegende Erfahrungsraum erschließt und wenn er es versteht, an den systemischen Prozeß anzukoppeln, gibt es viel und interessantes zu beobachten.

Werden die Spielregeln eines Systems treffend formuliert und verschrieben, dann erstarrt die Gruppe spürbar und wirkt für einen Augenblick konsterniert. Ihre Dynamik kann sich nur weiter entfalten, indem sie diesen „Ruhepunkt" überwindet und die Spielregeln transformiert. Dies geschieht hier in drei Anläufen, bis sich Wandlung vollzieht. Dabei tritt das in Erscheinung, was wir als „systemisches Feld" bezeichnen: Die Gruppenmitglieder sind miteinander vernetzt, Zugehörigkeit und Sich-zuständig-fühlen sind geklärt, Abweisen und Entwerten der Gruppe sind hier und jetzt der Bejahung gewichen. Ein gemeinsamer Kontext entsteht.

Im übrigen ist es ein wirkungsvoller Kunstgriff, wenn wir mit der Gesamtgruppe arbeiten, die Situation auf eine Handlung zu verdichten, die prägnant den Kern der zugrundeliegenden Prämissen trifft und alle durch sein Ritual einbezieht. Denn Handlung bedeutet gegenwärtiges Erfahren. Ritualisierte Handlungen verbinden alle Gruppenmitglieder miteinander. Indem das Ritual jeden in die Handlung und in das Geschehen mit hineinnimmt, können die verborgenen Implikationen zu Tage treten.

Dadurch, daß die Gruppe uns geladen hatte, wies sie uns eine Metaposition zu, allerdings zunächst keine echte und unabhängige, sondern mit der Maßgabe, die Schismogenese zu erfüllen. Im Rahmen dieses Auftrags, die „Kaugummitäter" ausfindig zu machen, durften wir Regeln setzen, die wir allerdings in der Weise definierten, daß sie in der Gruppe einen positiven Kontext erzeugen konnten. Die kleine Abweichung bestand nur darin, daß wir diesen Auftrag der Inquisition auf jedermann ausdehnten unter anerkennenden Vorzeichen. Indem wir Rolf beauftragen - er wurde unser Medium -, die Ergebnisse unseres Untersuchungsberichts zu verkünden, steckten wir nun einen neuen Rahmen ab, der die Gruppe veranlassen konnte, Regeln festzulegen, die positive Bezogenheit implizieren anstatt Abwertung und weitere Aufspaltung. Wir konnten dies tun, weil wir zu diesem Zeitpunkt eine echte Metaposition gegenüber dem Gruppengeschehen errungen hatten.

Geeignete kommunikative Regeln können definiert werden in Bezug auf die Gruppen wie im eben geschilderten Fall oder in Bezug auf ein Gruppenmitglied, wenn zugleich impliziert ist, daß diese Regeln alle Mitglieder einschließen. Diese Regeln gewährleisten Kommunikation als wechselseitige Teilhabe am Lebensprozeß und erzeugen ein systemisches Feld, das Unterschiede und Strukturen herausbildet. Diese Regeln implizieren, daß die Beziehung Beobachter/Objekt bzw. Therapeut/Gruppe keine Einbahnstraße sein kann. Der Therapeut muß selbst ein wirklicher Mensch sein und das Bedürfnis haben, nach diesen Regeln zu kommunizieren.

Im Rückblick auf die zweite Phase des systemischen Gruppenprozesses können wir erkennen, daß wir dort einen Prozeß ins Werk setzten, der nach diesen Regeln erzeugt wird. Für die dritte Phase ist charakteristisch, daß diese Regeln nun explizit definiert werden. Die explizite Definition geschieht natürlich nicht in dieser abstrakten Form, sondern konkret für die jeweils einmalige Situation und spezifisch für den Einzelnen. In unserem letzten Beispiel hatten wir die inquisitorische Definition der Gruppe scheinbar übernommen, aber dafür gesorgt, daß die ausschließende Aussage „Kaugummitäter" in die Kommunikation einschließt, weil wir sie auf alle bezogen. Ihre ausschließende und manipulative Wirkung behält diese Aussage nur, wenn sie in einem aufgespaltenen Feld geäußert wird. Jetzt kehrt die Aussage in ihrer Wirkung zu den Teilnehmern selbst zurück und 'zwingt' sie, ihre Epistemologie zu ändern. Wie immer wir dem pragmatischen Imperativ Geltung verschaffen, geschieht im Gruppenprozeß etwas Entscheidendes. Jetzt, da das systemische Feld im Entstehen begriffen ist und der systemische Kontext als therapeutischer markiert wird, entwickelt sich allmählich *ein gemeinsamer semantischer Kontext, der eben nach jenen Regeln der Kommunikation erzeugt wird.* Und in diesem Moment können Selbst und Anderer einander neu begegnen und in der Folge treten Selbst und Individuum in ein Austauschverhältnis. Der Quell von Werterfahrung erschließt sich und mithin der psychische integrative Prozeß, der nun einer Zerstörung des Selbstgefühls entgegenwirkt.

Die Dinge, die wir zuletzt angesprochen haben, gehören bereits den letzten beiden Phasen des systemischen Gruppenprozesses an. Während wir in dieser dritten Phase die informelle Macht erwerben, Regeln, Kontext und somit menschliche Beziehung zu definieren, so ist doch ihre Geltung noch nicht durchgesetzt und muß sich in der Lösung anstehender Probleme erst noch beweisen und bewähren. Noch haben wir die symmetrische Tendenz der Schismogenese nicht überwunden. In unserem Fallbeispiel konnten wir die Gunst der Situation nutzen und die symmetrische Eskalation ad absurdum führen. Es ist allerdings die Ausnahme, durch *eine* Intervention die symmetrische Eskalation zu bewältigen.

Phase 4: Begegnen und Bewältigen der symmetrischen Eskalation

Wir haben nun eine Ko-Entwicklung in Gang gesetzt, um das Agens der Psychotherapie, die therapeutische Beziehung, ins Feld zu führen und die süchtige Beziehungsstruktur zu attackieren. Das systemische Feld wurde organisiert und ein therapeutischer Kontext erzeugt. Unter diesen Voraussetzungen fällt es schwer, die Definition der Beziehung sich vorzubehalten und Abwertungsprozesse zu lancieren. Denn *potentiell* sind jetzt die vier Aufspaltungen des psychosozialen Raumes aufgehoben und konkurrierende Kontexte gelöscht, wenn wir nicht durch unsere eigene Kommunikation Spaltung und Abwertung wachrufen oder initiieren. *Verwirklichen*, was sich im systemischen Gruppenprozeß an Möglichkeiten angereichert hat, steht jetzt in der vierten Phase und der nachfolgenden fünften an. *Die symmetrische Eskalation enthüllt den Abwertungsprozeß von Gruppe und Einzelnen.* Wenn wir daher vor der symmetrischen Eskalation zurückweichen bzw. sie nicht herausarbeiten, so kommen wir auch nicht an den Abwertungsprozeß heran. Und umgekehrt, das im Widerstand eingefrorene Leid wird nur dann lebendig und kommuniziert, wenn wir die Gruppe und einzelne vor Abwertung schützen können. In dieser Durcharbeitungsphase ist das Geschehen oft sprunghaft und das Team muß seine Tendenz zur Abwertung des Klientels nun überwunden haben, weil es sonst diese Augenblicke der Begegnung verpaßt und seinerseits symmetrische Eskalation und Abwertungsprozeß erhält.

Wenn wir es nicht wagen, uns den Prämissen dieser Kommunikation weiter zu nähern, dann kommt der Gruppenprozeß ins Stocken, verläuft sich und die der süchtigen Beziehungsstruktur inhärente Schismogenese beginnt sich umgehend zu formieren. Was uns über weite Strecken der letzten beiden Phasen als Gleichgültigkeit, Coolheit, Desinteresse, Apathie, Ablehnung, Protest entgegentrat, wandelt sein Gesicht und läßt uns tiefe Enttäuschung, intensive Gefühle von Wut, Ohnmacht wechselnd mit Allmacht, Inkompetenz und Versagen, Scham und manchmal abgrundtiefes Mißtrauen gegenüber jeglicher menschlicher Kommunikation und panische Angst wahrnehmen. Jetzt können und müssen wir direkt der symmetrischen Eskalation begegnen und sie zu bewältigen suchen.

Der Widerstand ist nicht unser Feind, wenn er in lebendiger Form auftritt. Er weist uns auf verdrängte Kontextbezüge hin, auf die Maschen im Gewebe des Beziehungsgeschehens, auf das, was zueinander in Beziehung gesetzt werden muß. Dort finden wir die Beziehungsinformation, deren Integration Individuation fördert. Widerstand nimmt eine lebendige, identifizierbare Gestalt an, wenn wir das systemische Feld zu organisieren vermochten. Wir lassen uns vom Widerstand führen. Wir fordern nicht auf, ihn zu überspringen, was durch forcierende Techniken wie Hyperventilation oder Schreien möglich wäre. Wir vermeiden auch, eine Frage des Mutes oder des Charakters daraus zu machen. Wir fragen einfach nach, was denn daran hindere zu vertrauen, jemandem glauben zu schenken, die Hand zu reichen, anzuschauen, Zuneigung anzunehmen und zu erwidern..., und lassen uns Gedanken, körperliche Empfindungen und Gefühle schildern. Der Widerstand besteht aus Schichten von Gleichgültigkeit, Leugnung, Mißtrauen, Angst, Panik, Scham, die wir geduldig abtragen, bis er uns schließlich ins Ziel hinführen: die Selbstgrenze zu berühren. Dieser Augenblick gehört dann der fünften Phase an.

Hier in der Durcharbeitungsphase nehmen wir en detail mit der zugehörigen Bezugsgruppe denselben Prozeß wieder auf: In-Beziehung-setzen und Miteinandervernetzen. Begleiten wir in diesem Stadium den Gruppenprozeß, ohne pädagogisch oder administrativ einzugreifen, so entrollt sich allmählich der Faden des Widerstandleistens, worauf jedes Mitglied seine individuelle Widerstandsform wie eine Perle einfädelte, und führt uns ins Zentrum des Labyrinths. Dieser *Wechsel von der Peripherie des Widerstands ins existentielle Zentrum der Einzelnen* geschieht oft plötzlich und sprunghaft, wenn Projektion und Introjektion neu aufeinander bezogen sind. Mit einem Mal wird der unbezwingbare Berg, der einen zum Tode zu verurteilen schien, abgetragen. Wir müssen 'nur' dafür sorgen, daß die Tiefe dieser Erfahrung ausgehalten wird, die durch ein Ja zu menschlicher Beziehung ausgelöst wurde.

Jetzt wird das Geschehen wieder durchsichtig. Die Gruppenmitglieder können reflektieren und erleben, was sie mit dieser Gruppensituation verknüpft, sie erkennen darin den Kontext ihrer existentiellen Situation und ihre Verantwortung. Der systemische und integrative Prozeß, der nun in Gang gesetzt wurde, wird zur Quelle spontaner Werterfahrung. Hierin liegt die Chance zur Individuation. *Der Süchtige erlangt eine Position der Stärke, aus der heraus er süchtiges Verhalten begrenzen und wo möglich aufgeben kann.*

Wir haben an dieser Stelle etwas über das *Zusammenspiel von individuellem und kollektivem Widerstand* nachzutragen, das sich in dieser Phase beobachten läßt und hilft, Orientierung im sprunghaften weiteren Gruppengeschehen zu behalten. Ihr Zusammenspiel tritt dann ein, wenn Beziehungsmuster von allen Beteiligten in einem gemeinsamen Punkt geleugnet, ausgeklammert, verdrängt oder nicht definiert werden. Dieser kollektiv verdrängte Beziehungsanteil wirkt auf die Gruppenmitglieder zurück. Das Gruppengeschehen wird für die Beteiligten undurchsichtig; was sich nicht als Beziehungsgeschehen wahrnehmen läßt, erscheint verdinglicht und materialisiert in irgendeinem äußeren Streitobjekt. Häufig werden dann einzelne zum Träger, der solchermaßen verdinglichten Beziehungsstruktur. Aus Sicht der Gruppe verdinglichen sich Beziehungen.

Aus Sicht des Beobachters ist es eher ein „Verklumpen" von individuellem und Gruppenwiderstand. Vor dem skizzierten Hintergrund, daß in Gruppen, die ein systemisches Feld ausbilden, die Ebenen Person/Gruppe/Selbst/Gruppenselbst miteinander verknüpft sind, liegt die Hypothese nahe, daß wie bei einem Vexierbild Dynamik und Abgrenzung zwischen Person und Gruppe bzw. zwischen Selbst und Gruppenselbst rasch wechseln können. Im gruppendynamischen Prozeß können *individuelle und kollektive Dynamik ineinander überspringen und individueller und kollektiver Widerstand und Abwehr identisch verlaufen wie Vorder- und Rückseite einer Medaille.* Wir können annehmen, daß sich die periphere Grenze der Gruppe und die Selbstgrenze ihrer Mitglieder verbinden. Wir finden eine Verballhornung von Selbst, Andere und Gruppenselbst vor, d.h., Selbst- und Systemgrenze miteinander legiert.

Wir definieren *Widerstand als direkte oder indirekte Weigerung, eine vollständige Beziehungsdefinition im systemischen Feld zu leisten.* Individueller und kollektiver Widerstand wirken eng zusammen, um sich auf eine gemeinsame verdinglichte Beziehungsdefinition zu verschwören. Alle Gruppenmitglieder sind nun vom Festhalten wie Lösen des Widerstands gegen eine vollständige Beziehungsdefinition tangiert. Der gemeinsam aufgebaute Widerstand übernimmt gegenüber dem bedrohlichen und verleugneten Beziehungsaspekt Schutzfunktion für die eigene Person. Wird dieser kollektive Widerstand therapeutisch aufgearbeitet, werden die jeweiligen Gruppenmitglieder an spezifischer Stelle diesen Schutzschild verteidigen mit ihrer persönlichen Form des Widerstands. Wir können davon ausgehen, daß die erste und letzte Bastion der mögliche Sündenbock übernimmt. Er ist nicht interessiert, daß die Rede auf jenes verleugnete Beziehungsmuster kommt; er muß fürchten, daß ja gerade seine Selbstgrenze wiederbelebt wird, unmittelbar Leid, Schmerz und Scham lebendig werden, wirkliches Leid aufbricht, das er durch seine Manöver mit Hilfe der Gruppe für sinnlos und irreal erklärt hatte.

Die folgende Schilderung einer Gesamtgruppensitzung thematisiert die wesentlichen Aufgaben der 4. Phase: (1) Aufgreifen der symmetrischen Eskalation und ihr Bewältigen durch echte komplementäre Beziehungsdefinition und (2) Auflösen des Zusammenspiels von individuellem und kollektivem Widerstand, um einen zugrundeliegenden Gruppenkonflikt aufzudecken und einem Sündenbock aus seiner verfestigten Rolle herauszuhelfen. (3) Individueller und systemischer Kontext werden wechselseitig und positiv definiert und voneinander abgegrenzt. Selbst und Kontext können wieder ein produktives Verhältnis gründen.

Ein Sündenbock

Die junge Frau, Mutter von Zwillingen, die sie bei uns gebar, steht hier der Gruppe gegenüber. Sie ist in eine unhaltbare Situation geraten, ein Abbruch liegt in der Luft. Zugleich steht sie im Schnittpunkt einer festgefahrenen und explosiven Gruppensituation, die zwischen der dritten und vierten Phase der Schismogenese wechselt.

Die junge Mutter - Ute - verlangt eine Großgruppensitzung. Sie klagt, die Gruppe höre ihr Anliegen nicht an, sie fühle sich überfordert, neben ihren Zwillingen auch noch alle „Kriterien" zu erfüllen, um die nächste Stufe 3 zu erreichen. Sie wollte ihren „Verantwortungsbereich Garten" und „Protokolle schreiben" abgeben. Sie hatte dies zweimal vergeblich beantragt. Ja, ihr Antrag wurde als Unverschämtheit betrachtet. Ihre Drohung, jetzt eine Großgruppensitzung beim Team zu beantragen, war der Gipfel! Wir fanden Utes Anliegen berechtigt. Wir hatten vor, sie zu entlasten und diese Entscheidung auf unsere Kappe zu nehmen. Vor der Gruppe sollte sie als „überlastet" definiert werden.

Ute eröffnet die Großgruppe und sagt trotzig: „Ja, ich habe die Gesamtgruppe einberufen, weil ich den Eindruck habe, ihr hört mir nicht zu." Sofort wird Unmut laut, den ich nicht zu Wort kommen lasse. „Wir haben heute morgen im Team beraten und entschieden, daß Ute von ihren Verantwortungsbereichen entbunden wird. Wir halten das für eine Überforderung." Sinn der Therapie sei zu lernen, drogenfrei zu leben, und in ihrem Fall, für ihre Kinder zuverlässig und liebevoll zu sorgen. Ich erinnere daran, daß wir uns auf ein Experiment eingelassen hätten, eine Mutter mit Zwillingen aufzunehmen. Wir hätten deshalb Ute ausdrücklich zugestanden, sich an uns zu wenden, wenn sie sich überfordert fühle. Der Protest schwillt so lautstark an, daß ich nur mit Mühe zu Ende sprechen kann.

Kommentar: So wie Ute die Sitzung eröffnet, eröffnet sie einen Machtkampf. Sie demonstriert ihr Bündnis mit dem Team und bietet sich weiterhin als Sündenbock an, begibt sich in eine negative Heldenrolle, die sie in Streßsituationen bevorzugt. Damit ist zugleich ihr Dilemma in dem Dreieck Gruppe-Team-Heldenrolle festgeschrieben. Ich bezeichne Ute als „überfordert", womit ich indirekt die Gruppe kritisiere, die sie als „stinkfaul und privilegiert" tituliert. Ich tue das prononciert, um sie zu entlasten und die Wut der Gruppe mit ihr zu teilen.

Einige beschweren sich über meine lange Rede, ich ließe ihnen keine Chance. Es stört sie auch, daß wir die Entscheidung an uns gezogen haben. Es bestätigt sich, daß Ute gegen die Gruppe steht und umgekehrt. Außer Herbert und später unsere zweite Mutter unterstützt sie niemand.

Von Zyklus zu Zyklus eskaliert der Kampf, heftiger, lautstarker Streit entbrennt: Wir beurteilen Utes Entwicklung als Mutter positiv, die Gruppenmitglieder „beweisen" ihre schlechte Einstellung. Ute beteuert ihre Unschuld; sie habe sich „nichts dabei gedacht", antwortet sie auf einzelne Vorhaltungen. Die Gruppe fühlt sich vom Team nicht verstanden und kritisiert und greift uns an; wir halten ihnen vor, daß sie kein Verständnis für eine Mutter mit Zwillingen hätten; Ute fühlt sich auch nicht verstanden und attackiert die anderen: „Ihr hört mir nicht zu. Gerade deshalb wollte ich das Team dabeihaben." Die Gruppe fühlt sich beleidigt und verschärft ihre Angriffe. Wir greifen einzelne, die ausfallend werden, scharf an. Es fällt uns immer schwerer, Ute gegenüber kritisch zu bleiben, auch wenn uns ihre beiden extremen Seiten nicht entgehen: in der Haussitzung klagt sie wegen „Überlastung", draußen dann gibt sie sich hochmütig und locker. Ute: „Ja, aber..." Die Gruppe begnügt sich nicht mit einer solchen Antwort und läßt nun nicht locker, eh nicht die nächste Runde eingeläutet ist:

Ute wird ausfallend und schreit, Gruppenmitglieder beschimpfen sie bösartig, wir brüllen zurück und versuchen zu ordnen. Schließlich macht sich Erschöpfung, Resignation und Trotz breit. Das Chaos wird durch eine Pause unterbrochen.

Ohne Kommentar.

Nach einer Besprechung im Team eröffne ich nach der Pause: „Ich habe die Pause genutzt, um zusammen mit dem Team die vergangene Stunde nochmals zu vergegenwärtigen. Uns ist dabei etwas aufgefallen, worüber ich mit dir, Ute, sprechen möchte. Ich kann mich des Eindrucks nicht erwehren - das mag eine Unterstellung sein -, daß du die Situation systematisch so beeinflußt, daß dir die Gruppe deinen Wunsch abschlägt. Ja, ich nehme an, daß es dich sehr beunruhigte, wenn die Gruppe dir deinen Wunsch einfach erfüllte. Kurz, ich glaube, dir fällt es schwer, die anderen zu bitten!"

Als ich mich an Ute wende, tritt aufmerksame Ruhe ein. Als ich fertig bin, hat sich die emotionale Atmosphäre geändert. Ernste, ruhige Gesichter. Schweigen.

Ich ziehe mich aus der Bündnisposition zurück.

Indem ich Ute direkt anspreche, veranschauliche ich meine Kündigung unseres bisherigen Bündnisses. Indirekt anerkenne ich die Anstrengungen der Gruppe und gebe dem bisherigen Kampf eine ganz neue Bedeutung, die niemanden abwertet. So deute ich ihre Gegnerschaft mit der Gruppe um in wohlwollenden Schutz für sie und Befolgen ihres „Auftrags",. Die Gruppe erweist sich als Bündnispartner. Schließlich gebe ich ihr die Verantwortung, diesen impliziten Kontext preiszugeben, und damit zugleich die Verantwortung, wie es denn weitergeht, indem ich zeige, was sie positiv tun kann. Sie kann nun aus ihrem negativen Heldenimage heraustreten. Wenn sich Ute zu diesem Schritt durchringt, ist Komplementarität eindeutig definiert und der Zyklus unterbrochen. Team, Gruppe und Ute sind neu zueinander und positiv bestimmt. Man kann ja das bisherige Geschehen als Versuch sehen, jeweils den anderen in eine komplementäre Beziehung hineinzudrängen, die nur negativ als Demütigung oder Ohnmacht phantasiert wird. Wie wir gleich sehen werden, ist auch in diesem Fall erstaunlich, wie die Protagonistin im Zusammenspiel mit den anderen einen kollektiven Widerstand organisiert und alle gemeinsam ein Thema unterdrücken:

Nach ein paar Minuten des Schweigens sagt Ute einfach: „Ja, es fällt mir schwer, euch zu bitten. Ich fühle mich jetzt ganz anders, unsicher...erbärmlich und klein. Ich bin total vorsichtig, beobachte immer eure Mienen, und wenn nur einer mit den Augen zuckt oder den Mund verzieht, sage ich zu mir, das mache ich nur mit mir aus."

Sie möchte gerade dazu übergehen, zu erklären, daß sie nicht bitten könne, als ich Ute auffordere, jetzt die Gruppe zu bitten. Sie ringt mit sich, Tränen stehen ihr in den Augen. Sie zögert. „Jetzt hast du es in der Hand, wie es weitergeht. Wir verzichten auf unsere Teamentscheidung. Entscheide Du: Stolz oder Hilfe."

Ute ringt mit sich. Dann bittet sie die Gruppe, ihr ihre Verantwortungsbereiche abzunehmen. Sie sei überlastet.

Viele, besonders die heftigen Kritiker, sitzen betroffen da. Alles ist anders. Es ist faszinierend, wie sich die Stimmung nach den heftigen Emotionen löst. Zum ersten Mal spricht Ute, ohne sich zu verteidigen, einfach und klar, als hätte sie gewußt, daß es immer nur darum gegangen sei, Bitten zu vermeiden. Viele Gruppenmitglieder folgen wie gebannt ihren Worten, manche beobachten mit feuchten Augen, wie sie zunächst noch mit sich ringt.

Jetzt enthüllt sich etwas überraschendes: eine heimliche Beauftragung. Utes entschiedensten Kontrahenten, Oda und Lothar, geben nun preis, daß es ihnen selbst sehr unangenehm sei zu bitten. Sie weigern sich, hinter Unfähigkeit versteckt, mitzuteilen, wie sie es erlebten, daß Ute sie um etwas gebeten hatte. Oskar, den wir ja bereits kennen, meint unverhohlen: „Mir hat dein Kämpfen besser gefallen, dieses Bitten paßt mir nicht." Oskar hatte Ute unterstützt und zum Beharren aufgefordert.

Andere Gruppenmitglieder, vor allem ihre Zimmergenossin, geben jetzt wichtige Informationen über Ute preis, genau das fehlende und verweigerte Mosaikstein: Ute weine oft nachts in ihrem Bett. Nochmals wird deutlich, was mit Ute bekämpft wurde: „Ich brauche etwas liebevolles. Wo bekomme ich das her?" Nach dieser Aussage ließe sich auch die Gruppendynamik verstehen: Verleugnung von Gefühlen der Verlassenheit, einer depressive Disposition, die durch Selbsthaß und Haß auf andere in Schach gehalten wird; dieses 'Gleichgewicht' scheint zu kippen und die Gruppe versucht, drohende Gefühle der Fragmentierung zu bewältigen.

Andere Stimmen meinen: „Ich glaube, ich habe übersehen, was es heißt, Mutter von Zwillingen zu sein." Es ist eigentlich verrückt, was vorher so heiß abgestritten wurde, kommt jetzt aus ihrem eigenen Mund. Wieder andere geben die Verbitterung ihres Kampfes zu: „nur über meine Leiche", einige bleiben mißtrauisch, „war das echt?" Die individuellen Motive und Kräfte werden sichtbar, die Ute zum Kampf anhielten und vorher gleichsam zusammengeklumpt waren - Sündenbock Ute.

Wir stehen jetzt kurz davor, vollständige Beziehungsdefinitionen im systemischen Feld zu erhalten. Symbiotische Bindungen werden gelöst und weichen dem Erleben reiferer Formen der Verbundenheit im Verlauf der vierten und fünften Phase. Im Übergang zu dieser letzten Phase realisiert sich der systemische Gruppenprozeß Hand in Hand mit dem individuellen integrativen Prozeß und eröffnet den Zustrom spontaner Werterfahrung. Aus dem Blickwinkel des Systems und seines semantischen Kontextes erleben wir eine Differenzierung zwischen systemischem und individuellem Kontext.

Wir haben nun die Phase erreicht, wo wir das Bisherige durcharbeiten und vertiefen. Jeder Teilnehmer am Gruppenprozeß hat seine Problemdefinition mehr oder weniger authentisch vorgetragen. Wir haben uns auf eine explizite Problemdefinition geeinigt, die im Kern eine positive Definition des gemeinsamen Kontext enthält. Wir haben die informelle Macht erobert, Regeln zu setzen, und den systemischen Kontext als therapeutischen zu markieren. Jetzt können wir uns an die gemeinsam erarbeitete Problemdefinition halten, uns Vorschläge einholen, wie und wo wir anfangen, Lösungen zu erarbeiten. Immer wenn wir uns einer neuen Aufgabe zuwenden, wiederholen wir im Detail unsere Arbeitsweise aus den bisherigen Phasen. Bei jeder neuen Aufgabe müssen wir uns nach unserer Verstrickung befragen, das zugehörige relevante Feld organisieren und die Regeln der Kommunikation erneuern oder bestätigen.

Allerdings werden die ersten drei Phasen jetzt in einer differenzierenden Weise rekapituliert. Wenn wir uns jetzt etwa um eine zerstrittene oder offensichtlich gelähmte Untergruppe kümmern, ist durch unsere gemeinsame Problemdefinition ein Rahmenkontext vorgegeben, der den Fokus der gesamten Gruppe steuert. Da die Aufspaltungen innerhalb der Gruppe potentiell aufgehoben sind, kann die Gruppe ihr Potential einbringen. Das hier zugrundeliegende Beziehungsgeflecht tritt ungehinderter in Erscheinung. Lösungen werden nun von der Gruppe als Ganzes gefördert, da sie, anstatt verschworen zu sein, die Position eines externen Beobachters gegenüber der Untergruppe einnimmt. Wir haben die Chance, die nicht unmittelbar betroffenen Gruppenmitglieder aus ihrer Verstrickung zu lösen, die einen ko-abhängigen Kontext aufrechterhielt und damit Spaltungsprozesse förderte.

Augenfällig läßt sich das etwa so arrangieren: Wir ermuntern die übrigen Gruppenmitglieder, sich im Kreis um die Untergruppe zu setzen, sich strikt rauszuhalten und die Dinge einfach zu beobachten, die nun ablaufen mögen. Wir würden sie anschließend als Berater benötigten. Je nach Situation können wir diese Aufgabe konkretisieren. Wir können auch die Mitglieder der Untergruppe durch die Gesamtgruppe bestimmen lassen. Wir schließen mit einer Feebackrunde, um die Mitglieder des Außen- wie des Innenkreises in einen neues Verhältnis zueinander zu setzen und so einen gemeinsamen und verbindlichen Kontext zu erzeugen. Wir können fragen, mit wem sich die einzelnen identifizierten, wo sie parteiisch wären, wo sie am liebsten eingegriffen hätten usw., um ihre Verstrickung intensiver aufzuarbeiten. Wenn wir achtsam vorgehen, vermeiden wir, daß nach Sitzungsende der gemeinsame Kontext hintertrieben und unsere gemeinsame Arbeit entwertet wird. In dem Maße, wie wir dem gemeinsamen Kontext Wirksamkeit, Gültigkeit und Verpflichtung verschaffen, sind solche Kontextmanipulationen schwieriger zu lancieren. Eine solche Gesamtgruppensitzung entfaltet Langzeit- und Tiefenwirkung.

Die verborgene symmetrische Eskalation, die der süchtigen Beziehungsstruktur inhärent ist, steht im Mittelpunkt der vierten Phase. *Es ist unsere Aufgabe, sie im aktiven wie passiven Kommunikationsmodus herauszuarbeiten und aufzudecken, bis unser Gegenüber verzichtet, sich die Macht, die Beziehung zu definieren, vorzubehalten.* Allgemein gehen wir so vor: Wir lassen die Implikationen dieser Eskalation erfahrbar werden und führen sie so ad absurdum. Wir gehen dazu über, den vorbehaltenen Kontext zu erfragen oder im aktuellen Kontext zu entschlüsseln. Zugleich bieten wir unserem Gegenüber an, unseren Kontext zu erforschen und kommunikativ auszuhandeln, um seinen Vorbehalt auszuräumen hier für diesen einen Moment der Begegnung. Der Vorbehalt wird kommunikativ umformuliert. Es reicht, wenn zugrundeliegende Phantasien ausgesprochen werden oder - noch bescheidener - wenn wir eine kommunikative Lösung finden, seinen Vorbehalt, vorzubehalten. Hand in Hand mit diesem Vorgehen sind alle Abwertungen gegenüber den Therapeuten, die hier und jetzt zu tage treten, aufzugreifen. Indem der Therapeut seinen eigenen Kontext kommuniziert, kann er den Abwertungen begegnen und initiieren, den Kontext der anderen in die Kommunikation hineinzuziehen. Anschließend widmen wir uns Abwertungen gegenüber der Gruppe.

Dieser Prozeß vollzieht sich auf verschiedenen Ebenen: Er kann die Gesamtgruppe betreffen, deren Phantasien, Vorbehalte, kollektiven Widerstand und Abwehrmechanismen; wenn Formen der kollektiven Abwehr durchgearbeitet sind, so geht das Geschehen häufig auf Untergruppen oder Einzelne über. Sobald das systemische Feld organisiert ist, läßt sich meist mühelos zwischen den verschiedenen Ebenen wechseln, ohne daß der Gruppenprozeß erlahmt.

Psychologisch gesehen können die Prämissen projektiven oder introjektiven Charakter annehmen, können in Vorwürfen bestehen, wie grausam und unfähig die Gruppe sei oder aber wie häßlich und Unfähigkeit das Selbst. In ihren Implikationen für die Kommunikation sind beide gleich. Bei projektiven Äußerungen suchen wir das komplementäre Gegenstück in nicht geäußerten Phantasien, bei introjektiven Phantasien kontern wir, indem wir die implizite Abwertung ihrer unmittelbaren Umgebung, mit der sie eben kommuniziert, aufdecken. Technisch ausgedrückt, wir deuten mit Hilfe vorbehaltener Phantasien so um, daß echte symmetrische bzw. komplementäre Kommunikation eingeführt wird.

Wir haben schon darüber gesprochen, daß die süchtige Beziehungsstruktur eine selbstbezügliche Abwehrstruktur in sich birgt, die sie gegen Erfahrungen, die ihre Prämissen berühren könnten, abdichtet. In dieser Phase treten diese selbstbezüglichen Fallen in Gruppenkonstellationen zu tage. Der Süchtige sieht sich seinem Todesurteil ausgeliefert, das sich logisch aus seinen Prämissen ergibt, das er jedoch auf die Gesamtgruppe oder Einrichtung projiziert. Seine Vorbehalte, seine Phantasien werden aktiviert. Einige Gruppenmitglieder sind in prägnanter Weise in diese Sackgasse geraten und werden zu Protagonisten, auf die sich das aktuelle Geschehen konzentrieren. Die Situation konstelliert sich von „alleine“ um die Personen, die diese Situation in besonderer Weise beherrschen oder ausbeuten.

Bezüglich der inhärenten paradoxen Situation tritt nun eine Änderung ein: In dem Moment, wo ein gemeinsamer Kontext entsteht und sich in der Gruppe verankert, kann das Verhältnis zwischen Person und System und zwischen individuellem und systemischem Kontext neu formuliert werden. Der gleichsam geschlossene systemische Kontext gibt nun einen Bezugsrahmen, der ein Leerlaufen der Selbstbezüglichkeit im Ansatz aufhebt. Die Schleife zwischen Gruppe und Mitglied und zwischen Institution und Klient transportiert nun Information, so daß sich Unterschiede anreichern können. Dies hebt das Mitglied in den Stand, Lösungen zu finden und seine Selbstgrenzen neu festzulegen. In der Tat beobachten wir, wie die Selbstgrenze und ihre Grenzfunktion sich wiederbeleben. Unter dem Zustrom spontaner Werterfahrung nimmt das Gefühl für Integrität zu und gleichfalls für Verbundenheit und Identität. Wir sind in der fünften Phase angelangt.

Wir geben zum Abschluß zwei geraffte Gruppensitzungen wieder, worin die symmetrische Eskalation und der begleitende Abwertungsprozeß aufgegriffen wird, einmal bei vorherrschendem passivem, beim anderen bei vorherrschendem aktivem Modus.

„Ich suche Goliath!"

Im Mittelpunkt dieser Gesamtgruppensitzung stehen kollektive Projektionen auf das Gruppenselbst, und wir zielen darauf ab, diese kollektiven Phantasien zurückzunehmen. Der Grad der Schismogenese weist Züge der zweiten und aber auch der dritten Phase auf, vor allem die Enttäuschung symbiotischer Hoffnungen und die Abwehr von Verlassenheit sind spürbar. Wir wollten gezielt und auf eine Sitzung begrenzt eingreifen.

Die Sitzung wurde vom Team angesetzt, als wir beobachteten, daß der Transfer zwischen Therapiegruppengeschehen und Alltag stockte. Wir wurden beständig von unseren Klienten angegangen und immer wieder in ein - man könnte schon sagen - Geheimbündnis gegen die „Gruppe" gedrängt. In der Therapiegruppe wurde beklagt, wie unangenehm es sei, an den Haussitzungen teilzunehmen oder gar sich persönlich einzubringen. Immer wieder werde ich um Einzelstunden gebeten und stoße dann auf Weigerung bzw. „Unvermögen", ihr Anliegen in die Gruppe zu tragen.

(1) *Eröffnung:* „Ich möchte euch sagen, worum es heute gehen wird. Ich suche Goliath. Wo ist Goliath? Ihr kennt die Geschichte von David und Goliath. (Gelächter.) Ich habe in den letzten Tagen viele Beschreibungen über ihn erhalten. Aber ich bin ihm noch nicht begegnet. Ich sage euch, was ich über ihn in Erfahrung gebracht habe: Er muß sehr groß sein, häßlich, furchterregend, wer das Unglück hat, ihm zu begegnen, den bringt er zur Strecke; er schlägt unweigerlich zu, trifft immer, siegt immer. Er besitzt furchtbare, blanke und vor allem treffsichere Waffen. Dennoch, obwohl viele von ihm berichteten, ich habe Goliath bisher nicht getroffen. Wohl traf ich viele Davids, die sich vor Goliath ängstigen, die lieber in Kauf nehmen, einen Aufsatz beispielsweise nicht einzubringen, den sie selbst interessant finden, und lieber eine Konsequenz einstecken, als ihn der Gruppe vorzulesen."

Überraschung: „Zu hart..."

„Ich weiß nicht, wo Goliath steckt. Ich kenne nicht seinen wirklichen Namen. Eines macht mich nachdenklich: Wenn man die Geschichte von David und Goliath - wie ich in den letzten Tagen - so oft hörte, so beschleicht einen ein Verdacht: Von David gibt es Standbilder und Statuen berühmter Künstler, sicherlich kennt ihr den David von Michelangelo, von Goliath kenne ich keines. Vielleicht gibt es Goliath nur, weil David ihn aus Arglist tötete, weil er sich ihm nicht im offenen Kampf stellte; vielleicht um diese Schwäche Davids zu rechtfertigen. Mir tut Goliath jedenfalls leid, denn er ist es, der zur Strecke gebracht wird, immer.

Wo also ist Goliath?"

Langes Zögern.

„Gut, wenn ihr mir Goliath nicht zeigen könnt, fangen wir so an: Wer fühlt sich hier in dieser Runde als David?"

Die ersten Wortmeldungen kommen und schildern einen vagen, gesichtslosen Goliath.

(2) *Durchführung:* Ich hake nach: „Wer ist für dich hier Goliath?" Und nochmals, da immer noch Zögern vorherrscht: „Statt Goliath können wir natürlich auch sagen: Wer hat dich hier enttäuscht? Auf wen hast du einen Haß? Wer hat dich verletzt und getroffen?"

Joachim bekennt sich stöhnend und errötend zu seiner „Lust, Frauen wie Eleonore fertig zu machen." Mit Eleonore hatte Joachim angebändelt.

„Ich finde deinen Beitrag mutig: Du bist der erste Goliath, dem ich hier begegne. Ich danke dir. Übrigens für Goliath siehst du gar nicht so riesig und gefährlich aus."

Eine häufige Frage ist: „Was meinst du, für wen bist du Goliath?" Da wir gerade zwei Stunden Zeit haben, kommt nur ein Teil der Gruppenmitglieder zu Wort. Wir finden drei Goliaths:

Joachim. Helmut: „Wie groß bist du? 197? Damit haben wir den größten Goliath gefunden, von jetzt ab können sie nur noch kleiner werden. Sabrina: „Unser erster weiblicher Goliath!"

Einige Mitglieder sind gespannt, aber abwartend dabei, als sich ein Netz von belasteten Beziehungen herauskristallisiert. Unbeweglich Fronten: beispielsweise zwischen Eleonore und Joachim.

Gerald, der gern in die Rolle des Provokateurs schlüpft, versucht mein Vorgehen mit einer Gegenstory ad absurdum zu führen: Goliath hetze David, David spüre schon seinen Atem im Nacken, mitten im leeren Raum, wo David keinen Stein finden könne, allmählich verließen ihn die Kräfte, während Goliath ihn hetze. „Ich dachte Goliath schlägt unerbittlich zu. Deine Version belegt nur die Täuschung Davids, Goliath ist offensichtlich nicht so, wie David ihn darstellt. Goliath ist nur interessiert an David." Wenig später ergibt sich eine passende

Gelegenheit hinzuzufügen: „Siehst du, das ist der Stein des David, von dem du erzähltest, er fände ihn nicht!“

(3) *Abschluß:* „Das konnte heute nur ein Anfang sein. Wenn die Sitzung gut war, dann wird sie in den nächsten Tagen mehr Streit und Auseinandersetzung hervorrufen. Denn es wurden einige Punkte angetippt, die der Klärung bedürften. Wieviel Zeit könnt ihr beide, Eleonore und Joachim, hier noch verbringen, ohne die Dinge, die zwischen euch stehen, zu klären? Bevor einer von euch beiden geht?“ Eleonore: „Sieben Tage...“ Joachim: „Mindestens einen Monat!“

Martin: „Das war die langweiligste Großsitzung, die ich je mitgemacht habe. Ich habe nach deiner Ankündigung etwas ganz anderes erwartet.“ „Ich sagte doch, wenn die Großsitzung was taugt, müßt ihr euch auf mehr an Streß und Auseinandersetzung einstellen!“

„Ich biete den Starken meinen Schutz an...“

Im folgenden Beispiel werden Pseudosymmetrie und -Komplementarität direkt komplementär bzw. symmetrisch umgedeutet, wobei Introjektion und Projektion neu aufeinander bezogen werden - zentrale Aufgabe der vierten Phase im systemischen Gruppenprozeß. Die Schismogenese befindet sich in der dritten Phase.

Diese Großsitzung wurde einberufen, um vor Bekanntgabe von HIV-Test-Ergebnisse eine solidarische Gruppenatmosphäre zu fördern. Wir hatten einige Vorinformationen, so daß wir mit konkreten Hypothesen in die Sitzung gehen konnten. Die Gruppensituation war recht festgefahren, und die Gruppe drohte sich zu spalten quer durch alle Stufen entlang den Etiketten „schwach“ und „stark“.

Ich eröffne die Großsitzung, schildere, wie ich die Situation wahrnehme und interveniere: „Ich schlage vor, daß sich diejenigen, die sich schwach fühlen, und diejenigen, die sich stark fühlen, hier auf dem Boden gegenüber setzen. Da, wo ich sitze zu meinen Füßen, können sich die Starken hinsetzen unter meinen Schutz. Euch biete ich meinen Schutz an.“

Verwirrung, Verblüffung und Verwunderung. Konsterniert fragen mich einige derer, die sich für „schwach“ halten, ob sie nicht bei mir Platz nehmen dürften. Interessanterweise nehmen die „harten Brocken“ meist meinen Schutz an. Ich mache aus diesem Akt ein Ritual, bevor sich jemand mir zu Füßen setzen kann. Ich betone eindringlich, daß sie meinen Schutz bräuchten, und begründe das in persönlicher Weise.

Wenn ich wiederum die „Schwachen“ zurückweisen muß, unterstreiche ich ihr effektives Sich-schützen-können durch Davonlaufen, Unfähiggeben, Schonung etc.

Ein reges Sich-selbst-Einschätzen geht vor, bis nach und nach alle ihren Platz finden. Das Zuordnen wird wie ein Bekenntnis erlebt; einige halten sich für stark und schwach; einige übernehmen die Rollen der Schwachen, wobei es unangenehmer zu sein scheint, sich den Schwachen zuzugesellen. Das zieht sich wohl eine Stunde hin. Das Ritual des Zuteilens verbinde ich mit dem Erforschen, was die Gruppe für Stärke und Schwäche hält.

Ich fordere dann auf, zu schildern, wie sie sich an ihrem Platz fühlten, ob sie sich vorstellen könnten, das Lager zu wechseln und was ein solcher Schritt ihnen abverlange. Dieses Zuteilen löst viele Emotionen aus. Am nachhaltigsten meine Aufforderung, das Lager zu wechseln.

Im Lager der „Schwachen“: Mia, Vera, Gudrun, Michael...

Im Lager der „Starken“: Peter, Arnold, Heidi, Torsten...

Als wirkungsvoll erweist sich dieses Vorgehen gegenüber den Starken, warum ich ihnen Schutz angeboten hätte und wofür sie ihn denn annehmen sollten. Wir nahmen uns Zeit herauszuarbeiten, wofür sie Schutz bräuchten. Coolheit, Überheblichkeit oder Schnoddrigkeit, die sonst unmöglich machten, an ihre „schwache“, abgewertete Persönlichkeit heranzukommen, der Widerstand, der sonst unweigerlich mobilisiert wurde, waren vorübergehend erlahmt. Von selbst organisierte sich der Prozeß so, daß er sich von den Zugänglicheren unter den Starken zu den Verhärtetsten zubewegte: Heidi und dann Torsten. In seinem Therapieprozeß ernsthaft gefährdet durch seinen Rückzug von den anderen, seine intellektuelle Überlegenheit und Angriffslust. Torsten: ‘Er verstehe wohl, weshalb er meinen Schutz brauchen könnte und nehme ihn an.’ Sein ansonsten hartes, undurchdringliches Gesicht wirkte offener und bewegt. Meine Aufforderung, ob er sich vorstellen könne, ins Lager der „Schwachen", die ihm gegenüber saßen, überzuwechseln, und meine Frage, was das für ihn bedeute, löste bei ihm Selbsthaß, Depression, ja Anzeichen von Panik aus. Er schwitzte und fürchtete sich. Auf mein Fragen und Drängen hin erzählte Torsten schließlich, was er tagtäglich daran setze, um auf Teufel-komm-raus niemals in eine Position der Schwäche zu geraten. Wenn ihm dies trotz aller Vorkehrung widerfahren sollte, so drohe Verzweiflung und „ein Druck" (Heroin). Es sollte vielleicht noch erwähnt werden, daß Torsten als Junge von seinem Vater schwer mißhandelt worden war, was seine Verhärtung verständlicher macht.

Phase 5: Ermöglichen echter komplementärer Kommunikation und Definieren von Bereichen echter symmetrischer Kommunikation

Es ist nur die halbe Wahrheit, wenn unser Gegenüber diese Begegnung als „Entlarvung" wertet. Vielmehr handelt es sich um den Versuch, *unser Gegenüber in eine Position der Stärke zu bringen, die er nicht mehr abweisen kann.* Trotz aller Standfestigkeit und manchmal auch Angriffslust, die mit versteinerten Fixern notwendig ist, kann jene Transformation nicht mit Gewalt oder durch Demütigungen erzwungen werden. Im entscheidenden Augenblick vollzieht sich ein Akt des Berührens und Berührenlassens. Dieser Augenblick geschieht spontan.

Wir können den Widerstand des Süchtigen verstehen, denn das, was in diesen Sekunden geschieht, ist die mächtigste therapeutische Konfrontation, die seine Prämissen und seinen Machtvorbehalt tangieren. Der Macht dieser Prämissen und ihren destruktiven Folgen für die Kommunikation stehen jetzt erlebbar ihre Vergeblichkeit, Sinnlosigkeit und Einsamkeit gegenüber. Jetzt in diesem Augenblick *kann* zu offener Kommunikation gewechselt werden, *können* diese Phantasien einer Überprüfung unterzogen werden.

Die fünfte Phase ist der Augenblick des Berührens. Sie kündigt sich an, wenn die symmetrischen Beziehungen komplementär umgedeutet werden unter Offenlegen des individuellen Kontext. Machtvorbehalt und Widerstand treten zurück. Die Grenzfunktion der Selbstgrenze wird wiederbelebt und Abgrenzung wie Schutz bestätigt, indem Grenzen kommunikativ ausgehandelt werden. Der integrative Prozeß wird angestoßen, und spontane Werterfahrung strömt zu. Die Macht der Schismogenese und der sie begleitenden Fragmentierung ist (für eine Weile) gebrochen.

Diese Augenblicke werden von allen Beteiligten als Durchbruch erlebt. Spürbar wandelt sich die eben noch drückende, lastende oder aggressiv-nervende Gruppenatmosphäre. Die Atmosphäre wirkt wie gereinigt nach einem Gewitter, und es kommt in Fluß, was zuvor stagnierte. Konflikte lassen sich lösen und bereinigen. Grundlegende Strukturen sind wiederhergestellt und die selbstorganisierende Potenz des Systems regeneriert, Informationen zu schöpfen und informationelle Struktur zu bilden. Die homöostatischen Mechanismen können jetzt, da eindeutige Beziehungen definiert sind, wieder wirken.

Wir sehen, daß der gemeinsame Kontext ein Erzeugen individueller Kontexte vorsieht und ermöglicht, indem nun individuelle Kontexte *kommunikativ* erforscht und verhandelt werden können. Dieser Vorgang ist konstitutiv sowohl für den weiteren Gruppenprozeß hin zu psychosozialer Differenzierung während der vierten und fünften Phase. Die Geburt eines individuellen „kohärenten Selbst" (KOHUT) ist undenkbar, ohne daß ein gemeinsamer Kontext den Referenzrahmen abgibt und systemisches Feld und Selbst aufeinander bezieht. Sowie der therapeutische Kontext markiert wird, können die Mitglieder ihren individuellen Kontext kennzeichnen. Eine wirksame Unterscheidung zwischen Selbst und Anderer wird eingeführt. Der Gruppenprozeß aktiviert die Selbstgrenze, unterstützt und regt Selbstwahrnehmung wie Abgrenzung an und führt zur Strukturbildung. Soweit dieser Prozeß gelingt, gibt er die Grundlage ab, die Paradoxie, die im Verhältnis von System und Mitgliedern angelegt ist, konstruktiv zu nutzen und zu verarbeiten. Die Doppelrolle von Beobachter und Therapeut wie Erwachsener und Kind sind u.a. Ausdruck selbstreferentieller Struktur und können nun konstruktiv ausgearbeitet werden.

Die konkreten Aufgaben in dieser fünften und letzten Phase des Gruppenprozesses sind: Beziehungen bestätigen und versöhnen; neue Informationswege und Rückkopplungsschleifen initiieren; innere dualistische Zerrissenheit durch Bezogenheit begrenzen und schließlich Bezogenheit opponierender sozialer Rollen bestätigen.

Für einen erfolgreichen Gruppenprozeß gibt es ein eindeutiges Kriterium, nämlich Differenzierung der sozialen Rollen. Die Polarität sozialer Rollen wird wahrnehmbar gemildert; sie differenzieren sich aus. Die angebahnte Strukturbildung macht sich auf verschiedenen Ebenen bemerkbar: in der gesamten Institution, im Verhältnis zwischen Team und Gruppe, innerhalb der Gruppe und in unserer Einrichtung z.B. im Verhältnis zwischen den Stufen. Auch die einzelnen Mitglieder lassen ein differenzierteres Rollenverständnis erkennen. Strukturbildende Prozesse finden wir schließlich im integrativen Prozeß: psychische dualistische Rollenaufspaltungen nähern sich ihren Polen an und zeigen Ansätze zur Integration, die zentralen Antriebe stehen der Person eher wieder zur Verfügung. Solche Gruppenprozesse tragen zur Differenzierung und Integration des Selbst bei. Sie sind ein Anstoß, Fragmentierung zu überwinden, nährende Austauschprozesse zwischen Selbst und Individuum in Gang zu setzen und Objekt- und Selbstrepräsentanz ansatzweise zu integrieren.

Unsere Erwartung an diese letzte Phase des Gruppenprozesses sollte nicht Harmonie sein, sondern die Erneuerung unseres Arbeitsbündnisses. Ziel und Maßstab ist einzig und allein, strukturbildende Prozesse zu initiieren. Zum Abschluß der Gesamtgruppensitzung, wenn der Therapeut die Potenz der Gruppe bestätigt und ihr Kompetenz zuspricht, sollte er ankündigen, es wäre eher ein Zeichen für einen guten Verlauf, wenn das Geschehen in der Gruppe lebhafter würde. -

Die Ziele, die wir uns im systemischen Gruppenprozeß gesetzt hatten, haben wir erreicht und die Bedingungen der süchtigen Beziehungsstruktur und der Schismogenese im Ansatz transformiert. Wir haben gelernt, das süchtige Beziehungsgeschehen zu beeinflussen.

Aufzeichnungen über einen Gruppenprozeß vom 6. bis 26.10

Unser letztes Beispiel beschreibt, wie ein systemischer Gruppenprozeß aus dem Gesamt der Therapieinstitution heraus entsteht. Das gibt uns Gelegenheit, das Zusammenspiel verschiedener Teile der Therapieinstitution zu beobachten, das allmähliche Vordringen des systemischen Gruppenprozesses und seine Auswirkungen und Verästelungen bis hin zu den einzelnen Mitgliedern, wenn erst einmal das systemische Feld organisiert wird. Diesmal steht die Gesamtgruppensitzung erst am Ende eines Prozesses, der die Institution mehr und mehr beschäftigte. Wir haben Gelegenheit, das Wirken der Schismogenese, ihre negativen Auswirkungen wie die später konstruktiven des systemischen Gruppenprozesses auf die Therapiegruppe und die Psychotherapie mit einzelnen zu beobachten.

Die Gruppensituation, wie wir sie vorfinden, entspricht der 5. Phase im schismogenetischen Prozeß: Stagnation und Depression. Es gehört zum Erscheinungsbild einer Gruppe, deren Entwicklung stagniert, daß die Initiative vom Mitarbeiterteam kommen muß. Die Gruppe zieht sich in Gleichgültigkeit oder Mißtrauen zurück, einzelne brechen die Therapie ab oder drohen, ihre Zugehörigkeit aufzukündigen, kaum jemand möchte mit der gemeinsam geschaffenen Welt zu tun haben. Ein Therapeut, der innerhalb eines stationären Settings wirkt, muß sich immer wieder fragen, wer und ob ihm überhaupt ihm einen therapeutischen Auftrag erteilt wurde. Auf einer Antwort auf diese Frage zu bestehen, stellt eine weitreichende Konfrontation dar und ist Voraussetzung, um sich nicht vereinnahmen zu lassen, seine therapeutische Potenz durch sinnvolle Abgrenzung und sinnvollen Einsatz zu erhalten und die eigene Wahrnehmung gegen die Macht der Gewohnheit wachzuhalten. Gerade in dieser Phase der Depression hilft es, darauf Wert zu legen, daß der Klient den Therapeuten engagieren muß. Wir beschreiben zunächst den institutionellen Prozeß über den Zeitraum vom 4.- 26.10.

(1) Wahrnehmen einer Gruppensituation:

Die folgenden kurzen Protokollausschnitte geben einen Eindruck von der Ausgangslage im Gruppenprozeß:

Notizen über meine *Therapiegruppe vom 4.10.*: „Ich bin wieder voll für meine Therapiegruppe da; meine Vertretung für die Kollegin einer anderen Therapiegruppe ist vorbei. Ich hatte deshalb drei Wochen lang nur an jeweils einer der beiden Therapiegruppennachmittage teilgenommen. Nun ist dagegen mein Co-Therapeut im Urlaub. Es gibt noch mehr Veränderung und Unruhe: Gregor und Franz sind letzte Woche neu hinzugekommen; sie nehmen zum zweiten Mal an der Therapiegruppe teil. Ulla, die vor zwei Wochen aufgenommen wurde, wirkt fremd in dieser Gruppe, als gehörte sie nicht dazu. In den letzten drei Wochen gab es fünf Neuaufnahmen.

Ich beginne mit einem Kreisgespräch. Mir ist daran gelegen, mit jedem Kontakt zu knüpfen und zu erfahren, wo mein Gegenüber präsent ist und wie ich die Neuen einbinden kann. Gregor beispielsweise wirkt desinteressiert und abwesend. Seine Bemerkung ist typisch für die Gruppenstimmung: Gregor fordert als Vorleistung Vertrauen von den anderen, weigert sich aber strikt, selbst Vertrauen zu schenken, um Zugang zur Gruppe zu finden. Ich thematisiere die „Unruhe" in Team und Gruppe. Verhaltene Wut, daß ich sie im Stich gelassen hätte, Klagen um die „vergangene Gruppe". Fremdheit und Gleichgültigkeit schimmern hindurch..."

In der *Therapiegruppe vom Donnerstag, den 6.10.*, „steht Sabrinas Entscheidung im Mittelpunkt, hier zu bleiben oder die Therapie abzubrechen. Sie wirkt deprimiert und abwesend. Es war möglich, sie während der Sitzung in einen Entscheidungsprozeß hineinzuziehen. Ihr anfängliches Weigern zu sprechen, zu empfinden, ja schier zu atmen, weicht einem lebendigeren Ausdruck. Sie weint und entschließt sich, hier zu bleiben. Beunruhigend ist für mich, daß sich die Interaktion allein auf mich und Sabrina konzentriert. Trotz der Dramatik der Entscheidung sitzen die andern müde, sprachlos und versteinert da. Was ist in der Gruppe los?

Ich hätte sie im Stich gelassen, als ich die Vertretung für eine andere Therapiegruppe übernommen hatte; sie hadern und rechten, mein Kollege im Urlaub, und dann noch neue Gruppenmitglieder. Jeder will erst einmal zu seinem Recht kommen. Das versteckte gegenseitige Abwerten läßt keine Trauer zu. Es läßt sich vermuten, daß die Gruppe ihre Trauer um das Verlassensein abgewehrt hatte durch Phantasien der eigenen Größe. Offensichtlich macht die frustrierende Realität der Gruppe diese Abwehr zu Nichte. Die Gruppe sucht den Ausweg, den anderen zu verlassen oder in eine ohnmächtige Position zu bringen.

Am *Morgen des 11.10.* findet eine ad-hoc-Sitzung der Hausgemeinschaft statt: „Ulla möchte gehen; sie scheint fest entschlossen. Einige Gruppenmitglieder gehen liebevoll, ernsthaft und unterstützend auf sie ein; Ulla läßt sich zurückhalten. In der Therapiegruppe am Nachmittag spreche ich Ulla nochmals darauf an. Ganz im Gegensatz zu heute morgen wird ihr ablehnend, zurückweisend und mit herben Unterstellungen begegnet. Holger scheut sich nicht, zu sagen: „Es ist mir völlig gleichgültig, ob du da bist oder weg." Mich friert. Erst als ich kontere und Holger als „Therapiekonsument" angreife, tritt etwas Nachdenklichkeit ein. Ich teile meine Empfindungen mit.

Teamsitzung am Dienstag, den 12.10:

Es galt in Erfahrung zu bringen, ob Gleichgültigkeit und kalte Enttäuschtheit nur Kennzeichen der Gruppendynamik meiner Therapiegruppe waren. Ein deutliches Kennzeichen war, daß das Verhalten in der Therapiegruppe von Stufenzugehörigkeit bestimmt wurde. Im Gespräch wurde bald klar, daß der Prozeß der Schismogenese in der gesamten Gruppe recht weit fortgeschritten war. Meine Kollegen konnten ähnliche Erfahrungen aus ihren Therapiegruppen und aus der Sitzung der Hausgemeinschaft berichten. Nach wie vor war es eine ungelöste Aufgabe, die neuen Gruppenmitglieder zu integrieren und gegenseitige Erwartungen und Anforderungen auf realistische Weise miteinander zu verhandeln.

Die Gruppensituation bot Anlaß zur Beunruhigung, und es erhob sich die Frage, ob wir die Gesamtgruppe gleich einberufen sollten. Zwei Dinge sprachen dagegen: Zum einen hatten wir keinen Auftrag von der Gruppe erhalten. Die Repräsentanten der Gruppe in Stufe 3, die an der Teamsitzung beteiligt waren, taten unsere Sicht der Dinge ab. Mit einer sofortigen Gesamtgruppensitzung hätten wir sie und die übrigen eher gegen uns aufgebracht, weil sie unser Unternehmen nur als Angriff verstanden hätten. Wir hätten so ihren Abwehrkampf vertieft, die Zurückweisung des Größenselbst zu kompensieren. Zum anderen war die Mehrheit des Teams kaum bereit, sich der Gesamtgruppe auszusetzen. Es gab Klagen über Belastung, Reibereien, die sich in der Auseinandersetzung um dieses Thema „austobten". Auf der einen Seite fanden sich die Mitarbeiter, die frischer an die Geschehnisse herangehen wollten, die einzelne Ereignisse schärfer akzentuierten, während andere sich eher angegriffen fühlten, Entlastung suchten statt Konflikt und die Gruppensituation glätteten. Die Stimmung war gereizt.

Die problematische Gruppensituation hatte noch „kein Gesicht" weder im Team noch in der Klientengruppe, unsere Diagnose des Konflikts war vage und rein gefühlsmäßig. Um welche transaktionalen Muster ging es? Wer war wie beteiligt? Wer war bereit sich zu engagieren? Ein konkreter Anlaß, der uns gezwungen hätte einzugreifen, war nicht gegeben. Also sprachen wir uns im Team ab, die Gruppensituation zunächst auf Therapiegruppenebene aufzugreifen und zu sondieren.

Mein Protokoll von diesem Teil der *Therapiegruppe, Dienstag 12.10*, berichtet darüber:

„Ich komme auf die letzte Sitzung zurück und befrage jeden, wie er die Gruppensituation wahrnehme. Solche Aussagen sind typisch: Oskar (Stufe 3) meint zu Franz, einem der Neuaufgenommenen: „Ich habe meine Leute, wenn du was möchtest, dann muß du auf mich zu kommen." Oskar begnügt sich, daß er vor 14 Tagen einmal kurz mit Franz gesprochen hätte. Ulla: „Wir haben Angst und fühlen uns überfordert. Das sind zu hohe Erwartungen an uns." Uta (Stufe 3): „Was soll der Scheiß. Alles doch Unsinn."

Schon nach wenigen Stellungnahmen sind die Umrisse klar: Schisma der Stufen, insbesondere zwischen Stufe 1 und 3. Entsprechend unterschiedlich wird die Gruppensituation eingeschätzt. Es ist mühsame Kleinarbeit, sie aufeinander zu beziehen. Wenigstens hilft mir die Vorarbeit der letzten Sitzung."

Kommentar: *Wir finden viele Hinweise auf einen schismogenetischen Gruppenprozeß in der Phase der Stagnation und Depression. Stagnation: Offensichtlich kann die Gruppe die Aufgabe, unsere Neuaufnahmen zu integrieren, nicht meistern und sich nicht fortentwickeln. Depression: Hartnäckig wird ein Thematisieren des Beziehungsgeschehens verweigert und Spuren verwischt. Auffällig ist eine depressive Verstimmtheit, die die einzelnen isoliert, unwirklich, versteinert, abwesend und desinteressiert erscheinen läßt, wobei die anderen meist unterschwellig, manchmal direkt aggressiv zurückgewiesen werden; Vereinsamung und Ansätze zur Verwahrlosung lassen sich beobachten.*

Wir können auch die Aufspaltungen des psychosozialen Raumes nachzeichnen: Die erste Aufspaltung bedeutet ein Verleugnen der Selbstgrenze; ein recht fortgeschrittenes Stadium sind Anzeichen von Unwirklichkeit, Abwesenheit, eben depressive Symptome, die Lebendigkeit der Selbstgrenze ist gelähmt. Die zweite Aufspaltung ist durch ein Abwerten der Beziehungsdefinition durch andere gekennzeichnet; eben dies hatte meine Aufmerksamkeit erregt; die Interaktionen in der Therapiegruppe waren über weite Strecken davon bis hin zur Entwertung gekennzeichnet. Ein bereits beunruhigendes Phänomen war im Verhalten der Gruppe gegenüber Ulla festzustellen, als sie abbrechen wollte. Die Spaltung in Therapie- und Realraum war vollzogen und eine Aufspaltung in Offiziell und Inoffiziell schien sich zumindest anzubahnen. Die 3. Aufspaltung, der Kampf um Behaupten des Machtvorbehalts, war unterschwellig im Gang hinter der Fassade von Gleichgültigkeit und Rückzug. Der Prozeß der Schismogenese war soweit vorangeschritten, daß das Beziehungsgeschehen von der Gruppe weitgehend verleugnet wurde. Die vierte Spaltung macht sich schließlich auch im Verhältnis von Team und Gruppe bemerkbar. Auf beiden Seiten sind momentan Abkoppelung und Aufspaltung vorherrschend.

Das Mitarbeiterteam zeigt selbst Anzeichen der Schismogenese: Das sind die äußerlichen Gegebenheiten von Mitarbeiterwechsel, Beurlaubung und Anzeichen, daß Mitarbeiter zu ihrem eigenen Lebensprozeß in Widerspruch stehen und abgespalten sind von ihren eigenen Empfindungen. Ähnlich wie die Gruppe erlebt das Team die Geschehnisse eher diffus und sich selbst mehr oder weniger vage infragegestellt und entwertet. In diesem Zustand kann das Team den Prozeß von Entwicklung und Ko-Entwicklung noch nicht initiieren, es muß sich selbst erst durch Klärung, Entlastung und Aktivieren der Selbstgrenze dazu in die Lage versetzen. Die gemeinsam verabredete Beobachtungsaufgabe hilft dem Team, sich aus jener Konfluenz zu lösen, ihre Selbstgrenze zu aktivieren und zu einer gemeinsamen Aufgabe zurückzukehren.

(2) Die Zuständigkeit der Gruppe übergeben:

Mittwoch, den 13.10., findet eine Sitzung nur mit unseren Klienten aus Stufe 3 statt, da sie eine Schlüsselrolle einnehmen. Nach der Vorbereitung vom Vortag - Teamsitzung und Therapiegruppe - schneide ich das Thema „Kälte in der Gruppe und mangelnde Integration der Neuen" an. Die hartnäckige Vorarbeit hat sich gelohnt, einige stimmen spontan zu und nach heftiger, kontroverser Diskussion beschließen sie, dieses Thema in die heutige Haussitzung einzubringen. Sie wollen das in der Weise tun, daß jeder seine persönlichen Eindrücke vorbringt.

Diese sehr persönliche, nachdenkliche und von Vorwürfen freie Art erweist sich als wirksam. Die Gruppe nimmt sich des Themas an und bemüht sich um konkrete Lösungen. Die erfahrenen Klienten fühlen sich entlastet, die 'jüngeren' unter unseren Klienten in ihren Bedürfnissen wahrgenommen. Jetzt ist fürs erste unsere Aufgabe erledigt.

Der Klärungsprozeß im Team zieht sich über zwei Wochen hin; der angekurbelte systemische Gruppenprozeß riß auch das Team aus seiner „Lethargie", regte persönliche Klärungen an wie Fragen zu unserer Zusammenarbeit. Damit begonnen, gewann das Team seine Fähigkeit zurück, den systemischen Gruppenprozeß zu initiieren und intellektuell und emotional mit dem nun in Gang gekommenen Gruppenprozeß Schritt zu halten.

(3) Der Konflikt vertieft sich

Die Gruppe übernimmt nun eine Aufgabe, der sie sich bisher entzogen hatte. Sie muß flexibel werden und sich anpassen oder erneut daran scheitern. Das geht nicht ohne Konflikt, und es ist in dieser Gruppensituation ein positives Zeichen, wenn Konflikte prägnant werden, wenn sie Bewegung in die verhalten aggressive und gelähmte Stimmung bringen und Anzeichen der 4.Phase, Krise und Polarität, auftreten. Da unsere bisherige Psychotherapie mit der Gesamtgruppe einen ersten gemeinsamen Rahmen zwischen Team und Gruppe absteckte, eben durch die Übernahme der Verantwortung durch die Gruppe, brauchen wir Konflikt und Polarität nicht zu fürchten. Diese Gemeinsamkeit wird einer Bewährungsprobe ausgesetzt werden.

In dem Maße wie der Gruppenprozeß prägnanter wird, tritt den Beteiligten die Konstellation ihrer Existenz hier und jetzt vor Augen. Wir können das an Oskar und Ulla, gegensätzliche Protagonisten im Gruppengeschehen, mitverfolgen: Mann und Frau; Machoart und sich selbstverletzende, aufopfernde Weiblichkeit; er Ende Zwanzig, sie Anfang Zwanzig; im sozialen Prestige der Gruppe befindet er sich oben und sie unten. Da beide in meiner Therapiegruppe sind, können wir den weiteren Prozeß in der Therapiegruppe beobachten.

In der *Therapiegruppe vom Dienstag 18.10.* ereignet sich ein Eklat:

„Ulla fühlt sich verletzt; ihr Freund hatte ein Verhältnis mit ihr beendet. Ich fordere sie auf, ihren Freund in die entfernte Ecke des Raumes zu stellen und die Geschichte ihrer Begegnung an ihr vorüberziehen zu lassen. Ob sie ihre Verletztheit ausdrücken könne? Hintergrund für diese Aufforderung war, daß er sie offen des öfteren gedemütigt hatte z.B. wegen ihrer Prostitution, um sie abends zu 'verführen'.

Ulla geht auf meinen Vorschlag ein, wenn auch zögernd, immer mit einem Blick auf die anderen im Raum. Sie ist peinlich berührt und offensichtlich damit beschäftigt, herauszufinden, was die anderen über sie dächten. Es erweist sich als ungünstig, daß ich sie auf den Peter in der Ecke fixieren ließ. So entsteht kein direkter Kontakt zu den anderen, mit denen sie doch beschäftigt ist. Die Gruppe versagt ihre Anteilnahme, und Ulla droht immer wieder, den Kontakt zu verlieren und in „Ich-kann-nicht" oder „Ich-weiß-nicht" stecken zu bleiben. Mit viel Support gelingt es ihr schließlich, sich gegen den phantasierten Peter abzugrenzen.

Zum Schluß sprechen wir über ihre Männerwahl: einen Typ, der ihr von Anfang an verletzend und herabsetzend begegnet war. Sie setzt auf die Rücksicht ihres Partners: „Ich gebe mich völlig wehrlos, und das machst du mit mir!" Ich hinterfrage ihre Opferrolle als moralische Überlegenheit.

Dahinter verbirgt sich ein herabgesetztes, gedemütigtes, vergewaltigtes Selbstbild.

Ich suche nach einer Möglichkeit, sie mit den anderen zu verbinden und für einen Moment aus der Situation des Herabgesetzt-werdens herauszuholen. Ich frage Ulla, ob sie hier und jetzt einen Wunsch kenne, und als sie sich nicht zutraut, einen Wunsch zu äußern, begehe ich den Fehler, ihr vorzuschlagen, sich von der Gruppe tragen zu lassen. Sie stimmt zu, ebenso die Gruppe bis auf ein Mitglied. Als sich Ulla auf den Boden legt, begegnen ihr die anderen achtlos und mechanisch als wäre sie eine Puppe. Die Aktion endet im Gelächter. Die Gruppe war durch meinen Vorschlag überfordert und irritiert. Ich breche ab und thematisiere den Vorfall. Es ist gerade Oskar, der alles von sich weist."

Dies war ein ganz unbeabsichtigtes Sondieren. Nähe, Vertrauen, Berühren, Sich-Ansehen konnten nicht angenommen werden, wurden verworfen und auf „schwache" Gruppenmitglieder projiziert.

(4) Ein Differenzierungsprozeß kommt in Gang - Symmetrie vs. Komplementarität

Die Übernahme der neuen Aufgabe leitet einen Differenzierungsprozeß ein, der zu neuen Konflikten führt. Für die therapeutische Intervention ist es nun wichtig, den Rahmen für diese Differenzierung abzustecken und so Spielraum zu gewinnen, Autonomie und Bindung neu auszubalancieren. Dieser Prozeß wird zunächst in einer *Besprechung mit den Klienten der Stufe 3 (19.10)* sichtbar. Während die letzten beiden Besprechungen von dem Bemühen um Geschlossenheit, mehr noch um Verschworenheit, gekennzeichnet waren, so ist diesmal das Erscheinungsbild ein ganz anderes. Schon am Tag zuvor wird mir zugetragen, daß heftige Konflikte anstünden.

So ist es in der Tat. Die Verschworenheit bricht auf; die Art und Weise jedoch, wie sie diese Konflikte untereinander angehen, lassen erkennen, daß sie sich von der jetzt zu Tage tretenden Unterschiedlichkeit in Meinung und Wahrnehmung bedroht fühlen. Ihre Versuche, Unterschiede zu unterdrücken, behindert sie jetzt, neue Lösungen für die anstehende Aufgabe zu finden. Der interne Gruppendruck drängt immer noch dahin, sich als starke Einheit gegen die übrige Gruppe zusammenzuschließen und Überlegenheit aus einer impliziten Abwertung der Gruppe zu ziehen. Gerade die Protagonisten versuchen sich auf diese Weise zu stabilisieren und einem Begegnen ihrer existentiellen Situation auszuweichen. Zugleich läßt sich bei genauerem Hinsehen ausmachen, daß sie versteckt um die Gunst und Bewunderung der Gruppe buhlen. Sie versuchen sich gegeneinander vor der Gruppe zu profilieren und Kompetenz streitig zu machen. Mir scheinen sie ausgehungert nach Anerkennung ihres Einsatzes, nach menschlichem Kontakt und Eingebundensein.

Ich spreche solche Bedürfnisse an, als ich meine Befriedigung und Anerkennung für ihre wirklichen Anstrengungen und Leistungen zum Ausdruck bringe. Verhärtung und 'Größenwahn' können zum ersten Mal einer positiven Differenzierung untereinander weichen. Wir können diese Entwicklung an dem Protagonist dieser Besprechung mitverfolgen. Um Unterschiedlichkeit innerhalb dieser Gruppierung der „3er" zu bekräftigen, wechsle ich von der Gruppenebene auf den individuellen Prozeß einzelner:

Protagonist ist wiederum Oskar, der sich so oft von seinem unzufriedenen Vater mit Schimpf und Schande weggeschickt fühlte, um erneut auszuziehen und zurückzukehren in der Hoffnung, ihn jetzt zufrieden zu stellen. Er hatte sich in eine einsame Desperadowelt zurückgezogen, an sich selbst zweifelnd und jeden „Eindringling" kalt abweisend, wie wir das zu Beginn des ersten Kapitels kennengelernt hatten. Als ich ihm meine Anerkennung für seine Leistung für die Gemeinschaft ausspreche, wird Oskar erweicht. Gerührt kämpft er mit den Tränen.

Erarbeiten der komplementären Beziehungsform:

Das Eis ist gebrochen. Vielleicht wird bereits ersichtlich, welch intensive Lernerfahrung für die einzelnen in und durch den systemischen Gruppenprozesse möglich werden, wie dieser gleichsam ausstrahlt in alle Bereiche der Therapie. Oskar ist ein Beispiel dafür, daß manchmal kein anderes Herankommen möglich ist, als durch den „ungeschützten" Gruppenprozeß, der das Amalgamieren von persönlicher und kollektiver Abwehr auflöst und erst jetzt neue Erfahrungen zuläßt.

Weiteres Erarbeiten komplementärer Beziehungsformen findet in der *Therapiegruppe vom 20.10.* statt. Da dies ebenso im Rahmen einer Gesamtgruppensitzung in der 4. und 5. Phase geschehen kann, geben wir Aufzeichnungen über ihren Verlauf wieder. Sie zeigen, wie das Organisieren eines systemischen Feldes die Möglichkeiten der Psychotherapie positiv verändert, da jetzt in wirksamer Weise die therapeutische Beziehung definiert werden kann und zum Agens des Therapieprozesses wird.

„Ich komme auf meinen „ungeschickten Vorschlag“ zurück, Ulla gemeinsam zu tragen. Ich spreche zunächst Oskar an, der tags zuvor auf mich zukommen war, um sich bei mir zu entschuldigen. Ich hatte ihn auf die Therapiegruppe verwiesen. Oskar meint, er habe sich zunächst verschlossen, sei dann nach der Therapiegruppe ins Nachdenken gekommen. Er müsse mir zustimmen, Nähe halte er nicht aus; selbst in der Beziehung zu seiner ehemaligen Freundin sei dies nicht anders gewesen. Nachdem ich auch die anderen zu Wort kommen ließ, frage ich in die Runde: „Wie sieht es hier mit Vertrauen aus? Ist der Wunsch nach vertrauensvollerem Umgang miteinander nur mein Wunsch, den ich euch aufdränge?“ „Eigentlich“ würden sie schon gerne Vertrauen fassen, aber... Oskar ist für solche Entschuldigungen Spezialist, er zählt alle Veränderungen der Therapiegruppe aus der jüngeren Vergangenheit auf.

„Wie kann mehr Vertrauen entstehen hier und jetzt?“ Ich komme darüber mit Cornelia ins Gespräch, eine der drei neuen Therapiegruppenmitglieder. ‘Ein Weg sei’, meint Cornelia, ‘offen von sich selbst zu sprechen.’

Ich frage Oskar, was er von einem solchen Weg halte. Er nickt. ‘Er habe den Wunsch, wahrgenommen zu werden. Er erkenne jetzt, daß er genau genommen nicht Nähe fürchte, vielmehr stelle sich ein Gefühl der Leere ein. Davor flüchte er.’ Einer der Neuaufgenommenen, Franz, mischt sich ein, ‘gerade so empfinde er auch.’ Ich wende mich an den dritten Neuling in dieser Runde: „Von wem, Gregor, wirst du mit Interesse wahrgenommen, und wen nimmst du mit Interesse wahr?“

Auf diese Weise beziehe ich die Gruppenmitglieder aufeinander. Ich fordere auf, Personen zu benennen und Augenkontakt aufzunehmen. Die Gruppe wird lebendiger, insbesondere als die neuen einbezogen werden. Franz kündigt anschließend an, daß er etwas einzubringen habe. Es hätte mit jenem Gefühl der Leere zu tun.“-

„Franz kommt auf sein Anliegen zurück. Er schildert ein Gefühl der Leere. Zunächst erfrage ich das korrespondierende Beziehungsgeflecht hier und jetzt. Zwischen den Zeilen läßt sich ein für Franz typisches Muster erkennen, das für jenes Gefühl der Leere verantwortlich sein mag: Franz fühlt sich sehr rasch abgelehnt; er straft dann die anderen, indem er sie aus seiner Wahrnehmung streicht. Ich frage Franz, ob ich ihm ein Experiment vorschlagen dürfe. Er bejaht. Jedem der Anwesenden möge er sagen: „Wenn du mich ablehnst, tut es mir sehr weh, und ich streiche dich aus meiner Wahrnehmung!“ Der Vorschlag zielt darauf ab, hier und jetzt zu erleben, worüber er mit einem feinen Lächeln auf den Lippen redete.

Franz geht auf diesen Vorschlag ein. Während er von einem zum anderen geht, verschwindet sein Lächeln, seine Stimme färbt sich dunkel und wirkt seltsam verloren. Als er sich wieder auf seinen Stuhl setzt, weint er leise. Ich lasse Franz Zeit, sich wahrzunehmen. Bevor er ins Reden kommt, bitte ich die anderen um Rückmeldung und Sharing. Seine Melancholie und seine Rührung finden warme Resonanz. Aber auch seine aggressive und erpresserische Botschaft wird aufgegriffen und kommentiert. Auf seine Selbstvorwürfe und Klagen antwortet Elke: „Es ist einfach menschlich, auf Rache zu sinnen, wenn du verletzt wirst.“

Bevor sich Franz in weitere Selbstvorwürfe und selbstzweiflerische Klagen verstrickt, überrasche ich ihn mit einem zweiten Experiment: „Auch wenn du mich verletzt hast, ich werde noch einmal mit dir sprechen!“

Nach einigem Zögern willigt Franz nochmals ein. Während er meinem Vorschlag folgt, ist zu spüren, wie er mit sich ringt, als gäbe er sich selbst ein Versprechen. Franz wirkt aufgeweckter, weniger depressiv, ja etwas weniger in der Brust eingesackt.

Danach befrage ich Franz, ob er sich bewußt sei, daß und was für ein Zugeständnis er uns eben gemacht habe? Ob ihm klar sei, welche Konsequenzen dieses Zugeständnis in sich berge? Könne er wirklich dazu ja sagen? Ich fühlte mich natürlich erleichtert, ihn nun handfest anfassen zu dürfen, anstatt ihm nur in Glacéhandschuhen zu begegnen. Ich fühlte mich sicherer, daß er nicht einfach aus Verletztheit abhaue. Das gewähre mir mehr Einfluß auf ihn. Aber eben das werde er vermutlich so erleben, als liefere er sich mir aus! Zugegebenermaßen gewinne er seinerseits mehr Einfluß auf mich. Aber ob das ein gerechter Tausch sei?“

***Kommentar**: Es lohnt, an dieser Stelle den Zusammenhang zwischen Gruppenprozeß und Psychotherapie mit dem Einzelnen nachzeichnen. Wir können ein allmähliches Verdichten der individuellen Situation nachvollziehen:*

(a) Franz erlebt sich im Gruppenprozeß. Die periphere Grenze wird markiert und Kontakt hergestellt. Dies geschieht in dem zuvor wiedergegebenen Gruppenprozeß (Kontext 1:Gesamtgruppe).

(b) Franz' Anliegen findet Bezug im Hier und Jetzt der Gruppe, konkret zu Oskar. (Kontext 2: Therapiegruppe)

(c) Die Situation verdichtet sich, bis seine eigene Wahrnehmung zum Tragen kommt und eine Emotion wachruft, die bewegt und motiviert. Dies geschieht mit Hilfe des ersten Experiments. Sein individueller Kontext kommt ins Spiel. (Kontext 3: Markieren der Selbstgrenze, individueller Kontext)

Diese verschiedenen verschachtelten Kontexte werden neu definiert, neu aufeinander bezogen, so daß sie gegenseitig einen veränderten Bezugsrahmen abgeben. Der initiale Vorgang vollzieht sich im Gesamtgruppenprozeß, wo ein gemeinsamer systemischer Kontext definiert werden konnte. Markieren der peripheren Grenze gibt einen Bezugsrahmen, der jetzt individuelle Kontexte definieren läßt. Sie werden aktiviert und mit Leben erfüllt. Jetzt können wir den individuellen Kontext erforschen, da der individuelle im systemischen verankert ist und nicht mehr so leicht mißbraucht werden kann, um sich der Beziehungsdefinition zu entziehen und einen impliziten Kontext der Abwertung zu speisen.

Noch ein Wort zu unserem Vorgehen: Hier ging es darum, das Zusammenspiel zwischen Franz und seiner Umgebung zu begreifen, das Franz in die Isolation und Beziehungslosigkeit führt. Wir erlösen seine Selbstgrenze aus Erstarrung und Betäubung und beleben sie, indem wir den entwertenden passiven Modus in einen aktiven und bejahenden umwandeln. Damit erhält die therapeutische Beziehung gerade dort einen positiven Sinn, wo er Leid erlebt und fliehen möchte. Zugleich immunisieren wir Franz mit einer homöopathischen Dosis seines Beziehungsmusters und regen an, zu lernen, Beziehungen zu meistern. Ein solches Immunisieren ist eine wirksame Abbruch- wie Rückfallprophylaxe, die im Rahmen der therapeutischen Beziehung zu einem Kontrakt erweitert wird, der gewährleistet - und auch später gewährleistete -, daß Franz gerade in Momenten des totalen Rückzugs mich kontaktierte.

(5) Realisieren in der Gruppenstruktur

Wir haben den kritischen Punkt im systemischen Gruppenprozeß erreicht: Abwertung und Vorbehalt der Macht, die Beziehung zu definieren, stehen einer weiteren Differenzierung der Transaktionen im Weg; wie bisher kann es nicht mehr weitergehen, eine neues Gleichgewicht ist noch nicht gefunden. Die Tatsache, daß sich gerade bei den Protagonisten des Gruppenprozesses etwas bewegen läßt, bestärkt uns. Eine Änderungen in Richtung auf mehr Differenzierung der Transaktionen ist wahrnehmbar und auch, daß die einzelnen Mitglieder ihrer Bezogenheit bewußt werden.

Aber noch ist nicht auszumachen, ob diese Wandlung auch in der Gruppenstruktur sich durchsetzt und in einem gemeinsamen Kontext verankert. Solange der systemische Gruppenprozeß diese Tiefe nicht erreicht, kann er rasch zurückgedrängt werden und die Tendenzen zur Schismogenese im Beziehungsgeschehen die Oberhand behalten.

Ich nehme an der Haussitzung vom *Samstag, 22.10.*, teil: „Auffallend ist eine rege Beteiligung, die Neuen bringen sich ein, bisher Unbekannte bestimmen die Debatten; die Differenzierung zwischen den einzelnen Gruppenmitgliedern ist, wenn diese antworten, bisweilen recht fein und wird akzeptiert. Oskar findet am Ende der Sitzung für seine Leitung Beifall. Er wird rot und verlegen. Sabrina, die noch vor kurzem gehen wollte, stellt mit Erfolg ihren Antrag, in die nächste Stufe überzuwechseln."

Wieder ereignet sich ein Eklat, der diesmal die ganze Gruppe in einen Konflikt hineinzieht. Das ist gut nach der Zeit der Stagnation und Depression. Der systemische Gruppenprozeß hat die ganze Gruppe erfaßt. Am darauf folgenden Dienstag kommt die Stufe 3 auf unser Angebot zurück, der Gruppe durch eine gemeinsame Großsitzung zu helfen.

„Anne und Sabrina berichten in der Teamsitzung von der Haussitzung vom Vorabend, die sie - wie üblich - in eigener Regie durchführten. Gabi habe von Scene und Drogen geträumt und jedes Hinterfragen abgewehrt. Pia habe alles in Frage gestellt, 'sie wisse nicht, was ihr Therapie bringen würde'. Anne und Sabrina hatten sich hilflos gefühlt. Als Peter schließlich gedroht habe: „Dann sage ich überhaupt nichts mehr. Die ganze Therapie interessiert mich Nullbock.", hatte Anne geantwortet, dann könne er ja gehen. Ein lautstarker Streit entstand. Anne in ihrer Funktion als Sitzungsleitung brach schließlich den normalen Ablauf der Haussitzung ab und eröffnete eine Diskussion über den Zustand der Gruppe. Die Stimmung sei gespannt und geladen gewesen."

So findet auf ihren Antrag hin am *25./ 26.10 Großsitzungen* statt. Hier Auszüge aus meinen Unterlagen:

(1) „Anne eröffnet die Sitzung, sekundiert von Oskar. Sie begründet ihren Antrag auf Großgruppe und schildert, wie sie die gestrige Sitzung erlebt hatte. Damit fühle sie sich überfordert. Sie habe Angst, daß ihr die Mitbewohner aus Stufe 1 auf der Nase herumtanzten. Sie bringt dies alles persönlich, konkret und anschaulich vor.

Ich frage: „Was ist das Thema? Wer möchte sich dazu äußern? Schließt ihr euch der Themenstellung von Anne an?" Und hake bei den Zauderern nach: „Ich möchte gern von allen hören, ob ihr euch dem Thema anschließt. Oder hat jemand ein anderes Anliegen?"

Die sorgfältige Durchführung dieses Rituals ist die wichtigste und anstrengendste Phase, bietet aber dem Therapeuten kaum Höhepunkte. Zugleich können wir sondieren, wie das Kräftefeld sich gestaltet, welchen Grad das Schisma erreicht hat und über welches Maß an Flexibilität die Gruppe verfügt. Besonders Peter und Ulla aus Stufe 1 dominieren. Sie kontern und verteidigen sich gegen das vorgeschlagene Thema. Ein vorzeitiges Neuinszenieren des gestrigen Konflikts läßt sich mit Bemerkungen wie diese verhindern: „Nein, du hältst dich zurück. Es ist nicht notwendig, daß du jetzt gleich antwortest." Ich suche statt dessen den Kontakt zu jedem Gruppenmitglied, indem ich am eröffneten Ritual festhalte. Besondere Aufmerksamkeit widme ich den Problemmitgliedern und denen, die sich heraushalten: „Mich interessiert auch dein Anliegen. Findest du deines im bisherigen wieder?" „Sag laut, was du flüsterst!" „Was bedeutet deine Lächeln?" Der kritische Punkt ist jetzt, die mächtigen „schwachen" Gruppenmitglieder einzubeziehen und zu gewinnen. Hier müssen wir geschickt unterstützen, aufwerten und fordern, ja um sie kämpfen: „Du gibst mir keine Chance!" „Jetzt machst du gerade, worüber wir sprachen, dich durch Zurückhalten beteiligen!"

Immer mehr Gruppenmitglieder werden hineingezogen. Dabei werden symmetrische Beziehungsstrukturen deutlich. Beispielsweise zwischen Cornelia und Dieter, den sie, egal wie er sich anstellt, angreift und Fehler nachweist. Oder Peter, der immer wieder lautstark betont, daß, wenn er abends ins Bett gehe, sich „total hilflos fühle" gegenüber den älteren Mitbewohnern und einen Mords Haß bekäme, so würde ihm zugesetzt. Ich weise solche Reden zurück: „Damit beanspruchst du nur ein Monopol an Rechtfertigung." Es kommt zum Clinch, als ich ihm weiter vorhalte: „Das ist deine persönliche Not, die du da über andere umleitest. Dafür bist du allein zuständig." Auf andere Weise begegne ich Cornelia. Ich greife ihre wortlosen Kommentare auf: „Ich dachte, deine Fransen seien Mode. Jetzt sehe ich, daß du dich dahinter versteckst.", kontere ich, als sie mir eine Antwort schuldig bleibt. Regelmäßig spreche ich die Schweigenden an und beziehe sie ein, wenn immer sich die Möglichkeit bietet. Die Mitglieder der Stufe 3 legen eine konstruktive und einbindende Art an den Tag; sie sind offensichtlich durch die vorangegangene Arbeit vorbereitet. Das hält den Konflikt begrenzt.

(2) Den ganzen Dienstag bringen wir damit zu, das „Thema" zu erarbeiten. Indem wir die Strukturierung übernehmen, setzen wir die Regeln der Kommunikation: „Bring deinen Vorwurf konkret." „Es lohnt sich nicht, dich jetzt gleich zu verteidigen. Nein!" „Nein, jetzt bist du nicht dran." „Rede von Dir!" „Nenne Ort und Zeit!" „Wen meinst Du?"

Diese Regeln zielen darauf ab, sich aufeinander zu beziehen und die symmetrische Eskalation durch Anbahnen komplementärer Kommunikation zu begrenzen. Wir können symmetrische Beziehungsstrukturen unterbrechen und hinterfragen. Es ist ein reizvoller und herausfordernder Teil der therapeutischen Arbeit, diese zu unterbrechen, ohne einen der Beziehungspartner abzuwerten oder aus dem Feld gehen zu lassen: „Deine Hilflosigkeit nehme ich dir nicht ab. Damit beanspruchst du nur ein Monopol an Rechtfertigung." „Was immer der andere tut, er tut es in deinen Augen falsch. Du gibst ihm keine Chance." „Dies ist ein schwerwiegender Vorwurf. Das ist Gift, wenn du deinen Vorwurf nicht mit Personen belegen kannst." Dadurch wird weiteres Chaos, Verwahrlosung und Betreiben des Schisma verhindert.

Jede einzelne Kommunikation hinsichtlich Wunsch, Erwartung, Forderung abklopfen und dabei Gefühle der Grenze beachten. Wir müssen selbst in der Art, wie wir jetzt kommunizieren, wechselseitige Bezogenheit zur Geltung bringen: „Danke." „Ich verlange, daß du mir eine Chance gibst." „Wir werden euch in der Küche nachher mithelfen."

Das Therapeutenteam muß seine Gefühle in dieser Phase abarbeiten, um nicht darauf sitzen zu bleiben. Sonst kann die symmetrische Definition vom Team ausgehen und die Therapeuten verstricken sich. Keine Ironie gegenüber der Gruppe, kein vielsagend Sich-Ansehen, keine Überheblichkeit, verführerisch in Momenten, wo nichts läuft. Hilfreicher ist es, wenn sich die Therapeuten gegenseitig bestätigen. Lieber Ärger direkt in der Arbeit artikulieren und indirektes Kritisieren unterlassen: „Wo ist die Power?“ „Ich werde zornig, wenn du so mit mir umgehst und mir ständig Unterstellungen machst.“

Das Ritual wird durch ein Zusammenfassen der Problemdefinition beendet. „Es herrscht eine Kluft zwischen den Stufen.... Gibt es noch jemandem, der die Dinge ganz anders sieht?“

An diesem Punkt beginnt nun die Gruppe sich selbst zu organisieren und wieder konstruktiver und effektiv zu wirken.

(3) Wir können jetzt daran gehen, Konflikte durchzuarbeiten: „Gut, jetzt können wir anfangen, Details zu klären.“ Wie an einem roten Faden werden alle angetippten Konflikte nochmals aus dem Sumpf gezogen, aber einer komplementären Perspektive untergeordnet: Das macht sich daran bemerkbar, daß die Gruppe jetzt aufmerksam dabei ist und sich gegenseitig zuhört. Wir haben jetzt die Voraussetzungen, die symmetrische Eskalation einzudämmen und durch echte Komplementarität zu ergänzen:

„Wir sollten, denke ich, darüber sprechen, was diese Stufen für einen Sinn haben. Kann mir jemand von Stufe 3 sagen, wozu er die Stufe 1 braucht und umgekehrt?“

Von Oskar kommt der Vorschlag, wir sollten die gegenseitigen Erwartungen zwischen den Stufen aufschreiben und besprechen. Er organisiert das weitere. Wir verbringen den zweiten Tag weitgehend damit, seinen Vorschlag zu realisieren. Auch das Team beteiligt sich. Die Texte werden in Kleingruppen erarbeitet und auf große Bögen notiert.

Die Bögen werden aufgehängt, und jede Stufe bzw. das Team lesen vor, was für sie aufgeschrieben wurde. Die Gruppe hat den Prozeß selbst in die Hand genommen. Besonders Oskar und Anne engagieren sich und beteiligen sich geschickt. Mich beeindruckt, wie verändert am zweiten Tag die Atmosphäre ist. Kämpferisch, ja, aber zugleich nachdenklich, hinhörend. Immer wieder wird erstaunt festgestellt, wie sich die eigenen Erwartungen mit denen der anderen ergänzen. Soll Stufe 3 verständnisvoller sein, muß sich Stufe 1 mehr und deutlicher artikulieren. Soll Stufe 1 ihre Meinung offener äußern, muß Stufe 3 diese Mitglieder wahrnehmen und respektieren. Auf diese Weise werden die Stufen transparenter, die gegenseitigen Leistungen differenziert und positiv bestätigt. Dieses Durcharbeiten beansprucht den ganzen Mittwochnachmittag bis zum frühen Abend.“

In der Schlußphase zieht sich das Therapeutenteam rechtzeitig zurück, um die Kompetenz der Gruppe zuzuschreiben. Das bindet die Gruppe und ihre Mitglieder, sich Kompetenz zuzusprechen! Auf diese Weise werden Komplementarität, die zuerst in der Beziehung Therapeut-Gruppe definiert wurden, ausgedehnt auf die Gruppe und ihr zur Verantwortung überlassen. Auf keinen Fall darf aus der einleitenden und durcharbeitenden Phase Unstimmigkeiten, Kränkungen des Teams in der letzten Phase bestehen bleiben und ins Spiel kommen. Das würde auf sehr gefährliche Weise das Schisma erneut anheizen und leicht zu chaotischen Situationen in den folgenden Tagen führen, die die geleistete Arbeit zerstören. Das Team muß sich soweit einbeziehen in diesen Prozeß, daß auch seine Gefühle zur Gruppe geklärt sind, frei von Ressentiments und getragen von ehrlichem Zutrauen:

„Ich fühle mich wohl und entlastet. So anstrengend das zeitweise war, mir hat's gefallen.“ „Ich bin überrascht, wie wenig ihr uns im wichtigsten Teil der Sitzung gebraucht habt. Ich fühle mich entlastet.“ „Das war eine tolle Leistung, Oskar. Deine Sternstunde.“ Der Tag endet mit Applaus für Oskar.“

Das letzte Wort hat die Gruppe.

Überblick 2: Schematischer Überblick über die fünf Phasen im systemischen Gruppenprozeß

Phase 1: Initiieren von Entwicklung und Ko-Entwicklung	Phase 2: Organisieren eines systemischen Feldes	Phase 3: Definieren der therapeutischen Beziehung und ihres Kontextes	Phase 4: Begegnen und Bewältigen der symmetrischen Eskalation	Phase 5: Ermöglichen echter komplementärer und Definition echter symmetrischer Kommunikation
		therapeutisches Handeln		
Reflexion der eigenen Verstrickung und korrespondierender Konflikte. Kognitive und emotionale Loslösung.	Vernetzen und rückkoppeln; Zuständigkeit herstellen. Erarbeiten einer gemeinsamen Problemdefinition.	Definition der Beziehungen, Setzen von Regeln, die dem pragmatischen. Imperativ entsprechen. Explizite Problemdefinition.	Herausarbeiten symmetrischer Eskalation und umdeuten derselben.	Initiieren eindeutig komplementärer bzw. symmetrischer Kommunikation.
		Selbstreferenz		
Integration von Beobachten und Partizipieren im Team: Transformation von Ko-Abhängigkeit in Koentwicklung	Organisieren eines systemischen Feldes: Initiieren nicht-tautologischer Zirkularität.	Gemeinsames Definieren einer systemischen Beziehungswirklichkeit.	Beziehungsrealität, Ausloten selbstreferentieller Fallen. Aufheben von tautologischen Definitionen: Etablieren wirksamer Selbstreferenz.	Mehr oder weniger vollständige zirkuläre Definition selbstreferenzieller Kontexte.
		soziale Selbstorganisation		
Initiative Ergreifen. Integrative Lösung durch das Team zunächst im Team.	Fokus der Aufmerksamkeit herstellen.	Etablieren als Beobachter. Unterschiede benennen.	Rollendifferenzierung in der Gruppe: Position eines externen Beobachters wird besetzt. Konflikt wagen.	Austauschprozesse zwischen Person und Gruppe. Beziehungen neu definieren, bestätigen und versöhnen.
		Person		
.	Konstituieren der aufgespaltenen Persönlichkeitsfragmente, erstes Begrenzen des Dualismus.	Markieren der Selbstgrenze; Positiver gemeinsamer Kontext begrenzt Gefahr der Fragmentierung.	Erleben von Fragmentierung möglich. Eichen von Projektion und Introjektion. Wiederbeleben der Grenzfunktion.	Integrativer Prozeß erschließt spontane Werterfahrung, Integration von Objekt- u. Selbstrepräsentanz, Beleben der Kontaktfunktion und der synthetischen Funktion des Selbst. Kohärenz.
		Widerstand		
Wahrnehmen von Widerstand im Team gegenüber dem Gruppenprozeß: Ko-Abhängigkeit.	Indirektes Einkreisen des kollektiven Widerstands, individueller wird allmählich mobilisiert. Verklumpung und Segmentierung.	Indirektes Einkreisen, Stoppen von Abwertungsprozessen durch positiven Kontext.	Direktes Angehen des kollektiven wie individuellen Widerstands, Aufgreifen des Abwertungsprozesses und damit Überwinden der Tendenz zur Eskalation.	Eichen von Projektion und Introjektion. Bestätigen der peripheren und der Selbstgrenze. Austauschprozesse kommen in Gang.
		Umgang mit Grenzen		
Das Team klärt für sich seine Grenzen untereinander und gegenüber der Gruppe.	Markieren der Systemgrenzen: Konfrontation mit den Anderen.	Grenzverletzungen. Markieren der Selbstgrenze, Konfronta-tion mit dem Selbst.	, Berühren der Selbstgrenze, Aushandeln der Grenze Selbst/ Anderer, Wiederbeleben der Grenzfunktion.	Bestätigen der Selbstgrenze u. Neudefinition der Grenze Selbst/ Anderer; lebendige Grenzfunktion.
		Kontext		
Schaffen eines therapeutischen Referenzkontext	Implizites Definieren eines systemischen Kontext	Explizites Definieren eines gemeinsamen systemischen Kontext, der einen individuellen vorsieht.	Loyalitätskonflikt aushandeln: Differenzieren zwischen systemischem und individuellem Kontext.	Wechselseitiges Etablieren von systemischem und individuellem Kontext. `Veschrmelzung'.
		Kommunikation		
Herstellen von Empfänger- u. Senderbereitschaft im Team.	Bezogenheit von Sender und Empfänger realisieren. Pseudosymmetrie u. -komplementarität.	Einführen von Regeln entsprechend dem pragmatischen Imperativ: wechselseitiges Einführen und Erforschen individueller Kontexte beginnt.	Begrenzen der symmetrischen Eskalation u. Definition komplementärer Kommunikation.	Homöostatische Funktion von eindeutig symmetrischer und komplementärer Kommunikation.
		Information		
Kreieren von Information: Unterschiede, die Unterschiede machen.	Bezogenheit von Selbst und Nicht-Selbst gewährleisten.	Semantischer Referenzrahmen, Instruktion.	Schöpfen und Rekonstruieren von Information.	systemischer Informationsfluß entsteht.

Kapitel 9: Bemächtigen der Behandlungsituation und Organisieren einer therapeutischen Krise

Struktur der stationären Behandlungssituation

Sinn aller therapeutischen Institution ist es, für und mit ihren Klienten Erfahrungen zu organisieren, die Wandlung ermöglichen. Die stationäre Psychotherapie findet eine eigene Struktur der Behandlungssituation vor. Eine Parabel der stationären Behandlungssituation erzählt das Märchen vom „Goldenen Vogel". Sie kreist um die Idee, daß Reifung nicht nur allmählichen Zuwachs an Fähigkeiten, sondern eine sprung- und krisenhafte Entwicklung einschließt. Reife wird erworben durch Krisen und die Bereitschaft, diese auszuhalten, bis sich eine Lösung 'offenbart'. Aufgabe des Therapeuten ist nicht ein Vermeiden von Krisen, als vielmehr in Krisen hineinzuführen in einer Art und Weise, daß sein Gegenüber die Krise als die seine annimmt und sein eigenes Potential mobilisiert. Wir wollen die Struktur solcher Krisen besprechen, die wir als *therapeutisch organisierte Krisen* bezeichnen können.

Diese Idee ist beziehungsreich in der Therapie Drogenabhängiger: Als Jugendliche oder junge Erwachsene befinden sie sich in einer psychosozialen Krise von u.U. tödlichen Ausmaßen. Ihre Entwicklungsaufgaben, selbständig und erwachsen zu werden, verlangen eine Lösung der adoleszenten Krise (s. Teil 4 u. 5). Da eine zugrunde liegende persönliche, existentielle Krise durch Drogenkonsum verleugnet werden kann, besteht die Behandlung über weite Strecken in einer Konfrontation mit dieser Krise. In unserem Zusammenhang liegt einem Zustandekommen der Behandlung eine akute, bedrohliche, selbstdestruktive Gefahr zu Grunde, die eine stationäre Behandlung erfordert. Die stationäre Behandlung begreifen wir daher als *Krisenintervention* in einem weiter gefaßten Sinne, *die so zielgerichtet, so kurz und gegenüber dem relevanten Bezugssystem so sanft wie möglich durchgeführt werden sollte.*

Aufgabe stationärer Psychotherapie ist Begleiten, schrittweises Beleben, Hineinführen in Krisen und Konfrontieren mit ihren wesentlichsten Aspekten. Denn wir haben keine andere Wahl: Niemand anderes als der Klient verstrickt sich durch *seine* Sicht der Dinge und *seine* Art, Beziehung zu strukturieren, in destruktive Dilemmata. Wenn wir daher von Hineinführen oder Organisieren sprechen, so ist damit gemeint, daß wir die Art und Weise mitverfolgen, wie sich unser Gegenüber durch die ihm eigene innere Logik der Beziehungsstruktur umzingelt, wie er vor unseren Augen und mit uns als Darsteller das Szenarium entstehen läßt, und daß wir systematisch die verleugneten und abgespaltenen Aspekte der Situation aufklauben und zu einem integrativen Bild vereinigen. Wir rekonstruieren die Krise, um seine Kräfte für eine Lösung zu mobilisieren, die mit weniger pathologischer Stabilität auskommt.

So wie das Gesamt der therapeutischen Institution in diesen Prozeß des Umzingeln hineingezogen wird, so erfolgt die Reaktion gleichfalls aus dem Gesamt der Institution heraus. Aber indem sich die Institution belehren läßt, wie er Kulissen aufbaut und Gruppe, Team und Reglement als Requisiten benutzt, hat sich ein kleiner Unterschied eingeschmuggelt: Wenn alle wesentlichen Aspekte zusammengetragen sind, *sieht* er *sich* im Spiegel. Er hat sich mit seinem Labyrinth umstellt und war in seiner Flucht immer tiefer hineingeraten bis zu jenem Punkt of no return, wo ihn Kreuzigung und Tod erwarten. Wer sich nun nach links wendet, wird neu geboren. So sieht es das uralte Ritual des Labyrinthes vor. Wer sich nach links wendet, schaut in den Spiegel, der im Zentrum auf ihm wartet, und *wie er sieht*, schwindet das Labyrinth und sein Szenario.

Zunächst aber weist der Süchtige die Krise ab und folgt darin der Dynamik süchtiger Beziehungsstruktur. Aus diesem Grund haben wir die Beschreibung systemischer Gruppenprozesse vor den individuellen Prozeß gestellt. Denn wir müssen erst einen therapeutischen Kontext organisieren, worin eine Abweisung nicht möglich ist, ohne daß sie erfahrbar ihn selbst trifft, und wir brauchen einen wirksamen, verbindlichen Hintergrund, gegen den seine Welt als Labyrinth erscheint. Die Intervention muß aus dem Gesamt der Institution heraus erfolgen unter Mitwirken von Mitklienten und Mitarbeiterteam. *Ohne jenes Organisieren eines gemeinsamen, systemischen und therapeutischen Kontextes bleibt die Abweisung der Behandlungssituation unberührt bestehen.*

An diesem Punkt stoßen wir auf Charakteristika unseres Klientels, die die Notwendigkeit stationärer Psychotherapie begründen wie zugleich ihre Gefahr. Abweisen von Krise und Behandlungssituation spiegelt sich zunächst einmal im Gegensatz von *Freiwilligkeit und Zwang* der Behandlung und von erzwungenem und spontanem Verhalten wider. Das ist eine geläufige Auseinandersetzung in der Behandlung Drogenabhängiger, die z.B. vor einigen Jahren erbittert über den § 35 BtMG geführt wurde. Es waren gerade Argumente psychotherapeutischer Kollegen, die auf die angebliche Perversität von „Therapie statt Strafe" hinwiesen. Für sie bedeutete dies gerichtlich erzwungene Psychotherapie. Aber solange wir in eigenständigen und unabhängigen Institution Psychotherapie betreiben, gibt es keinen Grund, uns mit Richter oder Staatsanwalt als Vertretern der staatlichen Repression zu identifizieren. Es gibt auch keinen Grund, uns hier mit dem Süchtigen zu verschwören, der diese Situation nutzt, um sich in dem Dreieck Staatsanwalt/ Therapieinstitution und Straffälliger bzw. nun Klient als ausgeliefert zu definieren. Die überweisende Einrichtung definiert die Situation Klient/ Therapeut als soziale Kontrolle. Natürlich müssen wir dieser Situation einen neuen Kontext geben, bevor wir eine therapeutische Beziehung definieren können. Wir eruieren und redefinieren die Beziehung zwischen überweisender Institution und Klient: Wer ist am meisten interessiert, daß du hierher überwiesen wirst? Welches Problem sieht oder hat die überweisende Stelle, das sie nur durch Überweisung zu lösen glaubt?

Schon die Idee, Krise als notwendigen Entwicklungsreiz zu betrachten, schließt in gewisser Weise Zwang ein. Unser Märchen ist in seiner bildhaften Argumentation präzise: Zwang, gleichgültig in welcher Form - als Ehescheidung, als Mißachtung, als Drohung, die Beziehung zu beenden, als Krankheit und bedroht sehen durch Tod -, ist einer Sackgasse inhärent und folgt unausweichlich aus ihr mit eigener Logik. Zwang ist ein unabweisbarer Aspekt von Krisen und das um so „gewaltsamer", je weniger sie als persönliche akzeptiert wird. Die einzige Ausgangsbasis, ist die, uns weder mit der Gewalt zu identifizieren, noch uns gegen sie als einem isoliertem Aspekt zu verschwören. Wie die Behandlung Drogenabhängiger zeigt, kann dies unter bestimmten Bedingungen initiale Aufgabe und muß nicht Vorgabe der Behandlung sein.

Neben diesem Aspekt des Zwanges gibt es ein weiteres Merkmal, das das Klientel stationärer Therapie charakterisiert. Unter dem Gesichtspunkt der Abwehrstruktur ist Suchtverhalten eine Form der Abwehr, die sich durch sich selbst verstärkt. Sie enthebt unmittelbar der krisenhaften, subjektiven Aspekte, ja, heilt subjektiv erlebte Defizite für die Zeit der Intoxikation. Suchtverhalten produziert einen zirkulär rekursiven Kontext, der sich selbst verstärkt, aufrechterhält und immunisiert. Abwehrmechanismen mit solcher Struktur werden bei narzißtischer Persönlichkeitsstörung, Borderline-Persönlichkeit oder unter der Bezeichnung präödipale Persönlichkeitsstörung mit struktureller Ich-Schwäche diagnostiziert. Mit diesen Diagnosen haben wir ein Klientel vor uns, mit dem sich vorzugsweise die stationäre Psychotherapie befaßt. *Es sind diejenigen Persönlichkeiten, die sich gegen die pathologischen Folgen ihrer Abwehrstruktur durch diese Abwehr zu „schützen" verstehen.*

Das ist aber nicht allein ein Merkmal unseres drogenabhängigen Klientels. Wir verlassen für einen Moment die Suchtbehandlung und nehmen Einblick in eine Psychosomatische Klinik, die ursprünglich für ein eher neurotisches Klientel entwickelt, im Laufe der Jahre aber von einem Klientel aufgesucht wurde, das dem Bereich der narzißtischen Persönlichkeitsstörung und der Borderline-Persönlichkeit zuzurechnen ist, eben solche Persönlichkeitsstörungen, aus denen sich die Mehrheit des Klientels der stationären Suchtbehandlung rekrutiert. Die Ähnlichkeit ist verblüffend, wie der folgende Bericht erkennen läßt. Sie läuft auf eine genaue Schilderung schismogenetischen Prozesse hinaus:

„Das bisherige Konzept einer „Psychoanalyse in der Klinik" bewährte sich für diese Patienten nicht, denn sie hatten nur sehr begrenzt die Möglichkeit, ein psychoanalytisches Arbeitsbündnis aufzubauen und aufrecht zu erhalten und auch im stationären Setting eine therapeutische Ich-Spaltung zu vollziehen, die der Durcharbeitung der sichtbar werdenden Konflikte genügend Raum gab. Statt dessen kam es jetzt immer häufiger zu Übertretungen der Hausordnung, zu parasuizidalem Agieren und zum lähmenden Rückzug der Patienten. Es begann eine Zeit, in der die Behandler einen endlosen Kampf gegen Entwertungen, Agieren und Lähmung, Leere und Hilflosigkeit führten. Es kam zu Gefühlen der Impotenz und der Nutzlosigkeit, und damit zur Gefahr, daß das Behandlungsteam sich zerstritt oder in Teilgruppen gegeneinander oder mit einzelnen Patienten verbündete oder gegen diese eine Front bildete. Immer häufiger geriet die Gruppe der Patienten und das Team unter die sadistische Kontrolle einzelner Patienten. Jetzt kam es auch vor, daß die Behandlung einzelner Patienten durch das Team vorzeitig beendet werden mußte, wenn sie sich selbst, die Mitpatienten oder die therapeutische Atmosphäre auf der Station gefährdeten und zu zerstören drohten - oder wenn sie die Tragfähigkeit des Teams überforderten. In dieser Zeit wurde deutlich, daß der therapeutische Prozeß sich mehr und mehr aus der Dualbeziehung in die Beziehung zum therapeutischen Team verlagerte. Das Team wurde damit mehr und mehr zum Organ der Gegenübertragung. Mit seinen Grenzen wurden auch die Grenzen der stationären Psychotherapie sichtbar."[19]

Wir finden hier ein erstaunlich ähnliches Klientel vor, das sich hinsichtlich der manifesten Symptomatik unterscheidet, hinsichtlich ihrer Psychodynamik jedoch nahe beieinander liegen. In der Tat werden Süchtige gleichfalls als „präödipale Störungen", „entwicklungsbedingte strukturelle Ich-Störungen" (HEIGL/HEIGL-EVERS u.a.) und strukturelle Ichstörungen" (z.B. RIETH[20]) diagnostiziert. Umgekehrt zeigen genauere Einzelfalldarstellungen oder eine Betrachtung der Probleme, mit denen sich psychotherapeutische Kliniken rumschlagen, daß Suchtmittelmißbrauch sehr häufig mit solchen

---

19 M.ERMANN, Die stationäre Langzeitpsychotherapie als psychoanalytischer Prozeß, S.52f, in: H.SCHEPANK, W.TRESS (Hrsg.), Die stationäre Psychotherapie und ihr Rahmen, Springer Verlag, Berlin, Heidelberg 1988.

20 E.RIETH (1971), Gruppentherapie von Alkoholikern in der stationären Behandlung, Gruppenpsychother Gruppendyn 5: 114-120.

Störungen einhergeht. Ich glaube daher, daß wir verallgemeinern dürfen: Die stationäre Psychotherapie hat ein eigenes Klientel erschlossen und gelernt, effektiv mit diesem zu arbeiten. *Sie gehören der süchtigen Beziehungsstruktur an.* Die stationäre Psychotherapie wird ihrer Aufgabe gerecht, Psychotherapie für Menschen dienstbar und zugänglich zu machen, denen sie sonst verschlossen bliebe, sei es aus finanziellen, sozialen, ideologischen oder psychischen Gründen.

Nun kommen wir auf einen entscheidenden Punkt zu sprechen. Diese Art zirkulär rekursiver Abwehr vermag sich *grundsätzlich der therapeutischen Behandlungssituation zu bemächtigen* aufgrund eben ihrer impliziten paradoxen Struktur. Die Situationen, die in unserem Märchen im Zentrum der Handlung stehen, geben ebenfalls eine solche Idee wieder: Der Fuchs gibt klare Anweisung, die gerade der Held der Geschichte mißachtet. Gibt der Fuchs dem Königssohn diese Anweisung in der Absicht, daß er sie mißachte, um ihn sicher ins Ziel zu führen? Mißachtet der Held die Anweisung dann freiwillig oder manipuliert, fast schon unter Zwang? Ist es denn nicht so, daß der Königssohn die Anweisung mißachten *will und muß*, um seine Individualität zu behaupten, die doch Sinn seiner Suche ist? Aber ist sie dann noch freiwillig? Ausfluß seines Willens? Oder des Willens des Fuchses? Hat der Fuchs überhaupt freie Wahl? Könnte er eine andere erfüllbare Aufgabe stellen, die dem Königssohn hülfe, seine Individualität zu erfüllen? Oder kann es nur diese Aufgabe sein? Unterliegt es dann nicht doch der Entscheidung des Helden, sie zu erfüllen? Schon beim ersten Mal? Wir haben unlösbare Fragen aufgeworfen. Sie sind nicht willkürlich, sondern implizit der Situation, die der Held schafft. Aber schafft er sie denn? Oder schafft nicht die Situation unseren Helden?

Dies ist die Eigentümlichkeit paradoxer Beziehungen. Die Frage verweist auf die Antwort und die Antwort auf die Frage. Der eine Kontext, aus dem die Frage stammt, führt zu dem Kontext, dem die Antwort entnommen werden soll, aber die Antwort führt als Frage zu dem Kontext der ersten Frage zurück und so weiter. Kurz wir haben wenigstens zwei Kontexte, welche die Situation charakterisieren, aber miteinander konkurrieren. Sie schließen sich jeweils aus und doch wieder indirekt ein, als sie auf den anderen Kontext verweisen. Genau eine solche paradoxe Struktur liegt der Behandlungsituation zugrunde: *Der Therapeut definiert die therapeutische Situation, und er möchte sie gern so definieren, daß sein Gegenüber sie definiert.* Das ist die allgemeine Struktur, die allen Botschaften des Therapeuten einen paradoxen Charakter verleihen. Wir haben einen therapeutischen Kontext und einen individuellen, die miteinander konkurrieren und sich gegenseitig kommentieren. Wieder kommt die selbstbezügliche Struktur von Information zum Tragen, die dazu „zwingt", die jeweiligen Kontexte zu kommunizieren und zu erforschen und nur in diesem Vorgang sind solche paradoxen Situationen auflösbar. Wie schon das Märchen andeutet, bringen uns selbstbezügliche Strukturen in ein *konstruktives Verhältnis* zur Kommunikation im eigentlichen Wortsinn von „construere", das heißt: zusammenfügen.

Mit seiner Beauftragung geht der Psychotherapeut solche paradoxen Situationen ein. Oft kommt ihm dies nicht zu Bewußtsein, weil er und sein Gegenüber gelernt haben, solche selbstreferentiellen Bezüge zu lösen und konstruktiv zu nutzen. Dann ist die therapeutische Situation in dieser Hinsicht klar und einfach, und sein Klient tut, was der Psychotherapeut direkt rät. Die Therapie kann im großen und ganzen in linearer Abfolge konstruiert werden. Eine solche Lösung selbstreferentieller Bezüge kann nur dann gelingen, wenn zwischen Therapeut und seinem Gegenüber der pragmatische

Imperativ unumstrittene Gültigkeit besitzt und der Therapeut sich auf dieses gemeinsame Verständnis berufen kann. Die psychoanalytische Regel ist eine Formulierung dieses Imperatives. Wo sie Gültigkeit hat, kann der Therapieprozeß nach dem Freudschen Prinzip „Wo Es ist, soll Ich werden!" gestaltet werden. Die süchtige Beziehungsstruktur greift eine solche Grundregel an und verletzt sie. HEIGL/ HEIGL-EVERS spricht vom *„Paradoxon bei diesem Klientel"*: „Das, was der Patient als gelungen und quasi gesund, als Selbstheilung, bewertet, hat aus der Sicht der Therapeuten als pathologisch zu gelten."[21] Sie gehören zu dem Klientel, das sich der therapeutischen Behandlungsituation zu bemächtigen vermag, indem sie die selbstbezügliche Struktur derselben mißbraucht. Wesentliche Aspekte der Therapiesituation treten auseinander und gegeneinander.

Wenn wir unserem Märchen vertrauen, so finden wir die folgenden metaphorischen Aspekte einer therapeutisch organisierten Krise: Der König, der einen Erben für sein Königreich sucht, der entwendete goldene Apfel und die eine goldene Feder; das Engagement des Fuchses, der das Dilemma vorbereitet, beschleunigt und merkwürdige Anweisungen erteilt; der König, der zum Tode verurteilt, und schließlich das Erbe: Besitz des goldenen Apfels. Der König steht für das Selbst, den weisen und gerechten Herrscher im eigenen Reich. Das Selbst erscheint hier durch seine Attribute in den Aspekten Ausgangspunkt, Ziel und Suche, als richtungsweisendes und lenkendes Prinzip oder als Lebensprozeß. Der Fuchs erinnert an die Gestalt des Mercurius, der ein verbindendes oder beziehendes Prinzip zwischen den Gegensätzen repräsentiert und somit für ein schöpferisches Unbewußtes steht, das konstruktive Lösungen verlangt durch Bezogenheit, ein Element, das mit der Lösung folgerichtig seine Gestalt verliert. Den König der Gefangenschaft können wir als Über-Ich bezeichnen, der die Fähigkeit zu leiden vertritt, da nur wer Ja sagen kann zum Leben, auch leiden kann. Das Erbe steht für die erworbene integrative Kraft des Selbst, das die steuernde Kraft des Ich-Ideals wie den Erwerb positiver Identität zum Ausdruck bringt. Der Königssohn, der Held, verkörpert natürlich das Ich, das zu den Aspekten seiner Existenz, zu seinem Lebensprozeß, in ein konstruktives Verhältnis zu treten sucht. Der Prozeß der Individuation ist der Drang, die Randbedingungen der menschlichen Existenz aufzunehmen, zu bejahen, sich zu eigen zu machen und über sich selbst hinauszuwachsen.

Die relativ klare, einfache Behandlungssituation beruht also auf einer hohen integrativen Leistung von Therapeut und seinem Gegenüber: Dieser kann im Prinzip diese Gestalten im Märchen als Aspekte seiner Lebenssituation ausfüllen und ist in der Lage, diese zu reflektieren, zu beobachten und seine Beobachtungen beizutragen. So kann sich der Therapeut in der Regel mit der Aufgabe des Fuchses begnügen, der seinen Held rasch ins Zentrum seiner Krise führt, indem er die Aufgabe des in Beziehungsetzens übernimmt stellvertretend für das schöpferische Unbewußte seines Helden. Sein Gegenüber vereinfacht die Situation, da er erleben und reflektieren kann:

- Er hat selbst einen Auftrag, nämlich denselben, den er dem Therapeuten gibt; er weiß, daß er nur gewinnen kann.
- Er 'zwingt sich selbst', an seinem Auftrag festzuhalten und 'verurteilt sich selbst', das Dilemma aufzusuchen und auszuhalten.

21 HEIGL/ HEIGL-EVERS, Stationäre Psychotherapie als eigenständige Form der psychoanalytischen Behandlung, S. 46, in: H.SCHEPANK/ W.TRESS (Hersg.) ebenda.

- Er findet selbst eine Lösung und vertraut darauf; er sieht die therapeutisch 'vermittelte' als seine an.
- Sein Erbe, der goldene Apfel, ist eine spürbare innere Realität, für die der Therapeut leibhaftige Versprechung ist.

Offensichtlich hat die Fähigkeit, paradoxe Situationen zu lösen, damit zu tun, in einen echten erkundenden Dialog einzutreten, der aus dem Kreis der eigenen Person und einer solipsistischen Weltsicht herausführt. Es dreht sich im Kern um die *Fähigkeit, existentiell paradoxe Situationen - wie sie eine Behandlungssituation darstellt - zu lösen, indem wir die darin sich gestaltende Bezogenheit unserer Existenz anerkennen und konstruktiv und neu definieren.* Wir werden uns in Teil 5 ausführlich der Aufgabe widmen, die Entwicklung dieser Dialogfähigkeit im Verlauf der adoleszenten Entwicklung zu erforschen.

Die Behandlungssituation in der stationäre Psychotherapie nimmt also paradoxen Charakter an und konstruiert in ihrem Setting gerade diese Sackgassen. Die *inhaltliche Inszenierung* ist von Interesse, soweit sie den Klienten bewegt, 'sich selbst zu zwingen,' dazubleiben, indem ihm erfahrbar wird, daß dies *seine* Situation ist, ein Spiegel *seines* Lebens. Entscheidend ist die Art und Weise, *wie* der Klient inszeniert, *wie* er seine Abwehr organisiert und begründet, mit welchem Modell von sich und der Welt er ihr begegnet und *wie* er diese in Szene setzt. Regression ist in der stationären Psychotherapie weder notwendig noch wünschenswert. Natürlich wird in diesem Inszenieren biographisches Material wiederbelebt, das sich im Rahmen unserer Arbeit mit Drogenabhängigen auf die adoleszente Krise und ihre Vorläufer konzentriert. Wir brauchen dieses biographische Material, um unser Gegenüber für die lebendige Einsicht zu gewinnen, daß er seine Sackgasse produziert und sich nicht selbst im Stich lassen möge. Wir können dieses Vorgehen als einen Kunstgriff betrachten, unser Gegenüber auf sich selbst zurückzubeziehen, ihn anzurühren, sich seiner abgewerteten Persönlichkeit anzunehmen. Der entscheidende Punkt ist aber, daß eine Transformation süchtiger Beziehungsstruktur hier und jetzt erfolgt und daß wir ein Gegenüber benötigen, der seinen Stand hier und jetzt verankert weiß und unter dieser Voraussetzung, zurückblickt. *Eine therapeutische Krise darf nur von einem erwachsenen Standpunkt aus reorganisiert werden*, der hier und jetzt eingenommen wird. Allein die gegenwärtige erwachsene Person kann in den Spiegel schauen, der sie im Inneren des Labyrinths erwartet. Erst eine offene und rückhaltlose Kommunikation hier und jetzt kann Wunden heilen, indem sie die verlorene Bezogenheit wiederherstellt und in der jetzigen Kommunikation ein Gefühl der Gebundenheit und Integrität erfahren läßt.

Es ist bezeichnend, daß eine Theorie der stationären Psychotherapie noch in den Kinderschuhen steckt und überlagert wird von idealisierten Anforderungen, die aus dem ambulanten Einzelsetting hervorgeht. M.ERMANN faßt den Kern der Kritik zusammen: „Das bisherige Konzept einer „Psychoanalyse in der Klinik" bewährte sich für diese Patienten nicht, denn sie hatten nur sehr begrenzt die Möglichkeit, ein psychoanalytisches Arbeitsbündnis aufzubauen und aufrechtzuerhalten und auch im stationären Setting eine therapeutische Ich-Spaltung zu vollziehen, die der Durcharbeitung der sichtbar werdenden Konflikte genügend Raum gab." Und: Eine „Übertragungsneurose" konnte in der stationären Psychotherapie „nur in Fragmenten" erreicht werden.[22] So erscheint die stationärer Psychotherapie mit Makel behaftet zu

22 M.ERMANN, ebenda S. 51 f.

sein, statt selbstbewußt ihre guten Behandlungsmöglichkeiten und eigenen Anforderungen zu formulieren.

Bemächtigen der Behandlungssituation

Daß die Kommunizierenden innerhalb der süchtigen Beziehungsstruktur sich vorbehalten, die Beziehung zu definieren, gilt natürlich auch in der Behandlungssituation, was die Therapie zur Erfolglosigkeit verurteilte, könnte der Süchtige sein Manöver erfolgreich lancieren. Im individuellen Therapieverlauf kommt meist irgendwann der Zeitpunkt, wo sein Inszenieren sich mit Gruppen- und Teamprozessen verquickt, und es ist ungemein wichtig, daß wir diesen Augenblick als Chance nutzen, einen wichtigen Aspekt seiner Krise ins Spiel zu bringen und einer konstruktiven Lösung zuzuführen. Wir sollten daher in diesem Versuch, sich der therapeutischen Situation zu bemächtigen, nicht allein die Anmaßung oder Überschreitung sehen, denn einen Ansatzpunkt, ohne den eine Transformation süchtiger Beziehungsstruktur illusorisch bleibt.

Ein besonderes Instrumentarium, mit dem wir hier arbeiten, um unser Gegenüber sehenden Auges in sein eigenes Labyrinth zu führen, ist ein therapeutischer Kontrakt - „Gruppenvertrag" -, der zwischen Klient, den zuständigen Therapeuten bzw. Team und Mitklienten bzw. Gruppe ausgehandelt wird und verbindlich für einen überschaubaren Zeitraum (meist 14 Tage) gilt. Ursprünglich verbanden wir mit solchen Verträgen die Absicht, Ausagieren einzuschränken, um die darin verborgenen Emotionen oder Konflikte der Psychotherapie zugänglich zu machen, die sonst eben durch Handlungen, Fehlleistungen oder Umkehr der bedrohlichen Situation abgewehrt werden. In diesem Sinne gehören Vereinbarungen auch heute zu unserem Handwerkszeug. Zentrale Bedeutung im Therapieprozeß gewinnt ein solcher Kontrakt, wenn er die paradoxe Struktur einer Behandlungssituation durch geeignete Anweisungen so formuliert, daß ein Lösen der paradoxen Situation provoziert wird. Es ist kein nebensächlicher Aspekt, daß dieser Kontrakt sich auf alle Beteiligten bezieht. Nur so werden wesentliche Aspekte seiner Situation erfaßt, wird die gesamte Institution in einen definierten Bezug zu ihm gebracht und entsteht jene Eindeutigkeit und Intensität, die alle Kräfte des Betroffenen zu ihrer Lösung mobilisieren. Ein solches Vorgehen steht nicht zu Beginn, sondern in der Mitte der Behandlung.

Bemächtigen der Behandlungssituation geht häufig mit einer Eskalation zwischen Institution oder Teilen derselben und dem Betroffenen einher. Ab einem gewissen Punkt wird jede weitere Entwicklung des Klienten unterlaufen, wenn wir dieser Eskalation nicht zu begegnen verstehen: Sie bedeutet vor allem, daß sich der Klient der therapeutischen Situation verweigert und sie mehr oder weniger insgeheim abwertet. Soweit sich diese Entwicklung konfliktträchtig entwickelt, etwa wie in unserem Beispiel mit Ute, sind wir bereits mit dem Instrumentarium vertraut, solche Krisen zu bewältigen

Es gibt aber eine versteckte und insofern schwierigere Form der Bemächtigung, nämlich die Option der Instrumentalisierung. Diese Klienten bleiben in negativer wie positiver Hinsicht unauffällig und scheinen zurecht zu kommen. Meist sehr spät stellt man dann fest, daß keine echte Veränderung, keine innere Beteiligung zu spüren und bisher keine wirksame therapeutische Beziehung entstanden ist. Wir kommen nicht wirklich an sie heran. Wir haben schon erörtert, daß das Reglement selbst mißbraucht werden kann, um Beziehungsdefinitionen zu vermeiden und narzißtische Befriedigung mit Hilfe von Kontextverschiebung zu erheischen. Narzißtische Befriedigung kann 'gesogen' werden aus einer Identifizierung mit der überlegenen Machtposition und/oder durch Abwertung, die ein Gefühl der Überlegenheit gegenüber den „Unteren" verschafft. Sie kann auch aus dem Bewußtsein resultieren, daß die „Oberen" - z.B. die Therapeuten - ihn nicht zu durchschauen vermögen. In der Anfangszeit wird hier ein „Identifizieren mit dem Aggressor" wirksam, das durch ein Aufblähung des Größenselbst ausgeglichen wird. Später befindet er sich dann selbst in der Position, aus der heraus er das Reglement mühelos einzusetzen versteht gegen die „Schwachköpfe" und Beziehungsvorbehalt wie Abwertung durchzusetzen vermag. Instrumentalisierung von Reglement und Alltag finden wir bei ausgeprägt narzißtischen Persönlichkeiten mit Spiegelübertragung.

Es gibt ein untrügliches Kennzeichen solcher Klienten, die durch die Therapie unbeschadet hindurch rutschen: Sie gehen keine therapeutische Beziehung ein! Ich möchte gern ein Fallbeispiel für ein Instrumentalisieren der Behandlungsituation anführen:

Hoimar war bei seiner Aufnahme 25 Jahre alt, untersetzt, kräftig und durchsetzungsfähig. Er neigte zu Selbstüberschätzung und Großmannssucht, hatte aber wiederum Phasen, in denen er sich pessimistisch, weinerlich und resigniert gab. Ohne Berufsausbildung erlebte er seine Stellung in der Drogenszene als Riesenerfolg, er hätte es nie nötig gehabt, von seinen Ansprüchen an seinen Lebensstil Abstriche zu machen oder gar „heruntergekommen wie ein Junkie" zu leben.

Zu dem Zeitpunkt, auf den ich zusprechen komme, war Hoimar bereits sieben Monate bei uns. Er war im Team zum Dauerthema geworden: „Ach Gott, Hoimar!" und konnte in der Gruppe kein Vertrauen in seine Person wecken. Nicht daß Anspruch und Wirklichkeit auseinanderklafften, war das Problem, sondern das Gefühl, ihn nicht zu erreichen oder zu Einsichten bewegen zu können, die länger als über den Tag angehalten hätten. Immer wieder wurde es ruhig um ihn, bis er sich in seiner Überheblichkeit Freiheiten herausnahm, die als Provokation verstanden wurden und Mißtrauen schürten. Danach war er jeweils - nach Versuchen, die Sache zu vertuschen - reumütig und einsichtig und ein konsequenter Vertreter der „harten Linie". Im Laufe der Zeit waren alle Versuche, an ihn „ranzukommen", ins Leere gelaufen: pädagogische Maßnahmen seitens der Gruppe wie psychotherapeutische Gespräche.

Nach besonders drastischen Regelverstößen mußten wir eine Entlassung androhen. Wir mußten eingestehen, daß wir mit unseren therapeutischen Möglichkeiten eine Grenze erreicht hatten, die es unmöglich machte, so weiter zu verfahren wie bisher. Eine therapeutische Beziehung war offensichtlich bisher nicht zustande gekommen. Es ist für diese Fälle bezeichnend, daß sich das Geschehen um das Reglement rankt, anstatt um soziale oder psychische Erlebnisse, und so der Therapieprozeß eher als eine Abfolge von Demütigen und Behaupten akzentuiert wird. Das Dilemma wurde verschärft, da Hoimar vor der Aufgabe stand, sich für einen Wechsel in die Stufe 3 zu bewerben. Dafür fehlte aber jedes Zutrauen in seine Person, selbst von seinen Freunden. Tatsächlich ist ein solcher Wechsel ein markanter Einschnitt im Therapieverlauf, der ein Mindestmaß an Zutrauen von allen Beteiligten verlangt. Ohne Zustimmung der Mehrheit der Gruppe - einmal abgesehen von uns - konnte ein solcher Wechsel nicht erfolgen. Kurz, Hoimar war mehr durch Formalien in ein Dilemma geraten; und das Team stand vor der Frage, ob es diese wohl letzte Chance nutzen konnte, Hoimar für eine therapeutische Bindung zu gewinnen - eine heikle Angelegenheit, um so mehr, als eine Zwangssituation entstanden war. Und wieder ereignete sich ein eklatanter faux pas, der uns zum Handeln zwang.

Mit Hoimar und allen Beteiligten vereinbarten wir einen therapeutischen Kontrakt, der besagte: „Ich werde beobachten, wie ich andere innerlich niedermache, und darüber berichten!" Hoimar fühlte sich durchschaut und getroffen, willigte aber in den Kontrakt ein. Seine Beobachtungen, die er intensiv mit seinem Gruppentherapeut durchsprach, waren ergiebig. Im Mittelpunkt stand die Erkenntnis, wie intensiv er widerstand, anderen zuzuhören und auf sie einzugehen, und wie sehr Abwerten seine Beziehung zu anderen bestimmte. Diese Abwertung galt der Gruppe, aber auch seinem Gruppentherapeuten. Nachdem dies ausgesprochen war, wurde die therapeutische Beziehung enger und einflußreicher. Die Gruppe anerkannte schließlich, daß er sich einer so schwierigen und 'intimen' Aufgabe gestellt hatte und so waren die Weichen für seine zweite Therapiehälfte gestellt. Die Wirkung war unerwartet, fast dramatisch und anhaltend, indem sie den Boden für eine intensivere Psychotherapie bereitete.

Sie werden bemerkt haben, daß wir mit dieser Anweisung versuchten, ein Manöver süchtiger Beziehungsstruktur lahmzulegen - jedenfalls vorübergehend - und seine Bereitschaft zu wecken, Erfahrungen an sich herankommen zu lassen. Die Anweisung konzentriert sich auf die formale Struktur der Kommunikation. Sie zwingt ihn in eine offen symmetrische Definition seiner Beziehungen, und Hoimar muß die Unmöglichkeit seiner Lebenssituation einmal zur Kenntnis nehmen. So bleibt ihm nur der Ausweg, sich offen komplementär in Beziehung auf die anderen zu definieren. Darin liegt die Chance. Natürlich lassen wir nicht beiseite, wie ihn seine Lebensgeschichte auf solche Sackgassen vorbereitet hatte. Er ersetzte in der Familie bereits mit 12 Jahren den Vater für seine Geschwister und den Mann für seine Mutter. Seinen Vater hatte er besiegt und verdrängt. Wir brauchen diese biographischen Daten, um ihm zu helfen, solche Sackgassen einzugehen und nicht vor der Zeit zu verschwinden. Wir brauchen sie auch, um ein Feingefühl für die mit solchen Manövern abgewertete Seite seiner Person zu entwickeln und die abgespaltene Persönlichkeit nun als Kraft für einen intensiveren Therapieprozeß zu gewinnen. Keine Frage, daß er eine solche „Upper-Position" in der Familie mit Überforderung und Verstellung bezahlen mußte.

Betrachten wir das Verhältnis zwischen sozialem System und Person unter einem theoretischen Gesichtspunkt, so können wir zunächst von einem engen Zusammenhang zwischen den selbstorganisierenden Prozessen des sozialen Systems und dem seiner Mitglieder ausgehen. Das erste Schema der folgenden Abbildung gibt diese Situation wieder:

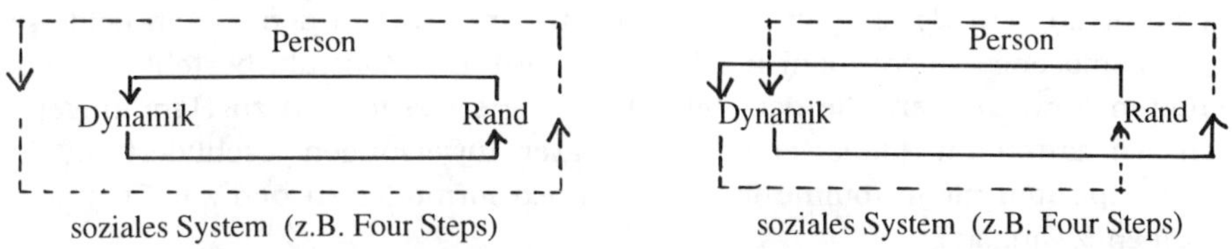

Abbildung 15-II: 1.) Soziales System und Person sind miteinander verschachtelt. 2.) Positive Rückkopplung als Kontextverschiebung: System und Person sind verschränkt.

Das soziale System stellt den übergeordneten Kontext dar. Indem wir die selbstorganisierenden Prozesse bewahren, bewirken wir zugleich einen intensiven therapeutischen Prozeß bei den zu Behandelnden. Die Schismogenese und ihre Tendenzen zur Eskalation bleiben „im Rahmen", und das schließt ein, daß individuelles Verhalten sich nur in begrenztem Maß zerstörerisch oder selbstdestruktiv zu eigener Dynamik aufschaukeln wird. Sehen wir uns eine ganz andere Situation an, die das zweite Schema skizziert. Aus kybernetischer Sicht beruhen Verhaltenseskalationen auf positiven Rückkopplungsschleifen, die ein Verhalten verstärken. Es kommt dann zu sogenannten „Ausreißern", zu einem extremen Oszillieren von Verhalten. Positive Rückkopplung können wir als einen „Kurzschluß" zwischen konkurrierenden Kontexten ansehen und zwar zwischen einem übergeordneten und einem untergeordneten Kontext. Es liegt eine Kontextverschiebung vor.

Wir sehen, positive Rückkopplung geht einher mit einer 'pathologischen' Verschränkung von System und Mitglied: Die jeweiligen selbstorganisierenden Prozesse werden gestört und geraten eskalierend außer Kontrolle. Die Person bezieht sich auf zwei verschiedene Kontexte, mit denen sie verknüpft ist und die miteinander konkurrieren. Ihr Verhalten verliert einen eindeutigen Referenzrahmen, das Selbst erhält zwei verschiedene konkurrierende Bezugssysteme und *verliert somit die Fähigkeit zur Selbstkontrolle.* Das Mitglied des Systems wird zur Begrenzung des Systems herangezogen, wie wir dies aus unserer Beschreibung von Gruppenprozessen und aus Ehekonflikten unter Einbeziehung eines Kindes kennen (s. Kap. 14). Das System verliert die Fähigkeit, das Verhalten seines Mitglieds zu beeinflussen und zu begrenzen. Das System wiederum setzt sich der individuellen Dynamik aus, ohne sich sinnvoll abgrenzen zu können. Seine Mitglieder werden überlastet und produzieren im Übermaß Streß. Wir finden jenen psychosozialen Zustand wieder, den wir chronische Grenzverletzung genannt hatten. In anderen Worten, es entsteht eine 'fatale' Selbstbezüglichkeit, die es unmöglich macht, die Grenzen zwischen Selbst und Anderen zu bestimmen.

Jeder „Ausreißer" enthält die Aufforderung, die Intaktheit der strukturbildenden Prozesse in der Gemeinschaft und die Informationswege zwischen Person und der Institution zu überprüfen. Wir erkennen auch, daß ab einem bestimmten Punkt der Eskalation oder des Widerstands eine Lösung nur gelingen kann, wenn zugleich das systemische Feld oder der therapeutische Kontext neuorganisiert und definiert werden. Denn sind die Grenzen um und innerhalb des System definiert, können sich die Mitglieder differenzieren und individuieren und bleiben von entindividuierenden Kräften verschont.

Wie wir beschrieben hatten, steht im Mittelpunkt eine therapeutische Aufgabe in Form eines verbindlichen Kontraktes zwischen allen Beteiligten. Voraussetzung ist, daß sich die Gruppe mehrheitlich engagieren läßt und eine implizite Neudefinition der Beziehung zu dem Betroffenen mit vollziehen kann, was in den letzten beiden Phasen der Schismogenese nicht mehr möglich sein wird. Der Kontrakt besteht aus einer oder mehreren Anweisungen, die den Kern der Krise erfassen und zu Handlungen instruieren. Wir hatten mit Hoimar einen Fall linearer Anweisungen geschildert, die den Kern seines impliziten nicht kommunizierten Kontext formulierten und zur Kommunikation desselben 'zwangen'.

Wir können auch die paradoxe Behandlungssituation in der Struktur unserer Intervention berücksichtigen, um die Krise in ihrer Widersprüchlichkeit einzufangen. Die Anweisungen selbst müssen genau die Sackgasse instruieren und unbedingt *individuellen und systemischen Kontext in einen neuen Zusammenhang* bringen. Wir müssen also das Verhältnis zwischen dem Mitglied und den anderen mit definieren, um ein konstruktiveres Verhältnis zu konstituieren. Wir geben jetzt ein Beispiel für paradoxe Anweisungen, die der Struktur der Behandlungssituation folgen und auf diese Weise eine therapeutische induzierte Krise organisieren.

Juan ist ein Südamerikaner, der seit seinem dritten Lebensjahr mit seinen Eltern in der Bundesrepublik lebt. Er war Mitte zwanzig, hatte eine langjährige Drogenkarriere als Junkie hinter sich und keinerlei Berufsausbildung und Arbeitserfahrung. Er wirkte stolz und durchsetzungsfähig. Es war schwer, an ihn heranzukommen. Er verstand es, im Zusammenleben sein Territorium zu bewahren, wofür er teils bewundert, teils angstvoll respektiert wurde. So war er bewundert und gefürchtet, aber einsam.

Den kritischen Punkt im Verlauf der Therapie erreichte er nach einem halben Jahr. Er hatte jetzt sein eigenes Territorium mit eigenen Regeln erobert; niemand in der Gruppe war noch bereit, ihm Grenzen zu setzen und offen entgegenzutreten. Um so mehr spielte sich hinter Juans Rücken ab. Er war von einem Gürtel von Getuschel und Schweigen umgeben, der eine Kommunikation zwischen Gruppe und ihm sabotierte. An diesem Punkt der - wir könnten sagen - „stillen" Eskalation mußten wir als Team es übernehmen, Grenzen zu setzen, da er sich nun zunehmend Freiheiten herausnahm, die uns Mitarbeiter tangierten, z.B. faulenzen während der Arbeitstherapie. Juan deutete unser direktes Eingreifen als schwere Demütigung und konterte, daß alle zu feig wären, ihm ihre Meinung direkt zu äußern. Wir setzten ihm damals ein Ultimatum, innerhalb dessen er sich klar werden sollte, ob er unsere Grenzen akzeptiere und sich einordne. Wenn er beanspruche, die Situation allein zu kontrollieren, und die anderen ausschalte, erschiene uns weitere Therapie sinnlos. Juan hatte sich in direkter Weise der Behandlungssituation bemächtigt und war nun dazu übergegangen, den therapeutischen Kontext zu kontrollieren. Auch für ihn war kennzeichnend, daß er noch keine stabile therapeutische Beziehung eingegangen war, er konnte sich durch Agieren mit dem therapeutischen Rahmen schützen und jegliche ihn tiefer berührende Beziehungsdefinition aus den Angeln heben. Juan ging auf unser Ultimatum ein.

Lassen Sie mich hier etwas Charakteristisches anfügen: Die Zuspitzung zu einer ernsten Krise, die durch ein Bemächtigen der Behandlungssituation gekennzeichnet ist, geht mit einer Krise der Behandlung einher, die die Therapeuten konfus und ratlos macht. Meine Notizen in diesem Fall beginnen mit den beiden Sätzen: „Wir sind mit unserem Latein am Ende. Alle möglichen Maßnahmen sind erschöpft." Es ist wohl so, daß das Team oder der betroffene Mitarbeiterkreis der Krise bedarf, um die entstandene Behandlungssituation zu durchschauen und in neuer Weise aufzugreifen.

Wir stellten ihm die folgende Aufgabe:

(1) Juan solle drei Tage lang versuchen, allen kritischen Hinweisen aus der Gruppe aus dem Weg zu gehen oder sie zu überhören.

(2) Am Abend zwischen 22 und 22.30 Uhr solle er auf Papier notieren, was dennoch bis zu ihm vorgedrungen sei und versuchen, es nachträglich niederzumachen.

Der zuständige Gruppentherapeut verpflichtete sich, ihn während dieser Tage täglich aufzusuchen, um Juan zu begleiten und zu bestärken, die Aufgabe genau durchzuführen. Er sollte die Chance nutzen, die therapeutische Beziehung zu vertiefen.

Die Wirkung war dramatisch. Zunächst reagierte Juan verärgert und verwirrt. Über seine weitere Reaktion an diesem Abend habe ich nach Mitteilung seines Therapeuten festgehalten: „Juan setzt die Aufgabe zu. Therapeut S. spricht mit ihm nach 22.30 Uhr. Juan fühlte sich wie ein dreijähriger Junge, der nicht bei seiner Großmutter in Südamerika bleiben darf und fortgerissen wird. Diese einschneidende Situation stand ihm lebhaft vor Augen, er fühlt sich nirgends zu Hause. Er hatte einen lebhaften Tagtraum in Anlehnung an ein Stück von Ping Floyd: Das Kind, das um sich einen Turm aufbaut, den seine Mutter gleichermaßen abzubauen sucht. Ein markantes Bild seiner Sackgasse."

Der Goldene Vogel - Bericht über das Organisieren einer therapeutischen Krise

Anders als in den letzten beiden Fallbeispielen, wo wir eine Krise nutzten, um ein Agieren mit dem Rahmen in einen therapeutischen Prozeß überzuführen, dokumentieren wir hier ein Organisieren einer therapeutischen Krise zu einem Zeitpunkt, wo bereits eine mehrfach geprüfte, tragfähige Beziehung entstanden war.

Wir haben Georg bereits kennengelernt und begegnen ihm jetzt in einer späteren Phase der Therapie (10. und 11. Monat). Georg machte drei Krisen während der stationären Therapie durch. Die erste zog sich über Monate hin und endete darin, daß er Zutrauen zu sich faßte und sich von anderen erstmals berühren ließ. Am intensivsten durchlebte Georg die zweite Krise, eine therapeutisch organisierte, die wir jetzt dokumentieren wollen. Zu diesem Zeitpunkt läßt sich intensiv arbeiten, es ist möglich, ihn zu belasten, da sein Agieren nun mehr sicher aus der therapeutischen Beziehung heraus zu handhaben ist. Unser Bericht konzentriert sich auf die ersten zehn regelmäßigen psychotherapeutischen Einzelstunden.

Seine dritte Krise, um den Bericht zu vervollständigen, erlebte Georg in den letzten sechs Wochen seiner stationären Therapie. Er war damals in die kleinere Wohngemeinschaft der Stufe 4 übergewechselt, hatte sich dort mehr und mehr zurückgezogen und schließlich kaum noch sein Zimmer verlassen. Er fühlte sich von den anderen angegriffen, deprimiert und kaum noch geduldet. Aber diese seine dritte Krise bewältigte er ohne „Krisenmanagement“ selbständig. Wir vereinbarten lediglich, daß er drei ernsthafte Versuche unternehmen sollte, Interesse an anderen aus der Wohngemeinschaft zu erkennen zu geben. Nach einigem bangen Zögern und kleineren Versuchen, die er als halbherzig einstufte, getraute er sich an diese Aufgabe heran. Seine Verschrecktheit fiel ab, und Georg blühte auf. Freundschaften waren entstanden, die er weiterhin pflegte, auch als er nach Abschluß der Therapie in eine ganz andere Gegend zog.-

Zurück zu unserem Bericht. Georg war gerade in Stufe 3 übergewechselt. Er freute sich nicht darüber. Er zog im wahrsten Sinne des Wortes den Kopf ein, wirkte ängstlicher, noch verletzlicher und traute sich kaum, aus sich herauszukommen. Da in diesem Therapieabschnitt seine zukünftige Lebensgestaltung thematisiert wird, quälten ihn Fragen nach einer Freundin, berufliche Ausbildung und sein Verhältnis zu seinem überbehütenden „Mütterchen“ und zu seinem Bruder, der vom Alter her sein Vater hätte sein können. Eine Krise bahnte sich an. - Ich sollte noch erwähnen, daß ich ihm damals während seiner ersten Krise das Märchen vom goldenen Vogel erzählt hatte. Er drängte damals heftig, ich solle ihm helfen und raten, was er tun könne. Ich wußte aber, daß er jeden meiner Ratschläge verwerfen würde. Er zweifelte an mir und haderte, weil ich auf sein Verlangen nicht eingegangen war. In der Therapiegruppe hatte ich von diesem Märchen Gebrauch gemacht, um ihm zu schildern, daß Sackgassen wie die, in die er geraten war, für die eigene Entwicklung produktiv sind. Er werde noch in einige solcher Sackgassen geraten. Ich sei bereit, sie mit ihm durchzustehen, um ihn um so schneller in die nächste zu begleiten. Ich würde wie der Fuchs dem Königssohn ihm treu bleiben.

13.8. Therapiegruppe:

Georg stöhnt und beschwert sich bei mir. Er fühle sich gefangen und erdrückt. Sein Hadern beantworte ich mit der Feststellung: „Wir beide sind wie ein altes Ehepaar.“ Als Georg vage von einem wachsenden „Berg“ spricht, spiele ich auf den Berg aus dem Goldenen Vogel an, den der Königssohn bei Strafe des Todes abzutragen verurteilt war. Ich erinnere ihn an diesen Teil der Geschichte. Was sei der Berg? Und wichtiger noch: Wer sei der Fuchs, der für ihn den Berg über Nacht abtrage? Wie sein Name? Als Georg verärgert und ratlos reagiert, frage ich bei den anderen Gruppenmitgliedern nach, ob sie den Fuchs kennen würden. Corinna bejaht, und ich empfehle Georg, einmal mit ihr diese Frage zu bereden. Georg bleibt unwirsch. Er beklagt, die Welt sei voller Fallen, aufgestellt, um ihn darin zu fangen.

16.8. 1.Einzelstunde:

(1) Im Vorgespräch hatte ich Georg die Aufgabe gestellt, mir in den ersten Stunden mitzuteilen, was ich wissen sollte, um ihn zu verstehen. Georg hat sich sorgfältig darauf vorbereitet. Er zieht gleich zu Beginn einen Zettel aus der Tasche, faltet ihn auf und legt los, ehe ich ihn hindern kann. Er berichtet über homosexuelle Erfahrungen, seine sexuelle „Ausbeutung“ von Frauen und von Erfahrungen in Bordellen. Er ist sichtlich beschämt, achtet aber nicht darauf, einen Rahmen von Vertrauen zu mir herzustellen. Daher greife ich erst im nachhinein auf:

(2) Ich anerkenne seinen Mut, so offen zu reden, was Georg natürlich herunterspielt. Dann komme ich auf das Risiko zu sprechen. Er: „Nun, es sei doch nötig hier, Ambach zu reden!“ Er reicht mir seinen Notizzettel zu. Fast im gleichen Atemzug bezeichnet er sein Vorgehen als „russisch Roulette“ und fordert ihn bei diesen Worten wieder zurück: „Falls bei uns eine Razzia stattfindet!“ Georg bekommt seine Notizen zurück. Er befürchtet, ich könnte ihm zu sehr zusetzen, wie die letzten Tage, wo ich seine zunehmende Resignation statt zu begütigen mit Hinweisen auf ein Märchen begegnet war. „Verarschst du mich?“

(3) Ich schlage vor, der beste und kürzeste Weg sei, - wie im Märchen - möglichst schnell in die

Sackgasse zu geraten. Wie könne er es anstellen, sich noch tiefer hineinzutreiben? Seine Ansätze, sich aufzurappeln, wären ein Schritt vor und zwei Schritte zurück, also ein tiefer Hineingeraten.

(4) Georg spricht nun von „verzweifelt tiefer Resignation". Er sehe nur zwei Wege: Entweder er werde wieder ein 'Alki' oder er flüchte sich in Vertrieben-sein, indem er hier abbreche.

Ich stelle Georg die Aufgabe, seinen Untergang zu planen. Georg prompt: „Den Plan kenne ich ja...", meint er trotzig. Zum Schluß drängt er: „Wie heißt der Fuchs?" Er dringt heftig in mich, bittet darum, ringt darum. Er möge Corinna danach fragen.

Kommentar: Diese erste Stunde ist die Keimzelle des nun folgenden Prozesses. Es wird unmittelbar klar, daß Georg sich auf eine Beziehung zu mir eingelassen hat, auf die ich setzen kann. Ihre Tragfähigkeit wird in der Schlußsequenz deutlich, als er einerseits ganz selbstverständlich die Existenz eines Untergangsplans annimmt und zugleich im Gegensatz dazu, lebhaftes Interesse zeigt an der Lösung des Rätsels um den Namen des Fuchses. Das ist um so überraschender für mich, als Georg ansonsten betont, er halte nichts von Märchen und ihrer „Exegese". Georg bindet sich mit beiden Seiten seiner Person an mich; ich kann mich darauf verlassen, daß er das Rätsel von allein lösen wird.

Interessant ist, daß Georg durch sein Engagement die Gefahr erkennen läßt, die in der therapeutischen Beziehung für ihn und mich begründet ist. Vertrauen und Mißtrauen wechseln sich rasch ab, bevor das eine oder das andere Fuß fassen kann. Er sieht aus Sicht seines impliziten Kontext in der Bindung zu mir eine gefährliche Fall. Das ist seine Art, sich der therapeutischen Beziehung zu bemächtigen. In unserer Begegnung eine Falle zu sehen, gibt ihm jederzeit die Möglichkeit, sich wieder loszusagen. Da ich ihn recht gut kenne und die Aussichtslosigkeit einzuschätzen weiß, die es bedeuten würde, dieses Mißtrauen auf direktem Weg zu überbrücken, entschließe ich mich zu einem paradoxen Weg, um ihn und ganz allein ihn, eine Brücke erfinden zu lassen. Ich lasse mich darauf ein, in unserer Beziehung eine Falle zu sehen und erarbeite mit ihm Logik und Konsequenzen dieser Idee bis zur Zerreißprobe. Thema und Beziehungsgeschehen zwischen uns sind bei unserer Aufgabenstellung identisch. Das macht es möglich, durch Wechseln von der einen zur anderen Ebene der Kommunikation das Geschehen zu verdichten bis Georg sich zu dem Sprung entschließt, der eine Transformation süchtiger Beziehungsstruktur initiiert.

19. 8. 2.Einzelstunde:

(1) Georg hat seinen Untergangsplan nicht schriftlich fixiert. Also machen wir uns an die Aufgabe, ihn gemeinsam zu entwerfen. Anfangs kokettiert Georg, bestreitet, daß da ein Plan existiere. Warum ich denn Stunden mit ihm machte, wenn ich glaubte, er habe einen Plan? Aber ich kann ihn immer dafür gewinnen, einen Untergangsplan auszumalen. Er entwirft, ich suche nach den Schwachstellen, mache Verbesserungsvorschläge oder greife die Gefahren heraus, die seinen Untergangsplan gefährden könnten. So entstehen immer neue, raffiniertere Entwürfe:

Es geht um die Zeit bis zum Sommerfest in zwei Wochen. Zum Sommerfest hatte er seine ehemalige Freundin eingeladen, die sich bis auf einen euphorischen Brief bisher nie wieder gemeldet hatte. (Die Beziehung war vor der Therapie beiderseitig beendet worden, aber Georg hing an der Hoffnung, daß dieses Verhältnis noch einmal aufblühen könnte. Er wagte aber nicht, seine Chancen offen zu klären. Das hätte ja bedeutet, preiszugeben, wie sehr er an ihr hinge.) Sein Untergangsplan sah vor, daß Monika ausblieb und er in den Tagen danach das Haus verlassen würde. Während dieser Planung kommen seine heimlichen Gedanken, Vorbehalte und Ressentiments unverblümt zu Tage. Der entscheidende und wunde Punkt seines Planes bestand darin, daß er unbedingt vermeiden wollte, sich ins Unrecht zu setzen. Also mußte immer wieder von neuem sein Plan überarbeitet werden, um es so einzufädeln, daß er ins Recht gesetzt werde.

(2) Einige Stationen aus der Entwicklung seines Untergangsplans:

Zunächst wollte Günther sich als Opfer der Umstände darstellen, und so drängte ich, er solle den Untergang beschleunigen und betonte seine Aktivität, z.B. wie er es anstellen müsse, seinen Gruppenvertrag nicht abzugeben. Je detaillierter wir wurden, um so unausweichlicher wurde seine Aktivität betont, beispielsweise vermeiden, daß er als „ehrlich" beim Feedback über seinen Gruppenvertrag dastehe, was ja Sympathie wecke und den Prozeß hinauszögere. Oder: Er müsse dafür sorgen, daß ihn die Sommerfestvorbereitungen (dafür war er zuständig und er hatte diese Aufgabe gern übernommen) nicht von seinem Plan abbrächten und er ein Opfer seines Anspruchs auf Perfektion werde. Ein Erfolg könne seinen Plan gefährden. Oder: Er habe „leichtsinnig" in der Gruppe das Wort „Untergangsplan" fallen lassen, es könnte jemand darauf kommen, was es damit auf sich habe und dies zum Anlaß nehmen, ihn zu verstehen und auf ihn zuzugehen. Corinna könnte das beispielsweise sein. Wie könne er dem vorbeugen?

Auf diese Weise werden seine tiefen Vorurteile anderen gegenüber sichtbar: Wie er sich gegen jegliche Zuneigung und jegliches Verständnis schützt, wie der Kritik an seiner Person unverzeihlich nachträgt, wie er Schwächen ausfindig macht, um zu deklassieren. Ernsthafte Hürden sind Corinna und Elvira, aber schließlich bringen wir auch diese beiden in seinem Plan unter.

(3) Um seine Andeutungen von Untergangsplänen vergessen zu machen, entwirft Georg, wie er sie zu täuschen vermöge; folglich möchte er es sich scheinbar gut gehen lassen. Dabei entwirft er, wie er z.B. mit Corinna hin und wieder reden könnte, scheinbar vertraulich, aber eben so, daß sie ihn nicht erreichen kann hinter seiner Mauer von Abwertungen. Seinen Abgang gestalte er so: Still und heimlich werde er verschwinden. Er plante einen Brief zu hinterlassen, in welchem er die Gruppe angreifen wollte.- 1.Variante: Er werfe ihnen vor, wie unehrlich alle wären, so sehr, daß sie seinen Plan nicht bemerkt hätten; wie die, die „Filme fahren" könnten, bevorzugt würden. Wie unmenschlich es hier wäre, könne man daran ersehen: Wenn er Film fahre, habe man ihn gelobt, wenn er es ernst meinte, „mit Dreck beworfen". 2.Variante: Ich wende ein, er setze sich ins Unrecht, wenn er planmäßig gehandelt habe, dann habe er geschauspielert. Er müsse diesen Punkt beachten und sich in eine Lage bringen, daß er aus Verzweiflung heraus den Brief schreibe. Wir gehen daran die zweite Variante zu entwerfen.

(4) Der nächste Wendepunkt: Wie könne er es anstellen wegzugehen und vor sich selbst nicht im Unrecht dazustehen, da er ja einem Plan gefolgt sei? Georg: 'Nun, er müsse es ernsthaft versuchen, so daß er sich überzeuge, die anderen verstünden ihn nicht; es hätte keinen Wert sich weiter zu quälen, er sei kein Junkie, das ginge eben nicht gut.'

Und wie wolle er mich ausschalten? Er müsse nachher den Plan neu zusammenwürfeln und überarbeiten. Er müsse mich täuschen und seinen Plan vor mir verheimlichen. Ich sei mir nicht klar gewesen, ob ich oder er am schwierigsten aus dem Weg zu räumen sei. Jetzt wüßte ich es. Mit mir, das könnte - so wie er es anpacke - gehen, er müsse mich so überzeugen, daß er im Recht sei und ich ihm also zustimmte. Aber wie wolle er sich überzeugen? Wie wolle er vermeiden, vor sich im Unrecht zu sein, er müßte seinen Plan vor sich selbst verheimlichen?!

(5) Während unserer letzten Überarbeitung wurde Georg immer ernster, er wirkte schockiert. Er flicht immer häufiger und nachdrücklicher ein, wo ich ihn hintriebe, er habe den Plan gar nicht, er wolle da raus. Fast verzweifelt beteuert er, es gäbe doch gar keinen Plan, was ich da unterstellte. Unvermittelt meint Georg, jetzt hätte ich doch den Untergangsplan. Ich hätte versprochen, ihm dann anzuvertrauen, wer der Fuchs sei.

Wieder überrascht mich die Eindringlichkeit, mit der Georg nach dem Fuchs fragt; ich hatte nie gedacht, daß ihn das wirklich interessiert. Er hatte Corinna danach befragt.

Ich: „Du hast doch keinen Plan, also muß ich dir den Namen nicht verraten." - Georg ist konsterniert. Ich wiederhole. Georg kontert, ich hätte das doch schon am Sonntag - als wir den Handel vereinbart hätten - wissen müssen, daß wir hier landeten. Er sei auch klug, er hätte den Fuchs ja schon in seinen Plan einbauen können - wenn er es gewollt hätte.

„Georg, das gehört jetzt zu deinem Plan, mich auszuschalten. Du hast bereits begonnen, deinen Plan umzustellen. Dazu gehört, daß du jetzt deinen Plan vor mir abstreitest."

Georg beteuert, er hätte keinen Plan. Wiederholt, ich hätte diese Situation vorhersehen müssen.

„Georg, verstehe meine Situation. Was soll ich tun? Wie soll das gehen, daß ich dir jetzt etwas preisgebe, wenn du zugleich den Plan hast, deinen Plan vor mir zu verbergen? Verstehst du nicht, daß das eine Falle ist *für mich*!"

Georg ist wieder geschockt. Er verstünde mich. „Verstehst du mich wirklich? Wie soll ich nur heraus bekommen, daß du keinen Plan hast? Wie?"

Er weist darauf hin, er hätte ihn ja schon einbauen können, den Fuchs; Corinna habe ihm Hinweise gegeben.

Ich werde nachdenklich. „Du hast recht. Hast du deinen Plan, dann hast du ihn auch schon eingebaut. Hast du keinen, so kann ich's dir ja sagen. Ich kann's dir tatsächlich gleich sagen! Der Namen des Fuchses heißt Vertrauen." Georg meint, woher ich wüßte, daß er den Fuchs hätte einbauen können. Er sei ja nicht blöd. „Ich weiß, du bist klug und verzweifelt genug!"

„Anmerkung: Ich bin selbst schockiert, der Dialog ging unter die Haut. Ich denke an ESCHERs Lithographie „Trepp auf, Trepp ab", wußte den Schritt vor der entscheidenden Stufe der Rekursion vorzubereiten, aber der Sprung war immer verblüffend, unbewußt. Wie untrennbar sind Wahrheit und Fiktion in diesem Dialog beieinander! Als bewegte sich das Gespräch immer zugleich 'treppauf und treppab'."

Kommentar: „Treppauf und Treppab" folgen wir Stufe für Stufe der im Keim schon angelegten Logik und geraten in merkwürdiger Weise von einer Ebene zu einer anderen. Ein Verwirrspiel ist im Gang, das auf den Prämissen beruht, die Georg bereits in der ersten Stunde einführte: Die Welt ist eine Falle, um ihn darin zu fangen und zu demütigen. Oder wie in der wiedergegebenen Lithographie „Bildergalerie" sind verschiedene Ebenen miteinander verwickelt: Georgs Selbst/ Gruppenselbst/ Gruppe und Beobachter, der unentwegt herausspringt und 'sich' zusieht. Georg, der all diese Verschachtelungen beinhaltet; seine Definition von Selbst, hier den für ihn zentralen Aspekt: „Ich bin im Recht"; der Andere oder die Welt, die ihm eine Falle bedeutet; Selbst des Anderen, dem er Unrecht unterstellt. Da er eine tautologische Unterscheidung setzt, fällt aller Gehalt gleichsam heraus, und ich zeige ihm diese Gefangenschaft auf. Ich folge einer paradoxen Intervention, die in der Literatur als „Verschreibung" klassifiziert wird. Durch diese Verschreibung werden seine Versuche, sich der therapeutischen Beziehung zu bemächtigen, mit einem Mal transparent. Einerseits wird Georg auf immer höherer Stufe in eine Metaposition gedrängt, deren Gipfel in der Aufforderung erreicht wird, er solle diesen Plan vor sich selbst verbergen. Andererseits wird er „gefangen", indem ich seine Prämissen übernehme und für mich in Anspruch nehme. So fordere ich ihn auf, seinen Plan vor mir zu verbergen und sehe mich einer Falle ausgesetzt, die er mir aufstellt!

Wertvoll ist bei dieser Ausgangslage, daß beide, aber voneinander abgespaltenen Persönlichkeitsseiten ins Spiel kommen. Die Dynamik verläuft dabei in umgekehrter Richtung zur Dynamik der süchtigen Beziehungsstruktur, da Georg in eine immer distanziertere Position gegenüber seinem Untergangsplan gerät - eine Metapher für ein Eskalieren des passiven Modus. Die nicht tautologische Definition eines Unterschieds zwischen Selbst und Anderer ist durch die Metapher „Fuchs" eingeführt worden. Wir werden im weiteren beobachten können, daß dieses „Verwirrspiel" einzig und allein gespeist wird von den Manövern süchtiger Beziehungsstruktur. Immer wieder, wenn sich Georg auf Abwertung zurückzieht und versucht, die Beziehungsdefinition offen zu halten, entstehen solch verwirrende Dialoge. So wird eine integrierende Kraft in ihm provoziert, wenn der Fuchs sein Werk tut.

Auf ein Phänomen möchte ich noch hinweisen. Wenn wir in üblicher therapeutischer Weise vorgehen, so entsteht die chronische Situation, daß unser Gegenüber sich positiver und einsichtiger darstellt, als seine Handlungen dann erkennen lassen. Dieses Phänomen nennen wir bekanntlich Widerstand. Bei diesem Vorgehen scheint sich ein umgekehrtes Phänomen einzustellen, unser Gegenüber hadert mit uns, während sich bereits Änderungen beobachten lassen, die fast unbemerkt bleiben oder verleugnet werden.

24.8. 3.Einzelstunde:

Georg wirkt heute munterer und tatkräftiger. Ihm gefallen die Sommerfestvorbereitungen. 'Streite' mich mit ihm, ob er nur seinen Plan umgesetzt habe; mache ihm nochmals deutlich, daß ich mich in einer Falle befinden könnte: 'Warum solle ausgerechnet ich die Existenz einer Falle übersehen, wenn er die Welt voller Falle sehe?'

Georg beschwert sich, daß solche Diskussionen überflüssig seien und ihm nicht helfen würden herauszufinden. Nimmt für sich 'Opfersein' in Anspruch. Warum sollte ausgerechnet ich nicht sein Opfer sein?

25.8. Therapiegruppe:

Georg hat nach seinen Worten Tritt gefaßt und habe „erstaunlicher Weise" ein gutes Zwischenfeedback über seinen Gruppenvertrag erhalten. Ob ihn der Fuchs besucht habe?, frage ich erstaunt.

27.8. 4.Einzelstunde:

Georg meint böse, ich solle aufhören, ihn in die Sackgasse zu treiben, worauf ich denn hinaus wolle, etwa daß er abbreche? Ich sei unverantwortlich ....

Ich entgegne, ich würde nur mit ihm mitgehen, ihm helfen, bei dem, was er tue. Weise ihn beständig daraufhin, wie er Tagesereignisse in seinen Plan einbaue und gebe ihm Tips: seine ehemalige Freundin z.B. antwortet nicht; oder er denkt an schöne Frauen, um sich „in den Senkel“ zu stellen etc.

Georg ist verhalten wütend. - Ruft danach umgehend seine ehemalige Freundin an und ist später stolz darauf.

31.8. 5.Einzelstunde:

Georg erzählt stolz, er habe Ereignisse zu berichten, die „kontraproduktiv“ für mich wären. „Erfolgreiches“ Telefonat mit seiner ehemaligen Freundin, die seine Befürchtungen nicht bestätigten. Aber er habe einen Drogentraum gehabt, allerdings sei es darin nicht zum Rückfall gekommen. „Aha!“

Er hält mir vor, ich wollte ihn in eine Krise treiben. Er wollte es wissen. „Also, du vermutest, daß ich dir eine Falle stelle?!“ Er unterstellt mir immer wieder die Absicht, ich stellte ihm eine Falle: aus beruflichem Ehrgeiz würde ich ihn in Gefahr bringen etc. etc. Er sei eben Opfer, ich Täter. Er macht das recht geschickt.

Spiegle diese implizite Einstellung wider. Kontere: „Woher weiß ich, daß du mir keine Falle stellst? Warum solle ausgerechnet ich nicht von der Existenz einer Falle ausgehen? Warum ich?“ Es stimme, wir würden uns darum streiten, wer das Recht habe, an Fallen zu glauben; ich sähe nicht ein, dies nicht ebenso tun zu dürfen.

Georg wendet ein, das habe doch keinen Sinn!

Verweise auf das Märchen vom goldenen Vogel. Er ginge von der Existenz von Fallen aus und habe sich spezialisiert, sie auf seinen Willen hin auszulösen, eben das sei sein Untergangsszenario. Er wolle diese Sicherheit. Aber ob er etwa meine, der Fuchs käme zu ihm, wenn er in eine Falle laufe? Ob er ihn überhaupt erkennen werde?

Danke Georg am Schluß, daß er mir zu einem vertieften Verständnis des Märchens verhelfe: Der Fuchs helfe, in die Falle zu geraten, im Gegenteil, er dürfe seinen Rat nicht für eine Falle halten; der Fuchs helfe ihm, wenn ihn die Falle nicht mehr interessiere, dann fände er seinen Weg.

10.9. 6.Einzelstunde:

Seine Depression. „Läuft ja nach Plan.“ Wirft mir wieder vor, ich triebe ihn in den Therapieabbruch; übrigens habe er berufliche Zukunftspläne, zugleich überlege er sich, daß er als Penner in Stuttgart unter den Neckarbrücken ende. Ich würde ihm mit meinem Plan nicht aus seinem Zynismus helfen. Halte entgegen, das sei der einzige Weg, aus der Sackgasse doch noch herauszufinden. Sein Untergangsplan sei zynisch.

Er wolle mir heute - da Jahrestag - seinen letzten Tag vor Antritt des Entzugs erzählen. Georg ist beschämt und bewegt. Als ich ihn auf seine Stimmung anspreche, beginnt er zynisch das Erzählte in seinen Plan einzuordnen. Bestehe geduldig darauf, seine Emotion zu erfahren. Schließlich läßt sich Georg darauf ein und wehrt sich wieder gegen das Untergangsszenario. Er wirkt authentisch. Daher warne ich Georg eindringlich, wenn er anfange, so über Untergang mit mir zu reden, begänne er sein Untergangsszenario aufzulösen, schon im Keim zu sabotieren. Ob er sich darüber im Klaren sei, ob er das wolle?

14.9. 7.Einzelstunde:

Ich spüre, wie intensiv Georg hin und her gerissen ist, einerseits nimmt seine Gegenwehr gegen seinen Untergangsplan heftigere, konstruktivere Züge an, andererseits im entscheidenden Augenblick zieht er sich auf sein Szenario und sein Im-Recht-sein zurück.

Gerade diese Stunde nimmt fast gespenstische Züge an. Georg geht so leibhaftig immer wieder auf sein Untergangsszenario ein, daß es hier im Zimmer Gestalt annimmt und inszeniert wird. Die Welt als Falle entsteht hier und jetzt, Georg lokalisiert sie in der Ecke des Zimmers, unter einer Brücke, als Abfall der Welt, wo er dahin vegetiere. Je intensiver er seinen Untergangsplan unfreiwillig entwickelt und sich Gegenwehr mobilisiert, um so unruhiger wird Georg auf seinem Bett. Er zuckt rhythmisch mit Füßen und Beinen, als wolle er mir gegen's Schienbein treten. Meiner Deutung stimmt er zu.

Er wolle aber nicht, daß unsere Stunden so verliefen; er käme immer mehr „drauf“. Georg macht mir wieder Vorwürfe, daß ich ihm nicht wirklich helfe. Zugleich weiß er Neuigkeiten zu berichten: Er habe Freundschaft mit Gerald geschlossen! Das abschließende Feedback für seinen Gruppenvertrag am Abend läßt ihn auf seinen Untergangsplan zurückgreifen.

Die Welt als Falle - darauf konzentriert sich unser Gespräch. Da Fallen allgegenwärtig sind, habe er sich darauf konzentriert, den Knopf selbst zu drücken, der die Falle auslöst und zuschnappen läßt, er habe sich darauf spezialisiert den Zeitpunkt ihres Zuschnappens zu bestimmen. Seine Einstellung, andere ins Unrecht zu setzen und sich ins Recht, dringt aus allen Poren. Betone deshalb nochmals, ob er meine Warnung in der letzten Stunde ernst genommen habe, daß er in so offener Begegnung Lunte an seinen Untergangsplan lege.

Wieviele Fallen gäbe es denn für ihn jetzt? Georg kommt in wenigen Minuten locker auf vierzig Fallen. Gebe ihm auf, einhundertfünfzig Fallen zu skizzieren und die Blätter aneinander zu kleben, so daß eine Schriftrolle entstehe. Er solle klein schreiben, damit die Rolle nicht zu lang werde, kontere ich, als Georg spontan einwirft: „Du willst mir wohl zeigen, wie absurd diese Fallen sind!" Zeit bis zum übernächsten Tag. Ich würde erst nach Erledigen der Aufgabe einen nächsten Termin mit ihm vereinbaren."

15.9. Therapiegruppe:

Wir hatten damals der Videoaufzeichnung von diese Sitzung den Titel gegeben: „5 Monate später". Denn dieser Zeitraum war verstrichen, seit Georg das letzte Mal auf dem Höhepunkt der letzten Krise Nähe geduldet hatte. Er hatte sich danach schnell wieder zurückgezogen und niemanden an sich herangelassen - abgesehen von einem unglücklichen Annäherungsversuch an eine Mitklientin. Die ersten Regungen, wieder näheren Kontakt zu anderen zu suchen, hatten wir oben berichtet. Ich gebe eine knappe Zusammenfassung aus diesem Therapieausschnitt.

„(1) Leicht zur Mitte hin exponiert sitzt Georg in der Gruppe. Er meldet sich, er wolle etwas machen. Er stehe gerade in einem schlechten Verhältnis zur Gruppe. Am Abend nach der letzten Stunde hatte er einen „miserablen, provozierenden, einen Kilometer über der Gruppe plazierten" Antrag für seine Feedbackrunde gestellt, der schließlich zu heftigen Protesten führte. Helmut: „Ich habe dich lächerlich gemacht, es war lächerlich!"

(2) Georg begegnet der Gruppe mit Vorwürfen, da sie ihn dahinein getrieben hätten; er signalisiert so unmißverständlich, daß er auf solcher Art von Schutz nicht verzichten möchte. Ich fordere Georg auf, eine Runde in der Therapiegruppe zu machen und jedem nach Kontaktaufnahme mitzuteilen: „Lieber betreibe ich meinen Untergang, als daß ich Dir Gelegenheit gebe, mich bloßzustellen."

Georg beginnt, unterbricht, das passe nicht; macht weiter, unterbricht, das werde ihm zu heiß; er würde alles immer schlimmer, wenn er weiter mache, bricht ab.

(3) Georg schlägt vor, statt dessen mit den einzelnen sein Verhältnis zu klären und sucht sich Helmut heraus. Während er Helmut die Aufgabe der Klärung zuschiebt, macht er sich zum Opfer. Ich spiegele dies, Georg ist ratlos, verzweifelt, verwirrt.

Ich erkläre mich bereit ihm zu helfen: „In solchen verzweifelten Situationen machen sich Wünsche bemerkbar und helfen weiter. Ist das bei dir auch so?" „Ja, er wünsche sich, daß ihm jemand nahekomme." Georg wünscht sich Corinna und Gerald nahe zu sich. Als sie sich zu ihm setzen, frage ich, ob er ihre Hand spüren wolle? Nach einigem Zögern legt er seine Hand in die von Corinna und dann in Geralds Hand. Tränen rinnen über seine Wangen. Lange hält er beide Hände fest."

16.9. Kurzes Gespräch mit Georg:

Das Gespräch geht auf seine Initiative zurück. Georg weigert sich, seine Aufgabe zu erledigen. Er habe dafür drei Gründe: 1. Die Therapiearbeit von gestern. 2. Was am Montag gelaufen sei (sein Antrag). 3. Brief von seiner Freundin. Er meint, ich wolle ihn in den Untergang treiben, er wolle da raus; er überlege, ob er nicht die Therapeutin S. fragen solle, um mit ihr die Stunden fortzusetzen. Wir sprechen kurz die drei Punkte durch:

ad 1.) Er habe erfahren, was ihm fehle: Berührung und Freundschaft; er habe den Eindruck, monatelang an der Therapie vorbeigelaufen zu sein.

ad 2.) Er wolle nicht wiederholen, was am Montag gelaufen war. Er habe Ideen, wie er den Gruppenvertrag abändern und wie er ihn für sich nützen könne. Georg hatte die Gruppe - in Vorwegnahme ihrer Reaktion - provoziert durch gespielte Arroganz und Desinteresse; und so war geschehen und durch ihn ausgelöst worden, was er am meisten fürchtete, er war ausgelacht worden.

ad 3.) Er schätze den offenen und nüchternen Brief seiner ehemaligen Freundin; das habe ihm Hoffnung gemacht. Denn er spüre, mit seiner Trunkenheit damals habe er verhindert, wirkliche Beziehungen einzugehen.

Ich weise seine Verdächtigung gegen mich ruhig zurück; erinnere ihn daran, daß ich seit ich ihm das Märchen vom Goldenen Vogel erzählt hatte zu Beginn der Stufe 2, offen seiner Linie gefolgt sei. Wenn er sich absolut weigere, die einhundertfünfzig Fallen aufzuschreiben, wenn er unbedingt meine, der Untergangsplan sei der falsche Weg, bitte, dann möge er eben versuchen bis zum nächsten Mal drei Fallen aus dem Weg zu räumen, auch wenn ich nicht wüßte, wie er das schaffen wolle."

23.9. 8.Einzelstunde:

(1) Georg möchte, daß ich umschalte und ihm helfe, weg von seinem Untergangsplan zu kommen. Überprüfe seine Aufgabe, drei Fallen aus dem Weg zu räumen, nur z.T. gelöst: zweieinhalb Fallen geräumt, eine neue ist hinzugekommen. Bemühen, aber kein überzeugender Beweis. Neue Aufgabe: „Vielleicht waren drei zu viel - versuche es mit zwei Fallen."

(2) Georg mokiert sich über das Märchen, als ich seinen Weg damit veranschauliche als menschliche Grundsituation. Ich erläutere meine Aufgabe und seine Erfahrungen. Versuche herauszubekommen: Ob ich die Aufgabe hätte, ihn an weitere Fallen heranzuführen. Wehre mich, daß ich Fallen aufgestellt hätte. Zeige Notwendigkeit auf, diese Situationen aufzusuchen. Ob er bei den sieben Tagen angelangt sei, den Berg abzutragen?

Georg erwägt, ob er nicht in dem Märchen selbst eine Falle zu sehen habe. Übrigens, er habe in der Gruppe über unsere Einzelstunden berichtet und sich dort Rat geholt.

30.9. 9.Einzelstunde:

Georg hat sich in bemerkenswerter Weise verändert, er wirkt offener, witziger, lebhafter. Er eröffnet die Sitzung, er habe weitere Fallen zugemacht: Mit Gerald habe er Tacheles geredet und den zynischen Umgang untereinander beendet; er habe den Gruppenvertrag mit „Glanz und Gloria" einstimmig abgegeben, und er wolle die Falle mir gegenüber schließen.

Er habe erst aus Frust, jetzt aus anderen Gründen überlegt, mit der Therapeutin S. weiterzumachen, sie sei eine „Erfahrungstherapeutin". Ich sei für die großen Entwürfe gut, aber er möge meine philosophische Ader nicht und mit Märchen könne er nun mal nichts anfangen. Ich honoriere, daß er weitere Fallen geschlossen habe. Hielte es für gut, mit einer Frau zu arbeiten. Erinnere daran, daß noch einhundertfünfundvierzig Fallen offen seien.

6.10. 10.Einzelstunde:

„Es ist ungemein interessant zu beobachten, was sich alles tut, schier unbemerkt, und Georg schreibt diese Veränderungen, soweit er darauf eingeht, nicht mir, sondern sich zu; er habe sie gegen mich errungen.

U.a. erzählt Georg, er habe sich im Spiegel beobachtet und festgestellt, er gehe aufrechter. Er habe mit Rückengymnastik begonnen, den Brief seiner Freundin beantwortet. Wechseln zu S. ist Thema. Sein Projekt Sommerfest konnte er erfolgreich beenden. Er möchte nicht so schnell von hier gehen, es gefalle ihm jetzt, während er früher immer gehen und die Zeit hinter sich bringen wollte.

6.10.Therapiegruppe:

Georg erklärt der Gruppe und einzelnen seine Zuneigung.

14.10. 11.Einzelstunde:

Weitere Fallen geschlossen: engagiertes, klärendes Gespräch mit Freund von Corinna.

Für den heutigen Nachmittag war seine Mutter und sein Stiefbruder zu einem Gespräch geladen, gegen das sich Georg bisher gesträubt hatte. Georg bringt einen Friedensvorschlag ein: Er wolle finanzielle Unterstützung seiner Mutter nicht mehr in Anspruch nehmen und seine Unabhängigkeit bewahren. Ob ihm klar sei, was er da sage? Er gebe die Existenzgrundlage für seinen Untergangsplan auf! Wer solle ihm dann seinen Untergang finanzieren?

Gespräch mit Angehörigen:

Fast bestürzend wird sichtbar, wie Mutter, Stiefbruder und Onkel ein „Sicherungsnetz" ausgespannt haben, damit Georg nicht total abstürze (500 DM pro Monat). Sie täten das gerne, und so spreche ich meine Hochachtung aus. Ob sie, die Mutter, auch für die Zeit nach ihrem Tod vorgesorgt habe? Ja, da gebe es noch ein Problem, womit sie mich befragen wollte: Es geht um den Zugriff der Sozialhilfe auf das Erbe. Sie wollten Georgs Erbe so absichern, daß er eine monatliche Summe erhalte, die es ermögliche, daß er nie allein von seinem Erarbeiteten leben müsse. Das trauten sie Georg nicht zu. Georg sitzt unglücklich zwischen Stiefbruder und Mutter, die ihren Sohn jedesmal die Wange tätschelt, wenn er selbständige Züge zeigt. Später ist Georg recht aufgeräumt und schafft eine Gesprächsbasis zu den anderen Familienmitgliedern. Er lehnt weitere monatliche Unterstützung ab."

2.11. 12.Einzelstunde:

Georg ist zur Stütze der Hausgemeinschaft geworden. Sichtlich aufgeräumt achtet er darauf, daß unsere Stunde stattfindet: Es geht um seine erste Heimfahrt. Er hat einen genauen Plan, was und wie er die letzten Wochen in Stufe 3 verbringen möchte. Sprechen durch, welche Fallen während seiner Heimfahrt geschlossen werden können.

Georg scheint es ausgesprochen gut zu gehen. Er kleidet sich farbiger und weniger gammelig, seine Gesichtszüge sind weicher, und er wirkt wach, offen und munter.

Follow-up: *Georg beendet erfolgreich die Therapie. Er zieht in eine andere Stadt, um eine Umschulung zu beginnen. Er wohnt dort zunächst in einer Nachsorgegruppe. Später selbständig. Seit 7 Jahren ist die Behandlung beendet. Es gab noch keinen Alkoholrückfall, geschweige denn Drogenkonsum.*

Teil III

Der Verlust des Selbstgefühls und seine Heilung

„Siehst du“, sprach der Fuchs, „so ist es gekommen, weil du mir nicht gehört hast. Doch sei guten Mutes, ich will mich deiner annehmen und dir sagen, wie du zu dem goldenen Pferd gelangst...“

Aus: Der Goldene Vogel, Märchen der Gebrüder Grimm

Kapitel 10: Die Zerstörung des Selbstgefühls und die Kräfte der Desorganisation

Verlust und Wiedererlangen des Selbstgefühls

„Verzweiflung“, „...dieses Elend ist die Krankheit zum Tode.“ S.KIERKEGAARD

FREUD schrieb an Wilhelm FLIEß am 22.12.1897: „Es ist mir die Einsicht aufgegangen, daß die Masturbation die einzige große Gewohnheit, die 'Ursucht' ist, als deren Ersatz und Ablösung erst die anderen Süchte nach Alkohol, Morphium, Tabak etc. ins Leben treten.“[1] FREUD erfaßte wohl, daß Sucht ein Leben in einer eigenen isolierten Welt bedeutet, aber er unterstellte, daß Sucht etwas mit Lust und Bedürfnisbefriedigung, wenn auch ersatzweise, zu tun habe. Daran schließt sich der gängige Gemeinplatz an, daß Sucht aus einer oralen Fixierung erwachse, eine Vorstellung, die ebenfalls FREUD kreierte in seinen „Drei Abhandlungen zur Sexualtheorie“.

Diese Vorstellung wurde bereits in den 30-er Jahren von RADO aufgegeben, Rauschgifte bekämpften und verhüteten in erster Linie Unlust. Auslöser für die Suchtentstehung sei eine „Initialverstimmung“, die „eine hohe Unlustspannung und gleichzeitig eine hochgradige Intoleranz gegen Unlust“ zeige. Die Hauptwirkung des „pharmakogenen Lusterfolges“ besteht vielmehr in der Erlösung von Unlustspannung.[2] KRYSTAL und RASKIN schreiben: „Es gibt kaum Verallgemeinerungen, die man über Drogenabhängigkeit machen kann. Eine bemerkenswerte Ausnahme ist allerdings die Feststellung, daß der Drogenabhängige stets einen schmerzhaften Zustand zu lindern, zu modifizieren oder zu vermeiden sucht. In seiner Droge hat er etwas gefunden, von dem er weiß, daß es ihn unerträglicher Spannungen und Schmerzen entheben wird.“[3]

Drogenkonsum dient als „Reizschutz gegen unerträgliche Spannungen“, um zuallererst einmal „zuzumachen“. Drogenkonsum ist gerichtet gegen dysphorische Gefühle des Selbst. Das ist die Grundfunktion jeglichen Suchtmittelmißbrauchs. Die Erkenntnis, daß Suchtmittelkonsum zunächst gerade nicht auf ein „Objekt“ gerichtet ist, sondern auf ein Manipulieren des Selbstgefühls, gibt der Diskussion eine andere Richtung. Was wir zu beschreiben haben, ist die Zerstörung des Selbstgefühls, dem inneren Organisator der Person, und damit ihrer fortschreitende Desorganisation. Als Grundlage der Desorganisation erwies sich die Wirkungseinheit der Schismogenese: Aufspaltung, Ambivalenz, Abwertungsprozeß und eine allgemeine Tendenz zur Eskalation. Wir sprachen davon, daß die süchtige Beziehungsstruktur selbst die Disposition produziert, die zu einem solchen pharmakothymen „Reizschutz“ greifen läßt. Der pharmakothyme Reizschutz wird zur Linderung von Grenzverletzungen eingesetzt, er 'ersetzt' die gelähmte oder gebrochene Grenzfunktion der Selbstgrenze und 'heilt' Schmerz und Trauma, den Grenzverletzung bedeuten. In diesem Sinne betont die Ich- oder Selbstpsychologie den Selbstheilungscharakter von Suchtmittelkonsum für „Defekte“ der „Ich-Struktur“. „Die Droge schützt und stabilisiert das schwache Ich im Sinne von Affektreduktion und Grenzziehung“[4] und verstärkt „Ich-Funktionen.“

---

1 S. FREUD, Aus den Anfängen der Psychoanalyse - Briefe an Wilhelm Fließ, Abhandlungen und Notizen aus den Jahren 1887-1902, S. 205, Frankfurt 1962.

2 S. RADO: Psychoanalyse der Pharmakothymie, Int. Z. Psa. 20, S. 16-32, 1934.

3 H. KRYSTAL, H.A. RASKIN: Drogensucht, Aspekte der Ich-Funktion, S. 18, Verlag Vandenhoeck & Ruprecht, Göttingen 1983.

4 W.-D. ROST, ebenda S.56.

Eine grundlegende Erfahrung und Strategie in der Psychotherapie Süchtiger lautet, daß es unfruchtbar und kontraindiziert sei, vorzeitig unbewußtes und biographisches Material zu deuten und therapeutisch zu erarbeiten, um eine Tiefung des therapeutischen Prozesses anzubahnen. Dieses strategische Verbot finden wir immer wieder in der Literatur über narzißtische Persönlichkeitsstörung und Borderline-Syndrom. Wir müssen zuvor einen positiven gemeinsamen Kontext definieren im Rahmen der therapeutischen Beziehung, der verläßlich in und durch diese Beziehung aktiviert werden kann. Dieses Verbot hängt mit einem drohendem Verlust des Selbstgefühls zusammen, der diese Persönlichkeiten kennzeichnet: Von „Initialverstimmung" bis hin zu fortgeschrittenen „regressiven", entdifferenzierten Zuständen des „Uraffekts" und „Fragmentierung des Selbst" reichen die Begriffsbildungen in der Literatur für diesen Verlust.

Das Selbstgefühl ist vor allem bestimmt durch die Vitalität der Grenzfunktion des Selbst, der Lebendigkeit und Intaktheit der Selbstgrenze. Verletzungen der Selbstgrenze bringen innere Spannung und Schmerz mit sich, die Gefühle mobilisieren und 'zwingen', durch Handlungen das Selbstgefühl wiederherzustellen. Chronische Grenzverletzungen besonders unter Kontextverweigerung und Kontextschock führen zu unerträglichen Spannungszuständen und Schmerzen und zu einem Zustand der Traumatisierung, der nach aktueller Abhilfe verlangt. Diese disqualifizierenden Empfindungen können übertönt oder verdrängt werden, wenn die Person etwas unternimmt, das ihr momentane Wirkung sichert und ihr Ego zufrieden stellt. Da springt die Fähigkeit und Mächtigkeit ein, selbst mit Grenzverletzungen zu antworten. Hierzu eignen sich alle destruktiven und selbstzerstörerischen Handlungen. Solche Versuche sind nur vorübergehend erfolgreich und bedürfen rasch der nächsten riskanten Aktion.

Die potente andere Möglichkeit liegt im Suchtmittelkonsum begründet: das Selbstgefühl wird substituiert durch „pharmakothymen Steuerung" (RADO). In der Tat sind Suchtmittel geeignet, einen Verlust des Selbstgefühls vorübergehend aufzuheben und durch die Kontextproduktion der vereinnahmten Droge zu ersetzen. Die Drogenwirkung ersetzt, jedenfalls in der Anfangszeit, die Werterfahrung, die allein das Selbstgefühl zuverlässig aufrechterhält. Später sucht der Konsument Schmerz, Spannungszustände, Empfindungen der Desorganisation und Depression wenigstens zu dämpfen. Der Drogenkonsument schwankt zwischen seinen 'Anstrengungen', durch Suchtmitteleinnahme das Selbstgefühl zu ersetzen und mit pharmakothymen 'Werterfahrungen' zu nähren, und jenen Stunden völlig disqualifizierender Erfahrungen zwischen dem letzten und dem nächsten Rausch.

Der süchtige, chronische Suchtmittelkonsum dient also weniger dem Bedürfnis nach Kontakt („Objekthunger"), sondern wirkt in erster Linie einer Verarmung des Selbstgefühls entgegen; um dasselbe zu substituieren, soll Suchtmittelkonsum die aktuelle Organisation aufrechterhalten helfen, eine drohende Desorganisation abwenden, die mit künstlichen Mittel nun weiter vorangetrieben wird. Die pharmakothym gesteuerte Welt des Selbst und die Welt völlig disqualifizierenden, vernichtenden Erfahrens klaffen schließlich so weit auseinander, daß Individuum und Selbst einander tödlich bedrohen im cleanen oder trockenen Zustand wie im Rausch oder drohenden Entzug. Drogenabhängigkeit ist eine „Art letzter Versuch, den Schrecken des Gefühls unausweichlicher Desintegration des Selbst, der seelischen Desintegration zu verhindern, die das Verhängnis totaler Hilflosigkeit bedeutete."[5] In diesem Stadium scheinen Selbstgefühl und Gefühl gegenüber anderen zu amalgamieren zu einem trostlosen Zustand der Leere oder „bedrohlicher Uraffekte", worin die kommunikative Funktion der Gefühle verloren ging. Der Süchtige ist im Niemandsland angelangt, und dieser Zustand ist die Realisation des Vorbehalts der Macht, Beziehungen zu definieren; der Schrecken eines Verlusts des Selbstgefühls ist der Preis, der zu entrichten ist. Das Selbstgefühl wird eben letztlich gesteuert durch das, was wir Beziehungsrealität nannten, durch ein Einfordern von Wechselseitigkeit in der Kommunikation, von Wechselseitigkeit zwischen der Person und dem systemischen Feld.

Wir können zu unseren Eingangsüberlegungen zurückkehren: In der therapeutischen Beziehung müssen wir uns erst der aktuellen Aufrechterhaltung des Selbstgefühls widmen, bevor wir in die Tiefe gehen und unbewußtes und biographisches Material hervorholen oder darauf eingehen. Hier und jetzt in der therapeutischen Beziehung bedürfen wir der zuverlässigen Handhabung, das Selbstgefühl wiederzuerwecken, mögen es auch nur Augenblicke sein, wo Werterfahrung aus dieser Beziehung zuströmt. Das heißt, wir müssen zuvor in und durch die therapeutische Beziehung einen gemeinsam gültigen positiven Kontext definieren, der es unserem Gegenüber ermöglicht, sich selbst konsistent und kohärent zu erfahren.

Die Aufspaltung der Person, ihre fortschreitende Desorganisation und Etablieren des Grundzyklus der Sucht

„...das Sterben der Verzweiflung setzt sich beständig in ein Leben um." S.KIERKEGAARD

Wir alle besitzen in unserer Persönlichkeit Bereiche, worin die Epistemologie der süchtigen Beziehungsstruktur vorherrscht. Solche Bereiche, die bei guter Verfassung latent bleiben, können wachgerufen werden, wenn das Selbstgefühl zu verarmen droht. Das kann geschehen unter dem Druck vergifteter verinnerlichter Kontexte („negative Introjekte") oder durch massive oder beständige Grenzverletzungen, die Kontextverleugnung oder -Schock herbeiführen. Da die süchtige Beziehungsstruktur wie ein Virus wirkt, der Strukturmarkierungen entwertet, so stellt sie eine nicht zu unterschätzende latente Gefahr für die Person und ihr psychosoziales Gefüge dar, die zu wirken vermag, auch wenn wir die typischen Merkmale der Sucht noch nicht feststellen können. Sie bereitet einen Riß der Person vor, der wiederum das Selbstgefühl weiter verarmen läßt. Pathologisch und gefährlich wird die süchtige Beziehungsstruktur dann, wenn ihre Epistemologie in wesentliche Bereiche der Person (z.B. das Verlangen nach Nähe) eindringt und diese Bereiche aus dem Kreis innerer wie äußerer Kommunikation ausgrenzt. Der Riß der Person vertieft sich und leitet ein Fragmentieren des Selbst ein. Wir wissen, daß sich Schismogenese der psychosozialen Bezugsgruppe und ein Aufspalten der Person gegenseitig bedingen und gegenseitig weiter hervortreiben.

Kommunikation, die mehr oder weniger den Regeln süchtiger Beziehungsstruktur folgt, hat für die Kommunizierenden die schwerwiegende Folge: Introjektion und Projektion fallen auseinander und beginnen, jeweils ein Eigenleben zu entwickeln. Die Person spaltet sich auf in Individuum und Selbst und gerät wechselnd unter die Vorherrschaft der systemischen Kräfte oder die Tyrannei individueller Kontextproduktion. Die Transformation zwischen Selbst und Individuum wird unzureichend, der integrati-

---

5 A. HEIGL-EVERS: Möglichkeiten und Grenzen einer analytisch orientierten Kurztherapie bei Suchtkranken, Kassel 1977, S. 15.

ve Prozeß mehr oder weniger blockiert. Schlimmer noch, der aktive oder passive Modus der Kommunikation im Sinne der süchtigen Beziehungsstruktur herrschen vor und treiben einander mehr und mehr ins Extrem. Die Person splittet sich in zwei Persönlichkeiten, die einander nur vage dämpfend letztlich zur symmetrischen Eskalation treiben.

Die Kommunikationsweise der süchtigen Beziehungsstruktur setzt Spaltungsvorgänge ins Werk, die unter dem Druck disqualifizierender Erfahrungen und psychischer Pein zu einer Fragmentierung des Selbst und Desorganisation der Person führen können. Spaltungsvorgänge bilden die erste Kraft der Fragmentierung. Jeder Spaltungsvorgang ist untrennbar verknüpft mit dem Abwertungsprozeß, richte sich derselbe gegen den Anderen oder das Selbst, dessen Fortschreiten für die Tiefe der Spaltung verantwortlich ist. Der Abwertungsprozeß ist gleichrangig die zweite Kraft der Fragmentierung. Der Spaltungsvorgang stellt mit Hilfe von Abwertung einen Versuch dar, disqualifizierende Erfahrungen zu bewältigen, der in einem circulus vitiosus zu erneuter Erfahrung dysphorischer Zustände führt, der nun wiederum auf dieselbe Weise bewältigt wird. Die beiden Kräfte Spaltungsvorgänge und Abwertungsprozeß tragen in sich eine Tendenz zur Eskalation, welche die Person in intensive Spannungszustände bis hin zum 'Zerreißen' treibt. Die ungebremste Dynamik süchtiger Beziehungsstruktur übernimmt die Regieführung psychischer Verarbeitungsprozesse.

Spaltungsvorgänge und Abwertung werden also nicht von außen herangetragen, sondern ergeben sich aus der süchtigen Beziehungsstruktur und ihrer Dynamik. Wir hatten schon dargelegt, daß sich aktiver und passiver Modus einander bedingen und daß wir zweierlei Tendenzen zur Eskalation vorfinden, die eine, worin sich der jeweilige Modus immer extremer artikuliert, die andere, worin aktiver und passiver Modus ineinander überkippen, einander vage dämpfen, um letztlich gleichfalls eskalierend auseinanderzustreben:

aktiver Modus	passiver Modus
Allmacht	Ohnmacht
(verletzen anderer)	(selbst verletzen)
narzißtische Wut	Depression

ineinander überkippend, einander hervortreibend

Abbildung 1-III: Suchtdynamik.

Aktiver und passiver Modus sind polar und gestalten sich unter dem Druck des Abwertungsprozesses zu dualistischen Rollen, auch wenn sie gegen den Willen der Kommunizierenden aufeinander bezogen bleiben. Da beide Kommunikationsmodi und somit beide Persönlichkeitshälften sich komplementär zueinander verhalten und dualistisch strukturiert sind, kippen sie ineinander über. Der passive Modus leitet den aktiven ein; der aktive den passiven Modus. Der aktive Modus muß irgendwann einlenken und signalisieren, daß auch er den anderen braucht, und umgekehrt der Ohnmächtige, der nun seinen Vorbehalt aktiv durchsetzen möchte. Um Wechselseitigkeit in der Kommunikation zur Geltung zu bringen, ohne metakommunikativ den Rahmen abzustecken und die Beziehung zu definieren, kippen die Kommunizierenden in ihrem Kommunikationsmodus.

Begleitet wird diese Dynamik von einem Abwertungsprozeß, der sich zunächst gegen die verleugnete Persönlichkeitshälfte richtet, aber wie wir noch sehen werden, von beiden Seiten ausgeht und beide auseinander hält. Eine tiefe Ambivalenz zieht ein, die wie kaum ein anderes Merkmal Lebensweise und Verhalten des Süchtigen kennzeichnet. Spaltungsvorgang und Abwertungsprozeß sind die Wirkungseinheit, die das Geschäft der Zerstörung des Selbstgefühls als innerem Organisator betreiben und es mehr und mehr verarmen lassen.

Abbildung 2: Der Riß in der Person.

Splitting der Person und Ineinander-Überkippen von aktivem und passivem Modus haben eine schwerwiegende Folge: sie lassen die Kontakt- und Grenzfunktion der Selbstgrenze auseinanderfallen und gegeneinander wirken. SULLIVAN spricht von einer „Dissoziierung" dieser beiden Funktionen: *„... die Dissoziierung von Strebungen nach Befriedigung körperlicher Bedürfnisse und Strebungen nach dem Gefühl der Sicherheit*, das aus der Anerkennung durch andere Menschen entsteht (die das Selbstwertgefühl determiniert), ist eine entscheidende Ursache der Psychopathologie. Bei einem bestimmten Schweregrad der Krankheit führt die Dissoziierung der Bedürfnisbefriedigung von der Sicherheitsbefriedigung zu schwerer, angstbedingter Dissoziierung eines guten Selbst von einem bösen Selbst und zu der damit zusammenhängenden bösartigen Umwandlung der normalen Fähigkeit zur Zärtlichkeit in paranoides Mißtrauen und Selbsthaß."[6] Das heißt, die Funktion der Selbstgrenze ist ernsthaft verletzt, die Dynamik von Zentrum und Peripherie der Person, von Antrieb und Motivation einerseits und Zustrom an „Nahrung", Kontakt, und Sicherheit andererseits. Sie kann weder durch Kontakt hinreichend Werterleben zulassen, noch kann sie die Integrität

6 H.SULLIVAN: The Interpersonal Theory of Psychiatric, New York 1953, zitiert nach KERNBERG: Schwere Persönlichkeitsstörungen, Theorie, Diagnose, Behandlungsstrategien, Klett-Cotta-Verlag, Stuttgart 1988.

der Person und ihr Selbstgefühls wahren. Splitting der Person schließt eine ernsthafte Störung der Selbstgrenze ein.

Die Person sieht sich einer sich vertiefenden Ambivalenz ausgesetzt und in einen Kampf mit sich selbst verstrickt. Dieser Dualismus kann mörderische und schließlich tödliche Formen annehmen. Er ist letztlich Triebfeder für Selbstmord und Selbstmordversuch. Ein Innehalten vor dem Ausbruch mörderischer Impulse, ein Versuch, diesen drohenden Ausbruch hinauszudehnen, sind Zustände tiefer depressiver Verstimmung, worin jegliche Beziehungsdefinition verleugnet wird. Für diese Vorgänge der Spaltung der Person und ihres Dualismus lassen sich viele klinische Belege anführen. Ich erinnere an das Dokument eines Dialoges beider Persönlichkeitsseiten, den wir im ersten Teil wiedergegeben hatten. Der Text stammte von Theo, einem jungen Mann, ausgeprägt narzißtischer Typ, dessen Selbstbild vom aktiven Modus beherrscht war. Der passive Modus war verleugnet, nur mühselig ans Tageslicht zu holen unter der Gefahr panischer Reaktion und tiefer depressiver Verstimmung. Den folgenden Text verfaßte Sabrina, eine junge alkohol- und medikamentenabhängige Frau. Sie hatte für ihre beiden dualistischen Persönlichkeiten, die in einem eskalierten mörderischen Kampf lagen, getrennte Vornamen: Sabrina, den auch ihre Umwelt gebrauchen durfte, und Mara, ein Namen, den sie verheimlichte und den ich nicht ohne Gefahr, diesen Dualismus wachzurufen, verwenden durfte. Sabrina wie Mara waren eigenständige Persönlichkeiten, die ich an feinen Unterschieden im Aussehen, Verhalten und ihrem Gefühlsleben unterscheiden konnte.

Mara: Ich mach' dich kaputt. Wenn du es schaffst, mit deinem Leben zurecht zu kommen. Ich warne dich.
Sabrina: ....
Mara: Du kannst von Glück sprechen, wenn ich dich nicht umbringe. Aber ich mach' dich fertig. Komm, fahr zu deiner Mutter. Sieh dir das Bild von...an. Sie ist eine Hure und säuft.
Sabrina: Laß meine Mutter aus dem Spiel. Bitte. Sonst weiß ich nicht, was ich tue.
Mara: Na also, endlich meldest du dich. Deine Mutter ist schlecht, verdammt schlecht und du auch. Du bist wie sie, nicht anders. Auch wenn du versuchst dich zu ändern oder zu bessern, du bleibst innerlich die gleiche. Du bist genauso.
Sabrina: Nein. Laß mich. Bitte hör auf.
Mara: Oh nein, jetzt fange ich erst an...

Spaltungsvorgänge und Abwertungsprozeß, die aus der süchtigen Beziehungsstruktur resultieren, treiben den Prozeß der Fragmentierung und Desorganisation und der Zerstörung des Selbstgefühls voran. Von Eskalationsstufe zu Eskalationsstufe bis hin zum Breakdown lassen sich anhand der Tiefe des Risses quer durch die Person verschiedene Stadien der Desorganisation beschreiben. Diese Aufspaltung der Person führt zu einer Ausprägung zweier in sich organisierter, konträrer Persönlichkeiten, wovon eine dem bewußten Selbst und seinem Selbstbild zugehört, die andere aber „verdrängt" wird, wenn nicht die Ambivalenz die gesamte Person durchzieht, wobei sich kein Modus zu einer 'stabilen' oder vorherrschenden Persönlichkeit entwickelt.

Auf diese Weise erhalten wir *Stadien im Prozeß der Desorganisation bzw. Grundmuster der Fraktionierung der Persönlichkeit*: (1) Die Persönlichkeit, die sich bevorzugt um den passiven Modus zentriert; (2) die Persönlichkeit, die den aktiven Modus bevorzugt und ihre passiv modale Persönlichkeit (heftig) entwertet; (3) die Persönlichkeit, die ständig zwischen beiden Modi als ichsyntonen Zuständen wechselt; (4) die Persönlichkeit in depressiver Verfassung, die aktiv jegliche Festlegung vermeidet und verleugnet, so daß sie als gänzlich passiv *erscheint*, teilnahmslos ihr Schicksal verteidigend und beklagend; hierzu gehört die anorektisch-aushungernde oder suizidale Persönlichkeit oder diejenige, die sich bedroht sieht von mörderischen Impulsen; und schließlich (5) die Persönlichkeit im Moment des Zusammenbruchs, des Dekompensierens, die vorübergehend psychotische Züge zeigt; das vorübergehende Aufgeben pharmakothymer Steuerung und die Leiden des Entzugs gehören dazu.

Wir finden einige dieser Stadien auch in der psychotherapeutischen Literatur beschrieben. Einen guten Überblick über die psychoanalytische Literatur zur Sucht gibt E.LÜRßEN in einem zusammenfassenden Artikel[7]. Eine fundierte und ausführliche Darstellung bietet ROST[8]. Die psychoanalytische Diagnostik hält entsprechend die folgende Klassifizierung bereit: narzißtische Persönlichkeitsstörung (a) idealisierender Übertragung und (b) der Spiegelübertragung (KOHUT) und das Borderline-Syndrom (KERNBERG, MASTERSON). Dieselbe Bandbreite, die wir unter dem Kennzeichen „süchtige Beziehungsstruktur" bestimmt haben, finden wir bei GIOVACCHINI wieder unter „Borderline-Fall": „Am einen Ende des Spektrums befanden sich die Patienten mit narzißtischen Abwehrmechanismen, die mehr oder weniger den Anschein der Normalität erweckten. Im Zentrum des Spektrums befand sich die Masse der Patienten, die weniger stabil, weniger erfolgreich, unberechenbarer und offenkundiger gestört waren. Sie neigten zu stärkerem Ausagieren, versuchten ihre Leere mit Alkohol, exzessiven sexuellen Ausschweifungen oder irgendeiner anderen Form von Erregung zu bekämpfen. Es gelang ihnen jedoch noch immer ganz gut, sich erfolgreich anzupassen. Am anderen Ende des Spektrums, den Psychotikern am nächsten, lagen die schwer gestörten Patienten, die erhebliche paranoide Vorstellungen, ausgeprägte Gefühle der Leere, sehr schwache Objektbeziehungen und ein äußerst geringe Anpassung aufweisen. Für die Mehrzahl der Borderline-Patienten schien charakteristisch zu sein, daß sie trotz ihrer schweren Pathologie einer psychotischen Erkrankung widerstanden."[9] Die tiefen depressiven Verstimmungen und agitierenden, anorektischen Zuständen haben keine einheitliche Diagnose erhalten und werden eher als Zustände der jeweiligen Persönlichkeitssyndrome behandelt. BLANE scheint zu einer uns verwandten Einteilung der süchtigen Persönlichkeiten zu gelangen. Er unterscheidet drei Typen, je nachdem, wie mit Abhängigkeitswünschen umgegangen wird: (1) Der direkt und offen Abhängige zeigt sich passiv und möchte sich von anderen versorgen lassen; auch als Erwachsener bleibt er häufig bei seinen Eltern wohnen. Ein passiv-feminines Erscheinungsbild. (2) Der zweite, der „gegenabhängige Typ" leugnet seine Abhängigkeitswünsche massiv und gibt sich betont männlich-aggressiv. Diese Menschen erleben ihre starken Abhängigkeitswünsche als sehr bedrohlich. (3) Typ drei ist der fluktuierende, ambivalente; er hat keine „stabile" Lösung seines Abhängigkeitswunsches gefunden, sondern pendelt zwischen den Extremen hin und her. Hier wechseln stark gegenabhängige mit solchen ab, in denen der Alkoholiker einen „Zusammenbruch" produziert.[10]

Allen Beschreibungsversuchen ist dieser Riß durch die Person gemeinsam und ebenso finden wir den aktiven wie passiven Modus der Kommunikation und die Dynamik ihres Kippens in der einschlägigen Literatur wieder. KERNBERG bezeichnet

---

7 E. LÜRßEN, Das Suchtproblem in neuerer psychoanalytischer Sicht, in: Die Psychologie des 20.Jahrhunderts Bd.II, S. 838-867, Zürich 1970.

8 W.-D. ROST, Psychoanalyse des Alkoholismus, Stuttgart, Klett-Cotta Verlag, 1987.

9 P.I.GIOVACCHINI: Maternal Introjection and Ego Defect, J. Amer. Acad. Child Psych., 4, S.279-292; zitiert nach MASTERSON, ebenda S. 27.

10 Diese Zusammenfassung ist zitiert nach ROST, ebenda, S. 121ff. H.T.BLANE: The Personality of the Alcoholic, New York 1966.

Spaltung als *den* grundlegenden Abwehrmechanismus der Borderline-Persönlichkeit, der seiner Meinung nach „viele Patienten mit Krankheitsbildern wie Anorexia nervosa, Alkoholismus, Drogensucht" zuzuordnen sind[11]. KERNBERG schildert ein klinisches Erscheinungsbild, das wir mühelos mit unserer Beschreibung identifizieren können, wonach sich die Person aufspaltet in einen um den aktiven und einen um den passiven Modus zentrierten Persönlichkeitsteil: „Klinisch manifestiert sich die Spaltung unter anderem in der Weise, daß gegensätzliche Seiten eines Konflikts abwechselnd die Szene beherrschen, wobei der Patient in Bezug auf die jeweilige andere Seite eine blande Verleugnung zeigt und über die Widersprüchlichkeit seines Verhaltens und Erlebens überhaupt nicht betroffen zu sein scheint." Als weitere Phänomene von Spaltungsvorgängen zählt KERNBERG auf: „mangelhafte Impulskontrolle selektiver Art, die also nur in bestimmten Bereichen besteht und gekennzeichnet ist durch episodische Durchbrüche primitiver und zu dem betreffenden Zeitpunkt völlig ichsyntoner Impulse (bei Suchten spielen Spaltungsprozesse eine zentrale Rolle)"; „die Aufteilung äußerer Objekte in „total gute" und „total böse", wobei ein Objekt ganz abrupt und total seinen Charakter von einem Extrem zum anderen verändern kann"; „ständige extreme Schwankungen zwischen konträren Selbstkonzepten".[12] Ein Splitting der Person finden wir bei auch bei KOHUT und MASTERSON wieder. KOHUT spricht von „vertikaler Spaltung" und von „Fragmentierung des Selbst", MASTERSON von „Teilobjektbeziehungseinheiten", die ebenfalls Spaltungsvorgänge quer durch die Person beschreiben.

Aufspaltung der Person und Abwertungsprozeß ist Ausdruck der süchtigen Beziehungsstruktur, ihres Machtvorbehalts und ihrer Abwertung. Unter Vorherrschaft dieser Kommunikationsweise gibt sie jedoch auch ihre tautologische Struktur weiter, oder anders formuliert, die Störung und Lähmung der Austauschprozesse zwischen systemischem und integrativen Prozeß. Letztere werden in der Literatur unter „primitiven Abwehrmechanismen" besprochen, zu denen KERNBERG auch die Spaltung der Person selbst zählt. Dies ist ein weiterer Komplex relativer Übereinstimmung innerhalb der psychotherapeutischen Literatur: Sie beschreiben die sich selbstverstärkende Natur in der Gestaltung der Austauschprozesse.

Eine knappe und brillante Beschreibung der Abwehrmechanismen gibt KERNBERG. Er zählt dazu: Spaltung, primitive Idealisierung, projektive Identifizierung, Verleugnung, Allmacht und Entwertung, wobei Spaltung als „zentraler Abwehrmechanismus der Borderline-Persönlichkeit" „auch allen anderen Mechanismen zugrunde liegt"[13]. „Spaltungsprozesse sind eine Hauptursache der Ichschwäche, und da die Spaltung auch weniger Gegenbesetzungsenergie erfordert als die Verdrängung, greift ein schwaches Ich besonders leicht auf Spaltungsmechanismen zurück, so daß wiederum ein *Circulus vitiosus* entsteht, über den sich Ichschwäche und Spaltung wechselseitig verstärken."[14]

Die sogenannten „primitiven Abwehrmechanismen" fangen ein Merkmal ein, das wir als Implikation der Kommunikationsweise süchtiger Beziehungsstruktur kennenlernten, die tautologisch selbstrefententielle Struktur von Informationsprozessen zwischen Selbst und Nicht-Selbst. Der Einsatz „primitiver Abwehrmechanismen" ist geeignet, den offenen psychosozialen kommunikativen Raum mehr und mehr einzuengen auf

11 O. KERNBERG, ebenda S. 312f.
12 ebenda S. 49f.
13 O.F. KERNBERG, ebenda S. 49.
14 O.F. KERNBERG, ebenda.

wenige Aspekte wie etwa Mißtrauen, das sich nun zur Paranoia wandelt. KERNBERG schilderte solche selbstverstärkende Eskalation, die die Person mehr und mehr einengt und in den Verlust des Selbstgefühls treibt: „Der Circulus vitiosus von Projektion der Aggression und anschließender Reintrojektion aggressiv aufgeladener Objekt- und Selbstimagines spielt aller Wahrscheinlichkeit nach in der Entwicklung sowohl der Psychosen als auch der Borderline-Persönlichkeitsstruktur eine erhebliche Rolle. Bei der Borderline-Persönlichkeitsstruktur steht eine Verstärkung und pathologische Fixierung von Spaltungsvorgängen im Vordergrund."[15] Übereinstimmend (MASTERSON, KRYSTAL und RASKIN, KERNBERG, von SCHEIDT) werden Austauschprozesse beschrieben, die den „Geist" von Information ausfällen und statt dessen Konfusion generieren. Die Person schneidet sich von einem Ausloten ihres Beziehungskontextes ab und igelt sich mehr und mehr in ihrer eigenen Welt ein.

Damit finden wir die Wirkungseinheit der süchtigen Beziehungsstruktur als fragmentierende, desorganisierende Wirkungseinheit der Person wieder: ihre Aufspaltung, Abwertungsprozeß und den tautologischen und selbstverstärkenden Charakter dieser Abwehrmechanismen. Die Kommunikationsweise nach unserem Modell süchtiger Beziehungsstruktur hat sich in der kommunizierenden Person selbst verankert in der Wirkungseinheit von Aufspaltung in aktiven und passiven Modus, Abwertungsprozeß und tautologischen Austauschprozessen als *Grundzyklus der Sucht*. Der Grundzyklus der Sucht kann sich ohne Suchtmittelkonsum etablieren und allmählich eine Disposition zu süchtigem Konsum vorbereiten. Suchtmittelmißbrauch ergänzt und verstärkt diesen nur. Der Suchtprozeß ist mit dieser Wirkungseinheit installiert.

Ist eine Disposition zum Suchtprozeß gegeben, kann der chronische Suchtmittelkonsum seine Dienste anbieten. Wir kennen die ebenfalls tautologische und sich selbstverstärkende Struktur des potentiellen Suchtmittels. Es fügt sich nahtlos in die Reihe „primitiver Abwehrmechanismen" ein und kann sich optimal mit ihnen legieren. Das Suchtmittel kann zunächst einfach ein weiterer tautologischer Abwehrmechanismus sein mit der Gefahr, sich selbst zu verstärken, indem es den Reizschutz manipuliert. Darüber hinaus stützt oder ersetzt zeitweilig der süchtige und chronische Suchtmittelkonsum diese pathologische Gestaltung der Austauschprozesse und folgt einem Versagen der bisherigen „Abwehrmechanismen". Er kann vertauscht werden, da er seiner informationellen Struktur nach gleichsinnig wirkt. Nach De VITO et. al. stelle der exzessive Genuß von Alkohol einen Schutz gegen unterschiedliche, das Ich bedrohende Situationen dar, die zu einem Zusammenbruch des normalen Abwehrsystems führen: einen Schutz gegen starke und bedrohliche Affektzustände, gegen drohende Hilflosigkeit und Abhängigkeitswünsche und insbesondere gegen Angst bei der Gefahr der Ich-Desorganisation.[16] Wir dürfen nicht vergessen, daß eine solche Formation der Austauschprozesse nicht nur ineffektiv ist, sondern schließlich eskalierend nur neue Probleme der Integrität der Person schafft.

Ich möchte in diesem Zusammenhang einen Fall | schildern, der in unserer letzten Teamsitzung vorge-

15 O.K. KERNBERG, ebenda S. 47f.

16 R.A. De VITO et.al.: Toward a Psychodynamic Theory of Alcoholism. In: Dis. nerv. Syst. 31, S. 43-49.

stellt wurde. Es handelt sich um Christoph, einen 24-jährigen Heroinabhängigen mit neunjähriger Drogenkarriere. Zum Zeitpunkt dieser Besprechung ist er gerade sechs Wochen bei uns. Mein Kollege hatte Christoph die Aufgabe gestellt, die Gesichter aller Familienangehörigen auf einem Blatt zu skizzieren als Grundlage, die familiären Beziehungen zu eruieren. Unter Verkehrung seiner hierarchischen Position in der Familie hatte er sich beherrschend genau in die Mitte plaziert, und seine Proportionen waren schon auf den ersten Blick größer als die aller anderen. Interessanterweise hatte er eine wichtige Person vergessen, die erst während der Befragung erwähnt wurde: Im Haushalt hatte seine Großmutter mitgelebt, die in jenem Jahr starb, auf das der Beginn seiner Drogenkarriere zu datieren ist. Sie muß eine beherrschende Person gewesen sein. Christophs Mutter litt dagegen unter Angstzuständen, die zeitweilig stationär psychiatrisch behandelt wurden. Sie war häufiger Kritik ihrer Mutter ausgesetzt. Erzieherisch war diese Großmutter die entscheidende Person, sein Vater eher belanglos, seine Mutter wollte er „glücklich" machen. Es gab konkrete Hinweise, daß die Großmutter die Elternposition in der Familie einnahm und alle anderen, Enkel wie ihre Kinder auf gleicher Stufe rangierten, wenn nicht Christoph gar über seiner verängstigten Mutter in dieser Hierarchie stand. Kurz, wir mußten annehmen, daß Christoph Probleme hatte, sich in eine Hierarchie einzuordnen, seine Größe darin realistische einzuschätzen und Grenzen dieser Art zu akzeptieren und zu beachten. Die Arbeitsanamnese bestätigte diesen Aspekt: Er konnte gut und initiativ arbeiten, verstand es aber nicht, sich sinnvoll einzuordnen, sondern gab vorzeitig auf, wenn seine Größenvorstellungen nicht beifällig bestätigt wurden. Er hatte zwei Weiterbildungsmaßnahmen lustlos abgebrochen und Arbeitsverhältnisse aus dem erwähnten Konflikt aufgegeben.

In der Therapiegruppe hatte er beklagt, daß er heftige Neigung zu Gewalttätigkeit verspüre, er habe solch eine Wut im Bauch. Ein einzelner konkreter Anlaß war nicht herauszufinden. Der Therapeut stellt ihm die Aufgabe, wenn immer er einen alltäglichen Wunsch verspüre, so möge er darum bitten oder nachfragen. Eine Woche später berichtete Christoph, er sei dieser Aufgabe nachgegangen. Er spüre keine Wut mehr. Heftig allerdings griff er die Aufgabe an und versucht sie los zu werden. Schließlich meint er abschätzig, eine solche Aufgabe bringe nichts, sie sei für ihn keine Herausforderung.

Diese Aufgabe dürfte ins Schwarze getroffen haben: Sie gestaltete die Austauschprozesse neu, so daß er mit einer gewissen Achtung sorgsam zwischen sich und den anderen unterscheiden mußte, anstatt diese Grenze zu mißachten und seinem Größenanspruch zu erliegen. Seine Wut entsprang dem Bedürfnis, seinen narzißtischen Anspruch durchzusetzen, und war als ein erstes Anzeichen eines Prozesses der Entdifferenzierung zu betrachten. Intuitiv stellte der Therapeut durch diese Aufgabe den kommunikativen Zusammenhang wieder her, so daß dieser Prozeß gestoppt wurde und der zentrale Bereich der Person in dieser Hinsicht verbunden blieb mit seiner Umgebung. Dies sicherte seinem Selbstgefühl den Zustrom von Werterfahrung. Diese Aufgabe formulierte einen Abwehrmechanismus neu und positiv um: „Du hast Probleme, deine Wünsche zu äußern, ja vielleicht sie zu bemerken. Nimm dir dieses Recht und äußere eine Bitte, wenn immer du im Alltag einen Wunsch auf den Lippen hast..."

Die narzißtische Deutung der süchtigen Beziehungsstruktur

In KOHUTs Beschreibung der narzißtischen Persönlichkeitsstörung und ihrer Psychodynamik finden wir alle drei Merkmale des Grundzyklus der Sucht verankert. Zentral ist die Rolle der Spaltungsvorgänge, wobei er *„horizontale und vertikale Spaltung"* unterscheidet. Die horizontale Spaltung beruhe auf „Verdrängung" und schütze das „Real-Ich" vor „unerfüllten narzißtischen Forderungen". Von großer Bedeutung erweist sich die „Abwehrschranke der vertikalen Spaltung", in deren Phalanx insbesondere der Abwehrmechanismus der Verleugnung vertreten ist. Das Splitting der Person begründet die Struktur der narzißtischen Persönlichkeit: „Bei den narzißtischen Persönlichkeitsstörungen haben wir es zu tun mit dem *Nebeneinanderbestehen kohärenter Reaktionsweisen* mit verschiedenen Zielvorstellungen, verschiedenem Luststreben, verschiedenen moralischen und ästhetischen Wertvorstellungen."[17] Wir finden also wiederum zwei Persönlichkeiten vor, die nur in geringem Austausch miteinander stehen und die, wie wir belegen werden, sich um den aktiven und den passiven Modus der Kommunikation gruppieren. Ihre Dynamik bestimmt die Übertragungsdynamik der narzißtischen Persönlichkeit.

Im Mittelpunkt seiner Theorie steht die Manipulation des Selbstgefühls mittels der Strategien des aktiven und passiven Modus. Die beiden Entwicklungsstränge (a) die Größen-Selbst-Konfiguration und (b) das narzißtisch besetzte Objekt sind um den aktiven bzw. passiven Kommunikationsmodus zentriert. KOHUT beschreibt die Übertragungssituation im ersteren Fall als *„Spiegelübertragung"*, das heißt als einen Prozeß der Wiederbelebung des Größen-Selbst, im zweiten Fall als *„idealisierende Übertragung"*, worin idealisierte Elternimago (das Übergangs-Selbst-Objekt) wiederbelebt wird: „Die therapeutische Aktivierung des allmächtigen Objekts (der idealisierten Elternimago), idealisierende Übertragung genannt, ist die Wiederbelebung eines von zwei Aspekten einer frühen Phase der seelischen Entwicklung in der Psychoanalyse."[18]

KOHUT gibt eine Schilderung des Zustandes idealisierender Übertragung, die trotz aller begrifflichen Verfremdung plastisch wirkt, wenn wir uns vor Augen halten, daß sie ein *gegenwärtiges* Beziehungsgeschehen beschreiben: Die Wiederbelebung der idealisierenden Übertragung „ist der Zustand, in dem die Psyche, nachdem sie eine Störung des Gleichgewichts des primären Narzißmus erleiden mußte, einen Teil des verlorenen Erlebens der umfassenden narzißtischen Vollkommenheit dadurch zu retten versucht, daß sie diese dem archaischen, rudimentären (Übergangs-)Selbst-Objekt zuschreibt, der idealisierten Elternimago. Da alle Vollkommenheit und Stärke jetzt in dem idealisierten Objekt liegen, fühlt das Kind sich leer und machtlos, wenn es von ihm getrennt ist, und versucht deshalb, dauernd mit ihm vereint zu bleiben."[19] Wer die Arbeit mit Süchtigen kennt, wird sie in diesen Worten leicht wiederfinden: der massive Appell an den Therapeuten, sein fast grenzenloses Herausfordern, indem sein Gegenüber auf Kosten der eigenen Selbstgrenze aufgewertet, das eigene Selbst aber herabgewürdigt wird. In dieser Konstellation kann unser Gegenüber relativ leicht Kontrolle über unsere Regungen in Anspruch nehmen. Dies entspricht unserem passiven Kommunikationsmodus.

Den zweiten Aspekt des Narzißmus und die dazugehörige Übertragungsbeziehung definiert KOHUT entsprechend: „Die Spiegelübertragung und ihre Vorläufer stellen die therapeutische Wiederbelebung jenes Aspektes einer Entwicklungsphase dar, in der das Kind versucht, daß es Vollkommenheit und Macht in das Selbst verlegt - hier Größen-Selbst genannt - und sich verächtlich von einer Außenwelt abwendet, der alle Unvollkommenheit zugeschrieben wird." Das Wirken des aktiven Modus wird hier beschrieben als Taktik, die im Vorgang der Kommunikation das Selbst unseres Gegenübers vergrößert, indem wir metaphorisch oder direkt abgewertet und mißachtet werden. Unser Gegenüber hat sich in den Elfenbeinturm des Vorbehalts zurückgezogen und überzeugt uns von seiner Willkür.

KOHUT charakterisiert beide Übertragungsbeziehungen anschaulich. Der idealisierenden Übertragungsbeziehung unterlegt er die Worte: „Du bist vollkommen, aber ich

---

17 KOHUT, Narzißmus, Suhrkamp Verlag Frankfurt a.M. 1973, S. 212 - 215.
18 ebenda S. 57.
19 ebenda.

bin ein Teil von Dir." Der Spiegelübertragung: „Ich bin vollkommen." Der Therapeut wird nur insoweit wahrgenommen, als er diese Aussage bewundernd bestätigt: „Der Analytiker wird als eine Erweiterung des Größen-Selbst wahrgenommen, und er wird nur insofern erwähnt, als er der Träger der Größenphantasien und des Exhibitionismus des Größen-Selbst des Analysanden geworden und in die Konflikte, Spannungen und Abwehrmechanismen einbezogen ist..."[20] Es ist unmittelbar zu sehen, daß beide Taktiken auf ein Manipulieren des Selbstgefühls abzielen, anstatt ihre Beziehungsrealität und ihre gemeinsam geschaffene Welt zu erforschen.

Aus unserer Sicht ist Grundlage narzißtischer Phantasien der Verlust des Beziehungskontextes durch Kontextverschiebung und der Bezug der Person auf nun konkurrierende Kontext, die in jedem Fall der Person ein falsches Selbst widerspiegeln oder erleben lassen. Das narzißtische Geschehen an der Selbstgrenze im Austausch zwischen System und Person kommt zustande, da die Person an verschiedene dissoziierte Segmente des Systems angekoppelt ist. Wir hatten im letzten Kapitel diesen Punkt dokumentiert. Wir werden dies in einem der folgenden Abschnitte tun, wenn wir den Fall Belinda besprechen. Die narzißtischen Phantasien spiegeln eben jene Kontextkontaminierung wieder. Der gebrochene systemische Kontext spaltet auch die Person auf, die sich nun in ihrer Bedeutung und Wirkung auf das System über- wie unterschätzt, auf- wie abgewertet fühlt, sich überfordert bis bedroht oder aber überhöht bis monströs erlebt. Dieser Bruch des Selbsterlebens wird mit narzißtischen Phantasien ausgefüllt, die um den Komplex Allmacht und Ohnmacht gruppiert sind und sich selbst wie dem Anderen zugeschrieben werden können. Weder das eine noch das andere Segment zusammen mit dem zugehörigen Teil der Persönlichkeit können ein konsistentes Bild des Selbst entwerfen, da es diesem narzißtischen Wechselspiel ausgesetzt ist. Kurz, die Spaltung der Person legt den Grundstein, daß das Selbstgefühl irritiert und gelähmt wird. Die Grenzfunktion, das Streben nach Sicherheit, erhält Vorrang vor der Kontaktfunktion, dem Streben nach Befriedigung, und behindert sie. Narzißtisches Erleben spiegelt diese Vorgänge an der Selbstgrenze wider, während narzißtische Phantasien Taktiken darstellen, mitunter verzweifelte Taktiken, das Selbstgefühl zu retten.

KOHUT behandelt beide Aspekte des Narzißmus als getrennte, eigenständige Entwicklungslinien. Dies rührt daher, daß KOHUT Narzißmus als inhärente Kraft der Persönlichkeit auffaßt und eine eigenständige Entwicklung des Narzißmus hypostasiert. Den Formen des aktiven und passiven Modus unterstellt er je einen eigenen Entwicklungsstrang: die Entwicklung der „Größen-Selbst-Konfiguration" und des „narzißtisch besetzten Objektes". Als deren gemeinsamen Ursprung sieht er den primären Narzißmus: „Das Gleichgewicht des primären Narzißmus wird durch die unvermeidliche Begrenzung mütterlicher Fürsorge gestört, aber das Kind ersetzt die vorherige Vollkommenheit (a) durch den Aufbau eines grandiosen und exhibitionistischen Bildes des Selbst: das Größen-Selbst; und (b) indem es die vorherige Vollkommenheit einem bewunderten, allmächtigen (Übergangs-)Selbst-Objekt zuweist: der idealisierten Elternimago."[21] Sie führen schließlich durch Umwandlungen und innere Strukturbildung zu reiferen Formen des Narzißmus, die sich in Selbstachtung und Integrität ausdrükken. Die Größen-Selbst-Konfiguration wandelt sich zur „neutralen Grundstruktur" „im

---

20 ebenda S. 130.

21 H. KOHUT, ebenda S. 43.

zentralen Sektor der Persönlichkeit", während das narzißtisch besetzte Objekt verinnerlicht wird und in Gestalt des „idealisierten Über-Ich" als Hort von Werten und Normen in der Person weiter wirkt. Aus dem „Nebeneinanderbestehen unvereinbarer in die Tiefe reichender Persönlichkeitszüge" entsteht im therapeutischen Prozeß ein „lebendiges Tiefenselbst", das „zum Organisationszentrum der Ich-Aktivität geworden" ist, ein „*kohärentes Selbst*" und „kohärente, idealisierte archaische Objekte"[22].

In unserer Vorstellung ist das Selbstgefühl eine solche inhärente, gestaltende Kraft, während die beiden narzißtischen Kommunikationsmodi kurzfristig wirkende manipulative Taktiken darstellen, das Selbstgefühl unter den Prämissen süchtiger Beziehungsstruktur zu beeinflussen, also Taktiken der Vermeidung und Zerstörung von Kommunikation. Der Einsatz solcher Taktiken resultiert bereits aus einem beeinträchtigten Selbstgefühl. Grandiosität wie Ohnmacht sind eher verzweifelte Versuche, einen drohenden Verlust des Selbstgefühls aufzuhalten. Tatsächlich finden wir bei KOHUT jene Grunddynamik aus aktivem und passivem Modus wieder. Jene beiden „Entwicklungsstränge" und Übertragungsformen sind keine wirklich eigenständigen Strukturen, sondern ergänzen einander: ihre Dynamik besteht gerade darin, daß sie ineinander überkippen. Untersuchen wir KOHUTs Schilderungen der therapeutischen Beziehung, so wird jene das Beziehungsgeschehen beherrschende Dynamik der beiden Modi und ihr Ineinanderkippen als ein zentrales Phänomen deutlich. In allen Fallbeispielen, die KOHUT anführt, ist ein Wechsel zwischen beiden Modi konstitutiv für das Geschehen in der therapeutischen Beziehung[23]. Dieselbe Dynamik sieht wohl auch KOHUT am Werk, wenn er auffordert: Der Therapeut solle „*seine Aufmerksamkeit auf die Verschiebung zwischen diesen Positionen (idealisierende Übertragung und Spiegelübertragung) und auf die sie auslösenden Ereignisse konzentrieren.*".[24] Bei manchen Persönlichkeiten ist ein häufiges Ineinanderkippen offensichtlich. KOHUT gesteht zu: „Bei manchen Patienten ist die Unterscheidung zwischen idealisierender Übertragung und Spiegelübertragung nicht leicht, weil entweder die Schwankungen zwischen den zwei Positionen sehr schnell ablaufen oder weil die narzißtische Übertragung selbst im Übergang befindlich oder gemischt ist mit Merkmalen der Idealisierung des Analytikers und gleichzeitig vorhandenen Forderungen nach Spiegelung, Bewunderung oder nach einer Alter-ego oder Verschmelzungsbeziehung zu ihm."[25]

Auch in einer anderen Hinsicht finden wir bei KOHUT das Aufeinander-Bezogensein beider Modi und ihre eskalierende Beziehungsdynamik wieder und zwar in dem Umstand, daß der jeweils andere Modus als Rückzugs- bzw. Regressionsstufe gilt. Theoretisch findet ihr enges Zusammenwirken eben in der Annahme eines primären Narzißmus Ausdruck, indem beide Aspekte unterschiedslos vereint seien. Das Ziel der Behandlung besteht darin, die Spaltungsvorgänge zwischen den beiden Modi zu überwinden, zur Regieführung vorzudringen und diese neu zu organisieren als Teilnehmer von Kommunikation: „Durch Deutungen erkennt der Analysand zunehmend die Beziehung zwischen seinem aktiven und seinem reaktiven Selbst und den psychischen Mechanismen, die vorher scheinbar unmotiviert und unvorhersehbar abgelaufen sind."[26]

Wir konnten zeigen, daß die beiden Modi der süchtigen Beziehungsstruktur Dyna-

22 H. KOHUT, ebenda S. 145 u. 19.
23 Etwa die Fallbeschreibungen auf den Seiten 82ff oder S. 93f.
24 H. KOHUT, ebenda S. 252
25 ebenda S. 252.
26 ebenda S. 248.

mik und Struktur der narzißtischen Persönlichkeit und ihre Übertragungsbeziehung ausmachen. Wir konnten auch herausfinden, daß der Wechsel zwischen beiden Modi den Prozeß der Desorganisation und Fragmentierung des Selbst einleitet und der jeweils entwertete Modus die Regressionsstufe abgibt. Dies sind Ergebnisse von Spaltungsvorgängen, die die Person splitten, und die dann zu wirken beginnen, wenn die gestaltende Kraft des Gefühls des Selbst beeinträchtigt ist. Mir scheint es KOHUTs Verdienst zu sein, neben den Übertragungssituationen narzißtischer Persönlichkeiten Prozesse der „Fragmentierung des Selbst" und Strategien der Behandlung erkannt und beschrieben zu haben.

Wir finden aber auch die zentrale Rolle des Abwertungsprozesses sowohl in der Übertragungsdynamik wie in der Behandlungsstrategie wieder. KOHUT schreibt: „Ist die Übertragung ungestört, so fühlt sich der narzißtische Patient solange ganz, sicher, mächtig, gut, anziehend, aktiv, wie sein Selbsterleben den idealisierten Analytiker einschließt, das er mit einer selbstverständlichen Sicherheit zu kontrollieren und zu besitzen weiß." Oder: „Der Vorläufer der Idealisierung der archaischen Eltern-Imago und der Größenvorstellung des archaischen Selbst ist im allgemeinen das kindliche Erleben eines ungestörten primären narzißtischen Gleichgewichts, eines psychischen Zustandes, dem Vollkommenheit selbst der aller einfachsten Differenzierung in der späteren Kategorie der Vollkommenheit vorausgeht."[27] Der primäre Narzißmus als Zustand eines ungestörten, undifferenzierten narzißtischen Gleichgewichts ist ein Wunschtraum der süchtigen Beziehungsstruktur, die den für kommunikative Teilhabe feindlichen Anspruch auf absolute Sicherheit und Unbezogenheit formuliert. Sie bedeutet den u.U. tödlichen Keim eines unstillbaren Abwertungsprozesses. Unter den Prämissen der süchtigen Beziehungsstruktur ist ein Begegnen der beiden Persönlichkeitsteile, ihr In-Beziehung-setzen, ihre Konfrontation mit den psychosozialen Segmenten schier unweigerlich damit verknüpft, den mehr oder weniger intensiven Abwertungsprozeß in Gang zu setzen. KOHUT fährt fort: „So reagiert der Analysand (im Stadium narzißtischer Einheit mit dem Selbst-Objekt) anfänglich mit Wut und Verzweiflung auf jedes Ereignis, das seine narzißtische Kontrolle des archaischen Eltern-Imago, des Analytikers, stört."[28]

Damit finden wir neben der Aufspaltung der Person als gleichrangige Kraft der Desorganisation den Abwertungsprozeß wieder. Seine Falldarstellungen belegen, daß jeder Versuch des Aufeinanderbeziehens der gesplitteten Person einen intensiven Abwertungsprozeß in Gang setzt bis hin zu Suizid oder psychotischen Reaktionsformen. Im Anschluß an unser letztes Zitat hebt er die „strategische Bedeutung" von „rachsüchtiger Wut", „Verzweiflung", „totalem Rückzug", „Gefühl des Triumphes" etc. hervor, die *strategische Bedeutung der Abwertung*. Mit jeder Begegnung der beiden gesplitteten Persönlichkeiten wird dieser Abwertungsprozeß in Gang gehalten und verstärkt, wenn nicht der Therapeut einen positiven unabweisbaren Kontext zu erzeugen vermag als Gegenstrategie zum Abwertungsprozeß. KOHUT fährt daher in seiner Fallschilderung fort: „...die Analyse machte keine Fortschritte, bis ich mein Verständnis ausdrücken konnte." Dieses Verständnis ist die Basis, um die therapeutische Gegenstrategie zum Erfolg zu führen, deren Hauptaufgabe er so formuliert: *„Der Widerstand wird jedoch nicht durch Bekämpfung der abgespaltenen Arroganz überwunden, sondern*

---

27 ebenda S. 113 u. 85.
28 ebenda S. 113.

dadurch, daß man sie dem zentral gelegenen Sektor der Persönlichkeit erklärt, um den letzteren zu überzeugen, daß es den ersteren in seinen Bereich aufnehmen müsse."[29]

KOHUT faßt hier eine grundlegende therapeutische Strategie zusammen, die die Prämissen der süchtigen Beziehungsstruktur überwinden hilft und die heilende Potenz von offener Kommunikation einsetzt: einen inneren Dialog zwischen den beiden auseinanderstrebenden Persönlichkeitshälften in Gang bringen und zwar in der Weise, daß Abwertung neutralisiert wird. Der Abwertungsprozeß wird aufgehalten, indem die abwertenden oder gar verwerfende implizite Beziehungsdefinition durch eine positive Beziehungsdefinition ersetzt und die beide Seiten der Person miteinander kommunikativ verknüpft werden. KOHUTs Annahme, das 'Programm' des primären Narzißmus und die Manifestationen des sekundären als Wiederaufleben früher und frühester Entwicklungsstadien der Kindheit zu betrachten, kann helfen, die gegenwärtigen Geschehnisse der therapeutischen Beziehung mit Geduld und einem gewissen Interesse zu verfolgen und anstelle einer verurteilenden Schelte oder verhohlen aggressiver, erzieherischer Ermahnung mit Kontaktaufnahme und *„integrierender Zuwendung"* zu beantworten. Er sieht in seinem Gegenüber das traumatisierte Kind, das wiederum an sein Einfühlungsvermögen und seinen Schutz appelliert. Auf diese Weise wendet sich das kleine Kind an die instinktive Bereitschaft des Therapeuten, Schutz zu gewähren. Er erschließt sich so eine Quelle, jenen Aktionen und Zuständen seines Gegenübers, die ansonsten zutiefst aufregen oder langweilen können, ein tieferes Verstehen abzuringen. Mit dieser mächtigen Metapher vom Kind, vom Kleinkind, ist auch seinem Gegenüber geholfen. Die einfühlsame Verwendung dieser Metapher veranlaßt unser sich verleugnendes und schließlich sich selbst abwertendes Gegenüber, sich berühren zu lassen, sich positiv und einfühlsam zu definieren, sich selbst anzunehmen und überzeugen zu lassen, daß es so unvermögend nicht dasteht und daß es sich selbst gegenüber den Anspruch erheben kann, darf und muß, sich in Schutz zu nehmen. So appelliert das Kleinkind im Patienten, wenn er die darin vielleicht enthaltene Kränkung erst einmal zu verdauen beginnt, an diesen selbst, ihm Schutz zu gewähren und sich in seine Bedürfnisse einzufühlen. Wenn die Situation reif ist, kann auch unser Gegenüber dieses Kind nicht zurückweisen. Mit diesem Kunstgriff beginnt unser Gegenüber, sich selbst jene Macht streitig zu machen, die Beziehungsdefinition vorzubehalten, und eine Kommunikation des Kontextes kann einsetzen.

Dem Phantasiekomplex des primären Narzißmus und seinen Manifestationen im sekundären Narzißmus stellt KOHUT eine Philosophie der Bezogenheit gegenüber, die genau unserem pragmatischen Imperativ entspricht. Das Ziel der Umwandlung des Narzißmus in reifere Formen bestimmt er folgendermaßen: „Das Objekt ist vom Selbst deutlich abgegrenzt, d.h., es wird als ein Motivationszentrum wahrgenommen - als eine *Quelle unabhängiger Wahrnehmungen, Gedanken und Handlungen.* Die Übertragungsinteraktionen mit dem Objekt enthalten Elemente von *Gegenseitigkeit* und die Reaktionen auf Enttäuschung am Objekt werden durch Zorn und intensives Verlangen ausgedrückt, also Affekte, die auf das zurückweisende Objekt gerichtet sind." Oder: „...die Objekte werden geliebt und gehaßt, von einer Psyche, die sich von den archaischen Objekten gelöst, autonome Strukturen angenommen, *die unabhängige Motive und Reaktionen anderer akzeptiert und den Begriff der Gegenseitigkeit verstanden hat.*"[30]

29 ebenda S. 114 u.258.
30 ebenda S. 97f u. 71.

Im Mittelpunkt der therapeutischen Bemühungen von KOHUT steht ein (Wieder-) Erwecken der dialogische Qualität menschlicher Kommunikation: Bewahren von Bezogenheit auch bei Wut und Enttäuschung, Gegenseitigkeit und wechselseitige Anerkennung als „Motivationszentrum" und „Quell eigener Gedanken, Impulse und Handlungen", d.h. als echte Kommunikationspartner. *Ein Markieren der Selbstgrenze, Einführen von Unterschieden zwischen Selbst und Anderem, nährt den integrativen Prozeß und die Strukturbildung der Person.* Der therapeutische Prozeß führt beständig Unterschiede und Unterscheiden von Selbst und Anderer ein. Der Therapeut achtet darauf, daß diese Unterschiede nicht heimlich oder offen entwertet werden und somit ihren Informationswert erhalten. Beständiges Unterscheiden gibt der Beziehung die Möglichkeit, sich zu differenzieren, sich gegeneinander zu markieren, als auch Verbundenheit anzuerkennen. Dieser Prozeß des Erforschens von Beziehungsrealität gibt die Chance, daß unser Gegenüber in dem Maß Strukturen ausbildet, wie sich die therapeutische Beziehung entfaltet. Diesen integrativen Prozeß der Strukturbildung finden wir bei KOHUT wieder als „*umwandelnde Verinnerlichung*", das heißt, allmählich bilden sich „psychische Strukturen, die triebregulierenden, integrierenden und adaptiven Funktionen übernehmen, die vorher von dem (äußeren) Objekt erfüllt worden waren".[31] Für den Teilhaber an echter Kommunikation wird die Grenzfunktion wiederbelebt, und das Gefühl des Selbst stellt sich wieder ein.

Isolieren des zentralen Bereichs der Persönlichkeit und der Prozeß der Entdifferenzierung

Wir hatten traumatisierende oder chronische Grenzverletzungen zum Ausgangspunkt genommen, die einen allmählichen Verlust des Selbstgefühls in Gang setzen und dysphorische und disqualifizierende Erfahrungen hervorrufen. Wenn die Person sich auf Strategien der süchtigen Beziehungsstruktur zurückzieht, setzt der Prozeß der Desorganisation ein. Er wird getragen von Vorgängen der Spaltung und vorangetrieben durch den immer wieder angestoßenen und wachsenden Abwertungsprozeß, die die beiden Modi der Kommunikation gegeneinander eskalieren lassen. Wenn Vorgänge der Spaltung und Abwertung aktiviert werden zusammen mit tautologische Austauschprozesse, wird ein Verlust des Selbstgefühls zementiert und sein Wiederaufleben erschwert. Wir hatten beobachten können, wie schwer es ist, in der Dynamik von aktivem und passivem Modus das Selbstgefühl aufrechtzuerhalten: Der Wechsel zwischen den beiden Modi unterliegt nicht der Steuerung durch den Süchtigen, sondern vollzieht sich hinter seinem Rücken. Das Beziehungsgeschehen nimmt disqualifizierende Formen an. Mit wachsender Unfähigkeit bzw. abnehmender Bereitschaft, die Kontaktfunktion aufrechtzuerhalten, nimmt der Zustrom von Werterfahrung weiter ab. Narzißtische Phantasien und Ausbeutung von Kontextmanipulationen füllen das Vakuum aus. Sie sorgen in der narzißtischen Buchführung für Auf- und Abwertungen. *Die süchtige Beziehungsstruktur läßt, wo sie vorherrscht, nur eine negative oder hybride Selbstdefinition zu.*

Auf diese Weise kann sich schließlich der zentrale Bereich der Person isolieren, d.h. sich vom Kontakt mit dem Beziehungskontext der Person soweit lösen, daß spontane Werterfahrung zu versiegen droht und narzißtische Phantasien überhand nehmen. Im

31 ebenda.

Grunde *kann nun wohl jedes Verhalten, das sich narzißtisch Ausbeuten läßt, das Aussehen von Sucht annehmen und einen Prozeß der Desorganisation einleiten, wenn es mit Spaltungsvorgängen und Abwertung liiert auftritt.* „Aussehen von Sucht" meint, daß die narzißtische Ausbeutung vorangetrieben wird, um ohne Rücksicht auf destruktive Folgen das Selbstgefühl zu stützen. Beinahe jede Tätigkeit und Phantasie eignet sich hierzu, Arbeiten ebenso wie sexuelle Aktivität oder der Kitzel krimineller Aktionen. MASTERSON zählt beispielsweise „Anklammern" wie „Distanzieren" zu den Techniken der Abwehr. Dennoch scheint mir nicht jedes *süchtige Verhalten* identisch mit einem Suchtprozeß zu sein. *Süchtiges Verhalten beherrscht nur Teilbereiche der Persönlichkeit, während der Suchtprozeß den zentralen Bereich der Person in Mitleidenschaft zieht.*

Spaltung, Abwertung und tautologische Abwehrmechanismen stabilisieren und verstärken sich wechselseitig. Dieser Grundzyklus der Sucht *isoliert den zentralen Bereich der Person* sowohl vor dem inneren Dialog der Person, als auch innerhalb ihrer realen Bezüge. Unter diesen Umständen kann das Gefühl des Selbst, das wir ja als ein Ausbalancieren von Introjektion und Projektion definierten und das aus einem Vermitteln von Welt und Selbst entspringt, nicht genährt und aufrechterhalten werden. Unter dem Verhalten, das sich mit Aufspaltung und Abwertungsprozeß liiert, nimmt Suchtmittel einen besonderen Rang ein. Es kann als idealer und hochpotenter Abwehrmechanismus eingesetzt werden, der seiner extrem selbstverstärkenden Potenz wegen diese Fähigkeit in besonderer Weise zu entfalten und Teilbereiche wie den zentralen Bereich der Person schließlich zu isolieren fähig ist. Spätestens jetzt müssen wir das Suchtmittel als ein quasi lebendiges Wesen betrachten - in der Psychoanalyse als Ersatz für das Selbst-Objekt, Übergangsobjekt oder Partialobjekt geltend -, womit der Süchtige in Beziehung tritt (s. Kap 15).

Das Selbstgefühl verliert seine integrierende Kraft, und wir stoßen auf einen *Prozeß der Entdifferenzierung*, der die Unterscheidung zwischen Selbst und Nicht-Selbst weiter verringert und somit die Grenzen zwischen Impuls, Denken und Handeln verwischt (Drohung mit Selbstmord, kriminelle und perverse Handlungen etc.). Das Selbstgefühl degeneriert. Wir definieren Entdifferenzieren als ein Berauben der kommunikativen Funktion, die normalerweise dem verbalen, gestischen und affektivem Ausdruck zu eigen ist. Mit fortschreitender Entdifferenzierung kann die Gestik zur Maske erstarren. Die Fähigkeit zur Verbalisierung weicht einem rudimentären Jargon, erreicht die Ebene des Ausagierens und Somatisierens (bei Drogenabhängigen oft erst dann, wenn sie entziehen und clean zu leben versuchen). Die Affekte werden von disqualifizierenden Selbstgefühlen (etwa Nichtigkeit) beherrscht, Kontakt- und Grenzfunktion, die sich in unterscheidbaren Empfindungen und Gefühlen niederschlagen, werden kaum unterscheidbar, wie das beispielsweise bei der narzißtischen Wut der Fall ist. Diese für den Süchtigen schier unauflösbare Vermischung von Selbstgefühl und Gefühlen gegenüber anderen, ist ein typisches Merkmal. Wir erwähnten schon den Begriff des „Uraffekts", der einen solchen undifferenzierten Gefühlszustand bezeichnet, oder aber den dysphorischen Zustand der Leere und der Depression, einen Zustand, der dem Verlust des Selbstgefühls nahekommt. KRYSTAL und RASKIN sprachen von einer „Regression auf einen bedrohlichen Uraffekt". Dasselbe scheint MASTERSON zu meinen: „Die Verlassenheitsgefühle umfassen nicht ein einziges Gefühl, sondern setzen sich aus den sechs erwähnten Gefühlen zusammen", die da sind: „Depression, Wut,

Angst, Schuld, Passivität und Hilflosigkeit, Leere und Nichtigkeit".[32]

Der Prozeß der Entdifferenzierung führt zur Ununterscheidbarkeit zwischen Selbstgefühl und Gefühl für andere, zur Vermischung solch verschiedener Gefühle wie Liebe und Aggression und zur Unkenntlichkeit der Richtung, auf die dieselben zustreben, sei es auf andere, sei es gegen sich selbst. Es entsteht ein Spannungszustand, ein Schmerz, ein „bedrohlicher Affekt" wie Verzweiflung, also *Gefühle, die hinsichtlich ihrer kommunikativen Funktion unkenntlich* wurden. Gefühle sind ein Vorgang spontaner Erkenntnis und daher an die Bedingungen von Kommunikation geknüpft. Sie bedeuten dann im Sinne der Psychoanalyse „neutrale Energie" unter der Regie des Ich, das heißt, sie lassen sich durch Kommunikation beeinflussen, lenken und modifizieren. Wenn Gefühle erkennen sollen und erkannt werden wollen, so müssen die Kommunizierenden den Regeln der Kommunikation folgen. Werden diese Regeln und Bedingungen verletzt, wirken Gefühle als zerstörerische 'Energie', die sich austobt, ohne ein Ziel zu kennen, ohne eine Kontaktfunktion oder eine echte Grenzfunktion zu übernehmen. Unter dieser Voraussetzung wirkt Liebe so zerstörerisch wie Aggression.

Was macht Gefühle zerstörerisch? Ist es ihre Natur? Oder ist es vielmehr die kommunikative Entkleidung der Gefühle, die eine destruktive und selbstzerstörerische Entwicklung in Gang setzt? PERLS zeigte, daß Aggression und Zerstörung nicht gleichzusetzen sind, wie dies FREUD mit der Idee eines Destruktions- und Todestriebes tat. Aggression ist eine Funktion von Kontakt, „als Schritt auf das Objekt hin, sei es das Objekt des Appetits oder ein Objekt der Feindschaft". Aggression als „warmer Zorn" diene dazu, an das Objekt heranzukommen und Hindernisse aus dem Weg zu räumen. Aggression sei notwendig für den Prozeß der „Assimilation"[33], der Nahrungsaufnahme im eigentlichen wie metaphorischen Sinne durch den Organismus. Der Organismus verleibt sich Nahrhaftes ein, indem er die Nahrung zerbeißt und zerkleinert, um sie zu verdauen, seinem Kreislauf zuzuführen und zu wachsen. In seinem Verständnis ist Aggression der Kontaktfunktion untergeordnet. Wir können eine zweite Funktion von Aggression hinzufügen, diejenige, Schutz zu spenden und sich abzugrenzen, psychosoziale Grenzen und Markierungen abzustecken und zu sichern. Hier steht sie *im Dienst der Grenzfunktion*, um Integrität aufrechtzuerhalten oder wiederherzustellen. Auf dieselbe Weise können wir Liebe unterscheiden, ob sie im Dienste der Kontaktfunktion steht und sich auf eine andere Person richtet oder im Dienst der Grenzfunktion, wenn sie zur Selbstachtung dient.

Aggression wie Liebe sind als Gefühlsregung oder „Trieb" weder zerstörerisch noch nährend. Es kommt darauf an, ob Aggression kommuniziert und ob Liebe kommuniziert oder ob sie unter den Prämissen süchtiger Beziehungsstruktur zum 'Einsatz' kommen und daher bestrebt sind, aus dem Kreis der Kommunizierenden herausspringen. In diesem süchtigen Beziehungsmuster werden Aggression wie Zuneigung zerstörerisch, weil sie keinen Einsatz finden, um offen und beständig die wechselnde Beziehung zu definieren, sondern *weil sie dies gerade vermeiden wollen.* Eingefangen in einem Irrgarten von Phantasien finden die Kommunizierenden keinen Weg hinaus zum Anderen. Auch KOHUTs narzißtische Übertragungssituationen definieren Formen destruktiver Liebe und Selbstliebe.

Ein Gefühl der Leere und Nichtigkeit kehrt ein, schier ununterscheidbar von Emp-

32 MASTERSON, ebenda S. 47.

33 F. PERLS: Ich, Hunger und Aggression, Klett-Cotta, Stuttgart 1978, 127ff.

findungen der Spannung, des Schmerzes, der Aggression und ebenso, ob sie sich auf die Person selbst oder andere beziehen. Opfer dieses 'Gefühls' kann fast unterschiedslos der andere oder die Person selbst sein. In diesem Stadium ist die Unterscheidung zwischen Selbst und Nicht-Selbst so weit verringert, daß es zu einer Verwischung der Grenzen zwischen Impuls, Denken und Handeln kommt. Das Selbstgefühl und sein organisierendes Prinzip sind fast zerstört.

In diesem Stadium der Entdifferenzierung wächst der Keim für einen Suchtprozeß im engeren Sinne heran: das vehemente Bedürfnis nach Flucht aus dieser Welt, wo Innen und Außen bedrohlich und vertauschbar erscheinen; das vehemente Bedürfnis, den Schrecken eines drohenden Verlust des Selbstgefühls abzuwenden. Spätestens jetzt stellt sich ein chronisches Bedürfnis nach Suchtmitteln ein, das diese allgegenwärtige, allseitige Bedrohung irgendwie vage eindämmt. Gegen diese nicht auszumachende Bedrohung wird die pharmakothyme Steuerung eingesetzt, die periodisch versagt und darüber hinaus selbst eines Tages in Folge der Abwertungsdynamik zwischen Person und Suchtmittel zusammenbricht, ohne eine andere Alternative zur Wahl zu stellen, wenn nicht erneut Suchtmittel einzuverleiben bis zum Tode.

Dieses Stadium der Entdifferenzierung wird meist vor Beginn einer eigentlichen Suchtkarriere durchlaufen. Das Suchtmittel wird als Heilmittel gesucht, um einem (erneuten) Suizidversuch aus dem Weg zu gehen; es dient in diesen Fällen dazu, den drohenden Selbstmord hinauszuschieben. Dieser erschreckende Zustand eines drohenden Verlustes des Selbstgefühls verlangt eine Handlung, er muß abgewendet werden, wofür - wenn Suchtmittel noch keine Rolle spielen oder im einem Stadium der chronischen Abhängigkeit - Selbstverstümmelung, Selbstmordversuch, Impulse zu Gewalttätigkeit, Selbstgefährdung, gefährliches Ausagieren, kriminelle und perverse Handlungen, Aushungern, Depression u.a.m. dienen können. Versuche zur Selbstheilung und Aktionen der Selbstzerstörung werden schließlich ununterscheidbar und ebenso Sucht und diese Formen der Abwehr jener bedrohlichen, entdifferenzierten Affekte. Um dieses Stadium besser zu verstehen, werden wir im folgenden Abschnitt nochmals auf das Geschehen an der Selbstgrenze zurückkehren und die Kontaminierung von individuellem und systemischem Kontext und den resultierenden Prozeß der Entindividuierung besprechen.

Eines müssen wir unbedingt anmerken: Solche schweren Zustände von narzißtischer Verstimmung und Rückzug können innerhalb weniger Tage, ja, weniger Stunden eintreten, wenn erst einmal die Isolierung des zentralen Bereichs der Persönlichkeit vorangeschritten ist. Die Dramatik solcher Zustände steht und fällt mit dem Verlust der kommunikativen Funktion. Die kommunikative Funktion läßt sich vom erfahrenen Therapeuten relativ rasch wiederherstellen (dazu kann eine Therapiesitzung ausreichen) und damit eine momentane Gefährdung zurückdrängen. Das therapeutische Problem besteht vielmehr darin, daß eine solche Wiederbelebung unter dem Druck des Abwertungsprozesses solange keinen anhaltenden Bestand hat, bis sich die therapeutische Beziehung soweit etabliert hat, daß eine Abwertung des Therapeuten wenigstens im Ansatz durchgearbeitet und ein relativ zuverlässiger gemeinsamer positiver Kontext definiert werden konnte.

Die *Stadien der Zerstörung des Selbstgefühls* werden in der psychoanalytischen Literatur unter dem Begriff der Regression behandelt. KOHUT beschreibt die Stufen der Regression bei idealisierender Übertragung: „Ist die Übertragung ungestört, so fühlt sich der narzißtische Patient so lange ganz, sicher, mächtig, gut, anziehend, aktiv, wie sein Selbsterleben den idealisierten Analytiker einschließt, den er mit einer selbstverständlichen Sicherheit zu kontrollieren und zu besitzen meint, die dem erwachsenen Erleben seiner Kontrolle über seinen Körper und seinen Geist nahesteht." Auf den Verlust der nie in Frage gestellten Kontrolle „reagiert der Analysand, wenn er das Stadium der narzißtischen Einheit mit dem archaischen, idealisierten Selbst-Objekt erreicht hat, anfänglich mit Wut und Verzweiflung". Diese Reaktion gilt für „jedes Ereignis, das seine narzißtische Kontrolle der archaischen Eltern-Imago, des Analytikers, stört". „Hierauf kann eine vorübergehende Regression zu Verschmelungserlebnissen mit dem archaischen idealisierten Selbst-Objekt oder zu einer Verschiebung der narzißtischen Energien zu einer Überbesetzung archaischer Formen des Größenselbst und in flüchtiger Form sogar des autoerotischen, fragmentierten Körperselbst folgen."[34]

KOHUT schildert hier eine Stufenleiter der Beziehungseskalation und der narzißtischen Steuerung des Selbstgefühls. Eine erste Möglichkeit besteht für den narzißtischen Analysanden darin, die Idealisierung zu verstärken, den Analytiker noch nachhaltiger aufzufordern, ja zu zwingen, ihn - den Analysanden - an seiner Vollkommenheit teilhaben zu lassen. Eine zweite Möglichkeit wechselt den Modus, der Analysand wird kalt, herablassend, arrogant, den Therapeuten entwertend. Eine letzte Steigerung geht dahin, zunehmend Spannungszustände als nonverbale Verstärkung des Leidens einzusetzen.

Eine ähnliche Stufenleiter führt bei der Spiegelübertragung Regie: Eine Störung der narzißtischen Vereinnahme des Therapeuten, die unweigerlich das Illusionäre und Phantastische dieses Anspruchs enthüllt, veranlaßt den Klient, sein Größen-Selbst, seinen Vorbehalt, zu behaupten und durchzusetzen. Bei KOHUT liest sich das so: „Archaische Formen der Größenphantasien: kaltes, herablassendes Verhalten; affektierte Sprache und Gestik; unrealistisches, phantastisches Handeln." Eine weitere Möglichkeit zur Eskalation bringt ein Wechseln zum passiven Modus mit sich. Es stimmt auch mit meinen Beobachtungen überein, daß der Wechsel vom aktiven in den passiven Modus anfangs heimlich, fast unbemerkt vonstatten geht, daß die idealisierende Übertragung offener erst in späteren Phasen der Therapie eingegangen werden (siehe den Verlaufsbericht über Milko). Die nächste z.T. offen zerstörerische Eskalationsstufe, die identisch ist mit derselben Stufe der idealisierenden Übertragung, beschreibt KOHUT als „Fragmentierung des Selbst": „Autoerotisches körperlich-psychisches Selbst; Spannungszustände; hypochondrische Ängste um körperliche und geistige Gesundheit; Eigenstimulation; perverse Phantasien und Handlungen."[35]

Offensichtlich beschreibt KOHUT die „Fragmentierung des Selbst" als einen Zustand des Verlust des Selbstgefühls und seiner integrativen, organisierenden Kraft, einen Verlust des Empfindens von Integrität und Ganzheit, der einhergeht mit dem Verlust, das kohärente Selbst des Anderen wahrzunehmen.

In diesem Stadium der Entdifferenzierung wächst die Gefahr, daß (selbst-)zerstörerische Handlungen nicht phantasiert, sondern ausagiert werden. Spätestens ab dieser Eskalationsstufe ist mit Suchtmittelmißbrauch zu rechnen. Die Beziehung ist ins Niemandsland geraten. Jene letzte, verzweifelte, hilflose, aber doch auch wieder kompetente Bereitschaft, die therapeutische Beziehung abzuwerten, zu verletzen, ja, zu

---

34 H. KOHUT, ebenda S. 113.
35 ebenda S. 121.

zerstören, läßt ahnen, mit welcher Dynamik diese Beziehung den Therapeuten bedrängt und in Mitleidenschaft zu ziehen vermag.

Die süchtige Beziehungsstruktur in ihrer Reinheit verfügt über keinerlei Mechanismen der Homöostase. Wo die süchtige Beziehungsstruktur vorherrscht, setzt sich die Tendenz zur Eskalation durch sowohl in Beziehungen wie im Prozeß der Desorganisation. Die Beziehungsdynamik gerät in eine Spirale fortlaufender Entwertungen, die unter ihrer Vorherrschaft nicht gestoppt werden können, es sei denn durch Tod. Im Prozeß der Desorganisation setzen sich die Vorgänge der Spaltung, der Abwertungsprozeß und der Prozeß der Entdifferenzierung immer unaufhaltsamer durch. Diese Kräfte der Fragmentierung wachsen an, bis sie in einen Prozeß der Entindividuierung und Selbstdestruktion einmünden. In unserem letzten Beispiel klangen Entindividuierung und offene Eskalation der Destruktion an. Diese entindividuierende Kraft zu verstehen, ist unumgänglich in der Psychotherapie Süchtiger.

Desorganisierende Vorgänge an der Selbstgrenze im Zustand chronischer Grenzverletzung

„...und diese Ohnmacht ist eine neue Form von Selbstauszehrung, in der die Verzweiflung doch wieder nicht vermag, was sie will, sich selbst verzehren, sie ist eine Potenzierung oder das Gesetz für die Potenzierung.“
S.KIERKEGAARD

Um Destruktion und Selbstzerstörung gerade bei den schweren Formen chronischen Suchtmittelmißbrauchs zu verstehen, ohne jene Destruktion aus sich heraus als Verkörperung eines Todestriebes zu deuten, müssen wir unsere Betrachtung vertiefen. Wir erleichtern uns den Zugang, wenn wir den Kontext unserer Betrachtung erweitern von der Konzentration auf die psychische Struktur der Person innerhalb einer dyadischen Beziehung auf triadische Beziehungen. Aus meiner Sicht ist das therapeutische Grundproblem, dessen Lösung über Erfolg und Scheitern der Psychotherapie entscheidet, die Triangulation des Therapeuten durch sein Gegenüber, d.h. der Umstand, daß er in ein Dreiecksverhältnis gedrängt wird, und zwar in all den Fällen, wo Spaltungsvorgänge vorherrschen. Wir werden sehen, daß wir Triangulation und Spaltungsvorgänge als Begriffe ansehen können, die dasselbe Phänomen aus verschiedenen Blickwinkeln beschreiben. Wir werden diese Betrachtung mit Hilfe eines Fallberichts anstellen.

Lassen Sie mich an dieser Stelle über ein Gespräch berichten mit einem Klienten, mit dem ich zur Zeit befaßt bin und den ich aufforderte, mich zu lehren, wie ich mich in diese Zustände der „Regression“ oder „Uraffekte“, also des Verlustes des Gefühls des Selbst, versetzen könnte. Es handelt sich um einen 29-jährigen Heroinabhängigen mit Borderline-Syndrom. Er kam zu uns, nachdem er im Jahr zuvor eine stationäre Therapie abgeschlossen hatte und erneut rückfällig wurde. Er wurde in unser sechsmonatiges Therapieprogramm aufgenommen. Wegen eines fast tödlichen Vater-Sohn-Konflikts wurden regelmäßige Familiengespräche durchgeführt. Zum Zeitpunkt des Gesprächs wird er voraussichtlich in knapp vier Wochen die Therapie beenden.

„Hans-Peter meint, er habe gestern etwas erlebt, was ihn ungemein beunruhige, etwas, was er auch nach der letzten Therapie durchgemacht habe. Er habe damals genau gespürt, was es heiße, von zu Hause Abschied zu nehmen: ein unerträglicher Zustand, so unerträglich, daß er damals ohnmächtig geworden sei. Diesen Zustand habe er nicht aushalten können und dieses unerträglichen Zustandes wegen hätte er immer wieder gedrückt. Er selbst konnte über diesen Zustand keine genaueren Angaben machen. Seine radikalen Vorstellungen, was Abschied bedeute, waren Gegenstand eines folgenden Gesprächs. In dieser Stunde forderte ich Hans-Peter auf, mir die Technik beizubringen, wie ich mich in diesen Zustand versetzen könne! „Technik? Das überfällt mich!“ Anhand des gestrigen Erlebnisses weist er mich schließlich ein:

Er sitze unter Menschen und ziehe sich innerlich zurück, erzeuge „Nebel“ (anders könne er das nicht ausdrücken) zwischen ihnen und sich.

Ein vages, wattiges Empfinden stelle sich ein, er fühle sich wie tot.

Irgendwie fühle er sich sicherer, bis eine Spannung zu wachsen beginne und sich ins Unerträgliche steigere. Technik: Anspannen des Zwerchfells, ruhig stellen, Kampf zwischen Bedürfnis zu atmen und den Atem festzuhalten.

Es stellen sich Phantasien ein: „Das Leben lohnt sich nicht...“. Er fühle sich wie im Gefängnis. Dieser Zustand könne ihn veranlassen, sich zuzumachen. Sei seit jeher Grund für sein Drogenbedürfnis.

Hans-Peter weint.

„Was hat dies alles mit Abschied zu tun?“, frage ich. Seine Antwort bleibt vage. „Darf ich dich etwas Provokantes fragen, Hans-Peter?“ Er stimmt zu. „Du versuchst mit diesem Zustand zu beweisen, daß du überfordert bist, selbständig zu werden, daß du hilflos bist und eine Mutter brauchst. Rückkehr in den mütterlichen Hort.“

(e) Da sei noch etwas, meint Hans-Peter sehr zögerlich, worüber er noch nie gesprochen habe. Er „wäscht“ sich dabei die Hände: „Dann tauchen sexuelle Phantasien auf.“

„Auf wen beziehen sie sich?“

„Auf meine Mutter...“, gesteht Hans-Peter beschämt: Sie trete lebendig vor sein Auge und seine sexuelle Phantasie richte sich auf sie.

Er ist bewegt, vor Scham und Schuld verkrampft: „Das ist wie mein Todesurteil!“, stößt er hervor. Er erstarrt vollkommen. „Das Schlimmste ist noch: Ich sehe, wie sie „nein“ sagt - mit einem verführerischen Lächeln.“

Dieses Gefängnis sei es, daß ihn veranlasse zu drücken, immer und immer wieder.

Hans-Peter stammelt vor sich hin: „Das ist mein Todesurteil...“

Belinda ist 29 Jahre, Kosmetikerin mit einem eigenen Laden, der im elterlichen Haus eingerichtet wurde. Sie hatte vor einigen Jahren eine erste Therapie wegen Heroinabhängigkeit durchgeführt. Dort hatte sie ihren jetzigen Ehemann kennengelernt. Vor zwei Jahren war sie rückfällig geworden und hatte wieder „H“ gedrückt. Dennoch verstand sie es, ihren Kosmetikladen aufrechtzuerhalten. Wir lernten sie und ihren Mann bei einem Vorgespräch kennen. Sie wollten ihre Ehe fortführen und waren interessiert, daß der Ehemann in die Therapie einbezogen würde. Zu ihrer Aufnahme kam er wiederum mit. Beide wiesen alle Zweifel von sich, daß die Ehe unter den Belastungen der Therapie leiden könnte.

Es ist üblich, daß sich unsere Klienten in unserem Haus in Stöckenhof in den ersten vierzehn Tagen persönliche Therapieziele überlegen, mit Angehörigen besprechen und in der Hausgemeinschaft vorstellen. Diesen Termin konnte ihr Mann wegen seiner Arbeitszeit nicht wahrnehmen. Belinda überraschte uns, als sie als wichtigstes Ziel festlegen wollte, sich von ihren Eltern und ihrem Mann zu trennen. Sie brachte ihre Absicht vehement und entschieden vor und griff uns ganz außer sich vor Empörung an, als wir Zweifel äußerten und meinten, daß wir uns auf eine solche Bestimmung des Therapieziel jetzt nicht festlegen lassen würden. Sie kündigte die vereinbarten Paargespräche auf und wollte sich auferlegen, Kontakt zu ihm und ihren Eltern abzubrechen. Zugleich wollte sie sich zum Ziel stecken, eine ganz andere Frau zu werden, die selbstbewußt und ohne Rücksicht auf andere ihre Meinung zu vertreten wüßte. Sich selbst schilderte sie als unfähig, Unstimmigkeiten zu ertragen, ihre Gedanken und Empfindungen mitzuteilen oder gar Konflikte einzugehen. Mit ihrer Mutter telefoniere sie mehrmals am Tag stundenlang und könne sich ihrer nicht erwehren, denn die Mutter weine sofort am Telefon. Sie konnte keine Begegnung mit ihrem Mann erinnern, bei der sie ihm auch nur andeutungsweise ihre Kritik an der Beziehung mitgeteilt hätte. Sie fühle sich bedrückt, bekomme Atemnot bis hin zu asthmatischen Beschwerden. Es bedurfte einiger Mühe, daß sie halbherzig folgender Formulierung ihres Therapieziels zustimmte: Sie werde ihre eheliche Beziehung mit ihrem Mann klären. Belinda hatte die Therapiesituation neu definiert, indem sie uns in ein Dreiecksverhältnis zu ihrem Mann brachte.

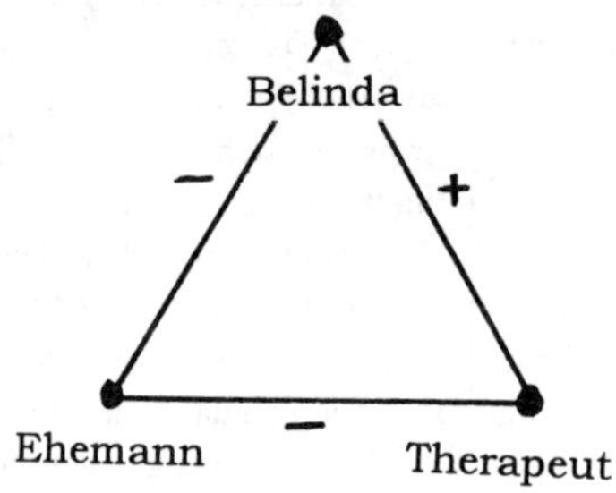

Abbildung 3-III: Triangulation 1.

Jetzt bereits war unser Handlungsspielraum eingeschränkt. Wir waren uns zu diesem Zeitpunkt der Gefahr bewußt, wußten aber nicht, wie weit die Dinge bereits gediehen waren. Durch Telefonate, Sich-Verleugnen-lassen durch Mitklienten und Verweigern war ihr Mann soweit voreingenommen, daß er uns beim ersten Paargespräch in der folgenden Woche mit großem Mißtrauen begegnete. Vor Jahren hatte er eine Therapie wegen Heroinabhängigkeit gemacht. Jetzt wirkte er aufgedunsen vom Alkoholkonsum, emotional unzugänglich und arm an Einfühlungsvermögen für seine Frau. Sie eröffnete ihm schon vor Beginn unseres Gesprächs, daß sie sich von ihm trennen wollte. Wir versuchten zu eruieren, ob nach Belindas Vorgabe weitere Paargespräche gewünscht würden. Im Verlauf des Gesprächs schälte sich heraus, daß Belinda ihre Mutter, und ihr Ehemann in einem schwierigen Dreiecksverhältnis lebten: Belinda beklagte sich bei ihrer Mutter über ihren Mann, wobei die Mutter ihren Schwiegersohn von Anfang an ablehnte. Natürlich lehnte er gleichfalls seine Schwiegermutter ab. Vor ihrem Mann beklagte sich Belinda über ihre Mutter, die sie in Besitz nähme und mit ihren Tränen quäle. Als sie sich kennenlernten, hatte sich Belinda angezogen und geschmeichelt gefühlt durch seine Eifersucht, sein Bemühen, sie zu besitzen und zu bewachen. Jetzt fühlte er sich völlig entmutigt, Belinda sich ausgelaugt. Fast hysterisch berief sie sich darauf, sie hätte alles für ihn getan. Er war konsterniert von ihrem Wunsch nach Trennung. Wir baten beide um eine Entscheidung bis zu unserem nächsten Termin, ob sie die Paargespräche fortführen wollten.

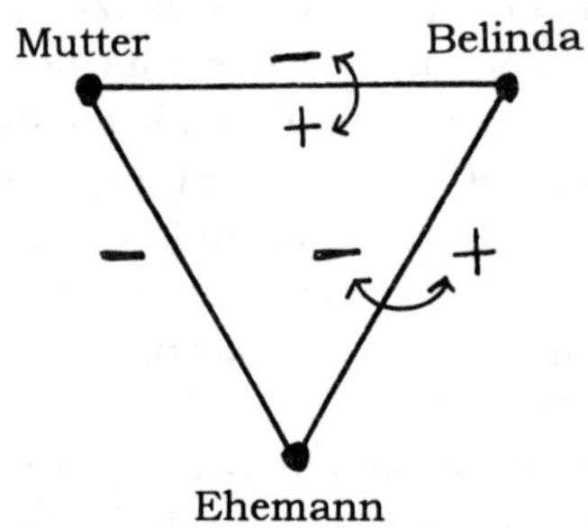

Abbildung 4-III: Triangulation 2.

Für die folgende Woche hatten wir ihre Eltern zu einem Gespräch eingeladen. Ich komme am Ende des Gesprächs hinzu. Belinda sitzt mit triumphierendem Blick da. Ihre Mutter: ältlich, übergewichtig, Babygesicht, sie weint leise. Ihr Mann wirkt distanziert und meint gerade halb zu Belinda, halb zu meinem Kollegen, sie solle ihm glauben, während der ganzen vier Wochen, seit sie von zu Hause weg sei, sei ihre Mutter tapfer gewesen und habe nicht geweint. Mir wird klar, daß Belinda in unserer Obhut wiederum versucht hatte, ihre Eltern vor vollendete Tatsachen zu stellen und verlangt hatte: daß sie das Haus ihr überschreiben sollten, daß sie allein bestimmen wollte, wann sie mit der Mutter telefoniere und vermutlich, daß sie ihren Mann aus der Wohnung weisen sollten. Belinda hatte uns trianguliert, d.h. die Definition der Beziehung zwischen uns und ihren Eltern bestimmt. Ihr Vater meint, sie habe sich immer bei ihrer Mutter gemeldet, ihr angerufen, sie hänge zu sehr an ihrem Rockzipfel. „Wie denke Sie darüber?“, wenden wir uns an ihre Mutter. „Lassen sie meine Tochter wie sie ist. So ist sie gut!“ Sie steht unmotiviert auf, streckt uns abrupt die Hand zum Abschied hin. Auf die Frage, ob sie verletzt sei, wehrt sie ab: „Lassen Sie meine Tochter wie sie ist“, wiederholt sie und geht. Ihr Mann folgt ihr etwas betreten. Er flüstert seiner Tochter rasch zu, sie könne sicher sein, das Haus werde ihr überschrieben. Nach der Verabschiedung kommt Belinda zurück und teilt uns mit, daß ihre Mutter uns ausrichten ließe, sie würde zu keinem Gespräch mehr kommen. Nun sind auch wir in Bezug auf die Eltern trianguliert. Obwohl wir nicht viel darüber wissen, können wir ein weiteres Dreiecksverhältnis zwischen Mutter, Vater und Tochter annehmen. Dieses Familiengespräch unter Belindas Beauftragung raubt uns vollends jeglichen Handlungsspielraum. Am Tag des nächsten Paargesprächs läßt ihr Mann durch sie absagen. Wir können ihn schließlich durch ein Telefonat bewegen, zu einem Gespräch allein mit uns zu kommen. Belinda ist wild entschlossen, ihm klar zu machen, daß sie keine Gespräche mehr wünsche. Er solle sofort ihre Wohnung verlassen. Er ist nun äußerst mißtrauisch, beruft sich auf die Eltern, die, so betont auch er, nicht mehr mit uns sprechen wollten und geraten hätten, abzuwarten, bis Belinda wieder zu Hause sei. Dann werde man mit ihr wieder reden - vernünftig reden - können. Bei uns würde sie einer Gehirnwäsche unterzogen. Er habe selbst die Erfahrung gemacht, daß Therapeuten einen „linken“.

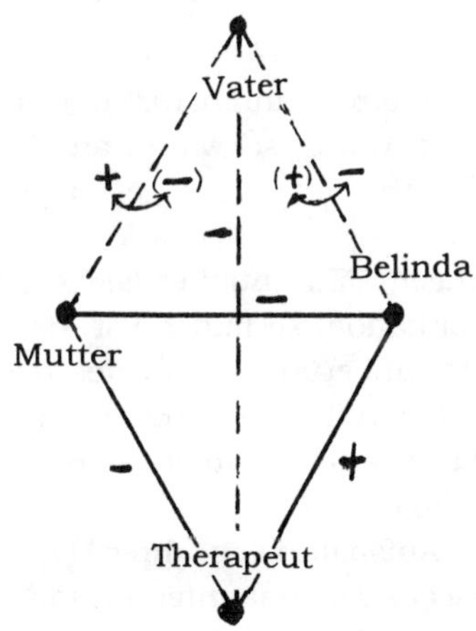

Abbildung 5-III: Triangulation 3.

Wir sprechen offen mit ihm über die verfahrene Situation. Es mache uns Sorgen, daß sich Belinda vollendete Tatsachen aufzwinge, um ihre Schritte nicht mehr zurücknehmen zu können. Sie tue das im Schutz der Einrichtung. Wir könnten ihre Gründe nicht beurteilen. Kenne er sie? Habe er eine Ahnung, was sie bewege? Was sie an der Ehe auszusetzen habe? Für die Therapie hielten wir eine Aussprache über ihre Beweggründe und eine beiderseitige Bestandsaufnahme bezüglich ihrer Ehe für sinnvoll. Er solle sich eine Woche Zeit lassen, die Angelegenheit zu überdenken. Er zögert. Eigentlich möchte er nur mit ihr alleine sprechen, herausbekommen, ob er eine Chance habe. Habe sie einen neuen Freund?

Genau das scheint sich heimlich angebahnt zu haben. In der folgenden Woche bekennt sich Belinda dazu, daß sie sich in einen Mitklienten verliebt habe. Sie wollten zusammenziehen. Ihr Freund eröffnet diese Mitteilung mit heftigen aggressiven Ausbrüchen und Vorwürfen an die Gruppenmitglieder, die sie neidisch beobachten würden. Er verbietet allen, Stellung zu nehmen, sie wollten sie beide nur fertig machen. Er hat Angst, daß sie ihm sagen, was er selbst fürchtet: Die Umstände sind genau dieselben, unter denen sich die Eheleute kennengelernt hatten; er besitzt einige Ähnlichkeiten mit seinem Rivalen; er hat keine Chance bei ihren Eltern; er kämpft blind für sie und um sie. Es herrschte aufgewühlte Stimmung und um ein Haar wären beide gegangen. Wir stehen zwischen allen Fronten. Unser Handlungsspielraum ist nun auch auf heimischer Erde gleich Null.

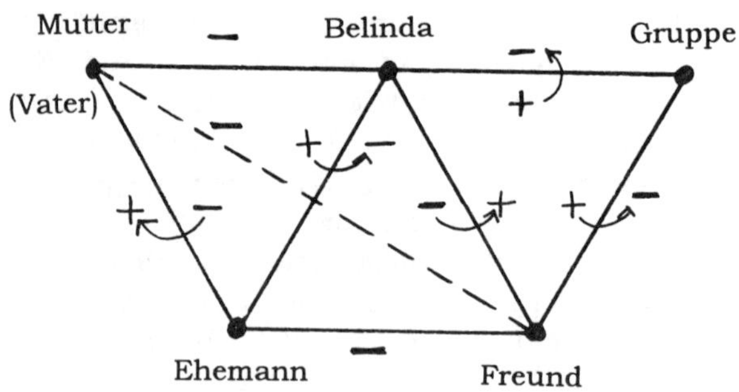

Abbildung 6-III: Triangulation 4.

Aus dem Gespräch mit dem Ehemann erfahren wir, daß sich Schwiegersohn und Schwiegereltern jetzt annäherten. Ihre Mutter schwärmt am Telefon ihrer Tochter vor, so einen Schwiegersohn habe sie sich schon immer gewünscht. Ihr Ehemann trinke nicht mehr, sei zuvorkommend usw.

Die relevanten Dreiecksbeziehungen sind entfaltet (siehe nächste Abbildung). Betrachten wir die jetzt entstandene Situation, so finden wir, daß alle menschlichen Beziehungen trianguliert sind; keine ist unberührt, und jedes relevante Dreieck schließt Belinda ein. Insofern hält sie die Fäden in der Hand. Eine Prinzessin, wenn auch nicht gerade in einer beneidenswerten Lage. Auf die Anforderung menschlicher Beziehung antwortet sie mit Triangulation.

Wir können auch sagen: mit Aufspaltungen ihrer Person. Jede der Verbindungslinien, also die Beziehung zu jeder der genannten Personen, ist ambivalent aufgeladen unter wachsender Spannung: Das Verhältnis zu ihrem Ehemann wurde positiv definiert vor Beginn der Therapie und abrupt negativ nach Beginn. Ihre kritische Definition wurde jedoch ihrem Mann in den Jahren ihrer Ehe zugegebenermaßen nicht mitgeteilt. Die Beziehung zur Mutter wurde von ihr einerseits gesucht, andererseits ebenso schroff kritisiert vom Boden der Therapieeinrichtung aus oder im Gespräch mit ihrem Mann, jedoch nicht im Rahmen ihres alltäglichen Zusammenlebens. Das Verhältnis zur Gruppe schien sie positiv zu bewerten, bis sie überraschend die Gruppe heftig angriff, als sie ihr Verhältnis mit ihrem neuen Freund verriet. Die Beziehung zu diesem Freund schien im siebten Himmel angesiedelt zu sein. Als er sich jedoch sechs Wochen nach ihrer Aufnahme regulär aus der Therapie verabschiedete, verriet sie, wie sehr er sie bedrängt hätte mit seiner Eifersucht und daß sie sich voreilig auf das Versprechen eingelassen habe, mit ihm zusammenzuziehen. Sie wolle nur ein lockeres Verhältnis, getraue sich aber nicht, ihm das jetzt, wo er gegangen sei, mitzuteilen aus Sorge, er könnte rückfällig werden. Am liebsten wäre es ihr, erst einmal allein zu bleiben und sich um sich selbst zu kümmern. Das Verhältnis zu uns hätte man positiv bewerten können. Sie schien ein vertrauensvolles Verhältnis zu ihrer Therapeutin zu haben und ihren Ratschlägen zu folgen. Wenige Tage, nachdem ihr Freund sich verabschiedet hatte, brach sie heimlich ab, um ihm nachzureisen, weil - so ihre Begründung gegenüber ihrem Freund - die übrigen Gruppenmitglieder sie bedrängt hätten. So erwies sich auch das Verhältnis zu uns als brüchig und ambivalent. Sie wurde umgehend und massiv heroinrückfällig.

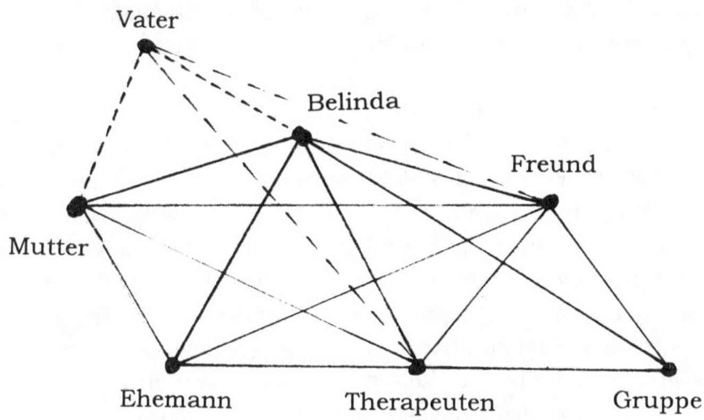

Abbildung 7-III: Triangulationen 1-4.

Um ihre Situation zu veranschaulichen, können wir uns vorstellen, daß wir die je positiv wie negativ bewerteten Beziehungen in unterschiedlichen Farben zeichneten und in zwei Schichten übereinander lagerten. Wir sähen dann zwei Ebenen vor uns, die jeweils grundverschiedene Tönung aufwiesen, durch Spaltungsvorgänge streng voneinander getrennt und durch Abwertung aufrechterhalten. Wir erkennen, daß die Austauschprozesse zwischen Belinda und ihrem Umfeld wesentliche Informationen unterdrücken oder abspalten und Belinda selbst in diesem Gefüge isolieren, mit wem sie auch eine Verbindung eingehen mag. In diesem Zustand muß sie auch von ihren Antrieben, Impulsen und Phantasien, dem zentralen Bereich ihrer Person, isoliert sein. Belinda selbst gibt es in zweifacher Ausfertigung: Belinda mit - wählen wir - roten Beziehungen und Belinda mit blauen in je ganz verschiedenen Welten. In einer Hinsicht ist sie eine „Prinzessin" - und sie war wohl als einzige Tochter unter zwei Brüdern eine

Prinzessin für den Vater - , in einer anderen Hinsicht war sie ausgehungert, ausgelaugt, zutiefst bedrückt und depressiv. Es ist mit Händen zu greifen, wie ihr Beziehungsgefüge kippt und wie sie dieses zu manipulieren versteht. Als Prinzessin saß sie am Schalthebel der Macht und steuerte mit Geschick die sich entfaltenden Dreiecksverhältnisse. Zugleich mußte sie sich einem vernichtenden Urteil aussetzen, das ihr die Luft zum Atmen raubte. Kein Wunder, daß in dem Maß, wie sie sich isolierte und in diesen Triangulationen verstrickte, wie sie den Bezug zur Beziehungsrealität verlor und zu erforschen vermied, daß sie in dem Maße auch Realität durch Phantasie über ihre Beziehungen ersetzen mußte, narzißtische Phantasien über Prinzessin und Aschenputtel.

Es ist unmittelbar einsichtig, daß ein solch aufgespaltenes Beziehungsgefüge keine kohärente Definition der Selbstgrenze zuläßt, daß diese selbst fraktioniert ist in Teileinheiten je nach Triangulation und daß schließlich Belinda unmöglich ein Gefühl für sich und ihre Person, ihre Existenz und ihr Sein aufrechterhalten bzw. entwickeln kann. Das wäre gleichbedeutend damit, die organisierende Kraft des Selbst wiederzugewinnen, die Kontaktfunktion wiederherzustellen *und* - das ist ganz untrennbar - ihre Beziehungsgefüge zu organisieren. Wir können schließlich Destruktion und Selbstdestruktion erkennen und den Prozeß der Entdifferenzierung im Oszillieren zwischen beiden Farben des Beziehungsgefüges hin zum psychosomatischen Symptom. Spaltungsvorgänge und Triangulation lassen einerseits die Fragmentierung des Selbst und Desorganisation der Person voranschreiten, während sie zugleich die Belastungen abwehren, die aus einer Konfrontation mit der jeweils anderen Seite der Ambivalenz erfolgen müßten.

Einerseits folgen Fragmentierung und Desorganisation einer in sich selbst angelegten Eigendynamik. Insofern war ein Fortschreiten der Fragmentierung in dem Moment zu erwarten, wo ihr Freund das Feld verließ und sie sich die Ambivalenz ihrer Beziehung auch zu ihm eingestehen mußte. Zu erwarten waren Niedergeschlagenheit, intensive Drogengedanken, Angst bis Panik, „Uraffekte", übergroße Sorgen um ihn und Symptome von Atemnot. Oder aber ein weiteres Agieren in diesen Dreiecksbeziehungen. Nach ersten Anzeichen von depressiver Verstimmung, Bedrücktheit, intensiven Drogenträumen legte sie die letzten beide Tage eine gewisse Gelöstheit an den Tag. Sie hatte für sich beschlossen, sich ihrer selbst geschaffenen Welt zu entziehen und ihren Freund als Stützpunkt ihrer Spaltungsversuche, an sich zu binden.

Andererseits kann die therapeutische Konfrontation dieser Ambivalenzen vorübergehend zu einem Stadium der Fragmentierung des Selbst führen oder die Person insofern bedrohen, wenn es nicht gelingt, durch einen gemeinsamen positiven Kontext die frei werdende Entwertung einzudämmen und das Gefühl des Selbst wenigstens rudimentär aufrechtzuerhalten. Eine solche fortschreitende Fragmentierung bedeutete eine vorübergehende Abwehr, die Triangulation aufzuheben.

Sie werden es schon bemerkt haben, Kontextverschiebung oder Kontextmanipulation bedeuten Triangulation. Und es mag jetzt verständlicher erscheinen, wenn wir Triangulation, Kontextverschiebung, Spaltungsprozesse und Abwertungsprozeß zusammenbringen. Die Entfaltung der Dreiecksverhältnisse veranschaulicht nochmals die symmetrische und pseudokomplementäre Tendenz der süchtigen Beziehungsstruktur: Jede erneute Triangulation dämpft einerseits die Konfliktlage in den bereits triangulierten Beziehungen, nur um andererseits verzögert die Konflikte zu vervielfachen und zu vertiefen. Eine Tendenz zur Eskalation setzt sich durch. Am Ende steht der Drang sich zuzumachen.

Es ist mit Händen zu greifen, daß in unserem Fall jeder Schritt den Belinda unternimmt, mit Grenzverletzungen einhergeht und Grenzverletzungen aussetzt. Durch Triangulation der anderen bzw. Aufspaltung ihrer ambivalenten Gefühle und Bindungen gelingt es ihr, Grenzverletzungen abzupuffern und mit Grenzverletzung zu beantworten. Indem sie etwa in dem Dreieck Mutter-Tochter-Schwiegersohn ihren Haß auf ihre Mutter und ihr heimtückisches Bedrängen und Unterminieren von ihr abspaltet und allein an ihren Ehemann heranträgt und umgekehrt den Haß auf ihren Mann allein ihrer Mutter zuträgt, versucht sie die Folgen von Grenzverletzungen abzuwehren und sich gegen diese Belastungen zu schützen. Diese Abwehr hat zur Folge, daß die Spannung zunächst zwischen Mutter und Schwiegersohn anwächst, was weitere Aufspaltungen herausfordert usf.

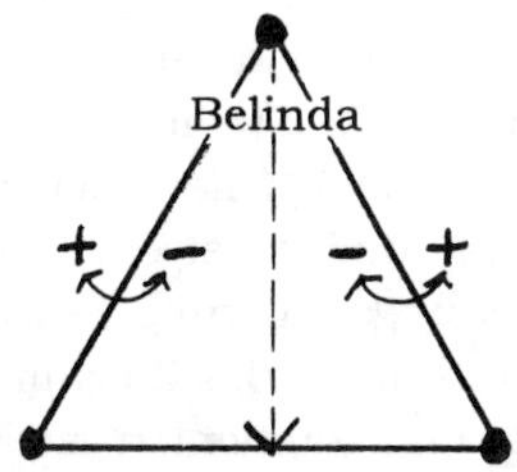

Abbildung 8-III: Spannungen zwischen Schwiegermutter und Schwiegersohn wachsen an. (Definieren der Beziehung ↷)

Die beiden Antagonisten verbünden sich heimlich mit dem gemeinsamen Ziel, Belinda unter Druck zusetzen und anzugreifen, damit sie sich eindeutig erkläre. Diesem Druck kann sie nur entkommen, indem sie ihre Inkompetenz beteuert: Sie würde sich eigentlich gern von ihrer Mutter lösen, schaffe es aber nicht. Und ebenso würde sie sich gerne von ihrem Mann trennen, sie sei aber von ihm abhängig. Sie beginnt nun, sich selbst zu demütigen oder eine Demütigung zu provozieren. Kurzum, die Entwicklung geht dahin, daß sie mit jedem Schritt zu ihrer Mutter hin wie von ihr weg und ebenso mit jedem Schritt zu ihrem Mann hin wie von ihm weg *zugleich* Entlastung wie Belastung erlebt, *zugleich* belohnt wie bestraft wird, erhoben und fallengelassen, umworben und weggestoßen, konträre Zustände, die schnell wechselnd aufeinander folgen, wenn sie nicht sogar synchron ablaufen. Unsere Person ist genau in den Zustand chronischer Grenzverletzung geraten, in der Verwirrung besteht hinsichtlich Selbst vs. Anderer, Zufügen vs. Erleiden und ein emotionales Bewerten in Bezug auf „gut“ und „schlecht“. Solange gerade der letzte Aspekt streng in der triangulierten Beziehung aufgeteilt werden konnte, blieb die Person von den letzten Stadien der Fragmentierung und Desorganisation bewahrt. Jetzt aber droht jeder Schritt in diesem Beziehungsgefüge unmittelbar zu guten und schlechten Zuständen zu führen und gute wie böse Aspekte der anderen zu verkehren. Keine Frage, daß innerhalb eines solche Beziehungsgeflechts das Gefühl des Selbst ohne Konflikte nicht gewahrt werden kann und jede weitere Aufspaltung der Beziehungen das Selbstgefühl nur mehr zerstört.

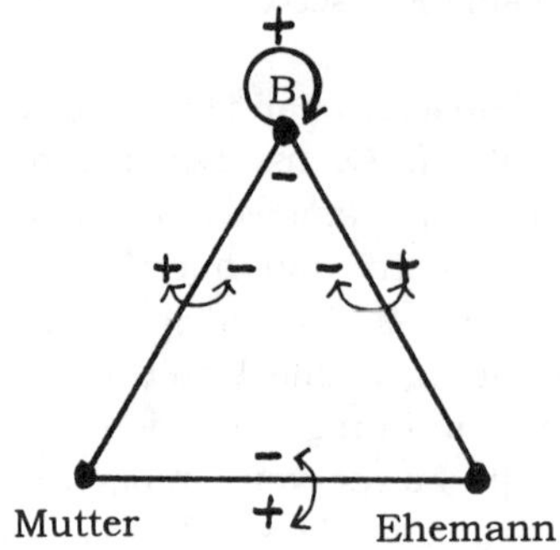

Abbildung 9: Inkompetente und zugleich hybride Selbstdefinition und Zerstören des Selbstgefühls.

Es ist ein Zustand der Grenzverletzung eingetreten, der durch konträre Kontexte und Zustände und ein Vertauschen der Wertigkeiten gekennzeichnet ist. Die süchtige Beziehungsstruktur ist eskaliert und hat das Stadium der Fragmentierung des Selbst erreicht. Für dieses Stadium gibt es drei mögliche Erscheinungsformen: der Zustand des Borderline-Syndroms, worin aktiver und passiver Modus oszillieren, der Zustand der Depression, in dem jegliche Beziehungsäußerung verleugnet wird angesichts ihrer überwältigenden Ambivalenz, und der Zustand des Zusammenbruchs und der Dekompensation. Nicht nur daß die Selbstgrenze fraktioniert ist, von diesem Stadium an ist sie gelähmt, in wesentlichen Bereichen in ihrer Kontakt- und Grenzfunktion außer Funktion und kann nicht mehr verhindern, daß sich die Welt der Beziehungen schillernd unentwegt oszilliert und vertauscht. Mißtrauische bis paranoide Phantasien ersetzen den Kontakt zur Beziehungsrealität, halten die Aufspaltungen aufrecht und ziehen die Welt in das Dämmerlicht von Abwertung.

Die Vorgänge an der Selbstgrenze, die wir hier beschreiben, führen uns in den Kernbereich der Sucht, zu den Kräften der Fragmentierung des Selbst und der Desorganisation, die sich erst bei den chronischen und massiven Fällen der Suchtmittelabhängigkeit ganz enthüllen, dann, wenn die organisierende Kraft des Gefühls des Selbst bis auf rudimentäre Reste - die im allgemeinen vor einer psychotischen Entwicklung bewahren - in Mitleidenschaft gezogen wurde. In den folgenden Abschnitten werden wir drei Aspekte untersuchen, die zutage treten, wenn dieses integrierende und organisierende Prinzip verlustig geht: die Kräfte der Entindividuierung, Identitätsverwirrung als Zustand des Verlustes des Selbstgefühls und das unverhüllte Zutagetreten des Abwertungsprozesses in Destruktion und Autoaggression, Sadismus und Masochismus.

Der Prozeß der Entindividuierung und das Borderline-Syndrom

„Denn eben darüber - nicht verzweifelt - verzweifelt er aber: daß er sich nicht selbst verzehren kann, nicht von sich selber loskommen kann, nicht zu nichts werden kann. Das ist die potenzierte Formel für die Verzweiflung, das Steigen des Fiebers in dieser Krankheit des Selbst."

S.KIERKEGAARD

Rekapitulieren wir den bisherigen Prozeß der Zerstörung des Selbstgefühls: Wo die süchtige Beziehungsstruktur vorherrscht, führt die schismogenetische Tendenz zur Aufweichung von Strukturen und zur allmählichen Eskalation Regie. Im Austausch zwischen systemischem Feld und Person setzt ein Prozeß der Desorganisation ein, der sich mehr und mehr ausbreitet, indem er individuelle Strukturen auflöst und die synthetischen Kräfte des Selbst zersplittert. Indem die Unterscheidung zwischen Selbst und Anderem weiter verringert und die kommunikative Funktion vor allem der Gefühle verleugnet wird, zieht dieser Prozeß der Entdifferenzierung die aktuelle Struktur und Organisation der Person in Mitleidenschaft. Die Person verfügt über wenig „neutrale Energie", da der innere Dialog nur gelingen kann, soweit die kommunikative Funktion erhalten bleibt und weiterentwickelt wird. Mechanismen der Homöostase werden auch im inneren Dialog zerstört, die Ich-Körper-Selbst-Achse wird beeinträchtigt, und der innere Dialog nimmt selbstzerstörerische Züge an. Die Persönlichkeit zerfällt. Wir finden nun eine eskalierte Form der süchtigen Beziehungsstruktur vor, die anstelle einer relativ stabilen vertikalen Spaltung der Person eine fraktionierte Persönlichkeitsorganisation bewirkt. Unter dem Druck von Dualismus und beständigem Kippen der Kommunikationsmodi werden das „Subjekt und seine Objekte" nicht nur vertikal gesplittet, sondern fraktioniert; die Persönlichkeitsfragmente, gekoppelt an Segmente des systemischen Feldes, die sie wiederum beeinflussen und weiter aufspalten, werden durch Abwertung ambivalent und polar aufgeladen und stoßen sich gegenseitig ab. Subjekt- und Objektkonstanz sind beeinträchtigt. Die Persönlichkeit zerfällt in „Teileinheiten".

Wir geraten in eine Welt, in der alle drei Kontextmarkierungen fluktuieren: die Unterscheidung von Selbst und Nicht-Selbst bzw. Innen und Außen, von Erleiden und Zufügen und von Zuständen, die als „gut" oder „schlecht" erlebt bzw. als „gut" oder „böse" bewertet werden in Bezug auf Andere. Das ist die Welt des Borderline-Syndroms. Eine schillernde und traumatische Welt, in der alle Qualitäten, die uns Halt und Orientierung geben, beständig wechseln und fluktuieren. EKSTEIN und WALLERSTEIN veranlaßte dieses Unstete der Borderline-Fälle, einen „Ich-Kontrollmechanismus" zu postulieren, der der Borderline-Persönlichkeit fehle. Es sei für den Borderline-Fall charakteristisch, daß im Laufe eines Tages mehrmals Schwankungen des Ichzustandes aufträten.[36] Bestürzende Ambivalenz und Dualität beherrschen diese Welt. Das Selbst sieht sich extremer narzißtischer Auf- und Abwertung ausgesetzt. In Bezug auf alle drei Dimensionen von Kontextmarkierungen scheint jegliches Beziehungsgeschehen unzuverlässig, konträr, vertauschend. Die Teilnehmer solcher Kommunikation schwanken zwischen den Extremen von Hybris, soweit sie sich als phantastische Manipulatore betrachten, und Nichtigkeit, soweit sie sich durchkreuzt und ausgeliefert fühlen. Unter diesen Gegebenheiten ist es wohl unmöglich, ein zuverlässiges Gefühl des Selbst, insbesondere der Identität, und befriedigende Bindungen zu entwickeln. Allerdings bleibt ein rudimentäres Selbstgefühl bewahrt.

Die Kräfte der Desorganisation der Person erweisen sich als Mächte, welche die Person und ihre Individuation zerstören. Belinda bleibt, wie wir sehen konnten, sehr wenig Spielraum, ein konsistentes Selbstgefühl zu wahren, das die verschiedenen Aspekte ihrer Existenz und die sie hervorrufenden Empfindungsströme zu einem von Werterfahrung getragenen Selbstgefühl integriert - jedenfalls nicht ohne einen tiefen Loyalitätskonflikt auszutragen. Dieser Zustand wechselseitiger Grenzverletzung, den Belinda sowohl aktiv herbeiführt als auch erleiden muß, zerstört ihr Gefühl der Identität. Er hält sie in einem „perversen Dreieck" (s.u.) gefangen, daher in einem ewigen Konflikt, in einem Stillstand psychosozialer Entwicklung, der weder Individuation noch

36 R.EKSTEIN u. J.WALLERSTEIN: Vicissitudes of the Image in the Recovery of a Borderline Schizophrenic Adolescent, Bull. Menn. Clin., 9, S. 68-92..

Separation zuläßt. Ein Prozeß der Entindividuierung hält Einzug, den wir hier beschreiben wollen.

Um diese entindividuierende Dynamik zu ergründen, müssen wir uns einen Zugang zur Welt des Borderline-Syndroms verschaffen. Dieses Stadium des „Borderline-Syndroms“ wird von vielen Autoren als Stadium der psychischen und mehr oder weniger der sozialen Stagnation gesehen. GIOVACCHINI definiert das Borderline-Syndrom als „Entwicklungsstillstand“[37]. EKSTEIN und WALLERSTEIN schreiben, der Patient stecke „in einem absoluten Dilemma, das keine Lösung zuläßt“[38]. KERNBERGs Liste von Borderline-Defiziten läßt erkennen, daß er ebenfalls nichts anderes als einen chronischen Stillstand psychosozialer Entwicklung meint.

Wie immer das Borderline-Syndrom beschrieben sein mag, im Mittelpunkt steht ein psychosozialer Entwicklungsstillstand als Folge des zunehmenden Verlustes des Selbstgefühls. Niemand hat die zugrundeliegende Psychodynamik präziser beschrieben als MASTERSON und zwar als ein Dilemma, das jede weitere Individuation und Separation erstickt. Er stellt die Fraktionierung der Person in „Teileinheiten“ als Prozeß der Entindividuierung in den Mittelpunkt seiner Theorie.

Im Unterschied zu KOHUT rückt MASTERSON den Aspekt der Destruktion in den Mittelpunkt, wie sie in fortgeschrittenen Stadien der Desorganisation zum Vorschein kommt. Dabei läßt sich auch nicht übersehen, daß MASTERSON ein unterschiedliches Klientel beschreibt: Er arbeitete intensiv mit Jugendlichen und jungen Erwachsenen, die häufig Suchtprobleme erkennen lassen. Das läßt seine Fallschilderungen unserem Klientel verwandt erscheinen. Es mag an der Begegnung mit diesem Klientel liegen, daß MASTERSON gerade den Prozeß der Entindividuierung als zentralen Baustein wählte.

Dem psychoanalytischen Paradigma folgend, aktuelle Vorgänge als Ausdruck infantiler Organisation zu betrachten und theoretisch in der frühen Entwicklung des Kleinkindes zu fundieren, stützt sich MASTERSON auf KERNBERGs spekulative Theorie der Objektbeziehungen und MAHLERs Arbeiten über frühkindliche Individuation. Unter Berufung auf MAHLER et.al. datiert nun MASTERSON die Fixierung der Borderline-Struktur auf die Separations-/Individuationsphase zwischen dem 18. und 36. Lebensmonat: „Die Persönlichkeitsentwicklung des Borderline-Erwachsenen wurde in der Separations-/ Individuationsphase (18.-36. Monat) blockiert. Dem Patienten gelingt es nicht, sich von seiner Mutter loszulösen, und dies führt dazu, daß er alle engen Beziehungen im späteren Leben als Wiederholungen dieser nicht gelösten symbiotischen Beziehung erfährt, welche die alten Ängste des Verschlungen- und/oder Verlassenwerdens neu belebt.“[39]

MASTERSON gelingt es, den entindividuierende Prozeß, der zum Entwicklungsstillstandes der Borderline-Fälle führt, herauszuarbeiten. „Die Theorie geht davon aus, daß der Borderline-Patient Loslösung nicht als normale Entwicklung erfährt, sondern im Gegenteil als Erlebnis, das solche intensive Verlassenheitsgefühle hervorruft, daß sie als wirkliche Begegnung mit dem Tode erlebt wird. Um diese Gefühle abzuwehren, klammert sich der Borderline-Patient an die Mutterfigur, und so mißlingt es ihm, sich über die normalen Phasen von Separation/ Individuation hinaus zu einer autonomen

37 P.I.GIOVACCHINI: Maternal Introjection and Ego Defect, J. Amer. Acad. Child Psych., 4, S.279-292. Zitiert nach J.F.MASTERSON, ebenda S. 27.

38 R.EKSTEIN u. J.WALLERSTEIN, ebenda. Zitiert nach J.F.MASTERSON, ebenda S. 28.

39 MASTERSON, ebenda S. 21.

Persönlichkeit zu entwickeln. Er bleibt in seiner Entwicklung stehen."[40]

Um die Psychodynamik dieser Stagnation zu beschreiben, führt MASTERSON die drei Begriffe „Gespaltenes Ich, gespaltene Objektbeziehungen und gespaltene Objektbeziehungseinheit" ein. Mit ihrer Hilfe beschreibt er die „intrapsychische Struktur der Borderline-Persönlichkeit". Der Begriff der „Spaltung" ist uns bereits vertraut. Für MASTERSON gilt er als der hauptsächliche Abwehrmechanismus: „...der die Aufgabe hat, widersprüchliche primitive Affektzustände voneinander getrennt zu halten. Diese bleiben bewußt, beeinflussen sich aber nicht gegenseitig. Spaltung hält auch die jeweils mit diesen Affektzuständen verbundenen internalisierten Selbst- und Objektvorstellungen voneinander getrennt."[41] Wir finden die schon erläuterte tiefe Ambivalenz und Spaltung der Person wieder, jenes Kippen von aktivem und passivem Modus. Es fehlt auch nicht der Hinweis auf die recht autonomen, gesplitteten Persönlichkeiten, die zusammen die Ambivalenz ausmachen.

Das Ich, das Organ der Realitätswahrnehmung, wird ebenfalls in Mitleidenschaft gezogen. Es wird „gespalten": „Das Ich verläßt sich auf den Spaltungsmechanismus und ist selbst in zwei Teile gespalten, von denen der eine dem Lustprinzip folgt, der andere dem Realitätsprinzip."[42] Die Ichfunktionen werden nicht völlig zersetzt, sie bleiben wenigstens rudimentär bestehen, während das übrige Ich weitgehend unter die Herrschaft des Selbst bzw. des systemischen Kontext gerät und der Phantasien, die den Verlust der Beziehungsrealität zu ersetzen suchen. Die Ichspaltung spiegelt wider, daß der Patient der Behandlung zutiefst ambivalent gegenübersteht und ihn jedes Einführen eines Unterschieds schmerzlich bedroht. Dies entspricht den Problemen, die sich ergeben, wenn wir mit Süchtigen ein konstruktives Bündnis anstreben.

Zentral ist schließlich der Begriff der „gespaltenen Objektbeziehungseinheit": „Die Objektbeziehungseinheit leitet sich aus den vom Kind internalisierten Interaktionen mit dem mütterlichen Objekt her. Die Einheit umfaßt eine Selbst- und eine Objektvorstellung, die durch den Affekt miteinander verknüpft sind, der für die Interaktion charakteristisch war. Bei der Borderline-Persönlichkeit zeigt sich, daß die Objektbeziehungseinheit in Teileinheiten aufgespalten ist, von denen jede wiederum eine Teil-Selbstvorstellung und eine Teil-Objektvorstellung zusammen mit den dazugehörigen Affekten umfaßt."[43]

Mit seiner Hilfe wird die entindividuierende Dynamik im Wechsel von aktivem und passivem Kommunikationsmodus der süchtigen Beziehungsstruktur deutlich: „Bei der Borderline-Persönlichkeit bleibt die Einheit der Objektbeziehungen in zwei getrennte Teileinheiten gespalten. Diese beiden Teileinheiten stammen aus der Internalisierung der zwei Hauptaspekte der Interaktion mit der Borderline-Mutter: Die Mutter reagiert auf das regressive Verhalten des Kindes, indem sie ihm weiterhin ihre Zuwendung gibt; auf die Anstrengung des Kindes zu Separation/Individuation reagiert sie mit dem Entzug von Zuwendungen. Auf diese Weise werden tatsächlich jene Teileinheiten geschaffen, die als entziehende Objektbeziehungs-Teileinheit (EOT) und als belohnende Objektbeziehungs-Teileinheit (BOT) bezeichnet werden können." Ihr Zusammenspiel gibt die Zusammenfassung der

40 ebenda S. 38.
41 ebenda S. 62f.
42 ebenda S. 62.
43 ebenda.

gespaltenen Objektbeziehungs-Einheiten von MASTERSON[44] wieder:

	Entziehende oder aggressive Objektbeziehungs-Teileinheit (EOT)	*Belohnende oder libidinöse Objektbeziehungs-Teileinheit (BOT)*
Teilobjekt-Vorstellung	Ein mütterliches Teilobjekt, das angesichts der Selbstbehauptung oder anderer Bemühungen um Separation/Individuation angreift, kritisch, feindselig, wütend ist, Zuwendung und Anerkennung entzieht.	Ein mütterliches Teilobjekt, das für regressives und anklammerndes Verhalten Anerkennung, Unterstützung und Zuwendung gewährt.
Affekt	Chronische Wut, Frustration, das Gefühl hintergangen zu werden, verdecken eine tiefliegende Verlassenheitsdepression (Zorn, Depression, Angst, Schuldgefühl, Passivität, Hilflosigkeit, Leere und Nichtigkeit)	Sich gut fühlen, gefüttert werden, Belohnung des Wunsches nach Wiedervereinigung.
Teilselbst-Vorstellung	Die Teilselbst-Vorstellung, untauglich, schlecht, hilflos, schuldig, häßlich, leer etc. zu sein.	Die Teilselbst-Vorstellung, das gute, passive, klagende Kinde zu sein.

Abbildung 10: Die gespaltenen Objektbeziehungs-Einheiten der Borderline-Persönlichkeit nach MASTERSON.

Mit Hilfe dieser EOT und BOT lassen sich einige Aspekte in Belindas Dilemma beschreiben. In der ambivalenten Beziehung beispielsweise zu ihrer Mutter finden wir beide Teileinheiten wieder: Für anklammerndes Verhalten wie stundenlange Telefonaten mit der Mutter, Vermeiden jeglicher Konfliktäußerung usw. fand Belinda Zuwendung und Beifall ihrer Mutter. Sie spielte dann in der Tat die angepaßte, passive, wenn auch klagende Tochter. Zeigte sie - wie in der Einrichtung - eine Neigung, sich ihrer Bindung zu entziehen, so wurde die Mutter kritisch, abwertend und feindselig. Belinda selbst fühlte sich hilflos, schuldig und schlecht. Ihre Depression konnte sie durch erneute Triangulation abwehren. In der Beziehung zu den Therapeuten läßt sich eine ähnliche Ambivalenz beobachten. Sie klammert sich an die Einrichtung und erlebt sich zunächst als gute und klagende Klienten. Als die Therapeuten echte Selbständigkeit anmahnen, fühlt sie sich feindselig angegriffen und reagiert mit hysterischer Wut. Diese Konfrontation bringt sie mit ihrer Verlassenheitsdepression in Berührung, die sie jedoch abzuwehren vermag, indem sie sich nun an einen Mitklienten klammert und die Therapeuten eben mit ihrem neuen Freund trianguliert. Wir finden das innere Drama in ihren relevanten gegenwärtigen Beziehungen wieder.

Die von MASTERSON beschriebene Dynamik setzt Belinda unentwegten Grenzverletzungen aus, die ihr Selbstgefühl zerstören, untergraben oder vergiften. Sie befindet sich *in einer chronischen Situation der Traumatisierung*. Schier unweigerlich setzt eine solche Dynamik einen Prozeß der „*Depersonifizierung*" (MASTERSON) oder Entindividuierung in Gang setzt, weil diese Dynamik keinen „mütterlichen" Bezugsrahmen definiert, der es ermöglichte, sich denselben anzueignen und sich selbst als relativ autonome soziale Person zu erfahren. Der Bezugsrahmen ist eben hinsichtlich

44 ebenda.

der drei wesentlichen Kontextmarkierungen unbestimmt. Wenn aber Selbst und Anderer, aktiv und passiv vertauschbar sind, oder in anderen Worten, wenn unter der Vorherrschaft der süchtigen Beziehungsstruktur Beziehungen hinsichtlich Symmetrie und Komplementarität unbestimmt bleiben, so hat dies für die Eltern-Kind-Beziehung eine fatale Folge: die Eltern- und Kindpositionen werden vertauschbar. Belinda muß sich um ihre Mutter sorgen, *sie* ist *ihr* Kind, das unter Verlassenheit und Verlustangst leidet, wenn sie sich abwendet, ja, ihr Baby, das zu Tode kommt, wenn sie sich ihren Mutteraufgaben entziehen sollte. Belinda erlebt an ihrer Mutter, was sie selbst durchzustehen vermeidet. Selbst und Anderer werden hier vertauscht, ein Vorgang, der, in der Psychoanalyse als projektive Identifizierung bezeichnet wird und in einem mangelnden Gefühl des Selbst begründet ist. Dies ist ein grundlegendes Phänomen, worauf Depersonifizierung und Entindividuierung beruhen. Dieses Vertauschen ist Ausdruck einer chronischer Grenzverletzung zwischen den Generationen. Es sei auf unsere Darstellung von Grenzverletzung als Kontextverschiebung, -Verweigerung und -Schock verwiesen. Den Beispielen lagen eben solche Vertauschungen zugrunde. Sie werden in der familientherapeutischen Literatur als „Parentifizierung" bezeichnet.

So sehr MASTERSON die entindividuierende Dynamik der Teilobjektbeziehungseinheiten herausarbeitet, seine Betrachtung bleibt in drei Punkten unbefriedigend: die aktuelle Wirkung dieser Dynamik wird vernachlässigt, Affekt und Selbstgefühl werden nicht unterschieden, und die Bedeutung der Epistemologie wird übersehen.

MASTERSONs Ausrichtung auf eine allein genetische Betrachtung dieser Dynamik läßt die aktuelle Wirkung dieser Dynamik beiseitetreten. Die destruktive Dynamik der Objektbeziehungseinheiten besteht ihrem Wesen nach in einem relativ raschen Wechsel zwischen aktivem und passivem Kommunikationsmodus und zwar in einem solchen Maß, daß die Selbstgrenze fraktioniert und die jeweiligen Objektbeziehungseinheiten einen verzerrten gegensätzlichen Ausschnitt der Welt konstruieren. Die aktuelle Wirkung dieser Dynamik ist eben ein Vermeiden von Beziehungsdefinition durch Abwertung und ein Vorbehalten derselben, also (Selbst)-Grenzverletzung wie Schutz vor Grenzverletzungen. Dieser relativ rasche Wechsel ist ein wesentliches Merkmal der Borderline-Situation bzw. des psychosozialen Entwicklungsstillstandes. Die Konfrontation mit dem jeweiligen Modus wird durch einen solchen Wechsel in den jeweils anderen abgewehrt: indem „...die abgespaltene Objektbeziehungseinheit eine vorübergehende Abwehrfunktion gegen eine entgegengesetzte (Impuls-)Funktion annimmt."[45] Mit dem Erfolg, Individuation zu vermeiden und sich aus einem Erforschen der Beziehungsrealität auszuklinken unter Verlust der Kontaktfunktion.

Das ist nicht alles. Hier und jetzt folgt dieser Wechsel dem „Bedürfnis, unter dem Einfluß dieses Mechanismus Kontrolle über den anderen auszuüben." „Überraschend stellt man mit wachsender Erfahrung in dieser Art der Behandlung von Borderline-Patienten immer mehr fest, daß das, was zunächst wie eine einfache Äußerung von Ich-Schwäche oder einem Ichdefekt aussah, sich als Auswirkungen sehr spezifischer, aktiver, primitiver Abwehrmanöver herausstellt, die gegen das volle Bewußtsein einer dissoziierten, intrapsychische Konflikte reflektierende Übertragungsbeziehung gerichtet sind."[46] Das heißt, diese Dynamik ist geeignet, ein wegen mangelnder Werterfahrung

45 Ebenso O.F.KERNBERG: ebenda, 1988, S. 327.

46 ebenda S. 34 u. 174.

gelähmtes Selbstgefühl aktuell zu substituieren. Wir finden einen *aktiven* psychischen Vorgang vor, der vorübergehend eine manipulative Substitution lanciert. KERNBERG meint den Mechanismus der „projektiven Identifizierung“, der den beiden Modi und ihrem Wechsel zugrunde liegt. Diese eskalierte Form des Kippen der Modi der süchtigen Beziehungsstruktur ist das Merkmal des Borderline-Syndroms und bedeutet einen aktiven Versuch, durch dieses Wechseln einer Beziehungsdefinition auszuweichen.

MASTERSONs Beschreibung dieser destruktiven Dynamik bleibt einseitig, begnügt sich mit einer Sichtweise, die dem Erwachsenen das Kleinkind unterstellt und das Geschehen daher aus der Sicht des Opfers betrachtet, das Grenzverletzungen ausgesetzt ist. An dieser Stelle erkennt KERNBERG präziser die Regie des impliziten Kontextes: „Das dominierende Selbstkonzept des Patienten war das eines schlecht behandelten Kindes, das ein Recht auf Wiedergutmachung hatte.“[47] Ergänzen wir die Seite der tätigen Grenzverletzung, die - wenn auch bisweilen unmerklich - jede Grenzverletzung begleitet, so erkennen wir eine *Dynamik der wechselseitigen Grenzverletzung*:

Grenzverletzungen ausgesetzt: Opfer		**Grenzverletzend tätig sein: Täter**	
aktiv	***passiv***	***aktiv***	***passiv***
wird (aggressiv) angegriffen	wird verführt (Zuwendung für regressives Verhalten)	greift (aggressiv) an,	läßt Verführung zu,
chronische Wut	sich gut fühlen *und* verraten, hintergangen	heftiges Distanzieren	provoziert Grenzverletzung
untauglich, schlecht)	gut, passiv, klagend	Überlegenheit, Illusion von	Hybris
(entziehend	(belohnend)	Allmacht, Größenphantasien	Ohnmacht

Abbildung 11: Tätige Grenzverletzung und Grenzverletzungen, denen man ausgesetzt ist.

Nach den Beobachtungen von MEYERSON an Jugendlichen und jungen Erwachsenen müssen wir tätige Grenzverletzungen noch weiter fassen. Für ihn gilt eine Äquivalenz von delinquentem Akt und Gewalthandlung, von Suizid und Mordimpuls und von Promiskuität und Prostitution.[48] Sie dienen gleichermaßen dazu, den drohenden Verlust des Selbstgefühls abzuwehren.

Der „Wunsch nach Wiedervereinigung“ entspricht der passiven Form der Grenzverletzung und der vorübergehenden narzißtischen Aufwertung: Belinda kann sich als Prinzessin fühlen in dem Dreieck zu Vater und Mutter. Dieser Zustand schlägt unweigerlich um, wenn die implizite Grenzverletzung und Verführung erfahren wird. Genau in diesem Moment tritt ein Vertauschen der Dimension „gut“ und „böse“ bzw. „schlecht“ ein, das Selbstgefühls kippt. Wenn Belinda aber ihren „Wunsch nach Wiedervereinigung“ ausagiert, das heißt, wenn sie die passive Form der Grenzverletzung einsetzt, so kann sie durch diesen Vorgang ihr Selbstgefühl substituieren. Belinda ist grenzverletzend tätig, indem sie ihre Mutter unentwegt anruft und Verletzungen der Selbstgrenze zuläßt und provoziert; indem sie arrogant wird und sich maßlos überlegen fühlt; indem sie sich aufopfert und ein Recht auf Zerstörung erwirkt; indem sie Heroin drückt und somit der Mutter ihre Lebensunfähigkeit beweist, ja, zugleich der Mutter eine Mitschuld an Belindas Leben zuweist; indem sie ihre Mutter durch ihre

47 Ebenda S. 315.

48 S.MEYERSON: Adolescence and Deliquence, in: S.MEYERSON: Adolescence and Breakdown, London 1975, S.45-50.

Süchtigkeit treffen möchte und ihr vorleben, wie infantil sie, die Mutter, lebe, oder aber für verweigertes Kindsein Vergeltung übt; und mit solcher Anmaßung mag sie schließlich wiederum ihre Überlegenheit beweisen und ihr Anrecht, sie zu hassen. Solche Grenzverletzungen sind aktive Vorgänge, die geeignet sind, das bedrohte Gefühl des Selbst zu substituieren und können veranlassen, daß Belinda sich aktiv beteiligt, die Situation chronischer Grenzverletzung fortzuführen.

Selbst MASTERSONs entziehende Objekteinheit gewährt „Belohnung", mag sie auch heimlich zustande kommen. Es wäre auch nicht recht einzusehen, warum jemand den Zustand der Grenzverletzung aufrechterhalten sollte, wenn nicht zugleich „Belohnung" eingeheimst werden könnte. Aber diese Manipulationen zerstören nur das Gefühl des Selbst und treiben den Prozeß der Desorganisation weiter. Indem Belinda die Grenze zwischen Mutter und Tochter verletzt, indem sie den Zustand der Parentifizierung aufrechterhält, greift sie sich selbst an und vergiftet sich u.U. tödlich. Destruktion und Selbstdestruktion sind untrennbar verwoben. Tatsächlich ist es die Kombination von hybrider Position und Entmündigung oder Infantilisierung, die gefangen hält und den Prozeß der Depersonifizierung in Gang hält. Gerade in der Therapie mit Süchtigen, insbesondere mit Heroinabhängigen, kann nicht genug die tätige Grenzverletzung beachtet werden. Leider vereinfacht MASTERSON das Drama, indem er die Beziehungsdynamik aus der Sicht des Kleinkindes begreift, das den erwachsenen Manipulator versteckt. Seine Patienten *erdulden* diese Dynamik, anstatt zu erkennen, wie aktiv sie Mitspieler sind, die die zwei Grundregeln befolgen: sich die Macht, die Beziehung zu definieren, vorzubehalten und die Beziehungsdefinition des anderen abzuwerten.

In jeder Psychotherapie mit Süchtigen ist ganz unabhängig von der theoretischen Einbettung die grundlegende Fähigkeit des Suchttherapeuten: Ein Gespür für Grenzverletzungen zu entwickeln, insbesondere dafür, den aktiven, manipulativen, das Selbstgefühl substituierenden Vorgang hinter Verhaltensweisen und Zuständen zu erkennen, die passiv erscheinen, und die Fähigkeit auszubilden, diese Manipulation in ihrer aktiven Form zu erkennen und zu formulieren.

Wir hatten oben Hans-Peter erwähnt, der in einen fast tödlichen Konflikt mit seinem Vater verstrickt war. Er lebte in einem Dreiecksverhältnis zu seinen Eltern: Er sah sich gefangen zwischen dem verführerischen, ihn sexuell vereinnahmenden mütterlichen Hort und dem zurückweisenden, lauernden, kastrierenden Vater. So jedenfalls sah Hans-Peter seine Welt. Wenn wir Videoaufnahmen von Familiengesprächen zu Rate ziehen, so finden wir folgende typische Sequenz:

Der Vater deutet einen ehelichen Konflikt an, den seine Frau mit einer Handbewegung beiseite wischt. Er wird unsicher, beläßt es bei einer Andeutung, zieht sich zurück, schaut hoch zur Zimmerdecke. Seine Frau lenkt das Gespräch auf die Erziehung der Kinder, ein Thema, das Hans-Peter aufgreift. Hans-Peter sitzt zur Rechten seiner Mutter und in Opposition zu seinem Vater. Nun beginnt sie ihren Mann wegen seiner früheren verurteilenden Haltung zu Hans-Peter anzugreifen. Sie liefert ihrem Sohn die Stichworte, womit er den Vater attackiert, und zugleich nimmt sie immer wieder Hans-Peter vor ihm in Schutz. Ein recht diffiziles Manöver. Das entscheidende Stichwort aus ihrem Mund lautet: „Du hast an Hans-Peter Unrecht getan!" Er stürzt sich darauf, um seinen Vater zurückzuweisen und heftige Vorbehalte anzubringen. Ich mische mich ein: „Du hast das Stichwort deiner Mutter aufgegriffen, dein Vater habe dir Unrecht getan. Ein schwerer Vorwurf. Davon scheinst Du überzeugt zu sein?" „Ja." „Und Du legst es nun darauf an, den Beweis zu liefern, deinen Vater zu quälen, ihm zuzusetzen, bis er vor Dir auf den Knien liegt? Sind das Deine Absichten? Deine Gedanken? Und Du bist bereit, als letzten Beweis für Vaters Unrecht, wenn es denn sein muß, Deinen Leichnam zu Hause abzuliefern? Sind das Deine Absichten? Soweit würdest Du gehen?"

Beide Eltern sind im Rentenalter, in ihrem Verhalten eingeschliffen und unflexibel. Wir mußten uns darauf beschränken, zwischen Vater und Sohn - wenn möglich - eine offene Aussprache und Annäherung anzubahnen. Seine symbiotische Beziehung zu seiner Mutter, ihre Beauftragung, seine zwanghaften gedanklichen Konstruktionen - wie etwa die, daß er nicht frei sei, daß er fremdbestimmt wäre, unter Zwang, keine eigenen Gefühle besäße etc. - wurden in Einzelgesprächen thematisiert. Hans-Peter hatte eine Welt in und um sich aufgebaut, die ihn jeglicher Verantwortung entledigte. Als er die Therapie bei uns beendete, stand er vor der Wahl, diese gemeinsam errichtete Welt, die ihn aller Verantwortung für sein Handeln entbinden würde, aufzugeben oder aber diese Welt wiederaufleben zu lassen. Es war klar, um diese gemeinsam geschaffene Welt zurückzurufen, brauchte er nur den Krieg mit seinem Vater wieder aufzunehmen.

Es ist bitter, zu berichten, daß Hans-Peter bereits einc Woche nach seiner Entlassung rückfällig wurde und den Krieg mit seinem Vater erneut und in nie dagewesener Weise entflammte: Vor den Augen seines Vaters spritzte er sich Heroin in die Vene und griff - gestärkt durch die Droge - seine Eltern vehementer an denn je: 'Schon in seiner Wiege sei er zum Junkie verurteilt gewesen!'.

Dieses Beispiel belegt: Der depersonifizierte Jugendliche oder junge Erwachsene verläßt nicht von selbst den Käfig chronischer Grenzverletzungen, und zwar *weil er selbst durch seine tätigen Grenzverletzungen verstrickt ist,* weil er jederzeit wie Hans-Peter den Zustand chronischer Grenzverletzung wiederaufleben lassen kann mit all den Optionen, die für ihn daraus erwachsen: Macht, Einfluß, Ausleben von Phantasien, die Mühe ersparen, Beziehungsrealität zu erforschen, und Schuldzuweisung zur Entlastung vor der eigenen Verantwortung. Eher ist es so, daß sich die depersonifizierte oder entindividuierte Person heftig durch Grenzverletzungen dagegen wehrt, aus diesem Gefängnis herauszutreten, Verantwortung zu übernehmen und nun ihrerseits auf jene manipulierenden Grenzverletzungen zu verzichten.

„Identitätsdiffusion“ als Zustand des Verlustes des Selbstgefühls

Die Dynamik der Teilobjektbeziehungseinheiten als Prozeß der Entindividuierung beschreibt die Zerstörung des Gefühls des Selbst. Was MASTERSON unter dem Stichwort „Affekt“ beschreibt, sind *Zustände des Verlustes des Selbstgefühls.* Dies ist der zweite Punkt, an dem MASTERSON ungenau bleibt. Das Kippen der Modi der süchtigen Beziehungsstruktur geht mit einem 'Kippen' des Selbstgefühls einher, die Teilobjektbeziehungseinheiten lassen kein integriertes Gefühl für das Selbst zu.

Wenn wir uns noch einmal Belinda zuwenden. Als „Prinzessin“ kann ihr ein gesteigertes Selbstgefühl zufließen, das jedoch unbemerkt von Empfindungen der Nichtigkeit begleitet wird; ein Vertauschen der Mutter-Kind-Rolle kann sie als Wichtigkeit erleben, dem ein Gefühl der Schlechtigkeit auf dem Fuße folgt usw. Ein Wechsel der Modi ist der Versuch, ohne Aufgabe der Prämissen der süchtigen Beziehungsstruktur, das Selbstgefühl zu manipulieren. Die Zerlegung in Teileinheiten macht es ohne tiefgreifenden Konflikt unmöglich, ein Selbstgefühl zu entwickeln, das diese verschiedenen Aspekte von Empfindungen des Selbst zu bündeln versteht. Es müssen entwertende Selbsterfahrungen die Oberhand gewinnen und eine desintegrierende Wirkung entfalten. Der tiefgreifende Konflikt ist ein Loyalitätskonflikt. Ohne seine Lösung kann ein von Werterfahrung getragenes Selbstgefühl auf Dauer nicht existieren.

Überprüfen wir die affektiven Zustände des Selbst, die er der EOT bzw. BOT zuordnet, so fällt zunächst auf, daß er Gefühle von Ekel und Gefühle der Überlegenheit und Arroganz bis hin zu Hybris und ihr Gegenstück Scham nicht erwähnt. Im Zentrum stehen Gefühle der Grenzverletzung: Depression als gegen das Selbst gerichtete narzißtische Aggression; narzißtische Wut, Angst und Panik als intensives Erleiden von Grenzverletzungen; Schuldgefühle, die sowohl die Person selbst peinigen, die aber ebenso die anderen zermürben und erpressen können; Passivität und Hilflosigkeit als Ausdruck der Lähmung, der Apathie, die eine passive Form vehementer grenzverletzender Aggression ist; Leere und Nichtigkeit als Folge des Verlustes der Kontaktfunktion.

Dieser Einwand läßt uns seine Theorie der gespaltenen Objektbeziehungs-Teileinheit neu interpretieren: Sie definiert die Bedingungen, die ein integratives Selbstgefühl ermöglichen bzw. zerstören. So gesehen, finden wir unser Verständnis des Gefühls des Selbst bestätigt: es ist gebunden an eine kommunikative Verknüpfung von „Selbst“ und „Objekt“, die allein Ko-Existenz und Ko-Entwicklung erlaubt von Selbst und Anderer, von Selbst und Nicht-Selbst. Wir finden verschiedene Ebenen von Einschluß vor, deren Integration bzw. Desintegration das Selbstgefühl ausdrückt. Um dies besser zu verstehen, werfen wir nochmals einen Blick auf die Verknüpfung von „Selbst“ und „Objekte“. In unserem Verständnis sind Selbst und Anderer nicht einfach zwei isolierte Dinge, sondern sie hängen miteinander zusammen, sie sind Teil des systemischen Feldes. Selbst und Anderer sind, was sie aktuell sind, in und durch den kommunikativen Zusammenhang, den das systemische Feld meint. Wir nahmen daher eine informationelle, selbstbezügliche Struktur an, die es erlaubte, „Selbst“ und „Anderer“ zu generieren, solange der Informationsfluß in Gang gehalten wird.

Wir hatten vier Ebenen der selbstbezügliche Struktur von Information: physischer Einschluß bzw. systemischer Zusammenhang, Präsentation, Repräsentation und schließlich den konstitutiven Beobachter hinzugefügt. Wenn ich an die Lithographie von ESCHER erinnern darf, so war die Ebene des physischen Einschluß mit dem Betrachter der Bilder verknüpft, die Bildergalerie bedeutete die Ebene der Präsentation, das Bild, das sich zur umschließenden Landschaft weitete, Repräsentation. Den konstitutiven Beobachter bildet der Betrachter des Bildes „Bildergalerie“, er schaut auf die Rückseite des Bildbetrachters im Bild. Wir können diesen vier Ebenen des psychosozialen Raumes ebensolche der organismischen bzw. psychischen Struktur zuordnen: Der systemische Zusammenhang hat zur Folge, daß mich Beziehungsgeschehen berührt, ob ich will oder nicht. Daher entspricht dieser Ebene das Auftreten spontaner Affekte. Der Ebene der Präsentation entsprechen Selbst und Anderer bzw. „Objekt“; der Ebene der Repräsentation die Repräsentanzen von Selbst und Anderer („Selbst- und Objektrepräsentanz“), die wir als Gruppenselbst bezeichnet hatten. Die vierte Ebene stellt die epistemologische Funktion dar, die zugrundeliegende Epistemologie von Erkenntnis und Wahrnehmung auf den ersten drei Ebenen. Sie bedeutet die Fähigkeit, Kontexte zu generieren, die Kontexte steuern, die integrative Rahmendefinitionen möglich machen. Es ist der Ort der Regieführung, bewußtseinsfähig, wenn auch nicht allein durch bewußte Einsicht zu transformieren.

Spezifisch menschlich ist allein die vierte Ebene. Die ersten drei Ebenen können wir als Struktur auch bei Wahrnehmungsexperimenten mit Säugetieren unterstellen, wenn auch nur mehr oder weniger rudimentär ausgebildet, etwa um die oben wiedergegebenen Tierexperimente zu erklären. Analysieren wir das oben geschilderte Experiment von PAWLOW, so haben wir von der Ebene des physischen Einschlusses auszugehen, das heißt, das Tier setzt sich dem Experiment aus und muß nun auf die Reizsituation reagieren. Zunächst mit 'Appetit', später mit Verwirrung und Streß. Das Tier sieht sich selbst der Reizsituation gegenüber und agiert innerhalb derselben. Es gibt für das Tier ein Objekt und ein vages Empfinden für sich selbst. Wir müssen dem Hund zugestehen, daß es ein mehr oder weniger genaues inneres Bild der Situation und ein Wissen oder Ahnen seiner Handlungsmöglichkeiten besitzt, somit eine Selbst- und Objektrepräsentanz annehmen. Ausschließen müssen wir dagegen auf Grund des experimentellen Ergebnisses, daß das Tier die Begrenzung seines Erkennens hinterfragen kann, um nun einen geeigneten Kontext zu erfinden, der dem Tier erlaubt, der Konfusion zu entkommen. Die Erzeugung der Allgegenwart eines Beobachters ist eine rein menschliche Fähigkeit, der sein Glück wie sein Leid entspringt, sowohl die Fähigkeit, diese verschiedenen Ebenen zu integrieren und mit einem Gefühl der Kohärenz und Integrität zu beantworten, aber auch der Dämon der Spaltung und Abwertung, der den kommunikativen Zusammenhang der menschlichen Existenz verleugnet. Wieder begegnen wir der Struktur der Wahrnehmung mit ihren diversen Möglichkeiten, heraus- und hineinzuspringen, und wieder ist es eine Frage der Epistemologie, ob diese Möglichkeiten und Fähigkeiten ein Eudaimon oder einen Dämonen in die Welt setzen.

Abbildung 12: Die Schleier der Maya, Epistemologie und Selbstgefühl.

Wo dieser Dämon wirkt und die Bezogenheit von Selbst und Nicht-Selbst verzerrt, werden Selbst und Individuum aufgespalten und Segmente des Gruppenselbst und des Selbst polar aufgeladen: systemisches Feld und Person infiltrieren sich wechselseitig. Es kommt nun zu einem Verschmelzen von Teileinheiten, die keine kohärente Selbstgrenze und keine zuverlässige Kontextmarkierung besitzen. Wo dieser Dämon wirkt, wird die informationelle selbstbezügliche Struktur des psychosozialen Raumes tautologisch, die einzelnen Segmente 'verklumpen' und erscheinen immer mehr verzerrt. Dieser Dämon wirkt den Schleier der Maya, welcher ein absolut unlösbares Dilemma vorgaukelt. Wir müssen den Süchtigen dafür gewinnen, daß er den Schleier der Maya zerreißt, daß er verzichtet, unentwegt aus dem Kontext herauszuspringen in der Flucht vor Leid, was sein süchtiges Leiden hervorruft. Und das hieße, daß er in die Welt zurückspringt, wo ihn sein wirkliches Leiden erwartet. Die süchtige Welt ist schillernd, und in gewisser Weise ist die entindividuierende Dynamik Gaukelei.

Die vollständige selbstbezügliche Struktur schließt den Beobachter existentiell mit ein, und daher finden wir das Selbstgefühl ebenfalls abhängig von der Epistemologie der Person. Die epistemologische Einstellung der Person entscheidet über die Qualität kommunikativer Verbundenheit und Verknüpfung. Unsere Betonung der aktiven, gestaltenden Kommunikation im Hier und Jetzt, wo wir aktuell 'eingeschlossen' und bezogen sind, rührt daher.

Wir kommen auf den dritten Punkt zu sprechen. Während wir uns im vorherigen Abschnitt auf die Pragmatik dieser Arrangements und ihrer Dynamik konzentrierten, wollen wir uns hier dem semantischen Aspekt widmen. Diese Arrangements zeichnen sich dadurch aus, daß sie Teile des systemischen Kontext mit Teilen des individuellen vermischen, ohne ihre Konkurrenz und ihr Entwertungsverhältnis zuvor aufzulösen, das heißt, ohne diese Teile zu assimilieren und zu integrieren. Es kommt zu einer *Kontaminierung individueller und systemischer Kontexte*. An Stelle des Selbstgefühls und des Kontaktes mit der Beziehungsrealität tritt ein Phantasiekomplex, worin die entindividuierenden und symbiotischen Kräfte hervortreten und Vertauschungen der drei Kontextdimensionen vorherrschen:

Phantasiekomplex von Grenzverletzungen, die um den drohenden Verlust des Selbstgefühls kreisen

passiv	aktiv
„Die Mutter greift im Körper des Kindes Objekte darstellende Organe an." (zentrales Phantasiesystem nach GLOVER)	„Das Kind greift Objekte darstellende Organe im Leib der Mutter an."
Wiedervereinigung	Verlassenheitsangst, Ausgeschlossen werden
Verschlungen werden	Ausgespuckt werden; Fäzes, die ausgestoßen werden
Vergiftet werden	Vergiften
Fremdkörper im Körper haben	Fremdkörper im Körpersein
Verführt werden	Verführen, Mißhandeln
Getötet werden, überwältigt und zerstört	Töten, Vernichten, verbrannte Erde

Abbildung 13: Phantasiekomplex entindividuierender Kräfte.

Dieser Phantasiekomplex kreist um eine drohende Zerstörung von Identität. Er entwickelt sich parallel zur Zerstörung des Selbstgefühls und wird begleitet von narzißtischen Phantasien von Allmacht/ Hybris/ Monstrosität und von Ohnmacht/ Untauglichkeit/ Schlechtigkeit, die disqualifizierende Empfindungen manipulativ zu steuern suchen. Nach GLOVER handelt es sich um *„ein für die Sucht zentrales Phantasiesystem"*[49]. Dieses zentrale Phantasiesystem spiegelt den Zustand chronischer Grenzverletzung als Kontaminierung von individuellem und systemischem Kontext. Diesen zentralen Vorgang reflektiert die psychoanalytische Literatur vor allem unter den Begriffen projektiven Identifikation und Verschmelzung.

Am präzisesten erfaßt diesen Vorgang der Kontaminierung in der psychoanalytischen Literatur KERNBERG durch den Begriff der projektiven Identifizierung: „Der Hauptzweck der Projektion besteht hier in der Externalisierung der „total bösen", aggressiven (oder auch der „total schlechten", entwerteten) Selbst- und Objektimagines, und als wichtigste Folge dieses Vorgangs entstehen gefährliche vergeltungssüchtige Objekte, gegen die der Patient wiederum sich zur Wehr setzen muß. Die Projektion der Aggression gelingt also nur sehr unvollkommen. ...die besondere Intensität der Projek-

49 zitiert nach ROST, ebenda S. 82.

tionsneigung führt im Verein mit der charakteristischen Ichschwäche dieser Patienten leicht zu einer umschriebenen Schwächung der Ichgrenzen im Bereich der Projektion von Aggression. So kommt es, daß *der Patient sich mit dem Objekt, auf das er seine Aggression projiziert hat, gleichzeitig noch identifiziert fühlt* und daß diese weiter fortbestehende „empathische" Beziehung zu dem mittlerweile bedrohlich gewordenen Objekt die Angst vor der eigenen projizierten Aggression weiterhin aufrechterhält und noch verstärkt. Der Patient muß daher dieses als bedrohlich erlebte Objekt unter Kontrolle halten, um zu verhindern, daß es ihn unter dem Einfluß (projizierter) aggressiver Impulse angreift; er muß das Objekt beherrschen und eher selber angreifen, bevor er (wie er fürchtet) vom Objekt überwältigt und zerstört wird."[50] (Hhg.d.V.)

KRYSTAL/ RASKIN beschreiben diesen Zustand der „*Regression*", als strebe die „Libido" nach „völliger Verschmelzung" mit dem Selbst-Objekt oder nach „Verschlingung"; das gierig erlebte Objekt sei nun durch destruktive Aggression bedroht; dabei wurde die Objekt-Repräsentanz externalisiert. Zugleich finden wir auch den Vorgang der „Introjektion", der die Person durch „negative Introjekte" zu vergiften und zu desorganisieren droht.[51]

KOHUT spricht ebenfalls von Verschmelzung und schildert dabei den Verlust des Selbstgefühls bei Drogenabhängigen: „Ich glaube, daß die Drogenerfahrung den kindlichen Versuch wiederholt, das Selbst-Objekt (die psychische Struktur) zu ersetzen und dem Gefühl, tot zu sein, entgegenzuwirken, das in Ermangelung des empathischen Milieus auftritt, welches durch das Selbst-Objekt hergestellt worden sein sollte. Phantasien, die vom Kind entwickelt werden (später: durch halluzinogene Drogen geschaffene Phantasien), sind die Mittel, durch die unter diesen Umständen das Selbst-Objekt ersetzt und das Gefühl des Totseins bekämpft wird."[52] „Indem er die Droge nimmt, zwingt er symbolisch das Selbst-Objekt, ihn zu beruhigen, ihn zu akzeptieren...oder zwingt symbolisch das idealisierte Selbst-Objekt, seine Verschmelzung mit ihm zu gewähren..."[53]

Nach GLOVER schütze die Sucht „vor den paranoiden Ängsten, stelle einen Versuch dar, die dem primitiven Ödipus entspringenden, miteinander fusionierten libidinösen und sadistischen Regungen zu bewältigen". Die für die Sucht zentralen Phantasiesysteme sind nach GLOVER „eines, indem das Kind Objekte darstellende Organe im Leib der Mutter angreift (später: wiederherstellt), und eines, indem die Mutter im Körper des Kindes Objekte darstellende Organe angreift (später: wiederherstellt)"[54] Oder: „Das Suchtmittel würde also eine Substanz (ein Partialobjekt) mit sadistischen Eigenschaften darstellen, das sowohl in der Außenwelt wie auch im eigenen Körper existieren kann, das seine sadistischen Eigenschaften aber nur im Körperinnern entfaltet. Dieser Zustand würde einen Übergang zwischen dem bedrohlichen, nach außen verlegten Sadismus eines melancholischen Systems bedeuten. Die Sucht würde eine bestimmte Mischung einer psychischen Gefahrensituation und deren Beruhigung darstellen."[55] Dieses Vertauschen hat zur Folge, daß gegensätzliche Zustände oder Kontexte

50 ebenda S. 51f.
51 KRYSTAL/ RASKIN, ebenda S. 51-61.
52 H.KOHUT, aus einem Brief an vom SCHEIDT vom 3.2.1975; abgedruckt in: vom SCHEIDT: Der falsche Weg zum Selbst, S. 172-175.
53 Ebenda S.10.
54 E. GLOVER, Zur Ätiologie der Sucht, in: Int. Z. Psa. 19, S. 170-197, hier S. 186, zitiert nach ROST, ebenda S. 82.
55 E. GLOVER, ebenda S. 191.

zugleich auftreten, hier: Gefahrensituation wie Beruhigung. „Das Suchtmittel ist dann letzten Endes ein äußeres Antidot, das mittels Zerstörung heilt“[56]

Wir können uns schließlich auf MASTERSON berufen, der der Phantasie des Tötens oder Getötet-werdens, des Vernichtens und Vernichtet-werdens eine zentrale Bedeutung im Therapieprozeß gibt. Unser kurzer Fallbericht über Hans-Peter stellte eine solche Phantasie und ihr Ausleben in den Mittelpunkt als Abwehr und Verweigern echter Verselbständigung und Verantwortlichkeit. Auch die psychoanalytische Beschreibung gibt jenes merkwürdig komplizierte Vertauschen entlang der drei Dimensionen wieder, die die Endzustände der Fragmentierung und Desorganisation kennzeichnen.

Wie GLOVER bemerkt, handelt es sich um ein Phantasiesystem, das für Sucht zentral ist, sowohl für süchtiges Verhalten, indem dieses dazu dient, das Selbstgefühl zu substituieren, als auch für Suchtmittelmißbrauch. *Das tätige Mitwirken aktiver wie passiver Grenzverletzungen und dieses für Sucht zentrale Phantasiesystem bahnen unmittelbar ein Substituieren des Selbstgefühls durch chronischen Suchtmittel an: die pharmakothyme Steuerung.* Die Droge dient sich jetzt als ideales Heilmittel an, da es diesen Phantasien in idealer Weise entspricht. Sie verkörpert eine Wandlungssubstanz als Träger solcher Phantasien. Sie ist in idealer Weise fähig, sich den aktiven wie passiven Modi der süchtigen Kommunikation einzupassen, schillert zwischen Sadismus und Masochismus, zwischen symbiotischen Kräften und rebellischen, zwischen Destruktion und Autoaggression. Ob dieses Stadium der Desorganisation mit oder ohne Suchtmittel erreicht wird, tätige Grenzverletzung und dieser Phantasiekomplex stellen die Beziehungsdynamik wie die Psychodynamik dar, worin das Suchtmittel paßt wie der Schlüssel zum Schloß und seine ideale Umgebung findet für chronische Adaption.

Dieser Phantasiekomplex gibt Zeugnis eines *tiefgreifenden Kampfes symbiotischer versus individuierender Kräfte*, eines tiefgreifenden Konfliktes zwischen dem systemischen Feld, dem die Person zugehört, und der Person, die die Koordinaten des Selbst so festlegen möchte, daß die Entfaltung ihrer individuellen Existenz im Gefühl des Selbst fortschreitet und bewahrt bleibt. Elementarer als der Verlust einer Person ist die Drohung des Verlustes des Selbstgefühls und der Desorganisation. Dieser Phantasiekomplex gibt Zeugnis von einem bedrohlichen Endzustand chronischer Grenzverletzung: einem tiefen, unlösbar erscheinenden Loyalitätskonflikt, der vom Niedergang des Selbstgefühls und Drohen seines unmittelbar Verlustes gekennzeichnet ist.

Solange eine Lösung dieses Loyalitätskonfliktes aussteht, sind systemischer Kontext und individueller Kontext unorganisiert vermischt und in fataler Weise miteinander verklammert. Je länger der Konflikt schwelt, vergiften sie einander, jeweils Pfahl im Fleisch des anderen. Selbst und Anderer sind nicht recht auszumachen, verkehren einander immer dann, wenn man glaubte, sich selbst zu identifizieren; damit verkehren sich auch Erleiden und Tätigsein und unweigerlich entstehen Bereiche, die nicht der Selbstkontrolle unterliegen. Ja, die Zustände „gut“ und „böse“ bzw. „schlecht“ lassen sich nicht zuverlässig ausfindig machen, alles hat einen bitteren oder verführerischen Beigeschmack. Jeder Versuch der Befreiung verstrickt nur mehr. Wie uns der Fall Hans-Peter zeigt, werden Identität und Integrität nicht mehr gewahrt und für Phantasie und Handlung schillernd, ob einer den anderen verschlingt und tötet, oder

---

56 ROST, ebenda S. 83.

'ausspuckt' und vernichtet, oder sich selbst umbringt und zugleich den anderen oder wie der Kombinationen und Phantasien mehr sein können. Im chronischen Zustand wächst dieses Dilemma zu einer sozial destruktiven oder gar tödlichen Falle an.

Aus der Lösung des Loyalitätskonflikts erwächst mit der Geburt der erwachsenen Person ein Gefühl der Identität. Ein neues Gefühl des Selbst wird geboren. ERIKSON hat dieses „Gefühl der Identität" als erster Psychoanalytiker beschrieben. „Man kann von Ich-Identität sprechen, wenn man die synthetische Kraft des Ichs im Licht seiner zentralen psychosozialen Funktion diskutiert, und von Selbst-Identität, wenn die Integration der Selbst- und Rollenbilder des Individuums zur Diskussion stehen."[57]

ERIKSON war auch der erste Psychoanalytiker, der die Folgen des Verlustes des Selbstgefühls der Identität als Zustände der *„Identitätsverwirrung"* beschrieb und in den Zusammenhang mit den Aufgaben des Lebenszyklus stellte. Chronische Grenzverletzung korrespondiert mit dem psychischen Zustandsbild der „Identitätsverwirrung". Seine ersten Beobachtungen machte ERIKSON in der Behandlung amerikanischer Soldaten, die aus dem zweiten Weltkrieg zurückgekehrt waren. Später arbeitete er mit emotional gestörten Jugendlichen. Aus seinen Erfahrungen schlußfolgerte er: „Ein Zustand akuter Identitätsverwirrung wird gewöhnlich in einem Zeitpunkt manifest, wo sich der junge Mensch einer Kombination von Erlebnissen ausgesetzt findet, die gleichzeitig seine Hingabe an körperlich Intimität, an eine entscheidende Berufswahl, an energischen Wettstreit und an eine psychosoziale Selbstdefinition fordern."[58] Also just zu dem Zeitpunkt, wo der junge Erwachsene konkrete Vorbereitungen trifft, sich von seiner Herkunftsfamilie abzulösen.

ERIKSON beschreibt Identitätsverwirrung als einen „Lähmungszustand", der gekennzeichnet ist von „Problemen der Intimität", „Auflösung der zeitlichen Perspektive", „Auflösung der Arbeitsfähigkeit" und „Feindseligkeit gegen die von der Familie angebotenen Rollen". Als Symptome nennt er: „Angst vor zwischenmenschlichem Verschmelzungsprozeß, der sich bis zum Identitätsverlust steigern kann", „Promiskuität, „Anklammern und Distanzieren" und „ein plötzlicher Zusammenbruch aller Fähigkeit zur Wechselseitigkeit"; einhergehend mit schmerzlichen Gefühlen der Isolierung, Desintegration des Gefühls der inneren Kontinuität und Gleichheit, Gefühl allgemeiner Beschämung, Unfähigkeit, aus irgendeiner Art von Tätigkeit ein Gefühl der Erfüllung zu gewinnen. Eine Auflösung der zeitlichen Perspektive wird erlebt, als ob die Person jung und alt zugleich wäre; im Verlangsamen des Ausdrucks und dem Wunsch, das Ich sterben zu lassen. Die Auflösung der Arbeitsfähigkeit markiert eine akute Störung im Gefühl der Leistungsfähigkeit, entweder in der Form der Unfähigkeit, sich auf geforderte oder vorgeschlagene Aufgaben zu konzentrieren oder in einer selbstzerstörerischen Beschäftigung mit irgendeiner einseitigen Tätigkeit. Konzentrationsunfähigkeit, tiefe Abneigung gegen Wettbewerb gehören dazu.[59]

In Bezug auf die Herkunftsfamilien stellt ERIKSON fest, daß in allen schweren Identitätskrisen ein Todeswunsch gegen die Eltern latent vorhanden war. *Es geht um Sein oder Nichtsein, um einen tiefen Loyalitätskonflikt, indem alle verfügbaren entindividuierenden und symbiotischen Kräfte frei werden und sich austoben.* Sie stehen den Kräfte der Individuation und Geburt der Person entgegen. Dieser Konflikt ist Kern des

---

57 E.H. ERIKSON, Identität und Lebenszyklus, Suhrkamp Verlag, Frankfurt a.M., 1973, S. 220.
58 ebenda S. 171.
59 ebenda S. 172ff.

beschriebenen Phantasiekomplexes. In all unseren Fallbeispielen können wir diesen Loyalitätskonflikt wiederfinden, und mehr oder weniger zentral bei vielen Autoren, die sich mit Sucht beschäftigt haben. Schließlich finden wir auch bei KOHUT Bestätigung: „Das Aufgeben der Objekte der Kindheit vollzieht sich in der Analyse der typischen Übergangsneurose jedoch in kaum wahrnehmbarer Weise... Sollte nämlich wirklich das Sträuben gegen die Aufgabe der Kindheitsobjekte der hauptsächliche und chronische Widerstand in der Analyse werden, so tut der Analytiker gut daran, die Möglichkeit in Betracht zu ziehen, daß er es nicht mit einer unkomplizierten Übertragungsneurose zu tun hat, sondern daß narzißtische Elemente sich hinter den manifesten inzestuösen Objektbesetzungen verbergen."[60]

Ich möchte soweit gehen, zu behaupten, daß sich sein Wirken bei jedem Süchtigen nachweisen läßt. Der Loyalitätskonflikt wird um so tiefer, seine Lösung um so schwieriger, je massiver Grenzverletzungen in der Herkunftsfamilie in Erscheinung traten, und zwar gerade deshalb, weil massive Grenzverletzungen eine um so nachhaltigere Verwirrung um die eigenen Identität auslösen. Der chronische ungelöste Loyalitätskonflikt läuft auf Destruktion hinaus in jeglicher Hinsicht: Verhindern oder Destruktion einer sozialen und beruflichen Existenz, Verhindern und Destruktion menschlicher Beziehung und Partnerschaft, Verhindern und Destruktion psychosozialer Fähigkeiten, Degeneration psychischer Entwicklung und Destruktion der körperlichen Existenz durch Unfälle, Nachlässigkeit, Selbstdestruktion, Selbstmord, Krankheit und Tod. Der ungelöste Loyalitätskonflikt läßt mit dem Verlust des Selbstgefühls der Identität den integrativen Prozeß versiegen, der Prozeß der Fragmentierung und Desorganisation nimmt überhand und endet, wenn er nicht umgekehrt werden kann, in psychosozialem Siechtum und Tod.

Unverhüllte Destruktion, Autoaggression und Depression

Ein Zustand chronischer wechselseitiger Grenzverletzungen ist unsere allgemeinste Deutung der süchtigen Beziehungsstruktur. Je mehr die süchtige Beziehungsstruktur eskaliert, desto deutlicher enthüllt sich die Dynamik der süchtigen Kommunikationsmodi als Dynamik der Entindividuierung und der wechselseitigen Grenzverletzung; desto ungeschminkter verrät sich *der aktive und passive Modus der süchtigen Beziehungsstruktur schließlich als sadistische und masochistische Strebungen*, worin sich Machtvorbehalt, Verweigerung von Beziehungsdefinitionen und Entwertung zu einer letzten gesteigerten Form vereinigen. Unter dem Gesichtspunkt der Dynamik der Grenzverletzungen sind aktiver und passiver Modus als Formen von Sadismus und Masochismus zu betrachten. Destruktion, ob als sadistische oder masochistische Strebung, sind die allerletzten Mittel, den Schrecken des Verlustes des Selbstgefühls abzuwehren. KERNBERG kennt sie als (a) Unterwerfung unter ein sadistisches Über-ich und (b) triumphierende Identifizierung damit. Unser letztes Fallbeispiel wies auf einen 'Endzustand' hin, der von einer *tödlichen sadistischen wie zugleich masochistischen Umklammerung* gekennzeichnet ist. Dieser Prozeß der Entindividuierung führt zu einem chronischen selbstmörderischen Zustand, worin sich der Abwertungsprozeß der süchtigen Beziehungsstruktur radikal und schonungslos durchsetzt und austobt. Ein verzweifelter Versuch, den Machtvorbehalt mit letzter Willkür

60 H.KOHUT, ebenda S. 118.

durchzusetzen, und er schließt ein, die Entwertung bis in die letzte vielleicht tödliche Konsequenz zu betreiben. In Anlehnung an MASTERSON läßt er sich so beschreiben:

Selbstvorstellung:	Affekt:	Objektvorstellung:
Nichtigkeit	selbstmörderischer Haß	Verschlungen werden
Monstrosität	mörderischer Haß	Ausgespuckt werden

Abbildung 14: Der Endzustand destruktiver Umklammerung.

GLOVER bezeichnet unverblümt „destruktiven Haß und Sadismus als die eigentlichen Triebkräfte der Sucht“[61]. KERNBERG formuliert: „Extensive Wiedervereinigungsphantasien werden entwickelt, auf die Umgebung projiziert und ausagiert, begleitet von einer zunehmend stärkeren Realitätsverleugnung. Beides zusammen erzcugt eine sich ständig verbreiternde Kluft zwischen den Gefühlen des Patienten und der Realität seines Verhaltens, wenn er allmählich aus den Entwicklungsjahren ins Erwachsenenalter kommt.“[62] „Diese doppelte Wirkung des Drogenmechanismus: Zerstörung des negativen Selbst und der bösen Objekte, Projektion, Isolierung und Schutz des guten Selbst und des guten Objekts erklärt nach GLOVER den intensiven Zwang, der mit der Sucht einhergeht.“[63] ROST meint, es sei GLOVERS wichtigster Beitrag zur Psychotherapie der Sucht, daß er den „Partialobjektcharakter des Suchtmittels“ erkannte, das „an der Grenze von Innen und Außen ambivalent, aber vorwiegend „böse“ besetzt ist und immer wieder zur Bekämpfung des bösen inneren Objekts eingesetzt werden muß. Das ist aber nur über die Selbstzerstörung möglich.“[64] Ähnlich spricht RADO von einen fortschreitenden Regressions- und Verfallsprozeß: „Darüber hinaus mobilisiert die Regression gleichzeitig aggressiv-destruierende Kräfte und masochistische Strebungen.“[65]

Auch ERIKSON stellt die Phänomene der Destruktion in den Mittelpunkt seines Konzeptes der „Identitätsdiffusion“. Er spricht von „Identitätswiderstand“, der in Fällen akuter Identitäts-Verwirrung zum „Kernproblem der therapeutischen Begegnung“ werde: „Der Identitäts-Widerstand besteht in seiner milderen und häufigeren Form in der Furcht des Patienten, daß der Analytiker, auf Grund seiner besonderen Persönlichkeit, seines Milieus oder seiner Weltanschauung leichtfertig oder absichtlich den schwachen Kern der Identität des Patienten vernichten und an deren Stelle die seinige setzen könnte.“ „Erst tritt ein plötzlicher intensiver Impuls auf, den Therapeuten völlig zu zerstören, begleitet...von dem Wunsch, sein Wesen und seine Identität zu verschlingen. Zur gleichen Zeit oder alternierend kann die Furcht und der Wunsch auftreten, verschlungen zu werden, und durch das Aufgenommenwerden in das Wesen des Therapeuten eine Identität zu erreichen.“[66] ERIKSON fährt dann fort, einige der destruktiven Impulse und Handlungen aufzuführen, die diesen Konflikt hinter Geheimhaltung und Somatisierung entdecken lassen: „Promiskuität“, „exzessives Trinken bzw. Nahrungsaufnahme“, „wildes Fahren“, „selbstzerstörerische Marathonunternehmungen“ etc. Ähnlich schreibt ALLCHIN: „Depersonalierung und Verlust des Gefühls zu sein; dieser

61 zitiert nach ROST, ebenda S.82.
62 KERNBERG, ebenda S. 65.
63 ROST, ebenda S. 84.
64 wiedergegeben durch ROST, ebenda S. 85.
65 RADO, ebenda.
66 ERIKSON, ebenda S. 222f.

Zustand kann durch motorisches Verhalten erleichtert werden; Selbstverletzen kann eine effektive Art sein, einen Sinn für persönliche Realität zu bewahren."[67]

In diesem traumatischen Endzustand herrscht eine „Entschlossenheit des Patienten, in nichts als in das Mißtrauen Vertrauen zu haben", eine Bereitschaft zur „Selbstentwertung", „das Ich sterben zu lassen", und eine „negative Identität" zu übernehmen. ERIKSON gibt einen Patienten mit den folgenden Worten wieder: „Daß Leute nicht wissen, wie man Erfolg hat, ist schon schlimm genug. Das Schlimmste ist, daß sie nicht wissen, wie man versagt. Ich habe mich entschlossen, ein guter Versager zu sein."[68] Wir brauchen dieser Beschreibung nichts hinzuzufügen.

Die süchtige Beziehungsstruktur *ist* in ihrer Wirkung ein Destruktionsprozeß. Was wir im gruppendynamischen Prozeß und jetzt im Austausch zwischen Person und ihrem psychosozialen Umfeld und im Prozeß der Desorganisation erforscht haben, ist nichts anderes als fortschreitend eskalierende Destruktion, die strukturbildende und integrative, synthetische Kräfte Stufe um Stufe vertreibt. Die süchtige Beziehungsstruktur vermag jede Grenze, die ihre Einflußsphäre begrenzen könnte, aufzuweichen und zu beseitigen. Aus sich heraus findet sie keine Grenze ihres Destruktionsprozesses, es sei denn das Auslöschen der Existenz der Kommunizierenden. Der eskalierende Prozeß der Desorganisation ist ein Prozeß intensiver, ja rücksichtsloser Entindividuierung, an deren Ende der suizidale Drogen- und Suchttod steht. An MENNIGERs Meinung über den Suchtprozeß als protrahierten Selbstmord sei hier erinnert. Daß der Prozeß der Zerstörung des Selbstgefühls im Suizid oder psychotischen Zusammenbruch endet, wird von SIMMEL, KRYSTAL und RASKIN, WURMSER und schließlich ROST geteilt.

Und doch ist es meine tiefste Überzeugung: Die Destruktion ist eine Maskerade des Lebens. Die pervertierte Maskerade entspringt gerade dem Wunsch zu leben und ist eine Äußerung desselben, deren durchaus menschlicher Wunsch damit begann, die Fähigkeit und Macht, die Beziehung zu definieren, vorzubehalten und die Versuche der anderen abzuwerten. Ein durch und durch menschlicher Wunsch, der allein auf den Fähigkeiten des Menschen - nicht seinen Defiziten - aufbaut. Destruktion - eine menschliche Fähigkeit, für die allein auch der Mensch die Verantwortung trägt, seine Erkenntnisfähigkeit, seine Fähigkeiten, Welten zu erschaffen, die Wirklichkeit werden, nicht so sehr weil er sie wünschte, sondern weil er sie für Wirklichkeit hält - dient dazu, den Schleier der Maya zu wirken. So bleibt schließlich auch der Akt der Destruktion zwiespältig, schillernd: Es ist der verzweifelte Akt, sich selbst zu spüren, der Versuch, den Fremdkörper im Körper zu vernichten, bzw. der Versuch, den anderen zu verschonen vor der eigenen Monstrosität; die Verzweiflung, Fremdkörper im Körper des Anderen zu sein; der Wunsch zu verlöschen. Ebenso nimmt jeder Akt, Individualität zu vernichten, ein Doppelgesicht an: Es ist Opfer wie Rache, Verbleiben in Symbiose wie Rebellion, Fürsorge wie tödliche Bedrohung.

Die Konstruktion von Welt nach den Prämissen der süchtigen Beziehungsstruktur hat nun eine Situation geschaffen, einen Zustand chronischer grenzverletzender Umklammerung, „in dem Aggression immer wieder hervorgerufen wird, ohne daß es irgendeine konstruktive Möglichkeit gibt, sie zu neutralisieren"[69]. Ich erinnere daran,

---

67 B. ALLCHIN: Depression and Suicid, in: S.MEYERSON, ebenda, S. 102.

68 ebenda S. 221.

69 MASTERSON, ebenda S. 61.

daß nicht allein Aggression sich in destruktive Formen verwandelt, sondern ebenso Liebe, Zuneigung, Bindung u.a., so daß sie in ihrer Auswirkung ununterscheidbar werden von destruktiver Aggression. Wir hatten dieses Dilemma als Loyalitätskonflikt beschrieben, worin gerade die eigenen Lebensäußerungen destruktive Form annehmen. Der ungelöste Loyalitätskonflikt mündet schließlich in das Endspiel destruktiver Umklammerung: „Unbewußt sucht der Alkoholiker die Selbstzerstörung und will von der Mutter abhängig bleiben. Er macht sich krank, um die mütterliche Liebe zu erhalten, oder er dominiert aggressiv die Umwelt.“[70]

Wir sind bei dem Syndrom angelangt, das den Zusammenbruch ankündigt. Der Zusammenbruch kann in einem schweren Unfall bestehen, Selbstmord oder Selbstmordversuch, Überdosis, Gewalttätigkeit, körperlicher oder nervlicher Zusammenbruch bis hin zu vorübergehend psychotischen Erscheinungsbildern. Die letzte Phase vor diesem Zusammenbruch ist mehr oder weniger intensiv durch die folgenden drei Aspekte gekennzeichnet:

(1) *Sadismus und Masochismus* als extreme Form der verletzten Selbstgrenze, der Behauptung des Machtvorbehalts und der Entwertung.

(2) *Depression* als Versuch völliger Verleugnung des Beziehungsgeschehens durch Schweigen, Verlangsamung der Gesten, Hungern und Aushungern, Agitieren. Zusammenbruch des Narzißmus und Identifikation mit „negativen Introjekten“.

(3) *pharmakothyme Steuerung*, die sich zu beiden vorherigen Aspekten gesellt. Die Droge selbst wird das Mittel, Sadismus und Masochismus auszuleben, wobei zur Droge eben eine masochistische und sadistische Beziehung hergestellt wird, sie ist Mittel und Gegenüber. Sie mag den Zusammenbruch zunächst hinausschieben, um ihn nur verzweifelter und auswegloser herbeizuführen.

Sie stellen Möglichkeiten dar, den Zusammenbruch des Gefühls des Selbst und damit der Organisation der Person, hinauszuschieben, und doch leiten sie den Zusammenbruch auch ein. Alle drei Aspekte begleiten den Prozeß der Desorganisation der Person. Je fortgeschrittener die Desorganisation, um so offensichtlicher treten sie hervor. In besonderer Weise ist Depression ein Begleiter, der sich dadurch auszeichnet, daß in flüchtigen Zuständen der depressiven Verstimmung wie in der chronischen Depression der Kommunizierende alles Beziehungsgeschehen zu leugnen sucht. Sie stellt eine Form des passiven Modus dar, der vorübergehend den Konflikt dämpft, aber nur, um denselben im Stillen zu schüren und letztlich weiter zur Eskalation zu treiben.

In den fortgeschritteneren Stadien ist Depression als Versuch der Bewältigung anzusehen, die Impulse zur Destruktion zurückzudrängen. Sie bedeutet ein Innehalten angesichts dieser tiefen Ambivalenz. Im Stadium der destruktiven Umklammerung treten „Subjekt und Objekt“ ganz nahe zueinander, Destruktion wie Selbstzerstörung sind kaum zu trennen, womit aber auch Aggression und Schuldgefühle nahe beieinander liegen. Die Aufnahme des „bösen Objekts“ droht zu einer Überflutung durch Schuldgefühle zu führen. Die Depression läßt zwei Möglichkeiten zu: präventive Zurückweisung des guten Objekts, um es nicht mit der eigenen Monstrosität zu vertreiben oder zu zerstören. Die andere Möglichkeit liegt in der Strategie, die eigene Unschuld zu beweisen gegen die eigenen Beschuldigungen und den Beweis zu erbringen, daß die anderen versagen, d. h., daß die Prämissen der süchtigen Beziehungsstruktur „stimmen“. Depression ist ein Test, so gestellt, daß der Kommunikationspartner nicht

70 SIMMEL, zitiert nach ROST, ebenda S. 86.

bestehen kann und die eigene Hoffnungslosigkeit bestätigt wird. Da depressive Zustände nur vorübergehend den Konflikt dämpfen, während eine rigorose Entwertung den Konflikt unbewältigt weitertreibt, so treiben sie schließlich doch auf den Zusammenbruch hin: die tödliche Umarmung. Der Zustand der Depression ist nichts anderes als ein Lancieren völliger Entwertung durch Sterbenwollen, Aushungern etc. Wir haben solche Fälle bereits geschildert.

Depression ist zwiegesichtig: Es ist ein letzter großer Versuch der Manipulation, ein Vermeiden von Leiden, wie wir u.a. in dem Protokoll „Ich bitte den Starken meinen Schutz an“ sehen konnten. Andererseits ist sie, wie MASTERSON bemerkt, eine „motivierende Kraft“. Das Fehlen von Depression ist prognostisch ein ungünstiges Zeichen. Treten Anzeichen von Depression in Erscheinung, ist dies bei Süchtigen, die sich mit dem Größenselbst identifizieren, ein Zeichen, daß unser Gegenüber sich auf Psychotherapie einläßt. Depression ist all dies, aber vor allem der *Zustand des Verlustes des Selbstgefühls, der Werterfahrung oder der Drohung, daß er unmittelbar eintritt*, eine Bedrohung durch den „Uraffekt“, worin Verzweiflung, Hilflosigkeit, Triumph und Aggression sich vermengen. Depression ist dann ein bedrohlicher Zustand, weil er den Zusammenbruch des Gefühls des Selbst, der Fragmentierung des Selbst und der Desorganisation der Person bedeuten kann: „Patienten denken in diesem Zusammenhang häufig in physischen Kategorien, sie vergleichen ihren Zustand mit dem Verlust eines Armes oder beider Beine, der Beraubung lebenswichtiger Substanzen wie Sauerstoff, Plasma oder Blut.“[71] MASTERSON gibt hier eine ähnliche Beschreibung des Zusammenbruchs wie KOHUTs Fragmentierung des Selbst.

Am Grunde des therapeutischen Prozesses liegt die Depression: „In der ersten Phase der Therapie klagt der Patient vielleicht über Langeweile oder ein verschwommenes Gefühl von Betäubung oder Depression, aber er wird keine heftige affektive Erregung zeigen und nicht den Anschein erwecken, als ob er unter einem sehr intensiven Gefühl leide. Wenn die Abwehrmechanismen nach und nach unterbrochen werden, wird die Depression intensiver, unterdrückte Erinnerungen tauchen auf, und der Patient leidet ganz offensichtlich. Er verstärkt seine Anstrengungen, seine Abwehr aufrechtzuerhalten, aber indem der Therapeut sie interpretiert, gelangt der Patient allmählich auf den Grund seiner Depression, wo fast immer selbstmörderische Verzweiflung und der Glaube liegen, daß es niemals möglich sein werde, die notwendige Unterstützung zu erhalten. An diesem Punkt ist das Risiko, daß der Patient tatsächlich Selbstmord begeht, sehr groß...“[72]

In dem Märchen „Die zwölf Brüder“ finden wir eine Metapher von Depression, wie wir sie hier verstehen, als Leugnung jeglichen Beziehungsgeschehens, als Verweigerung jeglicher Beziehungsdefinition, um die tödliche Ambivalenz von Aggression und Schuldgefühlen magisch zu überwinden: *„Da war nun das arme Mädchen allein im wilden Wald, und wie es sich umsah, so stand eine alte Frau neben ihm, die sprach: „mein Kind, was hast du angefangen? Warum hast du die zwölf weißen Blumen nicht stehen lassen? Das waren deine Brüder, die sind nun auf immer in Rehe verwandelt!“- Das Mädchen sprach weinend: „ist denn kein Mittel, sie zu erlösen?“ - „Nein“, sagte die Alte, „es ist keines auf der ganzen Welt als eines, das ist aber so schwer, daß du sie damit nicht befreien wirst; denn du mußt sieben Jahre stumm sein, darfst nicht sprechen und*

71 MASTERSON, ebenda S. 47.
72 MASTERSON, ebenda.

nicht lachen, und sprichst du ein einziges Wort, und es fehlt nur eine Stunde an den sieben Jahren, so ist alles umsonst, und die Brüder werden von dem einen Wort getötet."

Pharmakothyme Steuerung des Selbstgefühls

Suchtmittelmißbrauch begleitet jedes Stadium der Desorganisation und des Verlustes des Selbstgefühls. Für jeglichen Suchtmittelmißbrauch ist der eine Wunsch zentral - das Selbstgefühl zu steuern. Nach RADO erlebt der Konsument im Rausch einen sprunghaften Anstieg des Selbstgefühls. Das gilt für die Einstiegszeit. Der chronische Mißbrauch in späteren Stadien der Fragmentierung trägt nur indirekt zur aktuellen Besserung des Selbstgefühls bei, indem dysphorische oder gar Schmerz- und Spannungszustände gedämpft werden. Suchtmittelmißbrauch ersetzt vorübergehend den Zustrom spontaner Werterfahrung. Das Suchtmittel hat in Beziehung auf den Konsumenten einen durch und durch paradoxen Charakter: Was zunächst als Heilmittel zwecks Steuerung des Selbstgefühls eingesetzt wird, verwandelt sich schließlich im Prozeß der Desorganisation zu einer Kraft, die die Zerstörung des Selbstgefühls nur weiter treibt. Der massive wie chronische Mißbrauch ist an die Ausbildung einer bestimmten Beziehungs- und Psychodynamik geknüpft, die süchtiges Verhalten etabliert, noch bevor Suchtmittel adaptiert sein mögen.

Zu Beginn der Entwicklung der süchtigen Beziehungsstruktur übernimmt die Einnahme von Suchtmitteln in ihrer Eigenschaft als psychoaktive chemische Substanz die Aufgabe eines Abwehrmechanismus bevorzugt oder neben anderen Mechanismen, die einem solchen Zweck dienen können: Verleugnung, bestimmte Handlungen wie Aggression, Rückzug in Arbeiten, Sex u.v.m. Suchtmittelkonsum kann an die Stelle eines anderen Abwehrmechanismus treten, etwa an Stelle von Wutanfällen oder einer Kombination von Mechanismen, kurz, sie treten zwischen die Interaktionen von Individuum und seinem Umfeld und nisten sich dort ein, bis sie Teil der Austauschprozesse und Konstruktion von Welt werden. Sie übernehmen die Aufgabe, Aspekte der süchtigen Beziehungsstruktur zu stützen und kurzzuschließen in einen sich selbstverstärkenden Zyklus. Schließlich übernehmen sie die jetzt unersetzliche Funktion, die Abwehrformation selbst zu stützen und werden Teil der Selbststeuerung. Sie retten und sichern die Abwehrformation da, wo Individuum und Selbst einerseits, Person und Umfeld andererseits aufeinanderprallten, was einen Zusammenbruch oder aber ein Wachstum der Ganzheit der Person zur Folge hätte.

Suchtmittelkonsum hat eine gewisse adaptive Funktion, wobei eine Adaption an Suchtmittel ein wesentlicher Grund ist, daß sich Beziehungsprobleme und Entwicklungsstillstand chronifizieren, weil sie das Selbstgefühl letztlich herabsetzen und die Fähigkeit radikal schwächen, dasselbe durch Beziehungsleistung zu steuern.

Ich erinnere mich an Detlef, 24-jährig, Sohn eines Bahnarbeiters und einer Zigeunerin, heroinabhängig. Als sein neun Jahre älterer Bruder ausgezogen war, blieb er bei seinen Eltern zurück. Seine Eltern waren beide Alkoholiker und begangen nach seiner Schilderung am Morgen zu trinken, um allmählich die Menge zu steigern. Zugleich steigerte sich die angespannte Stimmung in der Familie, wofür Detlef ein feines Gespür entwickelt hatte. Es war seine Aufgabe, den Augenblick abzuwarten, wo sich die Stimmung zwischen den Eltern in offener Feindseligkeiten bis hin zu Gewalttätigkeiten beiderseits zu entladen drohte, um dann einzugreifen. Das war meist gegen Abend. Um diese Aufgabe zu erfüllen, so hatte er herausgefunden, half eine bestimmte Dosierung von Heroin. Nach seinem Einsatz verließ er dann das Haus.

Eine ganz ähnliche adaptive Funktion übernahm Haschischkonsum bei Donat. Er lebte bis zu seinem 26ten Lebensjahr im Haushalt seiner Eltern. Im Mittelpunkt der Familie stand seine magersüchtige Mutter, die ihren Mann und besonders ihren Sohn zu Dienstleistungen zu verpflichten verstand: Haare kämmen, Vorlesen, Unterhalten etc. Ähnlich wie im vorigen Fall war das Familienleben in tragisch-grotesker Weise ritualisiert: Sein eher demütiger Vater begann am Nachmittag zu trinken und im Verlauf des Nachmittags und des Abends seine Frau verbal zu attackieren. Auch hier war es Aufgabe des Sohnes, am Höhepunkt der Eskalation einzugreifen und seine Mutter ins Bett zu bringen. Haschischkonsum - er wurde später heroinabhängig - ermöglichte ihm, diese seine Aufgabe zu ertragen, einen unverbindlichen Kontakt zu Peers zu knüpfen, wie das durch die einfachen Rituale der Subkultur ermöglicht wird, zumal er ja auch kaum Zeit hatte, außerhalb der Familie Kontakte zu knüpfen.

In diesem Stadium scheint die Manipulation des Selbstgefühls noch die Funktionstüchtigkeit der Person zu stärken und die Drogenwirkung heilsam zu sein: sie mildert Schüchternheit und Gehemmtheit, bessert Kontaktfähigkeit oder Durchsetzungsvermögen, Selbstbeherrschung oder Spontaneität, mildert Angst und Schuldgefühle etc., was immer die Person an Ergänzung sucht. Nach KOHUT ist die Droge ein „Ersatz für ein Selbst-Objekt“: Sie gewährt Verschmelzung mit demselben und läßt an seiner magischen Stärke teilhaben. Es entspricht dem „Objektcharakter der Sucht“, daß „alles, was zumindest zeitweilig geeignet ist, die Gefühle von Angst, Langeweile oder Depression zu bekämpfen, zum Suchtstoff werden kann“[73].

Die Beziehung zum Suchtmittel beginnt nun die Austauschprozesse zu substituieren, sie ersetzt die Beziehung zu „Objekten“ und auch die Befriedigung, die sie gewähren können. In dieser sich ausbreitenden Isolierung von den zentralen Antrieben der Person scheint sie subjektiv psychische „Struktur“ zu ersetzen und „Defekte in der Struktur“ (KOHUT) auszugleichen. Von diesem Stadium an gewinnt Suchtmittelkonsum eine Eigendynamik: *Das Suchtmittel wird Objekt süchtiger Beziehung.* Suchtmittelkonsum stellt bereits einen Rückzug aus der bezogenen Kommunikation dar, eine Disposition, die aus den Prämissen süchtiger Beziehungsstruktur resultiert; der Suchtmittelkonsum seinerseits erfolgt unter der Vorherrschaft der süchtigen Beziehungsstruktur und folgt ihren Prämissen - eine verhängnisvoll selbstbezügliche Struktur, die sich fortwährend verstärkt. Der Konsum psychoaktiver Substanzen wird zur Sucht, indem der Konsument eine süchtige Beziehung zum Suchtmittel eingeht. Das Suchtmittel wird vom Heilmittel zum Mittel der Destruktion. Aber das Suchtmittel wird zum Suchtmittel, weil in der Tat eine Beziehungsdynamik generiert wurde, mit der sich das Suchtmittel in idealer Weise legiert und Aufspaltung und Entwertung weitertreibt.

Was wir über die Dynamik schismogenetischer Prozesse erarbeitet haben, daß nämlich diese Prozesse zwar vage gedämpft werden, letztlich aber die Eskalation nur weiter treiben, gilt gleichermaßen für die süchtige Beziehung zum Suchtmittel. Nur es erscheint dem Konsumenten so, als sei es die Natur des Suchtmittels, der diese Kraft innewohne. Suchtmittelkonsum - genauer die süchtige Beziehung zum Suchtmittel - wirkt eskalierend, steuert einen eigenen Beitrag zur weiteren Zerstörung des Selbstgefühls und seiner Desintegration bei, weil diese Beziehung psychosoziale Strukturen aufweicht und zerstört, die ohne Suchtmittelkonsum intakt bleiben könnten. Psychische und soziale Grenzen werden fortschreitend zerstört.

---

73 GLOVER, zitiert nach ROST, ebenda S. 83.

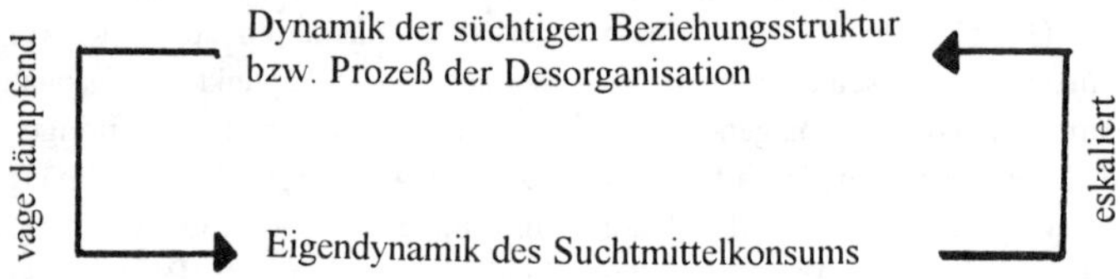

Abbildung 15: Pharmakothyme Steuerung: Vage dämpfende und letztlich eskalierende Wirkung.

Von nun an breiten sich rituelle Choreographien aus, die die verbliebenen lebendigen Austauschprozesse mehr und mehr ersetzen. Das *Ritual des Alkoholismus, der Drogenabhängigkeit* etc. blendet mehr und mehr andere Beziehungsmöglichkeiten und Themen aus. Alles dreht sich um den Suchtstoff. Ja, wir wissen, daß das Ritual der Drogeneinnahme magische Wirkung erhält, auch dann, wenn nur Placebos eingenommen werden. Aber halten wir fest, das Suchtmittel als scheinbares Heilmittel wie als Mittel der Destruktion wirkt innerhalb der komplexen Struktur von Information und multidimensional innerhalb des systemischen Feldes. Das Suchtmittel wird zum zentralen Ritual, zum entdifferenzierten Symbol und Ausdrucksmittel der Kommunikation unter der Vorherrschaft der Prämissen süchtiger Beziehungsstruktur. Was wir jetzt vorfinden, was sich jetzt wie ein Geschwür ausbreitet, ist Alkoholismus, Drogenabhängigkeit, Sucht. Die pharmakothyme Steuerung wird zentral. Sie scheint zunächst vor einem 'vorzeitigen' Zusammenbruch oder vor tiefer Regression zu bewahren, um denselben später nur um so radikaler zu Wege zu bringen: „Die Droge dient dazu, diese Regression in Psychose oder Autodestruktion zu vermeiden. Versagt dieser Selbstheilungsmechanismus, dann läßt sich die Realitätsverleugnung, die Abstumpfung nicht mehr aufrechterhalten und es kommt zu einer weiteren Regression in eine massive und offene Autodestruktivität."[74]

Der Akt des Mißbrauchs ist ein sadistischer Akt sowohl, als er ein masochistischer Akt ist, ein Akt der Grenzverletzung gegen sich selbst wie andere. Suchtmittel fügen sich in das zentrale Phantasiesystem der Sucht ein, das die Droge in hervorragender Weise verkörpert und mitträgt: eine Wandlungssubstanz, welche die tiefe Ambivalenz der fortgeschrittenen Stadien gleichsam in sich aufsaugt. Suchtmittel können sich restlos dem aktiven wie passiven Modus der süchtigen Beziehungsstruktur und all ihren Erscheinungsformen einpassen. Ebenso wie die Kommunizierenden unter der Vorherrschaft der süchtigen Beziehungsstruktur affiziert werden und sich in tiefer Ambivalenz splitten, treten genau dieselben Phänomene auf in Beziehung zur Droge. Es ist gerade der schillernde Charakter, der die Droge dem Konsument so potent erscheinen läßt, ihre Fähigkeit, sich jeglichen Wünschen anzupassen und paradoxe Situationen in sich gleichsam aufzusaugen. Hervorragend 'paßt' sich das Suchtmittel jedem der Stadien an. Es scheint eigenschaftslos zu sein und ist vielleicht gerade deshalb von eben jenem Vertauschen von Kontextmarkierungen gekennzeichnet::

Heilmittel und Gift
heilt durch Töten, vergiftet durch Entindividuierung oder Depersonifizierung
vertauscht Selbst und Anderer,
ebenso tätig sein und erdulden,
vertauscht „gut" mit „böse" und umgekehrt und ebenso „gut" und „schlecht".

---

74 ROST, ebenda S. 135.

Suchtmittelabhängigkeit stellt eine ebensolche Umklammerung mit dem Partner Droge dar im Zustand wechselseitiger Grenzverletzung, wie wir sie in der Paarbeziehung wiederfinden mit einem abhängigen oder ko-abhängigen Partner oder Eltern-Kind-Beziehung (s. Teil 4). Konsument und Droge, so wie sie die süchtige Beziehung erscheinen läßt, umklammern sich und verstärken wechselseitig die Kraft der Destruktion und Entindividuierung. Die Droge erhält die Funktion eines *„Partial- oder Teilobjekts"* (KERNBERG, MASTERSON), eines bösartigen Projekts wie Introjekts - Ausdruck der chronischen Grenzverletzung und Vergiftung. Sie bringen die von Anfang an - wenn auch zunächst noch verborgene - Destruktion des Suchtprozesses zum Tragen. In der destruktiven Eigendynamik des Suchtprozesses übernehmen sadistische und masochistische Impulse das Regiment. Die pharmakothyme Steuerung, die zunächst noch als Rettung und Schutz erschien, realisiert schließlich Sadismus und Masochismus in tödlicher Umarmung und vollziehen Depersonalisierung und Entindividuierung.

Die Droge steht in der Trias von Destruktion, Depression und drogeninduzierter Manie und dient so noch im Zustand der destruktiven Umklammerung der Verteidigung vor den Schrecken des völligen Verlustes des Selbstgefühls. Insofern ist die Droge der Träger der Desorganisation als grundlegendem Aspekte des Suchtprozesses. In ihrer Wirkung kann sie allen drei Aspekten dienen, auch zur gleichen Zeit. Als Träger der grundlegenden Aspekte von Sucht und selbst süchtiger Beziehung unterworfen, kommt es schließlich zur *pharmakogenen Krise*. Die Droge kann Werterfahrung nicht ersetzen, und die pharmakothyme Steuerung trägt das ihre dazu bei, daß die süchtige Person von jeder Werterfahrung schließlich abgeschnitten wird. Die pharmakogene Krise bedeutet kein Ende der Drogenabhängigkeit, Suchtmittel werden wiederum eingesetzt, um diese zu überdauern: Sie bedeutet „goldener Schuß", Selbstmordversuch, Depression, oder - kaum zu unterscheiden - drastische Erhöhung der täglichen Dosis. In der Trias Manie-Depression-Destruktion scheint es immer verlockend zu sein, durch Erhöhung der Dosis die Manie zu substituieren. Nicht die schließlich ausbleibende euphorische Manie, sondern allein der Tod ist hierin eine letzte Grenze.

Die therapeutische Begegnung hat zur Aufgabe, die chronische Krise in eine aktuelle therapeutische Krise zu verwandeln durch Teilhabe an Kommunikation und Erleben menschlicher Grenzen, durch deren Annehmen Werterfahrung zufließt. Erleben menschlicher Grenzen ist die einzige Chance, damit die Grenzen, die Haft, Krankheit, Suizid und Tod bedeuten, unnötig werden. Suchtmittelkonsum ist auch von einer Ambivalenz gegenüber dem Tod gekennzeichnet: Er wird einerseits gesucht, aber mehr noch, der Tod wird verleugnet als letzte Grenze, die menschlichem Tun gesetzt ist.

Kapitel 11: Stadien der Desorganisation der Person

Den beschriebenen Prozeß der Fragmentierung und Desorganisation können wir in Entwicklungsstadien einteilen, die die eskalierende süchtige Beziehungsstruktur vorgeben. Diese Stadien unterscheiden sich nach dem Grade, in dem die Prämissen der süchtigen Beziehungsstruktur vorherrschen und die Kommunikation im inneren wie 'äußeren' Dialog bestimmen, sie unterscheiden sich nach dem Grade der Zerstörung des Selbstgefühls und seiner organisierenden Kraft. Die folgende Abbildung faßt die mitwirkenden Kräfte der Zerstörung des Selbstgefühls als organisierendem Prinzip der Person zusammen:

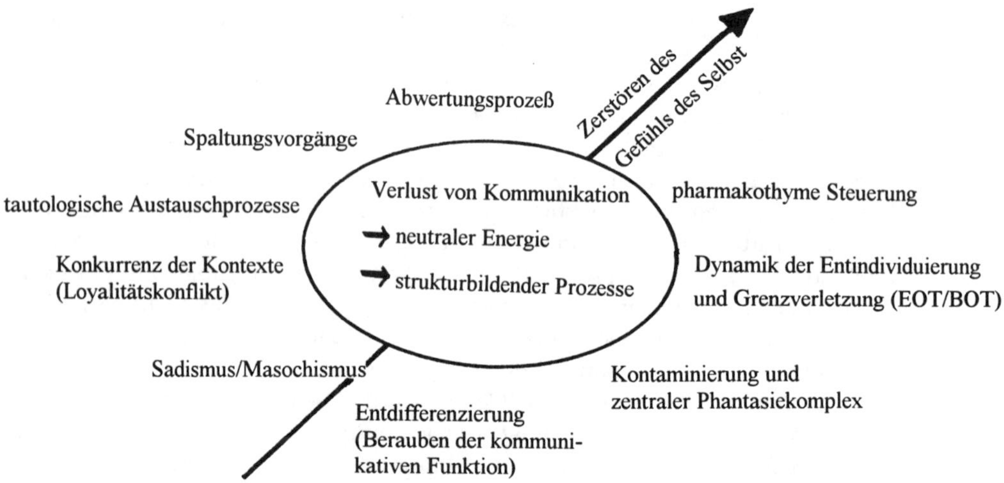

Abbildung 16: Kräfte der Zerstörung des Selbstgefühls als organisierendem Prinzip der Person.

Diese Stadien der Desorganisation sind Stadien des Suchtprozesses. Wir müssen diese Aussage allerdings präzisieren: Sie können ohne Suchtmittelkonsum durchlaufen werden, aber mit jedem wachsenden Grad wächst auch die Disposition zum Suchtmittelkonsum, mit jeder der einsetzenden Kräfte der Desorganisation wird Suchtmittelmißbrauch näherrücken und die Bereitschaft wachsen, Suchtmittel gegen die Gefahr des Verlustes des Selbstgefühls wie auch als potentes Mittel der Abwertung und Destruktion zu entdecken. Unser biographisches Material läßt vermuten, daß die Stadien häufig zunächst ohne chronischen Suchtmittelmißbrauch durchlaufen werden, um dann Zusammenbruch und Depression durch Suchtmittelmißbrauch zu bekämpfen und pharmakothyme Steuerung des Selbstgefühls zu adaptieren. Die einzelnen Stadien lassen sich zwar nosologische Klassifizierungen zuordnen, aber nicht als festgefügte, überdauerende Krankheitsbilder, sondern Ausschnitte eines Prozesses, wie sie in anderer Weise JELLINEK als Stadien des Alkoholismus entworfen hat. Ich nehmen an, daß die Persönlichkeit durch diese Stadien hindurchwandert, wo immer sie ihren Ausgangspunkt nehmen mag, und daß sich das Stadium bestimmen läßt, auf das sie zusteuert, es sei denn, sie kehrt durch einschneidende Werterlebnisse und die Bereitschaft zu Beziehungsleistungen den Trend um.

Vorstadium: Disposition

Jede kommunizierende Person verfügt über die Strategien der süchtiger Beziehungsstruktur, und setzt sie sowohl im Dialog mit ihren Mitmenschen wie in ihrem inneren Dialog ein. Normalerweise ist die süchtige Beziehungsstruktur jedoch beschränkt auf untergeordnete Bereiche der Persönlichkeit. *Die Person verfügt über die Fähigkeit, ein Ausbreiten der süchtigen Beziehungsstruktur einzudämmen und durch Erforschen ihres Beziehungskontextes wieder umzukehren und zu bereinigen.* Die Person kann erlittene Traumen soweit aufarbeiten, daß der kommunikative Bezug zu relevanten Personen nicht ernsthaft oder nur vorübergehend in Frage gestellt wird. Das Selbstgefühl übernimmt die steuernde und organisierende Funktion, und, wo die Selbstgrenze verletzt ist, stellt diese die zwingenden Antriebe zur Verfügung, um kommunikativ die Selbstgrenze und damit des Selbstgefühls wiederherzustellen.

Von ihrer Anlage her wirkt die süchtige Beziehungsstruktur selbstverstärkend, Grenzen auflösend, sich ausbreitend und eskalierend und stellt somit ein latentes Potential an Suchtgefährdung dar. Begünstigt wird ihr Vordringen in zentrale Bereiche der Person durch eine mögliche „Infektion" durch eine bedeutsame Person, schwerwiegende Kränkung und Versagen, Erleben massiver Grenzverletzung wie Vergewaltigung oder Verstrickung in eine chronisch grenzverletzende Eltern-Kind-Beziehung oder Partnerschaft. Begünstigt wird ein Entwickeln süchtiger Beziehungsstruktur, wenn ein relevantes systemisches Feld „negative Introjekte" oder konkurrierende und schwer integrierbare Kontexte bereit hält, denen sich die Person aufgrund ihrer Bindung nicht entziehen kann. Schließlich spielen Zugänglichkeit und Verfügbarkeit von Suchtmitteln eine Rolle.

Suchtmittelkonsum kann hier ein Abwehrmechanismus unter anderen sein. Süchtiges Verhalten innerhalb bestimmter Verhaltenskontexte kann es in Ansätzen geben.

Stadium 1: Splitting der Person

Das Vorstadium erzeugte eine Disposition für ein Vordringen süchtiger Beziehungsstruktur in zentrale Bereiche der Person. Diese Disposition wird erzeugt durch häufige, chronische Grenzverletzungen, die eine Hoffnung auf ein Wiederherstellen der Selbstgrenze mittels Kommunikation enttäuschen: Ein Zustand (unterschwelliger) Traumatisierung, die einher geht mit „Initialverstimmung", „hoher Unlustspannung" und „hochgradiger Intoleranz gegen Unlust". Die süchtige Beziehungsstruktur affiziert die Person an ihrer Basis, indem sie die Transformation zwischen Individuum und Selbst behindert, die Bezogenheit von Projektion und Introjektion verzerrt und schließlich die Person splittet in eine Persönlichkeit, die sich um den aktiven Modus und eine zweite, die sich um den passiven Modus gruppiert. Diese *grundlegende erste Spaltung* gibt Basis und Terrain ab, worin die süchtige Beziehungsstruktur ihre Vorherrschaft erwirkt und den *Grundzyklus der Sucht* - Aufspaltung, Abwertungsprozeß und tautologische Austauschprozesse - vorzubereiten und zu installieren vermag. D.h., die Dynamik des Wechsels von aktivem und passivem Modus erfaßt mehr und mehr die Person und desorganisiert sie. Dieser Spaltungsvorgang ist Ergebnis einer narzißtischen

Krise, die durch Grenzverletzungen ausgelöst wurde. Anstatt einer konstruktiven, die Austauschprozesse von Projektion und Introjektion neu ausbalancierenden und integrierenden Lösung hat sich die Person auf den Vorgang der Spaltung zurückgezogen. Psychoanalytisch gesehen bleibt eine „Integration des Ich-Ideals ins Über-Ich" aus, und die Person behält somit eine Abhängigkeit von „äußeren Objekten". Damit setzt der Suchtprozeß ein, die süchtige Beziehungsstruktur hat ihre Basis, um sich der Person zu bemächtigen und in den Prozeß der Desorganisation hineinzureißen.

In der Vorphase ist Suchtmittelkonsum ein möglicher Abwehrmechanismus wie jeder andere. Auch in dieser ersten Phase können Alkohol, Tabletten, Haschisch und sogar Heroin eine solche Ergänzung der Palette der Abwehrmechanismen sein, die den Austauschprozeß gestalten. Suchtmittelkonsum kann in die Abwehrformation implementiert sein. Aber bereits in diesem ersten Stadium ist es durchaus möglich, daß Suchtmittel zum *zentralen* Abwehrmechanismus aufsteigen. Suchtmittel können die zentrale Aufgabe übernehmen, Vorbehalt wie Abwertung zu lancieren. Die narzißtische Krise und ihre Scheinlösung bedeuten eine Beeinträchtigung des Selbstgefühls der Integrität. Die Kontaktfunktion ist beeinträchtigt, da ein erster systematischer Filter zugunsten des Bedürfnisses nach Sicherheit vorgeschoben wurde. Das Splitting der Person wird durch Abwertung aufrechterhalten. Der Abwertungsprozeß kommt zum Zuge und richtet sich gegen den anderen wie das Selbst. Die Selbstgrenze ist verletzt, sie wird gelähmt und in ihrer Funktion beeinträchtigt: Die erste Kontextmarkierung „Selbst/ Anderer" wird aufgegeben und ein Entdifferenzierungsvorgang zwischen Selbst und Anderer setzt ein.

In diesem ersten Stadium ist im Keim all das angelegt, was in den weiteren Stadien sich entfalten mag. Die Kräfte der Desorganisation sind noch weitgehend latent, aber eine Kenntnis des gesamten möglichen Entwicklungsprozesses gibt wichtige Anregungen für eine Therapie, die in diesem Stadium angesiedelt ist.

Stadium 2: Isolierung vom zentralen Bereich der Person

In diesem Stadium zementiert sich der Prozeß der Desorganisation und damit der Suchtprozeß und findet seine erste Ausweitung und Eskalationsstufe. Der Grundzyklus der Sucht hat sich eingerichtet und entfaltet allmählich seine desorganisierende Wirkung. Von besonderer Bedeutung sind für einen Übergang in diese zweite Stufe und die Entfaltung der süchtigen Beziehungsstruktur die Austauschprozesse. Es beginnen, fußend auf dem Splitting der Person, tautologische Abwehrmechanismen vorherrschend zu werden, welche die Person von den informationellen Strukturen des psychosozialen Raumes abkoppeln und in eine selbst geschaffene, in sich geschlossene Welt abkapseln. Die *Austauschprozesse degenerieren zu Abwehrmechanismen*, die vor bedrohlicher Information 'schützen'. Die Grenzfunktion übernimmt allmählich die vorherrschende Kontrolle der Selbstgrenze. Es treten „primitive Abwehrmechanismen" wie Verleugnung, Spaltung und Externalisierung an ihre Stelle. Für diese Austauschprozesse ist charakteristisch, daß sie wegen ihrer tautologisch eskalierenden Struktur sich selbst verstärkende Prozesse ausbilden. So geht der Kontakt zur Beziehungsrealität rasch verloren, die Kontaktfunktion der Selbstgrenze wird rudimentär. Diese nun einsetzende Zerstörung und Lähmung der Selbstgrenze hat zur Folge, daß disqualifizierende Erfahrungen vordringen und Werterfahrung auf kurze idealisierende Phasen beschränkt sind, die dann in eine um so tiefere narzißtische Krise einmünden und ihre

'Vorleistung' einfordern.

Im Mittelpunkt dieses Stadiums steht ein *Gefühl existentieller Leere, Sinnlosigkeit und Verlust von Orientierung.* Der Kommunizierende erlebt eine wachsende Kluft zwischen seinem Gefühl und der Realität seines Verhaltens, eine „Diskrepanz zwischen Real-Selbst und grandiosem Ideal-Selbst". Das Über-Ich spaltet einen „archaisch-narzißtischen Teil" ab. Drogenkonsum wie ausagierende Handlungen kämpfen gegen dieses vorherrschende Gefühl der Leere an, bieten Stimulation, um dem Selbstgefühl, tot zu sein, entgegen zu wirken. Die tautologischen Austauschprozesse und ihr circulus vitiosus führen in diesem Stadium die Person in eine *Isolierung vom zentralen Bereich der Person.* Der innere Dialog, in seiner kommunikativen Funktion geschädigt, droht zu erliegen und ebenso der äußere Dialog. Er verliert seine integrative, bewahrende, fördernde Kraft und wandelt sich in einen destruktiven Dialog, der den Zusammenbruch oder das Stadium der Depression vorbereitet. Den Vorbehalt der Macht, Beziehung zu definieren, und den Abwertungsprozeß richtet sie gegen die eigene Person. Sie kann daher bereits am Ende dieses Stadiums sehr rasch die beiden letzten Stadien erreichen.

Kennzeichen dieser Stufe ist der *Prozeß der Entdifferenzierung*, der nun einsetzt und als „Affektregression" beschrieben wurde. Die Gefühle werden ihrer kommunikativen Funktion entgleitet, und es tauchen nun Momente auf, worin sich die Palette der Gefühle gegenüber sich und anderen zusammenballt zu einem undifferenzierten „Uraffekt". Sie stellen eine Bedrohung der Person dar, ihrer Integration und Abwehrformation. Dieser Zustand verlangt Abhilfe durch ausagierende Handlungen und ist eng gekoppelt mit Gier und einem Drang nach Suchtmitteln.

Der Grundzyklus der Sucht mit seiner eskalierenden Dynamik im Wechsel der Modi dringt so allmählich in zentrale Bereiche der Person vor, die sich mit einem Schutzmantel narzißtischer Phantasien und Manipulationen umgibt. Der Süchtige entfremdet sich nachhaltig von seinem Lebensfluß. Mit der Isolierung vom zentralen Bereich der Person vollzieht sich eine Isolierung innerhalb des systemischen Feldes. Die Person ist in hohem Maße unbezogen und umgeben von ko-abhängigem Verhalten ihres Umfeldes. Sie klinkt sich aus ihren Bezügen aus. Abhängiges und ko-abhängiges Verhalten bilden stumme, unlebendige Choreographien aus von „pathologischem" Verhalten. Wenn Suchtmittel implementiert sind, sind die Austauschprozesse und Interaktionen zu Ritualen erstarrt: Das Suchtmittel wird zum Mittelpunkt des Lebens des Abhängigen wie des Ko-Abhängigen, der alle anderen Lebensbereiche mehr und mehr verdrängt. Es kann scheinen, als suchte er in der Sucht Befriedigung, Ersatz für Menschen. Tatsächlich setzt er die Prämissen der süchtigen Beziehungsstruktur in diesen Ritualen durch. Es wird eine paradoxe Dynamik im Geschehen an der Selbstgrenze wirksam, das erst im nächsten Stadium offen zutage tritt und eine tiefe Ambivalenz zum Tragen bringt. Lassen Sie mich diese Dynamik an dieser Stelle analytisch ausdrücken: Der Abhängige strebt nach völliger Verschmelzung mit dem Selbstobjekt (passiver Modus) oder Verschlingung (aktiver Modus). Das gierig erstrebte Objekt ist durch destruktive Aggression bedroht bzw. bedroht die Integration des Abhängigen (Abwertungsprozeß). Zugleich bleibt er auf das reale Objekt und dessen Präsenz angewiesen; er ist durch seine Pseudoindividuation wie durch einen tiefen Loyalitätskonflikt gebunden und scheitert an einer echten Ablösung. Dem Verlust von Beziehungsrealität, von Bezogenheit und Kontakt steht jetzt die Gier nach dem Ersatzobjekt Droge gegenüber.

Wir sehen, das *Splitting der Person* hat sich vertieft und reicht bis zu ihren Wurzeln. Die beiden Persönlichkeitsteile, die sich um den passiven und aktiven Modus gruppieren, sind voll entwickelt und der Abwertungsprozeß zwischen den beiden beginnt zu wüten. Die Spaltung wird vertieft durch die Beeinträchtigung der nächsten Kontextmarkierung „Zufügen vs. Erleiden". Sie ist das zentrale Merkmal dieses Stadiums der Desorganisation. Das Selbstgefühl wird weiter geschwächt und gepeinigt durch quälende disqualifizierende Erfahrungen. Es verliert das Gefühl der Wachheit und Aktualität.

Genau hier springt die Entdeckung der Drogenerfahrung bei und wird zentral: Der Rausch verschafft einen sprunghaften Anstieg des Selbstgefühls jedenfalls in der Anfangszeit, solange sich Hoffnung und Idealisierung auf die Droge richten. Das Ich regrediert auf seine „narzißtische Urgestalt" (RADO). Diese Erfahrung basiert, wie wir gezeigt haben, zumeist aus einer Vorerfahrung des Triumphes. Suchtmittelkonsum wird nun zentral und übernimmt die Steuerung des Selbstgefühls. Rausch und pharmakothyme Verstimmung lösen einander nun zyklisch ab, das Ich erhält sein Selbstgefühl fast ausschließlich mit artifizieller Steuerung aufrecht; es stellt sich in seiner Lebensführung allmählich von der realistischen auf die pharmakogene Steuerung um. Sie gilt der Behebung einer narzißtischen Störung, führt aber zu einer „mit artifiziellen Mitteln vollzogenen Zersetzung der natürlichen Ichorganisation"[75]. Die pharmakothyme Steuerung substituiert die Selbstgrenze.

Die beiden Modi stellen jeweils zueinander die nächste „Regressionsstufe" dar. Auch wenn sie hinsichtlich des Stadiums im Prozeß der Desorganisation gleichzustellen sind, so gibt es doch prognostische Unterschiede zwischen beiden ausgeprägten Modi. Die Persönlichkeit, die sich bevorzugt um den passiven Modus gruppiert, ist häufiger bereit, auf dem Weg der Idealisierung Gefühle zu investieren in die therapeutische Gruppe oder den Therapeuten und behält daher häufiger die Funktion des Gewissens bei, auch dann, wenn die resultierenden Konflikte durch ein „Doppelleben" gelöst werden. Bei aller Durchtriebenheit, mit der ein solches Spiel aufrechterhalten wird, weist dies eben zumindest auf ein rudimentäres Gewissen und Gewissenskonflikte hin. Diese narzißtische Persönlichkeit kann sich durch Verliebtheit u.U. einige Zeit suchtmittelfrei behaupten. Sie kann sich vorübergehend in Partnerschaft bei einem überlegenen oder sehr verliebten Partner stabilisieren, ebenso in einer rigiden Ehe oder religiösen oder weltanschaulichen Sekte (mit ebenso rigiden Strukturen).

Anders die Persönlichkeit, die den aktiven Modus bevorzugt. Sie hat es meist nicht nötig, ein Doppelleben zu führen. Die Abwertung richtet sich zunächst nicht gegen das eigene Selbst, sondern sie lebt ihren Sadismus an der ihr konfluenten Person aus, („Mütterchen", unterlegene(r) Partner/in z.B. 'Besitz' einer Prostituierten). Sie kann sich stabilisieren, indem sie sich einen Platz in der Gang erobert, sich kriminellen Vereinigungen anschließt und auf kriminelle Abenteuer ausgeht. Sie zeigt eher Züge sozialer Verwahrlosung, Soziopathie und Gewissenlosigkeit, die sich eben leichter mit Grandiosität verknüpfen lassen. Diese Kombination kann dieser Ausprägung narzißtischer Persönlichkeit eine schlechtere Prognose und geringe Zugänglichkeit für eine Psychotherapie geben.

Hinter beiden Formen narzißtischer Persönlichkeiten lauert die Depression als Versuch der Verleugnung allen Beziehungsgeschehens. Sie lauert hinter dem aktiven Mo-

75 S.RADO: Psychoanalyse der Pharmakothymie, Int. Z. Psa. 20, S. 16-32.

dus, der allerdings durch Abwertung und Demütigung anderer eine Begegnung hinausschieben kann. Sie verbirgt sich im passiven Modus, der sie durch „Fürsorge" für andere hinausschieben kann, bis er darin zurückgewiesen wird. Die Depression dient zunächst zur Abwehr der völligen Desorganisation der Person und des Erlebens der „Fragmentierung des Selbst", dem Zustand des Verlustes des Selbstgefühls. Auf den Grund der Depression geleitet, bedeutet sie jedoch den Zustand des Verlustes des Selbstgefühls oder den unmittelbar drohenden Verlust.

Stadium 3: selbst-destruktive Umklammerung

In diesem Stadium treten Kräfte der Desorganisation auf den Plan, die sich bereits gegen Ende des letzten Stadiums rührten. Es sind *die Kräfte der Entindividuierung und Autoaggression.* Die Selbstgrenze ist um eine weitere Kontextmarkierung geschwächt: die Unterscheidung zwischen „gut" und „böse" und „guten" und „schlechten" Selbst-Zuständen, was darin begründet ist, daß individueller und systemischer Kontext kontaminiert sind. Damit sind die wesentlichen drei psychosozialen Kontextmarkierungen unkenntlich gemacht und vertauschbar. Sie bedeuten eine Betäubung der Selbstgrenze und ihrer Kontakt- wie Grenzfunktion und können zu einem unmittelbar drohenden zeitweisen Verlustes des Selbstgefühls führen. Das Gefühl für Kohärenz, Ganzheit und Identität ist bis auf Reste verloren gegangen: es herrscht *Identitätsverwirrung.* Der Verlust der Fähigkeit zur Kontextmarkierung setzt die Person einer unbewältigbaren Flut von Kontextproduktion aus, d.h., diese wird durch Abschottung, Verleugnung, „projektive Identifizierung", Abspaltung und Abwertung kanalisiert, ohne den Zusammenhang mit der Beziehungsrealität wahren zu können. Sie verliert zeitweilig den Zusammenhang ihrer Handlungen und die Zeitperspektive. Sie ist in ein Stadium eingetreten, worin der Verlust der kommunikativen Funktion ein Unterscheiden zwischen Impuls, Gedanken und Gefühl zeitweilig gefährden kann.

Bereits im Verlauf des vorhergehenden Stadiums wurden Spaltungsvorgänge verstärkt. Die Spaltung der Person eskaliert jetzt bis hin zum *Dualismus.* Dieser Kampf ist destruktiv, basiert auf Zuständen der Identitätsverwirrung, der Unfähigkeit, die drei Kontextmarkierungen zu unterscheiden. Die rudimentäre Selbstgrenze wendet sich in einer 'Immunreaktion' gegen die Person, die zu schützen ihr aufgetragen ist. Sie kann nur Destruktion wachrufen, um sich gegen fremde Kontext zur Wehr zu setzen, der sich doch als der eigene erweist.

Wir finden die Person in gewisser Weise „in Teileinheiten" fragmentiert und von einer Dynamik der Grenzverletzung und Entindividuierung erfaßt, die jeden Versuch der Individuation in ein unauflösliches Dilemma treibt. Diesen Zustand chronischer Grenzverletzung spiegelt ein zentrales Phantasiesystem wider: Phantasien des Vergiftens und Vergiftet-werdens, des Tötens und Getötet-werdens. Die Dynamik der Entindividuierung und die Kräfte der Entdifferenzierung erzeugen eine autodestruktive Tendenz, worin sich die Schismogenese zweiter Art durchsetzt. Die eigentlichen Triebkräfte der Sucht enthüllen sich. Aktiver und passiver Modus enthüllen sich als Akte des Sadismus und Masochismus. Ein Zustand selbstdestruktiver Umklammerung.

Wie schon im vorhergehenden Stadium wird der Verlust des Selbstgefühls durch pharmakothyme Steuerung ersetzt. Der Suchtmittelkonsum wird massiv und chronisch. Die Illusion der Selbstheilung tritt zurück. Suchtmittel werden gesucht als Mittel zur Destruktion. Die süchtige Beziehungsstruktur hat auch die Beziehung zur Droge desillusioniert, Konsument und Droge verharren in (selbst-)destruktiver Umklammerung. „Töten mittels Verschlingen".

Stadium 4: Depression

Depression ist ein Zustand des Verlustes des Selbstgefühls, der Selbstaufgabe. Übrig bleibt ein diffuses, wie in Watte gepacktes Empfinden der eigenen Person. Depression stellt einen Versuch dar, die im Zustand destruktiver Umklammerung bedrohlich anwachsende Destruktion in der Schwebe zu halten durch ein Verleugnen jeglichen Beziehungsgeschehens. Depression lauert im Hintergrund einer jeden der beschriebenen Stadien und gehört in Form depressiver Verstimmung, Apathie etc. zum Erscheinungsbild derselben. Depression gehört zum Syndrom des Zusammenbruchs, kann diesem vorausgehen und ebenso nachfolgen. Dennoch scheint sie mir ein eigenes Stadium zu bilden, einen Versuch, die Geschehnisse in einem Schwebezustand zu belassen, die letzte bedrohliche und gefährliche Fragmentierung des Selbst zu verhindern, wie auch die Welt vor der ins Monströse angewachsenen eigenen Destruktion zu schützen und den Rückzug in die eigene Welt anzutreten. Die Selbstgrenze ist gelähmt und betäubt, was als Zustand des Ausgeliefert-Seins, der Hilflosigkeit und der Nichtigkeit erlebt wird. Was von der Welt wahrgenommen wird, wirkt grau in grau. Der Süchtige hat das Gefühl verloren, seine Welt zu meistern. Was er sehr wohl behalten hat, ist eine große, wenn auch verzerrte Wirkung auf seine Umwelt: Er hat sich entschlossen sie auszuhungern, sich zu enthalten, bis sie ihm auf den Knien Abbitte leiste.

Depression stellt den Versuch dar, die entwickelten Kräfte der Desorganisation in der Schwebe zu halten, bevor sie zum vernichtenden Schlag ausholen. Sie sind ein verzweifelter Versuch - ohne die letzten rudimentären Reste von Selbstorganisation aufzugeben -, die Konfrontation mit der Welt draußen abzuwehren, den Zustrom von Information zu entwerten, so spärlich und in diesem Zustand zugleich besonders bedrohlich sie fließen mag. Information wird gefährlich, weil sie die Organisation des Selbstbildes, die Adaption an die Welt der chronischen Grenzverletzung, die „Formation der Abwehrstruktur" ebenso gefährdet, wie das bewußte Selbst sich bedroht fühlt durch Zusammenbruch und Fragmentierung. Jeder Schritt in die eine wie andere Richtung gefährdet das mühsam in der Schwebe gehaltene 'Gleichgewicht' der Kräfte und erscheint gefährlich. Das Dilemma des Loyalitätskonflikts scheint unlösbar. Wir finden *schwere Zustände der Identitätsverwirrung* vor.

In diesem Stillstand unter Hochspannung bietet sich als einzige Entwicklungsrichtung an, den Abwertungsprozeß zu intensivieren und gegen die eigene Person zu richten. Diese Abwertung wird intensiv und aktiv betrieben und zerstört den Restbestand eines „guten Objekts". Sie wird durch Klagen, Anklagen, Zurückweisen jeglicher 'Nahrung', sich und andere Aushungern abgeführt. Wenn schon die eigene Welt untergeht, so möge die Welt von ihrem Untergang mit vergiftet werden oder ausgehungert werden. Die Welt wird belagert - und zugleich die eigene Person. Die Person im Stadium der Depression beansprucht ein Monopol auf Zerstörung, das sie jedoch mit Schuldgefühlen erdrückt. Daher ist sie zugleich bemüht, ihren Sadismus zu verleugnen. Depression ist ein Ausleben des Masochismus, des Hasses und der Zerstörung im passiven Modus, der zugleich in einem Akt des Sadismus sich der Umwelt einprägt und mit Zerstörung und Verzweiflung überzieht. Es herrscht der Alptraum symbiotischer narzißtischer Phantasien und der verzweifelte Versuch, ihn loszuwerden, aber auch Hybris und Triumph.

Wir finden das Stadium der Depression sowohl im Zustand der Suchtmittelabhängigkeit, wo jegliches Suchtmittel gerade recht ist, wenn es nur „zumacht". Haß und Zerstörung: Wer tötet und vergiftet wen zuerst: Die Droge den Konsument? Oder der Konsument die Droge? Wir finden Depression aber auch im nüchternen Zustand nach dem Stadium des Zusammenbruchs und als Folge einer pharmakogenen Krise. Suchtmittelkonsum versteckt die zugrundeliegende Depression, auch wenn sie schließlich um so tiefer hineinführt. So gibt es im Verlauf der Psychotherapie Phasen, worin Rückfall für den Süchtigen einen Ausweg bedeutet, um sich aktuell gegen Depression in ihrer ganzen Tiefe zu schützen. Ja, es kommt vor, daß der Süchtige sich vor die Alternative gestellt sieht: Rückfall oder Suizid. Es gibt eine versteckte Form der Depression, die wir bei narzißtischen Süchtigen entdecken können, die sich durch Kriminalität und/oder Gewalt im aktiven Modus stabilisieren. Depression kann durch Sadismus, d.h. strikte Abwertung anderer, abgewehrt werden. Es handelt sich dann um schwer zugängliche, soziopathische Persönlichkeiten mit eher ungünstiger Prognose.

Stadium 5: Verlust des Selbstgefühls und Break-down-Syndrom

Die Kommunikation nach den Prämissen der süchtigen Beziehungsstruktur wendet sich gegen die Kommunizierenden. Die Schismogenese zweiter Art zerstört die informationelle Struktur und somit den integrativen, strukturbildenden Prozeß. Das systemische Feld vernichtet seine Mitglieder, sowie seine Mitglieder dasselbe zerstören. Wir erreichen das Stadium des Zusammenbruchs, das nur Stunden oder wenige Tage anhält, wenn es nicht die physische Existenz der Person auslöscht. Der Zusammenbruch bedeutet einen vorübergehenden völligen Verlust des Selbstgefühls, Fraktionierung der Selbstgrenze und Aufgabe ihrer Funktion, einen gefährlichen Grad an Desintegration und Desorientierung. Dieses Stadium bedeutet einen Zustand, den KOHUT *„Fragmentierung des Selbst"* nennt.

Diese Erscheinungsform tritt auch im Rahmen einer psychotherapeutischen Behandlung auf, bedeutet dort eine letzte Rückzugsstufe, ist aber einer Behandlung zugänglich. Psychotische Phänomene können vorübergehend auftreten, sind aber flüchtiger Natur. Normalerweise wird ein solcher Zustand notdürftig kaschiert und vermieden. Mittel sind: Ausagieren destruktiver Impulse, Unfälle, Gewalttätigkeit, Überdosis an Suchtmitteln, Selbstmord bzw. Versuch, vorübergehender Rückzug in psychotisches Verhalten (z.B. Paranoia). Dieses Break-down-Syndrom stellt eine gewaltsame Lösung der selbst-destruktiven Umklammerung dar, die manchmal überlegt, meist impulsiv gesucht wird. Ein Zusammenbruch kann im zweiten, dritten und im Stadium der Depression angebahnt werden.

Für das Syndrom des Zusammenbruchs gibt es verschiedene Schweregrade. Was beim ersten Durchlaufen Selbstmordversuch mit appellativem Charakter bedeuten mag, kann später in einen ernsthaften Selbstmordversuch einmünden. Im Laufe einer Suchtkarriere kann das Stadium des Zusammenbruchs mehrfach durchlaufen werden, sie bilden gewissermaßen Zäsuren, die von mal zu mal schwerwiegendere Spuren hinterlassen und die Phasen der Depression vertiefen. Das heißt auch, daß die Versuche, den Zusammenbruch in seiner ganzen möglichen Tiefe zu vermeiden, erfolgloser werden und daher verzweifeltere Versuche ins Werk setzen, wenn es denn noch Steigerungen gibt. So mag ein erstes Durchlaufen zur Entdeckung der pharmakothymen Steuerung führen, womit der Zusammenbruch in seiner Tiefe abgewehrt wird; schließlich aber zur „*pharmakogenen Krise*“ führen: „Wenn die Diskrepanz Real-Selbst/ grandioses Ideal-Selbst auch mit Hilfe des Suchtstoffes nicht mehr zu überwinden ist, dann bricht die totale Leere über den Süchtigen herein, der psychotische Zusammenbruch, Mord oder Suizid können die Folge sein.“[76]

Die Auswege aus der pharmakogenen Krise werden im Entzug, im Suizid oder im psychotischen Rückzug gesucht. Er kann auch in einem erneuten, wahrscheinlich sogar gesteigerten, direkt destruktiven Suchtmittelmißbrauch gefunden werden. Ein Versagen der pharmakothymen Steuerung bedeutet nicht seine Aufgabe. Der Suchtprozeß endet erst in der Vernichtung des Lebensprozesses. Der Zusammenbruch des Ego und seiner falschen Adaptionen kann aber auch eine tiefe Werterfahrung in Gang setzen beispielsweise als religiöse Erfahrung, wie sie die Anonymen Alkoholiker anstreben, oder als eine die Person in ihrem zentralen Bereich berührende psychotherapeutische Erfahrung, die uns näher liegt.-

Bemerkungen zur Persönlichkeitsdiagnostik:

Wir verstehen diese Stadien als Prozeßdiagnostik, die Stadien im Prozeß der Zerstörung des Selbstgefühls, der Desorganisation und Sucht identifiziert. Für die Psychotherapie ist es von Belang, die Reichweite der zugrundeliegenden Störung, den Schwerpunkt des Konflikts und damit die Ressourcen, über die die jeweilige Person verfügt, einzuschätzen. Wir unterscheiden: Suchtprozeß und Prozeß der Desorganisation auf neurotischer Basis, narzißtischer Basis, Borderline-Basis, Depression und akutes Break-down-Syndrom.

Die *neurotische Basis* erfaßt das Vorstadium und reicht bis ins Stadium 1 hinein. Suchtmittelmißbrauch kann hier als ein Abwehrmechanismus unter anderen betrachtet werden. Die süchtige Beziehungsstruktur ist begrenzt auf Teilbereiche, während wesentliche Bereiche der Person unberührt sind. Im Rahmen einer Behandlung kann das Suchtproblem eher als marginal betrachtet werden.

Die *narzißtische Basis* umfaßt die ersten beiden Stadien. Hierher gehören die narzißtischen Persönlichkeitsstörungen in aktiver wie passiver Ausprägung. Für diese Persönlichkeiten liegt es nahe, Suchtmittelkonsum zur Steuerung des Selbstgefühls einzusetzen und süchtig zu werden. Auch wenn nicht sofort ersichtlich, ist süchtiges Verhalten häufig. Das zweite Stadium läßt chronischen Suchtmittelmißbrauch erwarten.

Die *Borderline-Basis* beginnt im zweiten Stadium und tritt offen im dritten zutage. Hier finden wir vor allem die schweren, destruktiven Formen von Sucht. Hier dürfte es eher die Ausnahme sein, daß Suchtmittel einschließlich Psychopharmaka keine bedeutsame Rolle spielen.

Depression ist ein Folgestadium sowohl der Persönlichkeit auf narzißtischer Basis wie Borderline-Basis. Sie ist nicht denkbar ohne Sucht, sei es Suchtmittelabhängigkeit oder chronifiziertes süchtiges Verhalten wie Magersucht, Freßsucht, Bulimie, Kleptomanie etc. Destruktives, süchtiges Verhalten kann abgelöst werden durch Suchtmittelabhängigkeit, Magersucht beispielsweise durch Heroinabhängigkeit.

---

76 WURMSER, zitiert nach ROST, ebenda S. 65.

Ich möchte einen abschließenden Gedanken hinzufügen. Wir hatten Spaltungsvorgänge, die wir im Rahmen dyadischer Beziehungen beobachteten, bei kontexterweiternder Betrachtung als Vorgang der Triangulation erkennen können. Die Stadien der Desorganisation lassen sich daher auch unter dem Gesichtspunkt triadischer Beziehung betrachten. Wenn eine Person in einem perversen Dreieck gefangen ist - d.h., zwei konkurrierende Kontexte aufrechterhält bzw. schwer integrierbare „negative Introjekte", - können wir mit einem Loyalitätskonflikt rechnen, der die im Konflikt stehende Person allmählich entindividuiert. Unsere Stadien der Zerstörung des Selbstgefühls und Desorganisation stellen Möglichkeiten oder Bewältigungsversuche dar, die ein solches perverses Dreieck zu seinen Bedingungen zuläßt, und ergeben dann folgendes Bild:

(1) Auf- und Abwertung: Hybris und Ohnmacht
(2) sozialer innerer Rückzug bei gleichzeitiger Kontextmanipulation
(3) offener Loyalitätskonflikt und Verwirrung
(4) Verleugnung in Pattsituation
(5) Zusammenbruch unter Überforderung, Ausweglosigkeit und Streß

Überblick 3: Über die Stadien der Zerstörung des Selbstgefühls und Desorganisation der Person.

Vorstadium	**Stadium 1: Splitting der Person**	**Stadium 2: Isolierung vom zentralen Bereich der Person**
Süchtige Beziehungsstruktur im Keim angelegt, nur in untergeordneten Teilbereichen der Persönlichkeit virulent: - Vorbehalten der Mächtigkeit, die Beziehung zu definieren; - Abwertung der Definition anderer. Begünstigt durch „Infektion“, Erleben aktueller massiver oder chronischer Grenzverletzung, schwer integrierbare konkurrierende Kontexte („negative Introjekte“); Verfügbarkeit von Suchtmitteln. Suchtmittelkonsum als *ein* Abwehrmechanismus; süchtiges Verhalten.	Beeinträchtigung des Gefühls der Integrität und der Kontaktfunktion der Selbstgrenze, Verletzen der Selbstgrenze, Traumatisierung. Entdifferenzierung Selbst/ Anderer. Die Auslöser für Suchtentstehung sind angebahnt: - Initialverstimmung, - hohe Unlustspannung, - und hochgradige Intoleranz gegenüber Unlust. D.h., der selbstverstärkende, entgrenzende, Information degenerierende Grundzyklus der süchtigen Beziehungsstruktur wird installiert. Suchtmittel als Abwehrmechanismus. Süchtiges Verhalten.	Verlust des Gefühls der Wachheit und Aktualität. Drohender Verlust der Kontaktfunktion. Zustand chronischer Verletzung der Selbstgrenze; Lähmung. Tautologische Austauschprozesse vorherrschend; disqualifizierendes Selbstgefühl; existentielle Leere. Bezogenheit weicht dem Ritual der Abhängigkeit im Zusammenspiel mit Ko-Abhängigen. Vertiefung des Splittings und Gruppierung von zwei Teilpersönlichkeiten im aktiven u. passiven Modus (Sadismus/ Masochismus); jeweils „Regressionsstufe“ des anderen Modus. Prozeß der Entdifferenzierung und Beraubung der kommunikativen Funktion der Gefühle: „Uraffekt“, mangelnde Differenzierung zwischen Impuls, Gefühl und Gedanke. Suchtmittel als zentraler Abwehrmechanismus und Schutz der Abwehrformation vor Desintegration. Chronifizierung.
Lähmen und zerstören des Gefühls des Selbst durch:	Aufgabe der Kontextmarkierung Selbst/ Anderer.	Aufgabe der Kontextmarkierung Zufügen/ Erleiden.
neurotische Basis	neurotische Basis narzißtische Basis	narzißtische Basis
Umgang mit Triangulation:	1. Möglichkeit: narzißtische Auf- und Abwertung durch Kontextverschiebung.	2. Möglichkeit: Sozialer und innerer Rückzug und Manipulation durch Kontextverschiebung.
Süchtige Beziehungsstruktur bahnt sich an.	Süchtige Beziehungsstruktur installiert sich.	1. Eskalationsstufe der süchtigen Beziehungsstruktur.

Stadium 3: Selbst-destruktive Umklammerung	**Stadium 4: Depression**	**Stadium 5: Break-down-Syndrom: Fragmentierung und Desorganisation**
Drohender Verlust des Selbstgefühls: Identitätsverwirrung; zeitweiliger Verlust der Zeitperspektive und aktiver Handlung. Dualismus der gesplitteten Persönlichkeitsteile; Fragmentierung in „Teileinheiten". Die eigentlichen Kräfte der Sucht enthüllen sich: Sadismus und Masochismus, Kontaminierung von individuellem und systemischem Kontext. Entwicklungsstillstand durch Loyalitätskonflikt. Dynamik der Entindividuierung, Prozeß der Entdifferenzierung und Depersonalisierung erzeugen gemeinsam destruktive Tendenz. Zustand destruktiver Umklammerung. Zentrales Phantasiesystem: Individuation als Töten und Getötet-werden bzw. Vergiften und Vergiftet-werden. Chronischer Suchtmittelmißbrauch: Mittel der Abwertung und Destruktion.	Verlust des Selbstgefühls und jeglicher Werterfahrung, Versuch der Verleugnung jeglichen Beziehungsgeschehens, In-der-Schwebe-halten, der überwältigenden Destruktion, um Fragmentierung des Selbst und Zusammenbruch der Person in seiner ganzen Tiefe abzuwehren. Monopol auf Zerstörung stehen quälende Schuldgefühle gegenüber. Intensivierung des Abwertungsprozesses gegen sich und jeden anderen; vernichtet Restbestand eines „guten" Objekts. Abwertungsprozeß gegen jegliche „Nahrung", aushungern; süchtiges, destruktives Verhalten mit und ohne Suchtmittel. Mögliches Folgestadium des 2., 3. und 5. Stadiums.	Zusammenbruch: akute Fragmentierung und Desorganisation der Person, vorübergehender Verlust der psychischen Selbstorganisation. Vorübergehender völliger Verlust des Selbstgefühls und Fraktionierung der Selbstgrenze, so daß sie außer Funktion tritt. Zustand der „Fragmentierung des Selbst" der Depression in ihrer ganzen Tiefe im therapeutischen Rahmen. Wird ansonsten in seiner vollen Tiefe vermieden durch: - Gewalttätigkeit - Suizid /-versuch bzw. Überdosis - Drogenkonsum (harte) - selbstdestruktives Ausagieren - psychotisches Verhalten. Zunächst: Einstieg in Suchtmittelabhängigkeit. Später: Krise der pharmakothymen Steuerung.
Aufgabe der Kontextmarkierung „gut/schlecht" bzw. „böse".	Selbstdestruktive Umklammerung: Rudimentäre Selbstgrenze fraktioniert, verleugnet. Bedrohung durch Schöpfen von Information wie durch Zusammenbruch der Abwehrformation.	Syndrom des Zusammenbruchs: Desorganisation der Person und Fragmentierung des Selbst.
Borderline-Basis	Depression auf narzißtischer oder Borderline-Basis.	
3. Möglichkeit: wechselnde Triangulation bzw. Loyalität; Verwirrung.	4. Möglichkeit: Verleugnen und Totstellen.	5. Möglichkeit: Zusammenbruch unter Streß.
2. Eskalationsstufe der Süchtige Beziehungsstruktur.	3. Eskalationsstufe der Süchtige Beziehungsstruktur.	Letzte Eskalationsstufe der süchtigen Beziehungsstruktur.

Kapitel 12: Die Organisation von Erfahrung in der Psychotherapie der Sucht

„Niemand erkannte ihn, aber der Vogel fing an zu pfeifen, das Pferd fing an zu fressen, und die schöne Jungfrau hörte Weinens auf." (Der Goldene Vogel)

Lebensprozeß vs. Suchtprozeß

Empfinden und Erfahren heißt, lebendig sein, eingetaucht in den Lebensfluß. Das Subjekt dieses Stromes von Erfahren und Empfinden erlebt sich als lebendig. Es 'besitzt' ein Gefühl für sich selbst, ein Gefühl des Selbst. Erfahren heißt Teilhabe am Lebensprozeß. Die Organisation von Erfahrung in der Psychotherapie der Sucht bewirkt ein Zur-Geltung-kommen-lassen der Lebendigkeit von Erfahren, ein Sich-beleben-lassen durch Erfahren, ein Eintauchen in den Lebensfluß, ein Ja zu Empfinden und Erfahren. Ein solches Ja entdecke ich im Geschmack eines Apfels, in der Schwere meiner müden Beine, in dem Belebtsein durch Emotion, im Berühren der Eingabetasten, im Flug und in der Mühe meines Formulierens... Das Subjekt des Erfahrens empfindet dieses Ja als Werterleben, als Nähren des Gefühls des Selbst.

Die psychotherapeutische Organisation von Erfahren gehorcht der Struktur der Beobachtung: Sie folgt dem informationellen Fluß, richtiger, sie empfängt ihn und läßt ihn wirken; sie gehorcht dieser Struktur, indem sie eine unendliche Kommunikation generiert, worin beide unterschiedlichen Arten des Wahrnehmens sich miteinander verknüpfen und verknüpfen und... Sie ist nichts anderes als ein Generieren einer Innen wie Außen umfassenden Kommunikation, ein Zur-Geltung-kommen-lassen des informationellen Flusses und seiner prozeßhaften Struktur.

Werterleben heißt, in Berührung zu kommen mit der inneren und äußeren Welt, sich dem Prozeß des Erforschens von Beziehungsrealität anzukoppeln und dem informationellen Prozeß zu öffnen bzw. ihn zu generieren. Das Selbstgefühl hält einen Zustand aufrecht, worin die Person in Kontakt steht mit ihrer inneren und äußeren Welt und daher Orientierung gibt. Wir hatten deshalb die Unterscheidung Selbst und Anderer durch die Selbstgrenze weniger als Trennendes gedacht, als vielmehr ein Berühren, und Kontaktfunktion und Grenzfunktion der Selbstgrenze unterschieden. Der integrative Prozeß als Zwilling des systemischen Prozesses ist ein fortlaufendes Erfahren des In-der-Welt-und-durch-die-Welt-Seins, den wir Lebensprozeß nennen, während ein Sich-Ausschließen-aus-der-Welt sowohl aus der inneren wie der äußeren Welt einen selbstdestruktiven Prozeß bedeutet, den „Todestrieb" als Suchtprozeß.

Wie können wir Erfahren organisieren, daß unser Gegenüber im Erfahren Werterleben entdeckt? In den Lebensfluß eintaucht? Im Gefühl seiner selbst sich mittragen läßt? Wie müssen wir kommunizieren, damit wir nicht den Suchtprozeß, sondern den Lebenprozeß fördern? Spüren und Empfinden tritt ein gegenüber einem irgendwie gearteten Gegen- oder Widerstand: dem Boden unter dem Zug der Schwerkraft, Berühren der Haut, die Umhüllung des Baumes. Erfahren geschieht gegenüber der Grenze des Selbst, in welchem Kontext es auch stehen mag als körperliches Selbst, familiäres Selbst etc. Wenn wir im psychotherapeutischen Prozeß Erfahren als Werterleben organisieren wollen, so konzentrieren wir uns darauf, *die Selbstgrenze zu aktivieren und das Gefühl des Selbst zu wecken und zu beleben.*

Betrachten wir dazu die Grundynamik, die entsteht, wenn die süchtige Kommunikationsweise und die therapeutische aufeinandertreffen, um dann eingehend zu beschreiben, nach welchen Prinzipien Erfahrung zu organisieren ist.

Viel Mühe haben wir darauf verwandt, diesen einen Punkt völlig klar zu stellen: Die süchtige Beziehungsstruktur ist eine überlegene Strategie menschlicher Kommunikation. Sie ist eine Strategie der kurzfristigen Minimierung von Risiko. Die süchtige Beziehungsstruktur entspringt in ihrer Anlage einer Fähigkeit des menschlichen Geistes, mag sie auch seine Gefährdung vor Augen führen. Dieser überlegenen Weise, in der Welt zu sein, haben wir nichts gleichermaßen Mächtiges zu bieten. Wenn wir uns über diesen Punkt nicht restlos Rechenschaft ablegen, werden wir die Gefahr zu spät erkennen, selbst auf die Prämissen der süchtigen Beziehungsstruktur auszuweichen. Die Bedeutung dieser Einsicht - Überwinden des eigenen Narzißmus - kann gar nicht hoch genug veranschlagt werden. Sie hilft, ernst zu nehmen, daß es sehr viel verlangt ist, auf diese überlegene Weise zu verzichten, und daß es notwendig ist, unserer Gegenüber vor den Folgen einer solchen Preisgabe zu warnen.

Es begegnen sich zwei Weisen zu kommunizieren und Beziehungen zu gestalten. Die therapeutische Beziehung sorgt dafür, fundamentale Bedingungen der Kommunikation einzuführen, ihnen Gültigkeit und Anerkennung zu verschaffen und sie vor Verletzungen zu hüten, während die süchtige Beziehungsstruktur fundamentale Bedingungen menschlicher Kommunikation verletzt und aus dem Kreis der Kommunizierenden ausschließt. Sie folgt ihrer eigenen Logik und entwickelt eine Mächtigkeit, die wir mit gleichen Waffen nicht schlagen können. Aber sie fordert auch ihren Preis: den Verlust ihres Beziehungskontextes in der Schismogenese und im Prozeß der Desorganisation der Person. Sie erzeugt eine Welt, deren Textur sie nicht versteht, sie kann die Bedingungen ihrer Welt, die sie gleichzeitig mit konstruiert, nicht als ihr Erzeugnis begreifen, als Ausfluß eben ihrer Kommunikation. Der Kommunizierende nach den Prämissen der süchtigen Beziehungsstruktur kann sich und seine sich koentwickelnde Welt nicht in einem Dialog halten, da er diese fundamentale Bezogenheit verletzt und verleugnet. Es ist, als verstehe er den eigenen Text nicht, den er nach den Regeln seiner Grammatik erzeugt. Präziser: Vom Standpunkt der Prämissen süchtiger Beziehungsstruktur beherrscht er den Text seiner Kommunikation, vom Standpunkt der Bezogenheit als Kommunizierender entzieht sich ihm der Text mehr und mehr. Er webt an einem Text, der sich seinem tieferen Verständnis in beunruhigender Weise entzieht, dessen Verständnis sich aber erübrigt, wenn er nur den immer nächsten Schritt der Zerstörung desselben unternimmt.

Allerdings teilt er implizit diesen unseren Standpunkt, solange er kommuniziert. Es gibt ja paradoxerweise keine fundamentale Unvollständigkeit der Kommunikation. Es gibt keine Kommunikation ohne Beziehungsaspekt, ohne Definition der Beziehung. Das Paradoxon der Kommunikation ist die Achillesferse der süchtigen Beziehungsstruktur. Die Axiome der Kommunikation sind grundlegender als die Prämissen der süchtigen Beziehungsstruktur, welche letztlich auf diesen beruhen und nur deshalb Wirkung entfalten. Diese Axiome stellen die Tiefenstruktur dar. Auf eine ganz andere Weise entfaltet die therapeutische Beziehung Wirkung: durch ihr konkretes und tieferes Verständnis vermag sie unser Gegenüber zu berühren, zu Werterleben zu führen und sein Gefühl des Selbst zu beleben und auszubilden. Wie kann sie ihr tieferes Verständnis umsetzen in einen psychotherapeutisch geleiteten integrativen Prozeß?

Von der ersten Stunde an wirken wir für eine offene, wechselseitige Kommunikation im Hier und Jetzt, die dadurch zu überzeugen vermag, daß sie ein tieferes Verständnis auch des Suchtprozesses ermöglicht, daß sie hier und jetzt die Äußerungen und die

Weise der Kommunikation unseres Gegenübers als lebendige Äußerungen des Lebensprozesses verstehen kann, so verstümmelt und destruktiv sie erscheinen mögen. Unser Gegenüber aber reagiert zwiespältig: Einerseits scheint er diese kommunikative Basis anzunehmen, sich auf sie zu beziehen und sie in seinem wachsenden inneren Dialog anzuwenden. Andererseits fühlt er sich herausgefordert, in die Enge getrieben, seiner Willkür, Verweigerung und Unverbindlichkeit beraubt. Wir erhalten deutliche Anzeichen, daß wir gemcinsam gefährdendes Verhalten eingrenzen können, was unser Gegenüber nicht daran hindert, diese Herausforderung auf einer anderen Ebene anzunehmen und seinen impliziten Kontext, seine Vorbehalte und Abwertungen, mehr und mehr einzuführen, bis wir schließlich bei dem „zentralen Phantasiesystem der Sucht" angelangt sind, wo sich Lebensprozeß und Suchtprozeß von Angesicht zu Angesicht gegenüber sehen. Gegen unser Bemühen, mit wachsendem Verstehen den positiven Kontext auszuweiten, mobilisiert unser Gegenüber seine Lebensverneinung und Angst und führt diese Truppen ins Feld. In dem Maße, wie wir auf diese Weise Werterleben provozieren und vertiefen, wird unser Gegenüber versucht sein, sich selbst und uns disqualifizierenden Erfahrungen auszusetzen. Während wir also einerseits die Voraussetzungen schaffen, um den Prozeß der Zerstörung des Selbstgefühls und Desorganisation der Person einzugrenzen und durch Beziehungsleistung umzukehren, treibt doch unser Gegenüber diesen Prozeß wiederum voran und führt seine Prämissen der Kommunikation ins Feld.

Diese Chance der Psychotherapie kann nur derjenige nutzen, der es gewohnt ist, Kommunikation als Erforschen gemeinsamer Beziehungsrealität zu erleben, als sine qua non der eigenen Existenz; der eine wirkliche Person ist, die sich als Quell eigener Regungen und Motivationen begreift, die der Wechselseitigkeit von Kommunikation bedarf wie das tägliche Brot und daher eine hohe Sensibilität für wechselseitige Grenzverletzungen besitzt. Ich möchte an den Fuchs erinnern, der merkwürdigerweise den erlösten Prinzen darum bittet, ihn zu töten. Es ist der Therapeut, der der Erlösung bedarf *nicht von*, sondern *durch* sein Gegenüber. Für uns liegt es ganz nahe, das Symbol der geopferten Pfoten und des Kopfes als allgemeingültiges Symbol für kommunikative Bezogenheit zu verstehen. Das heißt, der Therapeut findet Erlösung, indem er Bezogenheit bewahrt und eben darin 'aufgeht'. In seinem innersten Bezug zu seinem Gegenüber herrschen nicht Spaltung, Vorbehalt und implizite Abwertung, sondern Berühren und Berührtsein in ganz persönlicher Weise. Es ist ein *integrativer Akt*, der Machtvorbehalt, Spaltung und Abwertung überwindet und an seine Stelle Kontakt, Berühren und Berührtwerden treten läßt. Ein solcher integrativer Akt ist mehr als eine Technik der Deutung. Sie versetzt den Therapeuten in Erregung, Unruhe, er spürt, daß Kommunikation Risiko bedeutet, und sei es nur das Risiko, Hoffnung in sein Gegenüber zu setzen, er gibt einen impliziten Kontext preis, er 'bittet' sein Gegenüber um Erlösung, er heilt sich und sein Gegenüber. Die Bitte des Fuchses weist uns daraufhin, daß „Erlösung" als ein Akt des Verletzens erscheinen kann, daß wir Ganzheit bewahren, indem wir Ganzheit opfern.

Wir können an dieser Stelle das grundsätzliche Dilemma des Therapeuten begreifen: Er kann gegenüber der süchtigen Beziehungsstruktur seine Bedingungen der Kommunikation nicht bewahren oder ihnen Geltung verschaffen, ohne sich persönlich auszusetzen und permanent jene Integrationsleistung zu vollbringen. Aber das ist beileibe nicht alles: zugleich unterzieht er sich der Last, die süchtige Beziehungsstruktur als mächtigere Kommunikationsstrategie anzuerkennen, das heißt, er muß sich fragen, wie er seinem Gegenüber begegnen kann, ohne ihn gerade wegen dieser Überlegenheit abzuwerten und tiefe Vorbehalte anzubringen.

Kommunikation ist unteilbar, sie ist unteilbar in dem Sinne, daß verbale, paraverbale und nonverbale Kommunikation zusammen die Botschaft bestimmen unter Einschluß der Rahmenbedingungen oder des Kontextes, den die Handlungen der Kommunizierenden abstecken. Wir müssen selbst unentwegt diese integrative Leistung vollbringen - und sie ist niemals für immer vollbracht -, den Vorbehalt der Macht, die Beziehung zu definieren, aufzugeben und Entwertung, auch metaphorischer Art, der Beziehungsdefinition unseres Gegenübers zurückzunehmen. Diese integrative Leistung und Zuwendung zu unserem Gegenüber ist immer persönlich, immer ein Bewahren und Wiederherstellen unserer Integrität als Person, ein Überwinden von Spaltungs- und Entwertungsprozessen, um an den systemischen Prozeß anzukoppeln. In einem solchen Moment erleben wir das persönliche Risiko von Kommunikation, einen Augenblick der Erregung und des Sichaussetzens. Und immer wenn wir diese integrative Leistung vollbringen, berühren wir unser Gegenüber. Er reagiert - ohne Einsatz weiterer technische Hilfsmittel - spontan und echt. Ein Augenblick unabweislichen Werterfahrens.

Dem Paradox therapeutischer Beziehung entgeht aber auch sein Gegenüber nicht. Ein Markieren vollständiger Kommunikation in der therapeutischen Beziehung läßt seinem Gegenüber keine Wahl in dem Sinne, daß implizit seine Kommunikation immer vollständig ist und eine Beziehungsdefinition besitzt, die den Therapeuten einschließt. Unser Gegenüber erlebt, wie er aus dem Niemandsland vertrieben wird. Die therapeutische Beziehung ist keine helfende im landläufigen Sinne. Sie ist streng, indem sie desillusioniert, sie ist fordernd, indem sie unvollständige Kommunikation nicht anerkennt und enthüllt; sie nährt, indem sie Kommunikation und Offenheit herstellt, und sie kräftigt, da sie Direktheit verlangt; sie ist zärtlich, da sie Namen gibt, und sie erweckt, da sie berührt.

Der psychotherapeutisch geleitete integrative Prozeß setzt sich aus einer Serie solcher Begegnungen zusammen oder findet nicht statt. Integrativer Akt bedeutet ein Übersetzen von Grammatik der Sucht in offene Kommunikation. Verzichten auf einen immer wieder erneuten integrativen Akt käme einem Resignieren gegenüber dem Infekt gleich, der die Person des Therapeuten in einen Prozeß der Desorganisation hineinzieht. KERNBERG nennt dies „chronische Gegenübertragungsfixierung“[77]. Die heilende Beziehung fordert den Therapeuten. Sie enthüllt ihn, wo er sich panzern möchte, und schützt ihn, wo er offen ist; sie entzweit und wirft in Chaos, wo er sich verhärtet, und sie löst, wo er Bezogenheit wahrt.

Der psychotherapeutisch geleitete integrative Prozeß ist ein Ringen des Lebensprozesses mit dem Suchtprozeß. Und die Botschaft, die wir allein mitzuteilen haben und die unsere Psychotherapie begründet, lautet: *Kommunikation ist menschenmöglich, sie ist naheliegend, sie ist menschlich, sie bedeutet Leben, und jedermann und jedefrau verfügen über die Ausstattung zu kommunizieren. Sie erspart nicht Leid, aber sie teilt es; sie bedeutet Risiko, aber sie nährt und schützt. Sie kann schmerzen, aber sie bewahrt uns vor Einsamkeit und Fragmentierung. Sie bindet uns, aber sie gibt uns die Chance, uns und unsere Interessen verständlich zu machen.*

---

77 O.F. KERNBERG: Borderline-Störung und pathologischer Narzißmus, Frankfurt a.M., 1980, S. 81ff.

1. Prinzip: „Vom Kern der Störung unterschieden sein..."

Nach welchen Strategien läßt sich ein solcher Erfahrungsprozeß, der Werterfahrung und eine Belebung des Gefühls des Selbst impliziert, in der Suchtbehandlung psychotherapeutisch organisieren? Welches System, welche Organisation von Erfahrungen läßt sich dem System der Sucht und seiner impliziten Organisation von Erfahrungen gegenüberstellen? Wie können wir in dieser Dynamik die psychotherapeutische Organisation von Erfahren zur Wirkung bringen? Nach welchen Prinzipien müssen wir Erfahrungen innerhalb der therapeutischen Beziehung organisieren, damit der Prozeß der Desorganisation begrenzt wird und zur Stärkung des Selbstgefühls und seiner organisierenden Kraft führt? Wir wenden uns dem ersten Prinzip zu:

Das erste Prinzip therapeutischen Handelns richtet sich an den Psychotherapeut. Seine Wirksamkeit beruht darauf, daß er im Akt der Kommunikation zu einer integrierenden Leistung fähig ist. Um in diesem Beziehungsstrudel nicht mitgerissen zu werden und die Orientierung zu verlieren, muß der Psychotherapeut sich aus der süchtigen Beziehungsdynamik zu lösen verstehen und allmählich die therapeutische Beziehung behaupten und ausdehnen. Dies gelingt ihm nur, wenn er sich ernsthaft um eine Einstellung zu seinem Gegenüber bemüht, die sich von Entwerten freihält. Eine achtende und Achtung gebietende Haltung gibt dem Therapeuten das Recht, Gegenseitigkeit in die Kommunikation einzuführen und ein dem Machtvorbehalt diametral entgegengesetztes Prinzip zur Geltung zu bringen. Nicht darauf kommt es an, daß der Therapeut sich niemals verletzend verhält oder niemals in seinen vielen Schattierungen abfällig wirkt, sondern auf die Bereitschaft, sich selbst daraufhin kritisch zu beobachten und abwertende Einstellungen und Regungen zu klären. Für ein Verankern der therapeutischen Beziehung ist ein solches Selbsterforschen in Anwesenheit seines Gegenübers überaus wertvoll. Diese Annäherung an unser Gegenüber beeindruckt und berührt. In der Psychotherapie mit Helmut beispielsweise erwies sich mein Fauxpas als Chance, mein Gegenüber zu gewinnen.

Der Therapeut gewinnt Handlungsspielraum, soweit er gewahr bleibt, in welcher Weise er in die Ab- und Aufwertungsdynamik eingespannt ist und kooperiert. Je intensiver die Dynamik, je verzweifelter unser Gegenüber die therapeutische Beziehung aufs Spiel zu setzen bereit ist, desto geringer ist der Handlungsspielraum. „Der Borderline-Patient provoziert und manipuliert in so starker Weise, daß er den Therapeuten starkem emotionalem Druck aussetzen kann. Bevor der Therapeut nicht versteht, was der Patient tut und wie dieses Tun seine eigenen Emotionen beeinflußt, ist er unfähig, sich therapeutisch damit auseinanderzusetzen. Es ist wichtig, sich zu erinnern, daß der Patient im Provozieren und Manipulieren geübt ist, wogegen der Therapeut im Gebrauch dieser Mechanismen Amateur ist."[78]

Der Therapeut ist in Gefahr, zum Verfolger seines Gegenübers zu werden, zum Sadist, der sein Gegenüber „nagelt" und sich seines Könnens beraubt. Oder aber der Psychotherapeut opfert sich für sein Gegenüber, um seinen Ansprüche an die Welt Gerechtigkeit zu verschaffen; der Therapeut wird seiner Potenz beraubt und zum Masochist zu degradiert. Masochismus und Sadismus beschwören ernsthafte Gefahr herauf, in ein unauflösbares Patt zwischen Psychotherapeut und seinem Gegenüber, in „destruktive Umklammerung" zu geraten, worin nicht mehr auszumachen ist, ob der Therapeut Zerstören und Hoffnungslosigkeit an sein Gegenüber delegiert oder sein Ge-

---

78 J.F. MASTERSON, ebenda S. 105.

genüber an den Therapeuten. Die therapeutische Beziehung kann zu einer destruktiven Gemeinschaft mißraten, wenn sie offene Kommunikation im Hier und Jetzt nicht von der ersten Stunde an verankert und sadomasochistische Tendenzen zuläßt. Kurz, es besteht die dringende Gefahr, daß der Therapeut zum Vollstrecker der Tendenz der süchtigen Beziehungsstruktur zur Eskalation wird und seinerseits einen Abwertungsprozeß lanciert. Sich gegen Abwertung und Abwerten zu schützen, bedeutet Schutz des eigenen Handlungsspielraums. Das heißt eben auch, unserem Gegenüber keinen Anlaß zu bieten, unsere Kommunikation zu verwerfen. Anstatt sich in Abwertung und Aufspaltung hineindrängen zu lassen, ist es unabdingabar, einen positiven Kontext zu erhalten, eine bisweilen äußerst schwierige Herausforderung.

In der stationären Psychotherapie begegnen wir regelmäßig einer unheilvollen Allianz von Beziehungsproblemen verknüpft mit institutionellen, wie wir im 9. Kapitel beschrieben haben. Anstatt zu realisieren, daß wir als Therapeuten auf dieser Ebene nur unser Gegenüber und unsere therapeutische Wirksamkeit verlieren, finden wir regelmäßig den therapeutischen Eifer, jetzt endlich diese überlegene Weise, in der Welt zu sein, zu besiegen. Dieser Eifer ist bereits Anzeichen, daß wir innerhalb der Beziehung zu unserem Gegenüber unser Gefühl für uns selbst zu verlieren drohen. Ich stimme KERNBERG zu, der von der Gefahr einer „*Enthumanisierung*“ der therapeutischen Beziehung spricht. Unsere Aufgabe heißt, süchtige menschliche Beziehung zu humanisieren oder - in den Worten von KOHUT - „*vom Kern der Störung klar unterschieden sein*“[79], und diese beginnt gerade dort, wo wir einsehen, daß wir mit Verfolgung, Drohung, moralischen Schuldgefühlen, harter Erziehung etc., alles hilflose Manöver der inhärenten Eskalation, dieser Kommunikationsweise nicht beikommen: sie tragen in sich selbst den Keim süchtiger Beziehungsstruktur - die Illusion, menschlicher Beziehung mit Macht beizukommen.

Um so entscheidender ist es, daß sich der Therapeut aus der Dynamik immer wieder herauszulösen vermag. Gradmesser für die hierzu notwendige integrative Aufgabe ist der Aufwand, welchen der Therapeut erbringen muß, um sein Selbstgefühl zu aktualisieren, mehr noch, er kann an der Art der Beeinträchtigung seines Selbstgefühl ermessen, welche Bereiche des Selbstgefühls unseres Gegenübers zu erwecken sind. Allein mit jener integrativen Leistung sind wir in der Lage, den informationellen Fluß zwischen uns und unserem Gegenüber zu generieren, ihm zu helfen, sich am Anderen, am Therapeuten zu orientieren, oder allgemeiner gesagt: zwischen Selbst und Anderem zu unterscheiden, Impuls, Gefühl und Phantasie zu differenzieren und Phantasie und Beziehungskontext zu erkunden. Zu Beginn der therapeutischen Beziehung und gerade in schwierigen Zeiten hängt alles davon ab, ob wir unser Gegenüber zu einem solchen Unterscheiden verhelfen. Die Überschrift über dieses erste Prinzip therapeutischen Handelns haben wir KOHUT entliehen, der diese zentrale Aufgabe mit den Worten umreißt: „Es ist sogar für den Psychotherapeuten von entscheidender Bedeutung, vom Kern der Störung klar unterschieden zu sein - wenn er diese Trennung nicht erreichen kann und in die Wahnbildungen des Patienten einbezogen wird, verliert er seine Verbindung zu dem gesunden Rest der Psyche des Patienten und daher seinen therapeutischen Ansatzpunkt. Die Aufrechterhaltung einer realistischen, freundlichen Beziehung zum Psychotherapeuten ist daher von entscheidender Bedeutung für die Be-

---

79 H. KOHUT, ebenda S.49.

handlung von Psychosen und Borderline-Zuständen."[80]

Nur indem wir dieses Unterscheiden bewahren, vermögen wir die Bedingungen für Kommunikation zu fördern und in und durch den Akt der Kommunikation ein Verstehen von Destruktion und Selbstdestruktion als Versuche der Lebensbewältigung auszuweiten. Wir können uns unter dieser Belastung nur dann dauerhaft „vom Kern der Störung klar unterscheiden", wenn wir die überlegene Mächtigkeit der süchtigen Beziehungsstruktur anerkennen und aus dieser Einsicht auch in schwierigsten Situationen an einer vorbehaltlosen und offenen Kommunikation festhalten und jeweils das Stück an Information durch unsere Integration beisteuern, das unserer Gegenüber bedarf, um nicht überfordert zu sein, aber sich hinsichtlich Selbst und Anderem orientieren zu können. Auf diese Weise vermag der Therapeut sich seinem Gegenüber immer erneut zuzuwenden, die Beziehung erneut knüpfen und festigen und einfühlsam, treffend und offen die therapeutische Beziehung zu definieren. KOHUT meint dasselbe mit dem Begriff der „*integrierenden Zuwendung*". „Vom Kern der Störung klar unterschieden sein" und „integrierende Zuwendung" sind zwei Seiten einer Medaille, deren Bedeutung nicht überschätzt werden kann, um einen positiven therapeutischen Kontext zu gewährleisten.

MASTERSON fordert im gleichen Sinn, der Therapeut müsse „...eine positive Haltung gegenüber der Individuation beibehalten. Dies hat die ständige und stetige Erwartung zur Folge, daß der Patient in realistischer, gesunder und reifer Weise handeln wird, und ist mit einer Haltung der Neugier, Anteilnahme und Nachforschung verbunden, wenn der Patient sich anders verhält."[81] „Integrierende Zuwendung" ist die Funktion, womit der Therapeut über die „Kohärenz des Selbst" (KOHUT) seines Gegenüber wacht. Vorübergehend übernimmt der Therapeut diese Funktion. Auf diese Weise hilft er seinem Gegenüber, ein Gefühl der Wirklichkeit des Selbst aufrechtzuerhalten und allmählich zu bestärken, um überzogenen, gefährlichen und gefährdenden Handlungen und der Gefahr der Zerstörung des Gefühls des Selbst zu begegnen.

Sich immer wieder aus der Beziehungsdynamik herauszulösen, verlangt, daß wir uns von Destruktion distanzieren. MASTERSON hat diesen Aspekt der Destruktion betont: „Der Therapeut muß eine wirkliche Person sein, die die Individuation des Patienten unterstützt, und er muß der Verleugnung der vom pathologischen Ich ausgehenden Destruktivität entgegentreten."[82] Oder an anderer Stelle: „Zum andern muß der Therapeut dem Patienten fortwährend seine Realitätswahrnehmung sozusagen leihweise zur Verfügung stellen, indem er ihm Grenzen setzt und ihn mit Vermeidung und Verleugnung konfrontiert..."[83]

Suchtbehandlung ist ohne ein solches Konfrontieren undenkbar. Sie ist allerdings von Demütigung und Besserwisserei zu unterscheiden. *Konfrontation* bedeutet hier, wo nötig, unter persönlichem Einsatz eine klare Grenze zu ziehen, die Erfahren in Gang setzt. Konfrontation ist eine Schwester der integrierenden Zuwendung, getrennt von ihr ein sadistisches Ritual. KOHUT wie MASTERSON betonen die Wechselseitigkeit von Kommunikation. Er fordert auf, Fehler offen und rückhaltlos zu bekennen und betont: „Der Therapeut muß „wirklich dasein", damit die Konfrontation funktioniert, voller Empathie und auf den Gefühlszustand des Patienten eingestimmt. Die Konfrontation

80 H. KOHUT, ebenda S. 49.
81 J.F. MASTERSON, ebenda S. 92.
82 J.F. MASTERSON, ebenda S. 92.
83 J.F. MASTERSON, ebenda S. 107 u. 92.

muß an den Assoziationen und dem Gefühlszustand des Patienten festgemacht sein, und sie muß eindeutig im Interesse des Patienten liegen".[84] KOHUT wird nicht müde hervorzuheben, bei „Deutungen", die hier den Sinn von Konfrontation haben, jede Spur von Geringschätzung, Überlegenheit etc. zu vermeiden und zugleich solchen Kränkungen beständig nachzuspüren bei sich selbst wie in der Kommunikation mit seinem Gegenüber. Unser Gegenüber wird auch nur den geringsten Anlaß herausfinden, um sich bestätigt zu sehen, daß eine Abwertung gemeint war.

„Vom Kern der Störung unterscheiden", integrierende Zuwendung und Konfrontation der Destruktion existieren nur miteinander und setzen unterschiedliche Akzente. Gemeinsam ist ihnen, daß sie auf einer integrativen Leistung beruhen und darauf abzielen, unser Gegenüber zu berühren. Wo diese integrative Leistung zustande kommt, löst sie spontane Werterfahrung aus bei unserem Gegenüber und belebt seine Selbstgrenze. Diese drei Punkte sind die Grundlage, einen positiven therapeutischen Kontext zu schaffen, dem Werterfahren entspringt und damit ein Gefühl der Wirklichkeit des Selbst. Wenn wir in diesem Sinne uns vom Kern der Störung unterscheiden, so folgen wir genau unserer grundsätzlichen Strategie: Wir markieren und wecken die Selbstgrenze, was unser Gegenüber veranlaßt, seinen Kontext zu erforschen und in die Kommunikation einzuführen in seinem inneren wie äußeren Dialog. MASTERSON formuliert das so: Der Therapeut habe die Aufgabe zu übernehmen „seine Realitätswahrnehmung fortwährend sozusagen leihweise zur Verfügung zu stellen, indem er ihm Grenzen setzt und ihn mit Vermeidung und Verleugnung konfrontiert."[85] Erst mit diesem Unterscheiden durch den Therapeuten wie sein Gegenüber erfüllt sich die therapeutische Beziehung mit Leben. Erst wo diese Grenze zwischen Selbst und Anderem errichtet wird, kann Erfahren geschehen.

Keine Frage, daß auch der Psychotherapeut diese Grenzziehung gefährdet, auch er sündigt bis hin zu der Bereitschaft zur sexuellen 'Verschmelzung', sexuellen Mißbrauchs, womit er/sie sein/ihr Gegenüber erneut der Hoffnung beraubt, auf menschliche Beziehung zu setzen. „Verschmelzen" wie Entwerten sind Phantasien und Strategien, die Deprivation anstelle von Erfahren setzen. Ich möchte an dieser Stelle daran erinnern, daß unser Modell süchtiger Beziehungsstruktur keine Person beschreibt und auch keine wirkliche Kommunikation, sondern nur zwei Aspekte derselben unter einer Vielzahl anderer. Wir beschreiben Beziehungsgeschehen, ihre Regeln und die Möglichkeiten, diese zu transformieren. Es ist daher nicht so, daß hier der geläuterte Therapeut und dort sein Klient oder Patient sitzt, von dem die unheilvollen Störungen aus. Wir beschreiben die Dynamik zweier Weisen zu kommunizieren, an denen beide teilhaben und -nehmen, und die Möglichkeiten des Therapeuten, die Bedingungen für eine Kommunikation zu schaffen, die ihn wie sein Gegenüber zu heilen vermögen. Wie der Therapeut über Bereiche verfügt, die von den Prämissen süchtiger Beziehungsstruktur beherrscht werden, so sind Bereiche unseres Gegenübers lebendig, die den Ansprüchen offener Kommunikation gerecht werden. „Vom Kern der Störung unterscheiden" ist daher nicht ein Besitz, sondern ein Zustand, der immer wieder erworben und behauptet werden muß.

Dieses erste Prinzip therapeutischen Handelns hat schließlich eine formale Seite: Der Therapeut muß die Aufgabe wahrnehmen, ein „*konstruktives Bündnis*" mit dem

84 Ebenda S. 101.
85 J.F. MASTERSON, ebenda S. 92.

Süchtigen, dem „gesunden Rest seiner Psyche“ (MASTERSON), einzugehen und sich für diese Aufgabe engagieren zu lassen. (S.u.)

Ich möchte an den Videomitschnitt „Eine mißglückte Sitzung“ erinnern. Hier finden sich alle Aspekte dieses ersten Prinzips therapeutischen Handelns wieder. Wir beobachten einen Therapeuten, der sich mit Händen und Füßen wehrt, in einen Beziehungsstrudel hineingerissen zu werden, aber schließlich Teil der süchtigen Beziehungsstruktur wird. Wir haben einen Heroinabhängigen vor uns, der im ausgeprägt passiven Modus kommuniziert und von Eskalationsrunde zu Eskalationsrunde alle Anzeichen eines verminderten Selbstgefühls erkennen läßt, bis er bezüglich seiner sensorischen Empfindungen verwirrt ist. Wir können beobachten, wie Versuche der Konfrontation der selbstdestruktiven Entwicklung ins Leere laufen und zu einem Teil dieser Dynamik einverleibt werden, weil sie nicht auf einer integrierenden Leistung des Therapeuten beruhen, sondern Abwertung lanciert, das heißt, er behält seinen impliziten, abgespaltenen Kontext für sich. Den Therapeut beschleicht ein Gefühl der Unwirklichkeit. Er kehrt verärgert und enttäuscht seinem Gegenüber den Rücken.

Die Fortsetzung dieser Gruppensitzung ein paar Tage später zeigt die Wirkung, die spontan eintritt, wenn der Therapeut seinen Kontext einführt und sein Geheimnis, seine in der letzten Sitzung abgespaltenen Gedanken, Empfindungen und Phantasien, preisgibt. Erst jetzt vollzieht sich jene in die Wege geleitete Konfrontation, indem sie sich mit integrierender Zuwendung paart, als der Therapeut seinem Gegenüber ein zweiseitiges Herz überreicht. Er definiert die Beziehung neu und nutzt die Situation, um den Kontrakt zu erneuern, destruktives Handelns einzugrenzen und die therapeutische Beziehung zu festigen. Wir können beobachten, wie Helmut gefühlsmäßig spontan reagiert und wie ihm nun Erinnerungen einfallen, die seinen abgespaltenen impliziten Kontext gestalten.

2. Prinzip: Konzentrieren auf Beziehungsaspekte im Hier und Jetzt

Kommunikation findet nirgendwo anders statt als in der Gegenwart, auch wenn sie aus der Vergangenheit herrührt und die künftige Kommunikation mitgestaltet. Man könnte sagen, die Beziehungsaspekte vergangener Kommunikation sind im systemischen Feld eingefaltet, aber sie sind Teil der gegenwärtigen Kommunikation, die sich immer erneut generiert und gestaltet. Das Gefühl des Selbst drückt die Fähigkeit aus, hier und jetzt Bezogenheit der Kommunikation aufrechtzuerhalten; es wird nicht durch Fixierungen und abstrakte Strukturen gesteuert, sondern durch die Bewältigung der Beziehungsaspekte von Kommunikation in der Gegenwart. Um das Gefühl des Selbst zu nähren und innerhalb gewisser Schwankungen aufrechtzuerhalten, müssen wir uns auf das Beziehungsgeschehen hier und jetzt innerhalb der therapeutischen Beziehung konzentrieren. Die integrative Leistung des Therapeuten gemeinsam mit seinem Gegenüber ereignet sich hier und jetzt.

Für diese Akzentverschiebung sind nicht allein theoretische Gesichtspunkt verantwortlich, es sind praktische Erfahrungen, die zu dieser Umstellung zwingen. Sie liegt begründet in der Wirkung der süchtigen Beziehungsstruktur, welche die aktuelle Kommunikation so verzerrt, daß ein therapeutischer Prozeß nicht Fuß fassen kann. Die Achillesferse der süchtigen Beziehungsstruktur ist das Paradoxon der Kommunikation. Die jeweils fehlenden, aber notwendigen Bestimmungsstücke des Beziehungsaspektes sind potentiell vorhanden. Im aktuellen Hier und Jetzt können wir die Beziehung als vollständig definierte auffassen und fehlende Bestimmungsstücke gemeinsam mit unserem Gegenüber erarbeiten. Auf diesem Terrain vermögen wir den Überblick zu wahren. Der Therapeut ist vertraut mit seinen Gedanken, Phantasien und Impulsen, spürt seine Empfindungen und Emotionen und kann seinen Wahrnehmungen vertrauen. An den Ereignissen, die sich hier ereignen, nimmt er teil, kann sein Gegenüber sorgfältig beobachten und seinen Reaktionen weitere Hinweise entnehmen. Der Therapeut kann sich im Hier und Jetzt verankern und von hier aus seine Beziehung zum Klienten erforschen. Angesichts einer ansonsten verwirrender Komplexität des Beziehungsgeschehens ist es eine Erleichterung, den Fokus der Aufmerksamkeit auf ein Erforschen der Beziehungsrealität zu konzentrieren und von hier aus das therapeutische Geschehen aufzurollen. Der Therapeut verankert die therapeutische Beziehung, wenn er sein Gegenüber zu einem gemeinsamen Erforschen der gemeinsamen Beziehungsrealität gewinnt und auf diesen Boden verpflichtet, bis eine gemeinsame Definition der Beziehung heranwächst. So finden wir einen festen Bezugspunkt, um Abwertung und Aufwertung standhalten zu können und einen einfühlsamen Kontakt nicht zu verlieren.

Für die traditionelle Psychotherapie gibt es eine Gefahr, der süchtigen Beziehungsstruktur zu erliegen und zwar, daß sie in ihrer Orientierung auf Regression und Stadien der Fixierung ihrem Gegenüber hilft, sich gegen die Anforderungen wechselseitiger Kommunikation im Hier und Jetzt abzupuffern, indem sie implizite Vorbehalte nährt. Ihre Neigung, Kindheitstraumata und Fixierungen ursächlich ins Feld zu führen und zu ergründen, kann die süchtige Kommunikationsweise fördern, indem sie unwillentlich Gründe und Entschuldigungen suchen hilft. Sie kann sich auf diese Weise mißbrauchen lassen, auf die Anforderungen zu fairer Kommunikation und integrativer Leistung hier und jetzt zu verzichten. Ein solcher Verzicht wird allerdings teuer zu stehen kommen, sie wird ihn mit ihrer eigenen Impotenz bezahlen müssen und der Prozeß der Desorganisation wird unbeeindruckt weiterschreiten. Wenn wir die Bedingungen offener Kommunikation verankern wollen, so kommt es darauf an, jedes Verletzen von Kommunikation hier und jetzt aufzuspüren und zu registrieren, zurückzuweisen und für Wechselseitigkeit der Kommunikation zu gewinnen. Es gehört zu den entscheidenden Fähigkeiten des Psychotherapeuten, Sinn und Sensibilität für Grenzverletzungen zu entwickeln und zu lernen, sich Handlungsfähigkeit zu bewahren.

Der Beziehungsaspekt ist und bleibt der entscheidende Gesichtspunkt der therapeutischen Behandlung. Erst wenn dieser im Hier und Jetzt ausgelotet ist und für einen Moment offene, rückhaltlose Kommunikation einsetzen kann, können wir uns dem Inhalt der Kommunikation zuwenden: der Lösung eines Problems und biographischer Rekonstruktion. In diesem Sinne bildet das Hier und Jetzt den Rahmen, der erst zuläßt, sinnvoll und ohne Gefahr intensive Körperarbeit und Wiederbeleben vergangener Situation zu betreiben. Ohne diese klare und eindeutige Voraussetzung sind wir in Gefahr, daß unser Gegenüber durch biographische Rekonstruktion seine Abwertung, Aufspaltung und Machtvorbehalt vertieft und festigt, was unkontrollierbare therapeutische Situationen hervorrufen kann oder im besten Fall den Therapeuten entmutigt. Es wurde in meinem ersten Arbeitsjahr mit Drogenabhängigen zu einer bestimmenden Erfahrung, zu erleben, wie aufwühlende, biographisch orientierte, kathartische psychotherapeutische 'Arbeiten', die mir zunächst befriedigend und produktiv erschienen, für mein Gegenüber unverbindlich und ohne anhaltende Wirkung bleiben. Ich übersah die aktuelle auf- und abwertende narzißtische Beziehungsdynamik. Mein Gegenüber war noch nicht bereit, mir diese Zugeständnisse zu *schenken*.

In der Suchtbehandlung leistet der Begriff der „Regression" viel Verwirrung. Wenn ein Therapeut die Begriffe „Regression", „frühe Störung", „pathologische Fixierungen" in seine Welt aufgenommen hat, so verleiten sie ihn dazu, Verletzungen der Kommunikation hinzunehmen, zu dulden, zu erklären, wo er ihre Gültigkeit behaupten muß als *Voraussetzung des weiteren therapeutischen Gesprächs*. Das führt dazu, daß Therapeuten in ihrer Einschätzung, was sie dem Süchtigen zumuten dürfen, starken Schwankungen ausgesetzt sind von Unfähigkeitserklärungen bis hin zu sadistischen Reaktionen, wenn die erhoffte Reifung ausbleibt. „Regression" ist nur dann Teil eines Reifungsprozesses, wenn dieser Bezugsrahmen im Hier und Jetzt der therapeutischen Beziehung für diesen Moment gemeinsam geschaffen ist, und sich nun der Süchtige als für Kommunikation verantwortliche Person und an ihr teilhabend auf ein intensives, nacherlebendes Erforschen der Vergangenheit einläßt. Er stellt gleichsam eine Vergewisserung dar: Jetzt verlassen wir die Wirklichkeit des Hier und Jetzt und treten ein in ein 'Bild', aus dem wir wieder zurückkehren werden. Nur durch diese Anbindung an das Hier und Jetzt kann Integration zustande kommen, nur aus dem Gesichtspunkt von heute kann einem vergangenen, vielleicht traumatischen Ereignis eine integrierbare Lösung abgerungen werden, und nur unter diesen beiden Bedingungen ist „Regression" ein Beitrag, das Gefühl des Selbst zu differenzieren und zu stärken. Besonders in der stationären Therapie, wo der Therapeut zugleich alle anderen Lebensbezüge mit organisiert, können sich auf unheilvolle Weise die Allmacht des Therapeuten in der totalen Institution liieren mit einem Zerstören und Verleugnen dieses Bezugsrahmens. Er betreibt dann das Geschäft der Desorganisation der Person.

Es bietet sich an, das Therapieprotokoll über Helmut noch einmal hinzuzuziehen. Im ersten Teil des Berichts beteiligte ich mich, Helmut in einen Prozeß der Desorganisation zu treiben, der mit einer Verminderung seines Selbstgefühls einherging. In der darauf folgenden Stunde löste mein Versuch, unsere Beziehung zu klären, wiederum eine „Regression" allerdings anderer Art aus: Er fühlte sich spontan zurückversetzt in sein 10. Lebensjahr und erlebt jene bestimmte Situation noch einmal. Dieses Erleben ging aber einher mit einem gesteigerten Gefühl des Selbst, einem sicheren Gefühl der Wirklichkeit des Selbst, gepaart mit aufwühlender Nachdenklichkeit.

Es handelt sich um Bertfried, 28 Jahre, ohne Beruf. Seine Mutter ist Alkoholikerin, die er jahrelang, vor seinem Vater beschützt hatte; die Eltern sind geschieden. In der Therapiegruppe kommt das Gespräch auf sein Verhältnis zu seinem Vater, den er immer wieder zurückweist trotz gegenteiliger Äußerungen, wenn sein Vater da ist. Bertfried hatte uns mitgeteilt, daß sein Vater ihn einmal sexuell mißbraucht hätte.

In einer späteren Therapiegruppensitzung kommt er auf dieses Thema zurück. Er schildert wie „weh" ihm dieses sexuelle Erlebnis getan habe, um so mehr, da er nie habe darüber reden können. Es wird ihm vorgeschlagen, dies seinem Vater, der imaginär auf einem Stuhl Platz nimmt, mitzuteilen. Im Verlauf dieses Dialoges wird nun deutlich - und auf diesen Unterschied kommt es mir an -, daß Bertfried bereits nach wenigen Sätzen weniger seiner Emotionalität Ausdruck gibt, als vielmehr Vorwürfe aneinanderreiht, die dazu tendieren, seine Drogenabhängigkeit zu rechtfertigen und seinem Vater die Schuld zuzuweisen. Bertfried mißbraucht jenes Unrecht als Faustpfand gegen seinen Vater. Er möchte dieses Faustpfand freiwillig nicht aus der Hand geben. Er wählt die moralische Ausbeutung dieser Verfehlung. Das hindert ihn, dieses Erlebnis emotional zu verarbeiten, im Gegenteil, in gewisser Weise wird es konserviert und Teil wechselseitiger grenzverletzender Dynamik.

An dieser Stelle des therapeutischen Gesprächs wäre ein Forcieren des emotionalen Ausdrucks mit technischen Mitteln fehl am Platz. Vielmehr ist der aktuelle, übergeordnete Kontext, daß Bertfried dieses Erlebnis in der aktuellen Beziehung zu seinem Vater zu dessen Abwertung und seiner Erhöhung ausbeutet, zu konfrontieren und aufzugeben. Um nicht mißverstanden zu werden, es geht an dieser Stelle gewiß nicht um ein Verzeihen, sondern allein darum, einen echten inneren Dialog zu eröffnen, der ihm hilft, dieses Mißbraucht-werden zu verarbeiten.

Wenn er dieses Erlebnis mißbraucht, um sich aus dem Kreis der Kommunizierenden herauszuhalten, so erhöht er stetig den Preis, den er hier und jetzt einlösen muß durch den Prozeß der Desorganisation.

Die Akzentverschiebung auf den Beziehungsaspekt im Hier und Jetzt vollziehen alle drei oben zitierten psychoanalytischen Autoren. In vielen Fallberichten beschreibt KOHUT, wie er beständig Irritationen, Kränkungen etc. bei seinen Patienten nachspürt und sich jede inhaltliche Deutung verbietet, solange sie nicht erforscht sind. Er schildert, wie minimale Irritationen, scheinbar harmlose Äußerungen des Therapeuten, unvollkommene Einfühlung etc. den Ausgangspunkt für weitreichende Reaktionen des Patienten bilden: Kränkung, Rückzug, Versandenlassen des Kontaktes, Oberflächlichkeit, wilde Phantasien. Er schreibt: „Die analytische Arbeit stützt sich jedoch nicht auf die regressive Position selbst, die einen Rückzug von einer bearbeitungsfähigen narzißtischen Beziehung darstellt... Vielmehr Konzentrieren auf das traumatische Ereignis, das den Rückzug ausgelöst hat.“[86]

Die Technik des Metadialoges

Unsere therapeutische Arbeit auf das Hier und Jetzt zu zentrieren, zielt darauf ab, einem Auseinanderfallen von Inhalts- und Beziehungsaspekt, wie dies in der süchtigen Beziehungsstruktur angelegt ist, entgegenzuwirken. Es gibt eine elegante und wirkungsvolle Technik, beide Aspekte miteinander zu verklammern - den Metadialog. Beispielsweise in dem kurzen Fallbeispiel über Oskar im ersten Kapitel hatten wir von dieser Technik Gebrauch gemacht. Der „Trick“ besteht darin, das Thema, das auf der Inhaltsebene kommuniziert wird, auf Beziehungsebene zu verlagern; das, worüber geredet wird, in der aktuellen Beziehung aufzuspüren oder einzuführen. Dieser Wechsel auf die Beziehungseben intensiviert das therapeutische Gespräch ungemein: er führt Erfahren ein, anstatt daß unser Gegenüber sich durch seinen Bericht über Erfahrungen verschließt, oder - was in der Psychotherapie mit Süchtigen wohl noch wichtiger ist - macht Verweigern von Erfahren aktuell. In dem Augenblick aber, wo Verweigern von Erfahrung aktuell wird, erwacht es aus eingefrorener Erstarrung, und eröffnet ein Tor zu neuem Erfahren. Mit Hilfe der Technik des Metadialogs gerät das Wie von Erfahren in den Mittelpunkt. Wir dringen zur Regieführung vor, dorthin, wo wir das Wirken der süchtigen Beziehungsstruktur für Momente aus den Angeln heben können.

Der Metadialog führt zu einer Intensivierung des therapeutischen Geschehens, zur Aktualisierung des Gefühls des Selbst und besitzt den Vorteil, daß wir das Geschehen ins Hier und Jetzt verlagern, das sich nun in unserer Anwesenheit entfaltet. Die Möglichkeiten uns zu orientieren, Informationen zu sammeln und zu intervenieren nehmen drastisch zu. Der Metadialog gibt uns eine Technik an die Hand, um lebendiges Erfahren zu entfalten. In einem gewissen Sinne kommt er dem Begriff „Übertragung“ nahe: Der Therapeut greift ein Geschehen auf, das sich untergründig entwickelte und die Beziehung wesentlich bestimmte. Anstatt nun beispielsweise über die Vaterbeziehung zu reden, läßt der Therapeut sein Gegenüber diese als aktuelle Beziehung zum Therapeuten erfahren. Auf diese Weise wird die therapeutische Beziehung ein Quell neuer Organisation von Erfahrung.

Viele unserer Protokolle leben von diesem Vorgehen. Themen wie Vertrauen und Mißtrauen, Nähe, Gefühle der Leere, Mißmut, Pessimismus etc., Themen die häufig va-

86 H.KOHUT, ebenda S. 163.

ge und diffus angeschnitten werden, können leicht in der Form des Metadialogs behandelt werden, indem wir unter dem angeschnittenen Thema das Verhältnis zu uns oder zu Gruppenmitgliedern betrachten. Dieses Vorgehen kann durch spezifische Techniken gesteigert werden, wie sie die Gestalttherapie entwickelt hat. In der Arbeit mit Gerald verwende ich eine Form der Verschreibung, die in Bezug auf die anwesenden Gruppenmitglieder und in Bezug auf mich auf Beziehungsebene aktualisiert, was er nur im Darüberreden bewältigen möchte. Wenn der Metadialog sorgfältig und treffend in die Wege geleitet wird, dann enthüllt er spontan die zugrunde liegende Beziehungsdimension und wird emotional erlebt. Emotionen müssen nicht mit besonderen Verfahren herbeigerufen werden. Sie sind spontan da, wenn die gemeinsame oder vom Therapeut formulierte Beziehungsdefinition stimmt. Es ist, als ob man den Grund erreichte und nun die Vitalität der Person wiedererwachte. Das gilt auch dann, wenn unser Gegenüber zunächst an einem Verweigern von Erfahren festhält. Wir 'formulieren' dann das aktive Tun des Verweigerns, das heißt, die aktuelle Erkenntnistheorie unseres Gegenübers.

Wieder begegnen wir Georg. Zum Zeitpunkt dieser Therapiegruppensitzung, die ich hier wiedergeben möchte, war Georg seit zwei Monaten bei uns. Ich hatte ihn noch vor meinem Urlaub angetroffen und begegne ihm in der Therapiegruppe nach meinem Urlaub zum zweiten Mal.

Georg meldet sich in der Therapiegruppe, er möchte etwas einbringen. Es gehe um „Traurigkeit und Enttäuschung". Damit schlüge er sich schon lange herum.

Therapeut: „Was ist der aktuelle Anlaß, Georg, heute dieses Thema anzuschneiden?"

Er schildert zwei Vorkommnisse des heutigen Vormittag, in denen er übersehen wurde: 'Küchenchefin' Vera hatte namentlich das Küchenteam, dem auch er zugehörte, gelobt, ohne ihn zu erwähnen. Die andere Begebenheit: Als Vera das Küchenteam zu einer Besprechung zusammenrief, hatte sie ausgerechnet ihn wieder vergessen. Beide Male sei er enttäuscht gewesen, tat aber so, als wäre nichts geschehen. Ein für ihn typischer Zug.

Therapeut: „Wie machst du das, Georg, Dinge, die in die Welt gesetzt wurden, so zu behandeln, als seien sie nicht in der Welt?"

Nun, er mache gerade so weiter, als sei nichts gesagt worden. Es versetze ihm aber einen Stich.

Therapeut: „Was könntest Du tun, wenn Du anerkennen würdest, was in der Welt ist?"

Georg: „Nicht kommen, wenn Vera das Küchenteam ruft!"

Wir reden kurz darüber, was er aktiv tun könne, um sich bemerkbar zu machen, etwa sich spontan bei Vera zu beschweren, daß sie ihn übersehe; sie vielleicht einmal darauf ansprechen.

Therapeut: „Was hindert Dich, so zu handeln? Was befürchtest Du?"

Georg: „Ich fürchte, gedemütigt zu werden."

Kommentar: Dieser erste Teil schildert den Versuch, das vage Eingangsthema zu aktualisieren. Es wird erkennbar, wie starr und eingeschränkt die Apperzeption der Situation ist und wie eingleisig die eigenen Handlungsmöglichkeiten gesehen werden. Es deutet sich der Verlust der Zeitperspektive an, und man bemerkt, daß Georg ein Aktivieren der Grenzfunktion meidet und fürchtet. In irgendeiner Weise würde dies Schmerz hervorrufen. Statt dessen versucht es Georg damit, sich „totzustellen", wie er im Verlauf des Gesprächs einmal sagt. Verleugnen regiert. Der Therapeut versucht die Selbstgrenze zu markieren, den 'wunden' Unterschied, durch eine verfremdete Wortwahl. Indem seinem Erleben Raum gegeben wird, bis er sich verstanden fühlt, entsteht eine vorsichtige Neugier, dem Gespräch weiter zu folgen. Am Ende gibt er ein Stück seines impliziten Kontextes preis, aber es besteht doch die Gefahr, daß er nur das Stichwort erhalten hat, um seine Einsamkeit zu beschwören. Das Gespräch bedarf nun eines weiteren Impulses. Der Therapeut sucht nach einem Anknüpfungspunkt für einen Metadialog.

Der Therapeut spiegelt, wie Georg ein wenig mit seinem Stuhl nach außen versetzt im Rund der Gruppe sitzt, gerade so, daß er zum Kreis gehört, aber distanziert.

Therapeut: „Wie ich Dich kenne, machst Du Dich auf diese Weise unauffällig. Du setzt Dich an den Rand des Kreises, als gehörst Du nicht recht dazu... Georg, sag mir, wie machst Du das, unauffällig zu bleiben?"

Er tue so, als sei nichts geschehen. Er ziehe sich noch mehr zurück und werde sarkastisch.

Ich bitte mit seiner Zustimmung die Gruppenmitglieder um Rückmeldung, wie Georg sich unauffällig mache. Marion, die schon einmal mit ihm im Küchenteam zusammengearbeitet hatte, meinte, sie wisse, daß er gut arbeite. Er vermeide es, sich Anerkennung zu verschaffen. Eine andere junge Frau schildert: Er sei kurz angebunden, fast schroff. Wenn sie ihn anspreche, blättere er einfach in einer Illustrierten weiter. Andere schildern ganz ähnliche Beobachtungen. Daniela äußert schließlich, er wirke ungeschickt und „kasprig" auf sie. Ich beobachte, wie Georg zusammenzuckt.

Therapeut: „Was hat dich getroffen, Georg?"

Georg vermeidet es, auf meine Frage einzugehen. Er stockt.

Therapeut: „Es fällt Dir schwer, darauf einzugehen, Georg?!"

Georg: „Ja,...mir fallen Erinnerungen ein..."

Er sitzt vorn übergebeugt da, die Ellenbogen auf seine Schenkel aufgestützt, sein Gesicht in den Händen verborgen.

Therapeut: „Welche Erinnerungen, Georg?"

Nach einigem Schweigen beginnt er zu erzählen, wie er von der Dorfschule ins gymnasiale Internat in der Stadt wechselte und wie er sich dort einführte. Als er zu einer recht psychologischen Beschreibung anhebt, unterbreche ich:

Therapeut: „Deine Worte schildern nicht, was ein zehnjähriger Junge erlebt!"

Georg spontan: „Das heißt, ich habe mich ungeschickt benommen und eine in die Fresse gekriegt......" etc.

Er stockt. Erzählt dann, während er einen traurigen Ausdruck annimmt, wie er Prügel bezogen und den Kasper gespielt habe, über den die anderen lachten.

Kommentar: Der Therapeut läßt das Geschehen im Hier und Jetzt entfalten. Indirekt macht er klar, daß da ein gegenwärtiges Geschehen am Werk ist. Die Vergangenheit kommt nur soweit ins Spiel, als sie hilft, durch Erinnerung die Gegenwart zu erfassen. Der Therapeut realisiert, was wir unter Metadialog beschrieben haben: Er sorgt dafür, daß sich das Thema des Gesprächs „Demütigung" hier und jetzt in der Gruppe konstelliert. Die Methode der Wahl wäre, das Geschehen in Bezug auf den Therapeut zu entwickeln, was bei Klienten, die zur Konfusion neigen, zu paranoider Abwertung oder mit heftigem Widerstand und Verleugnen reagieren, vorzuziehen wäre. Und zwar aus dem einfachen Grund, weil die Reaktion und das Einfühlungsvermögen der Gruppe in diesen Fällen unberechenbarer ist. Dieser zweite Teil endet, wo thematisch der erste endete, nur sind wir jetzt beim Erleben eines Geschehens hier und jetzt angelangt. Der Kontext ist dichter, und der Kontakt zu dem Klienten hat sich vertieft. Die Möglichkeiten zur Intervention, die die Selbstgrenze aktiviert und insbesondere ihre Grenzfunktion, sind geschaffen.

Therapeut: „Du siehst sehr traurig aus. Clowns sind - wie du weißt - in ihrer Natur melancholisch. Ich werden den Eindruck nicht los, daß Du heimlich selbst daran glaubst, ein Clown zu sein. Vielleicht hast Du aus der Not eine Tugend gemacht. Schau, du hast Dich hier unter Dir fremden Menschen so verhalten, daß ebensolche Phantasien entstehen. Ich fürchte, Du lebst in der ständigen Angst, als Kasper entdeckt zu werden."

Georg nickt.

Therapeut: „Ich weiß nicht, ob ich Dir zumuten kann, noch einen Schritt weiter zu gehen. Sag mir, wie geht es Dir jetzt."

Georg: „Traurig bin ich. Aber schon bereit..."

Ich sage Georg, daß ich sehr wohl wisse, daß und wie schmerzhaft es für ihn sein müsse, aus dem Clownsein herauszufinden.

Therapeut: „Hör Dir also an, was ich Dir vorschlage, und entscheide dann, ob Du darauf eingehen magst oder heute noch nicht. Ich schlage Dir vor, zu jedem hinzutreten, sie oder ihn anzuschauen und den folgenden Satz zu sagen: „Gerade dann, wenn ich Dich brauche und traurig bin, schubse ich Dich weg. Denn Du könntest mir weh tun."

Georg geht auf meinen Vorschlag ein. Er beginnt bei Andreas. Dann folgt Sigrid. Georg ist sichtlich bewegt, als er zu Marion tritt, die er wohl besonders mag: „Wenn ich Dich brauche und traurig bin..." Georg stockt, es arbeitet in ihm heftig, schaut sie lange an, schaut dann weg, als ringe er mit sich. Wendet sich ab.

Therapeut: „Was geht in Dir vor, Georg?"

Georg nach einer Weile, er müsse „furchtbar lachen".

Therapeut: „Ja, der Clown macht einen Witz daraus. So rettet er sich." Bitte ihn zu schildern, wann genau der Impuls zu lachen aufbrach. Als er mit der Runde weitermacht, wirkt er wie von seinen Gefühlen abgeschnitten, kalt, was ihm später u.a. Marion genau widerspiegelt. Als er an seinem Platz ankommt, fordere ich ihn auf, sich für einen Moment zurückzuziehen.

Therapeut: „Georg, was hast Du erlebt? Wie ist das Geschehen zum Kippen gekommen?"

Er sei sehr traurig gewesen. Vor allem bei Marion. Aber plötzlich, wie er vor ihr stand und zu sprechen anfing, habe er gedacht: „Ja, denen zeige ich es, erst verletzen sie mich...." Er habe Genugtuung verspürt, „Überlegenheit".

Therapeut: „Eben an der Stelle, wo Du lachen wolltest?"

Georg: „Eben da."

Therapeut: „Du hast recht, der Clown ist nicht nur melancholisch, er ist auf versteckte Weise aggressiv, schubst weg, hält Distanz, greift sein Publikum an." Erinnere an Hofnarren, die sich Könige hielten und die sich Anspielungen erlauben konnten, die anderen den Kopf kosteten. Zum einen erleide er Clownsein. Zum anderen übernehme er aktiv die Rolle des Clowns und mache daraus Überlegenheit. Es sei schmerzhaft für ihn, wenn er heute seine Einstellung ändern wolle. Befriedigung aus menschlichem Kontakt oder Befriedigung aus Überlegenheit stünden sich vis-à-vis. Heute habe er den Schmerz 'überwunden' und betäubt, indem er sich der Befriedigung durch Überlegenheit zugewandt habe.

Georg ist aufgewühlt. In der Gruppe ist Stille eingetreten, als fühlten sie nach, was geschehen war. Obwohl es Zeit wäre, die Zigaretten vorzudrehen, bleiben alle ruhig sitzen.

Kommentar: In diesem dritten Teil versucht der Therapeut eine weitere Verdichtung und sein Gegenüber ganz in das Hier und Jetzt hineinzustoßen. Er geht mit der Verweigerung von Kommunikation und formuliert Georgs Vorbehalten, Phantasien und aktives Tun. Damit gerät in den Brennpunkt, was bisher nur implizit das Geschehen steuerte, und in dem Augenblick, wo es in den Brennpunkt des eigenen Handelns und Fühlens gerät und teilnimmt an offener Kommunikation, löst es einen Schock aus, der die Selbstgrenze mobilisiert und das Gefühl des Selbst. Strukturell eine paradoxe Verschreibung. Unser Gegenüber kann der Widersprüchlichkeit in seinen menschlichen Beziehungen nicht mehr ausweichen. Denn wenn er ausweicht, wie dies ja auch Georg tut, so schließt er sich durch den Vollzug der Vorgabe der Kommunikation an - wenigstens für diesen einen Augenblick. Der Prozeß in diesem Abschnitt läßt genau beobachten, wie Georg vom passiven Modus auf den aktiven auszuweichen sucht und seine phantastische Kontextverschiebung zum Vorschein kommt. Gerade die Dynamik jenes Kippens, die Dynamik der Kontextverschiebung gerät ins Zentrum der Aufmerksamkeit, und eingebettet in die intensive Zentrierung auf Hier und Jetzt existentieller Erfahrung scheint das Illusionäre dieser Kontextmanipulation grell auf.

3. Prinzip: Achten auf vollständige Beziehungsdefinitionen

Der existentiellen Struktur des Hier und Jetzt, wie sie in der therapeutischen Begegnung aktuell wird, dem Prozeß des Verdichtens und der darin enthaltenen Aufforderung zur Integration läßt sich entgegenwirken, indem unserer Gegenüber seine Spuren verwischt. Wladimir und Estragon waren ebenso bemüht, ihre Beziehungsspuren zu verwischen, wie unsere Klienten in den wiedergegebenen Protokollen. Der Löwenanteil psychotherapeutischer Arbeit dient der Spurensicherung, der Rekonstruktion und Vervollständigung von Beziehungsdefinitionen.

Vollständigkeit bezieht sich auf einen gemeinsamen Zeitpunkt, einen bestimmten Ort, auf bestimmte Personen und konkrete Vorgänge. In dem Videoprotokoll über eine Gesamtgruppensitzung ging es über weite Strecken um nichts anderes, als vollständige Aussagen zu erfragen, die ein Geschehen auf eine bestimmte Zeit, einen bestimmten Ort und auf bestimmte Personen bezieht. Eine solche Konkretisierung schließt ein, meinen Bezug zu bestimmten anderen zu definieren. Die Strategie der süchtigen Beziehungsstruktur lebt von Ungenauigkeiten, Unaufrichtigkeit und absichtlichem Lancieren von schillernden Bedeutungen. Auf vollständige und konkrete Aussagen zu achten, ist daher die Grundvoraussetzung, um ihr entgegen zu wirken. Wenn auch ein Erarbeiten vollständiger Aussagen und Beziehungsdefinitionen in der Arbeit mit Süchtigen besonders aufwendig ist und dieses Erfragen und Erforschen bereits eine aktualisierende, dynamisierende Wirkung auf unser Gegenüber hat, so ist diese Aufgabe doch nicht spezifisch für Süchtige. Eine instruktive Darstellung des Vorgehens bieten BANDLER und GRINDER in „Metasprache und Psychotherapie". Sie regen an, sich an der syntaktischen Struktur der Sprache zu orientieren und hierauf Vollständigkeit zu beziehen.

Aus einem anderen Blickwinkel gesehen, ergibt sich eine vollständige Aussage aus einem Zusammenspiel von verbaler, paraverbaler und nonverbaler Äußerung. Es ist immer die ganze Person, die kommuniziert, eine Aussage, die auf dem Paradoxon der Kommunikation und dem zweiten Axiom der Kommunikationstheorie gründet: Wenn Kommunikation letztlich nicht unvollständig ist hinsichtlich des Beziehungsaspekts, dann ist auch für die kommunizierende Person Kommunikation nicht teilbar, sie nimmt als ganze Person teil.

Unser Fallmaterial bietet reichlich Anschauungsunterricht in der Kunst, Spuren zu verwischen. Einen kurzen Fallbericht möchte ich noch geben. Ich hatte auf der Videokarteikarte vermerkt: „Spuren verwischen..."

Zu Beginn der Therapiegruppe meint Joachim, er sei kalt und gleichgültig. Auf die Frage, wie das komme, seit wann, aus welchem Anlaß u.ä. kann er keinen Bezugspunkt finden. Alles Nachfragen geht ins Leere. Ich kontere frech: „Das habe ich schon mit Dir erlebt. Ich halte das für ein sicheres Anzeichen für Gekränktsein." Joachim läßt sich nicht erweichen.

Auch nach langem Überlegen will ihm kein Anhaltspunkt einfallen, in den letzten Tagen gekränkt worden zu sein. Ich betone nochmals den Zusammenhang zwischen Rückzug, Gefühlen der Gleichgültigkeit und Gekränktsein. Bezüglich seines körperlichen Befindens schildert Joachim, seine Bauch- und Zwerchfellmuskulatur sei „zu einem Knoten zusammengeschnürt". „Eine Technik der Gefühlskontrolle!", erwidere ich.

Ich frage bei den anderen nach, ob sie Joachim helfen könnten. Da meldet sich aufgeregt Bertfried und schildert, wie sehr es Joachim getroffen hatte, daß tags zuvor Thomas Küchenchef-Tätigkeit (wichtige Klientenaufgabe) so hoch gelobt wurde, während die seine nur spärlich anerkannt wurde.

Joachim bestätigt, ihm ist heiß, er schämt sich. „Was ziehst Du vor, Schämen oder einen Zustand von Gleichgültigkeit?" Joachim ziert sich zu antworten.

Ein Gesichtspunkt ist noch zu erwähnen, der diesem dritten therapeutischen Prinzip besondere Bedeutung verleiht: Es gibt uns eine Methode zur Deeskalation an die Hand. Die mißtrauische Phantasie setzt dort an, wo ungenaue Aussagen gemacht werden, und sie lanciert ihr Mißtrauen, indem sie allgemeine, generalisierende, vage und einfach grammatikalisch bruchstückhafte Aussagen macht. Sie wird begrenzt, wo vollständige Beziehungsdefinitionen gegeben werden. Sie aktivieren die homöostatische Funktion komplementärer und symmetrischer Kommunikation.

4. Prinzip: Verbindlichkeit schaffen

Als wir im zweiten Teil Gruppenprozesse besprachen, diskutierten wir die Aufgabe, ein systemisches Feld zu organisieren, um eine bestimmte Qualität der Beziehungen zu erzielen: einen genügend dichten, rückkoppelnden Kontakt, der Verbindlichkeit entstehen läßt. Dieses vierte Prinzip therapeutischen Handelns kümmert sich um verbindliche Bezogenheit. Während die bisherigen Prinzipien die Voraussetzungen schufen für ein dichtes, lebendiges therapeutisches Gespräch, so müssen wir jetzt dafür sorgen, daß die Gespräche nicht ins Leere laufen. Verbindlichkeit läßt sich nicht erzielen ohne selbstkritische, unserem Gegenüber zugewandte Distanz, ohne unsere integrierende Leistung und ein Drängen auf eine solche bei unserem Gegenüber, ohne ein Konzentrieren auf das gegenwärtige Beziehungsgeschehen und ebenso nicht, ohne einen positiven Rahmen für das therapeutische Geschehen zu erfinden. Ohne diese Qualität des therapeutischen Kontaktes verkommt der Versuch, Verbindlichkeit zu schaffen, zu sadomasochistischen Ritualen, worin der Therapeut, so oft er Überlegenheit zu erleben meint, von tiefer Ohnmacht und Resignation eingeholt wird. Denn *Verbindlichkeit erwächst aus intensiv bezogener Kommunikation.*

Verbindlichkeit-schaffen heißt, zu erwarten und sich einzugestehen, daß Erfahrungen und Handlungen Spuren hinterlassen, daß sie die Welt der Kommunikation ändern und mitgestalten, daß wir selbst oder andere darauf zurückkommen, sich darauf berufen usw., kurz, daß Kommunikation Folgen hat, die wir wiederum nicht völlig übersehen und allein durch weitere Kommunikation ausleuchten können. Kommunikation läßt sich nicht endgültig bändigen - zum Leidwesen aller Diktatoren und Weltverbesserer. Unentwegt begleiten uns prinzipielle Offenheit und Unbestimmtheit. Zwischen Verbindlichkeit in der Kommunikation und prinzipieller Unbegrenztheit klafft eine Lücke.

Sie werden es bemerkt haben, wir sprechen vom Definieren und Organisieren des systemischen Feldes. Das systemische Feld ist eben dann wirkungsvoll organisiert, wenn verbindliche Bezogenheit einkehrt. Vom Standpunkt der stationären Therapie her betrachtet ist natürlich das Gesamt der stationären Therapie das relevante systemische Feld, das es zu organisieren gilt, und darunter als exklusive Beziehung die therapeutische Beziehung. Das relevante systemische Feld muß nun therapeutisch definiert werden.

Andere Möglichkeiten ergeben sich in der ambulanten Therapie, wo wir unmittelbar dieses relevante systemische Feld organisieren können, das sich neben dem Süchtigen und dem Therapeuten aus den relevanten Bezugspersonen ergibt. Zum therapeutischen System gehören die Angehörigen und der Therapeut. Auf diese Weise stärken wir Bezogenheit im relevanten Feld, anstatt sie weiter zu schwächen, indem wir uns zu weiteren Aufspaltungen anbieten und mißbrauchen lassen, und wir stärken die Verbindlichkeit des Kontaktes, indem wir die relevanten Bezugspersonen in sinnvoller Weise für therapeutische Zielsetzungen organisieren. Wir erhöhen indirekt auch die Verbindlichkeit uns gegenüber, indem wir eine gewisse Kontrolle über Aufspaltungen und Abwertungen in diesem Feld gewinnen und Rückkopplungen intensivieren. Dies sind Arbeitsmöglichkeiten, die in der Behandlung Süchtiger noch nicht ausgelotet sind sowohl für die Psychotherapie im stationären wie ambulanten Rahmen.

Verbindlichkeit ist natürlich wider den Geist der süchtigen Beziehungsstruktur, raubt ihr die Chance heimlicher Abwehr, Verleugnung und Abwertung, indem nun die Tatsache des kommunikativen Zusammenhangs zu Geltung kommt, potentiell offengelegt und eingefordert werden kann. Entstehen von Verbindlichkeit in der therapeutischen Beziehung ist der einzige verläßliche Gradmesser für ein Transformieren der süchtigen Beziehungsstruktur und verkörpert *den* kritischen Punkt im Fortschreiten des integrativen psychotherapeutischen Prozesses. Verbindlichkeit, wie wir sie verstehen, ist Ausdruck wachsender integrativer Kraft eines lebendigen organisierenden Selbstgefühls, das relevante individuelle und systemische Kontexte zu verschmelzen und in persönlicher Weise zu integrieren versteht. Dagegen geht der Zustand einer enthumanisierten therapeutischen Beziehung, der Sinnentleerung der Psychotherapie, unweigerlich einher mit Unverbindlichkeit. Die therapeutische Beziehung muß die Qualität von Verbindlichkeit gewinnen.

Der formale Charakter von Verbindlichkeit kommt ins Spiel, wenn wir auf das notwendige *Arbeitsbündnis* zu sprechen kommen. In Abwandlung eines Zitates von MASTERSON, gehen wir ein Bündnis mit den Kräften unseres Gegenübers ein, die nicht von der süchtigen Beziehungsstruktur beherrscht werden bzw. sich aus der süchtigen Dynamik wenigstens zeitweise herauszulösen vermögen. Wir stützen sie, indem wir „leihweise unsere Realitätswahrnehmung zur Verfügung stellen" und kritische Distanz zur süchtigen Beziehungsstruktur wahren. Unser Arbeitsbündnis, so vage es anfangs bestimmt sein mag, verpflichtet in je angemessener und individueller Weise unser Gegenüber auf den pragmatischen Imperativ der Kommunikation. Es ist sinnvoll, wenn ein solches Arbeitsbündnis in der Sprache unseres Gegenübers und anknüpfend an seine Vorstellungen und Ziel geschlossen wird. Ein solches Arbeitsbündnisses ist in seinem Wert nicht zu überschätzen: Es bildet den Ausgangspunkt, das Vorherrschen der süchtigen Beziehungsstruktur einzudämmen. In meinen Augen stellt dieses Ziel die halbe Therapie da. Ob und wie wir es erreichen, die Intensität, womit wir das Wirken des pragmatischen Imperativs verankern können, ist prognostisch bedeutsam.

Allerdings umfaßt mein Verständnis von Arbeitsbündnis ein Folge von Kontrakten, die den gesamten Prozeß durchziehen, insbesondere aber den Teil des integrativen Prozesses, der auf die spezifische Gestaltung der Austauschprozesse Einfluß nimmt. Das Wirken des pragmatischen Imperativs wird verletzt durch tautologische Austauschprozesse. *Ein Arbeitsbündnis kann dann als geschlossen gelten, wenn der zentrale Grundzyklus der süchtigen Beziehungsstruktur konfrontiert, definiert und in einen Kontrakt eingebunden werden kann.* (Zur Methodik s.u.) Einen solchen Kontrakt zu erarbeiten, bedeutet zugleich Prophylaxe gegen Therapieabbruch und Rückfallgefährdung. Er ist zunächst nur eine formale Seite des integrativen Prozesses. Aber wenn sie durch Erfahren fundiert ist, wird ein Generator initiiert, der den informationellen Fluß speist, der Unterschiede generiert und die Grundlage liefert, daß die Selbstgrenze erwacht und mit ihr das Selbstgefühl.

Zustandekommen oder Scheitern eines solchen Kontrakts ist das ausschlaggebende *diagnostische Kriterium*. Es zeigt an, ob unser Gegenüber für uns erreichbar ist und ein Minimum an Verbindlichkeit gewährleisten kann. Keine Frage, daß ein solcher Kontrakt zweiseitig ist. Unser Gegenüber hat das Recht, uns zu prüfen, ob wir seinen Implikationen menschlich gewachsen sind. Kontrakt und Arbeitsbündnis haben allein zum Ziel, einen Brennpunkt der Kommunikation zu schaffen. Sie müssen so abgeschlossen und eingesetzt werden, daß sie Teil der Kommunikation sind, dem Prozeß des Kommunizierens dienen und ihn stärken und intensivieren. Sinnvollerweise stellen sie den Süchtigen vor ein ernstzunehmendes Dilemma, wenn er wie der Königssohn im „Goldenen Vogel" Verbindlichkeit gegenüber dem Fuchs eingeht, dem er nur entkommt, wenn er die süchtige Beziehungsstruktur transformiert.

5. Prinzip: Positive Konnotation

Dieses letzte Prinzip therapeutischen Handelns ist integraler Bestandteil aller vorherigen. Sie alle sind nur tragfähig, soweit sie der positiven Konnotation dienen. Die therapeutische Kunst konzentriert sich darauf, einen positiven Kontext zu kreieren und gegen den Sturm, den unser Gegenüber entfachen wird, zu bewahren. Und ich meine Kunst! Alles technische Können, alles Raffinement, alle Intelligenz und menschliche Tiefe werden herausgefordert und auf die Probe gestellt. Sie fußt auf unserer Fähigkeit, uns vom Kern der Störung zu unterscheiden, uns aus der Dynamik von Auf- und Abwertung herauszulösen, sie bedürfen der integrativen Zuwendung wie der Konfrontation von Destruktion und der Fähigkeit, Erfahren im Hier und Jetzt lebendig zu machen. Ein positiver Kontext ist eine emotionale und intelligente Erfindung des Therapeuten, womit er seine Integrität zu wahren sucht und zugleich sein Gegenüber in ein Dilemma treibt, da er diesen seiner Vorwände beraubt, Machtvorbehalt und Abwertung zur Manipulation seines Selbstgefühls einzusetzen. Der Süchtige entkommt diesem Dilemma nur, wenn er Machtvorbehalt und Abwertung eindämmt. Solange er den „goldenen Käfig“ wählt, und er allein dem Therapeuten zuschreibt, an ihn zu glauben, wird er sich in Gefangenschaft quälen. Wir haben ausgeführt, daß Individuation und Geburt der erwachsenen Person nur in Bezug auf einen positiven Kontext möglich sind. Sie stellt für den Süchtigen eine Überlebensfrage dar.

Positive Konnotation meint das Bemühen, für die aktuelle therapeutische Beziehung und des sie begleitenden Geschehens einen gemeinsamen, einheitlichen und positiven Kontext zu generieren, auf den hin Werterfahren das Selbstgefühl zu nähren vermag, und der es unserem Gegenüber ermöglicht, sich selbst konsistent und kompetent zu erfahren. So teuflisch schwer ein solches Bemühen in der Begegnung mit Süchtigen auch sein kann, sie ist die einzig mögliche Grundlage, die süchtige Beziehungsstruktur zu transformieren. Denn wie sonst können wir den Abwertungsprozeß und die Tendenz zur Eskalation begegnen und begrenzen? Wie sonst können wir den negativen Selbstbezug des Süchtigen überwinden helfen? Wie sonst können wir eine tragfähige Herausforderung organisieren? Wir haben schon darüber gesprochen: Wir brauchen möglichst rasch einen positiven Kontext, der das rudimentäre Selbstgefühl des Süchtigen vor weiterer Desintegration bewahrt und erlaubt, sich in Bezug auf diesen Kontext positiv zu definieren. Ein rasches Stützen des Selbstgefühls ist um so dringlicher, je desintegrierter und autoaggressiv das psychische Immunsystem reagiert, auch wenn dieses Unterfangen nun um so schwieriger wird. In diesem Sinne wird der Psychotherapeut, wenn er der Aufforderung dieses therapeutischen Prinzips folgt, „*Hüter der Kohärenz*“ (KOHUT).

Die Fähigkeit, einen tragfähigen positiven Kontext zu erfinden und im Detail des Beziehungsgeschehens positiv zu konnotieren, besitzt strategische Bedeutung und entscheidet letztendlich über Niederlage oder Transformation. Den aktiven und passiven Modus der Kommunikation haben wir als im Keim angelegten - mehr oder weniger entfalteten - sadistischen bzw. masochistischen Akt enthüllt. Sadismus und Masochismus sind Ausdruck der vertikalen Spaltung der Person, und es ist unmöglich, die je abgewerteten, angstvoll oder haßerfüllt verfolgten Persönlichkeitsfragmente zu integrieren, ohne sie positiv zu konnotieren. Die symbiotisch-verschlingenden, entindividuierenden Kräfte, die Verknüpfung des negativen, hybriden Selbstbildes oder der negativen Identität mit den entindividuierenden Kräften lassen sich nicht anders in ihrer archaischen Macht entzaubern als durch eine Kommunikation, die auf der Grundlage eines gemeinsamen positiven Kontextes Unterschiede zwischen Selbst und Anderer zuläßt und die Demarkation der Selbstgrenze erlaubt.

Wegen seiner strategischen Bedeutung wollen wir dieses Vorgehen, einen positiven Kontext zu kreieren, im folgenden Abschnitt im Zusammenhang darstellen. Die Lösung dieser Aufgabe kann nicht eine psychotherapeutische Schule für sich in Anspruch nehmen. Um diesem Prinzip zu folgen, müssen wir jeden konstruktiven und intelligenten Ansatz nutzen. Es kommt darauf an, daß wir die Dinge immer wieder so betrachten lernen, daß unser Gegenüber sich als kompetent definiert und *erfährt*. Ganz sicherlich läßt sich positive Konnotation in der Psychotherapie mit Süchtigen nicht überstülpen. Nein, wir müssen Herausforderungen organisieren, die an dem Verständnis von Welt ansetzen, wie es unser Gegenüber besitzt, und die ihn doch aus dieser seiner Welt heraustreiben. Ich verweise auf meinen Bericht über die Einzelstunden mit Georg, den ich ernsten 'Prüfungen' unterwarf, bis ich ihm glaubte, daß *er* einen positiven Kontext erfunden hatte. Nicht Onkel- oder Tantenhaftigkeit ist gefragt, sondern das Erfinden einer Herausforderung, die größer und attraktiver ist als der „Berg", den Angst, Verzweiflung und Größenwahn aufgetürmt haben.

Um der Bedeutung dieses therapeutischen Prinzips und der manchesmal enorm schwierigen Realisation bewußt zu sein, möchte ich hier ein Thema anschneiden, auf das wir uns erst im letzten Teil konzentrieren werden. Süchtiges Verhalten hat nach unserem Verständnis mit bedeutsamen konkurrierenden Kontexten zu tun. Chronische Grenzverletzungen etablieren 'selbstfremde' Kontexte, welche die Person zu vergiften drohen und ihrer Fähigkeit berauben, selbst Zentrum eines System zu sein. Es ist unglaublich mühselig, konkurrierende Kontexte zu zentrieren und stellt die Person vor eine Zerreißprobe. Sie ist Ausdruck eines tiefen Loyalitätskonflikts, der ein Zentrieren des Selbst und Ausbalancieren von Projektion und Introjektion behindert. Loyalitätskonflikte scheinen um so archaischer und um so mehr zu verschlingen, je massiver die Person Grenzverletzungen ausgesetzt war und ist. Eben dies hängt wohl wiederum damit zusammen, daß ein bedrohtes Selbstgefühl keine stetige Orientierung zu geben vermag. Es findet keinen verläßlichen positiven Kontext, der es nährt und schützt und die Zerreißprobe wagen läßt.

Wir dürfen nicht das Drama übersehen, das sich unweigerlich anbahnt, wenn wir diesem therapeutischen Prinzip folgen. Schaffen wir einen solchen positiven Kontext durch die therapeutische Beziehung, so stellt er eine - manchmal sogar alarmierende - Gefahr dar für unser Gegenüber und sein relevantes systemisches Feld. Denn positiver Kontext regt Individuation an, eröffnet einen Konflikt mit den entindividuierenden Kräften und ein Neudefinieren der familiären Rolle. In unserem Bemühen, einen positiven Kontext zu finden, entfesseln wir Sturm und Gewitter der entindividuierenden Kräfte. Eingehen und Lösen dieses Loyalitätskonflikts und allmähliches Erwecken und Nähren des Gefühls des Selbst gehen Hand in Hand. Unsere einzige Chance ist, daß das Gefühl des Selbst voranschreitet und dem Konflikt nicht hinterherhinkt, bis die Geburt der erwachsenen Person vollzogen ist. Das Ringen um die Geburt der erwachsenen Person ist der Inhalt des integrativen psychotherapeutischen Prozesses.

Um das Prinzip der positiven Konnotation in seiner ganzen Tiefe zu verstehen und durchzuhalten, werden wir diesen Loyalitätskonflikt näher besprechen müssen. An dieser Stelle sei darauf hingewiesen, daß wir schließlich den Loyalitätskonflikt selbst positiv deuten müssen, wenn wir ihn nicht verschärfen und seine Lösung hintertreiben wollen. HALEY hat eindringlich in seinem Buch über „Ablösungsprobleme Jugendlicher" darauf gedrängt, mit einer Haltung daran zugehen, die - in unseren Worten gesprochen - dem Prinzip der positiven Konnotation gehorcht: „Für therapeutische Zwekke sollte man annehmen, daß sich gestörte Jugendliche opfern, um ihre Familie zu stabilisieren. Stabilität in einem System zu erhalten ist die motivierende Kraft, die die Mitglieder antreibt." Der Therapeut „sollte die grundlegende Prämisse akzeptieren, daß exzentrisches und verrücktes Verhalten grundsätzlich schützende Funktion haben."[87]

Modifizieren der Grenzfunktion und Markieren und Berühren der Selbstgrenze

Der integrativen psychotherapeutischen Prozeß ist für uns bleichbedeutend damit, das Selbstgefühl anzuregen und zu kräftigen. Um nun zu lernen, das Gefühl des Selbst zuverlässig anzuregen, wenden wir uns jetzt einem Vorgehen zu, das wir als *Modifizieren der Grenzfunktion und Markieren und Berühren der Selbstgrenze* bezeichnen. Hier fließen die besprochen Prinzipien therapeutischen Handelns ein, wobei dem Positiv-Konnotieren, ein besondere Rolle zukommt. Für eine integrierende Verarbeitung seelischer Konflikte steht eine „Rekonstruktion" der Kontextpolaritäten im Mittelpunkt, die das Selbstgefühl wiederherstellt und Kontakt zur inneren wie äußeren Welt knüpft. Entsprechend der drei Kontextpolaritäten unterscheiden wir drei Aspekte der positiven Konnotation: *Subjekt/Objekt-Konnotation*: Attribuierung Selbst/Anderer bzw. systemisches Feld, *aktive Konnotation:* Einführen von Zeit und Veränderung, *positive Konnotation:* Überwinden schmerzlicher Zustände (Entdecken von Sinnhaftigkeit) und Bewahren positiv getönter Zustände.

Weil die Weltkonstruktion des Süchtigen diese drei Aspekte unzureichend festlegt, zielt die psychotherapeutische Arbeit und Rekonstruktion darauf ab, diese Qualitäten so zu definieren, daß Selbstgefühl und Erfahren an die Stelle von Sucht, Depression und Abwertung treten und die Suchtphantasien zurückdrängen. Erfahren wird neu konstruiert, und zwar so, daß das Selbst ins Zentrum der Koordinaten rückt. Die positive Konnotation mit ihren drei Aspekten ist für eine Psychotherapie der Sucht zentral. Wenn wir auf unser bisheriges Fallmaterial zurückblicken, so finden wir ein Neudefinieren der Selbstgrenze im Mittelpunkt unseres therapeutischen Intervenierens: im passiven Modus: Akzentuieren des Selbst in Abgrenzung gegen den anderen und den systemischen Kontext, Betonen aktiver Handlung und Erforschen guter Selbstzustände; im aktiven Modus: Akzentuieren des Selbst *mit* Anderen, Anerkennen von Erleiden und Abwehr von unangenehmen Zuständen, indem andere darein versetzt werden.

Wir wollen diese drei Aspekte näher ansehen und knüpfen an unser letztes Fallprotokoll über Georg an. Zunächst wurde ein warmer emotionaler Kontakt hergestellt und das Problem emotional erlebbar gemacht: *„Du siehst sehr traurig aus..."* Der Therapeut bestätigt seine emotionale Präsenz und vertieft sie, indem er eine geringfügige Bedeutungsverschiebung einführt: melancholischer *„Clown"*. Vom Hanswurst zu Charlie Chaplin. Clown-sein wird zur Kunst. Sein Fehler ist, daß es ihn erschreckt, in seiner Kunst entdeckt zu werden. Die Bedeutung verschiebt sich weg von seiner Anstrengung, „Kasper"-sein auszuradieren, hin zu der Anregung, die Ausübung dieser Kunst zu verbessern.

Die *Akzentuierung Selbst/Anderer* wird hier in folgender Weise umgesetzt: Zunächst bitte ich um seine Entscheidung, ob ich intervenieren könne, ich verlocke ihn nicht, ich lege eher ein Aufschieben nahe. Der nächste Schritt besteht in der Aufforderung,

87 J.HALEY, Ablösungsprobleme Jugendlicher, Pfeiffer-Verlag, München, 1981, S. 36 u. 55.

den Gruppenmitgliedern nahezutreten und in die Augen zu sehen, was sein Wahrnehmen von sich selbst gegenüber den anderen intensiviert. Meine Aufforderung bereitet darauf vor, Ich und Du zu unterscheiden. Sie sind durch eine Handlung unterschieden: „Gerade dann, wenn ich *dich* brauche..., schubse ich *dich* weg." Die Unterscheidung Selbst/Anderer wird auf ihren aktuellen Kern vereinfacht und erhält eine Bedeutung, die provoziert: so kann das nicht stehen bleiben. Das Geschehen wird intensiv erlebt. Der vorgegebene Satz versucht eine typische Gestaltung seiner Austauschprozesse nachzuzeichnen. Tautologisch Abwehrmechanismen nehmen einen beißend und unerträglich widersprüchlichen Charakter an, wenn sie in die Kommunikation eingeführt werden. Sie sollten sie ja eben verhindern. Modifizieren der Selbstgrenze besteht darin, ein Unterscheiden zwischen Selbst und Anderer durch Erleben einzuführen.

Chronische Grenzverletzungen lassen darüber in Verwirrung geraten, wer handelt, und das Gefühl verlieren, das eigene Schicksal beeinflussen zu können. Sie schaffen einen Zustand der Deprivation von Erfahren. Das „*Muselmann-Syndrom*" im KZ, das BETTELHEIM aus eigener Erfahrung kannte und beschrieb, stellt einen solchen extremen Zustand der Lähmung des Selbstgefühls dar. Die aktive Konnotation legt Wert darauf, das Subjekt der Geschehnisse ausfindig zu machen und zu identifizieren. Sie führt Handlung ein und damit Veränderung und Zeit. Wir legen Wert darauf, Beziehungsdefinitionen - nichts anderes bedeutet ja dieser vorgegebenen Satz - in „*Form potentieller Handlungen*" abzufassen, worin das Subjekt und sein Gegenüber identifiziert und die beide zusammenschließende Aktivität benannt wird. BETTELHEIM, betont, wie wichtig es sei, im Zustand der Lähmung des Selbstgefühls „über das Handeln richtig nachzudenken": „Es wirkt heilsam, wenn man solche Assoziationen äußert und lernt, verschwommene und chaotische Vorstellungen und Gefühle in eine Form zu bringen, die eine Handlung (und sei es auch nur eine potentielle Handlung) implizieren. Dadurch kommt der Patient zum Ziel, in eigenem Namen aktiv zu werden, näher, obwohl seine wichtigste Aktivität einige Zeit lang darin bestehen kann und häufig bestehen sollte, daß er Ordnung in seine chaotische Vorstellungen und Gefühle bringt."[88]

Aktive Konnotation bedeutet „über das Handeln richtig nachzudenken". Sie hilft, den tatsächlichen Handlungsspielraum ausfindig zu machen, der stets ebenso sehr unterschätzt wie maßlos überschätzt wird. Sicherlich dienen beide 'Maßnahmen' als Schutz und sind als Reaktion auf Grenzverletzungen zu werten. Süchtige mußten einiges erleiden. Aber dieses Leiden, das noch unbewältigt ist - Bewältigen ginge ja mit einem emotionalen Wiederbesetzen der Selbstgrenze einher -, wird verwahrt, die Schmerzen abgespalten, solange passive Handlungslähmung und hybride Überschätzung vorherrschen. Solange der Schmerz nicht gespürt wird, gibt es auch keinen hinreichenden Antrieb, dem Suchtprozeß entgegenzuwirken. Die therapeutische Intervention ruft diesen Schmerz wach.

Die manipulative Verwirrung zwischen Ich und Du enthüllt ihre Kontradiktion, wenn sie in eindeutiger Handlung ausgedrückt wird: „dich brauchen", „dich wegschubsen", befürchten, daß „Du mir weh tust" sind da miteinander verquickt. Die Formulierung legt fest, wo Georg aktiv handelt und wo er erleidet. Unsere Vorgehensweise hat den Vorteil, daß sie mit dem Widerstand geht, daß sie dem Sicherheitsbedürfnis unseres Gegenüber Vorrang einräumt und doch den einen Augenblick herbeiführt, wo die

88 B. BETTELHEIM, Die Geburt des Selbst, Kindler Verlag München, 1977, S. 105.

Selbstgrenze durchlässig wird für Kontakt, ohne ihm seine Fluchtmöglichkeit abzuschneiden. Genau dies gibt das weitere Protokoll zu erkennen: In dem Augenblick, wo er die Unhaltbarkeit dieses Widerspruchs erlebt, rettet er sich in einen Witz, in ein Gefühl moralischer Überlegenheit, die den empfundenen Schmerz zurücktreten läßt. Wir beobachten life den Vorgang der Kontextverschiebung und des Kippens der Modi, um den angebahnten Kontakt abzuwehren. Dieser Vorgang der Kontextverschiebung geschicht in der Phantasie und ist bewußtseinsfähig.

Unter dem Aspekt der *positiven Konnotation* versuchen wir, Gefühlszustände zu identifizieren und eindeutig zu erleben. In unserem Fall gibt es zunächst den Zustand vagen, diffusen Unwohlseins, der sich schließlich als Melancholie artikuliert. Gefühle sind sehr differenziert und präzise. Der Therapeut bereitet Georg auf einen möglicherweise vorübergehend schmerzhaften Zustand vor. Aber lähmend ist nicht der vorübergehende Schmerz, sondern ein chronischer Zustand des Unbehagens, der Leere usw. Die Vorgabe spricht den Zustand des „Sehnens" an, des Schmerzempfindens und den der Aggression. Was Georg nicht aushalten möchte, ist der Augenblick, den anderen herbeizuwünschen und dafür seine Kontrolle und sein Mißtrauen aufzugeben. Dies bringt ihn in einen Zustand der Verwundbarkeit und des schmerzlichen Empfindens. Die Intervention zielt auf zwei Möglichkeiten: Einmal, daß Georg den Augenblick des Kontaktes erlebt, der spontan sein Selbstgefühl hebt, und er diesen Weg erneut sucht wird. Zum anderen, daß er die Kontradiktion, in die ihn *seine* Welt führt, als wirklichen Schmerz erlebt, der ihn aus dieser Welt vertreibt.

Diesen ganzen Vorgang nenne ich Modifizieren der Grenzfunktion und Berühren und Markieren der Selbstgrenze. Der Inhalt dieses vorgegebenen Satzes läßt sich auf verschiedene Weise und mit unterschiedlichen Methoden realisieren. Unverzichtbar ist nur, daß wir eine handlungsorientierte Vorgehensweise wählen, ganz einfach deshalb, weil die Sprache mühelos - und ohne sich dessen bewußt zu werden - Kontradiktionen zuläßt, nicht aber die analoge Sprache des Verhaltens. Unser Gegenüber muß sich, wenn wir ihn zum Handeln auffordern, entscheiden und die Kontradiktion, wenn auch nur für Sekunden, auflösen. Auf diese Sekunden kommt es an. Sie werden als enervierend erlebt.

Mit dieser Methode der positiven Konnotation in ihren drei Aspekten modellieren wir das Geschehen an der Selbstgrenze nach. Grenzverletzungen, also Kommunikation im aktiven wie passiven Modus, implizieren Kontradiktionen auf Verhaltensebene, da zwei konkurrierende Verhaltenskontexte aktiviert werden. Wir können sie explizit machen und auf diesem Weg die Selbstgrenze beleben mittels einer homöopathischen Dosis, wie es etwa unser vorgegebenes Ritual verkörpert. So wird die Unterscheidung Selbst/Anderer erlebbar eingeführt und in diesen wenigen Sekunden vollzogen. Wir zeichnen die Dynamik an der Selbstgrenze nach, „verschreiben" sie und transformieren sie für Augenblicke.

Unser Vorgehen ist zentral, wenn wir uns der Dynamik an der Selbstgrenze nähern. Der Heilungsprozeß muß diese Dynamik verändern, indem er die Grenzfunktion stärkt und die Gestaltung der Austauschprozesse so modifiziert, daß die Selbstgrenze wieder durchlässig und die Kontaktfunktion aktiviert wird. Wir können daher zwei Akzente unterscheiden: Wenn wir die Dynamik an der Selbstgrenze nachzeichnen und in homöopathischer Dosis verschreiben, so sprechen wir vom *Modifizieren der Grenzfunktion.* Der Schwerpunkt der Intervention liegt dann darauf, die Grenzfunktion zu stärken, indem wir sie modifizieren und die tautologisch-selbstbezügliche Gestaltung neutralisieren. Modifizieren der Grenzfunktion findet daher vor allem in den ersten Phasen des therapeutischen Prozesses seinen Platz. *Markieren und Berühren der Selbstgrenze* setzt den Akzent darauf, die Kontaktfunktion zu aktivieren und wirklichen Kontakt herzustellen. Sie ist im mittleren Feld der Therapie angesiedelt. Im ersten Fall interessiert uns die Demarkation der Person zu stärken, im zweiten Fall möchten wir den Kontakt zur inneren und äußeren Welt gefestigt sehen. Was wir ein wenig künstlich unterscheiden, sind zwei Seiten einer Medaille: Wenn wir dem Sicherheitsbedürfnis nicht folgen, gibt es keinen tragfähigen Kontakt, der dem Wirken der süchtigen Beziehungsstruktur standhielte. In dem Moment aber, wo uns ein Modifizieren der Grenzfunktion gelingt, machen wir die Selbstgrenze durchlässiger, und es entsteht spontan Kontakt. In unserem letzten Fallprotokoll mit Georg steht ein Modifizieren der Grenzfunktion im Vordergrund, eine erste Erschütterung der „Abwehrformation" ist beabsichtigt, der spontane Kontakt ist nur flüchtig.

Unsere Unterscheidung hat mit der Dynamik der Selbstgrenze zu tun. Die zentrale therapeutische Aufgabe besteht darin, die Selbstgrenze wiederherzustellen und zu vitalisieren. Eine schwierige Hürde bildet die emotionale Wiederbesetzung der Selbstgrenze, die genau dann einsetzt, wenn mit einem Modifizieren der Grenzfunktion echter Kontakt entsteht. Wir konnten schon bei Georg beobachten, wie spontan schmerzliche Empfindungen auftreten, die ihn veranlassen, sich aus dem Kontakt wieder zurückzuziehen. Allerdings wird nun dieser Rückzug, wenn auch einerseits befreiend, ebenfalls als schmerzhaft, als selbstdestruktiver, masochistischer Akt, erlebt. Wann immer dieser Kontakt zur inneren wie äußeren Welt zustande kommt, so setzt ein schmerzhafter Prozeß ein, da nun die heftigen Gefühle von Schmerz, Angst, Ekel, Scham wiedererwachen und alte Wunden aufreißen. Wir erleben ein Hin und Her zwischen Lähmung, d.h. Aktivieren abwertender und destruktiver Akte, die nun allmählich als schmerzhaft erlebt werden, und emotionalem Feuer, das die Person zu überfordern droht.

Die Intensität unseres Vorgehens machen wir davon abhängig, was unser Gegenüber an gemeinsamem positivem Kontext zuläßt. Nur dann können wir solche Reaktionen begrenzen, wie sie ERIKSON unter „Identitätswiderstand" (s.o.) schildert und wie sie im Keim auch in unserem eben wiedergegebenen Protokoll enthalten waren: „Vor unseren Augen (finden) heftige Veränderungen im Erleben der Ichgrenzen beim Patienten statt. In seiner Motilität kann plötzlich eine „katatonische" Verlangsamung eintreten; seine Aufmerksamkeit kann in überwältigende Schläfrigkeit umschlagen; sein vasomotorisches System kann bis zu dem Punkt reagieren, wo Ohnmachtsgefühle eintreten; sein Realitätsgefühl kann Gefühlen der Depersonalisation weichen oder die Überreste seiner Selbstsicherheit gehen in einem sich ausbreitenden Verlust des Gefühls der körperlichen Gegenwart unter."[89]

Unser Vorgehen wirkt einem Ausbreiten solcher Reaktionen und Phantasien entgegen und versucht, diese Dynamik an der Selbstgrenze zu begrenzen, damit unserer Gegenüber sich auf diesen wirklich schmerzhaften Prozeß einstellen und einlassen kann, der mit dem Berühren der Selbstgrenze und dem Beseelen durch das Gefühl des Selbst einhergeht. Der Therapeut muß sich über diese Dynamik an der Selbstgrenze im klaren sein: Der emotionale Rückzug von der Selbstgrenze ist ein akut schmerzlindernder oder -dämpfender Vorgang. Ein Berühren der Selbstgrenze in der therapeutischen Beziehung reaktiviert den psychischen Schmerz. Wir müssen in Rechnung stel-

89 ERISKON, Jugend und Krise, S. 222.

len, daß der Zustand chronischer Grenzverletzungen die Bereitschaft, Schmerz zu erwarten, allgegenwärtig hebt, empfindlich macht und Angst vor dem Schmerz, Angst vor einem Berührtwerden wachruft.

Dieses Stadium des Berührens der Selbstgrenze und Belebens des Selbstgefühls im Kampf mit dem Zustand der Lähmung und „Leidlosigkeit" gibt eindrucksvoll der folgende Traum einer meiner Klienten wieder:

„Plötzlich kam ein LKW angefahren, der Glasscheiben geladen hatte. Er mußte scharf bremsen, und dadurch rutschten die Glasscheiben herunter, fielen auf mich und zerschnitten mich am ganzen Körper.

Regungslos lag ich am Boden, und ich spürte die vielen Schnitte und Wunden der Scheiben.

Ich lag nackt am Boden. Eine Stimme redete zu mir: „Schlaf - und alles wird gut. Schlaf - und alles wird gut." Immer und immer wieder. Ich bekam Angst - Angst zu sterben. Ich wußte, wenn ich liegenbleibe und schlafe, werde ich nicht mehr aufwachen und sterben. Nur durch gekrümmtes Liegen konnte ich die vielen Wunden geschlossen halten.

Doch ich wollte leben! Ich wußte, nur wenn ich meine Kraft sammle, den richtigen Augenblick abwarte, aufspringe und aus voller Kehle schreie, nur dann kann ich ins Leben zurückspringen, von dem ich mich durch mein stilles gekrümmtes Liegen schon weit entfernt hatte. Und ich sprang auf und schrie.

Durch das ruckartige Aufstehen, durch den Sprung, rissen alle Wunden auf. Ich blutete am ganzen Körper und am Kopf. In Strömen lief das Blut an mir herunter. Ich konnte nichts anderes tun, als mich wieder gekrümmt hinzulegen, um nicht zu verbluten, und tat das auch.

Und wieder kam die Stimme: „Schlaf - und alles wird gut." Und wieder kam meine Angst, nicht mehr aufzuwachen und sterben zu müssen. Und wieder sprang ich auf und schrie und wieder blutete ich - und legte mich hin und wieder kam die Stimme... Das Ganze wiederholte sich ca. fünf oder sieben Mal. Es war jedesmal dasselbe."

Ich möchte weitere Beispiele geben und mit Corinna beginnen.

Sie ist 24 Jahre alt, heroinabhängig, von Beruf Kosmetikerin. Sie hatte uns in der Therapiegruppe unter Tränen mitgeteilt, daß sie als neunjähriges Mädchen von ihrem Onkel sexuell mißbraucht worden war. Es war ihr großes Geheimnis geblieben, das unter anderem ihre zu frühe und rasche Entfremdung von ihren Eltern zur Folge hatte.

Sie sei bedrückt, teilt sie mit, sie habe sich entschieden, ihre Mutter in ihr bestgehütetes Geheimnis einzuweihen. Sie wolle mit ihr darüber sprechen, wenn sie in der nächsten Woche zum Familiengespräch komme. Natürlich ist sie besorgt, wie sie es aufnehmen werde. Ich schlage ihr einen Dialog mit ihrer phantasierten Mutter auf dem leeren Stuhl vor. Sie möge mit den Worten beginnen: „Ich mußte 24 Jahre alt werden, um dir mitzuteilen, wie alleine ich war...", um dann mit ihren Worten den Dialog fortzuführen. Corinna bricht in Tränen aus und fällt in heftiges Weinen. Sie wehrt sich, schüttelt immer wieder den Kopf und murmelt: „Nein, nein, nein..." Sie hat den Kopf auf ihre Knie gelegt und schottet sich mit ihren Händen ab. Rasch wird ihr Weinen und Wehren heftiger, sie droht den Kontakt zu verlieren. Ich fürchte für einen Moment eine vorübergehend psychotische Reaktion. Ich greife ihr Nein auf und deute es positiv um, indem ich sie auffordere, zu sagen: „Ich kann reden, ich darf reden und ich werde reden!", vielleicht zunächst still zu sich. Dies hilft Corinna zu sich zurückzufinden. Sie erzählt nun von der intensiven Scham, die sie erlebe, und der Wut auf ihre Mutter, die keine Zeit für sie gehabt habe. Sie setzt den Dialog fort. Ich rege an, Corinna möge diese Worte an jeden einzelnen hier richten, auch an ihre Mutter. Sie tut es und weint immer wieder. Dies mal befreiend und irgendwie selbstbewußt.-

Solche Augenblicke können brisant sein: Heftige Emotionen sind geweckt, bereit, sich im Kontakt zu anderen zu artikulieren und zu entladen, aber ihr Ausdruck bleibt blockiert, da zugleich das Selbstgefühl rapid sinkt und die Selbstgrenze, dem Sicherheitsbedürfnis folgend, sich verschließt. Die Orientiertheit auf Kontakt geht verloren. Es ist hier intensive Scham, welche die Selbstgrenze emotional besetzt. Das Gefühl für sich selbst wird durch den Versuch, diese Scham zurückzudrängen, blockiert und gelähmt. Positives Konnotieren erlaubt, die Selbstgrenze zu besetzen. Drohender Kontaktverlust ist ein sicheres und unübersehbares Zeichen für einen solchen degenerativen Prozeß des Selbstgefühls.

Wir können an den Beispielen von Georg und Corinna mitvollziehen, wie sensibel und rasch das Selbstgefühl reagiert und sich ändert. Georg konnte sein Selbstgefühl manipulieren durch Aufspaltung und Abwertung der Gruppenmitglieder, letztlich auch der therapeutischen Situation. Corinnas Selbstgefühl sank dramatisch aus Scham und Schuldgefühlen, die sich im Moment weniger auf ihre Mutter als auf uns, also wiederum letztlich die therapeutische Situation, beziehen, beide Male zu verstehen als Abwehr eines schmerzerfüllenden Kontaktes. In beiden Fällen konnte die therapeutische Situation und Beziehung so gestaltet werden, daß diese Prozesse offenkundig und schließlich kommuniziert wurden. Wann immer wir Aufspaltungen und Abwertungen der therapeutischen Situation durchgehen lassen oder auch nur übersehen, so nähren wir solche Prozesse, die wir dann nicht mehr überschauen und die im besten Falle unsere Investition zur Wirkungslosigkeit verurteilen.

Unter den drei Aspekten der Konnotation dient die *positive Konnotation* dem Ziel, in den emotionalen Wirren eines herabgesetzten Selbstgefühls positive und negative Zustände zu unterscheiden und positive, aktualisierte, wache Zustände des Selbstgefühls zu wahren und nicht zu zerstören. Je fortgeschrittener der Prozeß der Desorganisation ist, um so verwirrter werden positive und negative Zustände, sie werden verkehrt. Der selbstdestruktive, masochistische Akt erscheint leichter zu ertragen, als die aktualisierende Wiederbelebung der Selbstgrenze. Das Sicherheitsbedürfnis überwiegt und läßt Kontakt als gefährlicher erscheinen. Positive Konnotierung, wie eben bei Corinna, gibt dem Selbstgefühl Raum; es kann wieder seine orientierende Funktion übernehmen.

Es gibt viele Methoden, diesen Aspekt der positiven Konnotation zu verwirklichen: Hier eignen sich hypnotherapeutische Methoden eingebettet etwa in eine passende Geschichte, Einführen eines Symbols oder eines 'magischen' Gegenstandes oder situative Arrangements, die eindeutig einen angenehmen Zustand bedeuten, oder Vorstellungen entwickeln, die ein lebendiges Bild für einen angenehmen Zustand geben.

Arnold ist dreißigjährig, macht bei uns seine vierte Therapie. Sein Vater hat die Familie verlassen, er sei an ihm desinteressiert und halte nichts von ihm. Seine Mutter ist akute Alkoholikerin. Er ist dem Leben gegenüber pessimistisch eingestellt. Kennzeichnend ist, daß er sich in depressive, abgeschottete Zustände versetzen kann und intensiv alles abwerten, was ihm begegnet. Es handelt sich um Zustände eines fast erloschenen Selbstgefühls: er fühle sich dann „wie in Watte gepackt“. Nach unserer Diagnostik ist er in das vierte Stadium des Prozesses der Desorganisation einzustufen, gerade dem fünften Stadium entronnen, dem er zum Zeitpunkt der Aufnahme eher zuzurechnen war. Das folgende zusammengefaßte Gespräch fand nach etwa vier Monaten Aufenthalt statt. Er hatte mittlerweile die Zustände depressiver Abschottung aufgegeben bzw. sie waren gemildert und nicht mehr tagelang vorherrschend.

„Die Kunst, unzufrieden zu sein“ nannten wir dieses Videoband: Arnold hatte die Aufgabe bekommen, alle Situation an einem Tag festzuhalten, in denen er Anlaß sehe, unzufrieden zu sein. Er bringt in die Therapiegruppe eine vollgeschriebene Din-A-4-Seite mit. Wir gehen die Zeit von 1 Uhr bis 1 Uhr durch. Effektiv bleibt nur ein Spalt, wo Zufriedenheit hervorlugt: in der Zeit von 22 bis 23 Uhr badete er. Mein Co-Therapeut und ich führen diese Befragung mit Humor durch. Hin und wieder errötet Axel.

Ich bitte ihn, uns die Kunst der Unzufriedenheit zu lehren. Welche Techniken kenne er? Zuerst meint er spontan, da werde ihm einiges einfallen. Dann tut er sich schwer; er versucht sich zu entschuldigen, er mache das nicht mit Absicht usw. Ich kontere: „Ah, jetzt begreife ich, du bist gerade dabei, uns in dieser Kunst zu lehren!“ Wir gehen die notierten Situationen durch und finden sieben verschiedene Techniken mit Unterformen. Ich notiere sie säuberlich für ihn.

Dann bieten R. und ich eine Wette an um eine Erna-Sack-Torte, eine Schorndorfer Spezialität:

Er möge die beiden folgenden Tage beobachten, ob er sich zufrieden fühle. Registriere er so etwas wie „Zufriedenheit“, so solle er umgehend darangehen, mit Hilfe der aufgezeichneten Techniken diese Situation in eine der Unzufriedenheit zu verwandeln.

Wir setzen dagegen, daß ihm dies wenigstens einmal nicht gelingen werde.

Ich erfrage ausführlich und detailliert den auszusetzenden Preis: Erna-Sack-Torte, mit Sahne, Hochland-Kaffee, aufgebrüht, serviert in extra Kaffee-Geschirr.

Zwei Tage später: Arnold berichtet, daß er alle Begebenheiten in Unzufriedenheit ummünzen konnte - bis auf zwei: einmal mit R., er habe sich in seiner Anwesenheit fallen lassen können; danach habe er sich geschämt und sei verwirrt gewesen. Das andere Mal habe seine Freundin ihn verführt. Er habe danach versucht, dieses Erlebnis zu zerstören, es sei ihm aber nicht gelungen.

Danach servieren wir beide: ein weißgedecktes Tischchen, Kaffeegeschirr, Hochland-Kaffee aufgegossen, geschlagene Sahne, Eva-Sack-Torte und Marzipan-Pralinen.-

In diesem Beispiel wird positive Konnotation kombiniert mit der aktiven Konnotation. Sich ein Symptom lehren zu lassen, ist eine potente Methode, einen sehr negative besetzten Zustand beschreiben zu lassen, aber diesen Vorgang positiv und aktiv zu konnotieren. Er wird zum Lehrmeister und erlebt in dieser Position eine ähnliche Kontradiktion, die ihn auf Distanz zum Symptom bringt. Sie ist wertvoll, wenn das Wie des Vorgangs scheinbar automatisch und unbewußt und unbeeinflußbar sich vollzieht.

Eine häufige und ihre Wirkung selten verfehlende positive Konnotation ist die, die abgewertete Seite einer Person als kleines Kind anzusprechen. Es ist möglich, dieses Kind wie eine dritte Person zu behandeln und immer mehr Lebendigkeit und Wirklichkeit zukommen zu lassen. Dieses Kind kann auch der Träger eigener, kaum anerkannter, verleugneter, ja verwunschener Regungen sein und somit zur Attribuierung Selbst/Anderer beitragen. Es ist ein hervorragender Weg, um mit der ambivalenten, abgewerteten Seite der Person in Berührung zu kommen. Ein Beispiel aus der Therapiegruppe:

Gundel, 23 Jahre, heroinabhängig seit ihrem 16. Lebensjahr, in Männerbeziehungen hörig bis zur Selbstzerstörung. Sie weiß um ihre Schönheit und beherrscht den Augenaufschlag. Sie beherrscht ebenso die Provokation, die sie hinter Naivität tarnt. Trotz bitterer Erfahrungen während ihrer Drogenkarriere scheint sie Drogenerlebnisse zu verherrlichen. Ich suche nach einer Gelegenheit, sie zu erreichen. Sie ist zweieinhalb Monate bei uns.

Die Gelegenheit bietet ein hingeworfener Fingerhandschuh. Er liegt auf der Heizung. Er ist auffallend bunt, jeder Finger besitzt eine eigene Farbe und an einem Bändchen ist derselbe Handschuh in Miniaturformat angestrickt. Ich spiele mit dem großen und dem kleinen Handschuh:

„Schau, Gundel, was ist das? Das ist die große, erwachsene Gundel und das da, das ist das Mädchen Gundel.“ Ich beschreibe die große und die kleine Gundel, wie ich sie kenne und ahne, und ziehe Gundel in ein Gespräch hinein, dem sie zunächst eher unwillig folgt. „Wo ist die kleine Gundel? Wo finde ich sie?... Ich fände es schön, wenn sie sich da dahinter verstecken dürfte und hinter ihrem Rücken hervorlinsen."

Gundel folgt mir. Sie gibt zu verstehen, daß die Verbindung zu dem Mädchen oft abreiße, daß diese alleine dastehe, ganz allein. Ich schildere ihre Gefühle und stelle mit dem Handschuh die Szene nach: Lassen den großen Handschuh fallen, der nach unten baumelt, und halte den kleinen zwischen den Fingern:

„Alle Kinder haben die Eigenart, die Ursache, daß sie nicht gemocht oder verlassen werden, bei sich zu suchen. Was besitzt die kleine Gundel für Gründe?" Sie antwortet, sie sei „häßlich", „undankbar" u.a. „Sie schämt sich."

„Da muß ich dir erzählen, was ich mit meinem vierjährigen Sohn spiele, wenn ich ihn in den Kindergarten bringe. Das Spiel hat er sich ausgedacht: Ich solle tun, als liefe ich weg bis hinter die nächste Ecke. Dann mich umschauen und so tu, als wäre ich meinem Sohn davon gelaufen und könne ihn nicht mehr entdecken. Er aber taucht völlig überraschend neben mir auf, lacht und war so schnell gelaufen wie ich. Er hatte meine Hand genommen und war einfach mit mir mitgelaufen."

„Kannst du es so mit deinem Mädchen machen? Hast du eine Vorstellung, wie es für dich ist, ihr immer die Hand zu reichen, ihre kleine Hand zu spüren? Kannst du dir das vorstellen? Spüren?"

Gundel bejaht wohl, aber sie gibt sich hilflos: „Was soll ich machen? Sag's mir. Ich würde es gerne tun." Ich stelle mit den Handschuhen die Szene nach und lasse den kleinen Handschuh fallen, er baumelt an dem großen Handschuh. „Gundel, siehst du, da gibt es ein Band. Wie meine Hand für Kai. Was würde denn ein Band zwischen Dir und dem Mädchen herstellen?"

Gundel prompt: „Wenn ich mich zu ihr bekenne..." Ich werfe ihr den Handschuh hin.

Wenn wir es verstehen, ein solches Band zu knüpfen, können wir Ambivalenz, Verleugnung, Selbsthaß und Eskalation begrenzen. Ein solches Band bremst Gundels Provokationen, womit sie ihre Gefühle von Insuffizienz und Depression überrennt, womit sie für einen Moment ihr Selbstgefühl durch provokante und riskante Aktionen 'aufmotzt'.

Auch Joachim kennen wir. Ausgangspunkt dieses Gesprächs in der Therapiegruppe war seine Ankündigung: Er wolle einen Brief an seinen Vater schreiben. Man muß wissen, daß sein Vater unter der Fürsorge seiner Mutter, d.h. Joachims Oma, lebt, daß Joachims Oma auch seine erzieherische 'Mutter' ist neben einer Tante, der Schwester des Vaters. Sein Vater hat eine kurze gescheiterte Ehe hinter sich. Joachim kennt seine leibliche Mutter nicht. Sie ließ ihn mit wenigen Monaten im Stich.

Es wehre sich aber etwas, wenn er den Brief schreiben wolle.

Wir erforschen genau den Kontext und gehen jeder Irritation nach: „Ist das der richtige Augenblick, dich dieser Aufgabe zu stellen? Bist du in der Gruppe anerkannt, fühlst du dich akzeptiert von den Anwesenden, von uns Therapeuten, um eine ausbleibende Antwort zu verkraften?" „Hast du in dieser Hinsicht irgendwelche Zweifel?"

Joachim stört das helle Licht im Raum: „Wie beim Verhör." Er fühle sich hier eingeengt. Ich gebe mir Mühe, den Kontext noch genauer zu erfassen, nachdem der Kontext hier und jetzt soweit möglich geklärt ist: Was erwartet Joachim von seinem Brief? Antwort? Welche? Ist eine Antwort zu erwarten? Gebrauche in Anklang an die Faschingszeit das Bild: Puppe (Vater) verbrennen, wenn keine Antwort kommt, was wahrscheinlich ist. „Was wird da verbrannt werden?"

Er möchte seinen Vater „treffen"; er deutet sadistische Phantasien an: seine Wunden sollen bluten. Dann meint er, es würden Haß und Wut verbrannt. Wirklich? Ob er mit seinem Vater quitt werden könne? Sei das vorstellbar? Joachim spontan und empört: „Nie!" Er beginnt dann zu erzählen, was Unverzeihliches geschehen sei.

Ich warne Joachim den Brief zu schreiben, bevor er nicht sicher sei, nicht auch die Liebe und Sehnsucht verbrenne.

Mich beschäftigt, welches Dilemma Joachim da gefangen hält und ihm unmöglich macht, sein Zuhause wirklich zu verlassen und auf Destruktion, ein Zerstören seiner selbst durch Heroin, zu verzichten. Ich erzähle ihm eine Geschichte:

„Ich sehe da einen Jungen, der keine Person besitzt, an die er fest glauben kann. Er sucht, und so pendelt er zwischen Oma, Tante und Vater... Ihm geschieht viel Leid, und was noch schlimmer ist, Ungerechtigkeit.

Eines Tages hat er einen Traum. Ihm träumt, daß er umherwandert und mitten im Dreck einen Stein findet, unscheinbar und verschmiert. Er hebt ihn auf, auch wenn er nicht so recht weiß, warum, und steckt ihn ein. Nach einer Weile findet er ihn beschwerlich und wirft den schmutzigen Stein von sich.

Am nächsten Tag träumt er nochmals. Diesmal erscheint ihm der Vater, wie er ihn sich schon immer gewünscht hatte. Er berührt ihn und fragt, weshalb er den Stein weggeworfen habe. Er sei doch für ihn bestimmt. Wenn er ihn wasche und poliere, so werde er ein grünleuchtender Stein.

Am nächsten Tag verabschiedet sich der Junge von der Oma, von Tante und Vater und macht sich auf den Weg, den Stein wieder zu suchen.“ „Ich wünsche Dir“, schließe ich, „daß du diese beiden Träume hier in Four Steps träumst.“

Zwei Tage später teilt mir Joachim mit, daß er von diesem Therapiegespräch und dem grünen Stein geträumt habe. Er sei befriedigt aufgewacht.

Die aktive Konnotation ist bedeutsam, um Süchtige, die ihren chronisch erfolglosen Zustand hinnehmen und damit kokettieren, aus ihrer zeitlosen Welt aufzurütteln und Zeit und damit Veränderung einzuführen. Ein solches Beispiel gibt das folgende gekürzte Protokoll einer Videoaufzeichnung aus einer Therapiegruppensitzung. Es gewährt zugleich einen Einblick in die ambivalenten Bindungskräfte, die zwischen Mutter und Sohn am Werk sind. Es handelt sich wieder um Arnold.

Arnold erzählt, daß er wieder häufiger an seine Mutter denke; das ziehe ihn herunter. Die Schilderung einer anderen Klientin beschäftige ihn: Er sei auch von seiner Mutter geschlagen worden. Er schildert seine Haßliebe, seine Versuche, sich von ihr abzusetzen, da sie Alkoholikerin sei und sie auch in Hinsicht auf Sucht eine gemeinsame Welt geschaffen hatten. (Ein destruktiv umklammertes Mutter-Sohn-Paar.) Mich berühren seine verzweifelten, aber bisher vergeblichen Versuche, sich von ihr und ihrem Alkoholkonsum unabhängig zu machen.

Ich wende ein, vielleicht habe es wenig Wert dieser Bindung entgegenzuarbeiten; sei es nicht sinnvoll, dem Gedanken zu folgen, für sie zuständig zu sein.

Ich fasse seinen bisherigen Bericht in dem Satz zusammen: „Entgegen der Tatsache, daß ich noch jung bin und mein Leben noch vor mir habe, bleibe ich Dir, Mutter, treu. Und wenn Du Deinen Lebensmut aufgibst, so möchte auch ich keinen finden.“ Ich schlage ihm vor, jedem hier in der Runde diesen Satz zu sagen.

Arnold willig ein. Der Satz setze ihn unter Strom.

Es arbeitet sichtlich in ihm, als er von einem zum anderen geht. Nachdem der letzte an der Reihe war, stelle ich ihm einen weiteren Stuhl hin, in den er seine Mutter setzen möge. Auch ihr solle er diesen Satz sagen. Arnold ringt mit sich, Tränen treten ihm in die Augen, als er die ersten Worte auszusprechen beginnt; dann stockt er, bricht abrupt ab und verschließt sich wieder. Seine Tränen verschwinden.

„Hast du deine Jugend beweint?“- Arnold nickt.

„Das könnte dein Leben retten!“ - Arnold setzt sich an seinen Platz.

Ich setze mich ihm gegenüber, ganz nahe: „Wie schaffst du es, Arnold, deine Jugend, die Tatsache, daß noch viel von deinem Leben vor dir liegt zu verleugnen?“- Er glaube nicht, daß er eine Zukunft habe... - „Aha, du überspringt die Erwachsenenzeit und bist schon ein Greis!“

Ich stelle Arnold die Aufgabe, mir schriftlich Gründe beizubringen, weshalb er keine Zukunft besitze. In der nächsten Therapiesitzung erfahre ich von Arnold, daß ihn unser Gespräch ungemein beschäftige; der „Satz über meine Mutter“ habe ihn verfolgt, insbesondere aber meine Bemerkung: „Das könnte dein Leben retten!“ Von dieser Bemerkung träumte er. Das macht mich neugierig, ich frage nach. Er sei aufgewühlt, habe Alpträume, und wenn er aufwache, so erwache er mit eben diesem Satz im Kopf. Auch wenn es ihm nicht gerade gut ginge, er spüre Kraft in sich, zum ersten Mal.

Ich gehe auf Arnold ein: Das mache mir Hoffnung, zum ersten Mal, gerade daß er sich emotional gegen diesen Satz („Mutter,...) wehre. Er möge mir in der Pause einen der Träume aufschreiben.

Nach der Pause reicht er mir tatsächlich ein sorgsam zusammengefaltetes Papier. Darauf war ein Alptraum notiert, worin ihn die Gruppe verfolgte, seiner habhaft wurde, ihn nackt auszog, um ihn zu verletzen und zu töten. (Ein ganz ähnliches Traummotiv wie oben.) Arnold zögerte, mir den Zettel zu geben. Ich spreche ihn darauf an. Er habe ein ungutes Gefühl gehabt, mir den Zettel zu überlassen, es sei so gewesen, wie bei der Begutachtung im PLK. Dort hätten sie aus einem Alptraum seine Pathologie diagnostiziert.

Ich hätte das erste Mal Hoffnung, da er so stark reagiere, sich so öffne und sogar darüber träume. Er öffne sich, das sei angstvoll, die Dinge stürzten auf ihn ein, jedenfalls erscheine ihm das so. Daß seine Resignation einem Hoffnungskeim Platz mache, das sei ein gutes Zeichen. Resignation sei ein Schutz, ein Puffer, wie wenn man sich in Watte packe - ebenso wie er sich in „seinen Zuständen" empfinde - und Rückzug in Phantasie. Hoffnung erlöse diesen Zauberbann um ihn herum.

Sicher habe er schon von SIGMUND FREUD gehört, der als erster Träume wissenschaftlich untersucht habe. Diesem Buch liege eine zentrale Idee zugrunde: der Traum bedeute immer Wunscherfüllung. Wenn FREUD recht habe, dann führe dies zu der etwas verrückten Idee, daß sein Alptraum den Wunsch verberge, daß dieser Bann von Resignation durchbrochen werde, daß Dinge und Menschen ihn erreichten, zu ihm vordrängen mögen. Eben das mache Hoffnung.

Arnold: „Ja, dann hat FREUD recht!", meint Arnold erleichtert und angerührt.

Kapitel 13: Der psychotherapeutisch geleitete integrative Prozeß zur Wiederbelebung des Selbstgefühls und Reorganisation der Person

Unser Modell süchtiger Beziehungsstruktur besitzt Implikationen für unser Verständnis vom Suchtprozeß und seiner Heilung. Der Suchtprozeß wie seine Heilung erscheinen als Folge der Art und Weise, wie die Kommunizierenden kommunizieren. Der Suchtprozeß wird *aufrechterhalten* - wenn man so will: verursacht - von der *gegenwärtigen* Einstellung zur Kommunikation. Einen ähnlichen Gedanken verwandte C.G. JUNG als Argument gegen FREUDs Neurosentheorie: „Freud macht seine Neurosentheorie zu sehr abhängig von den neurotischen Anschauungen, um derentwillen die Leute eben krank sind. Dadurch entsteht der Anschein, als ob die causa efficiens der Neurose in ferner Vergangenheit läge. In Wirklichkeit wird die Neurose tagtäglich aufs neue fabriziert, und zwar durch eine falsche Einstellung, die gerade darin besteht, daß der Neurotiker so denkt und fühlt, wie er es tut, und mit seiner Neurosentheorie rechtfertigt."[90]

Wir haben die Chance, den Suchtprozeß in einen integrativen Prozeß umzukehren. Eine Transformation ist menschenmöglich, naheliegend und kann spontan geschehen unter dem Eindruck eines Werterlebnisses. Unser Modell schließt aber auch ein, daß dieser Prozeß umkehrbar ist. Neue Lebensaufgaben können unsere Haltung so ändern, daß wir aus dem Kreis der Kommunizierenden ausbrechen wollen. So überlegen die süchtige Kommunikationweise auch sein mag, eines vermag sie nicht zu übertrumpfen: den Lebensfluß. Das ist die Chance der Psychotherapie, wenn sie die Regungen des Lebensflusses und den verborgenen Hunger nach Werterfahrung versteht. Für eine Psychotherapie, wie wir sie vortragen, ist Suchtmittelkonsum eine wichtige, aber nicht entscheidende Frage. Suchtmittelkonsum kann im Laufe des Prozesses ausbleiben, ohne daß die süchtige Beziehungsstruktur wirklich transformiert wurde. Die Disposition zum Suchtmittelkonsum bleibt dann akut erhalten und kann leicht geweckt werden. Heilung tritt nur in dem Maße ein, wie sich die Lebensprobleme weg verlagern von der Konzentration auf Suchtprobleme, wie durch Bewältigen des alltäglichen Lebens der Quell von Werterfahrung erschlossen wird und das Gefühl des Selbst auf der Höhe der Zeit hält. Über weite Strecken ist der Heilungsprozeß ein langwieriges, mit vielen Niederlagen verbundenes Ringen des integrativen Prozesses mit dem Suchtprozeß, das sich über Jahre hinziehen kann.

Genesung ist also ein langfristiger Prozeß, der nach WILLE in der Regel 3 bis 5 Jahre dauert[91]. Diese Zeitspanne dürfte für unserer Klientel eher unterschätzt sein. Wir wollen kurz versuchen, die gesamte Wegstrecke aus der Sucht zu überblicken. Für eine orientierende übergreifende Gesamtbehandlung können wir folgende Behandlungsphasen unterscheiden:

1. **lebenserhaltende Maßnahmen** (aufsuchende Drogenarbeit: Spritzentausch, psychosozial begleitete Substitution...)
2. **suchtbegleitende motivierende Maßnahmen** (Arbeitsprojekte, Gespräche...)

---

90 C.G. JUNG, Symbole der Wandlung, ebenda S. 532.

91 WILLE, Therapieverläufe, S. 344.

3. **Initialbehandlung zu cleaner Lebensführung und Bewältigen von Aufgaben, die der Lebensabschnitt stellt** (Entzug und stationäre Psychotherapie)
4. **begleitende konsolidierende, Kompetenz fördernde, auf Alltagsbewältigung und psychosoziale Realisation konzentrierte Behandlung** (ambulante oder stationäre Nachsorge, ambulante Therapie und Krisenintervention)
5. **vertiefende und ausheilende Behandlung** (ambulante Psychotherapie)

Seltener verläuft der Weg geradlinig fortschreitend, häufiger wird er bergauf und bergab durch diese Plateaus führen. Jede Stufe enthält für eine kleinere Gruppe von Drogenabhängigen die Chance zur *Spontanheilung*. Für sie reicht der jeweilige Anstoß aus, ihre psychosoziale Entwicklung ohne professionelle Hilfe fortzuführen. Ohne Wegbereitung professioneller Drogenhilfe ist allerdings ihre Bedeutung bei dem Klientel, das uns erreicht - lange Zeiten der chronischer Abhängigkeit und häufige anderweitige gravierende z.B. institutionelle Belastungen -, nur gering. Bei einer vergleichbaren Beobachtungsgruppe fand die AmSel-Studie nur 6,25% unter den erfolgreich cleanen Drogenabhängigen, die dies ohne wesentliche professionelle Hilfe errungen hatten. Unsere Beschreibung des psychotherapeutischen Prozesses umfaßt die Behandlungsstufen 2 bis 5. Sie widmet sich dem inhaltlichen Prozeß, ohne sich nach den äußerlichen Zäsuren zu richten.

Wenn wir das Wort „Heilung" verwenden, so wissen wir, daß es im menschlichen Leben keine für immer gültigen Lösungen gibt. Aber es gibt Grade, die wir erreichen können, welche die Problembewältigung schrittweise vor Suchtmittelkonsum vorverlagern und die Disposition zum Suchtmittelkonsum mehr und mehr verringern, bis wir schließlich von einem Ausheilen sprechen können. In der Bewältigung süchtiger Beziehungsstruktur gibt es eine kritische Schwelle in der psychosozialen Entwicklung: Entwickeln eines auf den Stand der Lebensaufgaben orientiertes Selbstgefühls und einhergehend mit einem vitalen psychischen Immunsystem gegen Grenzverletzungen. Sie können das Wirken der süchtigen Beziehungsstruktur zuverlässig beschränken.

Wenn wir nun den psychotherapeutisch Prozeß, der auf ein Wiederbeleben und Differenzieren des Selbstgefühls abzielt, zu beschreiben suchen, so können wir uns an verschiedenen Aspekten orientieren. Es ist naheliegend, daß wir zunächst einmal unsere Aufmerksamkeit auf eine Beschreibung des *Prozesses der therapeutischen Beziehung* richten. Nachdem wir den Prozeß der Desorganisation beschrieben haben, interessiert uns die Reorganisation der Person. Wir werden das *Reorganisieren der Person* beschreiben als *Wiederbeleben und Ausdifferenzieren des Organisators des Selbst: das Selbstgefühl.*

Da wir die Beschreibung von Kommunikation zum Ausgangspunkt gewählt haben, so steht folgerichtig das Wie des Inszenierens und des Kommunizierens im Vordergrund. Dennoch müssen wir uns auch fragen, was für ein Drama wird da aufgeführt? Woran nehmen wir teil? Was ist Inhalt des Dramas? Welche Entwicklungsaufgaben müssen da gelöst werden? Welche biographischen Themen werden angerührt und belebt? Unter diesem dritten Gesichtspunkt ergibt sich folgender Prozeß:

- Konfrontation von Pseudoindividuation und negativer Identität
- Auftauchen und Reaktivieren des adoleszenten Konflikts
- Reorganisieren der adoleszenten Krise
- Aufgeben negativer Identität und Reorganisieren der Person an der Basis
- Antreten des Erbes der Adoleszenz: das Gefühl der Identität.

Eine verblüffend genaue und vollständige Beschreibung des psychotherapeutisch geleiteten integrativen Prozesses birgt unser Märchen der „Goldene Vogel". Es gibt uns Einblick in die Struktur der existentiellen Situationen, denen wir auf diesem Weg der Psychotherapie begegnen. Die in diesem Sinne strukturelle Beschreibung verbindet die drei anderen Möglichkeiten miteinander. Wir werden sie daher in unsere nun folgende Beschreibung des psychotherapeutisch geleiteten integrativen Prozesses einweben.

Beauftragung oder: Die goldene Feder

Das Modell süchtiger Beziehungsstruktur richtet unser ganze Aufmerksamkeit von der ersten Minute der Begegnung an auf Versuche unseres Gegenübers, sich die Macht, die Beziehung zu definieren, vorzubehalten und Beziehungsdefinitionen abzuwerten. In diese Richtung sind alle unsere Antennen auf Empfang gestellt. Da gegen diese überlegene Weise, in der Welt zu sein, kein Auftrumpfen hilft, ist es unsere Chance, auf das Wirken der süchtigen Beziehungsstruktur zu achten, Versuche unseres Gegenübers, solche Manöver zu lancieren, aufzuspüren und zugleich unser eigenes Mitschwingen oder gar Initiieren solcher Manöver zu beachten. Wir verwandeln diese Manöver nun in einen Akt der Kommunikation, was durch einen Akt der Integration gelingen kann. Dies gilt von der ersten Begegnung an. Aber - das heißt nun nicht, daß wir uns allein auf das negative „Feld" unseres Gegenüber konzentrieren und gar mitschwingen, nein, unser Modell soll helfen, uns vom „Kern der Störung zu unterscheiden", uns zu schützen, unsere Selbstgrenze und ihre Dynamik zu achten und zu bewahren, um fähig zu bleiben, die süchtige Beziehungsstruktur in einem gemeinsam definierten positiven Kontext zu transformieren. Allein mit dieser Bereitschaft und Fähigkeit erhalten wir die Chance der Psychotherapie. Wenn uns diese Fähigkeit aus der Hand gewunden wird, ist die Therapie zu Ende. Uns offenhalten für den Prozeß der Kommunikation, das ist die eigentliche Leistung, die wir als Psychotherapeuten erbringen müssen.

Die Beauftragung verlangt eine erste integrative Leistung. Es kennzeichnet unsere Arbeit, daß der Süchtige zu uns kommt *und* daß er sich aktiv oder passiv der Beziehung verweigert. Vorwände wird er immer zur Genüge finden, die ihn äußern lassen, er „fühle, daß er nicht wirklich freiwillig zur Therapie komme" wegen Eltern, Partnern, Strafandrohung, Krankheit etc. Die Beauftragung ist daher ein höchst bedeutsamer kommunikativer Vorgang: Hier wird eine erste verbindliche Beziehungsdefinition gegen den Widerstand der süchtigen Beziehungsstruktur abgerungen. Sie liefert den Grundstock für den ganzen weiteren Therapieprozeß. Unter dem Druck dieser Beziehungsdynamik bleibt die Beauftragung über weite Strecken mehr oder weniger aktuell und ist nicht abgeschlossen, ehe nicht die therapeutische Beziehung verankert wurde. Wir müssen auf der Grundlage unserer Bedingungen einen klaren Auftrag erwirken, den der Süchtige uns erteilt. Diese Bedingungen haben wir allgemein als pragmatischen Imperativ formuliert. Natürlich kann unser Gegenüber die Folgen einer solchen Beauftragung nicht absehen. Vielleicht wird er unsere Bedingungen hinnehmen in der Meinung, sie würden ihn nicht einschließen. Es ist aber recht eigentlich der Süchtige, der einen Auftrag entgegennimmt.

Wie kommt eine Beauftragung zustande? Ich möchte das Märchen vom „Goldenen Vogel" zurateziehen. Es ist der alte König, der einen Auftrag an seine Söhne erteilt. Worin besteht der Auftrag? Sie mögen den Baum mit den goldenen Äpfeln bewachen, wo Morgen für Morgen ein Apfel fehle. Die Äpfel sind reif, es ist Erntezeit, sie drohen zu verfaulen. Sie stellen sein Vermächtnis dar. Aber wer ist fähig, den alten König zu beerben? Es scheint so, daß die Söhne des Königs als Anwärter auf das Erbe um ihr Erbe nicht wissen. Sie können daher den nächtlichen Dieb nicht entdecken. Haben Sie überhaupt den Auftrag verstanden? Ist die Bewachung des Gartens mit den goldenen Äpfeln nicht eine Inszenierung des Königs, ihnen die Bedeutung dieses Erbes nahezubringen? Wer ist der König? Ich vermute, er verkörpert das Ahnen eines höheren, ganzheitlicheren Selbst, das Reife und Autonomie auszeichnet. Das Dilemma besteht gerade darin, daß die Erben, da sie um ihr Erbe nicht wissen, dieses Regen des Selbst als etwas Äußeres, Fremdes, vielleicht sogar Lästiges empfinden. Im dritten Versuch gelingt des dem jüngsten der Söhne einen Blick auf den nächtlichen Dieb zu erhaschen: *„Der Jüngling legte sich also unter den Baum, wachte und ließ den Schlaf nicht Herr werden. Als es zwölf schlug, so rauschte etwas durch die Luft, und er sah im Mondschein einen Vogel daherfliegen, dessen Gefieder ganz von Gold glänzte. Der Vogel ließ sich auf dem Baum nieder und hatte eben einen Apfel abgepickt, als der Jüngling einen Pfeil nach ihm abschoß. Der Vogel entflog, aber der Pfeil hatte sein Gefieder getroffen, und eine seiner goldenen Federn fiel herab. Der Jüngling hob sie auf...“.*

Der goldene Vogel ist ein herrliches Symbol für ein gereiftes Gefühl des Selbst. Es verbindet Bewegung, Dynamik, Faszination, Weite, Orientierung, Flug - ein Zustand, als wüchsen der Seele Flügel. Die goldene Feder beweist, daß den Jüngsten der Erben eine Ahnung beseelt. Sie hielt ihn wach, ließ ihn den goldenen Vogel sehen und mit seinem Pfeil treffen. Der Pfad, der dem Flug der goldenen Feder folgt, führt weg aus dem heimischen Schloß. Das Gefühl des Selbst ist kein endgültiger Besitz und verlangt zuallererst, in Bewegung zu kommen, sich auf den Weg zu machen, den eigenen Pfad suchen, „songlines“ zu erfinden, die Welt und Selbst miteinander verschmelzen. An seinem Beginn steht ein erstes Regen eines neuen Gefühls des Selbst. Nicht Disqualifizieren leitet den integrativen Prozeß ein, sondern ein Anflug von Werterleben, ein Ahnen des neuen Gefühls des Selbst, das beerbt werden möchte. Die goldene Feder steht dafür, daß Werterleben und Ahnen des neuen Gefühls des Selbst den Prozeß eröffnen. Der König, als Instanz eines höheren Selbst, drückt das Verlangen aus mit den Worten: *„Ist die Feder so kostbar, so hilft mir auch die eine nichts, sondern ich will und muß den ganzen Vogel haben.“*

Sich-Erheben, Fliegen, Bewegen, In-Bewegung-Sein - im Märchen durch Feder, Vogel und den Schwanz des Fuchses, später als Reiten und schließlich als Wandern dargestellt - besitzen einen Kontrapunkt in der dreimaligen Gefangenschaft des Helden und schließlich seiner Verurteilung, den Berg abzutragen. Erinnert dies nicht an die Dynamik der Selbstgrenze zwischen Lähmung und Beleben? Das Gefühls des Selbst bewahrt sich im Ausbalancieren, im Prozeßsein, in der Bewegung, es schwindet, wenn die Person sich in einem Dilemma verfängt. Fehlen des Selbstgefühls ist ein Zustand ohne Orientierung und daher einer ohne echte Bewegung. Zu Beginn der Reise das Geschenk der Feder, am vorläufigen Ende der Reise der abzutragende Berg - schärfer können Gegensätze nicht gezeichnet werden. So sehr der Anflug des Selbstgefühls beflügelt, so erdrückend und einengend ist sein Verlust. In diesem Spannungsfeld bewegt sich die Therapie. Aber worauf es zu Beginn ankommt, unser Gegenüber muß in Bewegung geraten. Was zunächst als Auftrag an uns erscheint, muß umgewandelt werden in eine Beauftragung unseres Gegenübers, die ihn in Bewegung bringt. Am besten machen wir es wie der König, engagieren wir ihn, seine Selbstgrenze zu bewachen, gehen wir mit seinem Sicherheitsbedürfnis, schärfen wir seinen Sinn für Integrität, stellen wir uns als Wächter zur Verfügung.

Angesichts der Ambivalenz unseres Gegenübers, die von Anfang an da ist und eine klare Beauftragung verschleppt, müssen wir von der ersten Minute der süchtigen Beziehungsstruktur entgegenwirken und die Prinzipien therapeutischen Handelns beherzigen. Wir müssen uns von Beginn an vom Kern der Störung unterscheiden lernen und einen positiven Kontext herzustellen suchen, der tragfähig ist, obwohl und gerade weil wir die Augen nicht vor der süchtigen Beziehungsstruktur verschließen.

Um an eine Transformation der süchtigen Beziehungsstruktur heranzukommen, müssen wir so vorgehen, daß wir einen Kreis um den Süchtigen ziehen, der alle relevanten Kommunikationspartner einschließt. Meistens ist es sinnvoll, das systemische Feld zu organisieren: wichtige Bezugspersonen einzubeziehen, die Beauftragung mit ihnen zu klären und sie womöglich als Teil des therapeutischen Systems zu gewinnen. So erhalten wir einen Überblick über die tatsächlichen Austauschprozesse im Feld; wir können leichter konkurrierende Kontexte erkennen; wir können versuchen, nicht allein in der therapeutischen Beziehung, sondern auch in diesem Beziehungsfeld einen positiven Kontext zu generieren, um den sich anbahnenden Loyalitätskonflikt zu mildern.

Möglichst rasch, auf jeden Fall im Verlauf der nächsten Phase, bevor wir ein Vertiefen der therapeutischen Beziehung ansteuern, ist zu diagnostizieren, ob sich das Selbstgefühl im psychotherapeutischen Einzelsetting stabilisieren läßt, ob dies gelingen kann unter Hinzuziehen relevanter Bezugspersonen oder ob wir dazu die gesamten Lebensbezüge vorübergehend therapeutisch organisieren müssen. Wo irgend möglich, ist es sinnvoll, relevante Bezugspersonen einzubeziehen, um mehr Verbindlichkeit zu schaffen, bezüglich Maßnahmen gegen Suchtmittelkonsum verbindlicher zu entscheiden und auch solche mit Angehörigen durchzuführen. Diese Möglichkeiten werden bisher viel zu wenig genutzt. Wenn sich ein solches Feld organisieren läßt, so können wir eher versuchen, auf eine stationäre Maßnahme zu verzichten, wie es auch leichter fallen wird, für eine solche zu motivieren und sie verbindlich anzusteuern. In dieser Phase der Beauftragung und bis Abschluß der Phase der Verankerung der therapeutischen Beziehung sind die folgenden diagnostischen Fragen zu klären:

- positive Fähigkeiten, die wir aktivieren können
- Stadium der Desorganisation der Person
- Reaktionsbreite (Basis) der Person
- Zustand und Arbeitsweise der Grenzfunktion (Formation der Abwehrmechanismen)
- Durchlässigkeit der Selbstgrenze für Kontakt
- Zustand und Manipulation des Selbstgefühls durch: - Suchtmittelkonsum, - süchtiges Verhalten, - Grenzverletzungen,
- Depression und Aggression/ Masochismus und Sadismus
- Kontrolle unseres Klienten über die therapeutische Situation und Aufwand des Therapeuten, sein Selbstgefühl zu wahren
- familiäre Rolle, ihren vermutlichen impliziten Kontext, Dynamik der Grenzverletzungen im relevanten System (s. Teil 4)
- Konzept und Verankerung negativer Identität bei unserem Gegenüber wie im relevanten systemischen Feld (Herkunftsfamilie, eigene Familie oder Partnerschaft, Peers)
- Spaltungsprozesse und Segmentierung der relevanten systemischen Felder.

Die Phase der Beauftragung endet, wenn wir eine formale Beauftragung erwirkt haben; wenn wir eine erste persönliche Problemdefinition seiner existentiellen Situation vorgebracht haben, die das System negativer Identität als Pseudoindividuation attakkiert; wenn unser Gegenüber sich konkrete Ziele gesteckt hat; wenn das relevante systemische Feld definiert und die wichtigen Personen einbezogen wurden, gegebenenfalls die Beauftragung erweitert wurde, und - das ist entscheidend - *wenn unser Gegenüber auf unsere Beauftragung erkenntlich reagiert und in Bewegung kommt.* Die Reaktion kann emotional sein, wir können sie an wachsender Verbindlichkeit ablesen oder an einem empfindsameren und intensiveren Reagieren auf den Therapeuten.

Vorphase - Vorbereitung und Motivation

Ein Erleben des goldenen Vogels, ein Erhaschen einer seiner Federn sind solche Augenblicke, die Kontakt, Beratung und Therapie veranlassen. Ich bin sicher, daß dieser Augenblick des Ahnens den Süchtigen immer wieder streift. Aber die Erkenntnisse solcher Augenblicke müssen vertieft werden einerseits durch positive Bindung, zum anderen durch ein allmähliches Gewahrwerden der Lebenskrise, in die sich der Süchtigen verrannt hat. Motivation zu fördern, ist nicht nur eine Angelegenheit der Vorbereitungsphase, sondern zieht sich hin, bis ein konstruktives Arbeitsbündnis in der zweiten Phase der Therapie erzielt werden kann.

In der Vorphase muß es verschiedene Kontaktmöglichkeiten geben, die unter der Schwelle von Therapie und Beratung liegen, Begegnungen, die an solchen Erlebnissen anknüpfen können und ihr Entstehen fördern. In besonderer Weise schwierig und langwierig ist der Prozeß, bis es zu einer Beauftragung kommt, wenn es sich um akut Suchtmittelabhängige handelt. In dieser Phase sind niederschwellige Angebot von Nöten, die über Monate, ja Jahre Kontakt anbieten und zu halten suchen. Aufsuchende Drogenarbeit gehört hierzu. Ebenso Substitution, wenn ihre kompetente psychosoziale Begleitung gesichert ist. Ein weiterer Zugang könnte hier sein, mit Angehörigen zu arbeiten. Sozialarbeiterische wie medizinische Versorgung sind ein Teilaspekt, ebenso Organisieren ambulanter wie stationärer Entzüge.

Wenngleich diese vorbereitende und motivierende Phase sehr langwierig sein kann und einen zweifellos unersetzlichen Bestandteil im gesamten Heilungsprozeß ausmacht, so werde wir sie doch nicht zur Psychotherapie zählen. Sie beginnt erst dann, wenn wir beauftragt werden und die therapeutische Beziehung verbindliche Behandlungsbasis wurde. Die Vorphase verlangt psychotherapeutische Kenntnisse und Erfahrung. Der Betreuer oder Berater sollte nach denselben Prinzipien handeln, wie wir sie dargelegt haben und Elemente der Psychotherapie in den Beratungsgesprächen verwenden.

Wir brauchen nicht zu verkennen, die Vorbereitungsphase wie die eigentliche Psychotherapie sind von Seiten des Beraters und Therapeuten durch eine *aktive Haltung* geprägt. Es wäre erfolglos, distanziert abzuwarten, bis der Süchtige in der richtigen Einstellung unsere Beratungsstelle oder Therapieeinrichtung aufsucht. Als Verfemter und kriminalisierter Außenseiter muß die Gesellschaft den Schritt auf sie zu machen. Berater wie Therapeut übernehmen ein höheres Maß an Verantwortung, als dies dem klassisch neurotischen Klientel gegenüber nötig ist. Es ist unsere Aufgabe, immer wieder den Kontakt zu suchen und auf sie zuzugehen.

Verankern der therapeutischen Beziehung oder: Die Begegnung mit dem wundersamen Fuchs

Wenn unserer Gegenüber in Bewegung kommt, so kann die therapeutische Beziehung geknüpft werden, und der Therapeut kann in Erscheinung treten. Aber, was ist er für ein wunderlicher Heiler? Ist er nicht seinem Gegenüber unterlegen? Er soll helfen können? Ihn kümmert die Geringschätzung nicht, worin nur die Ambivalenz seines Gegenübers hervortritt. Er will *wissen*, ob er engagiert werden möchte, und er tut dies, indem er sein Gegenüber beauftragt:

„Der älteste Sohn machte sich auf den Weg, verließ sich auf seine Klugheit und meinte, den goldenen Vogel schon zu finden. Wie er eine Strecke gegangen war, sah er an dem Rande eines Waldes einen Fuchs sitzen, legte seine Flinte an und zielte auf ihn. Der Fuchs rief: „schieß mich nicht, ich will dir dafür einen guten Rat geben. Du bist auf dem Weg nach dem goldenen Vogel und wirst heut' Abend in ein Dorf kommen, wo zwei Wirtshäuser einander gegenüber stehen. Eins ist hell erleuchtet, und es geht darin lustig her: da kehr aber nicht ein, sondern geh ins andere, wenn es dich auch schlecht ansieht." - „Wie kann mir wohl so ein albernes Tier einen vernünftigen Rat erteilen!" dachte der Königssohn und drückte los, aber er fehlte den Fuchs, der den Schwanz streckte und schnell in den Wald lief. Darauf setzte er seinen Weg fort und kam abends in das Dorf, wo die beiden Wirtshäuser standen: in dem einen ward gesungen und gesprungen, das andere hatte ein armseliges betrübtes Ansehen. „Ich wäre wohl ein Narr", dachte er, „wenn ich in das lumpige Wirtshaus ginge und das schöne liegen ließ'." Also ging er in das lustige ein, lebte in Saus und Braus und vergaß den Vogel, seinen Vater und alle guten Lehren."

Der Fuchs im Märchen inszeniert eine Prüfung, bevor er einen tragfähigen Pakt eingeht und seine wundersamen Kräfte ins Spiel bringen kann: Wenn sich das Gefühl des Selbst regt, so gewährt es spontan Orientierung. Der Fuchs beschreibt den Weg, orientieren und entscheiden muß sein Gegenüber. Kommt wirklich Bewegung in sein Gegenüber? Er muß wählen zwischen Sucht und Suche, zwischen Manipulation des Selbstgefühls und dem mühevollen Weg, songlines zu erfinden. Mit dem dritten Versuch ist es der jüngste Sohn der den unbekannten Pfad wählt, anstatt *„nur seinen Lüsten zu leben"* und dem Vergessen anheimzufallen.

Es ist verblüffend, wie genau unserer Märchen den therapeutischen Prozeß nachzeichnet. Der Therapeut steht vor der Aufgabe, die Beziehung zu seinem Gegenüber in einem therapeutischen Kontext zu verankern, und auch er inszeniert die erste Prüfung. Und ich bleibe auch in der Wahl der Prüfung dem Märchen treu: Diese zweite Phase kann nicht erfolgreich abgeschlossen und weitergeführt werden, wenn hier nicht *die Entscheidung fällt, auf menschliche Beziehung zu setzen und auf Suchtmittelkonsum bzw. süchtiges Verhalten zu verzichten.* Ohne ein solche verbindliche Entscheidung kann Psychotherapie, die allein auf menschliches Erfahren setzt, ihr Wirken nicht entfalten. Wir hatte an anderer Stelle gesagt, wir müssen den süchtigen Grundzyklus attackieren. Ich möchte diese Aufgabe anders formulieren: Wir müssen einen Test auf die Hoffnungslosigkeit unseres Gegenübers durchführen, wir müssen uns überzeugen, ob wir die Schutzfront von Machtvorbehalt und Abwertung soweit lockern können, daß unser Gegenüber menschliche Reaktion zeigt.

Es ist ungemein wichtig, in dieser Anfangsphase das Wagnis einzugehen, es darauf ankommen zu lassen. Wenn wir die Dilemmata der Individuation (s.u.) im therapeutischen Prozeß erreichen, dann müssen wir *wissen*, daß unser Gegenüber erreichbar ist, weil wir uns sonst möglicherweise an seiner „Unempfindlichkeit" gegen unsere Bemühungen verbeißen und mit bohrenden Zweifeln geplagt werden, ob er überhaupt therapiefähig ist. Das würde uns lähmen, untauglich machen und in eine masochistische oder sadistische Dynamik hineindrängen. Vom Gesichtspunkt psychosozialer Entwicklung her gesehen prüfen wir, ob das System negativer Identität, das ja meist über viele Jahre, ja, über ein, zwei Jahrzehnte hinweg chronifiziert ist, ein Sehnen und Ahnen nach dem goldenen Vogel erlaubt.

Wie setzen wir eine solche Prüfung mit Erfolg um? Nun, wir haben im zweiten Teil unseres Buches über die Gefahr gesprochen, daß sich der Süchtige der Behandlungssituation bemächtigt. Das würde dem Vorgehen der beiden älteren Königssöhne entsprechen. Als Möglichkeiten lassen sich aufzählen: Instrumentalisieren der süchtigen Beziehungsstruktur, Hineinziehen in den Konflikt und die Auf- und Abwertungsdynamik (Sadismus/Masochismus), Täuschung und Maskerade (unberührt bleiben) und Verleugnen der Behandlungssituation. Gegen dieses Wirken der süchtigen Beziehungsstruktur hilft nur, zu überprüfen, ob wir die Prinzipien therapeutischen Handelns einhalten. Insbesondere müssen wir uns auf das Hier und Jetzt konzentrieren, uns zurückhalten, biographisch zu deuten, bevor nicht ein gemeinsamer Kontext definiert ist im Rahmen der therapeutischen Beziehung. Das ist noch nicht alles. In dieser Phase, in der wir die therapeutische Beziehung verankern wollen, müssen wir alles dafür tun, das rudimentäre psychische Immunsystem zu stärken und die Demarkation der Person. Zwei dicht aufeinander folgende Schritte sind dazu notwendig: *(1) Ausfindig machen der Selbstgrenze und (2) Beachten und Modifizieren der Grenzfunktion.* Der Test auf die Hoffnungslosigkeit besteht aus diesen beiden Schritten.

Der erste Schritt, die Selbstgrenze ausfindig zu machen, ist eine mehr oder weniger langwierige Vorbereitung auf eine intensivere Psychotherapie, die in der Vorphase beginnen kann und in der Phase der Beauftragung angesiedelt ist. Ausfindig-machen der Selbstgrenze meint, daß wir alle sich bietenden Möglichkeiten aufgreifen - im Rahmen der stationären Therapie eignet sich der gesamte Alltag -, wo wir Ereignis und Verhalten unseres Gegenübers miteinander verknüpfen können, seien dies Handlung, Emotionen, Phantasien, Gedanken, Mimik, Körperhaltung, alles, was in irgendeiner Weise berührt. So vorbeihuschend die Empfindungen der Selbstgrenze sich auch nur bemerkbar machen: ein feines Lächeln, Ausschweigen, ein Glänzen der Augen, zusammengepreßte Kiefern..., wir registrieren aufmerksam ohne jede Abwertung. Es genügt, einen Eindruck festhalten, ohne uns behaupten zu wollen, auch wenn unser Gegenüber noch so bemüht ist, sich zu verleugnen: 'ob unser Eindruck letztlich stimme, wir beide hätten Zeit, dies zu prüfen'. Wir lernen unser Gegenüber bald recht gut kennen und bereiten uns auf diese Weise vor, der tiefen Ambivalenz unseres Gegenübers zu begegnen. Gezielte Körpererfahrung, initiierte Interaktionen und Wahrnehmungsübungen fördern diesen Prozeß, die abgestumpfte Selbstgrenze anzuregen und zu aktivieren. Dies ist die Vorbereitung auf den 'Test'. Der zweite Schritt - der eigentliche Test - geht zwanglos aus dem ersten hervor:

Zunächst einmal und über weite Strecken folgen wir dem Bedürfnis nach Sicherheit. Wir verschreiben uns dieser Aufgabe, versuchen jede Regung der Selbstgrenze zu beachten und ihre abgrenzende Fähigkeit durch aktives Tun - auch Verleugnen und Sich-tot-stellen liegt ein aktives Handeln zugrunde - ins Bewußtsein zu rufen. Wir haben dieses Vorgehen ausführlich besprochen. Auf die Atmosphäre, in der dieses Beachten, Registrieren und Markieren der Selbstgrenze geschieht, möchte ich noch zu sprechen: Der Therapeut muß dafür sorgen, daß für diese ersten zarten Regungen Raum und Resonanz da ist, sei dies in der Gruppe oder in einzelnen Begegnungen. Befürchtungen, die den Rückzug vorbereiten, müssen angesprochen und geklärt werden. In solchen Augenblicken ist oberstes Gebot, daß die daran geknüpften Befürchtungen unseres Gegenübers ohne jeden Vorbehalt überprüft werden! „Wie denken die anderen über mich, wenn ich das tue, sage oder eingestehe? Lasse ich mich herab zu fragen? Ist das nicht Betteln? Glaub' ich ihnen? Kann ich ihnen glauben?“ Wenn unser Gegenüber ein Überprüfen nicht zuläßt, dann einfach aufschieben und festhalten: „Gut, das geht jetzt noch nicht. Wieviel Zeit brauchst du, um eines Tages rückhaltloser zu überprüfen? Unter welchen Bedingungen? etc.“ Übergehen wir einen Vorbehalt, so endet die Begegnung nur in einer Bestätigung, wie lebensnotwendig dieser Vorbehalt sei. Er ist ja nicht zu widerlegen, er bestärkt sich selbst. Überprüfen kann nur bedeuten, daß sich unser Gegenüber öffnet und durch einen Spalt hindurch sein Verweigern von Erfahren mit Hilfe neuer Erfahrung überdenkt. Man kann einen Vorbehalt nur von selbst aufgeben zunächst für solche kleine Augenblicke. In diesen kleinen Situationen wird die ambivalente Einstellung zur Therapie sichtbar, die vermeintlich absolute Sicherheit einzutauschen gegen die relative der Kommunikation. Solche kleinen Schritte werden als Entwaffnung, Entblößung, Demütigung usw. erlebt. Wir müssen auf den Schmerz, den ein Wiederbeleben der Selbstgrenze weckt, vorbereiten durch aktive Realitätsbewältigung. In diesen kleinen Situationen kann erprobt werden, daß der erwartete Schmerz manchmal gar nicht eintrifft, und wenn schon, nicht ewig anhält, begrenzt ist und danach ein unerwartetes Gesicht zeigt: Lebendigkeit und ein gesteigertes Selbstgefühl.

Unser Vorgehen bietet uns die Chancen, die Grenzfunktion zu stützen, ohne ihre destruktive Seite zu fördern, und erlaubt uns erste 'Korrekturen' anzubringen. Wir können nun die Grenzfunktion kommunikativ formulieren und bereiten so vor, einen positiven Kontext zu kreieren; und vor allem, wir lernen das Funktionieren der Austauschprozesse kennen und können den oder die zentralen tautologisch-selbstbezüglichen Austauschprozesse herausfinden. Wir tasten uns frühzeitig an sie heran und können nun die Durchlässigkeit der „primitiven Abwehrmechanismen“ testen. Bei diesem Vorgehen können wir die Prüfung schließlich sehr genau auf unser Gegenüber abstimmen. Auf diese Weise finden wir den Grundzyklus süchtigen Verhaltens heraus, können diesen in verbindlicher Weise zum Gegenstand eines Kontraktes machen. Wir auferlegen unserem Gegenüber, bestimmte Manipulationen des Selbstgefühls durch Grenzverletzungen zu unterlassen und lebendige persönliche alternative positive Vorstellungen entzuwickeln. Wir erzielen ein erstes kommunikative Verständnis destruktiv-süchtigen Verhaltens. Dies ist der Test, der unser Gegenüber in Bewegung bringt, bis auch seiner Seele Flügel wachsen. Wenn dieser Kontrakt unverbindlich bleibt, so haben wir entweder den zentralen Punkt noch nicht genau herausgefunden, oder ziehen in Betracht, daß unser Gegenüber Psychotherapie (noch) nicht gewachsen ist.

Wir testen, ob wir die therapeutische Beziehung einsetzen können, um aktuell das Selbstgefühl im Rahmen dieser Beziehung zu stützen. Das ist unser erstes strategisches Ziel, weil so die therapeutische Beziehung eine wichtige Quelle der Werterfahrung erschließt. Ohne ein sicheres Wissen und Verfügen über diesen Quell sind die Strapazen der weiteren Stationen nicht zu meistern. In Bezug auf die Biographie und Lebenssituation unseres Gegenübers bedeutet dieser Test ein Erschüttern von negativer Identität.

Negative Identität ist der Versuch, ein Selbstbild zu entwerfen, das die Spaltung der Person und ihre Desorganisation ausdrückt und dabei den Narzißmus, die hybride Selbstdefinition, notdürfig aufrechterhält. Es verteidigt und vertieft die Aufspaltung der Person, da sich dieses Selbstbild empfindlich bedroht fühlt durch die abgewerteten Regungen. Eines ist bei diesem Vorgehen daher unersetzlich: Vom ersten Tag, schon in der Phase der Beauftragung, *suchen wir Kontakt zu der tiefen Ambivalenz und „vertikalen Spaltung" der Person, suchen wir mit beiden Seiten der Person in Berührung zu kommen* und mit beiden Seiten zarte Bande zu knüpfen. Dies hat mit Vorsicht zu geschehen, da uns dieselbe Verachtung und derselbe Haß treffen kann, mit dem unser Gegenüber diese verleugneten Regungen verfolgt. Und wir haben zu beachten, daß je intensiver wir die Ambivalenz aufgreifen und herausarbeiten, desto mehr das bisherige Gefüge der Person angreifen und in eine Zerreißprobe drängen. Wir müssen unser Gegenüber überzeugen, daß die auf ihn zu drängenden Konflikte ernst, aber tatsächlich wünschenswert sind, um daran zu wachsen; daß er sie bisher vermieden habe, aber sinnvollerweise nicht darum herumkomme, sie nun zu lösen; das sei ihm auch zuzumuten. Wir bieten unsere Zusammenarbeit an. Der „Test" ist so gesehen nichts anderes als der Versuch, zu beiden Seiten der Person vorzudringen und für einen Moment zu verknüpfen. *Unsere Beauftragung muß von der ganzen Person erfolgen, der Kontrakt mit beiden Seiten geschlossen werden,* sonst ist er Makulatur. Es ist hilfreich, in diesen Kontrakt die Vermittlung zwischen beiden Seiten unter Anrufung des Therapeuten zu vereinbaren. Diese Phase der Verankerung der therapeutischen Beziehung ist sicherlich der vorentscheidende Schritt über einen weiteren erfolgreichen Therapieverlauf. Die „Schlacht", die nur gewinnen kann, „wer Liebe hat im Kampf", wird hier gewonnen oder verloren. „Liebe" wird bewahrt, indem wir einen positiven Kontext erfinden, worin beide Seiten der Person sich einbinden können und die abgewertete Persönlichkeit gestützt wird.

Eine Integration der Persönlichkeitsaufspaltung findet jetzt noch nicht statt. Es ist Ziel dieser Phase, die Bedingungen der Kommunikation einzuführen und zu verankern, durch ein Konfrontieren des Grundzyklus süchtigen Verhaltens eine Entscheidung herbeizuführen und auf pharmakothyme Steuerung des Selbstgefühls zu verzichten. Es kommt darauf an, daß unserer Gegenüber die Aufgabe von Suchtmittelkonsum oder anderem süchtigen Verhalten als Anforderung von Kommunikation und menschlicher Beziehungen begreift. Der Verzicht auf pharmakothyme Steuerung bezieht sich zunächst auf die Zeitdauer der Psychotherapie. Rückfälle dürfen und brauchen nicht ausgeschlossen werden unter der Bedingung, daß sie preisgegeben und damit Teil der therapeutischen Prozesses werden. Wenn wir hier angekommen sind, haben wir ein Arbeitsbündnis geschlossen, das die „gesunden Kräfte" unseres Gegenübers auf unserer Seite weiß, ohne die tiefe Ambivalenz zu verkennen. Beide Seiten werden in das Arbeitsbündnis eingeschlossen.

Wir können diese *erste Entwicklungsphase, das Selbstgefühl zu aktivieren und wiederzuerwecken,* nun zusammenfassen.

Erwecken des Selbstgefühls, Stärken des psychischen Immunsystems und Modifizieren der Grenzfunktion:
Wecken der Selbstgrenze:
- Ausfindig machen der Selbstgrenze
- Beachten der Grenzfunktion
- Dem Bedürfnis nach Demarkation und Sicherheit folgen
- positiven Kontext kreieren

Modifizieren der Grenzfunktion:
- Stärken des psychischen Immunsystems und Modifizieren der Grenzfunktion bzw. Auflockern des Systems negativer Identität
- Konfrontieren und Modifizieren der destruktiven, tautologisch-selbstbezüglichen Abwehrmechanismen und Begrenzen der Manipulation des Selbstgefühls
- Ein erstes Markieren und Berühren der Selbstgrenze
- Verzicht auf pharmakothyme Steuerung zugunsten einer Steuerung des Selbstgefühls innerhalb und durch die therapeutische Beziehung.

Mit diesem Vorgehen etablieren wir ein Steuern des Selbstgefühls innerhalb und durch die therapeutische Beziehung. Wenn dieser Test gelingt, so können wir daraus schließen, daß wir nach beiden Seiten der Persönlichkeit hin Kontakt gefunden haben und die Abwehrformation durchlässig genug ist, um menschliche Erfahrung hindurchzulassen. Die therapeutische Beziehung stellt nun einen Quell der Werterfahrung zur Verfügung. Der informationelle Fluß wird generiert und kann strukturbildend wirken. Wir wissen, daß unser Gegenüber bereit und fähig ist zu integrativer Leistung. Er ist in Bewegung gekommen. Der wundersame Fuchs kann seine Führung beginnen.

Vertiefen der therapeutischen Beziehung oder: Der Seele Flügel wachsen lassen

„Am andern Morgen, wie er auf das Feld kam, saß da schon der Fuchs und sagte: 'ich will dir weiter sagen, was du zu tun hast.'„ Der Pakt ist geschlossen. Die erste Prüfung bestanden. Der Fuchs kann seine wundersame Führung beginnen oder vielmehr fortsetzen. Er stellt sich als Vehikel zur Verfügung, die Reise zu beschleunigen. Das nächste Ziel ist die erste große Aufgabe der Individuation: die Befreiung des goldenen Vogels. Die schillernde Anweisung des Fuchses und die so instruierte paradoxe Situation haben wir schon besprochen. Der Königsohn tut richtigerweise das Falsche und sieht sich bei Todesstrafe gezwungen - bei Strafe des Verlustes des Selbst -, seine Reise fortzusetzen, um das Geheimnis der goldenen Feder wirklich zu ergründen. Das Gefühl des Selbst erwacht.

Was wir in den beiden vorherigen Phasen als Keim anlegen konnten, wartet jetzt, sich zu entfalten. Die dritte Phase ist die Zeit der Durcharbeitung; sie ist mühselig, langwierig und voller Rückschläge. Unsere Aufmerksamkeit gilt der tiefen Ambivalenz, der wir in unserem Gegenüber begegnen, in all ihren Formen und Verästelungen. Wir müssen alles daran setzen, mit den beiden Persönlichkeiten unseres Gegenübers, der in den aktiven und passiven Modus gespalten ist, in Kontakt zu kommen und von Mal zu Mal zu vertiefen. Über weite Strecken besteht der therapeutische Prozeß in einem mehr oder weniger raschen Wechsel der beiden Modi. Wir folgen diesem Wechsel und arbeiten heraus, welche Auslöser für das Kippen der Modi verantwortlich zu machen sind. Immer wieder gelingt es gemeinsam, wirklichen Kontakt herzustellen und für Augenblicke die Selbstgrenze zu berühren. Indem wir der einen Seite der Person die andere erklären und vice versa, überwinden wir Spaltungsvorgänge zwischen den beiden

Modi und dringen zur Regieführung vor. Man hüte sich, zwischen ambivalenten Parts eine Entscheidungssituation zu konstellieren, indem der Therapeut oder sein Gegenüber sich allein auf eine Seite stellt und eine Entscheidung gegen die andere herbeiführen möchte. Der Loyalitätskonflikt lauert dahinter. Wenn man immer wieder mit inkompetentem, selbstdestruktivem Verhalten konfrontiert wird, mag das verlockend sein. Es muß aber unbedingt die Aufgabe des Therapeuten bleiben, die Ambivalenz herauszuarbeiten und auf einen Dialog der beiden Parts hinzuwirken.

Auf diese Weise erwirken wir einen gemeinsamen positiven Kontext. Während all der Zeit, die diese Phase und die folgende in Anspruch nimmt, ist das Schaffen und Bewahren eines positiven Kontext die größte therapeutische Herausforderung. Ich möchte auch daran erinnern, daß allein diese Fähigkeit Sadismus und Masochismus überwinden können. Da die Konfrontation der beiden Persönlichkeiten zunächst Abwertung freisetzt, werden Sadismus und Masochismus immer wieder genährt. Das ist unbedingt zu beachten. Solche Reaktionen können nur vermieden oder begrenzt werden, wenn sie positiv konnotiert werden und in einen Akt der Integration einmünden.

Immer wieder läßt sich beobachten, daß der Abwertungsprozeß und die Tendenz zur Eskalation sich im Stillen nähren und kumulieren, weil uns irgendein Vorbehalt oder irgendein Spaltungs- und Abwertungsvorgang entgangen ist. Dieser wird nun virulent und aktiv und treibt den Prozeß der Desorganisation trotz aller gemeinsamen Bemühungen weiter. Wie eine Zwiebel werden Schicht um Schicht von Abwertung und Machtvorbehalt enthüllt, bis wir den Grund von Destruktion und Depression erreichen. Um die Brisanz und Schwierigkeit in dieser Phase deutlich zu machen, möchte ich an unsere Fallbeispiele erinnern. Etwa an Belinda. Es hätte nur wenig Sinn, sie im Verhältnis zu ihrem Ehemann darin zu unterstützen, all das jetzt zu tun, was sie sich zuvor versagt hatte, solange sie in der therapeutischen Beziehung aktuell die Fäden in der Hand behält und uns mit Hilfe ihres Ehemanns und ihres Freundes trianguliert. In diesem Fall ist der Kontext des psychotherapeutischen Erfahrens auf dieses eine Segment eingeschränkt und daher wertlos. Neues Erfahren wäre wirkungsvoll, wenn die Triangulation im Ansatz aufgehoben, die darin eingeschmolzene Abwertung der therapeutischen Situation und die Segmentierung des gemeinsamen Kontextes überwunden wäre. Dann findet offenes Lernen statt, das Spuren hinterläßt.

Dilemma I: Der goldene Käfig

Der Märchenfuchs führt auch uns zuverlässig durch das Labyrinth des psychotherapeutischen Behandlungsverlaufs. Die erste Aufgabe der Individuation, in der sich der Held verfängt, handelt vom goldenen Vogel und seinem goldenen Käfig. Sie werden sich der Anweisung des Fuchses erinnern: *„Hüte dich, daß du den Vogel nicht aus seinem schlechten Käfig herausnimmst und in den prächtigen tust: sonst möge es dir schlecht ergehen.“* Der Königssohn tut genau dies: *„er öffnete die Türe, packte ihn und setzte ihn in den goldenen Käfig. In dem Augenblick tat der Vogel einen durchdringenden Schrei. Die Soldaten erwachten, stürzten herbei und führten ihn ins Gefängnis.“*

Warum wird der Königssohn festgesetzt? Es dreht sich darum, daß seiner Seele Flügel wachsen, daß er sich erhebt und seinen Pfad geht. Da sich das Selbstgefühl zum ersten Mal regte und ihm Orientierung schenkte, so konnte der Fuchs wirken und ihm helfen. Aber jetzt steht er davor, seine erste Aufgabe der Individuation zu lösen: das Selbstgefühl zu befreien und sich zueigenzumachen. Aber was tut unser Held? Er sperrt ihn ein „zum Prunk", er sperrt ihn in den goldenen Käfig. Das ist Verrat. Der goldene Käfig ist der Ort, wo er herkam, den er der goldenen Feder wegen verlassen hatte und den er gemieden hatte im Gegensatz zu seinen Brüdern. Der goldene Käfig bedeutet 'süße' Gefangenschaft, Bewegungslosigkeit. Da er seine Seele gefangen setzt, so ist auch er gefangen gesetzt. Der Schrei des Schmerzes und der Angst vor dem Flug ruft die entindividuierenden Kräfte auf den Plan. Ihm droht der Tod, der Verlust des Gefühls des Selbst. Die negative Identität steht in einem Bündnis mit den Kräften der Entindividuierung. Der goldene Käfig ist ein treffliches Bild: er wird gefangengesetzt in und durch seine hybride Position und Selbstdefinition, seine negative Identität. Nachdem wir das System der negativen Identität durch ein Begrenzen der Manipulationen des Selbst und die beginnende Steuerung des Selbstgefühls im Rahmen der therapeutischen Beziehung geschwächt haben, legt dieses erste Dilemma Feuer an dieses Selbstbild und seine Manipulationen.

Aber das Märchen scheint noch eine andere Lesart zuzulassen: Er kann das Gefühl des Selbst noch nicht wirklich befreien, da es nur derjenige erbt, der die Aufgabe der Individuation vollständig löst. Der goldene Vogel ist nur zu gewinnen am Ende des Weges der Individuation oder eben nicht. Der Weg des Königssohns kann daher gar nicht anders verlaufen, als daß der Versuch, das Selbstgefühl zu gewinnen und zu wahren, ein Lösen der weiteren Aufgaben abverlangt.

Es ist schon viel erreicht, wenn unser Gegenüber die Kammer zu suchen beginnt, worin er den goldenen Vogel vermutet. Während ihn in der vorherigen Phase nur eine Ahnung streifte und wir uns begnügten, herauszubekommen, ob sich das Gefühl des Selbst wecken läßt, so steht jetzt an, das Gefühl des Selbst nicht nur ein- oder zweimal zu wecken und zu aktivieren, sondern in einem fortlaufenden Prozeß. Unser Bemühen, die Ambivalenz unseres Gegenübers allmählich auszuloten und die beiden Persönlichkeiten aneinander zu binden, bedeutet jedesmal eine Attacke auf das rudimentäre Selbstgefühl, der er sich wieder durch Abwertung und Machtvorbehalt zu erwehren sucht und das nun erneut durch einen Akt der Integration in ein Gleichgewicht zu bringen ist. Aber Integration ist nichts anderes als ein Ausbalancieren von Selbst und Welt, und so erreicht das Gefühl des Selbst allmählich eine neue Qualität: die Selbstgrenze wird durchlässiger und ganz allmählich wird die Kontaktfunktion aktiviert. Sie wird durchlässiger sowohl gegenüber eigenen Empfindungen und Regungen (Dilemma II) wie auch gegenüber der Welt der anderen (Dilemma III). Der Übergang von der früheren Phase, wo wir uns auf ein Wecken der Selbstgrenze und dann auf ein Stützen der Grenzfunktion konzentrierten, zu der jetzt beginnenden Phase, worin wir die Kontaktfunktion reaktivieren und im Verhältnis zur modifizierten Grenzfunktion neu ausrichten, ist fließend. Je weiter die Desorganisation der Person fortgeschritten ist, um so höhere Anforderungen stellen die ersten beiden Schritte und um so mehr Zeit beanspruchen sie. Allmählich nimmt im Verlauf der dritten Phase das Selbstgefühl eine neue Qualität an:

Beleben des Gefühls des Selbst und Aktivieren der Kontaktfunktion:

- Konfrontieren und Modifizieren der tautologisch-selbstbezüglichen Gestaltung der Austauschprozesse
- Konfrontieren des aktiven und passiven Modus und des Kippens von einem zum anderen
- Überwinden von Sadismus/ Masochismus durch Verknüpfen der Ambivalenz und positive Konnotation
- Neudefinieren der Kontextpolaritäten durch aktive, positive und Selbst/ Anderer attribuierende Konnotation
- Berühren der Selbstgrenze.

Dilemma II: Der goldene Sattel

Der Königssohn überwindet sein Dilemma, wenn er es auch noch nicht auflösen kann, indem er in Bewegung kommt und sich auf den Weg macht zur nächsten Aufgabe der Individuation. Dieses Mal muß er das goldene Pferd suchen und entführen. Der wundersame Fuchs hilft ihm in derselben Weise und gibt ihm eine ganz ähnliche Anweisung auf den Weg, die er wieder nicht befolgen kann, da seiner Reifung eine weitere Aufgabe harrt. Das goldene Pferd steht für die Antriebe der Person und ihre innere Welt, den Quell und die Produktion individueller Kontexte. In der Tat gibt es kein Werterleben, das sich nicht einem individuellen Kontext einfügt und durch ihn erfunden wird. Es ist unsere Aufgabe, die *Isolierung des zentralen Bereichs der Person zu überwinden und in einen inneren Dialog einzubinden.*

Unser Vorgehen legt Wert darauf, die Grenzen unseres Gegenübers zu achten. Es gibt keinen anderen Weg, dem anderen das Recht auf eigene Empfindungen, Gedanken und Motive zu lehren. Wir sprechen vom „Berühren" der Selbstgrenze, um nahezubringen, unser Gegenüber nicht zu überwältigen dort, wo wir konfrontieren und Destruktion am Werk sehen, sondern ihn *zu berühren*, Kontakt herzustellen, welcher die unserem Gegenüber eigenen Empfindungen oder Gedanken weckt und zu bestärken vermag. Sie werden seinem Erfahren zugänglich. In sich selbst hineinhören, die Antworten des Selbst aufnehmen, daraus entspringt Orientierung. Alles, was über Berühren hinausgeht, macht es unserem Gegenüber leicht, mit Abwertung unserer Beziehungsdefinition und mit Machtvorbehalt zu reagieren und unser Bemühen als Grenzverletzung auszulegen, mag er ihr mit Bewunderung und Faszination oder Anstacheln seines Größenselbst begegnen oder aber mit Abscheu, Überdruß oder gar Panik.

Der goldene Sattel ist nicht geeignet, mit dem Pferd im freien Lauf zu verschmelzen und dem Gefühl des Selbst Sattelfestigkeit zu verleihen. Gold ist ein von allen anderen hervorgehobener, in seinem Wert besonderer Stoff. Wie der goldene Käfig ist er nur „zum Prunk" geeignet, zum Vorgeben und zum Verbergen. Gold ist kein Metall zum Gebrauch, selbst zum Tausch ist es zu wertvoll und zu riskant. Es wird zum Besitz, der bewacht und versteckt werden muß. Das kommt dem Wirken der süchtigen Beziehungsstruktur sehr nahe. Der goldene Sattel entzieht das Pferd der Kommunikation ebenso wie der goldene Käfig den Vogel. Wenn nicht prunkvolles Gold das Kriterium ist, vielleicht ist es das niedrige: der „gemeine und häßliche Käfig" und der „schlechte, hölzerne und lederne Sattel"?

Ja, der Schatz liegt in der abgewerteten Persönlichkeit begraben, den Regungen, Empfindungen, die dorthin verdammt werden. Unsere Protokolle zeigen: dort liegen Empfindsamkeit, Wünschen, Bitten, Sehnsucht, Hoffnung begraben, bewegende Dinge, die mit der Welt verbinden und Teilhabe bedeuten. Sie liegen verborgen hinter Haß, Groll, Rachegelüste, erpresserischer Drohung und was es da mehr gibt. Es liegen dort auch verborgen Wünsche, sich abzugrenzen, sich zu behaupten, Vergiftung auszuheilen, alles Strebungen, derer die erwachsene Person bedarf, will sie Teil der Kommunikation werden. Dieser Schatz, den unser Gegenüber heftig herabsetzen wird und uns mit dazu, wenn wir Sympathien verraten, muß gehoben werden. Ohne ein Gefühl für sich selbst, ein sicheres, spontanes Empfinden eigener Regungen, ohne die Fähigkeit, in sich selbst hineinzuhorchen, sich von seinen Gefühlen und Empfindungen tragen zu lassen, gibt es das Gefühl des Selbst nicht. In dieser Phase können wir alles einsetzen an Methoden und Ideen, die geeignet sind, das spontane Selbstempfinden zu erziehen.

Die Begegnung mit den abgewerteten und versteckten Regungen löst den Schrei des Schmerzes und der Demütigung aus. Der Schrei ruft die Kräfte der süchtigen Beziehungsstruktur auf den Plan, die immer wieder matt setzen und das sich regende Selbstgefühl bedrohen. Dieser innere Dialog kann nicht getrennt werden von der noch folgenden dritten Aufgabe der Individuation.

Dilemma III: Die goldene Jungfrau

Die dritte Aufgabe weist auf das Selbsterleben hin in Bezug auf und im Zusammenhang mit anderen. Es entspricht dem natürlichen Verlauf des Erwachsenwerdens, wenn sich mit dem Entdecken eigener Regungen und wachsenden Vertrauens in die eigenen Antriebe sexuelles Empfinden anschließt. Wie kein anderes Empfinden besitzt Sexualität die Eigenschaft, aus der Herkunftsfamilie hinauszuführen, zu einer neuen Position und Rolle in der Gesellschaft und einem neuen Selbstverständnis, das von dem familiären abweicht. Sexualität stellt die Aufgabe, sich neu zu entwerfen. All dies wird berührt, wenn sich die Aufgabe stellt, sexuelle Identität zu finden. Sie ist Voraussetzung, um die Begegnung als erwachsene Person mit den anderen und mit der Welt 'draußen' zu bewältigen und mit den eigenen Regungen, Motiven und Phantasien zu verknüpfen und zu verweben.

Der Fuchs führt den Königssohn zum „goldenen Schloß". Es scheint den Höhepunkt der Reise darzustellen, das Ziel, wo alle bisher gewonnene Teile zusammenzufügen sind. Was sind diese Teile? Das *Gefühl, im Prozeß und in Bewegung zu sein* („the sense of an emergent self"), atmend, von Empfindungen beseelt, es ist das Grundgefühl, selbst zu sein, das beflügelt und in Bezug auf die Welt der tiefste Quell der Motivation ist. Da ist dann das *Gefühl für sich selbst, eigene Antriebe zu erleben, eigene Gedanken, Phantasien, Motive, Körpergefühl*, für detaillierte Bewegung und Koordination etc. („the sense of a core self"). Schließlich das *Gefühl, auf andere bezogen und mit anderen zu sein, für intersubjektive Dynamik*, Geschehnisse etc. („the sense of a subjektiv self"). Sie gilt es jetzt zusammenzufügen, zu einem integrierten Gefühl des Selbst, das auf der Höhe der Zeit ist.

Die Szene, auf die der Fuchs den Königssohn vorbereitet, findet in der Tür zum „Badehaus" statt. Das Badehaus hat bei Naturvölkern rituelle Bedeutung. Die „Schwitzhütte" nordamerikanischer Indianerstämme ist Ort der Reinigung, der Vereinigung mit den Geistern der Erde und des Himmels, der Ort der Wiedergeburt und der Empfängnis von Visionen. Des Fuchses Anweisung: *„Und wenn die Königstochter hineingeht, so spring auf sie zu und gib ihr einen Kuß; dann folgt sie dir, und du kannst sie mit dir fortführen..."*, deutet eine solche Vereinigung an. Die wirkliche Geburt des integrierten Selbstgefühls verlangt, die tiefe Ambivalenz, die tiefe Spaltung der Person zu überwinden, wobei üblicherweise der Mann die abgewertete Persönlichkeit als weiblich einordnet.

Der Therapieprozeß erreicht seinen Höhepunkt, wenn wir gemeinsam mit unserem Gegenüber diese *tiefen Ambivalenzen aufspüren und zu einem fortwährenden 'Dialog' miteinander verknüpfen.* All die in diesen Aufspaltungen und Abwertungen eingeschlossenen, reglos gemachten, gelähmten Empfindungen und Gefühle geraten in Fluß, regen sich, werden frei. Zu keinem Zeitpunkt ist die Therapie bewegter, herausfordernder und chaotischer. Das Gefühl des Selbst ist geweckt und belebt, es breitet seine Flügel aus und... fliegt nicht los. Ungeahnte, in ihrer Aufdringlichkeit bedrohliche Empfindungen kommen auf, die von der Psychoanalyse als Regungen der Kindheit identifiziert werden, was immerhin zwingt, sie als eigene, dem Selbst zugehörige anzunehmen. Wenn wir diese Phase als Entwicklungsschritt des Selbstgefühls betrachten, so ist es zweitrangig, ob wir nun in unsere Biographie der frühen Kindheit zurückgegangen sind oder ob wir für Augenblick die Welt mit neuen Augen *wie* ein Kind betrachten. Wir wissen jedenfalls, dieses Stadium stellt ein notwendiges und natürliches in der Entwicklung des Selbstgefühls dar.

Dieses dritte Dilemma setzt ein, wenn die Kontaktfunktion lebendig wird und die Verknüpfung mit dem zentralen Bereich der Person Blicke auf eine neue, risikobehaftete, erregende Welt freigibt. Unser Gegenüber geht daran, Beziehungsrealitäten auszuloten, seine initiierte individuelle Kontextproduktion läßt ihn immer neue Welten erfinden und herausfinden. Er beginnt sich, an den systemischen Prozeß anzukoppeln, seine Teilhabe am systemischen Feld neu zu organisieren, zunächst einmal in der therapeutischen Beziehung. Der Therapeut und die Beziehung zwischen beiden wird Gegenstand des Erforschens. Wenn sich für den Therapeuten echtes Interesse und ein Empfinden mit ihm regt, können wir sicher sein, daß der integrative Prozeß sein Werk der Strukturbildung vollzieht.

Ich sehe einen tieferen Grund am Werk, der diese Aufgabe der Individuation stellt. Die Entdeckung der Sexualität macht uns bekannt mit Geburt und Tod, wir erleben uns mitten in der Generationenfolge, ein Glied unter anderen. Es bedeutet auch die Entdeckung unserer individuellen Biographie. Wir empfinden die endgültige Begrenztheit unseres Seins. Aber ist die Wahrnehmung dieser unabweisbare Grenze menschlicher Existenz nicht Anlaß eines individuellen und subjektiven Gefühl des Selbst? Eines gesteigerten Selbstgefühls? Wie eine Bogensehne gespannt zwischen zwei Enden? Und sind diese beiden Enden nicht hier: die individuelle Existenz und dort: Enthaltensein im systemischen Feld? Die Entdeckung sexueller Identität spannt den Bogen zwischen unserer Existenz und dem Sein im systemischen Feld.-

Aber irgend etwas muß der Königssohn falsch machen, wenn er seiner weiblichen Seite erlaubt, sich vom König zu verabschieden. Denn wieder ist er gefangengesetzt. Aussichtsloser denn je harrt er auf sein Todesurteil.

Krise der therapeutischen Beziehung oder: Den Berg abtragen...

Was macht der Königssohn falsch? Fragen wir besser, welche Erfahrungen fehlen ihm noch, um voll und ganz vom Gefühl des Selbst beseelt und getragen zu werden? Ich glaube, der Königssohn hat die Vereinigung noch nicht vollständig vollzogen, ihm fehlt, eine Vision, wie er die Dinge zusammenfügen könne, nachdem sie ihm nun zur Verfügung stehen. Erst eine Vision seines Lebensweges, ein subjektives spontanes Empfinden seiner selbst und seiner Identität, gibt ihm die innere Freiheit, das volle Gefühl des Selbst. Sein Fehler, den König zu wecken und um Abschied zu bitten, erinnert an typische Gesprächsszenen, wie sie immer wieder in den Verhandlungen unserer Klienten mit ihren Eltern zu beobachten sind: sie erbitten die Erlaubnis, das zu tun, was sie glauben, tun zu müssen. Ulrike beispielsweise konstellierte eine solche Situation mit ihrer Mutter durch die folgenden beiden Sätzen: „*Mama, ich möchte dir nie mehr wehtun, bitte, hilf mir dabei!*“ Und: „*Ich möchte dich akzeptieren, Mama, hilf mir!*“ Ein unmögliches Unterfangen, geeignet verrückt oder depressiv zu werden, jedes Gefühl für eigene Regungen zu verlieren und zugleich jede eigene Regung in den Tod hinein zu fürchten. Ein grundlegende Dilemma, das in der schon besprochenen paradoxen Struktur dieser Situation angelegt ist und das Gefühl des Selbst bedroht. Denn eine solche Situation macht vollkommen bewegungslos und orientierungslos. Es schafft eine Situation, in der Grenzverletzungen nicht wirklich auszumachen sind. Ich glaube, diese Illusion teilt der Königssohn. Niemand kann ihm das Tun, Empfinden, Denken und Erkennen „erlauben", dessen es bedarf, um ein Gefühl für Identität zu erben. Diese Bitte, diese Frage, diese verrückte Art, Abschied zu denken, zerstört bereits Identität.

Die Verurteilung durch den König: „dein Leben ist verwirkt, und du kannst bloß Gnade finden, wenn du *den Berg abträgst, der vor meinem Fenster liegt und über welchen ich nicht hinaussehen kann*, und du mußt das binnen acht Tagen zustande bringen.", enthalten die Aufforderung, diese Vision, die über den Berg in die Weite sehen ließe, zu erfinden, die Vision, die auf seinem Lebenspfad Selbst und Welt miteinander verschränkt und das Selbstgefühl wachhält.

Was hindert unser Gegenüber, seine Vision zu empfangen? Wie der Königssohn ist er in einen tiefen Loyalitätskonflikt verstrickt, durch dessen Lösung er erst jene bedrohlich paradoxen Situationen auflösen kann. Dieser Konflikt begleitet alle Krisen, bis er den Grund erreicht. In jedem der Dilemmata werden die Kräfte der Entindividuierung wachgerufen, bedrohen das gewonnene Selbstgefühl und bannen es in einen Zustand der Lähmung. Es stellt denselben Beweggrund dar, der ihn den goldenen Käfig wie auch den goldenen Sattel wählen läßt: ein Verweigern rückhaltloser Kommunikation, teils aus dem Empfinden, nicht das Recht dazu zu haben, auf Grund und im Vertrauen eigener Wahrnehmung und Empfindung zuwiderhandeln, teils aus Hybris. Auf dem Grund der süchtigen Beziehungsstruktur finden wir den „goldenen Käfig", einen impliziten und geheimen Kontext, der alles in ein anderes Licht taucht, und welcher die narzißtische Regulierung beherbergt: Der goldene Käfig ist eine fixe Idee, eine mehr oder weniger bewußte Idee, welche die Botschaft enthält, daß er oder sie eine familiäre Aufgabe übernommen habe, die auf Tod und Leben binde, die den Tod der Familie oder eines Familienmitglieds heraufbeschwöre, wenn er nicht Vater, Geliebter und was für unersetzliche Rollen sonst erdacht werden können und sie nicht Mutter, Geliebte, Retterin bleibe. Ein hybrides Selbstbild. So mächtig, einflußreich die eine „goldene" Formulierung sich anhört, es gibt immer auch den Widerpart, eine ohnmächtige, pechhaltige Formulierung, worin sich alle Schlechtigkeit der Familie und der Welt versammeln: Spieler, Süchtiger, Versager, Todbringer, Hure, Schande. Hierin liegt die tiefste Ambivalenz begraben, die Heroinabhängige sehr häufig nur glauben, lösen zu können durch Tod in destruktiver Umklammerung. Er scheint die Quelle zu sein von Sadismus und Masochismus und Totstellen in der Depression.

Die Entwicklung des Gefühls des Selbst wird von diesem Kontrapunkt begleitet, so wie im Märchen Bewegung von Bewegungslosigkeit begleitet wird. Manchmal tritt der Augenblick auf, wo sich diese Gegensätze in riskanter, tödlicher, selbstzerfleischender Schroffheit gegenübertreten. Hier gilt es einen positiven Kontext zu erfinden, der wieder in Bewegung bringt, der die Gegensätze aushalten läßt, der einen erlebbaren Sinn birgt, der aus dieser Welt herausführt. Was Not tut, ist die Vision eines eigenen Lebensweges, der aus der familiären Welt hinausführt und das Selbstgefühl zusammenfügt. Wenn wir diese Krise vom Standpunkt psychosozialer Entwicklung betrachten, so findet jetzt ein Zusammenbrechen negativer Identität statt, ein Fragmentieren eines hypertrophen, überspezialisierten Selbstbildes, allerdings nur Hand in Hand mit eben dem Verzicht auf eine moralisch lukrative familiäre Rolle. Wir haben den Ort erreicht, wo das Aufgeben negativer Identität einem Reorganisieren der Person an der Basis Platz machen muß.

Soweit ich KOHUT verstehe, bezeichnet er diese Krisen als „Fragmentieren des Selbst". Auch dem Therapeut wird es kaum gelingen, sich selbst nicht zerschlagen und unter intensiver Anspannung zu empfinden. Es ist ein matter Abglanz des Zustandes unseres Gegenübers, der sich im Zustand destruktiver Umklammerung gefangen hält. Wenn Klienten in dieser Zeit Gelegenheit finden, Bilder zu malen, so sind sie von schroffen Komplementärfarben beherrscht wie ein grellbuntes Fleckenmuster, das nicht zur Harmonie findet, das irgendwie als in Stücke zerbrochen empfunden wird. In diesen Augenblicken sind Rückfälle in süchtiges Verhalten zu erwarten.

Die bedrohliche Zuspitzung des Loyalitätskonfliktes läßt sich nur mildern, wenn wir uns bewußt sind, wie wichtig es ist, von Beginn an einen positiven Kontext zu kreieren im Wissen, daß wir auf einen Loyalitätskonflikt zusteuern, der die Therapie und u.U. das Überleben unseres Gegenüber in Frage stellt. Das Entstehen eines gemeinsamen positiven Kontext steht von Beginn an in Konkurrenz zum Abwertungsprozeß. Wir müssen darauf schauen, daß die Entwicklung des Selbstgefühls im Rahmen der therapeutischen Beziehung vorneweg geht. Schließlich gehört zu den Vorsichtsmaßnahmen, biographisch zentriertes Arbeiten (immer wieder) aufzuschieben, bis der therapeutische Kontext eindeutig und gemeinsam positiv definiert ist. Ein Anwachsen des Selbstgefühls zeigt den richtigen Zeitpunkt an. Wie das Märchen beschreibt, jedes Dilemma entfesselt die Kräfte der Entindividuierung. Und mit jedem überwundenen Dilemma lockert sich auch die Verknüpfung von negativer Identität mit diesen entindividuierenden Kräften. Mit jedem Anwachsen des Gefühls des Selbst wird es eher auf Manipulationen verzichten können und die darin verborgene Selbstdestruktion schmerzhaft empfinden.

Der Berg, den es abzutragen gilt, verkörpert die Schwere des Konflikts, der, wie MASTERSON eindrücklich herausarbeitet, als Töten und Getötet-werden erlebt wird. Wir sind im Kern der zentralen Suchtphantasien angelangt. Was wirklich „getötet" wird, ist dieses System negativer Identität, das selbstdestruktiv mit den Kräften der Entindividuierung paktiert. Denn - der Berg stellt uns vor ein Scheinproblem. Was hindert uns, unsere freie Bahn zu nehmen, wenn nicht das eine, diesem Verzicht nachzukommen? Die paradoxe Gefangenschaft läßt sich nur durch eine neue Sichtweise abschütteln. Es ist letztlich ein epistemologisches Problem. Dieses eine Mal kommt Bewegung nur aus der Bereitschaft, loszulassen, zu verzichten, sich zu reinigen, um die Vision zu *empfangen*, die Vision vom eigenen Lebensfluß.

Die ganze Therapie erscheint hier auf diese Augenblick konzentiert, gerafft läuft der ganze Prozeß noch einmal ab. Ohne loszulassen und ohne Verzicht, wäre alles umsonst: *„Der Königssohn fing an, grub und schaufelte, ohne abzulassen, als er aber nach sieben Tagen sah, wie wenig er ausgerichtet hatte, und alle seine Arbeit so gut wie nichts war, so fiel er in große Traurigkeit und gab alle Hoffnung auf. Am Abend des siebenten Tags aber erschien der Fuchs und sagte: „du verdienst nicht, daß ich mich deiner annehme, aber geh nur hin und lege dich schlafen: ich will die Arbeit für dich tun." Am andern Morgen, als er erwachte und zum Fester hinaussah, so war der Berg verschwunden."*

Lösen der therapeutischen Beziehung oder: Bewußt gehen

Wenn das Beharren im Loyalitätskonflikt durch eine neue Sichtweise überwunden wird und nun das Selbstgefühl die ganze Person durchatmet, wird die fünfte und letzte Phase der therapeutischen Beziehung und des integrativen Prozesses eingeleitet. Das läßt sich im therapeutischen Prozeß sicher daran erkennen, daß unser Gegenüber es übernimmt, sein Selbstgefühl unabhängiger und in seinen Bezügen und seinem Alltag zu steuern, ohne auf seine gewohnten Manipulationen zurückzugreifen. Der Loyalitätskonflikt ist sowohl innerhalb der therapeutischen Beziehung zu lösen wie auch innerhalb des Bezugsfeldes. Dieser letzte Schritt geht unweigerlich mit sichtbarem Bemühen einher, seine Lebensumstände und Beziehungen zu ordnen. Das wirkliche Leben verlagert sich allmählich wieder aus der therapeutischen Beziehung heraus und zurück in seine Lebensbezüge. Unser Gegenüber entdeckt *sein* Gegenüber und kann nun Abschied nehmen.

Die goldene Jungfrau, das goldene Pferd und der goldene Vogel

In der größten Not, als er einsehen muß, daß der Berg seinen Lebensweg versperrt, empfängt der Königssohn im Schlaf seine Vision und kann nun Jungfrau, Pferd und goldenen Vogel zusammenfügen. In diesen Augenblicken der Krise und des Hervorbrechens von Werterleben geschieht etwas qualitativ Neues, worin Welt und Selbst sich zusammenfügen und verschmelzen unter der Regie des subjektiven Gefühls des Selbst. Wir nennen diesen vierten Schritt der Wiederbelebung des Selbstgefühls *Zentrieren des Selbst*.

Zentrieren des Selbst und Ausdifferenzieren des Gefühls des Selbst durch Lösen des Loyalitätskonflikt und Überwinden einer unfruchtbaren Epistemologie:

- Wiederherstellen der vollen Kontaktfunktion
- Aufrechterhalten eines eigenen positiven Kontext des Selbstgefühls
- Überwinden der Ambivalenz durch Integration
- Verbinden mit dem zentralen Bereich der Person
- Lösen des paradoxen Loyalitätskonflikts
- Integration des systemischen u. individuellen Kontext, so daß die Koordinaten des Selbst sich in seinem Zentrum treffen.

Dem Loyalitätskonflikt liegt ein Verletzen von und ein erbittert-absurdes Feilschen um Wechselseitigkeit der Kommunikation zugrunde. Es scheint zu einem todbringenden Problem anzuwachsen, nun zu offener Kommunikation zurückzufinden und auf die vermeintlichen Rechte und Faustpfänder zu verzichten, um wirklich heute zu kommunizieren und zu leben. Solche vermeintlichen Faustpfänder bilden den Kern der impliziten Kontexte, um die sich die süchtige Beziehungsstruktur rankt. Dieselbe Erfahrung wie unseren Königssohn lassen unser Gegenüber erkennen, daß es eine Lösung im Rechten um die Vergangenheit nicht gibt, sondern allein, die Dinge heute so zu kommunizieren, daß wir erleben, wie der Lebensfluß uns trägt. Es geht darum, an Kommunikation teilzunehmen und die anderen am Lebensprozeß teilhaben zu lassen.

Die Lösung des Loyalitätskonflikts in der therapeutischen Beziehung ordnet das Verhältnis von Selbst und Welt, von Introjektion und Projektion, neu in persönlicher Weise und doch *orientiert* an der gemeinsam geschaffenen Beziehungsrealität. Noch etwas ist zu berücksichtigen: Während sich die ersten beiden Phasen und über weite

Strecken die Phase der Vertiefung der therapeutischen Beziehung auf den engen Rahmen der therapeutischen Beziehung konzentrieren, setzt mit dem Aktivieren der Kontaktfunktion allmählich ein Umsetzen der therapeutischen Erfahrung in Alltagserfahrung ein und selbständige Versuche, das Gefühl des Selbst auch im Alltag zu steuern. Die Krise der therapeutischen Beziehung hängt eben auch mit dieser Konfrontation mit der Welt außerhalb zusammen. Die Tiefe des Loyalitätskonflikts hat damit zu tun, daß unserer Gegenüber in seiner Ambivalent verharren möchten, anstatt die Schritte nun nach draußen zu lenken, worin eben allein die Lösung auch der therapeutischen Krise besteht.

Es ist die Zeit gekommen, wo die Bedingungen der Kommunikation einzufordern sind: rückhaltlose Teilhabe, Erforschen der eigenen Randbedingungen und des Beziehungskontexts, Verbindlichkeit, Wechselseitigkeit und Präsentation und Repräsentation des Lebensprozesses. In dem Maße, wie sich unser Gegenüber diese menschenmöglichen Bedingungen zueigen macht, beginnt das Selbstgefühl auszubalancieren, das psychische Immunsystem verläßlicher zu funktionieren und Verbundenheit wie Autonomie einzukehren.

Heimkehr und Erbe oder: Der Königssohn wird wiedererkannt

Ein Lösen der therapeutischen Beziehung kann sich, ohne Abwertung und erneuten Machtvorbehalt zu mobilisieren, nicht vollziehen, wenn nicht Bereitschaft und Fähigkeit, das Selbstgefühl zu steuern, im Alltag unseres Gegenübers in Erscheinung treten. Bleibt dieser Transfer aus, so können wir sicher sein, daß wir Wesentliches im Wirken der süchtigen Beziehungsstruktur übersehen haben. Es ist dann zu prüfen, ob wir nicht in eine Situation der Enthumanisierung geraten sind. Ein Transformieren der süchtigen Beziehungsstruktur zeigt sich im Verzicht auf Manöver der Segmentierung und Triangulation im relevanten System. In der Psychotherapie mit Süchtigen kann man sich in diesem Punkt ungemein leicht täuschen. Erst der eigene Augenschein, wie der ehemals Süchtige mit wichtigen Personen kommuniziert und verhandelt, rückt oftmals die Eindrücke zurecht, die wir uns aufgrund seines Berichtes gemacht haben.

Diese Zeit dient der Überprüfung, ob die Spanne seiner Ambivalenz jetzt ein hinreichend mobiles Selbstgefühl zuläßt. Häufig finden wir das Phänomen, insbesondere mit Klienten, die den aktiven Modus bevorzugen, daß das Selbstgefühl manipulativ aufgebläht ist und sich eine Realitätsbewältigung zutraut, die überfordert. Man wird den Eindruck nicht los, daß solche Experimente zur Unzeit angelegt werden unter der Regieführung tiefer, unbewältigter Hoffnungslosigkeit, die gegen uns und gegen die therapeutische Beziehung Beweise ins Feld führen möchte. Wer möchte nicht als König im Sieg und im Triumph nach Hause kehren? Unserem Gegenüber wie dem Königssohn ist dieser laute Triumphzug nicht vergönnt. Das Wirken des Gefühls des Selbst ist leise. Verglichen mit der überlegenen Weise, in der Welt zu sein, tritt es ärmlich und beraubt einher.

Tatsächlich wird der Königssohn von seinen Brüdern beraubt und in einen Brunnen gestoßen. Vorübergehend übernimmt die süchtige Beziehungsstruktur das Kommando. Der Königssohn sitzt abgeschottet in seinem Loch, beengt, gefangen gesetzt. Königstochter, Pferd und Vogel werden ihm entrissen. Es ist der heilsame Rückfall. Denn etwas ist anders, als wenn er bisher zur Gefangenschaft verurteilt wurde: Das Selbstgefühl ist persönlich geworden, es ist wichtiger geworden als Gold: *„aber das*

Pferd, das fraß nicht, der Vogel, der pfiff nicht, und die Jungfrau, die saß und weinte." Der Jüngling kommt „als ein armer Mann in seinem Lumpenkleidern" ins heimatliche Schloß zurück, ein Wanderer, der wirklich in Bewegung gekommen ist und seinen Lebenspfad begeht. Über seine Heimkehr findet sich eine bezaubernde Szene im Märchen: „*Niemand erkannte ihn, aber der Vogel fing an zu pfeifen, das Pferd fing an zu fressen, und die schöne Jungfrau hörte Weinens auf.*" Trotz seiner Lumpen wird der Königssohn erkannt, identifiziert als Teilhaber von Kommunikation. Er tritt rechtmäßig und ausgewiesen sein Erbe an: die psychosoziale Identität. Dieses Bild ist ein vollendeter Ausdruck von Identität: Er hat Vogel, Pferd und Jungfrau erworben, und sie bekennen sich fraglos zu ihm, als wären sie eins. Während, solange die Ambivalenz vorherrschte, die eigenen Regungen fremd, gefährlich, niedrig, gierig, schamerfüllend erschienen und mit Angst oder Haß verfolgt und versteckt wurden, können sich Empfindungen, Gefühle, Phantasien zur Person bekennen und fraglos an der inneren und äußeren Kommunikation teilnehmen. Identität - so unterstreicht dieses Bild - ist Ausdruck von Wechselseitigkeit, von Bezogenheit und der Fähigkeit, Quell eigener Regungen und Gedanken zu sein.

Das Erbe ist der goldene Apfel, der alle Aspekte des Selbstgefühls umfaßt. Es ist Teil des Baumes und in nuce Baum zugleich. Die Lösung der Individuation besteht im Lebensfluß, der all die Stadien vereint, indem er von einem zum anderen wandert. Es ist die Herausbildung des integrierten Gefühls des Selbst, das Selbst und Welt, Teil und Ganzes in persönlicher Weise und im subjektiven Erleben und nur dort verwebt. Im fünfte und letzte Schritt wird das Gefühl des Selbst als dynamischen Organisator der Person inthronisiert: *Das Gefühl psychosozialer Identität ist geboren und mit diesem die erwachsene Person.*

Das Gefühl psychosozialer Identität kehrt ein:

- Selbst Zentrum werden und Quell individueller Kontextproduktion
- Unvollkommenheit akzeptieren durch den Wunsch und die Bereitschaft zur Kommunikation im Sinne des pragmatischen Imperativs
- Antreten des Erbes der Adoleszenz: Gefühl der Identität.

Abschied oder: Töten und Verwandeln des Fuchses

Bereits unmittelbar nachdem der Königssohn das Selbstgefühl in seiner ganzen Gestalt erworben hatte, bat ihn der Fuchs, er möge ihn Töten und Kopf und Pfoten abschlagen. Er wehrte dieses Ansinnen ab. In der Tat er braucht ihn noch. Die Prüfung auf seine Identität, die nun nicht durch Raub zu bestehen war, stand noch aus. Aber wer das Gefühl des Selbst erlebt und genossen hat, kann nicht mehr zurück, ohne so *unmittelbar* zu leiden, daß er alles daran setzt, seine Integrität *durch Kommunikation* wiederherzustellen. Fortan gibt es subjektiv keine andere Wahl. Aber es ist wohl auch so, daß der Königssohn das Ansinnen seines absonderlichen Lehrmeisters noch nicht verstand.

Der anschließende Epilog gibt der Geschichte eine ungeahnte Weite und menschliche Tiefe. Es weist daraufhin, daß eine Aufgabe noch aussteht, die Erlösung des Therapeuten. Er wird schließlich erlöst, wenn ihn sein Gegenüber als den ihm verwandten Menschen, den Bruder der Königstochter, erkennt. Mit dem Erleben dieses Eingeständnisses, seiner Sehnsucht nach einem menschlichen Kommunikationspartner löst er die Vorherrschaft der süchtigen Beziehungsstruktur ab und inthronisiert das Gefühl des Selbst auf der Höhe seiner Lebensaufgabe als Gefühl der Identität. Entdecken und Verabschieden vom Therapeuten auferlegt ihm, seinen Weg bewußt zu gehen, sein „songline" zu bewahren, das ihn vor allen anderen auszeichnet und potentiell mit allen anderen verbindet. Die Sucht ist entmystifiziert. Die Kräfte und Fähigkeiten, welche die Droge vorspiegelten, enthüllt er als die seinen. Der tiefste Grund, der unserer Gegenüber bewegt, ist seine Sehnsucht nach menschlicher Begegnung, die ihn immer in Bewegung halten wird. Es ist sein inneres Drama, das Sucht und den therapeutischen Prozeß in Gang hielt. Bewußt gehen - ohne Unterlaß - ist die menschliche Existenz. Nicht mehr, nicht weniger.

Überblick 4: Über den psychotherapeutisch geleiteten integrativen Prozeß

Begegnung mit dem Vorbereitung und Motivation
*
Die Wache

Anknüpfend an Erfahren spontanen Werterlebens fördern der *Motivation* durch:
- Bindung
- Gewahrwerden der Lebenskrise.

Psychotherapeutische Elemente finden Verwendung, insbesondere aus: *Wecken der Selbstgrenze.*
Wo irgend möglich werden *Angehörige* angesprochen und *einbezogen.*
Betreuer/ Berater nehmen eine *aktive Haltung* ein.
Vielfältige, *niederschwellige Kontaktangebote.* Medizinische und sozialarbeiterische Betreuung.
Organisieren von Entzügen ambulant und stationär.

Beauftragung
*
Die goldene Feder

Etablieren der Bedingungen der Kommunikation (*pragmatischer Imperativ*) für einen wechselseitigen Prozeß von *Entwicklung und Ko-Entwicklung* versus Ko-Abhängigkeit. *Konzentrieren auf Abwertung und Machtvorbehalt* bezüglich therapeutischer Beziehung, um sich vom *Kern der Störung zu unterscheiden* und einen *positiven Kontext* zu finden.
Schritte der *Beauftragung*:
- Erste Problemdefinition der existentiellen Situation (Pseudoindividuation und negative Identität)
- erste verbindliche Beziehungsdefinition
- Festlegen eigener Therapieziele
- Beachten der Ambivalenz der Beauftragung
- erste Reaktionen auf ein Anknüpfen der therapeutischen Beziehung
- Formale Beauftragung des Therapeuten.

Kennenlernen und *Einbeziehen relevanter Personen*; u.U. erweitern der Beauftragung.
Diagnostik des Zustands des Selbstgefühls und seines Kontextes.

1. Schritt: Wecken der Selbstgrenze:
- Ausfindig machen der Selbstgrenze
- Beachten der Grenzfunktion
- Dem Bedürfnis nach Sicherheit folgen
- positiven Kontext kreieren.

Verankern der therapeutischen Beziehung
*
wundersamen Fuchs

Schließen eines tragfähigen *Arbeitsbündnisses*:
- In-Frage-stellen negativer Identität
- Attackieren des Grundzyklus süchtigen Verhaltens und Kontrakt
- In Kontakt kommen mit beiden Seiten der Ambivalenz und durch Kontrakt zu Kommunikation verpflichten
- Beauftragen, auf bestimmte *Manipulationen der Selbstgrenze zu verzichten*
- Anzeichen müssen ablesbar sein, daß die therapeutische Beziehung die *Steuerung des Selbstgefühls übernimmt.*

Das Selbstgefühl wird geweckt und belebt durch 1. und hinzukommend **2. Schritt: Modifizieren der Grenzfunktion:**
- Stärken des psychischen Immunsystems und Modifizieren der Grenzfunktion bzw. Auflockern negativer Identität
- Konfrontieren und Modifizieren der destruktiven, tautologisch-selbstbezüglichen Abwehrmechanismen und Begrenzen der Manipulation des Selbstgefühls
- Ein erstes Markieren und Berühren der Selbstgrenze
- Verzicht auf pharmakothyme Steuerung zugunsten einer *Steuerung des Selbstgefühls innerhalb und durch die therapeutische Beziehung.*

Therapeutische Beziehung bildet allmählich *Quelle von Werterleben.* Der adoleszente Konflikt taucht auf.

Überblick über den psychotherapeutisch geleiteten integrativen Prozeß

Vertiefen der therapeutischen Beziehung
*
Der Seele Flügel wachsen lassen...

Die adoleszente Krise wird reorganisiert.
Das Hauptproblem stellt dar, einen positiven Kontext zu bewahren, die vertieft auftretenden Ambivalenzen positiv zu konnotieren, um Sadismus/ Masochismus, Abwertungsprozeß und Tendenz zur Eskalation zu begegnen und zu überwinden. Verknüpfen der aufgespaltenen Seiten der Person.

Krise der therapeutischen Beziehung
*
Den Berg abtragen

Negative Identität vs. positive Identität. Reorganisieren der Person an der Basis. Lösen des Loyalitätskonflikts innerhalb der therapeutischen Beziehung und gegenüber der Herkunftsfamilie.
Ändern der epistemologischem Einstellung.

Lösen der therapeutischen Beziehung
*
Kopf und Pfoten: Bewußt gehen

Vision des eigenen Lebensweges.

Der vierte Schritt wird vollzogen und geht über in den

3. Schritt: Beleben des Gefühls des Selbst und Aktivieren der Kontaktfunktion:
- Konfrontieren und Modifizieren der tautologisch-selbstbezüglichen Gestaltung der Austauschprozesse
- Konfrontieren des aktiven und passiven Modus und des Kippens von einem zum anderen
- Überwinden von Sadismus/ Masochismus durch Verknüpfen der Ambivalenz und positive Konnotation
- Neudefinieren der Kontextpolaritäten durch aktive, positive und Selbst/ Anderer attribuierende Konnotation
- Berühren der Selbstgrenze.

Dilemma 1: Der goldene Vogel. Feuer legen an das System negativer Identität.
Dilemma 2: Der goldene Sattel. Überwinden der Isolierung des zentralen Bereichs der Person, Dialog mit der `inneren' Welt.
Dilemma 3: Die goldene Jungfrau.
Dialog mit der `äußeren' Welt.

4. Schritt: Zentrieren und Ausdifferenzieren des Gefühls des Selbst:
- Wiederherstellen der vollen Kontaktfunktion
- Selbst aufrechterhalten eines eigenen positiven Kontext des Selbstgefühls
- Überwinden der Ambivalenz durch Integration
- Verbinden mit dem zentralen Bereich der Person
- Lösen des paradoxen Loyalitätskonflikts
- Integration des systemischen wie individuellen Kontext.

5. Schritt: Das Gefühl psycho-sozialer Identität kehrt ein:
- Selbst Zentrum werden eines sozialen Systems
- Unvollkommenheit akzeptieren durch den Wunsch und die Bereitschaft zu Kommunikation im Sinne des pragmatischen Imperativs
- Antreten des Erbes der Adoleszenz: Gefühl der Identität.

Entdecken seines Gegenübers, Entmystifizieren der Sucht.
Abschied: Das Vermächtnis heißt: Bereitschaft zu rückhaltloser Kommunikation.

TEIL IV

DIE PSYCHOSOZIALE MATRIX DER SUCHT

Kapitel 14: Familiäre Bindungen Heroinabhängiger - Eine empirische Studie

Das folgende Kapitel gibt in überarbeiteter Form eine empirische Studie wieder, die in den Jahren 83 und 84 entstand und im Anhang zum Jahresbericht der Fachklinik Four Steps[1] veröffentlicht wurde. Die Tatsache, daß bis heute nur wenige empirische Untersuchungen über den Zusammenhang von Familie und Drogenabhängigkeit im deutschsprachigen Raum bekannt wurden und diese Studie nur einem kleinen Kreis Interessierter zugänglich war, bewog mich, sie in dieses Buch aufzunehmen. Auch beim heutigen Wissensstand ist diese Untersuchung noch aktuell.

Rekapitulieren wir den Zusammenhang, in dem dieses Kapitel steht. Wir unterziehen uns der Aufgabe, die „entindividuierenden Kräfte", die uns im psychotherapeutischen Teil beschäftigt haben, als aktuell wirksames Beziehungsgeflecht zu beschreiben. Wir verlassen die kontextverengende Sichtweise, die diese entindividuierenden Kräfte als „Fixierung frühkindlicher Entwicklungsstörung" zu deuten suchte. Denn eine rein psychodynamische Sichtweise vermag noch dyadische Beziehungen zu berücksichtigen, allein schon triadische Bezogenheit überfordert diesen Ansatz, wie z.B. jene manierierte Überfrachtung des Wortes „Mutter" in der psychoanalytischen Literatur verrät, die eine Unterscheidung zwischen der personalen Mutter und der Sozialisationseinheit Familie nicht kennt. Sie krankt daran, daß sie durch den Klienten auf die Familie sieht. Eine kontexterweiternde Sichtweise verändert unser Verständnis von Drogenabhängigkeit. Nicht das Verhältnis des Drogenabhängigen zur Droge kann im Mittelpunkt stehen, vielmehr ist nun zu erforschen: Inwiefern und wie wird Drogenabhängigkeit durch ein Ko-Systems aufrechterhalten und genährt? Wie sieht diese Ko-Funktion aus? Wie sieht die soziale Matrix aus, innerhalb derer psychoaktive Substanzen virulent werden? Wenn die Familie die primäre Sozialisationseinheit ist, dann müssen wir aktuelles Verhalten und psychosoziale Entwicklung im Kontext dieser prägenden und bindenden Einheit beschreiben. Wir wollen daher die hier und jetzt wirkenden familiären Bindungen Heroinabhängiger untersuchen als soziale Matrix, die das Symptom Drogenabhängigkeit und die zugrunde liegende süchtige Beziehungsstruktur aktuell mit aufrechterhält.

Wenn wir die Familie als soziale Matrix bezeichnen, meinen wir ein ganzes Funktionsbündel, ohne welches weder die in ihr lebende noch die sich von ihr ablösende Person leben kann. Sie ist eingebunden in ein Generationenkontinuum, erfüllt die Aufgabe der physische wie psychosoziale Reproduktion, sie ist Ort und Agent der primären Vergesellschaftung, sie reproduziert die menschliche und soziale Person, aber sie gibt auch den psychosozialen Raum ab, damit die Person sich selbst produziert. Sie stellt einen verbindlichen Bezugspunkt und Kontext dar. Die soziale Matrix ist Voraussetzung und Quell jeglicher individuellen Entwicklung und wesentlicher Quell, das Selbstsein ihrer Mitglieder wechselseitig aufrechtzuerhalten. Die Familie ist Beistandsgemeinschaft, ein zeitlich überdauerndes soziales Gefäß, in welchem Güter, Informationen und Status bewahrt und tradiert werden. Während der individuelle Lebenszyklus von Geburt und Tod gekennzeichnet ist, ist die soziale Matrix mit vergangenen und künftigen zu einer unbegrenzten Generationenfolge verschachtelt. Die Familie als

---

1 R. BAUDIS, Familiäre Bindung Heroinabhängiger, in: Jahresbericht des Vereins für Jugendliche e.V. 1984.

soziale Matrix ist die kleinste soziale Einheit, die ein systemisches Feld bildet und zur Selbstorganisation fähig ist. Das heißt, ihre Mitglieder sind in einem besonders hohen Maß miteinander verbunden, vernetzt und koexistent.

Einführung

Entgegen dem verbreiteten Behandlungskonzept, Drogenabhängige im Rahmen stationärer Langzeittherapie von ihren Herkunftsfamilien abzusondern[2], hatten uns schon zu Beginn der 80er-Jahre Erfahrungen beeindruckt, die diese Strategie grundsätzlich infragestellen. Wir kamen zu der Annahme, daß die meisten Heroinsüchtigen enge familiäre Bindungen unterhalten. In den Blickpunkt der Behandlung mußte folgerichtig ihre Verstrickung in abhängige Beziehungen zu ihren Herkunftsfamilien rücken. Diese abhängigen oder entindividuierenden familiären Beziehungen erscheinen als Korrelat zum Drogenmißbrauch. Die folgenden Erfahrungen in der Behandlung Drogenabhängiger im Rahmen einer Therapeutischen Gemeinschaft legen diese Annahme nahe:

(1) Aufnahme eines Drogenabhängigen kann schwerwiegende Folgen für die Herkunftsfamilie haben. Eine Aufnahme in (stationäre) Therapie tangiert nicht nur den Süchtigen selbst, sondern auch das familiäre System, dem er angehört:

Händeringend bedrängte uns Herr K., seinen 16-jährigen Sohn Uli entgegen unserer Altersbegrenzung in Behandlung zu nehmen. Uli war heroin- und medikamentenabhängig. Zur Familie gehörten noch Frau K., Hausfrau, und eine jüngere behinderte Tochter. Uli war Realschüler, er hatte beträchtliche Schwierigkeiten mit der Schule zurechtzukommen. Seinen Erzählungen konnten wir entnehmen, daß er es als seine Aufgabe ansah, zwischen Mutter und Vater zu vermitteln. Mehr noch, wenn sein Vater in trunkenem Zustand seine Mutter angreifen wollte, so habe er sich schützend vor sie gestellt. Uli konnte ein halbes Jahr bei uns bleiben, bis ihn schließlich zwei familiäre Katastrophen veranlaßten, nach Hause zurückzukehren. Die Familie war aus dem Gleichgewicht geraten.

Die erste Katastrophe hatte Frau K. verursacht: Sie hatte ihr Bügeleisen nicht ausgestellt. Das Haus der Familie brannte aus. Es mag ein zufälliger Umstand sein, daß Uli sich bei uns gern mit seinem Feuerwehrgürtel schmückte; er war bei der Feuerwehrjugend engagiert. Die zweite Katastrophe ereignete sich kurz vor Weihnachten. Angetrunken war Herr K. mit dem Auto verunglückt und nun lebensgefährlich verletzt.

Das Merkwürdige war, daß sich beide Katastrophen ankündigten durch eine allmählich Eskalation der Bemühungen, Uli in die familiäre Krise hineinzuziehen: Telefonanrufe von Frau K., ihren Sohn sprechen zu dürfen, häufen sich; dringlicheres Verlangen, ihren Sohn zu sprechen; sie verlegt ihre Anrufe auf den Abend, wenn Klienten die Anrufe entgegennehmen und unterstreicht die Dringlichkeit ihres Anliegens, indem sie ihre weinende Tochter an den Apparat holt; Herr K. schaltet sich ein und beide Eltern drohen, ihren Sohn sofort aus der Einrichtung zu holen. Sie schalten Dritte ein. Dann die Katastrophe.

Uli kam bei uns nicht zurecht. Er war fahrig, unkonzentriert, hatte Mühe, sich auf Gleichaltrige einzulassen und verbuchte viele Mißerfolge. Mehrmals wollte er weglaufen in dem Glauben, daß er zu Hause dringend gebraucht würde. Als er von der letzten Katastrophe erfuhr, ließ er sich nicht mehr halten.

2 Diese Aussage bezieht sich auf das Jahr 84.

Dieser dramatische Fall steht für viele, die stiller, ja, unter der Oberfläche des therapeutischen Alltags ablaufen und ohne Erfolg behandelt werden, weil Familienmitglieder die Behandlung sabotieren.

(2) In anderen Fällen werden die familiären Beziehungen durch eine Etikettierung als „krank" in Verbindung mit der stationären Aufnahme konserviert, um sie gegen Veränderungen während der Therapie zu schützen und nach der Behandlung dort wieder aufzunehmen, wo sie unterbrochen worden waren. Katamnestische Nachuntersuchungen in unserer Einrichtung legten nahe, daß Rückfälle gerade dann chronisch verlaufen, wenn zwei Faktoren zusammentreffen: Rückkehr in die Nähe des elterlichen Haushalts und Wiederaufleben der familiären Rolle. Chronische Rückfälligkeit korrespondierte mit erneuter familiärer Unterstützung des süchtigen Lebensstils einschließlich seiner finanziellen Substitution.[3] Der Eindruck drängt sich auf, daß einige Familien ein drogenabhängiges Mitglied brauchen.

(3) Ist es nicht merkwürdig, daß die Feststellung familiärer Bindungen Heroinsüchtiger der Anstrengung einer Untersuchung bedarf und nicht freimütig bekannt wird? Nicht allein die Vorurteile der „Drogentherapeuten" erweisen sich als hinderlich. Es ist der Drogenabhängige selbst, der von dieser abhängigen Bindung durch Klage und Arroganz ablenkt. Beispielsweise führte ich bei zwei der in die Studie einbezogenen Klienten das Aufnahmegespräch und fragte nach der Intensität des Kontaktes mit der Herkunftsfamilie. Er wurde als völlig unbedeutend dargestellt. Erst später, nachdem in der Therapiegruppe ein Vertrauensverhältnis entstanden war, wurde die familiäre Bindung preisgegeben unter allen Anzeichen von Scham und Verlegenheit.

Solche Beobachtungen legen nahe, daß nachdrücklicher als Bindungen an Gleichaltrige abhängige familiäre Beziehungen Therapieverlauf und Erfolg beeinflussen. Wenn enge familiäre Bindungen ein häufiges Korrelat zur Drogenabhängigkeit darstellen, dann berührt diese Feststellung die Behandlung der Drogenabhängigkeit selbst. Es wäre dann *eine Behandlung erforderlich, die sowohl den Drogenmißbrauch selbst angeht als auch die soziale Matrix, die zu dessen Aufrechterhaltung beiträgt.*

In der amerikanischen Literatur wird die Annahme enger familiärer Bindungen von Heroinsüchtigen auch noch im Lebensalter von 30 Jahren (und mehr) belegt. Untersuchungen von VAILLANT (1966), SELDIN (1972), NOON und REDDING (1976), KUPETZ et al. (1977) und STANTON et. al. (1978)[4] weisen folgende Punkte nach:

---

3 Auch diese Beobachtung finden wir in der Literatur bestätigt: D.J.HUBERTY (1975) ebenda.
C.D.STANTON: The Client as Family Member. Aspects of Continuing Treatment. In: B.S.BROWN (Hg.), Addicts and Aftercare. Community Integration of the Former Drug User. Beverly Hills (Sage), 1979, S.81-102.

4 G.E.VAILLANT: A twelve-year Follow-Up of New York Narcotic Addicts: III. Some Social and Psychiatrics Characteristics, in: Archives of General Psychiatry, 15, 1966, S. 599-609.
K.KUPETZ, J.LAROSA, M.KLAGSBRUN, D.I.DAVIS: The Family and Drug Abuse Symposium. Family Process 16, 1977, S. 141-147.
R.J.NOONE, R.L.REDDING: Case Studies on the Family Treatment of Drug Abuse, in: Family Process, 15, 1976, S. 325-332.
N.E.SELDIN: The Family of the Addict: A Review of the Literature. International Journal of the Addictions, 1972,7, S.97-107.
M.D.STANTON, D.B.HEARD, S.KIRSCHNER, J.I.KLEINMAN, D.T.MOWATT, P.RILEY, S.M.SCOTT, J.M. VAN DEUSEN: Heroin Addiction as a Family Phenomenon: A New Conceptual Model, in: American Journal of Drug& Alcohol Abuse 5, 1978, 125-150.

- Überraschend oft leben Heroinabhängige im elterlichen Haushalt (mehr als 60% mit durchschnittlich 28 Jahren),
- oder treffen sich sehr häufig (mindestens einmal in der Woche) mit wenigstens einem Elternteil.
- Die Bindung an die Herkunftsfamilie erscheint dem Süchtigen bedeutungsvoller als seine Bindung an einen Ehepartner.

GOLDSTEIN et. al. berichten, daß Drogenabhängige den elterlichen Haushalt als „*festen Bezugspunkt in ihrem Leben*"[5] betrachten.

Zu dem Zeitpunkt, da unsere Studie erstellt wurde, fehlte es an empirischen Untersuchungen über familiäre Beziehungen Drogenabhängiger im deutschsprachigen Raum, die diese Ergebnisse für unsere Verhältnisse überprüft hätten. 1985 erschien dann die Untersuchung „Heroinabhängige und ihre „normalen" Altersgenossen" von UCHTENHAGEN und ZIMMER-HÖFLER. Einen besonderen Aussagewert erhält diese Studie, da sie sich an eine allgemeine Untersuchung über Jugendliche in der Schweiz anschließen konnte, der eine repräsentative Stichprobe zugrundelag, und somit die Gruppe der Opiatabhängigen mit der Normalpopulation vergleichen kann. In dieser Untersuchung finden wir einige Angaben über die Bindung Opiatabhängiger an ihre Herkunftsfamilien.

Beginnen wir mit einem Ergebnis, das die Aussagen amerikanischen Untersuchungen zu bestätigen scheint: „Opiatabhängige nehmen häufiger an, daß ihr Tun *sehr wichtig für die Eltern* sei." Und zwar 68.7%. Ihre Antworten sind bei den Abstufungen „ziemlich" und „nicht sehr wichtig" deutlich unterrepräsentiert im Vergleich zur Normgruppe, aber wiederum sehr deutlich überrepräsentiert am unteren Pol „ist ihnen egal" (14.4%). Das muß nun nicht heißen, daß sie im Vergleich zur Normgruppe häufiger in der Herkunftsfamilie leben. Im Gegenteil, die Untersuchung belegt, daß 49,6% der Opiatabhängigen sich vor dem 17. Lebensjahr von ihren Eltern trennen anstatt 15,7% der Normgruppe. Sie wohnen auch seltener bei ihren Eltern (27,4% zu 43,1%) und verlassen das Elternhaus 4 1/2 Jahre früher.[6] Während wir die zentrale Bedeutung der familiären Bindung bestätigt finden, schließt das durchaus nicht ein, daß sie auch im elterlichen Haushalt leben. Es könnte sich aber so verhalten, daß Drogenabhängige in einer abhängigen Bindung zur Familie leben und den Ablöseprozeß von der Herkunftsfamilie in etwas anderer Weise durchmachen als die Normgruppe. Wir finden sie möglicherweise in den beiden Extremgruppen derer wieder, die sich besonders früh oder sehr spät vom elterlichen Haushalt trennen.

Bevor wir den Ablöseprozeß näher betrachten und genauer definieren, was wir unter abhängiger familiärer Bindung verstehen, wollen wir die Befunde über *Familienverhältnisse* von Opiatabhängigen aus dieser Untersuchung im Vergleich zur ihren „normalen" Altersgenossen wiedergeben: „Der Unterschied in der Familienvollständigkeit beim Vergleich der beiden Stichproben ist frappant. Nur 45,1% der Opiatabhängigen stammen aus vollständigen Familien gegenüber 93,2% aus der Kontrollgruppe. Auf beide Eltern mußten vor dem 16. Lebensjahr nur 3,1% der Kontrollprobanden verzichten, hingegen 25,6% der Opiatabhängigen." 27,2% der Opiatabhängigen hatten

5 P.J.GOLDSTEIN, W.ABBOTT, W.PAIGE, I.SOBEL, F.SOTO: Tracking Procedures in Follow-up Studies of Drug Abusers. American Journal of Drug&Alcohol Abuse, 1977, 4, 21-30.

6 A.UCHTENHAGEN/ D.ZIMMER-HÖFLER, ebenda, 1985, S. 67ff und S. 290.

in dieser Untersuchung *Ersatzeltern* (3,1% der Kontrollgruppe) und 32,1% verfügen über *Heimerfahrung* (0,8% der Kontrollgruppe).[7]

Das heißt, die Herkunftsfamilien Opiatabhängiger sind in hohem Maße durch Familienverhältnisse vorbelastet: überdurchschnittlich oft wachsen Drogenabhängige in unvollständigen Familien auf und haben in ihrer Kindheit die Scheidung ihrer Eltern oder den Tod eines Elternteils erfahren.[8] Die Familien von 56,5% der Opiatabhängigen sind mit Alkohol-, Medikamenten- und Drogenproblemen vorbelastet gegenüber 7% der Kontrollgruppe.[9] Wenn wir hinzunehmen, daß Suizid nahestehender Personen bei Opiatabhängigen in 33,7% verzeichnet wird, läßt sich das Ausmaß der familiären Belastung ahnen.

Die hier vorgetragenen Daten geben uns bereits einige Hinweise, an denen wir nicht vorbeikommen:

- Drogenabhängigkeit kommt in vollständigen wie unvollständigen Familien vor. Offensichtlich stehen aber Broken-home und Drogenabhängigkeit in Zusammenhang.
- Broken-home wie auch die hohe Rate an Suchtproblemen, Suizid, Trennung oder anderweitigen Verlusten eines oder beider Eltern legen nahe, daß Zurückweisung und Verlust, Todesthemen und Ambivalenz[10] die familiären Bindungen prägen.
- Dabei müssen wir in Betracht ziehen, daß Trennung, Suizid und anderweitiger Verlust der Eltern ihrerseits mit Suchtproblemen der Eltern verknüpft sind. Einen solchen Hinweis geben BECKETT und LODGE, Broken-home sei in den Familien Opiatabhängiger häufig durch Alkoholismus, Suizid, körperliche oder psychische Krankheit bedingt.[11] Dieser Befund weist auch

7 Ebenda S. 67ff.
Im deutschsprachigen Raum werden ähnliche Ergebnisse über die Familienverhältnisse bestätigt:
C.D.Stahl, W.PANZER: Soziales Umfeld und Familiensituation bei drogengefährdeten Jugendlichen. Praxis der Kinderpsychologie und Kinderpsychiatrie, 1973, 22, S. 230-235.
H.LAZARUS: Objektive und subjektive Familienstruktur von Drogenabhängigen. In Drogenkonsum. Einstieg, Abhängigkeit, Sucht. Königstein, Ts. (Hain), 1980.
D.LADEWIG, P.GRAW: Entwicklungschancen Drogenabhängiger, Weinheim 1985, S. 49.

8 M.GAY sieht ebenfalls eine auffällige Häufung von Drogenmißbrauch, Delinquenz und neurotischen Störungen bei Adoleszenten, die eine Trennung von ihren Eltern erlitten, bevor sie 16 Jahre alt wurden. M.GAY: Adolescence and Drugs, S. 78. In: MEYERSON: Adolescence and Breakdown, ebenda. BEAN findet gleichfalls in seiner Studie einen Zusammenhang von gebrochener Beziehung, besonders vor dem 15. Lebensjahr, und Drogenmißbrauch. P.BEAN, Social Aspects of Drug Abuse: A Study of London Drug Offenders, I. Criminal Law Crim. Pol. Sci., Vol. 62 No.1, 1971, pp. 80-86.

9 Immer wieder wird auf diesen Zusammenhang von Suchtmittelkonsum der Eltern und Drogenabhängigkeit der Kinder aufmerksam gemacht:
A.BRACONNIER, C.OLIEVENSTEIN: Attempted Suicide in actual Drug Addicts. Revue de Neuropspychiatrie Infantile et d'Hygiene Mentale de l'Enfant 1974, 22, S. 677-693.
P.A.CARNEY, M.W.TIMMS, R.D.STEVENSON: The social and psychological Background of young Drug Abusers in Dublin. Br. J. Addict. Vol. 67, 1972, S. 199-207.
S.R.CRAIG, B.S.BROWN: Comparison of youthful Heroin Users and Nonusers from one Urban Community. Int. J. Addict. 1975, 10, S. 53-64.
D.MOHAN, P.K.RUSTAGI, K.R.SUNDARAM, G.G.PRABHU: Relative Rist of adolescent Drug Abuse: Part I, Sociodemographic and interpersonal Variables. Bull. Narc. 1981, 33, S. 1-8.
D.M.STANTON, T.C.TODD: Strukturelle Familientherapie mit Drogenabhängigen, in: KAUFMAN/KAUFMANN, 1983, S. 61f.

10 UCHTENHAGEN/ZIMMER-HÖFLER: „Ambivalenz in allen sozialen Beziehungen, die bei engen Beziehungen umso größer wird“. Ebenda S.158.
LADEWIG/GRAW heben „größere Ambivalenzen und Spannungen“ in Partnerschaften Drogenabhängiger und seinen Beziehungen zu Eltern hervor. Ebenda S.72f.

11 H.D. BECKETT, K.J. LODGE: Aspects of Social Relationships in Heroin Addicts admittet for Treatment. Bull. Narcot. 23, 1971, S. 29-36.

daraufhin, daß die Entwicklung von Opiatabhängigkeit häufig mehrere Generationen umfaßt.

- Drogenabhängige beziehen sich in besonderer Weise auf ihre Herkunftsfamilie auch dann, wenn sie Gleichgültigkeit an den Tag legen.

Nicht nur die Frage, ob Bindungen zur Herkunftsfamilie bestehen, sind für eine Therapie von großer Tragweite, sondern auch nach der Art der Bindung, die wir als familiäre Abhängigkeit bezeichnen. Mit „Abhängigkeit" soll hier nicht die wechselseitig bestätigende Bindung gemeint sein, deren Bejahen jede intensivere Kommunikation impliziert. Wir sprechen von familiärer Abhängigkeit im Sinne einer „entindividuierenden Kraft", die individuelle Reifung, Autonomie und echte Separation behindert oder vereitelt. Die Familientherapie hat eigene Vorstellungen von diesen entindividuierenden Kräfte entwickelt. I.BOSZORMENYI-NAGY und M. SPARK heben hervor, daß „die Individuation eines Menschen in der Perspektive ihrer dynamischen Ausbalancierung mit symbiotischen, entindividuierenden Kräften gesehen werden muß"[12]. Diese entindividuierenden Kräfte resultierten aus Loyalitätsverpflichtungen gegenüber der Herkunftsfamilie. Familienloyalität stehe der Individuation antithetisch gegenüber. Für die vorliegende Studie waren darüber hinaus Überlegungen von STIERLIN und HALEY relevant. Gemeinsam ist den familientherapeutischen Konzepten, daß sie durch ihre Konzentration auf gegenwärtige familiäre Beziehungen und Transaktionen ein neues Verständnis von Individuation und Separation nahelegen. Das adoleszente Ablösedrama erhält eine im Vergleich zur Psychoanalyse ganz neue Bedeutung und wird zentral für psychosoziale Gesundheit und Integrität.

Da HALEY diese entindividuierenden Kräfte in der Organisation der Familie vermutet, vermag sein Modell konkrete Hypothesen über familiäre Organisation im Zusammenspiel mit dem Ablöseprozeß zu formulieren. Seine Vorstellungen wurden für die Familientherapie mit Drogenabhängigen grundlegend. Als besonders bedeutsam für eine eingehendere Beschreibung der entindividuierenden Kräfte der sozialen Matrix Jugendlicher erweisen sich zwei Begriffe: „rigide oder perverse Triade" und „Umkehrung der Familienhierarchie". MINUCHIN definiert „rigide Triade" als „dysfunktionales Muster", das man dann beobachten kann, „wenn Eltern ein Kind dazu benützen, ihren ehelichen Konflikt umzuleiten oder abzubiegen. Die Grenze zwischen dem ehelichen Subsystem und dem Kind wird diffus und die Grenze rund um die Eltern-Kind-Triade, die ja diffus sein sollte, wird unangemessen starr."[13] Schwierigkeiten zwischen den Ehepartnern werden mit einem (oder mehreren) der Kinder verhandelt und dient einer gewissen Stabilisierung auf elterlicher Ebene. Gerade dies gibt dem Verhalten des Indexklienten unangemessen viel Bedeutung, Einfluß auf die Eltern und Macht. HALEY spricht von einem „perversen Dreieck": Ein Elternteil A ist in fester Koalition mit dem Drogenabhängigen und unterstützt ihn gegen den anderen Elternteil B. Elternteil A teilt Geheimnisse mit dem drogenabhängigen Kind, versorgt ihn mit Geld und vereitelt alle Maßnahmen, die Elternteil B treffen mag.[14] Der Drogenabhängige wird zum „Kommunikationsvermittler zwischen A und B". „Auf verbaler Ebene" bezieht sich ein solches Gespräch auf den Drogenabhängigen, auf einer

Aber auch A.UCHTENHAGEN: „Geht man der Frage nach, wodurch das Broken Home zustande gekommen ist, dann stößt man überraschend häufig auf den Tod eines Elternteils, was in erster Linie die Väter betrifft und dort wieder auf eine erhöhte Suizidrate zurückzuführen ist." in: Die Familien Drogenabhängiger, Familiendyn. 3, 1982, S. 286.

12 B. NAGY und G. SPARK: Unsichtbare Bindungen, Klett-Verlag Stuttgart, 1981, S. 43.

13 S. MINUCHIN: Familien und Familientherapie, Lambertus-Verlag, Freiburg i.Brg., 1981, S. 130.

14 J. HALEY: Ablösungsprobleme Jugendlicher", Pfeifer-Verlag, 1981.

„metaphorischen" aber auf den Ehepartner. Die Diskussionen über das Verhalten des Süchtigen dienen den elterlichen Bezugspersonen zur Stabilisierung ihrer eigenen Beziehung. „Exzentrisches Verhalten" des Jugendlichen wird zum sensiblen Regler des ehelichen Konflikts. Hier wird bereits die Verquickung der ehelichen Krise mit der adoleszenten Krise angedeutet, die STIERLIN (s.u.) eingehend beschreibt.

HALEY beschreibt die Folgen für die Familienorganisation: Die elterlichen Bezugspersonen schließen sich nicht zusammen, um gemeinsam die Führung des Drogenabhängigen zu übernehmen und sein Verhalten zu ändern. Sie unterminieren gegenseitig ihre Autorität. Umgekehrt wird der Drogenabhängige nicht selbständig und die Familie nicht verlassen. Er befindet sich gegenüber den elterlichen Bezugspersonen in einer Machtposition, da sie auf ihn angewiesen sind, um ihre Beziehung stabil zu halten. Der drogenabhängige Jugendliche gerät nun in einen sich endlos wiederholenden Zyklus von Ablösung und Bindung und blockiert seine eigene Entwicklung zu Autonomie und Selbständigkeit. Sein „exzentrisches" Verhalten ist eine adaptive Funktion an eine „verrückte" Situation. Ebenso bleibt die Weiterentwicklung der Familie.[15]

HALEY kann nun die enge Verzahnung von adoleszenter Krise und Krise der elterlichen bzw. ehelichen Beziehung folgendermaßen beschreiben: „Eine Möglichkeit, wie ein junger Mensch eine Familie stabilisieren kann, besteht darin, ein Problem zu entwickeln, das ihn stark behindert und zum Versager macht, so daß er weiterhin die Eltern braucht. Die Funktion des Versagens ist die, daß die Eltern weiterhin durch und über den jungen Menschen kommunizieren, wobei die Organisation unverändert bleibt. Vermögen Kind und Eltern sich nicht zu lösen, dann kann die Dreiecksstabilität viele Jahre erhalten bleiben, unabhängig vom Alter des Kindes."

HALEYs Ansatz hat nicht nur den Vorteil, daß er die entindividuierenden Kräfte, denen der junge Mensch ausgesetzt sein kann, aus der Struktur der familiären Organisation erklärt, sondern auch den Prozeß der Chronifizierung als einen Teufelskreis fortwährender Zyklen von Ablösung und Bindung versteht. „Funktional betrachtet hat „exzentrisches" Verhalten die Tendenz, die Organisation zu stabilisieren und die Hierarchie zu klären. Wenn die Normalität wiederkehrt, tritt die Organisation wieder in einen Zustand der Verwirrung ein." „Die Eltern verändern nichts an ihrer Beziehung; diese bleibt beim Status quo, als ob sie genauso wenig zur nächsten Phase des Familienlebens übergehen könnten wie ihr abhängiges Kind."[16]

Anknüpfend an HALEY erklären M.D. STANTON und T.C. TODD die Tendenz zur Chronifizierung so: „Einige Familien werden instabil und geraten in Not, wenn ein Sohn oder eine Tochter das Elternhaus zu verlassen beginnt. Versagt der junge Mensch in diesem Punkt und streckt er die Waffen, kann sich die Familie wieder stabilisieren, falls das Kind das Zuhause noch nicht verlassen hat. Das ist auch möglich, wenn der junge Mensch regelmäßig wissen läßt, daß er noch immer versagt. Es kann selbst dann noch möglich sein, wenn die Familie wütend auf ihn ist und ihn scheinbar ablehnt."[17]

MADANES, DUKES und HORBIN kommen in ihrer Untersuchung über „familiäre Bindungen von Heroinsüchtigen" auf einen interessanten Punkt zu sprechen. Sie weisen in ihrer Untersuchung nach, daß diese rigide intergenerative Dreiecksbeziehung in

---

15 T.v.VILLIEZ: „Sucht und Familie", Berlin 1986.

16 J. HALEY, ebenda S. 46f.

17 M.D.STANTON, T.C.TODD: Strukturelle Familientherapie mit Drogenabhängigen, ebenda S. 67.

Herkunftsfamilien Heroinabhängiger eine Umkehrung der üblichen hierarchischen Familienordnung und größere intergenerative Nähe zum drogenabhängigen Jugendlichen als zum Ehepartner beinhaltet. Es „wird die übliche hierarchische Familienordnung, nach der die Elterngeneration eine höhere Position einnimmt als die Generation der Nachkommen, umgestoßen". Diese Verdrehung kommt dadurch zustande, daß einer der elterlichen Bezugspersonen in der Hierarchie auf die Ebene der Nachkommen degradiert wird. Im Hinblick auf Nähe und Distanz zwischen den Familienmitgliedern weisen die Autoren nach, daß „auf der Ebene der beiden elterlichen Bezugspersonen nicht die gleiche Nähe gezeigt wird wie über die Generationsschranken hinweg von einer elterlichen Bezugsperson zum Nachkommen"[18]. Diese Befunde von MADANES et. al. sind für unsere Argumentation interessant, weil sie in präziser Weise als aktuelles Beziehungsgeflecht genau das beschreiben, was wir als zentrale Suchtphantasien bezeichneten, einen Zustand, worin sich die Selbst-Anderer-Polaritäten vertauschen. Wir werden diesem Gedanken später folgen.

STIERLIN konzentriert sich auf die Qualität der Beziehungen in der Familie und die hieraus resultierende Familiendynamik. Er beschreibt Familienloyalität und Streben nach Individuation als antithetische Kräfte, die die Familiendynamik bestimmen: „die Wirkung von zentripetalen und zentrifugalen Kräften im dramatischen Ablösungsprozeß in der Adoleszenz". STIERLIN unterscheidet drei verschiedene Beziehungsmodi, die durch das Verhältnis dieser beiden Kräfte charakterisiert sind: Der Beziehungsmodus „Binden" beruht nach STIERLIN auf affektiver Ebene auf regressiver Verwöhnung und hält den Heranwachsenden infantil; im Beziehungsmodus „Delegieren" wird der Jugendliche ausgesandt und zugleich festgehalten; durchgängiges Vernachlässigen und/oder Verstoßen des Kindes definiert den Modus „Ausstoßen". STIERLIN betont, der jeweilige Beziehungsmodus sei nicht eigentlich pathologisch; es komme darauf an, daß er altersspezifisch funktioniere: „Wenn die altersspezifischen Beziehungsmodi für das Kind entweder unzeitgemäß, zu intensiv oder in inadäquater Verbindung miteinander auftreten, dann leidet darunter die Entwicklung des Selbst und der wechselseitige Ablösungsprozeß von Eltern und Kindern."[19]

STIERLIN befaßte sich intensiv mit dem Ablösedrama der Adoleszenz. Er ermöglicht uns jenes zentrale Merkmal, das verschiedene Autoren als „Spannung und tiefe Ambivalenz aller sozialen Beziehungen" Drogenabhängiger bezeichnet haben, als Ausdruck jener antithetischen Wirkgrößen zu verstehen. Die werdende soziale Person, der sich ablösende Adoleszent oder junge Erwachsene, läßt sich nun als Schauplatz einer familiären Inszenierung begreifen, da beide antithetischen Kräfte in seiner Brust wohnen: Loyalität gegenüber der Herkunftsfamilie und Streben nach Individuation. Diese Betrachtungsweise gibt uns eine Antwort auf die Frage, warum denn ein junger Erwachsener empfänglich ist, ein stabilisierende Rolle in der Familienorganisation zu übernehmen. Der Blick auf die familiäre Organisation wird ergänzt durch ein Sichtbarwerden des Adoleszenten als Teil und im Kontext der familiären Matrix.

Im Unterschied zu HALEYs Ansatz eröffnet uns STIERLIN die Möglichkeit, auch die sich in Auflösung befindlichen oder aufgelösten Familien und ihre Dynamik zu beschreiben und zu klassifizieren bezüglich ihres Verhaltens im Ablösungsdrama. Er

18 C. MADANES, J. DUKES, H. HORBIN: Familiäre Bindungen von Heroinsüchtigen, Zeitschrift f. Familiendyn., 6. Jg., 1, 1981, S.27

19 H. STIERLIN: Eltern und Kinder, Das Drama von Trennung und Versöhnung im Jugendalter, Suhrkamp, Frankfurt a.M. 1980, S. 48.

unterscheidet Familien im Ablöseprozeß nach ihrer zentripetalen und zentrifugalen Tendenz. Solange der Familienverband als soziale Umgrenzung erhalten bleibt, werden Familien als zentripetal eingestuft. Als zentrifugal dort, wo der Familienverband ausstößt, zerreißt oder über längere Zeit hinweg (mind. 1 Jahr) die familiäre Erziehung delegiert (z.B. Heimerziehung wegen Erziehungsschwierigkeiten), wo die Eltern vernachlässigen und der Jugendliche wiederholt ausreißt. Zentripetale Familien betonen idealtypisch den Konsens im Gegensatz zu den zentrifugalen, die die individuelle Freiheit hervorheben. Im Konfliktfall sind die ersteren bereit, individuelle Abweichungen für den familiären Konsens zu opfern, während zentrifugale zur Auflösung und Vernachlässigung neigen. Die Familien können zwischen den beiden Dynamiktypen hin- und her pendeln und zeitweilig zentripetale oder zentrifugale Züge zeigen.

Annahmen und Methoden der Untersuchung

Allgemeines

Die vorliegende Studie entstand in der Therapeutischen Gemeinschaft Four Steps in Schorndorf, einer stationären Langzeiteinrichtung für drogenabhängige Männer und Frauen. Ihr liegt eine einjährige Untersuchung zugrunde, die vom 1.2.83 bis zum 31.1.84 durchgeführt wurde. Der Untersucher war zugleich als Psychotherapeut tätig. Das psychotherapeutische Setting in Verbindung mit Familiengesprächen verhalf zu einer intimen Kenntnis der Up und ihrer Herkunftsfamilie - in diesem Kontext konnten Informationen gesammelt werden, die sonst entweder nicht mitgeteilt, verzerrt wiedergegeben oder verleugnet würden - und ermöglichte eine vielschichtige und dichte Materialsammlung als Grundlage dafür, die familiären Bindungen und Beziehungen zu beschreiben.

Annahmen der Untersuchung

1) Es wird räumliche und kommunikative Nähe des Süchtigen zu seiner Herkunftsfamilie bzw. stellvertretenden Bezugspersonen unterstellt.
2) Auch wenn der Süchtige in deutlicher räumlicher Entfernung lebt, bleiben abhängige familiäre Bindungen erhalten.
3) Der Ablöseprozeß von der Herkunftsfamilie findet entweder besonders früh (vor dem 18. Lebensjahr) statt oder relativ spät (mit 24 Jahre und später).
4) Die familiären Bindungen werden de facto mehr respektiert als Bindungen zu (Ehe-) Partnern.
5) Als Korrelat zur Inkompetenz des Süchtigen finden wir familiäre „Rettungsengel"
6) und größere intergenerative Nähe zwischen Süchtigem und einem Elternteil, als zwischen den Eltern gezeigt wird.
7) Ein Elternteil wird abgewertet, so daß er in der Hierarchie auf gleiche Stufe mit dem Süchtigen zu stehen kommt (Hierarchieumkehrung).
8) Der Süchtige bildet mit seinen Eltern eine Dreiecksbeziehung, in der wesentliche elterliche Interaktionen über ihn laufen oder sich auf ihn und seine

Symptomatik beziehen (rigide Triade).

9) Häufig ist die familiären Erziehungsgewalt gespalten und wird de facto mit anderen geteilt. Häufig bleibt dieser Zustand ungeklärt.

Untersuchungsmethoden

Wir haben schon erwähnt, daß diese Untersuchung aus der psychotherapeutischer Arbeit in Gruppen und Einzelgesprächen und in Verbindung mit Familiengesprächen heraus erwachsen ist. Eine Untersuchung, die auf einer solchen Grundlage entsteht, hat den Vorteil, daß sie sehr intime Informationen über familiäre Beziehungen aus Sicht der Up erhält, läuft aber Gefahr, eine verzerrte Beschreibung der Familie abzugeben. Es war daher notwendig, möglichst eindeutige und objektivierbare Kriterien heranzuziehen. Sie werden zu den einzelnen Hypothesen jeweils aufgelistet. Um die Gültigkeit der gesammelten Daten über die Herkunftsfamilie zu erhöhen und Ratings durchzuführen, wurde jeweils wenigstens ein Gespräch mit Familienangehörigen angesetzt. Mit Ausnahme von 3 Klienten, die kurz nach der Aufnahme in die Therapiegruppen die Behandlung abbrachen, konnte dies realisiert werden.

Von der Verstrickung zur Kooperation

Um der Gefahr von Voreingenommenheit und emotionaler Vereinnahmung durch die Sicht der Up zu begegnen, hatte sich der Untersucher, sehr zum Vorteil der Therapie, die Haltung zu eigen gemacht, mit Drogenabhängigen so zu arbeiten, daß er nach einem Gespräch auch den übrigen Familienmitgliedern begegnen könnte, ohne in Loyalitätskonflikte zu geraten und sich ihrer Sicht zu verschließen. Anstelle von Verstrickung mit dem Klient wurde Wert gelegt auf Kooperation und Bündnisfähigkeit mit allen Beteiligten, auch dann, wenn sie vorerst nicht in Erscheinung traten oder auch gar nicht erreichbar waren. Der Untersucher betrachtete sich eher als „Anwalt der Familie“ und versuchte STIERLINs Forderung nach „Allparteilichkeit“ in die psychotherpeutische Einzelarbeit mit hineinzunehmen. Nur bei Up 4 wurde diese Einstellung unter dem Eindruck unmittelbarer körperlicher und seelischer Gefährdung durch den Stiefvater modifiziert.

Ein solche Einstellung verlangt Distanz zu unserem Gegenüber, erhöht die Konfliktbereitschaft und stellt höhere Ansprüche an unser Gegenüber. Andererseits ändert sich der Fokus der Aufmerksamkeit: Wir betrachten unser Gegenüber aus wechselnden Perspektiven, wobei er unentwegt in Bezug gesetzt wird zu allen anderen Familienmitgliedern. Jede einzelne Verhaltenskomponente muß nun interpretiert werden (a) unter Berücksichtigung der Art und Weise, in der alle Bestandteile oder Individuen zu diesem Verhalten beitragen und es ermöglichen, und (b) wie sein eigenes Verhalten alle Mitglieder der Familie beeinflußt. Wie von selbst geraten nun die Probleme der Ablösung von der Herkunftsfamilie im Blickfeld. Angesichts des schillernden Verhaltens Süchtiger und der Gefahr, daß die therapeutische Beziehung zu narzißtischer Fütterung verkommt, angesichts der tiefen Ambivalenz aller menschlichen Beziehungen und der Bereitschaft zur Grenzverletzung ist eine solche Einstellung heilsam gegenüber der Dynamik der süchtigen Beziehungsstruktur. Die hier vorgetragene Haltung hilft uns, gerade die im vorigen Kapitel beschriebenen Vertauschungen von Selbst/ Anderer, Erleiden/ Zufügen, guten und unangenehmen Zustände zu erkennen und aufzugreifen. Es hilft uns, die zentralen Suchtphantasien als aktuelle und aktive Gestaltung von menschlichen Beziehungen zu begreifen. Wenn ich in dieser Weise mit meinem Gegenüber kooperiere, bewahre ich mir nicht nur die Freiheit, den anderen Mitgliedern offen zu begegnen, sondern werde - und das ist das Wichtigste - ein Bote, der die Botschaft übermittelt: „Du kannst das familiäre Gefängnis, deinen goldenen Käfig, verlassen! Du kannst dich wie der Königssohn auf die Reise begeben! Gefängnis, weil die Zeit reif ist, die *eine* Wirklichkeit der Familie zu verlassen und die Weite und Offenheit außerfamiliärer Wirklichkeiten aufzusuchen."

Eine solche Botschaft als Antwort auf die Konstellation der entindividuierenden Kräfte muß den Süchtigen erreichen. Die Haltung der Bündnisfähigkeit und Kooperation transportiert die Botschaft, daß auch der Süchtige sich frei bewegen kann, wenn er nur seine Hybris, die seiner Opferung schmeichelt, aufgibt. Hierin wird der Therapeut zum Modell, wie sein Gegenüber aus seiner Verstrickung herausfinden kann. Eine Haltung grundsätzlicher Wertschätzung aller Familienmitgliedern und sonstigen wichtigen Personen sichert nachhaltiger die Wertschätzung unseres Gegenübers selbst, generiert jenen geforderten positiven Kontext und positive Selbstdefinition, die erst die Grundlage abgeben, um sich von der Herkunftsfamilie wirklich zu lösen. Mit anderen Worten, Kooperation ist eine therapeutische Einstellung, die die Selbstgrenze respektiert und achtet, die Grenzfunktion und das organisierende Gefühl des Selbst anregt und somit einem Zustand chronischer Grenzverletzung begegnet.

Triadische Befragungsmethode

Als wichtige methodische Hilfe, diese Haltung der Kooperation mit dem gesamten System zu verwirklichen, erwies sich dabei das Befragungsprinzip, jede familiäre Situation, die im Therapiegeschehen zur Sprache kam, nicht allein nach dyadischen, sondern nach triadischen Bezügen zu eruieren. Diese Befragungsmethode werden von SELVINI et al.[20] beschrieben. Sie versucht dem Aufeinanderbezogen-Sein von Kommunikation innerhalb eines systemischen Feldes gerecht zu werden und beständig Unterschiede, d.h. Information, einzuführen. Diese Befragungsmethode wurde auf die Therapiesituation im Einzel- oder Gruppengespräch übertragen, wobei auf konkrete Verhaltensbeschreibung Wert gelegt wurde. Ein Beispiel: „Wenn Du abends zu Hause vorbeischaust, wer ist üblicherweise da? Richtest Du es ein, daß jemand bestimmtes fehlt? Was tun die Anwesenden? Was geschieht in dem Augenblick, wenn Du in Erscheinung trittst? Was ändert sich mit Person A, B, etc. ? An wen wendest Du Dich? Mit welchem Anliegen? Was wird ungefragt für Dich getan? Z.B. Essen aufgetragen, Wäsche abgenommen? ..." Es wurde eine Liste wichtiger Situationen erstellt, die standardmäßig eruiert wurden:

- Welches Familienmitglied erfuhr zuerst vom Drogenkonsum? Welcher Elternteil? Wann beide Eltern? Durch wen? In welcher Situation? Wie reagierten die einzelnen Familienmitglieder?
- Welche Maßnahmen traf die Familie gegen weiteren Drogenmißbrauch? Mit welcher Gemeinsamkeit? Mit welchem Erfolg? Wie wurde Erfolg vereitelt? Auf wen konnte sich der Abhängige 'verlassen'? Wie ging er dabei vor, wie war seine Beteiligung? Wie vereiteln die Eltern den

20 M. SELVINI PALAZZOLI, L. BOSCOLO, G. CECCHIN, G. PRATA: Hypothetisieren - Zirkularität - Neutralität: Drei Richtlinien für den Leiter einer Sitzung, Zeitschrift f. Fam.dyn., 2, 1981, S. 123-39.

Erfolg ihrer Maßnahmen?

- Zwischen wem gibt/ gab es Familiengeheimnisse? Welche teilt der Drogenabhängige mit wem? Wer wird ausgeschlossen? Wie reagiert(e) der/ die Ausgeschlossene(n)?
- Wie sieht die familiäre Arbeitsteilung zwischen allen Mitgliedern aus? Welche Tätigkeiten übernehmen Familienmitglieder für den Drogenabhängigen? Wie kann er sie dazu motivieren? Manipulieren? Wem hilft er? Wer übernimmt Rettungsaktionen? Wer gibt finanzielle Zuwendungen?
- Wie werden elterliche Maßnahmen unterlaufen? Mit wessen Unterstützung? Wie erhält er diese?
- Welche Themen werden mit welchem Elternteil besprochen? Insbesondere Beschwerden über andere Mitglieder? Intimes des elterlichen Paares oder des Drogenabhängigen?
- Wie äußern Eltern Unstimmigkeiten? Wie streiten sie? Tun sie das überhaupt? Kann der Abhängige in Ruhe zusehen bzw. sich raushalten bzw. sich rechtzeitig entfernen? Wie wird er hineingezogen? Wie bringt er sich ins Spiel? Was hält ihn?

Diese Fragetechnik wurde in die psychotherapeutische Methodik integriert. Sie hilft, vom Geschichtenerzählen wegzukommen, fördert neue, überraschende Beziehungsaspekte und Motive zu tage und hilft, sich ein angemesseneres Bilder der familiären Transaktionen und der Rolle des Süchtigen darin zu machen. Ein therapeutisch nicht zu unterschätzendes Element ergibt sich ganz nebenbei: Der Süchtige erscheint in einer aktiven, mitgestaltenden, handelnden Rolle, auch wenn er vorgibt, sich passiv zu verhalten. Er erkennt sich selbst als aktiv Handelnden. Wir werden später einen entsprechenden Ausschnitt aus einem Protokoll wiedergeben. Diese Befragung wurde durch Erstellen eines „Familienplanes" nach V.SATIR[21] ergänzt, anhand dessen eine genaue Befragung familiärer Ereignisse und der jetzigen familiären Beziehungen, besonders ihre Entwicklung seit etwa zwei Jahre vor Beginn der Suchtkarriere, durchgeführt wurde. Diese Angaben wurden protokolliert. Von den Gesprächen mit Familienangehörigen wurden Gedächtnisprotokolle angefertigt.

Untersuchungspersonen

In die Untersuchung wurden alle Klienten einbezogen, die vom 1.2.83 bis zum 1.10.83 in die Psychotherapiegruppe des Untersuchers aufgenommen oder in psychotherapeutische Einzelstunden behandelt wurden. Die Therapiegruppe wurde am 1.2.83 mit Beginn der Untersuchung neu gebildet. Neue Mitglieder wurden laufend aufgenommen.

Die Stichprobe umfaßt 18 KlientInnen, 7 weibliche und 11 männliche Drogenabhängige. Drei Klienten brachen die Therapie während der Untersuchung ab, zwei von ihnen im ersten Monat nach der Neueinteilung. 17 Upn sind heroinsüchtig, zumeist mehrfachabhängig; eine Up ist alkohol- und medikamentenabhängig, auch wenn sie gelegentlich illegale Drogen konsumierte.

Ergebnisse und Diskussion

Untersuchungspersonen

Das Alter der Upn in der zugrundeliegenden Stichprobe streut zwischen 18 und 33 Jahre und liegt bei durchschnittlich 24,5 Jahren, für Männer bei 26 und für Frauen

21 V. SATIR: Selbstwert und Kommunikation, Pfeiffer-Verlag, Freiburg i.Brg., 1975, S. 173ff.

bei 22 Jahren. Da die Variablen „Alter“ und „Geschlecht“ in dieser Stichprobe miteinander zusammenhängen können, werden Alter und Geschlecht in den Tabellen, wo nötig, angegeben.

Die Drogenkarriere wurde im Alter von 11 bis 18 Jahren begonnen, durchschnittlich mit 14 Jahren; sie erstreckt sich auf einen Zeitraum von 3 bis 21 Jahren, im Durchschnitt 9,7 Jahre.

Unter dem Druck gerichtlicher Auflagen haben 9 Klienten (50%), ausschließlich Männer, die Therapie begonnen; 9 Upn sind im juristischen Sinne freiwillig bei uns, darunter sind alle Frauen. Gefängnisaufenthalte haben 9 Klienten, wieder ausnahmslos Männer, hinter sich.

Die Hälfte der Upn besuchten die Hauptschule, 28% die Realschule und 17% das Gymnasium. 33% der Upn sind ohne Schulabschluß, darunter 3 ohne Hauptschulabschluß (17%). Bezüglich der schulischen und beruflichen Ausbildung gibt es deutliche Unterschiede zwischen männlichen und weiblichen Upn, die z.T. wiederum auf die Variable „Alter“ zurückgeführt werden können. Ohne abgeschlossene Berufsausbildung stehen 56% (10) der Upn da; weibliche Upn sind hier überrepräsentiert. Das angestrebte Schulniveau liegt bei den Frauen der Stichprobe deutlich höher.

Die angegebenen Daten über unsere Stichprobe sind in ihrer Tendenz vergleichbar mit den Werten, wie wir sie mit geringen Schwankungen über die Jahre hinweg registrieren[22], mit einer Ausnahme: Besuch des Gymnasiums ist in dieser Stichprobe überrepräsentiert zu Ungunsten des Realschulbesuchs. Sie lassen jedenfalls den Schluß zu, daß die Stichprobe keine groben Verzerrungen hinsichtlich der erhobenen Daten aufweist und insoweit als repräsentativ für unser Klientel gelten kann.

Über Belastungen aus familiären Verhältnisse gibt die folgende Zusammenstellung Auskunft:

vollständige Familien	10	56%
unvollständige Familien	6	33%
+ 2 vollständige Stieffamilien	8	44%
Verlust eines Elternteils	7	39%
früher Verlust eines Elternteils	6	33%
Verlust beider Eltern	3	17%
früher Tod eines Elternteils	2	11%
Verlust durch frühe Scheidung	2	11%
Verlust durch Scheidung insg.	3	13%

Tabelle 1: Familiäre Vorbelastung.

Unsere Daten belegen erneut, daß die Herkunftsfamilien Drogenabhängiger vorbelastet sind: Fast die Hälfte der Familien sind unvollständig oder Stieffamilien; sie erlitten früh (vor dem 12. Lebensjahr) den Verlust wenigstens eines Elternteils durch Tod oder Scheidung. Unsere Stichprobe weist einen höheren Anteil vollständiger Familien auf als die Untersuchung von UCHTENHAGEN/ZIMMER, und ein höherer Anteil erlitt vor dem 12. Lebensjahr den Verlust eines Elternteils. Verglichen mit anderen Untersuchungen liegen unsere Ergebnisse durchaus im Trend. Möglicherweise erreicht ein besonders belastetes Klientel die stationäre Therapie.

22 Siehe hierzu die Daten, die wir jährlich in unseren Jahresberichten veröffentlichen seit 1982. Jahresberichte des Verein für Jugendhilfe, Fachklinik Four Steps 1982 ff.

Daß Broken-home schlechtere Startchancen für den Heranwachsenden und jungen Erwachsenen nach sich zieht, wie UCHTENHAGEN belegt, finden wir bestätigt, wenn wir die Daten aus der letzten Tabelle den Familien mit zentripetaler und zentrifugaler Tendenz zuordnen. Es zeigen sich folgende Unterschiede:

Familien mit zentripetaler Tendenz	Familien mit zentrifugaler Tendenz
höheres angestrebtes Schulniveau	geringeres angestrebtes Schulniveau
höheres erreichtes Schulniveau	geringeres erreichtes Schulnivau
Schulabschluß	eher kein Schulabschluß
eher abgeschlossene Berufausbildung	eher keine abgeschlossene Berufsausbildung
späteres Einstiegsalter in Suchtkarriere	früheres Einstiegsalter
eher familiäre und öffentliche Intervention, die Therapieaufnahme veranlaßt	eher Eingreifen öffentlicher Institutionen mit geringer familiärer Unterstützung

Tabelle 2: Zentripetale und zentrifugale Familien.

Die beiden Familienklassifikationen werden fast idealtypisch veranschaulicht durch die Upn (8) und (17):

Upn (8), 30 Jahre alt, männlich, beginnt seine Drogenkarriere mit 17 Jahren (Haschisch /Trips), wird aber erst mit 27 Jahren heroinabhängig. Er sitzt drei Monate in U-Haft und wird nach § 35 BtMG in unsere Einrichtung entlassen. Dennoch ist vom ersten Tag an diese Zwangseinweisung auch seine eigene Entscheidung - im Einklang mit seiner Herkunftsfamilie. Die Dauer seiner Heroinabhängigkeit ist mit drei Jahren die kürzeste.

Upn (17), 33 Jahre alt, männlich, war bereits im Alter von 12 Jahren als alkoholgefährdet einzustufen und mit 17 Jahren ist er heroinsüchtig. Er hat vier Jahre Gefängnis hinter sich, so daß er bereits Hospitalisierungsgewöhnung zeigt. Er wird auch nach § 35 BtMG bei uns aufgenommen, akzentuiert jedoch während der Therapie seine Unfreiwilligkeit. Er hat eine stellvertretende Bezugsperson (Tante), die ihn nicht zu motivieren versteht.

Für Scheidungsfamilien kommt Up (6) einem häufigen Verlauf nahe: Sie ist 20 Jahre, wirkt emotional kindlich-unreif, aber durchtrieben. Die Scheidung ihrer Eltern erfolgte in ihrem 6. Lebensjahr. Sie verblieb der Mutter, während der Vater mit ihren beiden Brüder die Familie verließ. Beide Teilfamilien bildeten neue Stieffamilien. Seither pendelt sie zwischen beiden Familien. Mit 13 Jahren begann ihre Suchtkarriere mit massiven Alkoholproblemen, die schließlich in Heroinabhängigkeit übergingen. Sie ging ohne Abschluß von der Realschule ab. Beruf erlernte sie keinen. Ein gerichtliches Verfahren ist gegen sie anhängig. Die drohende Verurteilung und Druck seitens ihrer Eltern bringen sie zu uns, wobei sie wenig Einsicht in ihrer Sucht zeigt.

Wir haben es in unserer Untersuchung mit Familien zu tun, die über Jahre hinweg mit Suchtproblemen zu kämpfen haben. Eine durchschnittliche Drogenkarriere von fast 10 Jahren vergeht, bis sie bei uns zur Behandlung erscheinen! Es handelt sich um chronifizierte Probleme, an die sich die Familienmitglieder adaptiert haben. Diese Adaption an eine chronische Krise steht einer Behandlung am meisten im Wege. Dabei ist zu bedenken, daß jeder Drogenkarriere erfahrungsgemäß eine Zeit von wenigstens zwei Jahren vorausgeht, eine Vorphase, in der sich eindeutige Hinweise finden lassen für eine beginnende destruktive Entwicklung, die auch der Familien nicht verborgen bleiben.

Auch die Daten über familiäre Vorbelastung stimmen in ihrer Tendenz mit den in der Literatur genannten überein. Wir können die Stichprobe als repräsentativ für Heroinabhängige und ihre Herkunftsfamilien ansehen.

Räumliche und kommunikative Nähe zur Herkunftsfamilie

Datenerhebung:

Zur Beurteilung liegen Adressen der Upn und deren Eltern vor. Es gilt die Anschrift vor Therapieaufnahme, Verhaftung oder Psychiatrieeinweisung. Entfernungen werden durch die Up eingeschätzt, ebenso die Häufigkeit des Kontaktes. Heimaufenthalte u.a. werden Sozialberichten und Lebensläufen entnommen.

Ergebnisse:

1. Räumliche Nähe:

Up	Geschl.	Alter	elterlicher Haushalt	unmittelbare Nähe	deutlich räumlich getrennt	eigene Wohng.	Therapeut. Institution	obdachlos
1	w	24	-	x	-	x	-	-
2	w	23	x	-	-	-	-	-
3	w	23	x	-	-	-	-	-
4	w	20	-	-	-	-	x	-
5	w	18	-	-	-	-	-	x
6	w	20	x	-	-	-	-	-
7	w	27	-	-	x	x	-	-
	7	18-27	3	1	1	2	1	1
8	m	30	x	-	-	-	-	-
9	m	26	x	-	-	-	-	-
10	m	27	x	-	-	-	-	-
11	m	24	x	-	-	-	-	-
12	m	24	x	-	-	-	-	-
13	m	24	x	-	-	-	-	-
14	m	32	-	x	-	x	-	-
15	m	23	-	-	-	-	x	kurzfristig
16	m	21	-	-	x	x	-	-
17	m	33	-	x	-	x	-	-
18	m	23	-	-	-	-	-	x
	11	21-30	6	2	1	3	1	1
N=18		24,5	9 (50%) 24,6 J.	3 (17%)	2 (11%)	5 28%)	2 (11%)	2 (11%)

Tabelle 3: Wohnsituation unmittelbar vor der Aufnahme.

Die Hälfte der Drogenabhängigen, das sind 9, lebten vor der Aufnahme - bzw. vor ihrer Verhaftung - im elterlichen Haushalt und drei weitere (17%) in unmittelbarer Nähe; das sind insgesamt 12 Upn (67%). Zwei weitere Upn sollen noch Erwähnung finden, die immer wieder im elterlichen Haushalt Quartier suchten, auch wenn sie vor der Aufnahme entweder in eigener Wohnung deutlich räumlich getrennt (Up 7) oder gerade obdachlos (Up 18) lebten. 4 (22%) Upn hielten sich vor der Aufnahme in therapeutischen Institutionen auf oder waren gerade obdachlos. Sie waren nach mißglücktem Versuch der Verselbständigung in die Obhut pädagogisch/ therapeutischer Institutionen zurückgekehrt. Diese Upn waren entweder in Heimen aufgewachsen oder waren in ihrer Jugendzeit durch Erziehungsheime, psychiatrisch-therapeutische Wohngruppen u.ä. gewandert. Sie wurden dieser Untergruppe zugeordnet, da ihnen ein Merkmal ge-

Ge-schl	Al-ter	Ausreißen	Verstoßen	Wechseln zwischen 2.Familie/ Instituti-on	Versuch in eige-ner Whg. zu leben	1. Auszug	ge-schei-tert	Rück-kehr in elterl. Haush.	in ther. Insti-tution	vorige Sucht-behan dlung	Straf-vollzug
w	24	-	-	-	ja m.Fr.	23 J.	-	-	-	-	-
w	23	-	-	elt.Whg<>eig. Whg.	ja m. Fr.	18 J.	ja	ja	-	-	-
w	23	-	-	elt.Whg.<>eig. Whg.	ja m. Fr.	19 J.	ja	ja	-	-	-
w	20	8 J.	ja,durch Mißhdg.	Psychiatrie/Heim/ elterl. Wohg.	ja	18	ja	-	ja	-	-
w	20	15 J.	unklar	Fam./Pflegefam./ Heim	ja	18 J.	ja	-	obach los	-	
w	20	14 J.	-	Fam./Stieffam./vä-terl. Fam. /Erzieh.-maßnahme/Internat	nein	nein	-	-	-	-	-
w	27	13 J.	ja, „Schuld" am Tod d. Bruders	Erzheim/mehrfache Rückkehr zu Eltern	ja m.Fr.	16 J.	ja	häufig	-	-	-
-	-	4 (12,5J.)	2	6 (H.erf. 4)	6	18,7 J.	5	3	1	-	-
m	30	-	-	-	nein	-	-	-	-	-	ja, 30j.
m	26	-	-	-	nein	-	-	-	-	-	ja, 26j.
m	27	-	-	-	ja	24 J.	ja	ja	-	ja	ja, 22j.
m	24	-	-	väterl.Haush.<> Tante	nein	-	-	-	-	-	ja,17j.
m	24	-	-	-	nein	-	-	-	-	-	ja, 23j.
m	24	-	-	-	ja m. Fin	22 J.	ja	ja	-	-	
m	32	-	-	Fam./Knast	ja m. Ehef.	21 J.	-	-	-	ja	ja, 15j.
m	23	11 J.	ja, massive Vernachläs-sigung	Heime/Therapie	ja	23 J.	ja	-	ja	ja	-
m	21	-	16j. aus-quartiert	-	ja	16 J.	-	-	-	-	ja, 21j.
m	33	-	„Schuld" am Tod der Mutter	Knast/Wohnung der Tante	ja m. Ehefrau	15 J./21 J.	-	-	-	-	ja, 28j.
m	23	11 J.	-	Psych./eig.Whg/ Knast/Eltern	ja	15 J.	ja	ja	ja	ja	ja, 16j.
		2 (11 J.)	3	5 (Heimerf. 2)	7	19,4	4	3	2	4	9 (15-30)
		6 (12 J.)	5	11 (H.crf. 6)	13	19,5 (15-24 J)	9	6	3	4	9

Tabelle 4: Entwicklung der Wohnsituation.

meinsam ist: Leben in Institutionen droht ihr Lebensmittelpunkt zu werden. Diese Untergruppe ist noch sehr jung, 18 bis 23 Jahre. Nur die schließlich verbleibenden beiden Upn (11%) leben in einer eigenen Wohnung deutlich räumlich getrennt. Getrennt vom elterlichen Haushalt in einer eigenen Wohnung leben aber insgesamt 5 Upn (28%).

Allerdings sind die Wohnverhältnisse vor der Aufnahme alles andere als eindeutig. Beispielsweise sind nicht alle Upn, die in der Rubrik „eigene Wohnung" aufgeführt werden, ein eigenes Mietverhältnis eingegangen. Nur bei 2 der 5 Upn ist dies der Fall. Häufiger ist es so, daß die Up Unterschlupf findet. Ein krasser Fall: Up 1, eine junge Frau von 24 Jahren, zog vom elterlichen Haushalt in den Haushalt eines ungeliebten älteren Mannes, dem sie sich gegen Mietrecht und Geld sexuell verdingte. Ebenso heißt es nicht, wenn wir eine Up unter „elterlichem Haushalt" eingeordnet finden, daß sie bisher immer bei ihren Eltern wohnte. Betrachten wir dazu die Tabelle unten, welche die Entwicklung der Wohnsituation bzw. Zugehörigkeit zum elterlichen Haushalt einzufangen sucht.

13 Upn (72%) haben bereits einen Versuch unternommen, selbständig zu wohnen, der bei 9 Upn (69%) vorerst scheiterte. 4 von ihnen waren ganz in den elterlichen Haushalt zurückgekehrt, 2 weitere vorübergehend, die übrigen fanden sich in therapeutischen Institutionen (3) ein oder waren obdachlos (1). Das Alter beim ersten Auszug von zu Hause schwankt zwischen 15 und 24 Jahren; durchschnittlich liegt das Alter bei 19,5 Jahren. Frauen sind sogar etwas jünger mit durchschnittlich 18,7 Jahren gegenüber 19,4 Jahren bei den jungen Männern. Diese ersten Versuche, auszuziehen, sind von unterschiedlicher Dauer und schwanken in unserer Stichprobe zwischen 3 Monaten und einem Jahr, wenn sie scheiterten.

In unserer Stichprobe zeichnet sich nur ein schwacher altersmäßiger Zusammenhang ab: Es deutet sich an, daß die Upn, die in eigener Wohnung leben, etwas älter sind. Das Durchschnittsalter der Upn mit eigener Wohnung beträgt 26 Jahre; das der Upn, die nach einem gescheitertem Versuch zurückkehren, 22 Jahre; jedoch das der Upn, die im elterlichen Haushalt wohnen blieben, 25 Jahre bei einer Streuung von 20 bis 30 Jahre. Ein deutlicher Zusammenhang zwischen Alter und Wohnsituation wäre zu erwarten gewesen.

Bevor wir das Datenmaterial von Tabelle 4 differenzierter auswerten, interessieren uns die Ergebnisse des zweiten Teils unserer Hypothese:

(2) Kommunikative Nähe:

50% der Stichprobe haben täglichen Kontakt mit wenigstens einem Elternteil, weitere 22% wenigstens einmal wöchentlich, in der Regel häufiger. Nur 5 Upn (28%) gestalten ihren familiären Kontakt unregelmäßig, in größeren zeitlichen Abständen, aber z.T. periodisch recht intensiv. Dieser seltenere Kontakt ist keine Funktion des Alters, das hier durchschnittlich 23 Jahre beträgt und damit unter dem Durchschnittsalter der Gesamtstichprobe (24,5 Jahre) und deutlich unter dem der Upn mit fast täglichem Kontakt (25 Jahre) liegt. Wo versucht wurde, selbständig zu wohnen, hielten 6 Familien (46%) wesentliche Dienstleistungen aufrecht.

Up	Geschl.	Alter	regelmäßiger Kontakt			unregel-mäßig	wesentl.iche Dienst-leistungen erhalten
			tägl.	1x wöch.	2x wöch.		
1	w	24	-	-	x	-	nein
2	w	23	x	-	-	-	ja
3	w	23	x	-	-	-	ja
4	w	20	-	-	-	x	nein
5	w	18	-	x	-	-	nein
6	w	20	x	-	-	-	im elterl. Haushalt
7	w	27	-	-	-	x	nein
	7	18-27	3	1	1	2	2
8	m	30	x	-	-	-	im elterl. Haushalt
9	m	26	x	-	-	-	im elterl. Haushalt
10	m	27	x	-	-	-	ja
11	m	24	x	-	-	-	im elterl. Haushalt
12	m	24	x	-	-	-	im elterl. Haushalt
13	m	24	x	-	-	-	ja
14	m	32	-	-	x	-	ja
15	m	23	-	-	-	x	nein
16	m	21	-	-	-	x	nein
17	m	33	-	x	-	-	ja
18	m	23	-	-	-	x	o.A.
	11	21-30	6	1	1	3	4
N=18		24,5	9 (50%)	2 (11%)	2 (11%)	5 (28%)	6 (33%) bzw. 11 (61%)

Tabelle 5: Kontakt zur Herkunftsfamilie.

Das zusammengetragene Material wird übersichtlicher, wenn wir es nach den beiden Familientypen ordnen. Zunächst einmal die Familien mit zentripetaler Tendenz:

Upn	Alter		im elterl. Haushalt verblieben	lebt z.Z. im elt. Haush.	1.Auszug	Wohung i. unmit-tel Nähe	ge-schei-tert	Rück-kehr inFam	wesentl Dienst-leistungen erhalten	regelm. wöch. Kontakt	Inhaftie-rung vor Auszug
	m	w									
10	26,7	23,3	4 (26J)	8	6 ab 18J.	2	4	4	4	10	6 (ab 15J.)
				(25,1J.)	(21,2/23,1)	(28J.)					
	25,7		40%	80%	60%	20%	40%	40%	40%	100%	
			(24-30J.)		(18-30J.)						

Tabelle 6: Zusammenstellung einiger Daten bezüglich Familien mit zentripetaler Tendenz.

Unsere Daten beschreiben eine recht einheitliches Bild. Alle Upn leben entweder im elterlichen Haushalt oder in unmittelbarer Nähe und pflegen regen Kontakt. Die *Herkunftsfamilien mit zentripetaler Tendenz* halten ihre herangewachsenen Mitglieder im elterlichen Haushalt (80%) oder doch in ihrem unmittelbaren Dunstkreis (20%) fest. Es ist als vergrößerte sich zwar der räumliche Aktionsradius, während die Umgrenzung des Familienverbandes erhalten bleibt. Die Zeit des Auszuges der Upn beginnt mit 18 Jahren, wobei noch 4 Upn im Alter von 24 bis 30 Jahren (durchschnittlich 26 Jahre) den elterlichen Haushalt nicht verlassen haben. Das Durchschnittsalter beim ersten Auszug beträgt 21,2 Jahre bzw. 23,1 Jahre, wenn wir das Lebensalter der Verbliebenen einrechnen. 6 Upn haben einen solchen Versuch gestartet. Gescheitert mit ihrem ersten Auszug sind 4 Upn, die unter das elterliche Dach zurückkehrten. Dabei blieben wesentliche Dienstleistungen durch die Herkunftsfamilie aufrechterhalten: Putzen, Kochen oder Verköstigung im elterlichen Haushalt; Aufkommen für finanziellen Unterhalt; Übernahme von Weck- und Fahrdiensten; Anmieten der Wohnung, Einrichten, Miete übernehmen. Wenigstens eine der Dienstleistungen ist für jede Upn belegt. In der Gesamtstichprobe versuchten sich insgesamt 9 Upn (50%) zeitweise oder gänzlich vom elterlichen Haushalt zu lösen; bei 5 Upn blieben wesentliche Dienstleistungen seitens der Eltern aufrecht erhalten.

Keine Upn der Familien mit zentripetaler Tendenz zog allein in eine eigene Wohnung, in drei Fällen flüchteten sie in einen Unterschlupf, in drei weiteren Fällen wurde mit einem Partner zusammengezogen. Im Strafvollzug hielten sich bereits 7 der Upn auf, ausschließlich Männer. In 6 Fällen kommt eine Inhaftierung einem ersten längeren Weggang von zu Hause gleich. Sie geht in allen diesen Fällen dem ersten Auszug voraus. Die früheste Inhaftierung erfolgte mit 15 Jahren.

Diskussion

Die Ergebnisse belegen eindeutig sowohl räumliche wie kommunikative Nähe eines Großteils der Heroinabhängigen (67%-72%) zur Herkunftsfamilie. Diese Aussage gilt ausnahmslos für die als zentripetal klassifizierten 10 Familien (56%); sie ist aber differenzierter zu betrachten für die als zentrifugal klassifizierten Familien, was wir in Erörterung der nächsten Hypothese nachholen wollen. Es war für den Untersucher überraschend, wie dicht die restliche Familie und der junge Erwachsene beieinander bleiben, oft nur ein paar Häuser weiter, und wie so „im Vorübergehen" die familiären Bindungen unverändert aufrechterhalten werden, als ob die Up im elterlichen Haushalt verblieben wäre.

Zwar leben 50% der Drogenabhängigen dieser Stichprobe in der Herkunftsfamilie mit einem Durchschnittsalter von 24,6 Jahren. Dennoch fällt dieses Ergebnis nicht so deutlich aus, wie die Literatur hätte erwarten lassen. Eine differenzierte Erhebung überrascht mit dem Ergebnis, daß nur eine Minderheit, nämlich 5 Upn (28%) bisher ausschließlich Zuhause lebten. Die überwiegende Mehrheit hatte wenigstens einen Versuch unternommen, selbständig zu leben. Sie pendeln zwischen elterlichem Zuhause und Versuchen, selbständig zu leben, unterbrochen von Inhaftierung oder einer therapeutischen Behandlung. Die Versuche der Ablösung verraten wenig Selbständigkeit, sie wirken häufiger wie Fluchtversuche möglicherweise in Reaktion auf massive Konflikte zu Hause. Theoretisch entspricht dies ganz gut den von HALEY postulierten Zyklen der Ablösung und Bindung und STIERLINs Modus der Delegation, worin der Jugendliche ausgesandt und zugleich gebunden wird. Der Modus der Bindung ist bei einer Minderheit ebenfalls ausgeprägt vertreten.

Wir können dieses Pendeln auch als Hinweis nehmen, daß die bindenden Kräfte ambivalenten Charakter besitzen und mittels ihrer Ambivalenz Individuation und Separation behindern. Denn tatsächlich hat keine der Upn eine echte Separation und Individuation vollzogen: Keine der Upn hat einen neuen Status gegenüber der Familie ausgehandelt. Ein weiterer Hinweis liegt darin, daß der erste Auszug häufig eigentlich die Inhaftierung ist und der erste Auszugsversuch recht früh - verglichen mit den Angaben von UCHTENHAGEN et. al. über die Normalpopulation - erfolgt. Dieses Ergebnis war so nicht erwartet worden.

Es hätte durchaus ein positiver Zusammenhang zwischen Alter der Up, räumlicher Distanzierung und kommunikativer Abnabelung erwartet werden können. Daß dieser gänzlich ausbleibt, läßt festgefahrene, erstarrte, wenngleich ambivalente familiäre Beziehungen vermuten, die für Veränderung unzugänglich erscheinen. Man fragt sich natürlich, wie es möglich ist, daß häufige oder tägliche Begegnungen zwischen Eltern und ihren drogenabhängigen Kindern eine langjährige, chronische Suchtentwicklung zulassen? All dies weist daraufhin, daß hier eine Adaption an eine chronische Krise vollzogen wurde, die zeitlich an den Beginn der Adoleszenz zu datieren ist. Die Familien dieser Stichprobe scheinen unfähig zur Veränderung und spontanen Anpassung an neue Gegebenheiten, wie sie das Erwachsenwerden der Kinder darstellen, um den Preis der Suchtsymptomatik, die das verleugnete Alter der Upn begleitet.

Familiäre Bindungen bei zentrifugalen Familien - „SOS-Beziehungen"

Datenerhebung

Die hier bei den Familien mit zentrifugaler Tendenz unterstellten familiären Beziehungen werden als *„SOS"-Beziehungen* gekennzeichnet, wenn 1.) wesentliche Entscheidungen mit der Herkunftsfamilie verhandelt werden (Schule, Beruf, Schwangerschaft, Notsituationen, insbesondere als Folge von Drogenmißbrauch) und wenn 2.) die Up zeitweilig in die Familie zurückkommt oder der helfende Elternteil sie aufsucht und alles Notwendige arrangiert: Krankenhausaufenthalt, Wohnungsauflösung, Kreditprobleme etc. Die zugrunde liegenden Daten ergeben sich aus Lebenslauf, Sozialbericht und Befragung der Klienten.

Ergebnisse

Wir stellen zunächst unser bisheriges Datenmaterial für zentrifugale Familien zusammen. Eine Zusammenfassung der Ergebnisse zur Entwicklung der Wohnsituation auf der nächsten Seite gibt einen ersten Einblick.

Wir treffen hier nur eine Up (Up 6, weiblich und 20-jährig) im elterlichen Haushalt an, wobei sie zwischen der neuen Familie ihrer Mutter und der Familie ihres Vaters, zu der ihre Brüder gehören, pendelt. Zwei weitere kehrten zeitweilig in den elterlichen Haushalt zurück. Drei Upn, die mehrere Jahre der Heimerziehung erlebt haben, finden wir vor der Aufnahme in therapeutischen Einrichtungen wieder oder obdachlos; in gewisser Weise kehren auch sie an den 'familiären' Herd zurück. Das Alter z.Z. des ersten Auszuges aus der Herkunftsfamilie bzw. Heimes in eigene vier Wände liegt mit durchschnittlich 17,3 Jahren um 4 1/2 bzw. fast 6 Jahre erheblich früher als bei den zentripetalen Familien, und es sind hier 7 von 8 Upn (88%), die zum ersten Mal und oft endgültig ausgezogen sind. Auffallend ist, daß 6 der Upn (75%, davon 4 Mädchen, 2 Jungs) in ihrer frühen Jugend ausgerissen waren (mit 8 bis 15 Jahre, durchschnittlich mit 12 Jahren). 5 Upn (63%) wurden verstoßen, in drei Fällen verbunden mit Schuldzuweisung für den Tod eines Familienmitglieds, in zwei Fällen lag schwere Vernachlässigung bzw. Mißhandlung vor. Dieses Verstoßen-werden ereignete sich mit durchschnittlich 12 1/2 Jahren. Wo Mißhandlung und schwere Vernachlässigung vorkamen, war es schwierig zwischen Ausreißen und Ausgestoßen-werden zu unterscheiden. Wenn wir Ausreißen und Verstoßen in früher Jugendzeit zusammenfassen, so gibt es keine Upn dieses Familientyps, die nicht in eine der beiden Zuordnungen fällt.

Ge-schl.	Al-ter	Aus-reißen	Verstoßen	Wechsel d. Haushal-te	familiäre Verhältnisse	1.Auszug	eigene Whg	ge-schei-tert	Rück-kehr	Haushalt v.d. Auf-nahme
w	20	8 J.	Mißhdg. 8j.	0-2 J Heim, Stieffam. 9J, Psych.iatrie 13 J, Psych,. Heim	Stiefvater	18 J. aus Heim	ja	ja	therapeu tischer Institu-tion	therapeut. Institution
w	18	15 J.	unklar	0-6 Fam., 6 J. Pflegefamilie., 7 J. Heim	Adoptivvater, Mutter verst. 6j	18 J. aus Heim	ja, we-nige Wochen	ja	-	obdachlos
w	20	14 J.	-	0-6 J Fam., 6 J. St.ieffamilie, 14 J. Erzieh.maßn., 15 J. Internat 19 J. väterl. Familie	6j. Schei-dung, Verlust des Vaters		-	-	-	väterl. Haushalt
w	27	13 J.	13j „Schuld" am Tod d. Bruders	13 J. Erzh., eigene Whg, Pendeln, ihr Sohn bleibt i. Haush. d. Elt.	vollständige Familie	16 J.	ja m. Fr.	ja	Familie	eig.Whg mit Freun-din
		4 (12,5J.)	2 (12,5 J.)			3	3	3	1	
m	23	11 J.	13 J. wg Ver-nachlässig.	0-5 J. Familie , Scheidung,: Haushalt der. M.utter, 13 J. Heim, 16 J. Lehrl.heim, 2 J. Therapie	5j. Verlust des Vaters	23 J.	ja (wenige Mon.)	ja	th. Instit.	obachlos
m	21	-	16j. aus-quartiert	-	vollständige Familie	16 J.	ja	-	-	eig. Whg.
m	33	-	12j. „Schuld" am Tod d. M.	Haushalt d. Mutter., 13j. Haush.. d. Tante, 15j. ausquartiert	ohne Vater, 13j. Tod der Mutter	21 J (Unters-chlupf)	ja, 27j. mit Ehefrau	-	-	eig.Whg
m	23	11 J.	-	11j. Internat, Erziehungsheim, Psychiatire., eigene Whg, Knast, elterliche Whg	vollständige Familie	15J.	ja	ja	elterlich. Haushalt	obdachlos
		2 (11J.)	3 (13,6 J)	2 Heimerfahrung		4	4	2	1	
		6 (12J.)	5 (12,4 J.)	Heimerferfahrung 6	Brok.Home - früher Ver-lust e. Elt. 5 (6,8J)	17,3J.	7	5	2 i.elt. Haush.	1 elt.Haush 3 obdach-los
		75%	62%	75%	63%	88%	88%	62%	25%	

Tabelle 7: Entwicklung der Wohnsituation der Drogenabhängigen aus zentrifugalen Familien.

Ergänzen wir: 6 Upn (75%) haben Heimerfahrung hinter sich, in drei Fällen als kurzfristige Erziehungsmaßnahme (3 Monate bis zu 1 Jahr), in den anderen drei Fällen erstreckte sich der Heimaufenthalt auf 3 und mehr Jahre. Dreimal wurde ins Internat geschickt; zwei Up wurden vor dem 18. Lebensjahr längere Zeit wegen psychischer Probleme stationär psychiatrisch behandelt. 63% der Familien sind unvollständig durch Verlust eines Elternteils oder beider durch Tod oder Scheidung bzw. sind nun Stieffamilien (2). Dieser Verlust ereignete sich mit durchschnittlich 6,8 Jahren meist noch in der Kindheit (4 bis 13 Jahre).

Vermehrt fällt auf, daß der Jugendliche im Laufe seiner Entwicklung zwischen elterlichem Haushalt und anderen Stationen wie Erziehungsheim, Ausreißen etc. pendelt, allerdings in anderer Qualität, als wir dies bei den zentripetalen Familien beschreiben konnten, da der Beziehungsmodus der Ausstoßung vorherrscht.

Dennoch verhandeln 6 von 8 Upn (75%) alle wichtigen Entscheidungen (Schule, Beruf, Schwangerschaft, Notsituationen) mit ihren Eltern, einem Elternteil oder einer stellvertretenden Bezugsperson. Hilfe in Notfällen leisten immerhin 6 Familien. Erwähnenswert ist die Beobachtung, daß meist unter dem Druck der Drogenabhängigkeit 6 Eltern mit ihren drogenabhängigen Kindern darüber verhandeln, in den elterlichen Haushalt wiederaufgenommen zu werden. In 3 Fällen wird eine Wiederaufnahme vollzogen. Im Lebenslauf von Up 16 beispielsweise heißt es: *„Als mein Vater rausbekam, daß ich drückte, holte er mich zu sich."* Up 7 - sie ist 27-jährig und wohnte die letzten Jahre in großer Entfernung von ihren Eltern - bat ich, alle familiären Kontakte der vergangenen fünf Jahre aufzulisten: Sie waren ein getreuer Spiegel ihrer Notsituationen, meist durch Drogenmißbrauch hervorgerufen, in denen entweder sie um Wiederaufnahme in den elterlichen Haushalt nachsuchte oder aber ihre Mutter erschien und alles Notwendige veranlaßte. In den Augen der Up waren diese Aufnahmegesuche ein Beweis gegenseitiger Zuneigung. Solche Beziehungen scheinen in einen Mantel von Gleichgültigkeit gehüllt und bar jeder Anteilnahme. Wenn Not ist, taut diese Gleichgültigkeit für einen Moment auf. So kann bei ernsthafter Abbruchplanung aus der Therapieeinrichtung unerwartet die „gleichgültige" Familie als Zufluchtsort durchphantasiert werden.

wohnt im elterl. Haushalt	eigene Wohnung	obdachlos/ therapeut. Institut.	Kontakt wenigst wöchentl.	Kontakt unregelmäßig	wesentl. Entscheidungen mit Eltern verhandelt	Hilfe in Notsituationen	Verhandlungum Wiederaufnahme	Wiederaufnahme im elt. Haush.	bewertet als SOS
		ja		ja	-	-	ja	nein	-
		ja	ja		ja	ja	-	-	ja
ja			ja		ja	ja	ja	ja	ja
	ja			ja	ja	ja	ja	ja	ja
		ja		ja	-	-	ja	nein	-
	ja			ja	ja	ja	ja	nein	ja
	ja		ja		ja	ja	-	-	ja
		ja		ja	ja	ja	ja	ja	ja
1	3	4	3	5	6	6	6	3	6(75%

Tabelle 8: SOS-Beziehungen zentrifugaler Familien.

Als SOS-Beziehungen werden diejenigen familiären Beziehungen eingestuft, wo zwei der oben aufgeführten Kriterien erfüllt sind. Dies trifft auf 6 Upn zu, das sind 75% der zentrifugalen Familien.

Diskussion

Entscheidendes Kriterium für eine echte Loslösung von abhängigen familiären Bindungen wäre, daß der Heranwachsende einen neuen sozialen Status gegenüber seiner Herkunftsfamilie einnimmt und sich ihr gegenüber klar als selbständige Person abgrenzt.

Der erste Blick auf unsere Daten zur Wohnsituation vor der Aufnahme ließe vermehrte Separation vermuten. Bei genauerem Hinsehen finden wir aber auch bei den zentrifugalen Familien ein zyklisches Pendeln zwischen Bindung und Autonomie, nur daß die familiären Verhältnisse mehr oder weniger aufgelöst erscheinen und daß jener Zyklus als Pendeln zwischen Abstoßung und Wiedereinbeziehen in den Familienverband in Erscheinung tritt. Diese Dynamik kann sich vom jugendlichen Ausreißen steigern bis zu deutlicher räumlicher und kommunikativer Trennung, ohne daß die Up und ihre Familie diesen Zyklus abschließen. Die Herkunftsfamilie bzw. der noch existierende Elternteil bleiben bedeutsames Lebenszentrum.

Die Gemeinsamkeiten in den Beziehungen zwischen den Upn und ihren zentrifugalen Herkunftsfamilien lassen sich in drei Punkten zusammenfassen:

- Vorzeitiger Verlust des bzw. vorzeitige Vertreibung aus dem elterlichen Haushalt. Alle besitzen jedoch noch elterliche oder stellvertretende Bezugspersonen.
- Dabei wurden ausnahmslos alle Upn entweder einmal verstoßen oder sie rissen aus.
- Trotz Verstoßung und Ausreißen werden wesentliche Entscheidungen mit den Eltern ausgehandelt. Meistens wird in Not Hilfe geleistet und in einigen Fällen sichert Drogenmißbrauch Zugang zum elterlichen Haushalt.
- Die Herkunftsfamilie bleibt Lebenszentrum der meisten Upn.

Die vorgefundenen Ergebnisse kommen dem schon erwähnten Delegationsmodus (Up 6, 7, 16 und 18), als auch dem Modus der Ausstoßung (Up 4, 5, 15, 17) nahe, wobei Ausstoßung alle hier vertretenden Upn mehr oder weniger erdulden mußten. Die Beschreibung der SOS-Beziehungen belegt in gut zwei Drittel der Fälle „unsichtbare“, aber abhängige familiäre Beziehungen zwischen Up und Herkunftsfamilie. Auch hier finden wir in der Beziehung zwischen Drogenabhängigem und Familie zu zutiefst ambivalente Bindungen vor, die hier im Gegensatz zu den zentripetalen, die sich eher in oberflächliche Freundlichkeit, Harmonie, Opferbereitschaft kleiden, vielmehr Gleichgültigkeit und Feindseligkeit in den Vordergrund stellen. Sie verleiten dazu, die tief verwurzelte familiäre Bindung zu übersehen.

Solche Bindungen erhalten die Herkunftsfamilie als u.U. lebenslanges Lebenszentrum. Ein eindrucksvolles Beispiel gibt Ferdinand, 28-jährig, heroinabhängig. Er war mit 15 Jahren von zu Hause weggegangen und lebte nach eigenen Angaben vom Strich, Dealen und Einbrüchen. Er war Vater zweier Kinder, die eine in diese Untersuchung einbezogene junge Frau auf die Welt gebracht hatte. Sie lebte nun in der Nähe der Einrichtung. Dies war Ferdinands Motiv, sich bei uns zu bewerben. Als seine Freundin und Mutter seiner Kinder sich zum Zeitpunkt der Aufnahme von ihm lossagte und einen neuen Freund wählte, brach er bereits in der vierten Woche die Therapie ab. Als ich ihn zu seinem Kontakt zu seinen Eltern befragt hatte, tat er diesen als völlig nebensächlich ab, tat, als verstünde er meine Fragen nicht, wurde abweisend und ärgerlich. Im Zusammenhang mit den zur Aufnahme nötigen Formalitäten hatte ich immerhin mitbekommen, daß es sein Vater war, der *alle* Papiere, Unterlagen und schriftlichen Besorgungen in der Hand hatte und erledigte, obwohl Ferdinand in Berlin und seine Eltern im süddeutschen Raum lebten. Als er damals die Einrichtung verließ, bat er, telefonieren zu dürfen. In seinem Miniaturadreßbuch standen auf der Innenseite des Umschlags zwei Telefonnummern, die seiner Eltern und die seiner (ehemaligen) Freundin. Unmittelbar nach seinem Abbruch und einer erneuten Zurückweisung durch seine Freundin betrank er sich und kündigte einen Selbstmordversuch an, der seinen Vater veranlaßte, anzureisen und sich um seinen Sohn zu kümmern.

Es handelt sich hier häufiger um „unsichtbare" familiäre Bindungen, die nichtsdestoweniger binden, ja, fesseln bis hin zur Hörigkeit. Vertreiben und (mehr oder weniger feindseliges) Ausstoßen führen, entgegen landläufiger Meinung zu einer zutiefst ambivalenten Bindung, die selbst mit psychotherapeutischer Hilfe nur schwer zu bewältigen ist. Die tiefe Ambivalenz macht eine Bewältigung und echte Ablösung unmöglich, wie sie auch ein Betrauern eines verstorbenen Elternteils verhindert. Sie beeinträchtigt die aktuelle Organisation der Person und zerstört die organisierende Kraft des Selbstgefühl, indem sie die Person bis zur Zerreißprobe beansprucht. Diese äußerlich feindselige Bindung kettet und entindividualisiert in besonderer Weise. Immer wieder stößt man in der Psychotherapie auf unverbrüchliche „Schwüre" der Treue und Rache bei Verlust einer ambivalenten Bezugsperson, die der Betroffene bei einem Tod in der frühen Jugend leistete und die selbstzerstörerische Konsequenzen beinhalten: dem Toten zu folgen, dem Leben zu entsagen, keine Freude zu empfinden. Die oben erwähnte junge Frau (Up 4, Sabrina) ist ihrem seit früher Kindheit mißhandelnden und inzestuös mißbrauchenden Stiefvater hörig. Als ihre Stiefgroßmutter sich umbrachte, hatte sie eine Halskette in ihr Grab geworfen und geschworen, ihr zu folgen. Die junge Frau stand selbst unter dem Zwang, sich umzubringen, und die Entdeckung dieses Schwurs war ein entscheidender Schritt, ihre akute Suizidalität zu überwinden. Ein weiteres Beispiel solcher tief ambivalenter Beziehungen gibt uns das Therapieprotokoll von Arnold im vorherigen Teil. Ich erinnere an die oben zitierten Daten aus der Untersuchung von UCHTENHAGEN, wonach in der Herkunftsfamilie eine erhöhte Suizidalität besteht. Der Verlust einer engen Bezugsperson scheint die Frage persönlicher Mitschuld des Jugendlichen wachruft, die wiederum wegen der Ambivalenz in der Beziehung schwer zu verarbeiten ist.

Der Ablöseprozeß von der Herkunftsfamilie

Datenerhebung

Das notwendige Datenmaterial liegt aus den Untersuchungen zu den bisherigen Annahmen vor.

Ergebnisse

Um diese Annahme wirklich zu klären, das muß vorweg gesagt werden, bedürften wir einer umfangreicheren und alle Altersgruppen hinreichend repräsentierenden Stichprobe. Wir können nur ganz vorsichtige Trends aufstellen und sie mit den Ergebnissen anderer Untersuchungen vergleichen.

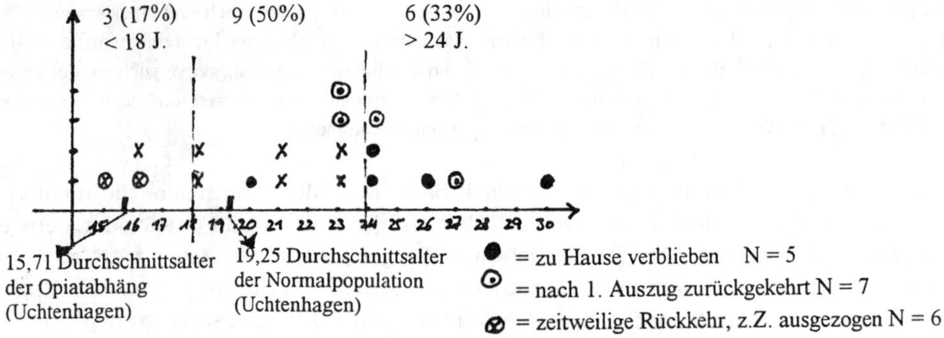

Tabelle 9: Verteilung des Alters beim (ersten) Auszug.

In der Gruppe der drogenabhängigen Jugendlichen, die vor dem 18. Lebensjahr von Zuhause ausziehen, finden wir 3 Upn, also 17% der Gesamtstichprobe. Zwei allerdings kehren zeitweilig zurück.

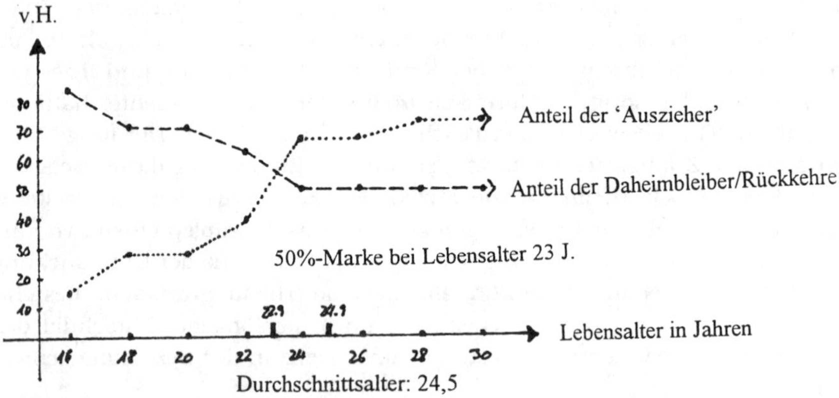

Tabelle 10: Anteil der Auszieher und der Daheimbleiber bzw. Rückkehrer.

Die zweite Gruppe der Drogenabhängigen, von der wir vermuteten, daß sie sich erst spät vom Elternhaus lösen und 24 Jahre und älter sind, umfaßt 6 Upn (33%). Beide Extremgruppen stellen gemeinsam 50% der Stichprobe. Damit finden wir zwar ein Ergebnis, das in der Tendenz unserer Annahme liegt. Wir hätten aber aufgrund der bisherigen Untersuchungen ein eindeutigeres Votum erwarten können. Nach UCHTENHAGEN lag das Auszugsalter bei durchschnittlich 15,71 Jahren in der Gruppe der Heroinabhängigen (im Alter von durchschnittlich 22.9 Jahren und einer Streuung von 19 bis 27 Jahren). In unserer Stichprobe liegt das Auszugsalter bei 19,5 Jahren (bei einem Durchschnittsalter unserer Upn von 24,5 Jahren und einer Streuung von 18 bis 30 Jahren). Natürlich können diese Angaben nur einen vorsichtigen Bezugspunkt darstellen. Bei diesem durchschnittlichen Lebensalter in der dortigen Untersuchung wohnen nur noch 27,4% der Opiatabhängigen bei ihren Eltern. Mit durchschnittlich 24.9 Jahren, was dem Durchschnittsalter unserer Stichprobe nahekommt, leben so gar nur noch 14,7% mit ihren Eltern, in unserer Untersuchung 50%. Auch im Vergleich zur Normgruppe finden wir in unserer Stichprobe einen höheren Anteil von Jugendlichen, die Zuhause bleiben oder zurückgekehrt sind: Mit durchschnittlich 22,9 Jahren sind fast 57% der Jugendlichen ausgezogen, mit 24,9 Jahre bereits 78%, bei uns 39% und 50%.[23]

Diskussion

Offensichtlich ist der Anteil der Spätauszieher und Stubenhocker stärker vertreten, wie das die amerikanischen Untersuchungen auch erwarten ließen. Doch sind unsere Ergebnisse bei weitem nicht so eindeutig. Dennoch ist das relativ langwierige Festhalten am elterlichen Haushalt in unserer Stichprobe markant (33%) und im Zusammenhang mit einem anderen Ergebnis zu sehen, daß neben den 5 Upn, die im elterlichen Haushalt verbleiben, 6 Upn dorthin nach einem Versuch der Verselbständigung zurückkehren, wenigstens zeitweilig, - zusammen 61% - und einige der übrigen 7 Upn irgendwann einmal mit den Eltern um eine Wiederaufnahme verhandeln. Es ist zu bedenken, daß unsere Daten nur eine Momentaufnahme zu einer bestimmten Zeit wiedergeben; die einzelnen Untergruppen sind daher fluktuierend und nicht endgültig zu bestimmen. Im Sinne unserer Annahme bestätigen diese Ergebnisse, daß *die Herkunftsfamilie über viele Jahre hinweg das Lebenszentrum des jugendlichen und erwachsenen Drogenabhängigen darstellt.*

Entgegen unserer Annahme finden wir drei Gruppierungen vor: Eine sehr kleine Gruppe von Drogenabhängigen, die sehr früh die Herkunftsfamilie verlassen hat - wir lassen Heimaufenthalte beiseite[24] - und auf sich gestellt lebt. Eine zweite Gruppe, die zahlenmäßig bedeutsamer ist, verbringt Jugend und frühes Erwachsenenalters in der Herkunftsfamilie und vermag sich kaum von ihr zu lösen. Die Hauptgruppe aber stellen die Drogenabhängigen, die einen oder mehrere Versuche zur selbständigen Lebensführung unternehmen, aber immer wieder scheitern, die Herkunftsfamilie in Anspruch nehmen und auch nach Hause zurückkehren. Vielleicht erklärt diese dritte Gruppe den Umstand, daß Untersuchungen so unterschiedlich ausfallen.

Wenn wir die letzte Tabelle ansehen, so fällt auf, daß der Prozeß der Ablösung irgendwie ins Stocken gerät, so daß in unserer Stichprobe ab dem 24. Lebensjahr keine weitere Entwicklung zur Separation vom Familienverband festzustellen ist. Der Drogenabhängige scheint nicht in der Lage zu sein, sein Lebenszentrum von der Herkunftsfamilie weg zu verlagern und sein eigenes soziales Zentrum auszubilden, er umkreist das elterliche Lebenszentrum als Resultante von Bindenden und Separierenden oder abstoßenden Kräften. Dieser Entwicklungsstillstand hat wohl mit der Drogenabhängigkeit selbst zu tun, die diesen Stillstand adaptiert.

Damit rückt dieses Pendeln zwischen elterlichem Lebenszentrum und selbständigem Wohnen in den Mittelpunkt, wobei verschiedene andere Stationen passiert werden: Kinderheim, Ausreißen, Verstoßen und Ausquartiert-werden, Internat, Erziehungsheim, stationäre psychiatrische Behandlung, Knast, Drogentherapie, Obdachlosigkeit, eigene Wohnung und Unterschlupf bei anderen. Die Vielzahl der Stationen kennzeichnet den Ablösungsprozeß aus zentrifugalen Familien, deren - oft komplizier-

23 E.ANDERSSON gibt uns Bezugsdaten, die wir in Kap.16, Abschnitt „Separation" wiedergeben.

24 Berechnen wir das Alter beim allerersten Verlassen der Herkunftsfamilie überhaupt durch Ausreißen, Ausgestoßen-werden, Erziehungsmaßnahme, Kinderheim nach Tod eines Elternteils, Verhaftung und Knastaufenthalt, erster Auszug u.ä., so erhalten wir 17,2 Jahre als Durchschnittswert

ten - Familienverhältnisse ein Feld zum Agieren abgeben und wo die Separation früher einsetzt (durchschnittlich mit 18,1 Jahren, das erste Verlassen der Herkunftsfamilie bereits mit durchschnittlich 11 Jahren) als bei den zentripetalen Familien. Der Ablösungsprozeß aus Bindungsfamilien erfolgt verzögert (21,2 Jahre bzw. 25,7 Jahre, wenn wir die Zuhause Verbliebenen mit rechnen) und seine Stationen bestehen aus Wohnung mit Freundin, Unterschlupf, Knast und Drogentherapie meist wechselnd mit dem elterlichen Zuhause. Da es keine Hinweise auf äußere Kräfte gibt, müssen wir dieses Pendeln aus einem Kräftefeld der Herkunftsfamilie heraus verstehen. Es geraten jene ambivalenten Kräfte in den Blickpunkt der Aufmerksamkeit, die hier zur Austragung kommen.

Scheitern heterosexueller Beziehungen

Datenerhebung

Der Stellenwert partnerschaftlicher Bindung wird ersichtlich aus einer Zusammenstellung relevanter Daten aus Lebenslauf und Befragung, die die Konkurrenz zwischen Nähe zu Eltern und zum Partner beleuchten.

Ergebnisse

Alle Upn waren heterosexuelle Bindungen eingegangen, 10 der Upn eine längere Bindungen an einen Partner. Kennzeichnend ist, daß alle Beziehungen gescheitert waren (15) oder vom Scheitern bedroht (3) sind. Vier Ehen sind gescheitert.

Für 5 Upn (28%) ist Partnerschaft Anlaß, sich aus dem elterlichen Haushalt herauszuwagen. Nach einem Scheitern der Beziehung kehren 5 Upn in den elterlichen Haushalt zurück. Überraschend selten ist die Gründung einer gemeinsamen sozialen Existenz durch eine gemeinsame Wohnung, nur 8 Upn (44%) versuchen dies; wir haben oben schon angemerkt, daß dies in einigen Fällen mehr einem Unterschlüpfen gleichkommt. Die vier ehelichen Bindungen sind in der folgenden Tabelle zusammengestellt:

Up	Geschl.	gescheitert	droht zu scheitern	Ehepartner leben im elterl. Haushalt	eigene Wohnung in unmittelbarer Nähe	Mutter übernimmt wesentliche Aufgaben*	Mutter/Sohn-Beziehung bleibt erhalten
8	männl.	1.Ehe	2.Ehe	ja	-	ja	ja
12	männl.	1.Ehe	-	ja	-	ja	ja
14	männl.	1.Ehe	-	-	ja	ja	ja
17	männl.	-	1.Ehe	-	ja	z.T.	ja, zur stellvertr. Bezugsperson

* Wäsche versorgen, Einrichten der Wohnung, regelm. Putzdienste, regelm. Bekochen

Tabelle 11: Eheliche vs. familiäre Bindung.

Verheiratet sind in unserer Stichprobe nur männliche Upn. Die Hälfte der Upn verbleiben im elterlichen Haushalt. In drei Fällen übernimmt die Mutter wesentliche Funktionen in der Ehe ihres Sohnes. Die Mutter/Sohn-Beziehung, wie sie vor der Ehe bestand, bleibt erhalten. Es zeigt sich kein positiver Zusammenhang zwischen Geschlecht und Alter in der Befähigung zur Partnerschaft.

Diskussion

Nichts demonstriert die Macht, mit der zentripetale wie zentrifugale Familien binden können, eindrucksvoller als das Schicksal partnerschaftlicher Bindungen der Upn. Sie scheitern ausnahmslos oder drohen es zu tun. Die eingegangenen Partnerschaften erscheinen als Flucht aus familiärer Gefangenschaft in den Unterschlupf einer neuen Abhängigkeit, ohne daß sich der Drogenabhängige der Aufgabe der Loslösung und Abgrenzung der neuen Beziehung gegen die familiäre stellte. Der Bannkreis elterlicher Fürsorge und Einmischung bleibt ungebrochen, wie insbesondere das Schicksal der ehelichen Bindungen belegt.

Grundlage solcher Hilfeleistung und Einmischung ist unseren Fällen ein unangetastetes symbiotisches Mutter-Sohn-Verhältnis. Das Ritual der Ehe beeinflußt diese Bindung kaum. Sie bleiben der Familie zugehörig, das Mutter-Sohn-Verhältnis überdauert die Eheschließung. Beide drücken sich davor, ihr Verhältnis neu und adäquat zu definieren. So wundert es nicht, wenn die junge Partnerschaft keine echte Chance erhält. Die süchtige Up geht keine loyale Bindung zum Partner ein. Manchmal scheint es sogar, als wage die Up gar nicht, wirklich auf die Suche nach einem angemessenen Partner zu gehen.

Die Ergebnisse legen die Annahme konkurrierender Beziehungen nahe, wobei sich de facto die familiäre Bindung gegenüber der Bindung an den Partner als die überlegenere erweist. Die familiären Bindungen sind festgefahren und übermächtig, auch um den Preis partnerschaftlicher Bindungslosigkeit. Die Ergebnisse machen zugleich auf eine fundamentale Motivation aufmerksam: Für 14 Upn, das sind 78% der Stichprobe, fallen (drohendes) Scheitern einer Beziehung mit Therapiebewerbung zusammen.

Detlef (Up 8), ein 33-jähriger Mann, ist mit einer Koreanerin verheiratet. Die Ehe droht zu scheitern. Zum ersten Familiengespräch waren Eltern und Ehefrau angereist. Es war für die Eltern wie für Detlef selbstverständlich, daß sie sich ohne die Ehefrau zum Familiengespräch zusammensetzten und sie ausschlossen. Die Mutter, eine 60-jährige dominante Person, behielt das Gespräch in der Hand, gab ihrem Mann oder ihrem Sohn die Einsätze und unterbrach sie nach Belieben. Eine typische Szene entstand, als Detlef vorsichtig versuchte, sich gegen seine Eltern abzugrenzen. Er versuchte dies mit Tränen in den Augen. Seine Mutter schob ihm ein Taschentuch zu, während sie ihn zugleich unterbrach und sein Thema abschnitt. Die Ehefrau wohnte im elterlichen Haus unter dem Dach, tatsächlich aber im elterlichen Haushalt, da die Schwiegereltern brüskiert sein könnten, wenn sie sich in ihr Zimmer zurückzöge. Die Schwiegermutter sei es gewohnt, bei ihr oben Sauberkeit zu kontrollieren und nachzuputzen. Bevor die Ehefrau auf unseren Wunsch hin zum Gespräch hinzugeholt wird, äußert sich die Mutter abfällig gegenüber ihrer Schwiegertochter, was der Ehemann zu ignorieren scheint. Sie meint, ihr Sohn sei bei ihr schlecht versorgt, beanstandet Essen und Putzen und außerdem würde sie besiegeln, daß ihr Sohn die elterliche Bäckerei nicht übernehme.

In einem folgenden Paargespräch äußert sich die Ehefrau: Ich hätte ihr aus der Seele gesprochen. Denn erst jetzt hätte sie den Mut gefunden, ihrem Mann zu sagen, daß ihr bisher das Gefühl gefehlt hätte, wirklich verheiratet zu sein.

Gar nicht selten ist die Bindung an die Herkunftsfamilie bzw. an einen Elternteil so mächtig, daß sie die Fähigkeit zu intimem sexuellem Kontakt zum Partner stört. Drei Upn äußern als bedrängendes Problem, daß sie beim sexuellen Verkehr von Gesichtern oder Stimmen des gegengeschlechtlichen Elternteils verfolgt würden. Die Bindung kann sich auch in der Weise bemerkbar machen, daß die erotische Phantasie des jungen Erwachsenen von inzestuösen Phantasien gegenüber Vater oder Mutter eingefangen ist..

Unsere Daten lassen sich ergänzen aus der Baseler Untersuchung von LADEWIG und GRAW, die „größere Ambivalenzen und Spannungen" in Partnerbeziehungen beobachten. Sie fanden die Klientenstichprobe in der Kategorie „kaum Beziehungen" überrepräsentiert (18% bzw. 28%) im Vergleich zu den „Normaljugendlichen" (1% bzw. 2%). Eine „befriedigende Beziehung" führen nur 9% aus der Klientenstichprobe (51% der Normaljugendlichen), wobei die „Belastungen bei nicht befriedigenden Beziehungen" eher als hoch bewertet werden (63% zu 19% der NJ). Bemerkenswert, daß die „Belastungen bei fehlendem Partner" als höher (40%) erlebt werden als dies die Vergleichsgruppe (7%) tut. Ihr Beziehungsverhalten *„zeigt eine Tendenz zu Extremen: sie haben entweder intensive Beziehungen oder dann gar keine. Diese Tendenz gilt sowohl für die Konstanz wie für die Art der Beziehungen."*[25] Diese Ergebnisse fügen sich recht genau in unsere Annahme ein.

Familiäre „Rettungsengel"

Datenerhebung

Als „Rettungsengel" bezeichnen wir familiäre Mitglieder oder Stellvertreter, die über Jahre hinweg der Up ein drogenabhängiges Leben ermöglichen durch erhebliche finanzielle Zuwendungen, Begleichen von Schulden, Bewahren vor Strafverfolgung, Aufnahme in die eigene Wohnung, Hilfsdienste wie Jobvermittlung, Wäsche versorgen, Bekochen, Fahrdienste, Hilfe beim Besorgen von Drogen, Lebensrettung. Diese Beurteilung erfolgt aus Lebenslauf, Sozialbericht, Befragung der Up wie ihrer Eltern. Der „Rettungsengel" wendet sich meist sorgenvoll oder mit aktuellem Hilfsangebot an die Therapeuten.

Ergebnisse

Fast jeder Drogenabhängige in der Stichprobe besitzt seinen familiären (67%) oder stellvertretenden Rettungsengel (22%), zusammen 89%. Nur für zwei Upn ist er nicht nachweisbar. 73% dieser Beziehungen sind gegengeschlechtlich, 17% gleichgeschlechtlich.

Zwei Befunde sind bemerkenswert: Die Existenz eines Rettungsengels ist unabhängig vom Alter der Up. Ernsthaften Rückzug eines Rettungsengels gab es in drei Fällen und war Anlaß für Therapiebewerbung und -beginn.

Diskussion

Wesentliches Merkmal der Beziehung zwischen Drogenabhängigem und seinem Rettungsengel besteht darin, daß diese Beziehung ungekündigt bleibt aller Inkompetenz und Verfehlung zum Trotz, auch wenn sie sich oft gegen den Rettungsengel selbst richten (z.B. daß er bestohlen oder belogen wird). Im Gegenteil, dies scheint die Bezie-

25 LADEWIG, GRAW, ebenda S. 72. Siehe auch: D.ZIMMER, A.UCHTENHAGEN: Fixerehen und Fixerpaare, Familiendyn. 3, 1982, S. 211-227

hung geradezu zu stabilisieren: Wir haben eine komplementäre Beziehungsform vor uns, in der jeder den anderen in seinem Ergänzungspart bestätigt und die Beziehung aufrechterhält. Für den unerfahrenen Therapeuten mag es verlockend sein, stellvertretend in diese Beziehung hineinzuschlüpfen. Aber immer ist die Beziehung des Drogenabhängigen zu seinem Rettungsengel ambivalent, meist geringgeschätzt oder gar verachtet, Erpressung und (versteckten) Sadismus seitens des Abhängigen, voll hilflosem Drohen, Bitterkeit, Prophezeiungen und Masochismus seitens des Rettungsengels.

Bemerkenswert ist, daß die Existenz eines Rettungsengels unabhängig vom Alter ist. D.h., es findet kein Prozeß der Verselbständigung statt, solange der Süchtige süchtig bleibt. Die wenigen Male, wo sich ein Rettungsengel zurückzieht, deuten an, welche Potenz zu motivieren der Rettungsengel bindet.

Der Rettungsengel ist ein Prototyp des „Ko-Abhängigen". Die wichtigsten Merkmale des Ko-Abhängigen (WILSON-SCHAEF) beschreiben ihn treffend:

- „jemand, der sich vernachlässigt;
- Koabhängige zeigen dieselben Merkmale wie die Süchtigen selbst, auch wenn Äußerungen verschieden sind, z.B.: Alkoholiker kontrollieren durch Wutanfälle, die Ko-Abhängigen kontrollieren durch Verständnis, Liebe, Fürsorge. Der Koabhängige glaubt, er werde nicht verlassen, wenn er Leute von sich abhängig macht.
- Koabhängige sind genauso selbstbezogen wie Süchtige, werden aber mehr akzeptiert.
- Koabhängige versuchen immer, Konflikte zu vermeiden und niemals direkt anzugreifen."[26]

Außenstehende übernehmen bevorzugt diese Funktion als Rettungsengel, wenn sie auf den Plan treten, aufgesucht und vorübergehend vom Süchtigen umworben werden. Als Koabhängige Helfer können Bewährungshelfer, Sozialarbeiter, Rechtsanwälte u.a. fungieren, oft gerade dann, wenn sich der bisherige familiäre Rettungsengel enttäuscht zeigt. Sie helfen diese vorübergehende Zeit zu überbrücken, bis der familiäre Rettungsengel genügend Schuldgefühle ob seines Rückzugs empfindet und sich wieder erneut zur Verfügung stellt. Andererseits kann die Familie sich gleichsam erweitern um die polare Funktion, die wir als *strengen Propheten* bezeichnen können. An Staatsanwälte, Richter u.a. werden Zwang und Konsequenz delegiert, die der familiäre Rettungsengel so vermissen läßt und im Bündnis mit dem Süchtigen immer unterläuft. Der „Rettungsengel" wie der „strenger Prophet" behandeln den Drogenabhängigen als hilflose und unfähige Person, die der Allmacht der Droge ausgeliefert sei, zu deren Konsum sie der schlechte Einfluß Dritter verführe.

Eine solche Situation, worin der Rettungsengel für die Therapie der Sucht eine entscheidende Rolle spielt, tritt z.B. dann ein, wenn elterliche Zuständigkeit verwandtschaftlich geteilt wird. Bei Up 11 (ganz ähnlich Up 17) war nach dem Tod der Mutter eine Tante an ihren Platz getreten. Vater und Tante waren nun beide zuständig; er wohnte teils beim Vater, teils bei Tante und Onkel. Sie war verheiratet, hatte aber keine Kinder. Während sein Vater (in der Rolle des „strengen Propheten") überkritisch wurde und sein Einfluß in dem Maß schwand, wie der Sohn ihn fürchtete und meiden konnte, wurde seine Tante alles gewährend, Geheimnisse bewahrend und warb noch während der Therapie mit finanziellen Angeboten um ihn.

26 A.WILSON-SCHAEF, ebenda.

Wenn man den Rettungsengel nicht in die Therapie einzubinden versteht und in seinem destruktiven Einfluß neutralisiert, wird er häufig mit Lug und Trug die Therapie und die Rolle des Therapeuten sabotieren. Häufig selbst suchtgefährdet und labil, macht er ohne Rücksicht auf Partner und andere Familienmitglieder eine Lebensaufgabe aus der Sorge um den Drogenabhängigen. Indirekt, aber wirkungsvoll, bedroht der Rettungsengel die anderen in der Familie damit, daß er leiden und sterben werde, wenn ihm diese Lebensaufgabe entzogen werde. Mit solchen Erpressungen entmutigt und sabotiert er jeden Behandlungsfortschritt in der Familie und bedroht die Behandlung des Drogenabhängigen. Die zuletzt erwähnte Tante stellt unserem Klienten, zu einem Zeitpunkt, da die Therapie Erfolg versprach, eine Wohnung in ihrem Haus, ihr Erbe und finanzielle Mittel in Aussicht, wenn er gleich zu ihr zurückkäme; sie ließ durchblicken, daß sie am „Lebenssinn" zweifle. Der Rettungsengel glaubt, viel, ja, alles zu verlieren: Anspruch auf Versorgung, Aufregung und Ablenkung von Vereinsamung und Sinnlosigkeit, einen Kompagnon, da der Rettungsengel selbst oft verdeckt süchtig ist. Jene Tante war auf versteckte Weise medikamentenabhängig. Kurz, der familiäre Rettungsengel ist für die Therapie zunächst die zentrale und einflußreiche Person.

In Bindungsfamilien ist der Rettungsengel in aller Regel identisch mit dem Elternteil, zu dem eine enge, symbiotische Beziehung besteht. Dabei kann es auch vorkommen, daß beide Eltern wechselseitig um die Gunst des Abhängigen rivalisieren und abwechselnd diese Funktion übernehmen. Es gibt noch einen weiteren, einen strukturellen Grund, der den familiären Rettungsengel so eng an den Drogenabhängigen fesselt: der abgewertete und deplacierte Ehepartner, der meist in einer Schicksalsgemeinschaft mit dem Süchtigen zu finden ist. Davon handeln die nächsten beiden Hypothesen.

Intergenerative Nähe

Datenerhebung

Die Annahme größerer intergenerativer Nähe gilt als wahrscheinlich, wenn Klient und Elternteil familiäre Geheimnisse teilen, wenn elterliche intime Berichte oder massive Beschwerden über den Partner mit der Up besprochen werden oder die Up Partnerstatus erhält. Wir erhalten solche Informationen aus den psychotherapeutischen Gesprächen und durch Befragung der Up. Beim Familiengespräch in der Einrichtung werden die Vermutungen überprüft.

Ergebnisse

Familiäre Geheimnisse zwischen Up und Elternteil A vor Elternteil B (regelmäßig ist das Faktum der Drogenabhängigkeit ein solches) können in 12 Fällen (67%) nachgewiesen werden; Verletzen elterlicher Intimität in 7 Fällen (39%); massive, häufige elterliche Beschwerde über den Partner gegenüber der Up in 12 Fällen (67%), zum Partnerersatz avancieren schließlich 7 Upn (39%). Dabei ist zu bedenken, daß je nach Familienkonstellation sich einzelne Erhebungen erübrigen. Dennoch fallen 84% der Upn (15) in wenigstens eine der erhobenen Kategorien.

Up	Geschl.	Alter	Elternteil	gleich/gegengeschlechtlich	Geheimnisse	elterl. Intimität	mass. elterliche Partnerbeschwerde	Partnerstatus	Beobachten elt. Interaktion	als intergenerative Nähe bewertet
1	w	24	Mutter	gleichgeschl.	x	x	x	x	ja	ja,symbiot.
2	w	23	Vater	gegengeschl.	x	x	x	x	ja	ja,symbiot.
3	w	23	Vater	gegenschl.	x	-	x	x	-	ja,symbiot.
4	w	20	Mutter	gleichgeschl.	x	x	x	-	ja	ja,sym. u. ambivalent
5	w	18	Erzieher	(gegenge.)	x	-	-	x	-	-
6	w	20	Mutter	gleichgeschl.	-	-	x	-	ja	ja,symiot. u. ambivalent.
7	w	27	Vater	gegengeschl.	-	-	x	-	ja	-
8	m	30	-	-	-	-	-	-	ja	-
9	m	26	Mutter	gegengeschl.	x	x	x	x	ja	ja,symbiot.
10	m	27	Mutter	gegengeschl.	x	x	x	x	-	ja,symbiot.
11	m	24	Tante	gegengeschl.	x	-	-	-	-	-
12	m	24	Mutter	gegengeschl.	x	-	x	-	ja	ja
13	m	24	Mutter	gegengeschl.	x	-	x	-	ja	ja
14	m	32	Mutter	gegengeschl.	x	x	x	-	ja	ja
15	m	23	Mutter	gegengeschl.	-	-	-	x	-	ja,ambiv.
16	m	21	Mutter	gegengeschl.	x	x	x	-	ja	ja
17	m	33	Tante	gegengeschl.	-	-	-	-	ja	-
18	m	23	o.A.	o.A.	o.A.	o.A.	o.A	o.A.	o.A	-
N= 18				3 gleich., 12 gegen.	12 (67%)	7 (39%)	12 (67%)	7 (39%)	13	12

Tabelle 12: Intergenerative Nähe zwischen einem Elternteil und drogenabhängigem Jugendlichen bzw. jungen Erwachsenen.

Die überwiegende Mehrheit derartiger Bindungen ist gegengeschlechtlich orientiert: 3 solcher Bindungen bestehen zwischen Vater und Tochter und 7 zwischen Mutter und Sohn. Nur 4 gleichgeschlechtliche Bindungen werden registriert. Bei Verlust eines Elternteil kann eine solche quasi intergenerative Nähe zu einer Bezugsperson aus einer Institution entstehen, wie in einem Fall festgehalten wurde, allerdings nicht gewertet. Fast durchweg tragen diese intergenerativen Beziehungen den Vermerk „symbiotisch". Dieser wurde angebracht, um besondere emotionale Dichte und Konfluenz anzuzeigen. Belinda oder Hans-Peter aus dem psychotherapeutischen Teil des Buches geben Beispiele. „Ambivalent" wurde vermerkt, wenn die Bindungen emotional in besonders ausgeprägter Weise zwischen Haß und Liebe, Feindseligkeit, Gleichgültigkeit und fast schon wieder symbiotische Bezogenheit schwanken. Unsere Fallberichte über Arnold oder Heinz schilderten solche besonders ambivalenten Beziehungen.

Bei Bindungsfamilien wurde in 80% der Fälle intergenerative Nähe beurteilt, bei zentrifugalen Familien in 50% der Fälle.

Diskussion

Den wechselseitig ausbeutenden Aspekt intergenerativer Bindungen haben wir bereits unter dem Stichworte „Rettungsengel" besprochen. Ein anderer Aspekt ist: Die intergenerativen Bindungen sind meist gegengeschlechtlich sowohl zwischen Vater und Tochter wie zwischen Mutter und Sohn. Sie sind meist erotisch getönt und von inzestuösen Phantasien begleitet. Up 2 beispielsweise steht in einer tiefen Bindung zu ihrem Vater. Als sie während ihres Aufenthalts bei uns im Begriff war, mit ihrem Freund intim zu werden, so bedrängten sie lebhafte Erinnerungen und Bilder ihres Vaters, die heftige Angst auslösten. Sie konnte damals keine Kontrolle über diese Bilder gewinnen und zog sich von ihrem Freund zurück. Up 9 hat eine intensive Beziehung zu seiner Mutter, die wir als Partnerersatz bezeichnen können. Wir finden unverdrängte und kaum verhüllte Phantasien und Träume inzestuösen Inhalts. Daß dieser Befund nicht aus der Reihe fällt, bestätigen uns KAUFMAN&KAUFMANN. Sie fassen eine eigene Untersuchung aus dem Jahre 1970 zusammen: „Die Mütter wurden entweder als distanziert oder unverhohlen verführend wahrgenommen. Viele Mütter waren psychotisch und selbst alkohol- und drogenabhängig. Männliche Patienten hatten oft wiederkehrende masturbatorische Phantasien von der Mutter und fühlten sich von ihr sexuell angezogen."[27]

Diese intergenerativen Bindungen haben starke symbiotische Züge, sind meist von dichter Emotionalität, charakterisiert durch gegenseitige Identifizierung und enge Interessenabsprache. In der Literatur wird die symbiotische Bindung zwischen Müttern und Söhnen immer wieder beschrieben und ihr häufiges Vorkommen nachgewiesen[28]. FORT[29] bemerkt, daß solche Mütter „überprotektiv, beaufsichtigend und nachsichtig" sind. „Sie waren bereit, alles für ihre Söhne zu tun, außer sie in Ruhe zu lassen." In einem Vergleich mit den Müttern von Drogenabhängigen, Schizophrenen und normalen Jugendlichen sind die symbiotischen Bedürfnisse der Mutter nach ihrem Kind am stärksten bei den Müttern von Drogenabhängigen[30]. KAUFMAN & KAUFMANN bestätigen noch einmal, was wir im Zusammenhang mit der Funktion des Rettungsengels beschrieben haben: *„Viele Mütter litten jedesmal, wenn ihre Söhne oder Töchter sich destruktiv verhielten, an agitierten Depressionen."*[31]

Intergenerative Bindungen weisen einen deutlichen Beziehungsaspekt gegenüber dem anderen Elternteil auf: Geheimnisse schließen ihn aus und konstituieren eine gewichtige familiäre und geheime Koalition; Mitteilungen über elterliche Intimität diskreditieren den Partner, massive Beschwerden über den Partner bei der Up vereinnahmen die Up gegenüber dem anderen. Kurz, die belegbare intergenerative Nähe enthält einen Beziehungsaspekt gegenüber dem ehelichen Partner, der auf Kritik, Unzufriedenheit und Feindschaft hinweist und zum Beistand auffordert. Eheliche Probleme werden nicht auf Partnerebene gelöst, sondern in die familiären Beziehungen zu den Kindern hineingetragen und vergiften diese. Der Partnerstatus, zu dem die Upn überraschend häufig aufsteigen (39%), demonstriert das hohe familiäre Prestige, das dem Drogenabhängigen zugeschrieben wird und das ihn in einem goldenen Käfig gefangen hält.

Was ist das Schicksal des anderen Elternteils, meist der Väter? Der andere Eltern-

---

27 E.KAUFMAN, P.N.KAUFMANN, Familientherapie mit Alkohol- und Drogenabhängigen, 1983, S.56.

28 Siehe: M.R.TEXTOR: Drogensucht und Familien, Fam.dyn. 1, 1989, S. 287.

29 J.P.FORT: Heroin Addiction Among Young Men, in: Psychiatry, 17, 1954, S. 251-259.

30 N.ATTARDO: Psychodynamic Factors in the Mother-Child Relationship in Adolescent Drug Addiction: A Comparison of Mothers of Schizophrenics and Mothers of Normal Adolescent Sons; in: Psychotherapeutic Psychosomatic, 13, 1965, S. 249-252.

31 KAUFMAN, KAUFMANN, ebenda S. 52.

teil übernimmt männliche Funktion (auch wenn es sich um eine Frau handelt) und gerät in Gefahr eine zwar beherrschende, aber einsame, ausgeschlossene Stellung innezuhaben gegenüber dem Partner und der Up. Er ist der ausgeschlossene Dritte. Dieser Elternteil ist wenig da, arbeitet viel, geht aus dem Feld und neigt - wenn männlich - zu Alkoholkonsum. Manchmal findet dieser Partner einen Verbündeten in einem anderen Kind. In selteneren Fällen wird er verdrängt wie im Falle der Up 9. TEXTOR bestätigt diese Randposition und geringe Macht. In einem Literaturüberblick stellt er fest, daß dieser Elternteil den (späteren) Drogenabhängigen nicht als Person akzeptiere, ihm feindselig oder gleichgültig gegenübertrete, negative Erwartungen hege und eifersüchtig auf die symbiotische Beziehung sei.

Hohe erotische Anziehung, feste Rollenkomplementarität, triadischer Beziehungsaspekt, den der Jugendlichen wie der verbundene Elternteil ausbeuten, kennzeichnen die Beziehung zwischen dem nahen Elternteil und dem drogenabhängigen jungen Erwachsenen. Sie läßt die starke einbindende Kraft solcher Symbiosen und komplementären Einheiten ahnen und wirft ein erstes Licht darauf, wie mit zunehmender Ambivalenz Zyklen von Bindung und Abstoßung in Gang gesetzt werden, die die entindividuierende Wirkung dieser Bindung enthüllen.

Was FREUD als Phantasien des Ödipuskomplexes in der Kindheit ausmachte, hier finden wir alle wesentlichen Aspekte der Ödipus-Konstellation wieder, aber nicht als verdrängte oder nur phantasierte Situationen, sondern als aktuelle Beziehungskonstellation; nicht als psychotherapeutische Rekonstruktion, sondern als wechselseitige Konstruktion familiärer Wirklichkeiten: illusionäre und/ oder gewaltsame Verdrängung des Vaters, inzestuöse Beziehungen zur Mutter, König-werden durch 'Heirat' der Mutter und Unfruchtbarkeit in Bezug auf die psychosoziale Entwicklung durch Aufrechterhalten einer symbiotischen, zutiefst ambivalenten, entindividuierenden Beziehung zur Mutter. Vorwegnehmend wäre zu ergänzen, daß sich die Tochter aktuell in der Konstellation des Persephone-Mythos befindet (siehe Kap.16).

Das folgende Protokoll einer Therapiegruppensitzung mit der erwähnten Up 2 gibt einige der bisher ausgeführten Aspekte der sozialen Matrix anschaulich wieder und führt in die noch folgenden ein. Es dokumentiert unsere Fragetechnik und ihren Einsatz in der psychotherapeutischen Behandlung. Mein Gegenüber ist eine junge 23-jährige Frau, heroinabhängig.

Therapeut: Deine Eltern kommen am Wochenende...
Rosette, eine große, kräftige Frau, sitzt zusammengekauert in ihrem Sessel und schaut mädchenhaft, etwas verlegen zwischen ihren Knien hindurch zu mir.
Th.: ...und Du sitzt da wie ein Mädchen.
R.: Ja, ich brauch' kein Wort mehr zu sagen. *(Sie kokettiert)*
Th.: Stimmt.
Rosette läßt durchblicken, daß der „Date" mit ihren Eltern weniger ihrer Regie entsprung und gibt sich verunsichert und etwas verwirrt darüber, was sie mit ihnen anfangen solle.
Th.: Ich weiß von deinen Eltern überhaupt nichts. Stelle sie mir vor! Was sind das für 'Typen'? Wie muß ich sie mir vorstellen?
R.: Mein Vater ist groß, aber doch etwas kleiner als meine Mutter. Er ist 58 Jahre alt.
Th.: Wer gehört noch zur Familie?
R.: Meine Schwester. Sie ist 7 Jahre älter.
Th.: Gut.- Was macht der „Kleinere" von beiden?
R.: Er opfert sich für die Familie auf.
Th.: Woran liest du das ab?
R.: Er macht alles in der Familie: kocht, wäscht, räumt auf, hält alles in Stand.
Th.: Was macht deine Mutter?
R.: Sie putzt, sie kocht, wenn er nicht da ist; liest und sieht fern, hält den Garten in Schuß.
Th.: Rosette, überlege, für wen denn würde sich dein Vater aufopfern?

R. *spontan*: Für alle!
Th.: Für die Mutter auch? Für deine Schwester?
Rosette erzählt, daß ihre Schwester einmal berichtet habe, wie ihr Vater sie weinend am Bett aufgesucht und gesagt habe, sie solle ihn doch lieber haben als ihre Mutter. Die Schwester war ein voreheliches Kind, das bis zu ihrem fünften Lebensjahr bei den Großeltern aufwuchs, bevor sie in die Familie der Eltern aufgenommen wurde. Über die eheliche Beziehung weiß Rosette zu berichten, sie habe ihn einmal weinend am Küchentisch angetroffen. Er meinte zu ihr, ihre Mutter wäre so unfair; wenn er sie nicht so liebte, er würde gehen.
Th.: Nun, dann bleibst nur Du noch für ihn übrig.
Rosette schildert ihre zeitweise liebevolle Beziehung zum Vater. Sie habe immer gespürt, daß er sie am liebsten mochte. Bei ihrem ersten Auszug habe er sich um die Wohnungseinrichtung gekümmert.
Th.: Wenn sich dein Vater für dich aufopfert, dann sind Rettungsaktionen nicht weit. Kannst du mir welche schildern? Deine Drogenabhängigkeit gab ja genügend Anlaß?
Rosette schaut verlegen, zögert und erzählt dann langsam eine dramatische Rettungsaktion um Leben und Tod. Ein anderes Mal hatte er sie gegen die Gewalt ihres Freundes in Schutz genommen und ihn aus ihrer gemeinsamen Wohnung geschmissen. Sie zog dann nach Hause zurück.
Th.: Dein Vater opfert sich also für dich, und er hat einige Rettungsaktionen gestartet. Zu deinem Unglück!
Th.: Was machen Vater und Mutter beruflich?
R.: Vater ist Fahrer. Mutter geht an drei Tagen die Woche auch arbeiten. Sie wechseln sich ab. Mein Vater macht Schichtdienst.
Th.: Deine Eltern sind wenig zusammen? Was tun sie, wenn sie zusammen sind?
R.: Ja, wenn sie zusammen daheim sind, haben sie sich wenig zu sagen.
Th.: Nun, ein Thema, das sie jedenfalls gemeinsam haben, sind die Kinder!
Rosette *lacht*: Stimmt! Wenn ich hinzukomme, streiten sie sich oft.
Th.: Aha, du bist das Thema. Laß uns das verfolgen. Wie machst du dich zum Thema?! Laß mich zuvor ein paar Dinge fragen: Wie lange hast du zu Hause gewohnt? Hast du eine eigene Wohnung? Was macht deine Schwester?
R.: Ich habe lange zu Hause gewohnt. Ich bin dann mit 18 ausgezogen zu einem Freund, mit dem ich Drogen genommen habe, was meine Eltern ahnten. Trotzdem haben sie mir die Wohnung gekauft und eingerichtet. Nach wenigen Monaten bin ich nach Hause zurück.- Meine Schwester, der geht es gut, die hat ja auch die Erwartungen meiner Eltern erfüllt. Mein Vater hat sie sehr eingeschränkt, aber sie hat es hingenommen. Bei mir war das anders... *(Sie erzählt, daß sie ab ihrem 15. Lebensjahr quer zu den Erwartungen ihrer Eltern lag; sie konnte ihre Mutter für ihre Pläne und mehr Großzügigkeit rumkriegen.)* Die Eltern streiten sich heute, wer in der Pubertät falsch erzogen habe. Diese Kritik geht vom Vater aus, der mir aber später alles durchgehen ließ.
Th.: Das hört sich ganz nach „Thema" an. Also mich interessiert: Wie hast Du dich zum Thema gemacht?
Rosette *schweigt eine Weile. Sagt dann nachdenklich:* ...ich hab mich phlegmatisch in den Sessel gesetzt...*(betroffen)*
Th.: Aha, so also!
R.: Und dann haben meine Eltern angefangen, mich anzugreifen.
Th.: Deine Eltern? Wer hat angefangen?
R.: Meine Mutter hat angefangen und mich angegriffen wegen meines Phlegma. Das hat sie mir immer vorgeworfen.
Th. *bittet Rosette, näher zu schildern, was sie tut*: Wie geht es denn weiter? Was hat dein Vater getan? Hat er dich in Schutz genommen?
Rosette *lachend:* Mein Vater hat mich nicht angegriffen, sondern nach einer Weile in Schutz genommen. Er hat dann ihre Fehler in der Pubertät angegriffen...
Th.: Ihre Toleranz...
R.: Ja!
Th.: ...die er jetzt praktiziert. Das spricht dafür, daß du nur Thema warst. Deine Eltern kritisieren sich gegenseitig, indem sie über dich streiten.- Du hättest weggehen können...!?
R.: Ich bin dann schließlich weggegangen...
Th.: Aber wieder gekommen. Nein, ich meine, aus der Familie weggehen, um selbständig zu werden.
R.: Ich habe nicht gelernt, offen zu sein. Ich habe das von meiner Mutter. Sie hat mir kein Vertrauen entgegengebracht.
Therapeut *unterbricht:* Rosette, ich warne dich. *(Dabei sammelt er demonstrativ Kissen auf, die vom Beginn noch rumliegen und fordere die anderen auf, die ihren zuzuwerfen.)*
Rosette *reagiert entgeistert:* Was soll das?!

Th. *erklärt*: Mit diesen Kissen werde ich auf dich werfen, wenn ich wütend werde.
Rosette ist brüskiert und kontert, was könne ihn denn wütend machen? Sie bemerkt, daß sich diese Aktionsvorbereitungen auf ihren letzten Satz beziehen und meint etwas trotzig: Ich stehe dazu. Meine Mutter hat mir dies am Telefon gesagt. Sie geht in den Elternkreis. Auch eine Therapeutin habe ihr das gesagt... *(Sie endet damit, ihre Mutter habe ihr kein Vertrauen entgegengebracht, sie hätte keine Chance gehabt, Offenheit zu lernen.)*
Th. *wirft in diesem Moment ein Kissen, das sie trifft. Sie ist schockiert. Sitzt fassungslos da. Geladen vor Wut, kämpft um ihre Fassung. Starrt den Therapeut an. Weint vor Wut.*
Th.: Wir haben nicht ausgemacht, daß du schlucken mußt. Erzähle, was ist los mit dir... Aber diese Ausrede dulde ich nicht. Dann hättest du es eben deiner Mutter beibringen müssen.
Rosette teilt mit, sie sei maßlos wütend.
Th. erklärt ihr, daß er im Verlauf des Gesprächs damit beschäftigt gewesen sei, herauszubekommen, was ihr wirklich weiterhelfe. Er hätte die Rettungsaktionen ihres Vaters vor Augen gehabt. Seine Rettungsaktionen hätten es ihr möglich gemacht, ihren Drogenkonsum zu verharmlosen, als ihre Mutter Position bezogen hatte und ihr so wirklich geholfen habe.
Th.: Du sitzt in der Sackgasse. Ich bin froh, wenn du aufwachst. Was du brauchst, ist einen engagierten Kissenwerfer. Ich biete dir an, wann immer ich mitbekomme, daß du für dein Verhalten andere verantwortlich machen willst, dich zu stören.
Rosette lacht und engagiert ihn.

Hierarchieumkehrung

Datenerhebung

Grundlage der Beurteilung sind Lebenslauf, Sozialbericht, Befragung der Up und ihrer Herkunftsfamilie und Beobachtung der elterlichen Interaktion. Die Beurteilung aufgrund von Befragung bzw. therapeutischen Gesprächen wird an möglichst eindeutigen Situationen festgemacht: ständiges Demütigen des Partners; wiederholte Gewalt gegen ihn; Entscheidungsrecht nur eines Partners in wichtigen familiären Angelegenheiten; eindeutige Deplacierung.

Selbsteinschätzung der Up gegenüber abgewertetem Elternteil. Zusätzlich wird festgehalten, ob Up Ordnungsfunktion gegenüber beiden Eltern bekommt. Dies ist dann der Fall, wenn das streitende Ehepaar regelmäßig mit Hilfe der Up Ordnung wiederherstellen kann (hält Ehepartner auseinander, in Schach oder greift gewaltsam ein, um ein Ende des Streites herbeizuführen). Schließlich wird ein Vertauschen der Rollen zwischen Eltern und Up erhoben, beispielsweise wenn eine depressive, suizidale Mutter sich von ihrer Tochter bemuttern läßt.

Während des Familiengesprächs werden bewertet: demütigende Angriffe auf einen Elternteil; Versuche, den Therapeuten zur Verurteilung eines Elternteils zu bewegen; deutliche nonverbale oder verbale Beschneidung eines Elternteils (z.B. wenn der Partner nur nach erteilten Einsatz sprechen darf, Blick zum Partner vor und nach jeder Aussage, kommt nur mit Unterstützung des Therapeuten zu Wort, wird regelmäßig vom Partner unterbrochen).

Ergebnisse

Vorauszuschicken ist, daß bei den beiden Klienten, die früh die Therapiegruppe verlassen haben, nur wenige Erhebungen vorliegen. Naturgemäß erübrigen sich Angaben bei unvollständigen Familien, die sich auf ein Ehepaar beziehen. Der relevante Teil der Stichprobe umfaßt daher bei einigen Angaben nur 12 Upn. Wir werden daher verschiedentlich zwei Prozentwerte angeben, die als Unter- und Obergrenze interpretiert werden können.

Häufige Demütigung eines Elternteils durch den Partner ist in 10 Fällen belegt (56%-83%), wie die folgende Tabelle zeigt. Zumeist sind es die verstrickten Partner, die so abgewertet sind.

Ein Beispiel: Ein geschiedenes Ehepaar hat über ihre Tochter (Up 6) intensiven Kontakt. Der eheliche Streit geht trotz Trennung jahrelang über die Kinder weiter. U.a. auch über die Tochter, die meint, etwas für den Zusammenhalt der zerbrochenen Familie tun zu müssen. Ein Höhepunkt der Eskalation ist erreicht, als ein Brief der beiden Söhne - der Brief soll vom Vater diktiert sein - eintrifft, in welchem die Mutter als „Rabenmutter" beschimpft wird. Sie erleidet einen Nervenzusammenbruch.

Up	massive Abwertg. d. verstrickten Elternteils	Entscheidungsrecht beschnitten	Gewaltsame Abwertung des verstrickten Elternteils	Hierarchieverletzung seitens Up gemeinsam mit verstricktem Elternteil	Up bekommt Ordnungsfunktion	Deplacieren eines Elternteils	Eltern-Kind-Vertauschung	Statuseinschätzung d. Up gegenüber verstr. Elternteil	Durch Beobachtung elterlicher Interaktion bestätigt	als Hierarchieumkehrung bewertet
1	ja	ja	-	-	-	ja	ja	überlegen	ja	ja
2	ja	-	-	-	-	ja	-	überlegen	ja	ja
3	o. A.	o. A.	o. A.	o. A.	o. A.	o.A.	o.A.	o.A.	o.A.	-
4	ja	ja	ja	-	-	ja	ja	überlegen	ja	ja
5	-	-	-	-	-	-	-	-	-	-
6	ja	-	ja	-	ja	-	ja	-	-	ja
7	ja	ja	-	-	-	ja	-	überlegen	-	ja
8	-	-	-	-	-	-	-	-	ja	-
9	ja	-	-	-	ja	ja	-	überlegen	ja	ja
10	ja	ja	ja	ja (Gew. ggn Vater)	ja	ja	-	überlegen	o.A.	ja
11	-	(unvollst. Familie)	-	ja (Gew. ggn Vater)	-	-	-	o.A.	o.A.	
12	-	-	-	ja (krim.Handlung)	-	-	-	überlegen	ja	-
13	ja	ja	-	ja (krim.Handlung)	-	ja	-	überlegen	ja	ja
14	ja	ja	-	ja (krim.Handlung)	-	ja	-	überlegen	ja	ja
15	-	(unvollst. Familie)	-	-	-	-	-	-	o.A.	-
16	ja	ja	ja	-	ja	ja	-	überlegen	ja	ja
17	-	(unvollst. Familie)	-	-	-	-	-	überlegen	-	-
18	o. A.	-	o.A.	ja (Gew.ggn Vater)	o.A.	o.A.	-	o.A.	o.A.	-
N= 18	10 (56-83%)	7 (39-58%)	4 (22-33%)	4 (22-33%)		9 (50-75%)	3 (17%)	11 (61-92%)	9	10 (56-83%)

Tabelle 13: Abwertung eines Elternteils und Umkehrung der Hierarchie.

Normalerweise ist es für die abgewertete Person ein Alltag voller Demütigung, wie es dieser Lebenslauf von Up 1 durchscheinen läßt: *„Meine Mutter hat ihre Pflichten treu und sorgfältig erfüllt. Es durfte ihr nicht der geringste Fehler unterlaufen. Sie hat ihn bedient wie ein Diener und war nur Putzfrau, Köchin und Kindermädchen, sonst nichts."*

In 7 Familien (56-83%) ist der familiären Entscheidungsspielraum eines Elternteil drastisch beschnitten. 4 Upn (22-33%) berichten von häufiger gewaltsamer Abwertung des verstrickten Elternteils, ihr Anteil dürfte eher noch höher liegen. Hierarchieverletzungen durch die Up mit stillschweigender Duldung oder Ermunterung durch einen Elternteil sind in 6 Fällen belegt (34-50%). Darunter finden wir dreimal Gewaltanwendung gegen den „überlegenen" Elternteil, den Vater. Up 10 beispielsweise begründete dies so: *„Meine Mutter sagte nichts. Aber ich wußte genau, was sie von mir erwartete."* Dazu zählten auch kriminelle Handlungen, die sich gegen den überlegenen Elternteil richten z.B. Scheckbetrug, der den Vater als Bankangestellten der einlösenden Bank diskreditiert (Up 12).

4 Upn (22-33%) erhalten gegenüber den streitenden Eltern Ordnungsfunktion. Sie sind zuständig, Streitigkeiten, die auszuarten drohen und die Eltern selbst nicht mehr unter Kontrolle halten können, durch Eingreifen zu unterbinden. Das Ausüben einer solchen Ordnungsfunktion durch den Heranwachsenden oder jungen Erwachsenen steht in direktem Zusammenhang mit Drogenmißbrauch: Drogenkonsum befähigt erst, diese Funktion auszuüben. Heinz (s.u.) hatte eine solche Ordnungsfunktion innegehabt.

Schließlich finden wir in 9 Fällen (50-75%) Deplacieren eines Elternteils. Im Lebenslauf der zitierten Up 1 heißt es: *„Mein Vater war das Oberhaupt der Familie. Er hatte zu bestimmen. Auch über meine Mutter, weil er der Geldverdiener war und wir (!) abhängig. Meine Mutter war das „dritte Kind" meines Vaters. Er hat sie erzogen."* Ein anderes Beispiel für Deplacieren finden wir in der Herkunftsfamilie von Up 7: Die Ehefrau verdrängt ihren Mann aus dem gemeinsamen Schlafzimmer, holt ihren Freund ins Haus, der nun im Haushalt mitwohnt, versorgt wird und mit ihr das Schlafzimmer teilt.

In drei Fällen finden wir eine weitere Variante der Hierarchieumkehrung. Hier kommt es zu einem Vertauschen der Eltern-Kind-Position, in unserer Stichprobe ausschließlich in Mutter-Tochter-Beziehungen. In gewisser Weise wird die Tochter elterlicher Partnerersatz. Der Partner ist nicht ansprechbar oder die Familie ohne Vater. Solche Verkehrungen treten ein, wenn z.B. deine deprimierte Mutter mit Selbstmord droht, während die pubertäre Tochter sie abzuhalten versucht, sich um sie sorgen muß, sie behütet und bewacht. Oder wenn die strenge, ständig an der Tochter zweifelnde Mutter unter dem familiären Streß zusammenbricht und sich an die Tochter (Up 6) klammert: „Ich brauche dich!"

Mit Ausnahme von Up 8, hier bestätigt sich unsere Annahme nicht, und der beiden Upn, wo wir über fast keine Daten in diesem Bereich verfügen, gibt es für alle übrigen Upn (83%) wenigstens eine Nennung in den ersten sechs Erhebungskategorien. In 10 Fällen gibt es mehrfache Nennungen; hier wird eine Umkehrung der Hierarchie für wahrscheinlich gehalten. Das sind zusammen 56%-83%.

Diskussion

Die eheliche Beziehung wird, folgt man den bisherigen Untersuchungen, in Familien Drogenabhängiger als emotional distanziert beschrieben, es herrsche ein Mangel an Intimität und Dialogfähigkeit und die Ehepartner äußerten Unzufriedenheit mit ihrem Geschlechtsleben.[32]

32 Siehe die Literaturübersicht von M.R.TEXTOR, ebenda.

Diese Schilderung fügt sich unseren Ergebnissen ein: Die Abwertung eines Elternteils ist vielfältig belegt, und wenn man die Familie kennenlernt, sind Abwertungen - offen oder versteckt - das, was einem atmosphärisch zuerst begegnet. Die familiären Beziehungen scheinen vergiftet, irgendwie verkorkst und undurchsichtig; man spürt die tiefe Ambivalenz der familiären Beziehungen. Nach intensiver Beschäftigung mit diesen Familien entdeckt man schließlich, daß dieses Abwerten wechselseitig lanciert wird.

Zunächst betrachten wir die Abwertung eines Elternteils durch den anderen. Spätestens bei gewaltsamer Abwertung sieht sich die Up vor die Entscheidung einer Parteinahme gestellt. Auf meine Gegenfragen, warum sie nicht einfach wegginge, wie dies meist die anderen Geschwister tun, ernte ich immer Kopfschütteln. Die Up sieht sich zwischen beiden stehen und ergreift Partei gegen den abwertenden Elternteil. Ab einem bestimmten Grad der Eskalation über Monate oder Jahre werden die ehelichen Partner unfähig, ihre Konflikte zu begrenzen, und abhängig in dieser Funktion von der Up. Sie bekommt Ordnungsfunktion, indem sie bei gewaltsamen Streits direkt unterbindend eingreift oder sonstige entscheidende Elternfunktion gegenüber den streitenden Eltern wahrnimmt. Während es eben noch aussah, als sei der abwertende Partner mächtig, so gerät er jetzt in Ohnmacht und der verstrickte Elternteil hält die Fäden in der Hand, indem er die Up zu engagieren vermag. Der oben bereits erwähnte junge Mann (Up 10; wir haben ihn durch Fallberichte in früheren Kapiteln als Oskar kennengelernt) schildert, wie seine Mutter ihn stillschweigend aufforderte, den sie bedrohenden Ehemann anzugreifen, was er zuverlässig und 'erfolgreich' tat. Er ist sich der Zustimmung seiner Mutter sicher, wenn sie auch in anderen Situationen durch Vorhaltungen und Verwünschungen gegen ihren Sohn ergänzt wird und die Ambivalenz auch hierin enthüllt. Oskar gehört zu den Drogenabhängigen, die ihren Drogenkonsum bis hin zur Dosierung erstaunlich genau auf die täglichen elterlichen Abwertungsrituale einstellen konnten. Mit Detlef hatten wir bereits einen solchen Fall von adaptivem Heroinkonsum vorgestellt. Wir werden im letzten Kapitel ein Therapieprotokoll wiedergeben, welches Drogenkonsum in feinster Abstimmung auf dieses elterliche Ritual zeigt, das seinerseits durch Alkoholismus und Medikamentenmißbrauch gesteuert wird. Man hat hier in diesen extremen Fällen den Eindruck, daß die gesamte Familie ihr Selbstgefühl in einem täglichen Ritual durch Suchtmittelmißbrauch steuert.

Ist dann der Drogenabhängige die mächtige Figur?

Wenn wir der folgenden Schilderung aus einem Anamnesegespräch Glauben schenken dürfen, so sieht es ganz so aus: Wir hatten herausgearbeitet, daß Thea, eine resolute kleine Person, ihrer Mutter, aber auch ihrer Zwillingsschwester und ihrem Vater gegenüber als Erzieherin auftritt. Sie schildert ihre Auftritte: *„Ich bin schließlich nur noch nach Hause gegangen, um aufzutreten. Ich öffnete die Türe, ging in alle Zimmer, schrie und schimpfte und sagte, was sie tun sollten. Ich ließ ihnen keine Gelegenheit, sich zu wehren."*

Die Selbsteinschätzungen der Upn scheinen ihre Mächtigkeit und Überlegenheit zu bestätigen: Durchweg schätzt sich die Up gegenüber dem verstrickten Elternteil als überlegen ein. Sie profitiert im familiären Beziehungsgefüge von der Abwertung eines Elternteils. Wir können dies zum Anlaß nehmen, das subjektive Erleben der Up zu betrachten. Wir registrierten Eltern-Kind-Vertauschung, Ordnungsfunktion und Gleichstellung oder Überlegenheit durch Deplacieren eines Elternteils. Sie rückt zur Elterngeneration auf, und das bedeutet Prestige und Einfluß im familiären Gefüge. Sie entwickelt ein Größenselbst, das durch diese Situation - gleichsam durch Einflüsterungen des verstrickten Elternteils - genährt wird, da es nicht auf eigenen Leistungen, sondern. Das impliziert aber unweigerlich falsche Identifikationen, welche die eigenen, individuellen Strebungen verkennen läßt, und Einsamkeit, Isolation und Demoralisierung gegenüber den Anforderungen außerfamiliärer Welt. Eine Ahnung, wie tief Selbstgefühl und Selbsteinschätzung gestört werden können, gibt der folgende kleine Bericht:

Im Rahmen der Gruppentherapie forderte ich einen solchen Klienten, der in der Familie Ordnungsfunktion übernommen hatte, auf, die umgrenzende Zimmerwand beiseite zu schieben. Er lehnte nicht etwa lachend ab, er beschimpfte mich auch nicht als Idiot, nein, er nahm meine Aufforderung todernst und konnte erst unter der unabweislichen Starrköpfigkeit der Wand und im Schweiße seines Angesichts hinnehmen, daß seiner Mächtigkeit Grenzen gesetzt sind.

Tatsächlich ist ein solches Verhältnis immer zutiefst ambivalent. Der Aufwertung folgt im gleichen Atemzug Abwertung, dem Erleben von Macht Ohnmacht und heillose Überforderung. Oskars Schilderungen beispielsweise lassen erkennen, daß seine Mutter einerseits unangemessen hohe Leistungen wie Schutz vor dem Vater erwartete, während sie ihn gleichzeitig angriff: „Aus dir wird nie etwas!" All dies bedeutet intensive und chronische Grenzverletzung, die tiefe Spuren in der Organisation der Person zurücklassen. Sie bedrohen das Selbstgefühl, auch wenn sie es vorübergehend narzißtisch aufblähen, und führen zum drohenden Verlust des Selbstgefühls, in Hybris und Verzweiflung. Die Generationengrenze hat eine tief in die psychische Organisation der Person hineinreichende Wirkung, sie erscheint konstitutiv für eine psychosoziale Organisation des Selbstgefühls innerhalb der Familie, wie umgekehrt ihr chronisches Verletzen diese Organisation zerstören kann.

Massives Verletzen der Generationengrenze

Verletzen der Familienhierarchie durch eine unangemessene Position in der Familienorganisation kennt auch eine andere Seite, die der massiven, heftigen, gewaltsamen Verletzung der Generationengrenze. Die Generationengrenze bedeutet Abgrenzung der Generationen untereinander und eben dadurch Schutz. Sie stellt eine fundamentale Unterscheidung dar, von deren Intaktheit und Respektieren Sicherheit, Geborgenheit, Begrenzung von Konfusion, kognitive und psychische Sicherheit abhängen. Sie bedeutet Schutz vor Übergriffen wie Schutzraum für individuelle Entwicklung. Ein massives, gewaltsames Verletzen der Generationengrenze ist daher ein für die Betroffenen zutiefst beunruhigender Vorgang, der eine Lähmung des Selbstgefühls, Schock, Panik, Verzweiflung auslöst oder schließlich zu Resignation und gefühlsmäßiger Abstumpfung führen muß. Wenn Eltern die ihnen angetragene schützende Fürsorge und Schutz verraten, wenn sie gegen körperliche und geistige Integrität der Heranwachsenden verstoßen durch sexuellen Mißbrauch, Mißhandlung, Verwahrlosung oder Verstoßen, dann lösen sie solche Zustände bei ihren Kindern aus. Zu Verletzungen der Generationengrenze zählen wir auch eine andere Art der Grenzverletzung, die vom Drogenabhängigen ausgeht: Gewalt oder massiv demütigende Handlungen gegen einen Elternteil, Destruktionen, die beim Täter tiefe Spuren hinterlassen und selbstdestruktive Handlungen nach sich ziehen.

Dieser Abschnitt war ursprünglich nicht vorgesehen, da wir diesen Aspekt in dieser Intensität nicht erwartet hatten. Er scheint uns aber bedeutsam genug, um die ermittelten Daten nachträglich gesondert zusammenzustellen.

Datenerhebung

Daten über massive und/ oder gewaltsame Grenzverletzungen werden meist von allen Beteiligten als Geheimnis gehütet und erst im Verlauf der psychotherapeutischen Behandlung offenbart. Sie preiszugeben, löst meist intensive Scham aus, gibt den Opfern ein Gefühl der schuldhaften Verstrickung und kann u.U. schwere psychische Zustände auslösen. Die Daten stammen fast ausschließlich aus dem Therapieprozeß.

Ergebnisse

Die folgende Tabelle verzeichnet exzessive Hierarchieverletzungen geordnet nach zentripetalen und Zentrifugalen Familien:

Zentripetale Familie	Zentrifugale Familien
2 x Gewalt gegen Vater	1 x Gewalt gegen Vater
2 x kriminelle Handlungen gegen Vater durch Up	
1 x gewaltsame Abwertung eines Elternteils durch den anderen	4 x gewaltsame Abwertung eines Elternteils
	2 x Kindesmißhandlung
1 x konkrete Hinweise auf Inzest	2 x Inzest (einmal Stiefvater, einmal Mutter)
	1 x sexueller Mißbrauch durch Bruder
in 60% der Familien (6)	in 75% der Familien (6)
Zusammen in 67% der Familien (12)	

Tabelle 14: Exzessive Hierarchieverletzungen.

In 2/3 der Familien aus unserer Stichprobe entdecken wir Fälle massiver Verletzung der Generationengrenze. Kindesmißhandlung[33], sexueller Mißbrauch, Inzest, massive Demütigung und Gewalthandlungen der Up gegen einen Elternteil[34] kennzeichnen einen *Zustand „chronischer Grenzverletzungen"*[35], welchen wir in anderer Weise bereits im vorigen Abschnitt vorfanden.

Dieses von uns nicht erwartete Ergebnis veranlaßten mich und meine KollegInnen, 1985 eine Studie über sexuellen Mißbrauch zu erarbeiten unter dem Titel: „Ist Drogenabhängigkeit ein Symptom sexuellen Mißbrauchs in der Familie?".[36] Die Untersuchung wurde an 17 drogenabhängigen Frauen durchgeführt, die in diesem Jahr bei uns aufgenommen wurden. In 18% der Fälle teilten uns Klientinnen mit, inzestuös mißbraucht worden zu sein; bei weiteren 58% bestand ein konkreter, begründeter Verdacht auf sexuellen Mißbrauch in der Familie; bei 24% unserer Klientinnen ergaben

33 Kindesmißhandlung findet auch WURMSER in der Anamnese Drogenabhängiger gehäuft. Nach UCHTENHAGEN: Die Familien Drogenabhängiger, S.287.

34 „Gewalttätigkeit zwischen Vätern und Söhnen waren ziemlich verbreitet, sowohl bei verstrickten als auch bei losgelösten Vätern." E.KAUFMAN, P.KAUFMANN, ebenda S. 52.

35 S.MINUCHIN, ebenda S. 129ff.

36 R.BAUDIS, A.BERAUER-HAFFA, S.LEIS, M.KAMMERER, A.UNGER, U.WERKMEISTER: Ist Drogenabhängigkeit ein Symptom sexuellen Mißbrauchs in der Familie?, Jahresbericht der Fachklinik Four Steps/ Verein f. Jugendhilfe e.V. 1986.

sich keine Anhaltspunkte. Untersuchungen in den Vereinigten Staaten berichten, daß bis zu 50% der weiblichen Drogenabhängigen[37] von ihren Vätern sexuell mißbraucht wurden.

Diesem Klima massiver und chronischer Grenzverletzungen begegnen wir auch in einer weiteren Studie (KAUFMAN & KAUFMANN, 1970), die unsere Ergebnisse indirekt bestätigen oder doch wahrscheinlich machen. Wir hatten oben schon aus ihrer Zusammenfassung zitiert: „Die Väter dieser Süchtigen wurden als intelligent, erfolgreich, kalt, distanziert, mit ihren Söhnen sexuell und aggressiv konkurrierend und gegenüber ihren Töchtern verführend beschrieben. Die Mütter wurden entweder als distanziert oder unverhohlen verführend wahrgenommen. Viele Mütter waren psychotisch und selbst alkohol- und drogenabhängig. Männliche Patienten hatten wiederkehrende masturbatorische Phantasien von der Mutter und fühlten sich von ihr sexuell angezogen."[38]

Rigide Triade

Datenerhebung

Die Beschreibungen der familiären Interaktionen, die wir auf die unten angeführten Fragen erhalten, werden daraufhin untersucht, ob die elterlichen Interaktionen über die Up laufen. Als zweites Kriterium wird die familiäre Rolle der Up herangezogen, die psychotherapeutisch erarbeitet und psychodramatisch durchgespielt wird. Das subjektive Gefühl der Up, „gebraucht zu werden", „nicht weggehen zu können" ohne große Schuldgefühle, wird ebenfalls festgehalten. Abschottung gegen außerfamiliären Kontakt und ein Vergleichen mit Geschwistern, die für die Up außerhalb der dichten Dreiecksbeziehung stehen, ergänzen die Kriterien.

Ergebnisse

In 13 Fällen ist belegt, daß elterliche Interaktionen über die Up verlaufen (siehe folgende Tabelle). Das sind 73%; wenn wir die unvollständigen Familien herausnehmen, auf die logischer Weise diese Beschreibung nicht zutreffen kann, sind es sogar 93%.

Up (9) fertigte einen Familienplan an, in welchen er die Beziehungen untereinander einzeichnen sollte. Ohne irgendwelche nähere Instruktion oder Vorkenntnisse zeichnete er die folgende Skizze, die nicht

37 E.KAUFMAN, P.KAUFMAN, ebenda 1979.
M.D.STANTON: The Client as Family Member, ebenda, 1979. S.81-102. - Family Treatment Approaches to Drugabuse Problems, 1979, ebenda. - Drugs and the Family. Marriage and Family Review, 1979, 2, S.1-10.
B.WOLPER, Z.SCHEINER: Family Therapy Approaches and Drug Dependent Women. In:
G.M.BESCHNER,B.G.REED, J.MONDANARO (Hg.), Treatment Services for Drug Dependent Women, Vol. 1 Washington, S.343-407. 1981
D.ZIMMER-HÖFLER: Der Einbezug der Familie in therapeutische Einrichtungen für Drogenabhängige und drogengefährdete Adoleszenten in den USA. Familiendynamik 1984, 9, S. 126-136.

38 Ebenda. Die Zusammenfassung bezieht sich auf die Untersuchung: E.KAUFMAN: The Psychodynamics of Opiate Dependence: A New Look, in: Am.J.Drug 6 Alcohol Abuse, 1, 1974, S. 349-370.

besser MINUCHINs „Umleitung“ (s.o.) wieder erfinden könnte:

Tabelle 15: Familienskizze von Up (10).

Mit den beiden umlaufenden Pfeilen von Mutter zu Vater und vice versa wollte er ausdrücken, daß beide über ihn miteinander gesprochen hätten. Im Protokoll ist dazu festgehalten:

„Seit Herbert seinen Vater kennt, war er selten da... Mit seiner Mutter teilte er das Geheimnis seiner Drogensucht. (...) Waren beide anwesend, fand er die familiäre Atmosphäre unerträglich: „Mutter schimpft und geht in den Keller Wäsche waschen. Vater schimpft und geht nach oben.“ Er formuliert, ‘Gespräche zwischen den beiden seien über ihn gelaufen’. Wenn er das Richtige getan hätte, hätten sie sich auch wohlgefühlt und umgekehrt. Nach außen seien sie als die beste Familie erschienen. Er aber „wußte“, wie schlecht es beiden Eltern ging. Er bleibt anwesend und kann sich nicht vorstellen, sich aus dem Dreieck zu entfernen.“

Solche Beschreibungen finden sich zuhauf: Ohne die Up sind die elterlichen Interaktionen aufs Notwendigste begrenzt; sie gehen sich aus dem Weg, oder sie streiten sich, und die Up muß den Streit hüten. Die Antwort auf die Frage nach den elterlichen Themen - soweit dies die Upn beurteilen konnten - war immer wieder der Drogenabhängige und seine Symptomatik.

In anderen Fällen kann die Up den beständigen Eindruck elterlicher Eintracht gewinnen:

Up (14) vermied jeden Eindruck, seine Familie lebte nicht in Harmonie miteinander. Beim Elternbesuch konnten wir die Interaktionen während des Gesprächs beobachten. Der Eindruck von Harmonie kam zustande, indem fast jegliche direkte Kommunikation zwischen den Partnern vermieden wurde. Durch strenge Regeln, die beispielsweise der Ehefrau untersagten, auch nur eine einzige eigene Aussage zu wagen, ohne daß sie der Ehemann nicht kommentiert oder zu Ende geführt hätte. Der Klient war ständig Angriffen ausgesetzt auf seine Haare, seine Stiefel etc., wobei alle drei, darauf angesprochen, sich sofort einig waren, das hier doch niemand jemanden kritisiere.

Die familiäre Rolle der Up war häufig mit „für Zusammenhalt sorgen“ oder als „Schutzfunktion für einen Elternteil“ zu kennzeichnen. Diese Rolle ist immer mit intensiven Gefühlen besetzt: Die Up fühlte sich oft dafür schuldig, daß sie daheim nicht anwesend sein könne. Ich erinnere mich an Theo, der hier auch schon Erwähnung fand: Nach einem Familiengespräch nahm seine Mutter ihn beiseite, um ihm mitzuteilen, daß sie Selbstmordgedanken quälten. Dies geschah zu einem Zeitpunkt, da Theo eigene Pläne für sein weiteres Leben entwickelt hatte.- Immer wieder entwickelt die Up die fixe Idee, sie würde aktuell „gebraucht“ und dürfe von Zuhause „nicht weggehen“, auch dann, wenn sich die Up von ihren Eltern abgelehnt oder gar weggestoßen fühlt. Einige Upn erleben diesen Konflikt sogar als einen, der über Leben und Tod entscheide. Im Erleben des Drogenabhängigen können Strebungen nach Individuation ein Todesurteil über seine Eltern bedeuten.

Up	elterl. Interaktionen verlaufen über Up	Familiäre Rolle	Schuldgefühle	außerfamiliäre Kontakte entmutigt oder ohne Fürsorge		Geschwister	unbelastete Geschwister, von Up als außenstehend eingestuft	suchtgefährdete oder psychisch auffällige Geschwister	als rigide Triade eingestuft
1	ja	Zusammenhalt	gebraucht	ja	-	1	ja	nein	ja
2	ja	Zus.halt	gebraucht	ja	-	1	ja	nein	ja
3	ja	Zus.halt	gebraucht	ja	-	0	-	-	ja
4	ja	Schutz f. Mutter	gebrraucht/ ausgestoßen	ja	-	1	zugehörig	ja	ja
5	unvollständige Familie			Heimkind					
6	ja	Zusammenhalt	gebraucht/ vergestoßen	ja	ja	2	ja	nein	ja
7	ja	Zusammenhalt	schuldig/ verstoßen	-	ja	3	-	nein	ja
8	ja	Zus.halt	gebraucht	ja	z.T.	1	ja	nein	ja
9	ja	Zus.halt	gebraucht	ja	-	0	-	-	ja
10	ja	Schutz f. Mutter	gebraucht/ abgelehnt	-	-	1	-	ja	ja
11	unvollständige Familie			Heimkind		0			
12	ja	Schutz f. Mutter	gebraucht	-	-	4	-	ja	ja
13	ja	Zusammenhalt	gebr.aucht/ abgelehnt	ja	-	1	-	-	ja
14	ja	Zus.halt	gebr./abgel.	ja	-	1	ja	-	ja
15	unvollständige Familie Familie			Heimkind		0			
16	ja	Schutz f.. M.utter	weggestoße n	-	ja	4	o.A.	ja	ja
17	unvollständige	Familie	bzw.	Heimkind		0			
18	o.A.	o.A.	o.A.	o.A.	o.A.	2	zugehörig	-	-
N= 18	13 (73%)			9	3	12	5	4	13 (73%)

Tabelle 16: Rigide Triaden in Familien Drogenabhängiger.

So phantasierte Up (8) unter Tränen, seine schon betagten Eltern überlebten den Schock nicht, falls er nach der Therapie sein Elternhaus verließe und mit seiner Ehefrau zusammenlebte. Er erlebte heftige Schuldgefühle, diesen seinen Wunsch, mit seiner Ehefrau zusammenzuleben, vor „leeren Stühlen" auszusprechen und durchzuspielen. Er ist 30 Jahre alt und ein zweites Mal verheiratet.

Mit Up (14), der die Harmonie im familiären Zusammenleben betonte, entspann sich folgender Dialog nach dem ersten Elternbesuch:

Er charakterisiert seine Eltern. Dann forderte ich ihn auf:

Th.: Kannst du dich auch beschreiben?

Up: Ich stehe im Mittelpunkt... Meine Eltern machen sich Sorgen um mich. Sie reden viel von mir.

Th.: Wie gerätst Du in den Mittelpunkt?

Up: Durch den Junk..., wenn ich ohnmächtig im Hausflur liege. Wegen der Arbeit...

Ein überraschendes und für die Behandlung bedeutsames Ergebnis erbrachte die Frage nach außerfamiliären Kontakten: In 9 Fällen ist belegt, daß außerfamiliärer Kontakt (systematisch) entmutigt und in 3 Fällen ohne Fürsorge gehandhabt wird (zusammen 73%). Lebensläufe und Befragung belegen, daß schon vor Beginn der Drogenkarriere die elterliche Einstellung sehr restriktiv, feindselig oder besitzergreifend ist selbst gegen die nächsten Nachbarskinder und Schulkameraden. Ja, es scheint so, als würden den Heranwachsenden normale Freundschaften verbaut und einer Flucht in die Scene Vorschub geleistet. In Lebenslauf von Up 6 heißt es:

„Ich hatte viele Freundinnen in unserer Siedlung, die mir meine Mutter nach und nach verbot. (Bezieht sich auf ein Alter von 8 Jahren und später.) Sie seien kein Umgang für mich, war ihre Devise. Wenn sie mich abholen wollten, hatte ich entweder Hausaufgaben oder anderes zu tun... Mit 14 kam ich in eine Kifferclique rein, von der ich mich total verstanden fühlte. Fing' auch an zu trinken. Ich bin dann Wochen später das erste Mal abgehauen und hab' 14 Tage bei einem total heruntergekommen Fixer gelebt."

Abschließend wurden einige Angaben über die Geschwister erhoben. 13 Upn haben Geschwister; wenn wir Fälle ohne Angaben (3) nicht berücksichtigen, bleiben uns 10 Familien für unsere Untersuchung. In 7 Familien (70%) sind uns keine Befunde bekannt geworden, die für Suchtprobleme oder andere psychische Fehlentwicklungen unter den Geschwistern sprechen. Sie sind sozial und beruflich mehr oder weniger erfolgreich. In 4 Familien (22%) wird von suchtgefährdeten oder psychisch dekompensierten Geschwistern berichtet, wovon wiederum in zwei Familien diese Probleme aktuell als bewältigt eingeschätzt werden. (Das sind 4 von 23 uns bekannt gewordenen Geschwistern.) Interessant ist, daß die erfolgreichen Geschwister von der Up häufig (dies tun 6 der Upn, 60%) als unberührt vom familiären Drama eingeschätzt werden und in diesem Sinne als „außerhalb" stehend gelten. Die Upn urteilen, daß ihre Geschwister „zu wenig Tiefgang" besäßen, nicht so sensibel oder engagiert seien, daß sie egoistisch wären und desinteressiert. Es ist in unserer Stichprobe die Ausnahme, daß mehrere Kinder Suchtprobleme aufweisen, ein Ergebnis, das in anderen Untersuchungen problematischer ausfällt. Z.B. UCHTENHAGEN in seinem Literaturüberblick: „Im übrigen wird wiederholt ein überdurchschnittliches Maß an „Pathologie" auch bei Geschwistern von Drogenabhängigen gefunden; gemessen an den Indikatoren Suizidversuch, Suizid- und Suchtentwicklung ist dies auch bei den Geschwistern unserer eigenen Probanden der Fall."[39] In der Vergleichsuntersuchung von Heroinabhängigen und ihren „normalen" Altersgenossen wird die Suchtbelastung der Geschwister mit 25.5% angeben.

Eine rigide Triade wird für wahrscheinlich gehalten, wenn die Beschreibung der elterlichen Interaktion und die in der Psychotherapie erarbeitete familiäre Rolle der Up übereinstimmen. Dies ist bei 13 Upn bzw. ihren Herkunftsfamilien der Fall (72%), und bei 92% der Fälle, wenn wir nur die vollständigen Familien in Betracht ziehen.

---

39 Die Familien Drogenabhängiger, ebenda S. 288.

Diskussion

Untersuchen wir die Familien, die das Muster einer rigide Triade ausbilden, so können wir dort zwei Beziehungssysteme erkennen: Einmal die Dyade Elternteil A verstrickt mit dem drogenabhängigen Jugendlichen. Sie ist in sich starr komplementär als eine Beziehung zwischen jugendlichem Versager und seinem Rettungsengel. Die andere Dyade scheint ebenso starr komplementär angelegt zu sein zwischen abwertendem und deplaciertem Partner. Am Berührungspunkt der beiden Dyaden - Elternteil A - wird deutlich, wie beide Dyaden einander wechselseitig abwerten und sich Macht verschaffen. Was die eine Dyade gibt, nimmt die andere. Und umgekehrt.

Dieser Tanz schließt den drogenabhängigen Jugendlichen ein. Was er an Macht von Elternteil A zugewiesen bekommt, erfährt er an Ohnmacht durch Elternteil B. Aber nicht nur das, solange er inkompetent bleibt, gibt er Elternteil B recht, der nun seinen Partner angreifen kann, ebenso aber auch Elternteil A, der sich gerechtfertigt sieht zu helfen. Wir konnten bereits beobachten, wie diese Beziehungen „kippen", wie sich die komplementären Beziehungspositionen vertauschen können, z.B. wenn der Jugendliche Ordnungsfunktion gegenüber seinen Eltern erhält. Der mächtige Partner wird ohnmächtig; der ohnmächtige überlegen; der Inkompetente kompetent. Er, der jugendliche Abhängige wird zum Erzieher der Erzieher. Wir haben also dyadische Beziehungen vor uns, die sich gegenseitig in einem Gleichgewicht halten durch Zyklen von ab- und aufwertenden Interaktionen, worin sich die Beziehungswertigkeit jeweils vertauschen. In dieser Weise gewinnt das Gesamtsystem eine gewisse Stabilität, die allerdings einen Zustand chronischer Grenzverletzungen einschließt. STIERLIN meint mit dem Begriff einer „*malignen Verklammerung*"[40] eine ebensolche Situation.

Diese auf- und abwertenden Zyklen lassen sich je nach der Person, die wir zum Bezugspunkt wählen, unterschiedlich interpunktieren. Wir erhalten immer neue Facetten des Beziehungsgeschehens hinsichtlich der Motive aller Beteiligten, der Konsequenzen für den einzelnen und sein Gegenüber, hinsichtlich narzißtischem Gewinn und Verlust und der Macht- und Ohnmachtposition. Welchen momentanen Bezugspunkt wir auch wählen wollen, wenn wir den Zyklus vollständig durchlaufen, so erhalten wir immer dasselbe kreisförmige Geschehen, worin sich die Beteiligten gegenseitig stabilisieren. Nur - gegenüber der Realität des Beziehungsgeschehens scheinen die Familienmitglieder blind zu sein; denn es ist Realität ihrer familiären Beziehungen, daß sie sich dem Tod zubewegen. Eines Tages hat der Jugendliche sein tödliches Opfer vollbracht - oder ist es vielmehr seine tödliche Rache? Oder ohnmächtige Verzweiflung?

Diese Beziehungsvielfalt wird transparenter, wenn wir verallgemeinern:

- Jede der möglichen dyadischen Beziehungen ist von dualistischer Rollenverteilung und von Auf- und Abwertung gekennzeichnet.
- Entgegen dem offiziellen Anschein der Komplementarität innerhalb des Dualismus gibt es einen triadischen Aspekt, der den Kontext der eigenen Position radikal verändert, so daß Abwertung als Aufwertung erscheint und umgekehrt. Dies ist eine symmetrische Tendenz, die diesen Beziehungen ambivalenten Charakter gibt.
- Vor dem Hintergrund wechselnder Kontexte kippen die Beziehungen, wie wir dies schon in dem Kapitel über Psychotherapie entwickelt haben.

---

40 H.STIERLIN, Eltern und Kinder, S. 222f.

Allzu leicht übersieht man, daß der jugendliche Süchtige in verzweifelter Weise isoliert ist und alleine dasteht: Er tut dies, wie wir aufzeigen konnten, gegenüber seinen Eltern; eingefangen in diesem Kräftefeld wie eine Motte im Licht der Lampe, ist er meist auch isoliert unter seinen Geschwistern, denen er selbst eher überheblich oder neidvoll begegnet, wenn er nicht ein aufopferungsbereites oder süchtiges Geschwister findet. Es kann daher für die Therapie ein entscheidendes Ziel sein, die Beziehung zu Geschwistern zu fördern und ihn dort einzubinden, um die Loslösung vom elterlichen Kräftefeld zu unterstützen und ihn an eine altersgemäße Lebensbewältigung heranzuführen.

Nicht der Einfluß der Peers setzt die Drogengefährdung ins Werk, vielmehr ist es Behandlungsaufgabe, den unterentwickelten Kontakt zu Gleichaltrigen zu fördern. Der Süchtige ist mit Ausnahme seiner Scenebekanntschaften innerhalb der Peers isoliert, ihm fehlen social skills, um unter ihnen zu verkehren. Wir haben verschiedene Hinweise in unserer Untersuchung, daß die Familien Drogenabhängiger einen angemessenen Kontakt zwischen familiärer Welt und außerfamiliären Welten eher untergraben als fördern. Es scheint, daß diese Familien schon früh eine Integration in die Welt außerhalb der Familie erschweren einmal in Bezug zu den Peers, zum anderen hinsichtlich gesellschaftlicher Teilhabe an Schule, Beruf und Freizeit. Die Familien schwanken zwischen zwei gegensätzlichen Einstellungen: Entweder sie schotten sich nach außen ab, bilden eine eigene Welt, die sich außerhalb nicht bewährt. Oder sie vernachlässigen den Kontakt nach 'draußen', kümmern sich nicht darum bis hin zur Verwahrlosung; einige schwanken zwischen beiden Extremen. Es fehlt ein angemessenes Ermuntern, Bestätigen, Auffordern, vielleicht auch Modellsein für den Kontakt nach draußen.

Markant wird diese Isolierung im letzten Behandlungsabschnitt der stationären Therapie, wenn der ehemals Süchtige seinen Tag nun freier gestalten kann und aufgefordert wird, sich auf die Welt außerhalb der Einrichtung zuzubewegen. Er schreckt zurück, igelt sich in seinem Zimmer ein, oft depressiv oder zu unbeherrschter Aggressivität neigend, Angst beschleicht ihn, sein sicheres Reich, sein Zimmer zu verlassen. Ein Spaziergang in die Stadt kann zu einem unangenehmen Erlebnis voller Beschämung führen, ständig gegenwärtig, er würde beobachtet und abfällig angeschaut. Beunruhigung und Mißtrauen können soweit gehen, daß er selbst innerhalb der Wohngemeinschaft sein Zimmer kaum zu verlassen wagt. Die Drogenscene wäre natürlich erlösende Gesellschaft. Im Grunde ist er weniger ein „altersorientierter Soziopath", als daß er vielmehr „in abhängiger Beziehung zu seiner Herkunftsfamilie oder Ersatzeltern verwickelt" ist.

Gespaltene Erziehungsgewalt

Datenerhebung

Es werden die erzieherischen Zuständigkeiten beschrieben anhand von Angaben durch Up und Sozialbericht.

Ergebnisse

Nach allem, was wir bisher an Untersuchungsmaterial vorgestellt haben, enthüllen die Daten über „gespaltene Elternschaft in der Familie" keine Überraschung: 50% der Familien finden wir hier wieder. Die Erziehungsgewalt mußte in 6 Familien (33%) mit einer erzieherischen Institution geteilt werden, in zwei Fällen aber nur kurzfristig, in vier Fällen auf Dauer. Eine dritte Form gespaltener Erziehungsgewalt resultiert entweder aus einer Scheidung oder einer Verdopplung der Mutter- oder Vaterposition. In unserer Stichprobe trifft dies auf 7 Familien (39%) zu. 15 Familien (83%) sind mit wenigstens einer Nennung vertreten.

Diskussion

Von besonderem Interesse ist gerade dieses Muster verdoppelter Mutter- oder Vaterrolle, auf das man in der Behandlung Drogenabhängiger immer wieder stößt; diese ungeklärte Spaltung der Erziehungsgewalt muß sobald als möglich geklärt werden. Wir haben im obigen Abschnitt über familiäre Rettungsengel bereits solche Familienmuster kennengelernt. Dort handelte es sich um eine Verdoppelung der Mutterrolle durch eine Schwester, in einem weiteren Fall (s. Kap. 17) bis hin zur Vertauschung der verwandtschaftlichen Bezeichnungen „Tante" und „Mutter". Regelmäßig beruht eine solche Verdoppelung auf einer emotionalen Bindung, die während der frühen Kindheit entstand unter besonderen Umständen wie Krankheit der Mutter, Alleinstehend, Berufstätigkeit, gemeinsame Wohnung oder gemeinsames Haus. Es sind daher Geschwister der Eltern oder ihre Eltern, die in eine solche Rolle hineinwachsen. Diese Bindungen scheinen oftmals tiefer fundiert zu sein, als die Bindung zur leiblichen Mutter oder zum Vater, werden aber nie offen geklärt. Wenn der Heranwachsende in die Jugendzeit kommt, sind diese „Mütter" und „Väter" überfordert, aber allgewährend, und frönen ihren Ressentiments gegenüber seinen Eltern. Mehr aber noch, sie verknüpfen ihren Lebenssinn mit dem Drogenabhängigen. Der Heranwachsende kommt bezüglich seiner Eltern und auch Geschwister in eine recht schwierige Lage, die von Konkurrenz, Überheblichkeit des Heranwachsenden und emotionaler Distanz gekennzeichnet ist.

In unserer Untersuchung finden wir in 5 Fällen solche Großmütter vermerkt; sie sind zum Zeitpunkt der Therapie bereits verstorben. Immer wieder findet man eine zeitlich enge Kopplung ihres Todes mit Anfängen der Drogenkarriere. In einem Fall finden wir eine verheiratete kinderlose Schwester der verstorbenen Mutter. Und schließlich zwei Stieffamilien, zwischen denen Up (6) hin- und her pendelt. Scheidungsfamilien von Heroinabhängigen entsprechen meist genau diesem Muster ungeklärter gespaltener Erziehungszuständigkeit.

Diese Besprechung der gespaltenen Erziehungsgewalt macht auf einen Umstand aufmerksam, der sehr häufig an Familien Heroinabhängiger auffällt: Organisation und Familienverhältnisse sind auf merkwürdige Weise oft komplex und verwirrend; es gibt wohl keine Konstellation, die hier nicht vorkommt. Bereits unsere kleine Stichprobe repräsentiert eine Vielzahl an Familienverhältnissen. Vielleicht besteht ihr Zusammenhang mit Drogenproblemen gerade in dieser gespaltenen Elternschaft und Zuständigkeit.

Es stellt sich natürlich die Frage, ob sich diese gespaltene Erziehungsgewalt in Reaktion auf die hohen Belastungen durch den Drogenabhängigen herausbilden oder ob sie der Suchtkarriere vorausgehen und zur süchtigen Matrix zu zählen ist. Unsere Daten geben hier Auskunft: Das Muster der verdoppelten Mutter- bzw. Vaterrolle geht in allen unseren 7 Fällen der Suchtkarriere voraus; sie sind bereits in der (meist frühen) Kindheit angelegt. Von den 6 Fällen, wo die Familie die Erziehungsgewalt mit einer erzieherischen Institution teilt, bleibt nur in einem Fall (Up 8) ungeklärt, ob sie nicht in Reaktion auf eine beginnende Drogenkarriere geschieht; in allen anderen Fällen geht sie dem Beginn der Suchtkarriere voraus. In den Fällen gespaltener Elternschaft ist von den Gegebenheiten her die Frage nicht ganz so eindeutig zu beantworten. Unser bisher dargelegtes Material läßt es als wahrscheinlicher gelten, daß sich dieses Muster bereits vor der beginnenden Drogenkarriere herausgebildet hat. Sie ist dem Suchtverlauf vorgelagert und beherbergt im Kern die familiären Verstrickungen. Sie ist engstens mit einem ehelichen Konflikt verknüpft, der schon früher angelegt erscheint. KAUFMAN und KAUFMANN haben sich ebenfalls mit dieser Frage beschäftigt und kommen zu dem Schluß: „Die Rauschmittelabhängigkeit eines Familienmitgliedes bürdet der Familie derartige Belastungen auf, daß eine sekundäre Verstrickung oder Loslösung der Angehörigen zu erwarten ist. Der Autor hat jedoch den Eindruck gewonnen, daß diese strukturellen Muster, insbesondere die Verstrickung von Mutter und Kind, dem Mißbrauch und der Abhängigkeit von Rauschmitteln vorausgehen, ja erst dazu führen."[41] Wie dem auch sei, ganz sicher ist diese gespaltene Erziehungsgewalt und Zuständigkeit eine wesentliche Entwicklungsbedingung für eine Chronifizierung von Suchtproblemen der heranwachsenden Generation. Sie tragen zur Aufrechterhaltung der Sucht bei.

Zwei Themen wollen wir noch vertiefen: Suchtfamilien und die Rolle von Großeltern.

Suchtfamilien

Als Suchtfamilien sollen jene Familien bezeichnet werden, wo sich Suchtmittelmißbrauch auf beinahe alle oder gar alle Familienmitglieder beider Generationen ausdehnt. In unserer Stichprobe finden sich zwei Familien (11%), wo ein oder beide Eltern und mehrere oder alle Geschwister süchtig sind (s.o.). Dies sind die Familien von Up (10, Oskar), über die wir oben berichtet haben, und Up (4, Sabrina). In diesen Familien konzentrieren sich Belastungsfaktoren. In der Stieffamilie von Sabrina ist der Stiefvater Alkoholiker, die Mutter alkohol- und medikamentenabhängig; er mißhandelte und vergewaltigte seine Stieftochter über Jahre hinweg und behandelte seine Frau mit Gewalt; sie prostituierte sich. Sabrina ist alkoholabhängig und selbstmordgefährdet, ihr Bruder hat Alkohol- und Drogenprobleme. Wir finden eine tief ausgeprägte Ambivalenz aller familiären Beziehungen; dies gilt auch für Sabrina, die trotz ihres Hasses, ihrer Angst und ihren Versuchen, dieser Familie wegzulaufen, sich als wahre „Mutter" der Familie verpflichtet fühlt. Diese kaum vorstellbare Ambivalenz bildet die Grundlage für ihren „Zwang, sich umbringen zu müssen", und den zeitweiligen Verlust ihres Selbstgefühls. Sie ist Geheimnisträgerin für alle Familienmitglieder mit Geheimnissen, deren Preisgabe für das jeweilige Familienmitglied „höllische" Folgen hätte (Mißhandlung oder sich bedroht fühlen, Weglaufen, Scheidung) und zugleich für sie selbst als Geheimnisträgerin. In dieser Funktion dient sie den Eltern zur negativen Identifikation und reizt zu Unternehmungen, den Partner durch Sabrina sichtbar zu quälen und zu demütigen.

Am Fall Detlef hatten wir eine zweite typische Konstellation beschrieben, worin der Drogenabhängige die tägliche Regulation einer täglichen Eskalation von Streitigkeiten unter den Eltern übernimmt, wobei das elterliche Ritual selbst durch Suchtmittel gesteuert wird.

---

41 E.KAUFMAN, P.KAUFMANN: Vom psychodynamischen zum strukturellen familientherapeutischen Ansatz bei der Behandlung von Drogenabhängigkeit, S. 51. In: Familientherapie bei Alkohol- und Drogenabhängigkeit, ebenda.

Eine dritte typische Konstellation einer Suchtfamilie enthält der Ausschnitt eines therapeutischen Gesprächs mit Arnold, der eine lebenslange, symbiotische Bindung an seine süchtige Mutter eingegangen war, die sein eigentliches Lebenszentrum bildet. Hier bleibt der süchtige Teil einer Familie aneinandergekettet, während sich der nicht Suchtmittel mißbrauchende Elternteil völlig zurückzieht.

Der Anteil der Suchtfamilien von etwa 10% an der Stichprobe scheint nach meinen Beobachtungen realistisch. Natürlich gibt es alle möglichen Zwischenstufen, wie schon unsere Daten vermuten lassen. Gemeinsam bleibt ihnen eine Konzentration belastender Faktoren, die sich in besonders massiven Grenzverletzungen, drastischen Hierarchieumkehrungen und besonders aufgeweichten Grenzen innerhalb der Familie auszeichnen. Der Therapeut muß sich hier gründlich überlegen, ob er die Familie in die Behandlung einbezieht; denn er muß damit rechnen, eine destruktive und unberechenbare Wirkung auf die Behandlung zuzulassen, die er wohl nur, wenn es gut läuft, in ihrer Wirkung eindämmen kann.

Die Rolle der Großeltern - Mehrgenerationenkonflikt

Daß Großeltern eine bedeutsame Rolle in der familiären Matrix Süchtiger spielen können, fand in der vorgelegten Studie nur am Rande Berücksichtigung. Da aber in einigen Fällen die familiäre Matrix der Sucht nicht hinreichend aufgeklärt werden kann, ohne die Bindung an Großeltern zu berücksichtigen, möchte ich auf diesen Gesichtspunkt hinweisen.

Kommen wir noch einmal auf Sabrina (Up 4) zurück. Wir hatten erwähnt, daß sie sich zum Selbstmord getrieben fühlte. Nach einem zweiten Selbstmordversuch aus dem Affekt heraus erwähnte sie eine Goldkette, die sie ins offene Grab ihrer Stiefgroßmutter hinabgeworfen habe. Sie hatte diese von ihr geschenkt bekommen. Dieses Detail enthüllte ihre tiefe Loyalitätsbindung an ihre Stiefgroßmutter: Sie hatte damals geschworen, ihr ins Grab zu folgen. Ihre tiefgreifendste Bindung bestand gegenüber ihrer Stiefgroßmutter, genauer Stiefgroßmutter väterlicherseits. Wie wir schon erwähnten, sind solche 'archaischen' Bindungen in ihrer Anlage immer zutiefst ambivalent; so auch hier. Sabrina fühlte sich für den Tod der Stiefgroßmutter schuldig, im selben Maße aber auch von ihr im Stich gelassen. Ihre Stiefgroßmutter bedeutete einerseits eine von sexuellem Mißbrauch geschützte Welt, andererseits empfand sie die Verurteilung aus ihrem Mund wegen der sexuellen Vergewaltigungen durch ihren Stiefvater als vernichtendes Urteil. So bestätigte die ins offene Grab geworfene Kette trotzig das Todesurteil der Stiefgroßmutter.

Wenn wir die familiären Beziehungen näher untersuchen, so stellt sich heraus, daß sie von ihrer Stiefgroßmutter als ihr Kind beansprucht wurde gegen ihren Stiefvater und ihre Mutter. Sie wurde zum Streitapfel in einer vergifteten Atmosphäre, wo Stiefgroßmutter, Stiefvater und Mutter um Sabrina buhlten, sie in ihre exklusiven Geheimnisse einspannten (Prostitution der Mutter, sexueller Mißbrauch durch Stiefvater, Selbstmordversuche der Stiefgroßmutter und Phasen der Trunkenheit, in der sie unberechenbar wurde), sie zugleich mißgünstig und feindselig behandelten als illoyaler und verräterischer 'Partner' und ihr vorhielten, was sie einem der anderen Erwachsenen vorzuhalten gehabt hätten. Die Abwertungen aller Erwachsenen konzentrierten sich daher auf sie.

Erst die Erkenntnis dieser Loyalitätsbindung an ihre Stiefgroßmutter ließ ihr suizidales Getriebenfühlen mildern und schließlich überwinden. Erst mit dieser Entdekkung, konnte ihre Geschichte neu erzählt werden, konnte sie einen Sinn entdecken, der sie aus diesem Konflikt herausführt in ein eigenes Leben. Wir können auch sagen: Die Enthüllung dieser Loyalitätsbindung gab im therapeutischen Prozeß einen Bezugspunkt, auf den hin sie ihre Empfindungen als die ihren von denen anderer unterscheiden lernte und Zufügen und Erleiden und gute und schlechte bzw. bedrohliche Zustände von einander zu trennen. Das erwachende Selbstgefühl konnte seine die Persönlichkeit organisierende Kraft nun entfalten. (Siehe Fallbericht in Kap. 18)

Offensichtlich haben hier Eltern wie Großeltern versäumt, den Loyalitätskonflikt zwischen beiden Generationen zu lösen, der nun weiter schwelte in Zyklen von Ab- und Aufwertungen, in dessen Mittelpunkt hier Sabrina geriet. Die Stiefgroßmutter bediente sich Sabrina, um ihrem Sohn wie ihrer Schwiegertochter Vorhaltungen zu machen und sich im Herzen des Kindes an ihre Stelle zu inthronisieren; zugleich verfolgte sie ihr Enkelkind mit tiefem Mißtrauen und Feindseligkeit, um eben jene Spuren an diesem Kind zu finden, die die Eltern an ihr wohl hinterlassen müssen. Sie unterwarf es Ritualen, um Beweise für ihre Treue zu erhalten, wobei die größten Beweise, etwa die Mitteilung über sexuellen Mißbrauch, ihre Feindseligkeit und Verurteilung hervorriefen. Die Eltern kämpften um Sabrina, um von ihr Beweise ihrer Loyalität zu erhalten, verhöhnten und vergifteten ihre Bindung zur Stiefgroßmutter und verfolgten sie mit der Feindseligkeit, die sie für jene bereit hatten. Es entwickelt sich im Prinzip dieselbe zwiespältige Beziehungsdynamik, wie wir sie zwischen Stiefgroßmutter und Enkelkind beschrieben haben. Eine unabgelöste ambivalente Bindung an die eigenen Eltern trägt zur Aufspaltung der Partner bei, facht einen Abwertungskampf an oder verschärft ihn. Da das Kind Gegenstand und Opfer der elterlichen Abwertung ist, werden sie die Loyalität ihres Kindes auch kaum gewinnen.

Einige dieser Strukturmerkmale wie in der Familie von Up (4) können wir verallgemeinern:

- Im Verhältnis zu den eigenen Eltern finden wir häufig ungelöste Loyalitätsbindungen der Eltern des Drogenabhängigen.
- Das eigene Kind kann die negativen Identifikationen, die den eigenen Eltern gelten, erhalten.
- Zugleich ist es bedroht, in einen Abwertungskampf zwischen Eltern und Großeltern verstrickt zu werden.
- Das drogenabhängige Kind kann dann seine tiefste Loyalitätsbindung an die Großeltern richten.
- Und erhält gegenüber den eigene Eltern eine Generationen überspringende Position, die dieser großelterlichen Loyalitätsbindung entspricht. Durch die eigenen Eltern umbuhlt oder/ und abgewertet in Bezug auf die Großeltern, durch die Großeltern aufgewertet in Bezug auf die eigenen Eltern um den Preis einer ambivalenten, entindividuierenden Bindung.
- Häufig hat dies einen Zustand zur Folge, worin die Erziehungsberechtigung zwischen Eltern und Großeltern in der Schwebe bleibt.

Lassen Sie mich eine zweite Familiengeschichte erzählen. Es handelt sich um Basko, heroin- und alkoholabhängig, 34-jährig. Er war mit 19 Jahren zusammen mit seinen Eltern, seinem Großvater und seinen beiden jüngeren Geschwistern aus Osteuropa nach Deutschland gekommen. Die ganze Familie lebte in einer Wohnung, auch Basko mit seiner Frau, mit der er seit 10 Jahren verheiratet war, ebenso der Bruder, allein die Schwester lebte inzwischen in der Nähe mit ihrem Mann zusammen, kam aber fast täglich vorbei. Der Vater, ein Patriarch, der neben sich niemanden duldete, hielt seine Söhne durch verschiedene geschäftliche Unternehmungen unter seinem Kommando. Offensichtlich herrschte zwischen Basko und seinem Vater ein Konkurrenzkampf, der Basko reizte und ängstige. Er fand immer wieder zwischen beiden Strebungen einen Kompromiß, indem er geschäftlich versagte und Suchtprobleme entwickelte. Andererseits rette ihn sein Vater aus geschäftlichen Schwierigkeiten und juristischen Problemen. Die Mutter stand Basko gefühlsmäßig näher als dem angeberischen, tyrannischen Vater; sie wußte als erste um seine Heroinabhängigkeit, half und vermittelte gegenüber ihrem Mann. Trotz dieser Hinweise nahm sie doch nicht die hier beschriebene symbiotische Rolle gegenüber Basko ein. Auch eine gewisse Feindseligkeit war manchmal zu ahnen. Die Verhältnisse wurden durchsichtiger, als ich mich für den Großvater interessierte.

Basko schilderte die Kinderzeit mit seinem Großvater als idyllisch. Er durfte mit ihm Jagen und seine Flinte putzen; er „sei ein ganz lieber Kerl", er sei wie ein Freund. Das Verhältnis zwischen Großvater und Vater, seinem Sohn, schilderte er als überaus kritisch seitens des Großvaters und voll devoten Respekts von Vaters Seite. Großvater war das Familienoberhaupt. Er veranlaßte die Übersiedlung in die BRD, obwohl er in seiner Heimat sehr angesehen war und zu längeren Jagdaufenthalten auch heute noch dort zu verweilen pflegt.

In ihrer Heimat bewohnten die Großeltern und Baskos Eltern gemeinsam ein Haus. Basko wohnte im oberen Stock bei den Großeltern, während die folgenden Kinder unten bei ihren Eltern wohnten. Basko berichtet, daß sein Großvater seinen eigenen Sohn zu kritisieren und herunterzuputzen pflegte, wenn er mit Basko zusammen war. Er hob ihn gegenüber seinem eigenen Sohn durch Privilegien hervor. Basko ist der Lieblingsenkel und Ein-und-Alles für den Großvater. Aber mehr noch und verhängnisvoller, Basko ist der eigentliche Erbe des Großvaters, wobei der Vater übersprungen wird: Großvater besitzt ein Erbstück, eine goldene Uhr, ein begehrtes Familiensymbol. Diese goldene Uhr vermachte Großvater zu Lebzeiten Basko und inthronisiert ihn damit als seinen ideellen Erben.

In dieser Familiengeschichte steckt eine neue Version der Ödipus-Situation, eine viel wahrscheinlichere als im klassischen Mythos: Ödipus gerät in Versuchung, seinen Vater zu töten, weil und indem ihn der Vater seines Vater erhöht und inthronisiert vor seinem eigenen Sohn. Aber auch: Ödipus wird durch diese besondere Stellung zum Großvater in einen hybriden wie tiefe Schuldgefühle provozierenden Konkurrenzkampf getrieben, an dem sich auch sein Vater beteiligt. Ödipus muß seinen Vater töten, oder er muß es sich versagen, erfolgreich zu sein.

Abschließende Diskussion

Es war das Ziel unserer Studie, die familiären Bindungen Heroinabhängiger zu beschreiben. Dabei kam es uns darauf an, Spuren zu suchen, die uns Aufschluß geben über die entindividuierenden Kräfte, denen Drogenabhängige ausgesetzt sind. Was sind diese entindividuierenden Kräfte, die die familiäre wie individuelle Entwicklung zu lähmen vermögen, die die Strebungen der Individuation und Separation abtöten, um jenen psychosozialen Entwicklungsstillstand herbeizuführen, der 3 Jahre, 5 Jahre, 10 Jahre, 20 Jahre anhalten kann? Was ist das für ein Beziehungsgeflecht, das Drogenabhängigkeit nährt und aufrechterhält? Gibt es wirklich eine Alternative, diese entindividuierenden Kräfte nicht als Fixierung früher Kindheitsstadien zu begreifen? Unsere Untersuchung wie die relevante Literatur ließen eine Beantwortung dieser Fragen zu oder trugen doch neue Aspekte bei, die wir im folgenden Kapitel vertiefen und systematisieren werden.

Ein allgemeines Ergebnis unserer bisherigen Besprechungen möchte ich hervorheben: *Bei allen Herkunftsfamilien, wo wir über hinreichend Daten verfügen, können wir einen Zustand der Grenzverletzungen innerhalb der familiären Beziehungen ausmachen*, der nicht selten durch massive Grenzverletzungen gekennzeichnet war. Dieser Zustand ist chronisch und scheint eng mit Suchtmittelkonsum verknüpft zu sein sowohl als Katalysator massiver Grenzverletzungen als auch zur Adaption an solcherart familiäre Beziehungen.

Kapitel 15: Familie, Schismogenese und Sucht

Allgemeine Überlegungen zu Familie, süchtiger Beziehungsstruktur und Schismogenese

Organisation, Beziehung, Person und Schismogenese in der Familie

Die süchtige Beziehungsstruktur setzt einen Prozeß der psychosozialen Entdifferenzierung in Gang, die Schismogenese zweiter Art, über welche wir festhielten: *„Im Innern dieser sozialen Systeme wächst ein psychosoziales Vakuum, immer neue Bruchstellen bilden sich aus und beschleunigen den Zerfall. Die Beziehungen zwischen den Kommunikationspartnern laden sich polar auf, und es entsteht ein zunehmend chaotisches und/ oder verwahrlosendes Beziehungsgefüge, das den Teilnehmern über den Kopf wächst und undurchschaubar erscheint. Der schismogenetische Prozeß mündet ein in einen Zustand chronischer wechselseitiger Grenzverletzung und schließlich in Auflösung."*

Paßt diese Beschreibung der Schismogenese auf die Dynamik in Familien Heroinabhängiger, wie wir sie eben kennenlernten? Können wir mit Hilfe unseres Modells der süchtigen Beziehungsstruktur wesentliche Züge der dokumentierten Ergebnisse sinnvoll erklären als Wirken der süchtigen Beziehungsstruktur und der Schismogenese? Wir werden dies untersuchen und die Wirkfaktoren und Muster familiärer Schismogenese beschreiben Das wird möglich, wenn wir zunächst die Grammatik der Sucht und ihre Strategie der Kontextverschiebung und -Manipulation im triadischen Kontext untersuchen, bevor wir ein Modell familiärer Transaktionen in Familien Heroinabhängiger und strukturelle Muster der Sucht skizzieren.

Wir gehen von einem einheitlichen psychosozialen Raum aus, der die Wirkgrößen Person, ihre Beziehungen, die Organisation der Kommunikation und den allgegenwärtigen (Selbst-)Beobachter umfaßt und durch den informationellen Fluß miteinander verbindet. Sie stehen zueinander im Verhältnis von Entwicklung und Ko-Entwicklung und verhalten sich wie Umwelten zueinander. Sie sind aufeinander angewiesen und aufeinander bezogen, trotzdem sie unabhängige Entwicklungen vorsehen.

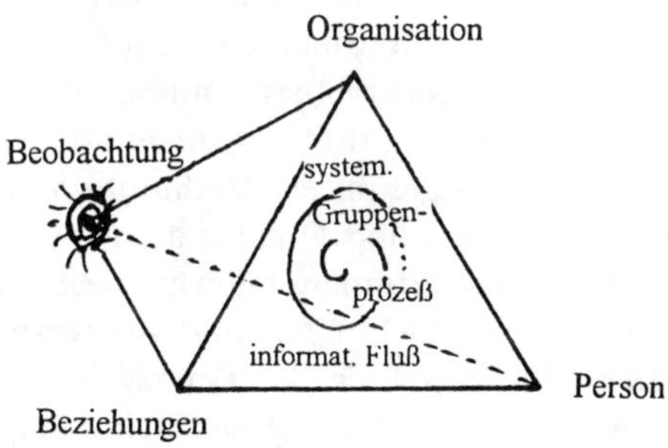

Abbildung 1-IV: Person, Beziehungen, Organisation und Beobachtung - ein einheitlicher psychosozialer Raum.

Betrachten wir das Verhältnis von Organisation und Person. Unser Denkansatz kennt einen Zusammenhang zwischen Organisation und Person: *Die aktuelle Aufrechterhaltung und Steuerung der Organisation ist verknüpft mit der aktuellen Organisation und Steuerung der Person.* Läßt sich ein solcher Zusammenhang sinnvoll auf die Beschreibung familiärer Transaktionen und Dynamik übertragen? Eine solche Annahme ist durch die Erforschung familiärer Strukturen und ihres Zusammenhangs mit individuellen Störungen gerechtfertigt. Die untersuchten Familien Drogenabhängiger zeigten solche Phänomene, wonach Familienmitglieder ihre inneren Zustände in völliger Abhängigkeit von anderen entwickeln. Einen krassen Fall bilden die oben beschriebenen Suchtfamilien, die pharmakothym gesteuerte Rituale ausbilden, welche alle Beteiligten fast stündlich miteinander synchronisieren.

Für die Person stehen unterschiedliche Grade von Abhängigkeit und relativer Unabhängigkeit von der Organisation offen. Im Lebenszyklus der Familie gibt es niemals weder völlige Abhängigkeit, wie die Psychoanalyse bezüglich des Neugeborenen annahm, noch völlige Unabhängigkeit, wohl aber eine Entwicklung hin zu relativer Unabhängigkeit im Laufe der Adoleszenz. Es bildet sich die Fähigkeit heraus, eine - wie BOWEN sagt - „Ich-Position" innerhalb und bezüglich des Systems einzunehmen. Ich-Position beinhaltet, eigenes Verhalten selbst zu bestimmen und nicht nur auf die Einflußfaktoren eines Systems zu reagieren. Wer eine solche „Ich-Position" bezieht, akzeptiert Verantwortung für eigenes Verhalten, statt anderen Personen oder Umständen die Schuld zuzuschieben. BOWENs Konzept der Ich-Position verbindet sich gut mit der vorgetragenen Idee der Kontextsteuerung durch das Ich. Ich glaube, daß beide Konzepte denselben Gedanken formulieren, das eine Mal in Bezug auf die Organisation, das andere Mal in Bezug auf die Person: beide meinen eine relativ autonome Position der Person, welche Bezogenheit durch ein Ausloten aktueller Beziehungsrealität einlöst. Unsere Beschreibung von Entwicklung und Ko-Entwicklung von Team und Klientengruppe intendierte eine ebensolche Haltung und Position der Mitarbeiter gegenüber der Gruppe (Auflösen von Ko-Abhängigkeit).

Die Person ist in der Aufrechterhaltung ihrer aktuellen Organisation darauf angewiesen, die verschiedenen Kontexteinflüsse auszubalancieren. Es ist die organisierende Kraft des Selbstgefühls, welche für Integration sorgt. Die Aufrechterhaltung des Selbstgefühls hängt davon ab, Individuum und Selbst, aufgespannt in der Trias von Organisation, Beziehungen und (Selbst-)Beobachtung, auszubalancieren, was nicht gelingt, ohne unentwegt Beziehungswirklichkeiten zu erforschen, d.h., sich auf Beziehungen, Organisation und Gruppenselbst zu beziehen. Das Selbstgefühl ist also ein sensibles Organ zur Wahrnehmung von Kontextfluktuationen und Grenzverletzungen bezüglich Person, Beziehung und Organisation. Das Selbstgefühl bezieht sich sowohl auf die Person, aber eben auch auf seine Beziehung und Organisation, seine Stellung und Wertschätzung darin. Wir finden im Selbstgefühl ein Medium, das rasch und sensibel auf Veränderungen familiärer Beziehungen und Organisation reagiert und seinerseits auf die familiäre Matrix zurückwirkt. Aus Gründen, die wir bereits dargelegt haben, ist das Selbstgefühl anfällig für Kontextverschiebungen und Kontextmanipulation, -Verleugnung und -Schock, das heißt für Zustände der Grenzverletzung, welche die Grenzfunktion der Selbstgrenze beeinträchtigen und zerstören können.

Widmen wir uns dem Verhältnis von Organisation und Beziehung, so ist daran zu erinnern, daß sich der Prozeß der sozialen Entdifferenzierung aus zwei Tendenzen zusammensetzt: der Tendenz zur symmetrischen Eskalation und der Tendenz zur pseudokomplementären Eskalation. Die erstere zerstört die Kräfte der Regeneration und Selbstorganisation und ist gegen die Morphostase des Systems gerichtet. Die zweitere greift die Grundbedingungen menschlicher Beziehung an und richtet sich gegen die Morphogenese. D.h., die süchtige Beziehungsstruktur wirkt in zweierlei Richtung. *Ei-*

nerseits lähmt sie die Selbstorganisation des systemischen Feldes, das auseinanderzufallen droht, wenn nicht mächtige Bindekräfte ins Spiel kommen. Wir konnten dieses Auseinanderfallen in der stationären Therapie beobachten, wo zeitweilig allein die therapeutischen Mitarbeiter Bindekräfte investierten. Wenn wir uns jetzt der Familie zuwenden, haben wir es mit gewachsenen, lebenslangen Beziehungen zu tun. Hier sind mächtige Bindekräfte am Werk, die gegen die Schismogenese mobilisiert werden. Es ist naheliegend, daß starke Außenkräfte - wie Loyalitätsbindungen an die vorherige Generation bzw. Angst vor solchen Außenkräften - gesucht werden und sich einmischen. Gegen den Druck der Schismogenese, die zur Auflösung treibt, werden sie einen archaischen Charakter annehmen. Es entsteht ein Druck in Richtung Spaltung und Auflösung, der von polaren Binnenkräften begleitet wird.

In der anderen Richtung bewirkt die süchtige Beziehungsstruktur, daß *Beziehungen zunehmend als ungerecht und ungleich gewichtet erlebt werden* und die Anforderungen an den Partner in dem Maß steigen, wie die Organisation starr, verfestigt und widersprüchlich wird. Solange aber kein gemeinsamer Bezugspunkt anerkannt wird, kann ein gerechter Ausgleich nicht erfolgen. Die Beziehungen werden polar aufgeladen, ambivalent, vergiftet. Sie geraten zunehmend unter die Kontrolle von „Schuldenkonten", die über Ungleichgewichte nach eisernen, archaischen Gesetzen Buch führen, wie BOSZORMENYI-NAGY und SPARK aufzeigten, und Ausdruck wechselseitiger Vorbehalte sind. So macht sich in Hinblick auf Loyalitätsbindungen eine tyrannische Rigidität breit, während das Versiegen der selbstorganisierenden Kräfte ein diffuses, Grenzen aufweichendes Klima schafft.

Die Wirkgrößen Organisation und Beziehung sind gegenseitig Umwelten. Entwicklung von strukturellen Mustern werden begünstigt von bestimmten Merkmalen der Beziehungen und umgekehrt. Im therapeutischen Gruppenprozeß machten wir davon Gebrauch, indem wir beispielsweise beginnend mit unserer obersten Position als Mitarbeiter die Organisation und Hierarchie definierten, um mit diesem Schritt wiederum das Beziehungsgeschehen zu beeinflussen und zu stabilisieren. Jeder, der in Rollenspielen Familien oder andere eng bezogene Gruppen nachgespielt hat, weiß, mit welch' geringen Informationen über strukturelle Muster oder aber Merkmalen von Beziehungen die Spieler auskommen, um eine für das Original typische Entwicklung nachzuvollziehen oder vorwegzunehmen.

Psychosoziale Entdifferenzierung macht natürlich die Familie streßanfälliger gegenüber Veränderung, wie sie Lebenszyklus und Einflüsse anderer Umwelten (Arbeit, Verwandte etc.) mit sich bringen. Daneben lassen sich folgende Auswirkungen der süchtigen Beziehungsstruktur und der aus ihr resultierenden Schismogenese auf Organisation, Beziehung, (Selbst-)Beobachtung und Person zusammenfassen:

- Organisation: Lähmung der Selbstorganisation, Aufspaltung und Dyadenbildung, Hierarchieverletzung, Entdifferenzierung, Instrumentalisierung der süchtigen Beziehungsstruktur.
- Beziehungen: werden polar aufgeladen, bilden Ambivalenzen aus, Neigung zu Beziehungseskalation, Erleben von Ungleichgewichtung und Ausbildung archaischer Beziehungsprinzipien. Diese können wiederum in die Organisation eingebaut werden im Sinne einer Instrumentalisierung der süchtigen Beziehungsstruktur.
- (Selbst)Beobachtung: Aufspaltung des Zusammenhangs von Organisation, Beziehung und Person, z.B. Sündenbockideologie; polare Schwarz-Weiß-Ideologien werden ausgebildet, die bei der Instrumentalisierung behilflich sind; Macht-Ohnmacht/Unterwerfungs-Episteme und

hybride oder vernichtende Selbstbilder ohne Ausdifferenzierung der drei Wirkgrößen.

- Person: Aufspaltung Selbst/ Individuum, Entwickeln von Dualismen, Abwertungsprozeß, Unfähigkeit zu adäquater Kontextuierung, Prozeß der Desorganisation droht. Die Ausprägung von Desorganisation ist aber unterschiedlich nach der Rolle, welche die Person in wichtigen Beziehungen und in der Organisation einnimmt z.B. Täter/ Opfer innerhalb einer Dyade. Isolierung in ihren sozialen Bezügen wie gegenüber dem zentralen Bereich der Person.

Kontextmanipulation im triadischen Kontext und universelle Triangulation

Als Wirkungseinheiten der Schismogenese hatten wir Aufspaltung, Abwertung und eine Tendenz zur Eskalation ausgemacht. Ihr Wirkungsfeld ist nicht die Dyade, sondern wenigstens ein triadisches Feld. Eine Gruppe wird zu einer Organisationseinheit, wenn sie sich von einer Zweier- zu einer Dreiergruppe erweitert. Um das Wirken der süchtigen Beziehungsstruktur darin zu erklären, möchte ich auf unser Fallbeispiel Belinda zurückkommen. Wir hatten mit Hilfe von Beziehungsdreiecken die rasante Beziehungsdynamik ihres kurzen Aufenthaltes bei uns demonstriert. Diese Beziehungsdreiecke besaßen eine bestimmte Struktur. Sie waren so angelegt, daß sie genau diese Wirkungseinheiten realisierten: Aufspaltung durch Triangulation, Bildung von je polaren Dyaden, so daß sich alle Beteiligten in ambivalenten Beziehungen wiederfanden; und schließlich neigte die Dreiecksbildung zur Eskalation einerseits durch immer erneute Triangulation und polare Dyaden, andererseits indem die Grundkonstellationen Ehemann/ Eltern/ Belinda wie Therapeut/ Eltern bzw. Ehemann/ Freund in immer tiefer Konflikte hineingerissen wurden. Belindas Selbstgefühl schwankte zwischen „Prinzessin" und Erdrücktfühlen. Die immer wieder benannte Unbezogenheit des Süchtigen und seine innere und/ oder äußere Isolierung von menschlichen Beziehungen beruht auf diesem Auseinanderfallen von Person, ihren Beziehungen und der Organisation, dem sie ausgesetzt ist und das sie mitgestaltet.

Möglicherweise hat das Bedürfnis nach einer gewissen Organisation, das sich unweigerlich bemerkbar macht, wenn eine Zweiergruppe zur Dreier- oder größeren Gruppe anwächst, seinen Ursprung in der Notwendigkeit, solche Triangulationen und den potentiellen Zerfall der sozialen Einheit zu kontrollieren und entgegenzuwirken. Solche Selbstreinigung ist Aufgabe der Kräften der Selbstorganisation, und die Erfüllung dieser Aufgabe entscheidet über psychosoziale Gesundheit und Entwicklungsmöglichkeiten ihrer Mitglieder. Ich möchte daran erinnern, daß Belinda zur kurzfristigen Stabilisierung ihres Selbstgefühls, das in zwei polare Zustände dissoziierte, jeweils eine neue Triangulation ins Werk setzte. Die Entfaltung von Dreiecksbeziehungen und ihre Eskalation in diesem Sinne dienten der Stabilisierung ihres Selbstgefühls, das sich sonst durch ein Aufeinandertreffen der dissoziierten Zustände bedroht gefühlt hätte.

Was aber passiert, wenn die Möglichkeiten zur Triangulation erschöpft sind oder die zugrundeliegende Eskalation die Belastungen und Illoyalität überzieht? Triangulation ist der Versuch, unbezogen zu bleiben, und so bleibt als letzte Rettung die *gleichsam universelle Triangulation durch Suchtmittelkonsum*. In der Tat, im Zusammenhang mit der Organisation ist Suchtmittelkonsum identisch mit der Einführung einer imaginären, aber gerade deshalb jederzeit zugänglichen und mithin besonders potenten dritten Person. Je nach Bedürfnislage kann diese mit allmächtigen (im aktiven Modus) oder idealisierende Verschmelzung gewährenden Eigenschaften (im passiven Modus) ausgestattet werden, was psychoanalytisch fälschlicherweise als dyadisches Geschehen zwischen Mutter und Kleinkind gedeutet wird. Ein solches Deutungsmuster von Drogenkonsum findet sich durchgängig in der psychoanalytischen Literatur wieder.

Die Wirkung dieser *Suchtmittel induzierten Triangulation* müssen wir vielmehr in Bezug auf die Organisation und den erzielten schismogenetischen Effekts sehen. Der erwähnte familientherapeutische Behandlungsansatz von HALEY, STANTON und TODD erhebt den Aspekt der Ordnung zum Angelpunkt ihrer familientherapeutischen Interventionen. Sie konzentrieren sich auf die Ursprungstriade und halten die Eltern an, eine weitere Triangulation nicht zuzulassen. Ich glaube daher, daß Suchtmittelabhängigkeit nicht ohne Berücksichtigung ihrer Wirkung auf die relevante Organisation behandelt werden sollte. Zur Kontrolle dieser universalen Triangulation ist häufig stationäre Behandlung angezeigt.

Unsere Auffassung von Triangulation läßt erkennen, wie eng Person, Beziehung und Organisation zusammenspielen, und unterstreicht *unser Verständnis von süchtigem Verhalten, das wir nicht allein als intrapsychischen Vorgang betrachten, sondern als einen aktiven, Beziehungen und Organisation gestaltenden Vorgang.* Der integrative Prozeß wie der Prozeß der Desorganisation der Person geschehen im psychosozialen Raum und gestalten diesen. Suchtmittelmißbrauchendes Verhalten tritt dann in den Prozeß ein, wenn die Eskalation durch Triangulationen nicht mehr aufgehalten werden kann und selbst die Organisation, Beziehung oder Individuum und Selbst nun in Mitleidenschaft zieht. Suchtmittelkonsum ist eine letzte, potente Strategie zur *Triangulation, die Spaltung, Ambivalenz und Eskalation beinhaltet.* So wie diese Art von Triangulation unmittelbar stabilisierende, entlastende Wirkung zeitigt und insofern bestärkt wird, so besitzt Suchtmittelkonsum gerade als potente Strategie der Triangulation unmittelbar entlastende, stabilisierende Funktion.

Familie, süchtige Beziehungsstruktur und Schismogenese

Wir können nun unsere bisherigen Überlegungen zusammenfassen und bezüglich unserer Aufgabe, Familien mit Suchtproblemen zu beschreiben, auswerten. Betrachten wir zunächst die Wirkungsweise der süchtigen Beziehungsstruktur auf soziale Gruppen und deren Mitglieder.

Kommunikation setzt einen nicht abreißenden informationellen Strom in Gang, der das systemische Feld durchfließt. Dieser informationelle Fluß ist strukturbildend, verknüpft Individuum und Selbst, Person, Beziehungen, Organisation und das unvermeidliche (Selbst-)Beobachten zu einem einheitlichen Feld. Kommunikation, die dem pragmatischen Imperativ gerecht wird, generiert den integrativen Prozeß der Person wie den systemischen Prozeß. Entwicklung und Koentwicklung von Person, Beziehung und Organisation bleiben gewährleistet. Die süchtige Beziehungsstruktur dagegen setzt einen Prozeß der psychosozialen Entdifferenzierung ins Werk, einerseits den Prozeß der Zerstörung des Selbstgefühls und der Desorganisation der Person, andererseits die Schismogenese. Die Einheit von Person, Beziehung, Organisation und (Selbst)-Beobachtung wird in ihrer Bezogenheit angegriffen, aufgespalten und kann schließlich zerfallen, wenn nicht andere, stärkere Bindekräfte einbezogen werden. Im Verlauf dieses Prozesses der Entdifferenzierung entsteht eine Disposition zu Suchtmittelkonsum sowohl in der Person zur Wahrung der Steuerung des Selbstgefühls sowie auf den Ebenen Beziehung und Organisation, sobald entdeckt wird, daß suchtmittelinduzierte

Triangulation die familiäre Organisation und Beziehungen beeinflußt und zwar kurzfristig und stabilisierend. Suchtmittelkonsum und -Mißbrauch stellen eine universelle Triangulation dar.

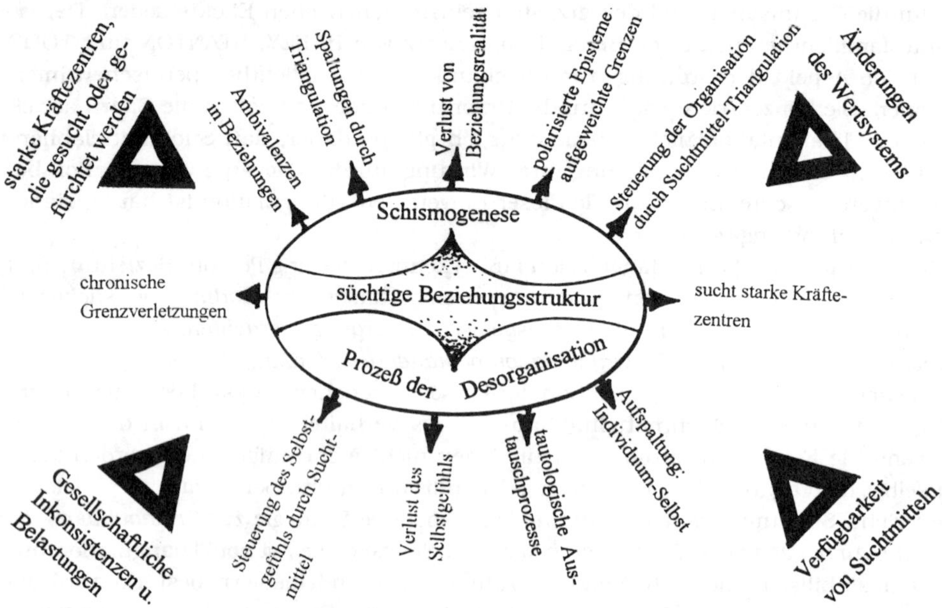

Abbildung 2-IV: Süchtige Beziehungsstruktur, Prozeß der Desorganisation und Schismogenese.

Die Grundkonstituenten, die sich auf alle Wirkgrößen des psychosozialen Raums beziehen, sind chronische und massive Grenzverletzungen und hieraus resultierend süchtiges Verhalten und Suchtmittelkonsum. Sie setzen ein Entflechten der Wirkgrößen des psychosozialen Raums in Gang mit wachsendem Verlust an Beziehungsrealität und wachsender Unlust, diese zu erforschen. An ihre Stelle treten starre, fixe, widersprüchliche Vorstellungen, Urteile, Episteme, die der pharmakothymen Steuerung assistieren und eine lebendige, kommunikative Ausbalancierung ersetzen. Unter diesen Umständen wird das familiäre System anfällig für Einflüsse, welche die süchtige Beziehungsstruktur nähren:

- Verfügbarkeit von Suchtmitteln,
- gesellschaftliche Inkongruenzen und Belastungen,
- Belastungen aus Lebenszyklus und individueller Entwicklung,
- stärkere Bindekräfte werden gesucht oder gefürchtet (Großeltern beispielsweise), Angebote ambivalenter Beziehung,
- Änderungen und Inkongruenzen von Werten, Wertvorstellungen.

Zugleich läßt sich eine gewisse Affinität, sich diesen Einflüssen auszusetzen, beobachten. Die Affinität ergibt sich aus dem Versuch, sich passende Umwelten zu schaffen oder aufzusuchen, die sich in die Musterproduktion der süchtigen Beziehungsstruktur einpassen lassen.

Unsere grundsätzliche Überlegung über Suchtmittelmißbrauch in Familien resultiert aus der Funktion des Selbstgefühls: 1. Das Selbstgefühl hat Bezug zum aktuellen Beziehungsgefüge, ohne diesem unterworfen zu sein. 2. Es ist nicht nur auf das Selbst bezogen, sondern in gewisser Weise auch auf die Wirkgröße Beziehung in der Familie und die Organisation derselben. 3. Das Selbstgefühl stellt ein rasch reagierendes, sensibles 'Medium' dar, womit Familienmitglieder, also Menschen, die in dichter Kommunikation verbunden sind, ob sie wollen oder nicht, aufeinander reagieren. 4. Schließlich hat ein Bewahren des Selbstgefühls und Nähren durch Werterfahrung für die Person hohe Priorität und verlangt ein beständiges Ausbalancieren. In zuverlässiger Weise wird es durch Werterfahrung nur gespeist, wenn es auf Erforschen und Abstimmen mit der Beziehungswirklichkeit beruht. Dann stabilisieren sich Person, Beziehung und Organisation wechselseitig und bleiben „funktionstüchtig". Dies ist der Kreislauf des integrativen und systemischen Prozesses.

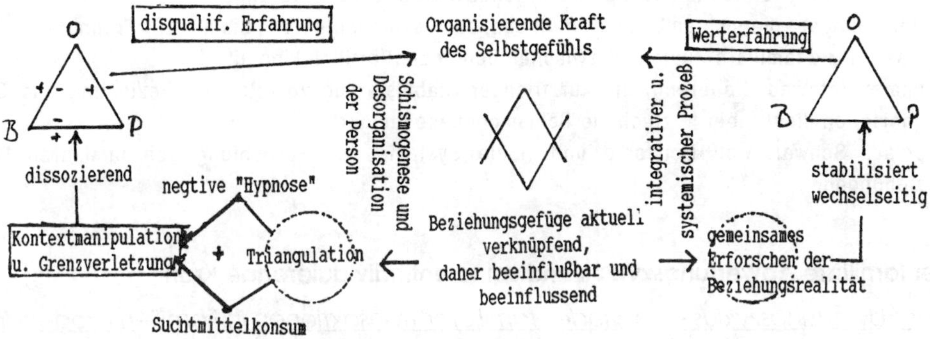

Abbildung 3-IV: Werterfahrung, disqualifizierende Erfahrung und Droge in der Familie.

Den zweiten Kreislauf repräsentieren Schismogenese und der Prozeß der Desorganisation der Person. Hier wird ein Erforschen der Beziehungsrealität eingeschränkt durch tautologische Austauschprozesse bzw. Triangulationen, die ja letztlich nichts anderes bedeuten als „Produzieren von Selbstdestruktivität", um - aus der Sicht der Organisation - einen *„neuen Mittelpunkt zu schaffen, für dessen Beseitigung alle Kräfte mobilisiert werden"*[42]. In der Folge wird die Person, da sie sich der Kommunikation verschließt, 'konzentriert' auf einen eingeschränkten und abwertend definierten Aspekt der Beziehungsrealität. Sie gerät in einen hypnotischen Zustand, der ihre Wahrnehmungsfähigkeit einschränkt und negative Identität induziert. Eine weitere Option stellt Suchtmittelkonsum dar als universelle Triangulation, die eingesetzt werden kann, wenn die Spannung zwischen den beiden Polen des Selbsterlebens zu groß wird. Gemeinsam sind in allen Fällen Grenzverletzung und Kontextmanipulation als Taktiken. Sie wirken dissoziierend auf die Wirkgrößen des psychosozialen Raumes, die nun einander schwächen können. Wie unsere Untersuchungen im Falle Belinda zeigten, dissoziieren Selbstbezug, Beziehungen und Organisation in zwei gegensätzliche Zustände, die eben durch Triangulation gesteuert werden. Hybride, aber zugleich disqualifizierende Erfahrung schwächen das Selbstgefühl. Diese Überlegungen führen uns dazu, dissoziierte, d.h. mehr oder weniger einander unbezogene Zustände anzunehmen, die

42 M.BENTRUP, ebenda S. 353.

Transaktionen organisierende Funktion haben und in denen sich kurzfristig stabilisierende Familienzustände einpendeln. Suchtmittelmißbrauch bietet so gesehen einen Zugang, um die Wertigkeit familiärer Beziehungen umzukehren und von einem dissoziierten familiären Zustand in einen anderen zu gelangen. (s.u.)

Natürlich ist es nicht sinnvoll, wirkliche Familien ausschließlich einem der Kreisläufe zuzuordnen. Der zweite Kreislauf kann in bestimmten Bereichen der Familie angesprochen werden und sich hierauf begrenzen, während in anderen Bereichen die Kräfte der Selbstorganisation die Oberhand behalten.

Wir können nun postulieren: In Familien Drogenabhängiger sind zu erwarten...

- Tendenzen zur Aufweichung und Aufspaltung bis hin zu Auflösungserscheinungen der familiären Organisation (Muster der Schismogenese);
- sowie strukturelle Muster der Spaltung der familiären Organisation;
- die Suche nach einem Kräftezentrum gegen Auflösungserscheinungen und gegen den Druck zur Auflösung, ohne die süchtige Beziehungsstruktur zurückzudrängen;
- Beziehungen, die sich ambivalent aufladen, zur Eskalation neigen bis hin zur Trennung;
- dissoziierte familiäre Zustände, zwischen denen die Familien kippen;
- pharmakothyme Steuerung, die kurzfristiger Stabilisierung von Person, Beziehung und Organisation dient, aber letztlich die Schismogenese steigert;
- polare Schwarz-weiß-Episteme und rigide Systeme der Gewichtung von familiären Beziehungen.

Der familiäre Abwertungszyklus und seine entindividuierende Kraft

Der Abwertungszyklus - ein Modell familiärer Transaktionen in Familien Drogenabhängiger

Wir können nun auf unsere Untersuchung zurückkommen und an die Beschreibung der rigiden Ursprungstriade anknüpfen. Dort kristallisierten sich zwei Dyaden heraus, die jeweils komplementär angelegt waren: Die Dyade 1, bestehend aus einem Elternteil A und dem heroinabhängigen Jugendlichen, die durch Rettungsaktionen seitens dieses Elternteils gekennzeichnet ist; und Dyade 2, die durch das Ehepaar gebildet wird, worin Elternteil B den Partner deplaciert. Beide Dyaden treffen aufeinander in der Beziehung Elternteil B und Süchtiger. Diese Beziehung ist überwiegend symmetrisch und von gegenseitigem Angriff gekennzeichnet. Eine ähnliche Konstellation hatten wir in 72% der Fälle vorgefunden. Im häufigsten Fall war Elternteil A eine Mutter, die eine symbiotische Beziehung zu ihrem drogenabhängigen Sohn aufrechterhielt. Elternteil B war schließlich ein an den Rand der Familie gedrängter und sich dort verschanzender, oftmals zu Feindseligkeit und Gewalt neigender Vater. Die folgende Abbildung ordnet diese drei Dyaden in einer Triade an.

Plus und Minus kennzeichnen Upper- and Down-Positionen in der komplementären Dyade und die hieran geknüpften Auf- oder Abwertungen. Die Verteilung ist offensichtlich ungleich. Der außenstehende Vater erlebt als einziger eine doppelte Aufwertung, die Mutter als Deplacierte und als Retterin erzielt eine Ab- und eine Aufwertung, der heroinabhängige Jugendliche wird doppelt abgewertet, einmal durch den Zustand, Rettung zu empfangen, zum anderen durch die Angriffe, denen er von Vaters Seite ausgesetzt ist. Aber irgendwie stimmen diese Wertigkeiten für keinen der Beteiligten.

Warum sollte unter diesen Umständen der Jugendliche dabei bleiben? Stimmte die Wertigkeit, er ginge sicherlich aus dem Feld und würde sich weder für Kritik noch für Rettungsaktionen bereit halten. Was fehlt?

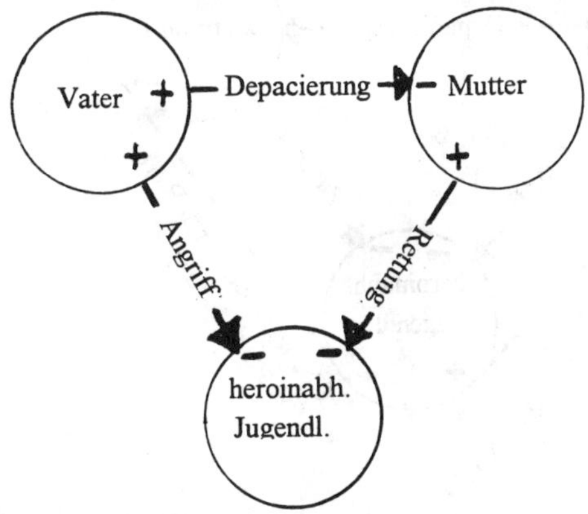

Abbildung 4-IV: Dyadische Beziehungen in Familien Heroinabhängiger.

Wir haben uns auf eine dyadische Beschreibung beschränkt. und den Bezug auf das jeweils außerhalb der Dyade stehende Familienmitglied beiseite gelassen. Was geschieht in Bezug auf den jeweils Dritten? Wie sieht die Wertigkeit im triadischen Beziehungsaspekt aus? Tragen wir zusammen, was wir hierzu in der Untersuchung vorfanden: Die Ehefrau kann mit Hilfe des Süchtigen ihrem Mann Vorhaltungen machen und *ihn* abwerten. Ich erinnere an die geschilderten Situationen, wo die deplacierte Ehefrau den Sohn zum gewaltsamen Gegenangriff ermuntert und nun Macht und Kontrolle erheischt. Der Süchtige, der durch sein Angewiesensein auf Rettungsaktionen seitens der Mutter verliert, da er als krank, abhängig und unfähig, sich zu kontrollieren, definiert wird, gewinnt nun, indem er Beistand und Partner seiner Mutter wird und die eheliche Kritik direkt oder metaphorisch an seinem Vater ausagiert, mit Hilfe der Mutter die Erwartungen des Vaters regelmäßig durchkreuzt, ihn zu einer Randfigur macht und in eine hilflose Position treibt. Der Vater und Ehemann gewinnt zwar durch Deplacieren seiner Partnerin und im Angriff auf den Süchtigen, aber ebenso verliert er durch den triadischen Aspekt der familiären Beziehungen, da ihn seine Frau mit Hilfe des Süchtigen und der drogenabhängige Sohn mit Hilfe seiner Mutter abwerten und in eine ohnmächtige Lage drängen.

Der triadische Aspekt der familiären Beziehungen führt zu einem radikal anderen Bild der Beziehungen, läßt ihre Wertigkeit vertauschen, die Beziehungspositionen in den Dyaden kippen und schließlich auch die familiäre Position: was zu unterst war, wird emporgehoben, was oben war, nach unten versetzt.

Alle Beteiligten legen es darauf an, den Kontext ihrer Botschaften (Handlungen, Gefühlen, verbalen Aussagen usw.) zu verschieben. Dies geschieht durch Verschieben des triadischen gegensätzlichen Beziehungskontext gegenüber dem dyadischem, wie unser Modell demonstriert: genau der Effekt, den wir als Grammatik der Sucht beschrieben haben. Kontextverschiebung wird erst in einer triadischen Betrachtung völlig durchsichtig insbesondere als grenzverletzender Akt. Dyadischer und triadischer Beziehungsaspekt klaffen unvereinbarlich auseinander, spalten sich gegensätzlich auf und bilden konkurrierende Kontexte. Wir kommen darauf zurück.

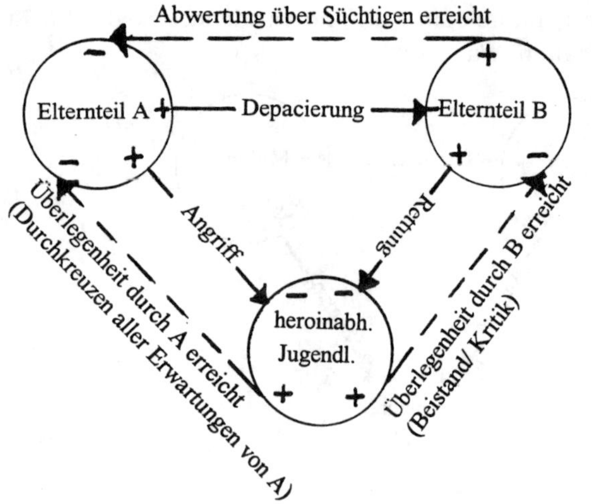

Abbildung 5-IV: Triadische Kontextverschiebung und Kippen der dyadischen Beziehungen - ein Modell familiärer Transaktion in Familien Heroinabhängiger.

Über die Folgen der Kontextverschiebung haben wir schon gesprochen: Der Kontext enthält die Informationen, welche die Botschaft inhaltlich festlegen. Wahrnehmen einer Mitteilung ist an einen Kontext gebunden. In unserem Zusammenhang bildet der Beziehungsaspekt den Kontext, welcher der Botschaft eindeutigen Gehalt verleiht. Indem die Beteiligten der Triade gegenseitig den Kontext verschieben und manipulieren, verhindern sie, den Anderen wie sich selbst eindeutig wahrzunehmen und die Beziehung zu definieren. Zeichen der Veränderung werden in ihrer Bedeutung unzureichend wahrgenommen und durch Verschieben des Kontextes entwertet. Auf diese Weise immunisiert sich dieses System gegen Veränderungen. Nehmen wir als Beispiel den Süchtigen in der Wahrnehmung durch seine Eltern. Niemand dürfte spürbarer Zeichen der Veränderung ins Spiel bringen im Laufe der adoleszenten Entwicklung als er. Seine Veränderung wird benutzt, um sich gegenüber dem anderen Partner aufzuwerten bzw. den anderen abzuwerten. Da in einem anderen Kontext der Süchtige inkompetent erscheint, kann er weiterhin als „Kind“ oder „krank“ oder „Sündenbock“ definiert werden. Der Süchtige seinerseits, der seine hohe Aufwertung nicht gefährden möchte, bestätigt die Verschiebung des Kontext und leugnet seine Veränderung, die er auf der triadischen Ebene einklagt. So wird er nie eindeutig als selbständig definiert mit all den Erwartungen, Forderungen, Zuständigkeiten, Bestätigungen, die daran geknüpft wären. Eine solche ‘Bewältigungsstrategie’ gegenüber Veränderungen macht gegen Veränderungen, die nicht abzuweisen sind, gerade empfindlich. VILLIEZ fand in seiner Untersuchung an Familien mit Alkoholproblemen heraus, daß Suchtfamilien besonders sensibel auf Veränderungen im Lebenszyklus der Familie reagieren.[43] Eine solche besondere Verwundbarkeit registriert auch BENTRUP: „Suchtfamilien scheinen besonders sensibel auf Irritationen des gewohnten familiären Zusammenhaltes (Angst vor Verlust, Prozesse der Trennung, Identifizierung und Grenzziehung) zu reagieren.“[44]

43 T.v.VILLIEZ: Sucht und Familie, Berlin 1986.

44 BENTRUP, ebenda S. 352.

Dieses Modell, das einige der wesentlichen strukturellen Muster aus unserer Untersuchung und der einschlägigen Literatur zusammenfügt, hilft uns einige Dinge besser zu verstehen. Ich betrachte dieses Modell als ein *psychosoziales Muster, worin sich die süchtige Beziehungsstruktur realisiert.*

Abwertungszyklus als Kräftefeld der Entindividuierung

Die beiden Grundstrategien der Grammatik der Sucht sind nun völlig durchsichtig. Die erste besagt, daß sich der Kommunizierende die Mächtigkeit vorbehält, die Beziehung zu definieren. Anhand unseres Modells können wir beschreiben, wie diese Willkür, Beziehungsdefinitionen offen zu halten, durchgesetzt werden kann. Die gegensätzlichen Wertungen für jede der in der Triade verstrickten Personen werden dadurch möglich, daß sie die familiären Beziehungen niemals offen definieren und akzeptieren, daß sie niemals die Triangulationen, die sie betreiben, rückgängig machen. Dieser Vorbehalt ist durchzusetzen, indem gemeinsam zwei polare Kontexte geschaffen und aufrechterhalten werden: der Kontext, der innerhalb der Dyade entsteht, und der konkurrierende Kontext, der sich aus der Bezogenheit zur ausgeschlossenen dritten Person ergibt.

Die Konkurrenz der Kontexte entsteht im Zusammenwirken mit der zweiten Grundstrategie und unterstellt, daß die Beziehungsdefinition der anderen offen oder metaphorisch abgewertet und insofern nicht akzeptiert wird. Da ja Beziehungsdefinitionen bedeckt gehalten werden (Inhalt des ersten Teils), entsteht eine Konkurrenz, die nicht geklärt wird. Beide Kontexte sind konkurrierend angelegt, da sich die Beteiligten weigern, dyadischen und triadischen Beziehungsaspekt offenzulegen, zu kommunizieren und zu entscheiden, aber an ihrer wechselseitigen Abwertung festhalten. Offensichtlich können solche Vorbehalte über längere Zeit nur aufrechterhalten werden, wenn es möglich ist, Mitspieler zu finden, die bereit und interessiert sind, konkurrierende Kontexte zu erfinden und mitzutragen.

In unserem Modell wird Abwertung teilweise offen, meist aber indirekt, d.h. situativ, über triadische Kontextverschiebung lanciert. Tragende, bestätigende, positiv-definierende Beziehungen finden wir keine. Unser Modell familiärer Transaktionen enthüllt sich als *Abwertungszyklen* zwischen allen Beteiligten. Abwertungen nehmen zyklische Gestalt an, da sie immer mit Gegenentwertungen beantwortet werden, ohne eine eindeutige Definition der familiären Beziehung zuzulassen. Merkwürdigerweise scheint es so zu sein, daß sich die Bezogenheit der verstrickten Familienmitglieder hinter ihrem Rücken durchsetzt und zu einer gewissen Ausgleichung der Abwertung kommt. Dieses Modell der Abwertungszyklen stellen eine Realisation des Zustandes chronischer Grenzverletzungen dar.

Herausbilden von generationenübergreifenden Abwertungszyklen in der Familie scheint der entscheidende Schritt zu sein, daß die süchtige Beziehungsstruktur die Kommunikation beherrscht und die Familie Affinität zu Suchtmittelmißbrauch und süchtigem Verhalten entwickelt bzw. dem Suchtmittelmißbrauch eines Mitgliedes nicht effektiv begegnen kann. Ich möchte soweit gehen und Verhalten, das diesen Abwertungs- und Suchtzyklus aufrechterhält, ebenfalls als *süchtiges Verhalten* bezeichnen, gleichgültig, ob nun psychoaktive Substanzen in Gebrauch sind oder nicht. Der Teilnahme an diesem Abwertungszyklus liegen die Merkmale süchtigen Verhaltens zugrunde: grenzverletzendes (selbst-)destruktives Verhalten, die

Unfähigkeit auszusteigen und Wiederholungszwang, obwohl die Mitbeteiligten sich selbst in Mitleidenschaft ziehen. Aus diesem Zyklus können sie ohne Beziehungsleistung nicht aussteigen und drängen daher darauf, Verhalten zu nähren, das diesen Zyklus aufrechterhält. Vorbehalt wie Abwertung sind hinreichende Taktiken, den Zyklus immer erneut zu eröffnen und die Mitspieler zur nächsten Runde zu zwingen. Eine solche Organisation familiärer Transaktionen mag kurzfristig stabilisieren, läuft aber auf ein Organisieren von Desorganisation und Destabilisierung hinaus. *Von diesen Abwertungszyklen geht eine entindividuierende Kraft aus, die, einmal installiert, potentiell aus sich heraus dafür sorgt, daß Probleme einen chronischen Verlauf nehmen.*

Wir haben im Laufe der Untersuchung auf diese im Kontakt mit Familien Süchtiger spürbar abwertende Stimmung aufmerksam gemacht, die von diesen Abwertungszyklen ausgehen. Die Stimmung der Abwertung und „Freudlosigkeit" wird von erfahrenen Therapeuten und Untersuchern immer wieder konstatiert. T.v.VILLIEZ findet in einer Untersuchung an 20 Familien mit Alkoholproblemen 17 Familien im erhöhten Bereich der Skala „Abwertung"[45]. KAUFMAN & KAUFMANN stellen fest: „Die Freudlosigkeit (in Familien Drogenabhängiger) ging jedoch in vielen Fällen der Sucht voraus."[46] REILLY schreibt über den Charakter familiärer Transaktion in Familien Drogenabhängiger: „*Negativismus:* Die Kommunikation findet vor allem auf negative Weise als Kritik, Beschwerde, Vorwürfe, Nörgeln, Tadeln statt. In solchen Familien bemerken die Mitglieder rasch, daß die Auslösung einer Krise die einzige Möglichkeit ist, in das System wenigstens etwas Leben und Aufregung bringen zu können, während „ungezogenes" Verhalten unweigerlich durch Aufmerksamkeit und Wellen vermehrter Aufregung und Anteilnehmen verstärkt wird. Wenn die Kinder das Alter erreichen, in dem sie sich der Jugendsubkultur anschließen, sind sie bereits programmiert, einmal ein ungemein bequemes und todsicheres Mittel zu entdecken, um Aufregung im Familiensystem auszulösen und negative Beachtung von Erwachsenen zu provozieren: Drogenmißbrauch."[47] BENTRUP scheint solche Abwertungszyklen vor Auge zu haben, wenn er konstatiert: „Die beobachteten familiären Krisen tragen eher den Charakter von chronischen Krisen. Kreisprozesse der Dauerspannung und des Dauerstresses lassen Erwartungen der Unveränderbarkeit, Hoffnungslosigkeit, Lähmung und verdeckter Anklagen entstehen." TEXTOR weist auf das für Familien Drogenabhängiger typische Vermeiden von Konflikten hin: „Familienmitglieder sind nicht fähig, Probleme miteinander zu besprechen und positive oder negative Gefühle auszudrücken. Starke Emotionen und Konflikte sind angsterregend und werden deshalb verleugnet..."[48] Was nur scheinbar einen Widerspruch darstellt. Denn Vermeiden von Beziehungsdefinition und insofern von Konflikten machen das Wesen des Abwertungszyklus aus.

Wir kommen auf die entindividuierende Kraft zurück, die von diesen Abwertungszyklen ausgeht. Wie wir zeigen konnten, impliziert die süchtige Beziehungsstruktur, daß die Kommunizierenden eine Aufspaltung ihrer Persönlichkeit erfahren, und weiterhin, daß für jede in Triangulation verstrickte Person eine Aufspaltung in zwei gegensätzliche Zustände kennzeichnend ist. Unser Modell familiärer Transaktion macht diesen Aspekt für alle drei verstrickten Personen sichtbar. Da dyadischer und triadischer Be-

45 T.v.VILLIEZ: Sucht und Familie, Berlin 1986, S.84ff.
46 KAUFMAN, KAUFMANN, ebenda S. 55.
47 REILLY, ebenda, S. 121.
48 M.R.TEXTOR: Drogensucht und Familie, Fam.dyn. 1, 1989, S. 16f.

ziehungsaspekt auseinanderfallen und gegeneinander mit polarer Wertigkeit für die jeweiligen Familienmitglieder eingesetzt werden, finden wir die Persönlichkeit der Kommunizierenden unter die Kontrolle gegensätzlicher Kontexte geraten. Beständige Kontextverschiebung führt zum Splitting der Persönlichkeit. Diese Zustände sind um die narzißtische Dimension von Allmacht/ Ohnmacht/ Bewunderung/ Zurückweisung und Verschmelzung/ Trennungsangst/ Idealisierung/ Verdammung gruppiert. Sie erscheinen als fragmentierte, ambivalente Persönlichkeiten. Verfangen in Abwertungszyklen „reagiert man auf sie, als ob sie Teilpersönlichkeiten wären, die lediglich Einzelmerkmale aufwiesen“[49].

Leben in zwei gegensätzlichen Kontexten hat zur Folge, daß Strategien der Kontrolle und Gegenkontrolle überhandnehmen, daß „innere Konflikte in der Familie, statt in sich selbst auszuagieren“, dadurch gelöst werden, daß versucht wird, „mit seinen Konflikten dadurch fertig zu werden, daß er den anderen verändert.“ Ähnlich schreibt BENTRUP über „Alkoholfamilien“: „Scheinbar findet dabei oft eine gegenseitige Kontrolle in einem komplementären, gegenseitigen Abhängigkeitsverhältnis statt. Verantwortung und Abhängigkeitswünsche werden delegiert und abgespalten, eine Homöostase wird in einem entwertenden Machtkampf hergestellt.“[50] Diese starren Dyaden im Abwertungszyklus bezeichnen BOSZORMENYI-NAGY und SPARK als „polarisierte Rollenfusion“: „die Starrheit ihrer gegensätzlichen Rollen macht zwei solche Mitglieder in ihrer Funktion so voneinander abhängig, daß keine sich als geschlossene Persönlichkeit seiner Beziehungswelt stellen kann.“[51]

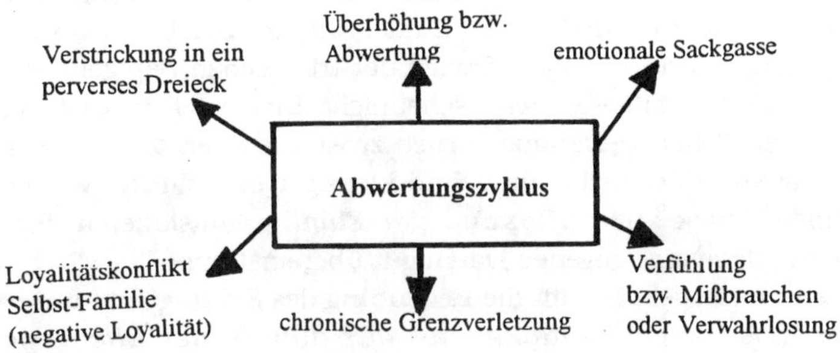

Abbildung 6-IV: Aufarbeiten des Abwertungszyklus.

Unser Modell macht deutlich: Jede Auf- wie Abwertung bedeuten im konkurrierenden Beziehungskontext Grenzverletzungen, der eigenen Selbstgrenze oder der der anderen. Jede Transaktion im Rahmen dieses Modells schließt ein Verletzen der Selbstgrenze ein. Wenn Beziehungen nicht offen definiert und Widersprüche nicht ausgetragen werden, anstatt Abwertung zu lancieren und so Beziehungen zu manipulieren, kann der selbstreinigende Prozeß - Wahrnehmen von Inkonsistenz familiärer Beziehungen, Benennen, Herausarbeiten, Streiten, Neudefinieren, Integration und Versöhnung - nicht funktionieren und beschädigt und lähmt die Fähigkeit des Systems zur Wandlung. Unser Modell formuliert geradezu einen Zustand, der sich gegen Veränderung abzupuffern sucht. Diese *Ent- und Abwertungszyklen formieren ein*

49 BOSZORMENYI-NAGY, SPARK, ebenda S. 306..
50 M.BENTRUP, ebenda S. 355.
51 BOSZORMENYI-NAGY, SPARK, ebenda S. 49.

Kräftefeld der Entindividuierung. Individuation verlangt Entwicklung und Veränderung. So entsteht im Innern der Familie ein psychosoziales Vakuum, ein chaotisches, verwahrlosendes Beziehungsgefüge, getragen von Abwertungszyklen, von denen ein entindividuierender Sog ausgeht. Das Schema faßt oben die Folgen des Abwertungszyklus zusammen.

Die Bedeutung der Installation des Abwertungszyklus wird unterstrichen, wenn andere Autoren hervorheben, daß die strukturellen Muster, die im wesentlichen unserem Modell familiärer Transaktionen Drogenabhängiger zugrundeliegen, auch andere Problemfamilien kennzeichnen. TEXTOR vertritt die Auffassung, „daß ähnliche pathogene Muster ebenfalls in anderen gestörten Familien zu finden sind“[52]. Im gleichen Sinn äußern sich KAUFMAN & KAUFMANN[53] und UCHTENHAGEN[54].

Abwertungszyklus und Schismogenese der Familie

Unser Modell des familiären Abwertungszyklus läßt die beiden eskalierenden Tendenzen der Schismogenese erkennen: Durch die triadische Kontextverschiebung wird eine symmetrische Beziehungsdefinition manipulativ durchgesetzt und eine sich vertiefende Eskalation der Beziehungen, die schließlich zu einem Zerfallen der Organisation führen muß, soweit nicht starke Bindekräfte entgegenwirken. Die pseudokomplementäre Eskalation richtet sich auf den dyadischen Aspekt und greift die Grundvoraussetzungen menschlicher Beziehung an. Die Dyade steht ebenfalls unter einem Eskalationsdruck, da der triadische Aspekt Symmetrie hineinbringt. Am stabilsten dürfte die symbiotische Beziehung zwischen Elternteil und Kind sein, ihre Wertigkeit ist ausgleichend und ergänzend, und es sind starke Bindekräfte im Spiel. Die Bruchstellen der Organisation ergeben sich durch ein Aufheben der triadischen Bezogenheit, indem die Familie nun in Dyaden zerfällt. Als wahrscheinliche Bruchstellen kristallisieren sich heraus: Bruch der ehelichen Beziehung, Bruch zwischen Elternteil B und Kind, während die Beziehung von Elternteil A und Kind klebriger sein dürfte. Wir können also eine Tendenz, einen *Druck zur Auflösung der Familie* konstatieren, der schon auf den ersten Blick mit den vorgetragenen Daten gut übereinstimmt.

Einen interessanten Aspekt betrifft die Bedeutung des Süchtigen in unserem Modell des Abwertungszyklus: *Seine Wertigkeit ist auf dyadischer Ebene gering und negativ, bezüglich des triadischen Aspektes aber positiv und beiden Eltern überlegen.* Da der triadische Aspekt die langfristige symmetrische Eskalation bestimmt, ist der Süchtige als Symptomträger seinen Eltern gegenüber und bezüglich der familiären Organisation gewissermaßen „am Drücker“. Er steht im Brennpunkt der Geschehnisse, er ist durch diese Konzentration besonders gefährdet, daß seine Abwertungen eskalieren und den Prozeß der Desorganisation verschärfen. Manipulation des triadischen Kontext ist die besondere Waffe des Süchtigen, die er kompetent einzusetzen versteht und hervorragend dazu taugt, therapeutische Bemühungen zu vereiteln. Diese hohe Position im triadischen Kontext ist die Tragik des Süchtigen. Sie bindet ihn, hält ihn in familiärer Gefangenschaft und ist zugleich eine hybride Illusion, eine fixe Idee, der im Grunde keine Beziehungsrealität entspricht.

---

52 M.R.TEXTOR, ebenda S. 21.

53 KAUFMAN, KAUFMANN, ebenda S. 55.

54 UCHTENHAGEN, 3,1982, ebenda.

Beschäftigen wir uns mit der langfristigen Wirkung der Schismogenese. Die grundlegende Tendenz ist die einer symmetrischen Eskalation, was heißt, das familiären System steuert auf eine Spaltung zu, die in der Weise erfolgt, daß die Familie in ihrer Struktur aufweicht und in emotional gebundene Untereinheiten zerfällt entlang der oben benannten Bruchlinien. Dieser Prozeß der Auflösung erschwert eine echte Ablösung in positiver Gegenseitigkeit, da er die Familie gerade für Trennungen verwundbar macht. Auch Familien mit recht losgelösten Mitgliedern gewähren genauso wenig eine echte Loslösung; *die Familie bleibt als Lebenszentrum erhalten, an das die Herangewachsenen durch Herausbilden einer negativen Identität gebunden bleiben.* Das heißt, sie nehmen weiterhin am Abwertungszyklus teil - auch dann wenn sie sich trennen - in metaphorischer Weise und über größere räumliche und zeitliche Abstände. Denn „Familien, die keine besonders stabilen Strukturen haben, empfinden Veränderungen, welche das Wachstum zeitigt, als ähnlich katastrophal wie den seelischen Verlust eines wichtigen Objekts.“[55] REILLY bestätigt dieses entindividuierende, grenzverletzende Kräftefeld in Beziehungen und in seiner Wirkung auf die Person: „Trotz der täuschenden Fassade von Abkapselung und Gleichgültigkeit sind alle Familienmitglieder in zähe, ambivalente Bindungen verstrickt und durch starke Trennungsangst aneinander gekettet. Und schließlich nehmen Familien, deren Angehörige schon früh in ihrer Lebensbahn nicht mit Verlusten fertig geworden sind, häufig einen Umgangsstil an, der durch eine relativ geringe Empathie, mangelnden Respekt für Individualität, Versuche, das Voranschreiten der Zeit zu verleugnen und einen Hang, unwissentlich ein Familienmitglied in einer unangemessenen abhängigen Position zu halten, gekennzeichnet ist.“[56] Auch dies fügt sich gut in unsere Daten, die wir über den Ablösungsprozeß gesammelt haben.

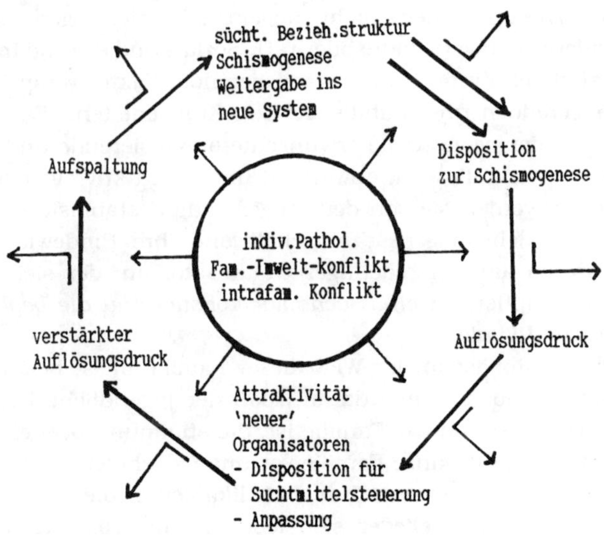

Abbildung 7-IV: Wirkungsweise der Schismogenese.

55 BOSZORMEYI-NAGY, SPARK, ebenda S. 303.
56 Ebenda S. 127.

Die süchtige Beziehungsstruktur bereitet eine Disposition zur Schismogenese vor. Sie folgt dabei vorgegebenen schismogenetischen Mustern der Familienverhältnisse und Belastungen wie unbewältigter Trauer. Wir können davon ausgehen, daß im Keim meist solche Muster, Beziehungsmerkmale und Bereitschaften von Mitgliedern vorhanden sind und durch individuelle Pathologie, intrafamiliäre Konflikte und Familie-Umwelt-Konflikt aktiviert werden können. Die Disposition besteht aus drei Faktoren: (a) massiven und/oder chronischen Grenzverletzungen, (b) psychosozialer Entdifferenzierung und (c) Herausbilden eines Abwertungszyklus. Das Entwickeln der Familie entlang dieser drei Merkmale läßt einen Druck zur Auflösung der oben beschrieben Art entstehen: Zerfallen in Dyaden und vereinzelte Dritte, konkurrierende Kontexte und tiefgreifende Ambivalenz der Beziehungen bereiten die Bruchlinien vor. Die in der folgenden Abbildung aus dem Zyklus herausführenden Pfeile signalisieren, daß die Wirkungsweise der Schismogenese an jeder Station durch Beziehungsleistung und allein durch diese umgekehrt werden kann.

Wir wissen aus unserer Untersuchung, daß es in diesem Prozeß zu emotional heftigen Reaktionen kommt: Ausreißen, Ausstoßen, kriminelle Handlungen, „Nicht-Erziehbarkeit", sexueller Mißbrauch, Gewalt, ehelicher Streit mit Trennungsabsichten, Selbstmordversuche, Suchtprobleme der Eltern sowie psychische und psychosomatische Symptome. All diese signalisieren einen Auflösungsdruck, wie wir ihn aufgrund unserer Beobachtungen von Gruppenprozessen in der stationären Psychotherapie vorhergesagt haben.

Abwertungszyklus, Chronifizierung und Suchtmittelmißbrauch

Wir nehmen nun an, daß sich das System auf die Suche begibt nach neuen organisierenden Kräften. Diese können nicht abgelöste Beziehungen zur Großelterngeneration sein, andere Blutsverwandte oder u.U. Sozial- und Jugendämter oder therapeutisches Personal, deren Einfluß einen stabilisierender Faktor verspricht. Eine Affinität zu einer organisierenden und stabilisierenden Kraft entsteht. Es ist zu erwarten, daß sie als Teil der Schismogenese die erwünschte organisierende und bindende Kraft nicht besitzen, da sie triangulierend, abwertend und destruktiv eingebunden sind. Ab einem gewissen Punkt werden sie von den längerfristig destabilisierenden Wirkungen der selbstproduzierten Schismogenese eingeholt und ihre Bindewirkung aufzehren. Hier bietet sich nun ein anderer mächtiger Organisator an, der sich an eine solche Umwelt sehr gut zu adaptieren weiß: *Suchtmittelkonsum und die begleitenden familiären Transaktionen und Rituale.*

Auch dieser Organisator ist in der Welt dieser Familie meist bekannt und bereits vorhanden. Ich erinnere noch einmal daran, „daß der jugendliche Drogenkonsument meist nicht die einzige Person in der Familie ist, die stimmungsbeeinflussende Drogen einnimmt. Oft schützt sich die ganze Familie vor unangenehmen Zuständen und Empfindungen wie Angst und Depression durch Medikamente, die ihre Selbstwertgefühl heben, oder mit denen ihre Mitglieder sich lebendig und „menschlich" fühlen können."[57] Suchtmittelmißbrauch kann weitergereicht von der Generation der Großeltern, im ehelichen System in Erscheinung treten oder weitergereicht werden an die heranwachsende Generation. Jedenfalls liegt eine Entdeckung seiner außerordentliche Wirk-

57 D.M.REILLY, ebenda S. 124.

samkeit nahe. Diese Idee, daß Sucht und Schismogenese aneinander gekoppelt sind, ist nicht neu. STEINGLASS meint, daß „Alkoholismus" für die Familie „in ihrem interaktionellen Leben zu einem ordungsstiftenden Prinzip wird", indem „der Mißbrauch von Alkohol ein regelmäßiges, voraussagbares und starres Verhaltensmuster schafft, das Unsicherheit reduziert. Wir vermuten, daß in einigen Fällen Alkoholismus von Familien unbewußt als stabilisierender und nicht als zerrüttender Faktor für ihre Interaktionen angesehen wird."[58] KAUFMAN & KAUFMANN formulieren explizit, „daß Drogenkonsum dort unweigerlich erfolgt, wo ein interaktionelles familiäres Gleichgewicht erhalten werden soll, das die schon vor dem Drogengebrauch auftretenden Auflösungserscheinungen rückgängig macht."[59]

Wir sagten schon, eine psychoaktive Substanz wird als Suchtmittel virulent, wenn es eingesetzt wird als Mittel der Triangulation. Seine Fähigkeit am Abwertungsprozeß teilzunehmen ist universell: Es greift die bestehenden pathologischen strukturellen Muster auf, bedient sich der bestehenden Beziehungen und ihrer Ambivalenzen und vertieft sie. Es ist ein Mittel der Grenzverletzung und macht sie zugleich subjektiv erträglich. Es ist verfügbar, sein Konsum wiederholbar, seine Wirkung wie Bedeutung schillernd; ein Mittel, welches das subjektive Erleben von Lebendigkeit borgt, welches angestaute Aggression und leidende Opferbereitschaft ebenso vereinigt, wie Rache und Selbstverstümmelung, und welches dies alles den anderen undurchsichtig und entschuldbar erscheinen läßt. Es fügt sich ganz in die Ambivalenz der Beziehungen. Suchtmittel besitzen schließlich die eine überragende Eigenschaften: sie wirken sofort ein auf den Konsumenten wie die Familie und in beiden Fällen kurzfristig stabilisierend. Da Suchtmittelkonsum unmittelbar und bezüglich aller Wirkgrößen (Organisation, Beziehung, Person und Beobachtung) seine Wirkung entfaltet, ist es prädestiniert als Mittel von Familienritualen; dafür geschaffen, zwischen all diesen Wirkgrößen eine „neue" organisierende Kraft zu etablieren, familiäre Transaktionen unter diesem neuen Gesichtspunkt zu bündeln. „Der Symptomträger zentriert die Kommunikationsabläufe, die Regeln und Rituale auf sich und schafft damit eine starke kohäsive, zentripetale Kraft im Familiensystem."[60]

Wir haben in unserer Untersuchung Familien kennengelernt, worin Suchtmittel die entscheidende organisierende Kraft des Tagesablaufs darstellten, eine ritualisierte, suchtmittelgesteuerte Choreographie unter Einbeziehung des mit Heroin richtig dosierten Jugendlichen. Wir nannten sie Suchtfamilien. Diese Familien finden ihren 'Halt' in dieser organisierenden Kraft. Die Adaption an Suchtmittelkonsum verschärft längerfristig die Schismogenese und den Druck auf Auflösung in der Familie. Vielleicht spürt der Süchtige diese seine Funktion, auch wenn sie letztlich illusionär ist. In der erwähnten Familie von Detlef steigerten sich die Streitigkeiten zu Messerstechereien zwischen den Ehepartner, nachdem Detlef den Wunsch seiner Eltern, nach der Therapie zurückzukehren, verworfen hatte. Schließlich zerbrach die Familie: Die Ehefrau wurde entmündigt und psychiatrisch hospitalisiert und entzogen; der Ehemann verwahrloste und verstarb; der Sohn schlug sich erneut mit Heroinrückfällen herum.- Suchtmittelkonsum verschärft nur den Zustand der Grenzverletzungen, fügt beständig weitere hinzu, der in Reaktion der anderen weitere folgen; er verschärft den Abwertungszyklus,

58 P.STEINGLASS: Familientherapie mit Alkoholabhängigen: Ein Überblick. In: E.KAUFMAN, P.N.KAUFMANN, ebenda S. 176.

59 Ebenda S. 58.

60 M.BENTRUP: ebenda, S.354f.

indem gesteigerte aktive und passive Abwertungen ins Werk gesetzt werden. So resultiert, wenn eben nicht Beziehungsklärung investiert wird und die Schismogenese wirkungsvoll zurückgedrängt wird, ein verstärkter Auflösungsdruck auf die Familie, der wiederum die Einflußnahme äußerer Kräfte und wiederum eine Fortsetzung oder gar Intensivierung des Suchtmittelkonsums (Steigerung der Menge bzw. Umsteigen auf härtere Suchtmittel) folgt mit all den psychosozialen Folgeerscheinungen, die ihrerseits wiederum das Ritual des Suchtmittelkonsums ausweiten helfen.

Schließlich muß es zur Aufspaltung kommen: zum Zusammenbruch, schwerer Intoxikation, Selbstmordversuch, Nervenzusammenbruch, Eingreifen Dritter wegen der übrigen Folgen, Bedrohung durch Krankheit und Tod, Trennung eines Elternteils, Kinder verlassen im Bruch das Elternhaus u.a.m.. Die Aufspaltung der Familie bedeutet für die verstrickten Mitglieder oft nur eine Fortsetzung mit anderen Mitteln. Ich verweise auf unser dokumentiertes Material, das belegt, daß die sich trennenden Jugendlichen in der Nähe bleiben, dem Familiensystem in verschiedener Weise verhaftet, und die Abwertungsrituale ihre Fortsetzung finden. Auch nach der Trennung eines Elternteils findet in den dokumentierten Fällen der Abwertungszyklus seine Fortsetzung. Die Gefahr ist groß, daß der Keim zur Schismogenese weitergeben wird an die neuen Familien, Stieffamilien, zurückbleibenden unvollständigen Familien und weitergereicht an die heranwachsende Generation.

Der Schismogenese ist ein 'Zwang zur Wiederholung' eigen, der nur durch Beziehungsklärung aufgehoben werden kann. Sie ist darauf angelegt, durch kurzfristige stabilisierende, aber langfristig destruktive Wirkung zur Eskalation zu treiben. Oder in einer Formulierung von BENTRUP: „Der Rückfall ist ein Stabilitätsmodus der Familie, der die Instabilität des Systems längerfristig aber erhöht.“[61] *Diese Mischung von kurzfristig stabilisierender und langfristig destruktiver Wirkung ist dafür verantwortlich, daß diese Entwicklung dazu neigt, sich zu verstärken und chronisch zu werden.* Das gilt für die Installation des Abwertungszyklus wie für die Adaption an Suchtmittelmißbrauch. Die Manöver zur kurzfristigen Stabilisierung und Entlastung werden immer wieder und immer rascher aktiviert und allmählich (selbst-)destruktiver, um die kurzfristige gegen die langfristige Wirkung auszubalancieren. Das Heilmittel gegen Schismogenese wird zum Gift.

Die Person gerät in einen Zustand wachsender Desorganisation, was es ihr immer schwieriger macht, sich diesem Geschehen zu entziehen. Die Chancen des Heranwachsenden sinken, sich wirklich von der Familie zu lösen, da er im Zustand herabgesetzten Selbstgefühl mehr und mehr von der sozialen Matrix abhängig wird. Zustände suizidalen Getriebenseins, der Selbstdestruktion oder Depression sind nicht geeignet, eine selbständige Lebensführung zu bewältigen. Das macht verständlich, weshalb die verstrickten Heranwachsenden die Familie nicht verlassen können bzw. versagen und wieder zurückkehren, wenn sie es nicht mit heftig ausstoßende Kräften zu tun haben.

Unsere Beobachtungen und Überlegungen legen nahe, anzunehmen, daß das Familiensystem zwei dissoziierte Zustände oder Welten bereit hält, die mit unterschiedlichem Selbstgefühl einhergehen. Sie sind im Abwertungszyklus leicht zu erkennen. Den Zuständen entsprechen die polaren Kontexte, die jeweils eine Welt organisieren. Sie sind verbunden mit je einem Ordnungszustand der Familie, Verteilung der Positionen in den Dyaden und persönlichen Zuständen. Der Wechsel von einem zum anderen

61 Ebenda S. 254.

Zustand kann durch Suchtmittelkonsum gesteuert werden. Denn, wenn die Kommunikationsmodi einer Dyade kippen, so wechseln alle verstrickten Mitglieder in ihren Dyadenpositionen. Es entsteht eine Kettenreaktion, welche die „Großwetterlage" ändert vom Hoch zum Tief, vom Tief zum Hoch. Diese Wirkung demonstriert uns, welche Mächtigkeit Suchtmittel in einem bestimmt gearteten Beziehungsgefüge entfalten können. Einer meiner Klienten illustriert solche Wechsel zwischen zwei dissoziierten familiärer Zustände in einem Bild seiner Familie: In der Mitte des Bildes befinden sich alle Familienmitglieder mit Ausnahme seines Vater, ein Alkoholiker, den er beherrschend zu beiden Seiten des Blattes als schwarze und rote 'Sonne' malte, die um die Familie kreist. Die einzelnen Familienmitglieder sind durch eine fein abgestufte Farbpalette charakterisiert, die gleichsam die Strahlen der beiden Sonnen einfangen.

Interessante Ergebnisse berichten in diesem Zusammenhang WOLIN et. al.. Sie belegen die Fähigkeit einer Familie, sich gegen ein „Eindringen" des Alkoholkonsums in Familienrituale zu behaupten und ein Wiederauftauchen von Alkoholproblemen in nachfolgenden Generationen zu verhindern. Familien, bei denen sich Rituale während der Perioden elterlichen Trinkens ändern („subsumptive Familien"), geben das „Alkohol-Muster" eher weiter als Familien, bei denen die Rituale unverändert bleiben („distinktive Familien").[62]

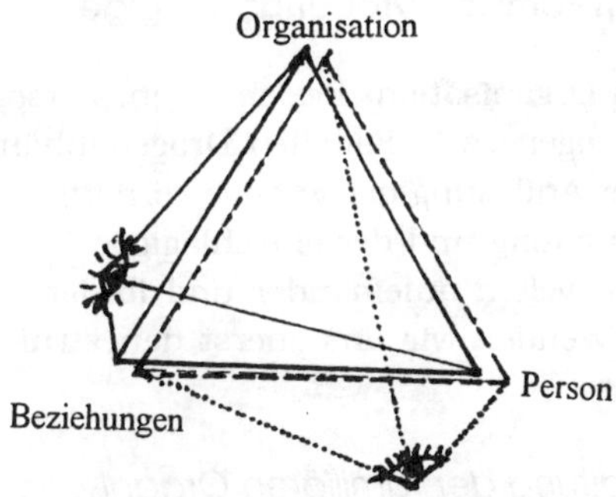

Abbildung 8-IV: Wechsel von einem dissoziierten Familienzustand zu einem anderen durch Manipulation der Wahrnehmung mittels Suchtmittel.

Das System wechselt von einem Transaktionen organisierenden Zustand in einen anderen. Da die adaptiven Kräfte geschwächt sind, sind diese beiden Zustände wie ihr Wechsel an starre, rigide, zur Bewältigung eher ineffektive Rituale geknüpft, die der Tendenz zur Aufweichung von Grenzen und Regeln nichts entgegensetzen. Im Rahmen unserer Wirkgrößen ließe sich das so darstellen, daß durch den Suchtmittelkonsum im wahrsten Sinne des Wortes die Wahrnehmung aller Beteiligten Mitglieder verändert wird. Wir nehmen an, daß ein Kippen des Zustandes kurzfristig kohäsive Rituale und Kräfte mobilisiert, die die Tendenz zur Auflösung vorübergehend begrenzen, bis wieder der Druck zur Auflösung verstärkt zu tage tritt.

Nicht nur in unserer Untersuchung finden wir eine Koppelung von Schismogenese und Sucht wieder. BURIAN stellt einen phänomenologischen Zusammenhang her zwischen Sucht und „häufig massiven Beziehungsambivalenzen, Abhängigkeits-Auto-

62 S.J.WOLIN et.al.: Family Rituals and the Recurrence of Alcoholism over Generations. American J. of Psychiatry 136: S. 589-593. Wiedergegeben nach BENTRUP, ebenda.

nomie-Konflikten in Auflösungs- und/ oder Trennungsprozessen bzw. Nicht-zustande-Kommen von stabilen Beziehungsverbänden"[63]. Nach HEIDEGGER überwiegen Trennungs- und Scheidungsfamilien, Einelternfamilien, Partner aus jeweils gescheiterten Beziehungen und keine festen Partnerschaften[64]. Gleichfalls stellt BENTRUP einen Zusammenhang „zwischen süchtigen Prozessen und eskalierten Konflikten" her und konstatiert: „Die Suchtthematik ist v.a. stark mit Ambivalenz-, Spaltungs- und Auflösungsprozessen assoziiert. Die Systeme sind überwiegend Familien mit stark eskalierten Paarkonflikten und massiven Loyalitätskonflikten mit den Herkunftsfamilien. Dies betrifft v.a. Paare und Familien mit Trennungsdynamik, Partner aus gescheiterten Beziehungen, keine feste Partnerschaft lebende und im Elternhaus lebende Personen."[65] TEXTOR gibt in seinem Literaturüberblick als Funktion von Drogenkonsum an, die Familie bei Ehekonflikten zusammenzuhalten als auch dann, wenn die Familienmitglieder sehr isoliert voneinander sind.[66] Häufig wird Drogenkonsum und allgemein Suchtmittelmißbrauch als Regulativ ehelicher Nähe gedeutet (MINUCHIN, STANTON, KAUFMAN, REILLY). Diese Beobachtungen und Einschätzungen lassen vermuten, daß Schismogenese und Sucht einen allgemeinen Zusammenhang bilden, der nicht allein auf Familien Drogenabhängiger beschränkt bleibt.

Muster der Schismogenese in Familien Drogenabhängiger

Wir werden jetzt die bezüglich Organisation, Beziehungen, Person und Episteme Muster und Merkmale der Schismogenese in Familien Drogenabhängiger zusammenstellen, die uns ein Gesamtbild der Auflösung der Familie vermitteln. Wir werden dies auf der Grundlage unserer Untersuchung und der einschlägigen Literatur tun. Die einzelnen Wirkgrößen wirken als Umwelten aufeinander und fördern sich wechselseitig in Richtung auf Schismogenese. Wenden wir uns zuerst den strukturellen Mustern der familiären Organisation zu.

Strukturelle Muster der Aufspaltung der familiären Organisation

Wir führen die strukturellen Muster einzeln auf, obwohl wir sie in Kombination mit anderen vorfinden. Die strukturellen Muster leisten jeder für sich einen Beitrag zur Schismogenese, verstärken einander und nähren weitere Muster, sich auszubilden. Unser eben vorgestelltes Modell familiärer Transaktion Heroinabhängiger zeigt, wie einige der wesentlichen Muster zusammenwirken und sich miteinander aufrechterhalten. Wie jede Triangulation einen kurzfristig stabilisierenden Beitrag leistet, so hat der Einsatz jedes dieser Muster unmittelbar stabilisierende Funktion bezüglich der Person, der Beziehung oder der Organisation. Längerfristig stellen sie, sofern sie sich nicht durch Klärung der Beziehungen und Bereinigen der Organisation zurückbilden, Faktoren dar, die zur Labilisierung führen und einen Druck in Richtung auf Auflösung ausüben.

Diese strukturellen Muster kennzeichnet ein Mangel an Struktur und Unterscheidung, sie wirken strukturauflösend. Sie resultiert vielmehr aus dem Umstand,

63 W.BURIAN: Die Psychotherapie des Alkoholismus, Göttingen, 1984..
64 M.HEIDEGGER: Familientherapeutische Konzepte und Abhängigkeit. In: AG Familientherapie und Sucht (Hh.): 7-17.
65 M.BENTRUP, ebenda S. 349.
66 TEXTOR, ebenda S. 19f.

daß sie in ihrer Anlage triangulierend und kontextverschiebend wirkt. Es gibt keine echten Dyaden im familiären Beziehungsdreieck, innerhalb derer Konflikte erledigt und begrenzt würden, innerhalb derer die Beteiligten ihre Beziehung definierten und auf einen gegenläufigen, manipulativ lancierten triadischen Aspekt verzichteten. Das hat zur Folge, daß Streß tendenziell ungehemmt durch das ganze Beziehungsdreieck wandert. Ein Streßereignis durchläuft wie eine Welle alle Familienmitglieder und Beziehungen und löst einen Zyklus von Ab- und Aufwertungen aus. Persönlicher Schutz und Integrität geraten zunehmend in Gefahr. Diese Entdifferenzierung bringt mit sich, daß die verstrickten Familienmitglieder oder die ganze Familie recht undifferenziert als Ganzes reagieren: teils in gewisser Art verschmelzend, teils voneinander heftig distanzierend.

strukturelles Muster (1):
Es besteht eine *symbiotische Bindung zwischen Elternteil A oder Ersatzperson und Drogenabhängigem.* Sie ist meist gegengeschlechtlich, komplementär und bildet ein zentrale Dyade innerhalb der Familie. Elternteil A sieht in dieser Bindung an ein krankes Kind Lebensaufgabe und Sinn. Dieses Muster induziert Schuld. Es ist fast immer mit den folgenden beiden Mustern identisch.

strukturelles Muster (2):
Ein Elternteil oder beide miteinander konkurrierend oder eine Ersatzperson übernimmt Rettungsfunktion gegenüber dem Drogenabhängigen. Sie definiert den Abhängigen als unfähig zur Selbstkontrolle.

strukturelles Muster (3):
Zwischen einem Elternteil und Drogenabhängigem wird mehr intergenerative Nähe gezeigt als zwischen den Ehepartnern. Dieses Muster zeichnet eine ganz deutliche Bruchlinie der Familie vor. Wenn die symbiotische Beziehung diese Ausprägung erreicht, stellt sie einen Zustand chronischer Grenzverletzung dar.

strukturelles Muster (4):
Elternteil B ist eher fern, am Rand stehend, oder ist gar aus dem Feld gegangen. Häufig *übernimmt er die Rolle des strengen Propheten gegenüber dem Drogenabhängigen,* der selbsterfüllende Prophezeiungen verkündet. Wenn Elternteil B der Vater ist, ist häufig Gewalt im Spiel. Wie die Funktion des Rettungsengels kann auch der strenge Prophet konkurrierend mit dem anderen Elternteil auftreten. Da die Beziehungen alle hoch ambivalent sind, läßt sich ein Wechsel der beiden Funktionen häufiger beobachten.

strukturelles Muster (5):
Zu diesem Elternteil B gesellt sich häufig ein Geschwister, das zum Elternkind wird. Das „Elternkind" wird von MINUCHIN als ein Kind definiert, das in Bezug auf das symptomatische Kind viele elterliche Funktionen auf sich nimmt. Es ist nach M.CLEVELAND typischerweise ein älteres Kind, das direkt in die Entscheidungsbefugnis hinsichtlich seines drogenabhängigen Geschwisters hineingezogen wird.[67]

strukturelles Muster (6):
Elternteil B verläßt die Familie, wenn nicht eine gemeinsame Trennung erfolgt, und bleibt erst recht unerreichbar und abgewertet. Verläßt der Elternteil schon sehr früh -

67 Wir haben dieses Muster nicht dokumentiert. Es wird beschrieben von M.CLEVELAND: Familien und Drogenabhängigkeit von Jugendlichen, Familiendyn. 3, 1982, S.268ff.

im ersten Lebensjahr - die Familie oder das Kind ist unehelich -, so finden wir diesen fernen Elternteil immer abgewertet und das Schicksal des Drogenabhängigen mit diesem verknüpft.

strukturelles Muster (7):

Ein wiederum zentrales Muster: *Zwischen den Ehepartner finden wir Abwertung vorherrschend und meist Elternteil A deplaciert.* Dieses Muster korrespondiert mit den obigen Mustern der intergenerativen Nähe und Rettungsfunktion und dem folgenden der Hierarchieumkehrung.

strukturelles Muster (8):

Es kommt zur *Umkehrung der Hierarchie*, wobei in der Regel ein Elternteil so deplaziert wird, daß das drogenabhängige Kind neben diesen Elternteil zu stehen kommt. Der Drogenabhängige kann auch eine die Eltern kontrollierende und den ehelichen Konflikt regulierende Upperposition einnehmen. Eine weitere Form der Hierarchieumkehrung ist seine Rolle als Partnerersatz, die er in Konkurrenz zum anderen Elternteil erhält, besonders wenn der andere Elternteil dabei ist, aus dem Feld zu gehen, oder verdrängt wird.

strukturelles Muster (9):

Wir finden immer wieder *exzessive Grenz- und Hierarchieverletzungen* vor: Kindesmißhandlung, massive Vernachlässigung, Gewalt gegen Vater, sexuellen Mißbrauch.

strukturelles Muster (10):

Selbstmedikation wird häufig in der Familie weitergereicht als Technik universeller Triangulation und der Aufrechterhaltung von Machtvorbehalt und Abwertung. Der *Suchtmittelkonsum* des süchtigen Kindes *steuert die Transaktionen der Familie*, sein süchtiges Verhalten wurde eingebaut. Es steuert z.B. den ehelichen Streit. Abgesehen von diesem Muster finden wir häufig eine Steuerung familiärer Transaktionen durch Suchtmittel, wobei wenigstens ein Elternteil an dieser *pharmakothymen Steuerung* beteiligt ist. Hier werden Muster der Deplacierung, exzessive Grenzverletzung u.a. eingeleitet. Sie kann bis zur Steuerung des Ablaufs der ganzen Familie führen.

strukturelles Muster (11):

Es kommt durch Kombination von strukturellen Mustern zur *rigiden Triadenbildung*. Kennzeichnend ist ein Triangulieren der anderen und zwar in der Weise, daß der dyadische Beziehungsaspekt gegen den triadischen polar verschoben wird (Kontextverschiebung). Es entstehen *Zyklen von Abwertungsprozessen*. Ganz allgemein werden in dieser Weise Muster zu größeren Mustern kombiniert. Charakteristisch ist den meisten der strukturellen Muster, daß sie Zustände von Grenzverletzung herbeiführen oder auf diesen beruhen und in Kombination einen chronischen Zustand der Grenzverletzung aktiver und passiver Weise bedeuten.

strukturelles Muster (12):

Einige dieser Muster sind mit der Großelterngeneration verklammert. Diese Verklammerung konstelliert einen Generationen übergreifenden Abwertungskampf und erfolgt über nicht abgelöste Bindungen an die eigenen Eltern, wobei es viele Möglichkeiten der Verklammerung gibt, die wir nicht als eigene Muster aufführen wollen. Auf diesem Weg werden meist (selbst-)destruktive Muster bis hin zu Mustern der Schismogenese und Sucht weitergereicht. Nicht gerade selten bedient sich der Mehrgenerationenkonflikt des folgenden strukturellen Musters, worin Großeltern einen heranwachsenden Enkel in eine Generationen überspringende Position in Konkurrenz zu den eigenen Eltern drängen.

strukturelles Muster (13):
De facto Spaltung der Erziehungsverantwortung und -gewalt. Neben einer de facto Spaltung durch Inkompetenz, Deplacierung u.a. finden wir sie aufgespalten zu Großeltern und Geschwistern der Eltern (Blutsverwandte). Diese Konstellation bringt konkurrierende Loyalitätsbindungen in der heranwachsenden Generation mit sich. Das drogenabhängige Kind kann dann seine tiefsten Loyalitätsbindung an die Großeltern richten.

strukturelles Muster (14):
Helfer werden durch Triangulation in das Familiensystem eingebaut.

Merkmale der Beziehungen in Familien Heroinabhängiger

Wesentlichen Merkmale der familiären Beziehungen stehen in engem Zusammenhang mit den strukturellen Muster und entwickeln sind mit diesen. Umgekehrt läßt sich nicht übersehen, daß die Qualität der Beziehung ein eigener Faktor ist, der wiederum solche strukturellen Muster begünstigt, wenn nicht verursacht.

Beziehungsmerkmal (1):
Ein Grundmerkmal der Beziehungen haben wir immer wieder in unserer Untersuchung wie auch in der Literatur herausgefunden: *tiefe Ambivalenz*. Keine der Beziehung bleibt davon ausgespart, auch und gerade nicht die Beziehung zwischen symbiotischem Elternteil A und drogenabhängigem Kind; bei genauerem Hinsehen entdecken wir immer Hinweise auf gegenseitige Feindseligkeit. Diese Ambivalenz gibt die Grundlage ab für Triangulation, Abwertung und Machtvorbehalt. Umgekehrt: Sie muß unweigerlich auftreten, wenn solche strukturellen Muster sich ausbilden. Sie ist, wo sie vorherrscht und nicht zurückgenommen wird, sicheres Anzeichen für das Wirken von süchtiger Beziehungsstruktur und Schismogenese. Das Beziehungsmerkmal der Ambivalenz wendet der Süchtige auch auf seine neuen Beziehungen an. Sie ist fundiert im Splitting der Persönlichkeit, d.h. der Süchtige nimmt die Anlage zur Schismogenese mit und trägt sie in neue Beziehungen hinein oder neigt dazu, sich solche Partner und Konstellationen zu suchen, die ihrerseits Ambivalenzen anbieten. Ausgeprägte Ambivalenzen erschweren es, Konflikte, Belastungen, Trennungen und Tod zu verarbeiten, da sie dieselbe verstärken. Damit kommen wir zum zweiten Merkmal.

Beziehungsmerkmal (2):
Die familiären Beziehungen sind durch Themen belastet wie Trennungen, sei dies Scheidung, innere Emigration, Tod eines Elternteils oder anderer Bezugsperson, Suizid in der Familie oder Alkoholismus. Wie wir belegten, können wir diese Belastungen als Folgen der Schismogenese und ihrer Tendenz zur Auflösung verstehen. Es kann sich aber auch so verhalten, daß solche Belastungen zur Ausbildung von Ambivalenzen disponieren und den Einfluß der süchtigen Beziehungsstruktur nähren. Die zentrale Beziehung zum Drogenabhängigen verwirklicht dieses Merkmal, da die Eltern ihn durch Krankheit und Tod bedroht sehen müssen. Häufig gehen Selbstmordversuche voraus, und es bleibt kaum zu unterscheiden, ob der Drogenmißbrauch nicht einen

protrahierten Selbstmord darstellt.

Aber auch die „Eltern von jugendlichen Drogenkonsumenten haben häufig in ihren eigenen Herkunftsfamilien schwere emotionale Verluste erlitten. Sie leiden intensiv an dem Gefühl, ihre Eltern verloren zu haben - durch Tod, Scheidung, Ablehnung oder Vernachlässigung." Auch sie sind von ambivalenten Liebes- und Haßgefühlen beherrscht. „Ihre unbewältigte Trauer lebt unversehrt weiter und vergiftet die Beziehungen in ihrer Kernfamilie. Dies ist auch die Ursache für die stumpfe, ausweglose, negative, leblose und lieblose Atmosphäre, die für Drogenfamilien so kennzeichnend ist."[68]

Beziehungsmerkmal (3):
In Berührung mit nahen Bezugspersonen artikuliert sich diese Ambivalenz als *Tendenz zum Anklammern wechselnd mit heftigem Distanzieren bis hin zur vorübergehenden Trennung.* Wir haben diese Qualität der Beziehung im psychotherapeutischen Teil ausführlich besprochen und sie in Verbindung gebracht mit dem Prozeß der Fragmentierung. Wir sehen, sie läßt sich ebenso beziehen auf die Beziehungen in Familien Süchtiger. Sie induzieren aktiv das Thema „Trennung" und sind als Taktik aktiver Beziehungsgestaltung zu betrachten.

Beziehungsmerkmal (4):
Beziehungen nehmen keine Rücksicht auf Generationengrenzen und außerfamiliäre Beziehungen wie Ehe (intergenerative Nähe). Die Bindung des Elternteils A beachtet nicht die Generationengrenze zum drogenabhängigen Jugendlichen, oftmals auch nicht die Beziehung zwischen Elternteil B und süchtigem Kind. Dies gilt auch für die Großeltern bezüglich ihrer Kinder und Enkelkinder. Diese Tendenz weist auf das erste und zweite Beziehungsmerkmal hin: Solche Beziehungen über die Generationengrenze hinweg sind in ihrer Anlage schon geeignet, Ambivalenzen unterzubringen, sie müssen ja ambivalent sein. Das kann einfacher sein, als die eheliche Beziehung von gleich zu gleich auszubalancieren. Zum anderen weisen sie darauf hin, daß Vorbelastungen der Eltern vorliegen: unabgelöste, ambivalente Bindung an die eigenen Eltern, Mißhandlung und Verwahrlosung in der Herkunftsfamilie, Suchtvorbelastung und eben auch unverarbeiteter Verlust von Eltern oder anderen wichtigen Bezugspersonen.

Beziehungsmerkmal (5):
Die Beziehungen sind dadurch gekennzeichnet, daß sie entweder intensive, nahe, klammernde Beziehungsmuster ausbilden oder aber losgelöst gleichgültige. Es handelt sich häufig um *starre, pseudokomplementäre, dualistische Rollenaufteilung,* die keine eigene Beziehungswelt zuläßt („polarisierte Rollenfusion"). Der Kontext der zugehören Dyaden erscheint als gegensätzlich zu dem Kontext, in dem sie stehen in Bezug auf dritte Personen. Das hat zur Folge, daß *die Beziehungspositionen oder Wertigkeiten rasch kippen* können. Hiermit in Verbindung finden wir drei weitere Merkmale:

Beziehungsmerkmal (6):
Die Beziehungen sind in Loyalitätskonflikte verstrickt. Sie ergeben sich aus der grenzverletzenden, generationenüberschreitenden Konstellation, aus dem Konflikt der Dyade zu einer dritten Person und aus dem Konflikt zwischen Strebungen zur Individuation und familiärer Bindung. Oder in anderen Worten: Die eine Beziehung besteht im offenen oder heimlichen Konflikt mit einer anderen Beziehung. Dies trifft vor allem für

---

68 D.M.REILLY: ebenda S. 125f.

den süchtigen Heranwachsenden zu.

Beziehungsmerkmal (7):

Gefühle werden in Beziehungen nicht offen und rückhaltlos kommuniziert und ausgetragen. Sie dienen zur Schuldinduktion und zur Destruktion als Teil eines Abwertungskampfes. Ambivalenz und triadischer Beziehungsaspekt tun ein Übriges, daß Gefühle nicht frei geäußert werden.

Beziehungsmerkmal (8):

Die Beziehungen neigen zur Eskalation und sind meist schon in einem eskalierten Zustand. Sie zeigen Züge von Sadismus und Masochismus. Konfliktvermeidung wechselt mit Destruktion. Resignation, Hilflosigkeit, Depression oder Fatalismus herrschen vor.

Beziehungsmerkmal (9):

Die familiären Bindungen kennzeichnen drei Qualitäten, die entindividuierend wirken: Binden, Delegieren und Ausstoßen, die allesamt auf ungelösten Loyalitätskonflikten beruhen und ihre Ambivalenz ausagieren. Beziehungen der Ausstoßung und Losgelöstheit haben mit den anderen gemeinsam, daß sie *negative Gegenseitigkeit* (STIERLIN) aufrechterhalten und die Ambivalenz dieser Beziehung ungelöst als Konflikt mitnehmen.

Die Wirksamkeit dieser Beziehungsfallen können wir nicht hinreichend verstehen, wenn wir nicht zur strukturellen Betrachtung und Beziehungsdynamik die Person als Wirkgröße hinzunehmen.

Die Person und ihr Selbstgefühl

Ebenso vertieft sich unser Verständnis vom Prozeß der Desorganisation der Person. Wir können sehen, wie die Person eingebettet in den Prozeß der Entdifferenzierung in ihren Bezügen zu Organisation, Beziehung wie zu sich selbst gleichsam herausfällt in ein „Niemandsland" und im Grunde unbezogen lebt. Sie ist in ihren Austauschprozessen wie in Bezug zu sich selbst isoliert. Im Grunde leben die Familienmitglieder „einsam, unverstanden und entfremdet", wie TEXTOR konstatiert. Sie sind von ihrem inneren zentralen Bereich isoliert.

Sie reiben sich durch die Sisyphusarbeit des Abwertungsprozeß auf, klinken sich ein in die Zyklen von Ab- und manipulierter Aufwertung, die die Person in Desorganisation treiben. Ambivalenz und Vieldeutigkeit der Beziehungen versetzen die Person in den Zustand des Splittings, der ihre Zerrissenheit in diesem Beziehungsgefüge offenbart. Projektion und Introjektion lassen sich nicht ausbalancieren, sie ergeben, da angeschlossen an konkurrierende Kontexte, gegensätzliche Bezüge, die in diesem Rahmen kaum zu integrieren sind. Anstelle von Werterfahrung sind disqualifizierende Erfahrungen vorherrschend. Empirisch wird dieser Zusammenhang von ROSENBERG untermauert. Seine Untersuchungen über das Selbstwertgefühl faßt er mit den Worten zusammen: „The person in a dissonant context is, through circumstances usually beyond his controll, sociologically deviant in his environment; his situation might have negative effects on his self-esteem."[69]

Die Wahrnehmungsfähigkeit der Person wird so eingeschränkt, daß sie einer Hypnose

69 M.ROSENBERG: The Dissonant Context and the Adolescent Self-Concept, S.99; in: S.E.DRAGASTIN, G.H.ELDER: Adolescence in the Life Cyrcle, Wiley&Sons, New York, 1975.

gleichkommt, die um einen negativ definierten Kern induziert wird. Das negative Selbstbild des Süchtigen bildet kein verläßliches Identitätsgefühl aus. Das Selbstgefühl und seine organisierende Kraft erlahmt. Die Person wird allmählich vom Verlust des Selbstgefühls bedroht: Das Gefühl der Wirklichkeit, der Handlungsfähigkeit, Gefühl für Veränderung und Zeit und hiermit auch die Vorstellung von Zukunftsperspektive. Dieser Verlust wird sichtbar in der Verleugnung der Todesgefahr, in welcher der Heroinabhängige schwebt und an der alle beteiligt sind; dieser Verlust wird sichtbar, in der Todessehnsucht, die nicht als Veränderung perzipiert wird, denn als Stillstand, Ruhe und Verlöschen. Der Tod läßt sich nicht artikulieren ohne Zeit- und Handlungsperspektive, ohne ein Gefühl für einen einheitlichen, umfassenden Sinn

Im Mittelpunkt stehen die Lähmung der Grenzfunktion der Selbstgrenze, die Unfähigkeit zur angemessenen Kontextuierung und der zunehmende Verlust des Selbstgefühls. Und gerade dieser Punkt, die Vertauschung der Kontextpolaritäten und die Verminderung der Fähigkeit zur sekundären Verarbeitung, wird anschaulich, wenn wir noch einmal das eingangs skizzierte Modell familiärer Transaktion betrachten. Offenlassen eindeutiger Beziehungsdefinition, Triangulation und Kontextverschiebung, polare Kontexte von Dyade und Triade und das Kippen der dyadischen Beziehungspositionen, indem Abwertung lanciert wird, die Entflechtung der Wirkgrößen des psychosozialen Raums, all das macht eindeutige Zuordnung der Kontextpolaritäten unmöglich. Selbst vs. Anderer, Zufügen vs. Erleiden und gute vs. schlechte Zustände sind nicht eindeutig auszumachen, bleiben schillernd. Selbst die Zustände wechseln je nachdem, welchem Kontext sich der Süchtige anschließt, was er selbst durch den aktiven wie passiven Modus der Kommunikation zu manipulieren sucht. Im Zentrum finden wir ein Beziehungs- und Organisationsgewebe, das dem zentralen Komplex der Suchtphantasien präzise entspricht und zu all den merkwürdigen, paradoxen verwickelten Verhaltens- und Kommunikationsweisen führt, wie wir sie im psychotherapeutischen Teil ausformulierten. Etwa: „Ich fühle mich schuldig und lasse es mir nicht anmerken, indem ich Dir Vorwürfe mache!" Oder: „Ich muß Dich dazu bringen, Dich zu verändern, damit ich selbst zufriedener Leben kann, aber Du darfst Dich nicht ändern, damit ich mich nicht nutzlos fühle!"[70]

Sie beruhen alle auf diesen Vertauschungen. In der Tat, betrachten wir den Süchtigen in symbiotischer Bindung an Elternteil A: Ist es nicht so, daß er sich selbst verletzt und verrät, wenn er an dieser Bindung festhält? Gibt er sie auf, muß er dann nicht um diesen Elternteil fürchten? Wenn er ihn verletzt, verletzt er dann nicht sich selbst? Das, was ihn emporhebt? Verletzt er sich selbst, tötet er dann nicht diese verschlingende Bindung? Muß er Elternteil A nicht hassen? Töten, um freizukommen? Oder muß er A in sich töten, indem er sich tötet? Was ist er? Was der andere? Fügt A ihm Leid zu und tötet ihn oder er A? Wenn er geht, tötet er dann nicht A? Wenn er sich ablöst, tötet er dann nicht sich selbst? Entdeckt er dann nicht den Tötungswunsch gegenüber A? Ist es nicht ein großes Opfer, das er bringt bis hin zur Selbstverleugnung? Oder ist es Rache und Haß, A zu zerstören? Haßt er oder liebt er? Befindet er sich in einem schlechten Zustand oder einem guten? Oder beides zugleich? Usw. Oder zitieren wir ein Beispiel von REILLY: „Die Einnahme von Drogen ist ein ausgezeichnetes Mittel für fehlgelenkte Wut. Sie kann passiv-aggressiv ausgedrückt werden, indem man sich

70 Entnommen: M.BRENTRUP: Alkohol- und Medikamentenabhängigkeit aus systemischer Sicht, Fam.dyn. 4, 1990, S. 352.

nicht um die Eltern schert... Für einige Jugendliche ist der Drogenkonsum symbolischer Mord, ein Art Elternmordgeste... Die Einnahme von Drogen ist auch ein ausgezeichnetes Mittel, um Ärger als Selbstbestrafung gegen sich zu lenken."[71]

Die Zuschreibung für Motive, Antriebe, Beweggründe und Zustände ist ungemein vieldeutig und schillernd. In der Behandlung Süchtiger ist Offensein für diese schillernde Bedeutungsvielfalt ungemein wichtig, gleichgültig ob wir Familientherapie betreiben oder Psychotherapie des einzelnen. Insbesondere ist ein Erkennen der triadischen Beziehungsaspekte für Psychotherapie im Einzelsetting unabdingbar und das Wissen, wie unser Gegenüber diesen Kontext manipuliert. Da der Süchtige den triadischen Kontext in gewisser Weise beherrscht (s.o.) und dieser Kontext für die Tendenz zur Eskalation entscheidend ist, führt ein Aufdecken dieses Kontextes zu tieferen Motivationsschichten und verschafft Zugang zur (Selbst)Destruktion. Der triadische Kontext erweist sich als eine tiefere, weniger bewußte Schicht.

Wir wissen, daß die verstrickten Mitglieder in verschiedener Weise in Mitleidenschaft gezogen werden, auch wenn keiner den geschilderten Phänomenen entgeht. Der zentrale Komplex der Suchtphantasien wird von allen Mitgliedern geteilt. Aber natürlich kann sich Elternteil A zunächst gerade durch die Krisen des Süchtigen stabilisieren; er drohte zu dekompensieren, wenn er sich herauslöste. Was ihm bleibt sind Klagen, körperliche Gebrechen und psychosomatische Beschwerden, wenn er nicht suchtmittelabhängig ist. Elternteil B vermag sich zurückzuziehen. Entlastung außerhalb der Familie steht ihm meistens offen. Er kann die Familie durch feine Dosierung von Abwertung, Ärger, Rückzug terrorisieren. Aber sie teilen doch mehr oder weniger, daß ihre Wahrnehmung gleichsam hypnotische eingeschränkt ist und die Steuerung des Selbstgefühls beeinträchtigt.

Das scheint mir der zentrale Punkt zu sein, den die Betrachtung der Person zur Klärung beisteuern kann: Das Selbstgefühl ist so herabgesetzt und zwischen gegensätzlichen Zuständen schwankend, daß der Süchtige seine Strebungen nicht als seine empfindet, daß ihm somit die Orientierung seiner Handlungen fehlt, die organisierende Kraft, seine Lebensbezüge um seine Interessen zu zentrieren; das Gefühl für die Realität des Selbst geht verlustig, der zentrale Antrieb der Person und ihre zentrierende Funktion, so daß tiefe Zerrissenheit und Ambivalenz bis hin zur Feindseligkeit und tiefem Mißtrauen resultieren. Die Koordinaten seines Selbst sind kontaminiert mit der familiären Matrix. Der Zusammenbruch aller Fähigkeit zur Wechselseitigkeit behindert oder beendet schließlich den Prozeß kommunikativer Übereinstimmung. Der Heranwachsende gerät in einen Zustand der Identitätsdiffusion.

Ich möchte an dieser Stelle Auszüge aus dem Brief einer 36-jährigen Drogenabhängigen wiedergeben, die seit Jahren verzweifelt mit und ohne Therapie versucht, zu sich selbst zu finden. Sie schildert eindrücklich die Innensicht des familiären Abwertungszyklus, seine alptraumartige Atmosphäre und seine zerstörerische Kraft auf das Selbstgefühl der Person, der sie sich - mitbeteiligt - bis heute kaum entziehen kann. Sie läßt erkennen, wie die zerstörerische Kraft des Abwertungszyklus die geschilderten Anzeichen des Borderline-Syndroms hervorruft als einer tiefen Identitätsdiffusion und sie gefangen nimmt. Sie schreibt an ihre Mutter:

71 D.M.REILLY, ebenda S. 123f.

„Lange habe ich überlegt, bis ich mich nun endlich hinsetze, um Dir diesen Brief zu schreiben. Irgendwo in meiner Seele fühle ich mich zutiefst verletzt, daß du mich so einfach von Dir wegstößt... Irgendwo bekommt niemand um uns herum die Möglichkeit, so nah an uns heranzukommen, um uns auch mal über Unzulänglichkeiten aufzuklären. Es gibt nur zwei Möglichkeiten, entweder man reiht sich ein in die Gruppe der absoluten Verzehrer oder man wird mit Verachtung bestraft. Wo man doch bemüht ist, ein guter Mensch zu sein, immer ein offenes Ohr für jedermann und in deinem Fall - eine bis zur Selbstaufgabe bereite Mutter - oh, Gott - meine herzensgute Mutter!

Ein Satz, der wie ein Alpdruck durch mein Leben zieht, der mir die Luft zum Atmen nimmt. Niemals war es möglich, ernsthaft über irgend etwas zu reden, niemals konnte man sich von Dir irgendwelche ernsthafte Lösungen erhoffen. Alles ist nett, auszuhalten, erduldet man - bis es nur noch ein einziges Chaosgebilde ist... dann schwindelt man sich schnell irgendeine Wirklichkeit zusammen. Wahrheit ist etwas, was zwischen uns immer nur möglich war - als nackte Tatsache - als Schicksalsschlag.

Seit ich denken kann, war man bemüht, alles von Dir fernzuhalten, abzuschwächen - denn die Aussicht diejenige zu sein, die Schuld daran ist, daß Du nur verzweifelt an dem Punkt rumhockst „nicht mehr zu können“, das wollt ich mir nicht antun.

Damals z.B. als unser Vater sich umgebracht hatte, ist es für ein Kind bestimmt nicht allzu tröstend zu wissen, daß man doch eigentlich froh sein müßte, daß er tot ist... basta fertig - irgendwo war es Dir recht! Denn freiwillig hättest Du Dich niemals von ihm getrennt. Es gab nur die Möglichkeit, entweder er bringst uns alle um oder sich selbst - was ja so gesehen schon die bessere Möglichkeit war - da hast Du vollkommen recht. (.....)

Ja, genau dieser Zwiespalt... Im Grunde genommen kann jeder alles mit einem tun, man wird immer noch Verständnis für Ihn aufbringen. Aber nicht aus „Herzensgüte“ heraus, sondern aus Feigheit, Unangenehmes auszusprechen, auszuhalten, Konsequenzen zu ziehen. Endlos dazu verdammt auszuharren. Genau diese Unfähigkeit zu gehen, Entscheidungen zu treffen, das Leben zu gestalten, nicht nur zu ertragen, genau diese *Todesstarre* ist Dein Erbe an uns!!!

Dabei könnte ich es manchmal herausschreien, wie verlogen unsere ganze „Familieneintracht“ ist, daß dieser so oft beneidete Zusammenhalt nichts anderes ist als Komplizenschaft in der jeder vom anderen weiß, daß er Dreck am Stecken hat. Natürlich auch ich. (*Sie deutet sexuellen Mißbrauch durch ihren Stiefvater an und eine stille Mitwisserschaft der Mutter.*) Unser gegenseitiges schlechte Gewissen ist das Band, das uns zusammenhält. Nur ja nicht beginnen, das Geheimnis zu lüften. Zu schade, daß wir niemals die Erfahrung machen durften, wie erlösend es sein kann, sich Luft zu machen, sich auszusprechen, sich kritisieren zu können und trotzdem zu mögen. Das ist wahre Harmonie, wenn man ohne Vorbehalte dem anderen gegenübertreten kann.

Daß Du immer nur das Beste für uns wolltest und uns all Deine Liebe geschenkt hast, weiß ich. Auch ich liebe Dich und hab Dir viel zu verdanken und dennoch wird es Zeit für mich, mich aus Deinem Schatten zu lösen!“

Rigide Schwarz-weiß-Episteme

Die vierte Wirkgröße, Beobachtung und Selbstbeobachtung, war nicht Gegenstand unserer Untersuchung. Wir können sie daher nicht unmittelbar heranziehen, die Annahme rigider Schwarz-weiß-Episteme zu belegen. Aus unserer Untersuchung der Organisation der Person des Süchtigen wissen wir allerdings, daß die Borderline-Persönlichkeit bevorzugt von solchen Schwarz-weiß-Epistemen Gebrauch macht. Wir können uns auch auf unser Modell der familiären Transaktionen beziehen, das die (Selbst-)Wahrnehmung der Mitglieder als eingeschränkt und bipolar ausweist. Den Hintergrund dieser Episteme bilden die beiden dissoziierten familiären Welten in Abhängigkeit vom Suchtmittelkonsum, der wiederum die (Selbst)-Wahrnehmung der Familie und ihrer Mitglieder und die polaren Wertigkeiten des Selbstgefühls zwischen Allmacht und Ohnmacht, Verschmelzung und Verlassenheit steuert. BENTRUP meint lapidar: „Das Alkoholsystem ist meistens polarisiert organisiert.“ So ist auch die (Selbst-)Wahrnehmung polar organisiert entsprechend der Kontextverschiebung auf dem Wahrnehmungshintergrund der konkurrierenden Kontexte.

„Als konzeptuelles Konstrukt, Glauben und Ideologien, die die operationale Basis für das Handeln bilden, wirken in Alkohol-Familien häufig sehr *rigide, generalisierende und polarisierende „Sätze“ und Mythen.*“[72] Mit dem Verlust der Beziehungsrealität bzw. der Bereitschaft, sie gemeinsam durch Kommunikation zu erforschen, treten Mythen an die Stelle von Kommunikation, Mythen die Abwertung und Vorbehalt rechtfertigen und starre Gesetze, die lebendiges kommunikatives Verhandeln ersetzen. Solche Mythen handeln von Kontrolle und Gegenkontrolle, Macht und Unterwerfung, Sündenbock-Ideologien, Mythen, wie sie „Warten auf GODOT“ vorführte. Auch Führen von familiären Schuldenkonten und ihre Verbindung mit archaischen Gesetzen des Ausgleichs halten wir für einen solchen Mythos.

Diese polarisierte Organisation von Wahrnehmung erschwert einen therapeutischen Zugang ungemein, da bereits die sprachliche Verständigung und Vermittlung sich in diesen Fängen der Gegensätze, der hochgespannten Erwartungen bei lauernder Entwertung verfangen können. Der Süchtige scheint ja all diesen Mythen rechtzugeben und sie zu verfestigen.

Eine empirische Bestätigung für eine polarisierte Wahrnehmung und Selbstbeobachtung finden wir in der Untersuchung von LADEWIG und GRAW. Bezüglich Partnerschaft „geben die Klienten in der realen Beziehung mehr Spannungen, Schwierigkeiten und Belastungen an“. „Das Beziehungsverhalten zeigt eine Tendenz zu Extremen: sie haben entweder intensive Beziehungen oder dann gar keine... Die Partnerbeziehungen der Klienten lassen größere Ambivalenzen und Spannungen vermuten“. Sie weisen hohe emotionale Ansprüche an den Partner nach bei gleichzeitig erhöhter Scheidungsrate[73]. „Die Partnerschaften sind zumeist geprägt davon, daß völlig unterschiedliche, nicht zusammenpassend erlebte Wertsysteme zusammenprallen.“[74]

Muster der Schismogenese

Was ist unter Muster der Schismogenese zu verstehen? Wir sprechen von Mustern von Familienverhältnissen, die sich unter der Wirkung der Schismogenese ausbilden. Es war in der Literatur wie an unseren eigenen Daten aufgefallen, wie häufig unvollständige und merkwürdige, auf den ersten Blick undurchschaubare Familienverhältnisse vorlagen. Verlust eines oder beider Elternteile durch Tod, Suizid, Trennung, Scheidung, Hinzuziehen blutsverwandter Personen u.a.m. Aus unserer Sicht sind diese in der Literatur bestätigten überzufälligen Verhältnisse mit der süchtigen Beziehungsstruktur verknüpft. Einerseits bilden solche Familienverhältnisse und Belastungen, die ja mit Verlust, Trauer, Zurückweisung, Depression einhergehen, eine geeignete Umwelt für das Wirken der süchtigen Beziehungsstruktur und der Schismogenese. Zum anderen können wir sie auch als Produkt der Schismogenese betrachten, wenn sie über Generationen hinweg zu wirken vermag. Hinweise für die letztere Annahme, daß solche familiären Traumen durch den Suchtprozeß entstehen, haben wir in der Literatur gefunden beispielsweise die erhöhte Todes- und Suizidraten durch Sucht für die Elterngeneration oder erhöhte Scheidungsraten Drogenabhängiger.

72 M.BENTRUP, ebenda S.350 u.356.
73 LADEWIG, GRAW, ebenda S. 72f.
74 M.BENTRUP, ebenda S. 357.

Wir wollen also unsere bisherigen Daten und Ergebnisse unter dem Gesichtspunkt betrachten, ob sie solche Muster zeigen, die als Produkt von Spaltung und Auflösung gesehen werden können. Wir können dies in zwei Richtungen hin tun, zum einen bezüglich der Morphogenese, also inwieweit ein „psychosoziales Vakuum" sich im Innern der Familie ausbreitet, „polar aufgeladene Beziehungen" ausbildet wie ein „zunehmend chaotisches und/ oder verwahrlosendes Beziehungsgefüge", zum anderen inwiefern die Morphostase gefährdet ist und die Familie „in Auflösung" übergeht. Zerstören der Morphogenese und Ausbilden eines psychosozialen Vakuums konnten wir anhand der pathologischen strukturellen Muster, den Beziehungsmerkmalen und Herausbilden von Schwarz-weiß-Epistemen hinlänglich aufzeigen. Hierzu gehört WOLINs Unterscheidung nach subsumptiven und distinktiven Familien. Ich erinnere an unsere Definition von „Suchtfamilien", deren Familienleben pharmakothym gesteuert und nach Suchtritualen organisiert wird.

Die strukturellen Muster zeigten schon die „Bruchstellen" auf, welche die Morphostase berühren und in einen Zustand der Auflösung überführen. Wir wollen Materialien für Aufspaltung bis hin zu Phänomenen der Auflösung, zusammentragen:

- Allianzen über Generationengrenzen hinweg.
- Umkehrung der Hierarchie in der Familie.
- Erleiden von Verlusten in der Familie durch Suchtmittelmißbrauch, Verlust eines Elternteils durch Suizid, Scheidung; erhöhte Scheidungsraten Heroinabhängiger.
- Nach Trennung und Scheidung der Eltern pendelt ein Kind zwischen beiden Familien; allgemein scheint es nicht zu gelingen, neue, alle bisherigen Familienmitglieder einbindende Einheiten entstehen zu lassen; häufige Situation von Konkurrenzfamilien.
- Frühes Ausreißen und Ausstoßen, Erziehungsmaßnahmen, frühe kriminelle Handlungen und Knast.
- Jenes in unseren Daten auftretende Pendeln des Jugendlichen und jungen Erwachsenen zwischen Elternhaus und verschiedenen anderen Stationen; wobei hinzukommt, daß die Umstände des Auszugs mehr für eine Konfliktreaktion, Delegation, Vernachlässigung oder gar Ausstoßung sprechen.
- Untrennbar hiervon sind massive Grenzverletzungen wie Kindesmißhandlung, schwere Vernachlässigung, Inzest, Gewalttätigkeit (Ausstoßung) hinzuzurechnen.
- Die nachgewiesene de facto Aufspaltung der Erziehungsverantwortung, insbesondere dort, wo sie mit anderen Blutsverwandten geteilt wird.
- Die Rolle von Großeltern oder auch naher Verwandter, die dazu beitragen, die Erziehungsgewalt zu teilen, und über ein Aufrechterhalten unabgelöster Beziehungen eine konkurrierende Elternschaft oder Familie einrichten.
- Als einen eben solchen Hinweis werten wir, daß der Tod von Großeltern, die solche Kräftezentren bedeuteten oder die Erziehungsverantwortung de facto mit den Eltern teilten, immer wieder im unmittelbaren Vorfeld einer Drogenkarriere des mit ihnen verstrickten Heranwachsenden steht.
- Besonders sensibles Reagieren auf Irritationen des gewohnten familiären Zusammenhalt und Veränderungen durch den Lebenszyklus.
- Selbstmedikation in der Familie.

Versuchen wir einige Muster schismogenetischer Familienverhältnisse anhand der uns zu Verfügung stehenden Daten zu rekonstruieren. Es bietet sich an, eine von WIRSCHING weiterentwickelte Familienklassifizierung heranzuziehen, die von der oben verwendeten Klassifizierung nach STIERLIN ausgeht. WIRSCHING teilt in „Bindungsfamilien", „Spaltungsfamilien" und „Familien in Auflösung"[75] ein. Wir werden diese übernehmen und die komplexen Spaltungsfamilien bezüglich der familiären Verhältnisse für unsere Zwecke differenzieren. (Siehe die folgende Übersicht.)

Es fällt auf, daß unsere Klassifikation keine ganz klaren Abgrenzungen schaffen. So wäre zu rechtfertigen, die erste Spalte im Bereich der Spaltungsfamilien auch als eine Untergruppe der Bindungsfamilien anzusehen, zumal die Bindungsfamilien mehr oder weniger eine Tendenz in diese Kategorie aufweisen, d.h. eine Tendenz, sich über die Drogensymptomatik ihrer Kinder zu stabilisieren und den Herangewachsenen teils wegzuschicken, teils wieder zurückzubinden. Vor allem aber die Muster in der Kategorie Spaltungsfamilien sind vielfältig, kompliziert und schwer einzuordnen, ohne aus jeder Familie ein eigenes Muster zu machen. Gerade dieser Umstand merkwürdig komplizierter Familienverhältnisse in Aufspaltung und Auflösung spricht für die unterstellte Schismogenese. Wenn Sie die Übersicht betrachten, werden Sie bemerken, daß wir in Klammern zu den einzelnen Familien Hinweise auf ihre Tendenz künftiger familiärer Verhältnisse eingefügt haben, mit einem umgekehrten Pfeil wurden die vorherigen Familienverhältnisse gekennzeichnet. Es läßt sich eine Wanderung aus dem Bereich der Bindungsfamilie zu Spaltungsfamilien, von den Spaltungsfamilien wiederum zu Familien in Auflösung ablesen.

Schismogenese, Gesellschaft und epidemischer Suchtmittelmißbrauch

Schismogenetische Beziehungsdynamik kann kaum allein ein Problem der Familien sein. Allein schon ihre Verbreitung weist sie als ein gesellschaftliches Phänomen aus. Die gesellschaftlichen Randbedingungen für die Familie wie die Person haben sich in der modernen Gesellschaft gewandelt und sind gerade durch rasch fortschreitende Veränderungen gekennzeichnet, die in der Familie und gegenüber der Person Schismogenese zweiter Art, Grenzverletzungen und konkurrierende Kontexte fördern. Sie laufen darauf hinaus, daß die Person in zunehmendem Maße individuelle Beziehungsleistungen erbringen muß. Möglichkeit, Chance und Verwirklichen einer so radikalen Individuation können nicht allein in der Person gegründet und durch dieselbe begründet sein, sondern erwachsen aus historischen, gesellschaftlich entwickelten Formen der Individuation. Sie berühren die Herkunftsfamilie wie die selbst gegründete Familie, berühren gesellschaftliche Institutionen und schließlich die Gesellschaft selbst, die sich in der heranwachsenden Generation neu gebiert.

Den Zusammenhang von moderner Gesellschaft und epidemischem Suchtmittelmißbrauch versuchen die folgenden Thesen zu skizzieren:

- Sucht ist eine Lebensmöglichkeit, die wir der anthropologischen Ausstattung zuzurechnen haben.[76] Insofern ist süchtiges Verhalten und süchtiger Lebensstil jedermann zugänglich. Nicht zuletzt aus diesem Grund verbindet jede Gesellschaft mit dem Gebrauch psychoaktiver Substanzen Werte und soziale Regelungen. In Einklang mit diesen Werten und sozialen Regeln gibt es keinen süchtigen Mißbrauch.

---

75 M.WIRSCHING, H.STIERLIN: Krankheit und Familie, Klett-Cotta-Verlag, Stuttgart, 1984.

76 Diese Idee geht auf eine persönliche Mitteilung von Herrn Dipl. Psych. M.ROMMELSPACHER, Leiter des Therapiezentrums „Brückle" in Buggingen bei Freiburg i.B., zurück.

Die meisten Religionsgemeinschaften oder spirituellen Traditionen beziehen psychoaktive Substanzen in ihre Riten ein. Wein z.B. gilt in der christlichen Messe als Wandlungssubstanz. Von besonderer Bedeutung für die Gesellschaft wird süchtiges Verhalten, wenn es epidemische Ausmaße annimmt, wie das gegenwärtig der Fall ist. Tatsächlich scheint es hier einen Zusammenhang zu geben, den die zweite These umreißt:

- Epidemischer Drogenkonsum tritt in Erscheinung, wenn soziale Bindungen und kulturelle Identität zerstört werden.

Wir finden diese These bestätigt, wenn wir die massiven Alkoholismusprobleme der zweiten Hälfte des 19. Jahrhunderts betrachten, die erst durch die Arbeiterbewegung und ihre Integration ins bürgerliche Leben gemildert wurden. Die Arbeiterbewegung konnte sowohl soziale Bindungen organisieren als auch kulturelle Identität vermitteln, die sich schließlich auch in der Gesellschaft Anerkennung verschaffte. Ferner liegende Beispiele finden wir dort, wo ältere Kulturen durch den Imperialismus zerstört wurden wie die indianische Kultur. GANTZER, KASISCHKE und LOSNO (1975) beispielsweise haben die bislang wohl fundierteste und kritischste Untersuchung über Coca und Cocaismus verfaßt. „Aufgrund eigener Untersuchungen in Peru und detaillierter Analyse der bereits vorliegenden Literatur, so der bisher gründlichsten Studie im Auftrag der Vereinten Nationen (United Nations 1950), kommen sie zu dem Schluß, daß man die Coqueros keinesfalls durchwegs als Süchtige bezeichnen dürfe. Man müsse unterscheiden zwischen den physisch und psychisch heruntergekommenen süchtigen Coca-Kauern, die man vor allem in städtischen Elendsquartieren findet, und den Landbewohnern, die das Coca-Kauen in ihren Lebenszusammenhang integrieren konnten. Im Laufe von mehr als 400 Jahren „hat sich die Coca eine eigene Position als Traditionswert geschaffen: Darin bedeutet Cocagebrauch den Willen zur Erhaltung der Identität".“[77]

Wir finden diese These heute auch dort bestätigt, wo kulturelle Identität bedroht und zerstört wird bzw. nicht mehr bewahrt werden kann als Folge von Migration z.B. die Situation in Aussiedlerheimen.

Natürlich sind soziale Bindungen und kulturelle Identität eng miteinander verbunden. Jede Gesellschaft definiert - explizit und implizit - durch ihre Interpretation von Gesellschaft und menschlicher Natur *ein Potential von Selbst*, d.h. Wertvorstellungen, die Individuen in bestimmter Weise verbinden und Wertempfinden vorgeben. Ohne mit ihrer Kultur zu brechen - wenn so etwas überhaupt möglich ist -, ist das Individuum an diese kulturellen Definitionen gebunden, und in Bezug auf diese erfährt es Wert sowohl normativ wie spontan. Im Zuge der Zerstörung sozialer Bindungen und kultureller Identität lösen sich Verknüpfungen zwischen Individuum und Gesellschaft, zwischen menschlicher Natur und ihrer kulturellen Interpretation. Drogenkonsum verspricht mangelnde Werterfahrung auszugleichen. Soziale Regelungen und Wertvorstellungen gegenüber Drogen, die „integriert" scheinen, lockern sich, es entsteht ein Bedürfnis und ein Markt für neue Drogen.

Was hat dies mit der modernen Gesellschaft zu tun? Damit befaßt sich die *dritte These*:

- So wie die westlichen Gesellschaften durch die Eroberung des Weltmarktes etablierte tra-

---

77 W. SCHMIDBAUER und J.v.SCHEIDT, Handbuch der Rauschdrogen, Fischer Taschenbuch Verlag 1977, S. 73.

ditionelle Gesellschaften zerstörten und u.a. epidemische Suchtprobleme auslösten, so wirkt der Weltmarkt auf die westlichen Gesellschaften zurück durch jene zerstörten Kulturen, durch ihre Ideen und ihre Produkte, zu denen exotische Drogen gehören. Hand in Hand mit der Schaffung des Weltmarktes etablierten sich wirtschaftlicher Fortschritt und Konkurrenz als permanenter Motor, gewachsene soziale Bindungen und kulturelle Wertvorstellungen zu zerstören. Diese Progression beschleunigt sich auf wachsender Stufenleiter. Derselbe unwiderstehliche Motor, der traditionelle Kulturen bedroht oder bereits zerstörte und die Anpassung an die westliche Gesellschaft erzwang, derselbe Motor zwingt auch die westliche Gesellschaft zu immer neuen und schnelleren Veränderungen an sozialen Beziehungen und Kultur.

Vergleichen wir den Prozeß des Erwachsenwerdens, wie er sich innerhalb einer Generation verändert hat, so werden Wandel bis hinein in Mikrostrukturen deutlich: Von der Auflösung der Großfamilie bis zur drohenden Auflösung der Kernfamilie. Die Wiener Soziologin M. FISCHER-KOWALSKI faßt die neueren Ergebnisse der Familienforschung so zusammen: „Vorbei ist die Blütezeit der Kernfamilie, in der mehr als 90 Prozent der Bevölkerung im Laufe ihres Lebens heiraten und in der für 70 bis 80 Prozent die Haushaltsform eine „vollständige Familie“ ist.“

Der Mensch als Familienwesen löse sich auf in Richtung eines „Menschen als Einzelindividuum“, und die Ehe als herrschende Lebensform verliere an Bedeutung. Bei einer Fortschreibung der derzeitigen Verhältnisse in Europa blieben bis zu 50 Prozent der Bevölkerung lebenslang unverheiratet. Die „Scheidungswahrscheinlichkeit“ je Ehe steige bis auf 50 Prozent. Die Zahl der unehelich geborenen Kinder sei - europaweit - wieder auf rund 25 Prozent gestiegen. Bis zur Jahrtausendwende werde die Erwerbstätigkeit der Frauen weiter steigen, was auch zu veränderten Haushaltsformen (Wohngemeinschaften, Alleinerziehende) führen werde. Für die Bundesrepublik ergänzen die Dortmunder Bildungsforscher H.-G.ROLFF und P.ZIMMERMANN diese Daten. Es zeichne sich ab, „daß fast jedes zweite Kind, das gegenwärtig geboren wird, nicht in der Familie aufwachsen wird, in die es hineingeboren wurde.“[78]

Solche dramatischen Veränderungen der Familie bürden den heutigen Heranwachsenden andere und sicher schwierige Aufgaben auf. Wir müssen sehen, daß in diesem beschleunigten Prozeß das Zusammenspiel der Generationen beeinträchtigt ist; die Rahmenbedingungen der Individuation sind andere.

- Diese Entwicklung ist unumkehrbar. Sie ist jedoch auch eine Chance für Individuum und Gesellschaft. Es sind die einzelnen, die Wege der modernen Individuation herausfinden müssen und persönlich ein Gleichgewicht suchen zwischen Verbundenheit und Selbstentwicklung. Es gibt jedoch keinen deus ex machina.

Die Chance besteht in einem noch engeren Austausch zwischen Individuum und Gesellschaft, der wechselseitige Verbundenheit, Bewußtheit und größere Selbständigkeit ausdrückt. Es gibt keinen deus ex machina, den wir beauftragen können oder auf den wir uns in unserer Hybris berufen könnten. *Süchtige Beziehungsstruktur ist Aus*druck dessen, daß Individuum und gesellschaftliches Gewebe, Verbundensein und Individuation auseinanderfallen. Süchtiges Verhalten ist Verzweiflung und Selbsthilfe, Selbstzerstörung und Sehnsucht nach Verbundenheit.

78 Die Frankfurter Rundschau berichtete in ihrer Ausgabe vom 26.11.88 über das Symposium „Zukunft von Kindheit und Schule“ vom 20.11.88.

Überblick 5: Muster der Schismogenese in Familien Drogenabhängiger

Bindungsfamilie	Spaltungsfamilie					Familie in Auflösung
	(a) Kinder werden ausgestoßen oder delegiert	(b) Trennung der Eltern: ein Elternteil wird verdrängt oder spaltet sich ab	(c)Die Familie spaltet sich: Elternteil u. Kind	(d) Andere Familienverhältnisse: Erziehungsgewalt ist zwischen 2 Haushalten aufgespalten	(e) Andere Familienverhältnisse: Alleinerziehende mit unehelichen Kindern	
Eine stark bindende Dyade, die der Heranwachsende und ein Elternteil bilden. Moralische Verpflichtung des Süchtigen. Harmoniebedürfnis bis zur Selbstverleugnung. Symbiose und Suchtmittel bilden Kräftezentrum; Großelternbindung ist häufig. Tendenz zur Aufspaltung meist sichtbar: ungelöste Krise der ehelichen Beziehung, Inzest, Kriminalität, Pendeln. Übergänge zu Spaltungsfamilien.	Die Spaltungskräfte werden auf ein Kind konzentriert: den künftigen Drogenabhängigen. Er wird vorzeitig vor die Tür gesetzt und in der Nähe einquartiert oder delegiert und pendelt frühzeitig. Verwahrlosung möglich, Losgelöstsein.	Eine stark bindende Dyade Zwischen Ip und Elternteil. Eskalierte eheliche Beziehung. Partnerersatz und Kontrollfunktion. Großelternbindung häufig, die mit einem Partner verstrickt ist; Wertekonflikt in der Ehe.	Es entstehen zwei neue vollständige oder unvollständige Familien, die den Ip nicht einbinden können. Pendelt zwischen beiden Familien. De facto Spaltung der Erziehungsgewalt. Sehr ambivalente Dyade, der der Ip angehört. Stieffamilie, die die Kinder nicht einbinden können. Variante: süchtiger Elternteil und Ip gehen eine „Lebensgemeinschaft" ein.	Starke Bindung des Ip an einen Blutsverwandten, der mit Elternteil konkurriert. Häufige Abwertung dieses Elternteils durch Großeltern. Pendeln zwischen zwei Haushalten.	Ein Elternteil wird während Schwangerschaft oder früher Kindheit abgespalten. Wird in entwertenden Mythos gehüllt. Starke Bindekräfte zwischen Großeltern und Elternteil unter Abwertung und de facto Spaltung der Erziehungsgewalt. Dieses Kräftezentrum läßt keine neue Familie zu.	Die Übergänge sind fließend und wegen ihrer Kompliziertheit nicht leicht zu klassifizieren. Es fehlen starke emotionale Bindekräfte, teils Ambivalenzen bis hin zur Feindseligkeit, ausstoßender Modus; teils sterben die Träger solcher Beziehungen früh oder frühe Scheidung und der verbleibende Partner ist überfordert und stößt aus. Heimkarriere.
Up 1 > S(a) Up 2 > S(a-c) Up 3 > S(a)	Up 7 >S(b,d) (Deleg.) Up 14 (Delegation) Up 16	Up 9 > F.i.A. (< B) Up 10 > F.i.A. (< B)	Up 6 (< B) (Up 2)	(Up 4 > F.i.A.) (Up 5 > F.i.A.) (Up 11> F.i.A. < B)	(Up 17 > F.i.A.)	Up 4 < S(d), S(a) Up 5 < S(d) Up 11 < S(d)

Zur Behandlung der Schismogenese in der Familie Heroinabhängiger

Nur ausnahmsweise erscheint die Familie Drogenabhängiger in der familientherapeutischen Praxis. Häufiger kommt es zu einer Behandlung auf Initiative einer Institution oder durch den Zwang, der per Gesetz ausgeübt wird. Wir stehen daher zuerst vor der Frage, welche Optionen haben wir, die soziale Matrix der Sucht mitzubehandeln.

Die Muster der Schismogenese weisen daraufhin, daß wir in vielen Fällen eine Familie als Ganzes nicht vorfinden oder nur mit Mühe zusammenbringen. Sie führen uns aber auch vor Augen, daß wir in vielen Fällen die soziale Matrix mitbehandeln sollten, um Behandlungserfolg anzubahnen, abzusichern und Ressourcen zu eröffnen. Letzteres gilt z.B. für all die Fälle, wo außerhalb der Kernfamilie ein zweites konkurrierendes Zuhause bereitgehalten wird. Umgekehrt gibt es gelegentlich familiäre Beziehungen, wo ein Einbeziehen der Herkunftsfamilie wenig ratsam erscheint und Unheil befürchten läßt. Das ist bei sexuellem Mißbrauch der Fall, wenn er gewohnheitsmäßig praktiziert wurde. In anderen Fällen - Suchtfamilien, 'Lebensgemeinschaft' mit süchtigem Elternteil - wird ein Behandeln der Familie an Überforderung grenzen und für die Behandlung des Drogenabhängigen keine Ressource eröffnen.

Die Muster der Schismogenese stellen uns manchmal vor verzwickte Aufgaben, herauszufinden, wer einbezogen werden sollte, und unsere Optionen klar zu erkennen, wobei es gerade diese Muster sind, die ein systemisches Herangehen erfordern. Recht häufig müssen wir das systemische Feld im wahrsten Sinne des Wortes erst organisieren, das relevante Bezugssystem herausfinden und zusammenbringen. Hiervon hängen unsere wirklichen Optionen ab.

Es würde den Rahmen unseres Buches sprengen, diese Optionen der Behandlung durchzusprechen und die familientherapeutische Behandlung von Familien Drogenabhängiger darzustellen. Es liegen einige Veröffentlichungen vor, die familientherapeutisches Vorgehen in der Behandlung Drogenabhängiger schildern. Ich verweise vor allem auf HALEY, STANTON und TODD, KAUFMAN & KAUFMANN und REILLY und die Überblicksarbeit von TEXTOR, der schulübergreifend Aufgaben und Vorgehen in der Familientherapie Drogenabhängiger beschreibt.[79] Wir werden auf ein paar Punkte der Familienbehandlung eingehen und im letzten Kapitel eine Behandlung unter Einbeziehen relevanter Familienmitglieder dokumentieren.

Grundsätzlich stehen wir in der Behandlung familiärer Schismogenese vor ähnlichen Problemen, wie sie uns die psychotherapeutische Behandlung von Großgruppen stellte. Es gilt, ein 'neues' die Familie organisierendes Prinzip zu 'erfinden'. Überblicken wir den gesamten Therapieprozeß, so können wir uns an den Phasen im systemischen Gruppenprozeß orientieren. Da wir von außen hinzukommen, entfällt die dort vorgesehene vorbereitenden erste Phase, die wir Initiieren von Entwicklung und Ko-Entwicklung nannten; sie wird integraler Bestandteil des gesamten Prozesses. Die vier Phasen lauten: (1) Organisieren eines systemischen Feldes, (2) Definieren der thera-

---

79 J.HALEY: Ablösungsprobleme Jugendlicher, Pfeifer-Verlag, 1981.
E.KAUFMAN, P.N.KAUFMANN: Familientherapie bei Alkohol- und Drogenabhängigkeit, Freiburg i.Brsg., 1983.
D.M.REILLY: Drogenfamilien - ihre familiale Dynamik und eine Kurztherapie in drei Phasen. In: KAUFMAN & KAUFMANN, ebenda.
M.D.STANTON, T.C.TODD et al.: The Family Therapy of Drug Abuse and Addiction, New York, 1982.
M.R.TEXTOR: Familientherapie mit Drogenabhängigen, Fam.dyn. 4, 1990, S. 322-332.
R.WELTER-ENDERLIN: Familienarbeit mit Drogenabhängigen, Fam.dyn. 3, 1982, S. 200-210.

peutischen Beziehung und ihres Kontextes, (3) Begegnen und Bewältigen der symmetrischen Eskalation, (4) und Ermöglichen echter komplementärer und Definition echter symmetrischer Kommunikation.

Natürlich gestaltet sich der familientherapeutische Prozeß insofern anders, als wir es hier mit einer familiären Organisation und Beziehungen von anderer Qualität und Bedeutung zu tun haben. Den entscheidenden und überaus schwierigen Behandlungsabschnitt stellen die erste und die ihre folgende zweite Phase dar, weil es hier unsere Aufgabe ist, eine wirklich *behandlungsfähige Situation* mit der Familie herbeizuführen und ein belastbares Arbeitsbündnis zu erzielen. Wir brauchen zuerst eine familiäre Situation und therapeutische Beziehung, worin die Behandlung Spuren hinterläßt und Folgen hat. Wir müssen ein organisierendes Prinzip einbringen. Dies ist Aufgabe der ersten beiden Phasen. Ich möchte deshalb auf diese ersten beiden Phasen eingehen.

Die Aufgabe, ein systemisches Feld in der Familie zu organisieren, hat zwei Aspekte. Zum einen müssen wir im schismogenetischen Muster der familiären Beziehungen die relevanten Personen herausfinden und für eine Behandlung gewinnen. STANTON und TODD widmen ein eigenes Kapitel der Aufgabe, die relevanten Familienmitglieder einzubeziehen.[80] Das systemische Feld muß im wahrsten Sinne des Wortes organisiert werden. Je weiter die Schismogenese fortgeschritten ist, um so schwieriger ist dieser Schritt zu bewältigen. Er stellt für sich schon eine wichtige Intervention dar, welche die Triangulationen innerhalb der Familie berührt. Allein die noch beieinander wohnenden Eltern einzubestellen, kann für die Familie eine große Belastung sein. Erst recht ist dies für geschiedene Partner der Fall. Wir müssen damit rechnen, daß *solche Belastungen der Indexklient auf sich nimmt, indem er die Behandlungsituation erschwert.* Aufheben von Aufspaltungen der sozialen Gruppe - und sei es nur äußerlich durch gemeinsames Erscheinen zu einem gemeinsamen Termin - löst mehr aus, als wir zu Beginn ahnen. Das Gesamt des Beziehungsmosaiks begegnet sich potentiell und gibt unweigerlich einen mächtigen Anstoß, aufgespaltene Beziehungswelten zu konfrontieren. Wie wir schon im Gruppenprozeß erkennen konnten: dem Zusammenkommen aller liegt eine ungemeine Potenz zugrunde. Diese Potenz können wir uns zu Nutze machen und der Familie als wirksame und heilsame Macht zuspielen. Zur Unzeit wachgerufen, kann sie aber auch Unheil mit sich bringen, verstärkten und unüberwindlichen Widerstand hervorrufen. Zeitpunkt und Vorbereitung auf diesen Schritt müssen bei schismogenetischen Familien wohl überlegt sein.

Der zweite Aspekt klang an: Organisieren des systemischen Feldes richtet sich gegen das psychosoziale Vakuum in der Familie und muß gegen die Tendenz zur Aufweichung aller Beziehungen und Grenzen und gegen Entwertung Terrain gewinnen. Es ist unsere den weiteren Verlauf entscheidende Aufgabe, das jetzt entstehende therapeutische System von Familie und Therapeut nicht in den Abwertungszyklus einbauen zu lassen. Dieselben Gefühle der Ohnmacht, der Entmutigung, der Vergeblichkeit, der (Selbst-)Entwertung warnen den Therapeuten, wenn er der Familie auf das Terrain der süchtigen Beziehungsstruktur folgt. Organisieren des systemischen Feldes meint dagegen einen angeregten, angereicherten Zustand dichter Vernetzung und Rückkoppelung zwischen den Familienmitgliedern, worin Verbindlichkeit, Zuständigkeit und spontanes

---

80 STANTON, TODD et al., ebenda. Eine deutsche Übersetzung wurde veröffentlicht unter dem Titel: Zur Überwindung des Widerstandes gegen Familienbehandlung, Fam.dyn. 3, 1982.

Aufeinander-Eingehen sich einstellen und eine gemeinsame und tragfähige Problemstellung erarbeitet wird. Wir sind in dieser Phase Katalysator für familiäre Beziehungen, durch welche sich die Mitglieder gegenseitig trotz ihrer Isolation und Verstrickung in Beziehung setzen.

Dazu bedürfen wir einer klaren Definition der therapeutischen Beziehung und des therapeutischen Kontextes. Wir versuchen eine klare Linie abzustecken, woran offene wie heimliche Abwertung, Manipulation, Hinterhalt, erneute Triangulationen und (Selbst-)Destruktion für alle sichtbar ans Tageslicht treten. Es entsteht ein Beziehungsfeld neuer Qualität, das Verbundenheit wie Verschiedenheit fördert und die Familie dem informationellen Fluß und seiner Strukturbildung öffnet.

Es ist ein Kampf, den wir an mehreren Fronten ausfechten. Wir sind einerseits durch die symmetrische Eskalation des Suchtmittelmißbrauchs unter Druck und insofern auf dem Prüfstand, für die Familie hervorragende Bedingungen, den Therapeuten durch Mißerfolg abzuwerten und zu einem Teil der Abwertungszyklen zu machen. Andererseits bleibt das familiäre Geschehen in gewisser Weise undurchschaubar, konfus und voller unangenehmer Überraschungen, solange der Abwertungszyklus ungebremst aufrechterhalten bleibt. Er wirkt schleichend jeder Verbindlichkeit des Kontaktes entgegen. Vereinbarungen, aber auch intensive, emotional bewegende therapeutische Familiengespräche bleiben im weiteren Verlauf ohne echte Resonanz, verlaufen sich, bewegen die Familie nicht vorwärts. Hinzu kommt, daß die Episteme, die auf diese ambivalenten und polarisierten Beziehungen der Familie zugeschnitten sind, eine Verständigung sehr erschweren, Tag für Tag aufs neue bestätigt werden und nur darauf lauern, durch und wider den Therapeuten de facto bestätigt zu werden. Man könnte meinen, die Familie ist sich bei aller Aufspaltung darin einig, die Erfahrung der Sinnlosigkeit echter menschlicher Beziehung herauszufordern. Hinter der Oberfläche von Bemühen und Hilfesuchen wird diese fast aggressive Depression bald spürbar. Das Zusammenkommen der Familie im therapeutischen Rahmen wirft natürlich die lähmende Frage der Schuld auf, die in schismogenetischen Familien in besonderer Weise wach und ungelöst gehalten wird. Sie berührt die bedrückenden archaischen Schuldenkonten berührt die ungelösten, konkurrierenden Loyalitätsbindungen und vorherrschenden tiefen Ambivalenzen. Wie läßt sich da statt Schuld und Rechtfertigung Verantwortung hervorrufen?

Ich möchte an dieser Stelle auf die Grundprinzipien psychotherapeutischer Behandlung der Sucht zurückkommen. Denn wir stehen vor demselben Problem, daß jeder Schritt unmöglich und jeder Akt der Kommunikation nur tiefer zu verstricken scheint, und so müssen wir auf eine Weise kommunizieren, mit der wir dieses Terrain süchtiger Beziehungsstruktur betreten können, ohne uns sofort zu verstricken oder Unheil anzurichten. Ich glaube, die Einsicht, vor einer unmöglichen Aufgabe zu stehen, ist Grundstein für eine Familientherapie der Drogenabhängigkeit: „Vom Kern der Störung unterschieden sein" gilt auch in der Behandlung von Familien Drogenabhängiger als erstes Grundprinzip. Es beinhaltete, die überlegene Mächtigkeit der süchtigen Beziehungsstruktur und des schismogenetischen Prozesses anzuerkennen und ihre Achillesferse herauszufinden. So ist auch hier der erste Schachzug, keinen unmittelbaren Druck auf den Abhängigen auszuüben, zu verzichten, etwas erreichen zu wollen, indem wir der symmetrischen Eskalation folgen. Wir können darauf setzen, daß Bezogenheit qua Kommunikation geschieht. Sie läßt sich leugnen, aber nicht wirklich abweisen. Wenn wir in dieses Feld eindringen können, besitzen wir eine Chance, organisierende Kräfte in der Familie zu wecken, die nicht mit pharmakothymer Steuerung einhergehen.

Diese Chance zu erschließen, dienen uns die vier weiteren Prinzipien therapeutischen Handelns. *Konzentrieren auf Beziehungsaspekte hier und jetzt* war das zweite Prinzip. Zunächst einmal schließen wir uns an den Strom von nonverbalem und paraverbalem Verhalten an. Das heißt, in der Anfangsphase sind Versuche der Vergangenheitsbewältigung fehl am Platz; ihre Bedeutung, implizite Vorbehalte und Abwertungscharakter können wir noch nicht kontrollieren. Zuvor müssen wir die familiären konkurrierenden Kontexte erforschen und mit der Familie einen gemeinsamen positiven definieren können. Wir klinken uns in den Prozeßverlauf ein, greifen nonverbale und paraverbale Kommunikation auf und nützen so die Achillesferse der süchtigen Beziehungsstruktur aus, um auf das tiefere wechselseitige Verstehen zu setzen, das rückhaltlose Kommunikation gewähren kann.

Achten auf vollständige Beziehungsdefinitionen: Wenn wir uns auf diesen Prozeß einstellen, bewegen wir uns nahe der verleugneten 'Beziehungsreste' und hiervon ausgehenden 'Familienverschmutzung', nahe den Vorbehalten und unausgesprochenen Abwertungen, und sind zugleich nahe der echten Bedürfnisse der Familie, die wir miterleben, wenn wir solcherart Kommunikation eingehen.

Verbindlichkeit schaffen: Kommunikation muß Folgen haben, es ist unser einziges Instrument, Veränderungen anzustoßen. Chronischer Suchtverlauf, zyklische Abwertung und die rigiden und für die eigene Person unverbindlichen Episteme schaffen ein Klima der Entmutigung, in dem alle Beteiligten glauben, daß ihr Engagement niemals positive Folgen haben wird. Gerade an diesem Punkt entmutigen Familien Süchtiger einander bis zum Exzeß, und das Engagement des Therapeuten wäre ein neues willkommenes Opfer, das sie darin bestärkte.

Das fünfte und letzte Prinzip ist die Aufforderung, *positiv zu konnotieren.* Abwertung können wir nur herausfordern, wenn wir in der Lage sind, einen positiven Kontext der Kommunikation zu schaffen, und die kommunikative Überlegenheit desselben erfahren lassen. Ebenso können wir den Vorbehalten, die Beziehung zu definieren, nur dann den Boden streitig machen, wenn wir über diese Fähigkeit verfügen. Hinarbeiten auf einen positiven Kontext ist von der ersten Begegnung an entscheidend, denn wir müssen das Selbstgefühl der Familienmitglieder heben und ihre Selbstgrenzen markieren und berühren, wenn wir dem entindividuierenden Sog des psychosozialen Vakuums entkommen wollen.

Damit haben wir die ersten beiden Phasen noch nicht gemeistert, sondern die Voraussetzungen beschrieben, derer wir für ihre Lösung bedürfen. Wir müssen in dieser Phase einen überzeugenden Zugang suchen, welcher die Organisation der Familie, ihre Beziehungen und das Selbstgefühl der Person tangiert und einen kleinen ersten Schritt zur Veränderung einleitet. Der Familie darf man es in diesem Sinne nicht nur nicht leicht machen, wir müssen sie auf Ehrlichkeit und Verbindlichkeit testen. Schon zu Beginn stellen wir Aufgaben, welche den Abwertungszyklus berühren, Triangulationen vermindern und einen Weg freilegen, andere Bereiche als den von Sucht und seinen Ritualen beherrschten zu erschließen. Es muß sich um eine einfache, einleuchtende Aufgabe handeln, die nicht direkt das Suchtproblem zu kontrollieren sucht und Kontextverschiebungen entgegenwirkt. Hierfür können wir unseren Beistand zusichern. Eine Aufgabe könnte sein, daß die Eltern sich eine halbe Stunde zu einer bestimmten Zeit allein besprechen, ihr Verhalten gegenüber dem süchtigen Kind jeweils abzustimmen suchen, aber verzichten, dem Jugendlichen nachzuspionieren; oder daß der mütterliche Rettungsengel verbindlich seinen Partner um Rat befrägt, bevor er dem süchtigen Kind weiterhilft; oder daß die Familie dem korrumpierten Rettungsengel abverlangt, auf jegliche weiteren Heimlichkeiten mit dem Süchtigen zu verzichten. Ein solcher Ansatzpunkt muß einfach sein, damit er nicht leicht entwertet werden kann, klar und eindeutig, um Manipulation und Mißbrauch zur Abwertung zu erschweren und echtes Bemühen und Manipulation oder Delegation an den Therapeuten zu unterschieden. Tragen wir die Aufgaben zusammen, deren Bewältigung wir jetzt angehen können:

- Durchbrechen des Abwertungszyklus durch eindeutige Beziehungsdefinition und positiven Kontext.
- Zurückdrängen von Suchtmittelritualen und Aktivieren von Bereichen des Familienlebens, die nicht von diesen bestimmt werden.
- Aufhebung der de facto Spaltung der elterlichen Erziehungsverantwortung und Klärung mit Verwandten oder zwischen den Eltern.
- Konfrontation der pathologischen strukturellen Muster und ihre Überwindung.
- Bewältigen der Beziehungserfahrungen (Trauer etc.) mit dem Ziel, hier und jetzt sich verantwortlich zu verhalten.
- Bewahren der Generationengrenze und wechselseitig Respektieren der Selbstgrenze; dies gilt insbesondere für Dyaden in polarisierter Rollenfusion.
- Ersetzen pharmakothymer Steuerung der Familie durch Handlungsmöglichkeiten, die Schismogenese zu bewältigen, Beleben homöostatischer Mechanismen ohne pharmakothyme Steuerung.
- Kennenlernen und Integrieren der dissoziierten Familienzustände.
- Herauslotsen von Familien oder Teilfamilien aus sozialer Isolierung durch Vermitteln eines Stützsystems.
- Herauslösen des verstrickten jugendlichen Drogenabhängigen aus der rigiden Triade, Abgrenzen der ehelichen Krise von der adoleszenten, Vernetzen mit Geschwistern und Gleichaltrigen.
- Organisieren eines Entwicklungsdrucks der Familie gegenüber dem drogenabhängigen Jugendlichen und jungen Erwachsenen auf der Grundlage eines positiven Kontextes, indem Strebungen zur Individuation Aufmerksamkeit und Bestätigung erfahren und unmittelbare Unterstützung gewährt wird.

Ebenso wie im psychotherapeutisch geleiteten integrativen Prozeß der Süchtige seine Bereitschaft zu pharmakothymer Steuerung des Selbstgefühls nur aufgibt, wenn wir einen gemeinsamen positiven Kontext schaffen und aufrechterhalten, so gilt dies auch für die Behandlung der Familie. Erst ein solcher einheitlicher, nicht gespaltener Kontext läßt die verstrickten Familienmitglieder die Herausforderung der dritten und vierten Phase des Konflikts und seiner Bewältigung annehmen. Erst wenn Vertrauen in eine neue organisierende Kraft erwacht ist, können wir die Kräfte der Schismogenese direkter angehen. Die lähmende chronische Krise wird aktualisiert. Sie tritt allmählich als aktuelle Krise in Erscheinung und veranlaßt aktuelle Klärungen der Organisation der Familie, Lösen von Verstrickungen, Einbinden von losgelösten Dritten in die Familie, Weiterentwickeln der Person und ihres Gefühls für sich und die anderen und Entwickeln eigener Beziehungswelten.

Im stationären Setting stellt sich für Familientherapie das grundsätzliche Problem, daß der stationäre Aufenthalt des Drogenabhängigen die Familie aufspaltet: hier der junge drogenabhängige Erwachsene, dort die übrige Familie. Es gibt keinen Alltagszusammenhang, er kann nur mühsam mit kreativen Ideen hergestellt werden. Zudem ist die Situation dafür geschaffen, daß sich die restlichen Familie, der Abhängige wie die Therapeuten wechselseitig triangulieren und schwierige und gelinde gesagt wenig hilfreiche Situation herbeiführen. Der Fall Belinda ist ein solches Beispiel. Diese grundsätzliche Einschränkung unserer Optionen in der stationären Therapie ist nur partiell und pragmatisch zu beheben. Sie ist schon Ausdruck der schismogenetischen familiären Situation.

Ein familientherapeutischer Ansatz verlangt, daß wir *zwischen Institution und Familie eine Feld der Kooperation kreieren*, der einerseits die Institution vor ständigen weiteren, möglicherweise vervielfachten Konflikten bewahrt, andererseits ein konkretes, verbindliches und bedeutsames Feld eröffnet, worin sich Klient und Familie im Rahmen der stationären Therapie begegnen und alle drei zu einem Strang verknüpfen. Dieses Feld der Kooperation muß mehr bedeuten als ein geselliger Familientreff und sollte - soweit möglich - vor heimlichen Triangulationen durch Klient und Familie geschützt sein und offen genug, daß die Familiendynamik dem Therapeuten kenntlich wird sowohl während des Aufenthalts wie auch während der Zwischenzeiten. Die Kooperation ist unter den Vorzeichen von Mitverantwortung und Mitwirken an der Therapie zu definieren als eine dritte Säule der Therapie neben dem Beitrag der Einrichtung und des Abhängigen, um die Therapie individuell und lebensnah zu gestalten und den Zeitpunkt vorzubereiten, wann die Einrichtung die Verantwortung der Familie zurückgeben wird.

Aufgaben für eine Kooperation ergeben sich aus den Bedürfnissen von Institution wie Familie, die Therapie intensiv und lebensnah zu gestalten. Wichtige Aufgaben sind: Absprache über das elterliche Verhalten, wenn der Drogenabhängige abbrechen sollte und an der elterlichen Tür anklopft; verbindliche Vereinbarungen eruieren, die im Vorfeld eines Abbruchs wirksam werden können; kurzfristige Notfallsitzungen; ein (u.U. mehrere) geeignetes Familienmitglied bestimmen, das beständigen Kontakt hält mit Klient und Therapeut; den Klient während der Behandlungszeit - beispielsweise nach einem Rückfall - vorübergehend in die Familie zurückschicken unter bestimmter Aufgabenstellung für Klient und Familie; Familienmitglieder beauftragen, bestimmte Themen mit dem Abhängigen zu besprechen wie auch mit anderen Angehörigen und wichtigen Bezugspersonen; gemeinsame Schuldenregulierung; konkrete Unterstützung für konkrete Aufgaben, welche der Klient in der Einrichtung zu bewältigen hat; Familienmitglieder zur Bewältigung besonderer Belastungen, die auch im familiären Alltag die ganze Familie engagierten und in gegensätzliche Lager aufspaltete, in die Einrichtung holen und konkret anleiten, sie mit dem Klient zu bewältigen.

Wenn wir in dieser Weise Familien einbeziehen, bekommen wir mehr und mehr die ungelöste adoleszente Krise des Drogenabhängigen in den Blick und ihre Zusammenwirken mit einer elterlichen, meist ehelichen Krise und u.U. Krise der ganzen Familie. Wenn wir auch im stationären Setting tunlichst nicht für ein Bewältigen der eheliche Krise zuständig sind, ist ihre unmittelbare Kenntnis für die Psychotherapie des Abhängigen von Bedeutung.

Ein solchermaßen gestaltetes Feld der Kooperation ist hilfreich, die *unbewältigte Adoleszenz und Ablösung zu aktualisieren und seine Bewältigung anzustoßen*, und geeignet, *Schismogenese der Familie und psychosozialen Entwicklungsstillstand des süchtigen Jugendlichen und jungen Erwachsenen zu entflechten*. Damit sind wir beim Thema unseres folgenden Teils angelangt, das sich mit der gern vernachlässigten Bedeutung der adoleszenten Entwicklung und ihrer Bewältigung beschäftigen wird: der Geburt der erwachsenen Person.

Teil V

Die Geburt der erwachsenen Person

und

Die Bewältigung entindividuierender Kräfte

„Die Adoleszenz ist eine Neugeburt..., denn die höheren oder im engeren Sinne menschlichen Eigenschaften werden jetzt geboren.“ (G.S.HALL)

Kapitel 16: Die Reorganisation der Person in der adoleszenten Entwicklung - eine Neubewertung der Adoleszenz

Ist es nicht ein merkwürdiges Phänomen, daß uns die psychotherapeutische Behandlung von Drogenabhängigkeit zu einer intensiven Begegnung mit der Adoleszenz und ihrem Übergang ins Erwachsenenalter führt, während die Theorie der Psychotherapie unsere Aufmerksamkeit auf die ersten 36 Lebensmonate lenkt? Sind die folgenden Jahre nur ein Appendix der frühen Kindheitsmonate? Werden in der späteren Kindheit und im Verlauf der Jugend im wesentlichen die Keime dieser ersten Lebensmonate ausgetragen? Ist die Logik wirklich einleuchtend, in der frühen Kindheit nach Verursachung zu suchen und zwar um so weiter in die Frühzeit hinein, je schwerwiegender die Desorganisation der Person erscheint? Wenn die menschliche Entwicklung aber in den ersten Lebensmonaten so weitgehend determiniert wird, wie kann dann Psychotherapie hier und jetzt Wandel und Heilung versprechen? Wie kann das Heute und die Erfahrungen, die es birgt, eine vergangene Ursache zu bewältigen hoffen?

Ich erinnere mich noch genau an ein Erlebnis, das meine Aufmerksamkeit in diese Richtung lenkte. Ich hatte mich damals in „Die psychische Geburt des Menschen" von Margit MAHLER vertieft und stieß auf eine Stelle, die mich irritierte. Der Absatz handelte von der Individuation des 24 bis 36 Monate alten Kleinkindes und seiner ersten Separation von der Mutter. Ich las diesen Text vor dem Hintergrund der im 14.Kapitel ausgebreiteten Materialien und verstand spontan, ohne daß es mir gleich aufgefallen wäre, die Ausführungen als Beschreibung von Individuation und Separation meiner 24- bis 36-jährigen drogenabhängigen Klienten. Ich hielt verwirrt inne, bemerkte meinen Irrtum und überprüfte den Text. Die Textstelle ließ sich auch als Beschreibung des Ablösungsprozesses von der Herkunftsfamilie auffassen! War nun das psychosoziale Geschehen, das ich als aktuelles Leben meiner Klienten kennengelernt hatte, eine Inkarnation der von MAHLER et al. beschriebenen psychischen Geburt der Person? Gesteuert von eben denselben psychischen Kräften? Handelten hier junge Menschen, die bei aller weiteren Lebenserfahrung und Entwicklung der Persönlichkeitsorganisation von denselben Antrieben und psychischen Strukturen determiniert wurden? Wiederholten sie eine unabgeschlossen Entwicklung wieder und wieder? Wie war dann überhaupt Entwicklung möglich, wenn dieser frühe Konflikt die Persönlichkeit so in seinen Bann ziehen konnte? War dieses dramatische Geschehen um die Ablösung nur als Symptom jener tiefer wurzelnden steuernden Kräfte zu betrachten? Oder war vielleicht meine spontane Lesart sinnvoll, dieses Geschehen als ein von aktuellen Kräften gesteuertes zu begreifen, das vielmehr aus sich heraus verstanden werden mußte? Waren diese Symptome sinnvoller zu verstehen als aktuelle gestaltende Handlungen? Was war das dann für ein Prozeß, den meine Klienten durchlebten und an welchem sie bisher scheiterten? Welche Bedeutung hat er? Sie war offensichtlich nicht gering zu veranschlagen, sie schien auf den ersten Blick über seelische Gesundheit und soziale Integration zu entscheiden. Von jenem Augenblick an sah ich die Dinge anders.

Heute ist mir klar, daß es sich in beiden Fällen um formal verwandte Prozesse handelt, welche die Persönlichkeitsorganisation betreffen: Individuation und Differenzieren von Selbst und Nicht-Selbst, zum ersten Mal zwischen dem Selbst des Kleinkinds und der Mutter, später zwischen dem Selbst des Jugendlichen und jungen Erwachsenen einerseits und der sozialen Matrix der Herkunftsfamilie andererseits. Das eine Mal geht es um eine erste Separation und Individuation des Kleinkinds, das innerhalb der Familie seine Eigenständigkeit gewinnt und behauptet, das andere Mal um die Separation vom Familienverband und Bewältigen der hieraus geforderten Individuation aus der familiären Matrix. Zweifellos setzt schon in jenen frühen Lebensmonaten eine Entwicklung zu persönlich erfahrener Identität ein, deren Erfahrungsgehalt wächst und schließlich in dieser Leistung des Adoleszenten kulminiert. Nach und nach wurde mir klar, welche immensen Entwicklungsmöglichkeiten in und durch die adoleszente Entwicklung ins Spiel kommen, so immense, daß ich behaupten möchte, daß die heutige Psychotherapie im Rückgriff auf dieses Entwicklungspotential entstehen konnte, daß die Entdeckung der Psychotherapie als wissenschaftliche Methode mit den in der modernen Gesellschaft sich herausbildenden Entwicklungsmöglichkeiten wie Erfordernissen der Adoleszenz zusammenging. Sicherlich nicht zufällig etablierte das ausgehende 19. Jahrhundert die Adoleszenz als allgemeine gesellschaftliche Institution aller gesellschaftlichen Schichten und hob zur gleichen Zeit die moderne Psychotherapie aus der Taufe. Ich möchte behaupten, daß die Wirkungsmöglichkeiten der Psychotherapie engstens mit Entwicklung und Reifung während der Adoleszenz und im Übergang zum Erwachsenenalter verknüpft sind. Wir werden zeigen können, daß genau die Möglichkeiten der adoleszenten Entwicklung und ihres neuen kognitiven, affektiven und moralischen Vermögens die moderne Psychotherapie konstituieren.

Ansätze für eine Neubewertung der Adoleszenz

FREUD selbst wie die Anfänge der psychoanalytischen Bewegung waren fasziniert von den Möglichkeiten der Kindheitsbewältigung als Zugang zu einer Reorganisation der Person. Er interessierte sich wenig für die Ursprünge in der Adoleszenz, wo diese Fähigkeiten geboren werden, die erst der Person einen neuen Zugang zu ihrem Leben und ihrer Kindheit verschaffen. Der adoleszenten Entwicklung wandte sich FREUD nur insoweit zu, als die Pubertät das „Primat der Genitalzonen" über die Partialtriebe der Sexualität errichte und den „Prozeß der Objektfindung" beende, der mit einem Wiederaufleben des Ödipuskomplexes einhergehe und einer endgültigen Lösung zugeführt werde.[81] FREUDs Konzept beschränkt sich auf die frühe Adoleszenz, die Pubertät, und erkennt in der jugendlichen Entwicklung keinen eigenen Beitrag zur Organisation der Person. Sie scheint vielmehr nur ein Vollzug der kindlichen Entwicklung zu sein unter dem Ansturm sexueller Energie. Resignation und Pessimismus, die FREUDs Vorstellungen von der Psychotherapie durchziehen, kommen hier zum Ausdruck. Obwohl Anna FREUD sich als erste dem Thema der Adoleszenz annahm, sprengte sie das Korsett der väterlichen Vorstellungen von der Adoleszenz als Appendix der frühen Kindheitsentwicklung noch nicht.

Es blieb unter den psychoanalytischen Autoren ERIKSON vorbehalten, den eigenständigen Beitrag der Adoleszenz und ihres Übergangs ins Erwachsenenalter zur Entwicklung der erwachsenen Person und ihrer Organisation zu würdigen. Wie offen ERISKON die Entwicklungsmöglichkeiten des Adoleszenten und ein Vitalisieren seiner psychischen Organisation sah, wird durch seine Weigerung erkenntlich, den Jugendlichen und jungen Erwachsenen psychiatrisch zu diagnostizieren. Er betrachtete die

---

81 S.FREUD: Drei Abhandlungen zur Sexualtheorie, 1905, Fischer Verlag, Frankfurt a.M., 1961, S. 102.

Herausbildung von Identität als spezifische Leistung der Adoleszenz und als ein Entwicklungserfordernis, ohne welches die Anforderungen der Erwachsenenzeit nicht gemeistert werden können, die sind: Intimität, Elternschaft, Wettkampf und Beruf. Mit dem Begriff des „Gefühls der Identität" wurde die Jugendzeit zu einer gewichtigen Entwicklungsstufe in der psychischen Organisation der Persönlichkeit. Bis dahin wurde sie von der Psychoanalyse mit Ausnahme von A.FREUD kaum zur Kenntnis genommen, eine dessen ungeachtet heute noch verbreitete Auffassung. Erst in den Sechziger- und folgenden Jahren meldeten sich Analytiker und Vertreter anderer psychotherapeutischer Schulen zu Wort, welche die Bedeutung der Adoleszenz und ihres Übergangs ins Erwachsenenalter wiederentdeckten.

Die Zurückhaltung vor einer Neubewertung der Adoleszenz ist um so unverständlicher, als ERISKSON bereits beschrieb, welch' junge und bedeutungsvolle Institution die Adoleszenz darstellt, wie hier soziokulturelle Kontinuität und Neubestimmung ineinandergreifen, wie sich in diesen Jahren individuelle Entwicklung und dynamischer Gesellschaftsprozeß verknüpfen und gesellschaftliche Tradition und Progression ausbilden. In besonderer Weise greift die gesellschaftliche Entwicklung in die individuelle ein und formt sie, wie auch die individuelle Entwicklung hier einen besonderen Beitrag leistet zur Wandlung und Dynamisierung der Gesellschaft. Diese Verschränkung von Person und Gesellschaft zeichnet die Adoleszenz und die Phase des Übergangs aus. Der amerikanische Psychologe HALL hatte in dem ersten großen psychologischen Werk über die Adoleszenz enthusiastisch geschrieben: „Wenn die Menschheit jemals eine höhere Stufe erreicht, so durch eine vertiefte Reifung in der Adoleszenz, die der Hoffnungsquell des Menschengeschlechts ist"[82].

Solche Äußerungen deuten auf eine ganz andere Bewertung der Adoleszenz hin - als einer eigenständigen Entwicklungsphase, in der im Vergleich zur Kindheit Qualitäten und Fähigkeiten ganz anderer Art ins Spiel kommen. BLOS betrachtet als eigenständige Leistung der Adoleszenz die Entwicklung des *Ich-Ideals*, welchem er eine integrative und ichsynton steuernde Funktion für die erwachsene Persönlichkeit zuschreibt, und stellt hiermit die adoleszente Entwicklung als eigenständigen Beitrag zur Organisation der Persönlichkeit dar. BLOS stuft die Adoleszenz als „zweite Ausgabe der Kindheit" ein. Sie stelle den „zweiten Schritt zur Individualisierung" dar. Der „erste findet am Ende des zweiten Jahres statt, wenn das Kind die schicksalsträchtige Unterscheidung zwischen „Selbst" und „Nicht-Selbst" trifft. Ein ähnliches, jedoch viel komplexeres Individuationserlebnis findet in der Adoleszenz statt, das in seinen letzten Auswirkungen zum Bewußtsein der Identität führt."[83] Für ERIKSON erhebt die Herausbildung des Gefühls der *Identität* die Adoleszenz zu einer einzigartigen Entwicklungsphase. KAPLAN drängt schließlich, „die Adoleszenz als einzigartigen, unwiederholbaren Lebensabschnitt zu behandeln, der für die Ausformung der erwachsenen Persönlichkeit mindestens genauso wichtig ist wie die Kindheit". Es gäbe „keine Wiederholung" irgendeines früheren Abschnitts der Kindheit.

Welche Zeit umfaßt die Adoleszenz? Die Adoleszenz, meint KAPLAN, „stellt jenes kritische Stadium im Menschenleben dar, in dem die sexuellen und moralischen Leidenschaften ihrer Erfüllung zustreben und zur Reife gelangen. Am Ende dieser Ent-

---

82 G.S.HALL: Adolescence. Its Psychology and its Relations to Physiology, Anthropology, Sociology, Sex, Crime, Religion and Education. Bd 1, S.50. Zitiert nach BLOS, Adoleszenz, Klett-Cotta, Stuttgart 1983, S. 79.

83 P.BLOS, ebenda S. 24.

wicklung überschreitet der Jugendliche die Grenzen der Familie und tritt in die Gesellschaft ein"[84]. OLBRICH definiert: „Das Ende des Jugendalters ist erreicht, wenn das Individuum sich selbst als autonom und erwachsen definiert und ihm diese Definition auch sozial zugesprochen wird". Die Adoleszenz umfasse daher einen Zeitraum von 9 bis 26 Jahren[85].

Für die Therapeuten und Autoren, die sich der Arbeit mit Familien zuwandten und für die adoleszente Entwicklung interessierten, erschien ganz im Gegensatz zu FREUD gerade das „Ende dieser Entwicklung" bedeutsam, jene Phase des Abschlusses der Adoleszenz und ihres Übergangs ins Erwachsensein, die ERIKSON „Moratorium", BRAATÖY „Interregnum" und BLOS „Postadoleszenz" und „verlängerte Adoleszenz" nannten. Wie unsere Untersuchung der familiären Bindungen von Familien Heroinabhängiger zeigte, können wir in dieser verlängerten Adoleszenz intensive familiäre Prozesse beobachten, deren Chronifizierung bzw. Lösung über psychosoziale Gesundheit des Heranwachsenden entscheiden. BRAATÖY hatte in einer Untersuchung über die Postadoleszenz beim Manne eine hohe psychische Sterblichkeitsziffer beobachtet und festgestellt, daß Geisteskrankheiten oft in dieser Zeit in ihr manifestes Stadium eintreten. Die Erkrankung trete gerade in jenen Jahren in Erscheinung, da das Individuum anfangen sollte, in die Praxis umzusetzen, was bis dahin an Ausbildung und Fähigkeiten erworben wurde.[86] Das legt nahe, die Abschlußphase als eine sensibel und kritische Entwicklungsphase zu begreifen. ERIKSON bestätigt diese Vermutung: „Ein Zustand akuter Identitätsverwirrung wird gewöhnlich in dem Zeitpunkt manifest, wo sich der junge Mensch einer Kombination von Erlebnissen ausgesetzt findet, die gleichzeitig seine Hingabe an körperliche Intimität, an eine entscheidende Berufswahl, an energischen Wettstreit und psychosoziale Selbstdefinition fordern."[87] STIERLIN beschrieb ausführlich das „Trennungsdrama" der Adoleszenz als einschneidendes familiäres Ereignis und konstatierte, daß von der Lösung dieses Trennungsdramas Ganzheit wie seelische Gesundheit des Selbst abhingen.

Diese Akzentverschiebung auf die späteren Phasen bedeutet, daß wir die Adoleszenz in ihrer ganzen Entwicklung ernst zu nehmen haben und sich erst erfüllt, wenn die Person „selbst Zentrum eines eigenen Systems" wird. Das ist nicht selbstverständlich. Die eben zitierten Bezeichnungen für die Abschlußphase lassen schon erkennen, daß hier eine kritische und sensible Entwicklungsphase *jenseits* der Adoleszenz und ihrer Entwicklung angenommen wird, die in unseren Augen vielmehr in den Gesamtprozeß der Adoleszenz eingeordnet gehört.

Ein solcher Bruch des Erklärungszusammenhang läßt sich bei BLOS beobachten. BLOS vermag eine in sich schlüssige psychologische Entwicklungslinie des heranwachsenden Jungen (!) nachzuzeichnen vom Auslaufen der Latenzzeit in die Präadoleszenz, über die Frühadoleszenz bis zur eigentlichen Adoleszenz. Die abschließenden Phasen der Spät- und Postadoleszenz fallen aber aus dem Entwicklungskontinuum heraus, wenngleich BLOS Fakten vorträgt, welche diese beiden Phasen als entscheidend für die seelische Gesundheit hervorheben. BLOS bemerkt diese Diskrepanz: „Die Spätadoles-

---

84 L.J.KAPLAN, Ebenda S. S. 14 u.11.

85 E.OLBRICH: Jugendalter - Zeit der Krise oder der produktiven Anpassung?. In: E.OLBRICH, E.TODT (Hrsg.): Probleme des Jugendalters - Neuere Sichtweisen, Springer-Verlag, Berlin, 1984.

86 T.BRAATÖY: Männer zwischen 15 und 25 Jahren, Oslo, Fabritius and Sonner, 1934. Wiedergegeben nach: P.BLOS, ebenda, S. 176f.

87 ERIKSON: Lebenszyklus und Identität, Suhrkamp Verlag, Frankfurt a.M., 1973, S.171.

zenz ist ein entscheidender Wendepunkt und daher eine Zeit der Krise. Hier ist es, wo wir die eigentliche Krise der Adoleszenz suchen müssen, die so oft die Integrationsfähigkeit des Individuums überfordert und adaptives Versagen, Ich-Mißbildungen, Defensivmanöver und schwere Psychopathologie verursacht." Und fügt hinzu: *„Die zuerst beschriebenen Phasen der Adoleszenz fügen sich leicht in die Theorie der Psychoanalyse ein. Aber in Bezug auf die Abschlußphase sind Begriffe wie Fixierung... nicht genügend oder adäquat, um das Phänomen der Persönlichkeitskonsolidierung der Spätadoleszenz verständlich zu machen. Der Weg jedoch, auf dem die Persönlichkeitskonsolidierung fortschreitet, bleibt in vieler Hinsicht dunkel."*

Wie BLOS feststellen muß, erweist sich der psychoanalytische Erklärungsansatz als zu eng, um die Abschlußphase der Adoleszenz einzubeziehen. Immerhin können wir den Hinweis entnehmen, daß diese Übergangsphase zur Erwachsenenzeit Aufgaben stellt, an denen die Person nicht vorübergehen kann, ohne einen erheblichen und schmerzlichen psychischen Preis zu hinterlegen. BLOS Erklärungshilfe vom „Trauma" als einem „dynamischen Prinzip" beschreibt das Phänomen, erklärt es aber nicht. Immerhin mag die Bezeichnung „Trauma" insoweit zutreffen, als damit eine unabdingbare, sensible, kritische und die Persönlichkeit tief fundierende und prägende Phase gekennzeichnet wird.

Es scheint mir kein Zufall zu sein, daß die Betonung des Ablösedramas und eine daran geknüpfte Neubewertung der adoleszenten Entwicklung aus einer kontexterweiternden Betrachtungsweise kommt, welche den aktuellen Beziehungskontext im Visier hat. Der Beitrag der Familientherapeuten zum Verständnis der Adoleszenz liegt in ihrer Aufmerksamkeit für das Trennungsdrama zwischen Herangewachsenem und seiner Herkunftsfamilie. Sie bekommen dabei etwas ins Blickfeld, was der psychoanalytischen Betrachtung entging, aber Bedeutung und prägende Kraft der adoleszenten Abschlußphase für psychische Struktur erhellt: die Familienorganisation und ihr Wandel im Familienzyklus (HALEY), die Bedeutung familiärer Loyalitätsbindungen (BOSZORMENYI-NAGY, SPARK), das bereits dokumentierte Korrespondieren von elterlicher und adoleszenter Krise (STIERLIN, HALEY) und die Versöhnungsaufgaben im adoleszenten Trennungsprozeß (STIERLIN). Einige dieser Aspekte haben wir besprochen und dokumentiert, so daß wir uns in diesem Abschnitt auf die Bedeutung von Loyalitätsbindungen und „Versöhnungsaufgaben" im Trennungsdrama konzentrieren können.

BOSZORMENYI-NAGY und SPARK meinen, „die Individuation eines Menschen muß in der Perspektive ihrer dynamischen Ausbalancierung mit symbiotischen, entindividuierenden Kräften gesehen werden." Unter Individuation verstehen sie die Herausbildung der individuellen Persönlichkeit und ihre Verselbständigung zum Abschluß der Adoleszenz. Die erwähnten entindividuierenden Kräfte bestehen aus Loyalitätspflichten gegenüber der Herkunftsfamilie. Individuation und Familienloyalität stehen sich „antithetisch gegenüber, weil Wachstum und Reifung eines Familienmitgliedes per definitionem stets ein Mehr an persönlichem Verlust und Beziehungsungleichgewicht zur Folge habe und „mit zunehmender Selbständigkeit des Kindes im vertikalen Loyalitätssystem eine Konfliktsituation" entstehe. Selbständigkeit kann nun „als die Fähigkeit verstanden werden, die vertikalen Verpflichtungen (an die Herkunftsfamilie) nicht aufzugeben, sondern zwischen diesen und den horizontalen Verpflichtungen (an Partner und Beruf z.B.) ein Gleichgewicht herzustellen." „In gewissen Familiensystemen wird jeder Schritt des Kindes in Richtung auf mehr Selbständigkeit als unverzeihlicher Akt der Illoyalität betrachtet. Ungekehrt wird das Versagen im Ringen um Selbständigkeit zwar laut beklagt, insgeheim aber als der Beweis loyaler Bindung an die Herkunftsfamilie gewertet. Um in der Familie ein lebensfähiges Beziehungssystem aufrechtzuerhalten, muß die wachsende Unabhängigkeit des Kindes laufend durch reifere Formen der dankbaren Wiedergutmachung an die Eltern wettgemacht werden." [88] Dies geschieht durch langwieriges Aushandeln von Kompromissen zwischen dem Jugendlichen und seinen Eltern. Wird kein konstruktiver Kompromiß gefunden, kann die alte Loyalitätsbindung so intensive Schuldgefühle hervorrufen, daß der Heranwachsende seine eigene Reifung opfert und in seiner Entwicklung stagniert. Diese *Verpflichtungsproblematik* zwischen alten und neuen Loyalitätsverpflichtungen zu lösen, gilt als Kern des Ablösedramas.

Ich möchte erinnern, daß ein ernsthafter Loyalitätskonflikt einen Zustand chronischer Grenzverletzung anzeigt. Diese Verpflichtungsproblematik steht hier für einen Prozeß des Aushandelns der Selbstgrenzen gegenüber der Matrix und des Rechts, ihre Integrität zu wahren und somit das Gefühl des Selbst vor Zerstörung zu schützen. Mißlingt eine Lösung dieses Verpflichtungskonflikts, sind Entwicklungsstillstand in Form offenen Versagens oder „negativer Loyalität" („loyaler Verrat") der Preis. Negative Loyalität bildet das Kernstück negativer Identität. Dieser Entwicklungsstillstand resultiert aus einer Beziehungsstagnation, die durch starre Rollenpolarität und Parentifizierung gekennzeichnet ist, welche eine Demarkation der Person und ein Herausbilden einer geschlossenen Persönlichkeit verstellt. Eine entscheidende Rolle spielt der aufgezeigte Abwertungszyklus, welcher von dem beteiligten jungen Erwachsenen die Ausbildung negativer Loyalität und Identität verlangt. Wir kommen hierauf zurück.

Wie erwähnt, beschreibt und erklärt HALEY dieselben Phänomene des Entwicklungsstillstands als Funktion einer gestörten Organisation. „Es ist typisch für diese jungen Menschen, daß sie einem von zwei Verhaltensextremen zuneigen. Entweder stiften sie Unruhe oder sie sind apathisch und hilflos und tun nichts für ihren Lebensunterhalt. In beiden Fällen bekommen es die Familien dieser Jugendlichen mit Vertretern der öffentlichen Ordnung zu tun. Das Auffälligste an diesen Jugendlichen ist die Tatsache, daß sie Versager sind. Sie sorgen nicht selbst für ihren Lebensunterhalt; sie unterziehen sich nicht erfolgreich einer Berufsausbildung, sie bauen keine eigenen Beziehungen mit Altersgenossen auf und entwickeln so keine soziale Basis außerhalb der Familie." HALEY geht aber davon aus, daß „abweichendes Verhalten Ausdruck einer in ihrem Funktionieren gestörten Organisation ist"[89].

STIERLINs Betrachtung der Adoleszenz haben wir skizziert. Den dramatischen Höhepunkt stellt das Trennungsdrama dar, eine sensible und kritische Phase für den jungen Erwachsenen wie auch für die Eltern, die sich als Partner neu und vielleicht unverhofft gegenübertreten und vor der gemeinsamen Aufgabe stehen, sich als Familie neu zu organisieren. Der adoleszente Ablösungsprozeß kann zum Drama für die ganze Familie werden oder, wenn gemeistert, eine neue Lebensphase einleiten. STIERLIN beschreibt, wie eng eheliche und adoleszente Krise einander korrespondieren. Das Trennungsdrama ist ein gemeinsamer Prozeß zwischen den Generationen, gemeinsame Gefährdung wie Chance: „Grundsätzlich kann der Ablösungsprozeß als eine sich allmählich in Richtung auf gegenseitige Selbstverwirklichung und Differenzierung weitende Spirale begriffen werden, die zunehmend zu relativer Unabhängigkeit beider Parteien

88 BOSZORMENYI-NAGY, SPARK: Unsichtbare Bindungen, S. 43, 71 u. 154.
89 J.HALEY: Ablösungsprobleme, S. 39.

führt."[90] Folgerichtig stellt STIERLIN eine neue Qualität von Bindung, die er „bezogene Individuation" nennt, in den Mittelpunkt und unterstreicht die „Versöhnungsaufgaben" des Adoleszenten im Trennungsprozeß: *„integrative"*, *„adaptive"* und *„reparative Versöhnung"*[91]. „Versöhnung" deutet an, daß sich auch STIERLIN eine Lösung der adoleszenten Entwicklung nur kommunikativ und unter der Bedingung, den Referenzkontext positiv zu definieren, vorstellen kann. Unter diesem Stern werden innere Ablösung und wirkliche Trennung von den Eltern zu einem Prozeß der „Reintegration an der Basis". Dieser geht einher mit einer „Differenzierung und Integration der Triebe, Gefühle und Motivationen" hin zu einem Gefühl der Identität; mit Versöhnen von „autonomem Handeln und Erleiden"; und schließlich mit dem Durchleiden eines „schmerzhaften Trauerprozesses in der Ablösung von den inneren elterlichen Objekten und Trennung von den wirklichen Eltern".

Unseren Intentionen sehr nahe kommt eine Arbeit von M.V.BLOOM, die sich eben auf die Trennungsphase des jungen Erwachsenen konzentriert. Der Trennungsprozeß sei dem Prozeß des Trauerns und der Gram bei schmerzhaftem Verlust ähnlich. Die Ablösung zwischen Eltern und Kind beschreibt BLOOM in fünf Phasen:

1. **Phase:** Kontrolle bewahren über den Impuls, in Abhängigkeit zurückzukehren (Ambivalenz). Identitätsverwirrung bei Eltern wie Jugendlichem.
2. **Phase:** Kognitive Realisierung der Trennung, größere zeitliche und räumliche Trennung, Unabhängigkeit der Entscheidung und Testen der Selbstkontrolle.
3. **Phase:** Gefühlsmäßige Reaktion auf die Trennung: Depression, Ambivalenz, Schuld.
4. **Phase:** Der Adoleszent unterzieht sich sowohl durch bewußte wie unbewußte Identifikation einem Prozeß der Internalisierung bedeutsamer Gratifikationen, welche die Eltern-Kind-Beziehung früher auszeichnete, und wird fähig, diese sich selbst zu geben.
5. **Phase:** Neue Identität und neue Beziehung zu den Eltern, Neubestimmen von Nähe und Distanz.[92]

Die Phasen der Separation beginnen nach BLOOM im Alter von 12-15 Jahren und vollziehen sich bis zum Alter von 20 Jahren und mehr. Da die Trennung von den Eltern als „Prototyp für künftige Trennungen" dient, hat die vollzogene Separation prägende Bedeutung. Der Trennungsprozeß kann zu Wachstum und Entwicklung führen, aber auch zu Selbstzweifel und destruktiven Veränderungen im Lebensstil. Der Trauerprozeß kann stagnieren, wenn massive Schuldgefühle oder Zurückweisung auftreten und es zu heftigen Ambivalenzen kommt. Es besteht die Gefahr, daß der Adoleszent die primäre Aufgabe der Auseinandersetzung mit seinen Eltern, vermeidet. „The result is an individual stuck in the process", psychosozialer Entwicklungsstillstand. Es sei wegen der Heftigkeit der Schuldgefühle besonders schwierig, sich aus einer symbiotischen Beziehung zurückzuziehen. Je größer die auftauchende Schuld, um so eher kann sich der Trauerprozeß pathologisch verformen. Da BLOOM zufolge *der Separationsprozeß die hauptsächliche Motivation für Identifizierung* ist - und nicht der Ödipuskomplex, wie die Psychoanalyse unterstellt -, so bleibt auch der Prozeß der Identifizierung unabgeschlossen[93].

Diesem psychosozialen Entwicklungsstillstand ordnet BLOOM das Borderline-

90 STIERLIN: Eltern und Kind, S. 144.
91 STIERLIN: Familientherapie, S. 205ff.
92 M.V.BLOOM: Adolescent-parental Separation, Gardner Press, New York, 1980, S. 22f und S. 55ff.
93 Ebenda S. 31.

Syndrom zu: „The borderline syndrome ist essentially a pathological response to parent-child separation." Die Borderline-Persönlichkeit gehört dem ersten und zweiten Stadium des Trauerns an, dem Stadium der Ambivalenz: Sie verlangt nach Separation sowohl wie nach Anhänglichkeit. „However, the repetitive projection of this ambivalence on to third parties continually serves to enable the borderline to avoid the issues with the primary party, the parents." „Highly ambivalent feelings toward the mother, undeveloped object-constancy and object-relations, and a lack of preparedness for separation all combine to make to deal with the issues of adolescent-parental separation and force him to develop a defensive style to avoid it. The result is an individual stuck in the process."[94]

Die bisherigen Aspekte, die wir als Argumente für eine Neubewertung der Adoleszenz zusammengetragen haben, stellen so viel klar, daß wir die Adoleszenz bis zum Abschluß des Ablöseprozesses als eine einheitliche Entwicklung auffassen müssen und sich in ihrem Verlauf *eine grundlegende Wandlung der Person* vollzieht, welche nicht nur ein rein psychisches Prinzip befriedigt, sondern engstens mit der Entwicklung innerhalb und gegenüber der sozialen Matrix zu tun hat.

Lassen Sie uns einen kurzen Ausflug in die Ethologie machen, die uns für diesen grundlegenden Wandel im Ablöseprozeß etwas beisteuert. N.BISCHOF widmet sich mit seinem Buch „Das Rätsel Ödipus" der Adoleszenz und Ablösung unter Säugetieren. Der Titel spielt auf den Ödipuskomplex an und dem in der Nachfolge von FREUD allgemein unterstellten sexuellen Wunsch des Kindes nach Inzest. Wie BISCHOF jedoch vielfältig belegt, zwingt der gegenwärtige Stand ethologischer Forschung diese FREUDsche Annahme umzukehren. Er stellt fest, „daß wir tatsächlich berechtigt sind, die Inzestvermeidung als *universal* zu bezeichnen"[95]. Die Natur vermeidet Inzest! Damit stößt BISCHOF ein eingefleischtes Dogma der psychoanalytischen Anschauung um, denn nun gründet sich das Inzesttabu in der menschlichen Gesellschaft auf eine natürliche Tendenz. Um diese Inzestvermeidung durchzusetzen, kommt der Funktion der Adoleszenz schon im sozialen Verhalten von Tieren eine besondere Bedeutung zu.

Um dies zu verstehen, müssen wir zwei Punkte klären. Der erste betrifft den Begriff „Libido", der alle im weitesten Sinn erotischen Bedürfnisse von der Kindes- über die Freundes- bis zur Gattenliebe - also Bindung jeglicher Form - abdeckt. Dagegen belegt BISCHOF mit eine Fülle an empirischem Material, daß *sich die individualisierte Bindung aus dem Funktionskreis der Brutpflege heraus entwickelt* hat, „daß die Mutterbindung des Kindes und die eheliche Partnerschaft vom Typus her verschieden sind. Dies bekundet sich vor allem darin, daß die Vertraulichkeit, die sich im Dunstkreis der primären Nestwärme entwickelt, eine spätere sexualerotische Beziehung behindert."[96]

Jenes unsägliche Gleichsetzen von Vertrautheit und Sexualität durch die psychoanalytische Theorie - was es ihr bis heute unmöglich macht, die Wirklichkeit des Inzestes und seine Folgen für ihre Opfer ins Auge zu fassen - hat für den, der sich mit dieser Forschung vertraut gemacht hat, ein Ende. Das führt uns zu einem zweiten Punkt. Vertrautheit bzw. Bindung sind nun zu differenzieren. Die Ethologie kennt drei „sensible Situationen" in der individuellen Entwicklung beim Menschen und bei Tierarten, die eheähnliche Lebensgemeinschaften eingehen, die Bindekräfte wachrufen, oder

94 Ebenda S.101-107.

95 N.BISCHOF: Das Rätsel Ödipus - Die biologischen Wurzeln des Urkonfliktes von Intimität und Autonomie, Piper-Verlag, München 1985, S. 35.

96 Ebenda S. 167f.

ethologisch gesagt, „im Bauplan der Art vorgesehene Kondensationskerne der Familiarisierung“:

- Primäre Vertrautheit: die ontologisch früheste Phase, in der das Kind Vertrauen zu den Mitgliedern seiner Kernfamilie, insbesondere zur Mutter, faßt.
- Sekundäre Vertrautheit: Im Laufe der Adoleszenz wird das Individuum mit dem oder den Ehepartnern intim.
- Tertiäre Vertrautheit: die Art und Weise, in der eine Mutter ihr eigenes Kind als ein unverwechselbares Individuum erfährt.[97]

Eine besondere Art der Bindung stellt die eheliche Partnerbindung dar, da sie nicht auf Verwandtschaft beruht. Die sekundäre Vertrautheit muß zwischen Fremden aufgebaut werden, die a priori keinen biologischen Grund haben, sich gegeneinander prosozial zu verhalten. Hier nun sind Sexualität und Vertrautheit miteinander legiert. Hier übernimmt Sexualität die Funktionen, die Partnerschaft zu stabilisieren und Identität im Intim-werden einzuprägen.

In unserem Zusammenhang können wir diese sensiblen Situationen als psychosoziale Kontexte betrachten, denen Verhalten organisierende Bedeutung innewohnt. Und genau das ist es, was BISCHOF anhand vieler Beobachtungen im Sozialverhalten von Tieren belegt: diese verschiedenen psychosozialen Kontexte von Vertrautheit rufen jeweils eine eigene Verhaltensorganisation - sozial, psychisch und physiologisch - hervor, die sich gegenseitig unterdrücken. Die Vorherrschaft des psychosozialen Kontextes der primären Vertrautheit wird gebrochen, bevor sekundäre Vertrautheit vorherrschend wird. Anders ausgedrückt, ein Kontextwechsel muß stattfinden, um Hand in Hand damit einhergehend einer veränderten soziobiologischen Steuerung Platz zu verschaffen. Die Natur vermeidet einen bruchlosen Übergang, um Inzest zu vermeiden.[98] Der Heranwachsende muß Schritte in die Unabhängigkeit tun.

Das basale Konstruktionsprinzip der adoleszenten Phase besteht nun darin, daß jedes Individuum sein Leben in einem Kreis primär Vertrauter beginnt, daß es aber später durch verschiedenerlei Hindernisse davon abgebracht wird, sich sexuell auf Mitglieder dieses Kreises zu fixieren. *Entführung* der Haremstöchter, *Vertreibung* rebellierender Jugendlicher und *Abwanderung* aus der Familiengruppe treibt in die Einsamkeit, in die Kohorte oder ohne Umschweife zu fremden Sexualpartnern und verhindern inzestuöse Aktivitäten, indem sie die potentiellen Partner noch vor dem Eintritt in die reproduktive Phase voneinander trennen. Anders liegen die Dinge, wenn die Heranwachsenden über die Geschlechtsreife hinaus im Familienverband bleiben. In diesen Fällen setzen Kräfte ein, die sie daran hindern, von der Fortpflanzungsfunktion Gebrauch zu machen, indem der daheimgebliebene Nachwuchs passiv dem Druck Ranghöherer ausgesetzt ist, die seine sexuellen Aktivitäten zu unterdrücken trachten, indem die Jungtiere gleichsam aktiv das elterliche Veto übernehmen (Zustandsbild der *psychischen Kastration*)“ und *Überdrußreaktion*, die Bindung weicht dem Überdruß, und die Adoleszenten verlassen die Familie.[99]

Den Fall einer psychischen Kastration hatten wir bereits an anderer Stelle unter dem Stichwort „Engelssturz“ erwähnt. Psychische Kastration hat eine psychosomatische Basis, die im harmlosen Fall die Geschlechtsfähigkeit unterdrückt, die Weibchen

97 Ebenda S.199.

98 Ebenda, 203f, 213f.

99 Abbildung und Kommentar ebenda S. 366f.

sind unfähig zur Ovulation, bei den Männchen wandern z.B. die Hoden ins Bauchinnere zurück; findet doch Kopulation statt, so werden die Jungen aufgefressen. Die psychische Kastration kann jedoch auch zum Tod führen, indem das gestürzte Jungtier seine Selbstbehauptung und sogar die Fähigkeit zur Aufrechterhaltung der Immunreaktion aufgibt und verendet.

Wir sehen, die Ablösung von der Orientierungsfamilie, in welcher Form sie auch in der Tiergesellschaft organisiert wird, entscheidet über Gesundheit und Überleben des juvenilen Tieres. Zwischen den verschiedenen psychosozialen Kontexten muß eine Zäsur liegen, die einen Ausweg aus der familialen Vertrautheit ermöglicht. Wir können den Zustand der psychischen Kastration als Grenzverletzung auffassen, jedenfalls unter den Bedingungen der Käfighaltung und daher eingeschränkten Möglichkeiten, in ein anderes Territorium auszuweichen. „Von den Anfängen der sozialen Motivation im Tierreich bis hinauf zum Menschen steht jedes Individuum vor der großen Lebensaufgabe, rechtzeitig vor dem Eintritt in die reproduktive Phase die Abhängigkeit von den ersten Objekten mit Heimvalenz zu lösen. Wenn diese Aufgabe nicht als tief im biologischen Bauplan verankert erkannt wird, wenn man die kindliche Sehnsucht nach Geborgenheit „libidinös“ nennt, ohne zu verstehen, daß just diese Sehnsucht selbst eine psychisch kastrierende Wirkung ausübt, dann nur kann man darauf verfallen, sie als „Inzestwunsch“ zu deuten und in der „Eifersucht“ des Vaters nach externen Ursachen der psychischen Kastration zu suchen.“[100]

Bei aller Unvergleichbarkeit mit der menschlichen Adoleszenz werden zwei Aspekte deutlich. Zweifellos ist der Verlauf der Adoleszenz selbst im tierischen Sozialleben kein Schicksal, das allein vom Heranwachsen des Jungtieres abhängen würde; vielmehr ist hier ein interaktioneller Prozeß im Spiel, der von allen Beteiligten mitgesteuert wird. Und zweitens: Es ist die gesamte Matrix, aus der heraus Reifung und Ablösung geleitet werden. Die adoleszente Ablösung ist ein soziobiologisch geregelter Prozeß, dessen Erklärung zunächst nicht spezifisch menschliche Fähigkeiten berücksichtigen muß. Wohl aber verschränken sich die reflexive Fähigkeit in der menschlichen adoleszenten Entwicklung mit diesem soziobiologischen Prozeß, die Vergesellschaftung ist nun ein „radikal neues formgebendes Prinzip“, wozu unter anderem ein Fortknüpfen des Identitätsstranges über den Ablösungsprozeß hinaus gehört. Wir finden hier Unterstützung für die Idee, daß auch die Ablösung in der menschlichen Gemeinschaft durch ein in der Matrix enthaltenes Selbststeuerungsprogramm geregelt wird und ein intuitives Wissen um die Aufgabe der Ablösung vor allen gesellschaftlichen Konzepten vorhanden ist. Wenn der Heranwachsende mit der primären Vertrautheit bricht, findet eine Neuorganisation soziobiologischen Verhaltens statt, eine Neuorganisation, nach der die menschliche Entwicklung in unvergleichlich weitreichender Weise verlangt.

Adoleszente Reorganisation zum „Selbst ganz neuer Ordnung“

Damit haben wir den Rahmen psychoanalytischer Erklärungen verlassen. Wir müssen diesen Rahmen auch sprengen, wenn wir erhellen wollen, auf welchem Weg „die Persönlichkeitskonsolidierung fortschreitet“, welcher Art jenes „neue organisierende Prinzip“ ist, das sich durchsetzt, die „Ganzheit der Person erfaßt“ und „ein Selbst ganz neuer Ordnung“ entstehen läßt. Unser Versuch einer Neubewertung der Ado-

100 Ebenda S. 489f.

leszenz konzentriert sich daher auf eine Beschreibung der Reorganisation der Person und auf die Suche nach ihrem organisierenden Prinzip. Eine solche Möglichkeit der Reorganisation erscheint mir faszinierend.

Konzentrieren wir uns auf diese Aufgabe, finden wir viele Hinweise auf drei miteinander eng verbundene Leistungen, die eine Reorganisation der Person ermöglichen: die Fähigkeit zu einer *Neu- oder Reorganisation der Persönlichkeit*, die erstaunliche Fähigkeit, die *bisherige Entwicklung auszugleichen*, zu versöhnen oder zu „reparieren" und korrektive Erfahrungen aufzusuchen, und schließlich die der *Neubewertung der Kindheit*. Es sind gerade die Fähigkeiten, auf die sich Psychotherapie gründet.

Die Literatur läßt das Entstehen einer neuen psychischen Organisation vermuten, die sich durch hohe Integriertheit und Ganzheit auszeichnet. GITELSON spricht von *„character synthesis"*[101]. GREENACRE deutet an, das Gefühl der erwachsenen funktionellen Identität sei nicht vollkommen, „ehe die Adoleszenz nicht ganz vorbei und assimiliert ist"[102]. BLOS sieht die „Aufgabe, daß die verschiedenen geistigen Antriebe zu einem funktionsfähigen Ganzen integriert werden", zu einem *„Selbst ganz neuer Ordnung"*. An anderer Stelle spricht BLOS vom Auftauchen der *„moralischen Persönlichkeit"*, wozu sich das Entstehen eines *„freien Willens"* (C.G.JUNG) gesellt. So und ähnlich wird *„ein organisierendes Prinzip einer ganz neuen Ordnung"*[103] am Werk gesehen. GRINKER formuliert: „Wir brauchen einen Namen für einen übergeordneten Prozeß, der in der Weise funktioniert, daß er die Sub-Systeme einschließlich der vielen Identifizierungen, die das Ich, das Ich-Ideal und das Über-Ich bilden, integriert und das Verhalten in die verfügbaren Sozialrollen einordnet."[104]

Dieses Ringen um Worte scheint eine zentrale Beobachtung zu umkreisen: die Herausbildung eines neuen organisierenden Prinzips im Verlauf der Adoleszenz, welche nicht zum Abschluß kommt, ehe dieses sich nicht manifestiert und seine reife Funktion zu übernehmen beginnt. Ein solcher Vorgang, worin sich die adoleszente Persönlichkeit neuorganisiert, wird der Persönlichkeitsentwicklung Plastizität und Möglichkeiten zur Korrektur verleihen. Tatsächlich beschreiben BLOS und andere eine erstaunliche reparative Fähigkeit, die bisherige Kindheit neu zu betrachten, zu bewerten und auszugleichen: „Es ist noch zu wenig beachtet worden, daß die Adoleszenz oft eine Spontanheilung für schwächende Kindheitseinflüsse bietet und dem Individuum Gelegenheit gibt, Kindheitserfahrungen, die seine fortschreitende Entwicklung bedroht haben, zu modifizieren und zu korrigieren. Die regressiven Prozesse der Adoleszenz erlauben eine Umformung defekter oder unvollständiger früherer Entwicklungen."[105]

HARTMANN, KRIS und LÖWENSTEIN zufolge ist das Potential für eine Persönlichkeitsformung in der Latenzzeit und in der Adoleszenz im psychoanalytischen Schriftum unterschätzt worden[106]. Bereits FENICHEL wies darauf hin, daß die Erfahrungen der

---

101 M.GITELSON: Character Synthesis: The Psychotherapeutic Problem of Adolescence, American Journal of Orthopsychiatric, Voll. XVIII, 1948.

102 P.GREENACRE: Early Physical Determinants in the Development of the Sense of Identity, Journal of the American Psychoanalytic Association, Vol. VI., 1958; zitiert nach BLOS, ebenda S. 173.

103 BLOS, ebenda S. S. 216.

104 R.R.GRINKER: On Identification, International Journal of Psychoanalysis, Vol. XXXVIII, 1957; zitiert nach BLOS, ebenda S.216.

105 BLOS, ebenda S. 23.

106 H.HARTMANN, E.KRIS, R.M.LÖWENSTEIN: Comments on the Formation of Psychic Structure, The Psychoanalytic Study of the Child, Vol. II, 1946: zitiert nach BLOS, ebenda S. 23.

Pubertät Konflikte lösen oder sie in eine endgültige Richtung bringen können[107]. BLOS unterstreicht, daß bis zum Abschluß der Adoleszenz frühkindliche Schädigungen spontan korrigiert werden können: „Untersuchungen über das Ich am Ende der Adoleszenz haben in zunehmendem Maße die Meinung unterstützt, daß Korrekturen und reparative Veränderungen sogar noch in der Spätadoleszenz einsetzen können. Untersuchungen an Kindern, die in der frühen Kindheit schweren Mangel gelitten hatten, zeigten, daß die „Verbildung der psychischen Struktur", die sie erlebt hatten, „nicht unveränderbar fixiert" war. Sogar noch in der Adoleszenz wirkten reparative Kräfte, wenigstens teilweise, dem früheren Defizit entgegen, und ein bedeutendes Wachstum der Ich-Funktion wurde beobachtet."[108]

KAPLAN entwirft „ein Bild des Jugendlichen, das ihn als aktiven, korrigierenden Bearbeiter seiner kindlichen Vergangenheit zeigt" und beschreibt die Wirkungsweise jener reparativen Kräfte und ihren enormen emotionalen Aufwand. In gewisser Weise tritt der Jugendliche seiner Kindheit gegenüber und vollzieht diese Entwicklung aktiv selbstgestaltend: „Stück für Stück und mit großem emotionalem Aufwand muß jede einzelne Erinnerung und Erwartung, durch welche die Libido mit den Eltern verknüpft wurde, hervorgeholt, neu durchlebt und neu gedeutet werden. Diese mühsame Gefühlsarbeit ist das Urbild für die Trauerarbeit beim Tod eines geliebten Menschen. Durch diese besondere Form des Verzichts auf Vergangenes wird dem Jugendlichen zum ersten Mal der irreversible Charakter des Verlustes klar."[109] Diese Bewältigung resultiert nach KAPLAN aus einem intensiven inneren Dialog. D.h., *das neue organisierende Prinzip sucht und befähigt zu einer kommunikativen Lösung, bzw. es kann entstehen und neu strukturierende Potenz entfalten, weil die Person nun in einen umfassenden Dialog mit sich, der Matrix und der Welt eintritt im Prozeß der Ablösung.* Im Mittelpunkt der Adoleszenz scheint eine solche Situation zu stehen, wie sie die „Bildergalerie" veranschaulicht, die Fähigkeit, die Welt und darin sich selbst so differenziert wahrzunehmen, daß dieser Dialog sich als innere Welt- und Selbstkonstruktion etabliert und ein neues Gefühl psychosozialer Identität wachruft.

Berühren wir hier nicht eine Fähigkeit, die jeder Psychotherapie zugrunde liegt, die Fähigkeit zum inneren Dialog, den jede Psychotherapie wieder aufgreift, erneuert und vertieft? Und ist die reparative und reorganisierende Methode, derer sich der Jugendliche bedient, nicht das Urbild der psychotherapeutischen Methode: Der Jugendliche „revidiert die Vergangenheit, indem er sie in der Gegenwart neu inszeniert. Was einstmals tatsächlich zwischen dem Kind und seinen Eltern in einer realen Umwelt geschah, ist in verschiedene Aspekte seines Selbst verwandelt worden - in sein Gewissen, seine Phantasie, seine Tagträume, seine ganze Art zu denken und zu fühlen. Während der Adoleszenz kehrt sich die dynamische Beziehung zwischen Innenleben und Außenwelt häufig um. Indem er gewisse Aspekte seines längst schon verinnerlichten psychischen Lebensraums aufs Neue veräußerlicht, eröffnet sich dem Jugendlichen die Chance, den Ausgang von bereits als erledigt „abgehakten" Problemverarbeitungen wieder offen zu halten. Mit Hilfe solcher Neuinszenierungen versucht der Heranwach-

107 O.FENICHEL: The Psychoanalytic Theorie of Neurosis, New York, W.W.Norton & CO, 1945; zitiert nach BLOS, ebenda S. 23.

108 BLOS, ebenda S. 215. Er beruft sich auf die Untersuchungen von D.BERES, S.J.OBERS: The Effects of Extreme Deprivation in Infancy on Psychic Structure in Adolescence: A Study in Ego Development, The Psychoanalytic Study of the Child, Vol. V, International Universities Press New York, 1950.

109 KAPLAN, ebenda S. 18 u.172.

sende ganz unbewußt, sich für einige Demütigungen und Versagungen der Kindheit zu entschädigen." „Er aktualisiert bei sich und auch bei anderen jene abgespaltenen Selbst- und Elternbilder, die auf dem Höhepunkt der frühen Kindheit nicht zu einer angemessenen Synthese gebracht werden konnten." „Im allgemeinen werden die Strukturen der Vergangenheit durch die jugendliche Vitalität aufgebrochen und der Weg zu kohärenteren Synthesen geebnet."[110]

Wenn wir uns erlauben, „Libido" mit „familiäre Bindekräfte" zu übersetzen, so ahnen wir die intensive, die gesamte bisherige Person und ihre Organisation hineinziehende *kommunikative Kraft*, die sich hier entfaltet, wenn der Heranwachsende daran geht, ein eigenes Tiefenzentrum auszubilden und zu demarkieren, anders ausgedrückt, sich selbst zu kontextuieren. Dieser Vorgang berührt seine bisherigen Umgrenzungen und alle Stützfunktionen der Matrix, ruft die in der bisherigen Formation einlegierten Erinnerungen, Grenzverletzungen und Emotionen wach und verlangt nach Neubewertung und Neuorganisation. Der Vorgang in seiner Tiefe erfaßt die ganze Person und läßt sich symbolisch als Geburt der erwachsenen Person bezeichnen.

Das Selbstgefühl psychosozialer Identität als neues organisierendes Prinzip 1

C.G.JUNG war er der erste psychoanalytische Psychologe, der den Übergang zum Erwachsensein als Ablösungsprozeß von der Herkunftsfamilie erkannte und unmißverständlich ihre erfolgreiche Lösung als Bedingung seelischer Gesundheit darlegte. Er leistete das in seinem umfangreichsten Werk „Symbole der Wandlung", das zugleich seinen Bruch mit FREUD argumentativ vollzog. Das ist kein Zufall. JUNG löste sich in diesem Werk von einem freudianischen Verständnis der „Libido", die dort eine unübersehbar rückwärtsgewandt und wiederholende Tendenz aufwies, während JUNG mit diesem Werk ihren vorwärts gewandten, sich entwickelnden Charakter belegen wollte. Sie war in seinen Augen nicht auf den ewigen sexuellen Inzest angelegt, sondern auf „Wandlung", „Individuation" und immer erneute „Wiedergeburt". Für den Individualpsychologe STEIN sind „Wandlung" und „Wiedergeburt" Synonyme für Reorganisation. Er schreibt: „Das Kernstück des Inzestproblems ist das ewige Verlangen des Menschen, wieder ein Ganzes zu werden."[111] Die heutige weitgehend mystisch Rezeption ist an diesem C.G.JUNG achtlos vorbeigegangen. „Symbole der Wandlung" ist die Ausarbeitung eines einzelnen Falles einer jungen Frau in der verlängerten Adoleszenz, unfähig, die familiären Bindekräfte zu überwinden, und von psychotischer Dekompensation bedroht. JUNG konnte ihr nicht helfen. Aber er wies nach, daß die begleitenden (un-)bewußten Phantasien auf Wandlung drängen, auf Reorganisation und Geburt der erwachsenen Person. Er schrieb über den Zusammenhang von Ablösung und seelischer Gesundheit bzw. Erkrankung:

„Man lebt ohne eine gewisse Gefährdung seiner geistigen Gesundheit nicht zu lange in der infantilen Umgebung resp. im Schoß der Familie. Das Leben ruft den Menschen hinaus zu Selbständigkeit, und wer diesem Ruf aus kindlicher Bequemlichkeit und Ängstlichkeit keine Folge leistet, wird durch die Neurose bedroht." Der Bewältigung dieser adoleszenten Aufgabe entspringe dagegen „die Erzeugung des Willens" und die „Möglichkeit einer freien Verwendung desselben". Die Opferung der Kindheit ge-

110 Ebenda S. 184, 189, 190.
111 R.STEIN: Inzest und Liebe, Bonz-Verlag, Fellbach, 1981, S. 67f.

währt ein gegenüber den Kräften des Unbewußten „autonomes Bewußtsein"; der jugendliche Mensch dürfe nicht „an diesem Leib und Seele schädigenden Band des unbewußten Inzest verhaftet" bleiben[112]. „Man (sollte) die rückschauende Sehnsucht, welche nur die Kindheit mir ihrer dämmernden Seligkeit und ihrer Mühelosigkeit wiederbringen möchte, opfern, bevor die „Himmlischen" uns die Opfer „entreißen", wobei sie aber auch den ganzen Menschen mitnehmen. Dieses Opfer geschieht nur in einer völligen Hingabe an das Leben, wobei auch alle die in familiären Banden gebundenen Libido aus dem engen Kreise in die Weite gebracht werden muß; denn es ist für das Wohlbefinden des Einzelnen erforderlich, daß er, nachdem er in seiner Kindheit bloß mitdrehendes Partikel in einem rotierenden System gewesen war, nun mehr erwachsen, selber Zentrum eines neuen Systems werde."[113]

Die Reorganisation der Person verlangt, daß das kindliche Selbst sterben muß, um als erwachsene, reorganisierte Person wiedergeboren zu werden. WUNDERLI beschreibt die Krise der Adoleszenz als „Wandlungskrise": „ein Sterben, Töten und Tod einerseits - Neuwerden und Wiedergeburt andererseits"[114]. Diese Krise fällt in die Zeit der Ablösung von den Eltern, welche als „Sterben" erlebt werden kann. Hinsterbenlassen kindlicher Abhängigkeit gebiert erst die Voraussetzungen, die herangereiften Bedürfnisse und Fähigkeiten zu leben zur Geltung zu bringen. In diesem Sinne vitalisiert die Geburt der erwachsenen Person die psychosoziale Organisation der Persönlichkeit. HAAN meint, „daß eine Periode der intensiven Umstrukturierung im Jugendalter Voraussetzung für die Entwicklung dauerhafter Formen der produktiven Anpassung im Erwachsenenalter zu sein scheint."[115] Wir können zusammenfassend feststellen, daß die Idee einer Reorganisation der Person im Verlauf der Adoleszenz in der psychotherapeutischen Literatur verankert ist.

Die Idee, den Abschied von der Kindheit, als Sterben, Wiedergeburt und Wandlung zu deuten, ist nicht neu. Die Pubertätsriten der Stammesvölker dramatisieren diesen Übergang als Nachahmung von Zeugung, Tod und Geburt, als Initiieren einer zweiten Geburt, die ein neues Seelensubstrat zukommen läßt. Diese zweite Geburt ist eine soziale und kulturelle. Während die Geburt die natürliche Potenz der Frauen vor Augen führte, so sollte die soziokulturelle Geburt die geistige Macht des Mannes begründen. Wir finden hier schon die Idee eines neuenorganisierenden Prinzips, den der Initiierte empfängt - bei den Aborigines beispielsweise ein eigenes Tschuringa -, und Beseelen und Vitalisieren der Person durch diesen neuen Seelenleib. Es war JUNGs Leistung, diese uralte Erfahrung im Trennungsdrama des modernen Menschen wieder entdeckt zu haben, das sich ansonsten unter anderen Bedingungen vollzieht. Wir suchen nach einem modernen „Seelensubstraht", nach einem „organisierenden Prinzip ganz neuer Ordnung". Aus unseren bisherigen Ausführungen wissen wir, daß dieses neue Prinzip aus einer erweiterten Fähigkeit zu kommunizieren erwachsen muß, aus einer kommunikativen Kraft, die in der Lage ist, in einen umfassenden Dialog mit der Matrix, der Welt und sich selbst einzutreten und „Songlines" zu erdichten. In diesem umfassenden Dialog reorganisiert sich die erwachsene Person.

KAPLAN gibt uns einen weiteren Hinweis: „Es ist ein nur den menschlichen Primaten eigenes Merkmal, daß wir unsere innere Welt - unsere Phantasien, Wünsche, Hoff-

---

112 C.G.JUNG: Symbole der Wandlung, Freiburg i.Brsg., 1981, S. 391, 451 u. 455.

113 Ebenda S. 524.

114 J.WUNDERLI, 1980, S. 109.

115 Zitiert nach Olbrich et al., ebenda S. 20.

nungen, unser Selbstgefühl - verändern können, indem wir uns die Außenwelt zunutze machen und so zurecht modellieren, daß sie diese unseren Phantasien und Hoffnungen entspricht. Auf diese Weise können selbst die tiefsten Tiefen unseres Innenlebens mit Hilfe vieler gleichsam übereinander geschichteter Revisionen nochmals überprüft und umgewandelt werden."[116] Das heißt, es gibt ein *dynamisches Verhältnis zwischen Innen- und Außenwelt, Selbst und Kontext.* Dieses dynamische Verhältnis scheint die Grundlage abzugeben für eine Reorganisation der Person, in dessen Verlauf die verschiedenen Weisen, in der sozialen Matrix enthalten zu sein, neu verknüpft und bewertet werden. Was KAPLAN schildert, gleicht jener Situation, in der sich der Besucher und Betrachter der „Bildergalerie" wiederfindet: Auf merkwürdige Weise steht er etwas gegenüber, dem er angehört und Teil seiner selbst ist, auf merkwürdige Weise kann er herausspringen, kann er sich für Augenblicke in einen Zustand der Schwebe halten und sich wie die Welt so betrachten, als wäre er ein externer Beobachter, um wieder zurückzuspringen in seine Matrix und in „sein Selbst", die nun beide nicht mehr dieselben sind. Insofern entwirft er seine Wirklichkeiten und sich selbst.

Die neuere ethologische Forschung kann KAPLANs Hinweis weiter konkretisieren: BISCHOF setzt die kopernikanische Wende von der tierischen Entwicklung hin zur spezifisch menschlichen dort an, wo ein neues Konstruktionsprinzip entstand, das „*Prinzip der Zeitrepräsentation*". Die spezifische menschliche Entwicklung zeichnet die Fähigkeit aus, „imaginäre Zeit", das heißt, zukünftige und hypothetische Zeit zu repräsentieren. Ein aktueller Antrieb kann nun in Bezug zu vorweggenommenen, imaginativen Antrieben gesetzt werden. Genau diese Leistung, imaginäre Zeit zu repräsentieren, ermöglichen die neuen kognitiven Fähigkeiten der Adoleszenz, im besonderen die Fähigkeit zu formal-operativem Denken (s.u.). Sie setzt eine neue, spezifisch menschliche Fähigkeit ins Werk, die eine Neubewertung und Reorganisation der Person an der Basis ermöglicht und verlangt: Sie „entthront die Triebe als führende Organisatoren der Phantasie"; „sie haben sich nun vielmehr ihrerseits nach dem zu richten, was auf der Vorstellungsbühne abläuft, gerade so, als handle es sich dabei um handfeste Realität.. Wir haben für diese Entwicklungsstufe einen *neuen Organisator der Phantasie zu fordern.* Und dieser muß sich, wenn das ganze Verfahren funktionieren soll, an der Einsicht in antriebsunabhängige, „objektive" Ablaufprinzipien der realen Welt orientieren."[117]

Es ist bemerkenswert, wie sehr sich BISCHOFs Beschreibung des neuen inneren Organisators mit unserer Beschreibung des Selbstgefühls deckt: beide sind durch eine integrative Funktion von Selbst und Welt und von Individuellem und Sozialem charakterisiert. Der Mensch tritt ein in ein neues Verhältnis zu sich und seiner Umwelt, das ihn selbst wie seine Umwelt und seine Beziehung zu ihr neu gestalten kann: „Wie wird es mit dieser Umwelt weitergehen, womit wird sie mich von sich aus als nächstes konfrontieren, und welche Bedürfnisse wird das in mir hervorrufen? Die egozentrische Betrachtungsweise, die mich selbst zum unreflektierten Maß aller Dinge gemacht hat, weicht so einer „ökozentrischen" Sicht, in der die Welt zum Bezugssystem für mich wird."[118]

Im Laufe der Adoleszenz erweitert sich diese integrative Funktion gewaltig. Offen-

116 KAPLAN, ebenda S. 182.
117 N.BISCHOF, ebenda S. 542.
118 Ebenda.

kundig erweist sich die Fähigkeit zur Zeitrepräsentation als „potentiell ungeheuer effiziente Mechanismen des Antriebsmanagements". Sie ermöglichen es, die unvermeidlichen „individuellen und sozialen Triebkonflikte" im Sinne eines zeitlichen Nacheinander zu lösen. Wiederum ist es eine Fähigkeit, welche die adoleszente Entwicklung mit sich bringt und eine Grundvoraussetzung jeglicher Psychotherapie darstellt: eine relative Freiheit gegenüber den „unvermeidlichen individuellen und sozialen Triebkonflikten" und damit die Fähigkeit, sie neu zu bewerten und neu zu ordnen.

Mit ihrer Reifung bildet der Heranwachsende zugleich aus, gesellschaftsfähig zu sein. Das Soziale gebiert die erwachsene individuelle Person und die individuelle Person gerade mit dieser Fähigkeit die Sozietät. Im Schnittpunkt kann ein neuer Kristallisationspunkt entstehen, ein Selbst-Zentrum, worauf der ganze innere Kosmos der Person neu bezogen werden kann. Dabei macht der allmähliche und langwierige Prozeß des Neuordnens reparative, bezüglich der bisherigen Biographie korrektive Erfahrungen möglich und fügt durch diese neue Fähigkeit ein erweitertes Selbstgefühl hinzu. ERIKSON schreibt: „Wir haben es mit einem Prozeß zu tun, der im Kern des Individuums 'lokalisiert' ist und doch auch im Kern seiner gemeinschaftlichen Kultur, ein Prozeß, der faktisch die Identität dieser beiden Identitäten begründet."[119]

INHELDER und PIAGET entwickelten ebenfalls die Idee einer Reorganisation der psychischen Struktur im Verlauf der Adoleszenz. Als Motoren einer solchen adoleszenten Reorganisation schälen sie zwei Faktoren heraus: „die Transformation des Denkens und die Einfügung in die Gesellschaft der Erwachsenen", die wie wir sahen, eng miteinander verknüpft sind. „Diese Einfügung *bewirkt eine totale Umformung der Persönlichkeit*, während die Transformationen des Denkens den intellektuellen Aspekt darstellen, der zum affektiven Aspekt parallel läuft oder für ihn komplementär ist." Dieser Prozeß *„ist die Konstruktion einer Persönlichkeit"*.[120]

Wir hatten in einem früheren Kapitel Triebe als Kontextproduktion interpretiert, und so gesehen paßt diese nach BISCHOF spezifisch menschliche Fähigkeit gut in unser Konzept. Die Fähigkeit zur Zeitrepräsentation gibt dem Menschen die Fähigkeit an die Hand, seine Kontextproduktionen zu ordnen, sinnvoll zu organisieren und aufeinander abzustimmen, eine Aufgabe, wofür wir das Selbstgefühl als inneren Organisator benannten. Es fügt sich ein, daß diese Fähigkeit - wie BISCHOF andeutet - nicht zur Isolierung des Menschen führt, sondern Person und Umwelt zu einem dichteren Koexistieren verweben. Darin können wir zweifellos ein radikal neues Entwicklungspotential sehen, die Möglichkeit eines neuen organisierenden Prinzips, das in neuer Weise die menschliche Person mit seiner inneren und äußeren Umwelt verknüpft und in einem intensivierten, vitalisierenden Selbstgefühl zum Vorschein kommt. Wenn wir annehmen können, daß diese spezifisch menschliche Fähigkeit in der Adoleszenz heranreift und in seiner vollen Entwicklung nun zur Verfügung steht, so verfügt die organisierende Kraft des Selbstgefühl über ein neuordnendes, komplexes Prinzip, das neue Bereiche eröffnet, die über die bisherigen hinausreichen: das *Gefühl des psychosozialen Selbst, das Gefühl der Identität der Person*, die über eine persönliche Ordnung und Organisation ihrer Kontextproduktion gebietet. Die menschliche Adoleszenz enthält die Chance, daß Person und Welt in gewisser Weise miteinander verschmelzen

119 ERIKSON: Jugend und Krise, S. 18.

120 INHELDER,PIAGET: Von der Logik des Kindes zur Logik des Heranwachsenden, Walter-Verlag, Olten, 1980, S. 323.

und dabei das individuelle Selbst entstehen lassen.

ERIKSON bezeichnete das Gefühl der psychosozialen Identität als „Erbe der Adoleszenz". Ebenso wie JUNG und die anderen genannten Autoren hebt ERIKSON hervor, daß sich hier persönliche und soziale Entwicklung und Wirklichkeiten verschränken und wechselseitig als Wirklichkeiten konstituieren: „Die psychosoziale Identität ist notwendig als die Verankerung der vergänglichen Existenz des Menschen im Hier und Jetzt."[121] Der Heranwachsende wird im Laufe seiner „Eingliederung" zur *sozialen Person*, wobei umgekehrt die Gesellschaft ihre Innovationen erhält. Nicht im Widerstand und gegen die gesellschaftliche Entwicklung, sondern in einem gemeinsamen Raum mit ihr konstituiert sich ein „Gefühl der Identität" und erhält es „Realität". „Ich-Identität" ist „durch das tatsächlich erreichte, aber immer wieder zu überprüfende Gefühl der Realität des Selbst innerhalb der sozialen Realität gekennzeichnet"[122]. Die Fähigkeit zur Identität bewirkt dann eine Vitalisierung der Persönlichkeit: „Die wechselseitige Ergänzung von Gruppen-Identität und Ich-Identität, von Ethos und Ich stellt sowohl der Ich-Synthese wie der sozialen Organisation ein größeres Energiepotential zur Verfügung." ERIKSON geht so weit, von einer „wechselseitigen Ergänzung der Ich-Synthese und der sozialen Organisation" zu sprechen[123].

Wir kommen auf einen zweiten Aspekt des neuen organisierenden Prinzips zu sprechen. Wie sich schon abzeichnet, resultiert aus dieser neuen Fähigkeit einer integrativen Funktion von Selbst und Welt eine *neue kommunikative Qualität*, die dem neuen organisierenden Prinzip zu Gute kommt. Die Vitalisierung der Person resultiert - wir greifen hier unserer Diskussion voraus - aus dem Erfahren eines neuen Selbstzentrums und der Neufassung der Selbstgrenze, also aus einer Neugestaltung der Polarität von Zentrum und Peripherie der Person, und der hieraus erwachsenden kommunikativen Kraft, die neue und viel weiterreichende Bereiche des Selbst und seines Umfeldes erschließt. Das Selbst erwirbt eine neue oder erweiterte synthetische Kraft, indem es ein qualitativ neues Organisationsprinzip entwickelt, das ERIKSON als „Ich-Prozeß" bezeichnet: „Was wir als Ich-Prozeß bezeichnen können, ist das Organisationsprinzip, durch das sich das Individuum selbst als eine zusammenhängende Persönlichkeit aufrechterhält, mit einer Selbst-Gleichheit und Kontinuität sowohl in der Selbsterfahrung wie in seiner Aktualität für andere." Für ERIKSON kein rein kognitiv-psychischer Vorgang, sondern die Lösung der Aufgabe, sich „zu einem gut organisierten Ich innerhalb der sozialen Wirklichkeit zu entwickeln"[124].

Entsprechend der psychoanalytischen Lehre verfügt das Ich über „neutrale Energien", die es erst erwirbt durch eine Transformation oder Zivilisieren „roher Energien" und derer es sich bedient im Interesse realitätsgerechter Wahrnehmung und Organisation. Im Verlauf der Adoleszenz nehme die Quantität dieser neutralen Energie zu, und das Ich gewinne an Einfluß und Kontrolle innerhalb des psychischen Apparates. Die Begriffe „neutrale und rohe Energien" unterstellen, daß es sich um eine Zivilisieren unbändiger wilder Emotionen und Triebe handle, als sei das menschliche Individuum zu irgendeinem Zeitpunkt kein soziales Wesen. „Rohe Energien" stehen für gestörte und zerstörte Kommunikation und sind gerade ein Produkt der Vergesellschaftung. Dem menschlichen Individuum ist es auferlegt, seine potentiell in der Matrix angelegte

121 ERIKSON: Jugend und Krise, S. 39.
122 ERIKSON: Lebenszyklus und Identität, S. 219.
123 ERIKSON: Jugend und Krise, S. 48, 51.
124 Ebenda S.72 u. 47.

menschliche Gestalt zu suchen, auszuarbeiten und zu verwirklichen. Die Kräfte der Entindividuierung verzerren dagegen sein menschliches Antlitz.

Die Person kann „neutrale Energie“ nur durch Kommunikation schöpfen, durch Ausdehnen des kommunikativen Prinzips in seiner inneren Kommunikation wie innerhalb seines Umfeldes und durch seine qualifizierte Teilhabe am Kreis der Kommunizierenden. Der Heranwachsende handelt Bereiche kommunikativer Übereinstimmung aus, insbesondere der Definition der Selbstgrenze und des übergeordneten Rechts, diese letztlich selbst zu bestimmen und zu wahren. In anderen Worten heißt „neutrale Energie“ zu erwerben, daß das Individuum seinen eigenen Kontext innerhalb der Matrix entwickelt und bestimmt, daß es selbstreferentielle Kontexte entwirft und testet in Hinsicht auf ihre Eignung, mit sich und der Welt in kommunikativer Verbundenheit zu bleiben. Es bedeutet Recht und Fähigkeit zur Selbstkontextuierung. Oder noch anders ausgedrückt, das menschliche Individuum steht vor der Aufgabe, in individueller Weise die Fülle der Verbundenheit in sich aufzunehmen, sich anzueignen und zu kommunizieren lernen.

Das Selbstgefühl als organisierende Kraft wird beiden Aspekten des neuen organisierenden Prinzips gerecht - der neuen kommunikativen Qualität und dem dynamischen Verhältnis von Innen- und Außenwelt -, vermag sie daher in sich aufzunehmen und seine Funktionsweise zu reorganisieren. Das Selbstgefühl wird während der Adoleszenz einem Reizklima ausgesetzt, das seine Weiterentwicklung in eine neue Qualität ermöglicht und erfordert. Hierzu gehören neben einem soziobiologischen Kontextwechsel, den die *Reifung der Sexualität* verlangt, die neuen kognitiven Fähigkeiten, die *Herausbildung innerer Autorität und Kompetenz* und schließlich die Aufgabe, die *Substitution durch die soziale Matrix der Herkunftsfamilie aufzugeben* bei gleichzeitiger Ablösung von der Herkunftsfamilie. Die Neuorganisation verlangt nun, selbst Zentrum eines neuen Systems zu werden. Dabei scheint mir der entscheidende Punkt zu sein, daß der Herangewachsene mit Hilfe der in ihrer Art neuen Fähigkeit in einen umfassenden Dialog mit sich und der Welt eintritt. Es handelt sich um ein kommunikatives, mehr noch dialogischen Prinzips, das Wechselseitigkeit und die Ausbildung reifer Selbstgrenzen verlangt.

Das Selbstgefühl der Identität beschreibt ERIKSON als „das subjektive Gefühl, einer bekräftigenden Gleichheit und Kontinuität“. Es ist gleichermaßen Ausdruck sozialer Existenz und Identität wie individuellen Existenz und Identität. Ein Identitätsgefühl wird als psychologisches Wohlsein erlebt, als Zustand spontaner Werterfahrung. „Seine deutlichsten Bestandteile sind ein Gefühl, im eigenen Körper Zuhause zu sein, ein Gefühl, „zu wissen, wohin man geht“, und eine innere Überzeugtheit von der antizipierten Bestätigung durch die, auf die es ankommt.“[125]

Unser Konzept der Reorganisation der Person erlaubt, daß die menschliche Entwicklung mehrere Neuorganisationen vorsieht, die aufeinander aufbauen und ineinander greifen; daß die Ausweitung des Selbstgefühls auf der Entwicklung neuer Fähigkeiten beruht und daher normalerweise ohne krisenhafte Entwicklung vollzogen wird; und daß eine Ausweitung des Bereichs der Bezogenheit jeweils alle anderen Bereiche des Selbstgefühls berührt und korrigieren kann. Die Herausbildung psychosozialer Identität setzt um das 11. und 12. Lebensjahr ein und dauert ca. bis zum 24. Lebensjahr an. Sie vollzieht sich in drei Entwicklungstendenzen, worin erstens sexuelle

125 ERIKSON: Jugend und Krise, S.15 u. 170.

Identität, zweitens Kompetenz und innere Autorität und drittens soziale Identität oder die Fähigkeit, sich auf soziokulturelle Ressourcen zu beziehen und zu integrieren, sich ausbilden. Das dialogische Prinzip der Kommunikation wendet der Adoleszent zum ersten Mal auf sich und seine unmittelbare Umgebung an. Wenn wir Breakdowns der adoleszenten Entwicklung als Indikatoren für sensible Phasen der Ausbildung des Selbstgefühls ansehen dürfen, dann können wir im Lebensalter von 13 Jahren eine besonders kritische Phase vermuten, dann wiederum mit 17 Jahren und drittens zu jenem Zeitpunkt - der nun zeitlich nicht mehr so genau zu fixieren ist -, da psychosoziale Realisierung außerhalb der Familie unvermeidlich wird.

Die folgenden Abbildung, die sich an eine Skizze von STERN anlehnt, faßt einige Aspekte der Neuorganisation der Person im Verlauf der Adoleszenz zusammen:

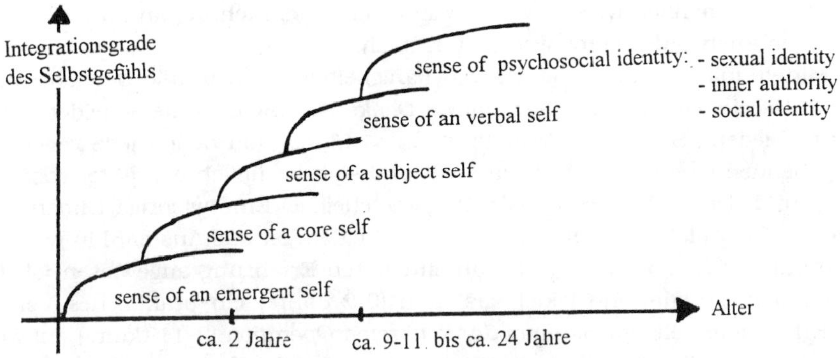

Abbildung 9-V: Neuorganisation der Person durch das Selbstgefühl der Identität.

Wir können die Reorganisation der Person in der adoleszenten Entwicklung durch die Reifung des Selbstgefühls zum Gefühl psychosozialer Identität und die neue kommunikative, daher organisierende Kraft des Selbstgefühls nicht hinreichend verstehen, ohne auf die neuen kognitiven, emotionalen und moralischen Fähigkeiten der Adoleszenz einzugehen. Sie sind geeignet, genau die jetzt gestellten Aufgaben konstruktiv im Sinne von bezogener Individuation zu lösen. Die empirische Forschung hat ungemein interessantes Material zusammengetragen, das diese neuen Fähigkeiten beschreibt, auf denen das „Selbst ganz neuer Ordnung" entstehen kann. Wir kommen danach noch einmal auf die Entwicklung des Selbstgefühls zurück.

Die neuen kognitiven Fähigkeiten des Adoleszenten und die Reorganisation der Person

Nicht ohne Grund betonen wir die kognitiven Fähigkeiten, die in dieser Zeit eine neue Qualität erreichen und dem Heranwachsenden ganz neue Möglichkeiten eröffnen, die nicht nur seine Kognition und Denkfähigkeit revolutionieren, sondern seine moralische Entwicklung, seine Kompetenz und Entwicklung innerer Autorität, seine formale Handlungsstruktur, seine Fähigkeiten zu sozialer Wahrnehmung und Beurteilung, aber damit zugleich seine Selbstwahrnehmung und -beurteilung und schließlich die große Chance, sich gesellschaftliche und insbesondere kulturelle Ressourcen und Op-

126 Angelehnt an eine Abbildung von STERN, ebenda S. 32 u. 33.

tion zu erschließen und teilweise als Verhaltenskontexte oder gar Referenzkontexte zu integrieren. In einem Überblicksreferat konstatiert OLBRICH: „Das Jugendalter ist eine Zeit derart bedeutsamer physischer und psychischer Veränderungen, daß jedes Individuum, das mit solchen Anforderungen konfrontiert wird, gezwungen wäre, sich selbst neuzubewerten bzw. Inventur zu machen".[127] Ja, ich möchte behaupten, die neuen kognitiven Fähigkeiten setzen ein Neuorganisieren der Person an der Basis auf die Tagesordnung, um dieselben, ihren Gebrauch und ihre Rückwirkungen auf die Person, ihre Beziehung zu sich und ihrer Umwelt und die Gestaltungsmöglichkeiten gegenüber der sozialen Matrix und der weiteren Gesellschaft integrieren zu können. In dieser Hinsicht kennzeichnet die Adoleszenz eine „*intensive Dynamisierung von Weiterentwicklung*", um unter den geänderten internen und externen Bedingungen Werterfahrung aufrechtzuerhalten und zu steigern. Tatsächlich wies BACHMAN in einer Untersuchung an 15-23-Jährigen einen stetigen Anstieg des Selbstwertgefühls nach.[128]

Im Mittelpunkt der neuen kognitiven Fähigkeiten steht, in alle Bereiche ausstrahlend, die *Herausbildung formal-operativen Denkens*. PIAGET unterscheidet drei qualitativ verschiedene Stufen der kognitiven Entwicklung, von denen jede gegenüber der vorhergehenden einen Fortschritt darstellt und sich bezüglich charakteristischer Operationen und deren Organisationsform unterscheidet. Eine wichtige Dimension, hinsichtlich welcher sich die drei Stadien unterscheiden, ist das Ausmaß, in welchem das Denken auf das Hier und Jetzt der unmittelbaren Erfahrung angewiesen ist. Im *sensomotorischen Stadium* entwickelt das Kind (0-2 Jahre) ein praktisches Verständnis seiner Erfahrungswelt. Im *Stadium der konkreten Operation* (2-11 Jahre) entwickelt es einige wirkungsvolle grundlegende Fertigkeiten, welche für das Denken notwendig sind; das Kind wird aber immer noch sehr stark von den Einzelheiten und dem Kontext seiner Erfahrung beeinflußt, daher die Bezeichnung „konkret". Erst im *Stadium der formalen Operationen* wird die Fähigkeit zum völlig abstrakten Denken erworben mit dem Ergebnis, daß die Person sowohl deduktiv wie induktiv überlegen kann, indem es sich nicht mehr auf das inhaltliche Zutreffen der Sätze konzentriert, sondern auf ihre Form oder ihren Wahrheitswert. Die erste Unterstufe des formal-operativen Denkens siedelt PIAGET in die Zeitspanne von 11 bis 13 Jahren; die zweite Unterstufe beginnt mit etwa 15 Jahren.

Wir wissen heute, daß sich die Stufe der formalen Operationen erst allmählich während der gesamten Adoleszenz entfaltet. KEATING und CLARK wiesen nach, daß zwar 63% der 16-Jährigen physikalische Aufgaben auf dieser Kognitionsstufe lösen, jedoch nur noch 33%, wenn interpersonelle Aufgaben gestellt werden.[129] Ähnliche Ergebnisse von ELKIND belegen, daß bis zu Beginn des zwanzigsten Lebensjahres diese Stufe der Kognition an Leistungsfähigkeit zunimmt.[130] Die Anwendung formal-operativen Denkens durchdringt erst allmählich alle Bereiche der Kognition, sie hinkt besonders hin-

---

127 OLBRICH u. TODD (Hrsg.): Probleme des Jugendalters, ebenda, darin: E.OLBRICH, Jugendalter - Zeit der Krise oder der produktiven Anpassung?, S. 55.

128 J.G.BACHMAN, P.M. O'MALLEY, J.JOHNSTON: Self-esteem in young men: A longitudinal analysis of the impact of educational and occupational attainment. Journal of Personality and Social Psychology, 1977, 35, 365-380.

129 D.P.KEATING, L.V.CLARK: Development of physical and social reasoning in adolescence. Developmental Psychology, 1980, 16, S. 23-30.

130 D.ELKIN: Recent Research on Cognitive Development in Adolescence, S. 49ff; in: S.E.DRAGASTIN, G.H.ELDER: Adolescence in the Life Cycle, Washington, D.C., 1973.

terher, wenn sie im sozialen und zwischenmenschlichen Kontext verlangt wird, beispielsweise um zu realisieren, daß die eigene Sichtweise von der in einer Situation involvierten Person verschieden sein kann[131]. Ja, hier reift sie erst mit Vollendung des zweiten Lebensjahrzehntes. Wichtig ist für uns, daß das Verfügen über formal-operative Strukturen potentiell über die gesamte Adoleszenz vorhanden ist und damit den Heranwachsenden mit den durch sie initiierten Wahrnehmungsweisen und Erfahrungen (s.u.) konfrontiert und seine Reorganisation einleitet bzw. unterstützt. Versuchen wir zunächst herauszuarbeiten, was die formal-operative Denkfähigkeit auszeichnet.

Hinweise gibt uns ihre Kennzeichnung. „Operativ" bezeichnet „Aktivitäten, durch welche das Individuum die Realität umzuformen versucht".[132] Das operative Denken ist verinnerlichte, formalisierte und gedachte Handlung, womit der Heranwachsende Welten entwerfen und nachvollziehen kann. Das „formale" Denken löst sich vom unmittelbar Gegenständlichen und befaßt sich mit Symbolen und deren möglichen logischen Verknüpfungen. Es löst sich von den Aussagen über unmittelbare Wirklichkeiten, um sich dem Wahrheitswert von Aussagen und ihren Verknüpfungen zu widmen. Es operiert abstrakt und folgt einem Satz formaler Operationen, worin das wirkliche Gegebene nur noch eine Möglichkeit darstellt. Ja, „das Wirkliche (wird) dem Möglichen untergeordnet: Die Fakten werden von jetzt ab als der Bereich der tatsächlichen Verwirklichung innerhalb einer umfassenden Vielfalt möglicher Transformationen aufgefaßt: sie werden erst nach einer Beweisführung, die die Gesamtheit der mit der gegebenen Situation vereinbaren möglichen Hypothesen erklärt, überhaupt als Fakten anerkannt."

Die auffälligsten Eigenschaften des formalen Denkens sind: erstens, daß es sich auf verbale Elemente und nicht mehr direkt auf Gegenstände stützt, zweitens eine neue Logik, nämlich die der Aussagen, einführt anstelle von Klassen und Relationen, die sich auf diese Gegenstände stützen, und schließlich drittens, „daß es ein System von Operationen in der 2. Potenz darstellt", was heißt, es können Relationen von Relationen gedacht und manipuliert werden. Nun ist es möglich, Systeme hypothetisch-deduktiver, also bloß möglicher Kombinationen anzuwenden.[133] Da Wahrheit und Falschheit einer abgeleiteten Schlußfolgerung nicht vom empirischen Inhalt der Prämissen abhängt, kann das Denken auch von Prämissen ausgehen, die mit der normalen Erfahrung nichts zu tun haben oder zu dieser im Widerspruch stehen. Das formale Denken besitzt also eine noch allgemeinere Eigenschaft, „nämlich der *Unterordnung des Wirklichen unter das Mögliche.*" Sie bedeutet die Entdeckung des Möglichen! Und mithin die Entdeckung der Repräsentation imaginärer Zeit.

Es ist überraschend, wie wenig die Theorie der Psychotherapie die Entwicklung kognitiver Fähigkeiten aufgreift und ihre Bedeutung für die Psychotherapie realisiert. Die Ausbildung des formal-operativen Denkens beschränkt sich nicht auf die Fähigkeit zu formal-deduktiver, systematischer Vorgehensweise, sondern zielt auf die Erfassung des Möglichen, auf die Relativierung des Wirklichen, welche Gestalt sie auch annehmen

---

131 R.SELMAN: A structural approach to the study of developing interpersonal relationship concepts: Research with normal and disturbed preadolescent boys. In: A.PICK (Hrsg.): Tenth Annual Minnesota Symposium on Child Psychology. Minneapolis: University of Minnesota Press, 1976.

132 E.D.NEIMARK, ebenda S. 157.

133 B.INHELDER, J.PIAGET: Von der Logik des Kindes zur Logik des Heranwachsenden, Walter-Verlag, Olten 1977, S. 238-241.

möge. Letzteres ruft weitreichende Veränderungen in der heranwachsenden Person hervor und befähigt zu Adaption, Assimilation wie Gestaltung in einem ganz neuen Maß. Nicht nur der Psychotherapeut ist auf diese Fähigkeit angewiesen, um sein Einfühlungsvermögen zu lenken und zu untermauern, sich seinem Gegenüber zu öffnen und sich ihn zu erschließen. Es ist sein Gegenüber, das lernt, dieses sein Denkvermögen einzusetzen, um seiner Lebensgeschichte und den darin verwobenen Vorbehalten gegenüber dem Leben, seinem Lebensentwurf und seiner Verbindung mit der Gesellschaft einen neuen Sinn zu bahnen und heute mit dem Anspruch eines verantwortlichen Erwachsenen in seinem Kontext zu erforschen. Es handelt sich um jene grundlegende Fähigkeit, die BISCHOF als „neuen Organisator der Phantasie“ postulierte, die den Menschen befähigt, seine „Triebe“ neu zu managen und Wertvorstellungen einzuführen. Diese grundlegende Fähigkeit des formal-operativen Denkens verbindet sich im Laufe der Adoleszenz mit allen anderen Entwicklungen bis hin zu einem neuen Arrangement der Affekte.

Hieran knüpft die einzigartige Fähigkeit zur Kontextproduktion, die Möglichkeit, in einem gewissen Rahmen, ja, bis hin zur Selbstvergewaltigung, der eigenen biologischen, psychischen Kontextproduktion gegenüber zu treten, mit Hilfe der Einführung imaginativer Zeit steuernde Kontext einzuführen, die der Person einen relativen Spielraum einräumen. Oder wie PIAGET formuliert, diese „Reflexion ermöglicht, aus dem aktuellen Konkreten in Richtung des Abstrakten und des Möglichen auszubrechen.“[134] Diese Fähigkeiten eröffnen die Möglichkeit, sich aus dem zugehörenden Beziehungsgefüge herauszulösen, eine aktive Rolle gegenüber der sozialen Matrix einzunehmen, und die grundsätzliche Option, einen eigenen Rahmenkontext zu erfinden, der die Geburt der erwachsenen Person aus der sozialen Matrix voranbringt. Kurz die basale Fähigkeit, welche das formal-operative Denken mit sich bringt, spielt eine wesentliche Rolle in dem sich herausbildenden neuen organisierenden Prinzip, indem sie den Weg zu einer Neubewertung der Person zu sich selbst wie gegenüber der sozialen Matrix und der Gesellschaft eröffnet und neue Ressourcen und Kontexte ins Spiel bringt und integriert.

Fassen wir die Fähigkeiten zusammen, die dem Denken auf dieser Stufe möglich werden. Da ist die Fähigkeit, „vom Tatsächlichen zum Möglichen hin“ zu überlegen; mehr als zwei Variablengruppen gleichzeitig zu manipulieren; Hypothesen über die logische Abfolge von Ereignissen aufzustellen, sogar, wenn diese Ereignisse niemals aufgetreten sind; hypothetische Handlungspläne durchspielen; logische Inkonsistenz zu entdecken; induktiv und deduktiv Hypothesen zu prüfen; entwickeln der semiotischen Funktion hinsichtlich Abstraktheit und Generalisierung; reflektieren können, was über die Gegenwart hinausgeht; Systeme und Theorien konstruieren können und reflektieren des eigenen Denkens; relativierend über Normen und Werte nachzudenken, die das eigene Verhalten steuern.

INHELDER und PIAGET begreifen die reorganisierende oder vitalisierende Wirkung dieser neuen Organisation des Denkens und deuten an, wie sie die anderen Entwicklungsvorgänge der Adoleszenz dynamisieren. Sie schätzen das Gewicht dieser Transformation so bedeutsam ein, daß sie von der „Konstruktion einer Persönlichkeit“ sprechen:

---

134 Ebenda S. 329.

- Sie ermöglichen dem Heranwachsenden die moralische und intellektuelle Einfügung in die Gesellschaft der Erwachsenen: „Der Heranwachsende begnügt sich nicht mehr damit, die interindividuellen Beziehungen zu leben, die seine Umwelt ihm anbieten... Er versucht zudem, sich in den Sozialkörper der Erwachsenen einzugliedern, und will in dieser Absicht an den Ideen, den Idealen und der Ideologie einer umfassenderen Gruppe teilhaben, wobei er sich einer Anzahl verbaler Symbole bedient, die ihn als Kind gleichgültig lassen". „Indem er sich bemüht, das Milieu zu denken, in das er sich einzuführen versucht, denkt er dadurch auch seine künftige Tätigkeit im Sozialkörper und die Mittel, um diese zu verändern."
- Der Heranwachsende beginnt sich für gleichberechtigt mit den Erwachsenen zu halten und sie auf dieser Ebene der Gleichheit und vollständigen Reziprozität zu beurteilen.
- Sie ermöglichen den eigenen Entwurf eines Lebensprogramms und
- eine Reifung der Affektivität: Die Affektivität wird an die Struktur der kognitiven Funktion geknüpft und zieht die „beiden grundlegenden Transformationen" nach sich: Gefühle, die nicht mehr allein Personen zugewandt sind, sondern Idealen und Wertvorstellungen, und „die Ausformung von Persönlichkeiten, die durch die sozialen Rollen und die Wertskala charakterisiert sind, die sie sich geben."[135]

NIEMARK betont den Relativismus, den diese Stufe des Denkens mit sich bringt. Eine wachsende kritische Perspektive zeige sich als Folge der Erkenntnis, daß das tatsächlich Vorhandene eine beschränkte Untermenge des Möglichen darstelle. Mit dem Erreichen des formal-operativen Niveaus wird es dem Jugendlichen möglich, sich aus der Perspektive anderer zu sehen, was einen bedeutsamen Einfluß auf das Selbst haben muß. Daran knüpft die Möglichkeit, daß er nun die Prinzipien formulieren kann, mit welchen er seine eigenen Handlungen und diejenigen anderer beurteilt wissen will. Es eröffnen sich neue Dimensionen der sozialen Wahrnehmung und des moralischen Urteils, und wiederum ein neues Verhältnis zu eigener und zu fremder Autorität. Betrachtet man beispielsweise gesellschaftliche Regeln nicht als fraglos gegebene absolute Größen, sondern als eine Auswahl aus einem Universum von möglichen Regeln, und überlegt sich, welche Konsequenzen andere Regeln haben könnten, so beeinflußt dies die Einstellung gegenüber der Autorität, der persönlichen Verantwortung oder der Moral. BAUMRIND stellt z.B. fest, daß elterliche Gewaltanwendung nicht mehr legitimiert werden kann und zur Stärkung der Autorität ausgedient habe, wenn der junge Mensch des formal-operativen Denkens mächtig ist - möglicherweise folgenschwer für die ganze Familie, ihre Organisation und die adoleszente Entwicklung, wenn Gewalt asymmetrisch verteilt war.[136]

Gehen wir über zum *moralischen Urteil.* Wir hatten schon erwähnt, daß die soziale Kognition beträchtlich hinterher hinkt. Zu einem Zeitpunkt, wo bereits ein beachtlicher Teil der Jugendlichen unserer Erhebung in Kapitel 14 ausgezogen ist oder erste solche Versuche hinter sich gebracht hat, ist die Fähigkeit unterentwickelt, sich selbst in interpersonellen Beziehungen angemessen auszugliedern, die eigenen Wahrnehmungen und Standpunkte zu relativieren, die anderen differenziert nach Motiven und inneren Zuständen wahrzunehmen und der zugrundeliegenden Situation zu beurteilen. Wir können hieraus den Schluß ziehen, daß z.B. frühe (bezogen auf das Lebensalter der betroffenen Kinder) eine Trennung der Eltern nicht angemessen verarbeitet werden kann. Die Ausreifung dieser Fähigkeit reicht bis in das dritte Lebensjahrzehnt hinein.

---

135 INHELDER, PIAGET, ebenda S.328-336.

136 BAUMRIND, ebenda S.134.

Die moralische Handlung erfordert Einfühlung, um die Reaktionen anderer auf die eigene Handlung vorauszusagen, Voraussicht, um langfristige Konsequenzen der Handlung vorauszusagen, Urteilskraft, um Alternativen und Wahrscheinlichkeiten abzuwägen, und die Fähigkeit zum Aufschieben, auf eine sofortige Reaktion zu verzichten und die weiter entfernte, größere Belohnung der unmittelbaren, geringen Belohnung vorzuziehen. Ihr liegt also eine komplexe Leistung zugrunde, wobei vor allem eine Beziehung zwischen dem moralischen Stadium einerseits und dem kognitiven Fortschritt andererseits existiert. A.COLBY und L.KOHLBERG haben die moralische Entwicklung empirisch untersucht und sechs Stadien aufgestellt, die sich auf drei Hautniveaus der Entwicklung verteilen.

Auf dem *präkonventionellen Niveau* befinden sich die meisten Kinder unter neun Jahren, einige Heranwachsende und wenige Erwachsene. Die Mehrzahl der Jugendlichen und Erwachsenen in den meisten Gesellschaften bewegt sich auf dem *konventionellen Niveau.* Der Terminus „konventionell" bezieht sich darauf, daß Regeln eingehalten werden und Erwartungen einfach deshalb entsprochen wird, weil es sich um die Regeln, Erwartungen und Konventionen der Gesellschaft handelt. Wer sich auf dem präkonventionellen Niveau bewegt, ist noch nicht wirklich imstande, konventionelle oder gesellschaftliche Regeln und Erwartungen zu verstehen und zu billigen. Nur eine Minderheit von Erwachsenen erreicht das *postkonventionelle Niveau,* und dies gewöhnlich erst nach einem Alter von zwanzig Jahren. Auf dem postkonventionellen Niveau versteht man die gesellschaftlichen Normen, und im Grunde akzeptiert man sie, aber diese Anerkennung basiert auf der Formulierung und Anerkennung allgemeiner moralischer Prinzipien, die den gesellschaftlichen Normen zugrunde liegen. Gelegentlich geraten diese Prinzipien in Konflikt mit den gesellschaftlichen Forderungen: In diesem Falle richtet sich das postkonventionelle Individuum nach dem Prinzip und nicht nach der Konvention. Das reife moralische Urteil liegt allein im postkonventionellen Niveau. Die postkonventionelle Perspektive ist der Gesellschaft vorgeordnet, sie ist die Perspektive eines Menschen, der ein moralisches Engagement eingegangen ist oder sich dem Standpunkt verpflichtet fühlt, dem eine gute oder gerechte Gesellschaft genügen muß.[137]

ELKIND beobachtete einen Zusammenhang zwischen moralischem Stadium und Anfälligkeit für Gruppendruck: „Kinder im 4. und 5. Stadium sind besonders widerstandsfähig gegenüber Gruppendruck zur Konformität."[138] Das formal-operative Denken und die Entwicklung von sozialer Wahrnehmung und moralischem Urteil sind wichtige Voraussetzungen, um sich als Heranwachsender und junger Erwachsener die gesellschaftlichen Ressourcen zu erschließen. Wie ADELSON in seinen Untersuchungen herausschält, entwickelt der Jugendliche erst in der späten Adoleszenz die hierfür nötigen Fähigkeiten, mit abstrakten Konzepten umzugehen, Wandel verstehen und Prinzipien diskutieren.[139]

Aus der Vielzahl empirischer Studien, die sich mit der kognitiven Entwicklung im Jugendalter befassen, sei eine weitere herausgegriffen, die die weitreichende Reorganisierung unter dem Einfluß der neu erworbenen Denkfähigkeit aufzeigt. DÖBERT und NUNNER-WINKLER untersuchten „Abwehr- und Bewältigungsprozesse in normalen

---

137 A.COLBY u. L.KOHLBERG: Das moralische Urteil, S. 354-356 in: Psychologie des zwanzigsten Jahrhunderts.

138 ELKIND, ebenda S. 51 nach einer Untersuchung von H.D.SALZSTEIN, R.M. DIAMOND, M.BELENKY: Moral judgment level and conformity behavior, Developmental Psychology, 1971, 7, 327-336.

139 J.ADELSON: The Development of Ideology in Adolescence; in: S.E.DRAGASTIN, G.JR.ELDER, ebenda S. 69.

und kritischen Lebenssituationen". Ihr Material entstammt Tiefeninterviews mit 14-22-Jährigen. Sie zeigen anhand der Entwicklung des Selbstmordverständnisses auf, wie sehr die jugendliche Kompetenzentwicklung eine Bewältigungsressource bedeutet. Sie beobachteten eine Stufenfolge umgangssprachlicher Selbstmordtheorien: „Beispielsweise verschieben die Individuen in ihren Erklärungsversuchen für Selbstmord den Fokus ihrer Aufmerksamkeit von zunächst der äußeren Situation des potentiellen Selbstmörders (Streß) auf die inneren Motive und Motivlagen, um schließlich den Versuch zu unternehmen, situationale Faktoren (einschließlich gesamtgesellschaftlicher Konstellationen) mit der Binnensicht des Selbstmörders in einer umfassenden Erklärung und Begründung zu verknüpfen. Ein solcher Entwicklungsgang ist auch aus der Moralentwicklung (Orientierung an äußeren Konsequenzen/ Gesinnung/ Integration beider Aspekte in Verantwortungsethik) bekannt..." Die Erweiterung und Verbesserung der Orientierungssysteme durch Fortschritte in diesen Dimensionen hat unmittelbare Implikationen für die Handlungsebene: Bemerkenswert ist nun, daß die höheren Stufen der Entwicklungslogik, da sie ein angemesseneres Verständnis und bessere Erklärungen bereithalten, auch motivational ausgezeichnet sind. Sie erlauben es den Individuen, sich vom Druck gegebener Situationen leichter zu lösen und somit in Krisensituationen, die Selbstmordgedanken nahelegen könnten, den aktuellen Streß von einer übergreifenden Lebensperspektive her zu relativieren und damit zu bewältigen."[140] Diese Bewertungskomponente verbindet sich mit dem 'hierarchischen Aufbau' derart, daß ein Selbstmord, der bloß von Motiven eines niederen Selbstmordverstehens bestimmt ist, strikt abgelehnt wird.

Das heißt, auch im Bereich des moralischen Urteilens und Handelns werden durch Kompetenzentwicklung Ressourcen frei, die dann „bessere" moralische Konfliktlösungen erlauben. „So kann etwa ein Konflikt zwischen individueller Autonomie und Funktionsimperativen des gesellschaftlichen Gesamtsystems erst auf dem postkonventionellen Niveau angemessen konzeptualisiert und aufgelöst werden. Dann erst wird die konkrete Entscheidung nicht mehr entweder die individuelle Autonomie oder die Funktionsimperative der Gesamtgesellschaft opfern müssen."(!)[141] Keine Frage, daß wir diese Feststellung auch auf die uns bekannten Probleme der Ablösung aus der familiären Matrix und den z.T. ebenso schwierigen emotionalen Problemen übertragen können.

OERTER steuert mit seiner Arbeit „zur *Entwicklung der Handlungsstruktur* im Jugendalter" einige Gesichtspunkte bei, wie wir uns die Herauslösung des Jugendlichen aus der extrauterinen Matrix vorstellen können sowohl in Hinsicht darauf, sich innerhalb derselben als eigene Person zu demarkieren und als handlungsfähige Person auszugliedern, wie hinsichtlich der Fähigkeit, die vertrauten Beziehungen generell auf außerhalb stehende Personen zu übertragen.

OERTER bezieht sich in seinem Ansatz auf die Arbeitsstruktur der modernen Gesellschaft und beschreibt zunächst die Entwicklung des Gegenstandsbezuges bei verursachter Leistung:

- *Leistung als selbsterzeugtes Resultat (S - O):* Schon im Vorschulalter erkennt das Kind (S) sich als Verursacher eines außer ihm fortbestehenden Ergebnisses (O) (z.B. Bau einer

140 R.DÖBERT, G.NUNNER-WINKLER: Abwehr- und Bewältigungsprozesse in normalen und kritischen Lebenssituationen, S. 263, In: E.OLBRICH, E.TODT (Hrsg.), ebenda.

141 Ebenda S. 264f u. 276.

Sandburg).

- *Leistung als Resultat eigener Anstrengung (S - A - O):* In einem nächsten Differenzierungsschritt wird die Leistung durch den absichtsvollen Einsatz von Anstrengung erklärt. Schon 5- bis 6jährige besitzen ein einfaches Kausalschema des Zusammenspiels von Anstrengung und Ergebnis: große Anstrengung - großer Erfolg. Fleiß und Anstrengung erhalten „abstrakte Valenz".
- *Leistung als Resultat von Anstrengung und Fähigkeit (S - F - A - O):* Die Fähigkeit als gewissermaßen vergegenständlichte, stabilisierte Tüchtigkeit tritt als Erklärungskonzept allmählich zur Anstrengung hinzu. Zwischen zehn und zwölf Jahren erhält die Fähigkeit abstrakte Valenz.
- *Leistung als selbstverursachtes Resultat von delegierter Anstrengung und Fähigkeit (S-<F - A - O>):* Das Individuum, das zu delegieren vermag, sorgt für die Erledigung von Aufträgen gerade dadurch, daß es sie nicht selbst ausführt, sondern anderen überläßt. Damit koppelt es die Kette Fähigkeit-Anstrengung-Leistung von sich ab. Das Delegationsprinzip baut sich in relativ langen Zeiträumen auf. Das Kleinkind überträgt schon Aufgaben an die Mutter. Aber es ist noch ein weiter Schritt bis dahin, daß Delegieren der modernen Arbeitsstruktur gerecht wird. OERTERs Untersuchungen mit Organisationsaufgaben zeigen, daß Delegation selten vorgenommen wird und mit einer gewissen Häufigkeit erst im späten Jugendalter bzw. Erwachsenenalter auftaucht.[142]

OERTER zieht eine interessante Schlußfolgerung: „Eine entscheidende Konsequenz dieser Abkopplung ist die *Entstehung des befreiten oder des „reinen" Subjekts.* Konnte sich bisher das Subjekt nur in seinen Umweltbeziehungen denken, so wird es nun in die Lage versetzt, sich losgelöst von diesen zu verstehen, sich auf sich selbst zu beziehen, sich als einmalig der Welt gegenübergestellt zu erfahren. Das „reine Subjekt" ermöglicht Reflexion über sich selbst und den Zustand der Untätigkeit oder Passivität als Ergebnis eines aktiven Löslösungsprozesses."[143]

Im weiteren bringt OERTER diese Entwicklung des Gegenstandbezugs mit den kognitiven Strukturniveaus, Planungsniveaus und der allgemeinen Handlungstruktur in Verbindungen. Einen tieferen Zusammenhang zu den formallogischen Operationen sieht er in der Fähigkeit des Jugendlichen zur Lösung von seiner Umwelt begründet. Schließlich stellt er eine parallele Entwicklung zur sozialen Interaktion her, die auf unser besonderes Interesse stößt. Soziales Handeln ist ja ebenfalls gegenstandsbezogen: entweder der soziale Partner bildet das Bezugsobjekt oder mehrere soziale Partner beziehen sich auf ein gemeinsames Objekt. OERTER postuliert nun die folgenden *Niveaus sozialer Interaktion*:

- *Gemeinsamer Gegenstandsbezug* $(S_1 > O < S_2)$*:* Zwei oder mehr Subjekte beziehen sich gemeinsam auf einen Gegenstand. Dies tun etwa kleine Kinder, die miteinander spielen, z.B. eine Sandburg bauen. Nur solange der gemeinsame Gegenstandsbezug besteht, bleibt das Spiel aufrecht erhalten.
- *Gemeinsamer Tätigkeitsbezug* $(S_1 > T < S_2)$*:* Die Ausgliederung des Anstrengungskonzepts impliziert auch die Möglichkeit, sich auf eine gemeinsame Tätigkeit zu beziehen. Dies ist allerdings nur möglich, wenn Regeln eingehalten werden, denn ohne vereinbarte oder übernommene Regeln für die Aktivität käme es zu keiner geordneten Interaktion (z.B.

142 R.OERTER: Zur Entwicklung der Handlungsstruktur im Jugendalter - Eine neue theoretische Perspektive, S. 188-194. In: OLBRICH, TODT, ebenda.

143 Ebenda S. 194.

„Reiterkampf"). Eine zweite Ebene ergibt sich durch einen gemeinsamen Gegenstandsbezug durch Tätigkeit nach Regeln wie etwa Völkerball.

- *Gemeinsamer Tätigkeitsbezug durch Einsatz von Fähigkeiten* ($S_1 > F > T < F < S_2$)*:* Die dritte Ebene, auf der sich die Fähigkeit als Konzept ausgliedert, ermöglicht den gemeinsamen Bezug durch Einsatz von Fähigkeiten. Hier sind Tätigkeiten wie zusammenagieren beim Ballett oder Orchester angesprochen. Der Objektbezug kann ergänzend hinzukommen (Schachspiel, Quiz u.ä.).
- Auf der vierten Ebene, der des „reinen" Subjekts, werden *soziale Interaktionen ohne gemeinsamen Gegenstandsbezug* beim Handeln möglich ($S_1 <> S_2$). Diese Situation liege vor, wenn sich zwei Personen verstehen, gleich fühlen, ohne miteinander zu sprechen oder etwas gemeinsam zu unternehmen. Gerade diese Form sozialer Verbundenheit gibt es bei Jugendlichen, etwa wenn sie in der Clique ohne nennenswerte äußere Aktivität beisammen sind oder wenn sie in einem Popkonzert das Bewußtsein entwickeln, alle Anwesenden fühlen wie ich.

Darin liegt ein entscheidender Schritt zur Herauslösung aus der sozialen Matrix, worin die verschiedenen Entwicklungsstränge (vom kognitiven Niveau bis hin zur Handlungsstruktur) zusammenwirken: „Das von Umweltbezügen befreite Subjekt ist erstmalig in der Lage, den anderen ebenfalls als „reines" Subjekt zu begreifen und dementsprechend mit ihm zu interagieren. So wird auf dieser Ebene erst der *Personbegriff mit abstrakter Valenz* aufgebaut. Die Person besitzt unabhängig von inhaltlichen Eigenschaften Wert, sie ist gleichberechtigt und muß moralisch entsprechend der KANTschen Maxime oder entsprechend der christlichen Forderung „liebe deinen Nächsten wie dich selbst" behandelt werden."[144]

Ich möchte an dieser Stelle einflechten, daß wir hier den zentralen Punkt unserer Theorie der Adoleszenz berühren: Die Selbstbezüglichkeit der sozialen Matrix entwikkelt sich in der Person des Adoleszenten zum Erkennen seiner selbst. Selbst und Nicht-Selbst werden auf neue Weise entdeckt und führen zu einer Qualität bewußter Identität. HOFSTAEDTER schildert diesen Augenblick so: „Aber natürlich nahm er von seinem Sichtwechsel überhaupt nichts wahr; er dachte über „die Person im Mantel" nach und sah, daß diese Person bestohlen wurde, und da er selbst die Person im Mantel ist, dachte er also über sich selbst nach. Aber er dachte nicht über sich selbst nach, er dachte nicht „auf die rechte Art" über sich nach." Wie in der Bildergalerie sieht der Heranwachsende sich in vielen „Rahmen" und ihren Kontexten, und er kann sich als Fremden betrachten, wo es doch er selbst ist, und auch als sich selbst, wo es ein anderer ist. Aber in diesem Augenblick, wo er den Fremden als seine Identität entdeckt, macht er eine weitere Entdeckung: „Als Kind bilde ich die Abstraktion „menschliches Wesen", indem ich außerhalb von mir Dinge sehe, denen etwas gemeinsam ist - Erscheinung, Verhalten etc. Daß diese bestimmte Klasse sich dann auf mich „zurückzuwenden" und mich selber einzuschließen vermag - das ist eine Erfahrung, die ohne Frage einem späteren Stadium meiner kognitiven Entwicklung zugehört und die ziemlich erschreckend sein muß."[145] *Er macht die Entdeckung des anderen als „Du".*

Ähnlich wie das Niveau der formallogischen Operationen nicht bei allen Jugendlichen und Erwachsenen anzutreffen ist, muß man erwarten, daß nicht alle Jugendli-

144 Ebenda S. 197ff.

145 D.HOFSTADETER, Einsicht ins Ich, S. 28 u. 38.

chen diesen Differenzierungsschritt erreichen. Immerhin dürfte in Ansätzen die angedeutete „Befreiung" von Umweltbezügen von allen Jugendlichen erlebt werden. Sie werden alle mehr oder weniger von den positiven und negativen Konsequenzen berührt, die OERTER aufführt: Reflexivität, Aufbau formallogischer Operationen, Passivität, Tendenz zur Bildung von Subkulturen, Gefahr der Entstehung neuer Abhängigkeit und Gefahr der Desorientierung.

Die Herausbildung des Personbegriffs mit „abstrakter Valenz", sein Erfahren und Anwenden dürfte ein zentraler Punkt sein, den Ablösungsprozeß zu meistern und die hiermit verbundenen Loyalitätskonflikte zu lösen. Das Individuum lernt, als in diesem Sinne abstrakte Person den anderen entgegenzutreten und auf dieser Ebene der Interaktion zu einer wechselseitigen und gerechten Beziehung zu finden. Die Herausbildung eines solchen Personenverständnisses macht es nun möglich, von allem anderen abzusehen, was Familien hinreichend anzubieten haben: gemeinsamen Gegenstandsbezug und gemeinsame Tätigkeitsbezüge. Gerade der verstrickte Jugendliche sieht sich einem reichhaltigen Angebot gegenüber. Die Fähigkeit, von allen diesen Verlockungen wie Verwünschungen zu abstrahieren und so einen handlungsfähigen, emotional erträglichen Ausweg zu finden, der den Erfordernissen der eigenen Entwicklung und der Wechselseitigkeit der familiären Bindung genügt, liegt sicherlich hierin begründet.

Es ist bemerkenswert, daß diese vierte Ebene des abstrakten Personbegriffs den Heranwachsenden in die maximale Distanz innerhalb und zur sozialen Matrix setzt und ihn dem Erleben von Einsamkeit, Entfremdung und Desorientierung aussetzt: „Wenn die bisherige Ableitung der Herausbildung des „reinen" Subjekts zutrifft, dann liegt hier eine sehr allgemeine und fundamentale Ursache für Desorientierung in den Umweltbezügen vor. Die Lösung von dem sehr weitreichenden und allseits bestimmenden Arbeitsbezug zieht die Möglichkeit der Lösung von anderen Umweltbezügen nach sich. Diese Befreiung des Subjekts führt zur Erfahrung, daß die bisherigen Umweltbezüge nicht notwendig so und nur so bestehen müssen. Sie werden in Frage gestellt. Zumindest vorübergehend führt dies zur Desorientiertheit des Individuums in seiner Umwelt."

Für jede Neuordnung ist dies ein notwendiges Zwischenstadium, das jetzt von einem neuen Bezugspunkt reorganisiert werden kann und muß: von dem des eigenen Selbst, das zugleich die gleichen moralischen Maximen auf sich nimmt, wie es den anderen Subjekten zugestanden werden muß (siehe unseren pragmatischen Imperativ). Das reine Subjekt kristallisiert sich in diesem Kontext der Verbundenheit mit den anderen aus der sozialen Matrix heraus und erwirbt über das Erleben der „Entfremdung" die Möglichkeit, sich außerhalb der Matrix zu binden, ein neues Gefühl der Zugehörigkeit zu entwickeln und anderen zu schenken. Dieses - um noch einmal OERTER zu zitieren - „reine Subjekt (steht) am Ende einer Kette von Differenzierungsschritten, die zu einer maximalen Distanz zwischen Ich und Umwelt führt"[146]. ELKIND drückt dieselbe Erfahrung so aus: „..the ability to think about thinking allows the adolescent to discover the privatness of his thoughts and the social isolation of his reflective self."[147] Diese Erfahrung der abstrakten Valenz der Person eröffnet dem Heranwachsenden die Möglichkeit, Nähe und Distanz zu überarbeiten, auszudifferenzieren und endgültig zu ordnen.

---

146 Ebenda S. 202.

147 ELKIND, ebenda S. 51.

Dieses Erleben kann den Jugendlichen schrecken, kann Quell negativer und abwertender Gedanken und Phantasien sein, es kann sich kontaminieren mit den geschilderten Grenzverletzungen bis hin zum Kontextschock, was dieses für die Reifung der Person notwendige Erleben mit negativen Erfahrungen vergiftet. Die Bindung in einer Dreiecksbeziehung kann den Jugendlichen ablenken und durch Schuldgefühle wie Rachegedanken festhalten. Das heißt, diese „maximale Distanz" einzugehen, kann intensive Schuldgefühle hervorrufen oder als zerstörerische Aggression erlebt werden, die schließlich intensive Angst und Maßnahmen der Vermeidung und Verleugnung wachrufen. Sie kann als Quell der Desorientierung, als Zustände der Verzweiflung, gedeutet und erlebt werden. Jetzt erst hat sich der Bezugspunkt herausgebildet, der den Mittelpunkt der Koordinaten des Selbst bilden kann, den Bezugspunkt, auf den hin sich die Selbstgrenze vollends ausbildet und ihre vitale Grenzfunktion und Kontaktfunktion übernimmt.

Paradoxerweise wird im Verlauf jenes Herauskristallisierens des Selbst als „reines Subjekt" und der Ausbildung der Wechselseitigkeit der andere als Partner der Kommunikation - als „Du" - entdeckt. Zu diesem Zeitpunkt wird das dialogische Prinzip der Kommunikation entwickelt, und der Heranwachsende stellt sich seinen Anforderungen. *Das dialogische Prinzip der Kommunikation ist die große Entdeckung der Adoleszenz, worin alle Fähigkeiten einmünden. So wie sie im anderen zur Entdeckung des „Du" führt, wird nun erst das Selbst als Identität entdeckt und als Kommunikationspartner im inneren Dialog.* Die Reifung der menschlichen Fähigkeit zur Kommunikation überbrückt die „maximale Distanz" und eröffnet den großen innere wie äußere Welten umspannenden Dialog.

Wir hatten herausgearbeitet, daß die süchtige Beziehungsstruktur keine echte dialogische Kommunikation zuläßt, daß sie eigentlich triadisch angelegt ist, da sie unentwegt einen Dritten ins Spiel bringt. Diese triadische Kommunikationsweise entdeckten wir als Keim jener „entindividuierenden Kraft". Vielleicht läßt sich jetzt erahnen, daß die Befähigung zur dialogischen Kommunikation, das ist die Befähigung zu echter dyadischer Beziehung, einen entscheidenden Entwicklungsschritt darstellt, den wir in der Psychotherapie vorzubereiten und nachzuholen haben. Die Fähigkeit zur dialogischen Kommunikation bedeutet nichts weniger, als die Lösung der Aufgabe der Adoleszenz, nichts weniger als eine zweite, eine psychosoziale Geburt der Person.

Allgemein ist zur Entwicklung von Kognition, moralischer Handlung und Urteil, von Kompetenz im interpersonellen Bereich wie zur Handlungsstruktur anzumerken, daß ihre Entwicklung von allen Autoren als aus sich heraus geschehend beschrieben werden, daß sie einer inneren Logik folgen, die durch Ungleichgewichte von einer Stufe zur anderen 'gedrängt' wird. Ihnen ist gemeinsam, daß sie als ein Kondensat von verinnerlichter Handlung begriffen werden, eben so, wie wir uns die Herauslösung aus der Matrix vorstellen können; und in diesem Sinne sprechen wir von einem Aneignen der Fähigkeiten der Matrix oder von einer strukturellen Kopie. Sie werden angeeignet, indem der Heranwachsende sich in der Trias von Organisation, Beziehung und Person als konsistenten Bezugspunkt seiner Handlungen, Empfindungen etc. herausfindet, wahrnimmt und seine verschiedenen Identitäten bündelt. Die dialogische Kommunikation ist Ausdruck wie Medium, seine Identität ausmachen und zu bewahren.

In gewissen Grenzen sind diese Fähigkeiten von der Qualität der interpersonellen Beziehungen und Kommunikation abhängig. Diese Fähigkeiten stehen - wie OERTER schon anmerkte - in enger Beziehung zueinander und stoßen ihre Entwicklung wechselseitig an. Die folgende Abbildung stellt wesentliche Entwicklungen, die mit der Ausbildung des formal-operativen Denkens zusammengehen, im Überblick zusammen.

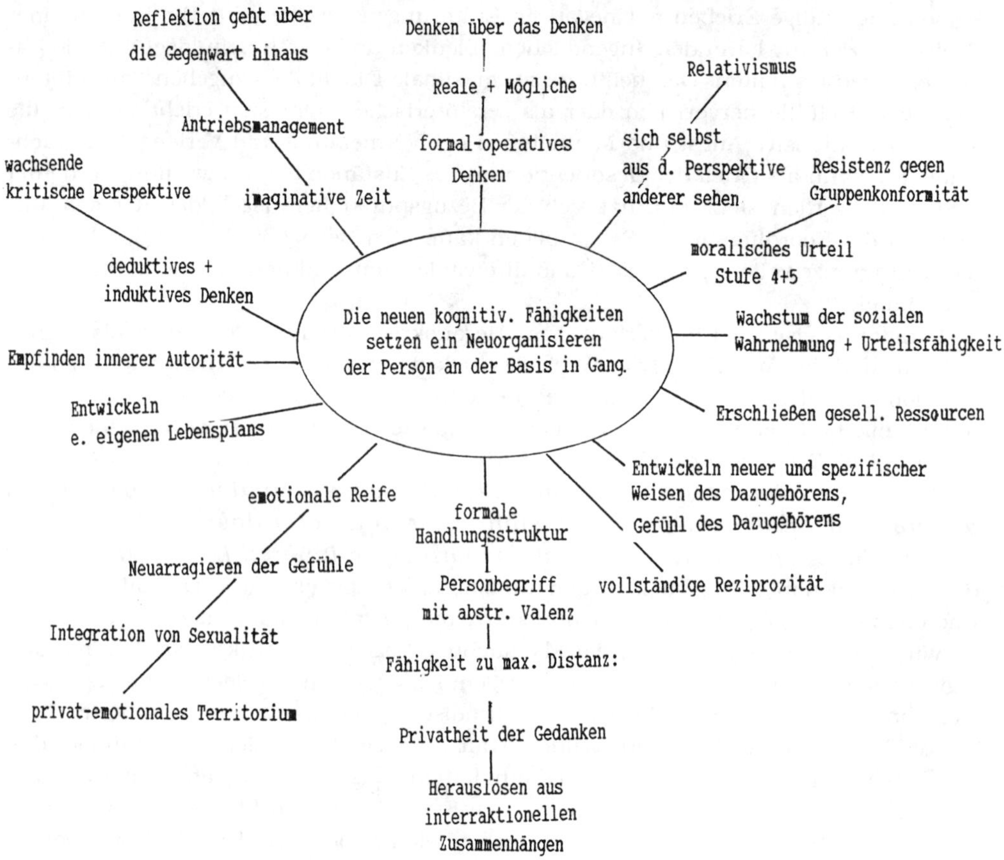

Abbildung 10-V: Kognitive Entwicklung während der Adoleszenz.

Der Jugendliche kann nun neue Wahrnehmungen und neue Definitionen seiner selbst und der Welt leisten. Er kann hypothetisch Handlungspläne durchspielen, er kann dabei alte Grenzen überschreiten, kurz: Er ist ein innovativer Jugendlicher, welcher sowohl als Individuum als auch als Angehöriger seiner Altersgruppe produktive Veränderungen in sich, seinem unmittelbaren Lebenskreis und in der Gesellschaft herbeiführen kann. Er besitzt verbesserte Fähigkeiten zur Erfassung der eigenen Person und seiner Umwelt. Er kann auf Grund seiner neuen kognitiven Kapazitäten Veränderungen, die in ihm selbst vorgehen, in einer Art und Weise gewahr werden, die dem Kind noch verschlossen war. Er ist ein reflektierender Beobachter der hormonellen Veränderungen in seinem Körper, des Wandels in seinen Körperproportionen, er ist ein Mensch, der gesellschaftliche Verhältnisse nicht nur klarer erfaßt, sondern auch über sie nachdenkt, der sie umkonstruieren und in immer wieder neuer Sicht einordnen kann. Mehr als mit diesen kognitiven Kapazitäten angesprochen ist, geschieht in den Ich-Prozessen der Koordination wert- und urteilsbezogener, sozialbezogener und nicht zuletzt affektiver Programme. Nicht zuletzt ist der Jugendliche - was sein

Selbstbild angeht - ein flexiblerer Konstrukteur der Konzeption seiner selbst geworden. Er ist in einen umfassenden Dialog mit sich und der Welt eingetreten, er hat das Du zusammen mit dem Prinzip der Wechselseitigkeit entdeckt und ist in der Lage, die Integrität seiner Selbstgrenzen kommunikativ zu wahren.

Das Selbstgefühl psychosozialer Identität als neues organisierendes Prinzip 2

Wir können jetzt auf die Entwicklung des Selbstgefühls zurückkommen und unser Bild von seinem Organisationsprinzip vervollständigen. Die Reorganisation der Person im Verlauf der Adoleszenz bis hin zu ihrem Abschluß stellt zweifellos einen komplexen Prozeß dar, während das zugrundeliegende organisatorische Prinzip eigentlich einfach ist:. Es handelt sich auch hier um die Steuerung des Selbstgefühle und seine organisierende Kraft. Zweifellos werden die Dimensionen oder Bereiche der Aussteuerung vielfältiger und komplexer. Aber es besteht Zeit zum Lernen und Differenzieren, und diese Differenzierung geht einher mit wachsenden Fähigkeiten und werden durch sie ermöglicht und vorangetrieben. In der Kindheit liegt der Bereich der Ausbalancierung des Selbst relativ eng, er weitet sich quantitativ und qualitativ gewaltig im Verlauf der Adoleszenz. Wir haben einige Aspekte dieses Prozesses bereits erwähnt. Man könnte sagen, daß diese Entwicklung neuen territorialen Raum in Anspruch nimmt. Das psychosoziale Sein nimmt expandierende Gestalt an. Aber in dieser Entwicklung wird psychosozialer Raum auch geschaffen, gleichsam aufgefaltet oder erfunden, indem neue kognitive Sichtweisen zum Zuge kommen. Die Geburt der erwachsenen Person ist gerade deshalb so bedeutungsvoll, weil sich in diesem Vorgang alle denkbaren Bereiche treffen und zusammenwirken: von abstrakten geistigen Vorgängen bis hin zur körperlichen Reifung, von psychischen Entwicklungen bis hin zu gesellschaftlichen Vorgängen, von individuellen Prozessen bis hin zu Zyklen der familiären Organisation. Wenn wir einen Gedankengang aus dem vorhergehenden Kapitel aufgreifen, wo wir von der Einheit von Organisation, Beziehungen, (Selbst-)Beobachtung und Person sprachen, so können wir formulieren: Die neue Identität erwächst aus einer Reorganisation, einem neuen, unter anderen Voraussetzungen stehenden Zusammenfügen von Person, den Beziehungen, an denen sie teilhat, und (informationeller) Organisation unter der Bedingung, daß sich ein persönlicher Bezugspunkt herausgebildet hat.

Wenn wir rückblickend die Mosaiksteine adoleszenter Entwicklung sichten, so können wir ein paradoxes Entwicklungsprinzip konstatieren: einerseits zielen die revolutionierenden Fähigkeiten auf eine innige Verflechtung von Selbst und Kontext, auf eine wachsende kommunikative Aneignung der Randbedingungen des Selbst, vor allem der sozialen Matrix, während andererseits die erlebte Distanz zwischen dem bewußten Selbst und seiner Umwelt immens anwächst. Mit dem Erleben von Isolation und Einsamkeit wächst die Fähigkeit, intensive Nähe zu suchen und einzugehen, und führt zur Entdeckung des Du. Der von BISCHOF postulierte „neue Organisator der Phantasie" etabliert sich und zieht die ganze Person in seinen Bann. Während parallel dazu der Adoleszent die Fähigkeit erwirbt, die Person mit abstrakter Valenz zu denken und aus dieser neuen Sicht sich und die anderen zu erleben, entdeckt er zugleich die Isoliertheit des denkenden Ichs. Gerade diese Spannung zwischen extremen, sich gegenseitig hervortreibenden Polen stellt an das Selbstgefühl eine neue Herausforderung, die es nur durch ein Reorganisieren der Person beantworten und bewältigen kann. Seine Antwort ist die Entfaltung eines intensiven die äußere Welt einbeziehenden inneren Dialogs, die Anwendung des Prinzips der Wechselseitigkeit und Achtung vor und Bewahrung von Grenzen gegenüber dem inneren wie äußeren Du. Die hier angelegte Spaltung der Person kann überbrückt werden, wenn das Prinzip der Wechselseitigkeit Gültigkeit erhält und so Ich und Du oder Selbst und Anderer als im kommunikativen Prozeß als koexistent erlebt werden.

Zwischen diesen beiden Polen entfaltet sich etwas Neues: ein neuer Bezugspunkt kristallisiert sich innerhalb der Matrix und der Person heraus, auf allen vier Ebenen des Einschlusses. Dieser Bezugspunkt, dessen Koordinaten schon bestehen, ist in seiner Qualität und seiner Radikalität allerdings neu. Sein Charakter ist wiederum paradox: er ist individuell, gegründet auf der Tatsache persönlichen Erfahrens; er ist aber auch abstrakt und allgemein, sofern er in der „abstrakten Valenz" der Person gründet, in ihrer allgemeinen moralischen Gültigkeit und Verpflichtung, und ist Ergebnis sozialer und kultureller Entwicklung. Dieser Bezugspunkt ist bezüglich der familiären Matrix individuell, ja, privat, bezüglich der außerfamiliären Anderen allgemein und abstrakt. Der Jugendliche entdeckt sich als individuelle und eben darin allgemeine Person. Dies ist ein radikal neuer und spezifisch menschlicher Bezugspunkt, der die Person zu intensiver „Inventur" in jeder Hinsicht 'zwingt'. Alle uns bekannten adoleszenten Entwicklungen leisten ihren Beitrag zur Herausbildung dieses Bezugspunktes.

Dieser neue Bezugspunkt ist der Kern des sich entwickelnden Gefühls der Identität, das sich aus intensiver Befragung der eigenen Person und ihrer tatsächlichen und *möglichen* Umwelt ergibt. Wir haben diese Reorganisation an anderer Stelle „Selbst-Kontextuierung" genannt, da ein neuer, eigener, im Kern selbstdefinierter Kontext als Bezugspunkt eingeführt und kreiert wird, der aus der kommunikativen Aneignung der Randbedingungen der individuellen Existenz, im wesentlichen der sozialen Matrix, entspringt. Dieser produktive Vorgang bildet die Lösung zu der oben beschriebenen Situation, die wir anhand des Bildes „Bildergalerie" entworfen hatten: Der Bezugspunkt integriert alle vier Ebenen des Einschlusses unter Auflösung wesentlicher Grenzverletzungen und bildet genau jenen weißen Fleck in ESCHERs Bild, der alle Ebenen miteinander verwickelt. Die Herausbildung eines solchen individuellen Bezugspunktes ist Ausdruck der informationellen Potenz und Bezogenheit des herangewachsenen Menschen.

Die Herausbildung dieses neuen Bezugspunktes für das Selbstgefühl setzt einen Prozeß ins Werk, der drei Aspekte erkennen läßt: einerseits *Zentroversion*: Aneignung und Entwickeln von Fähigkeiten, die die Substitution durch die Matrix ersetzen, persönliche Einordnung und Antriebsmangagement, Internalisierung und Identifizierung, Selbstattribution. Zweitens *Demarkation*: Ablösungsprozeß, Distanzregelung, intimes Territorium besetzen. Und drittens *psychosoziale Realisation*: Die Entwicklungsaspekte sind nur dann produktiv, wenn sie den Jugendlichen befähigen, sich Schritt für Schritt zu realisieren und sich aktiv handelnd zu verwirklichen. Wir können auch sagen: Indem der psychosoziale Raum demarkiert wird - räumlich, sozial und psychisch - kann er sich mit als individuell definiertem und erfahrenem Leben füllen, das auf die Matrix bezogen bleibt. Individuation wird zur Selbstdefinition und Selbstinterpretation der menschlichen individuellen Natur durch den Jugendlichen, und genau das ist seine kulturelle Leistung, auf die die Gesellschaft angewiesen ist. Die folgende Abbildung faßt unsere Überlegungen zur Entwicklung der organisierenden Kraft des Selbstgefühls in der adoleszenten Entwicklung zusammen:

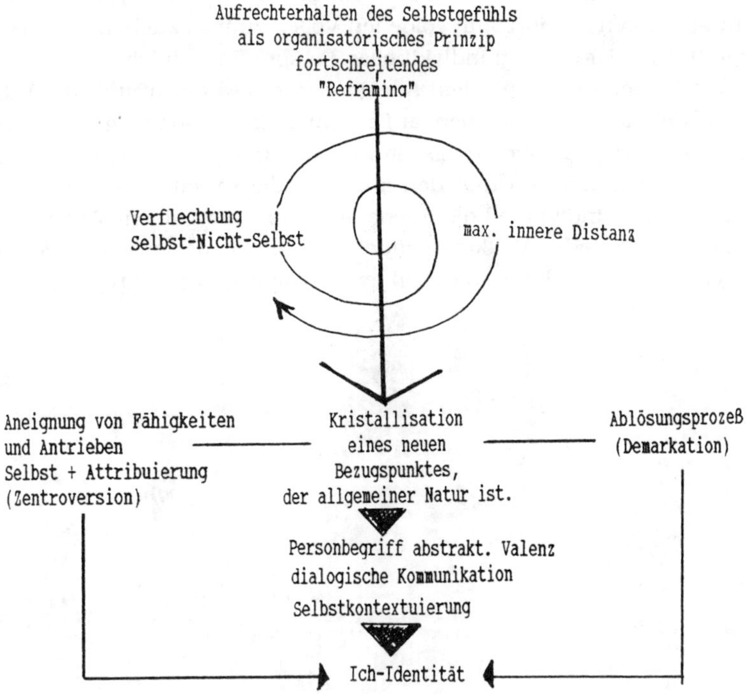

Abbildung 11-V: Aspekte der Entwicklung des inneren Organisators.

Es ist bezeichnend, daß die menschliche adoleszente Entwicklung auf einem hohen Grad psychosozialen Seins einsetzt. Sie vollzieht sich unter den Bedingungen, daß der Heranwachsende geschlechtsreif ist, einen Intimraum beansprucht und die Integrität seines Körpers wie seiner Psyche, daß er Kompetenz besitzt und ein beträchtliches Maß an innerer und sozialer Autorität, kurz, unter der Bedingungen realer Handlungsfreiheiten und relativer Autonomie.

Es sei daran erinnert, daß diese Entwicklungen Hand in Hand mit dem Ablösungsprozeß von der Herkunftsfamilie ablaufen und Voraussetzung einer geglückten Ablösung sind, worin gleichsam Punkt für Punkt Selbst und Nicht-Selbst, Selbst und Matrix, Selbst und 'Introjekte' wie Matrix und 'Projekte' unter Integration des Kontextes ausgelesen werden. Das heißt, die Selbstgrenze wird auf diesen neuen, anspruchsvollen Bezugspunkt hin redefiniert und erhält ihre reife vitale Funktion als Grenzfunktion wie Kontaktfunktion. Die Bewertungskoordinaten für das Selbstgefühl bleiben dieselben, die wir unten ausgeführt haben: die Kontextpolaritäten hinsichtlich Selbst und Nicht-Selbst, Zufügen und Erleiden und schließlich Bewertung hinsichtlich guter vs. schlechter Zustände. Die Reorganisation muß in ihrer komplexen Aufgabenstellung diesen einfachen Kriterien gerecht werden. Kann diesen Genüge getan werden - von vorübergehenden Schwankungen abgesehen -, so kommt es bei allem teilweise radikalen Wandel zu keinem Bruch des status quo, sondern zu stetigem Wandel, der mit einem wachsenden, hoch differenzierten und vertieften Gefühl des Selbst, dem Gefühl der Identität, belohnt wird.

Ich erinnere an unser Märchen vom „Goldenen Vogel". Der goldene Apfel war das Symbol persönlicher Reife und Vollkommenheit, die es zu erwerben galt. Reife verwandelte sich auf der ersten Station zum goldenen Vogel, zum Erwachen des Selbstgefühls und des Bewußtseins der eigenen individuellen Person. Es wandelte sich zum goldenen Pferd und zur goldenen Jungfrau, dem Aneignen der eigenen Kräfte und Antriebe und der Begegnung mit den anderen, den außerfamiliären Personen gleicher Valenz wie dem eigenen Selbst. Nie war der Königssohn verlassener als in der Erfahrung eben jener extremen Pole zwischen Ich und den anderen, die soweit auseinanderliegen können. So persönlich und individuell die Suche auch war, der goldene Apfel am goldenen Baum symbolisiert, daß die Vollkommenheit und Reife der eigenen Person gerade darin verborgen liegt, die anderen mit eben jenem goldenen Apfel auszustatten.

Kapitel 17: Die Geburt der erwachsenen Person und ihr Scheitern

„Das wichtigste Vermächtnis der Adoleszenz ist die Umwandlung der Familienleidenschaften in jene sublimen Leidenschaften, die uns an unsere Spezies binden." (KAPLAN)

Die Geburt der psychosozialen Person

Es ist nun an der Zeit, die Umrisse einer Neubewertung der Adoleszenz zu skizzieren. Wir fassen die Adoleszenz als einen einheitlichen, kontinuierlichen Prozeß auf, der mit der Pubertät, der Entdeckung der Geschlechtlichkeit und der Konfrontation mit ihr, einsetzt und bis hin zu jenem bedeutsamen kritischen Übergang zum Erwachsenenleben reicht, der mit dem endgültigen Abnabeln von der familiären Matrix endet. Dieser Prozeß besteht aus einem psychischen wie sozialen Entwicklungsvorgang, die zusammen einen neuen Zustand psychosozialen Seins einleiten. Dabei fügen sich psychischer und sozialer Prozeß unter der Regie des Heranwachsenden zusammen: In gewisser Weise können „Jugendliche Produzenten ihrer eigenen Entwicklung sein"[148].

Die Idee, wonach wir die adoleszente Entwicklung skizzieren wollen, ist die Adoleszenz als Geburt der erwachsenen Person aus der extrauterinen Matrix. Die Vorstellung einer „extrauterinen Matrix" geht auf MAHLER et al. zurück, wonach sich die psychische Geburt aus der extrauterinen Matrix der symbiotischen Mutter-Kind-Beziehung vollzieht. Wir haben schon darauf hingewiesen, daß sich ihre Ausführungen parallel zur adoleszenten Individuations- und Separationsphase lesen lassen. MAHLER schildert einfühlsam, wie dicht die Interaktionen von Mutter und Kind ineinandergreifen und welche umfangreichen und komplexen Funktionen die Mutter innerhalb dieser Zweiheit zu übernehmen hat. Ihre Schilderung läßt verstehen, wie sehr ein Unterscheiden zwischen Selbst und Nicht-Selbst, ihr Differenzieren und Strukturbilden der wechselseitigen Erforschung und kommunikativen Bestätigung bedarf, um Schritt für Schritt sich dieses Unterscheidens zu versichern. Genau dasselbe Geschehen können wir im Ablösungsprozeß von der Matrix der Herkunftsfamilie wahrnehmen, wenn wir anstelle von „Mutter" „Familie" einsetzen. Ebenso können wir jenes fundamentale Angewiesensein des Kindes auf die Mutter und jene Verbundenheit, die das Kind als unersetzliche Nahrung zu seiner Entwicklung bedarf, auf den Gesamtverband der Familie übertragen. Die Bedeutung einer „extrauterinen Matrix" wird sinnfällig, wenn sie betont, daß es beim Menschenjungen „keinen inneren Organisator" gäbe. Der Gedanke, die extrauterine Matrix als organisierendes System zu betrachten, das den neuen inneren Organisator vorbereitet und in ihrer Funktion von diesem schließlich abgelöst wird, teilen wir. Denn die Organisation der kindlichen Persönlichkeit wird durch die Matrix und ihre Leistungen substituiert.

Der Prozeß der Differenzierung zwischen Selbst und Nicht-Selbst ist also nicht nur auf die Frühzeit der kindlichen Entwicklung angelegt, sondern reicht hinein in die Adoleszenz und kommt erst dort zur Reife, soweit die Herauslösung aus der Herkunftsfamilie glückt. Er erstreckt sich auf den langwierigen Prozeß, in dessen Verlauf das Individuum seiner „Matrix" gewahr wird, sich in ihrem Kontext definiert, fortschreitend des Kontextes, den die Herkunftsfamilie bereithält, bewußt wird, bis der Jugendliche fähig ist, sich aus und gegenüber der Matrix zu definieren. Vielleicht wird jetzt die formale Ähnlichkeit beider Betrachtungsweisen verständlich und warum es für uns wenig Sinn ergibt, etwa für die Borderline-Persönlichkeit die eigentliche Problemstellung in

---

148 LERNER, in: OLBRICH u. TODD, ebenda S. 70.

der Fixierung auf bestimmte Aspekte der Kleinkindentwicklung zu suchen, vielmehr in den ganz ähnlichen Prozessen, sich aus dem Kontext der familiären Matrix zu lösen. Denn in diesem aktuellen Prozeß werden Selbst und Nicht-Selbst neu und erstmals in der Entwicklung umfassend durch die Selbstgrenze definiert. Wenn dies gelingt, so ist die Kohärenz des Selbst gewährleistet und die auf qualitativ neuem Niveau ausbalancierte Polarität von Zentrum und Peripherie vitalisiert die Persönlichkeit. „Ein lebendiges Tiefenselbst ist zum Organisationszentrum der Ich-Aktivität geworden."[149]

Der grundlegende Vorgang ist die Reproduktion der familiären Matrix in der Person des Adoleszenten und seine Ablösung aus derselben. Das Ganze gebiert einen Teil, der selbst zu einem Ganzen wird; die Matrix reproduziert sich in einer strukturellen Kopie; in und aus der Herkunftsfamilie entsteht die Person. Aber diese Reproduktion ist alles andere als eine bloße Kopie, sondern eine individuelle Geburt, an der die Matrix als ganzes ebenso beteiligt ist wie der Heranwachsende und die gesellschaftlichen und kulturellen Ressourcen, die diesen Prozeß fördern. Ja, die Matrix ist Voraussetzung für Individualität, für ein Einschmelzen all der Einflüsse in eine individuelle 'Produktion'. Wir können sie als psychosoziale Reproduktion bezeichnen. Es ist ein Kennzeichen dieses Vorgangs, daß die soziale Matrix dem Heranwachsenden die Regie für seine Ablösung und seine abschließende Reproduktion zuspielt. Die Geburt der Person ist dann abgeschlossen, wenn Individuation und Separation unumkehrbar geworden sind. Die Kontextmarkierungen, die im Übergang vom „System zum einzelnen Individuum" diesem angeheftet werden und anhaften, nimmt der Herangewachsene als sein Erbe mit.

Die Ablösung von der Orientierungsfamilie ist als universeller soziobiologischer Vorgang zu betrachten. Im Kern vollzieht sich ein Kontextwechsel von primärer zu sekundärer Vertrautheit, welcher von uns ein hohes Maß an Differenzierung und soziale und psychische Ausgleichung zwischen Herkunfts- und Fortpflanzungsfamilie abverlangt. Ob uns dies gelingt, entscheidet über unsere körperliche und seelische Verfassung.

Individuation und Separation bedingen sich gegenseitig und treiben einander bis zu jenem Punkt der Unumkehrbarkeit: Der allmähliche Prozeß der Herauslösung aus der sozialen Matrix hält einen Prozeß der Identifizierung in Gang, der wiederum die Grundlage abgibt für Individuation. Die Individuation wiederum, die Aneignung all der Fähigkeiten, welche die soziale Matrix substituierte, die Herausbildung einer eigenen Organisation, eines erfahrbaren und erfahrenden Selbst mit Impulsen, Ideen, Wünschen, einer individuellen Kontextproduktion und der Fähigkeit, steuernde Kontexte zu erfinden, entwickelt die Voraussetzung, innerhalb und gegenüber der Matrix die eigene Person zu demarkieren, d.h., eine vitale Selbstgrenze auszubilden. Die Selbstgrenze definiert dann die Bruchstelle zwischen Matrix und dem sich ablösenden Jugendlichen. Wird diese Bruchstelle nicht adäquat und wechselseitig definiert bzw. verhindern chronische Grenzverletzungen eine solche, so wird eine Desorganisation der Person genährt. Nur unter großen Mühen kann dann ein konsistenter individueller Kontext des Selbst erfunden werden. Für den Prozeß der Ablösung heißt das, daß *in seinem Verlauf die ungelösten Grenzverletzungen aktualisiert werden*, eine Belastung für eine erfolgreiche Ablösung, aber auch eine Chance für die adoleszente Reorganisation.

Welche Fähigkeiten sind es, die dem Heranwachsenden eine Lösung dieser Paradoxien und verwickelten Einschlüsse ermöglichen? Wir haben uns auf drei neue Fä-

149 MASTERSON, ebenda S.145.

higkeiten konzentriert, die diese Aufgabe der Herauslösung voranbringen: Entwickeln sexueller Identität, Erwerben von Autorität und somit Autonomie und die Reifung kognitiver Fähigkeiten. Die adoleszente Entwicklung wird so gesehen von der zunehmenden Fähigkeit zur bewußten Konzeptuierung der eigenen Person wie auch der Matrix und ihrer Beziehungen begleitet, was zu einer neuen bedeutenden Rolle des Jugendlichen selbst führt: in gewisser Weise wird er nun zum „Produzenten seiner eigenen Entwicklung". Im Laufe des Heranwachsens generiert der Heranwachsende seinen eigenen Kontext und wird in einem relativen Sinne kontextunabhängig. Sexualität, Kompetenz und innere Autorität spielen eine bedeutende Rolle, sich selbst zu bestimmen. Der Übergang zur erwachsenen Lebensphase bringt die Fähigkeit zur bewußten Kontextuierung und bringt das Gefühl des Selbst zum Gefühl der Identität voran. Hier finden wir einen entscheidenden Gesichtspunkt für eine Neubewertung der Zeit des jugendlichen Heranwachsens: Im Zentrum dieser ganzen Entwicklungen stehen neue kognitive, affektive und moralische Fähigkeiten, die den Heranwachsenden instand setzen, jenen aktiven, in gewissen Grenzen regieführenden Part zu übernehmen, sowohl die Matrix, von der er sich trennt und deren Potential er sich erschließt, wie sich selbst im Prozeß der Ablösung zu „konstruieren". Der Heranwachsende greift selbst in seine Entwicklung und Organisation der Persönlichkeit ein. Damit deutet sich ein neues Bild von der Adoleszenz an, das sich auf die Fähigkeiten des Heranwachsenden gründet. Sie wird deshalb trotz der Vielfalt und Vielschichtigkeit der Veränderungen vom überwiegenden Teil der Jugendlichen gemeistert. Ab einem bestimmten Grad der Entwicklung tritt auf verschiedenen Ebenen der Heranwachsende sich selbst wie zugleich der Matrix gegenüber und wirkt nun als Ko-Produzent seiner Entwicklung mit.

Das alles heißt, daß der Heranwachsende Loyalitätskonflikte nun meistern kann. Im Loyalitätskonflikte kommt die Auseinandersetzung mit den entindividuierenden Kräften voll zum Austragen. Die Matrix hat ein doppeltes Gesicht: sie ist die wiedergebärende Mutter, sie verheißt Fruchtbarkeit; sie ist aber auch die tötende Hydra, die Medusa, die ihre Opfer zerreißt oder zur Unfruchtbarkeit verdammt. Oder in den Worten von KAPLAN: „Das wichtigste Vermächtnis der Adoleszenz ist die Umwandlung der Familienleidenschaften in jene sublimen Leidenschaften, die uns an unsere Spezies binden."[150]

Den Prozeß des Herauslösens hatten wir schon nach drei verschiedenen, sich gegenseitig bedingenden Aspekten unterschieden: als *Prozeß der Demarkation* der Person, das heißt die Ausbildung der Selbstgrenze innerhalb wie gegenüber der sozialen Matrix; als *Prozeß der Zentroversion*, das heißt Ausbilden und Zuschreiben eines persönlichen Zentrums, das als Quell von Impulsen, Motiven, Gefühlen, Empfindungen, Handlungen und Fähigkeiten erlebt wird; und als *Prozeß der psychosozialen Realisierung*, worin die Person in ihren Lebensbezügen, Beziehungen und in ihrer sozialen Wirklichkeit einen Platz einnimmt unter Wahrung ihrer Selbstgrenze wie ihres Zentrums. Erst mit vollendeter Geburt der Person wird die Vitalität der Person durch ein vollständiges Ausbilden der Polarität von Peripherie und Zentrum so weit möglich entwickelt und gesichert; erst wenn die Demarkation aus der sozialen Matrix wechselseitig durch den Heranwachsenden wie die zurückbleibende Familie resp. Eltern vollzogen ist, wird auch die Organisation zur erwachsenen Person abgeschlossen und sind ihre Gestal-

150 KAPLAN, ebenda S. 398.

tungskräfte etabliert. Der Aspekt der Demarkation steuert eine adäquate Selbstdefinition und Ausbildung einer vitalen Selbstgrenze bei mit ihren Funktionen als Kontaktfläche und bewahrende Grenze; die Zentroversion Autonomie, adäquate Selbstattribuierung, Erfinden von neuen und steuernden Kontexten; die psychosoziale Realisierung verlangt innerhalb der Familie, ein intimes Territorium zu schaffen, betreibt die Integration in die Gesellschaft und eröffnet auf diese Weise wiederum neue Bezugskontexte und Welten, Ressourcen, die selbst wiederum eine Reorganisation des Heranwachsenden ins Werk setzen.

Diese Geburt aus der extrauterinen Matrix vollzieht sich in drei Phasen, die ich *(Selbst-)Demarkation*, *(Selbst-)Polarisation* und schließlich *Separation und Wandlung* nennen möchte. Die Wortanfügung „Selbst-" soll darauf hinweisen, daß diese Phasen sich auf die extrauterine Matrix beziehen und daß es sich um einen Vorgang der Selbstreproduktion. Eine vierte Phase fügen wir an, die wir *„verlängerte bzw. unbewältigte Adoleszenz"* nennen. Hier blieben zentrale Aufgaben der Adoleszenz mehr oder weniger unerledigt und beschwören einen Entwicklungsstillstand herauf. Nach unserem Modell der selbstreferentiellen Struktur wird allgemein betrachtet eine strukturelle Kopie dann vereitelt, wenn die rekursiv verknüpften Ebenen, hier Elterngeneration und Generation der Kinder, strukturell vermischt werden. Das sich herausbildende Selbst darf kein wesentlicher Teil der Ganzheit bzw. seiner Funktionsfähigkeit sein. Und die neue reproduzierende Einheit muß lebensfähig sein, das heißt, fähig, eine strukturelle Kopie auszubilden. Gerade eine solche, oft hochgradige Vermischung der Generationengrenzen kennzeichnete jedoch in unserer Untersuchung die Familien Heroinabhängiger. Die adoleszente Entwicklung war hier in jedem Fall in einen chronischen Entwicklungsstillstand hingeraten.

Besonderes Kennzeichen der Adoleszenz ist seine dichte Verschränkung von individueller und sozialer Entwicklung. Die Eingliederung in die Gesellschaft erschließt der Person neue Möglichkeiten, neue Welten und Wirklichkeiten, neue Ressourcen und scheint eine Transformation der Person in Gang zu setzen, allerdings nicht als einen Prozeß, den der Heranwachsende erleiden muß - wenn er auch darunter leiden kann -, sondern der in gänzlich neuen Fähigkeiten des Heranwachsenden gründet. Gesellschaftlichkeit ist Ausdruck seiner emotionalen, kognitiven und moralischen Kompetenz. Wir gehen davon aus, daß dieser Prozeß der Eingliederung und die neuen Fähigkeiten des Adoleszenten eine Neuorganisation der Person verlangen und neue Organisationsprinzipien einführen. Die Eingliederung in den Sozialkörper setzt gemeinsam mit den neuen Fähigkeiten des Heranwachsenden eine Reorganisation der Person ins Werk. Diese wechselseitige Abhängigkeit läßt eine Dynamisierung der Organisation der Person wie ein Neubewerten der gesellschaftlichen Verhältnisse und Traditionen erwarten. Es wird eine Neuinterpretation der menschlichen Natur als kulturelle Leistung vorgenommen. In dem Maß, wie sich ein neuer Organisator herausbildet und seine Gestaltungskraft entwickelt, wird ein Neubewerten der Kindheit und der Person in Gang gesetzt.

All diese Gründe, Aufgaben und Entwicklungen verlangen eine Reorganisation der Person oder eine „Reintegration an der Basis". All diese neuen Fähigkeiten und Entwicklungsreize verlangen die Herausbildung eines neuen Organisationsprinzip, dessen Umsetzung die ganze Person nach neuen Maßstäben reorganisiert. Die adoleszente Entwicklung werden wird nun kurz skizzieren.

Die Phasen der Adoleszenz - Demarkation, Zentroversion und psychosoziale Realisierung

1. Phase: (Selbst-)Demarkation

Der Kontextbruch zwischen primärer und sekundärer Vertrautheit vollzieht sich zunächst *innerhalb* der Matrix als Demarkation. Diese Phase umfaßt die Zeit vom *12.-16. Lebensjahr* mit einer Kumulation von Entwicklungen um das 13. Lebensjahr. Es sind individuelle zeitliche Schwankungen bis zu 2 Jahren zu berücksichtigen.

Werfen wir zuerst einen Blick auf die kognitiven Voraussetzungen unmittelbar vor Beginn der Adoleszenz um das 11. Lebensjahr. Nach PIAGET entwickelt sich eine in Ansätzen autonome Moralität der Gerechtigkeit. COLBY und KOHLBERG erwarten mit dem 10. Lebensjahr die Entwicklung des konventionellen Niveaus im moralischen Urteil, d.h., Jugendliche beginnen eine soziale Perspektive als Mitglied der Gesellschaft ihrer moralischen Bewertung zugrunde zu legen. Dieses Stadium wird von den folgenden Themen bestimmt: wechselseitige Beziehungen, Erwartungen und interpersonale Konformität; Erwartungen zu entsprechen suchen, die nahestehende Menschen oder Menschen überhaupt an einen richten. Das schließt die Fähigkeit und Bereitschaft ein, Beziehungen zu pflegen und Vertrauen, Loyalität, Wertschätzung und Dankbarkeit zu empfinden. Ein Jugendlicher bringt in diesem Alter unterschiedliche Standpunkte miteinander in Beziehung, indem er sich in die Lage des jeweils anderen versetzt. Dazu paßt, daß sich zum Ende des 10. Lebensjahres die Fähigkeit bewährt, im Spiel zu kooperieren, auch wenn ein wahres Verständnis der Regeln noch fehlen mag. Wir finden also Ansätze zu Autonomie wie zu gesellschaftlicher Kooperation und Eingliederung mit Beginn des 11. Lebensjahres vor.

Auf verschiedenen Ebenen setzen nun Entwicklungen ein, die sich wechselseitig voranbringen. Die körperlich-hormonelle Reifung hat u.U. schon mit 9 Jahren eingesetzt; zwischen 12- und 13 Jahren liegt der Termin der ersten Regel. 1 bis 2 Jahre später treten ovulatorische Zyklen auf. Schwangerschaften sind nun möglich, auch wenn die volle Fruchtbarkeit sich erst in den weiteren Jahren Anfang bis Mitte der Zwanziger Jahre ausbildet. Die männliche Geschlechtsentwicklung erreicht äquivalente Reifestufen rund 1 1/2 Jahre später. Die erste Ejakulation wird mit ungefähr 14 Jahren erlebt. 3-4 Jahre später sind die Spermien voll ausgereift. Die volle Fortpflanzungsfähigkeit liegt in der Mitte der Zwanziger Jahre. Wie EWERT berichtet, hat das Einsetzen der Regelblutung keine unmittelbaren sprunghaften Folgen.[151] Sie ist eingebettet in einen eher stillen Vorgang, der die sexuelle Reifung vorbereitet und verarbeitet. Es treffen mehrere Entwicklungslinien aufeinander, die neben der sexuellen und körperlichen Reifung jenen neuen, reorganisierenden Bezugspunkt formen. Nach einer Überblicksarbeit von FILIPP ist im frühen Jugendalter ein Differenzierungsprozeß der sozialen Wahrnehmung zu beobachten sowohl bezüglich der Wahrnehmung anderer Menschen als auch der Beobachtung des Selbst und Fokussieren des Selbstkonzeptes.[152] Wir finden hier den Ausgangspunkt von Demarkation wie Zentroversion, den Ausgangspunkt jener Polarität, die sich im Laufe der nächsten beiden Phasen ausweiten wird. Was die Zentroversion anbetrifft, so besitzt der Jugendliche in diesem Al-

151 O.EWERT: Selbstkonzeptänderungen beim Eintritt von Mädchen in die Reifezeit, S. 182. In: OBLRICH. TODT, ebenda.

152 S.H.FILIPP: Aufbau und Wandel von Selbstschemata über die Lebensspanne; in: R.OERTER (Hersg.): Entwicklung als lebenslanger Prozeß. Hamburg, Hoffmann und Campe, 1978.

ter (ca. 12) nicht allein ein Bewußtsein von Kooperationsfähigkeit, von Ansätzen „innerer Autorität", das sich auf einem Regelverständnis gründet, sondern es bildet sich das Konzept „Fähigkeit" als „abstrakte Valenz" aus, so daß der Adoleszent bereits zu diesem frühen Zeitpunkt „Anstrengung" und „Fähigkeit" zuverlässig attribuieren kann. Er kann sich als aktives und fähiges Selbstzentrum wahrnehmen und in sein Selbstkonzept einfügen.

Interessante Aspekte steuert eine Untersuchung von EWERT bei, für die Mädchen im Alter von 10 bis 14 Jahren zur Verfügung standen. Er eruierte die Faktoren „Einfluß, Macht" und „Wertschätzung". Es zeigte sich eine Differenzierung in der Bewertung von Vater und Mutter im Übergang von 10 auf 11 Jahre, wobei Macht und Wertschätzung zwischen beiden hinsichtlich ihrer Rangigkeit umgepolt werden, und weiterhin eine Differenzierung zwischen familiärer Binnenwelt und außerfamiliärer Welt, die sich besonders deutlich im Alter von 11 auf 12 Jahre vollzieht. Wertschätzung und Macht werden zunehmend differenziert. Die erlebte Macht von Erwachsenen scheint auf Kosten einer positiven Wertschätzung zuzunehmen, während sich der zugestandene Einfluß der Eltern spürbar verringert. Diese Entwicklungen verraten eine veränderte Regulierung sozialer Distanz: „Die differenzierte Selbstkonzeptbildung legt eine *spannungsvolle Polarisierung zwischen erreichter Autonomie und psychischer Distanzierung des Jugendlichen von Erwachsenen* nahe, ein Differenzierungsprozeß, der an die Stelle von globaler Wertschätzung die Einschätzung von Macht und Einfluß des Erwachsenen treten läßt."

Der Heranwachsende vermag ein Bild unterschiedlicher Intimität zu entwerfen. Die Hauptthemen des Selbstkonzeptes, die EWERT für den Zeitraum zwischen 10 und 15 Jahren eruiert, schlüsseln dieses Bild auf: Zentripetalität (Aufsuchen und Aufrechterhalten von familiären Bindungen), Zentrifugalität (Ablösen von familiären Bindungen), Rollenkonflikt zwischen Kind und Erwachsener, Bewertung von Leistung und depressive Verstimmung. Er stellt fest, daß Zentripetalität zwischen dem 11. und 15. Lebensjahr mit fortschreitendem Alter abnimmt. „Der Wendepunkt von relativer Bejahung zur Ablehnung von Zentripetalität liegt zwischen 12. und 13. Lebensjahr."[153] BANDURA kommt in seiner Untersuchung sogar zu dem Schluß, daß mit 13 bis 14 Jahren die Unabhängigkeit von den Eltern mehr oder weniger erreicht sei.[154] Ich erinnere an die Daten aus unserer eigenen Untersuchung, wo in dieser Phase der Adoleszenz Ausreißen relativ häufig vorkam. Bei 13 Jahren liegt die höchste Weglaufquote. Das alles bestätigt, die sexuelle Reifung geht einher mit einer inneren Festlegung auf Zentrifugalität. Die Tendenz zur Zentrifugalität wird unterstrichen durch ein wachsendes Spannungsverhältnisses zwischen Erwachsenen und Kind[155] und dem Stellenwert von Leistung und depressiver Verstimmung, die verständlich erscheint mit dem hier skizzierten Wandel: dem Absetzen der Eltern als Primärvertraute, als innere „Objekte" von erstem Rang.

Die Differenzierung von Intimität und sozialer Distanz bezüglich „Wertschätzung" bereitet die Bildung eines Ich-Ideals vor, das bis zum Ende dieser ersten Phase der Adoleszenz durch die Fähigkeit zur Abstraktion und solche abstrakten Idealisierungen affektiv zu besetzen (PIAGET) Farbe bekommt. Diese Fähigkeit zur Idealisierung durch

153 O.EWERT, ebenda S. 182ff.

154 A.BANDURA: The stormy decade: fact or fiction? In: D.ROGERS (Hrsg.): Issues in adolescent psychology, New York, Appleton-Century-Crofts, 1972.

155 Ähnlich COLEMAN: Zwischen 13 und 17 Jahren wachsen die Konflikte mit Eltern an von 20% auf 60%.

Unterscheiden von Macht und Wertschätzung ist ein wichtiger Beitrag zur Vorbereitung der emotionalen Ablösung. Sie ermöglicht Erfahrungen aus der familiären Umgebung zu transformieren, eine emotionale Brücke zu spannen zu der Welt jenseits derselben und sie für die innere Verarbeitung zu nutzen. Während dieser ganzen Phase nehmen Freundschaften und ihre Bedeutung zu, berichtet FERGUSON, und zwar im Alter von 10 bis 15 Jahren, während sie danach wieder abnehmen. Sie belegen dieses wichtige emotionale Band, das Wertschätzung und Vertrauen aus der Herkunftsfamilie gleichsam im Akt der Idealisierung kondensiert und einer Person außerhalb zukommen läßt, ein Akt, der eine Demarkieren gegenüber der familiären Bindung erleichtert.

Idealisierung anderer Personen wie Entwürfe eines idealen Selbst sind nicht nur sehr wichtig für eine psychische Verarbeitung, wenn der Adoleszente den ersten Kontextbruch vollzieht, sie bilden nicht nur eine Brückenfunktion zur Gesellschaft, sondern sie signalisieren ein ganz neues Verhältnis zu sich selbst. Die abstrakte Valenz von „Fähigkeit" läßt den Heranwachsenden sich selbst gegenübertreten, idealisierend wie entwertend (depressive Verstimmung). Wir haben schon erwähnt, daß etwa zur selben Zeit (11-13 Jahre) PIAGET die erste Unterstufe der formalen Operationen ansetzt, die das Potential zur Abstraktionsfähigkeit und Umgang mit dem „Möglichen" einleitet. Hier fügt sich eine Untersuchung von ELKIND und BOWEN ein, die für Probanden der 8.Klasse „eine größere Beschäftigung mit dem imaginären Publikum" im Vergleich mit Schülern von der 4. bis zur 12. Klasse konstatieren[156], erste Versuche der Kontextuierung und der Ausleuchtung des Selbst. Aber seine Fähigkeiten sind weder kognitiv noch emotional oder sozial herangereift, diesen Zwiespalt zu überwinden. Dieser hängt ja eng mit dem Verlust bzw. der Aufgabe des Kind-Selbst zusammen und der Bindung an die familiäre Intimität und findet seine Lösung erst in einer Integration des Kind-Selbst, die sich in einem neuen und differenzierten Gefühl des Zugehörens und der Treue zu sich selbst zum Ausdruck kommt. Eine solche Integration steht erst am Ende der Adoleszenz mit der endgültigen Lösung der alten und neuen Loyalitätsbindungen.

Die menschliche Entwicklung muß das Problem lösen, den sexuell reifen Heranwachsenden im Familienverband zu behalten und gleichzeitig seine sexuellen Empfindungen, Emotionen, Phantasien und Aktivitäten nach „draußen" zu lenken, ohne ihn psychisch zu kastrieren. Dabei scheint eben dieser Ausgangspunkt von relativer Autonomie eine entscheidende Voraussetzung menschlicher Entwicklung zu sein, weil allein ein potentiell gleicher Partner die komplexen Leistungen der menschliche Kooperation und ihre ausgefeilte Kultur erlernen kann. Er darf dabei nicht infantil sein. Die Lösung ist eine Differenzierung innerhalb der Matrix mit der Herausbildung eines „biosociopsychosexual territory"[157], das heißt einer wechselseitigen Demarkation innerhalb der Matrix zwischen dem Heranwachsenden und der Elterngeneration. Auf diese Weise wird der Kontextwechsel zu einem stark innerpsychisch geprägten Vorgang, worin sich der Heranwachsende als potentiell eigenständige Person begreift und nun verschiedene Grade und Qualitäten von Intimität oder Vertrautheit emotional und sozial vollzieht. Hieraus erwächst im Kern ein Autonomieanspruch: Erleben sexueller Empfindungen und Phantasien, Ausüben sexueller Aktivität und Suchen sekundärer Vertrautheit.

156 D.ELKIND, R.BOWEN: Imaginary audience behavior in children and adolescents. Developmental Psychology, 1979, 15, 38-44.

157 S.MEYERSON, ebenda S. 102.

Dieser Kontextbruch verlangt aber, daß der Jugendliche sein „infantiles Selbst" aufgibt. Auf diese Weise beginnt der Prozeß der Reorganisation der Person. Dieser Kontextbruch markiert das Einsetzen des neuen organisierenden Prinzips, das nun die allmählich sich zurücknehmende familiäre Substitution und ihre organisierte Kraft zu ersetzen hat.

Die Ausbildung intimer Zonen und die beginnende Absetzung der Eltern als Primärvertraute setzt ein mit der *Unvereinbarkeit von familiärer Vertrautheit und sexuellem Empfinden.* Entgegen psychoanalytischer Phantasien wird es der familiären Wirklichkeit gerechter, daß weniger die Heranwachsenden sich getrieben sehen, diese Schranke umzustoßen, die in der Generationenschranke vorgezeichnet ist, denn die Eltern. Sie können in einen Konflikt geraten zwischen ihren Aufgaben als Eltern und ihren erotischen Wünschen, sie als sexuelle Partner zu erwählen. Da es in der menschlichen Entwicklung aus guten Gründen keine sicheren, Mißbrauch ausschließenden sozialen und biologischen Regelungen gibt, verbleibt hier ein weites Feld für Verwicklungen und pathologische Verformungen. Die Verwicklungen haben wir als Triangulationen kennengelernt, die sich besonders auf das „perverse Dreieck" konzentrieren. „Es entwickelt sich das typische inzestuöse Dreieck, und dem Kind wird die Möglichkeit genommen, seine Ganzheit in der Beziehung zu beiden Elternteilen zu erleben."[158]

Der Ödipuskomplex erfaßt treffend die männlichen Verwicklungen, wie die Untersuchung familiären Beziehungen männlicher Drogenabhängiger zeigte. Für die weibliche Entwicklung hat aber weder der von FREUD hypostasierte „Elektra-Komplex" noch der unterstellte Penisneid Gültigkeit, sondern - wenn wir schon einen Mythos heranziehen wollen - der Mythos der Persephone, des Blumenmädchen, Tochter der Demeter, der Göttin der Erde, die von Hades, dem Gott der Unterwelt, ihrer Mutter entrissen - vielleicht auch von ihr im Stich gelassen - und vergewaltigt wurde. In die Welt der Toten verbannt, lebt sie dort als furchtbare, Erstarrung bringende Medusa. Jupiter, von Demeter angefleht, gewährte Persephone, jedes Jahr einen Frühling lang aus der Unterwelt hervorzukommen.

Dieser Mythos gibt das (potentielle, phantasierte oder wirkliche) Drama der heranwachsenden Frau wieder und ihre archetypischen Konstellationen zu Männergestalten (Hades, dem Vergewaltiger, Jupiter, dem väterlichen Retter), der Weiblichkeit (Persephone als Blumenkind; Medusa als vor Verletzung, Angst, Beschämung und Ekel erstarrte Frau und als furchtbare Rachegöttin der Unterwelt; die Frühjahrserdgöttin als fruchtbare Frau; die Erdgöttin Demeter als reife Frau). Auch in den Märchen vom „Dornröschen" oder „Allerleirauh" (Gebrüder Grimm) finden wir die Ablösung der heranwachsenden jungen Frau aus familiären Banden als inzestuöse Situation gestaltet. Weibliche „Kastration" erweist sich als inzestuöse Verführung oder Vergewaltigung und „Penisneid" als Hinweis auf Verführungssituationen zwischen Vater und Tochter. Phantasien, die wir als „Penisneid" bezeichnen können, finden wir tatsächlich bei solchen Frauen, die ihre Mütter durch die Augen ihrer Väter sehen und ihrer 'Schwäche' wegen verachten, die als männliche Tochter erzogen wurden vom einem Vater, der sich ihr flirtend oder sexuell annäherte und sie als seine stellvertretende Partnerin versuchte, die zugleich aber in der Verführung Abwertungen als Frau und negative Botschaften in sich aufgenommen und verinnerlicht haben und sie nun als erwachsene Frau selbst treffen. Sie sind verführt, ihrer Weiblichkeit zutiefst ambivalent gegenüber-

158 R.STEIN, ebenda S. 233.

zustehen, ja, sie Haß erfüllt abzulehnen und entsprechend als psychologischen Ausweg zu phantasieren und zu beklagen: 'Wäre ich nur ein echter Sohn des Vaters und nicht seine Tochter! Wie sehr könnte ich dann an seiner Faszination, Anerkennung und Macht teilhaben!'

Zu einem „Persephone"-Komplex paßt, was OFFER in seiner Untersuchung feststellt: „Weibliche Jugendliche beschreiben sich als trauriger, einsamer und verletzlicher. Sie sind ihrer inneren Welt gegenüber aufgeschlossener als Jungen. Diese Befunde gelten für die frühe Adoleszenz ebenso wie für die spätere Adoleszenz. Andere Items deuten daraufhin, daß sich Mädchen häufiger ihres Körpers schämen, sich häßlicher und unattraktiv vorkommen und Änderungen ihres Körpers weniger positiv gegenüberstehen als Jungen."[159] Ein ganz ähnliches Bild zeichnet SEIFFGE-KRENKE: Mädchen in diesem Alter „charakterisieren sich als kränkbarer und verletzlicher, klagen über eine wenig zufriedenstellende Beziehung zu ihren Eltern und schätzen ihre eigene Leistungsfähigkeit skeptisch ein. Sie zeichnen bei ausgeprägter depressiver Stimmungslage ein eher instabiles und verletzliches Bild von sich selbst."[160] C.KLOSINSKI stellte anhand statistischer Auswertungen Leitsymptome für weibliche und männliche Heranwachsende fest. Bei Mädchen sind Leitsymptome: Depression, Angst, Suizidalität; von 13-15 Jahren Suizidalität, später von 16-20 Jahre Depression. Im Gegensatz dazu finden wir bei den Jungen: Aggression, Kriminalität und Diebstahl. Beziehungsstörungen nehmen im Alter von 10 bis 20 Jahren stetig zu, vor allem aber zwischen 13-15 Jahren.[161] Zum Mythos der Persephone gehört ein aktiv gestaltender Aspekt, wenn es stimmt, was Marilyn J.MILLER behauptet: „Girls often select sexual sexual behaviour as the main area of confrontation from early adolescence onwards."[162] MEYERSON schreibt ganz ähnlich: „Girls appear to cope with early parental loss of love by getting into dependent relationships, resorting to promiscuity or prostitution to achive a sense of belonging."[163]

Der Kern einer neuen, psychosozialen Identität bildet sich heraus Hand in Hand mit einer Neudefinition der Selbstgrenze, deren psychosoziale Realisierung sich in einem neuen Empfinden für Grenzen, interpersonale Beziehungen und Abstecken intimer Zonen vollzieht und markiert den Beginn echter Wechselseitigkeit. Diese neue Definition der Selbstgrenze ist hinsichtlich der Neudefinition von Intimität verbindlich und diktatorisch, da sie mit intensiven Gefühlen, insbesondere Scham, besetzt wird. Die Wahrnehmung der Ödipus- bzw. Persephone-Situation ist Ausdruck davon. Wo die Voraussetzungen für ein Neudefinieren der Selbstgrenze in der Familie fehlen oder verweigert werden, bahnt sich eine schwerwiegende Fehlentwicklung an, die schließlich das Familiensystem erschüttern wird.

Die adoleszente Entwicklung in dieser ersten Phase wird gefährdet, wenn der Heranwachsende die innere Ablösung als Zurückweisung durch die Eltern erlebt oder sie als Zurückweisung der Eltern gestaltet; sie ist durch all die oben gefundenen massiven und chronischen Grenzverletzungen gefährdet, da sie diesen inneren Kontextbruch

---

159 D.OFFER: Das Selbstbild normaler Jugendlicher, S.115; in: OLBRICH, TODT, ebenda.

160 I.SEIFFGE-KRENKE: Formen der Problembewältigung bei besonders belasteten Jugendlichen, S. 371; in: OLBRICH, TODT, ebenda.

161 C.KLOSINSKI: Die Adoleszentenkrise in Abhängigkeit von Altersstufe, Geschlecht und Geschwisterkonstellation, S. 154f; in: R.LEMPP (Hrsg.): Adoleszenz, Verlag Hans Huber, Bern 1981.

162 M.J.MILLER: Adolescence and Authority, S. 78; in: S.MEYERSON, Adolescence, ebenda.

163 S.MEYERSON: Adolescence and Delinquency, ebenda S. 52.

kontaminieren und belasten; und sie ist gefährdet durch Schismogenese. In der Tat ist die Zeit dieser ersten Phase epidemiologisch besonders auffällig. Mit 12 Jahren verzeichnen SIMMONS et al. die höchste Selbstaufmerksamkeit in einer Stichprobe, die das Alter von 8 bis 18 Jahre repräsentiert.[164] ENRIGHT et al. schreiben den Jugendlichen im 6. Schuljahr das höchste Maß an Egozentrismus zu.[165] Nach ENGEL zeichnen 13 bis 15jährige Mädchen zu 20% ein negatives und weniger stabiles Selbstbild und ein höheres Maß an Fehlanpassung.[166] OFFER bestätigt dieses Ergebnis für Mädchen, die sich als häßlich und traurig beschreiben. Nicht in Frage zu stellen, ist die erhöhte Suizidrate zwischen 13 und 15 Jahren bei männlichen wie weiblichen Jugendlichen. Mit durchschnittlich 14 Jahren findet man die höchste Verurteilungsrate für beide Geschlechter, mit 15 Jahren die höchste Delinquenzrate.[167] Die große Bedeutung dieses Entwicklungsabschnitts unterstreicht DÖBERT et al.: „Man wird daraus schließen dürfen, daß die in dieser Lebensphase sich stellende Entwicklungsaufgabe einer Konkretisierung der Geschlechterrolle nicht immer ohne psychische Imbalancen bewältigt wird: wer mit dem Erwerb der Geschlechtsrollenidentität noch Probleme hat, dessen Rationalitätspotential ist eingeschränkt."[168]

Demarkation	*Zentroversion*	*Psychosoziale Realisation*
– Bruch mit der Primärvertrautheit (Absetzen des inzestuösen Liebesobjekts) – Ausbildung eines biosociopsychosexual territory, das intimer und heterosexuell erforscht wird – innere Festlegung auf Zentrifugalität – Definition der Selbstgrenze: v.a. Scham – verschiedene Grade von Intimität und sozialer Distanz – Wechsel der Vertrautheit zu gleichgeschlechtlichem Elternteil – erste Markierung der Schnittstelle anstelle von Schismogenese.	– Aufgabe des infantilen Selbst und Einsetzen des inneren Organisators – Fähigkeit zur Idealisierung und Wertschätzung außerfamiliärer Personen – Entwurf eines idealen Selbstkonzepts (Ich-Ideal), das steuernde Funktion übernimmt – Selbstattribution von Anstrengung und Fähigkeit, sich als aktives und fähiges Selbstzentrum begreifen – Entwickeln eines Gefühls innerer Autorität und Kompetenz in Kooperation – Integration sexuellen Empfindens Bewältigen depressiver Verstimmung, Trauern um Kind-Selbst.	– Schaffen intimer Zonen – Realisieren sozialer Distanz – Freundschaften schließen – Sich präsentieren vor einem imaginäres Publikum und Bewertung durch andere – Geschlechterrolle annehmen.

Abbildung 12-V: Demarkation, Zentroversion und psychosoziale Realisation in der frühen Phase der Adoleszenz - der Demarkation.

164 R.SIMMONS, F.ROSENBERG, M.ROSENBERG: Disturbance in self-image at adoleszence. American Sociological Review, 1973, 38, 553-568.

165 R.D.ENRIGHT, D.G.SHUKLA, D.K.LAPSLEY: Adolescent egocentrism: Sociocentrismus and self-conciousness. Journal of Youth and Adolescence, 1980, 9, 101-116.

166 M.ENGEL: The stability of the self-concept in adolescence. Journal of Abnormal and Social Psychology, 1959, 59, 211-215.

167 S.MEYERSON: Adolescence and Delinquency, S.36, in: S.MEYERSON (Hrsg.): Adolescence and Breakdown, London, 1975.

168 R.DÖBERT u. G.NUNNER-WINKLER, ebenda S.271.

Unsere eigenen Daten über die adoleszente Entwicklung bei Drogenabhängigen lassen durchweg erkennen, daß sich *in dieser frühen Phase der Adoleszenz*, wo eine Demarkation der Selbstgrenze und damit die Bildung von 'Autonomiekernen' innerhalb der Matrix ansteht, *die spätere Fehlentwicklung innerhalb der Familie anbahnt und konstelliert und daß durchweg massive Hinweise auftreten* (Selbstmordversuche, Ausreißen, Diebstähle, Anorexie, massiver Alkoholkonsum). Die Schismogenese zieht in diesen Fällen die Generationengrenze in Mitleidenschaft. Viele Anzeichen verweisen auf eine parallele familiäre Krise. Entweder wird der Kontext des Primärvertrauens gegen die notwendige Individuation eingesetzt und bald wechselseitig ausgebeutet, oder aber eine solche Bindung erweist sich oder erwies sich als brüchig, so daß diese Aufgabe ungemein erschwert wird, da der innere Bruch gefühllos, ohne Gegenüber und ohne Anwalt des Kind-Selbst roh und gewaltsam vor sich geht.

2. Phase: (Selbst-)Polarisation

Die *zweite Phase der Adoleszenz reicht von 15 bis 19 Jahren* mit einem Entwicklungsgipfel um das Alter von 16-17 Jahren, wobei individuelle Abweichungen wiederum ca. 2 Jahre ausmachen können. Die Bezeichnung „Polarisation" deutet darauf hin, daß Zentroversion und Demarkation innerhalb der Matrix ihren Höhepunkt erreichen und der individuelle Raum des Heranwachsenden seine maximale Ausdehnung und Entfaltung erfährt. Sein Bruch mit der primären Vertrautheit ist vollzogen. Jetzt wird dieser Bruch ausgelotet und erhält Endgültigkeit. Der Heranwachsende ist nun genau in der Situation, die ESCHERs Bildergalerie vor Augen führt: Die Welt entfaltet sich vor seinen Augen, bzw. er konstruiert sich in diese Welten hinein als ein hinsichtlich aller möglichen Einschlüsse unentwegt sich selbst gebärendes Selbst. Ein ziemlich unmögliches Konstrukt und doch begabt mit der Fähigkeit, bei aller Veränderung, vielleicht auch wegen aller Veränderung, wechselnder Situationen und Rollen sich als identische Person wahrzunehmen. Diese Polarisation zwischen Matrix und Heranwachsendem innerhalb der Matrix geschieht wechselseitig und ist Voraussetzung, um sich als ganze Person zu separieren.

Es wurde schon geschildert, daß an diesem komplexen Werk alle adoleszenten Entwicklungen, Fähigkeiten und Leistungen beteiligt sind. Mit 15 Jahren ist der Gipfelpunkt der Bedeutung von Freundschaften überschritten, der Heranwachsende bezieht sich mehr auf sich, seine Interessen, Vorstellungen unter Vorgabe seiner Fähigkeiten. Mit 16-18 Jahren sind seine Interessen weitgehend ausdifferenziert und Teil des Selbstkonzepts[169]. Während derselben Zeit sind Jugendliche lebhaft an ihrem Selbstbild interessiert und beschäftigen sich mit Fragen wie: „Was bin ich? Wie gut bin ich? Was sollte, könnte ich werden? Auf welcher Grundlage soll ich mich selbst beurteilen?"[170] Autonomie und Autonomieanspruch wachsen. Nach COLEMAN nimmt zwischen 15 und 18 Jahren die Übereinstimmung mit den Wertmaßstäben von Peers und Eltern ab.[171] Mit wachsender Autonomie bildet der Jugendliche sein eigenes soziales Bezugssystem aus. Die Befähigung zur narzißtischen Regulation durch reale Leistung schließt hier an.

Es handelt sich um einen tiefgreifenden Prozeß, da er durch die neuen kognitiven

169 R.STRONG, ebenda.

170 M.ROSENBERG: Society and the adolescent self-image, Princeton, N.J.: Princeton University Press, 1965.

171 J.COLEMAN, ebenda S.65f.

Fähigkeiten vorangetragen und unterstützt wird. Wie erwähnt erreichen Jugendliche mit 15 Jahren die zweite Unterstufe der formalen Operationen. Auch wenn diese Altersangabe nach oben korrigiert werden mußte, so stehen jetzt doch mehr oder weniger diese Fähigkeiten zur Verfügung und beginnen auch alle anderen an Kognition gebundenen Fähigkeiten zu verändern: in abstrakten Begriffen Denken, Aufnahmefähigsein für Meinung anderer, Reflexion des eigenen Denkens, Entwickeln von „Systemen", Einbeziehen des Möglichen und Entwerfen eines Lebensprogramms. Die moralische und intellektuelle Einfügung in die Gesellschaft wird möglich und Teilhabe an ihren Ideen, Idealen und Ideologien schreitet voran. Indem nun Gefühle für Ideale entwickelt werden und die Persönlichkeit sich ausformt durch die Rollen und Wertskala, die sie sich gibt, läßt sich von einer „affektive Sozialisation" (PIAGET) sprechen. Jetzt sollte es einfach sein, den eigenen Standpunkt von anderen zu trennen, Wirkung auf andere vorherzusagen und zu manipulieren. Sozialpsychologische Wahrnehmung und moralisches Niveau reifen erst gegen Ende dieser Phase und im Verlauf der dritten. NEWMAN bestätigt diesen Trend, erst mit 17 Jahren werden im verbalen Verhalten abstrakte Konzepte und formale Urteile häufig angewandt.[172] Alles in allem: Der Jugendliche nimmt allmählich den Standpunkt der vollen Reziprozität gegenüber Erwachsen ein.

Unter diesen Voraussetzungen kann der Heranwachsende daran gehen, seine innere Ablösung kognitiv und emotional hinreichend zu verarbeiten, ihre Konsequenzen und Implikationen für heute wie die Zukunft einzuschätzen und zu bewerten. Erst mit Hilfe der nun möglichen adäquaten Selbstattribuierung kann er die Selbstgrenze ausformulieren, die zugleich die Bruchlinie zwischen Matrix und Heranwachsendem markiert und vorbereitet. Er beginnt, sich innerhalb und bezüglich des systemischen Feldes vor allen familiären Beziehungen Rechenschaft abzulegen, Inventur zu machen und bezüglich der Kontextpolaritäten zu konsistenten Festlegungen zu kommen. Es handelt sich um einen wechselseitigen Prozeß, der nur gemeinsam zwischen den Familienmitgliedern gelöst werden kann. In jede der Beziehungen ist seine bisherige Geschichte eingeschrieben, werden unerledigte Geschichten angerührt und Beziehungsaspekte reaktiviert und inszeniert. Aber - und das ist die zentrale Erfahrung in dieser Phase - dies alles geschieht von einem veränderten Ausgangspunkt aus: Der Heranwachsende sieht sich gleichgestellt, er spürt sich als einen neuen Bezugspunkt, der neue Gestaltungsmöglichkeiten bietet und drängt, diese Beziehungsaspekte neu zu bewerten oder umzugestalten. Diesen Bezugspunkt hatte OERTER herausgearbeitet: In dieser Zeit entwickelt der Jugendliche den Begriff der Person als „abstrakte Valenz" und geht nun eine ihn unmittelbar verpflichtende neue Beziehung zu sich und anderen ein. Er entdeckt das „Du" als Kommunikationspartner und muß fortan dem Grundsatz der Wechselseitigkeit Genüge tun. Er erwirbt die Fähigkeit zur dialogische Kommunikation. Und genau diese beiden, *das Prinzip der Wechselseitigkeit und die Fähigkeit zu dialogischer Kommunikation, geben dem Heranwachsenden den Schlüssel an die Hand, im weiteren Verlauf eine Lösung seiner familiären Abhängigkeit, Verstrickungen und Loyalitätsverpflichtungen zu finden.*

Wird diese Wechselseitigkeit nicht erworben, droht die weitere Entwicklung in eine Sackgasse zu geraten, da der innere Organisator sein Wirken nicht verrichten kann und wesentliche Segmente der Matrix sich dem inneren Dialog entziehen. Der familiäre

---

172 B.NEWMAN: Merkmale interpersonalen Verhaltens während der frühen Adoleszenz, S. 349; in: E.OLBRICH, E.TODT, ebenda.

Binnenraum ist durchschritten, indem die maximale Distanz zwischen Selbst und Matrix erlebt wurde, hin zu einem abstrakten Verständnis der anderen gesellschaftlichen Mitglieder und hin zu einer neuen Fähigkeit, zuzugehören und sich zu binden. Dieser Grad der Zentroversion ermöglicht es dem Herangewachsenen, die kommenden Aufgaben der Abschlußphase vorzubereiten und zu bewältigen, die sich um eine Lösung der Loyalitätsverpflichtungen und die Umgestaltung der Kontexthierarchie konzentrieren.

In diesem Prozeß der Selbstkonzeptbildung auf abstraktem und dennoch affektivem Niveau werden die noch offenen Fragen der weiblichen und männlichen Identität z.B. die Integration der gegengeschlechtlichen Identifizierungen gelöst. Vor dem Hintergrund der bisherigen Entwicklung bildet der Heranwachsende ein neues Antriebsmanagement aus, das ihn in ein verändertes Verhältnis zu sich selbst wie seiner Umwelt setzt und neue Dimensionen im Gestalten und Erleben von Beziehungen führt. Die Fähigkeit zu intensiven Beziehungen werden zu einem weiteren Quell der Reintegration.

Gegen Ende dieser mittleren Phase der Adoleszenz und im Übergang zur dritten Phase, also zwischen 17 und 20 Jahren, werden grundlegende Entscheidungen getroffen in Bezug auf Berufswahl und Wahl des sexuellen Partners.[173] Gemischt geschlechtliche Interaktionen nehmen zu, während die Konflikte mit den Eltern die höchste Bedeutung erhalten.[174] Damit haben wir den Übergang zur letzten Phase erreicht.

In ihrem Überblick über epidemiologische Untersuchungen konstatiert SEIFFGE-KRENKE für den Zeitraum von 13 bis 16 Jahren eine besondere Störanfälligkeit. Allerdings registriert sie in einer eigenen Untersuchung an 353 Probanden zwischen 15 und 19 Jahren ein negativ getöntes Selbstkonzept und eine durchgängig höhere Problembelastung. „Die Gruppe beschreibt sich als depressiv, gehemmt und stärker irritierbar."[175] Wenn wir Gewalt-und kriminelle Handlungen als Abwehr depressiver Verstimmungen einbeziehen, so erhöhen sich die Belastungen in dieser Phase beträchtlich. Wir müssen dann Suchtmittel- und Drogenkonsum hinzurechnen, der mit 17 Jahren seinen Höchststand erreicht und erinnern, daß mit 17 und 18 Jahren die höchste Rate an Gewaltverbrechen registriert wird. Ziehen wir unsere eigenen Daten zu Rate, so bildet sich in den meisten Fällen während dieser Phase die Suchtkarriere aus auf der Grundlage von Triangulationen bzw. den beschriebenen strukturellen Mustern. Sie wird von einer psychischen und verhaltensmäßigen Auffälligkeit zu einem chronischen Suchtproblem (z.B. von der Magersucht zur Medikamenten- oder Heroinabhängigkeit), das zunächst als eine Bewältigung erscheinen mag und als Sucht erst in einem späten Stadium registriert wird. Der drogengefährdete Jugendliche beginnt sein Versagen als negative Identität aufzubauen und die Aufgabe, eine neue Zugehörigkeit zu entwickeln, zu vermeiden bzw. über eine negative Identität seine Gruppenzugehörigkeit zur Scene zu definieren. Der Heranwachsende „verstrickt sich immer tiefer in seinen Haß auf die Familie und ist dadurch immer weniger bereit, sein Liebesverlangen auf die Welt außerhalb der Familie zu lenken."[176] Die Heranwachsenden und jungen Erwachsenen verstricken sich in einem leider sehr realen Ödipuskonflikt bzw. das

173 M.ROSENBERG, ebenda.

174 R.MONTEMAYOR, R.VanKOMEN: Age segregation of adolescence in and out of school, Journal of Youth and Adolescence, 1980, 9, 371-381.

175 I.SEIFKE-KRANKE, ebenda S. 360f.

176 KAPLAN, ebenda S.165.

Drama von Persephone und bezahlen schließlich den Preis der Sphinx: Unfruchtbarkeit.

Demarkation	*Zentroversion*	*Psychosoziale Realisation*
– endgültiger innerer Bruch mit dem Kontext der Primärvertrautheit (Verlust der innigen Bindung an die Familie) – maximale Entfernung Selbst-Umwelt – adäquate Definition der Selbstgrenze hinsichtlich aller wesentlichen Aspekte der Matrix und familiären Beziehungen (Markieren der Bruchlinie), ihre Vitalität bezüglich ihrer Grenz- wie Kontaktfunktion – Zurückweisen von Introjekten – allmähliche Rücknahme der Verstrickung innerhalb von Triaden und einen Weg finden zu dyadischen familiären Beziehungen.	– Personbegriff abstrakter Valenz – Selbstkonzept, das um die eigenen Antriebe, Interessen und Fähigkeiten gruppiert ist – Vorbereiten der individuellen Umgestaltung der Kontexthierarchie – Herausbildung von Interessen – Fähigkeit zur Idealisierung und affektiven Besetzung abstrakter Ideale (affektive Sozialisation) – Fähigkeit zur adäquaten Selbstdefinition – Integration von Männlichkeit und Weiblichkeit – Gefühl für Identität – Prozeß der reifen Identifizierung.	– Beanspruchen der vollen Reziprozität gegenüber Erwachsenen – wachsende Bedeutung der Konflikte mit Eltern – zunehmende heterosexuelle Interaktionen – stabile Objektbeziehungen außerhalb der Familie – Entscheidungen bezüglich Berufswahl und sexuellen Partner – Erwerb der Wechselseitigkeit und Fähigkeit zur dialogischen – Kommunikation – Befähigung zu narzißtischer Befriedigung aus realer Leistung – Entwerfen eines Lebensprogrammes – Fähigkeit zu heterosexueller Beziehung.

Abbildung 13-V: Demarkation, Zentroversion und psychosoziale Realisation in der zweiten Phase der Adoleszenz.

Unser Material belegt hinreichend, daß negative Identität und die sie begleitende Rolle als Versager engstens mit der Herkunftsfamilie verknüpft sind. Sie gibt diese negative Identität, gruppiert um negative Loyalität, vor, womit die Familie schismogenetische Belastungen ausagiert. Die Matrix ist unfähig, ihr Zusammenspiel so zu organisieren, daß der Heranwachsende sich als fähiges, verantwortliches Zentrum begreift und sich darin von der Matrix soweit bestätigt und unterstützt fühlen kann, daß er jene maximale Distanz ausbildet, ohne in innere und äußere Konflikte zu stürzen oder sich von Angst, Zurückweisung und Panik bedroht zu fühlen. Der Heranwachsende kann sich so von konkurrierenden Kontexten zerrissen und aufgespalten fühlen, daß die persönliche Integration des Kind-Selbst in diesen Konflikten scheitert und kontaminiert wird, daß die Kontextpolaritäten ungelöst bleiben und Töten im aktiven oder passiven Modus bzw. sein Betäuben und Abwehren als einziger Ausweg erscheinen mögen. Die Fähigkeit zur dialogischen Kommunikation bleibt unterentwickelt und somit fehlt dem neuen organisierenden Prinzip die nötige Kraft, diese Konflikte und Aufspaltungen kommunikativ zu lösen.

3. Phase der Adoleszenz: Separation

Aus der Retrospektive des Erwachsenen wird nicht die frühe Adoleszenz als besonders belastend erlebt, sondern die Zeitspanne zwischen 15 und 20 Jahren[177], die im wesentlichen die Zeit der mittleren und späten Adoleszenz ausmacht. Über die späte Phase der Adoleszenz gibt es nur wenig empirische Arbeiten, vielleicht, weil sie unter dem Einfluß der psychoanalytischen Theorie wenig beachtet wurde. MEYERSON schreibt der späten Adoleszenz die höchste Rate an „breakdowns" zu (Suizide, depressive Verstimmungen, zahlreiche ernste delinquente Akte). Wir wissen, daß sich in dieser Zeit psychotische Störungen ausbilden oder manifestieren. Wir hatten BRAATÖY zitiert, der in dieser Phase, gerade im kritischen Augenblick der Realisierung, psychotische Breakdowns registrierte. Im Übergang zur dritten Phase werden die ersten weitreichenden Entscheidungen gefällt. Auf jeden Fall stehen nun an, den eigenen Lebensentwurf zu realisieren und Entscheidungen zu fällen, die die Integration in die Gesellschaft wesentlich beeinflussen (Berufswahl), die Ausbildung eines neuen sozialen Zentrums (Partnerschaft und Familie) und last not least eben das endgültige Verlassen des Familienverbandes. Die dritte Phase der Adoleszenz ist zwischen 18 und 23 Jahren anzusetzen, mit einer Kernzeit bei 19-20 Jahren.

Viele Untersuchungen weisen darauf hin, daß erst in diesem Alter die kognitiven Fähigkeiten soweit ausreifen, daß sie die komplexe Leistung der Selbstkontextuierung, des Lösen der Loyalitätsverpflichtungen, der Herauslösung aus der Matrix und aus allen vier Ebenen des Einschlusses und die abschließende Umgestaltung der Kontexthierarchie meistern können. Soziale Kompetenz, etwa komplexere umgangssprachliche Selbstmordtheorien zu entwickeln, wird nicht vor 17-18 Jahren erreicht, und diese Fähigkeit scheint danach weiter zuzunehmen. Sie haben „unmittelbare Implikationen für die Handlungsebene: sie erlauben es dem Jugendlichen, sich vom Druck gegebener Situationen leichter zu lösen und somit in Krisensituationen... den akuten Streß von einer übergreifenden Lebensperspektive her zu relativieren und zu bewältigen."[178] Wir wissen bereits, daß erst in dieser Phase die soziale und moralische Urteilsfähigkeit heranwächst - das postkonventionelle Niveau wird im dritten Lebensjahrzehnt erreicht - und ebenso die Fähigkeit zur dialogischen Kommunikation und die innere Verpflichtung auf die Prinzipien der Wechselseitigkeit. ADELSON zufolge erwerben Jugendliche mit 18 Jahren die Fähigkeit, abstrakte Konzepte zu verstehen und mit ihnen umzugehen, Geschichte als Wandel zu begreifen und Prinzipien zu diskutieren.[179] Diese Fähigkeiten erschließen dem Heranwachsenden gesellschaftliche Ressourcen, die er für seine eigene Entwicklung und gesellschaftliche Teilhabe nutzen kann. Dies gilt auch für ein Erfassen der eigenen Biographie als 'Geschichte' und verhilft zu einem neuen ordnenden Bezugspunkt gegenüber der eigenen Vergangenheit, dem Verlust der Kindheit. Die Beschäftigung mit dem Selbst steht folgerichtig im Zusammenhang mit gewichtigen sozialen Beziehungen.[180] Jetzt erst reift das neue Zugehörigkeitsgefühl heran für das Abenteuer sekundärer Bindung und Intimität.

---

177 H.THOMAE: Formen der Auseinandersetzung mit Konflikt und Belastung im Jugendalter, S. 91f; in: E.OLBRICH, E.TODT, ebenda.

178 R.DÖBERT, G.NUNNER-WINKLER, ebenda S. 263.

179 J.ADELSON: The Development of Ideology in Adolescence, S. 68f; in: S.E.DRAGASTIN, G.H.ELDER, ebenda.

180 B.NEWMAN, ebenda S. 343.

Wenn die beiden vorangegangenen Phasen geglückt sind, werden die Leistungen der letzten Phase relativ mühelos vollzogen und lassen die Organisation der Person wie ihre Fähigkeiten ausreifen, sich selbst als Zentrum eines neuen sozialen System zu begreifen und zu realisieren. Die abschließende Phase der Adoleszenz erscheint dann unauffällig. In dieser dritten Phase steht die endgültige psychosoziale Separation vom Familienverband auf der Tagesordnung und ist nicht wieder abzusetzen, ohne die körperliche und geistige Gesundheit ernsthaft zu gefährden. Um seine körperliche und geistige Unversehrtheit zu erringen oder zu bewahren, muß sich der Heranwachsende seinen Loyalitätsverpflichtungen stellen: er muß seine Identität bewahren und die Identität der vorherigen Generation bestätigen; er muß die bisherige Kontexthierarchie endgültig auflösen, die Verbindlichkeit des familiären Kontextes überwinden und durch einen verpflichtenden individuellen ersetzen; alte und neue Loyalitätsverpflichtungen miteinander in Einklang bringen und schließlich den Generationenstrang aufnehmen und fortentwickeln. Die extrauterine Matrix stellt einen verbindlichen Kontext dar, der durch einen individuell gestalteten Kontext erst dann ersetzt werden kann, wenn das Verbundensein in adäquater Weise positiv bestimmt wurde. Im Prozeß der Zentroversion wandeln sich Loyalität und Abhängigkeit gegenüber der Herkunftsfamilie in Treue zu sich selbst, und werden zu Koordinaten des Selbst und zu einem moralisch verpflichtenden Bezugspunkt. Verknüpft mit der Entdeckung der abstrakten Valenz der Person kann dieser persönliche, unsere Individualität begründende Bezugspunkt einen hohen Wert erhalten. Die Lösung des Konfliktes zwischen Matrix und Individualität wird psychotherapeutisch im „Kind“ symbolisiert. Es drückt aus, daß nicht Selbstbezogenheit gemeint ist, sondern religio - Rückbindung - zum eigenen Ursprung, deren Urgrund die Folge der Generationen und die gegenwärtige familiäre Matrix als verschachteltes Gefäß derselben sind.

Ein antithetischer Loyalitätskonflikt erhält dann Nahrung, wenn ein Verlust der Beziehungsrealität innerhalb der familiären Beziehungen Einzug hielt und wenn der Heranwachsende herangezogen wird, um den Abwertungszyklus aufrechtzuerhalten und einer Konfrontation mit der familiären „Beziehungsrealität“ zu entkommen. Ambivalenz, Abwertung und Haß erlauben keine Ablösung, sondern binden und finden ihre Fortsetzung und Erfüllung in Destruktion und Selbstdestruktion. So bitter das sein mag, es gibt eine Ablösung nur durch ein letztlich positives Aneignen der Matrix; die Zentroversion kommt erst dann zum Abschluß, wenn letzten Endes die Eltern nicht gehaßt, sondern respektiert werden und eine adäquate Form gefunden wird, die Bezogenheit zu ihnen in Handlungen zum Ausdruck zu bringen. Die reife Form der Zentroversion ist an das Prinzip der Wechselseitigkeit und die dialogische Kommunikation geknüpft, die beide vor den familiären Beziehungen nicht Halt machen dürfen und KAPLAN zu Folge auch nicht zur Verfügung stehen, ehe nicht die „infantilen“ Bedürfnisse, d.h. familiäre Bindungen, überarbeitet sind. „Erst nach der Adoleszenz vermögen wir Mitgefühl zu empfinden“, meint KAPLAN. Mitgefühl können wir als sicheres Anzeichen werten, daß das Prinzip der Wechselseitigkeit Einzug gehalten hat.

Die Lösung des modernen Trennungsdramas muß auch eine Antwort enthalten auf die Frage nach dem Zusammenhang der Generationen. Es gehört zu den Entwicklungsaufgaben der modernen Adoleszenz, das Lebenselexier für den daheimgebliebenen, siechen Vater zu suchen und über den Ablösungsprozeß hinaus den Identitätsstrang fortzuknüpfen. Allmählich wird der Herangewachsene erkennen, „daß der Übergang von einem Bereich in den anderen nicht die Auflösung von Beziehungen bedeuten muß, sondern daß er zur Erweiterung und Erneuerung unseres Menschseins beitragen kann."[181] Wenn es stimmt, was BOSZORMENYI-NAGY schreibt, dann kann die Lösung des Loyalitätskonflikts nicht hoch genug eingeschätzt werden für die individuelle und für die gesellschaftliche Entwicklung: „Das Loyalitätsprinzip ist eine grundlegende Voraussetzung für das Verständnis der Moral, d.h. der tiefer liegenden Beziehungsstruktur von Familien. Loyalitätsbindungen gleichen unsichtbaren, aber starken Fasern, welche die komplizierten Teilchen des Beziehungs-"Verhaltens" in Familien wie auch in der Gesellschaft zusammenhalten."[182]

Wurde eine wechselseitige adäquate Definition der Selbstgrenze geleistet und wechselseitig ein neuer sozialer Status ausgehandelt und besiegelt, so steht der Trauerprozeß um die Ablösung und Versöhnungsarbeit gegenüber der familiären Matrix auf der Tagesordnung. Der junge Erwachsene hat die Fähigkeiten erworben und die Beziehungsarbeit geleistet, derer er bedarf, um die Organisation seiner Person im Vertrauen auf die gestaltende Kraft des Gefühls der Identität zu vollenden. Er steht auf der Höhe der Zeit. Der innere Organisator als Gefühl der Identität ist in diesem Prozeß ausgereift. Er vermag Peripherie wie Zentrum der Person zu einem vitalen Ganzen zu verbinden, Integrität der Selbstgrenze wie ihre Kontaktfunktion zu wahren und Projektion und Introjektion produktiv auszubalancieren. Sein Wirken hat die Substitutionen der Matrix abgelöst. Der junge Erwachsene kann ihren Bannkreis verlassen und die Organisation der Person die Feuerprobe außerhalb der Familienzugehörigkeit bestehen.

Demarkation	*Zentroversion*	*Psychosoziale Realisation*
– Aushandeln eines neuen sozialen Status – Separation vom Familienverband, räumlich und kommunikativ – Demarkation der neuen sozialen Einheit.	– Reifen der sozialen Wahrnehmung und moralischen Urteilskraft – Prinzip der Wechselseitigkeit wird endgültig konstituiert – Lösen des Loyalitätskonflikts und Herausdestillieren der Koordinaten des Selbst – alte und neue Loyalitätsverpflichtungen in Einklang bringen – Versöhnen innerhalb der familiären Beziehungen – Versöhnen mit der eigenen Geschichte – verbindlicher Lebensentwurf – Selbstachtung als verbindliches Regulativ und Gefühl der Identität.	– Auflösen triadischer Beziehungskonstellationen – neues Lebenszentrum wählen und einsetzen – Kontext sekundärer Vertrautheit gewinnen – Entscheidungen bezüglich Partnerschaft – endgültiges Verlassen der Herkunftsfamilie und eigenen Haushalt führen – Erwerb und Ausüben eines Berufs – neuer sozialer Status.

Abbildung 14-V: Demarkation, Zentroversion und psychosoziale Realisation in der späten Adoleszenz Separation und Wandlung.

Über den Zeitpunkt der Ablösung selbst hatten wir schon Vergleichsdaten zusammengestellt. Ergänzend können wir auf MEISSNER verweisen, wonach 84% im Alter von 18 Jahren noch zu Hause leben ohne ernsthaften Versuch, das Elternhaus zu

181 KAPLAN, ebenda S. 406.
182 BOSZORMENYI-NAGY, SPARK, ebenda S.68.

verlassen.[183] ANDERSSON gibt uns folgende Bezugsdaten: Mit 20 Jahren haben 40% der Männer und 60% der Frauen einen Beruf oder sind als Hausfrauen tätig. 80% der Männer leben bei ihren Eltern, aber nur 69% der Frauen. Verheiratet sind 2% bzw. 9%. 50% der Männer und 33% der Frauen haben keinen ständigen Partner. Anders sehen die Verhältnisse mit 23 Jahren aus: 66% der Männer haben einen Beruf gegenüber 75% der Frauen incl. Hausfrauentätigkeit. Noch 53% der Männer leben bei den Eltern, aber nur noch 8% der Frauen. Verheiratet sind jetzt 13% der Männer gegenüber 32% der Frauen. Keinen ständige Partner haben noch 37% der Männer und 24% der Frauen. „Auf der anderen Seite weisen ein beträchtlicher Teil der 23-jährigen wesentliche Zeichen des Erwachsenseins nicht auf: Beruf, eigenen Haushalt, Freunde oder Partner."[184] Damit kommen wir auf die verlängerte und gescheiterte Adoleszenz zu sprechen.

Abschließend sei daran erinnert, welche grundlegenden Aspekte die Geburt der erwachsenen Person ausmachen. Der physische Einschluß in die Matrix durch Zugehörigkeit ist aufgehoben und wird durch rein kommunikative Bezogenheit ersetzt, wobei die Koordinaten des Selbst, aus der Matrix herausdestilliert, in der Person als neuem sozialen Zentrum nun mehr verankert sind. Die Qualität der Bezogenheit zur Herkunftsfamilie hat sich insofern gründlich gewandelt. Zweitens hat der junge Erwachsene sein Bild in den Köpfen der anderen soweit mitgestaltet, daß er ihre adäquate Zuschreibung erhält. Drittens ist seine Repräsentation der anderen, der gesamten Matrix und seiner Rolle darin im Einklang mit seinen Leistungen und seinem Selbstkonzept. Sein Bild von sich muß den verschiedenen Ebenen des Einschlusses gerecht werden und sie konsistent - das heißt unter Lösung der Kontextpolaritäten und damit Aufrechterhaltung des Selbstgefühls und des Zuflusses von Werterfahrung - ausbalancieren. Schließlich ist er auch Beobachter aller Ebenen einschließlich in beschränkter Weise seiner selbst. Ein eigener bindender Lebensentwurf ist entstanden. Die Matrix hat sich im jungen Erwachsenen psychosozial reproduziert und die Fähigkeit zu zeugen und hervorzubringen weitergereicht.

Die verlängerte Adoleszenz

Wo diese Aufgaben nicht in umfassender Weise gelöst werden, kann auch die Reorganisation der Person während der Adoleszenz nicht hinreichend vollzogen werden. Sie bleibt anfällig für den Prozeß der Desorganisation und einen allmählichen Verlust des Selbstgefühls. Sie läuft Gefahr, sich an Schismogenese zu beteiligen und sie im neuen sozialen System zu initiieren. Sie kann dann diese psychosozial organisierende Funktion, selbst Zentrum zu sein, nicht hinreichend wahrnehmen.

ANDERSSON wies uns darauf hin, daß ein beträchtlicher Teil der jungen Erwachsenen auch mit 23 Jahren noch nicht die klassischen Anzeichen des Erwachsenseins zeigen, verstärkt unter den jungen Männer. Dafür mag es familiäre, soziale, durch Ausbildung bedingte und einfach persönliche Gründe geben, ohne daß wir ihnen den Vollzug der Adoleszenz absprechen müssen. In gewisser Weise wird Jugendlichkeit als Le-

---

183 W.W.MEISSNER: Parental Interreaction of the Adolescent Boy, Journal of Genetic Psychology, Vol. 107, 1965, 225-33; zitiert nach M.CAPES: Adolescence and Change, S. 45; in: S.MEYERSON: Adolescence - The Crises of Adjustment, ebenda.

184 B.-E.ANDERSSON: Wie Jugendliche die erwachsene Generation und die Erwachsenenrolle wahrnehmen, S. 309f; in: E.OLBRICH, E.TODT, ebenda.

bensstil von einer allgegenwärtigen gesellschaftlichen Strömung unterstützt. Zeitpunkt und konventionelle Lösung der klassischen Erwachsenenaufgaben sind heute im Fluß. Der Traum verlängerter oder gar ewiger Adoleszenz ist in unserer modernen Kultur tief verwurzelt. Man muß schon genauer hinsehen, um festzustellen, ob die Geburt der erwachsenen Person vollzogen wurde oder hingehalten und vermieden wird. Wir können von einer vierten Phase sprechen, die ich in Anlehnung an BLOS verlängerte Adoleszenz nennen möchte. Wenn man berücksichtigt, daß sich etwa das technische Wissen in weniger als 10 Jahren revolutioniert, so spricht aus dem Bemühen, die Adoleszenz weit ins Erwachsenenalter hineinzuschieben, der Versuch, flexibel und lernfähig zu bleiben und eine gesellschaftliche Abwertung der Person aufzuhalten.

Der Übergang ins Erwachsenenalter ist fließend. Eines ändert sich dadurch nicht: die Notwendigkeit, die adoleszente Reorganisation der Person zu vollziehen, die zugehörigen Aufgaben der Separation vom Familienverband zu bewältigen, sich als sozial eigenständigen Person zu individuieren, die Fähigkeit zu erwerben und zu gebrauchen, selbst Zentrum eines eigenen Systems zu werden, und sich schließlich in die Gesellschaft zu integrieren. Die verlängerte Adoleszenz kann ein Versuch sein, sich an dieser Notwendigkeit vorbeizumogeln wie auch an der Endgültigkeit, die einer Lösung dieser Aufgaben eigen ist. „Dieses Bewußtsein der Endgültigkeit am Ende der Kindheit, der bindende Charakter von Verpflichtungen, der entschiedenen Begrenzung der individuellen Existenz selbst, all das schafft ein Gefühl der Dringlichkeit, der Frucht und der Panik. Manch ein Heranwachsender versucht dann für immer in dem Übergangsstadium so bleiben.“[185] Wie unser Material belegt, kann sich hinter dieser zeitlichen Verzögerung ein chronisch adaptierter Entwicklungsstillstand verbergen, oftmals kaschiert hinter der Jugendlichkeit als Lebensstil. Die hier vorgestellten Fälle stammen überwiegend aus einer chronisch adaptierten verlängerten Adoleszenz, aus der der junge Erwachsene im Zusammenspiel mit seiner Herkunftsfamilie nicht mehr herausfindet. Soweit er sich der Erwachsenenwelt angeschlossen hat, erscheint dieser Anschluß hohl, als habe er die unbewältigten Probleme der Adoleszenz in das Erwachsenenleben hineinverlagert. Dabei bietet die verlängerte Adoleszenz ein paradoxes Bild: „Es besteht kein Konflikt, mit dem man fertig werden muß, weil der Konflikt nicht erlebt wird. *Man muß dem Heranwachsenden dann helfen, den Konflikt der eigentlichen Adoleszenz zu erreichen, bevor sie in die Konsolidierungsphase der Spätadoleszenz eintreten können.*“[186]

Wir wollen uns zum Abschluß dieser beträchtlichen Gruppe von Jugendlichen und jungen Erwachsenen widmen, die an der Bewältigung der Adoleszenz bislang scheiterten und deren psychosoziale Entwicklung in einen verhängnisvollen Entwicklungsstillstand geriet.

Unbewältigte Adoleszenz, Schismogenese und Suchtgefährdung

„Es gibt eine bedeutsame Minderheit, die sich ihrer Fähigkeit zur Bewältigung von Problemen nicht so sicher ist. Etwa ein Fünftel der normalen Jugendlichen fühlt sich emotional leer und empfindet das Leben als eine endlose Reihe von Problemen, für die keine Lösung in Sicht ist. Eine ähnliche Anzahl von Jugendlichen gibt an, sich die

---

185 P.BLOS, ebenda S. 25.

186 Ebenda S. 252.

meiste Zeit verwirrt zu fühlen."[187] 21% der Jugendlichen aus dieser Studie klagen über Kommunikationsprobleme, 40% gar fühlen sich oft unverstanden. In einer Längsschnittsuntersuchung fanden D.OFFER und J.OFFER bei einem Fünftel der Jugendlichen manifeste Störungen, die in der Regel mit einer ungewöhnlichen Überbeanspruchung zusammenhingen.[188] Nach COLEMAN treten solche Störungen genau bei solchen Jugendlichen auf, die mehr als ein Problem zu einem Zeitpunkt zu bewältigen haben.[189] Ähnliche Werte erhalten wir in anderen Untersuchungen. 30% der von RUTTER et al. befragten Jugendlichen erleben ihre Eltern als ihnen gegenüber kritisch eingestellt, 45% der Teenager berichten über Gefühle der Unsicherheit und Traurigkeit, die nicht von den Eltern oder Lehrern bemerkt werden.[190] Immerhin ein Drittel der von HARTUP befragten Jugendlichen geben an, sie hätten noch nie einen guten Freund oder eine gute Freundin gehabt.[191] WEINER fand in seinem Sammelreferat zahlreiche Anzeichen für maskierte Depressionen bei Jugendlichen: Sie zogen sich entweder auf solitäre Aktivitäten wie Musikhören, Herumschmusen mit Stofftieren zurück oder stürzten sich in hektische Gruppenaktivitäten, organisierten Feste und Ausflüge, um aufkommende depressive Gefühle abzuwehren.[192] Diese Auflistung wird von ALLCHIN ergänzt. Er spricht von „depressivem Äquivalent" und faßt darunter: Ausreißen, Stehlen, Rumstreunen, sexuelle Promiskuität und destruktives Verhalten.[193] ENGEL fand bei 20% der jungen Mädchen mit 13-15 Jahren ein negativ getöntes Selbstbild und höhere Werte für Fehlanpassung; ROSENBERG bei 20-30% seiner Stichprobe ein niedrigeres Selbstwertgefühl [194]; COLEMAN bei 30% der Gesamtstichprobe negative Reaktionen im Zusammenhang mit dem eigenen Selbstbild.[195] RAUSCHMIDT schließlich beziffert die Häufigkeit psychischer Störungen im Jugendalter auf 15-20% [196]. ANDERSSON stellt fest, daß „sich einige junge Leute Sorgen über die künftige Erwachsenenrolle machen. Gut 10% - fast zweimal soviel Frauen als Männer - sagten, daß sie sich im letzten Jahr Sorgen über das Erwachsenwerden gemacht hatten. Sie waren erschrocken über die Anforderung, die Unabhängigkeit stellt, sie waren erschrocken darüber, für sich selbst aufkommen zu müssen, ebenso wie über die unsichere Zukunft."[197]

Wir können also davon ausgehen, daß *ca. 20-30% der Jugendlichen und jungen Erwachsenen ernste Probleme aufweisen, die Adoleszenz zu bewälti-*

---

187 D.OFFER: Das Selbstbild normaler Jugendlicher, S. 122; in: OLBRICH, TODT, ebenda.

188 D.OFFER & J.OFFER: From teenage to young manhood: A psychological study. New York: Basic Books, Inc., 1975.

189 COLEMAN, ebenda.

190 M.RUTTER, D.QUINTON, W.YULE: Adolescent turmoil: fact or fiction? Journal of Child Psychology and Psychiatry, 1976, 17, 35-36.

191 W.W.HARTRUP: Adolescent peer relations: A look to the future; in: J.P.HILL, F.J.MÖNKS (Hrsg.): Adolescence and youth in the year 2000. Guilford: IPC Science and Technology Press, 1977.

192 I.B.WEINER: Psychopathology in Adolescence; in: J.ADELSON (Hrsg.): Handbook of adolescent psychology, New York, 1981.

193 B.ALLCHIN: Some Observations on Depression and Suicide in Adolescents, S. 92f; in: MEYERSON: Adolescence and Breakdown, ebenda.

194 M.ROSENBERG: Society and the adolescent self-image, Princeton, University Press, 1965.

195 J.COLEMAN, ebenda S.66.

196 H.REMSCHMIDT: Adoleszenzkrisen und ihre Behandlung; in: F.SPRECHT, K.GERLICHER, K.SCHÜTT (Hrsg.): Beratungsarbeit mit Jugendlichen. Göttingen, Vandenhoeck und Ruprecht, 1979.

197 B.-E.ANDERSSON: Wie Jugendliche die erwachsene Generation und die Erwachsenenrolle wahrnehmen, S. 313; in: OBRICH u.TODT, ebenda.

gen.[198] Die Drogenabhängigen, die wir hier kennenlernten, gehören zu ihnen. *Potentiell sind die Jugendlichen, die im Laufe der Adoleszenz in einen Entwicklungsstillstand geraten, suchtgefährdet.*

Generell aber gilt: „Jugendliche scheinen die produktive Lösung (Coping) von belastenden und krisenhaften Situationen vorzuziehen und erst dann zur Abwehr zu schreiten, wenn sie gezwungen sind - sei dies, weil die situativen Anforderungen zu hoch sind, oder sei es, weil die wahrgenommenen personspezifischen Ressourcen nicht ausreichen."[199] „Das Potential für Veränderung kann gefördert werden, indem es den Individuen erleichtert wird, sich aktiv in ihrer Umgebung zu betätigen, konstruktiv als Produzenten ihrer eigenen Entwicklung zu wirken, um die Anforderungen ihrer Umgebung zu verändern oder zu erfüllen."[200]

Die Bereitschaft, produktive Lösungen aufzugeben, und zur „Abwehr zu schreiten", ist sicherlich hoch in den geschilderten Familien Drogenabhängiger, also dort, wo die Schismogenese von der familiären Matrix Besitz ergriffen hat. Zugleich wird es Heranwachsenden im Kreislauf des Abwertungszyklus nicht gerade erleichtert, „als Produzenten ihrer eigenen Entwicklung zu wirken". Über die Gruppe der Jugendlichen, die an den Aufgaben der Adoleszenz scheitern, wurden einige interessante Untersuchungen angestellt, die Licht auf das Zusammenspiel von Adoleszenz und Familie werfen.

DÖBERT und NUNNER-WINKLER unterscheiden in ihrer Untersuchung Abwehrmechanismen und Bewältigungsprozesse und sprechen daher von „Copern" und „Defendern". In Hinblick auf Familienstruktur ergab ihre „Analyse des qualitativen Materials zur intrafamilialen Interaktion, daß Defender die Beziehung zu ihren Eltern entweder als sehr positiv oder aber als extrem negativ schilderten, während Coper meist ein ausgewogenes Bild mit positiven und negativen Zügen zeichneten. Auffällig ist, daß die Coper, wenn sie von negativen Familienerfahrungen zu berichten hatten, eher aus der Perspektive des externen Beobachters sprachen und nicht als frustrierte Teilnehmer."[201] Wenn auch ihre eigenen Angaben offen lassen, ob diese Unterschiede einfach nur unterschiedliche Phasen des Separationsprozesses signalisieren, weisen diese Ergebnisse doch darauf hin, wie wichtig die Fähigkeit ist, sich als Beobachter innerhalb der Matrix zu konstituieren und maximale innere Distanz einnehmen zu können, als auch, wie sehr Defender familiär verstrickt sind und überfordert, ihre Selbstgrenze klar zu definieren und Loyalitätskonflikte zu lösen.

Interessant ist die Beziehung von Abwehr- und Bewältigungspräferenzen zu der Art, wie Eltern ihre Konflikte untereinander handhabten. Die Autoren unterschieden auf Grund ihrer Ergebnisse vier Familientypen, die sie zu zwei Hauptgruppen zusammenfaßten: *Symmetrische* (mit den Untertypen: viele und heftige Konflikte/wenig Konflikte) und *asymmetrische Familien* (mutterdominate Familien/ Familien mit autoritärem Vater). „Es zeigte sich, daß Coper häufiger aus Familien mit symmetrischer Konfliktaustragung hervorgehen." Dabei scheinen asymmetrische Familien ein wesentliches Merkmal des Abwertungszyklus aufweisen: die chronischen Herabsetzung eines Elternteils. Es ist bemerkenswert, daß die Autorinnen bei den asymmetrischen Familien die Gefahr des Verlustes der Beziehungsrealität betonen. Sie kommentieren: „Man

198 Ähnlich: SEIFFKE KRENKE: „So findet sich ... eine gewisse Anzahl von Jugendlichen (ca.20 30% einer Altersgruppe), der die Bewältigung des Übergangs Schwierigkeiten bereitet." Ebenda S. 354.

199 E.OLBRICH, ebenda S. 19.

200 R.M.LERNER, ebenda S. 86.

201 DÖBERT, NUNNER-WINKLER, ebenda S. 272.

wird vermuten dürfen, daß in symmetrischen Familien keine einseitigen Verzerrungen von Realitätsdefinitionen durchgesetzt werden können, die Kinder also von früh auf mit realitätsgerechten Situationsschematisierungen konfrontiert werden."[202] BOWERMAN und BAHR weisen in ihrer Untersuchungen auf den Zusammenhang hin von Symmetrie bzw. Asymmetrie elterlicher Machtverteilung und Prozessen der Identifikation bei Heranwachsenden. Bei gleicher Machtverteilung können häufiger Identifizierungsprozesse zwischen Eltern und Jugendlichen nachgewiesen werden.[203] In einer Untersuchung von ELDER fiel es Jugendlichen immer dann besonders leicht, elterliche Normen und Werte zu übernehmen, wenn sie häufig mit den Eltern interagierten und bei Verstößen mit verständnisvollen Erklärungen seitens ihrer Eltern rechnen konnten.[204] Je besser wiederum die Beziehung des Jugendlichen zu Erwachsenen ist, umso weniger sind sie zur Peergruppe hin orientiert.[205]

Etwas plakativ ist die Unterscheidung zwischen „harmonischen" und „disharmonischen" Familienverhältnissen, die RUTTER seinen Untersuchungen zu Grunde legt. Er zeigt, daß harmonische Familienverhältnisse einhergehen mit hohem Selbstwertgefühl und befriedigendem, erfolgreichem Sozialumgang in der Adoleszenz, disharmonische Familienverhältnisse dagegen mit Verhaltensauffälligkeiten und behindern die Entwicklung enger sozialer Beziehungen im Erwachsenenalter[206]. Ein Weg, auf dem sie dies tun, könnte sein, daß nach einer Studie von WEINSTOCK die Abwehrmechanismen von Eltern und Teenagern höher miteinander korrelieren als die produktiven Bewältigungsstrategien.[207] Wir haben also Grund zu der Annahme, daß die Teilhabe am Abwertungszyklus - der ja eine komplexe Bewältigungsstrategie der Familie darstellt - den Heranwachsenden gerade vermeidende und destruktive Abwehrstrategien lehrt.

I.SEIFFKE-KRENKE untersuchte die Problembereiche, die für hochproblembelastete Jugendliche bedeutsam sind. Als besonders schwierig erleben sie: Beziehungen zu Eltern, zu Gleichaltrigen sowie Fragen, die die eigene Person betreffen. Vorne dran stehe aus ihrer Sicht „die Abhängigkeit von den Eltern, der Mangel an Entscheidungsfreiheit und Meinungsverschiedenheiten". Immer wieder finden wir die Beziehung zwischen instabilem, verletzlichem Selbst und schlechten Beziehungen zu Eltern. Zusammenfassend schildert SEIFFKE-KRENKE die häufigsten Abwehrmechanismen:

„Jugendliche mit großer wahrgenommener Problembelastung umgehen wesentlich häufiger konflikthafte Situationen, indem sie sich nichts anmerken lassen und so tun, als ob alles in Ordnung wäre. Sie versuchen, nicht über Probleme nachzudenken und neigen zu einer resignativen Haltung, indem sie annehmen, daß Lösungsversuche ohnehin ohne Erfolg bleiben werden. Kennzeichnend für die hoch problembelasteten Jugendlichen ist auch eine wesentlich stärkere Neigung zu ausagierendem Verhalten und zwar besonders bei Problemen mit den Eltern. Immerhin wird die Möglichkeit, Proble-

---

202 Ebenda.

203 C.E.BOWERMAN, S.J.BAHR: Conjugal power and adolescent identification with parents; Sociometry, 1973, 36, 366-377. Zitiert nach: I.SEIFFKE-KRENKE, ebenda, S. 360.

204 G.H.ELDER: Adolescence in the Life Cycle, S. 11f; in: S.E.DRAGASTIN, G.H.ELDER, ebenda.

205 R.G.IACOVETTA: Adolescent-adult interaction and peer-group involvement. Adolescence, 1975, 10, 327-336. Zitiert nach B.NEWMAN: Merkmale interpersonalen Verhaltens während der frühen Adoleszenz, S.341, ebenda.

206 RUTTER et al. ebenda.

207 M.RUTTER, D.QUINTON, W.YULE: Family pathology and disorder in the children, London, Wiley, 1976. Zitiert nach: F.J.MÖNKS u. J.FERGUSON: Die psychosoziale Entwicklung hochbegabter Jugendlicher, S. 285f; in: OLBRICHT, TODT, ebenda.

me mit Hilfe von Drogen oder Alkohol zu vergessen, in Betracht gezogen, während das Jugendliche mit niedriger Problembelastung strikt ablehnen." Sie gehen eher auf Rückzug und meiden aktive Problembewältigung. Schließlich kommt hinzu, daß diese Jugendlichen „ein starkes Bedürfnis besitzen, ihren privaten Bereich zu schützen."[208] Auch dieses Merkmal läßt sich in unsere Beschreibung massiver und chronischer Grenzverletzungen einordnen wie auch die Merkmale ambivalenter Beziehungserfahrung innerhalb der Familie. Mißtrauen und übermäßiges, unflexibles Schutzbedürfnis herrschen vor der Kontaktfunktion vor. Die Gruppe der „hochbelasteten Jugendlichen" ist offensichtlich in hohem Maße suchtgefährdet.

In der Tat erwächst ein psychosozialer Entwicklungsstillstand in der Adoleszenz nicht aus einmaligen Problembelastungen, sondern aus einer Kombination von gehäuften Problemen *und* inadäquaten Problembewältigungen. SEIFFGE-KRENKE kommt in ihrer Untersuchung besonders belasteter Jugendlicher zu dem Schluß: „Offensichtlich hat dies bei den problembelasteten Jugendlichen schon eine gewisse Geschichte, denn ihre fatalistische Haltung und die vorschnelle Neigung, eigene Grenzen zu akzeptieren und Kompromisse zu schließen, lassen auf eine schon eine Zeitlang andauernde Erfahrung mit inkompetenten Bewältigungsmechanismen bei gleichzeitig erlebter bedrükkender Problemlage schließen."[209]

Von Interesse ist schließlich eine Studie über adoleszente Jungen im Mittleren Westen von Amerika, die D.OFFER und J.OFFER durchführten. Sie formulierten zur Beschreibung ihrer untersuchten Familien drei Entwicklungsrouten, denen entlang sich Familien fortentwickeln: die „Continuous-growth group" (25% der Stichprobe), die „surgent-growth group" (35%) und die „tumultuous-growth group" (21%).

Die „continuous-growth group" stammt von einem genetisch und bezogen auf ihre Umwelt begünstigten Hintergrund. Das hauptsächliche Charakteristikum war Stabilität in der Kernfamilie, ohne ernsthafte Verluste oder Krankheiten von Bezugspersonen. Die umweltbezogenen und kulturellen Normen waren adäquat und konnten leicht integriert werden. Die Eltern waren fähig, sich den Veränderungen anzupassen in dem Maße, wie die Heranwachsenden älter wurden, und ihnen größere Unabhängigkeit erlauben. Die Jugendlichen hatten gute Objektbeziehungen während ihrer Entwicklung, und die Eltern hegten positive Erwartungen für ihre Kinder.

Im Gegensatz zu dieser Gruppe, hatten die Jugendlichen der „surgent-growth-group" häufiger eine traumatische Trennung zu durchleben wegen Tod oder Krankheit einer Bezugsperson. Sie entwickelten weniger Selbstachtung während ihrer Kindheit und suchten daher nach Anerkennung durch wichtige andere. Einige der Mütter hatten Schwierigkeiten, ihre Kinder erwachsen werden zu lassen, und es gab häufiger Konflikte zwischen den Eltern. In der Mehrheit der Fälle betrachteten die Autoren diese Gruppe als ebenso erfolgreich adaptiert bezüglich ihrer Karriere und Partnerschaften wie die erstere. Insgesamt beurteilten sie diese Gruppe aber als weniger introspektiv. Sie erschienen ihnen kontrollierter und rigider, ihre Gefühle zurückzuhalten, als die erste Gruppe.

Die Mitglieder der dritte Gruppe, der „tumultuous-growth group", entsprach denen, wie sie häufig in der psychiatrischen und psychoanalytischen Literatur beschrieben werden. Sie kamen häufiger als alle anderen während der Adoleszenz mit psychiatri-

208 I.SEIFFKE-KRENKE, ebenda S. 375-380.
209 Ebenda S. 379.

schen Diensten in Berührung wegen Verhaltensprobleme in der Schule oder zu Hause. Sie wiesen mehr Konflikte in sozialen Beziehungen auf, waren unstet und weniger akademisch gebildet. OFFER und OFFER fanden generell eine weniger stabile familiäre Umgebung vor. Die Eltern hatten offensichtliche Ehekonflikte oder psychische Erkrankungen. Einige in dieser Gruppe entstammten der unteren Mittelklasse, wuchsen aber in der Umgebung der Mittelklasse bzw. oberen Mittelklasse auf, woraus Konflikte unterschiedlicher kultureller Stile erwuchsen.

Diese Gruppe erlitt am häufigsten ein psychisches Trauma. Sie waren weniger fähig, emotional schwierige Situationen zu bewältigen. Für die Eltern erwies sich die adoleszente Trennung als schmerzhaft und wurde eine Quelle fortlaufender Konflikte. Dennoch meinten die Autoren, daß die Familienbande ebenso stark in dieser Gruppe waren wie in den anderen beiden. Sie kommen schließlich zu dem für uns sehr interessanten Schluß: „*Once the adolescents had gone through the separation process, they were no less well-adjusted, in terms of their overall functioning, than were the persons in the continuous-growth and surgent-growth group...*"[210]

Dieser Zusammenhang von seelischer Gesundheit und Bewältigen der Adoleszenz wird durch die Ergebnisse der Nachuntersuchung bestätigt. Die „continuous-growth group" wies fast keine bedeutsamen psychiatrischen Syndrome auf; die „surgent-growth group" litt in dem Grad an psychiatrischen Symptomen, wie durchschnittlich die Population erwarten ließ; während die „tumultuous-growth group" eine doppelt so hohe psychiatrische Erkrankungsrate zeigte.

Im Prozeß der Demarkation, Zentroversion und psychosozialen Realisation im Verlauf der allmählichen Ablösung von der sozialen Matrix wirkt das organisierende Gefühl der Identität wie ein kommunikatives Kräftefeld, wie eine sich gleichsam allmählich weitende Spirale, die mehr und mehr die ganze Person, Segmente der Matrix und der außerfamiliären Welt einbezieht. Dieses sich weitende Kräftefeld führt zu gegenseitiger Selbstverwirklichung und Differenzierung; der informationelle Fluß läßt Strukturen heranreifen und realisiert sich hierin. Die süchtige Beziehungsstruktur können wir als verinnerlichten Abwertungszyklus auffassen. Die süchtige Beziehungsstruktur stellt eine gegenläufige Wirkungskraft zum Identitätsgefühl dar. Ab einer gewissen Intensität legt sie die organisierende, informationelle Wirkung des neuen Selbstgefühls lahm und geht über in den Prozeß der Desorganisation der Person. Es sind, wie wir OFFER und OFFER interpretieren können, nicht per se traumatische Lebenssituationen, die den Suchtprozeß verursachen, sondern die Beteiligung am Abwertungszyklus, die auch dann gegeben bleibt, wenn sie räumlich getrennt von der Familie durch innere Kommunikation aufrechterhalten wird. Von daher gesehen konzentriert sich die Bewältigung der süchtigen Beziehungsstruktur auf die Aufarbeitung des Abwertungszyklus, auf die Reorganisation der unbewältigten adoleszenten Krise und die Versöhnungsaufgaben, mit deren Lösung das neue organisierende Prinzip seine Wirkung entfaltet.

---

210 D.OFFER, J.B.OFFER: From Teenage to Young Manhood, New York, Basis Book, 1975. Zitiert nach BLOOM, ebenda S. 64f.

Kapitel 18: Die therapeutische Bewältigung gescheiterter Adoleszenz und entindividuierender familiärer Kräfte

„Die Ausbeutung eines Kindes hat den Charakter einer Beziehungsfalle: es soll gehorsam sein und sich dennoch der Rolle des Höhergestellten oder Älteren, in die es hineingezwungen wird, entsprechend benehmen. Wenn man in ihm auch ein zumindest insgeheim williges Opfer und eine Quelle der Kraft für das Familiensystem sehen muß, so bezahlt es für den ihm zugewiesenen Rang doch mit der Rolle eines Gefangenen; und das bedeutet: mit dem hohen Preis des Stillstands in seiner Entwicklung.“ (BOSZORMENYI-NAGY & SPARK)

Wir hatten bisher die Bedingungen beschrieben, worin sich die Persönlichkeit reorganisiert, und uns auf die strukturellen Aspekte dieses Prozesses konzentriert. Den inhaltlichen Aspekt des therapeutischen Prozesses, die Rekonstruktion der Biographie, hatten wir nur gestreift. In ihrem Mittelpunkt steht die Aufgabe der Bewältigung gescheiterter Adoleszenz und die Entwicklung und Reifung des Selbstgefühls zu einem neuen organisierenden Prinzip. Diese Bewältigung ist gleichbedeutend mit der Wiederbelebung des Selbstgefühls. Wir können auch formulieren: Die Reorganisation der Person und die Reifung des neuen organisierenden Prinzips sind nur zu leisten und zu einem gewissen selbstregulierenden Abschluß zu bringen, wenn der junge Erwachsene die nötigen Aufgaben und Leistungen, die das Leben abverlangt, anpacken und lösen kann. Ohne die Bewältigung gescheiterter Adoleszenz gibt es kein genügend integriertes Selbstgefühl auf der Höhe der Zeit.

Wir waren zu der Auffassung gelangt, in den Mittelpunkt der biographischen Rekonstruktion die Reorganisation der adoleszenten Krise zu stellen. Denn die Aktivierung des Selbstgefühls kommt einer Reorganisation des adoleszenten Konflikts gleich. Wenn wir unserem Gegenüber zur Aktivierung seines Selbstgefühls verhelfen, halten wir ihn zugleich an, die familiäre Gefangenschaft durch entindividuierende Kräfte und seine bisher gescheiterte Adoleszenz zu bewältigen. Wir helfen ihm, seine Lebenssituation einzugestehen, sich den Aufgaben der Adoleszenz zu stellen und sich aus dem Abwertungszyklus der Herkunftsfamilie herauszulösen sowohl in bezug auf seine familiäre Rolle wie bezüglich seiner imaginativen Beteiligung.

Dieses Kapitel konzentriert sich daher auf die Bewältigung gescheiterter Adoleszenz: auf die inhaltliche Seite des integrativen Prozesses. Wir wissen, es gibt eine beträchtliche Minderheit, die an den Aufgaben der Adoleszenz scheitert. Aus dieser Gruppe rekrutieren sich die Drogenabhängige, die wir hier kennengelernt haben. Diese Gruppe der Klienten bleiben dem ursprünglichen familiären Abwertungszyklus verhaftet. Auch in fortgeschrittenem Alter bleiben sie soweit verwoben, daß sie zumindest die nötigen Stichworte beifügen oder zukommen lassen, empfangen oder sich abholen, um die Abwertungszyklen - auch imaginativ - präsent und aktuell zu erhalten. Wir haben aber auch erfahren, daß der Heranwachsende, wenn er nur die Adoleszenz zum Abschluß bringt, normale psychische Gesundheit erwirbt, auch wenn deutliche Anzeichen schismogenetischer Tendenzen in der Herkunftsfamilie vorhanden waren.

Es ist unmittelbar zu verstehen, daß unser bisher beschriebenes therapeutisches Vorgehen genau auf diese Aufgabe der Bewältigung gescheiterter Adoleszenz abgestimmt ist, auf ein Herauslotsen aus familiären Abwertungszyklen, sei die Teilnahme unmittelbar oder imaginativ. Unser Vorgehen im Großgruppenprozeß, im psychotherapeutisch geleiteten integrativen Prozeß und in der begleitenden Familientherapie ist auf ein Reizklima angelegt, das das Selbstgefühl anregt, differenziert und zu integrativer

Leistung befähigt. Das neue organisierende Prinzip des psychosozialen Identitätsgefühls befähigt, die Dilemmas der Individuation zu lösen, dessen Kern der Loyalitätskonflikt bildet. So bleibt uns die Frage, wie wir biographische Rekonstruktion auf dieses Ziel hin nutzen können und das Material, das sie zu Tage fördert, der Eröffnung einer erneuten Runde in diesem Zyklus entziehen können. Die Bewältigung entindividuierender Kräften und der sie begleitenden Desorganisation der Person stellen eine der größten Herausforderungen für die Psychotherapie dar.

Der Kompaß im psychotherapeutischen Prozeß

Diese Überlegungen verraten eine veränderte Auffassung von Psychotherapie, in deren Zentrum die Reorganisation der Person als Reorganisation des ungelösten adoleszenten Konflikts steht. Unsere Auffassung gründet in der Kombination zweier Sichtweisen, der horizontalen und vertikalen und dem dynamischen Verhältnis von Selbst und Kontext, welche jeweils den Kontext des Gegenparts bildet und sich wechselseitig erklären. Anstatt in immer frühere und spekulativere Lebensmonate vorzudringen, um gegenwärtiges Erleben und Verhalten zu erklären, wechseln wir die Sichtweise und ziehen den neuen Kontext zur Erklärung heran. Wenn wir den Gang unserer Überlegungen zurückschauen: Anstatt die gestaltende Quelle dieser entindividuierenden Kräfte, denen wir unser Gegenüber ausgesetzt sehen, spekulativ in den ersten drei Lebensjahren, den ersten Lebensmonaten oder -Wochen oder gar den Wochen und Monaten der pränatalen Entwicklung suchen, untersuchten wir das gegenwärtige Beziehungsgefüge unseres Gegenübers und fanden hinreichende und fruchtbare Hinweise, durchaus gegenwärtige Kräfte verantwortlich zu machen. Der Wechsel auf den triadischen Kontext beispielsweise enthüllte tiefere Motivationsschichten und zeigte, wie unser Gegenüber seine Wirklichkeit und Illusionen aktiv und gegenwärtig mißgestaltet. Ein solcher Ausgangspunkt ergibt andere und neue Perspektiven auf die Biographie unseres Gegenübers und seine Konstruktion seiner selbst. Im Folgenden beschreiben wir, wie wir eine 'binokulare' Sichtweise als *Kompaß* im psychotherapeutischen Prozeß nutzen können, welcher „entindividuierenden Kräften" anzeigt und unser Gegenüber aus dem mitgestalteter familiären Abwertungszyklus herausfinden läßt.

Nach unseren Untersuchungen stellt die Herkunftsfamilie als soziale Matrix einen umfassenden Kontext dar, auf den sich der Süchtige aktuell bezieht, meist auch dann, wenn er dies verleugnen mag. Dieser Kontext impliziert die Koordinaten, die seinem Handeln, Denken, Fühlen etc. zu Grunde liegen. Sie sind letztlich maßgeblich, weil sie den aktuellen und verpflichtenden Bezugspunkt darstellen. Diese vorgegebenen familiären Koordinaten können und müssen in einer *verinnerlichenden Umwandlung* angeeignet und differenziert werden zu Koordinaten des Selbst, wie wir das im vorherigen Kapitel beschrieben haben. Der Vorgang der verinnerlichenden Umwandlung ist eine Individualisierung der Matrix in einer einmaligen individuellen Gestalt und Ausdruck sowohl von Lebendigkeit der sozialen Matrix wie von Lebendigkeit und Einmaligkeit des Selbst. Die Loyalitätsverpflichtungen gegenüber den Eltern verwandeln sich in eine Verpflichtung gegenüber dem Selbst, worin die Bindung an die Herkunftsfamilie eine gewandelte Bedeutung erhält. So wird die mächtigste aller Bindekräfte wiedergeboren als Zugehörigkeit zu sich selbst, als Bejahung, als Annehmen der widersprüchlichen Eigenschaften, auch jener, die sich erst noch entfalten mögen. Diese Bindekraft stellt den Keim oder das Zentrum einer nach außen wirkenden, die sozialen Beziehungen gestaltende Kraft dar.

Es stellt sich jetzt die praktische Frage, wie wir möglichst rasch an den relevanten Kontext herankommen, der die „Koordinaten des Selbst" beinhaltet. Erfassen wir die konkrete Familienstruktur, wesentliche Transaktionen und die Verstrickung des Indexklienten darin, so können wir die Grundzüge der Koordinaten des Selbst bestimmen. Dies gilt, solange die familiäre Organisation den aktuellen Bezugsrahmen und -Kontext abgibt, innerhalb dessen das Verhalten des Drogenabhängigen zu verstehen ist, und solange er selbst sein Verhalten doch unter Bezug auf diesen Kontext deutet.

Die Bestimmung der Koordinaten des Selbst dient dem Therapeuten als Landkarte, die seiner psychodynamischen Arbeit Bezugspunkte vorgibt. Diese Landkarte wird mit Hilfe solcher Methoden erstellt, wie wir sie in unserer Untersuchung zur familiären Bindung Heroinabhängiger beschrieben haben: Anwendung der triadischen Befragungsmethode im Gespräch mit unserem Gegenüber, Erhebung aller relevanten familienbezogenen Daten, Erhebung und Beschreibung aller familiären Beziehungen (Familienplan) und ihre Anamnese (Genogramm) und schließlich nach Möglichkeit durch direktes Beobachten und Erforschen der familiären Beziehungen und Organisation und unseres Gegenübers darin. Es bietet sich an, sowohl möglichst objektive Daten zu erheben, aber gleichfalls Medien wie Bilder, Geschichten erzählen, Skulpturen etc. einzusetzen, die ein intuitives Erfassen erlauben. Es lassen sich dann all die Merkmale der Struktur, Beziehungen und der Personen vermerken, die wir in Kapitel 15 aufgeführt haben, und anstehende Entwicklungsaufgaben bestimmen. Da es unser Ziel in der Behandlungen Drogenabhängiger ist, das Selbstgefühl als reorganisierende Kraft zu wecken, und da das Selbstgefühl eben aus einer konstruktiven Integration von Selbst und Welt entspringt, so ergänzen sich beide Vorgehensweisen: die Vorgehensweise, die das Selbstgefühl vitalisiert, und die zweite, die den familiären Kontext als Bezugskontext erforscht und daraufhin wirken möchte, daß unser Gegenüber sich die Koordinaten des Selbst zu eigen macht, indem er anstehende Entwicklungsaufgaben löst.

Eine konkrete und genaue Beschreibung des relevanten Bezugskontextes ersetzt es, spekulative Fixierungen an irgendwelche Trieborganisationen als Koordinaten zugrunde zu legen. Wenn wir daran festhalten, daß sich das Selbstgefühl nur hier und jetzt aktivieren läßt, dann entgehen wir der großen Gefahr der Psychotherapie, die Vergangenheit als Erklärung und Entschuldigung von Heute heranzuziehen, anstatt den Süchtigen in seine Verantwortung hier und heute hineinzustoßen: Wir nehmen dann den Süchtigen mit seiner hier und jetzt gestaltenden Kraft wahr. Und jetzt finden wir eine neue Sicht auf seine Biographie, auf retuschierte Motive, Selbstbilder und Handlungen, die nun echtes Leiden und Mitgestalten an den Tag bringen und zu einer Umwertung der Werte führt. Kurz, auf diese Weise unterstützt biographische Rekonstruktion den Prozeß der Wiederbelebung und Differenzierung des Selbstgefühls, motiviert, anstehende Lebensaufgaben zu lösen, und trägt dazu bei, daß sich unser Gegenüber gedrängt fühlt, auf die Strategien der Grammatik der Sucht zu verzichten. Eine solches Vorgehen führt unser Gegenüber allmählich in das Zentrum seiner existentiellen Situation, berührt ihn, organisiert auf ihn zugeschnitten die Voraussetzungen, um den Zufluß von Werterfahrung zu suchen und zu erleben.

Wenn wir keine solche konkrete familiäre Landkarte skizzieren, so entgeht uns die Vieldeutigkeit vieler Beziehungsaussagen und Gefühlsäußerungen bis hin zu ihrer Verkehrung ins Gegenteil und ebenso die Verschleierung der aktiven Mitgestaltung unseres Gegenübers. Eine rein psychodynamische Behandlung gerät zu rasch in die Fallstricke dieser Bedeutungsvielfalt, zumal sie sich häufig als stumme Abwertung des Therapeuten maskiert. Die Koordinaten des Selbst geben eine sichere Orientierung, innerhalb derer sinnvoll psychodynamisch gearbeitet werden kann. Nicht ohne Grund sprechen wir von Koordinaten des Selbst, da sie helfen können, die Kontextpolaritäten so zu entschlüsseln, daß hinter den schillernden Beziehungsbedeutungen die Bedeutung zum Vorschein kommt, die jenen Schnittpunkt berührt, aus dem Werterfahrung quillt.

Für die Eichung unseres Kompasses gibt es zwei Kriterien: einerseits ein möglichst genaues, objektives Bild des zugehörigen Beziehungsgeflechts, andererseits das Empfinden von spontaner subjektiver 'Wahrheit', die seine Lebenssituation erfahren läßt und zur Lösung durch Individuation drängt. Das entscheidende Kriterium ist die subjektive Erfahrung und die Vitalisierung des Selbstgefühls. Das ist kein Widerspruch. Objekt und Subjekt stehen in einem dynamischen Verhältnis. Ein Erforschen des objektiven Kontextes verhilft gerade dazu, das Subjekt in seiner Existenz zu berühren. Was in der Psychoanalyse als Unbewußtes gilt, finden wir hier eingefaltet im systemischen Feld und hinsichtlich einiger Aspekte für eine systemische Betrachtung zugänglich.

Die Reorganisation des adoleszenten Konflikts und die Bewältigung entindividuierender Kräfte

Die biographische Rekonstruktion ist in der Behandlung Drogenabhängiger um die Reorganisation des adoleszenten Konflikts zentriert. Wie wir zeigen konnten, entspricht den entindividuierenden Kräfte ein aktuelles Beziehungsgefüge, das Individuation und Separation behindert und das gemeinsam gestaltet wird. Der Drogenabhängige befindet sich in familiärer Gefangenschaft, auch wenn er in seine Gefangenschaft einwilligen mag. Darüber hinaus fanden wir Anhaltspunkte, daß den in der Literatur beschriebenen Borderline-Persönlichkeiten gleichfalls Individuation und Ablösung von der Herkunftsfamilie nicht geglückt sind. In all diesen Fällen hat sich die erwachsene Person nicht vollständig reorganisiert und das Selbstgefühl der Identität als inneren Organisator nur unvollkommen entwickelt. Der ungelöste adoleszente Konflikt verlangt danach, in der Weise und in der Dosierung reorganisiert zu werden, daß unser Gegenüber den Konflikt annimmt und schließlich mit seiner individuellen Lösung überwindet. Wir betonen die Reorganisation des adoleszenten Konflikts, weil die Adoleszenz all die Fähigkeiten bereit hält, die eine natürliche Reorganisation der Person einleitet. *Diese adoleszenten Fähigkeiten, nicht das Wiedererleben von Kindheitstraumatas, reorganisieren und heilen die Person.*

Die biographische Rekonstruktion zentriert sich daher um die Reorganisation des adoleszenten Konflikts und seine Bewältigung, insbesondere auf die Aufarbeitung und Bewältigung des Abwertungszyklus und die Versöhnungsaufgaben, mit deren Lösung der innere Organisator seine Wirkung entfaltet. Sie zielt darauf ab, ein Reorganisieren der Person in Gang zu setzten bzw. zu vervollständigen. Um den Abwertungszyklus zu bewältigen, müssen die folgenden Aufgaben gelöst werden:

- Herauslösen aus schismogenetischer Desorganisation und Demarkieren des Selbst.

- Das heißt aber auch Rückzug aus Dreiecksbeziehungen zur Eltern- und Großelterngeneration; Bewältigen der Ödipus- bzw. Persephone-Situation.
- Grenzsetzung und Auflösen polarisierter Rollenfusion.
- Verzicht auf Destruktion: Grenzverletzung und Rache; Verzicht auf Manipulation durch Schuldgefühl und Egotismus; positiven inneren Dialog eingehen.
- Bereinigen von Introjekten und Ausreifung der Identifizierung und Fähigkeit, narzißtischen Bedarf aus realen Leistungen zu befriedigen.
- Loyalitätskonflikt zwischen Familie und Selbst bewältigen und Lösen der Loyalitätsverpflichtungen.
- Stagnation des Trauerprozesses vs. Neuformulierung.
- Separation und Bereitschaft für neue Beziehungen wecken.
- Aufgabe der Kindheit und Jasager zu psychosozialer Entwicklung.
- Negative Identität vs. positive Identität.
- Soziale Basis außerhalb der Familie schaffen.

Zentrieren der biographischen Rekonstruktion um den adoleszenten Konflikt heißt nun nicht, die frühere Biographie links liegen zu lassen, sondern nur, daß sie *erst unter dem Gesichtspunkt der Reorganisation der Person konstruktive Bedeutung gewinnt.* Es gehört zu den Aufgaben der Adoleszenz, die Kindheit - und das schließt ihre Traumata und Leiden ein - neu zu bewerten und, wo möglich und angebracht, durch neue Erfahrungen zu korrigieren. Wir hatten darauf hingewiesen, daß die Weiterentwicklung des Selbstgefühls die Chance beinhaltet, auch vorherige Integrationsstufen zu überarbeiten. Wer nicht die wesentlichen Aufgaben der Adoleszenz bewältigt und sein Erbe antritt, läuft ernste Gefahr, im Stadium der unbewältigten verlängerten Adoleszenz stecken zu bleiben. Zentral ist zweifellos die Lösung des Loyalitätskonflikts, weil erst dann die Koordinaten des Selbst hinreichend individuell bestimmt, das Selbstgefühl als organisierende Kraft hinreichend entwickelt und die Kräfte der Entindividuierung gebannt sind.

Wir teilen BLOS Ansicht, wonach „die Therapie dem jungen Menschen helfen muß, den Konflikt der eigentlichen Adoleszenz zu erreichen." Dies ließe sich erreichen, indem „1. die Spannungstoleranz erhöht und 2. die narzißtische Abwehr bloßgestellt wird". Dann erst „nimmt eine organisierte Störung Gestalt an: der Patient erlebt Konflikt und Angst"[211]. Diese Beschreibung entspricht unseren Erfahrungen in der psychotherapeutischen Behandlung Drogenabhängiger. Es ist unumgänglich, den Süchtigen erst zu gewinnen, sich seiner existentiellen Situation zu stellen und bereit zu sein, darunter zu leiden und Konflikte zu durchleben. Ebenso unumgänglich ist es, das Trugbild einer Pseudoadoleszenz zu entlarven. Wenn wir die Koordinaten des Selbst möglichst detailliert bestimmen, so können wird bald herausfinden, ob unserer Gegenüber unabgelöste, nicht individuierte familiäre Bande unterhält und insbesondere, ob er einem Abwertungszyklus - auch über größere Entfernungen hinweg oder imaginativ - angehört, in welcher Weise er daran teilhat und welchen Part er übernimmt.

Solche Bande beeinflussen die therapeutische Beziehung in bestimmter Weise, die zu einer Situation von Entwertung, Erfolg- und Sinnlosigkeit und Stillstand führen kann. Unser Gegenüber sitzt uns *als Familienmitglied* vis-à-vis, und solange seine Ablösung nicht vollzogen ist, sind wir als Therapeuten in ein aktuelles Geschehen verstrickt, ob wir wollen oder nicht. Es handelt sich nicht allein um ein vergangenes Ge-

---

211 P.BLOS: Adoleszenz, ebenda S. 256.

schehen, das aufgearbeitet werden möchte und dem Therapeuten von vornherein eine neutrale, distanzierte Position gewährt. Eine Dynamik von vernichtender Gewalt kann am Werk sein. Mit einem Mal stehen wir in einem Spannungsfeld, das den Therapeut und sein Gegenüber umfaßt, den *Kontext der therapeutischen Beziehung*, konkurrierend mit der Einheit Familie und dem Indexklient, den *familiären Kontext*. Da der Ip keinen hinreichenden individuellen Kontext demarkiert, entsteht eine Situation konkurrierender Kontexte, die die Macht der entindividuierenden Kräfte zur Geltung bringt. Die familiären Kräfte werden den Therapeuten zum Anschluß an den familiären Kontext bewegen wollen oder aber ihn vertreiben. Der therapeutische Kontext wird bemüht sein, einen außerfamiliären Kontext aufzubauen und die Familie zu 'zwingen', denselben zu respektieren oder sich zurückzuziehen.

Aus dieser Konstellation ergibt sich die schwierige Aufgabe, eine Beziehung herauszukristallisieren, die den entindividuierenden Kräften begegnet, ohne sie zu provozieren, und unser Gegenüber befähigt, die Beziehung zum Therapeuten und die entindividuierenden Kräfte zusammenzubringen. Bewußten Umgang mit diesen familiären Bindekräften ist nicht nur eine pragmatische Angelegenheit mit dem Ziel, zu vermeiden, den Konflikt anzuheizen und im falschen Moment auf die Spitze zu treiben. Wir sind auch mit einer ethischen Frage konfrontiert, da das Schicksal unseres Gegenübers mit dem Schicksal anderer Mitglieder verknüpft ist. Unsere ethische Verpflichtung, die eine Art metakommunikative Quintessenz darstellt und sich aus unserem Wissen um menschliche Kommunikation ergibt, läßt sie etwa so formulieren: „Wir sind Lebewesen, die auf Kommunikation angewiesen sind. Wir sind, wer wir sind, wer wir waren und wer wir werden, im Medium der Kommunikation. Wir sind darauf angewiesen, uns als Kommunizierende wechselseitig anzuerkennen und uns als Quell und Zentren unabhängiger, eigenständiger Regungen, Motive und Impulse zu bestätigen." Wechselseitigkeit wie Unabhängigkeit setzen wir als obersten Kontext menschlicher Kommunikation voraus.

Bejaht unser Gegenüber die therapeutische Beziehung und geht eine „positive Übertragung" ein, so kommt dies gegenüber der Herkunftsfamilie einem *Akt der Illoyalität* gleich. „Positive Übertragung bedeutet die Erfüllung der Wunschphantasie, gute Eltern zu haben; negative Übertragung ermöglicht es dem Patienten, den Therapeuten zu bestrafen und seine wirklichen Eltern zu verschonen: Positive Übertragung schließt daher stets Illoyalität ein, während negative Übertragung - und sei es auch nur implizit durch Loyalitätsverweigerung gegenüber dem Therapeuten - die Loyalität zu den Eltern wiederherstellt." Die therapeutische Beziehung bedeutet eine massive Konfrontation für unser Gegenüber, der er mit einer Eskalation der Beziehung, ihrer Entwertung und Sinnentleerung antwortet. Denn eine Besserung seines Zustandes oder Erfolg der Behandlung dürfen nicht einkehren: „Symptomverbesserung hat immer auch einen Hauch von Illoyalität gegenüber der Herkunftsfamilie", und zwar gleichgültig, ob sie verstorben sind oder noch leben. Sie wecken Schuldgefühle, die durch destruktives Verhalten wieder gemildert werden können.[212]

Vor diesem Hintergrund wird verständlich, wie mühevoll es Psychotherapeuten fiel und fällt, Zugang zu diesem Klientel zu finden und sie psychotherapeutisch zu behandeln. Es erklärt die Mühe, eine tragfähige, belastbare Beziehung zu erreichen, die schwankende und manchmal über weite Strecken ausbleibende positive Übertragung,

212 BOSZORMENYI-NAGY, SPARK, ebenda S. 241.

die Bereitschaft zu Rückzug oder Unterlaufen der therapeutischen Bemühungen bis hin zu scheinbarer Therapieresistenz. Diese Verweigerung, eine bejahende Beziehung einzugehen, sollte man nicht über biographische Rekonstruktionen auflösen wollen. Sie würde gleichfalls diesem Entwertungsverhältnis zum Opfer fallen, da sie unser Gegenüber nicht existentiell erreicht und somit keinen neuen Sinn 'aufzwingt', der hier und jetzt spürbar und verpflichtend sich offenbart.

Konzentrieren wir uns vielmehr darauf, das Selbstgefühl anzuregen und zu entwikkeln. Allein die Entwicklung der dialogischen Kraft des Selbstgefühls und Einleiten einer allmählichen Reorganisation der Person unter seiner Wirkung versetzt unser Gegenüber in die Lage, die Mystifizierung des Loyalitätskonflikts zu überwinden und an seine Stelle echte Wechselseitigkeit zu setzen. Die Fähigkeit zur dialogischen Kommunikation ist sowohl unser Mittel wie unser Ziel. Wir können auch sagen, daß wir uns in unserer therapeutischen Arbeit möglichst nahe am Schnittpunkt von vertikaler und horizontaler Entwicklungslinie zu bewegen suchen, von biographischer Sinnfindung einerseits und Herausarbeiten und Unterstützen von Verbundenheit im relevanten Beziehungsgeflecht andererseits. *Wir müssen Schritt für Schritt herausfinden, wie die individuelle Weiterentwicklung hin zur Geburt der Person in Einklang zu bringen ist mit den horizontalen Beziehungsstrukturen und Verpflichtungen.* Diese beiden Entwicklungslinien zusammenzubringen, ist die Kunst des Therapeuten. Denn an diesem 'Schnittpunkt' findet das Selbstgefühl seine nachhaltigste Anreiz für einen höheren Grad der Integriertheit.

Auf der horizontalen Ebene müssen wir den familiären Kontext beachten und so definieren, daß der Prozeß auf der vertikalen Linie nicht entwertet und bedroht wird. Denn der familiäre Kontext kann eine Verschiebung der Konnotation des therapeutischen Geschehens bewirken. Genau an dieser Stelle erhalten wir durch eine bestimmte Verknüpfung mit biographischer Rekonstruktion die Chance, süchtiges Verhalten positiv zu konnotieren. Es gehört zur unumgänglichen Aufgabe in der Psychotherapie der Sucht, jene entwertende Verschiebung der Konnotation durch den familiären Kontext aufzuhalten und neu und positiv zu definieren - zunächst im Rahmen der therapeutischen Beziehung. Das kann im Setting von Familiensitzungen wie auch im Einzelsetting geschehen. Wir werden für beides Beispiele dokumentieren. Aus Sicht des familiären Kontextes unterlegt der Therapeut süchtigem Verhalten einen positiv definierten Sinn wie: Einhalten von Verpflichtungen gegenüber Eltern, Großeltern, Tanten etc., Aufrechterhalten von Loyalität unter Aufopferung persönlicher Entwicklung u.a.m. Auf diese Weise kommen wir unserem Gegenüber gleichsam zur Seite zu stehen, anstatt in Widerstreit zu geraten, und in ein direktes Gespräch mit den dunklen entindividuierenden Kräfte. Sie treten ans Tageslicht, setzen sich, ans Licht gelockt, Erkennen aus, lassen schließlich ihre Titanenhaftigkeit erkennen, ihre Hybris und ihre Absurdität.

Indem eben die 'unsinnigen' schwarzen Phantasien - Produkte des Verlustes von Beziehungsrealität - aufleuchten, wirkt die biographische Rekonstruktion in neuer Weise sinnstiftend. „Negative Übertragung", Weigerung, Negativismus etc. können unter den oben genannten Voraussetzungen zu einem existentielle Berühren unseres Gegenübers führen, weil diese im Kern positiv definiert werden. Die erkundeten Koordinaten des Selbst können der biographischen Rekonstruktion eine neue Bedeutung geben, sie vor allzu leichter Entwertung schützen und helfen, den existentiellen Kern der Person zu berühren, aus der Werterfahrung erwächst und die Bereitschaft zu

Selbstverantwortung. In gewisser Weise ist für uns der Versuch der biographischen Rekonstruktion ein Vehikel, den narzißtischen, feindlich eingestellten, entwertenden Schutzwall zu durchdringen und Zugang zum existentiellen Kern der Person zu finden und ihre verschüttete Identität freizulegen.

Die süchtige Symptomatik stellt einen Kompromiß dar zwischen konkurrierenden Kontexten, dem übergeordneten familiären und dem untergeordneten individuellen, und diesen Kompromiß dürfen wir nicht vorschnell aufkündigen. Wie wir immer wieder sehen konnten, lebt die Dynamik der Sucht von einer Verschmelzung von individuellem und familiärem Kontext bis hin zur destruktiven Umklammerung. Es ist daher für den Therapeuten wichtig, diese Konnotationswechsel und -brüche herauszufinden. Wenn er Einfluß nehmen möchte auf die Semantik seiner Intervention, so muß er die vorgeschalteten Bedeutungsebenen respektieren und darf sie nicht überspringen. Sie bilden jeweils den Bedeutungsrahmen. Er braucht ihre „Erlaubnis". Wenn wir im Verlauf biographischer Rekonstruktion unbedacht, ohne Vorbereitung und Erlaubnis des übergeordneten Kontextes, auf solche Erlebnisschichten stoßen, kann das zu bösen Überraschungen führen und unser Gegenüber gefährden. Sie können, zur Unzeit wachgerufen und noch ungebändigt in ihrem Negativismus, zur Desorganisation der Person beitragen und sehr rasch akute Zustände von Identitätsdiffusion auslösen.

In diesem Sinne können sich Familientherapie und Psychotherapie, ihre Sichtweisen wie Methoden, wertvoll ergänzen und einander unentbehrlich machen.

Zum Abschluß stellen wir klinische Fälle und Behandlungssituationen vor, die ein Bewältigen entindividuierender Kräfte verlangen. Wir werden spezifische Möglichkeiten kennenlernen, biographische Rekonstruktion einzusetzen und zwar die Definition der Koordinaten des Selbst (a) als Kompaß der psychotherapeutischen Behandlung und biographischer Rekonstruktion und (b) in konzentrierter Form als Behandlungsmittel selbst, als Gegenmittel zum Abwertungszyklus. Letzteres werden wir als Definieren eines Beziehungskosmos bezeichnen. Die Bedeutung einer Definition der familiären Koordinaten bzw. spezifischer des Beziehungskosmos liegt darin, eine positive Konnotation des individuellen Kontextes für unserer Gegenüber zu gewinnen und zu wahren. Der Versuch, hieran festzuhalten, ist für den Therapeuten wie sein Gegenüber eine gewaltige Herausforderung, die alles andere nach sich zieht und wie eine Ariadnefaden den Weg aus dem Labyrinth weist.

Wir dokumentieren zunächst einen Fallbericht, der den psychotherapeutischen Verlauf unter Einbeziehung der Herkunftsfamilie und ihre Mitbehandlung schildert. Die Kombination von Psycho- und Familientherapie erlaubt eine gezielte Psychotherapie, worin ein Definieren der familiären Koordinaten den Kompaß im psychodynamischen Verlauf abgeben.

Ellen

Ellen, eine burschikose, 20jährige junge Frau war alkohol- und medikamentenabhängig und mißbrauchte Drogen. Ihre Suchtkarriere setzte mit 13 Jahren ein, mit 14 Jahren ein Suizidversuch mit appellativem Charakter, danach Übergang in chronischen Suchtmittelmißbrauch. Keine Vorbehandlung. Bei der Aufnahme wirkte sie depressiv, wobei hin und wieder Hochnäsigkeit, Trotz und Lust an Provokation aufblitzten, die trotz ihrer schlechten Verfassung Lebendigkeit verrieten. Sie hatte eine Platzwunde am Kopf, die von Schlägen ihres Freundes herrührten. Auffällig waren die unklaren Familienverhältnisse. Sie gehörte zu der oben geschilderten Gruppe von Familien mit ungeklärter Erziehungsberechtigung. Ich möchte sie mit der Schilderung ihres Lebenslaufes selbst zu Wort kommen lassen:

„Ich bin unehelich geboren, daher wuchs ich bei Tante und Onkel auf nebst einer zehn Jahre älteren Cousine. Meine Mutter jobbte um Geld für mich (unter anderem) zu verdienen. Tante und Onkel habe ich schon immer als meine Eltern angesehen und nenne sie heute noch :"Mama und Papa". So wuchs ich zehn Jahre in A. auf. Meine Tante zog mich meiner Cousine vor, weil sie in kleine Kinder vernarrt ist. Auch aus diesem Grunde stritt ich mit meiner Cousine und bekam meistens recht. Ich spielte mit den größeren Jungen aus der Nachbarschaft. In der Schule hatte ich kaum Anschluß, nur mit manchen Mädchen, die mich kaum interessierten, weil sie langweilig waren.

Meine Tante ließ mir immer viele Freiheiten, sie wärmte das Essen für mich auf, wann immer ich Hunger hatte oder nach Hause kam. Ich war laufend auf Achse.

Zu meinem Onkel hatte ich nie eine rechte Beziehung. Irgendwann fing er zu saufen an, ist jetzt ein sterbenskranker Alkoholiker und tut mir irgendwo leid. Ich habe meine Tante immer in Schutz genommen, wenn er fies zu ihr war. Ich habe mehr Mitleid mit meiner Tante, weil sie so viel durchstehen muß. In der Küche helfen oder so mußte ich fast nie, wenn jemand, dann meine Cousine.

Meine Hausaufgaben wurden nie kontrolliert, eher einmal von meiner Mutter, wenn sie mich mal besuchte oder abholte. Trotzdem war ich relativ fleißig in der Schule. Als ich zehn war, zogen wir (Tante und Onkel usw.) nach R. in der Nähe von A. in ein neugebautes Reihenhaus. Ich war fix und fertig. In der Schule waren sie mir voraus, die Lehrerin streng, keine Freunde anfangs.

Es ging mir bald besser, als ich mich mit der Klassensprecherin anfreundete, die auch privat im Dorf das Sagen hatte. Sie bekam alles von mir, ließ mich aber bald fallen. Die ganze Klasse schnitt mich, nur ein paar schüchterne „Bauernmädels" redeten noch mit mir. Daraufhin kam das, was irgendein Arzt als seelische Krise diagnostizierte. Fast jeden Abend schloß ich mich in irgendein Zimmer ein, schrie, tobte und heulte und zertrümmerte irgendwas an der Tür. Irgendwann kurz nach der „seelischen Krise" war mein erster Selbstmordversuch wegen einem tierischen Anschiß, weil ich zu spät nach Hause kam.

Lange Zeit war ich ein Einzelgänger. Mein einziger wahrer Freund war mein junger Hund, den ich manchmal ganz schön quälte. In der Klasse redete man zwar schon lange wieder mit mir, aber sonst war da kaum Kontakt.

Als ich 13 war, ging ich einmal aus einer Laune heraus in die Kneipe, wo meine Klassenkameradinnen immer verkehrten. Ich wurde sofort herzlich in der Clique aufgenommen. Die Mädchen schmusten schon ganz schön rum, was ich ihnen nachmachte, nur zu extrem, mal mit diesem, mal mit jenem. Den schlechten Ruf im Dorf habe ich heute noch.

Sonst lief alles prima, ich hatte Freundinnen im Gymnasium, war rotzfrech, für die Schule tat ich fast nichts, trotzdem waren die Noten nicht übel.

Als meine Freundinnen aus dem Gymnasium rausgingen, hatte ich auch keinen Bock mehr. Ein halbes Jahr Hauptschule, qualifizierender Abschluß, Lehre bei meinen Eltern in der Boutique.

Hier wurde ich das erste Mal mit meiner Mutter konfrontiert. Das erste Lehrjahr war besonders hart. Ich schuftete wie ein Tier, hatte oft keine Mittagspause, keinen einzigen freien Tag, keinen vollen Urlaub, mußte oft noch nach der Berufsschule arbeiten, mußte arbeiten, wenn ich krank war und es gerade noch ging, und mußte mit auf Messen an meinem einzigen freien Tag: Sonntag.

Ich traute mich nie, etwas zu sagen, ich hatte irgendwie Angst vor meiner Mutter. Erst im zweiten Lehrjahr schrie ich sie einmal an. Sie machte den Mund auf und kriegte ihn nicht mehr zu, sagte aber nichts. So hielt ich es dann: wenn mir irgendwas nicht paßte, tobte ich. Sie war nicht lange still, wir hatten oft großen Krach. Sie sagte oft zu mir, ich wäre undankbar, sie hätte das Geschäft mit meinem jetzigen Stiefvater nur für mich aufgebaut, und ich würde kein Interesse zeigen, was ich auch nicht tat. Stiefbruder und Stiefschwester bekamen alles in den Arsch geschoben, ich mußte für alles kämpfen und arbeiten.

Mein Stiefvater verhielt sich fast immer sehr neutral.

Im Dezember, ich war 18, deutete meine Mutter an, daß ich unerwünscht im Geschäft wäre, also ging ich. Ein halbes Jahr redete ich mit meinen Eltern so gut wie nichts. Erst dann wieder, als mir mein Freund die Nase gebrochen hatte. Wegen ihm hatte ich auch oft Krach mit den Eltern, auch mit Tante und Onkel, oft lief deswegen alles schief. Meine Eltern erhoffen sich jetzt, daß ich nach der Therapie wieder im Geschäft arbeite und es mal später übernehme. Ich werde aber versuchen, auf eigenen Füßen zu stehen.

Mit den Männern hielt ich es schon immer sehr locker, besonders im Traum. Nur mit meinem (inzwischen Ex-) Freund nicht, der mich oft verprügelte. Oft war er wie ein kleines Kind, oft der große Macker. Es ist paradox, aber ich habe Schuldgefühle ihm gegenüber, er wird ohne mich untergehen, das ist sicher.

Mehr fällt mir nicht ein."

Mit 13 Jahren begann ihr Alkoholmißbrauch. Zur Zeit der Lehre sind Alkohol- und Medikamentenmißbrauch ausgeprägt und von Kontrollverlust begleitet. Ihr Bericht weist schon auf einige wesentliche Persönlichkeitszüge hin. Es läßt sich unschwer ihre Parentifizierung in der 'Adoptivfamilie' erkennen, ein Mißbrauchen in Elternfunktion, was zugleich ein narzißtisches Größenselbst nährt und andererseits offenkundig in heillose Überforderung führt. Sie zeigt frühreife Züge, wo hinter sich kindliche, im Laufe der Adoleszenz noch kaum neubewertete Wünsche und Einstellungen verbergen. Kollaps des Größenselbst und depressiv-destruktive Bewältigungsstrategien, die sich im Suizidversuch sowie massiven Alkoholkonsum austoben. Das intellektuell überlegene, emotional masochistische Verhältnis zu ihrem Exfreund spiegelt diese Züge wieder. Sie wurden auch sehr rasch im Alltag der therapeutische Gemeinschaft sichtbar.

Kennzeichnend für ihre persönliche Entwicklung war ihre Neigung, ein grandioses Bild ihrer selbst zu entwerfen. Zugleich war sie überfordert, diesem Bild gerecht zu werden. So wechselten Aufbruchstimmung und depressive Krisen, die regelmäßig mit Abbruch- und Rückfallgedanken einhergingen. Es war für sie kennzeichnend, daß sie dann Anforderungen mit Trotz begegnete oder heftig fordernd auftrat. Dieses Verhalten paßte zu ihrer Lebenssituation, die davon gekennzeichnet war, daß sie eine unangemessen mächtige Position inne hatte und ihre Tante, bei der sie gelebt hatte, und ihre leibliche Mutter gegeneinander auszuspielen verstand. Auch in der Familie der Tante wurden ihr oft Entscheidungen zugespielt, die ihrem Alter unangemessen waren und sie überforderten. Sie versuchte, gegenüber ihren 'Eltern' eine erzieherische Rolle einzunehmen. Es war zu vermuten, daß Selbstmordversuch wie Suchtmittelkonsum dazu dienten, den Zwiespalt zwischen Grandiosität und Überforderung 'erträglich' zu machen, das Schwanken des Selbstgefühls zwischen diesen beiden Extremen anstelle von Integration pharmakothym zu steuern und zu mildern. Für den psychotherapeutischen

Prozeß war daher wesentlich, ein realistisches Selbstbild zu fördern, ihre beiden extremen Seiten von Grandiosität bzw. infantiler Abhängigkeit als Zustände des Selbstgefühls erlebbar zu machen und eine Integration herauszufordern.

Der Lebenslauf enthält weiterhin Hinweise auf einige der oben zusammengestellten pathologischen strukturellen Muster und auf belastete familiäre Beziehungen, die diese gegensätzlichen Selbstgefühle fördern, aufrechterhalten und die Anforderung ihrer Integration vermeiden. Die auffällig verworrenen Familienverhältnisse gibt das folgende, aus diesen Daten erstellte Genogramm wieder:

Das Genogramm zeigt drei Familien, denen Ellen zugehört. Einmal die Zeugungsfamilie, die sich allerdings als Familie nie konstituierte, bestehend aus ihrer Mutter und ihrem damaligen amerikanischen Freund; sie ist aktuell erhalten in der besonderen Beziehung zu ihrer leiblichen Mutter. Die Orientierungsfamilie ihrer Tante (Schwester der Mutter), zu welcher ihr Onkel und eine 28-jährige Tochter, inzwischen verheiratet, gehören. Schließlich die neue Stieffamilie mit einer Tochter (drogenabhängig) und einem Sohn aus erster Ehe. Wie wir später erfahren, geht Ellens „seelischer Krise" unmittelbar die Konstituierung der Stieffamilie voraus und Anstrengungen, ihre Mutter zurückzugewinnen, als sie die wahren Verwandtschaftsverhältnisse ahnte und schließlich erfuhr. Ellen verklammert drei Familien, die sich nicht gerade harmonisch aufeinander beziehen lassen. Zur Zeit der Behandlung hatte sie noch immer die Funktion einer Schaltstelle zwischen den beiden schwesterlichen Familien inne.

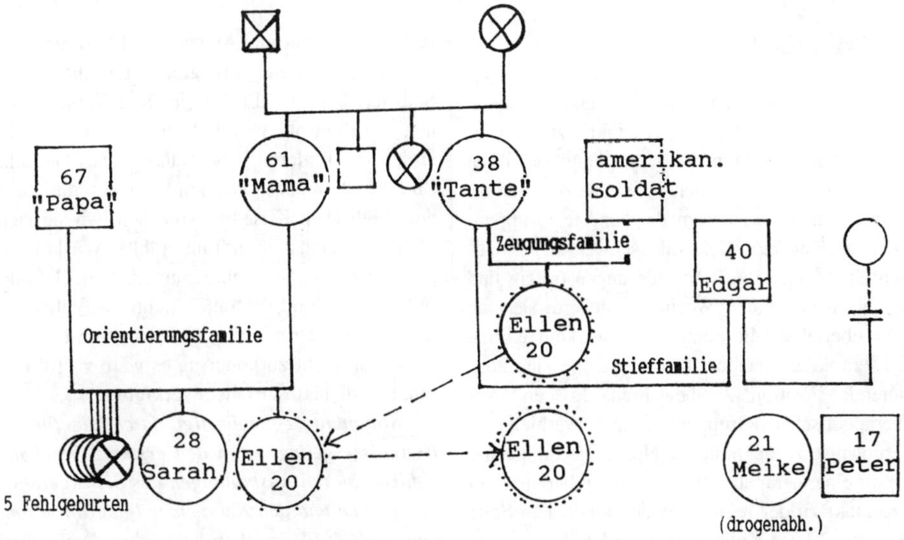

Abbildung 15-V: Genogramm der Familienverhältnisse von Ellen.

Noch ein paar Stichworte zum Genogramm: Die uneheliche Geburt von Ellen galt als „Schandfleck" in der Familie, die Mutter war damals 19-jährig; die beiden Schwestern sind durch Ellen trianguliert und Wertunterschiede und Konkurrenzen sind nicht zu übersehen, Uneinigkeit in Erziehungsfragen sind belegt; elterliche Triangulation innerhalb der Orientierungsfamilie und Parentifizierung von Ellen: „Ich bin der Herr im Haus", was ihr keinen Spielraum läßt, Kind zu sein und Kindsein zu integrieren; Alkoholismus des Onkels; einiges weist auf sexuelle Annäherungsversuche gegenüber seinem 'adoptierten' Kind hin; sein Trinken gilt ebenfalls als „Schandfleck" in der Familie; die Tante „Mama" hatte fünf Fehlgeburten erlebt; die beiden Schwestern hatten früh ihre Mutter verloren; wesentliche Bemühungen um eine Behandlung von Ellen gingen von ihrem Stiefvater aus. Wichtig ist noch zu wissen, daß Ellen, seit sie 12 Jahre alt ist, zwischen beiden Schwestern und ihren Familien pendelt. Sie setzte beide Parteien gezielt unter Druck, „bis sie gekrochen kamen", wie sie einmal kommentierte, „Ich wollte zeigen, daß *ich* gehen kann."-

Ohne dies weiter zu kommentieren, ist ersichtlich, daß wesentliche Merkmale von Familien Heroinabhängiger hier anzutreffen sind in der strukturellen Organisation und in den familiären Beziehungen. Als ein wesentliches Kennzeichen der Entwicklung ihrer Persönlichkeit ist nicht zu übersehen, daß sie in ihrem Kindsein zu früh erschüttert wurde, vorzeitig in eine äußerliche Erwachsenenrolle schlüpfte, worin ein Kind Regie führt und die entscheidenden Triebkräfte beisteuert.

Die Behandlung führte ich gemeinsam mit meiner Kollegin Anna HAFA im Rahmen unserer Therapiegruppe durch. Sie war als Frau zudem für die Einzelstunden zuständig. In die Familientherapie wurden die leibliche Mutter, ihr Stiefvater und zeitweilig die Tante einbezogen. Wesentliche Anstöße für den psychotherapeutischen Prozeß erfolgten aus den begleitenden Familiengesprächen. Es wurden 5 familientherapeutische Gespräche durchgeführt, die von den Angehörigen kooperativ angenommen wurde. Die Familiengespräche führte ich gemeinsam mit meiner Kollegin. Die Behandlung erstreckte sich auf 12 Monate.

Therapieverlauf

(1) Die ersten fünf Wochen: Ihre Kontaktfreudigkeit machte es Ellen leicht, Kontakt zu Gruppenmitgliedern zu gewinnen. Mühe hatte sie, ihren Platz in der Gruppe zu finden. Wie in der Familie ihrer Tante war sie wiederum das jüngste Gruppenmitglied, zum anderen fiel es ihr schwer, sich einzuordnen; sie reagierte auf Anforderungen trotzig und heftig. Nach der ersten Woche beschwerte sie sich bei mir über ihre Mitklienten, das sei kein Klima, um „Therapie zu machen". Sie versuchte eine kontrollierende Position zu bewahren. In den psychotherapeutischen Gruppensitzungen verhielt sie sich zunächst zurückhaltend. Nur langsam gelang es, zu ihr eine therapeutische Beziehung herzustellen und Kontakt zu der regieführenden kindlichen Seite zu erlangen. Meine Kollegin und ich beschlossen, zu Familiengesprächen erst dann einzuladen, wenn sich Ellen bei uns eingelebt und Zugang zu „ihrem Kind" gewonnen hätte.

Nach Ablauf der ersten vier Wochen trifft die Nachricht ein, ihr Onkel („Papa") sei gestorben. Ellen ist kaum zu halten, möchte die Therapie verlassen und zu ihrer Tante gehen. Sie würde dort gebraucht, jetzt, ihre Tante könne sie nicht im Stich lassen. Dies gibt uns Anlaß, ihre Elternfunktion gegenüber ihrer Tante aufzugreifen und ihre doppeltes Selbsterleben als „Erzieherin ihrer Tante": Gewißheit von Kontrolle und Bedeutung, aber auch Gefühle der Überforderung und Nähren eines Gefühls des Zu-kurz-Kommens. Wir kommen auf die Zeit vor der „seelischen Krise" zu sprechen, wo sie sich als „Mann im Haus" ihrer Tante fühlte. Wir können Ellen überzeugen, daß ihre mütterlichen Gefühle ihr selbst gälten und dort auch richtig aufgehoben wären. Ihre Mutter schreibt: „Ich war froh über deinen Entschluß nicht zu kommen, es wäre zu früh gewesen, und du hättest es nicht verkraftet."

***Kommentar**: Begünstigt durch die familiären Ereignisse gelingt es in den ersten 5 Wochen, die beiden polaren Ausbildungen des Selbstgefühls anzusprechen und den Keim einer Integration anzulegen, welche in der therapeutischen Beziehung begründet werden kann. Die Vertauschung der Kontextpolarität Zufügen/ Erdulden wird erfolgreich konfrontiert und neu definiert: Sie vermeidet das Erleben von Erdulden-müssen, indem sie anderen übermäßige Fürsorge angedeihen läßt.*

(2) 6. bis 10. Woche: Nach dieser Entscheidung wendet sich ihr Interesse der leiblichen Mutter zu. In

der Therapiegruppe arrangieren wir einen ersten Dialog mit ihrer (phantasierten) Mutter, eine gestalttherapeutische Arbeit mit dem „leeren Stuhl“. Sie greift die Lehrzeit bei ihrer Mutter und ihrem Stiefvater auf. Beklagt, daß ihre Mutter sie ausbeute, sich nicht einfühle, streite und „zerfe“, bis sie schließlich weggehe. Sie fühle sich vertrieben.

Im Dialog wird mehr und mehr sichtbar: Sie - Ellen - schickt ihre Mutter weg! Eine Verkehren des enttäuschten Wunsches: „Bleib' doch da!“ Eine Vertauschung in der Phantasie des Kindes; sie erfolgt aus der Kind-Position. Es ist das Kind, das hier Regie führt.

Im Alltag der therapeutischen Gemeinschaft versucht sie eine kontrollierende Position zu behaupten; häufiger treten „Krisen“ auf, worin ihr Kindsein unabweisbar durchbricht.

Ihre Mutter schreibt: „Gestern hat mich C. (die Schwester) angerufen und gesagt, daß du so lieb geschrieben hast. Ich war sehr traurig und nervös, denn ich mache mir immerzu Gedanken um Dich.“ „Mein Kleines, Du mußt jetzt so viel auf einmal verkraften. Bitte sei stark und halte durch.“

***Kommentar**: Ellen versuchte, ihr Erleben mütterlicher Zurückweisung zu bewältigen, indem sie ihre Mutter zurückweist - ihr Versuch, das Selbstgefühl narzißtisch zu manipulieren. Wir unternehmen einen ersten Schritt, ihren narzißtischen Schutzmantel zu erschüttern.*

(3) Die 11. bis 13. Woche: Wir eröffnen, daß wir Mutter, Stiefvater und Tante zum Gespräch einladen wollen und bereiten die Zusammenkunft vor.

Der begonnene Dialog mit ihrer Mutter wird ergänzt durch den Stuhl der Tante: Ellens Ausspielen und Ausbeuten von Tante vs. Mutter und umgekehrt und ihre Kontrolle über diese Beziehung wird sichtbar. Aber auch ihre Trauer, daß ihr inneres Kind keine Mutter besitzt. Danach fallen ihr Ereignisse ein, die ihr zyklisches Hin- und Herpendeln dokumentieren. Sie fallen in die Zeit der „seelischen Krise“.

Ihre Mutter teilt mit, daß ihre Stiefschwester einen Therapieplatz bekommen habe. „Ich komme mir so hilflos und unnütz vor und möchte dir so gerne helfen. Vielleicht war ich manchmal etwas hart zu dir, aber ich habe dich immer geliebt und wollte etwas besonders aus dir machen... Ich treue mich schon auf deinen ersten Anruf und möchte dich auch mal besuchen. Vielleicht getrennt von Mama C. Dann haben wir beide was von dir, und du brauchst dich nicht zerteilen.“

***Kommentar**: Beide um das polare Selbstgefühl organisierten Persönlichkeiten kommen ins Spiel. Ein weiterer Schritt zur Integration hilft ihr, die 'Ausbildung' der widersprüchlichen Persönlichkeiten nicht nur als Zerrissenheit zu erleben, sondern als Zufluß von Werterfahrung und daher Stärkung und vermehrte Integration des Selbstgefühls.*

(4) 14. Woche: Wer hat das Sorgerecht? Diese Frage zu klären ist Ziel des Gesprächs. Zum Familiengespräch erscheinen Mutter, Stiefvater und Tante. Uns interessiert die Triade aus den beiden Schwestern und Ellen und stellen Fragen, die Unterschiede zwischen beiden erkennen lassen. Wir lassen uns über die verwandtschaftlichen Verhältnisse informieren. Ellens Mutter beansprucht das Sorgerecht. Wir definieren die leibliche Mutter und den Stiefvater als die zuständige Familie. Indirekt wird Ellen als Kind definiert.

Um keine Gelegenheit zu geben, diesen entscheidenden Punkt des Sorgerechts für Ellen wieder zu verwischen, schrieben wir den folgenden Brief an alle Beteiligten, auch an Ellen. Er faßt den Inhalt des Gesprächs zusammen:

„Ihre Offenheit und Ihr Engagement in unserem gemeinsamen Gespräch haben uns sehr beeindruckt. Wir möchten uns dafür bedanken.

Ihr Beziehungsangebot, Frau S., an Ihre Tochter, ihre Mutter zu sein und dies zu beanspruchen, könnte der Grundstein sein für eine positivere weitere Entwicklung. Wir sind der Überzeugung, daß Ellen Ihre Führung braucht, um wirklich erwachsen zu werden und die Therapie zu Ende zu bringen. Sicherlich wird Ellen Ihnen nicht glauben können. Es ist auch gut so, wenn Ellen gerade dies sorgfältig überprüft.

Sie, Frau C., haben im Hinblick auf die Fortsetzung der Therapie einen nicht zu überschätzenden Beitrag geleistet. Sie haben Ellen ermutigt, ihre Therapie fortzusetzen, indem Sie Ellen verstehen ließen, daß Sie Ihre derzeitige schwierige Situation meistern werden. Wir finden es bemerkenswert, wie Sie sich mit Ihrer Situation auseinandersetzen und damit Ellen die Chance geben, ihre Therapie fortzuführen. Wir hoffen, daß Ihre Operation gut verläuft und Sie danach einmal genugend Zeit fur sich selbst haben und Ihren Interessen nachgehen könne.

Sie, Herr B., haben durch Ihre Aussage, Sie würden in Zukunft mehr an sich denken und Ihre

Grenzen gegenüber Ellen deutlicher als bisher markieren - ohne ihr Unterstützung zu versagen -, gewiß geholfen, die Behandlung abzusichern. Auf diese Weise können Sie in der Tat dazu beitragen, daß Ellen mehr Verantwortung für sich übernehmen muß.

Wir müssen allerdings befürchten, daß Ellen zunächst versuchen wird, Sie alle für ihre falsch verstandenen Interessen einzuspannen und Sie gegeneinander auszuspielen. Lassen sie bitte nicht außer Acht, daß Ellen sich entschließen könnte, die Therapie vorzeitig zu beenden, um wieder nach Hause zurückzukehren.

Wir möchten Sie zu einem weiteren Gespräch einladen. Sollten Sie, Frau C., wegen Ihrer Operation an diesem Termin nicht teilnehmen können, werden wir Sie zu einem späteren Zeitpunkt noch einmal einladen."-

Nach ca. 4 Monaten war die therapeutische Beziehung soweit gefestigt, daß sich Ellen auf den inneren Konflikt zwischen Grandiosität und Infantilität einlassen und die Steuerung des Selbstgefühls im Rahmen der therapeutischen Beziehung allmählich festigen konnte. Nach und nach war sie bereit, angemessene Leistungsanforderungen zu meistern. Sie reagierte weniger empfindlich und begann, ihre eigenen Grenzen wie die anderer anzuerkennen.

***Kommentar**: Es wird bereits im ersten Familiengespräch möglich, einen zum psychotherapeutischen Verlauf parallelen Prozeß in der Familie anzuregen, das zentrale korrespondierende strukturelle Muster zu thematisieren und definitiv zu klären. Im weiteren wird dies auf der Beziehungsebene zunächst zwischen Mutter und Tochter zu verarbeiten sein (Kontext der Zeugungsfamilie); die zu vermutende Ambivalenz zwischen beiden kann nun offen zu Tage treten. Auf diese Weise wird ihr Therapieprozeß unterstützt und in Bezug auf ihr Leben draußen vertieft. Der adoleszente Konflikt taucht auf, und wir beginnen ihn zu reorganisieren.*

(5) fünfter und sechster Monat: Die Beziehung zur Mutter wird von beiden Seiten aktiver und lebhafter. Wir nutzen Alltagsaufgaben wie Ellens 3-wöchige Rolle als Küchenchefin, um einen verständnisvollen, beratenden Kontakt von Mutter zur Tochter zu fördern. In dieser Zeit telefonieren sie häufig. Ellen kommentiert: „Bis zu einem gewissen Grad und eine Weile kann ich meine Mutter Mutter spielen lassen..." Ein Ziel dieser Vorgehensweise war, den Status von Ellen innerhalb der Familienhierarchie zurechtzurücken, um ein Anerkennen ihrer Mutter und ihres Stiefvaters als für sie zuständige Eltern einzuleiten. Ellen sollte erfahren, daß es ihr gut tat, ihr Kindsein zum Zuge kommen zu lassen und allmählich in reiferer Form zu integrieren. Dazu war es auch nötig, ihre tieferen Vorbehalte und Ambivalenzen ans Tageslicht zu holen. Ihre leibliche Mutter und der Stiefvater wurden auf diese Weise angehalten und angeleitet, Konflikte während der Behandlungszeit mit Ellen durchzustehen.

(6) Nach sechseinhalb Monaten: Zweites Familiengespräch, an dem nur Mutter und Stiefvater teilnehmen.

Gesprächsinhalt waren die Vorstellungen der Eltern über die Selbständigkeit von Ellen. Einige Zeit verwandten wir auf Verpflichtungen von Ellen gegenüber ihrer Tante. Mutter und Stiefvater könnten sich vorstellen, daß die Tante ihr Leben selbst gestaltet und genießt, Ellen weniger. Die Eltern waren bereit, sich verstärkt um die Tante zu kümmern, um Ellen aus dieser Verpflichtung herauszuhalten. Die Beziehung zwischen den beiden Schwestern kommt zur Sprache: sie hatte versucht, sich aus Erziehungsfragen rauszuhalten, wurde aber immer, wenn es schwierig wurde, hineingezogen. Ellen teilte auf in die gewährende Tante und die strenge, kontrollierende Mutter.

Die Mutter fühlte sich in ihrer Zurückhaltung als Mutter von uns verstanden und weinte. Ellen spielte nun tyrannisches Kind; möchte noch gerne Sorgen anliefern in der Beziehung zur Mutter und im Mittelpunkt stehen. Ellen möchte die Entscheidung, wem sie zugehörig sei, abnehmen. Am Ende des Gesprächs fühlte sich Frau B. verstanden; dem Stiefvater ging das Gespräch zu nahe; Ellen fühlte sich durchschaut. Wir bestärken die 'neuen' Eltern, sich als die erziehende Familie gegenüber Ellen zu anzusehen und geben ihnen die Aufgabe, zu überlegen, ob sie die Wünsche und Forderungen von Ellen annehmen wollten oder nicht.

Um der Tante die Übernahme der Elternrolle durch ihre Schwester zu dokumentieren, aber auch um Ellen herauszufordern, verschickten wir den folgenden Brief an alle Beteiligten:

„Sie, Frau C., konnten an diesem Gespräch nicht teilnehmen. Wir haben von Ihrer Schwester gehört, daß die Operation erfolgreich verlaufen ist, und wünschen Ihnen eine gute Genesung. Wir hoffen, daß Sie bei unserem nächsten Gespräch wieder teilnehmen können.

Zentrales Thema war Ellens tiefe Bindungen gegenüber ihren beiden „Müttern" und ihre Rolle als Kind.

Sie, Frau C., haben Ellen erzogen und sie in Ihrer Familie wie eine Tochter aufgenommen. Sie haben eigene Interessen und Bedürfnisse zurückgesteckt und sich der Familie gewidmet.

Sie, Frau B., hatten die Verantwortung für Ellen ihrer Schwester abgegeben, um Ellen zu erlauben, in einer Familie aufzuwachsen. Sie haben dafür auf engen Kontakt zu Ihrer Tochter, ja selbst auf den Titel „Mama" verzichtet und sich doch in allen schwierigen Erziehungsaufgaben wie die Mutter engagiert.

Sie alle stehen vor einer schweren Aufgabe.

Für Dich, Ellen, ist die Zeit gekommen, wo Du Dich von Deiner „Pflegefamilie" verabschieden und bei Deiner Herkunftsfamilie und zugleich neuen Stieffamilie ankommen wirst, um Dich dann zu lösen und selbständig zu werden, anstatt dich von beiden Familien versorgen zu lassen.

Dies wird bedeuten, daß sich Dein bisheriger Kontakt zu Deiner Mutter, der bisher davon abhängig war, daß Du Probleme angeliefert hast, ändern würde.

Sie, Frau C., werden Ellen als Ihr Kind verlieren, aber Ellen in dieser stürmischen Zeit aufgehoben wissen, mehr Ruhe und Kraft für ihren Lebensabend erhalten und Ellen eine gute Tante bleiben können.

Sie, Frau B., als Mutter und Sie, Herr B., als Stiefvater müssen Ellen in Ihrer Familie als Tochter aufnehmen, um ihr unter Ihrer Fürsorge zu echter Selbständigkeit zu verhelfen.

Diese Aufgabe verlangt von Ihnen allen sehr viel.

Ich bin der Meinung, daß Sie genügend Kräfte mobilisieren können, um diese schwierige Aufgabe gemeinsam zu lösen. Mein Kollege dagegen ist eher skeptisch und meint, ob es nicht besser wäre, alles wie bisher zu belassen. Er gibt zu bedenken, daß sich das Verhältnis zwischen Ihnen, Frau B., und Ihnen, Frau C., verschlechtern könnte und daß Du, Ellen, überfordert wärst, die Entscheidungen Deiner Mutter bzw. Deiner Tante zu glauben."

(7) Der 7. bis 9. Monat: Ellen entdeckt das versteckte „Kind" und erlaubt ihm, sich auszuleben. Oftmals ist sie aufgewühlt, dann wieder ausgelassen. Vergessene Erinnerungen tauchen auf, die um das Verhältnis zu ihrer Mutter kreisen und ihre bisher erzählte Geschichte in einem anderen Licht erscheinen lassen. Es ist die Welt eines Kindes, das um seine leibliche Mutter wirbt. Die Zeit der „seelischen Krise" stellt sich jetzt als eine Reaktion auf einen schwerwiegenden „Verrat der Mutter" dar. Ellen hatte sich ihr anzunähern versucht und davon geträumt, bei ihr zu leben, als gerade ihr künftiger Stiefvater auftauchte. Seine Kinder waren in die neue Stieffamilie aufgenommen worden. So kam eine tiefliegende, sehnsüchtige Bindung an ihre Mutter zu tage. Gleichfalls enthüllte sich ein ambivalentes Bündnis zu ihrer drogenabhängigen Stiefschwester, die beide um einen Zugang zur Familie rivalisieren und sich über Probleme wie Drogenkonsum Zugang zu verschaffen suchen. Schließlich erinnert sich Ellen, daß sie nach dem Selbstmordversuch, der ihre „seelische Krise" beendete, „beschlossen" habe, „kein Kind mehr zu sein." Diese Erinnerungen traten in Verbindung mit einem intensiven, verzweifelten Gefühl auf. Sie war dabei in einen Zustand geraten, wo sie wild um sich schlug und weinte, bis ihr die Arme wehtaten und ihren Dienst versagten. Ihr Freund, der anwesend war, verhinderte, daß Ellen sich selbst verletzte.

Schuldgefühle gegenüber der Tante quälten sie, und Ambivalenzen gegenüber Tante und Mutter konnten ausgearbeitet werden. Schließlich verriet sie ihre verliebten Gefühle zu ihrem Stiefvater.

Im Alltag der Therapeutischen Gemeinschaft fühlte sie sich sichtlich wohl. Sie wurde „First Lady", was ein Kompliment an ihre Lebendigkeit und Verantwortlichkeit war. Das „Kind" wurde lebendig und rege und ein Prozeß der Integration begann, der auch ihre Identität als Frau förderte.

Es fanden in diesem Abschnitt zwei weitere Familiengespräche statt, eines gemeinsam mit der Tante. Die neuen Strukturen bewährten sich und fanden die Zustimmung der Beteiligten, auch der Tante. In den Mittelpunkt rückte nun das Verhältnis von Ellen zu ihren Eltern und ihren Stiefgeschwistern. Mutter und Stiefvater erwiesen sich als einfühlsame und kompetente Eltern.

***Kommentar**: Die letzten beiden Schritte zeigen, wie sich horizontale und vertikale Sichtweise gegenseitig steigern können. Die Parallelität von Familienbehandlung und Ellens Psychotherapie entsteht nicht, indem wir mit der übrigen Familie über Ellens Psychotherapie reden, sondern indem wir in der Familie den entsprechenden Beziehungskonflikt aktuell konstellieren. Das ist wiederum möglich, indem wir ein zentrales strukturelles Muster aufgreifen und zu einer neuen Lösung heraus-*

fordern. Es verdeckt gleichsam menschliche Schicksale und konserviert sie, wobei es von der Notwendigkeit psychischer Verarbeitung entlastet. Die horizontale Sichtweise führt zu einer Herausforderung an Ellen, Pseudo-Adoleszenz aufzugeben, läßt das familiäre systemische Feld reorganisieren und bedeutet einen Entwicklungsschub für den inneren Organisator, der sich an dem reorganisierten adoleszenten Konflikt ausbildet. Auch in Ellens Biographie stoßen wir auf einen folgenschweren „Schwur", dem sie gefolgt war und zugleich vergessen hatte, aber in ihrer adoleszente Entwicklung zu einer wichtigen, selbstgesetzten Determinante wurde. Sein Erinnern signalisiert die Bereitschaft, ihre Loyalitätskonflikte neu aufzurollen. Die horizontale Sichtweise gibt insofern einen Kompaß für die psychotherapeutische Behandlung ab, als sie unterstützt, Ellens existentielle Situation prägnant heraustreten zu lassen und psychotherapeutisch dieser Höhenlinie zu folgen.

(8) 10. bis 12. Monat: Sie wechselte in eine kleinere Wohngemeinschaft über. Die Psychotherapie beschränkt sich jetzt ausschließlich auf wöchentliche Einzelstunden, die meine Kollegin durchführte. Themen waren eine vertiefte Integration des „Kindes", ihr Bemühen um einen Ausgleich der Verpflichtungen gegenüber Tante und Mutter und Entwickeln eines Gefühls der Zugehörigkeit zur neuen Familie. Den zugrundeliegende Loyalitätskonflikt konnte sie weitgehend lösen. Aus der Bewältigung dieses Konflikt ging sie gereifter hervor und begann nun eine konkrete Zukunftsperspektive zu entwerfen und vorzubereiten.

Sie erhielt das Angebot, in die Stieffamilie aufgenommen zu werden. Ihre Eltern wollten ihr eine Boutique einrichten, die sie übernehmen sollte. Die Eltern drängten und waren über Ellens Zögern gekränkt. Im abschließenden Familiengespräch konnten sie verstehen, daß dieses Angebot verfrüht war. Vielmehr ging es um das Zugehörigkeitsgefühl von Ellen, das sich mehr und mehr für die neue Familie entwickelte und sowohl mit kindlicher Sehnsucht wie mißtrauischen Bestrebungen vermischt war. Ellen entschied sich schließlich, zunächst mit ihrem Freund in der Nähe der Einrichtung zu bleiben. Ein reger Kontakt war zwischen Ellen und ihren Eltern entstanden. Entscheidend schien uns, daß sie die neue Familie nicht triangulierte und die Eltern es verstanden, gemeinsam Entscheidungen zu vertreten.

Follow-up: *Ellen lebte zunächst mit ihrem Freund in der Nähe der Einrichtung und arbeitete in einer Boutique. Sie trennte sich bald von ihm und wohnte vorübergehend allein. Nach einem halben Jahr kündigte sie ihren „Job", zog zu ihren Eltern und arbeitete im elterlichen Geschäft mit. Schon nach drei Monaten löste sie sich „einvernehmlich" aus dem Geschäft und übernahm einen verantwortlichen Job in einer Handelskette. Sie schaffte das, ohne sich mit ihrer Mutter zu überwerfen. Ein Jahr später übernahm sie die Verantwortung für eine neu eröffnete Boutique ihrer Eltern. Sie hatte sich einen ganz neuen Freundeskreis geschaffen, in dem sie sich wohl fühlte. Auch vier Jahre nach Abschluß der Therapie blieb sie ohne Anzeichen einer erneuten Suchtkarriere.* -

Wenn wir eine familiäre Landkarte erstellt haben, so ist es mit ihrer Hilfe möglich, ein spezifisches Gegenmittel zum Abwertungszyklus zu gewinnen. Ich möchte dieses Antidot als Definieren eines konkreten familiären, für unser Gegenüber bedeutsamen *Beziehungskosmos* bezeichnen. Die Definition eines Beziehungskosmos entspricht der Bestimmung der Koordinaten des Selbst in seiner Essenz. Wir verstehen darunter die Definition einer in sich geschlossenen familiären Welt von realen und symbolischen Transaktionen, wobei an die Art und Weise dieses Definierens zwei Bedingungen geknüpft sind: Alle Beziehungsdefinitionen sind *zirkulär miteinander verknüpft* und *insgesamt positiv konnotiert*.

Die Definition eines Beziehungskosmos sucht eine Antwort auf den Abwertungszyklus, die darin vorgenommene manipulative narzißtische Aufwertung, die letztlich sich durchsetzende Abwertung, die triadische Kontextverschiebung und Konkurrenz der Kontexte, das Splitting der beteiligten Person und ihren negativen Selbstbezug. Die Definition des Beziehungskosmos bereitet ein Zentrieren der verschiedenen Kontexte der Kontexthierarchie vor und eine konsistente Definition der Selbstgrenze. Sie enthält im Keim eine adäquate Klärung der Kontextpolaritäten, da ansonsten die Prinzipien Zirkularität und positive Konnotation verletzt werden. Die subjektive Welt nähert sich einer Verbindung von Selbst und Welt an und korrigiert die Phantasien, welche die Person in der Beziehungsfalle einschließen. Die Definition des Beziehungskosmos ist ein wichtiger Vorgang, das Selbstgefühl herauszufordern, zu reaktivieren und weiter zu entwickeln. Wir können auch sagen, sie ist der Versuch einer Definition der Beziehungsrealität, die unserem Gegenüber eine Orientierung gibt, den Weg aus der Beziehungsfalle herauszufinden, eine geschlossene Welt in eine offene zu transformieren. Ein Bestimmen des Beziehungskosmos impliziert daher auch eine Definition von Identität.

Unser zweites Fallbeispiel dokumentiert den Einsatz einer Definition des Beziehungskosmos in einer Krisensituation, in der die entindividuierenden familiären Kräfte auf eine Katastrophe zutreiben. Unsere Bericht zeigt, wie sich in der Definition des Beziehungskosmos die inhaltliche Struktur der weiteren Psychotherapie einfangen läßt.

Sabrina

Sabrina, 22-jährig, war eine der Klientinnen, die an der Untersuchung über Herkunftsfamilien teilnahmen. Wir hatten dort unter dem Gesichtspunkt von Suchtfamilien und Mehrgenerationenkonflikte die Familienverhältnisse vorgestellt. Es gibt wohl kaum Drogenabhängige, wo sich mehr jener pathogenen Faktoren konzentrieren aus unsere Liste struktureller Muster und Beziehungsmerkmale. Selten habe ich einen ähnlich teuflischen Abwertungszyklus zwischen allen Beteiligten - Mutter, Stiefvater, Bruder und Sabrina wie ihrer verstorbenen Stiefgroßmutter - kennengelernt. Im Mittelpunkt ihrer Lebensgeschichte standen jahrelange Mißhandlung und inzestuöser Mißbrauch durch ihren Stiefvater. Selten stellt sich die Frage nach den Möglichkeiten, Loyalitätskonflikte zu bewältigen eindringlicher, selten ist sie so bedrohlich mit dem Verlust des Selbstgefühls verknüpft, und selten bedeutet ihre Beantwortung eine schwierigere Herausforderung als in Fällen fortgesetzter Mißhandlung und sexuellen Mißbrauchs durch Eltern. Selten wohl stellt sie eine größere Herausforderung dar, eine positive Konnotation zu wahren.

Ich möchte einen Abschnitt aus dem Therapieprozeß schildern: eine zugespitzte krisenhafte Situation. Ich unternahm den Versuch, die Definition eines Beziehungskosmos als Gegenmittel einzusetzen, um einen Rest an Selbstgefühl zu wahren.

Zu jenem Zeitpunkt war die Intensivphase der stationären Therapie bereits beendet. Sabrina lebte in einer kleineren Wohngemeinschaft. Ich hatte ihre psychotherapeutische Behandlung in Form von Einzelstunden übernommen, als sie mir wenige Tage vor ihrem regulären Therapieende enthüllte, daß sie sich aus einem mörderischen Zwiespalt heraus zum Selbstmord getrieben fühle. Aktueller Anlaß war die Aufforderung ihrer Mutter, nach Hause zuruckzukehren. Sie hatte ihrem Begehren durch die Mitteilung Nachdruck verliehen, sie sei sterbenskrank. Es folgten mehrere Wochen, wo dieser Zustand, sich zum Selbstmord getrieben zu fühlen, anhielt. Sie war damals akut vom Verlust des Selbstgefühls bedroht und wußte sich nicht anders zu helfen, als sich selbst Verletzungen zuzufügen. Diese Zeit war ausgestanden und gerade zwei Monate verstrichen, als sie ins Krankenhaus zu ihrer Mutter gerufen wurde. Bei einem zweiten Krankenbesuch wurde sie von ihrem Stiefvater abgefangen, im Auto mitgenommen, geschlagen und erneut sexuell mißbraucht. Er bedrohte sie, damit sie nichts gegen ihn unternähme. Ich traf sie am Tag danach in einem schockartigen Zustand an, gelähmt und von verzehrender Scham erfüllt. Wie konnte sie als erwachsene Frau mitwirken? Diese Frage quälte sie und alle Antworten, die sie fand, gaben den Verhöhnungen ihres Stiefvater, während er sie mißbrauchte, recht, sie sei nicht besser als eine Hure, sie sei nicht besser wie ihre Mutter. Die gerade einsetzende Heilung ihrer selbstmörderischen Zerrissenheit war erneut bedroht. Sie war bereit, sich von einer Frauenärztin untersuchen zu lassen, weigerte sich aber vehement, ihren Stiefvater anzuzeigen. Statt dessen wollte sie nun ihren Stiefvater aufsuchen, um ihn „fertig" zu machen. Sie wollte dieses eine Mal ihre lähmende Angst überwinden und sich erfolgreich wehren. Ihre Gefühle wechselten zwischen selbstmörderischer und mörderischer Wut. Sie äußerte, sie brauche alle Kraft, um sich nicht zu töten. Die Absicht, ihren Stiefvater alleine aufzusuchen, konnte nur in einer erneuten Vergewaltigung und erhöhter Selbstmordgefährdung oder aber in einer mörderischen Eskalation enden. Sie ließ sich von ihrem Plan nicht abbringen, sie meinte, „diesmal müsse sie es alleine zu Ende bringen".

Nach unserem Gespräch ließ sie mir einen Brief zukommen, der noch einmal darlegte, daß sie ihn allein treffen müsse. Ihr Brief enthielt die folgende Passage, die mich irritierte:

„Was nützt es mir, wenn er im Knast sitzt. Nichts. Er wird durch einen Richter verurteilt, und ich könnte ihm nichts sagen als meine Worte, weil Menschen um uns sind und er sich nicht wehren könnte. Und ich möchte, daß er sich gegen meine Worte wehrt, daß ihm meine Worte wehtun und ihm so tief ins Fleisch schneiden, daß er die Wunden nur schwer heilen kann. *Daß er die Wunden nur so heilen kann, wie ich begonnen hatte, meine zu heilen mit Dir.* Denn dann muß er einmal in seinem Leben endlich vor sich selbst ehrlich sein. Zu sich selber finden, sich selber etwas eingestehen. Dann erst, so glaube ich, kann er als Mensch leben. Und dann erst wird er sehen, was man selber an sich alles ganz machen muß, nur weil ein anderer ihm weh getan hat und er nicht die Möglichkeit hat, mit ihm vernünftig darüber zu sprechen."

Daß sie von mörderischer Wut erfüllt war, von einem intensiven Verlangen, sich gegen ihn zu wehren, ihn in seine Schranken zu verweisen, das selbst zu tun, zu spüren, zu können, sich Luft zu verschaffen, die Angst zu überwinden, sich Mut zu beweisen, all das konnte nicht anders sein. Allein diese Zeilen enthüllten mehr, sie verrieten den noch tieferen Wunsch, ihn zu heilen, ihn zu erreichen, ihn zu bekehren, *ihn endlich gut zu machen*. Genau dieser Wunsch, diese verborgene Hoffnung war gefährlich. Er führt ins Zentrum der zugrundeliegenden Psychodynamik und ins Zentrum des Loyalitätskonflikts in seiner ganzen möglichen destruktiven Gewalt.

Niemand hat sich überzeugender mit der Dramatik solcher Familienkonflikte auseinander gesetzt als SPARK und BOSZORMENYI-NAGY. Ich möchte auf diese beide zurückgreifen, wenn wir hier ein paar Anmerkungen zu inzestuösen Beziehungen einflechten. Zuerst müssen wir mit einem Mythos aufräumen, der Inzest mit erotischem Lustgewinn in Verbindung bringt, ein Mythos, der durch die FREUDschen Anschauungen genährt wurde. Inzest ist ein durch und durch zerstörerischer Akt, ein Akt der Destruktion, der die Verletzlichkeit intimer sexueller Nähe ausnutzt, um zu demütigen, anzugreifen, zu zerstören. EVERSTINE und EVERSTINE[213], BOSZORMENYI-NAGY und SPARK lassen keinen Zweifel, Inzest als einen „psychischen Mord" anzusehen: „Die Inzestbeziehung zeugt von der Verzweiflung der Erwachsenen, denn psychologisch verhält er sich unüberbietbar destruktiv gegen sein Kind. Aggression in dieser Form ist psychischer Mord - Mord am eigenen Ich wie am Kind." „Nach unseren Erfahrungen haben inzestuöse Beziehungen eher eine verschlingende, zerstörerische als eine im echten Sinne heterosexuelle Motivation."[214]

Kinder als sexualisierte Partner und drangsaliert durch Inzest finden wir in schwergestörten Familien, die „mangelnde Generationengrenzen" und „Ich-Abgrenzungen" kennzeichnen. Der Abwertungszyklus nimmt offen sadistisch-masochistische Formen

213 D.S.EVERSTINE, L.EVERSTINE: Krisentherapie, Klett-Cotta, Stuttgart, 1985, S.179-205.
214 BOSZORMENYI-NAGY, SPARK, ebenda S.310 u.211.

an, wobei die Frage des physischen und psychischen Überlebens im Mittelpunkt der Familie steht. Auf das Kind richten sich archaische Idealisierungen, die wiederum verhöhnt und zerstört werden, Rache an den Eltern, Rivalität, Mißgunst, Neid und emotionale Deprivation. Es ist im gleichen Augenblick oder von Augenblick zu Augenblick Objekt anderer Begierden und Kontexte, die erst die tiefe Zerstörung, den psychischen Mord, ausmachen. Es ist das Objekt, dem man nachweist, daß es alle Schlechtigkeit vereinige, die ausgeschlossen, verbannt und bestraft werden müßten. Würde dies gelingen, würde auch die Herkunftsfamilie der Eltern das Gute in ihnen sehen und sie so lieben, wie sie geliebt werden sollten. Und wenn sie es schon nicht tun, dann *muß* es dieses Kind tun, und da es dies *nicht* tut, da es sich mißbrauchen läßt, muß es vernichtet werden.

Wir können jetzt an unsere Fallschilderung anknüpfen und fragen: „Wie kommt es nun, daß ein Kind in einer so widersinnigen Beziehung überhaupt kooperiert und zum Partner wird? Die Autoren vertreten die Auffassung, daß ein Kind eine solche Rolle akzeptiert, weil es aufgrund der unbewußten Loyalitätserwartung befürchtet, ein Elternteil oder beide Eltern könnten andernfalls seelischen Schaden erleiden oder psychisch zugrunde gehen." Kommt diese Überlegung nicht den Beweggründen nahe, die Sabrina in ihren Briefzeilen erkennen läßt?

Eine solche durch und durch widersprüchliche Situation bringt das Opfer in eine ausweglose Lage. „Die schwerste Belastung der persönlichen Verdienstkonten besteht vermutlich darin, die eigenen Eltern verachten zu müssen. Dadurch, daß man sich trotz der Verachtung loyal verhalten muß, erlebt man ein stetiges Dahinschwinden der eigenen Vertrauensreserven."[215] Diese Bemerkung weist darauf hin, wie unerträglich und unlösbar der Loyalitätskonflikt gerade in mißhandelnden und inzestuösen Beziehungen wird. Die *inzestuöse Beziehung wird für das Opfer zur Falle*, aus der es kaum entkommt. Seine Koordinaten des Selbst sind gleichsam fragmentiert, alle drei Kontextpolaritäten sind nicht zuverlässig zu bestimmen. Die Selbstgrenze ist fragmentiert, sie kann keinen Reizschutz übernehmen, veranlaßt diffuse Panikreaktionen oder läßt die Person in einem Zustand der Lähmung und Betäubung versinken, wie dies BETTELHEIM von KZ-Insassen beschrieb[216]. Das Selbstgefühl ist beinahe zerstört und mit ihm fast jede spontane Orientierung.

BOSZORMENYI-NAGYs und SPARKs Überlegungen geben einen wichtigen Hinweis für die psychotherapeutische Behandlung, indem sie diese Beziehungsfalle als verschärften Loyalitätskonflikt auffassen. „Eine ihrer größten Vorzüge liegt in der Möglichkeit, ein quälendes und beschämendes Elternbild zu korrigieren bzw. die Eltern zu rehabilitieren. Wir haben noch nie erlebt, daß ein Patient von einer Therapie profitieren konnte, in deren Verlauf er sich seiner Verachtung und seines Hasses gegen seine Eltern lediglich bewußt wurde und diesen Gefühlen Ausdruck gab. Die Erfahrung hat uns gelehrt, daß bei dieser Art der Behandlung alle Beteiligten verlieren." An anderer Stelle warnen die Autoren: „Wenn der Patient nicht mit seinen negativen Gefühlen ringen und sie durch Handlungen bereinigen kann, die von einer neugewonnenen positiven, entgegenkommenden Einstellung gegenüber den Eltern bewirkt werden, kann er sein inneres Loyalitätsproblem nicht wirklich lösen und muß, selbst nach dem Tode

215 Ebenda S. 158.

216 B. BETTELHEIM: Die Geburt des Selbst - Erfolgreiche Therapie autistischer Kinder, Kindler-Verlag München, S. 82-89.

der Eltern, mit dem Konflikt unter Zuhilfenahme pathologischer Abwehrmechanismen 'leben'." Eine Lösung des Loyalitätskonflikts wird nur möglich, wenn wir einen positiven Kontext wahren. Das ist aber für unser Gegenüber nicht möglich, ohne auch dem biographischen Hintergrund einen positiven Kontext zuzubilligen, der ihn aus der Not befreit, seinen Lebensgrund in Haß und Zerstörung zu finden. Sein ganzes tragisches Schicksal enthüllt sich jetzt, da er nicht nur Opfer ist, sondern heute seine Welt gestaltet. Fraglos verlangt eine solche Befreiung aber auch das „Recht auf die therapeutische Anerkennung der Realität seiner Wunden und auf eine ernsthafte Prüfung der Bereitwilligkeit der anderen, den Schaden wieder gut zu machen. Nur auf Grund eines solchen Entgegenkommens der Welt wird auch er bereit sein, über die mögliche Ungerechtigkeit seiner eigenen Handlungen nachzudenken."[217]

Ich meine, daß wir zudem den Zustand der Person in unsere Überlegungen mit einbeziehen müssen, um jene (scheinbare) Mitwirkung zu erklären. Der entscheidende Punkt scheint mir zu sein, daß das inzestuös mißbrauchte Kind in einer Beziehungsfalle gefangen ist, die sein Selbstgefühl zerstört. Das Kind wie der junge Erwachsene folgen wieder und wieder dem interaktionellen Ablauf und übernehmen ihre Rolle darin, weil sie keinen eigenen Bezugspunkt für ihre Reaktionen, Empfindungen und Gefühle aufrechterhalten können, der nicht ihren Tod - verurteilt im Namen ihrer Schlechtigkeit - forderte. Sie sind verurteilt, einen Sinn ihrer Leiden, eine Rechtfertigung ihrer unmenschlichen Verletzung, im Akt des Inzestes zu finden, um sich zu erlösen. Eine hoffnungslose Suche nach dem anderen, noch verborgenen guten (Stief-)Vater, der ihr Opfer erlösen könnte. Das Selbstgefühl soll bewahrt werden in diesem Leiden und durch das Leiden.

Wir sehen nicht so sehr ein gleichsam objektives Substrat zugrundeliegen, sondern eine subjektive, geschlossene Welt, um so geschlossener, als das Selbstgefühl bedroht ist. Eine innere, mit Hilfe von Phantasien geschlossene Welt entsteht, die die Gefangenschaft abdichtet. Ein Auflösen dieser Geschlossenheit aktiviert die Selbstgrenze, aktiviert das psychische Schmerzempfinden, raubt den Schutz von Lähmung und Betäubung, stellt für unser Gegenüber eine Bedrohung seiner Welt dar. Unser Gegenüber klammert sich um so verzweifelter an seine imaginierte Rolle, je bedrohter er sich fühlen muß durch intensive Angst und intensive Scham. Für die biographische Rekonstruktion kommt es nun darauf an, diese so vorzunehmen, daß sich unser Gegenüber vor diesem Kontext positiv definieren kann, was eben in einem gewissen Rahmen ein positives Definieren der elterlichen Biographie einschließt.. So eingesetzt wird biographische Rekonstruktion und die Definition eines Beziehungskosmos eine wichtige Strategie, das Selbstgefühl wiederzubeleben.

In der geschilderten Behandlungssituation mit Sabrina versuche ich zu erreichen, die Situation und ihre Wahrnehmung derselben in der Weise zurechtzurücken, daß sie den Sinn ihrer Leiden nicht in einem immer erneuten Aufsuchen der inzestuösen Situation zu erringen sucht. Es sollte einen Ausweg markieren, der sie herausführen und darin ihr Selbstgefühl unterstützen und positiv konnotiert würde.

---

217 BOSZORMENYI-NAGY, SPARK, ebenda S. 141, 136 u.44.

Sabrina konnte ihre Situation in intellektueller Weise artikulieren und tat dies, indem sie immer wieder Fragen stellte und eindringlich nach Antworten verlangte. Alle ihr wichtigen Fragen stellte ich zusammen, denn auf sie mußte die Definition des Beziehungskosmos direkt oder implizit eine Antwort bereit halten. Einige der häufig wiederholten Fragen waren: Warum hat mich meine Stiefgroßmutter - der ihre Loyalität galt - verraten? Geschlagen und mißhandelt? Warum hat sie sich umgebracht? (Sabrina war damals 15 Jahre alt und fühlte sich für ihren Tod schuldig.) Warum kümmert sich niemand um ihr Grab? Warum findet die Familie nach ihrem Tod keine Ruhe? Warum hat mich mein Stiefvater mißhandelt und mißbraucht? Warum verweigert er mir seine Zustimmung zu meinem Leben? Was will er von mir? Warum kann ich nicht weggehen? Darf und kann ich weggehen? Bin ich verrückt? Bin ich wie meine Mutter, die sich prostituierte? Warum läßt sich mein Vater von seiner Frau hintergehen? Warum tut sie es? Warum bin ich wie ein 9-jähriges Kind, wenn mein Stiefvater vor mir steht? Warum mag ich mein inneres Kind nicht? Warum fühlt es sich unerwünscht, ungeliebt, wie „in eine Mülltonne gesteckt"? Warum wurde „meine Kinderwelt" zerstört? Diese Fragen enthalten im Grunde die Vertauschungen der Kontextpolaritäten, wie sie die zentralen Suchtphantasien kennzeichnen. Sie umkreisen den Loyalitätskonflikt.

Noch zwei Anmerkungen. Ihr Stiefvater war nicht nur der Vergewaltiger. Nach ihrer Darstellung war es allein sein Wunsch, daß sie mit knapp zwei Jahren aus dem Kinderheim geholt wurde, wo sie nach der Geburt untergebracht worden war. Erinnerungen von Nähe und Fürsorge aus ihrer Kindheit berichtete sie nur in Verbindung mit ihrem Stiefvater, nicht aber von ihrer Mutter. Er hatte sie mit vier Jahren adoptiert. Seine Bedeutung spiegelt sich in ihrer Kinderwelt wieder, womit wir auf eine weitere Besonderheit zu sprechen kommen. Im Laufe der Therapie enthüllt sich eine von der Erwachsenenwelt hermetisch verborgen gehaltene Kinderwelt, in der sie Dialoge führte, von der sie bestimmt wurde, in der strenge und unerbittliche, aber gerechte Werte galten. Das oberste Gesetz hieß absolute Loyalität. Diese Kinderwelt hatte einmal Überlebensfunktion, heute jedoch selbstdestruktive Wirkung. Beispielsweise wurden hier Bestrafungen für die erwachsene Sabrina beschlossen, als sie sich allmählich öffnete und mich in „Geheimnisse" einweihte. Sie stand dann unter riesigem Druck, diese Urteile gegen sich auch auszuführen. Zu dieser kleinen Welt gehörten eine Puppe (sie selbst als Kind), ein Bär (ihr archaisch idealisierter Vater), eine Katze (ihre Vitalität, ihr Überlebenswille, ihre Aggression, ihre Schutz- und Grenzfunktion) und ein Ball. Überraschenderweise war ihre Mutter darin nicht vertreten. Die Person, die mit dieser Kinderwelt lebte, nannte sich Mara, die Person dagegen, die in Kontakt zur Erwachsenenwelt stand, Sabrina.

Ich nahm ihren Brief zum Anlaß, mit einem eigenen Brief zu antworten. Ich las ihr diesen in der nächsten Stunde vor, die noch vor dem beabsichtigen Aufsuchen ihres Stiefvater lag. Dieser Brief gibt eine solche Definition des Beziehungskosmos, greift ihre geschlossene Welt an und versucht implizit einen Ausweg aufzuzeigen. An bestimmten Stellen des Briefs beziehe ich mich auf die Figuren ihrer Kinderwelt und spreche sie an. Hier nun der Brief:

„Liebe Mara-Sabrina,

ich habe eben Deinen Brief gelesen. Er geht mir nahe, denn ich spüre Deine Entschlossenheit.

Ich stimme Dir zu, es gibt nur die eine Möglichkeit: Er muß spüren, daß Du Dich wehrst. Du kannst das nicht länger allein der Katze überlassen. Ich erinnere mich an eine Einzelstunde, als Du sagtest: „Hier, Vater, siehe meine Narben, ich wehre mich jetzt!" Ja, tue das!

Aber Deine tiefere Angst besteht weniger vor den Mißhandlungen durch Deinen Stiefvater. Am meisten fürchtest Du, Deine Aufträge, die von den verschiedenen Familienmitgliedern erhalten hast, aufzugeben und die Fäden aus der Hand zu legen.

Du handelst jetzt im Auftrag Deiner Stiefgroßmutter, die ein liebendes Kind besitzen wollte. Du bist ihre Stiefenkelin. Ihr Kind aber ist Dein Stiefvater, der sich so von seiner Mutter zurückgesetzt und nicht geliebt fühlt. Sie fühlte sich zurückgesetzt und von ihrem Sohn nicht geliebt. Denn ihren Sohn wollte sie vor seiner Ehefrau schützen. Er seine Ehefrau vor ihr. Ihre Schwiegertochter, Deine Mutter, fühlte sich von ihr abgelehnt, nicht zuletzt, weil sie um die Zuneigung ihrer Tochter bangen mußte. Die Angst Deiner Eltern um Dein Leben bekam Deine Großmutter zu spüren.

Bedenke, Du bist das Kind Deiner Mutter und Deines Stiefvaters, der Dich adoptiert hat. Die beiden haben um ihre Tochter gekämpft und kämpfen noch immer.

Wer darf für dieses Kind Eltern sein?

Du hast allerdings nicht nur diesen einen Auf-

trag Deiner Großmutter zu verfolgen, ihr liebes Kind zu sein, sie nie im Stich zu lassen und sie an Deinen Eltern zu rächen. Du hast mehrere.

Ich möchte Dich hier nur an den Auftrag gegenüber Deiner Mutter erinnern: Sie zu schützen vor ihrem Ehemann, aber auch vor ihrer Schwiegermutter und sie zu entlasten: Ist sie wirklich so schlecht?

Und vor allem hast Du einen Familienauftrag übernommen, nämlich Stiefgroßmutter, Stiefvater, Mutter und Deinen Bruder zusammenzuhalten und angemessen - wie eine Mutter - in allem, was Du tust, zu berücksichtigen. Du hast die wichtige Sorge, Mutter zu sein für Oma, Stiefvater, Mutter und Deinen Bruder.

Du bist bereit, einiges dafür einzustecken. Dein Stiefvater ging zu weit. Du mußt ihn zur Räson bringen, sonst scheitert dieser schwierigste Deiner Aufträge.

Ich spüre den Haß gegen Deinen Stiefvater, Deine Rache und Dein Verlangen, ihn zu demütigen. Aber dahinter, gleichsam zwischen den Zeilen, lese ich Deine tiefe Verpflichtung zu ihm, dem Sohn Deiner Großmutter, der Dich als kleines Kind allein in den Arm nehmen durfte, der Dir in Deiner Kinderwelt einmal Vater war und mit dem Du in der Rolle der Mutter Elternpflichten geteilt hast. War nicht das gemeinsame Kind Deine Großmutter?

Du hast wie eine Mutter die Verpflichtung, Dich zu opfern, auch wenn es Dich Leib und Seele kostet.

Das größte Opfer erbringt aber nicht die Mutter, sondern ein Kind! Und zwar alleine das Kind, das bereit ist, sich Eltern - ihre Liebe und ihre Geschenke - zu versagen und das dennoch seine Eltern nie im Stich läßt, um niemanden zu verletzen und den Familienauftrag nicht zu gefährden.

Ich verstehe jetzt, daß das Kind - das Deinen Brief mit unterzeichnet hat - keine Mutter haben konnte und durfte. Eine Mutter, die dem Kind verzeiht und keine neuen Verletzungen mehr zuläßt.

Laß mich zum Schluß mit den Worten des kleinen Prinzen sagen: „Man liebt mit dem Herzen, was man gezähmt hat und einem vertraut wurde."

Von Herzen, Rainer"

Während ich den Brief vorlese, unterbricht sie mich nur einmal: die Stelle „gemeinsames Kind ... Großmutter" möchte sie noch einmal hören. Die weitere Wirkung war dramatisch. Sie war zunächst wie gelähmt, wurde dann furchtbar zornig auf mich und beendete die Stunde. Die erhoffte Wirkung trat ein, sie zog sich von ihm zurück, schrieb ihrem Vater einen Brief und versuchte mit ihrer Mutter über die Vergewaltigung ins Gespräch zu kommen. Sie konnte sich allmählich erlauben zuzulassen, was sie als Kind und wie ein Kind erlebt hatte. Sie verriet mir dann, daß ihr Stiefvater nach dem ersten sexuellen Mißbrauch, sie war damals etwa 8jährig, geweint hatte „wie ein Kind" und sie *ihn* getröstet hatte.

Von der folgenden Nacht berichtete sie einen Traum: 'Sie sei nachts allein auf eine Kirchweih gegangen. Ein Riesenrad hätte dort gestanden. Sie sei eingestiegen und mitgefahren. Als sie sich oben befand, sei sie ausgerutscht und abgestürzt auf die Erde. Es sei ihr nichts passiert."- Ich frage sie, was sie an dem Riesenrad anziehe? „Die Höhe, weil ich dann oben bin. Die Aussicht und der Überblick.' - 'Ob *sie* das Rad gedreht habe?' „Ja. Mit einem Hebel konnte man es in Gang setzen." - „Ein Traum, wie ihn nur ein Schutzengel schicken könne", kommentiere ich. Am Morgen nach diesem Traum fiel ihre Entscheidung, ihren Stiefvater nicht aufzusuchen.

Statt dessen schrieb sie einen Brief an ihren Stiefvater, aus dem ich ein paar Absätze zitieren möchte:

„Das, was am Montag vorgefallen ist, das war sehr schlimm. Ich glaubte, daß die Zeit von damals mich nie mehr so intensiv einholen kann. Mein Haß und vor allem meine Enttäuschung gegen Dich geht ins Unermeßliche. Mein tiefer Schmerz und das, was Du am Montag mit mir gemacht hast, brachte mich zu einer Entscheidung.

Du glaubtest mich zu kennen, Stiefvater. Ja, ich schreibe Stiefvater, und ich weiß, daß es Dir weh tut. Du glaubtest, ich würde immer noch Angst vor Dir haben. Glaubtest, daß ich Schweigen würde so wie früher. Ja, da konntest Du mich mit dem Gürtel schlagen, solange Du wolltest, niemand konnte es sehen. Ich mußte Dich manchmal auf die perverseste Weise befriedigen, mußte gehorchen. Und ich, ich schwieg... Doch dies konnte ich, weil ich tot war.

Aber am Montag war ich lebendig. Ich habe gefühlt, gesehen und gerochen. Es war widerlich, wie Du nach Alkohol rochst. Widerlich Deine rot angelaufenen Augen zu sehen. Widerlich und so beschämend, Deinen Körper auf dem meinen zu fühlen. Deine Worte jedoch waren am schmerzlichsten für mich. Sie taten mir so weh, daß ich nur einmal etwas sagen konnte, ansonsten glaubte ich, daß mir der Atem im Hals stecken bleibt.

All das, was ich am Montag wie in einem Traum erlebt habe, war zu viel. Du bist zu zu weit gegangen. Viel zu weit. Du meintest, ich würde wieder anfangen zu trinken, und hieltest mir die Flasche entgegen, und Du lachtest, als ich nichts trank. Ich würde mal so enden wie Großmutter. Du meintest, ich wäre nicht besser wie Du oder Mutter. Du kamst mit alten Geschichten an und höhntest, Du könntest mich gefangen halten...

Doch ich bin kein Kind mehr. Und weil ich am Montag kein Kind war, das nicht weint, wenn es Prügel bekommt, das nicht weint, wenn Du mit Worten verletzt oder befriedigen läßt, kann und möchte ich mich nicht blind stellen. Beinahe hätte ich wieder geschwiegen. Beinahe hätte ich so getan, wie wenn nichts geschehen wäre...

Doch damit ich leben kann, ohne von Dir belästigt zu werden, habe ich Vorsorge getroffen. Du weißt ja nun, daß ich dieses Mal nicht geschwiegen haben. Du weißt, daß ich mit Rainer über fast alles gesprochen habe. Er ist über meine Entscheidung genauestens informiert. Auch weißt Du, daß ich beim Arzt war. Du hast gespürt, daß meine Angst Dir gegenüber nicht mehr so groß ist und daß ich nicht mehr 9 Jahre alt bin.

Zuerstmal möchte ich, daß Du mir keine Briefe mehr schreibst. Wenn noch einmal ein Brief ankommen sollte, in dem Du mir drohst, landet er bei der Polizei.

Ich möchte, daß Du nicht mehr versuchst, mich telefonisch zu erreichen. Ich werde nicht ans Telefon gehen.

Sollte ich sehen, daß Du hier in der Stadt bist oder solltest Du auf irgendeine Art versuchen, mich abzufangen, so werde ich Rainer verständigen oder jemanden von hier, der auf der Stelle zur Polizei geht..."

Neben der unmittelbaren Reaktion, den mein Brief auslöste, daß er sie zum Einhalten bewegte und ihre mit Hilfe von Phantasien geschlossene Welt in Frage stellte, hatte er Bedeutung als Kompaß für die weitere psychotherapeutische Behandlung. Er aktivierte *ihr Erleben als Kind und Heranwachsende* anstatt sich tot zu stellen, und bereitete so, wenn auch schmerzlich, die Demarkation eines individuellen Kontext vor und sprach verschiedene Schichten des „Unbewußten" an, die sich nach und nach herausschälten und durchgearbeitet wurden.

***Follow-up**: Nach einem Jahr intensiver psychotherapeutischer Behandlung im Rahmen einer Nachsorgewohngemeinschaft beendete sie die Behandlung und zog ins Ausland. Vom psychotherapeutischen Gesichtspunkt aus führte sie die Behandlung nicht zu Ende. Nach eineinhalb Jahren kehrte sie nach Deutschland zurück. Heute, 9 Jahre danach, lebt sie clean und ohne Alkoholrückfall. Sie ist verheiratet und eine anerkannte Betriebsrätin in ihrem Betrieb.-*

Donat

Unsere letzter Fallbericht handelt von einen Fall, wo intensive entindividuierende familiäre Bindungskräfte eine Sackgasse in der Behandlung konstellierten. In anderer Weise wird von der Definition des familiären Abwertungszyklus Gebrauch gemacht: es wird gleichsam als homöopathisches Antidot eingesetzt. Er läßt die Gefahren biographischer Rekonstruktion bei Süchtigen anklingen. Darüber hinaus gibt das folgende Behandlungsprotokoll Einblick in die Choreographie einer Suchtfamilie und ihre ritualisierten Interaktionsabläufe, die wesentlich durch Suchtmittel gesteuert werden. Es führt fast gespenstisch vor, wie unser Gegenüber, obwohl er nicht mehr Zuhause lebt, im familiären Abwertungszyklus gefangen bleibt, wie gleichsam ein entindividuierenden Sog persönliche Regungen, Impulse und Gefühle entreißt, verzerrt und verkehrt. Im diesem Fall erwies es sich als unmöglich, die Herkunftsfamilie in die Therapie einzubeziehen. Sie fühlte sich von unserer Einladung bedroht. Wir mußten uns auf die klassische psychotherapeutische Situation beschränken.

Im Mittelpunkt steht ein 29jähriger junger Mann: heroinabhängig, hatte bereits eine Therapie absolviert und war chronisch rückfällig geworden. In seiner äußeren Erscheinung war er hager, hatte ausgemergelte Gesichtszüge und fahle Hautfarbe. In seiner Art wirkte er leblos, undurchsichtig und resigniert. Aufgewachsen war er zusammen mit zwei jüngeren Schwestern. Mutter sei seit seiner frühen Jugendzeit leidend, oft bettlägerig und magersüchtig. Er betrachte sich als ihren „Liebling" und „Diener". Auch seine Schwestern waren in solche Dienstleistungen einbezogen, er fühlte sich jedoch als Auserwählter. Vater wird als stiller Alkoholiker geschildert; früher war er Postbeamter, jetzt ist er pensioniert. Seine Eltern leben heute allein und weitgehend isoliert von Verwandten, Freunden und Bekannten. Bis zu seinem 24. Lebensjahr lebte er zu Hause. Seine Drogenkarriere begann mit 16 Jahren, Heroin konsumierte er ab seinem 18. Lebensjahr. Mit Antritt seiner ersten Therapie ging er von zu Hause fort und wohnte danach in einer Wohngemeinschaft.

Der Bericht schildert die ersten zehn psychotherapeutischen Einzelstunden, die sich über einen Zeitraum von 3 Monaten erstreckten. Als ich seine Therapie übernahm, lebte er bereits 8 Monate bei uns. Er hatte die 3. Stufe unseres vierstufigen Behandlungsprogrammes erreicht, was üblicherweise damit einhergeht, nun bei einem Therapeuten seiner Wahl regelmäßige Einzelstunden zu nehmen. Die bisher zuständige Gruppentherapeutin schildert den Kontakt mit ihm als sehr anspruchsvoll, er hatte ein ungewöhnlich intensives zeitliches Engagement abverlangt; er war bemüht, Kontrolle über jede Regung seines Gegenübers zu erringen. So wie die Dinge damals standen, mußte ich annehmen, daß er seine Therapie als Bestätigung seiner Resignation gestaltete. Er stand der Therapie und seinen „Erfolgen" skeptisch, nörgelnd und herabsetzend gegenüber. Sie drohte, sinnlos zu werden.

„Ich habe mein Herzblut für Euch vergeben..."

1. Einzelstunde: Donat ist sehr anspruchsvoll, wie zeitlich intensiv ich mich mit ihm befassen solle. Hinweis auf meine Vorgängerin. Er ist ärgerlich auf mich, daß wir erst heute mit Einzelstunden beginnen.

Als Thema dieser ersten Stunde stellt sich bald heraus: Er beschuldigt seine Vergangenheit, das heißt seine Eltern und insbesondere seine Mutter, daß er heute so verkorkst sei. Dies stelle das Resümee seiner bisherigen Therapie dar. Er müsse mit seiner Vergangenheit brechen. Vor allem bedauert er seine Unfähigkeit, sich als Mann auf Frauen einzulassen (aktuelle Liebesaffäre). Ich kontere: „Du schneidest Dich von Deinen Wurzeln ab." Greife seine Geringschätzung auf. Donat protestiert.

2. Einzelstunde: Donat klagt, wie reizbar er sei; es fehle nicht viel und er schlage zu; dann wieder meint er, er sei wie tot, und schließlich beginnt er, über sich herzuziehen.

Es ist leicht zu erkennen, daß Donat von Brigitte einen Korb erhalten hatte. Aber Donat geht mit keiner Silbe darauf ein, verwischt die Spuren, lenkt ab, bleibt allgemein und zieht immer wieder über sich her, wenn ich seine Klagen beschneide. Zum anderen ist spürbar, wie er aus seiner Vergangenheit und seinem Wissen darum ein besonderes Anrecht ableitet: Therapieerfolg gäbe es für ihn nur, wenn er eine Frau fände, und diesem Anrecht müsse sich die Welt fügen. Er läßt herabsetzende Bemerkungen über Frauen fallen.

Arbeite heraus, wie er vermeidet, den Schmerz zu empfinden oder auch nur einzugestehen, den Brigittes Zurückweisung auslöste. Er gefällt sich darin, sein Schicksal mit Frauen zu beklagen, in Weltschmerz zu versinken und zu resignieren.

3. Einzelstunde: Nach dieser Niederlage befindet sich Donat auf dem Rückzug.

Nicht ohne eine gewisse Faszination erlebe ich, wie Donat mich zunehmend in seine resignative Stimmung hineinzuziehen vermag. Eine andere Welt entsteht vor mir: Er erzählt von zu Hause, wo sich nichts ändere, wie das elterliche Drama nach immer gleicher Choreographie ablaufe von morgens bis in die Nacht, wie er jede Stunde im voraus kenne, sich darauf einstelle, um auf dem Höhepunkt einzugreifen; und auch heute halte dieselbe Choreographie das Drama in Gang; er denkt an den herannahenden Tod seiner Mutter, den Alkohol und Magersucht eines Tages herbeiführten. Ein Besuch bei seinen Eltern ist vorgesehen. Donat hat Angst, sie aufzusuchen.

Ich schildere Donat, daß ich mich mehr und mehr von seiner Welt gefangengenommen fühlte, daß von ihm eine aktive gegenwärtige Beeinflussung ausgehe. Mich interessiere, wie er das mache. Unter anderem weise ich darauf hin, daß er - wenn er erzähle - „Du" verwende, wo „Ich" hingehöre. Sicherlich, das mache unempfindlicher... Seine eigene Uhr sei nach der Uhr des elterlichen Dramas geeicht. Donat wird plötzlich wach und aktiver.

Kommentar: Die Metapher von der eigenen Uhr, die auf die elterliche Zeit geeicht sei, habe ich hier eingeführt und im weiteren Verlauf ausgestaltet. Diese Metapher legt die Frage nahe, ob er den keine eigene Zeit besäße. Diese Frage aber legt Feuer an die Logik seiner Resignation. Sie führt Zeit ein und damit Entwicklung. Es berührte mich damals, wie Donat - ohne nachzudenken und ohne zu zögern - angeben konnte, was zum gleichen Zeitpunkt Vater und Mutter gerade täten. Dies schien klar und unverrückbar festzustehen.

4. Einzelstunde: Donat hatte tags zuvor mit einem Mitarbeiter seine Eltern aufgesucht und empfand nun besonderes Mitleid mit seiner Mutter, die auf 36 kg abgemagert war.

Bitte Donat um die Rangliste aller Familienmitglieder: a) hinsichtlich Hilflosigkeit und b) hinsichtlich moralischer Überlegenheit, Einfluß und Macht:

Hilflosigkeit	Moralische Überlegenheit, Einfluß und Macht
1. Mutter	1. Mutter
2. Vater	2. Vater
3. Donat	3. Donat
4. Schwester C.	4. Schwester C.
5. Schwester I.	5. Schwester I.
6. Stiefbruder	6. Stiefbruder
7. geistig behinderte Stiefschwester	7. geistig behinderte Stiefschwester

Wie zeige er Hilflosigkeit hier bei uns? Donat ist unwillig, ordnet sich auf dieser Skala im obersten Drittel bezüglich seiner Mitklienten ein; spiegle, wie er mir gegenüber Hilflosigkeit zeigt.

Aufgabe:

1. Überprüfen der Rangordnung in Four Steps und wie oft und wann er Hilflosigkeit zeige.
2. Erstellen einer 24-Stunden-Uhr vom Geschehens im elterlichen Haushalt.

5. Einzelstunde: Donat hat die zweite Aufgabe nicht erledigt. Nun bitte ich ihn, mir einiges über den Ablauf zu Hause zu schildern. U.a. erzählt Donat, wie während seiner frühen Jugendzeit seine Mutter begonnen habe, häufiger zu weinen, die Kinder unter Druck zu setzen und zu bewegen, bei ihr im Haus bleiben. Einzige Ausnahme wegzukommen war für ihn Fußballspielen. Denn hierfür konnte er des Beistandes durch seinen Vater sicher sein. Ansonsten habe sich sein Vater als „Schlappschwanz" erwiesen, da er sich nicht zu wehren verstünde. Jahrelang hätte Donat unter der Angst gelebt, seine Mutter tot im Bett aufzufinden. Immer wieder habe er versprochen, bei ihr zu bleiben. Denn: „Ich habe mein Herzblut für Euch vergeben..."

6. Einzelstunde: Wieder hatte er diese Aufgabe nicht erledigt. Eine halbe Stunde Gespräch, Rest: erstellen der 24-Stunden-Uhr. Die Gesamtgruppensitzung vom Freitag habe ihn getroffen. In dieser Gruppensitzung war es u.a. um die Organisation seiner Resignation im Gruppenalltag gegangen. Danach sei er fortgegangen, Kaffee trinken, Rückfallgedanken hätten ihn gequält; Brigitte sei ihm nicht aus dem Kopf gegangen. Ob mir gegenüber aus dieser Sitzung etwas offen wäre? Donat zieht abwechselnd über sich her und über Brigitte. Erzählt folgende Situation: Er wollte mit ihr reden, sie steuerte das rechte Bett an, er das linke. Er hatte sich gewünscht, daß sie auch das seine ausgesucht hätte. Er sei ein Depp, ein Trottel; sie tue so, als sei Zärtlichkeit eine Gnade, er fühle sich als Schwein wegen seiner Geilheit; immer habe er Frauen bedient...

7. Einzelstunde: Dieses Mal hat Donat seine Vorbereitungen sorgfältig erledigt, die Uhr angefertigt und die Ereignisse von zu Hause eingetragen. Wir sprechen darüber. Ich unterbreite ihm meinen Vorschlag in groben Zügen (Ritual 1). Donat willigt ein. Ihn beschäftigt die Frage, warum er so lange zu Hause geblieben sei, „du hattest keine eigene Zeit", ein schlechtes Gefühl gehabt und seine Aufmerksamkeit sei darauf gerichtet geblieben, was zu Hause wohl geschähe. Er fand heraus, daß ihm damals Kiffen über diese Konflikte hinweghalf; es reichte, kurz von zu Hause wegzueilen, um Stoff zu besorgen. Das alles war nicht aufwendig.

Hier nun Donats Stundenuhr:

7 Uhr

Geschwister stehen auf, müssen leise sein, daß Mutter nicht aufwacht (wenn ich gearbeitet habe, ich auch); 7.30 Uhr steht Vater auf und weckt mich ab und zu.

8 Uhr

Schlafe noch ein wenig, höre aber, wenn es klingelt; falls ich vor 9 Uhr aufstehe, bin ich leise; kann sein, daß Mutter mich schon um 9 Uhr zu sich ruft, wenn sie mich hört. Bin genervt.

9 Uhr

Aufgestanden, gefrühstückt, Zeitung gelesen, im Wohnzimmer Gardinen aufgezogen, Tischdecke, Aschenbecher, Gläser weggeräumt.

9.30 Uhr kommt Vater zur Frühstückspause rüber; geht 9.45 zu meiner Mutter ins Schlafzimmer, zieht die Jalousien hoch, macht die Vorhänge auf, setzt (falls ich es nicht gemacht habe) Wasser auf, richtet Tassen für Fleischbrühe vor, klopft in jede Tasse ein Ei, richtet Brotscheiben (evtl. auch ich).

10 Uhr

10.15 Uhr hilft Vater (evtl. ich) meiner Mutter beim Aufstehen, höre ihr zu, ihr gehe es nicht gut. Leere Nachttopf, trage Medikamententasche rüber, bringe neue Contrexflasche ins Wohnzimmer. Evtl. mache ich Waschmaschine an und rede mit ihr über das Mittagessen. 10.30 Uhr essen Vater und Mutter Fleischbrühe im Wohnzimmer; er geht um 1/2 11 Uhr wieder ins Geschäft. Höre mir dann an, wie schlecht es Mutter gehe. Leere Aschenbecher, spüle Geschirr.

11 Uhr

Gehe einkaufen (z.B. Leber, Salat) für Mittag, schäle Kartoffeln. 11.30 Uhr: rauche mit Mutter im Wohnzimmer Zigarette, mache ein Würfelspiel mit ihr, massiere sie ab und zu; Schwestern kommen von der Schule, ich gehe in die Küche wegen Mittagessen, Schwester oder ich hängen die Wäsche auf, Tisch decken.

12 Uhr

12.15 Uhr kommt Vater zu Mittag, hilft Tisch decken. 12.20 Uhr wird gegessen, Mutter extra im Wohnzimmer, kommt für 5 Min. an den Tisch, geht wieder (aufs Klo, kämmt Haare), geht zurück ins Wohnzimmer, Schwestern und ich machen Küche O.K., Vater geht ins Wohnzimmer und liest Mutter die Zeitung laut vor.

13 Uhr

13.10 Uhr: Ich gehe in mein Zimmer, lege mich ein bißchen hin, Vater liest Zeitung laut vor, macht Kreuzworträtsel; Mutter läßt sich ab und zu Haare kämmen und entschuppen. Schwestern gehen 13.30 Uhr wieder zur Schule. Kurz vor 14 Uhr kommt Vater in mein Zimmer, sagt, daß er gehe; vielleicht nachmittags was einkaufen.

14 Uhr

Öfters: Mutter kommt 14.15 Uhr zu mir ins Zimmer, möchte sich mit mir in der Stube unterhalten (passe sie ab, wenn sie aufs Klo geht und klaue ihr Tabletten), wünscht sich, daß sie mit mir ein Spiel (Würfeln) machen kann, gehe widerwillig darauf ein, oder ich setze mich nur zu ihr und lese Zeitschriften vor, höre an, wie es ihr gehe, vieles, was sie sagt, geht links rein und rechts raus.

15 Uhr

Spiele immer noch; falls ich drauf war: kurz ins Zimmer, trinke oder sniefe was, komme ins Wohnzimmer zurück, spiele weiter (Mutter sitzt von 14 bis 16 Uhr recht passiv rum, raucht viel).

16 Uhr

Vater kommt für eine halbe Stunde mit Brezeln zu uns, trinken Kaffee, unterhalten uns kurz, geht 16.30 wieder zur Arbeit. Ich gehe kurz einkaufen (Essen für morgen), auch für mein Bier, komme 16.50 Uhr wieder zurück; in dieser Zeit ist eine von meinen Schwestern bei Mutter, setze mich hinzu ins Wohnzimmer oder gehe in mein Zimmer.

17 Uhr

Gehe in die Stadt, fahre mit Sceneleuten ins Grüne, gehe Bier trinken, kiffen. Oder bleibe daheim bei Mutter, spiele oder schaue Fernsehen. Setze kurz vor 18 Uhr Wasser für Tee auf, esse eine Kleinigkeit.

18 Uhr

Fernseher läuft auf Hochtouren. Fange 18.10 an, in der Wohnstube den Tisch abzuräumen, Tischdekke draufzulegen; gieße Tee auf, richte den Tisch, setze mich am Fernseher hin. Vater kommt zurück. Decke gegen 19 Uhr den Tisch.

19 Uhr

Kurz nach 19 Uhr essen wir, d.h. Vater, ich, meine Schwestern; Mutter guckt fern, ißt höchstens eine Kleinigkeit mit. Vater stellt seinen Wein in den Kühlschrank, fängt an, Mutter ein Putenschnitzel zu braten mit Karotten und Kartoffeln; Fernseher läuft; Waschmaschine auch; kurz vor 20 Uhr bringt er Essen für Mutter ins Wohnzimmer.

20 Uhr

Schaue fern, sitze passiv dabei, rauche, es wird sich nicht viel unterhalten, helfe, den Tisch abzuräumen; 20.30 Uhr kommt Vater mit Weinflasche ins Wohnzimmer, dazu ein kleines Glas, glotze fern. Selten: gemeinsam spielen; trinke Bier, sniefe oder gehe weg.

21 Uhr

Vater hängt Wäsche im Bad auf oder sitzt in der Küche und liest Zeitung, trinkt dabei (öfters heimlich), hilft Tisch abräumen, bringt Mutter einen Quark, setzt sich kurz vor 22 Uhr wieder in die Stube, schaut mit fern, Auseinandersetzungen fangen langsam an; holt zweite Flasche Wein.

22 Uhr

Vater und Mutter sitzen im Wohnzimmer, schauen Glotze, sitze ab und zu dabei, spiele ab und zu mit ihnen. Gegen 22.30 Uhr gehen Schwestern ins Bett; falls noch Wäsche aufzuhängen ist, macht das jetzt noch Vater, helfe dabei, unterhalten uns nicht.

23 Uhr

Bin im Zimmer, höre öfters Gestreite, Türknallen, schaue nach, was los ist, versuche zu schlichten, bin ratlos, ab und zu noch ein Spiel mit ihnen. Vater sagt allmählich, was ihm stinkt, auch Vorhaltungen an mich. Mutter verteidigt mich.

24 Uhr

Fernseher läuft, wenn Vater und Mutter nicht ab und zu Kreuzworträtsel lösen. O.30 Uhr gehen beide langsam ins Bett, vorher meist großer Streit, Türknallen, Vorhaltungen. Bin froh, wenn es ruhig wird; Vater ist auf jeden Fall im Bett.

1 Uhr

Mutter geistert noch länger rum, steht am Wohnzimmerfenster, unterhält sich mit mir, rauchen zusammen, ab und zu steht Vater auf, geht aufs Klo, fragt Mutter, wann sie kommt, macht genervten Eindruck. Gegen 1.30 Uhr ist endlich Ruhe. Schlafe.

Kommentar: *Im Rückblick läßt sich erkennen, daß die ersten 3 Stunden dazu dienten, mein Gegenüber und seine Welt kennenzulernen. 4. und 7. Stunde dienten der Vorbereitung, Planung, Materialsammlung für das nun folgende Ritual Teil 1. Mein Vorhaben hatte ich zuvor mit dem Team durchgesprochen und anschließend ausgefeilt. Der dem Ritual zugrundeliegende Gedanke war einfach genug: Donat sollte 24 Stunden nach dem Zeitplan der Eltern mitleben. Zuvor hatten wir in seinem Zimmer einen kleinen „Altar" errichtet: einen Stuhl, ein schwarzes Tuch darüber, ein Foto von seiner Mutter und seinem Vater und die erstellte Uhr. Donat konnte sich zwei Begleiter wählen - Florian und Christine -, die ihn beobachten und begleiten sollten und gegebenenfalls mich verständigen. Sie hatten jeweils 5 Minuten vor der vollen Stunde den Uhrzeiger vorzustellen und darauf zu achten, daß Donat zur vollen Stunde für 10 Minuten sein Zimmer aufsuchte.*

Der Tag begann morgens 8 Uhr mit einer gemeinsamen Sitzung von Team und Gruppe. Hier die Instruktionen, wie ich sie vorbereitet hatte. Ich trug sie allerdings frei vor.

Instruktionen für Donat und die übrige Klientengruppe:

„Ihr wißt, daß Donat gern mit Euch leben möchte und sich auch immer wieder abmüht, letztlich aber doch vergeblich. Donat hat daher resigniert. Es ist so, daß Donat nicht genügend Zeit bleibt, mit Euch zu leben und sich eigene Wünsche und Regungen zu erfüllen. Denn er lebt mit seinen Eltern mit; und auch dann, wenn er sich gewaltsam zwingt, sich um sich selbst zu kümmern, so fühlt er sich - glaube ich - unter Druck und schuldig.

Daher schlage ich vor, daß Donat heute mit dem Zeitplan seiner Eltern mitlebt und dafür ein klein wenig seiner eigenen Zeit opfert. Es sind dafür jeweils 10 Minuten von jeder Stunde vorgesehen. Dieses Opfer dürfte Dir nicht schwer fallen. Bleibe kühl, laß bei alledem möglichst keine Regungen zu, die Dich an der Erfüllung Deiner Aufgabe hindern könnten.

Zu jeder vollen Stunde gehe für 10 Minuten allein aufs Zimmer. Lese, was zu dieser Zeit daheim gerade geschieht und vergegenwärtige es Dir, als wärst Du dabei. Nimm dann ein Blatt Papier, schreibe den angefangenen Text und ergänze ihn nach deinem Gutdünken. Nimm zu jeder Stunde ein neues Blatt."

Die Ergänzungen, die er in dem vorgegebenen Text vornehmen sollte, ergaben eine Sammlung gerade dessen, was sein eigenes Leben ausmachte. Er schrieb insgesamt 16 Blätter, und während sich Donat zur ersten Stunde begnügte, ein einziges Wort hinzuzufügen, wurden seine Ergänzungen ausführlicher, dramatischer und eigenständiger, je weiter die Zeit vorrückte. Es sei eine Auswahl dieser Texte wiedergegeben:

„15 Uhr: Von dieser Stunde möchte ich Euch diese wenigen Minuten widmen. Besonders dir, Mutter; denn Du hast Dein Herzblut für uns vergeben.

Ich spüre meine Pflicht, bei Dir zu sein oder wenigstens aus der Ferne pünktlich mit Euch beiden zu leben. Ihr habt so wenig Hoffnung.

Glaubt mir daher, ich bin Euch treu und verzichte um Euretwillen in meinem Leben auf meine eigene Selbständigkeit. Ich bin froh, daß Ihr mich braucht und wenn ich dicht bin, kannst Du Dir, Vater, und Du, Mutter, auch Gedanken um mich machen.

In Liebe und Pflichterfüllung

Euer Sohn Donat"

„21 Uhr:...Glaubt mir daher, ich bin Euch treu und verzichte um Euretwillen in meinem Leben auf jede Art von Lebensmut. Ich werde mit Euch trauern, mit Euch resignieren, mich mit Euch zusammen abkapseln. Das Leben „draußen" soll an uns allen vorbeigehen; denn Dir, Mutter, wäre es am liebsten, wir würden die Stubentüre abschließen, um Dich rumsitzen und Spiele machen. Da Du Dein Leben für uns geopfert hast, will ich Dir diesen Wunsch erfüllen. Ich werde mich nicht ablenken lassen..."

„22 Uhr: ...Glaubt mir daher, ich bin Euch treu und verzichte um Euretwillen in meinem Leben auf jede Heiterkeit. Ich will helfen, diese kalte, tote Stimmung zu unterstützen, mir Sorgen um Euch machen und daß ich jederzeit einsatzbereit bin, wenn Ihr Euch streitet. Ich werde wachsam sein und muß funktionieren. Es kostet mich viel Kraft, aber ich lasse mich durch andere nicht ablenken. Ich lasse mir nichts anmerken, wenn es mir zuviel wird; denn ich bin Euer Sohn, der Euch auch Sorgen bereitet hat. Ich werde mich nicht ablenken lassen."

„23 Uhr: ...Glaubt mir daher, ich bin Euch treu und verzichte um Euretwillen in meinem Leben auf meine eigenen Wünsche und Bedürfnisse. Ich werde mich weiterhin als Versager sehen, da ihr Euch auch wegen uns gestritten habt. Da Du, Mutter, sonst nichts mehr hast als uns Kinder, werde ich dich nicht enttäuschen und Dir zur Seite stehen. Ich habe die Chancen nicht genutzt, Vater, denn Du wolltest nur mein Bestes. Ich werde weiter resignieren, ohne daß es jemand mir anmerkt; denn ich bin getrimmt darauf, belastbar zu sein. Ich werde immer nachgeben; denn ich bin gutmütig und will Euer Scheiß-Spiel mitspielen. Da ich zwischen Euch beiden stehe, werde ich mich in Streitsituationen distanzieren oder versuchen zu schlichten. Ich werde mir nicht anmerken lassen, wenn es mir zu viel wird. Man wird mir nicht anmerken, daß ich die Schnauze voll habe und blind reinschlagen könnte. Ich werde mich hassen, so wie ihr euch beide haßt. Ich werde mich nicht ablenken lassen.

In Liebe und Pflichterfüllung

Euer Sohn Donat"

Über den Verlauf habe ich folgende Notizen gemacht:

Schon am Vormittag wirkt Donat gerade so wie vor Monaten zu seiner Aufnahme: finster, unfreundlich, verschlossen, resigniert. Es bereitet ihm keine Mühe, in diese Welt zurückzutauchen. Gegen 18 Uhr spricht Donat mich an: Er müsse kämpfen, um durchzuhalten. Ich ermahne ihn, sich von seinen Pflichten nicht ablenken zu lassen, weder davon, daß er sich immer wütender fühle, noch davon, daß er in Tränen ausbrechen könne. Um 22 Uhr Telefonat mit Christine. Donat mache ein immer längeres Gesicht, er sei schier unansprechbar, abweisend, rede nichts, obwohl sie gemeinsam im Küchenteam seien. Telefonat mit Christine um 1 Uhr. Donat habe zuverlässig die Anweisungen eingehalten; sie hätten sich jetzt gegen seinen Willen Zugang zu ihm in seinem Zimmer verschafft; er sei gerade dabei, ihnen zu erzählen. Florian sei sehr wütend, sie aber weine. Sie wisse jetzt, warum Donat gerade sie beide ausgewählt habe, sie seien Stellvertreter für seine Gefühle.

1.30 - 2 Uhr Telefonat mit Donat: 'Er könne alles zusammenschlagen und zugleich weinen.' 'Das würde aber doch seinen Dienst beeinträchtigen, er müsse funktionieren. Er würde dies alles schon noch in den Griff kriegen und abstumpfen. Wie lange er dafür brauche, „leidlos" zu werden und wie könne er das im einzelnen erreichen?' Donat verweist auf seinen Vater, der dies praktiziere. 'Vor allem Sex stünde im Wege. Er müsse sich kastrieren.' Berate ihn: 'Alkohol könnte da helfen...!'

Das Gespräch nimmt makabere Züge an. Donat spricht absolut ernsthaft, wie er sein Funktionieren aufrechterhalten und wie er abstumpfen könne. Wenn er leichtfertig ausbrechen möchte, warne ich Donat. Ausbrechen bedeute, Schmerz wahrnehmen und Enttäuschungen. Er werde sie als echt und wirklich empfinden, und sie würden ihn überdies unvorbereitet treffen. So, wie er bisher lebe, sei er ganz darauf eingestellt und unempfindlich. Jetzt wisse er doch, was dann eintreffe. Ausbrechen sei nicht das Glück, das er erwarte, nicht Leidlosigkeit, sondern wirkliches Leid erwarte ihn dann, allerdings auch wirkliches Glück. Ob er sich das einhandeln wolle - wirklich? Donat zögert und wendet sich wieder dem Funktionieren zu. Doch er wolle so auch nicht weitermachen.

8. *Einzelstunde*: Sie findet am nächsten Morgen statt. Ich erzähle ein ausgedachtes Märchen. Schloß - Königspaar - Diener - zwinge sich, Zeit zu stehlen

- zwinge sich, wegzugehen - Altardienst. Sprechen über 3 Möglichkeiten, die er vor sich sieht: die erste, nach Hause zurückzukehren, „bedeutet <Heroin> drücken" (Donat), könne er sich gleich umbringen. Zweitens Götzendienst: abstumpfen. Drittens eigene Zeit nehmen. Ich hatte mir von Donat ein Bild von sich als Baby auf einer Decke spielend bereitlegen lassen. Drücke Donat das Bild in die Hand: „Kennst Du den Zustand, eigene Zeit zu haben?" Verneint. „Hatte der Donat eigene Zeit?" „Ja!" „Gut, dann beschreibe, was du als Baby hier tust." „Ich spiele, ich...." Im Moment leuchtet Donat die Erkenntnis auf... Ein buntes Tischchen steht in seinem Zimmer, ich lege sein Babybild darauf. Er betrachtet sein Bild nachdenklich und weint.

Aufgabe: Über diese 3 Möglichkeiten nachdenken und ganz konkret festhalten, wie er sie realisieren könnte. Welche werde er wählen? Wenn er die 3. Möglichkeit wähle, schlüge ich ihm vor, die „Schuldscheine" zu verbrennen.

Kommentar: *Sobald der adoleszente Konflikt hinreichend prägnant reorganisiert ist und als eigener Konflikt angenommen wird, beginnt sich das Selbstgefühl mit seiner integrierenden Funktion zu regen und allmählich die Steuerung zu übernehmen.*

Zur 9. *Einzelstunde* drückt Donat mir folgendes Papier in die Hand:

„3 Möglichkeiten, wie ich weitermachen kann:

1. Gehe zurück zu meinen Eltern, lebe weiter wie sie bisher, gebe mich vollends auf. Könnte mir die Dienstleistungen an meinen Eltern erleichtern, wenn ich jeden Tag dicht wäre.

2. Da ich mich nicht entscheiden kann bzw. es mir schwerfällt, ob ich am Leben in der Gruppe teilnehmen soll oder innerlich abstumpfen und nach dem vorprogrammierten Tagesablauf meiner Eltern gehen, ist es besser, ich entschiede mich, unlebendig zu werden, indem ich mich kalt mache, also doch abzustumpfen, damit ich mich nicht so abquäle. Der Schritt wird mir erleichtert, indem ich jede Stunde am Tag vollends der Dienerschaft an meinen Eltern widme, aber auch dadurch, daß ich meine eigenen Bedürfnisse verleugne und verabscheue. Ich werde die einzelnen Gruppenmitglieder aufs Neue verletzen, werde sie verachten, damit ich gemieden werde und mir die Entscheidung, mich abzukapseln, mich ganz meinen Eltern zu widmen, leichter fällt. Außerdem will ich Desinteresse an allem zeigen, was in der Gruppe vor sich geht. Sobald mir alles am Arsch vorbeigeht, bin ich den anderen gegenüber uninteressant, und dann kann ich vollends meine Pflichten erfüllen. Ich müßte mich noch mehr hassen können, vielleicht dadurch, daß ich mir selbst noch mehr Unvermögen vorwerfe und mich selbst erniedrige. Dauert dieser Schritt zu lange, werde ich von einzelnen in der Gruppe abgelenkt, breche ich ganz einfach ab und unterdrücke meinen letzten Lebenswillen in Tabletten, Alkohol und Heroin. Ich hoffe, daß ich dann nur 5-6 Jahre brauchen werde. In dieser Zeit wird mir das Abstumpfen erleichtert, da mein Körper abwrackt, ich unansehnlicher werde und mir jede Beziehung zu einer Frau erschwert wird.

3. Ich gehe meinen eigenen Weg, versuche die Dienerschaft an meine Eltern auf 1 Minute am Tag zu reduzieren (wozu ich bestimmt ein halbes Jahr brauche, wenn ich will), vielleicht kann ich es noch später auf 1 Minute in der Woche bringen. Ich will mehr riskieren, meinen Gefühlen freien Lauf lassen. Ich will sagen: Ich lebe, nicht ich möchte leben. Außerdem will ich von mir sprechen, nicht von man. Ich will es versuchen."

In dieser Stunde möchte Donat die Schuldscheine von mir. Er wolle sie immer wieder anschauen. Das mit dem Verbrennen sei keine so gute Idee. Er berichtet, er habe eine Frau angesprochen und mit Leuten aus der Gruppe etwas unternommen, was ihm gut getan habe. Ich warne ihn aber, er solle nichts überstürzen, das sei wohl alles zu viel und zu plötzlich gewesen. Ich händige ihm die Schuldscheine aus. Er solle bis Donnerstag entscheiden, ob er sie verbrennen wolle.

10. Einzelstunde: Wieder berichtet Donat über zufällige Änderungen dort, wo sich vorher nichts bewegt hatte: weitere weibliche Bekanntschaften geknüpft und Freundschaften vertieft. Ich gebe mich überrascht: Ob er das mit den Schuldscheinen vereinbaren könne? Sei das nicht zu viel an Veränderung? Allerdings zweifelte ich nicht an der Echtheit seiner Unternehmungen, da sie zustande gekommen waren, nicht indem er es gegen sich erzwungen hätte, sondern eher zufällig und spontan. Führe Sisyphos an, der verurteilt ist, nie aufzuhören, sich zu zwingen; er solle sich nicht nach diesem Prinzip entscheiden, sondern seiner Neigung folgen.

Berichtet mir, wie sehr ihn unser nächtliches Telefonat geschockt habe; er hatte mich fast angeschrien, weil ich ihn mit seinem Vater verglichen hätte, als ich fragte, 'wieviel Jahre er brauche, um abzustumpfen, wieviel Jahre hätte sein Vater benötigt?' Er beschließt, die Schuldscheine zu verbrennen.

Ritual 2. Teil: Verbrennen der Schuldscheine

Dieses Ritual findet abends um 21 Uhr statt. Wiederum nehmen alle Gruppenmitglieder teil. In der Mitte des Raumes wurde der kleine Altar, wie er in seinem Zimmer gestanden hatte, aufgebaut. Dort liegt auch die Uhr, die Christine und Florian Stunde für Stunde vorlesen. Auf der rechten Seite liegt ein großes Tablett bereit, worauf die Schuldscheine verbrannt werden können. Das Ritual sieht folgendermaßen aus:

Christine und Florian lesen den jeweiligen Stundentext vor.

Th.: „Überprüfe, Donat, ob du diesen Schuldschein bei Deinen Eltern einlösen möchtest."

Therapeut liest den entsprechenden Schuldschein vor.

Th.: „Wenn ja, so überprüfe!"

Donat: „Auch ich habe Dir, Vater, und besonders Dir, Mutter, mein Herzblut vergeben.

Ich habe bis heute pünktlich zu jeder Stunde nach Eurer Uhr mit Euch gelebt.

Ich habe mich nicht ablenken lassen und deshalb darauf verzichtet...........

Meine Pflicht ist erfüllt."

Th.: „Wenn Du quitt bist, so verbrenne diesen Schuldschein."

Nachdem Donat auf diese Weise über alle 16 Schuldscheine entschieden und 15 zum Verbrennen freigegeben hatte, liegen nun alle auf dem Tablett. Ich fordere Donat auf, sie zu verbrennen und dabei den folgenden Text zu sprechen:

„Auch ich bin ein vergängliches Geschöpf, und wie für jedes irdische Wesen reicht meine Zeitspanne nur von Geburt bis zu meinem Tod und erlischt wie eine Flamme.-

Wenn Gott mich einst fragen wird, wie ich die Zeit, die er mir anvertraut hat, verwendet habe, so möchte ich sagen können:

Ich habe Dein Geschenk nicht beim Götzendienst vergeudet.

Ich habe gelebt, ich habe ....

Ich danke Dir."

Die Asche wird eingesammelt und in einem Gefäß aufbewahrt. Donat wird aufgefordert, jeden Tag etwas Asche im Wind zu zerstreuen nach einem vorgegebenen Zeitplan.

Über den zweiten Teil des Rituals habe ich aufgezeichnet: Interesse und große Betroffenheit, ja Schock, läuft ab wie ein Spuk. Einige Male fällt es mir schwer, die Schuldscheine vorzulesen. Auch Donat stockt. Bis auf einen Zettel, worin er sich verpflichtet, rücksichtsvoll zu sein, verbrennt Donat alle übrigen Schuldscheine. Ein dramatischer Augenblick.-

Natürlich war mit diesem Ritual die Therapie nicht zu Ende. Es folgten weitere vier Monate, bis wir die Einzelstunden und damit auch die stationäre Therapie abschließen konnten. Diese ersten zehn Stunden stellten einen Angriff auf seine Welt dar, aus der er besondere Ansprüche ableitete und die er dazu benutzte, wichtige Erfahrungen, Eindrücke und Empfindungen beiseite zu wischen und sein unverantwortliches Verhalten zu rechtfertigen. Natürlich ist unmittelbar nachvollziehbar, daß diese Welt Manipulation durch Drogen einschloß. Einige Dinge, die zuvor unveränderlich schienen und von Haß und Selbsthaß begleitet waren, gerieten spontan in Bewegung. Diese ein wenig andere Art, mit sich umzugehen, läßt die darauffolgende *11. Stunde* ahnen, deren Anfang ich zum Abschluß wiedergebe:

„Donat ist gerade dabei, die abschließenden Übungen durchzuführen. Heute wirkt Donat weicher, fröhlicher, wacher, offener, kontaktfreudiger. Er hat Annette kennengelernt. Er entdeckt die Gefahr, zu viele Probleme zu sehen und sich ständig daran zu erinnern."

Follow-up: *Donat beendete die stationäre Therapie regulär. Er hatte noch keine Berufsausbildung, kümmerte sich darum, jobbte und begann sie ein Jahr später. Nach einem halben Jahr kam es zu einem ersten Rückfall mit Alkohol. Anschließend kämpfte er zwei Jahre lang und schwankte zwischen cleanen Phasen und Rückfällen (Alkohol und Medikamente), die am Ende der beiden Jahre schließlich einige Wochen Heroinkonsum einschlossen. Dennoch schaffte er es in dieser Zeit, eine feste Beziehung zu einer jungen Frau aufrechtzuerhalten und seinen Ausbildungsplatz zu behalten. Als sein Vater starb, meldete er sich wieder und ist zur Zeit zu einer Festigungsbehandlung bei uns.*

Ich möchte noch ein paar Worte zur therapeutischen Behandlung anmerken. Im Mittelpunkt steht der Loyalitätskonflikt zwischen therapeutischem Kontext und dem Kontext, den die Herkunftsfamilie abgibt. Dieser Konflikt kommt hier zum Vorschein in einer tiefen Resignation, Unterlaufen der Therapie und Widerstand gegenüber dem therapeutischen Kontext. Sein Selbstgefühl ist stark herabgesetzt, die Kontextpolaritäten Selbst/Anderer und Erleiden/Zufügen sind in wichtigen Bereichen vertauscht. Er ist - das ist unser Ausgangspunkt - nahe daran, seine geschlossene Welt zu bestätigen und die Sinnlosigkeit therapeutischer Bemühungen um ihn zu beweisen.

Dieser Loyalitätskonflikt ist so stark, daß er entindividuiert. Der Kontext der Herkunftsfamilie läßt keinen Raum, einen individuellen Kontext herauszubilden, der ein integriertes Selbstgefühl stützt. Die Person erlebt sich daher gespalten und zerrissen, in Widerstreit mit ihrer Welt und versteht es nicht, ihr Verhalten wirksam zu beeinflussen. Das hat u.a. Probleme mit der Selbstkontrolle zur Folge. Diese entindividuierenden Kräfte schlagen Donat in Bann, verzerren seine Wahrnehmung und verringern seine Fähigkeit, zwischen Selbst und Anderen zu unterschieden in Richtung auf größenwahnsinnige wechselnd mit ohnmächtigen Vorstellungen. Donat war beseelt von dem Glauben, das Überleben seiner Eltern hinge von seiner „Dienerschaft" ab. Im ersten Teil des Berichts wird diese Prämisse fraglos hingenommen und als scheinbar unauflösbare Verpflichtung in den Mittelpunkt gestellt; diese verlange, daß er gegenüber seinen eigenen Bedürfnissen abstumpfe. Im zweiten Teil wird sie als „Götzendienst" bezeichnet. Diese Bilder und ihre Ausschmücken als Ritual dienten dazu, eine angemessene Unterscheidung zwischen Selbst und Anderen einzuführen.

Das Einführen dieser Unterscheidung hat Folgen: Die Zeitperspektive wird erfahrbar (hier: die geeichte Uhr und die Gegenfrage nach der „eigenen Zeit"); individuelle Entwicklung und Zeit geraten ins Blickfeld (Lebensspanne von „Geburt bis Tod"); es werden aber auch Tätigkeit, Subjekt („Ich") und Gegenüber differenziert (siehe 8. Stunde: Betrachten des Babybildes); schließlich auch Tun und Erleiden - und jetzt erst kann durch den narzißtischen Schutzmantel der „Leidlosigkeit" hindurchgegangen werden. Mit diesen Unterscheidungen wird er in den Stand individueller Verantwortung gesetzt: Donat beginnt, von der stereotypen Verwendung von „man", wo „Ich" stehen müßte, abzuweichen und „Ich" zu gebrauchen. Diese spontane Änderung signalisiert das Erwachen des Selbstgefühls, das angeregt wird, wenn die Kontextpolaritäten zurechtgerückt werden. Diese Vertreibung aus dem Zustand der Verantwortungslosigkeit wird hier inszeniert: Ich hoffe, das sehr gerafft wiedergegebene nächtliche Telefonat läßt diesen Vorgang noch erkennen. Jetzt können Probleme so definiert werden, daß sie hier und jetzt Entscheidungen über Handlungen verlangen. Donats Beziehungslosigkeit läßt sich nun beispielsweise so umdefinieren: Willst Du mehr Zeit in andere investieren, statt der elterlichen Uhr zu folgen?

In Hinblick auf den ungelösten Loyalitätskonflikt nehmen individuelle Erfahrungen paradoxe Struktur an, die hier nachgezeichnet werden. Donat wird aufgefordert, den entindividuierenden Kontext der Herkunftsfamilie zu erforschen, und - gerade, indem er dies tut - entdeckt und erforscht er seinen eigenen Kontext. Der zu ergänzende Text im ersten Ritual - die „Schuldscheine" - belegen dies. Indem Donat seine Pflichten der Anweisung gemäß auflistet und bestätigt, listet er seine eigenen Bedürfnisse auf und bestätigt diese. Während im ersten Teil des Rituals der individuelle Kontext gleichsam negativ in Erscheinung tritt, wird im zweiten Teil dieser individuelle Kontext als Möglichkeit, als Recht, ja, als übergeordnete Verpflichtung bekräftigt. Um einer Konkurrenz der Kontexte entgegenzuwirken wurde auf Meta-Ebene ein übergeordneter kultureller Kontext „Gott" wachgerufen, der das Verhältnis von Individuum und Herkunftsfamilie neu zu ordnen vermag. Dem dienen Text, Metapher und Handlung des zweiten Rituals.

Somit sind nun die „Koordinaten des Selbst“ im Keim neu festgelegt und „individuiert“. Potentiell sind Kontrollprobleme nun auflösbar, weil von hier aus sich die Spaltung der Person in Kontrolleur und Kontrollierten überwinden läßt. Im Bericht lassen sich Anzeichen finden, daß spontan unter der Regie meines Gegenübers überraschende Dinge geschehen aus seiner Sicht gegen den Therapeuten. Er begreift sich spontan als Zentrum seiner Handlungen.

* * *